개정판

형사정책

김용우 · 최재천

傳 英 社

개정판 머리말

초판을 출간한 지 만 7년만에 개정판을 내게 되었다. 이렇게 오랜 시간이 지나서야 개정판을 내게 된 이유는 무엇보다도 우리들의 게으름이 가장 크다고 하겠지만 특별히 새로 개정판을 발간할 동기를 찾지 못한 것도 그 이유의 하나가 되겠다. 그러나 그 동안 형사정책학 분야에도 많은 변화와 발전이 있었고, 관련 법률도 다수가 개정 또는 폐지되었기 때문에 부득이 다시 손보지 않을 수 없게 되었다.

차제에 초판에서 미진했고 아쉽다고 생각되었던 부분을 보완했고, 특히 범죄대책론에 사이버범죄와 같은 새로운 범죄유형과 소년법 분야를 상당히 보강·정비하였다. 그 가운데서도 근래에 형사정책의 새로운 방안의 하나로 대두되고 있는 '회복적 사법'에 관해 소개하게 된 것을 의미 있게 생각한다.

또한, 한글전용세대가 읽기 쉽도록 한자어를 쉬운 우리말로 바꾸려고 노력했으나 한자어를 그대로 쓰는 것이 타당하다고 생각되는 것은 한글로 쓰되 괄호 속에 한자를 병기하였고, 법률제명도 2006년 국회사무처 예규 제20호로 일부 개정된 '법률용어의 표준화기준'의 한글띄어쓰기에 따라 기재하였다.

같은 길을 가는 여러분의 가차 없는 질책과 조언을 바라며, 여러 가지로 어려운 가운데 이 책을 출간하느라 애써주신 박영사 안종만 회장님을 비롯한 조성호 차장님 그리고 이경희 편집위원 여러분께 감사드린다.

2006년 3월

김용우 · 최재천

머 리 말

범죄는 인류가 사회를 형성하면서부터 존재해 왔고, 따라서 '범죄의 예방과 진압'은 우리 사회가 해결하고자 노력해 온 오랜 과제이기도 하다. 한마디로 형사정책은 이 과제를 해결하고자 하는 학문이다. 그러기 위해서는 '무엇이 범죄인가'하는 문제로부터 시작하여 그 원인을 구명하고 대책을 강구한다는 논리적이고 체계적인 절차를 필요로 한다. 이 과정에서 무엇보다도 인간의 본질과 사회에 대한 깊은 통찰과 이해가 전제되어야 함은 물론이다. 그런 점에서 우리가 이 주제에 대하여 지나치게 섣불리 논하고 있는 건 아닌가 하는 자괴심을 가지게 된다.

한편, 사회정책이란 그 사회구성원들이 영위하는 문화, 즉 생활양식을 토대로 최선의 공동질서와 가치를 추구하는 것이라고 할 수 있다. 그러나 그것은 그 당시의 시공간 속에서는 최선의 것이 될 수 있을지 몰라도 완전하고 영원한 것일 수는 없다. 인간이 갖는 능력의 한계가 그렇기도 하지만 사회적인 상황, 특히 인간의 생활양식은 늘 변하기 마련이고, 이 같은 가변적인 상황 아래서는 정책 자체도 가변적이고 상대적일 수밖에 없는 것이기 때문이다. 하지만 이런 가변적인 상황에서도 어떤 정형적인 법칙을 찾아내고 이를 토대로 최선의 방책을 마련하려는 노력은 반드시 필요하고 어느 정도 가능할 수도 있을 것이다. 그리고 이것이 사회과학도로서의 중요한 임무일 수 있을 것이다. 그런 점에서 우리는 감히 이 주제에 도전해 볼 용기를 갖게 됐는지도 모른다.

그 동안 형사정책을 공부해 오면서 생각해왔던 여러 문제들을 나름대로 다시 정리한다는 생각에서 이 책을 썼다. 스스로 생각해도 아쉬운 점이 없지 않으나 새로 시작한다는 의미에서 용기를 내기로 했다.

무릇 모든 정책들은 그 나름대로 시대적 타당성을 가지고 있다. 다시 말하면 특정 정책들은 그 시간적·공간적 상황을 배경으로 태어난 산물이다. 거기에는 그 시대를 살던 사람들의 사고와 가치관이 내재되어 있다. 형사정책을 공부할 때 기존의 정책들이 탄생하게 된 역사적·사회적, 그리고 그 시대를 지배하던 학문적 배경들을 염두에 두면 한결 이해하기가 쉬울 것이다. 이 책을 쓰면서 특별히 고려했던 부분이 바로 이 점이다. 그 같은 정책이 태어나게 된 배경을 이해하고 현재적 상황을 비추어 보면 나름대로 이 시대에서의 최선의 형사정책은 무엇인가 하는 것에 대한 나름대로의 윤곽도 파악할 수 있으리라 생각한다.

같은 길을 가고 있는 선배 동료 제현들로부터는 기탄 없는 비판과 충고를, 그리고 이 길을 걷고자 하는 후배들에게는 조그마한 도움이라도 되기를 희망한다. 이 책을 출판해 주신 박영사 安鍾萬 사장님, 영업부 黃仁旭 국장님, 그리고 편집부 여러분께 깊은 감사의 말씀을 드린다.

1998년 10월

김용우 · 최재천

차 례

제 1 편 형사정책의 기초

제 2 편 범죄의 개념 및 범죄원인론

제 3 편 형 벌 론

제 4 편 범죄대책론

제 5 편 주요 범죄와 대책

제 6 편 「소년법」과 형사정책

제 1 편

형사정책의 기초

제 1 장

형사정책의 의의 및 과제

제 1 절 형사정책의 개념

1. 형사정책의 의의

형사정책(criminal policy, Kriminalpolitik, politique cirminelle)[1]이란 범죄를 방지하고 범죄의 피해자를 비롯한 사회일반의 범죄에 대한 분노의 감정을 누그러뜨림으로써 사회질서의 유지를 도모하는 국가적 기관(국가 및 지방공공단체)의 일체의 시책을 말하며,[2] 그것은 입법 · 사법 및 행정에 있어서의 제 시책

1) 형사정책이란 말은 독일어의 Kriminalpolitik에서 유래한 것으로 18세기 말부터 독일에서 사용되기 시작하였으나, 이것을 오늘날 같은 의미로 사용한 것은 독일 형법학자로서 '형사정책의 아버지'라고 불렸던 Anselm von Feuerbach이었다고 한다. 후에 형사법의 보조 지식으로서 심리학, 실증철학, 일반형사법 및 형사정책을 들고, 형사정책에 독립적인 지위를 부여했다. 그렇다고는 하지만 Feuerbach가 형사정책으로서 생각한 것은 심리강제설(心理強制說)에 입각한 형사입법정책이었다.

2) 아주 넓은 의미에서의 형사정책은 범죄와 관련된 국가적인 시책 일체를 말하고, 반면에 아주 좁은 의미에서의 형사정책은 범죄자 또는 범죄를 행할 위험이 있는 자에 대해 가해지는 강제적 조치를 의미한다. 그러나 전자에 의하면 대상이 지나치게 넓어져서 사회정책 등과 구별이 어렵고, 또한 후자에 의하면 대상이 지나치게 좁아져서 소년비행과 같은 중요한 문제가 형사정책의 시야로부터 벗어나게 될 것이다. 참고로 형사정책의 정의에 관한 기존학자의 견해를 소개하면, Feuerbach는 형사정책을 '입법에 있어서의 국가의 예지'로 이해하며(Feuerbach-Mittermaier, *Lehrbuch des gemeinen in Deutschland gültigen peinlichen Rechts,* 14. Aufl., 1847, S. 40), Franz v. Liszt는 형사정책을 "범죄원인 및 형벌효과에 대한 과학적인 연구에 의거한 원칙들의 체계적인 총체개념으로서, 국가는 이러한 원칙에 따라 형벌 및 형벌과 유사한 제도들을 이용해서 범죄를 퇴치하여야 한다"고 주장하고 있다(*Strafrechtliche Aufsätze und Vorträge,* 1905, Bd. 1, 292). 또한 Robert v. Hippel은 형사정책을 "형벌의 실효성을 합목적적인 관점에 입각해서 고찰하는 것"으로 정의하고(*Deutsches Strafrecht* 1, 1925, 534), K. Peters는 "형사정책은 범죄예방과 감소를 목적으로 합목적적인 형성에로 지향하는 국가 또는 지방자치단체의 활동 혹은 국가 또는 지방자치단체와 관련된 독창적인 활동의 총체개념이다"고 정의한다. E. Mezger는 광의의 의미에서의 형사정책을 "범죄예방과 범죄퇴치를 위한 국가적 처분의 총체"로 보고 있고(*Kriminalpolitik auf kriminologischer Grundlage,* 2. Aufl., 1942, S. 234), 또한 W. Sax는 형사정책을 "합목적적인 형법운용에로 지향되는 경향 및 작업들의 총체개념"으로 생각하며(Sax, W., *Kriminalpolitik und Strafrechtsreform,* JZ, 1957, S. 1), H. Schröder는 형사정책이라는 개념을 "모든 형사법적인 제재수단, 국가가 범죄와 맞서는 데 사용하는 방법 및 원리의 총체"로 이해한다(1960년 제43차 독일법률가대회). 한편 H. Jescheck에 따르면 형사정책은 "어떻게 하

을 포함한다.

개인이 자유롭게 또한 주체적으로 그의 인격을 형성하고 행복한 삶을 추구하도록 하려면 무엇보다도 우선 사회질서를 유지하는 것이 필요할 것이다. 그리고 사회질서를 유지하는데 있어 최대의 적은 범죄와 같은 반사회적 행위이기 때문에 사회질서를 문란하게 하거나 사회질서에 위협을 주는 반사회적 행위는 방지하지 않으면 안 된다. 이러한 이유로 형사정책의 중핵은 사회질서에 충돌하는 유해한 반사회적 행위를 방지하는 것, 바꾸어 말하면 범죄방지활동인 것이다.

형사정책에 대한 개념정의를 할 때는 '정책'이라는 말에 중점이 주어지지만, 반면에 '형사'라는 말은 정책과 관련된 대상적인 분야를 나타내는 것이다. 그러므로 형사정책은 대상적으로 제한된 일반 법정책의 부분을 말한다. 즉 형사정책은 형사사법 분야에서의 법정책이다. 법정책은 어떠한 사회적 목적이 어떠한 법적 수단에 의해서 어떠한 방법으로 달성되어야 하는가에 의문을 제기하고 이를 결정하는 것이다.[3]

형사정책을 이렇게 이해한다면 형사정책은 정책학의 분과가 되며, 이 때 형사정책의 임무란 범죄퇴치에 유효한 원칙들에 대한 실태조사와 그리고 형사사법 분야에서의 변화를 형성하는 데에 있다고 할 것이다. 따라서 형사정책에서는 형법의 미래형상에 관한 입법자의 결정을 학문적인 범주에 따라 준비하고 숙고하는 것이 중요하다.[4]

2. 형사정책의 대상

형사정책의 대상은 그 폐해가 사회적으로 막대하고 그것을 방치하여 두는 것이 사회질서의 유지가 불가능하거나 곤란하게 되는 행위이다. 그런고로 형법상의 범죄뿐만이 아니고, 실정법상으로는 범죄가 되지 않더라도 사회질서를 유지하기 위해 국가나 사회가 어떤 조치를 취할 필요가 있는 모든 반사회적

면 형법을 형사정책의 사회보호임무에 적합하도록 가장 합목적적으로 만들 수 있는가 하는 물음과 관계가 있다"(*Lehrbuch des Strafrechts, Allgemeiner Teil,* 3. Aufl., 1978)고 하며, H. Göppinger는 과학적인 형사정책을 "(광의의)형법개정정책과 형법에 의한 범죄퇴치의 실시를 분석하는 학문"으로 묘사한다(*Kriminologie,* 3. Aufl., 1976, S. 17). 그런가 하면 G. Kaiser는 "형사정책은 가장 이상적인 범죄통제를 목표로 하는 사회적인 전략·전술 및 제재수단에 대한 체계적인 서술을 얻고자 하는 것"이라고 한다(*Kriminologie,* 3. Aufl., 1976, S. 57).

3) Rehbinder, *Stichwort Rechtssoziologie, in Jurisprudenz, Die Rechtsdisziplinen in Einzeldarstellung,* 1978, S. 347.

4) Th. Würtenberger, *Kriminalpolitik im sozialen Rechtsstaat,* 1970, S. 53.

행위, 예를 들면 심신장애자의 위법행위 및 소년의 비행이나 형사미성년자의 촉법행위(觸法行爲)도 형사정책의 대상이 될 것이다.

형사정책은 반사회적 행위에 대한 국가의 관여(intervention)수단이다. 다시 말하면 형사정책이란 정부가 반사회적 행위로 인해 질서가 문란해진 사회를 어떻게 바로잡아야 하는가를 결정하고 선택해 놓은 수단이다. 그렇기 때문에 정책에는 목적과 수단의 개념이 중요할 뿐만 아니라 전략개념도 매우 중요하고, 그런 점에서 형사정책은 그 대상과 관련해서는 더 광범위하고 폭넓게 파악되어야 한다. 즉 법규범(실체형법과 절차형법)과 국가적 통제기관(경찰, 검찰, 법원, 행형기관)의 효과 및 변화 이외에 사회구조적 결함, 다시 말해서 객관적인 결핍상태(예컨대 빈곤, 실업)와 차별과정(예컨대 범죄에 대한 여론)이 형사정책의 대상으로 되어야 한다.

제 2 절 형사정책의 특성

형사정책이 갖고 있는 특징적인 성격을 정책이란 측면에서 분석하면 다음과 같은 특성을 지닌다.

(1) 목표지향성(目標指向性)

정책은 어떠한 사회를 어떻게 만들겠다고 하는 것을 결정해 놓은 것이기 때문에 이상(理想)에 의해 설정해 놓은 사회 또는 바람직한 상태를 실현하려고 하는 목표지향성을 내포하고 있다.[5] 따라서 형사정책은 반사회적 행위로 인해 문란해진 사회질서를 바로 잡고 사회질서를 유지한다는 목표를 지향한다.

(2) 수단지향성(手段指向性)

정책은 어떠한 사회를 어떻게 만들겠다고 하는 것을 결정해 놓은 것이기 때문에 정책에는 만들고자 하는 사회를 실현할 구체적인 수단과 방법이 내포되어 있다.[6] 따라서 형사정책에는 사회질서를 바로잡고 유지하는 데 필요한

---

5) 정책이 갖는 이러한 목표 지향적 성격 때문에 정부가 관여하는 목표 그 자체를 정책이라 부르는 경우도 있다. 예를 들면 한국정부의 공교육정책의 목표는 경제적 · 사회적 지위 및 출신에 상관 없이 모든 어린이들에게 평등한 교육기회를 제공하는 것이기 때문에 "모든 어린이들에게 평등한 교육기회를 제공하는 것이 정부의 정책이다"라고 말하기도 하는데, 이 경우 교육목표가 바로 교육정책으로 불리고 있는 것이다. 노화준, 「정책학원론」, 박영사, 2003, 8면.

6) 정책이 갖는 이러한 성격 때문에 정책목표를 달성하기 위해 정부가 동원하는 수단을 정책이라고 부르기도 한다. 예컨대 정부는 중소기업을 육성하기 위하여 각 은행들로 하여금 일정비율의

수단과 방법이 포함된다.

⑶ 변동대응성(變動對應性)

정책은 어떠한 사회를 어떻게 만들겠다고 하는 것을 결정해 놓은 것이기 때문에 여기에는 어떠한 원인에 의하여 야기된 바람직하지 않은 사회상태를 바람직한 상태로 바꾸겠다고 하는 정부의 의도가 내포되어 있다. 따라서 형사정책은 바람직하지 않은 반사회적 문화를 바람직한 사회문화로 바꿈으로써 안정된 사회상태를 창출하거나 회복하겠다고 하는 변화대응적(變化對應的) 성격을 강하게 지니고 있다.

⑷ 가치배분적 기능(價値配分的 機能)

정책의 결정과 집행에 의하여 어떠한 사회가 만들어지는가, 그리고 그러한 사회를 만들어 가는 과정에서 어떠한 수단과 방법들을 동원하는가 하는 데에 따라 사회구성원들 가운데 어떠한 사람들이나 집단들은 혜택을 보는 반면에 어떠한 사람들이나 집단들은 손해를 보게 될 수도 있다. 그렇기 때문에 정책의 결정과 집행은 결과적으로 사회적 가치를 배분하는 기능을 하는 것이다.[7] 이런 차원에서 형사정책은 개인의 욕망과 사회의 질서유지에 관한 가치를 비교·양정(量定)한다.

⑸ 문제해결지향성(問題解決指向性)

형사정책은 바람직하지 않은 사회상태를 바람직한 상태로 만듦으로써 사회가 당면하고 있는 문제를 해결하려는 문제해결지향적(問題解決指向的) 성격을 가지고 있다. 여기서 형사정책이 대상으로 하고 있는 '바람직하지 않은 사회상태'란 반사회적 행위로 인한 무질서 상태, 즉 불안정한 사회상태인 것이다.

⑹ 인과성(因果性)

형사정책은 사회가 직면하고 있는 무질서 상태를 해결하기 위한 수단이다. 그렇기 때문에 형사정책의 시행으로 개선되거나 해결되는 안정된 사회상태는 그 결과 또는 그 효과라 할 수 있다.

대출자금을 중소기업에게 할당하여 대출하도록 하고 있는데, 이것을 정부의 중소기업정책이라고 부르기도 한다(노화준, 앞의 책).

7) 정책의 이러한 성격을 강조하기 위하여 정책이란 전체 사회에 대한 가치의 권위 있는 배분이라고 정의하는 학자들도 있다. David Easton, *The Political System,* New York: Alfred A. Knopf, 1953, p. 129.

(7) 공식성(公式性)

형사정책은 어떠한 사회질서를 유지하겠다고 하는 것을 정부가 공식적으로 결정하여 공표한 것이다. 따라서 정부가 공식적인 절차와 방법에 의해 결정하여 공표하지 않는 한 정책이라고 보기는 어려우며, 정책이라고 부르기 위해서는 정책으로 인정되기 위한 소정의 절차를 밟아 결정되고 공표되어야 한다.

(8) 의사결정의 포괄성(包括性)

형사정책은 의사결정망(意思決定網, decision network)에 의하여 어떤 행동이 산출되거나 의사결정이 이루어지는 일련의 의사결정이며, 또한 시간이 지남에 따라 변화하는 성질을 가지고 있다. 그렇기 때문에 형사정책은 하나의 산출물인 동시에 하나의 과정이라고 할 수 있다.[8)]

(9) 합리적인 분석 · 선택과 협상의 산물로서의 양면성

정책은 만들고자 원하는 바람직한 사회를 어떻게 만들겠다고 하는 것을 결정하는 것이기 때문에 수단선택의 합리성과 효율성이 강조된다. 따라서 형사정책은 대안선택을 위한 합리적인 분석과 비교평가를 통하여 가장 적절한 행동노선을 선택함으로써 만들어진 산출물이라 할 수 있다. 그러나 또 한편으로 형사정책은 사회질서를 재창조하는 것을 목적으로 하기 때문에 새로운 정책의 결정과 집행에 따라 재구성된 사회질서하에서 이익을 보는 개인이나 집단과 손해를 보는 개인이나 집단이 있기 마련이다. 따라서 형사정책은 이들 이해관계를 달리하는 집단들간의 역동작용을 통한 협상의 산물이라고도 할 수 있다.

(10) 강제성과 제약성(制約性)

형사정책이 다른 형태의 집합적 의사결정(collective decision making)과 다른 점은 그것을 채택한 조직의 구성원들에게 강제적이거나 제약을 가한다는(coercive or constraining) 것이다. 강제나 제약의 정도는 물론 정책에 따라 달라질 수 있다.

---

8) Aaron Wildavsky, *Speaking Truth To Power: The Art of Policy Analysis*(Boston: Little Brown and Company, 1979), p. 387. Easton이 "하나의 정책은 사회적 가치를 배분하는 의사결정과 행동의 망이다"라고 한 것이나(David Easton, *The Political System*, New York: Alfred A. Knopf, 1953, p. 130), Jenkins가 "정책이란 어떤 하나의 특정한 상황하에서 목적들과 이들을 실현할 수단들을 선택하는 데 대한 일련의 상호관련된 의사결정"이라고 한 것은(W. I. Jenkins, *Policy Analysis*, London: Martin Roberton, 1978, p. 15) 의사결정이나 행동의 집합으로서의 정책의 개념을 표현한 것이라고 할 수 있다.

(11) 결정수준에 있어서의 상위성(上位性)

형사정책이 다른 형태의 집합적 의사결정과 다른 점은 그러한 결정이 조직의 최상위층에서 이루어진다고 하는 것이다. Raymond A. Bauer에 의하면 일반적으로 조직에서는 3계층에서 의사결정이 이루어지는데, 가장 낮은 수준에서는 정형화된 일상 업무에 대한 반복적인 의사결정이 이루어지고, 중간수준은 전술적 계층으로서 좀더 넓은 분야에 걸친, 그리고 깊은 사고와 분석이 요구되는 결정을 하며, 세 번째 계층인 조직의 가장 높은 수준에서는 가장 넓은 범위에 걸쳐서 장기적으로 영향을 미치며, 다량의 정보와 체계적인 분석이 요구되는 결정을 하게 되는데 이러한 의사결정이 바로 정책이라는 것이다.[9]

제 3 절 형사정책의 임무 및 기능영역

1. 형사정책의 임무

전술한 형사정책의 정의로부터 다음과 같은 형사정책의 임무를 도출해 낼 수 있다. 즉 형사정책은 포괄적인 사회통제의 일부분으로서 법의 창조에서부터 적용에 이르기까지의 기능적 통일체로서의 총체적 형법을 가시화해야 할 뿐만 아니라 규범적 형법학과 경험적이고 범죄학적인 연구간의 팽팽한 긴장관계 속에서 우리 사회의 범죄예방을 위한 완결된 구상을 발전시키는 것이다.[10] 따라서 형사정책의 중핵은 범죄방지를 목적으로 하는 국가적 활동에 있다고 할 것이다.

한편 범죄방지는 예방과 진압으로 구분할 수 있다. 범죄의 예방이 범죄의 발생을 미연에 방지하기 위한 사전적인 국가적 활동에 있는 것에 비하여, 범죄의 진압은 범죄자에 대하여 사형 등의 형벌을 부과함으로써 범죄의 방지를 도모하는 사후적인 국가적 활동이다. 이처럼 형사정책은 범죄방지를 주된 목적으로 하는 국가적 기관의 활동이기 때문에 개인 또는 사적 단체에 의한 자발적인 방범활동은 그것 자체로서는 여기에서 말하는 형사정책은 아니라고 보는

9) Raymond A. Bauer, "The Study of Policy Formation: An Introduction," in Raymond A. Bauer and Kenneth J. Gergen(eds.), *The Study of Policy Formation*(New York: The Free Press, 1968), pp. 1-26.

10) 이에 관해서는 H. Mueller-Dietz, Sozialwissenschaften und Strafrechtsdogmatik. in: *Strafrechtsdogmatik und Kriminalpolitik*, 1971, S. 151 참조.

것이 타당할 것이다. 예를 들면 자경단(自警團)의 방범활동 자체는 형사정책의 대상은 아닌 것이다.[11] 다만 사적(私的)인 방범활동을 국가기관인 경찰이 장려하거나 조장하는 것 같은 경우에는 사적인 활동이 국가기관의 범죄방지책에 포함되는 것이 되기 때문에 그의 활동도 형사정책에 상응하는 것이라고 할 수 있다.

또한 범죄방지를 직접적인 목적으로 하지 않는 사회복지정책, 노동정책 등과 같은 사회정책은 그것이 결과적으로 범죄방지를 하는 데 효과가 있다고 하더라도 여기에서 말하는 형사정책은 아니다.[12]

형사정책의 궁극적인 목적은 사회질서의 유지, 즉 사회를 구성하고 있는 개인이나 집단의 조화를 도모하여 안정시킴으로써 사회의 발전에 기여하는 데에 있다. 그것을 위해서는 ① 범죄를 방지하는 것, ② 범죄방지활동에 수반하여 발생할 수 있는 인권침해를 방지하는 것, ③ 범죄피해자의 인권을 보호하는 것, ④ 사회일반의 보복감정을 완화하는 것 등의 다양한 시책이 필요할 것이다. 이와 같이 형사정책은 국가적 기관을 주체로 하여 범죄의 방지를 중심으로 하는 사회질서의 유지활동 전체를 의미하는 데 있고, 이것을 '사실로서의 (실질적인) 형사정책'이라고 부른다.

2. 형사정책의 기능영역

형사정책이 기능하는 분야는 입법·사법 및 행정의 전반에 걸친다. 즉 형사정책이 기능하는 영역의 첫번째는 범죄의 예방과 진압을 목적으로 하는 형벌법규의 제정이고, 두 번째는 발생한 범죄사건에 대한 검찰 및 재판(형사사법)이며, 세 번째는 형사경찰의 활동(방범 및 범죄수사)이고, 네 번째는 형벌의

11) 이에 대하여 개인 또는 사적 단체의 범죄예방활동이나 억제활동도 형사정책의 대상이라고 하는 견해가 있다. 즉 개인의 범죄예방·방지활동이나 전과자를 위한 지원활동 혹은 피해자구호활동이 형사정책의 대상이 안 된다고 하면 형사정책에의 공중참여(公衆參與)는 형사정책이 아닌 것이 되는데, 예를 들면 미국에 있어서의 보호관찰(probation)의 창시자 John Augustus가 그의 생애를 통하여 1,000여명의 전과자를 개선갱생에 진력한 것도 형사정책은 아니라고 하는 주장이 된다는 것이다. 藤本哲也, 「刑事政策概論」, 青林書院, 1996, 7-8면; 같은 뜻: 安平政吉, 「刑事政策概論」, 弘文堂, 1965, 8면; 藤本英雄, 「刑事政策」, 日本評論社, 1977, 5-6면; 吉岡一男, 「刑事政策の基本問題」, 成文堂, 1990. 6. 8, 87-88면; 菊田幸一, 「犯罪學(제 4 訂版)」, 成文堂, 1992, 2면.

12) "최량(最良)의 사회정책은 최량의 형사정책이다"이라고 하는 의미로부터 사회정책도 형사정책의 하나라고 주장하는 견해가 있으나, 이 견해에 따르면 형사정책의 개념이 지나치게 막연한 것이 되어버릴 것이다. 사회정책이 범죄의 방지에 연결된다는 것을 부정할 수 없으나, 그것이 간접적 내지는 부수적인 효과에 그치고 있는 한 형사정책의 개념에는 포함되지 않는 것으로 해석해야 할 것이다. 大谷 實, 「刑事政策講義(第四版)」, 東京: 弘文堂, 1996, 3면.

실시(행형)이며, 그리고 다섯 번째는 재범방지를 위한 보안처분 내지는 교육·보호처분이다. 이 가운데서 첫번째는 주로 일반예방적(一般豫防的) 차원의 기능을 하는 영역이고, 두 번째와 세 번째는 일반예방 및 특별예방적(特別豫防的) 기능의 양자를 포함하는 기능이며, 네 번째와 다섯 번째는 특별예방적(特別豫防的) 기능을 하는 영역이다.

제 4 절 형사정책학과 범죄학

형사정책을 대상으로 하는 학문을 형사정책학 또는 학문으로서의 형사정책이라 한다.[13] 학문으로서의 형사정책(이하 이것을 '형사정책학'이라고 한다)이라고 하는 것은 사실로서의 형사정책을 연구의 대상으로 하고, 그 실행현상을 체계적으로 인식하며, 그 목적 효과의 유무 정도를 분명하게 함과 동시에 이것을 비판·검토하여 어떤 방법이 이것보다 합리적이고 효과적일 것인가를 연구하는 학문이다. 범죄를 가장 유효적절하게 예방하기 위한 합리적인 연구방법은 범죄발생의 근본원인을 탐구하여 그 발본책(拔本策)을 강구하는 것에 있다. 이 의미에 있어서 범죄학은 형사정책의 기초학이라고 말할 수 있을 것이다.

그러나 범죄학의 결론으로부터 나오는 범죄예방책은 흔히 본래의 형사정책의 범위를 일탈한다. 예를 들면 빈곤이나 불황으로부터 기인하는 범죄를 예방하기 위해서는 경제적 시책이나 사회정책적인 노동조건개선책 등을 필요로 하고, 무지나 도덕의식의 저하로부터 생기는 범죄를 방지하기 위해서는 교육의 보급이나 도덕교육의 철저를 도모할 필요도 있을 것이다. 이런 종류의 시책들도 직접적으로 범죄의 예방을 목적으로 하고 있는 경우에는 그것을 광의의 형사정책의 범위에 넣을 수는 있다. 그러나 범죄의 예방이 이들 정책의 간접적인 목적 또는 부수적인 효과에 그치고 있는 한 이들 시책은 그 직접목적으로 하는 부분에 따라서 각각 경제정책, 사회정책 또는 교육정책으로 지목되는 것이고, 형사정책학의 범위 밖이 되는 것이다.

Franz von Liszt(1851-1919년) 같은 학자는 광의의 형사정책에 사회정책을 포함시키기도 하지만, 그렇게 되면 형사정책학의 학문적 한계가 지나치게 광범위하고 막연해질 우려가 있다. 그러므로 엄격한 의미에 있어서 형사정책

13) 형법학을 '형법'이라고 부르고 있는 것처럼 형사정책학을 '형사정책'이라고도 한다.

학은 형사입법, 형사사법, 형사경찰활동, 행형 및 보안처분의 현상을 분명하게 하여, 이것을 비판함과 함께 범죄원인론적 인식(犯罪原人論的 認識)을 기초로 하여 이들의 시책이 더 한층 효과적이고 합목적적일 수 있는 방법을 고안하는 학문이라고 하여야 할 것이다.[14] 요컨대 사실로서의 형사정책은 국가 및 지방자치단체가 행하는 범죄의 예방과 진압을 목적으로 하는 일체의 활동을 말하는 것이고, 학문으로서의 형사정책은 범죄를 예방하고 진압하기 위해서는 어떠한 입법·사법·행정상의 강제조치를 강구하는 것이 가장 합리적이고 합목적적인가를 연구하는 것이라고 할 수 있다.

형사정책의 중핵이 되는 범죄방지의 목적을 달성하기 위해서는 범죄현상을 경험과학적(經驗科學的)으로 분석하여 범죄원인을 해명하는 학문이 필요하게 된다. 이 학문분야를 범죄학[15]이라고 부르고 있다. 범죄학은 실제로 발생하고 있는 범죄현상을 경험과학적으로 파악하여 그 원인을 규명하는 사실학인데, 예를 들면 범죄정신의학, 범죄심리학, 범죄사회학 등은 여기에 속한다. 형사정책학이 학문으로 성립하기 위해서는 범죄학의 성과를 토대로 하여, 범죄방지를 위해서는 어떠한 시책이 필요할 것인가, 그 시책은 실시가 가능하고 유효한 것인가 하는 것 등을 과학적으로 분명히 할 필요가 있기 때문에 그런 의미에서 범죄학은 형사정책학의 기초라고 할 수 있다.

제 5 절 형사정책학의 한계

형사정책학은 범죄학을 기초로 하는 학문분야이면서 일면에 있어서는 경험과학적인 성질을 가지고 있다. 따라서 범죄학의 연구를 통해 범죄의 현상 및 원인이 밝혀지게 되면 자연이 과학적인 범죄방지대책이 나올 것이므로 형사정

14) 高橋正巳, "刑事政策," 下中邦彦 編,「世界大百科事典 9」, 平凡社, 1981, 93면.

15) 범죄학이라는 용어는 넓은 의미와 좁은 의미 양쪽으로 사용되는데, 좁은 의미의 범죄학은 사실학으로서의 범죄원인론을 말하는 것에 반해, 넓은 의미로는 형사학과 같은 의미로 사용되기 때문에 본서에서 말하는 형사정책학과 같은 의미라고 생각하는 것이 좋을 것이다. 독일어의 Kriminologie는 협의의 범죄학에 상당하고, 영어의 criminology는 광의의 범죄학에 상당한다고 한다(Keiser, *Kriminologie,* 山中敬一 譯, 1987, 1면). 본서에서는 혼란을 피하기 위하여 범죄학이라고 하는 경우에는 협의의 그것을 말하고, 형사학 내지 광의의 범죄학에 상당한 용어로서 형사정책이란 말을 사용하였다. 또한 범죄학이 형사정책의 일부를 점하고 있다고 해도 범죄학의 독자성을 부정하는 의미는 아니다. 범죄현상 및 범죄원인을 사실로서 법칙적으로 인식하고 이것을 체계화하는 학문분야는 독립된 존재일 것이기 때문이다.

책도 범죄학과 같은 방법의 경험과학적 방법에 의하면 충분하고 특별히 형사정책학 분야를 수립할 필요가 없다고 하는 주장도 있을 수 있다. 그런데도 불구하고 범죄학과는 별개의 학문으로서 성립할 수 있는 것은 형사정책이 다음과 같은 제약적 한계가 있다는 점에서 근거한다.

(1) 대상적인 제약

범죄학으로부터 도출된 대책은 종종 형사정책의 대상범위를 일탈하는 경우가 있는데, 따라서 그와 같은 대책은 형사정책학으로부터 배제되어야 한다는 것이다. 예를 들면 빈곤이라는 상황이 재산범의 증가원인에 직결되어 있다고 밝혀지더라도, 이와 같은 빈곤을 해소하여야 한다고 하는 문제는 일차적으로 경제정책 내지 사회복지정책의 문제로서 받아들여야 할 사항이고 그것이 형사정책상의 문제가 되는 것은 극단적인 경우일 뿐일 것이다.

결국 형사정책의 대상으로 취급되어야 하는지 여부는 경험과학을 넘은 기술·재정 등의 정책적 차원에서 결정되는 것이다.

(2) 인권적인 제약

범죄방지대책의 유효성이 법칙적으로 밝혀진다고 해도 그것을 즉각 실시해서는 안 되는 경우가 많다. 형사정책은 권력작용으로서의 강제조치를 중심으로 하는 정책이기 때문에 대상자의 인권보장상의 문제를 항상 고려하지 않으면 안 되기 때문이다. 예를 들면 범죄를 되풀이하는 사람을 예방적으로 구금하면 범죄의 예방에는 확실히 유효하겠지만, 범죄를 반복할 우려가 있다고 해서 실제로 범죄를 저지르지 않았는데도 불구하고 예방적 차원에서 구금하는 것은 인권을 침해하는 것이 되어 허용되지 않을 것이다.

인권침해를 수반하는 범죄방지대책은 국민으로 하여금 형사사법을 불신하게 하는 결과가 될 것이고, 이렇게 되면 결과적으로 형사정책이 갖는 사회질서 유지라는 목적도 달성할 수 없게 될 것이다.

(3) 원인론적인 제약

현재의 범죄학은 일부 영역을 제외하고는 범죄의 원인 및 범죄에 이르는 과정에 관하여 실증가능한 과학적 법칙을 수립하는 수준에까지는 도달하고 있지 못한 실정이다. 또한 인간의 행동은 생물학적 혹은 소질적 요인, 사회적 혹은 환경적 요인이 복잡하게 뒤얽혀 있으면서 궁극적으로는 행위자가 주체적으로 결정하는 것이기 때문에 어떤 대책이 범죄방지에 유효할 것인가 하는 문제를 법칙적으로 해결하는 것은 곤란한 것이다.

(4) 법치국가적 제약

모든 형사정책적 구상은 언제나 일정한 국가상황과 밀접한 관계를 맺고 있으며, 특히 기본법상의 법질서 안에 묶여 있다. 따라서 형사정책의 최상의 원칙 및 기본의무는 형사사법 영역에서 형식적 및 실질적인 법치국가 원칙을 실현시키는 것이다.

오늘날 국가는 형벌권(Strafgewalt)의 독점적인 소유자로서 형벌권을 독점하고 있기 때문에 형벌은 단지 국가의 처분으로만 파악될 수 있으며, 형벌부과는 국가적인 절차를 통해서만 인정된다. 결국 형사사법은 전적으로 국가기능의 일부이기 때문에 먼저 형사사법은 국가적인 관점에서 파악되어져야 한다는 것이다. 그런 의미에서 형법이론도 헌법의 국가목적 규정, 즉 민주적 법치국가 및 사회적 법치국가라는 국가목적에 의해 정립되어야 할 것이고,[16] 형사정책도 이 법치국가적 이념에 의해 제약되어야 하는 것이다.

제 6 절 형사정책의 구성요소

정책의 구성요소는 정책목표, 정책수단, 정책대상, 정책산출 등이다. 따라서 형사정책도 이러한 요소로 구성된다.

(1) 정책목표

정책목표란 정책을 통하여 만들고자 하는 사회 또는 상태이다. 이 때 만들고자 하는 사회 또는 상태는 정책결정에 참여하는 사람들이 이룩하고자 하는 바람직한 사회 또는 상태이기 때문에 정책목표는 정책을 통하여 이룩하고자 하는 바람직한 사회 또는 상태라고 할 수 있다. 정책목표는 여러 가지 정책수단들 가운데서 가장 바람직하다고 생각되는 정책수단을 선택하는 기준이 되며, 정책을 집행하는 과정에서는 정책집행의 지침이 되고, 정책을 집행한 후에는 정책을 평가하는 기준이 된다.[17]

형사정책의 목표는 사회질서유지이다. 따라서 모든 형사정책적 수단 및 방법은 사회질서유지라는 차원에서 선택되고 평가되어야 하는 것이다.

16) 그런 점에서 '형법을 구체화된 헌법'이라고도 한다. R. P. Calliess, *Theorie der Strafe,* 1974, S. 94.

17) 노화준, 「정책학원론」, 박영사, 2003, 8면.

(2) 정책수단

정책수단 또는 정책도구란 정책목표를 달성하기 위하여 정부기관이 사용할 수 있는 각종의 수단이다. 정책수단에는 정책목표달성을 위하여 구사되는 실질적인 정책수단과 실질적인 정책수단을 작동시킬 수 있도록 하기 위하여 활용하는 보조적 정책수단으로 구분할 수 있다.

형사정책수단 가운데 가장 널리 활용되고 있는 실질적 정책수단들은 규제(規制), 유인(誘引), 자원투입(資源投入) 등이고 보조적 정책수단은 집행기관, 집행요소, 집행자금, 공권력 등이다.

(3) 정책대상

형사정책의 대상은 형사정책의 집행을 통하여 구조, 가치관, 문화, 질서, 규범, 행태 등을 바꾸고자 하는 개인이나 집단 또는 사회적·경제적·물리적 조건 또는 상태 등이다. 이들 정책집행의 대상들은 정책의 채택과 집행의 결과로 이익을 얻을 수도 있고 손실을 입을 수도 있기 때문에 정책의 채택이나 집행에 대하여 적극적으로 찬성하거나 순응하고 반대하거나 저항하기도 한다.

(4) 정책산출(政策産出)·성과 및 영향

형사정책산출(criminal policy outputs)은 형사정책의 집행으로 나타나는 일차적인 결과이다. 예를 들면 범죄예방프로그램에 의하여 적발되거나 검거된 범법자의 수 또는 개선된 범법자의 수가 그것이다.

형사정책성과(criminal policy outcomes)란 정책대상자들에게 일어난 변화이다. 예를 들면 범죄예방프로그램으로 연간 각종 범죄발생건수가 감소한 것은 범죄예방정책의 성과라 할 수 있다.

형사정책영향(criminal policy impacts)은 정책의 집행으로 사회에 나타난 변화이다. 예를 들면 범죄예방프로그램으로 질서의식이 회복되고 치안상태가 그 이전보다 좋아져 야간에도 마음 놓고 외출할 수 있게 되어 시민이 안정된 생활을 하게 된 것은 정책영향이라고 할 수 있다.

제 7 절 형사정책의 추진

앞에서 기술한 바와 같이 형사정책을 추진함에 있어서 범죄학의 성과에 입각하여 범죄방지대책을 강구하는 것이 가능한 영역은 그렇게 넓지 않기 때문에 먼저 대상상의 제약 및 인권상의 제약을 고려한 후에 범죄학의 성과를 근거로 하면서 유효하다고 생각되는 수단을 가능한 범위 내에서 강구하여 시행착오를 되풀이하면서 암중모색해야 할 것이다. 그리고 어떠한 범위에서 시행착오가 허용되는가에 관해서는 범죄학을 기초로 하면서 법적·규범적으로 판단하지 않으면 안 된다. 다시 말하자면 사실관계(즉 범죄현상과 원인)에 관한 과학적인 조사·연구를 토대로 이에 적합한 규범적 조치를 하는 것이 형사정책의 추진방법이다. 이 규범적 조치는 다음과 같은 4단계를 거쳐 추진될 수 있을 것이다.

첫번째 단계는 현재 각 형사사법기관에서 시행되고 있는 시책의 현황을 분석·평가하고 그 문제점을 찾아내는 것이다. 즉 현재 범죄자를 다루고 있는 제반시설 및 조치를 재검토하는 것이다.

두 번째 단계는 앞의 단계에서 도출된 문제점을 중심으로 가능한 개선방안들을 검토하는 것이다. 여기에는 선진제국의 법제 및 기구들, 그리고 국내외 학자들의 견해가 참고될 것이다.

세 번째 단계는 검토된 여러 개선방안 가운데 우리 현실에 가장 적합하다고 생각되는 것을 몇 가지 선택하여 일정기간 실험적으로 실시하여 문제점을 검토하고 다듬는 것이다.

마지막으로 네 번째 단계는 실험실시결과 가장 적합하다고 판단되는 것을 선택하여 실시하는 것이다. 이 최종선택에 참고하여야 하는 기준은 유용성, 실행가능성, 인도성이다. 즉 최종적으로 선택되는 형사정책의 수단은 그것이 범죄방지를 통한 사회질서유지라는 형사정책적 목적을 효율적으로 달성할 수 있어야 하며, 또한 그것이 실행가능한 것이어야 한다. 여기서 말하는 실행가능성은 경제적인 측면과 정신적인 측면의 실현가능성을 의미한다. 다시 말하자면 그 수단을 사용하는 데 있어서 재정적인 뒷받침이 가능한지 여부와 그 수단이 당해 사회구성원의 법감정 내지는 가치관에 합당하느냐 여부이다. 아무리 효율적이고 경제적인 방책이라 하여도 그 사회구성원의 법감정 또는 가치관에 배치되는 것은 실현될 수 없기 때문이다.

그러나 이와 같이 유용성과 실현가능성이 있다고 하여도 그것이 비인도적일 때는 선택해서는 안 된다. 비인도적인 수단은 정의감정에도 반할 뿐만 아니라 결과적으로 사회구성원의 동의를 얻기도 힘들 것이다. 인도성의 원칙은 현실의 법적 확신보다 고차원적인 개념으로써 현실의 법적 감정이 아무리 이를 받아들이더라도 보다 고차원적인 가치인 인도성에 반하면 최선의 방안이라 할 수 없다.

결국 형사정책을 추진함에 있어서 범죄현상과 범죄원인에 관한 과학적 인식을 근거로 하면서 당해 수단의 효율성, 불가결성(不可缺性), 적합성 등을 종합하여 판단하고, 그 수단의 유효성과 그 실시에 수반하여 파생되는 폐해와를 비교 · 형량하여 최선의 방책을 선택하여야 할 것이다.

제 2 장

형사정책의 역사[1)]

범죄방지대책은 공동사회생활에 있어서 불가결한 것이기 때문에 형사정책은 인류가 사회생활을 시작한 시점부터 존재하였다고 하는 것이 옳을 것이다. 그러나 범죄방지를 위하여 적절하고 유효한 수단을 추구하고, 국가의 체계적인 시책으로서 형사정책을 추진한다고 하는 자각이 생기게 된 것은 유럽의 계몽기에 이르러서이다. 즉 근세에 이르러 극심한 사회·정치·경제적인 변동을 겪음과 함께 자연과학의 급진적인 발전을 이루었고 이를 이용하여 사회과학분야에서도 '과학적·실증적 연구방법'이 형사정책분야에도 도입되기 시작함으로써 이전의 형사정책과 그 내용과 방법에서 크게 차이가 나게 된 것이다.

제 1 절　근세 이전의 형사정책

아직 범죄연구에 있어서 과학적·실증적 연구방법이 도입되기 전인 근세 이전의 형사정책은 반사회적인 행위의 객관적인 태양(様態)에 대응하는 형벌이 중심이 되었다. 따라서 이 시대의 형사정책은 곧 형벌정책이라고 할 수 있다. 그리고 이 시대의 형벌의 특징은 지배자의 권위유지, 응보, 속죄를 내용으로 하는 가혹하고 비인도적인 것이었다. 이와 같은 형벌제도 중심의 형사정책은 크게 두 가지 단계로 나누어 볼 수 있다.

(1) 복수주의시대(復讐主義時代, periode de vengeance)

고대 원시국가에서 찾아볼 수 있었던 제도로 가해자인 범죄자에 대하여 피해자측이 직접 개인적 또는 집단적으로 복수를 하는 것이 용납되고 이로써 형사정책적 목적이 달성된 것으로 생각한 시대이다. 이 복수의 방법도 처음에

1) 형사정책의 역사에 관해서는 大谷實,「刑事政策講義(第四版)」, 東京: 弘文堂, 1996, 6-13면; 愼鏞揆,「犯罪學 兼 刑事政策(刑事司法政策論)」, 法文社, 1990, 49-71면 참조.

는 피해의 정도나 상황과는 상관없이 무제한적인 복수를 허용하는 소위 '피의 복수'(Blutrache)라는 제도에서 피해와 보복의 균형을 요구하는 '동해보복'(同害報復, lex talio)으로 발전했고, 이어 피해를 곡식이나 화폐 또는 노무의 제공 등과 같은 물질적인 것으로 보상하는 '속죄금'(贖罪金, Sünden Lohn)제도로 발전했다.

특히 이 속죄금제도는 그것이 비신체적이라는 점에서 앞의 두 제도에 비해 인도적이라 할 수 있으나 그것도 초기에는 육체적인 복수에 덧붙여서 행해지다가(즉 가해자에게 피의 복수를 함과 동시에 가해자의 재산을 몰수하는 것) 점차 선택적인 것(즉 피의 복수와 가해자의 재산을 몰수하는 것 양자 중에 하나를 선택)으로 변화해 갔고, 후에는 범죄의 종류에 따라 다르지만 피해를 가해자의 재산으로 변상하는 것으로 발전하였다. 이 피해를 가해자의 재산으로 변상하는 제도로부터 재판상의 양형제도가 발전했다고 한다. 즉 피해와 가해의 정도를 판단하여 속죄금의 분량을 결정한 것이 오늘날의 양형제도의 시초가 된 것이다.

(2) 위하주의시대(威嚇主義時代, periode d'itimidation)

절대군주국가 또는 중세 종교국가에서 중앙집권적 통치체제를 확립하고 유지하기 위해 엄격하고 가혹한 형벌을 시행한 시대이다. 범죄는 신의 대리인인 통치자에 대한 도전으로 간주되었고, 따라서 통치자의 권위를 유지하기 위해 형벌은 가혹하고 엄격하였다. 그러므로 이 시대의 형벌정책 또는 형사정책의 기조는 위하적 억압(威嚇的 抑壓)이라고 할 수 있다.

이와 같은 위하적인 형벌은, 특히 중세 말엽에 이르러 더욱 가혹하게 되었는데, 그것은 그 때 계몽주의 사상이 싹트면서 인본주의 또는 인도주의가 주창되었고, 따라서 그 때까지 유지되어 온 절대군주체제가 동요하기 시작하면서 이에 대응하여 더욱 강력한 통치정책이 요구되었고 그 일환으로 가혹한 형벌이 대두된 때문이다.

제 2 절 근대의 계몽사상과 형사정책

1. 형사정책에 있어서 계몽사상의 반영

새로운 형사정책의 태동이 런던이나 암스테르담과 같은 자본주의의 선구적 도시를 중심으로 나타난 것은 그 곳에서 근대적인 시민계급의 인도주의, 합리주의의 사상이 싹트고 있었기 때문이다. 이 사상은 머지않아 18세기 유럽의 계몽사상으로서 꽃을 피운다.

계몽사상의 중심은 전통과 권위로부터 개인의 해방을 지향하고, 이성(理性)을 지상(至上, 최상)으로 하는 개인주의, 합리주의이다. Cesare Beccaria (1738-1794년), Anselm v. Feuerbach(1775-1833년), Jeremy Bentham(1748-1832년) 등의 계몽사상가들은 이와 같은 견지로부터 중세의 권위적인 형벌제도를 철저하게 비판했던 것이다. 즉 모든 형벌제도는 범죄방지를 위해 필요하고 유효하기 때문에 정당화된다. 따라서 심리강제설(心理強制說)에 입각한 일반예방의 한도를 초과하는 형벌은 옳지 않다고 하는 견지로부터 합리주의적·공리주의적인 형벌관(刑罰觀)을 수립하고, 불합리하고 비인도적인 범죄자 처우를 배척하여야 한다는 형사정책을 주장한 것이다.

이와 같은 계몽사상은 유럽 각국의 형사정책에 반영되었다. 프랑스에서는 인권선언(1789년)에 그 주장이 반영되었고, 1791년 프랑스 형법전, 특히 1810년의 나폴레옹 형법전은 계몽사상의 형법적인 집약이라고 불린다. 그리고 사형을 중심으로 한 잔혹한 권위주의적인 형사정책적 사고(思考)는 후퇴하고 개선을 목적으로 하는 자유형이 형벌의 중심으로 자리 잡으면서 신체형 및 추방형도 폐지되기에 이르렀다.[2)]

독일에는 프러시아 계몽군주라 불리는 프리드리히대왕에 의해 사형의 제한, 추방형의 폐지 등 형벌의 완화가 시도되었고, 이어 개량된 형벌제도를 실은 프러시아 형법이 프러시아 일반법에 편입되었다. 같은 시기에 영국에서도 부조화, 불합리, 모순, 야만덩어리라고 평가된 당시의 형벌제도의 개선이 추진되어 19세기 초에 이르러서는 그 개혁이 대부분 실현되었다고 한다.

2. 형법개혁운동과 감옥개량운동

이와 같은 계몽주의사상은 지금까지 피동적이고 객체적인 존재로 파악되었던 국민이 능동적이고 주체적인 존재로 파악되면서 형사정책분야, 특히 그 가운데서도 행형분야에서 인본주의에 입각한 인도주의적 처우라는 개념이 도입된다. 이와 같은 변화는 두 가지 방향으로 전개되어 왔는데, 그 하나는 형법

2) 프랑스 인권선언 제 8 조는 "법은 절대적으로 그리고 명백히 필요한 것 이상의 형벌을 과해서는 안 된다"고 규정하였고, 1810년의 프랑스 형법전은 사형에 해당하는 범죄를 축소함으로써 Beccaria의 사상을 받아들였다.

개혁운동이고 다른 하나는 감옥개량운동이다.

형법개혁운동(Criminal Law Reform Movement)은 이탈리아의 법사상가 Cesare Beccaria(1738-1794년)가 처음 제창한 것으로 영국의 J. Bentham (1748-1832년), 독일의 A. v. Feuerbach(1775-1883년), 프랑스의 C. L. Montesquieu(1689-1755년) 등이 그 지지자들이다.

Beccaria는 그의 저서 「범죄와 형벌」(Dei Delitti e delle Pene, 1764)에서 "형벌의 목적은 오직 범죄자가 시민들에게 새로운 피해를 입히는 것을 예방하고, 타인들이 유사한 행위를 하지 못하도록 억제시키는 데 있을 뿐이다. 따라서 형벌 및 그 집행에 있어서는 범죄와 적정한 균형을 유지하면서, 사람들의 마음 속에 무엇보다 강렬하고 지속적인 인상을 주는 동시에 범죄자의 신체에 대해서는 가능한 한 고통을 덜 주는 방법을 선택하지 않으면 안 된다"고 하여 형벌의 비례성,[3] 잔혹한 형벌의 배척, 그리고 형벌의 위하적 효과를 주장하였다. 그리고 이러한 형벌의 범죄방지효과는 반드시 형벌의 강도에 의해서만 결정되는 것은 아니고 그 집행의 신속성 · 정확성(다른 말로 필벌성[必罰性]) 및 공평성에 의해서도 좌우됨을 주장하고 이에 의거한 형벌제도의 개혁 및 완화를 주장하였다.

또한 그는 사회계약설을 기초로 국가의 형벌권은 시민이 사회계약에 의해 부여한 필요한 최소한의 것에 한해 행사되어야 한다고 주장하고, 이것을 초월하는 형벌권의 행사는 권력의 남용일 뿐이라고 하면서 형벌권의 제한을 요구하였다. 그리하여 시민의 자유로운 행동을 보장하기 위해서는 ① 무엇이 범죄이고 이에 대해 부과되는 형벌은 무엇인가를 먼저 법률로 명확하게 정하는 것이 필요하고(죄형법정주의[罪刑法定主義]), ② 이렇게 법정(法定)된 형벌은 빈부귀천에 구애되지 않고 모두에게 평등하게 부과되어야 하며(형벌적용의 평등화), ③ 범죄와 형벌 사이에는 균형이 필요하며, 그 척도는 범죄자의 주관적인 의사가 아니고 사회에 미치는 손해의 대소라는 것(형벌균형주의와 객관주의). ④ 고문과 밀고제도를 폐지하고, ⑤ 미결구금을 제한할 것 등을 역설하였다.

한편 감옥개량운동(Prison Reform Movement)은 형법개혁운동과 거의 같은 시기에 박애주의자이자이자 감옥개량운동의 아버지로 불리는 영국의 John

3) 그는 "하나의 형벌이 그 목적을 달성하기 위해서는 범죄자가 그 형벌에 의해 받게 되는 손해가 범죄로부터 얻은 이득을 약간 넘어서는 정도가 되지 않으면 안 된다. 이 정도를 넘는 모든 처벌은 불필요한 것이고 폭압적인 처벌에 해당한다"고 하여 범죄와 형벌의 균형을 주장하였다 (Beccaria, 같은 책).

Howard(1726-1790년)에 의해 주창되었다. 그는 1777년에 출판된 그의 저서 「잉글랜드와 웨일즈의 감옥상황」(*State of Prison in England and Wales,* 1777) 에서 당시의 비참하고 부패했던 영국 감옥의 상황을 고발하고 인도주의적이고 합리적인 범죄자 처우를 주장하였다. 그의 제창에 의해 이루어진 독거구금은 곧 영국에서 독거방형무소의 건설로 이어졌다.

이와 같은 감옥개량운동은 이어 미국에도 파급되었는데, 미국에서는 퀘이커교도의 경건주의(敬虔主義, Pietism)와 감옥개량운동이 결합되어 활발하게 추진되었다. 그 결과 1790년에는 필라델피아에 기도원을 중심으로 하는 완전독거방식의 형무소가 건설된 것을 시초로 그 후 어떻게 하면 개선적인 처우를 할 수 있을까 하는 견지에서 미국 각주에서 감옥의 개량이 추진되었다.

3. 범죄자의 개선을 목적으로 한 징치장(懲治場)의 등장

근세 초기의 자본주의의 발달에 수반한 경제적 · 사회적 구조의 변화는 형사정책에도 많은 변동을 가져왔다. 특히 생산양식의 변화에 의해 생활의 기반을 박탈당한 농민 등이 걸인이나 부랑자로 전락하여 재산범의 상습자가 되는 경우가 많았다고 한다. 말하자면 '빈곤한 실업자에 의한 대량범죄'라고 하는 현상이 출현한 것이다. 이 새로운 범죄현상에 대하여 잔혹한 형벌에 의한 범죄방지대책은 무력했다. 빈곤에 의한 범죄를 방지하기 위해서는 빈곤의 구제와 증산이 우선적으로 필요한 것이었기 때문이다.

이러한 상황에서 노동을 통하여 범죄자를 개선할 수 있다고 하는 Howard의 생각이 구체화된 것이 영국의 Bridewell 징치장이다. 후에 근대적인 형사정책의 맹아(萌芽)로 주목을 받게 되는 이 영국의 Bridewell 징치장은 처음에는 빈민의 구제 및 증산을 목적으로 하는 작업시설로서 1555년에 런던에서 설립되었으나, 머지않아 수용장 안에 빈곤한 범죄자의 점유비율이 증가하게 됨으로써 Bridewell 징치장은 형사사법시설로서의 성격이 강해지고, 그리하여 작업에 의한 범죄자의 개선을 목적으로 하는 시설로 기능하기에 이르렀다.

성실한 노동을 통해 범죄자를 개선한다고 하는 이와 같은 형사정책은 네덜란드의 암스테르담 징치장에서 보다 적극적으로 추구되었다. 암스테르담 징치장에서는 나태한 범죄자에게 노동의욕을 갖게 하고 정신수양 기타 교육을 실시하는 것을 목적으로 하여, 1595년에 남자를 위한 징치장이 또한 1597년에는 여자를 위한 방적장(紡績場)이 함께 수도원 안에 설치되고, 1603년에는 불량소년을 위한 특별징치장이 설립되었다.

이와 같은 시설은 범죄자의 개선을 목적으로 하는 새로운 형벌제도로서, 특히 자유형의 집행에 이용되었고, 이러한 유형의 형벌집행은 인도적인 것만이 아니라 범죄자의 갱생에도 유효했기 때문에 다른 나라에도 파급되어 17세기 전반에는 많은 나라가 같은 유형의 시설을 설립했다고 한다. 따라서 이 암스테르담 징치장의 건설은 근대적인 형사정책의 여명을 예고하는 최초의 사건이라고 한다.

제 3 절 과학주의의 발흥(勃興): 실증주의적 형사정책의 대두

계몽기 형사정책의 방법을 합리주의·인도주의로 특징짓는다면 19세기 후반의 형사정책사조는 과학주의이다. 19세기의 유럽은 모든 분야에 있어서 경험과학의 방법론이 침투한 시대이고, 형사정책의 분야도 그 예외는 아니었다. 즉 범죄의 원인을 경험과학을 이용하여 규명하고, 그것을 토대로 근본적 대책을 강구하는 연구가 두드러진 것이다.

Cesare Lombroso(1836-1909년), Enrico Ferri(1856-1929년), Raffaele Garofalo(1852-1934년) 등과 같은 이탈리아 실증학파의 학자들이 범죄원인의 과학적 연구의 필요성을 설파함과 동시에 과학적인 범죄방지대책의 수립을 주장한 대표적인 학자들이다. 실증학파의 연구는 인류학 내지 생물학의 견지로부터 범죄원인을 해명하려고 하는 것이지만 동시에 사회적 원인의 규명에도 관심을 둔다. 프랑스에서는 E'mile Durkheim(1858-1917년) 등의 사회학자의 영향을 받아 범죄의 사회적 원인에 주목한 연구가 주류가 되고, Alexandre Lacassagne(1843-1924년) 등에 의한 리옹학파(환경학파)가 형성된 것도 이 시기이다.

이 시기의 유럽은 자본주의의 모순이 현저하게 나타나 빈곤한 노동자, 실업자의 격증이라고 하는 심각한 사회문제에 직면하고 있었다. 사회의 급격한 공업화 도시화와 더불어 범죄, 특히 누범·상습범이 비약적으로 증가하는 상황이었기 때문에 범죄원인을 사회적인 조건에서 구하는 경향이 강한 것은 당연한 결과였을지도 모른다. 그리하여 실증학파들은 범죄는 생물학적 원인, 물리적 원인 및 사회적 원인이 복합하여 발생하는 것이고, 따라서 범죄로부터 사회를 방위하기 위해서는 사회정책을 충실하게 함과 동시에 범죄를 행할 위험이 있는 자에 대하여는 개선에 의해 그 위험성을 제거해야 한다고 주장한다.

한편 범죄의 원인을 개인의 인류학적 또는 생물학적 특성에서 찾으려고 하는 입장에서는 발생된 범죄 그 자체와는 상관 없이 개개의 범죄자에 적합한 과학적인 개선처우를 하지 않으면 안 된다고 하는 교정주의적(矯正主義的) 처우를 제창하였다. 그리하여 19세기 후반부터 20세기 초반에 걸쳐서 범죄자의 개선이라고 하는 교정주의적 형사정책이념이 확립된 것이다.

범죄원인의 연구는 20세기 후반에 들어와 사회학적 방법에 의한 거시적 분석과 범죄생물학, 범죄정신의학, 범죄심리학 등의 자연과학적 방법에 의한 미시적 분석을 통해 추진되고, 이와 같은 분석을 통해 밝혀진 원인에 대응한 과학적인 범죄방지대책의 연구가 형사정책의 중심을 점하게 되었고, 현재도 그 연장선상에 있다고 볼 수 있을 것이다.

제 3 장

교정주의와 형사정책

제 1 절 교정주의(矯正主義) 이념의 출현

오늘날 형사정책의 이론과 실무적 차원에서 제기되고 있는 비행 또는 범죄의 대책에 관한 기본 틀은 크게 두 가지로 분류할 수 있다.

그 하나는 응보적(應報的) 패러다임으로, 비결정론적(非決定論的)인 입장에서 개인의 자유의지를 전제로 범죄행위에 대한 도덕적 책임을 묻고 그에 상응하는 형벌(punishment)을 부과하는 것이고, 다른 하나는 교정적(矯正的) 패러다임으로 결정론적(決定論的) 입장에서(따라서 이 입장에서는 개인의 자유의지는 무시되는 것으로 생각한다) 범죄행위를 그 개인이 가지는 내적 · 외적 조건, 즉 소질과 환경의 산물로 보고, 이와 같은 범죄적 조건을 개선 내지는 제거하기 위한 범죄자의 처우(treatment)를 강조하는 것이다. 전자가 '범죄행위'에 중점을 두고 있는 범죄대책이라면(객관주의), 후자는 '범죄자'를 대상으로 하는 범죄대책이라고 하겠다(주관주의).

근대 이전부터 시행되어 온 사형, 유배형(流配刑), 신체형 등을 중심으로 하는 응보적 성격의 가혹한 형벌들은 근대에 접어들면서 Beccaria를 비롯한 근대 고전주의학파들에 의해 완화되고 제한되었다고는 하나, 여전히 형벌의 응보적 성격은 인정되고 있었다. 즉 이들 근대 고전주의학파의 형벌이론에서도 형벌의 주된 목적은 응보에 있으며, 형벌에 범죄억제기능이 있다면 그것은 형벌의 위하력(威嚇力)에 의하여 일반국민으로 하여금 범죄를 저지르지 못하게 하는 일반예방적 효과가 있을 뿐이라고 주장했었다. 따라서 그 때까지는 범죄인의 도의적 속죄를 위한 엄격한 형벌만이 강조되었고 범죄인의 재사회화문제는 아직 관심 밖의 일이었다.

그러다가 당시 성행했던 계몽주의사상을 배경으로 일어난 감옥개량운동과 19세기에 접어들면서 태동하기 시작한 과학적 실증주의의 영향을 받아, 형벌의 본질이 규범적 응보라는 기존의 형벌이론에 이의를 제기하고, 형벌은 범죄인의 개선과 교화(矯化)를 통한 사회복귀에 그 의의가 있다고 하는 이른바 교정주의 이념이 등장하게 된다.

범죄인은 일종의 비정상인, 즉 병자이므로 그에 대해서는 형벌이 아니라 개선 및 치료를 위한 이른바 '처우'(處遇, treatment)가 행해져야 한다고[1] 주장하는 이 교정주의적 입장은 19세기와 20세기를 거쳐 오는 동안 세계 각국의 형사정책이론과 실무를 지배하는 이념이 되었다.[2]

특히 이 이념은 소년사법에서 소년범법자가 처우를 받지 못하면 성인범죄자가 될 것이고, 소년범죄자는 특히 교정적 처우에 적합하다는 가정[3]을 전제로 교육적·복지적 처우 및 개별화된 처우전략을 제시하게 된다. 오늘날 각국의 소년사법정책에서 추구되고 있는 소년법원제도, 부정기형, 보호관찰제도, 사회봉사명령, 소년원 및 기타 여러 보호기관의 교정적·치료적 프로그램 등이 바로 이 교정주의 이념의 정책적 표현인 것이다.

한편 이 교정주의 이념은 1960년대 초 낙인이론(烙印理論, labelling theory)으로 대표되는 사회반응이론(社會反應理論, social reaction theory)들에 의해 도전을 받게 된다. 기존의 교정주의적 이론들이 실증주의적 인식론에 입각한 원인론적 방법을 추구하는 반면, 낙인이론은 "사회반응이 일탈을 만들어 낸다"고 주장함으로써 일탈과 범죄를 생산해 내는 규범 자체와 범죄통제에로 분석의 초점을 돌리는 규범론적(規範論的) 방법을 추구함으로써 반교정주의적(anti-correctionalism)인 입장에 선다. 그 결과 이 낙인이론의 정책적 표현으로서 불간섭주의 내지는 사법외처우(司法外處遇, Diversion)[4]라는 새로운 정책적 모델이 출현하게 되는 것이다.

오늘날의 비행 또는 범죄정책을 검토함에 있어서 그 배경이 되는 이론들을 분석·검토한다는 것은 그 정책의 현상을 파악하고 장래의 방향을 가늠하는데 의미 있는 일이 될 것이다. 또한 특정정책을 지지하는 이론구조는 그 정

1) Philip Bean, *Punishment,* Oxford: Martin Robertson, 1981, p. 54.
2) 근대 이후의 이러한 형사정책의 특징을 가리켜 F. A. Allen은 '교정이념의 지배'(dominance of the rehabilitative ideal)라고 표현하고 있다. F. A. Allen, "Criminal justice, Legal Value and the rehabilitative Ideal," *Journal of Criminal law and Criminology,* 1959, pp. 226-232.
3) Anna Louise Simpson, "Rehabilitation as the Justification Separate Juvenile Justice System," *California Law Review,* vol. 64, 1976, pp. 984, 1003.
4) 전환처분(轉換處分)이라고도 번역한다. 이에 관해 상세한 것은 제 4 편 제 2 장 제 4 절에 후술한다.

책을 가능케 하는 이념적 근거라기보다는 정책을 실행함에 있어서 실무자나 학자들이 구체적으로 펴나가는 자체 논리라고 할 수 있다. 물론 특정정책을 분석대상으로 할 때 그것에 대한 접근방법은 이론적 측면과 실제적 측면의 양 영역에서 이루어지는 것이 바람직하다. 그럼에도 불구하고 그 정책의 배경이 되는 이론적 측면에 대한 분석이 우선적으로 행해져야 한다고 생각하는 이유는 이론에 대한 분석 자체가 나름대로의 사회적 역학관계에 관한 해명을 함유하고 있기 때문이다.

이론은 그 자체가 힘의 행사방법이다. 즉 그것들은 단순히 사회의 물적 조건(物的 條件)들을 배치하는 데 따르는 종속변수적(從屬變數的) 반영물이 아니라, 그 자체가 독자적인 역학관계를 갖는 독립변수(獨立變數)로 기능하며 나름대로의 힘의 행사를 내포하고 있는 것이다.[5] 따라서 제 정책들이 지니는 이론구성 그 자체가 나름대로 우리 사회에서 힘의 행사모습을 띤 기능원리로 작용하는 것이고, 그것이 갖는 실제적 측면은 바로 이와 같은 이론구조에서 비롯된 외적 표현의 하나라고 볼 수 있다. 그런 의미에서 이론적 측면의 분석은 실제적 측면을 분석하는 기준 내지는 방향으로서의 기능을 기대할 수 있을 것이다.

제 2 절 교정주의의 개념과 비판

1. 교정주의의 개념

(1) 교정주의의 의의

교정주의를 한 마디로 정의한다는 것은 불가능하다. 그 이유는 교정주의 사상이 싹트고 발전되어 온 역사적 과정 속에서 그 이념이 그 때마다의 의미와 목적으로 주장되었고, 심지어는 서로 상반되는 내용을 가진 사회정책들이 교정주의 이념을 표방해 왔기 때문이다.[6] 그럼에도 불구하고 이 교정주의 이

5) 이와 같은 관점에 관한 참고문헌으로는 M. Foucault, M. Foucault, *The Archaeology of Knowledge*(New York: Pantheon Books, 1972); M. Foucault, *Discipline and Punish*(London: Allen Lane, 1977); C. Gordon(ed.), *Power and Knowledge*(Brighton: The Harvester Press, 1980) 등이 있다.

6) J. P. Conrad가 교정주의의 역사는 범죄인을 변화시키기 위해 무엇을 할 수 있는가를 알아내기 위한 끝없는 실험의 역사라고 할 만큼 교정주의를 표방한 다양한 제도들이 제안·시행되어 왔다. Ineke Haen Marshall, "Correctional Treatment Process: Rehabilitation Reconsidered," Roy R. Roberg and Vincent J. Webb, eds., *Critical Issues in Corrections*(St. Paul: West Publishing Co., 1981), p. 23.

념의 역사적 변이과정에서 공통적으로 전제되어 온 본질적인 개념을 파악하려는 시도는 가능할 것이다.

형벌이 신(神)의 질서 내지는 의지를 거역한 데에 대한 응보(절대적 응보)로서의 의미를 가졌던 고대와 중세의 특정시대를 제외하고,[7] 형벌은 범죄로부터 사회질서와 평화의 유지 및 회복을 그 궁극적인 목적으로 하고 있기 때문에 그 목적을 위해 개인 또는 사회를 어떻게 통제하고 조정하느냐 하는 범죄통제의 수단으로 논의되어 왔다.

이와 같은 범죄통제의 효과적인 수단으로서의 형벌을 논의하기 위해서는 우선 그 대상인 범죄가 무엇이고 어떻게 발생하였고, 그 특징은 무엇인가가 밝혀져야 한다. 정책대상에 대한 확실한 인식이 없이는 효과적인 정책수단을 강구할 수 없기 때문이다. 결국 범죄를 어떻게 파악하느냐 하는 것은 그것에 관한 정책적 입장을 방향지우는 사상적 내용을 결정하게 될 것이고, 교정주의의 개념도 이와 같은 차원에서 설명이 가능한 것이다. 그런 의미에서 여기서는 먼저 19세기 후반에 자연과학의 발달과 더불어 태동한 실증주의 범죄학을 기반으로 설명되었던 교정주의의 이념을 중심으로 살펴본다.[8]

실증주의 범죄학파의 일원이었던 F. A. Allen은 교정주의에 관해 다음과 같이 정의하고 있다.

"교정주의 이념이란 형벌적 처우의 주요목적(primary purpose)이 유죄가 확정된 범죄자의 성격, 태도, 행동에 변화를 줌으로써 바람직하지 않는 행위(unwanted behavior)에 대한 사회방위능력을 신장시키고, 범죄자의 복지와 행복(welfare and satisfication)에 기여하는 것이다."[9] 이 Allen의 교정주의 이념에 관한 개념정의로부터 다음과 같은 몇 가지 의미를 추출할 수 있을 것이다.

첫째, 교정주의가 지향하는 형벌수단은 범죄자 개인을 긍정적으로 변화시키는 목적에 합당해야 하는 것이다.

둘째, 교정주의가 궁극적으로 추구하는 목표는 사회방위뿐만이 아니고 범죄자 개인의 복지와 행복이다. 따라서 형벌은 단순히 범죄행위 그 자체에 대한

7) 18세기 초까지만 해도 범죄에 대한 사회의 반응은 엄격하고 무자비하고 잔인한 형태의 형벌이었다. 또한 범죄와 형벌은 균형을 이루지 않았고, 공포를 자아내고 국민에 대한 통치자의 우월성을 나타내기 위해 공개적으로 집행되었다. Gray Cavender, *Parole: Critical Analysis*(Port Washington: National Uni. Publication, 1982), p. 17.

8) 실증주의 범죄학과 교정주의에 관해서는 吳英根, "犯罪人의 社會內處遇에 관한 硏究," 서울대학교 박사학위논문, 1988, 7-11면 참조.

9) F. A. Allen, *The Decline of the Rehabilitative Ideal*(New Haven and London, 1981).

응보에 그쳐서는 안 되고 범죄인이 장래에 다시 범죄를 저지르는 것을 방지하는 것이어야 한다. 그렇기 위해서는 형벌은 유전적 · 환경적 조건을 각각 달리 가지고 있는 범죄자 개개인에 적합하도록 시행되어야 하고, 나아가 형벌이 범죄통제의 기능을 원만히 수행하지 못한다고 할 때는 다른 수단으로 대체되어야 한다.

셋째, 형벌은 행해진 범죄의 종류에 의해 정해지는 것이 아니라 범죄인의 자질 및 성격에 의해 결정되어야 하는 것이다.

이와 같은 교정주의 이념은 다음과 같은 기본전제로부터 출발한다.

첫째, 결정론적 인간관을 그 전제로 하고 있다. 특히 실증주의 범죄학파의 논거에 의하면, 인간의 행위는 생물적 · 사회적 요인에 의해 전적으로 지배되며 그렇기 때문에 범죄인이란 이런 제 요인들에 의하여 일종의 비정상인, 즉 병자로 전락한 자이다. 따라서 이 입장에서는 종래의 도의적 책임론에서 전제되었던 인간의 자유의지는 원시적으로 부정되게 된다.

결국 이렇게 보면 인간의 행위는 의지에 의해서 변화시킬 수 없는, 다시 말하면 그 자신의 의지와는 상관 없이 이미 그렇게 하도록 결정지어진 것이라는 것이 된다. 이처럼 교정주의는 인간의 자유의지를 부정하고 인간행위를 법칙지배적(法則支配的) · 결정론적 산물로 이해함으로써 인간행위(범죄행위 · 일탈행위[逸脫行爲])의 원인을 실증적이고 과학적으로 탐구하고 그 결과에 따라서 대책을 강구한다. 이는 과학적 실증주의의 당연한 결과이다.

둘째, 교정주의 이론은 범죄원인을 개인적 차원에서 파악한다. 즉 범죄를 일종의 개인적 병리현상으로 이해하여 범죄인은 여러 요인—내적 · 외적 요인, 즉 소질적 · 환경적 요인—들에 의해 만들어진 일종의 비정상인(병자)으로 치료를 필요로 하는 존재라는 것이다. 따라서 이러한 병리적 존재에 대해서는 인도주의적 견지에서 책임에 따른 형벌(punishment)보다는 개선을 위한 처우(correctional treatment)가 행하여져야 하며,[10] 그러므로 유죄선고를 받은 범죄인을 처우하기 위하여 사용되는 수단은 치료적 기능(Therapeutic function)을 갖는 것이 될 것이며, 그에 따라 범죄인을 건전한 시민으로 혹은 적어도 재범하지 않도록 교정되어져야 한다는 것이다.[11]

셋째, 실증주의 범죄학을 기반으로 하고 있는 교정주의 이론은 전통적인

10) Philip Bean, *op. cit.*, 1981, p. 55.

11) Weihofen Heny, "Punishment and Treatment," *Theories of Punishment*(Bloomington: Indiana Univ. Press), p. 255.

법적 범죄개념[12]에 기초하고 있다. 1940년대를 기점으로 이와 같은 전통적인 법적 범죄개념에 대한 논쟁이 범죄학 영역에서 제기되었지만 여전히 주류범죄학이 상정(想定)하는 기존 범죄개념을 탈피하지 못하고 있으며, 교정주의 이론 역시 이 전통적·법적 범죄개념을 근거로 하고 있는 것이다.[13]

교정주의 이념이 갖는 이와 같은 기본전제로부터 실제 정책적 측면에서는 이전의 행형정책과 구별되는 몇 가지 특징을 갖게 되는데, 즉 처우의 개별화(individualization), 형의 부정기화(indeterminacy), 그리고 형사사법관의 광범위한 재량권(discretionary power)행사가 그것이다.

이것들은 범죄인을 개선·교화하기 위해서는 그 개인의 특성에 맞는 처우가 각기 행해져야 하며, 범죄인을 구금하는 것은 징벌적 목적을 달성하기 위한 것이 아니고, 교정을 위한 수단으로 행하는 것이기 때문에 범죄인은 그 범죄성(criminality)이 치료될 때까지 구금될 수 있는 것이고, 아울러 이와 같은 개별적 처우방법을 결정하고 개선·교정의 정도를 평가하기 위해 담당기관에게 재량권을 광범위하게 부여하여야 한다는 논리에 근거한다.

이상과 같은 내용적 특질을 지닌 교정주의는 19세기 말경에서부터 20세기 전반에 이르는 동안 미국을 위시하여 세계 각국의 형사학과 형사정책, 특히 소년사법 영역을 지배하는 이론적 배경이 되어 오고 있다.

(2) 교정주의 이념의 특색: 개념의 복합성[14]

교정주의 이념은 여러 요소가 복합적으로 얽혀 있다. 이를 분석·정리하면 첫째, 범죄인 교화의 사상은 자유의지론과 결정론이라는 근본적인 인간관의 대립과 관련하여 주로 결정론의 입장에 서는 사람들에 의해 주장되어 왔지만,[15] 반드시 일관된 것은 아니고 경우에 따라서는 인간에게 어느 정도의 자유의지를 인정하는 입장에서도 주장되어 왔다.

---

12) Feuerbach에 의해 확립된 죄형법정주의가 형법을 지배하는 기본이념이 된 이래, 형법학상 범죄는 '형사법규정을 위반하여 형사제재의 대상이 될 수 있는 행위'로 이해되어 왔고 이를 전통적·법적 범죄개념이라고 한다.

13) 교정주의 이론이 전통적인 범죄개념에 입각하고 있다는 사실은 후일 비판범죄학의 주된 비판근거가 된다. American Friends Service Committee, *Struggle for Justice*(Philadelpia: Hill & Wang, 1971), p. 84.

14) 이것에 관해서는 李昇鎬, "보안처분 이데올로기 비판,"「法學硏究(제 7 권)」, 忠北大學校法學硏究所, 1995, 73-82면 참조.

15) 교정주의 이념은 형법학상으로는 이른바 신파, 범죄학상으로는 실증주의 범죄학으로부터 출발하였으며, 이는 모두 Lombroso의 결정론에서 비롯된다. 이에 대한 자세한 설명은 Johnson Elmer Hubert, *Crime, Correction and Society,* 4th ed., The Dorsey Press, 1978, pp. 49-72 참조.

예를 들면 Hegel의 형벌론이 그러한 경우이다. Hegel은 형이상학적인 인간의 자유의지를 사상의 근본에 두면서도 형벌을 통한 범죄인의 교화를 형벌의 중요한 목표로 설정하였다.[16] 아울러 교정주의의 주된 흐름은 범죄인이 범죄의 실행 여부에 관해 자유의지를 가지지 못하기 때문에 그에 대해 응보적 형벌을 부과하는 것은 부당하다는 입장에서 출발하지만[17] 그러한 범죄인을 교화하겠다는 사고방식에는 인간이 자기결단에 의해(즉 자유의지를 이용하여) 변화할 수 있다는 믿음이 깔려 있고,[18] 이것은 또 다른 차원에서의 자유의지론에 연결되는 것이다. 즉 교정주의의 주된 흐름은 범죄원인론적인 차원에서는 결정론을 숭상하지만 범죄인 처우론의 측면에서는 절대적으로 결정론에만 의거하지 않고 필요한 범위 내에서 인간의 자유의지를 인정하는 입장을 나타낸다. 이렇게 볼 때 지금까지 주장되어 온 교정주의의 여러 흐름은 인간의 의지에 관한 결정론과 자유론간의 논쟁에 있어서 이중적 입장을 취하고 있다고 보아야 할 것이다.

둘째, 행형 또는 범죄인 처우에 있어서 교정주의 이념이 차지하는 역할과 의미가 다양하다. 즉 극단적인 교정주의는[19] 응보와 위하의 이념을 전적으로 배제하면서 교정의 이념을 형사제재상의 독점적인(exclusive) 정당화 근거로 주장한다. 반면 온건한 입장에서는 응보와 위하도 나름대로 형벌이념으로 인정하면서 그와 병렬적 또는 약간 우월한 차원에서 교정의 이념을 위치시킨다.[20] 또한 전자, 즉 극단적인 교정주의는 형벌을 처우 내지 처분으로 대체시

16) J. E. McTaggart, "Hegel's Theory of Punishment," Ezorsky, Gertrude(ed.), *Philosophical Perspectives on Punishment,* Albany, State University of New York Press, 1972, pp. 40-55 참조.

17) 이 점에서 결정론적 경향이라고 이야기한다.

18) 범죄의 원인을 극단적인 생물학적 차원에서 찾는 입장을 제외하고는 교정주의는 이런 경향을 공통적으로 함유하고 있다. 범죄를 결정짓는 요소를 개인심리적인 측면에서 찾는 입장은 범죄발생단계의 설명에서는 범죄인이 이미 형성된 심리적 요인에 의해 필연적으로 범죄를 저지르게 되는 것이라고 주장하지만, 그에 대한 교정을 실행하는 단계에서는 그러한 문제성 있는 심리적 요인을 범죄인 스스로 자기결단에 의해 제거할 수 있다는 입장을 취한다. 이와 같은 이중적인 태도는 범죄를 결정짓는 요소를 사회적·문화적 관계 속에서 찾는 입장에서도 마찬가지다. 예를 들면 Allen은 교정이념 전개의 사회적 조건으로 인간의 가변성에 대한 믿음을 전제하고 있다. Francis A. Allen, *The Decline of the Rehabilitative Ideal,* New Haven and London, 1981, pp. 11-20 참조.

19) Lombroso, Ferri 등의 교정주의와 오늘날 형벌과 보안처분의 일원주의를 주장하는 관점이 그 실례이다.

20) 오늘날 교정주의는 대부분 이와 같은 온건한 입장에 있다. 즉 교정이념을 주장하면서도 응보와 위하라는 목적 포기하는 것이 아니고 각 영역에서 이들을 구현하려는 것이다. 독일에서 주장되고 있는 결합설(Die Vereinigungstheorien)이 그 대표적인 예이다. Claus Roxin, *Strafrecht,* Allgemeiner Teil Bd. 1, Muenchen, Satz und Druck, 1992, S. 37-44 참조.

킬 것을 주장하며, 따라서 보안처분과 같은 것도 형벌대체적인 것으로 인정하나 후자는 종래의 형벌체계를 유지하거나 또는 그 골격은 그대로 유지하되 약간 수정하는 차원에서 보안처분의 위치를 자리매김하려 한다.

셋째, 교정주의는 범죄원인에 관한 관점에 따라 구체적인 교정처우의 내용에 있어서 서로 상이한 경향을 보인다. 예를 들면 범죄의 원인을 범죄자의 도덕적 결함의 산물로 보는 고전적인 입장에서는 형벌부과를 통한 심리적 속죄라든지 고통을 수반하는 육체적 단련 등을 교정처우의 내용으로 천거한다. 반면 범죄의 원인을 정신심리적 요인에서 찾는 입장에서는 개인상담, 집단상담, 심리요법 등을 중요한 교정처우 프로그램으로 생각하며, 범죄의 원인을 생물학적인 요인에서 찾는 입장에서는 의학적 수술과 같은 생물학적 또는 물리적인 처방을 교정처우의 내용으로 주장할 것이다. 또한 범죄의 원인을 사회적인 요인에서 찾으려는 입장은 범죄자의 사회적응력을 높이는 방안을 추구하거나 범죄를 생산하는 사회적 요인을 제거하는 것을 선결과제로 한다.

넷째, 교정주의 범주를 설정하는 데 있어서도 서로 다른 견해가 있다. 즉 교정주의를 범죄인 교화에 관한 제반 사상이라고 생각한다면 형사제재를 통한 교정만이 아니고 종교적 자선, 사회부조, 넓게는 교육일반이 모두 교정의 범주에 포함되나, 교정주의를 형벌이념의 하나로만 이해한다면 형벌 또는 처분 등의 강제적 방법을 통한 교화만이 교정주의의 범주가 될 것이다.

다섯째, 교정주의는 전제되는 기본관점에 따라 서로 상이한 정치적 입장을 보인다. 즉 교정주의가 기존의 사회질서 내지 전통적 도덕가치(道德價値)를 유지함에 목적을 두는 전통적인 교정주의와 기존의 질서와 가치를 부정하고 새롭고 혁신적인 세계를 추구하는 비판범죄학의 신교정주의(新矯正主義)가 그것이다.

2. 교정주의에 대한 비판

교정주의 이념은 그 이론적 장점으로서 인도주의와 각 개인의 특수성을 인정하는 것, 그리고 경직될 수도 있는 형사사법제도에 새로운 방법을 종종 제공하여 왔다는 것을 들고 있다.[21] 그러나 이 교정주의 이론에 대해서는 그 태동 초기부터 반론이 있었을 뿐만 아니라, 특히 1960년대에 접어들면서 그 이론을 배경으로 시행해 왔다고 하는 현 형사정책 전반에 대한 경험적 반성으로

21) Philip Bean, *op. cit.*, 1981, pp. 64-65.

부터 기인한 회의가 강력히 대두되고 있다.

먼저 교정주의 이념은 그 이념대상에 대한 인식방법에서 비판을 받았다. 그것은 교정주의적 입장이 범죄인을 그가 가진 내적·외적 요인에 의해 생긴 질병을 가진 환자로 보는 데에 대한 이견으로부터 시작된다. 다시 말하자면 범죄자를 보통의 행위자가 아닌 환자로 보는 것은 결국 개인을 어떤 집단이나 개인의 목적에 맞추어 그의 생활과 사고방식을 마음대로 처리하고 다룰 수 있다는 의미가 되기 때문에 비인간적이라는 것이다.[22]

그 외에도 교정주의가 범죄를 질병으로 봄으로써 선과 악의 구분을 부인하게 된다는 종교적 입장에서의 비판과[23] 교정주의 이론이 긍정하는 사법담당관의 재량권이 남용됨으로써 초래될 수 있는 전체주의 국가로 나아갈 위험을 지적하는 비판,[24] 그리고 범죄인에게 과도한 동정과 유약한 대응을 한다는 '법과 질서'(law and order)를 강조하는 보수주의자들로부터의 비판이 있어 왔다.[25]

그러나 이러한 비판들은 당시에는 형사학 및 형사사법에 커다란 영향을 미치지는 못하였다.[26]

교정주의 이념에 대한 비판론이 큰 영향력을 가지게 된 것은 1960년대 후반부터 사회문제로 대두되기 시작한 노상범죄(路上犯罪, street crime)를 비롯한 제 범죄의 급격한 증가와 흉포화로 인한 사회적 불안이 기존의 정책에 대한 새로운 검토를 요구하게 됨으로써 비롯되었다고 한다. 다시 말하면 심각한 범죄문제가 기존의 형사사법제도와 그것을 뒷받침하는 교정주의 이념에 대한 회

22) 철학자 Bosanquet는 "범죄를 치료할 수 있는 질병으로 보는 것은 부당하다. 이것은 범죄인을 인간으로 보지 않는 것이다. 즉 그를 행위자(agent)가 아니라 환자로 보는 것이고, 우리를 인간으로 만드는 일반적 인식(recognition)에서부터 그를 제외시키는 것이다…"라고 주장하면서 교정주의적 인식방법을 비인간적이라고 비판한 바 있다. Bernard Bosanquet, *The Political Theory of the State*(Oxford: Oxford Univ. Press, 1965), pp. 206-207.

23) Philip Jenkins, *Crime and Justice: Issues and Ideas*(Manterey: Books/Cole Publishing Co., 1984), p. 177.

24) C. S. Lewis는 단순한 형벌은 범죄인이 얼마 동안 복역할 것인가 등이 엄격히 제한되어 있는 데 비해, 교정주의는 이러한 것을 거부하기 때문에 Nazis, Facist 등과 대단히 근접하게 된다고 지적하고, 미래에는 모든 사람이 경찰의 통제하에 있을 정도로 교정주의가 확대될 것이라고 예견하였다. C. S. Lewis, *The Hideous strength*(London: John Lane, 1945), pp. 45-46.

25) Philip Bean, *op. cit.,* p. 169.

26) 1971년에 작성된 American Friends Service Committee의 형사사법에 관한 보고서는 "교정처우적 접근은 많은 단점에도 불구하고 형사사법 분야에서 일하는 사람들에 의해서 심지어는 급진주의자나 휴머니스트들에 의해서까지도 거의 만장일치적인 지지를 받고 있다"고 주장하고 있으나, 보고서의 다른 부분에서는 교정주의의 쇠퇴를 예견하고 있다. American Friends Service Committee, *op. cit.,* 1971, p. 83.

의를 낳게 하였다는 것이다.[27] 심리강제를 통해 범죄를 방지한다는 근대 고전학파이론이 19세기 후반 급증하는 범죄문제로 인하여 비판을 받았듯이, 심리강제에 의한 일반예방주의 이론을 비판하고 범죄인의 교정·개선과 사회복귀를 통해 범죄를 방지한다는 교정주의 이념도 20세기 후반에 들어서면서 급증하는 범죄문제로 인하여 비판을 받게 된 것이다.

이러한 비판은 보수주의자(conservatives)와 진보주의자(liberalists) 모두에게서 나왔는데, 이들은 교정주의적 정책의 전면적 개편 내지는 폐지까지도 주장하였다. 특히 이들의 주장은 1970년대에 들어서면서 상당한 영향력을 행사하였으며, 이에 따라 응보, 일반예방, 구금을 통한 특별예방 등의 이론이 다시 대두하게 되었고, 그 결과 교정기관의 재량권의 축소 또는 폐지, 가석방의 제한 및 폐지, 부정기형의 폐지와 형벌권의 강화 등 광범위한 형사사법정책의 변화를 낳기도 하였다.

지금까지 제기된 교정주의 이념에 대한 비판은 크게 세 가지로 정리하여 볼 수 있다.

첫째, 이론적 측면에 관한 것으로 교정주의 이념의 인간 내지는 범죄에 대한 인식이 잘못되었다는 것으로 이와 같은 인식의 오류는 인간의 기본권을 침해하고 전체주의적 성격을 지닐 가능성이 있다.

둘째, 실제적 측면에 관한 것으로 교정주의적 정책의 효과가 교정담당자의 무지나 편견 또는 전문적 지식의 결여, 시설의 미비 등으로 인해 실제적으로 나타나지 않을 뿐만 아니라, 교정목적으로 사용할 수밖에 없는 수단의 강제성이라는 교정주의 정책이 갖는 본질적인 모순으로 말미암은 교정목적의 원시적 불가능에 대한 지적과 재량권을 남용할 우려가 있다.

셋째, 이와 같은 교정주의의 방법론에 이의를 제기하는 낙인이론과 급진주의적 범죄학의 입장인 소위 비판범죄학(radical criminology)에서의 비판이 있다.

(1) 이론적 측면에서의 비판

첫째, 실증주의 범죄학을 기반으로 하는 교정주의가 취하는 인간에 대한 인식방법에 관한 비판이다.

19세기 후반부터 발달하기 시작한 실증주의 범죄학은 인간의 행위를 자신

27) 이와 같은 교정주의 이념을 기반으로 한 형사사법제도에 대한 개혁요구는 1960년대 후반의 범죄증가문제 외에도 당시 사회를 풍미하고 있었던 새로운 움직임, 즉 시민의 권리운동, 여권운동, 전반적인 사회개혁의 주장 등의 영향도 컸다고 한다. Marshall, *op. cit.*, pp. 26-27.

의 의지에 의해 선택할 수 있는 것이 아니고, 그 개인의 내적·외적 여러 요소, 즉 심리적·생리적·환경적 제 요인에 의해 결정되어진 것으로 본다. 따라서 여기서는 인간의 자유의지, 도덕성, 책임 등과 같은 관념을 부정하게 된다. 결국 범죄인은 그와 같은 범죄적 행위를 하도록 결정지어진 병리적 존재이고, 범죄는 그 증상에 지나지 않는 것으로 취급하는 것이다(결정론).[28)]

그러나 이와 같은 결정론적 인간관은 교정의 가능성 문제와 관련하여 논리적 모순이라는 지적을 받는다. 즉 결정론적 인간관에 의하면 범죄인의 자유의지가 부정되고 범죄인이 범죄행위를 하게 되는 것이 자신의 의지와는 상관없는 필연적인 귀결이라면, 그와 같은 범죄인을 개선·치료한다는 것은 원시적으로 불가능하지 않겠느냐는 것이다. 만약 그 범죄적 행위를 결정짓는 소인이 생물학적인 데 있다고 하면[29)] 선천적인 그의 범죄적 소인(素因)을 제거한다는 것은 불가능하기 때문에 결국 그 상황에서는 교정이라는 것은 의미가 없게 되고 사회로부터의 영원한 격리 내지는 도태만이 문제해결의 방법이라는 결론에 도달하게 된다는 것이다.

범죄의 원인을 외적·사회적 요인에서 찾는 범죄사회학적 입장에 대해서도 똑같은 비판이 가능하다. 그것은 범죄가 사회문화적 경제적 요인에 의해 결정된다면 범죄자를 그 사회라는 장(場)과 별도로 떼어내어 치료한다는 것은 현실적으로 불가능하지 않느냐라는 것이다. 그뿐만 아니라 그와 같은 관점에서는 교정되어야 할 것은 사회 자체이고 범죄자가 아니라는 결론에 도달하게 된다고 한다.[30)]

둘째, 교정주의 이념이 전제하고 있는 절대적인 범죄개념에 대한 비판이다.

교정주의 이념은 합의적 세계관(the consensus world view)에 기초한 절대적 범죄개념을 상정(想定)하고 있다. 즉 사회 내에는 다수의 성원들이 합의한 일종의 규범이 존재하고, 이 규범을 일탈한 자는 소수일 뿐이다. 따라서 이 소

---

28) 이러한 전제하에 실증주의 범죄학자들은 범죄인을 결정짓는 요소를 구명하려고 노력하였다. 예를 들면 Lombroso는 생물학적 결정론을 Ferri, Lacassagne, Tarde, Durkheim 등은 사회적 결정론으로, 여기서 한걸음 더 나아가 Bonger는 경제적 결정론으로 범죄의 원인을 구명하고자 하였다.

29) Lombroso의 생래적 범죄인설(生來的 犯罪人說)이 여기에 해당할 것이다. 이에 관한 상세한 것은 제 2 편 제 2 장 제 2 절에 후술한다.

30) 미국의 범죄사회학자 R. K. Merton은 범죄는 '사회가 생산한 惡'(socially derived sin)이라고 주장했다. R. K. Merton, *Social Theory and Social Structure*(rev. ed., 1957), chapter 4-5 참조. 이와 같은 주장에 의하면 범죄는 그 사회의 필연적인 산물이고, 따라서 그 사회의 변혁이 없이는 범죄는 치료되지 않는다는 결론이 나온다.

수의 일탈자는 당연히 다수가 합의한 규범의 영역 안으로 포섭되어야 하며, 그러기 위해서 그들에 대한 개별적 교정이 요구된다는 것이다. 결국 일탈자에 대해 교정적 처우를 행하는 것은 사회 내에 존재하는 다수의 합의에 의해 정당화된다고 보는 것이다.[31]

그러나 이와 같은 합의적 세계관은 가치의 다양성과 불일치를 주장하는 일군의 학자들에 의해서 비판을 받는다.[32]

그들에 의하면 사회 내에 다수의 성원에 의한 합의가 존재한다는 것은 일종의 의제(擬制)에 불과하며, 현실적으로 사회 내에는 다양하고도 상호모순되는 가치들이 혼재해 있다고 한다. 그리고 이렇게 사회 내에 혼재하는 상이한 가치들은 각기 나름대로 그 사회에서 현실적으로 실현되기를 바라기 때문에 소위 일탈행위 내지 범죄행위라고 불리는 것들은 그 행위자의 입장에서는 잘못된 행위(즉 일탈행위나 범죄행위)가 아니라 적극적인 문제해결행위일 뿐이라는 것이다. 따라서 그 자체가 범죄행위인 것은 거의 없고 그러한 일탈행위자 또는 범죄자에게 제재를 가하는 것은 사회 내의 역학관계의 산물일 뿐이며, 교정이라는 이름으로 미화될 수 있는 것이 아니라고 한다.[33]

셋째, 개인을 교정 내지는 치료를 받아야 할 병리적인 존재로 파악하는 교정주의적 인식에 대한 비판이다.

범죄인을 병리적 존재로 보고, 이를 개선 · 치료하겠다는 사상은 인간을 주체가 아닌 객체로 파악하는 비민주적 또는 전체주의적 사고와 일맥상통한다는 것으로 교정주의 이념의 성립 초기부터 비판을 받아왔다. 결과적으로 이것은 개인을 위해 치료 · 교정한다는 미명하에 그의 자유와 권리를 침해하는 행위를 정당화시켜 주는 이론적 도구로 이 교정주의가 사용될 우려가 있다는 것이다.[34] B. Bosanquet는 교정주의 이념이 기본권침해를 정당화시켜 줄 수도

31) Jock Young, "Working-class Criminology," *Critical Criminology*(I. Taylor et. al., London, 1975), p. 64.

32) 이것은 대체로 1960년대에 나타난 갈등이론(葛藤理論, conflict theory), 낙인이론(烙印理論, labelling theory), 상호작용이론(相互作用理論, interactionism) 등 상대적 범죄개념을 주장하는 이론들에 의한 비판이다. Grehem M. Sykes and Robert K. Merton, *Criminology*(New York: Harcourt Brace, 1978), pp. 51-57; Burton M. Leiser, *Liberty, Justice, and Morals: Contemporary Value Conflicts*(New York: Macmillan, 1970), pp. 156-190.

33) 물론 이들도 일정한 경우에 있어서는 사회 내에 현실적으로 상당한 합의가 존재하고 있다는 사실을 전적으로 부인하지는 않는다. 즉 사람에 대한 범죄나 재산범죄와 같은 경우에 부과되는 사회적 반응에는 광범하고도 획일적인 합의가 존재한다는 것을 인정한다. J. Young, *op. cit.*, pp. 71-72.

34) Philip Bean, *op. cit.*, pp. 58-68.

있다는 가능성을 다음과 같은 말로 표현하고 있다.

"교정주의 이념은 국가가 그 생활방식이나 생각(思考)을 개선할 수 있다고 생각되는 사람을 잡아다가 강제적 처우에 의해서 개선하려고 노력할 수도 있다는 것을 의미한다."[35]

(2) 실제적 측면에서의 비판

1) 교정적 처우에 있어서 강제성이 갖는 문제

교정주의적 정책은 개별 대상에 대한 치료를 목적으로 하는 개별적 처우(individual treatment)가 중심이 되고 있다. 그런데 이와 같은 개별적 처우가 성공적으로 이루어지기 위해서는 우선 처우를 받을 당사자가 자신에게 문제가 있다는 것을 인식하고, 도움을 받으려고 하는 자발적이고 능동적인 동기를 가져야 한다(자발성의 원칙, principle of voluntarism). 그뿐만 아니라 처우목표도 처우를 받을 당사자가 설정하는 것이 바람직하다고 한다(자결성[自決性]의 원칙, principle of self-determination).[36] 그런데 교정주의는 그 처우의 실제에 있어서 이와 같은 '자발성의 원칙'과 '자결성의 원칙'이 관철될 수 없는 자체적 모순을 내포하고 있다는 것이다.

사실 어떤 훌륭한 내용을 가진 교정적 프로그램도 그 구체적 실현을 위해서는 국가공권력이란 강제적 수단이 직·간접으로 동원되어 시행되지 않으면 그 실질적 수행이 불가능하다. 결국 이렇게 보면 교정주의는 교화의 사상과 강제력의 결합을 통해 실현된다고 할 수 있을 것이다. 이와 같은 결합—즉 교화사상과 강제성—이 바로 자체 모순이라는 것이다.

'교화'(教化)는 말 그대로 범죄인을 교육하여 개선시킨다는 뜻이다. 따라서 교화는 범죄인에 대한 교육사상을 그 근본으로 하고 있다. 그리고 교육은 피교육자의 자발성이 바로 그 교육적 목표를 달성하기 위한 요건이다.[37] 그런데 교정주의의 실행은 그것이 형벌이라는 방법에 의하든 처우라는 방법에 의하든 국가공권력에 의해 지지되는 것이라면, 그것은 기본적으로 강제적일 수밖에 없다. 이와 같이 교정주의가 자발적이어야 이룰 수 있는 교화를 강제적일 수밖에 없는 국가공권력의 작용을 통해 이루려고 하는 바로 거기서 논리내재

35) B. Bosanquet, *op. cit.*, 1965, p. 207.

36) I. H. Marshall, *op. cit.*, p. 30.

37) 교육에 있어서 피교육자의 자발성을 강조하는 문헌으로는 Sagmuel Engle Burr, "The Teacher's part in Social Reform," *NEA Journal, 24*(January 1935), p. 28; Paul C. Violas et. al, *Roots of Crisis: American Education in Twentieth Century*(Chicago: Rand McNally & Company, 1975) 등이 있다.

적 모순이 있다는 것이다. 이런 결합구조하에서 교정주의는 실패할 수밖에 없으며 그 실패는 처음부터 예정되어 있는 것이라고 한다.

지금까지의 교도소 내의 직업교육, 학습, 심리치료 등의 교정적 · 치료적 프로그램을 위시해서 사회내처우로서의 사회봉사명령, 보호관찰, 수강명령 등과 같은 교정처우적 제 프로그램들은 비자발적인 방법으로 운영되고 있는 것이 현실이다. 비록 그것이 치료라는 명분으로 행해지고 있지만 범죄인의 입장에서는 별로 달갑지 않은 강제적 조치를 의미하고 있고, 따라서 이런 점에서 형벌과 다름이 없게 된다.[38] 실제로 비행이나 범죄를 저지른 자는 교정적 처우프로그램에 참여하도록 '명령'을 받는다.

물론 대부분의 이와 같은 교정적 처우프로그램이 피처우자의 동의를 전제로 하고 있다고는 하지만, 만약에 피처우자, 즉 교정대상자가 이 명령에 따르지 않을 때는 좀더 중한 벌이 예정되어 있음을 전제로 함으로써 결과적으로 처우대상자는 교정프로그램에 참여하도록 강제당하고 있는 것이다. 이 강제성은 구금을 중심으로 하는 시설내처우는 물론이고 사회내처우에 있어서도 그것이 형사사법적 전략의 일환으로 시행되는 한 배제될 수 없는 것이다. 따라서 이와 같은 강제적 처우는 비록 그것이 좋은 제도라고 인식된다고 하더라도 처우대상자가 갖는 혐오감, 원조자의 원조동기에 대한 의심, 교정기관과 담당자의 능력에 대한 신뢰부족 등으로 인해 성공가능성이 희박하다는 지적을 한다.[39]

2) 교정기관 및 교정담당자의 재량권문제

교정주의는 형사사법기관 및 교정을 담당하는 전문가들에게 광범위한 재량권(Discretion)을 인정하고 있으며, 이와 같은 폭넓은 재량권을 인정하는 것이 교정주의의 본질적 특징이기도 하다. 이처럼 광범위한 재량권을 인정하는 것은 개인은 나름대로의 소질과 환경을 각기 가지고 있기 때문에 그들을 개선·교화하기 위해서는 각자에 맞는 개별적 처우를 해야 할 것이고, 따라서 그렇게 하기 위해서는 사법기관과 담당전문가들에게 폭넓은 재량권을 부여할 수밖에 없다는 이유에서이다.[40] 그리하여 교정주의 이념에 입각한 여러 제도들, 예를

38) C. S. Lewis, "The Humanitarian Theory of Punishment," Grupp, ed., *op. cit.*, p. 302.

39) American Friends Service Committee, *op. cit.*, pp. 97-98.

40) American Friends Service Committee는 형사사법기관과 담당전문가에게 광범위한 재량권이 부여되어야 하는 이유를 다음과 같이 들고 있다. 첫째, 법령의 해석을 위해서라고 한다. 법률에는 항상 애매한 요소들이 존재하는데 이러한 법령을 해석 · 집행하기 위해서는 재량권이 필요하다는 것이다. 둘째, 모든 법률을 집행하는 것은 불가능하기 때문이라는 것이다. 사법관리가 사회에 존재하는 모든 법을 그대로 집행하는 것은 불가능하기 때문에 선택적인 적용이 불가피하다는

들면 부정기형제도, 가석방제도, 선고유예 및 집행유예제도 기타 각종 교정프로그램 등은 이와 같은 광범위한 재량권을 토대로 운영되고 있는 것이다.

그러나 교정주의의 본질적 특징의 하나라고 하는 이 재량권이 사법과 행형의 운영실제에서 잘못 행사될 위험성이 높고, 결과적으로 그것은 사법과 행형의 타락을 초래하는 역기능을 보유한다고 하는 비판이 제기되고 있다. 이를 살펴보면,

첫째, 교정주의자들의 주장에 의하면 입법기관이 법을 제정할 때 법이 적용될 수 있는 모든 상황을 예견하는 것은 불가능하기 때문에 법률은 항상 그 내용에 있어서 충분히 세세할 수 없고 애매한 구절들이 존재한다. 따라서 이렇게 애매모호하거나 시의(時宜)에 맞지 않는 법을 해석 · 적용하기 위해서는 법집행의 차원에서의 재량이 필요하다고 주장한다.[41)]

이에 대해서는 민주적 정치가치의 존중이라는 차원에서의 비판이 있다. 즉 민주적 정치가치의 관점으로 볼 때 법내용의 구체화는 집행관의 역할이 아니고 사법관(司法官)의 역할이기 때문에 법집행의 차원에서 재량권이 행사되는 것은 잘못이라는 것이다. 법의 세세한 부분을 탐구하고 그것의 운용을 구체화하는 것은 바로 사법부의 직무범위에 속하는 일이며, 또한 그것은 공개된 법정에서 적정한 절차(due process)에 따라 이루어져야 된다는 것이다.[42)]

둘째, 교정주의자들은 모든 법을 집행하는 것이 불가능하기 때문에 형사법의 집행에 있어서 광범한 재량을 인정하지 않을 수 없다고 주장한다.[43)]

그러나 형사사법에 있어서 광범위한 재량권 인정을 반대하는 입장에서는 이 주장이 전제하고 있는 사실 자체를 부정한다. 즉 이와 같은 주장은 어느 누구도 완전히 집행되기를 원하지 않을 만큼의 또는 완전히 집행될 수도 없을 만큼의 과도한(overextensive) 법률체계 자체가 개선되어야 할 것이지, 그렇다고 재량권을 인정하여 관계자의 자의적인 운용을 용인할 것은 아니라는 것이다. 따라서 집행할 의사도 없이 단지 상징적인 제스처나 정치적인 제스처로서

것이다. 셋째, 극심한 법의 엄격성(rigidity)을 피하기 위해서라고 한다. 지나치게 엄격하게 시행되는 법제도는 법을 집행하는 자나 법 아래에서 사는 사람 모두에게 참을 수 없는 결과를 초래하기 때문에 이러한 엄격성을 피하기 위해 재량권이 필요하다는 것이다. American Friends Service Committee, *op. cit.*, pp. 124-134.

41) Wagne La Fave, *Arrest: The Decision to Take a Suspect into Custody*(Coston: 1964), p. 68.

42) American Friends Service Committee, *op. cit.*, pp. 128-129.

43) Dan Dodson은 "어떤 경찰관도 사회 내의 모든 법을 집행하지는 않는다. 만약 그렇다면 우리는 모두 하루가 채 가기도 전에 교도소에 수감될 것이다"라고 설파함으로써 법집행관의 선택적 재량권을 인정할 수밖에 없는 현실적 당위를 지적한다. *Ibid.*, p. 129.

법을 제정하는 등 순수한 법집행 이외의 다른 것을 성취할 목적으로 법을 제정하는 일이 있다면 마땅히 시정되어야 하며, 그렇게 함으로써 과도한 법체계는 없어질 것이라고 한다. 결론적으로 법을 실제로 집행해야 할 필요가 있는 것만을 제정하게 된다면 광범한 재량을 인정할 필요도 없게 된다는 것이다.44)

셋째, 법의 지나친 엄격성을 완화하기 위해 재량권이 필요하다고 교정주의자들은 주장한다.45) 즉 법이 경직되게 집행되면 법집행자나 법의 지배하에서 생활하는 자에게나 모두 견딜 수 없는 상황을 초래할 것이기 때문에 이런 현상을 완화하기 위하여 광범위한 재량권을 인정해야 한다는 것이다.

그러나 위와 같은 주장 역시 잘못된 전제에 근거하고 있으며, 법체제의 경직성이 안고 있는 문제의 본질을 흐리고 있다는 비판을 받는다.

먼저 위의 주장은 우리 생활의 모든 측면이 법규범에 의해 지배된다는 것을 전제하고 있다. 그러나 사실은 현재 우리의 행동과 선택의 대부분은 형벌적 제약으로부터 자유롭다고 한다(비록 현재 법규범에 의해 지배되는 영역이 과도하게 넓으며, 따라서 이에 대한 제약이 필요한 것도 사실이지만). 따라서 법체제의 경직성을 완화하기 위하여 재량을 인정해야 한다는 주장은 체제의 경직성이 안고 있는 본질적인 문제점을 흐리게 하고 있다는 지적을 한다.46)

그뿐만 아니라 재량의 인정이 집행자들에게 경직된 법규범에 대한 예외를 인정할 수 있게 하여 체제의 억압성을 완화시켜 준다고 하나, 실제로는 그렇지 않다는 것이다. 형사사법체제에 종사하는 대부분의 사람들은 그들 자신이 정치적 · 경제적 지배층이거나 그에 가까운 사람들이다. 따라서 그들은 형사사법의 대상이 되는 자들의 문화가치가 그들과 동일하거나 또는 그들이 속한 정치적 · 경제적 체제에 위협이 되지 않는다고 생각되거나, 나아가 그들의 정치·경제체제에 도움이 되는 자라고 간주될 때 오히려 예외적으로 재량권에 의거한 특혜를 부여한다. 이렇게 볼 때 재량권의 행사는 현실적으로 사회 내의 불

44) *Ibid.*, pp. 130-132.

45) C. D. Breitel은 "경찰관, 집행관, 법관, 행정관들 모두가 법의 지배에 순응하여 제정된 법을 빠짐없이, 그리고 엄격하게 집행하는 데에만 자기의 책임을 다한다면 분명 형사사법체계는 유지되겠지만, 그러나 그 결과는 견디기 힘들 것이다. 우리의 삶은 영혼을 잠재우는 규칙과 타부에 맹목적으로 순종하게만 되어 황폐하고 메마르게 될 것이다. 차라리 이보다는 원시종족사회가 더 자유로울지도 모른다"고 하였고, Ken Davis도 "법구조가 과도하고(extensive) 억압적(oppressive)인 상황에서는 오히려 재량을 인정하는 것이 사회를 보다 더 공평하게(equitable) 만들 것이다"고 주장함으로써 법의 경직성이 가져다 줄 폐해와 재량권의 당위성을 지적했다. Charles D. Breitel, "Controls in Criminal law Enforcement," *Univ. of Chicago Law Review*, 1960; Ken Davis, *Discretionary Justice: A Preliminary Inquiry*(Banton Rouge), 1969.

46) American Friends Service Committee, *op. cit.*, p. 133.

공평을 더욱 심화시켜 주는 역할을 하게 되는 것이며, 따라서 재량의 인정이 법체계를 보다 더 공평하게 하는 것이 아니라, 반대로 불공평하게 할 우려가 있다는 것이다.[47)]

넷째, 교정주의자들은 개별적 처우를 실행하기 위해서 재량권을 인정할 필요가 있다고 주장한다. 즉 각각 소질적·환경적 조건이 다른 개인을 교정·개선하기 위해서는 획일적인 처우방법으로는 불가능하고, 또한 각 개인도 그 때마다의 조건이 변하기 때문에 이에 맞는 처우를 시행하기 위해서는 집행자의 재량권이 그 때마다 행사될 수 있도록 하지 않으면 안 된다는 것이다.

이에 대해서는 개별적 처우 자체가 교정의 증진에 기여한다기보다는 오히려 비인간화, 차별화, 위선, 부정 등과 같은 인식을 고양(高揚)할 뿐이라는 비판을 한다. 이 입장에 의하면 개별적 처우의 실행을 위해 인정되는 재량권은 개인을 더욱 타락시키는 결과로 나타난다고 보게 되는 것이다.[48)]

다섯째, 교정주의론자들은 사회적 위험성이 있는 자들을 제어하기 위한 기술적 차원에서 재량이 인정될 수밖에 없다는 주장을 한다.

이 주장 역시 그 방법론적인 측면에서 비판을 받는다. 즉 많은 사람들 중에서 사회적 위험성이 있다고 하는 자를 어떻게 골라내느냐 하는 문제가 있다는 것이다. 사회적 위험성을 보유하고 있는 자를 선별해 낼 능력이 사실상 없다고 한다면 이와 같은 재량권은 자칫 잘못하면 무고한 사람들에게까지 행사되어 부당하게 개인의 권리를 침해하게 된다. 그뿐만 아니라 현실적으로 사회에는 발각되거나 체포되지 않는 범법자들이 사법기관에 인지되고 처분을 받는 범법자들보다 많기 때문에[49)] 사회보장을 위한 재량적 조치는 실제로 사회에 큰 도움이 되지 못한다는 것이다. 또한 사회는 항상 살인·강도·절도 등의 몇몇 범죄유형에는 민감하게 반응하나 전쟁, 안전하지 못한 자동차생산, 인체에 유해한 살충제 생산 등과 같이 인류사회에 대량으로 해를 끼치는 행위들은 오히려 무시하고 있는 현실에 비추어 볼 때 위의 논지가 얼마나 허약한지를 알 수 있다고 한다.[50)]

47) *Ibid.*, p. 134.

48) *Ibid.*, p. 124.

49) 미국 사회학자 J. S. Wallenstein과 C. J. Wyle의 연구결과에 의하면 미국 사회의 중류 이상층을 대상으로 한(남 1,020명, 여 674명) 조사에서 조사대상자의 91%가 1년 이상의 형을 받을 수 있는 범죄를 한번 이상 저지른 적이 있으나 체포되지는 않았다고 한다. J. S. Wallenstein & C. J. Wyle, "Our Law-abiding Law-breaker," *National Probation: 25*(1947), pp. 107-112, selected in Vedder, ed., *Criminology: A Book of Reading*(1953), pp. 417-424.

50) American Friends Service Committee, *op. cit.*, p. 125.

교정주의가 인정하는 재량권에 대해 회의적인 사람들은 실제로 이 재량권이 갖는 사실적 기능(true function)은 다음과 같은 것이라고 한다.[51)]

첫째, 재량권은 관리의 효율성을 증대시키기 위해(to increase managerial effect) 이용된다는 것이다. 관리자의 입장에서는 엄격한 법에 의한 관리가 오히려 여러 가지 문제를 내포하고 있는 것으로 생각된다. 즉 관리자로서는 효율성과 편의성(expediency)을 이유로 하여 임기응변식(ad hoc)의 결정을 하는 것이 더욱 쉽고 이것은 재량을 통해 이루어질 수 있다는 것이다.

둘째, 정치적 편의를 위해(for political expediency) 재량권이 이용된다는 것이다. 즉 재량권은 정치적 영역에 있어서 편리한 수단이 된다. 왜냐하면 그것은 정치가들이 책임을 전가함으로써(by passing the buck) 곤란한 문제를 회피할 수 있도록 해 주기 때문이다. 다시 말하자면 대부분의 법을 집행관이나 사법관의 광범위한 재량을 전제로 하여 제정함으로써 정치가들은 그 집행결과에 대해 책임을 지지 않고 집행관이나 사법관들에게 전가시킬 수 있게 된다는 것이다.[52)]

셋째, 공적으로 언급할 수 없는 것들을 행하기 위하여(to do the publicly unmentionable) 재량권이 이용된다고 한다. 형사사법제도의 종사자들은 종종 공적으로 인정되는 가치와 상충되는 일련의 행위를 취할 필요를 느낀다. 그렇기 때문에 비록 법적으로는 불법화할 수 없지만 사회적으로 금지 통제해야 할 필요를 느끼는 것이다. 예를 들면 장발, 무위도식(being idle), 히피, 부랑자(vagrancy) 등에 대한 단속과 처벌의 필요성이 그것이다. 따라서 이런 경우는 집행관에게 광범위한 재량을 인정함으로써 이들을 재량의 범위 내에서 처리하여 공적으로 언급할 수 없는 본래의 목적을 달성할 수 있게 되는 것이라는 것이다.[53)]

넷째, 지배계층의 이익을 보호하기 위하여(to protect one's own kind) 재량권이 이용된다는 것이다. 과거에 상류계층에만 허용되었던 특혜들은 오늘날

51) *Ibid.*, pp. 135-143.

52) 이런 입법의 대표적인 예로서 prohibition act를 들 수 있다고 한다. 또한 존슨 행정부하의 많은 civil-rights law도 충돌하는 교차압력을 회피하기 위하여 재량권을 부여함으로써 책임을 전가하도록 만들어진 법이라고 한다. *Ibid.*, pp. 139-140.

53) 영국의 부랑법(浮浪法, Vagrancy Law)의 경우도 이런 비공식적인 목적을 위해 제정·집행되었다고 한다. 즉 부랑법은 단순히 게으름이나 나태함을 단속하기 위해서만이 아니고, 장원제도가 붕괴되어 가고 있던 그 시대에 토지소유자에게 값싼 노동력을 대량으로 공급하기 위해서였다고 하며, 이것은 집행관에게 광범위한 재량권을 인정함으로써 가능했다는 것이다. W. Chambliss, *Crime and the Legal Process*, New York, 1969, p. 61.

의 지배계층이나 영향력 있는 계층들에게도 매우 필요한 것이다.[54)]

옛날부터 지배계층의 주요 관심거리의 하나는 자기자신을 법체계로부터 어떻게 특별한 보호를 받게 하느냐 하는 것이었다. 이것은 엄격하고 단일한 법체계에서는 달성되기 힘들며(자기를 예외적 존재로 만들기 어렵기 때문에), 재량의 여지가 많은 법체계하에서만이 가능한 것이다. 따라서 이러한 계층을 옹호하고 대표하는 형사사법제도의 종사자들은 재량권행사를 통해 오늘날에도 이러한 필요에 응하고 있다고 한다.

다섯째, 형사사법에 종사하는 자들의 만족감을 높이기 위하여(to increase sense of adequacy) 재량권이 필요하다는 것이다. 즉 재량권행사를 통해 형사사법제도에 종사하는 자들은 자신들의 직업과 생활에 만족감을 불어넣게 된다는 것이다.

3) 전문성 문제

교정이념을 구현하기 위해서는 범죄의 원인을 구명하고, 그에 대한 대책을 수립하며, 나아가 범죄인의 위험성 정도를 판단할 수 있는 전문적인 지식과 경험을 필요로 한다. 그러나 현실적으로 이와 같은 능력이 있는 전문가를 확보하기도 어려울 뿐만 아니라, 그 전문성이라는 것이 처음부터 한계와 문제점을 가지고 있다고 한다. 특히 전문가들에서 나타나는 판단의 상이성(相異性)과 오류의 가능성은 이와 같은 전문성에 대한 회의를 더욱 짙게 하고 있다.

예를 들면 비행예측에 관한 한 연구에서 가석방(parole)은 ① 가석방의 연령이 높을수록 가석방의 성공률이 높고, ② 가석방자의 전과가 많을수록 가석방의 성공률이 낮다는 결과를 도출해 냈다.[55)]

그러나 가석방위원회와 법관이 이러한 연구결과를 토대로 가석방결정을 한다고 해도 현실적으로 이러한 결과를 적용하는 데는 문제가 있다. 그것은 이와 같은 산술적 통계결과는 어떤 집단의 성향을 설명하는 데는 의미가 있을지 모르지만, 개인 한사람 한사람의 처우를 결정하는 기준으로 쉽게 사용할 수는 없기 때문이다. 즉 연령이 높고 전과가 적어도 가석방이 실패할 자가 있을 것이고, 연령이 낮고 전과가 많아도 가석방이 성공할 수 있는 자가 있을 텐데,

54) 예를 들면 12-15세기에 영국은 형사사법체계에서 귀족에게만 허용되는 몇 가지 특혜가 있었는데 추방(banishment)하거나 교회도피(church asylum) 사제(司祭)의 은사(恩赦, clerical immunity) 등이 그것이다. American Friends Service Committee, *op. cit.*, p. 142.

55) David T. Stanley, *Prisoners among Us: The Problem of Parole*, Washington D. C.: Bookings Institution, 1976, p. 56.

가석방결정자의 입장에서는 개인 각자가 이 때의 어느 경우에 해당할 것인가를 정확히 판단한다는 것은 사실상 불가능하다는 것이다.[56]

또한 동일한 대상에 대한 전문가들의 상이한 판단도 전문성에 대한 회의를 낳고 있다. 예를 들면 가석방에 관한 James Robinson & Paul T. Takagi의 연구에 의하면, 318명의 가석방관계자들에게 10개의 사건에 대한 가석방취소 여부를 결정하도록 한 바 3분의 1이 취소해야 한다고 주장한 반면, 3분의 1은 취소에 대해 반대한 것으로 나타났고, 또 각 개별사건에 대한 응답은 90%가 취소하지 말아야 한다고 응답한 사건이 있는가 하면, 93%가 취소해야 한다고 한 사건이 있는 등 다양하게 나타나고 있다.[57] 이와 같은 전문가들의 판단의 상이성과 오류가능성은 그것이 바로 교정주의 이념이 악용될 수 있는 소지를 안고 있는 것이라는 비판을 받고 있다.

1970년대 초 Alan M. Dershowitz는 예방구금(豫防拘禁, prevention detention)의 문제와 관련한 그의 연구에서 "장래의 범죄를 예측하는 제도는 모두 잘못된 구금을 양산하게 될 것이다. 즉 사실상 장래 범죄를 저지르지 않을 자도 범죄행위에 가담할 가능성이 있다는 이유만으로 구금되게 된다. … 이것은 '한 사람의 범죄인을 놓치지 않기 위해서 열 사람의 범죄를 저지르지 아니할 사람을 구금하라'는 의미가 되는 것으로서 전통적인 형벌원리에 반한다"[58]고 비판함으로써 교정주의 이념이 그 전문성과 관련되어 악용될 위험에 대해 경고했다.

그런가 하면 Thomas Szasz는 "범죄가 사회적으로 정의된 것처럼 정신질환이라는 것도 사회가 어느 개인을 보는 방법에 불과하다. 정신질환자로 여겨지는 사람들 중 대부분이 진정한 정신질환자가 아니라 주위 사람들의 사고와 편견에 동조하지 않는 사람들이다"[59]고 지적하면서 교정을 담당하는 의료기관의 능력과 중립성(객관성)에 대해 공격하고, 따라서 의료전문가가 교정적 치료를 한다거나 사회복귀를 시킨다는 것은 신뢰할 수 없다고 주장했다. 결국 위와 같은 비판과 주장은 소위 교정전문가들의 전문성에 대한 근본적인 회의로부터

56) David T. Stanley, *op. cit.*, p. 56 참조.

57) James Robinson and Paul T. Takagi, "The Parole Violater as an Organization Reject," *Probation and Parole: Selected Readings*, New York: John Wiley and Sons, 1970, pp. 233-254.

58) Alan M. Dershowitz, "On Prevention Detention," *Crime and Justice in America*, J. M. Skolnik, et al., eds., Del Mar: Publisher's Inc., 1977, pp. 253-256.

59) Thomas Szasz, *Law, Liberty and Psychiatry*, London: Macmillan, 1963; Ralph Slovenko, *Psychiatry and Law*, Boston: Little Brown and Co., 1973, p. 449 참조.

비롯된다고 하겠다.

다음에서 교정의 전문성과 직접적인 관련이 있는 분류제도, 가석방제도, 부정기형제도를 살펴본다.

가. 분류제도(分類制度, Classification) 20세기에 들어오면서 분류제도는 보다 더 적극적인 교정정책의 수행을 위한 수단으로 이용되기 시작했다. 이와 같은 분류제도는 근대적 자유형이 탄생하기 시작한 16세기부터 시행되었으나, 그것은 연령과 성에 의한 단순한 구별로서 수형인(囚刑人)들에게 형무소 내에서의 도덕적 질서를 유지시키도록 하는 것이 주목적이었다고 한다. 그러다가 교정주의 이념이 형사정책과 행형분야에 도입되면서 범죄인의 교정을 위한 개별적 처우를 시도하게 되고, 그것을 위해 수형인(囚刑人)의 분류가 필요하게 되었다. 따라서 분류제도는 교정적 처우전략 실현을 위한 시발점이다.[60]

그러나 이와 같은 목적으로 시행되고 있는 분류제도는 분류를 위해 전제되는 전문성문제와 관련하여 많은 비판이 제기되고 있다. 이를 요약하면 다음과 같다.

첫째, 범죄인을 유형별로 분류할 수 있는 전문적 지식 내지는 기술에 대한 회의이다. 교정주의 이념의 주창자들은 범죄인을 서로 분류하는 것을 가능케 해 주는 범죄인 유형(criminal typoloy)이 있으며, 이러한 범죄인 유형은 지금까지도 상당히 밝혀져 왔고, 만약에 아직 미비한 점이 있다면 이는 연구가 충분하지 못했던 것 때문이라고 한다. 그러므로 그러한 연구를 위해 보다 더 많은 자원과 노력을 투자하면 분명히 밝혀질 수 있을 것이고, 따라서 범죄인을 이와 같은 범죄인 유형별로 분류하는 기술을 개발하는 것도 그리 어렵지 않으리라고 주장한다.[61]

그러나 분류제도에 대한 비판론자들은 이러한 낙관적인 견해에 대하여 매우 회의적이다. 그들에 의하면 범죄라든가 범죄인의 문제는 암이나 국부마비(局部痲痺) 등과 같은 의학적 문제와는 성격이 다른 것으로서 매우 복잡하고, 따라서 그에 관한 연구는 현실적으로 통제가 불가능한 많은 변수에 의해 제약을 받기 때문에 쉽사리 성공을 예견할 수 없다는 것이다. 더욱이 범죄 자체를 전적으로 사회의 낙인과정에서 생긴 것으로 보는 입장에서는 이와 같은 개인적 형사병리학 연구를 마법(witchcraft)을 창조하려는 것이라고 비웃으며, 의

60) D.C. Gibbons, Society, *Crime and Criminal Behavior,* New Jersey, 1982, p. 512.
61) D.C. Gibbons, *op. cit.*

학적 모델과 범죄인 유형에 관한 개념 자체의 유용한 연구는 마녀의 분류에 쏟아져야 되는 것이 아니라, 화형을 만들고 확인하고 지지하는 사회 자체에 대한 연구에 쏟아져야 된다고 한다.[62)]

현실적으로 교정처우를 위해 이용되고 있는 분류기술이 미흡한 것은 사실이다. 대부분의 기술은 분류결정자들의 개인적 경험이나 직관력 등에 의존하고 있다. 따라서 경우에 따라서는 아주 단순하고 이미 부적절한 것으로 판명된 이론적 모델에 의존할 수밖에 없게 되며, 심지어는 예감, 선입견 또는 민족적·지리적 관습 등에 의존하기도 한다.[63)] 물론 분류기술 또는 능력을 가진 사람들이 아주 없는 것은 아니나, 그러한 능력은 다른 사람에게로 전이되어 사용될 수 있는 것은 아니기 때문에 일반화될 수 없고, 그런 점에서도 유용성이 제한되어 있다는 것이다.[64)]

둘째, 종종 분류제도는 처우목적 외에 감옥의 또 다른 목표인 구금과 구금시설 자체의 유지, 즉 복종의 요구에 지배된다는 비판을 받는다. 다시 말하자면 교정주의 이념에 입각한 감옥이 근본적으로 가지고 있는 감시(surveillance)와 처우(treatment)라는 두 개의 상반된 기능의 갈등이 분류제도의 운영에서도 나타나게 된다는 것이다. 구금과 자체유지란 목적은 대부분 처우목적보다 우선하게 되며, 따라서 범죄자 개인에게 특별히 요구되는 것을 밝혀내어 그에 대한 처우정책을 추진하는 것보다 감옥의 공간이용이나 효율적인 관리라는 측면에서 분류제도가 이용되고 있다고 한다.[65)]

셋째, 현실적으로 운영되고 있는 분류제도의 실상을 살펴보더라도 그것의 허구적 모습을 발견할 수 있다고 한다. 즉 분류를 위해서는 소위 진단인터뷰(diagnostic interview)가 시행되는데 대부분 이것이 형식적인 면접에 그치고 있다는 것이다. 단 몇 십분간의 짧은 면접을 통해서 범죄자의 처우분류를 위한 올바른 진단을 내린다는 것은 불가능한데, 현실적으로는 그렇게 운영되고 있

62) American Friends Service Committee, *op. cit.*, p. 70.

63) 미국의 경우 형사사법재판절차에 있어서 결정권을 가진 자는 대개 백인이고, 그리고 사회경제적 차원에서는 중상층 이상, 성별로는 남성, 거주지별로는 도시, 교육수준은 대졸인 자들이라고 한다. 따라서 그들의 결정과정에는 의식적이든 무의식적이든 그들의 생활규범 내지는 가치관이 중요한 기준으로 작용한다고 한다. American Friends Service Committee, *op. cit.*, pp. 86-88.

64) *Ibid.*, pp. 75-76.

65) 미국 California주에서 conservation center를 설립·운영한바, 그와 같은 형태의 범죄자 수용이 국가의 입장에서 훨씬 경제적이라고 평가된 후 conservation center의 수감(收監)이 더욱 증가했다고 한다. 이 경우 그런 장소에 죄수를 수감하는 것은 처우전략을 위한 분류가 아니고 단순한 경제적 이익을 위한 분류라고 할 것이다. *Ibid.*, pp. 86-88.

고, 또 그럴 수밖에 없다는 것이다.

나. 가석방제도(假釋放制度, Parole) 가석방은 유죄판결을 받고 복역하는 범죄자를 만기석방일 전에 일종의 형벌유예의 형식으로 조건부로 석방하고, 그 만기일까지 또는 일정기간 동안 아무런 조건의 위반 없이 지내면 그로써 형을 치룬 것처럼 간주해 줌으로써 본인의 교정과 사회복귀를 돕자는 제도이다.

이 가석방제도는 두 가지 면에서 그 형사정책적 의의가 인정된다. 하나는 수형기간(受刑其間)중 그의 행상(行狀)이 양호하고 개전의 정이 현저한 데 대한 상우(賞遇)의 한 방법으로, 이를 이용함으로써 다른 수형자의 수형자세를 바르게 유도하고 이로써 교도소 내의 질서유지 및 교정교화 효과를 증진시키자는 것이요, 다른 하나는 형기만료 전에 일단 조건부로 석방함으로써 좀더 빠른 사회재적응을 도모하자는 것이다.

이렇게 본다면 가석방제도 역시 교정주의 이념을 구현하기 위한 핵심적인 제도라고 할 수 있다. 그러나 이 가석방제도에 대해서도 마찬가지로 전문성과 관련하여 비판이 있다.

먼저 가석방 여부를 결정하는 과정과 관련된 비판이다.

이론적으로는 가석방의 결정은 수형인(受刑人)의 행위변화와 가석방의 성공 여부에 관한 진단에 근거하여야 한다. 그러나 실제에 있어서는 가석방 여부의 결정이 이런 방식으로 이루어지지는 않는다는 것이다. 그것은 가석방결정이 수감된 죄수에게 부과된 최저형(最低刑, minimum sentence)에 의해 제한되는데,[66] 그 최저형이라는 것은 수형인이 형을 선고받을 때 이미 결정된 셈이기 때문에 처우에 대한 수인의 반응과는 무관하다고 할 것이다. 그러므로 가석방 여부의 결정은 수형인의 개선 여부와는 상관 없이 그가 저지른 범죄의 종류에 의해 일단 제한을 받고 있다는 것이다.

그뿐만 아니라 가석방 여부를 결정하는 자들[67]이 수형인의 개선 여부에 대해 올바른 평가를 할 수 있는 능력을 충분히 갖추고 있는 전문가들이 아니

---

66) 예를 들면 우리 「행형법」에 의하면 가석방심사의 대상자를 형기의 3분의 1을 경과한 자로 제한하고 있다. 「행형법」 제49조 내지 제52조 동 시행령 제153조 참조.

67) 예를 들면 우리 「행형법」상의 가석방위원회의 위원 같은 것을 말한다(「행형법」 제50조 참조). 미국은 교도소에 가석방위원회를 두고 그 위원회가 심리 추천한 것을 주지사가 최종적으로 결정하는 방식을 취하는 주도 있으나 대다수의 주에는 독립된 전문적 가석방위원회를 따로 두고 있다. 그리고 일본의 경우에는 전국 8개 교정관구마다 하나씩 독립적으로 설치되어 있는 '지방갱생보호위원회'가 가석방 여부를 결정하고 있다. 愼鏞揆, 앞의 책, 689면 참조.

라는 점과, 그렇기 때문에 그 결정과정에서 외부의 압력, 예를 들면 공공여론 등에 영향을 받기 쉽다는 것을 지적한다. 그리하여 가석방 여부는 수형인의 개선 정도와 개선을 위한 필요에 의해 결정되기보다는 공공여론이 그 범죄자를 얼마만큼 구금하도록 요구하는가에 의해 결정되는 경우가 많다는 것이다.[68]

다음으로 가석방의 조건으로 시행되는 보호관찰과 관련하여 제기되는 문제점이다.

보통 수형인은 가석방한 후 가석방관리자(parole agent, 보통 관할경찰서장 및 보호관찰관이 이를 담당한다)로 하여금 가석방된 자를 일정기간 동안 원조(help)와 감독(surveillance)하도록 하는데, 이것은 흔히 가석방조건으로 부과된다.[69]

이 때 가석방관리자는 가석방자를 교정·교화시키기 위한 원조와 감독을 한다. 그 구체적인 것으로는 상담(counseling)을 통한 정신적 원조를 비롯하여, 직업과 주거알선 등의 원조적 기능과 가석방자에게 특별한 행위규칙을 강요하고, 그렇게 함으로써 가석방자가 해로운 행위유형에 빠져 들어가는 것을 방지하며, 나아가 사회를 범죄로부터 방어하고자 하는 것이다.

그러나 이와 같은 원조와 감시의 기능은 현실적으로 중대한 난점을 가지고 있다고 하는데, 그것은 가석방관리자가 가석방자에게 요구하는 행위규칙이 가석방자의 입장에서는 현실적으로 따르기 곤란한 것이 많다는 것이다. 예를 들면 미국 켈리포니아주의 경우 가석방자에게 전과자나 나쁜 평판을 듣고 있

68) D. C. Gibbons, *op. cit.*, pp. 491-493.

69) 현행법상 가석방된 자는 가석방을 허가한 행정관청이 필요가 없다고 인정하지 않는 한 보호관찰을 받으며(「형법」 제73조의 2), 가석방기간에 금고 이상의 형의 선고를 받고 그 판결이 확정되면 가석방이 실효된다는 것과, 가석방자에 대한 감시규칙에 위반하거나 보호관찰의 준수사항을 위반한 때에는 가석방처분을 취소하고 재수감할 수 있다는 법적 위협이 있다(「형법」 제74조 및 제75조). 가석방자의 준수사항으로는 가석방기간중 선행을 하고 정상적인 업무에 취업하여야 하며 다른 법령에서 정하는 가석방자가 지켜야 할 사항을 준수하는 것이다(「행형법」 시행령 제157조). 가석방자는 그의 주거지에 도착한 때에 지체없이 직업 기타 생계에 관한 계획을 세워 이를 감호경찰서의 장에게 신고하고, 가석방자가 그의 주거지를 이전하거나 국내에서 10일 이상의 여행을 하고자 할 때는 감호경찰서장의 허가를 받아야 한다(「가석방자관리규정」 제 6 조 및 제10조). 보호관찰대상자의 준수사항은 ① 주거지에 상주하고 생업에 종사할 것, ② 범죄로 이어지기 쉬운 나쁜 습관을 버리고 선행을 하며 범죄를 행할 우려가 있는 자들과 교제하거나 어울리지 말 것, ③ 보호관찰관의 지도·감독 및 방문에 순응할 것, ④ 주거를 이전하거나 1 월 이상의 국내외 여행을 할 때에는 미리 보호관찰관에게 신고할 것 등이다(「보호관찰 등에 관한 법률」 제32조). 또한 특별준수사항으로 ① 재범의 기회나 충동을 줄 수 있는 장소에 출입하지 아니할 것, ② 사행행위에 빠지지 아니할 것, ③ 주류를 과도하게 마시지 아니할 것, ④ 마약·향정신성의약품·대마 기타 남용되거나 해독작용을 일으킬 우려가 있는 물질을 사용하지 아니할 것, ⑤ 가족의 부양 등 가정생활에 있어서 책임을 이행할 것(「보호관찰 등에 관한 법률」 시행령 제19조) 등을 규정하고 있다.

는 사람들과의 교제를 금하고 가석방관리자의 허락 없이는 거주지를 이탈한다든가, 차를 운전한다든가, 직업을 바꿀 수 없으며 과도한 음주도 금지하고 있다.[70)]

이러한 요구들은 대부분의 가석방자의 삶을 과도하게 제한하고 있는 것이다. 왜냐하면 이런 조건들은 가석방자가 살고 있는 현실적인 환경을 전혀 도외시하고 있기 때문이다. 또한 그렇다고 해서 가석방관리자가 이와 같은 환경을 개선해 줄 수 있는 전문적인 지식이나 능력을 가지고 있는 것도 아니라는 것이다. 즉 대부분의 가석방관리자는 전문적인 치료사가 아니기 때문에 직접적인 원조를 시의적절하게 행할 수 없다는 것이다.

결과적으로 가석방에서 부과되는 보호관찰은 가석방자가 극복해야 하는 또 하나의 걸림돌이 될 뿐이고, 따라서 최악의 경우에는 교정적 처우를 위선적이고 예측할 수 없는 것으로 보게 되는 부정적인 감정만을 강화시키는 결과가 될 것이라고 한다.[71)]

다. 부정기형제도(不定期刑制度, Indeterminate Sentence) 부정기형이란 형의 선고에 있어서 형기를 특정하지 않고 행형의 성과에 따라서 사후적으로 그 기간을 결정하는 자유형의 한 형식이다.[72)] 이 부정기형은 마찬가지로 교정주의 이론에 근거한 형벌의 개별화(individualization of punishment)에 중점을 둔 근대 형사정책의 일환이다.

부정기형에는 형기의 상한(장기)과 하한(단기)을 특정하는 상대적 부정기형과 형기를 정하지 않은 절대적 부정기형이 있는데, 근대 교정주의 행형이론가들은 상대적 부정기형이든 절대적 부정기형[73)]이든 형기의 유동화를 주장하

70) American Friends Service Committee, *op. cit.*, pp. 90-91.

71) *Ibid.*, p. 91.

72) 부정기형을 영미에서는 indeterminate sentence라고 하는데 현재 미국에서는 이 부정기형의 이념과 운영에 대해 비판이 일어나면서 indeterminate sentence란 용어도 재검토되어야 한다는 주장이 일고 있다. 즉 불특정(indeterminate)한 것은 형의 선고(sentence)가 아니라 형(penalty)이라는 것이다. 그러므로 'indeterminate sentence' 대신에 'indeterminate penalty'라고 부르는 것이 옳다는 것이다. 그러나 더 엄밀히 말하면 불특정한 것은 형이 아니고 형기이다. 따라서 penalty of indeterminate duration이라고 부르든가, penalty determined a posteriori라고 하는 것이 정확한 용어라고 할 수 있다. 그럼에도 불구하고 일반적으로 indeterminate sentence라고 널리 사용되고 있는 형편이다. 그런 의미에서 우리의 부정기형이라는 용어는 매우 적절한 표현이라고 하겠다. 이진우, "미국에 있어서의 부정기형," 「法學(특별호 제 3 권)」, 서울대학교, 1972, 185-186면 참조.

73) 부정기형 가운데 절대적 부정기형은 몇 가지 이유로 배척되고 있으며, 따라서 오늘날 절대적 부정기형을 채택하고 있는 나라는 거의 없다. 절대적 부정기형을 배척하는 이유는 첫째, 절대적 부정기형은 근대 형법의 기본원칙인 죄형법정주의 원칙에 위배된다는 것이다. 수형자의 형기를

는 데 있어서는 의견이 일치하고 있다.

그들이 내세우는 주장의 논거는 각 범죄자의 범죄적 성향을 교정하는 기간은 확정할 수 없으며,[74] 또한 이미 교정된 범죄자를 계속 구금하는 것은 무의미하기 때문에 그 형기는 교정 여부를 현장에서 파악할 수 있는 교정담당자(즉 행형당국)가 결정할 성질의 것이라는 것이다.

교정주의와 관련한 부정기형에 대한 비판은 마찬가지로 형집행기관의 전문성 문제로 귀착된다. 즉 부정기형이 그 형사정책적 목적을 달성하기 위해서는 집행기관에 교정적 목적을 달성하기 위한 모든 교육적·교정적 수단이 구비되어 있고, 동시에 법관과 집행기관의 협력 및 집행기관에 대한 신뢰를 전제로 하는데,[75] 이러한 전제는 선진제국에 있어서도 아직까지 달성된 적이 없다는 것이다.[76]

부정기형을 통해서 범죄인을 개선·교화한다는 것은 다시 말하면 범죄인의 개선·교화의 상태에 의해 형기가 정해진다는 것을 의미한다. 이것은 실제에 있어서는 형집행자의 전문성과 재량판단에 의해 영향을 받게 될 것이다. 이렇게 본다면 교정처우와 관련한 부정기형에 대한 비판은 앞에서 언급한 바 있는 재량권문제의 그것이 마찬가지로 해당된다고 할 수 있을 것이다.

영구히 미확정상태에 두는 것은 인도주의적 견지에서도 용납되지 못할 뿐만 아니라, 더욱이 교정행형체제가 완벽하지 못한 상황에서는 인권침해의 우려가 높을 것이라는 것이다. 둘째, 범죄병(犯罪病)이라는 가상은 아직 과학적으로 논증된 것이 아니라는 지적이고, 셋째, 범죄사실이 중대함에도 불구하고 교정의 필요가 없다고 해서 조기에 석방하는 것은 형벌의 또 다른 목적인 일반예방정책을 포기하는 것일 뿐만 아니라 정의의 원칙에도 맞지 않다는 것이다. 그 밖에도 형의 종료시기를 교정당국이 결정한다는 것은 결과적으로 행정기관에 의해 형의 종류가 결정되는 것이 되어 사법권침해라는 지적도 있다. 愼鏞揆, 앞의 책, 585-586면 참조.

이에 반해 상대적 부정기형의 경우는 책임형론 또는 응보형론의 입장에서도 반드시 배척되어야 하는 것만은 아니라는 주장도 있다. 그것은 범죄자에 대한 책임형량의 결정은 원래 상대적일 수밖에 없고 그 확정이 곤란하며, 따라서 일정범위 내에서 형기의 상한과 하한을 정하여 선고하는 것은 이론적으로 용납될 수 있기 때문이라고 보기 때문이다. 그러나 이와 같은 상대적 부정기형도 교육적·복지적 사상이 지배하고 있는 소년사법에 주로 채택되고 있으며 성인범(成人犯)에까지 확대해서 실시하는 입법례는 아직 많지 않다. 그리고 이 부정기형의 성격도 소년사법제도에 있어서는 개선 교화를 위한 교정적 의미가 강하게 지배하고 있는 반면 일반 성인의 형사사법에서는 상습범의 재범방지를 위한 보안처분적 성격이 주로 강조되는 형편이다. 李在祥, 「社會保護法論」, 經文社, 1981, 87-88면 참조.

74) 특히 교정주의적 입장에 있는 행형이론가들은 범죄자를 일종의 '범죄병'(犯罪病, criminosis) 환자로 보고 이와 같은 범죄병의 치료는 일반정신병자의 경우처럼 그 기간을 확정할 수 없다고 한다.

75) Thomas Würtenberger, *Die unbestimmte Verurteilung,* Mat. Bd. 1, Bonn, 1954, S. 104.

76) Friedrich Schaffstein, *Jugendstrafrecht,* 5. Aufl., Stuttgart, 1975, S. 102; 李在祥, 앞의 책, 91면.

(3) 교정주의와 낙인이론(Labeling Theory)

실증주의 범죄학과 그리고 그 통제전략으로서의 교정주의는 1960년대에 이르러 낙인이론에 의해 새롭게 도전을 받게 된다.[77] 그것은 기존의 주류범죄학(主流犯罪學)과 그 정책이 연구의 초점을 일탈자 또는 범죄인 개인에게 집중함으로써 일탈과 범죄를 생산해 내는 또 다른 변수인 법규범과 집행의 사회적 정치적 측면에 대한 연구가 배제된 것을 지적하면서 일탈과 범죄를 생산해 내는 규칙 자체와 범죄통제로 분석의 초점을 전환한 것이다.

주류범죄학의 일탈개념에는 일탈이나 범죄는 사회구성원이 동의하고 공유한 규범에 의해 규정된다는 합의모델이 전제되어 있다. 따라서 처벌이나 통제는 일탈에 대한 자연적인 부속물 내지는 종속변수로 간주되고, 이렇게 일탈과 범죄를 규정하고 만들어 내는 기존의 규범 및 제도는 가치중립적이고 당연한 것으로 옹호된다.[78] 그러나 낙인이론의 관점에서 보면 일탈은 행위 자체의 속성이 아니라 그 행위에 규칙을 적용한 결과이다.[79] 따라서 중요한 것은 일탈을 규정하는 규칙이나 법이 과연 누구의 규칙이고 법인가 하는 것이고, 나아가 그 규칙이나 법이 일탈 또는 범죄와의 관련에서 어떤 의미가 있는가 하는 것이다.

이와 같이 일탈을 통제규범과의 상호관계 속에서 고찰하고 통제가 일탈을 생산해 낸다고 주장하는 낙인이론은 이제까지 당연시되어 온 통제규범의 생성 및 기능 자체를 회의적인 시각으로 보았다는 점에서 '범죄학의 코페르니쿠스적 전환'이라고까지 말하기도 한다.[80]

사회적 규범이나 규칙을 위반하는 행위는 그 행위 자체가 본질적으로 일탈적인 어떤 것을 내포하고 있다고 보는 것이 주류범죄학의 인식이었다. 그러나 낙인이론가의 입장에 의하면 과학으로서의 범죄학을 정립하려면 이러한 상식과 결별해야 하며 규범의 객관성 중립성에 대한 환상을 버려야 한다고 한다.[81] 그들에 의하면 규칙위반행위(rule-breaking)와 일탈(逸脫, deviance)은

77) 1960년대에 들어서면서 이처럼 범죄와 관련된 사회통제전략의 재검토가 요구되게 된 배경은 그 당시 발생하였던 학생운동, 민권운동, 반전운동 등과 같은 일련의 사회적 상황의 영향이라고 한다. 즉 그 시대에 만연했던 이들 제 사회운동은 따지고 보면 기존의 가치와 질서에 대한 저항 내지는 도전이라고 볼 수 있었고, 따라서 사회통제분야에 있어서도 새로운 검토가 요구되었다고 볼 수 있다. 韓南濟 · 金哲秀, "社會統制槪念의 變化," 「平和硏究(第13輯)」, 慶北大學校 平和問題硏究所, 1988, 47-48면 참조.

78) W. Chambliss(ed.), *Criminal Law in Action,* California: Hamilton Publishing Co., 1975, p. 7.

79) Haward S. Becker, *Outsiders*(New York: Free Press), 1963, p. 9.

80) 안진, 「새로운 범죄학의 흐름」, 한울아카데미, 1988, 13-14면 참조.

81) Haward S. Becker, *op. cit.,* p. 67.

다르다고 주장한다. 즉 규칙을 위반한 자일지라도 그 규칙위반행위가 사회적으로 인식되어 규칙위반자라고 낙인찍히지 않으면 일탈자가 되지 않으며, 규칙을 위반하지 않았을지라도 때에 따라서는 일탈자로 낙인찍힐 수가 있다는 것이다.[82] 따라서 이러한 관점에서 보면 일탈이란 한 사람의 행위에 대한 타인의 반응에서 나온 결과인바, 규칙위반행위가 일탈로서 성립하려면 사회적 반응 또는 낙인이 필수요건이 된다. 결국 일탈을 생산하는 것은 낙인이라는 결론을 갖게 된다.

낙인이론에 의하면 사회통제는 일탈에 대한 반응이 아니고 그 원인이다.[83] 이렇게 보면 특정행위를 일탈로 보느냐의 여부는 그 행위에 대한 반응이 결정하게 되는 것이고, 따라서 이러한 반응, 즉 규칙이나 통제의 차별적 적용가능성은 상존하고 있다고 볼 수 있다.[84] 이 입장에서는 일탈은 행위 자체의 속성이 아니고, 다른 사람들이 그 행위에 규칙이나 제재를 적용한 결과이기 때문에 일탈의 문제는 그 행위가 어떤 것이냐가 아니고 그 규칙이 무엇인가로 집약된다. 사회 속의 수많은 집단들은 자기들의 이해에 입각하여 규칙을 제정하고 그 규칙을 집단 내부의 특별한 사람 또는 다른 집단의 성원에게 적용함으로써 일탈을 만들어 낸다. 이러한 점에서 일탈은 집단들간의 상호교호(相互交互, transaction)의 산물이라고 할 수 있다.[85]

그리고 한 집단이 자신의 규칙을 사회의 다른 집단에게 부과하는 정도는 그 집단이 갖는 정치적 · 경제적 권력에 따라 좌우된다. 따라서 낙인을 찍는 규칙 또는 통제는 보편적으로 합의된 것이라고 볼 수 없으며, 또한 그렇기 때문에 갈등과 불화의 대상이기도 하는 정치 · 경제적 과정의 산물로 이해되어야 한다는 것이다.[86]

이와 같이 사회통제 내지는 사회반응 자체가 일탈을 생산한다는 낙인이론의 명제는 통제의 차원에서 반개입전략(反介入戰略, anti-intervention) 혹은 반교정주의(反矯正主義, anti-correctionalism)로 나타나게 된다.[87] 즉 낙인이론의

82) Haward S. Becker에 의하면 '일탈'의 개념은 ① 통계적인 평균으로부터의 일탈, ② 병리적인 것, ③ 규칙위반의 세 가지의 의미를 갖는다. 또한 Becker의 관점에서 보면 규칙 자체가 상대적인 것이기 때문에 일탈은 상대적일 수밖에 없다고 한다. *Ibid.*, pp. 4-8 참조.

83) E. Lemert, *Human Deviance, Social Problems & Social Control*, N. J.: Prentice-Hall, 1967, p. 18.

84) Haward S. Becker, *op. cit.*, p. 13.

85) *Ibid.*, p. 10.

86) *Ibid.*, p. 18.

87) 사회반응이나 통제가 개인에게 영향을 미침으로써 실제 일탈을 야기하는 원인으로 작용한다

관점에서 보면 사회통제 자체가 일탈자에게 부정적 자아상(否定的 自我像, negative self-image)을 갖도록 하거나, 자기성취적 예언(自已成就的 豫言, self-fulfilling prophesy)의 효과를 미침으로써 일탈을 더욱 확대시키기 때문에 처벌이나 통제는 가능한 한 최소화하거나 없는 것이 좋다는 결론이 나오게 된다는 것이다. 다시 말하면 처벌이나 통제는 그것이 가지고 있는 본질적인 역기능으로 말미암아 오히려 일탈을 조장하기 때문에 일탈을 줄이는 가장 좋은 방법은 처벌 등의 간섭이 없이 그대로 방임해야 한다는 극단적인 불개입정책으로 귀결되고 있는 것이다.

낙인이론가들이 주장하는 이 불개입정책은, 특히 피해자 없는 범죄(victimless crime)의 비범죄화(decriminalization)란 차원에서 강조되었다.[88] 따라서 낙인이론에서는 불개입정책이 사회를 위해서나 개인을 위해서 최선의 방책으로 묘사되고 있는 것이다.[89] 결국 낙인이론은 지금까지 주류범죄학의 교정주의적 처우모델이 기본 틀로 삼아왔던 규범과 통제의 몰가치성과 그의 구체적 기능형식인 교정적 프로그램의 무용화를 주장하고 있는 셈이다.

이처럼 교정주의적 처우기능을 부인하는 낙인이론의 소극적·방임적 통제론은 실체적인 면에서는 일정한 행위들을 아예 형법의 영역으로부터 제거하는 비범죄화의 방면으로 처리하고, 나머지 형법에 관여되는 행위들은 체포→기소→재판→처우라는 통상의 형사사법절차로부터 이탈시켜 처리하는 전환처분(轉換處分, diversion) 내지는 사회내처우에 의해 낙인화의 효과를 회피하고자 하는 방향으로 실현되었다.[90]

1960년대부터 1970년대에 걸쳐 미국을 중심으로 각국의 범죄학과 형사정책학계의 지대한 관심을 끌었던 이 낙인이론은, 그럼에도 불구하고 전통적인

는 주장은 낙인이론에서 반교정주의로 발전하게 되는데, 비판범죄학에서는 일탈자를 너무 수동적인 존재로 파악하고 있다는 점에서 비판을 제기한다.

88) 그 대표적인 저서로는 Edwin M. Schur, *Crimes without Victims*(Englewood Cliffs: Prentice-Hall, 1965)가 있다.

89) 그러나 이렇게 주장했던 낙인이론가들도 실제에 있어서는 불개입의 한계를 인정했다. 예컨대 Schur의 급진적 불개입정책(radical nonintervention)은 이른바 피해자 없는 범죄들은 비범죄화하되 기타 피해자 있는 범죄는 형을 대폭 감소시키는 수준으로 불개입의 한계를 정하고 있다. Edwin M. Schur, *Radical Non-Intervention: Rethinking the Delinquency Problem*, Englewood Cliffs: Prentice-Hall, 1973.

90) 여기서 말하는 사회내처우(community treatment)는 일탈의 인지단계에서 사법제도의 관여를 배제하고 사회단체 등의 협력을 통한 문제해결을 바라는 것이다. 따라서 일정한 사법절차를 거친 후 시설내처우 대신 시행되는 사회내처우와는 구분되는 것이다. 즉 후자는 기존의 교정주의적 프로그램의 대안으로 고려된 것이고, 따라서 이것은 교정주의적 프로그램의 일환이라고 할 수 있는 것이다.

교정주의적 관점과 처우모델의 대안을 제시하는 데는 실패했으며, 따라서 형사사법제도의 개혁에도 성공하지 못했다. 특히 범죄는 그냥 무시해 버리거나 어떠한 행동도 범죄화하지 않는, 즉 범죄라고 낙인찍지 않는 불간섭정책(hands-off policy)에 의해 가장 잘 통제될 수 있다는 낙인이론가들의 주장은 순진한 이상주의적인 것으로 취급되었다.[91)92)]

근본적으로 낙인이론은 현실적으로 발생하고 있는 범죄에 대한 일반의 반응이라는 차원만 고려했지 그 범죄 또는 일탈행위가 미치는 일반시민에 대한 영향은 생각하지 않았다. 따라서 범죄문제를 기존의 범죄학과 대치되는 관점에서만 바라봄으로써 또 다른 사고(思考)의 오류를 범하고 있다. 그러나 다른 한편으로는 지금까지의 교정주의적 이상 속에 은폐되었던 형사사법제도의 모순과 오류를 지적함으로써, 그 이념 속에 안주해 온 교정주의적 사법정책에 새로운 전환을 가져오게 한 계기를 마련한 것도 사실이다.

(4) 교정주의와 비판범죄학

비판범죄학은 기존의 주류범죄학에 대한 불만과 1960년대 있었던 서구사회의 혼란에 따른 정치적 급진주의의 대두를 배경으로 하여, 그리고 이론적으로는 낙인이론과 갈등론적 범죄이론을 토대로 발전한 이론이다. 따라서 기존의 주류범죄학과는 그 접근방법에서부터 많은 차이를 보인다. 즉 범죄행위의 원인규명을 강조하였던 주류범죄학과는 달리 연구의 초점을 범죄규정(crime definition)과정에 두고 있다. 다시 말해서 어떤 행동이 범죄로 규정되어지는 과정(criminalization)이 바로 비판범죄학의 관심인 것이다. 그리하여 주류범죄학이 범죄의 원인론적 규명을 통해서 범죄 및 일탈의 문제를 해결하려고 한 반면 비판범죄학은 통제기능, 즉 형법 및 형사사법체계에 관심을 두는 것이다.

이와 같은 접근방법으로부터 비판범죄학은 범죄의 근원을 자본주의사회의 구조적 본질적 모순에서 찾으려고 시도한다.[93)]

따라서 범죄문제에 대한 해결도 범죄자 개인을 대상으로 하는 교정주의적

91) 이기헌, "낙인이론에 대한 비판적 고찰," 서울대학교 대학원 박사학위논문, 1988, 132-133면 참조.

92) 한때 미국에서 낙인이론적 범죄정책이 채택된 것은 입법자나 행형관계자가 낙인이론을 수용하였기 때문이라기보다는 기존의 교정주의적 처우, 특히 시설내처우의 교정효과에 대한 회의를 비롯해서 경제적 요인 등과 같은 현실적인 문제가 복합적으로 작용한 결과라고 한다. Michael Foucault, *Discipline and Punish: The Birth of the Prison,* New York: Pantheon, 1977; 이기헌, 앞의 논문, 106-107면.

93) Ian Taylor, Paul Walton and Joch Yong, *The New Criminology: for a Social Theory of Devience*(London: Routedge and Kegan Paul), pp. 281-282.

형사정책 차원이 아닌 사회적 실천의 차원에서 모색하게 된다. 결국 이러한 입장은 필연적으로 비판범죄학을 반교정주의적(反矯正主義, anti-correctionalism) 관점으로 이끌게 되는 것이다.

교정이념에 근거한 전통적인 형사정책이 오늘날 이론적 · 실제적 측면에서 여러 가지로 비판을 받고 있음은 이미 앞에서 살펴보았다. 비판범죄학 역시 주로 교정주의의 이론적 근거 내지 가정에 대해 이의를 제기하고 있다.

비판범죄학이 제기하고 있는 교정주의적 형사정책에 대한 첫번째 이의는 범죄를 일종의 질병으로 보고, 범죄인을 환자와 마찬가지로 정상적인 기능을 회복할 때까지 그가 지닌 '질병'에 대하여 '진단과 처방, 그리고 치료'를 받아야 하는 존재로 유추하는 '의학적 일탈모델'에 향해진다. 즉 이와 같은 인식방법은 범죄와 사회적인 조건과의 관련성을 부정하는 따라서 범죄가 사회적인 조건과는 상관 없이 자연적으로 발생한 것이라고 보게 되는 인식론적 오류를 범할 우려가 있으며,[94] 또한 '질병' · '건강'이라는 이분법적 사고에 집착함으로써, 개인을 그의 병, 즉 범죄의 원인이자 결과로 보아 범죄문제를 개인적 문제로 국한시키고 있다는 것이다.[95]

다음으로 비판범죄학은 처우의 개별화, 형의 부정기화, 형사사법관의 재량권 등과 같은 교정주의적 형벌체계가 갖는 논리에 대해 비판하고 있다. 비판범죄학자들에 의하면 교정주의적 이념을 구현한다고 하는 이러한 제도들은 실제에 있어서 감옥 내의 일차적 통제수단으로 봉사하고 있다는 것이다.[96]

그들은 교정주의적 형사정책이 그 목표의 실천과정에서 나타나는 이율배반적 측면을 지적한다. 즉 범죄인을 책임감 있는, 그리고 법을 존중하는 존재로 변화시키겠다는 교정주의적 형사정책의 목표와 그 목표를 실현하기 위한 수단으로 요구되는 통제는 본질적으로 모순된다는 것이다. 그런데도 교정주의적 형사정책은 범죄인의 위험성을 강조하면서 이와 같은 위험한 존재에 대한 효율적인 처우수단으로서 통제를 긍정하는 실용주의적 접근을 꾀함으로써 전체주의적 통제구조를 정당화하고 있다고 비판한다.[97]

---

94) George Vold, *Theoretical Criminology,* New York: Oxford Univ. Press, 1958, p. 283.

95) Charles Reasons, "The Politicizing of Crime, The Criminal and the Criminologist," *The Journal of Criminal Law & Criminology,* vol. 64, no. 4, 1973, p. 476.

96) American Friends Service Committee, 1971, *op. cit.,* p. 9.

97) Erick O. Wright는 교정주의적 형사정책에 의해 채택된 제도들, 예를 들면 부정기형, 처우의 단계화 · 개별화 등은 실제로는 수형자에 대한 전략적인 통제무기 외 다름 아니라고 주장한다. 예컨대 부정기형의 경우에 가석방을 기대하고 나아가 가석방이 거부될지 모른다는 위협

마찬가지로 비판범죄학은 교정주의적 형사사법제도의 본질적 속성을 비판한다. 그들의 주장에 의하면 일정한 사회의 형사사법제도는 독자적인 법칙에 지배되는 고립된 현상이 아니라, 전체 사회제도의 한 구성부분이고, 아울러 그것은 그 사회의 열망(aspiration)과 결점(defects)을 공유한다고 한다. 따라서 교정주의적 형사사법제도에 대한 분석은 사회구조의 가장 기본적 구성인자(the most fundamental component of social structure), 즉 정치적 경제(the political economy)가 정치과정 및 교정주의적 형사사법제도에 대한 어떠한 영향을 미쳤는가에 대한 이해와 설명에 기초하지 않으면 안 된다는 것이다.

또한 정치과정에서 모든 집단과 계층이 평등하게 힘을 행사할 수 있고, 그러므로 힘의 행사에 있어 계속적으로 승리하는 집단이나 계층이 있을 수 없다는 진보주의자(liberalist)들의 가정은 타당하지 않다고 한다.[98] 오히려 생산수단을 소유하고 통제할 수 있는 계급이 통치과정과 통치기구(governmental process and institutions)를 장악하는 지배계급이 되어 그들의 우월성을 유지하고 다른 계급을 통제하는 데 있고, 교정주의적 형사사법제도는 이와 같은 목적을 달성하기 위해 고안된 도구에 지나지 않는다는 것이다.[99]

따라서 근본적인 사회개혁, 즉 생산관계의 변화가 없는 한 교정주의적 형사사법의 목적달성은 불가능하다고 생각하고 처음부터 제한적인 교정주의적 형사사법개혁을 반대한다. 그 이유는 이러한 개혁의 주장 및 제한된 개혁은 범죄인과 범죄의 본질을 모호하게 함으로써 피지배계층 및 기타 국민들을 좀더 효과적으로 통제하는 데 사용되는 사고체계를 확립·유지시키는 역할을 하기 때문이라고 한다.[100]

3. 교정주의의 비판에 대한 반론

한때 형사사법이 추구해야 하는 최고의 이념으로 생각되었던 교정주의는 1970년대 중반에 접어들면서 경험적 차원에서의 문제점이 지적되기 시작하면

이 수형자로 하여금 통제에 순응하게 만드는 무언의 압력으로 작용하게 되고 결과적으로 어떠한 교정적 수단에도 수형자들은 통제 내지 억압을 경험하게 한다. 따라서 현대 교정주의적 제도는 자유주의를 위장한 전체주의적 제도라고 주장한다. Erick O. Wright, *The Politics of Punishment : A Critical analysis of in America*, New York: Harper and Row, 1973, pp. 155-157.

98) Shover는 형사학의 관점을 보수주의(conservatism), 진보주의(liberalism), 급진주의(radicalism)로 분류하고 비판범죄학은 주로 radicalism에서 나온다고 한다.

99) Shover, *op. cit.*, pp. 45-46.

100) 吳英根, 앞의 논문, 1988, 39-40면 참조.

서 교정주의 이념 자체에 대한 회의가 제기되게 된 것이다. '치료 · 교정이데올로기로부터의 전향'[101] '위기에 처한 교정주의'[102] '타인의 교정 대신 사회의 교정을'[103] 등과 같은 표현이 바로 기존의 교정주의 이념과 정책에 대한 비판과 그리고 교정주의적 정책으로부터의 전환을 요구하는 사고의 일단인 것이다.[104]

이러한 경향이 나타나게 된 것은 한마디로 교정주의적 처우효과의 부진 때문이라고 할 수 있다. 주지한 바와 같이 지금까지 시행되어 온 교정주의적 처우모델은 실제로 가시적인 효과를 보여주지 못하고 있다. 교정주의적 처우를 통해 범죄인을 사회에 복귀시킨다는 작업이 그 동안의 노력에도 불구하고 별 효과가 없음이 경험에 의해 들어나게 되자 심지어는 전통적인 권위형법으로 돌아가거나,[105] 아니면 형법 자체의 많은 부분을 포기해야 한다는 움직임까지 생겨나게 되었다.[106]

그러나 이와 같이 경험적 근거가 없다는 것이 곧바로 교정주의적 이념과 정책의 부정으로 인식되는 것은 옳지 않다. 교정주의를 비판하는 제 주장들이 전혀 근거가 없는 것은 아니나, 많은 부분이 교정주의 이론의 본질에 대해 잘못 인식하고 있거나, 특정 측면만을 과장해서 해석하고 있다. 앞에서 고찰한 교정주의에 대한 비판을 중심으로 살펴보면,

첫째, 교정주의가 근거하고 있는 결정론적 인간관에 의하면 이미 소질적·환경적 요인에 의해 결정된 범죄적 성향을 교정한다는 것은 원시적으로 불가능하기 때문에 교정주의는 그 자체가 논리모순이라고 한다.

그러나 이 지적은 교정주의가 주장하는 인간의 행위특성에 대해 잘못 이해한 것이다. 교정주의 이론에 의하면, 분명히 개인의 행위는 소질과 환경에 의해 결정되어진 것이고, 따라서 비행이나 범죄는 그러한 소질과 환경의 표현이라고 했다.[107] 그러나 여기서 비판론자들은 논리를 비약시키고 있다. 즉 소질과 환경에 의해 '결정'된 행동은 고칠 수 없다는 것으로 이해하고 있는 것이

101) G. Kaiser, "Resozialisierung und Zeitgeist," in: *Würtenberger-Festschrift*(1977), S. 360; H. Schöch, "Kriminologie und Sanktionsgesetzgebung," in: *ZstW* 92(1980), S. 142; 金日秀, "刑罰執行에 있어서 責任과 職務," 「月刊考試」, 1985. 5, 78면.

102) A. Eser, "Resozialisierung in der Kriese?" in: *Peters-Festschrift,* 1974, S. 505ff.

103) *Ibid.,* S. 276.

104) *Ibid.,* S. 276; C. Roxin, *Wanderungen der Strafrechts-Wissenschaft JA,* 1980, S. 222; H. Zipf, *Kriminalpolitik,* 2. Aufl., S. 79; 金日秀, 앞의 글, 78면.

105) 근래 미국 캘리포니아주가 그런 경향을 보이고 있다.

106) A. Plak, *Plädoyer für die Abschaffung des Strafrechts,* 1974; 朴恩正, "刑事政策에 있어서 最近動向과 受刑者의 社會復歸問題," 「司法行政」, 1973. 3, 35면.

107) I. Taylor, et. al., *op. cit.,* p. 22.

다. 만약에 교정주의가 전제하고 있는 인간관이 그러한 것이라면 처음부터 교정주의 이론은 성립할 여지가 없게 된다.

그러나 원래 교정주의가 상정(想定)하고 있는 인간관 내지는 인간행동관은 그것이 아니다. 즉 인간의 행동은 소질적·환경적 요인에 의해 결정되었기 때문에 그 소질과 환경요인을 개선함으로써 바람직한 변화를 도모할 수 있다고 보는 것이다. 그렇기 때문에 교정주의는 객관적으로 나타난 '행위'가 아니라 '행위자'가 가지는 제 조건에 관심을 두어야 한다고 주장하는 것이다.

또한 범죄가 사회문화적·경제적 요인의 산물이라면 교정되어야 할 것은 범죄자가 아니라 그와 같은 환경, 즉 사회라고 비판론자들은 지적한다.108)

여기서도 마찬가지로 비판론은 개념상의 오류를 범하고 있다.

개인이 속해 있는 사회는 그 개인과 대립된 어떤 것이 아니고 바로 그 개인을 형성하고 유지하는 심리적·물리적 공간인 것이다. 따라서 그것은 인간에게 부여되는 어떤 대립적인 조건이 아니라, 인간이 스스로 만들고 조정해가는 장(場, field)인 것이다. 그러므로 그 사회는 비판론자들이 생각하는 것처럼 개인 대 전체 사회가 아니라 개인과 그 개인 각자에게 제공된 사회로 파악되어야 하는 것이다. 결국 이렇게 보면 개인을 교정하는 것은 그가 존재하는 사회를 교정하는 것이 되고, 역으로 그가 존재하는 사회를 교정하는 것도 마찬가지로 개인을 교정하는 것이 되는 것이다.

교정주의적 처우는 사회 전체가 건전해야 그 의미를 가질 수 있다는 말은 잘못된 이야기는 아니다. 그러나 개인의 성상(性狀)이 반사회적이기 때문에 저질러질 수 있는 범죄가 있고, 또한 개인의 자율과 자유로운 결정으로부터 저질러지는 범죄가 있는 한, 형사사법에서 사회화와 자기화를 위한 기회제공 및 처우에의 관심은 등한시될 수 없는 것이다.109)

다음으로 교정주의는 절대적인 범죄개념에 근거하고 있는데, 실제로는 이러한 합의적 세계관은 존재하지 않는다고 비판한다. 주로 갈등이론가와 낙인이론가들에 의해 주장되는 이 비판은, 그러나 사회에 현존하는 규범체계를 전혀 무의미한 것으로 보고 있다는 비난을 면치 못한다.

사회에는 어떤 형태의 규범이든 존재하고 있고, 다만 그 규범의 합의과정과 내용이 잘못되었으면 실효성을 갖지 못하거나, 궁극적으로는 개정하거나

108) 여기서의 비판론자들은 비판범죄학자만을 일컫는 것이 아니고 교정주의의 비판론자를 총칭하는 개념이다.

109) A. Eser, *op. cit.*, p. 227; G. Kaiser, *op. cit.*, p. 371.

폐지해야 할 대상이 될 뿐이다. 따라서 교정주의적 처우가 그와 같은 잘못된 규범체계를 근거로 이루어지고 있다면 교정효과도 얻지 못할 뿐더러 역시 폐지되어야 할 정책임은 틀림없다. 그러나 우리가 주지하고 있는 것처럼 우리는 규범체계 속에서 현재 살고 있다. 그리고 이들 규범체계는 그것을 개인이 모두 원했던 원하지 않았던 대부분 현실로 설정되어 있는 것이다. 따라서 단지 개폐의 대상이 되는 몇몇의 규범이 존재한다는 이유만으로 교정주의가 부정되어야 하는 것은 아니다.

개인을 교정 내지는 치료를 받아야 할 병리적인 존재로 파악하는 교정주의적 인식은 앞에서 논급한 결정론적 인간관에 의거한다. 개인을 병리적 존재로 보고 개선·치료하겠다는 교정주의적 사상은 인간을 주체가 아닌 객체로 취급하고, 또한 그것은 개인에게 특정가치와 행위를 강제하는 것을 합리화시켜 주는 바탕을 제공하고 있다고 비난받아 왔다. 이와 같은 비난은 처음부터 근저에 교정주의적 사법제도를 운영하고 있는 정부 내지는 교정당국에 대한 불신을 깔고 있는 것이다.

비행자(非行者)나 범죄자를 그들의 주체적인 삶의 과정에서 문제를 지닌 존재로 파악하고 그를 돕자는 것이 교정주의의 취지이다. 그렇기 위해서 이전의 권위형법 등에서 범죄자를 응보의 대상 또는 제거의 대상으로 보았던 것을 조력과 보호를 필요로 하는 대상으로 인식을 전환시키자는 것이 교정주의가 갖는 본래의 취지인 것이다. 비판론자들은 이것을 오히려 제도가 자의적이고 강제적인 조치를 합리화시키기 위해 만든 개념으로 곡해하고 있는 것이다. 물론 교정주의 이념을 악용한다면 이와 같은 수단으로 이용될 수도 있다. 그러나 그것은 운영상의 문제이지 교정주의의 본질에 관련된 문제는 아닌 것이다. 이와 같은 사고의 오류는 교정주의적 처우모델들이 잘못 시행되고 있는 것에 대한 현실적인 불만을 교정주의 이념 자체가 갖는 모순에서 기인한 것으로 보려는 데서 생기는 것이다.

또한 실제적 측면에 있어서 교정의 강제성과 교정처우과정의 재량권 남용문제, 교정담당자 및 관여자의 전문성 결여문제 등이 교정주의를 비판하는 근거로 제시되고 있다. 특히 대상자의 자발성과 자결성(自決性)을 기반으로 해야 하는 교정주의적 처우프로그램이 실제에 있어서는 처우프로그램 담당자의 강요에 의해 시행될 수밖에 없다는 점에서 교정주의가 가지는 본질적인 한계를 지적한다.

그러나 규범초월적(規範超越的) 성향을 갖는 개인으로부터 자발성을 기대하기는 어렵다. 또한 그들이 그들 자신의 개선을 위한 합리적이고 실현가능한 처우목표를 스스로 설정한다는 것도 사실상 불가능하다. 스스로 자기를 반추(反芻)하고 개선을 위한 노력을 할 수 있는 자는 이미 교정주의가 관심을 두어야 하는 대상이 아니다. 다만 그들에게 그들이 저지른 잘못된 행위에 그들 스스로 용납할 수 있는 정도의 질책이 필요하다고 한다면, 이 경우에 교정주의적 '강제'는 유용할 것이다.

개인의 발전을 위한 선의의 권유나 강제는 불완전한 자기결정 및 선택능력의 소유자인 인간 모두에게 어느 정도까지는 필요할 것이다. 더구나 교정주의적 처우프로그램은 그 본질에 있어서나 실제운영에 있어서 강제적일 수는 없다. 다만 더 나은 선택과 기회를 제공하고 있는 것일 뿐이다. 단지 그들이 처음부터 원하지 않았다고 해서 강제라고 몰아붙여서는 안 된다. 왜냐하면 국가나 교정당국이 아무 문제도 없는 개인을 교정이라는 명분으로 어떤 것을 강요하는 것이 아니고, 그 사회에서 그 사회의 규범에 따라 문제를 스스로 해결할 기회와 능력을 갖지 못하고 일탈적 행위를 한 그런 개인에게 어떤 변화의 기회를 주고자 하는 것이기 때문이다. 또한 그것을 거부할 권리를 주어지지 않았다고 해서 강제적이라고 할 수는 없다. 이 경우에는 그 개인이 행한 행위에 대해 국가가 무엇인가를 해야 하도록 되어 있고(그것이 그 사회의 규범적 요구이기 때문에), 따라서 거부할 권리를 부여한다는 것은 국가가 아무 것도 하지 말아야 한다는 것을 의미하게 되기 때문이다.

일방적인 처우개념(Behandlungskonzept)이 범죄자를 인위적으로 조작하고, 또한 과도한 국가적 규율의 염증(厭症)을 야기하지 않을까 하는 우려는 교정주의에 대한 반성의 기회를 제공하는 빌미가 된 것은 사실이다. 그러나 이러한 우려는 교정주의가 '자조(自助)에 대한 조력(助力)'(Hilfe zur Selbsthilfe)의 의미를 앞세우는 한 문제될 것이 없다고 본다.[110)]

110) 여기서 우리는 Haffke의 이른바 '해방적 사회질서'(解放的 社會秩序, emanzipierende Sozialtherapie)이론에 주목할 필요가 있다. Haffke에 의하면 지금까지의 교화·개선처분은 주로 지배작용(支配作用 , Herrschaftsinteraktion)에 의해 이루어졌기 때문에 문제가 있었고, 이러한 권위주의적 처우도식은 '해방적 방법'(emanzipierende Methode)에 의해 대체되어야 한다고 주장한다. 이러한 해방적 처우방법이란 '범죄자를 위해서'(für dem Täter)도 '범죄자 위에서'(über dem Täter)도 아닌 '범죄자와 함께'(mit dem Täter) 수행되는 것이라고 한다. 해방적 사회요법에 관해서는 Haffke, Gibt es ein verfassungsrechtliches Besserungsverbot? Zur rechtsschöpferischen Funktion von Angst(Mschrkrim, 1975): ders., "Hat emanzipierende Sozialtherapie eine Chance? Eine Problemskizze," in: Lüderssen/Sack(Hrsg.) Seminar:

재량권남용에 관한 우려나 담당자의 전문성에 관한 의구심도 마찬가지로 교정주의의 본질문제와는 관계가 없다. 재량권남용을 방지하고 전문성을 확보할 제도적 장치를 마련하도록 노력할 문제이지, 그와 같은 우려가 있다고 해서 교정주의적 이념가치를 포기해야 한다는 것은 문제의 본질을 호도하고 있는 것이다. 물론 지금까지의 경험에 의하면 어떤 제도적 장치도 교정주의적 목적을 충분히 달성할 수 있도록 마련된 적이 없고, 또한 마련이 쉽지도 않는 것은 사실이다. 그러나 그렇다고 해서 그것을 위한 노력을 포기하거나, 마련하기 어렵기 때문에 교정주의를 부정한다는 것은 본말이 전도된 것이다.

결국 교정주의에 관한 실제적 · 경험적 비판은 교정주의의 본질에 관한 것이라기보다는 교정주의 이념의 실현과정에서 발생할 수 있는 따라서 그것이 오히려 개인의 자유와 권리 및 인격을 침해할 수 있는 부정적인 도구로 이용될 수도 있다는 것을 경고하는 것 다름 아니다.

궁극적으로 교정주의는 교정적 처우를 받은 범죄자가 후에 재범을 하지 않고서도 그의 삶을 영위해 나갈 수 있기를 희망하는 장래적 · 경험적 효과를 지향하는 개념이라고 할 수 있을 것이다. 그러나 우리는 불행하게도 이러한 교정주의의 경험적 효과나 장래적 약속을 근거지울 아무런 자료를 가지고 있지 못하다. 오히려 기존의 교정주의적 효과에 관한 주장의 허구와 괴리를 확인하고 있을 뿐이다. 그럼에도 불구하고 한 가지 분명히 해 두어야 할 사실은 교정주의적 처우효과에 대한 회의가 교정주의의 이념적 가치를 부정하는 것으로 이해되거나 교정주의 대신 응보형주의로 돌아가는 것이 타당하다는 식으로 해석되어서는 안 된다는 점이다.

이제 교정주의는 '이론의 완전성'(Vollkommenheit der Theorie)에 집착하는 차원을 넘어서 '현실의 불완전성'(Unvollkommenheit der Wirklichkeit)에 눈을 돌려야 할 때다.[111]

지금까지 우리가 교정주의에 갖는 의구심은 그 효과에 관한 것뿐만 아니라 오히려 교정주의라는 미명하에 끼칠 수 있는 해악에 관한 것이다. 결국 교정주의는 개인의 자율성에 대한 헌법적 보장, 보충성과 비례성의 원칙, 책임원칙이라는 형사사법적 원칙을 고수함으로써만이 당위성을 갖는다고 할 수 있을

Abweichendes Verhalten II: Die gesellschaftliche Reaktion auf Kriminaltät, Bd. 2(Frankfurt am Main 1975); Hassemer, *Einführung in die Grundlagen des Strafrechts*, München, 1981 등이 있다.

111) S. Hassemer, *Resozialisierung*, S. 164.

것이다. 무릇 모든 형법상의 이념가치는 법적 현실이라는 토대 위에서 논의되어야 하는 것이지 법원칙을 벗어난 또는 사법구조와는 상관 없는 토대 위에서 논의되어서는 안 된다. 그것은 다만 혼란을 가져오거나 공허한 이상에 그치고 말기 때문이다.

제 4 장

사회방위론과 형사정책

제 1 절 사회방위론(社會防衛論)의 개념

1. 고전적 사회방위론

고전적인 의미에 있어서 사회방위(la défense sociale)는 글자 그대로 범죄에 대한 사회의 보호를 의미한다. 여기서 보호란 위법행위(infraction)를 강력하게 저지함으로써 행해진다는 의미를 내포한다.[1] 그런 의미에서 사회방위라는 용어에는 '처벌의 엄격성'(sévérite de la repression)이라는 수단적 의미가 포함되어 있고, 이것은 때에 따라서는 사회방위가 개인의 자유·권리와 대립되는 개념으로도 이해될 수 있다는 것을 의미한다. 따라서 '사회의 절대적인 방위'(une défense absolue de la société)를 위해서는 필요하다면 개인을 희생시켜서라도 시민공동체(communaut des citoyens)의 강력한 보호에 주력해야 한다는 주장이 가능하다.[2]

이런 입장에서는 사회방위란 바로 형법에 대한 전체주의적 접근(Authoritarian Approach)이라고 본다. 개인의 억압을 통한 사회의 보호를 긍정하였던 1933년 나치스의 형법과 보안처분을 체계화한 1930년의 이탈리아 형법, 그리고 사회방위처분을 형벌에 대체시킨 1926년의 소비에트 형법전 등이 이러한 사회방위사상을 기초한 것이다.[3]

A. Prins, E. Ferri, F. Gramatica 등에 의해 확립된 이 입장은 형사제재

1) Marc Ancel, *La Défense Sociale Nouvelle* ; 吉川經夫譯, 「Marc Ancel 新社會防衛論」, 東京: 一粒社, 1968, 5면 참조.

2) 영국의 James A. Joyce는 "국가가 인간의 생명을 희생하는 권리를 '사회방위라는 이름으로' 정당화시키고 있다"고 서술하고 있다. James A. Joyce, *The Right to Life, A World View of Capital Punishment,* 1962, p. 12 참조.

3) "사회방위이론이란 사회를 보호·방위하기 위하여 필요한 어떠한 수단도 정당화시키는 이론이다"라고 한 Jerome Hall의 주장은 이와 같은 형법들에서 사회방위가 갖는 의미를 잘 나타낸 말이라고 할 수 있다. Jerome Hall, *General Principles of Criminal Law,* 1947, p. 550.

의 최우선적인 목표를 사회방위에 두며,[4] 따라서 국가권력이 전체주의적 속성을 띠게 되는 경우 거의 예외 없이 표방되는 입장이 바로 이 고전적 또는 극단적 사회방위론인 것을 알 수 있다.

2. 신사회방위론(新社會防衛論)

고전적 사회방위이론이 단체적 정의(사회의 보호)를 내세워 개인의 자유와 권리를 억압하고 인도주의에 반하는 각종의 처분들을 정당화시킨다고 비판하고 인도주의적 차원에서 사회의 방위와 개인의 자유 및 권리를 조화시키려는 시도가 Marc Ancel이 전개한 이른바 신사회방위론이다.[5] 즉 이 신사회방위론은 고전적 사회방위론이 외면하고 있는 '범죄예방과 범죄자의 처우'라는 개념을 사회방위론에 도입한 것이다.

이 입장에서는 사회방위는 범죄자의 분리 · 제거 및 치료적 · 교육적 방법을 사용하여 범죄인을 중화(neutralize)함으로써 실현된다고 생각한다. 그렇기 때문에 집단적 접근방법보다는 개별적 접근방법을 지지하고 범죄자의 처우를 보장하려는 형사정책을 지향한다. 따라서 이 신사회방위론에 입각한 형사정책은 범죄자의 재사회화(resocialization)를 목적으로 하여 전개된다. 신사회방위론의 기본적 입장을 살펴보면 대체로 다음과 같이 정리할 수 있다.[6]

첫째, 사회방위는 개인의 보호로부터, 다시 말하면 인간존재의 탁월한 존엄성을 인정하는 것으로부터 출발한다. 따라서 국가에게 어떤 절대적인 가치나 전단적인 권력을 인정하지 않는다.

둘째, 개인의 보호는 사회방위의 보호와 마찬가지로 형법의 적정성과 타당성에 달려 있다. 따라서 신사회방위론은 '법률의 말살'에로 지향(志向)하는 것이 아니라 법률을 완전하게 하는 것에로, 보다 정확히 말하면 범죄에 대한 반작용을 개인과 사회, 즉 사회적 보호의 객체와 주체와의 결부된 요구에 더욱

4) Gramatica는 "사실(결과)에 기초를 둔 형사책임의 관념은 이제 사회성과 반사회성의 관념으로 대체되어야 한다"고 주장하면서 이 반사회성의 관념이야말로 사회방위론의 출발점이라고 한다(Filoppo Gramatica, *Principles de dēfense Sociale,* 1964, p. 3). 따라서 형벌의 개선이 아닌 인간의 개선을 위한 '사회방위처분'(Mesures de Dēfense Sociale)이야 말로 형사정책이 나아가야 할 길이라고 주장하였다. *Ibid.,* p. 167 참조.

5) Ancel은 그 이전의 사회방위론을 고전적 사회방위론이라고 부르고, 인도주의를 강조한 자신의 사회방위론을 신사회방위론이라고 구분하면서, '사회방위'라는 용어 자체가 이미 국가와 범죄자와의 일종의 대결상태를 예정한다고 보고 사회방위라는 용어 대신 '사회의 보호'(Protection Sociale)라는 용어가 오히려 합당하다고 주장했다. Ancel, *op. cit.,* p. 14 참조.

6) Ancel, *op. cit.,* pp. 25-31.

적합하도록 하는 것에 지향하는 것이다.

셋째, 신사회방위론은 책임의 개념에 의거하는 것이어야 하며, 개인의 자유의지에 근거한 이 책임은 재사회화의 과정에서 주요한 원동력이 된다.

넷째, 재사회화의 과정에서 고전적인 형사절차는 개선되어야 하는데, 이 개선은 죄형법정주의와 마찬가지로 불가침적인 소송절차법정주의에 따라서 조직화된 사법기관에 의한 형사재판이 반드시 존재한다는 것을 전제로 해서 행해져야 한다.

다섯째, 신사회방위론은 죄형법정주의와 소송절차 법정주의를 유지하면서도 비법률화(de-legalization)를 그 목표로 삼는다. 이 비법률화의 본질적인 목표는 법률화에 의해 법률론주의를 남용하거나 현실과 유리된 의제(擬制)에 반대하는 것이다.

여섯째, 범죄인에 대한 태도는 먼저 범죄인의 인격을 고려하여 이를 과학적으로 연구할 것을 요구한다.

제 2 절 국제사회방위학회 최소강령(國際社會防衛學會 最小綱領)

국제사회방위학회(Societé internationale de défence sociale)[7]는 1954년 앤트워프에서 개최된 제 3 차 회의에서 '사회방위이론의 최소강령'(Programme minimum de la Soeiété internationale dé défense sociale)을 채택하여 같은 해 10월 이탈리아 밀라노에서 개최된 이사회에서 이 최소강령을 동 학회의 방침으로 승인하고, 신사회방위론이 형사정책이라는 것을 분명히 함과 동시에 이 최소강령과 상이한 사상은 모두 개인적인 견해에 불과하다는 것을 선언하였다.[8]

이 강령은 그 때까지 주도해 왔던 급진적인 사회방위론을 배척하고 온건

7) 국제사회방위학회는 1945년 이탈리아의 Gramatica가 설립한 '사회방위연구소'(Centre détude de défence sociale)를 모태로 하여 1949년에 리에쥬에서 열린 제 2 회 국제사회방위회의에서 동 연구소명칭을 '국제사회방위학회'(Societé internationale de défence sociale)로 개칭한 것이다.

8) Ivar Stahl 교수가 초안한 이 강령은 전문에 "국제사회방위협회는 형사정책에 관한 제 영향을 행사할 목적으로 설립된 기관으로서, 그 소속회원들에게 다음과 같은 이념을 주지시켜 이를 발전케 하여 줄 것을 제의한다. 협회는 다음 이념이 회원제위에게 일반적으로 공감을 받을 수 있는 최소의 사항이라고 규정하고, 따라서 회원 일부가 주장하는 독자적인 학술상의 이론은 본 협회 전체의 의사가 아닌 개인적 의견으로 간주될 것이다"고 규정하고 있다. 전문은 *Revue de science criminelle et de droit penal compare,* 1954, p. 807 참조.

한 새로운 사회방위론을 추종한 것으로 따라서 신사회방위론의 내용은 이 최소강령 속에 표현되어 있다고 할 수 있다. 즉 이 강령은 '구체적인 행위와 인격에 적합한 사회방위처분의 개별화를 위한 시금석'이며 신사회방위론의 기본원리인 것이다. 그 내용은 다음과 같다.

1. 사회방위운동의 기본원칙

(1) 범죄에 대한 투쟁은 사회에 부과된 가장 중요한 임무의 하나로 보아야 한다.

(2) 이 투쟁에 있어 사회는 범죄에 대한 예방적 · 사후적인 여러 가지 종류의 수단에 의지하지 않으면 아니 된다. 형법은 범죄를 감소시킨다는 목적을 위하여 사회가 사용할 수 있는 수단의 하나로 보아야 할 것이다.

(3) 이 목적을 위하여 사용되는 수단(Les moyens dâction)은 단순히 범죄자로부터 사회를 보장한다는 목적을 가지고 있을 뿐만이 아니라, 동시에 사회의 성원이 범죄자로 되는 위험을 방지하는 것까지 고려된 것이어야 한다. 따라서 이 두 가지 영역에서 사회는 그 활동에 의하여 사람들이 올바르게 '사회방위'(défense sociale)라고 부를 수 있는 것을 확립하여야 한다.

(4) 사회방위운동은 사회의 각 구성원을 보호하는 차원을 넘어 사회 전체를 보호하기 위한 방안을 모색하면서 사회조직 각 분야에서 개인의 인권이 최대한으로 보장되도록 하여야 한다.

2. 형사법의 기본원칙

(1) 이상과 같은 관점에서 형사법의 참된 목적은 범죄로부터 사회와 그 구성원을 보호하는 것이라 할 수 있다.

(2) 이러한 목적을 추구하는 데 있어서는 무엇보다도 먼저 인간의 인격적 가치를 존중하고, 범죄자에 대하여 우리 문명의 법칙과 일치하는 방향이 아닌 경우를 제외하고는 불합리한 강요를 할 수 없다는 확신이 전제되어야 한다. 형사정책은 현대문명의 기초라고 할 수 있는 인도주의의 전통에 의해서 지도되어야 한다.

(3) 동시에 형사법은 엄격한 법정주의에서 귀결하는 모든 법규를 준수함으로써 인격의 존중을 확실하게 하는 것이 무엇보다도 중요하다. 현대사회의 역사적인 발전의 산물인 자유와 법정주의의 원칙(Les principes de liberté et de

légalité)은 불가침의 것으로 보지 않으면 안 된다.

3. 형사법 이론

(1) 형사법의 목적은 범죄에 대한 사회 및 사회구성원의 보호이지만 그 귀결로서 형벌법령의 해석과 적용은 본질적으로 실천적 성격을 띤 임무라고 보지 않으면 안 된다. 이러한 임무는 같은 종류의 다른 복잡한 임무와 마찬가지로 현실에 대한 주도면밀한 과학적인 연구를 필요로 한다. 따라서 형사법은 그 형식과 적용에 있어서 될 수 있는 대로 과학적인 여건 위에 기초를 두지 않으면 안 된다.

(2) 형사법 이론은 형이상학적 학설에 기초를 두어서는 안 된다. 그리고 형사법을 적용함에 있어서는 자유의사, 결과적 과실 및 책임이라는 형이상학적 관념들에 의한 영향은 배제되어야 한다. 그러나 한편 윤리적 가치를 부정하는 학설을 채택하지 않는 것 또한 중요하다. 형사사법이 사회의식과 일치하고 각 개인들이 갖는 도덕적 책임감정에 따라야 한다는 것은 언제나 중요한 원칙이다.

(3) 각 범죄자를 어떻게 구분하여 각자에게 맞는 처분을 할 것인가 하는 문제는 실천상의 문제로서 중시되어야 하는데, 그 중점은 형사법의 목적 그 자체에 합치된 처분을 선택하는 데에 있다. 따라서 선택된 처분은 모든 경우에 있어서 범죄자의 개선과 재사회화에 도움이 되어야 할 것이다. 만일 어떤 종류의 처분, 예를 들면 벌금이나 일정기간의 자유박탈처분에 대하여 형벌이라는 명칭을 부여한다 하더라도 이 형벌 역시 사회방위처분의 일환임을 인식하여야 한다.

4. 형사법의 발전계획

(1) 범죄인에 대한 사회적 투쟁에 있어 가능한 한 단일체제를 수립하기 위하여 상이한 형사처분을 통일시키는 방안이 연구되어야 한다.

(2) 개별적인 처분은 처분대상자의 특수사정에 따라 세분화함으로써 법원으로 하여금 적정한 처분을 선택할 수 있도록 하여야 한다.

(3) 형사소송절차와 행형처우는 하나의 연결된 절차로써 고려되어야 하며, 그 연속하는 각 국면은 사회방위의 기본원칙과 이념에 따라서 이해되어야 한다.

이상의 최소강령에서 본 바와 같이 신사회방위론은 인도주의를 기초로 하여 범죄에 대한 사회와 개인의 보호를 목적으로 하며, 나아가 개인의 인권보장을 강조하고, 범인의 개선, 재사회화를 중심목적으로 한다. 또한 처분의 단일화와 개별화 및 사법과 행형의 결합을 강조하는 사상으로 이것은 종래의 실증학파, 사회학파, 목적형론 등의 제 사상을 통합한 것이라고 볼 수 있을 것이다. 따라서 이러한 형사정책론에 지도되는 제 2 차 세계대전 후의 형법은 필연적으로 커다란 변화를 겪게 된다.

제 3 절 국제사회방위학회 최소강령추가의정서

1981년 그리스의 데사로니카에서 개최된 제10회 국제사회방위학회의 총회에서 회장인 Ancel은 최소강령의 재검토를 제안했고, 이에 따라 Ancel이 제출한 제안이유서와 추가의정서를 검토하여 1984년 12월 이탈리아 밀라노에서 열린 특별위원회에서 전 3부로 된 '최소강령추가의정서'가 채택되었다. 그 내용은 다음과 같다.

1. 일반적인 고찰

현대의 사회방위론은 다음과 같은 세 가지 요구에 바탕을 둔 형사정책이다. 즉 ① 현재의 제도에 대한 비판적인 검토, ② 범죄현상의 많은 전문분야에 걸친 연구를 하기 위하여 인간에 관한 모든 과학을 체계화할 것, ③ '보호'(protection)를 궁극적인 목적으로 할 것(보호란 오로지 징벌적인 고전적 형사제재 시스템에 대한 반동을 의미하고 다른 한편으로는 인권 및 인간존엄의 존중과 보장을 확실하게 하는 것을 목표로 할 것)이다. 그러나 이들 세 가지 요구는 법치국가를 유지하는 가운데서 실현되어야 한다. 법치국가를 유지하기 위해서는 법정주의 개인책임독립한 법관과 성실하고 공정한 소송에 있어서 시민의 권리보장을 확실하게 하는 법정절차의 원칙이 견지(堅持)될 필요가 있으나, 전통적인 형사재판제도를 무조건으로 유지하는 것까지 요구되는 것은 아니다.

2. 형사정책의 새로운 국면

⑴ 비범죄화론(非法律化論, de juridicisation)

순수하게 법률적인 개념에 의해 범죄문제를 받아들이는 방식에서 해방되어야 한다. 형법이나 형벌제도가 범죄에 대한 반응의 방법으로 유일한 것도 아니며 최상의 것도 아니라는 것이 확인되어야 한다.

⑵ 범죄연구의 방식

행위와 행위자에게만 한정된 범죄학연구에서 탈피하고 범죄나 일탈의 원인이 되는 대립상황이 만들어 내는 작용과 반작용의 복잡한 움직임을 파악하는 것이 필요하다. 또한 피해자의 보호를 목적으로 하는 형사정책을 정성들여 완성하는 것이 필요한데 이를 위해서는 방법과 전망에 있어서 범죄자 자체 연구의 일환에 지나지 않는 피해자연구에서 벗어나 전술한 연구방법에 의하여 피해자화(被害者化, victimization)라는 사회적 사실에 초점을 맞추는 것이 필요하다. 고찰의 대상도 일탈자, 주변인(周邊人), 사회적 부적응자(不適應者), 사회적으로 결함을 가진 자에까지 넓히고, 또한 '위험한 개인'에서 '위험에 내맡겨지고 있는 개인'에까지 넓혀져야 한다.

⑶ 비범죄화(非犯罪化, décriminalisation)

범죄와의 투쟁에는 개별화된 다양한 전략이 필요하다. 이를 위해서는 사회공동체의 존속까지도 위태롭게 하는 그와 같은 현상과 비형벌적인 절차의 대상이 되는 소(小) 혹은 중(中) 정도의 위법행위와의 사이에 명확한 구별을 하는 것이 필요하며, 이런 의미에서 비범죄화의 광범한 정책이 추진된다.

⑷ 범죄화(criminalisation)

그러나 이 비범죄화 정책에는 몇 가지 한계가 있다. 그 하나는 어떤 종류의 신종범죄·조직범죄·폭력범죄에 대해서는 적어도 현재로서는 일정수의 범죄화를 유지하지 않을 수 없다는 것이고, 다른 하나는 지금까지 전통적 형사법이 무시해 온 행동(광범위한 경제형법의 영역 혹은 권력의 남용에서 생기는 반사회적 행동)을 사회적 반동의 영역에 도입하기 위한 일정한 새로운 범죄화가 필요하게 된다는 것이다. 그러나 이들의 '범죄화'가 범죄규정의 신설이나 중벌화에 무차별적으로 의지하는 것은 피해야 할 것이다.

3. 사회방위와 비범죄화운동

(1) 비형벌화(dépénalisation)

신사회방위론은 두 가지 의미에 있어서 비형벌화의 합리적인 정책을 장려한다. 그 하나는 가능한 형(특히 구금형)의 적용을 피하고, 다른 하나는 형벌적인 장치 전체에로의 의존을 배척하는 것이다.

첫번째 의미에 있어서의 형벌(특히 구금형)의 배제 또는 제한은 다양한 방법으로, 그리고 자율적으로 이루어지는 것을 전제로 한다. 즉 이제는 '구금형의 대체물'이라고는 할 수 있는 제재(벌금형, 자유를 제한하는 제재, 권리박탈처분 등)의 시스템에 초점을 맞추는 것을 전제로 하는 것이다. 아울러 구금의 남용을 저지하는 것도 필요하다. 또 구금형이 계속해서 적용되는 한 '피구금자처우최저기준규칙'의 준수, 교도소제도의 인도화(人道化), 유죄판결을 받은 자의 권리재인식 및 그 법적 지위의 확립을 포함하는 행형개혁의 추진, 조직적인 사법통제를 유도하는 제재집행에 대한 법제도의 확립에 전념해야 할 것이다.

두 번째 의미에 있어서의 비형벌화는 형벌(실제에 있어서는 구금형)을 사용하는 것을 피할 뿐만 아니라 형벌적인 도구에 의지하는, 즉 고유한 의미에 있어서의 형사사법 시스템에 의지하는 것까지도 피하려고 하는 것이다.

이 비형벌화는 통상의 형벌적 수단에 대신하여 자유의 완전한 박탈을 수반하지 않는 민법, 행정법, 교육기관, 의료 내지 사회적 원조라는 각종 수단을 사용하는 것으로 이해되어야 할 것이다.

(2) 탈사법화(脫司法化, déjudiciarisation)

탈사법화 또는 다이버젼(diversion, déviation)[9]은 전통적인 사법제도로부터 벗어나는 방향을 지향하는 것이고 형벌적 도구의 회피라는 의미에서 비형벌화의 이론적 연장이다.

(3) 사회화(socialization)

오늘날에는 구금된 장소에서 과해지는 '재사회화의 처우'(traitement de résocialisation)는 멀리 해야 한다는 점에 의견이 일치되고 있다. 그러나 이러한 처우의 포기가 재사회화라는 궁극의 목적까지 포기하는 것이 되어서는 아니 된다. 이와 같은 입장은 한편에 있어서는 사회화의 실제적인 방법(직업훈련,

---

9) 우리말로 전환처분 · 사법외처분 등 다양하게 번역하고 있으나 여기서는 Diversion으로 부르기로 한다.

여가시간의 구성, 문화적 환경조성)을 제안하고 그 방법들을 그들의 주체적 의사에 맡기는 방향을 지향하고, 다른 한편으로는 한층 더 폭넓게 민사 · 행정 또는 원조라는 구별을 없애가는 것으로써 형사정책과 일반정책과의 직접적인 결부를 확실하게 하는 방향을 지향한다. 그와 함께 공동체 자체의 보호를 확실하게 하고, 형사정책이 그 최종 목적으로 하는 가장 완전한 의미에서의 '사회화'라는 임무를 부여할 것을 요구한다.

이상 소개한 최소강령추가의정서에 관한 논의 중에서 가장 광범한 지지를 받은 것은 구금시설에서 행해지는 '재사회화 처우'의 무효성 · 유해성에 대한 고발이었다.

제 2 차 세계대전 후의 형사정책입법의 동향 중에서 특히 눈에 띄는 점은 부정기형과 단기자유형의 폐지, 벌금에서 사회봉사명령에 이르는 다양한 구금형에 대신하는 처분의 신설이다. 이와 같은 실체법상의 개혁은 필연적으로 형사사법 시스템의 내부에서도 여러 가지 개혁을 가져왔고, 또한 그 시스템 밖에서 일을 처리하려고 하는 다이버전과 같은 움직임도 싹트게 되었다. 이러한 점에서 본다면 최소강령추가의정서의 의의는 이와 같은 최신 형사정책의 세계적인 동향이 신사회방위론의 기본원칙에 적합함을 확인하고 이를 더욱 발전시키는 것을 사회방위학회의 앞으로의 운동방침으로 선언한 것에 있다고 할 수 있다.

'최소강령추가의정서'의 또 다른 의의는 1950년대의 이른바 '치료신화'(mythe medicab)와 함께 현재의 '처우신화'(mythe du traitment)의 붕괴를 선언한 것이다. 따라서 구금시설에 있어서는 치료모델이나 인격개조모델에서 탈피하고 피수용자의 사회적 생활관계의 조절을 주안으로 한 '사회화'를 위한 원조가 처우의 중심에 위치하게 된다. 그러므로 사회내처우와의 연대가 강조되는 것이다. 구체적으로는 구금처우를 빠른 단계에서 보호관찰관(probation officer)이 관여하는 사회내처우 시스템을 폭넓게 활용하는 방향으로 전환하는 것이다.

그리고 비형벌화의 발전적인 형태인 다이버전은 개인적 · 사회적 분쟁해결의 비형벌적 절차, 예를 들면 법 이외의 협의 · 조정 · 중재절차 등의 개발을 적극적으로 연구함으로써 전개된다. 나아가 형사사법체제 자체도 단순히 형식적인 보장을 확보하는 것만이 아니고 '보호'의 관점을 가하는 것이 요구되어 그만큼 복잡하게 될 것이다.

이처럼 비형벌화정책을 추진하는 경우에는 공·사기관이 개인의 행동에 개입하는 경우가 대폭적으로 확대될 것이고, 그럼으로써 개입하는 기관의 사람 수와 그 자질의 다양성도 증대될 것이다. 그리고 그들의 개입은 개인의 보호, 즉 대상자의 이익을 실현한다는 관점으로부터 행하여질 것이다.

이와 같은 입장에서 정책을 실현함에 있어서는 다음과 같은 몇 가지 문제가 해결되어야 할 것이다.[10)]

첫째, 한층 더 확대된 사회내처우의 영역을 커버할 수 있을 만큼의 자질 있는 인원을 확보하는 것,

둘째, 현재의 법제도나 사회조직과 모순되지 않는 비형벌적인 프로그램을 만드는 것,

셋째, 처우의 탄력화를 확보하고 절차의 경직성을 피하면서 동시에 절차적인 보장을 실현하는 것,

넷째, 일반대중의 이해와 협력을 증진하는 방책을 세우는 것 등이 선결해야 할 과제인 것이다.

그러나 유념해야 할 것은 이와 같은 대담한 비형벌화정책이 형식적인 것으로 그치고 말 때는 전통적인 형벌 이상으로 개인과 사회의 보호에 있어서 커다란 해를 끼치게 될 것이라는 점이다.

제 4 절 신사회방위론과 고전주의 및 실증주의와의 관계

1. 고전주의와의 관계

고전주의는 의사비결정론(意思非決定論), 즉 자유의지(自由意志)를 전제로 도덕적 책임을 주장하는 구파의 입장을 말한다. 신사회방위론은 이러한 고전주의에 대해 비판한다. Ancel은 고전주의, 특히 신고전주의가 '자유의지(自由意志)-책임(責任)-형벌(刑罰)'이라는 전통적이고 극히 추상적인 도식 위에 안주하고 이로써 개인의 인권보장을 도모한다는 안이한 태도와 함께, 인간행동과학의 괄목할 만한 발전이 범죄인의 재사회화에 유효한 수단을 제공해 주고 있는데도 불구하고 극단적인 법률론에 집착하여 그것을 외면하고 있다고 비난

10) 澤登俊雄, "新社會防衛論と最新の刑事政策,"「犯罪と非行(第70號)」, 1986年 11月; 金善洙 譯,「法政論集(제 5 집)」, 경남대학교 법정대학, 1987, 169-167면 참조.

하면서 고전주의에서의 응보적 성격으로서의 형벌과 법률주의를 반대한다.[11)]

특히 신사회방위론에 의하면 모든 형이상학, 그 가운데서도 법률적 선험주의는 철저히 부정된다. 범죄는 인간적 사실이고 그 행위자가 갖는 인격의 표현이며, 따라서 범죄는 인간적 · 사회적 문제이기 때문에 형식적인 법률론만으로는 해결될 수 없다고 주장한다.

또한 신사회방위론은 고의와 동기의 전통적 구별, 형과 보안처분의 엄격한 구분을 부정한다는 점에서 고전주의와 차이가 있다.

2. 실증주의와의 관계

사회방위론이 실증주의적인 사고로부터 출발한 것은 사실이지만 신사회방위론은 단호하게 실증주의적 결정론을 부정한다. 따라서 신사회방위론은 다음과 같은 점에서 실증주의와 다르다.

첫째, 신사회방위론은 Lombroso의 생물학적 숙명론이라고 할 수 있는 생래적 범죄인설이나 Ferri의 사회적 필연론을 배격한다. 즉 신사회방위론은 인간의 자유의지를 크게 인정한다는 점에서 실증주의와 차이가 나는 것이다.

둘째, 신사회방위론은 범죄인의 계열화 및 분류에 중점을 두기는 하지만, 19세기 이후 행하여져 온 전통적인 분류, 즉 상습범 · 기회범(機會犯) · 격정범(激情犯)과 같은 분류에는 의문을 가진다. 신사회방위론에 있어서 범죄행위는 개개의 인격의 표현이므로 범죄학적 과제는 범죄행위를 한 개인을 미리 정해진 틀에 맞추어 넣는 것보다는 오히려 왜 그러한 전력(前歷)과 그러한 생물학적 체질을 가진 특정인이 그러한 상황하에서 그 특정한 행위를 하게 되었는가를 탐구하고 해명하는 데 있다.

셋째, 신사회방위론은 자유의지 및 책임의 개념을 배제하지 않을 뿐 아니라 실증주의가 무시하려고 한 일련의 도덕적 가치를 형사정책과 형법 속에 다시 도입한다. 그리하여 책임의 개념을 각 개인에게 문제삼음으로써 각자에게 도의적 의무라는 감정을 갖게 하고 사회적 가치를 고려하도록 하며 그 결과 좋든 싫든 '잘못'(faute)이라는 감정을 형법 속에 다시 넣게 한다. 따라서 이것은 고전주의에서 말하는 추상적인 도의적 책임과는 다를 뿐만 아니라 실증주의에서 말하는 법률적 책임 내지 객관적 책임과도 다르다.

넷째, 신사회방위론은 책임의무 또는 잘못이라는 감정이 개인에게 과하여

11) 小野清一郎, "フランス語刑法學における責任論(二)," 「ジユリスト」(제299호), 1964 참조.

질 뿐 아니라 사회도 개인에게 의무를 진다는 입장에서 개인과 사회와의 균형을 도모하려고 한다. 또한 인간의 존엄성을 존중하고 개인의 자유를 보장하기 위하여 죄형법정주의를 유지하고 사법절차를 확립할 뿐만 아니라 나아가 보안처분도 법정화해서 사법적 간섭하에 두려고 한다.

다섯째, 신사회방위론은 근대과학, 특히 인간에 관한 제 과학으로부터 취할 점이 많다는 것은 인정하지만 실증주의와 같이 과학에 전적으로 의존하는 것은 타당하지 않고 과학만능주의는 거부되어야 한다고 한다. 즉 형사정책은 단순한 법률기술을 넘어야 하는 것뿐만 아니라 순수한 과학적인 탐구에 대한 과도한 집착도 경계해야 한다는 것이다.

제 5 장

형사정책의 국제화와 새로운 동향

제 1 절 형사정책의 세계성과 국제형사정책

종래 형사정책에 있어서 '형사정책의 세계성'(世界性)이라고 말하는 경우 그것에는 국제학회의 활동, 국제회의의 결의 등을 중심으로 그것들이 각국의 형사입법에 어떠한 영향을 미칠 것인가를 논하는 것이 주된 목적이었다. 오늘날 형법학에 관하여는 '국제형법학회'가 있고, 범죄학에 관하여는 '국제범죄학회,' 형사정책학에 관하여는 '국제사회방위학회' 또는 '범죄방지 및 범죄자의 처우에 관한 국제연합회의'(이하 '유엔범죄방지회의'라고 부른다), 피해자학에 관해서는 '세계피해자학회'라고 하는 국제적인 조직이 있기 때문에, 이러한 국제학회나 유엔범죄방지회의의 동향에 주의를 기울이는 것이 아주 중요하다는 것은 말할 필요조차도 없다.

그런데 근년에는 이와는 다른 차원에서 '국제형사정책'이라는 개념이 대두되고 있는데, 그것은 지금까지의 형사정책이 국가 또는 지방공공단체가 범죄방지를 목적으로 하는 시책을 강구해 왔지만, 세계가 좁아지고 과학이 발전됨에 따라 범죄도 국제적인 차원에서 이루어지고 있기 때문에 이와 같은 범죄를 방지하기 위한 제 국가간의 연대강화와 그 연대를 기반으로 하는 시책이 필요하게 된 것이다.[1] 따라서 국제형사정책이란 한마디로 이와 같은 국제적인 범죄에 대처하기 위하여 제 국가가 연대하여 시책을 강구하는 것이라고 하겠다. 이러한 정책을 주도하는 것은 유엔, 국제적 정부기관(예를 들면 유럽연합), 국제적 시민단체 등이 될 것이다.[2]

국제형사정책에서는 형사사건에 관한 국제사법공조법 연구의 중요성이 인식됨과 함께 국제사법공조조약 체결의 필요성 등이 강조된다. 또한 소년사법

1) 그것은 주로 형사입법정책이 될 것이다.
2) 森下忠, "國際的刑事政策の推進," 「罪と罰(第16卷 2號)」, 1979, 6면 참조.

분야에서도 아동의 자율성을 존중하면서 국제적 시야에 입각한 인권보장의 견지로부터의 시책을 전개할 필요가 있을 것이다. 이러한 상황으로부터 국제적인 형사정책의 필요성은 금후 더욱더 높아질 것이다. 그뿐만 아니라 매스커뮤니케이션의 발달에 의해 세계가 급속히 좁아지고 있는 오늘날 형사정책의 개념도 국제적 차원으로 바꾸어져야 할 것이고, 나아가 국제적 차원에서 범죄현상에 관하여 고찰하고 그 대책을 강구해야 할 것이다.

그런 의미에서 국제형사사법정책을 수립하기 위해서는 우선 그 내용을 음미하고 어떻게 체계화가 가능한가를 연구할 필요가 있다. 그러나 현재로서는 '국제형사정책'이라고 하는 경우 그것은 항공기납치나 국제테러처럼 국제범죄에 대처하기 위해 제 국가가 연대하여 어떻게 시책을 강구하여야 하는가라고 하는 국제적 수준에서의 형사정책의 전개를 의미하고 있다.

제 2 절 유럽이사회의 활동

1957년 유럽이사회는 국제적 형사정책을 추진하기 위해 각료위원회(Committee of Minister) 아래 유럽범죄문제위원회(European Committee on Crime Problem)를 설립하고 동구를 제외한 각 유럽국가간의 협력에 의한 형사정책을 추진하였다. 이 활동의 결과 현재까지 형사사법에 관한 몇 개의 조약과 권고가 각료회의에 의해 채택되었는데, 조약으로는 1957년의 '범죄인인도조약,' 1959년의 '형사사법공조조약,' 1977년의 '테러리즘방지조약' 등이 있다. 또한 보호관찰에 관한 외국판결의 집행을 인정한 1964년의 '형의 유예자 및 가석방자의 보호관찰에 관한 조약'과 일정한 경우에 외국판결의 집행을 인정한 1970년의 '형사판결의 국제적 효력에 관한 조약'도 유럽이사회의 활동성과이다.

유럽각료위원회에 의한 권고는 조약으로서의 구속력은 갖지 않지만 각 가맹국의 형사사법에 사실상 적지 않은 영향을 미치고 있는 것이 사실이다. 지금까지 교통범죄(1968년, 1971년, 1973년, 1975년, 1977년), 약물범죄(1973년), 테러리즘(1974년, 1978년), 형법에 의한 환경의 보호(1977년) 등의 영역에 있어서 권고를 채택한 바 있고, 1977년에는 피해자보상에 관한 권고도 채택되었다.[3)]

3) 藤本哲也, 「刑事政策概論(全訂版)」, 東京: 青林書院, 1996, 34-35면 참조.

특히 1973년에 유럽이사회는 '유럽피구금자처우 최저기준규칙'을 제정했는데 이 '유럽피구금자처우 최저기준규칙'은 '유엔최저기준규칙'과 비교하여 수형자의 인간으로서의 존엄의 확보를 한층 더 강조하고, 그 권리의 확대를 도모하고 있다. 또한 범죄자의 처우라는 측면에서도 처우의 개별화를 철저하게 하고 수형자가 주체로서 적극적으로 협력·참가하는 처우의 추진을 그 주된 요점으로 하고 있다.

그 외에도 ① 자유형의 집행은 개인의 자유를 극단적으로 제약하고 사회와의 연대를 단절하며 동시에 사회적 낙인(stigma)을 찍기 때문에 이것을 가능한 한 피해야 한다는 것, ② 시설 내의 직원간 및 직원과 수형자와의 커뮤니케이션의 촉진, ③ 형사시설의 환경 전체가 교정처우의 과정으로서 수형자의 사회복귀에 유용한 것이라는 것, ④ 시설 내의 생활은 가능한 한 일반사회의 그것에 가까운 것이어야 한다는 것, ⑤ 외부사회와의 연대의 유지·증진의 중요성, ⑥ 처우의 일환으로서의 적절한 내용의 형무작업의 중요성을 지적함과 함께 시설내처우와 사회내처우와를 결합한 일원적인 처우의 필요성을 강조하고 있다.

제 3 절 유엔최저기준규칙(UN最低基準規則)

1. 유엔범죄예방 및 범죄인처우회의(United Nations Congress on the Prevention of Crime and the Treatment of Offenders)

1946년 유엔경제사회이사회 산하에 임시사회위원회를 설치하고 "유엔이 범죄방지 및 범죄자처우 분야의 국제적 활동에 대한 책임을 부담할 것"임을 공표하였다. 1948년 경제사회이사회는 "범죄방지 및 범죄자처우의 문제를 국제적 규모로 연구하는 것이 중요하다는 인식하에 유엔이 이 분야에 대한 국제기구를 창설하여 지도적 역할을 할 것임을 결의하였다. 이와 함께 국제형사·교정위원회(International Penal and Penitentiary Commission)를 '국제형사 및 교정재단'(International Penal and Penitentiary Fountation)으로 개편하여 사업을 유엔에 이관하였고, 1950년 12월 1일 총회결의안 제415호를 채택하여 범죄방지 및 형사사법 분야의 국제협력 강화를 추진하는 향도적 지위에 선다는 내용을 선언하였다. 1955년 8월 스위스 제네바에서 제 1 차 유엔범죄방지 및 범죄자처우회의(이하 '유엔범죄방지회의'라 약칭한다)를 개최하였다.

이 회의는 매 5년마다 개최되는데, 제 2 차 회의는 1960년 영국 런던, 제 3 차 회의는 1965년 스웨덴 스톡홀름, 제 4 차 회의는 1970년 일본 교토, 제 5 차 회의는 1975년 스위스 제네바, 제 6 차 회의는 1980년 베네수엘라의 카라카스, 제 7 차 회의는 1985년 이탈리아 밀라노, 제 8 차 회의는 1990년 쿠바 아바나, 제 9 차 회의는 1995년 이집트 카이로, 제10차 회의는 2000년 오스트리아 비엔나에서 그리고 2005년의 11차 회의는 멕시코에서 개최되었다.

특히 1980년에 베네수엘라의 카라카스에서 개최된 제 6 회 회의부터는 회의의 성격이 정부간의 회의로서의 성격을 강조하게 되었고, 2000년의 비엔나 회의에서는 조직범죄, 인신매매, 불법이주, 불범무기 생산 및 거래, 부패, 컴퓨터관련 범죄 등 새로운 형태의 다양한 범죄활동에 대처하기 위해 공동으로 노력할 것을 다짐하는 '범죄 및 형사정의에 관한 비엔나 선언'을 채택하였다.

이 회의는 유엔의 경제사회이사회 내의 '사회방위국'(Social Defence Section)과 개최국 정부가 공동으로 주최하는데 참가자는 각국 대표 외에 개인자격으로 학자와 실무자들이다. 회의는 보통 3-4개 분야로 나누어 토론을 하고, 그 결과를 전체회의에서 요약 · 정리하여 '결의와 권고문'(conclusions and recommendations)을 채택하는 형식으로 진행된다. 이 토의의 진행내용과 그 결과는 종합보고서 형식으로 작성하여 유엔총회와 각국 정부에 발송하여 각국의 형사정책제도의 개발에 참고하도록 하고 있다.

그러나 국제적인 차원에서의 형사정책의 실천은 주로 범죄자처우를 중심으로 이루어지고 있다고 할 수 있을 것이고, 특히 1955년에 유엔이 결의한 '유엔피구금자처우 최저기준규칙,' '시민적 및 정치적 권리에 관한 국제규약'(국제인권 B규약), 1985년 밀라노에서 개최된 범죄예방 및 범죄자처우에 관한 국제연합 제 7 회 회의에서 채택된 '외국인 피구금자처우에 관한 권고,' 그리고 1990년 12월 유엔총회에서 채택된 '피구금자처우 기본원칙' 등은 각국에서 형사정책을 실천하는 데 있어서 근거가 되어야 할 중요한 국제준칙이라고 할 수 있다.

2. 유엔최저기준규칙

유엔범죄방지회의에서 지금까지 채택된 주요 '유엔최저기준규칙'으로서는 3가지가 있다. 그것은 1955년 제네바의 제 1 회 유엔범죄방지회의에서 채택된

'피구금자처우에 관한 유엔최저기준규칙'(United Nations Standard Minimum Rules for the Treatment of Prisoners), 1985년 밀라노의 제 7 회 유엔범죄방지회의에서 채택된 '소년사법운영에 관한 유엔최저기준규칙'{United Nations Standard Minimum Rules for the Administration of Juvenile Justice, 이른바 '북경룰'(北京 rule)}, 그리고 1990년 아바나의 제 8 회 유엔범죄방지회의에서 채택된 '비구금조치(非拘禁措置)에 관한 유엔최저기준규칙'(United Nations Standard Minimum Rules for Non-Custodial Measures, 이른바 '동경룰')이다.

1955년의 '피구금자처우에 관한 유엔최저기준규칙'은 현대의 형사·교정시설에 있어서의 피수용자처우(被收容者處遇)의 최저한도상태를 피수용자의 인권보장과 교정처우란 측면에서 국제적으로 확인한 것인데, 이것은 오늘날까지 범죄자처우를 위한 국제적 지침으로서 세계 각국에 영향을 미치고 있다.

한편 1985년의 '소년사법운영에 관한 유엔최저기준규칙'은 청소년비행을 방지함으로써 각국의 장래를 짊어질 젊은이의 건전한 육성과 사회참여를 용이하게 하고, 그 나라에 바람직한 발전을 가져오는 것이라는 공통의 이해 아래 청소년비행방지를 위한 제 방책을 고려하고, 가능한 한 최대한으로 소년의 복지를 증진하는 데에 그 목적이 있다.

또한 1990년의 '비구금조치에 관한 유엔최저기준규칙'은 사회내처우나 비시설처우(非施設處遇)의 분야에 관한 국제적 가이드라인을 규정한 것이다. 특히 '동경룰'이 채택된 배경에는 세계 각국의 형사시설에서 과잉구금이 만연되고 있다는 현실이 있다. 또한 근래에 구미(歐美)에서 범죄자의 개선갱생 또는 재범방지에 관한 시설내처우, 특히 교정처우의 효과에 관하여 회의적인 시각으로부터 기인한 소위 '정당한 응보론'(Just deserts)과 같은 회의적인 사고가 대두되고 있는 현상과도 무관하다고는 할 수 없다.

그런가 하면 한편에서는 인권사상의 고양과 함께 형벌의 인도화(人道化) 또는 범죄자의 개선갱생·사회복귀를 최우선하는 것도 또한 현대사회에 있어서의 형사정책에서는 중요한 과제로 생각되고 있는 것도 사실이다. 그러한 의미에서 지금이야말로 현대의 형사정책은 형벌이 갖는 사회적인 낙인(stigma)의 영향을 여러 가지 측면에서 고려하면서 범죄의 중대성과 범죄자의 특성에 알맞은 형사제재가 모색되어야 하는 시점인 것이다.

현재 세계적으로 '형사제재의 다양화 현상'이 나타나고 있는 것도 이와 같은 모색을 위한 다양한 시도의 결과인 것이다. 그런 까닭에 '동경룰'에서 채택된 비구금조치에 관한 기준규칙은 사회내처우를 위한 의미 있는 지침이고, 국제적인 조류를 훌륭하게 반영한 것이라고 할 수 있다.

물론 이것들은 비준·발효된 조약은 아니기 때문에 법적인 구속력은 없다. 즉 각국이 형사정책의 지도이념으로서 존중하고 충족하여야 할 국제적인 기준으로서의 의미를 갖는 것에 지나지 않는 것이다.

제 4 절 형사정책의 새로운 동향

오늘날 형사정책은 앞에서 살펴본 국제화 경향과 함께 이전과는 다른 새로운 방향을 모색하고 있다. 그것은 사회문화 및 정치·경제의 변동, 그리고 과학의 발전에 따른 범죄현상의 변화 및 사회구성원들의 범죄에 대한 인식과 반응의 변화로부터 비롯된다고 볼 수 있다.

1. 범죄인 및 범죄의 연구에 관한 방법론상의 비판

범죄현상과 범죄인에 관한 기존의 연구방법과 그 결과에 대해 비판과 회의를 표시하고 새로운 시각에서 연구가 수행되어야 한다는 주장이 제기되고 있다.

첫째, 연구대상에 관한 비판이다. 범죄 및 범죄인에 관한 종래의 연구에서는 주로 전통적 범죄, 즉 하층계급에 속하는 사람들이 자주 범한다고 하는 살인·절도·강도 등과 같은 범죄만을[4] 대상으로 행해져 왔다. 그러나 오늘날 이와 같은 전통적인 범죄에 못지 않게 상류계층의 사람들이 범하는 각종 직업상의 범죄, 즉 '화이트칼라 범죄'(white collar crime)도 큰 비중을 차지하고 있을 뿐만 아니라 사회적으로 문제가 되고 있다. 따라서 기왕처럼 특정계층, 특히 하층계급의 범죄만을 연구대상으로 하는 것은 범죄현상의 한 측면만을 보게 된다는 비판을 면치 못한다.

지금까지는 범죄의 원인으로 흔히 빈곤, 정신병질, 유전적 소인 등을 강조해 왔다. 그러나 그것들은 노칼라(no-collar) 범죄자들의 범죄문제를 이해하는 데는 도움이 될지 몰라도 화이트칼라(white-collar) 범죄자들에 대해서는 거의

4) 이것들을 노칼라 범죄(no-collar crime)라고 부르기도 한다.

타당성이 없는 것으로 생각되고 있다. 그러므로 상하계층의 모든 사람들이 범하는 각종 범죄를 대상으로 연구가 이루어져야 하고, 또한 그와 같은 연구를 통해 모든 범죄에 적용될 수 있는 범죄이론을 개발할 필요가 있다는 것이다.

둘째, 범죄통계의 허구성을 지적한다. 기존의 범죄 및 범죄자에 관한 연구는 정부에서 발표한 공식적인 통계를 중심으로 이루어진 것이 사실이다. 그러나 이 공식적인 통계는 주로 사법기관에 인지되거나 사법절차에 회부된 범죄자를 대상으로 집계된 것이기 때문에 발생했으나 어떤 이유로 알려지지 않거나 체포되지 않은 범죄, 즉 암수범죄(暗數犯罪, unreported crime)는 포함되지 않는다. 따라서 이 암수범죄에 대한 규명이 없이는 정확한 범죄현상을 파악한다는 것은 불가능하다. 그런 점에서 암수범죄의 파악을 위한 방법의 개발은 범죄연구에 중요한 과제이다. 그러나 지금까지는 몇몇 주요범죄들에 대한 암수율(暗數率)만 알려져 있을 뿐 그 밖의 대다수의 범죄에 관해서는 암수를 파악하는 방법을 알지 못하고 있는 현실이다.

셋째, 기존의 연구가 범죄자의 유형적 차이를 무시하고 행해졌다는 비판을 한다. 즉 각종 범죄자 상호간의 차이를 거의 무시하고 모든 범죄를 한 묶음으로 하여 '범죄자집단'으로 하고 이를 '비범죄자집단'과 비교한다는 것이다. 그러나 사기범 · 살인범 · 절도범 등 각종 범죄자 사이에는 각기 그 배경이 다르다. 따라서 이를 구분하여 각 죄종별로 분류하여 조사연구하는 방법이 고려되어야 한다는 것이다. 이를 위한 범죄유형분류의 연구가 소위 유형론(typology)이다.

넷째, 표본집단(標本集團)의 대표성에 관한 의문이다. 즉 범죄자에 관한 정밀연구를 위하여 표본집단을 추출함에 있어 그 표본집단이 과연 그에 의하여 설명하려는 전체 범죄자집단을 정확히 대표하는지가 문제라는 것이다. 지금까지는 주로 수형자집단 중에서 표본을 추출하였는데, 이것은 그들 수형자집단의 표본은 될지언정 검거되지 않고 사회에 있는 다른 범죄자들을 포함한 전체 범죄자집단을 올바로 대표하는 것은 아니라는 것이다. 이러한 표본집단의 비대표성(un-representativeness of samples) 때문에 그 분석결과를 전체 범죄문제에 적용해서 설명하기에는 무리라는 지적이다.

다섯째, 연구대상자의 접촉시기에 문제가 있다. 지금까지 범죄자에 관한 대부분의 연구는 범죄자가 체포되어 조사 · 재판 · 교정의 복잡한 과정을 거친 후에 그를 연구의 대상으로 선택한 경우가 많았다. 그러나 이와 같은 과정을 거친 범죄자는 그 과정을 거치는 동안 여러 정신적 · 육체적인 변화를 겪는다. 따라서 범죄발생 당시의 그와는 차이가 있게 되는 것이고 이런 점에서 범죄를 행한 범죄자에 관한 정확한 분석이 되지 못한다는 것이다. 범죄자에 관한 연구 중 특히 그들의 인격조건에 관한 연구는 범죄를 행한 현장에서 직접 행하는 것이 가장 좋을 것이고 그것이 어렵다면 그가 검거된 직후라도 행하여지지 않으면 안 된다는 것이다. 근래에 참여적 관찰법이 주목을 받는 이유가 여기에 있다.

결론적으로 현대의 형사정책학에서는 그 연구방법론에 있어서 새로운 방향의 모색이 요구되고 있다는 것이다.

2. 형벌의 일반예방기능(一般豫防機能)에 관한 재인식

실증주의의 대두와 함께 부정되었던 형벌의 일반예방기능[5)]에 대해 다시 관심을 두게 되었다. 특히 1950년대에 들어와 유럽과 미국에서 이러한 경향이 뚜렷하게 나타나는데, 이러한 경향을 선도한 학자는 노르웨이의 형법학자 J. Andenaes 교수이다. 그는 종래 지배적이었던 형벌의 일반예방기능에 대한 부정론 내지 회의론에 대해 논박하면서 형벌의 일반예방 및 도덕교육의 효과를 강력히 주장하였다.[6)] 이 Andenaes 교수의 주장은 미국의 형사학계에 크게 반향을 일으켰는데, 특히 뉴욕대학의 P. Tappan 교수 같은 이는 Andenaes 교수의 주장을 토대로 형벌긍정론을 논리정연하게 펼친 사람의 하나이다.[7)]

오늘날에 와서는 이 주장은 형벌의 집행과정에서 행하는 범죄자의 개선·교화를 위한 노력도 중요하지만 일반예방의 기능도 간과해서는 안 되며, 따라서 이와 같은 일반예방에 역점을 둔 형사정책이 필요하다는 방향으로 사고가 전환되고 있다.

그러나 오늘날의 형벌의 일반예방적 기능긍정론은 형벌의 예방기능이 단

---

5) 과거 전통적으로 인정되어 왔던 형벌의 일반예방적 기능은 실증학파들에 의해 부정되는데 그 논거는, 첫째로 출소자 중의 대다수가 재범자가 되고 있다는 사실, 둘째로 사형집행장소에서 절도행위가 자행되는 예가 있는 점으로 미루어 범죄자들의 범죄행위는 그 자유의지에 의해서 행해진다기보다는 소질과 환경조건에 의하여 결정된다고 볼 수 있다는 것, 셋째로 매년 범죄발생률이 거의 일정하다는 사실(범죄포화의 법칙, 이에 관해서는 후술함)이다. 이러한 이유로 실증주의자들은 범죄자들에 대한 형벌 등의 처우는 일반예방을 위해서가 아니라 그들 개개인의 개선·교화를 위해서 운용되지 않으면 안 된다고 주장한다(개선형론, 교육형론, 특별예방론).

6) J. Andenaes, “General Prevention-Illusion or Reality?,” *Journal of Criminal Law and Criminology,* 제43호(1952년 7-8월호), pp. 179-198.

7) P. Tappan, *Crime, Justice and Correction,* 1960, pp. 243-255 참조.

순히 그 형량의 크기에 의해서만 좌우되는 것이 아니고, 그 집행방법 및 시행과정에 있어서의 제반조건에 의하여 좌우된다고 하면서 그 제반조건에 대한 분석에 깊은 관심을 두고 있다는 점에 특색이 있다. 여기서 말하는 '제반조건' 중에서 특히 주목받는 것은 범죄인지(犯罪認知), 범죄자검거율(犯罪者檢擧率), 형벌의 결정과 집행과정에서의 공평성, 시민의 법의식 등으로 이러한 것들이 형벌의 일반예방기능 효과를 좌우한다는 것이다. 이것은 형벌이론의 지평을 넓히는 것이고 형사정책의 연구대상이 추가된다는 것을 의미한다.

3. 사전예방(事前豫防)의 강조

지금까지의 형사정책이 실제로 관심을 둔 대상은 범죄자의 개선·교정이었다. 즉 범죄가 발생된 사후에 다시 그로 하여금 범죄를 저지르지 못하도록 하는 방안이 주로 강구되어 온 것이다. 그러나 오늘날에 와서는 그와 같은 사후의 처방보다는 사전예방이 더 효과가 있다고 생각하고 범죄의 사전예방을 위한 제반대책을 강구하려는 노력이 나타나고 있다. 그것은 지금까지의 교정적 처우에 의한 범죄방지대책이 별다른 효과를 거두지 못하고 있다는 판단에서 비롯된다. 따라서 일단 범죄자가 된 후에는 교정이 어렵다고 생각하고 범죄자가 되기 이전에 이를 방지하는 방책을 강구할 필요가 있다고 생각하게 된 것이다.

비행화를 방지하기 위한 '조기비행예측표'(早期非行豫測票)의 연구가 그 예의 하나지만, 범죄발생의 원인으로 생각되는 빈곤의 퇴치, 불평등한 사회조건의 개선, 도시사회구조의 조정, 매스미디어의 감시 및 개선, 지역사회의 조직화, 사회복지시책의 개발 등과 같은 사회정책들도 이러한 범죄사전예방활동의 일환으로 고려될 수 있는 것이다.

4. 새로운 형사정책의 구상

오늘날 사회문명의 변화에 따라 기존의 형사정책으로는 대처할 수 없는 새로운 형태의 범죄가 발생하고 있다. 교통범죄와 같은 과실범죄가 대량으로 발생하고 있는 것이 그 한 예이다. 이들 과실범죄들에 대하여는 기존의 범죄와는 다른 특수한 예방책이 필요한 것은 물론이고, 따라서 이들에 대한 행형처우방법도 특수할 수밖에 없다. 즉 다른 일반 범죄처럼 교도소구금 등의 기존의 처우 대신에 피해자보상을 조건으로 하는 교육명령이라든가 특수시설에의 반구금(半拘禁) 또는 봉사명령과 같은 특수한 방법으로 대처하는 것이다. 이와 같은 과실범 외에도 노동쟁의나 시위에서의 난동·환경범죄·컴퓨터범죄 등과 같은 것들은 현대사회에서 새로이 나타난 범죄유형들이고, 따라서 이들에 대한 예방과 처우는 이전과 달라질 수밖에 없는 것이며, 그런 점에서 새로운 형사정책의 모색이 요구되는 것이다.

5. 범죄인의 인권보장에 관한 재인식

교정주의 이념에 기반을 둔 형사정책은 자칫하면 교정이라는 미명하에 범죄인의 인권이 무시되는 경향이 있다. 또한 사회방위사상에 근거한 형사정책 역시 개인의 인격과 권리를 침해하는 경우가 많이 있어 온 것도 사실이다. 예를 들면 성인범죄자들에 대해 보장되는 절차적 보장이라든가 책임원칙 등이 소년에 대해서는 보호처분이라는 명분하에 무시되는가 하면, 사회보호라는 명분하에 전과자나 우범자를 예비구금(豫備拘禁)하는 보안처분 등이 그것이다. 따라서 이와 같은 교정주의 이념과 사회방위사상에 근거한 지금까지의 형사정책에서 인권보장이라는 측면이 다시 검토되고 그런 차원에서 개선이 시도될 필요가 있는 것이다.

6. 비구금처우(非拘禁處遇, 사회내처우)의 선호와 교정시설의 개방화

범죄자를 시설에 수용하여 개선·교화한다는 종래의 방법에서 범죄자가 다시 생활할 사회와 가까워질 수 있는 제도나 시설을 통해 범죄자를 재사회화(再社會化, re-socialization)하는 것이 범죄자의 재범방지와 사회보호에 효율적이라는 사고가 근래에 강조되고 있다. 그 결과 가급적 범죄자를 일정조건하에 사회에서 활동하게 하면서 그의 개선과 사회적응을 도모하는 보호관찰(probation), 봉사명령, 교육명령 등이 선호되고 있는 것이다.

또한 시설수용의 경우에도 가능한 한 사회와의 접촉을 자주 갖게 함으로써 사회적응을 쉽게 하고자 하는 시도가 행해지는데, 개방교도소가 그 전형적인 예이다. 수형자의 외부통근제도, 귀휴제도, 배우자나 자녀와 가족과의 장시간 면담을 허용하는 제도, 독지가 면담제도, 가석방제도 등이 오늘날의 형사정책이 선호하고 추진하고자 하는 범죄자처우의 방법인 것이다.

제 6 장

형사정책의 방법

제 1 절 사회복귀사상(社會復歸思想)의 전개

형사정책의 사상은 응보적 권위주의(應報的 權威主義)로부터 합리주의(合理主義)와 인도주의(人道主義)를 거쳐 현대는 과학주의(科學主義)의 시대에 있다고 할 수 있다. 그런데 과학주의의 형사정책은 범죄자의 개선에 의한 특별예방(特別豫防)을 중핵으로 하는 것이었다. 이 과학주의의 연장으로서 1950년대에 유럽과 미국에서 화려하게 등장하여 오늘날 각국의 형사정책에 커다란 영향을 미친 것이 사회복귀(社會復歸, rehabilitation) 또는 재사회화(再社會化, re-socialization) 사상이다.

사회복귀사상은 형사정책의 이념을 범죄자의 건전한 사회복귀에 두고, 이 이념을 실천하기 위해서는 과학적인 치료기술을 구사하여 범죄자를 시설 내에 구금하여 개선하는 것이 필요하다는 생각을 말한다. 이 범죄자의 개선조치를 '교정처우'(矯正處遇)라고 하는데, 형사정책의 주된 임무는 범죄자의 사회복귀를 도모하는 것에 있다고 하는 사고가 사회복귀사상의 내용인 것이다.

따라서 이것에 기초한 범죄자의 처우는 인간의 행동패턴을 강제적 수단에 의해 교정하는 인격 내지 성격에의 간섭을 내용으로 하는 것이지만, ① 건전한 사회복귀를 달성시킴으로써 범죄자에게 이익이 되고, ② 개인의 특성에 맞는 처우를 하기 때문에 불합리한 형을 과하지 않는다고 하는 의미에서 인도주의에 합당하며, ③ 따라서 무엇보다도 재범의 방지에 유효할 것이라는 등의 이유에서 사회복귀사상은 그 후 형사정책의 지도이념이 되어 왔다.

그러나 사회복귀사상이 강조된 나머지 형사정책과 범죄자의 처우에 관한 시책이 동일시되는 것은 잘못이다. 형사정책의 중핵은 범죄를 예방하고 범죄자에게 적절한 처우를 함으로써 범죄를 억제하는 국가적 활동에 있기 때문에 범죄자의 사회복귀뿐만이 아니라, 형벌의 일반예방효과 및 범죄동향의 예측을 기초로 한 범죄방지를 위한 모든 조직적 활동, 즉 입법·사법 및 행정상의 제시책을 포괄하는 것이다. 따라서 사회복귀사상은 그것이 형사정책 자체가 아니고 오늘날의 형사정책에서 그 방향을 선도하는 하나의 이념표상에 지나지 않는다는 것을 유념해야 할 것이다.

영미에서 실증적 또는 전통적 범죄학으로 불리는 사회복귀사상에 대하여는 이른바 '반사회복귀사상'(反社會復歸思想)이라는 차원의 비판도 있다. 즉 범죄자를 권력작용에 의해 통제·제압하여 사회로 돌려보낸다는 사회복귀사상이 형사정책의 지도이념이라고 하는 종래의 학문적 경향에 대하여 이미 1960년대부터 의문이 제기되어 오고 있었고, 1970년대에 들어와서는 교정처우의 효과가 나지 않는데도 강제적으로 처우하는 것은 인권침해가 된다는 등의 이유로부터, 특히 미국에서 형사시설에 있어서 교정처우에 반발하는 풍조가 현저해지고 후술하는 것처럼 부정기형 및 양형제도를 재평가하는 등의 제도개혁이 시도되고 있다.

그리하여 '교정에 있어서의 비관주의'(悲觀主義, pessimism)가 싹트게 되었고, 그것은 이윽고 국가의 처우권을 부정하는 반사회복귀사상이 출현하게 되기까지 이르렀지만, 사회복귀사상 그 자체를 부정한다기보다는 오히려 개선·갱생 중심의 기존의 형사정책에 대한 반발의 일단으로 반사회복귀사상을 받아들여야 할 것이다.[1)]

제 2 절 형사정책학의 방법

1. 과학주의(科學主義)

과학주의란 형사정책학이 범죄학 등의 경험과학의 성과에 입각하여야 한다는 원칙을 말한다. 근대적인 형사정책의 기초를 구축한 것은 범죄원인을 과학적으로 탐구하여 그것에 기초한 대책을 강구하는 실증학파의 방법, 즉 과학적 방법이었다. 그리고 형사정책학이 정책과학인 이상 통계학 등의 현대과학의 방법을 구사하여 범죄현상을 분석하고 범죄원인을 해명함과 동시에 정신의학·심리학·교육학 및 사회학 등의 행동과학의 지식을 기초로 한 유효하고 효율적인 대책을 강구하여야 한다는 것은 당연하다. 즉 현대의 형사정책학의

1) 宮澤浩一, "行刑思想の發展と動搖," 「現代行刑法大系 7」, 3면 참조.

제 1 의 기본원칙은 과학주의에 있다는 것이다.

범죄현상 및 범죄원인의 과학적 연구는 거시적(巨視的, macro) 연구와 미시적(微視的, micro) 연구로 나누어 실시된다. 거시적 연구는 사회학적 통계학적인 방법에 의한 범죄의 환경사회면에 관한 연구인데, 그것으로부터 도출된 범죄동향의 예측은 행동과학의 성과에 기초한 거시적 관점으로부터의 일반적인 범죄방지대책이 선택되는 데 이용될 것이다. 반면에 미시적 연구는 생물학·심리학 · 정신의학 등의 경험과학의 방법에 의한 범죄자의 인격소질면(人格素質面)에 관한 연구이고, 그로부터 도출된 개별 범죄자의 범행원인은 범죄자처우의 방법을 과학적으로 개발하고, 개별적인 범죄방지대책을 선택하는 데 이용될 것이다.

그러나 과학적인 연구의 대상은 범죄원인에 기초한 방법대책으로 그치는 것이 아니라는 것에 유의하여야 한다. 범죄통제의 각 기관, 즉 경찰 · 검찰 · 법원 그리고 교정 및 보호기관들이 지녀야 할 본래의 모습과, 이들 각 기관이 범죄를 억제하기 위한 활동을 분석하는 데도 과학적인 연구를 필요로 하는 것이다. 예를 들면 집행유예율과 집행유예자의 재범률과의 관계를 과학적으로 밝힘으로써 형사사법시스템에 있어서의 집행유예제도 운용의 타당성을 검증하고, 형사정책의 이념에 꼭 맞는 개선책을 강구하는 것이다.

2. 법치주의(法治主義)

형사정책에 있어서의 '법치주의'란 범죄방지대책은 법의 지배 아래서 책정·실시되어야 한다는 원칙을 말한다. 범죄방지대책은 많은 경우 신체 또는 행동의 자유를 제한하는 등의 인권제한을 수반하는 것인 이상 형법에 있어서의 죄형법정주의의 정신에 따라 법률에 규정되어야 하는 동시에 인권의 보장에 관하여 충분한 배려를 하지 않으면 안 된다. 따라서

첫째, 형사정책대상자의 권리를 제한함에 있어서는 국회에서 제정된 법률에 의거하여야 하고,

둘째, 헌법에 보장된 인권규정에 입각하여 대상자의 권리제한은 범죄방지목적에 부응하는 최소한의 합리적인 것에 한정되어야 하며,

셋째, 그것은 절차뿐만이 아니라 실체적으로도 적정한 것이어야 하며,

넷째, 법의 지배는 헌법에 보장된 평등주의의 요청이기 때문에 형사정책을 실시함에 있어서 대상자를 차별적으로 취급하여서는 안 된다는 것이다.

3. 인도주의(人道主義)

'인도주의'란 범죄방지, 특히 범죄자의 처우는 개인의 존엄에 입각하여 인도적으로 행하지 않으면 안 된다고 하는 원칙을 말한다. 잔혹한 형벌과 고문의 폐지 및 자유형의 완화 등은 이러한 인도주의의 구체화된 모습이다.

인도주의는 제 2 차 세계대전 후에 인권사상의 전개에 따라 형사정책, 특히 범죄자처우의 지도이념으로 되어 온 것이다.[2] 다시 말하면 형사정책에 있어서의 인도주의의 원칙은 이미 형사사법에 있어서의 적법절차의 보장, 과학주의에 기한 형벌의 합리화, 형사정책에 있어서의 법치주의 등과 같은 지침을 뒷받침하는 지도이념인 것이다.

따라서 이러한 지침을 달성할 수 있을지라도 개개의 국면에서 인간의 존엄성을 해칠 수 있는 형사정책은 재고되어야 하는 것이다. 예를 들면 범죄자에 대한 처우가 과학적으로 타당하고 법치주의에 부합되는 것이라고 할지라도 개인의 존엄을 해치는 처우는 반인도주의적인 것으로 배척되어야 한다는 것이다. 결국 인도주의는 형사정책, 특히 범죄자처우에 있어서 항상 우선적으로 고려해야 하는 이념인 것이다.

4. 국제주의(國際主義)

국제주의란 오늘날의 형사정책은 국제적 견지에 입각하여 연구하고 추진되어야 한다는 원칙을 말한다. 범죄는 인류공통의 적인 동시에 형사정책은 범죄・형벌・재판・교도소・범죄자의 처우라고 하는 각국에 공통되는 제 문제를 다루는 영역이기 때문에 범죄대책은 국제적인 차원에서 강구할 필요가 있는 것이다. 특히 현대에 들어와 교통・통신수단의 획기적인 발달에 수반하여 국경을 초월하는 범죄가 많이 발생하고 있고, 따라서 일반적인 범죄대책 외에도 국제적인 범죄에 특유한 대책을 필요로 하게 된 것이다. 이와 같은 국제주의는 두 가지 방향에서 추진된다.

(1) 형사정책학의 국제교류

범죄의 방지는 세계 각국에 공통의 과제인 동시에 범죄는 반사회적인 행

---

2) 범죄자처우에 있어서 인도주의의 이념에 관하여 세계인권선언(1948년) 제 5 조는 "누구도 고문 또는 잔혹한, 비인도적인 혹은 굴욕적인 취급 혹은 형벌을 받는 것은 아니다"고 규정하고, '시민적 및 정치적권리에 관한 국제규약'(국제인권규약 B규약, 1966년) 제10조 제 1 항은 "자유를 박탈해야 하는 자는 인도적인 동시에 인간고유의 존엄을 존중하여 취급된다"고 규정하고 있다.

동이라고 하는 의미에 공통성이 있고, 각국의 범죄방지에 관한 시책을 국제적 견지에서 비교 연구하는 것은 형사정책학에 있어서는 필수불가결한 것이다. 특히 형사정책학은 그 성질상 시행착오를 되풀이하면서 효과를 측정해가야 하기 때문에 여러 나라의 시책을 참고하여 자기 나라의 국민성·사회·풍토에 적합한 시책을 개발할 필요는 매우 크다고 하겠다.

형사정책에 관한 연구의 국제교류 및 국제협력은 옛날부터 왕성했다. 즉 1872년에는 '국제형법'(國際刑法) 및 '형무위원회"(刑務委員會)(Commission Internationale Pènale et Pènitentiaire)가 조직되어, 제 1 회 국제형무회의(International Prison Congress)를 런던에서 개최한 바 있고, 제10회 회의부터는 '국제형법 및 형무회의'(Congrèspènal et Pènetentiaire International)로 개칭하여 제12회 회의(1950년)를 통하여 세계의 형사정책에 다대한 공헌을 하여 왔다. 그러다가 1951년에 국제형법 및 형무위원회는 발전적으로 해체되고 동 위원회가 주최하여 왔던 회의는 '범죄방지(犯罪防止) 및 범죄자처우(犯罪者處遇)에 관한 국제연합회의'(United Nations Congress on the Prevention of Crime and Treatment of Offenders)로 계승하여, 5년마다 총회를 개최하고, 유엔의 주도 아래 형사정책의 국제화 및 형사정책연구의 국제교류를 도모하고 있다. 특히 제 1 회 제네바회의(1955년)에서 채택된 '피구금자처우최저기준규칙'(被拘禁者處遇規則, 이하 '유엔기준규칙'이라 한다)은 피구금자의 인도적 및 과학적 처우의 최저기준을 정한 것으로서, 형사정책상 중요한 의의를 가진다.

이 외에도 독일의 Franz von Liszt(1851-1919년), 네덜란드의 Adolphe Prins(1845-1919년), 벨기에의 Gerald Anton v. Hamel(1842-1917년) 등이 1889년에 설립하여 1913년까지 계속되었던 '국제형사학협회'(Internationale Kriminalistische Vereinigung: IKV), 1926년 이래 오늘까지 이어져 오고 있는 '국제형법학회'(Association Internationale Droit Pènal: AIDP)가 주최하는 '국제형법회의'(Cengrès International de Droit Pènal), 그리고 1947년 이래 오늘까지 계속되고 있는 '국제사회방위학회'가 주최하는 '국제사회방위학회'(Sociètè Internationale de Dèfense Sociale: SIDS), '국제범죄학회,' '형법및형무재단회의'(刑法및刑務財團會議), '국제피해자학회'(國際被害者學會) 등이 있다.

한편 유럽이사회는 1957년 이래 '형사에 관한 유럽조약'을 체결하는 한편, 1973년에는 21개 구성국간에 '유럽피구금자처우최저기준규칙'(유럽被拘禁者處遇最低基準規則, 이하 '유럽기준규칙'이라 한다)을 제정하고, 1987년에는 이것을 개정한 '유럽형무소규칙'을 제정하여 형사정책의 개선을 도모하고 있다.

(2) 범죄의 국제화와 범죄방지에 관한 국제협력

'범죄의 국제화'란 행위지 내지 결과의 발생지가 일개 국가 이상 여러 국가에 걸치고 있는 범죄를 말한다. 다시 말하면 '국제범죄'란 ① 외국인을 범인으로 하는 범죄, ② 자국민이 외국에서 행한 범죄, ③ 외국인 또는 외국이 관계한 범죄이다.

이와 같은 국제범죄에 고유한 대책으로서 특히 중요한 것은 ① 범죄자의 국외도피를 방지하고, 국외도망자를 검거하여 적정한 처벌을 행하는 것, ② 자기 나라에 도피해 온 국외범죄인을 검거하고, 이에 대해 적절한 처벌을 하기 위한 방책을 강구하는 것, ③ 마약·불법무기 등의 부정한 거래에 관계된 금전을 외국의 은행 등을 통해 세탁함으로써 정당한 자금인 것처럼 가장하는 것을 방지하는 것(즉 불법자금세탁방지) 등이다.

또한 국제범죄와의 전쟁에 승리하기 위해서는 적극적인 국제협력이 필요하다. 국제범죄방지를 위한 국제협력의 고전적인 것은 범인의 국적 및 범죄지에 관계 없이 자국의 형법을 적용하는 세계주의의 원칙이다. 근래에 각국에서도 항공기의 납치 등의 처벌에 관한 법률과 같은 세계주의에 입각한 법률이 증가하는 추세이다. 세계주의는 일반적으로 조약에 의해 가맹국에 대한 재판권의 설정, 범죄인 인도, 형사사법공조의 의무가 과해진다.

국제적인 범죄방지의 조직으로서는 국제범죄의 수사에 관한 상호협력을 위한 기관인 '국제형사경찰기구'(International Criminal Police Organization: ICPO)가 있다. 동 기구의 본부는 프랑스의 리옹에 있는데 현재 약 150여국이 가맹하고 있다. 또한 제도로서는 조약에 의하여 자국이 재판권을 행사하기 위한 국외에 있는 범죄인을 인도하도록 요구하기 위한 범죄인인도제도(犯罪人引導制度)가 있다. 그러나 조약에 의한 경우 외에 일반적으로 상호주의의 보증에 기한 인도를 하기 위한 도망범죄인 인도법(引導法)을 제정·시행하고 있다.

그 외에도 수사에 필요한 증거를 제공하는 국제수사공조제도(國際搜査共助制度)와 사법당국이 수집한 증거를 제공하는 국제사법공조제도가 있으며, 국가간의 조약에 의하지 않고도 상호주의에 기초한 「국제수사공조법」, 「외국재판소의 촉탁에 의한 공조법」에 의거 자국의 형사사법기관이 외국에 수사 및 사법의 공조를 요청할 수 있는 방법도 있다.

(3) 국제범죄대책의 향후방향

오늘날 논의되고 시행되고 있는 국제범죄대책의 주요한 것은 앞에서 소개한 방법들이지만, 가장 이상적인 형태는 단일한 세계형법(世界刑法)과 형사사법(刑事司法) 체계를 수립하는 것이다. 그러나 이것은 각국의 법문화와 법체계가 각기 다르기 때문에 쉽게 이루어지기는 어려울 것이다. 따라서 우선 생각할 수 있는 국제범죄에 대한 대책으로서는,

첫째, 피의자가 검거되고 범인이 각국의 형법에 의해 적절이 처벌될 수 있도록 할 필요가 있다. 그러기 위해서는 범죄인의 인도, 국제수사공조 및 사법공조의 정비·추진 등과 같은 국제협력이 한층 강화되어야 함은 물론이다. 특히 각국이 '쌍벌주의'(雙罰主義, 쌍방가벌의 원칙)를 채택하는 것을 재검토할 필요가 있다.

'쌍벌주의'란 범죄가 범죄자의 인도를 요청하는 국가와 요청을 받은 국가의 모두에게 범죄로 되어야 한다는 원칙이다.[3] 그러나 도망범죄인은 각 국가의 형법에 의해 적절하게 처벌하도록 하는 것이 국제범죄방지에 있어서 효율적이라고 한다면 이와 같은 쌍벌주의는 완화할 필요가 있을 것이다. 이런 차원에서 미국을 위시하여 쌍벌주의를 폐지하는 나라가 증가하고 있다.

둘째, 약물 등의 부정한 거래로부터 취득한 이익은 '신마약조약'(新痲藥條約)의 비준에 의해 외국에서 몰수판결을 받은 것에 대한 집행공조가 '신마약조약' 가입국의 의무로 되었지만 이 조약과는 별개로 부정한 이익은 범인의 손에 남아 있지 않도록 한다는 취지에서 몰수·추징제도를 둘 것을 검토할 필요가 있을 것이다.[4]

---

3) 일본의 「국제수사공조법」 제 2 조 제 2 호는 "공조범죄에 관계되는 행위가 일본국 안에서 행해진 경우에 있어서 일본의 법령에 의하면 죄에 해당하는 것이 아닌 때에는" 공조를 하는 것이 불가능하다고 규정하여 소위 추상적 쌍벌성(抽象的 雙罰性)을 공조의 요건으로 하고 있다. 이것은 일본에서 범죄가 되지 않는 행위에 대하여 증거를 수집하는 것은 국민감정에 반한다는 이유에서라고 한다. 大谷實, 「刑事政策講義」, 東京: 弘文堂, 1996, 21-22면.

4) 돈세탁(money laundering)이란 마약 등의 약물거래에 의해 취득된 부정한 돈을 금융기관 등을 통하여 정화하고 부정한 거래의 흔적을 은폐하여 합법적인 수입을 위장하는 과정을 말한다(飯田英男, "痲藥統制に關する國連新條約について," 「判例タイムス(第62號)」, 1987, 72면 참조). 즉 부정한 돈의 세탁을 의미하며, '자금정화'(資金淨化), '자금세정'(資金洗淨) 등으로도 번역되고 있다. 돈세탁의 규제 내지 범죄화에 관해서는 1988년 유엔이 채택한 '마약 및 향정신의 약품의 부정거래방지조약'이 있는데, 동 조약은 부정거래가 어떠한 나라에서 행하여졌는가를 묻지 않고, 그 수익이 직접 또는 간접으로 부정거래로부터 취득하거나 또는 이것으로부터 유래한 이익을 몰수함으로써 약물범죄에 의해 획득된 부정한 이익을 범인이 보유하지 못하도록 하는 방법을 강구한 것이다. 미국이나 영국에서는 돈세탁의 범죄화가 시도되고 있고, 일본도 신마약조약의 비준을 위해 필요한 국내법의 정비를 도모하여 평성 3년 10월 5일 마약신법(痲藥新法)을

셋째, 각종의 국제범죄방지에 관계된 조약의 체결에 적극적으로 대처함과 함께 재감자의 송치, 외국에 있어서의 형 및 보호관찰의 자국집행과 실시, 외국인수형자의 처우 등 범죄자의 사회복귀를 촉진하기 위한 새로운 공조형태도 검토할 가치가 있을 것이다.

여기서 '외국인수형자'란 타국에 거주하는 외국인 가운데 정착거주자를 제외한 자로서 그 거주국가의 법을 위반하여 수감된 자를 말한다. 오늘날 국제간의 교류가 활발해 짐에 따라 외국인의 범죄가 급증하고 있는데[5] 이러한 외국인범죄는 금후 더욱 증가할 것이 예상되는데, 특히 범죄자의 이질적인 언어·습관이 당해국의 형사사법에 많은 문제를 던져주고, 사회적 불안의 요인으로도 되고 있다. 그러므로 외국인 범죄에 관하여는 형사사법의 각 단계에서 언어나 문화의 다른 점을 초월한 커뮤니케이션의 확보에 의한 범죄대책을 강구함과 동시에 처우상의 곤란에 비추어 형사소추 및 처우를 그 외국인의 본국에 이관하는 것을 검토하여야 할 것이다.

제정한 바 있다. 이 마약신법은 약물사범의 억제를 도모하고 폭력단 등의 범죄조직의 약체화를 도모하기 위한 목적으로 제정된 것인데 그 안에 돈세탁과 규제를 위한 몇 가지 규정을 두고 있다.

5) 그 배경으로서는 ① 현지인과의 문화적 갈등, ② 지역적으로 고립된 생활, ③ 불법취업, ④ 악질적인 고용주 취업브로커의 암약 등이 지적되고 있다.

제 2 편

범죄의 개념 및 범죄원인론

제 1 장

범죄의 개념

제 1 절 형식적 범죄개념과 실질적 범죄개념

형사정책의 주요한 과제는 범죄를 방지하여 사회질서를 유지하는 데에 있기 때문에 형사정책을 논함에 있어서 무엇보다도 우선 방지해야 할 범죄란 무엇인가를 명확히 하여 두지 않으면 안 된다. 보통 범죄라고 하는 경우는 법률에 범죄로 규정되어 있는 행위를 지칭하고, 이것을 형식적 의미의 범죄(형식적 범죄)라고 한다.

그러나 형사정책은 이와 같은 법률상의 범죄방지 그 자체가 목적이 아니고 그것을 통한 사회질서유지를 목적으로 하는 것이므로 형사정책상 문제로 되어야 할 범죄는 사회질서 내지 치안을 유지한다고 하는 실질적 견지에서 파악되지 않으면 안 된다. 즉 사회질서유지라는 목적에 비추어 어떤 강제적인 조치를 필요로 하는 반사회적인 행위를 형사정책상의 범죄라고 하며, 이것을 '실질적 의미에 있어서의 범죄'(실질적 범죄)라고 부른다. 이런 의미에서는 책임무능력자의 행위나 법률상 범죄로 되지 않는 반사회적 행위도 범죄로 되는 것이다.

그런데 형식적 범죄와 실질적 범죄는 통상은 일치되고 있고, 따라서 그런 점에 있어서는 양자를 구별할 적극적인 의미가 없다고도 하지만, 그러나 후술하는 것처럼 원래 범죄로서 처벌할 가치가 있다고 생각되는 반사회적 행위가 법률상의 범죄가 아닌 것도 있고, 반대로 실질적으로 처벌할 필요가 없을 것 같은 행위가 법률상 범죄로서 처벌되고 있는 것처럼 형식적 범죄와 실질적 범죄와는 반드시 일치하는 것은 아닌 경우가 있을 것이다. 그뿐만 아니라 범죄로서의 실질이 인정되지 않는 행위도 정치적 목적을 위해 부당하게 범죄로 될 수 있는 사례를 우리 인류의 역사에서 흔히 보아 온 바이다. 그렇다면 실질적 범죄라고 하는 개념에 기초하여 진정으로 처벌하여야 할 행위가 법률상의 범죄로 되고 있는지 여부를 검증할 필요가 있을 것이다.

범죄를 실질적 관점으로부터 파악하여 대처한다고 하는 것은 다음 두 가지 점에서 형사정책상 의의를 갖는다.

첫째로 형식적 범죄로 되지 않는 반사회적 행위를 형사정책의 대상에 포섭하며 필요한 시책을 강구하는 것이 가능하다.

둘째는 현재 범죄로서 처벌되고 있는 행위에 관하여 실질적 견지로부터 검토하여 고치고, 형사정책상 중요하지 않은 범죄는 범죄목록에서 제거하거나 (입법상의 비범죄화) 또는 사회질서유지의 관점에서 보면 처벌할 가치가 없는 행위는 사회적 상당행위로서 범죄통제대상으로부터 제외함으로써(형법적용상의 비범죄화) 형벌권의 부당한 행사를 회피하고 형사정책을 효율화할 수 있다.

그렇다면 어떠한 행위를 실질적 범죄라고 할 것인지가 문제될 것이다.

실질적 범죄에 관하여는 ① 사람의 연민과 성실이라고 하는 애타적 감정에 대한 침해 내지 건전한 상식을 갖고 있는 사람의 감정을 해치는 행위라고 하는 설(자연법 이론), ② 권리침해 내지 사회윤리에 위반하는 행위라고 하는 설, ③ 범죄는 행위 자체의 성질로부터 정해지는 것이 아니고, 존재하는 행위와 그것을 관찰하여 정의하는 자와의 상호작용으로부터 생기는 것이고, 존재하는 사람의 행동에 대해 타인에 의해 범죄라고 하는 낙인(烙印, Stigma)을 찍는 행위가 범죄라고 하는 설(낙인이론) 등이 있다.

생각건대 현대의 국가사회에서 사회질서를 유지하는 데 가장 중요한 것은 법을 보호하고, 또한 보호되어야 할 생활이익, 즉 법익(法益, Rechtsgut)을 보호하는 데 있고 국가는 이 견지로부터 법질서를 형성하고 있는 것이다(법익적 범죄개념[法益的 犯罪概念]). 그러나 사회질서유지의 관점으로부터라면 모든 법익침해적(法益侵害的) 행위를 범죄라고 할 필요는 없고 사회질서유지라는 목적에 비추어 볼 때 방치하여 두면 안 되는 행위만을 범죄로 하면 충분할 것이다.[1] 즉 사회윤리규범에 위반하는 행위에 의해 발생하는 법익침해—이것이

1) '일탈행위'(逸脫行爲)라는 개념과 '범죄'라는 개념은 엄밀히 말하자면 그 개념영역에 약간 차이가 있다. 즉 일탈행위란 어떠한 사회적 기대에 반하는 행위를 말한다. 기존집단에 속하는 자는 그 구성원으로서 일정한 행위를 할 것이 기대되고 있는데, 이 기대에 부합한 행위를 '동조'(conformity), 반하는 행위를 '일탈'(deviation)이라고 한다. 따라서 범죄도 일탈행위의 일종임에 다름 아니다. 일탈행위와 범죄와의 관계는 어떠한 범위의 일탈행위를 범죄로서 인식하여야 하는가의 문제가 있으나 평균적인 사회생활기준에 반하는 행위 다시 말하면 일탈행위에 의해 법익침해의 결과를 야기하는 행위가 실질적 범죄이므로 일탈행위 그 자체가 범죄의 실질을 갖추고 있다는 의미는 아니라고 보아야 한다. 大谷實, 「刑事政策講義(第四版)」, 弘文堂, 1996, 27면 참조.

사회질서의 유지를 곤란하게 한다고 할 때—를 범죄라고 하여야 할 것이다.

대부분의 범죄는 보편적 성질을 지니고 있으나, 어떠한 행위가 범죄로서 형사정책의 대상이 될 것인가는 그 사회 또는 국가의 정치적 · 경제적 · 사회적 조건에 의해 다르게 된다. 물론 살인죄나 절도죄와 같은 전형적 범죄는 모든 나라 및 시대에 공통된 범죄이지만, 예를 들면 교통법규위반죄처럼 많은 범죄는 사회질서의 변화와 함께 나타나는 것이다. 이것을 범죄개념의 상대성이라고 한다.

이하에서 범죄라는 말을 사용하는 경우는 특별히 다른 의미라고 명시하지 않는 한 이 의미, 즉 실질적 의미에서의 범죄를 말한다.

제 2 절 범죄현상의 파악

1. 범죄현상 파악방법

범죄의 원인을 탐구하고 그 대책을 강구하기 위해서는 실제로 발생한 범죄의 실태를 파악하고 장래의 동향을 예측하는 것이 필요하다.

오늘날처럼 형사정책의 과학적인 연구가 추진되게 된 것은 19세기 유럽에 있어서의 누범(累犯)의 증가라는 범죄현상으로부터 전통적인 형법 및 형벌론에 의한 범죄방지대책에 대한 의문을 가지게 된 때문이었다. 소년범죄대책, 정신장애자의 범죄대책 등의 근대적인 여러 시책 및 제도의 전개를 촉진한 것도 이와 같은 구체적인 범죄현상에 대한 인식의 결과들이었다. 이와 같이 형사정책을 과학적으로 해명하기 위하여서는 무엇보다도 먼저 범죄현상을 객관적으로 파악할 필요가 있다.

범죄현상이란 어떠한 범죄가 어떠한 모습과 양(量)으로 발생하고 있는지 다시 말하면 현실적으로 나타나고 있는 범죄의 실상을 말한다.

이 범죄현상은 개별현상으로서의 범죄와 집단현상으로서의 범죄로 나누어 파악할 필요가 있다. 전자는 특정한 개인이 행한 것으로서의 범죄, 즉 개별범죄를 말하고, 후자는 특정한 지역 또는 나라 및 시기에 있어서 발생한 범죄의 총체, 즉 총체범죄(總體犯罪)를 말한다.

범죄는 개인에 특유한 원인이 있어 행해지는 것이기 때문에 범죄원인론은 개개의 범죄자를 대상으로 하여 어떠한 인간이 범죄에 빠지는가를 주된 과제로 하여야 한다고도 할 수 있다(범죄현상의 미시적 연구). 그러나 개별범죄를 총체로서 관찰한다면 개별범죄에 공통된 유형적 특징 또는 경향을 인식할 수 있고, 그것으로부터 원인을 탐구하여 전체로서의 범죄방지대책을 도출하는 것이 가능하게 될 것이다(범죄현상의 거시적 연구). 이처럼 범죄현상을 파악함에 있어서는 어떠한 인간에 의해 범죄가 행해지는가에 중점을 두는 경우와 범죄를 대량적으로 관찰하여 범죄의 유형적 특징의 파악에 중점을 두는 경우로 나눌 수 있다.

범죄현상의 미시적 연구로는 범죄자의 쌍생아 또는 범죄인의 가계를 중심으로 파악하는 유전적 소인(遺傳的 素因)에 관한 연구가 있고, 거시적 연구는 주로 범죄통계를 이용하여 범죄현상을 파악하는 연구방법이 있다.

2. 범죄자의 유전적 소인(素因)에 관한 연구

(1) 쌍생아(雙生兒)에 관한 연구

1920년대와 1930년대에 범죄의 유전적 영향에 관한 연구로는 쌍생아 연구방법이 처음으로 사용되었다. 쌍생아 연구방법은 일란성쌍생아와 이란성쌍생아가 그 행동방식, 특히 범죄적 행동에 있어서 각각 어느 정도 일치 또는 불일치율을 나타내는가에 관한 조사를 통해 범죄성 형성의 유전적 소인 여부를 밝히는 것이다.

'일란성쌍생아'(一卵性雙生兒, identical twins)란 한 개의 난자(卵子)가 그 분열·발달의 과정에서 두 개의 쌍생아로 변화된 경우로, 대개 두 개의 정자를 동시에 수정한 결과로 생각되고 있다. 이것은 유전적 소질이 거의 동일하기 때문에 그 쌍생아의 성격, 체격, 용모 등 신체적 및 심리적 제 특징이 거의 동일하게 나타나며, 따라서 성장 후 범죄성이 나타날 때도 일치하는 비율이 높을 것으로 생각된다. 이에 반해 이란성쌍생아(二卵性雙生兒)는 두 개의 난자가 동시에 각기 따로 수정하여 쌍생아가 되는 경우로, 이 경우에는 유전적 소질이 서로 다르기 때문에 쌍생아간에 서로 성격, 외모, 체격 등이 다르고, 따라서 행동방식도 불일치하는 비율이 높을 것으로 본다.

이 쌍생아 연구방법은 영국학자 Francis Galton(1822-1921년)에 의해 처음 시도되었으나 이를 범죄학에 도입한 것은 독일의 정신의학자 J. Lange이었다고 한다. 그는 1929년 '운명으로서의 범죄'(Verbrechen als Schicksal)라는 유명한 저서를 통해 각 개인의 성격형성, 나아가 범죄성의 형성은 유전소질에 의

하여 결정적으로 좌우된다는 것을 주장했다.[2)]

그 후 역시 독일의 H. Kranz, 그리고 F. Stumpfl, 네덜란드의 Legras, 영국의 Borgstrom 등에 의해 유사한 방법에 의한 연구가 수행되었는데, 이들 연구 역시 앞의 Lange의 연구와 비슷한 결과를 도출하고 있다. 결과적으로 Lange를 비롯한 이들 여러 학자들이 조사·연구한 결과를 통합해 보면 총 135쌍의 쌍생아 가운데서 범죄성의 일치율이 일란성은 64.4%이고 이란성쌍생아는 28.9%에 불과하다는 결과가 나와 범죄성의 유전적 소질의 개연성이 높다는 주장을 뒷받침한다는 것이다.

이와 같은 쌍생아연구방법에 대한 비판은, 첫째 일란성과 이란성의 구별이 반드시 정확하지 않다는 것, 둘째 연구대상이 된 사례의 수가 적기 때문에 그것 가지고 일반화된 결론을 도출하기에는 무리라는 것, 셋째 쌍생아 연구에서 환경요인이 전혀 고려되지 않았다는 것 등이 지적되고 있다.

그러나 이러한 비판에도 불구하고 쌍생아연구방법은 인간의 행동요인에서 유전소질의 역할이 환경보다 더욱 결정적인 의미를 갖는다는 결론을 도출하기에 충분한 자료가 된다는 것이 통설이다.[3)]

⑵ 범죄인가계(犯罪人家系) 연구

범죄인의 가계연구, 즉 혈통학적 연구(genealogical)란 가족간에 정신적 특질의 계승, 다시 말하면 특정 범죄인의 가계를 소급하여 조사하여 그 혈족 가운데서 범죄자가 얼마나 많이 출현하였는가를 알아봄으로써 범죄성의 유전 여부를 파악하고자 하는 것이다. 이와 같은 방법의 연구로 주목을 받은 것은 R. L. Dagdale & A. H. Estabrook이 수행한 '쥬크가의 연구'와 H. H. Goddard가 한 '칼리칼크가의 연구'가 있다.

1877년에 Dagdale이 행한 '쥬크가의 연구'는 1874년 미국 어느 교도소에 가족 중의 6명이 동시에 수감된 쥬크가족을 상대로 가족사(家族史)를 추적 조

---

2) Lange는 13쌍의 일란성쌍생아와 17쌍의 이란성쌍생아의 범죄성을 조사한 결과 일란성쌍생아 중에서는 범죄성의 발현(유죄판결을 받고 수형중인 자)의 일치율이 77%임에 비해, 이란성쌍생아의 경우에는 그러한 일치율이 12%에 불과했다고 한다.

3) 이와 같은 견해를 강력하게 피력한 학자가 영국의 심리학자 H. J. Eysenck이다. 그는 1964년 발표한 그의 저서 '범죄와 성격'(Crime and Personality)에서 범죄성의 유전적 소인의 중요성을 강조하면서 그 증거로 쌍생아연구방법에 의한 연구결과를 제시했다. 그리고 지금까지의 쌍생아 연구에서 일란성쌍생아이면서 그 행동이 불일치했던 사례들도 조사를 좀더 정밀히 행한다면 쌍생아 중의 일방이 뇌손상 등 특수한 환경경험의 결과로 그렇게 되었다는 사실이 밝혀질 것이고, 따라서 그러한 경우를 제외하면 일치율은 더욱 높아질 것이라고 주장한다. H. J. Eysenck, *Crime and Personality,* 1964, pp. 53-60.

사한 것이다. 7대에 걸친 총 709명에 대해 조사한 결과 그 가계 중 음주벽자가 131명(18.5%), 매춘부 174명(24.5%), 정신병자 64명(8.6%), 중범죄자 77명(10.8%) 등이 발견되었다고 한다. 그리고 이들의 행동은 일반적으로 탐욕성, 향락성, 책임감 결여, 정의감 결여, 의지박약, 노동기피, 부랑성, 잔인성 등에 기인하는 것으로 분석되었다. 이 결과에 의해 쥬크가의 예에서 본 바와 같이 범죄성은 유전적 소인이 강하게 작용한 것이라는 결론을 내린 것이다.[4)]

그러나 Dagdale의 연구로부터 약 40년 후인 1915년에 역시 쥬크가를 상대로 Estabrook이 행한 조사결과는 Dagdale의 그것보다는 범죄자의 비율이 상당히 감소한 것으로 나타났다고 한다.[5)]

범죄학상 지능측정학파의 개척자라고 불리는 Goddard가 1912년에 행한 '칼리카크가의 연구'는 미국 뉴저지 주 바인란드의 정신박약자수용소에 수용된 칼리카크라는 한 소녀의 가계를 역추적한 결과이다. 그 연구에 의하면 미국의 남북전쟁에 출정했던 마아틴 칼리카크라고 하는 남자가 전쟁터의 어떤 마을에서 알게 되었던 한 명의 정신박약 여인과의 사이에 사생자 아들 하나를 낳고, 전쟁이 끝난 후 귀향해서 다시 독실한 퀘이커교도의 여성과 정식 결혼을 해서 여러 자녀를 낳았는데, 그 후손 중에서 불량소질자(不良素質者)가 나타난 비율이 다음과 같았다는 것이다. 즉 전자(정신박약 여성과의 사이에 낳은 자식)의 자손 488명 중에 정신박약자가 143명(29.3%), 사생아 36명(7.4%), 알코올중독자 24명(4.9%), 간질병자 3명, 조사자(早死者) 82명, 매음굴경영자 8명, 범죄자 3명으로 조사되었고, 이에 비해 후자(퀘이커교도여인과 결혼하여 낳은 자식)의 자손 496명 중에는 정신이상자는 단지 1명, 음주벽이 있는 자는 2명, 종교적 광신자 1명, 일찍 사망한 어린이 1명을 제외하고 모두 선량한 시민일 뿐만 아니라 의사, 재판관, 교육자, 변호사, 상인, 지주 등 사회적으로 명망 있는 지위를 갖은 자였다는 것이다.

이상과 같은 연구결과들은 범죄적 행동에 있어서 유전적 소인의 중요성을 보여주는 결과라는 것이다.

그러나 이러한 연구결과에 대해서도 전술한 쌍생아연구방법에 대한 것과 유사한 비판이 제기된다. 즉 이 가계조사 역시 각 개인에 가해지는 환경의 영향, 특히 배우자로부터의 영향을 무시하고 있다는 것과 이와 같은 특수한 몇

---

4) Richard Dagdale, *The Jukes: A Study in Crime, Pauperism and Heredity*, 1877.

5) A. H. Estabrook, *The Jukes in: 1915-1916.*

가지 사례로부터 일반화하는 것은 무리라는 것이 그것이다.[6] 그럼에도 불구하고 이 방식의 연구가 범죄의 유전적 소인의 중요성을 증명하는 한 방법으로 의의가 있는 것은 틀림없다.

3. 범죄통계(犯罪統計)

(1) 범죄통계의 의의

범죄를 대상으로 하는 통계적 분석을 범죄통계라고 한다. 범죄현상의 파악에서 가장 중요한 방법은 이 통계적 방법이다. 왜냐하면 어떠한 범죄가 어느 정도 발생하고 있는가를 파악함으로써 그 원인을 규명하고 대책을 강구할 수 있기 때문이다. 요컨대 범죄원인을 탐구하여 유효한 형사정책을 수립하기 위해서는 범죄현상의 정확한 파악이 중요한 전제로 된다.

범죄통계에는 설문조사 등의 방법을 사용하여 개인 또는 사적 단체가 수집하는 사적 범죄통계(私的 犯罪統計)와 각 형사사법기관이 작성한 관청에 의한 범죄통계(공식적 통계[公式的 統計] 또는 관청통계[官廳統計]라고 한다)가 있는데, 형사정책의 연구와 시행에 있어서는 일반적으로 공식적인 통계, 즉 관청통계에 의존하는 경우가 많다. 공식적 통계는 형사사법기관(경찰, 검찰, 법원, 행형 및 보호기관)의 활동에서 나타난 범죄현상에 대한 주기적인 통계적 관찰인데, 현재 행해지고 있는 공식통계의 주요한 것으로는 경찰통계로는 경찰통계연보 · 범죄분석 · 교통사고분석 · 교통사고통계 · 도로교통안전백서 · 경찰백서, 검찰 및 행형기관 통계로는 범죄백서 · 법무연감 · 인권연보 · 소년보호행정편람 · 비행소년통계 그리고 법원통계로는 사법연감 등이 있다.

(2) 공식적 통계를 사용함에 있어서의 유의점

범죄의 실태를 파악하고 그에 대한 효과적인 시책을 수립하기 위해서는 어떤 통계를 표준으로 하여 범죄현상을 분석할 것인가 하는 문제가 있다. 각 형사사법단계에서의 공식적 통계는 특정의 행정목적을 달성하기 위하여 수집된 보고나 기록 등의 정보로부터 작성되고 있는 업무통계이고, 각각의 기관의 활동실적을 수량화한 것이다. 그러한 의미에서는 각 관청통계는 형사사법기관이 어떻게 효율적으로 범죄를 처리한 것인가를 보여주는 일종의 척도에 불과

6) 일본의 吉益脩夫도 "이들 연구의 대부분이 진단이 정확하지 않다고 하는 점을 제외하고도 우선 그 예가 극히 드문 것이라는 것, 또한 적어도 범죄자는 환경적으로도 매우 불량하다는 것을 생각하면, 이들 연구결과가 유전소질의 영향을 나타내는 것으로서는 심히 미흡하다고 하지 않으면 안 된다"고 주장하고 있다. 吉益脩夫, 「犯罪學槪論」, 有斐閣, 1974, 52면 참조.

하다고도 할 수 있다. 따라서 경찰에서 검찰로, 검찰로부터 법원으로 범죄자의 처리절차가 진행됨에 따라 각 형사사법단계에 재량권이 행사되기 때문에 공식적 통계도 현실 사회에서 발생하는 범죄의 실수(實數)와는 동떨어질 수 있다. 그런 차원에서 경찰통계가 범죄현상의 분석에는 가장 적합한 것이라고 할 수 있을 것이다.

물론 경찰통계는 범죄의 양을 보여주는 것은 아니고 범죄에 대한 경찰의 활동을 표시하는 것이기 때문에 그것에 의해서만 범죄 양의 증감을 파악하는 것에는 한계가 있다는 비판도 있지만, 범죄의 발생과 범죄의 기록간의 시간적·법절차적 거리라고 하는 점에서 생각한다면 경찰통계가 가장 현실의 범죄현상을 반영하는 것이라는 것은 부정할 수 없는 사실이다. 즉 경찰통계는 ① 범행과 기록작성의 시간적인 일치를 비교적으로 나타낼 수 있어 기초 자료로서의 성질을 가장 확실히 가지고 있으며, ② 법집행과정에서 발생하는 자료상의 격차(隔差, bias: 편견)가 가장 적고, ③ 범죄(자)의 모집단이 한정되고 그것으로부터 추출한 표본이 범죄(자) 전체를 대표하며, ④ 전체 법집행기관의 기록 가운데 가장 안정된 수치를 제공하기 때문에 범죄자나 범죄행동을 정의할 때에 사용되는 공식적 통계로서는 경찰통계가 가장 적절하다는 것이다.[7)]

그러나 경찰통계를 사용할 경우에는 다음과 같은 점에 유의하지 않으면 안 된다. 예를 들면 경찰통계의 인지건수 가운데는 마약단속관과 같은 특별사법경찰직원의 인지사건이나 검찰관에 의한 직접인지사건의 수는 계상되지 않는다. 또한 도로교통법위반사건에 관하여는 '단속'건수라고 하는 용어가 사용되고, 특별법범(特別法犯)에 관하여는 '인지'(認知)라는 용어나 '검거'라는 용어 또는 '단속'이라는 용어도 아닌 검찰청에의 '송치건수'라고 하고 있다. 요컨대 기존 의미에는 범죄의 발생이라고 하는 개념 자체가 통계상은 존재하지 않는다고도 말할 수 있다.

또한 경찰통계에는 예를 들면 인지단계에서 주거침입죄 하나인 사건이 피의자 체포 후에 주거침입절도인 것으로 판명된 경우에는 인지된 사건은 주거침입죄 1건 절도죄 0건, 검거건수는 주거침입죄 1건 절도죄 0건, 검거인원은 주거침입죄 0명 절도죄 1명으로 기록된다. 이와 같은 건수·인원의 계상방법을 한 사람이 유아 4명을 연쇄적으로 유괴하여 살인한 사건을 예로 들어 보면 다음과 같이 된다. 인지건수는 유괴 4건, 살인 4건, 검거건수는 유괴 4건, 살

7) 星野周弘, "犯罪學における官廳統計使用上の諸問題,"「警察研究(第44巻 3號)」, 1973, 26면.

인 4건, 사체유기 4건, 그리고 검거인원은 1인이 될 것이다.

그뿐만 아니라 경찰통계와 검찰통계의 연속성이라고 하는 측면에서도 문제가 있다. 즉 검찰통계는 수리인원(受理人員)을 시간을 달리하여 수리하는 경우(추가송치를 받은 경우)는 각각 1인씩 계산하고 있다. 그 결과 검찰청의 수리인원이 경찰의 검찰청에의 송치인원보다도 많게 계상되게 되는 것이다. 또한 검찰청 수리인원 가운데는 경찰을 경유한 것이 아니고 직접 검찰청에 고소·고발된 사건(直受事件, 직수사건)도 포함되어 있기 때문에 통계상의 문제는 더욱더 복잡해진다.

이처럼 실제 범죄현상을 가장 정확히 반영하고 있다고 하는 경찰통계에도 계측상(計測上)의 문제점이 존재하고 있고, 따라서 공식적 통계를 이용할 때 이와 같은 점들을 고려하여야 할 것이다.

(3) 범죄통계와 암수(暗數)

앞에서 살펴본 문제 외에도 범죄통계를 사용하여 범죄현상을 분석하는 경우에 우리가 고려하지 않으면 안 될 것은 범죄통계에는 필수적으로 따라 다니는 암수이다. 보통 암수라고 하는 경우 실제로 발생한 범죄수와 공적인 범죄통계에 기록된 범죄수의 차이를 지칭하는 것이지만, 실제 개개의 범죄발생을 정확하게 기록하는 것은 불가능하다. 왜냐하면 아무리 통계가 완비되었다고 하여도 인지되지 않거나 보고되지 않은 범죄는 필히 존재하고, 또한 피해자 본인 및 가족, 사건의 목격자 등 '개인에 의한 여과(filter)작용'에 의해 실제로 일어난 사건이 암수화되는 것도 피할 수 없기 때문이다.

그러나 이러한 암수에도 불구하고 범죄학이나 형사정책에서 범죄통계를 사용할 수 있게 되는 것은 암수와 통계상의 수치가 일정의 비례관계를 갖고, 통계에 나타나는 일부분이 전체를 대표하고 있다고 생각될 수 있는 범위에 있어서이다. 그러므로 암수와 통계에 나타나는 수와의 비례관계가 현저히 깨어진 경우에는 범죄통계의 사용은 무의미하게 된다.

이 암수는 ① 발생한 범죄의 모두가 법집행기관에 의해 인지되어 통계로 나타난다고는 할 수 없다고 하는 본래의 의미에서의 암수와, ② 법집행에 종사하는 자의 자의적인 재량에 의해 발생하고, 법집행기관이 낳은 암수가 있다.

1) 본래의 의미에 있어서의 암수

본래의 의미에의 암수에도 ① 범죄가 행해진 것은 확실하지만 범죄가 경찰에 인지되지 않고, 따라서 통계로 나타나지 않는 경우[8]와, ② 범죄는 경찰에 인지되었으나 아직 범인이 체포되지 않았기 때문에 공적 통계에 기록되지 않은 경우가 있다.

전자의 예로서는 절도(특히 백화점절도), 도박, 낙태, 매춘 등의 이른바 '피해자가 없는 범죄' 또는 '알아채지 못한 범죄'가 통계에 나타나지 않은 범죄의 전형이다. 이 밖에 부정한 승차(무임승차)나 증수뢰 등과 같이 범죄가 행해져도 피해자 혹은 제 3 자에게 전혀 인지되지 않아서, 혹은 피해를 입었다는 것, 나아가서는 범죄가 행해진 것까지도 알아차리지 못한 것도 많다. 또한 범죄가 실제로 발생한 것을 피해자 또는 제 3 자가 인지하여도 피해액이 적은 상점절도나 전철 내에서의 치한에 의한 피해 등과 같은 피해자가 피해를 신고하지 않는 경우도 있다.

일반적으로 범죄의 피해자는 가해자의 형사소추보다도 손실의 회복에 일차적으로 관심이 있으며, 손실이 회복되지 않는 경우에만 가해자의 형사소추를 바란다. 그 외에도 증언에 따른 귀찮고 불편함, 신문 등의 언론기관에 자기의 이름이 거론되는 것도 염려해야 한다. 또한 이것들을 극복한다고 하더라도 경찰에 신고하느냐 여부는 시민들이 경찰을 어떻게 생각하는가 하는 경찰관(警察觀)에 달려 있다. 물론 경찰 등의 사법기관의 개입에 의해 범죄피해가 쉽게 보상된다는 기대가 있는 경우에는 신고를 촉진하게 될 것이다.

암수의 크기는 범죄의 종류에 의해서도 달라진다. 예를 들면 살인과 같은 범죄는 발견되기 쉽기 때문에 암수율이 낮지만, 낙태는 대부분 발견되지 않기 때문에 암수율이 높다. 발각율이 범죄의 종류에 따라 다르게 되는 것은 범죄가 경찰에 인지되는 상황이 다르기 때문이기도 하다. 예를 들면 재산범(財産犯)은 피해자의 신고에 의해 인지되는 경우가 많으나 마약소지죄와 같은 범죄는 위반한 자를 경찰이 발견하지 않으면 인지하기가 어렵다.

그러나 같은 재산범죄라 해도 사기사건은 사기꾼을 고발하려 하지 않거나 고발할 수 없는 경우가 많다. 그러므로 사기사건은 대부분이 인지되지 않고, 또한 인지되어도 형사소추가 안 되기 쉽다. 이 경우 피해자는 손실을 감내하고 도박에 의한 손실의 경우와 마찬가지로 불운에 의한 손실에 지나지 않는다고 치부하고 손실을 감내해 버린다. 그뿐만 아니라 사기사건은 피해자 자신도 가

8) 이것에도 범죄가 행해졌어도 피해자 등 제 3 자에게 인지되지 않은 경우와 인지되었어도 사법경찰관 등의 수사기관에 범죄발생의 신고 등이 되어 있지 않은 경우가 있다.

벌적인 경우가 있으며, 그렇지 않다고 해도 폭로에 수반한 직업적 인격적 불명예 때문에 피해사실을 숨기는 경우가 많아 암수율이 높을 것이다.

후자의 의미에 있어서의 암수는 특히 검거율과의 관계에서 검토되어야 할 것이다. 범죄통계에 나타난 범죄수(犯罪數)는 실제로 발생한 범죄의 일부분이고 체포되지 않은 범죄는 공식적인 통계에서 제외되는 경우가 많다. 따라서 체포율이 높으면 그만큼 암수율은 낮게 되고 그만큼 통계의 정확도도 높아질 것이나 현실적으로 범죄체포율은 그렇게 높은 것이 아니라는데 문제가 있다.

2) 법집행기관의 재량권행사에 의한 암수

법집행기관의 재량권행사(discretion)의 결과로서 발생한 암수가 있다. 예를 들면 미국에서 법집행에 종사하는 자가 하층계급에 속하는 사람들이나 유색인종에 대하여 엄격한 법집행을 행하고, 중간계급에 속하는 사람들이나 백인에 대하여 관대하다고 하는 사실은 일반적으로 인식되어 있는 바이다. 이처럼 법집행의 책임이 있는 자가 어떤 일정한 가치관을 가지고 법을 집행함으로써 암수가 발생하는 것이다. 또한 경찰이 그가 속하는 조직이나 도시의 명예를 수호하기 위하여 발생한 범죄를 숨기는 경우도 있다고 하며, 또한 정치가가 재선을 겨냥하여 그의 재임 중에 범죄가 감소했다는 것을 보여주기 위하여 통계를 조작할 가능성도 있다. 그러므로 범죄학이나 형사정책의 기초가 되는 범죄통계를 분석함에 있어서는 이와 같은 정치적인 요인도 고려하여야 할 것이다.

3) 암수조사

범죄통계에 필연적으로 암수가 수반한다고 하여도 그 암수를 어떠한 방법으로든 밝힐 수 있다면 범죄통계의 정확성은 그만큼 높아질 것이다. 즉 암수를 추계하는 것이 가능하다면 범죄현상의 정확한 파악을 가능케 하여 그에 대해 적절한 형사정책적 대응이 가능하다는 것이다. 그러나 유감스럽게도 현재로서는 암수측정의 기술이나 방법이 아직 미발달 단계에 있다고 볼 수밖에 없다.

미국에서는 1970년을 기점으로 하여 경제학자나 통계학자와 같은 범죄학의 전문가가 아닌 사람들에 의해 수학적 모델을 사용한 범죄학연구가 활발하게 행해지면서 그 부산물로서 범죄의 암수에 관하여 통계학적 해명이 시도되기도 하였다. 그러나 현재로는 ① 범죄자를 대상으로 하는 암수조사, ② 피해자를 대상으로 하는 암수조사, ③ 제 3 자를 대상으로 하는 암수조사가 고려되고 있을 뿐이다.

가. 범죄자를 대상으로 하는 암수조사 범죄자를 대상으로 하는 암수조사로서는 자기보고조사(自己報告調査)와 여죄조사(餘罪調査)가 있다. 자기보고조사는 일반인들이 그 때까지 저지른 범죄를 스스로 고백하게 하여 공식적인 통계와 비교하여 암수율을 추정하는 방법이다. 미국에서는 1940년대에 이 자기보고서에 의한 암수조사가 시행되었다고 한다. 즉 1946년에 텍사스 그리스도대학 A. Poterfield 교수에 의해 자기보고조사가 시도되었는데, 그는 대학생의 고교시절에서의 비행행위에 관한 자기보고서와 소년재판소를 통하여 기소된 비행소년의 자기보고서를 비교하였다. 이 조사에서 Poterfield 교수는 텍사스 주의 휘트위즈의 소년재판소에서 취급된 2,049명의 소년들이 행한 범죄의 통계를 작성하였는데, 그 통계에서는 모두 55종류의 범죄가 나타났다고 한다. Poterfield는 200명의 남자대학생과 137명의 여자대학생에게 이 55종류의 범죄 가운데 어떤 것을 행한 적이 있는가를 질문한 결과 질문을 받은 학생 전원이 범죄를 여러 차례 저지른 것을 인정하였는데, 남자의 평균은 대학입학 전이 17.6건, 재학 중이 11.2건이고 여자의 평균은 입학 전이 4.7건이었다. 그 가운데 어떤 신학생은 27건의 범죄를 저지른 것을 인정하였다.

일반적으로 이들 범죄는 소년재판소에서 유죄판결을 받은 소년들이 저지른 범죄에 비해 경한 것은 아니었는데도 불구하고 대학생군의 범죄는 신고도 되지 않았던 것이다. Poterfield는 이 '상대적 불가침성'을 높은 사회층에 속하고 있는 탓이라고 하고 있다.

역시 같은 해에 F. Murphy, M. Shirley, H. Witmer는 비행방지실험에 참가한 소년에 의해 작성된 비행행위에 관한 자기보고는 소년사법당국에 인지된 범죄수를 크게 상회했다고 하는 조사결과를 발표하였다. 또한 1947년에는 J. Wallerstein과 C. Wyle이 성인을 상대로 자기보고연구를 하였는데, 이 연구에서는 약 1,500명의 고액소득자 중에서 준법적인 성인의 90% 이상이 질문지에 적힌 49종의 범죄 가운데 적어도 한번을 행한 적이 있다는 것을 인정하였다는 조사결과를 밝혀냈다.

그러나 이와 같은 선구적인 연구는 당시 미국에서조차 그다지 주목받지 못했고 자기보고서가 학문적 가치를 인정받게 된 것은 그로부터 10년 후인 1957년에 행해진 J. Short와 I. Nye의 연구로, Short와 Nye는 비행행위의 일람표를 비치한 독자적인 질문지를 작성하여 이것을 일반학생과 시설에 수용되어 있는 비행소년을 상대로 실시하였다. 이 조사를 통해 자기보고(自己報告)된 비행은 공적인 기록으로 나타난 비행보다도 많았고, 또한 그것은 그들의 사회경제적 지위에 관계 없이 한결같이 분포되어 있다고 하는 사실을 발견하였다. 또한 Nye는 일반적으로 사회 · 경제적으로 낮은 계층에 속하는 자는 체포, 유죄판결, 시설수용을 받기 쉽기 때문에 시설에 수용된 수는 낮은 계층에로 치우치고 있다고 주장한다.

그 후 미국에서는 수백 가지의 자기보고조사가 행하여졌는데, 이들 자기보고조사의 의의는 방법론적으로 볼 때 암수의 추정을 가능하게 한 것과 범죄통계에 기록되어 있는 범죄자와 기록되어 있지 않은 범죄자와의 비교 · 연구를 가능케 하는 것에 있다고 하는 점에는 그 평가가 일치하고 있다.

이 자기보고조사는 범죄학적 견지에서 세 가지 의의가 있다.

첫째, 자기보고조사는 모집단 전체에서 차지하는 범죄나 비행행위를 한 자의 비율과 빈도를 보다 정확하게 사정(査定)할 수 있게 한다는 점이다. 바꾸어 말하면 자기보고에 기초한 자료를 사용함으로써 공적 통계를 이용한 경우에 빠질 수 있는 암수에 의한 연구결과의 불확실성을 피할 수 있다는 것이다.

둘째, 자기보고조사는 공적 통계에 나타난 범죄자와 자기보고서에 기초한 범죄자의 특질의 차이를 비교 · 연구할 수 있게 한다는 점이다.

셋째, 자기보고에 기초한 자료를 이용함으로써 범죄는 보편적 현상이고 병적인 이상한 인간만이 범죄자가 되는 것은 아니고, 평범한 인간도 언젠가 범죄를 범할지도 모르며, 범죄자로서의 입장에 처하게 될지도 모른다고 하는 점을 명확히 한 점이다. 즉 이것은 범죄자와 비범죄자가 다른 것은 공적으로 범죄자로서 낙인을 찍힌 자와 그렇지 않은 자와의 차이에 불과하다는 것을 의미한다.

그러나 이 자기보고서에도 문제는 있다. 그것은 어떤 사람이 어떤 범죄를 범했다는 것을 자기보고서에다 스스로 인정했지만 그 회답을 어느 정도 신뢰할 수 있을 것인가 하는 점이다. 응답자에 따라서는 중한 범죄는 그 범죄가 발각될 것이 두려워서 진실을 은폐할 가능성도 있을 것이고, 반대로 있지도 않은 범죄를 보고할 가능성도 있을 수 있다. 따라서 실제문제로서 자기보고에 기초한 자료가 허위인가 진실인가를 판단하는 기준이 없기 때문에 이런 종류의 자료를 이용하는 것이 타당한지 여부는 연구자의 주관적 판단에 의할 수밖에 없을 것이다.

범죄자를 대상으로 한 암수조사로서의 '여죄조사'는 특정 연도, 예를 들면

2002년에 발생한 범죄가 당해연도인 2002년에는 인지되지 않았으나 그 이듬해인 2003년에 여죄를 추적하는 과정에서 알려진 경우 나중에 밝혀진 범죄가 2003년부터 2005년 사이의 각 연도에 얼마만큼의 비율로 발생하였는가를 분석하고, 그 비율을 각 해당 연도의 인지건수에 죄종별(罪種別)로 적용시킴으로써 그 해의 암수를 추계하는 방법이다. 그러나 이 방법은 이론적으로는 가능하나 실제로는 상당한 시간과 노력을 필요로 할 것이다.

나. 피해자를 대상으로 하는 암수조사 피해자를 대상으로 하는 암수조사는 피해조사와 피해통보율조사(被害通報率調査)가 있다. 피해조사는 보통 세대(世帶)를 조사대상으로 하여 세대 및 그 구성원이 범죄의 피해를 받은 경험이 있는지 여부 그리고 피해를 받은 경험이 있는 경우에 그 피해는 어느 정도의 것이었는가, 피해를 사법기관에 신고하였는지 여부 등에 관한 사실을 설문지에 기입하도록 하는 것이다. 이 때 피해에 관하여는 일시·장소 등에 관해 가능한 한 상세한 정보를 기입하도록 할 필요가 있다. 신고가 된 피해에도 여죄로서 통계에 포함되어 있는 경우가 있기 때문에 중복하여 계산될 가능성을 피하기 위해서이다. 그 대상에는 기업·단체·법인 등을 포함하기도 한다.

이 피해조사는 소급조사(遡及調査) 형식으로 행해지는 것이 보통이지만 가능한 한 과거 6개월 내지 1년 사이에 당한 피해에 대하여 조사하는 것이 적당하다고 한다. 그 이상 과거로 소급하면 조사대상의 기억이 변질되거나 건망증 때문에 정확성을 기대할 수 없기 때문이다.

피해조사는 종래 일정지역의 공식통계로 나타나지 않는 범죄수의 파악과 추이를 보기 위해 산발적으로 행해져 왔지만, 본격적인 조사로서는 1966년 미국의 '법집행과사법행정에 관한대통령자문위원회'(The President's Commission on Law Enforcement and Administration of Justice)가 행한 세 개의 예비조사가 유명하다.

참고로 워싱턴 특구(Washington D.C.)에서 실시된 조사결과를 살펴보면, 워싱턴 특구의 3개 경찰서 관내의 주민 가운데 18세 이상의 자를 대상으로 7개 지표범죄(指標犯罪, index crime)의 실제 피해상황을 조사하여 연방수사국(FBI)의 범죄통계와 비교하여 본 결과 살인(manslaughter: 故殺), 강도·강간·중폭행(重暴行)은 실제 발생한 범죄가 연방수사국의 범죄통계에 집계된 것보다 평균 약 4배, 주거침입절도에서는 약 3.5배, 그리고 50달러 이상의 단순절도 사건에서는 약 10.5배나 더 많았던 것으로 나타났다.

또한 전국 각지의 주민 10,000명을 대상으로 한 또 다른 조사에서는 과거 12개월간 자기 세대에서 입은 범죄의 피해사실을 무기명설문지로 답하도록 한 결과 연방수사국 통계와 비교해서 폭력범죄에서는 약 2:1의 비율로, 그리고 재산범죄에서는 약 2.5:1의 비율로 암수율이 높이 나타났다고 한다.[9)]

이와 유사한 전국단위의 조사가 오스트리아, 네덜란드, 영국 등에서도 실시되어 왔으며, 구서독에도 E. Stephan, M. Amelang, H. Treiber, H. D. Schwind, 그리고 H. J. Egar 등에 의해 본격적인 조사가 실시되었다.[10)]

피해통보율조사는 어떤 범죄가 어느 정도 법집행기관에 통보되어 있는가에 관한 조사인데, 넓게는 피해조사에 포함되는 것이다. 이 피해통보율조사는 피해자가 범죄의 피해를 경찰 등의 공식적 기관에 통보하지 않은 이유를 파악함으로써 암수를 추정하는 방법인데, 이것은 피해 특성 또는 피해자 특성을 밝히는 데에도 유용하다.

그러나 이 조사에 의해 추정된 암수는 특정한 죄종(罪種)에 한정되는 경우가 많고, 또한 피해 통보율은 피해자 특성에 의해 크게 차이가 난다고 하는 결함이 있다. 그뿐만 아니라 피해자의 기억이 피해의 크기에 따라 다르게 되고 경미한 피해에는 피해액 등의 피해상황의 파악이 애매해진다고 하는 문제점도 있다.

다. 제 3 자를 대상으로 하는 암수조사 범죄자나 피해자 이외의 제 3 자를 대상으로 한 암수조사로서는 범죄통보율조사(犯罪通報率調査)와 법집행기관의 자의적인 조치에 관한 조사가 있다.

범죄통보율조사는 일반인을 대상으로 하는데, 각 개인에 대하여 범죄를 목격한 적이 있는지 여부와 그 때 그 범죄를 법집행기관에 통보하였는지 여부에 관하여 회답을 구하는 것이다. 따라서 이 조사도 일시·장소, 가해자나 피해자에 관한 정보를 가능한 한 상세히 답하도록 요구할 필요가 있다. 동일한 범죄가 여러 사람들에게 목격되거나, 당해 범죄가 법집행기관에 이미 인지되어 있거나 여죄 가운데 포함되어 있을 가능성이 있기 때문에 중복해서 처리되는 경우가 없도록 하기 위해서이다.

이 조사는 지금까지 법집행기관이 인지한 범죄 가운데 피해조사에 의해서

9) *The Challenge of Crime in a Free Society: A Report by the President's Commission on Law Enforcement and Administration of Justice*(1967), pp. 20-22.

10) 宮澤浩一, "西ドイッにおける被害者研究の現状," 藤重光 外 編,「小川太郎博士古稀祝賀 刑事政策の現代的課題」, 有斐閣, 1977, 563-573면 참조.

도 파악되지 않는 부분, 즉 피해자가 조사대상지에 거주하지 않거나 피해조사에 회답하지 않아서 여전히 인지되지 않은 부분이 어느 정도 있는가를 알기 위하여 행해진다.

법집행기관의 자의적인 조치에 관한 조사는 예를 들면, 경찰이 범죄통계를 자의적으로 조작함으로써 암수화되었다는 것을 전제로 하여 경찰관을 대상으로 실시한다. 따라서 이 조사는 경찰관에 대하여 사실이 확인된 범죄나 비행 가운데 의도적으로 범죄통계에 기입하지 않은 것이 어느 정도 있는가를 묻고, 또한 그 범죄나 범죄자의 속성은 어떠한 것이 있는가를 물음으로써 암수화의 과정을 밝히는 것이다. 이 조사는 법집행기관의 자의적 조치에 의해 통계에서 누락된 수 자체를 밝히는 것보다도 어떠한 범죄나 범죄자가 통계에 기재되지 않았는가를 알아낸다는 점에 의미가 있다.

범죄나 비행의 일반이론이나 형사정책의 제 시책이 범죄사실의 인식으로부터 출발하고 있는 것을 고려할 때 사실을 정확하게 파악하는 것이 중요하다는 것은 두말할 필요도 없다. 그와 같은 의미에 있어서 공적 통계를 자료로 하여 범죄현상을 연구하고 그것을 기초로 형사정책을 수립하는 데 있어서 암수조사의 중요성은 말할 필요도 없을 것이다. 범죄현상을 철저히 분석함으로써 범죄행동의 발생과정을 이해할 수 있을 것이고 이론의 형성이나 형사정책상의 제언도 가능하게 될 것이다. 그렇기 때문에 암수 문제는 범죄학이나 형사정책의 출발점이 된다는 것은 새삼스럽게 지적할 필요조차 없을 것이다.

제 2 장

범죄원인론

제 1 절　범죄이론(犯罪理論)

지금까지 논의되어 온 범죄이론을 분류해 보면 다음과 같은 유형으로 분류할 수 있다. 즉 범죄자의 내적 요인을 중시하는 소질설과 외적 요인을 중시하는 환경설, 그리고 범죄의 원인을 하나의 요인에서 찾으려는 일원론과 여러 요인에서 찾으려는 다원론이 그것이다.

1. 소질설(素質說)

범죄자의 소질을 범죄원인으로서 중시하는 입장을 통상 '소질설'이라고 하며, 이것은 범죄의 발생원인으로서 범죄자 개인의 성격, 요컨대 범죄자의 생리적·정신적인 내부의 특질을 중시하는 입장이다. 제 2 절에서 상세하게 기술하겠지만 소질설은 1920년대에 급속히 발전한 이론으로 Cesare Lombroso의 "범죄자는 하나의 특별한 인종이다"라고 하는 '생래적 범죄인설'에서 비롯한다.

이어 T. Viernstein, F. v. Rohden, K. Birnbaum, A. Lenz, E. Mezger, E. Kretschmer, W. H. Sheldon, E. A. Hooton 등이 당시로서는 새로운 학문영역이었던 인류유전학, 체질생물학, 성격학, 정신병리학 등의 학문을 동원하여 범죄행위와 개개의 범죄자의 인격 및 그 기저(基底)를 만드는 신체조건과의 관련성에 중점을 둔 이론을 전개하였다. 처음에는 단지 범죄와 정신병과의 유전관계가 강조되었으나, 그 후 각종의 범죄자와 정신병자의 유전관계에 관하여 실증적 연구가 쌓이게 되면서, 범죄와 관계 깊은 정신적 소질로서 정신박약, 정신병질, 뇌의 기질적 장해, 정신병, 약물중독 등의 각종 정신장애와의 관계까지 관점을 넓힌 연구로 발전했다.

후에 범죄원인의 연구에서 이와 같이 내적 요인을 중시하는 자 중에 범죄심리를 정신의학적으로 설명하고자 하는 자는 범죄정신병리학이라고 하는 새로운 연구분야를 만들었고, 범죄자의 심층심리에 흥미를 갖는 자는 정신분석학의 기법을 이용하고자 하였다.

2. 환경설(環境說)

범죄자를 둘러싼 여러 환경을 범죄원인으로서 중시하는 입장을 통상 '환경설'이라고 칭하는데, 이것은 범죄의 발생원인이 범죄자의 개인적인 성격이나 사정에 있는 것이 아니고 사회적 물리적인 제 조건에 있다는 입장이다. 이처럼 범죄자의 소질보다도 환경을 중시하는 입장은 1830년대에 프랑스의 A. M. Guerry와 벨기에의 A. Qutelet에 의해 전개되고, Lombroso의 제자인 E. Ferri에 의해 계승·발전되었다. Ferri는 Lombroso의 인류학적인 범죄관(犯罪觀)을 계승하면서도 이것을 발전시켜 '범죄포화의 법칙'이라는 개념을 주장하고 사회적 요인을 중시하는 입장을 취하였다. 특히 Ferri는 인류학적 개인적 요인 외에도 기후, 계절, 온도와 같은 물리적 풍토적 자연환경과 인구밀도, 가족조직, 교육제도, 공업생산, 종교, 경제, 정치 등의 사회적 문화적 요인을 중시하고 있다. 이것은 환경을 중시하는 입장 가운데서도 불량한 환경을 낳은 일체의 조건을 중시하는 입장인데, G. Aschaffenburg도 이 입장에 속한다.

또한 사회학적인 연구방법을 근대적인 학설로 정리하여 체계화시킨 것은 Lombroso의 학설에 대한 비판으로부터 출발한 리옹학파인데, A. Lacassagne, G. Tarde, E. Durkheim 등이 그 대표적 인물이다.

20세기에 들어와 이 환경설은 미국사회학파에 속하는 C. R. Shaw, E. H. Sutherland, W. C. Reckless, D. R. Taft와 독일의 W. Sauer, W. Middendorf, F. Exner 등이 계승하였는데, 특히 Exner는 사회학적 연구와 개성심리학적 연구를 결합하여 특색 있는 생물학적 견해와 교차시킨 범죄사회학의 종합적인 체계를 수립하고 있다.

3. 일원론(一元論)과 다원론(多元論)

소질설과 환경설에 기초한 범죄원인론 외에 일원론과 다원론으로 분류하는 범죄원인론이 있다. 즉 범죄의 원인을 단일의 원인에 의해 설명하는 것을 '일원론' 또는 '일원적 원인론'이라 부르고, 범죄의 원인을 다수의 인자에 의해 설명하는 것을 '다원론' 또는 '다원적 원인론'이라고 한다.

인간의 행위를 지배하는 힘은 결코 단일한 것은 아니기 때문에 범죄원인은 다수의 것으로부터 이루어지고 있다고 생각하는 것은 일면 타당할 것이다. 또한 형사정책은 범죄방지를 위한 구체적인 대책을 고안하는 학문이라는 점을 감안하면 범죄의 원인으로서 다수의 요인을 고려하는 것은 한 가지의 원인에 집착하는 것보다는 나을 것이다.

다원론을 주장한 학자로는 Cyril Burt, William Healy, Sheldon Gluck 등인데, 그들은 단지 한 가지의 원인을 탐구하는 것은 학문적으로 무의미한 것이고 범죄연구에 어떠한 이익도 가져오지 않는다고 주장한다.

그러나 범죄원인론을 설명하는 데 있어서 모든 원인을 가미한 다원적 원인론에 의거하여 범죄를 설명하는 것은 쉽고 편리한 방법이기는 하지만, 다원적 원인론에 수반하는 문제점은 이 이론이 모든 요소를 원인으로 보기 때문에 어떤 것이 범죄의 유력한 원인이 되는지가 불분명하고, 결과적으로 형사정책상의 시책을 강구하는 데 오히려 곤란하게 된다는 것이다.

범죄의 원인을 밝히는 것은 유용한 형사정책을 수립하는 것과 직결된다는 것을 생각할 때 이러한 다원론적 원인론은 문제가 있는 것이다. 따라서 이러한 다원적 원인론은 범죄원인론으로서는 과학적인 것이라고는 할 수 없기 때문에 채택하여서는 안 된다고 주장하는 학자도 있다. 왜냐하면 이 이론을 지지하는 학자는 "모두를 설명할 수 있는 이론은 반드시 모든 요인을 포함한 이론일 필요가 없다"고 하는 학문에서의 초보적인 이론에 대한 오류를 범하고 있다고 생각하기 때문이다.[1)]

Sutherland도 다원적 원인론보다도 일원적 원인론을 채용하여야 한다는 입장으로 다음과 같이 서술하고 있다.

> "범행동기의 이해와 통제를 위하여서는 전체로서의 범죄행동에 관하여 확실하게 된 일반이론과 그 일반이론을 특정의 범죄행동에 적용한 특수이론이 필요하다. 일반이론과 특정의 범죄행동과의 관계는 질병에 관한 세균이론과 특정의 질병의 원인요소로서 작용하는 특정의 세균과의 관계에 비교할 수 있다. … 질병에 관한 세균이론이 반드시 모든 질병을 설명하는 것이 아닌 것처럼 일개의 이론에 모든 범죄행동을 설명할 수 있는 것은 존재하지 않는다는 것도 알려져 있지 않다. 그 경우에는 각 이론의 적용영역을 정하고 수개의 이론을 정합하여 그것으로 전체 범죄행동을 설명하도록 하는 것이 바람직하다."[2)]

---

1) 藤本哲也, 「刑事政策概論(全訂版)」, 東京: 青林書院, 1996, 50면.
2) E. H. Sutherland 著・高澤幸子・所一彦 譯, 「新版 犯罪の原因」, 有信堂, 1974, 56면.

또한 Walter C. Reckless와 Mapheus Smith도 다원적 원인론의 합리성을 인정하면서도 한 가지 법칙을 찾아내는 것의 중요성을 지적하면서 다음과 같이 서술하고 있다.

"태양 아래서 모든 것이 범죄의 원인에 포함되어서는 그것은 말하지 않는 것과 마찬가지이다. 우리들은 원인으로 생각되는 여러 가지 가운데서 공통된 것을 추상화하는 것이 가능하다. 이렇게 하여 범죄원인을 정리한 하나의 명제로서 법칙화한다면 일원적인 범죄원인론이 만들어지는 것이다. 이와 같은 의미에서 말한다면 사회적 견지에 있어서는 문화의 충돌, 사회의 붕괴가 범죄원인이고, 개인적 견지에 있어서는 심리적 불안정, 갈등, 긴장관계가 그것이라고 생각한다. 범죄가 무수하게 발생하는 것은 인간의 일생에서는 질풍노도기에 있는 청년기에 있고, 시대적으로는 경기변동이 격심한 전환기나 전쟁 중 또는 전쟁 후에 있고, 지역적으로는 주민의 이동출입이 격심한 장소, 국경, 변두리, 민족의 접촉지대 등이고, 가정적으로는 결손가정, 빈곤가정, 갈등가정 등이 있는데, 이상 열거한 것으로부터 공통된 요소를 추출할 때는 앞에 기술한 것에 필적할 만한 한 가지 법칙을 파악하는 것이 가능할 것이다."3)

제 2 절 범죄원인에 관한 학설

범죄원인을 규명하는 방법은 범죄인의 내적 요인(소질설) 또는 외적 요인(환경설)에 관심을 두는 것, 그리고 일원론 또는 다원론적인 입장에서 규명하는 방법이 있다. 여기서는 지금까지 논의되어 온 범죄원인론을 초자연주의적 범죄학이론, 생물학적 원인론, 심리학적 원인론, 사회학적 원인론으로 구분하여 범죄자의 신체면, 정신·심리면, 환경면을 중심으로 한 종래의 이론을 소개한다.

1. 초자연주의적 범죄학이론(超自然主義的 犯罪學理論) — 귀신론적 범죄학이론(鬼神論的 犯罪學理論)

전과학시대(前科學時代)라고 할 수 있는 고대에는 범죄는 악마의 소행이거나 신의 저주에 의한 것이라고 생각되었다. 이것은 인간세계의 모든 사상(事象)에 관하여 인과관계적 과학적 인식을 행하는 것이 불가능했던 당시의 사람들이 가졌던 비과학적 태도를 표명한 것이라고 말할 수 있을 것이다. G. B.

3) 竹村壽, "少年犯罪の社會學的硏究," 「司法硏究報告書(第 6 輯 4號)」, 司法硏究所, 1953, 48면.

Vold는 이것을 '귀신론적인 설명방법'이라고 했는데, 이 모든 귀신론적인 설명에는 무엇인가의 다른 세계의 힘, 즉 신의 힘 또는 영혼이 전제되어 있다.

중세유럽에서는 귀신론이라고 하는 지적인 개념과 봉건제라고 하는 정치적·사회적인 체제가 표리일체를 이루어 있었고, 종교재판소는 그것으로부터 발현된 신권정치의 상징이다. 그 무렵은 현세에 발생한 사건을 설명하기 위한 개념 틀은 자연계를 완전히 무시한 것이었다. 예를 들면 어린애의 출생은 신의 뜻에 의하고, 인간이 왕이 되느냐 목사가 되느냐 그렇지 않으면 거지가 되느냐 하는 것도 역시 신의 뜻에 의한 것이었다. 또한 인간이 죽는 것도 신이 그것을 바랬기 때문이었다고 생각했다.

유럽인의 사상은 특히 범죄학의 분야에서는 초기 독일인의 이교정신(異教精神)과 초기 그리스도교의 관념과의 혼합물로부터 많은 영향을 받았다. 예를 들면 속죄금(贖罪金, Wergeld)의 관행, 범죄 그 자체나 죄의 속죄, 결투에 의한 재판, 신의 판단에 의한 재판, 타인의 증언에 따른 무죄의 증명이 있다면 석방하는 제도(compurgation), 선서에 의한 증언, 유죄인가 무죄인가를 나타내는 불가사의한 표지 또는 전조(前兆) 등이 그것이다. 이것들은 모두 별세계(別世界)의 힘의 영향과 그 영향을 중요시하는 관념의 반영인 것이다. 유무죄를 판정하기 위한 의식(儀式)이나 절차는 발달하였었지만 설명하는 원리는 역시 별세계의 힘의 작용이었다. 요컨대 이와 같은 견지로부터 본 범죄나 범죄행동은 악마에 홀리어 조종된 것이고, 따라서 누구라도 범죄를 저지를 수 있고 범죄자가 될 가능성이 있다고 생각하게 된다.[4]

이와 같이 원시적 또는 선사적 물활론(先史的 物活論, animism)에서는 악령이 범죄를 야기한다고 생각하고 있었고, 중세에서는 귀신이나 악마가 범죄 기타의 일탈행위의 원인이라고 생각한다.

2. 생물학적 원인론

생물학적 원인론이란 개체의 신체구조와 생리작용의 어떤 특징적 부분이 범죄성과 밀접한 관계가 있다고 믿는 것이다.

인간의 운명·성격특성과 지식상태 나아가서는 질병과 범죄성 등을 그 신체구조상의 특징, 특히 두개골, 얼굴모습, 손금 등과 관련시켜 생각하는 사고

---

4) G. B. Vold, *Theoretical Criminology,* New York: Oxford University Press, 1958, 西村 譯(1970), 5-6면 참조.

방식은 옛날부터 동서양에서 꾸준히 존재해 왔다. 이른바 '관상'(觀相), '수상'(手相), '골상'(骨相) 등이 그것이다. 이것이 동양에서 논의된 것은 고대 중국 황제(黃帝) 때부터라고 하며, 당송(唐宋) 때 그에 관한 학설이 어느 정도 완성을 보았다고 한다. 서양에서는 고대 그리스시대부터 있어 왔는데, 특히 아리스토텔레스(B.C. 384-322년)의 인상학(印象學, Physiognomia)은 이와 같은 것을 정리한 것이다.

18세기 말엽에 오스트리아 비엔나의 외과의사인 Franz Joseph Gall이 골상학(骨相學, Phrenologie)이란 그의 저서를 통해 신체의 생리적 구조와 성격 및 행동의 상관관계를 주장하여 관심을 끌었다. 수년간에 걸친 각 방면의 사람들(거기에는 범죄자와 수형자도 포함되었다고 한다)에 관한 실제적 조사와 관찰을 기초로 이 저서에서 그는 인간의 정신작용은 뇌에서 행해지는데, 이 뇌는 두개골로 둘러싸여 있지만 두개골의 모양을 외형적으로 분석함으로써 뇌의 발달상태를 알 수 있다고 보고, 이 두개골 및 안면(顔面)의 모습과 그의 성격, 지능상태, 범죄성 등이 서로 깊은 상관관계를 갖는다고 주장하였다.[5)]

관상학은 인간의 성격, 정신적 특질, 그리고 정서적 자세 등은 그의 얼굴 형태와 표정에서 정해진다고 가정하는 이론이다. 고대와 문예부흥시절에는 관상학은 점성술 또는 수상학(手相學)의 일부로 행해졌고 이것은 요술과 같은 것으로 취급되었다. 그러다가 18세기에 이르러 관상학은 특히 스위스 작가이자 신학자였던 J. K. Lavater(1741-1801년)와 영국의 해부학자이자 생리학자이고 외과의사인 Ch. Bell에 의해 발전되었다.

한편 골상학은 오스트리아 신경과 전문의였던 F. J. Gall(1758-1828년)과 K. Spurzheim(1776-1832년)에 의해 인간 두개골의 형, 돌출, 함몰 등을 기초로 하여 세워진 이론이다. 이 이론은 인간의 정신적 능력과 심리적 특질에 관한 결론을 가능케 하였다. Gall은 뇌의 표면은 이에 상응하는 두개골 뼈의 돌출, 함몰에 의해 신체적 정신적 기능의 특수한 중심이 되기 때문에, 이것들을 근거로 하여 뇌의 질병을 진단하고 개인의 성격을 설명할 수 있다고 생각했다. Gall의 이론은 주목할 만한 평판을 받았으나 1802년 비엔나에서는 그것을 교육하는 것이 도덕적 · 종교적으로 용납되지 않는다는 이유로 금지되었다. Gall에 의해 수행된 연구는 신체기관의 활동을 지배하는 뇌중심의 위치확정에 관한 과학의 단초가 되었고, 그의 이론은 미국에서 Ch. Caldwell(1772-1853년)

5) G. Vold, *Theoretical Criminology,* New York: Oxford University Press, 1958, p. 47.

에 의해 계승·발전되었다.

이와 같은 Gall의 골상학은 19세기 초반까지 구미 각국에서 대단한 관심을 모았고, 특히 미국에서는 이 학설을 교도소 수형자들에게 적용하는 문제까지 논의되었다고 한다. 이 학설을 실제로 수형자들에게 적용한 연구가 1876년에 발간된 M. B. Samson의 '범죄의 이유'(Rationale of Crime)라는 저서이다. 그러나 본격적으로 범죄자에 관해 정신의학적·생물학적인 차원에서 과학적으로 연구한 최초의 학자는 이탈리아의 정신의학자 C. Lombroso라고 할 수 있다.[6)]

(1) Lombroso의 생래적 범죄인설(生來的 犯罪人說)

역사적으로 볼 때 범죄적 행위의 요인을 경험적·과학적인 분석을 통해 설명하려는 최초의 시도는 이탈리아 정신과 의사이자 인류학자인 Cesare Lombroso(1836-1909년)의 *L'Uomo Delinquent*(범죄인, Criminal Man)이란 저술에서이다. 1876년에 출판된 이 논문은 범죄자 수천명에 대한 해부학적(특히 두상에 대한) 연구인데, 이 연구발표를 계기로 범죄학이 확실한 학문분야로 자리잡게 된 것이다.

그는 정신병리학적 및 인류학적 조사를 토대로 범죄적 행위는 범죄자의 신체적·정신적 특성에 의해 조건지워진 자연적·생물학적 현상이라고 결론지었다. 특히 두개골과 관련된 특정한 신체적 형상들이 범죄자의 범주에 속한다고 보았다. 즉 범죄자는 생래적으로 특이한 인류학적 유형이고, 이 유형에 속하는 자는 인과적으로 관련 있는 일정한 신체적 및 정신적 특징을 갖는다고 생각한 것이다. 그리고 이 특징이야말로 범죄행위를 행하여야 할 운명을 갖게 된 인격을 나타내는데, 이것은 격세유전(atavism) 또는 변질(變質)에 의해 만들어지고, 또한 이것은 정신병리학적으로는 간질과 비슷하며, 이와 같은 인격의 소유자는 거의 숙명적으로 범죄에 빠진다는 것이다.[7)]

---

6) Lombroso의 저서와 그의 견해는 계시적(啓示的)이었지만 그가 주장한 개념 가운데 몇 가지는 관상학(physiognomic), 골상학(phrenology), 그리고 두골상학(頭骨相學, craniology)에서 차용하여 발전시킨 것이다.

7) 그는 우연한 기회에 범죄자의 두부에 현저한 원시인적 특징이 있다는 것을 발견하고, 그것이 동기가 되어 그 후 383개의 범죄자의 두개골과 3,839명의 수형자를 상대로 상세한 비교·측정을 하였다. 특히 그의 연구에서 가장 인상적이었던 한 강도의 사체해부에서 그가 받은 강렬한 감동을 다음과 같이 말하고 있다.

"이것은 단순한 발상이었던 것은 아니고 신의 계시였다. 이 두개골을 한눈으로 본 순간 돌연 나는 타오르는(솟아오르는) 넓고 큰 하늘 밑에 무엇이든(일체)가 비추어 내고 범죄자의 특질에 관한 문제가 모두 해결된 것 같은 기분이 되었다. 즉 격세유전의 범죄자는 자기 자신의 내부에 있는 하등동물이나 원시적 인간의 악랄한 본능을 재현하는 것이라고 깨달았던 것이다." 柳本正春, "チェザ'ーレ・ロソブ'ローソ," 「刑政 4」(第85巻 4號), 1974, 8-49면.

구체적으로 말하자면 두개골의 특징으로서 ① 위턱이 앞으로 튀어나옴, ② 깎아지른 것 같은 이마, ③ 광대뼈의 심한 발달, ④ 뒷머리 골의 이상, ⑤ 뒷머리가 튀어나옴, ⑥ 눈구멍이 크고 움푹 꺼짐, ⑦ 눈썹부위의 심한 돌출, ⑧ 뇌두개(腦頭蓋)와 저작두개(咀嚼頭蓋)와의 불균형, ⑨ 위턱의 과도한 높음 등이 열거되고 있다.

신체적 특징으로는 ① 삐뚤어진 눈, 사시(斜視), 흰자위가 많은 눈, ② 넓은 귀, 우뚝솟은 귀, 귓불이 달라붙은 것, 뾰쭉한 귀, ③ 비틀린 코, 납작한 코, 굽은 코, ④ 두텁고 튀어나온 입, 얇고 일직선인 입, 언청이, ⑤ 치아의 간격이 넓음, 송곳니 발달, 빽빽하고 곱슬곱슬한 모발, 몸에 털이 적음, ⑥ 심한 색소증식(色素增殖), ⑦ 손가락 기형(형태와 수 및 부속물), 팔 길이가 신장보다 김, ⑧ 왼손잡이 등이 열거되어 있다.

또한 정신적 특징으로는 ① 도덕감정 결여(양심의 가책이나 회한, 수치심, 연민의 정이 없음), 교만과 허영심, 충동성, 복수심, 잔혹성, 게으르고 태만함, 사행심(도박), 미신(죄책감해탈), ② 낮은 지능(부분적인 우수도 포함), ③ 아픔이 둔화됨, ④ 거칠고 품위 없는, 즉 조야(粗野)한 욕구 등을 열거하고 있다.

사회적 특징으로는 ① 문신(文身) 선호, ② 잔혹한 장난, 주색이나 도박에 탐닉, ③ 풍부한 손짓과 은어나 말을 창조하는 능력, ④ 무생물의 인격화, ⑤ 도당편성(徒黨編成), ⑥ 특수하고 상징적인 그림 등을 열거하고 있다.[8)]

Lombroso는 이와 같은 여러 특징들 가운데에서도, 특히 신체적 특징을 중시하여 신체적 특징 내에 6개 이상의 특징을 갖고 있는 자는 확실한 생래적 범죄인이고, 3개 내지 5개를 갖는 자는 불완전하지만 범죄자이고, 3개 이하의 자는 반드시 생래적 범죄인이라고는 할 수 없다고 하였다.

이와 같이 Lombroso가 설명한 생래적 범죄인설은 범죄인정형설(犯罪人定型說)이라고도 하며, 그는 처음에는 범죄자의 약 70%가 이 종류의 생래적 범죄인이라고 생각했었다. 그러나 그 후 주장을 바꾸어 후년에는 생래적 범죄인의 비율은 35% 내지 40% 정도라고 후퇴하였으나 그는 최후까지 생래적 범죄인만이 진정한 범죄자이라고 하는 생각은 고수하였다고 한다.

이와 같은 범죄의 원인에 대한 생물학적 관점으로부터 Lombroso는 범죄자를 ① 생래성(生來性) 범죄자, ② 배덕광(背德狂) 범죄자, ③ 전간성(癲癎性) 범죄자, ④ 정신병적(精神病的) 범죄자, ⑤ 우발성(偶發性) 범죄자, ⑥ 감

8) 前田信二郎, 「增訂 刑事學原論」, 法律文化社, 1970, 69-72면.

정성(感情性) 범죄자의 6가지 종류로 분류하고 있다. 이 분류는 후에 Ferri나 G. Aschaffenburg의 범죄자 분류의 기초가 된다.

이러한 생래적 범죄인설은 아리스토텔레스 이래의 人相學이나, F. J. Gall의 골상학, C. R. Darwin의 진화론이나 B. A. Morel의 변질론(變質論), J. C. Prichard의 배덕광(背德狂, moral insanity) 그 위에 영국의 감옥의(監獄醫) G. N. Thompson 등에 의한 범죄자에 관한 초기의 유전적 조사의 성과나 정신병리학에서 새로운 지식을 받아들인 것인데, 당시로서는 포괄적이고 참신한 학설이었다고 한다.

그러나 범죄에 대한 추상적·형이상학적인 연구보다는 범죄자에 대한 실증적 연구야말로 범죄의 원인을 조사하여 확실히 알아내는 유일한 방법이라고 한 Lombroso의 연구에도 몇 가지 문제점이 지적되고 있다. 즉,

첫째, 개개의 범죄자에 대한 임상적 분석은 당시에서는 종합적인 것이었으나 정적(靜的)인 통계이었고, 비실험적이고 기술적(記述的)인 것이었으며, 따라서 역동적인 것은 아니었다고 하는 점,

둘째, 다수의 범죄자의 임상적 연구에서와 마찬가지로 사례연구적인 방법에 의해서 얻은 특수한 성과를 임상적 논의의 장에 가지고나가 원용하고 있다는 점,

셋째, 범죄자와 비범죄자를 비교·검토하는 것 자체는 커다란 방법론상의 진보이지만, 범죄자와 비범죄자의 개인적 또는 집단적인 연결작업이 면밀하게 행해지고 있지 않았다고 하는 점,

넷째, 범죄자의 특징을 측정한 결과로부터 어떤 이상성(異常性)이 범죄자의 특징인가, 몇 개의 이상성을 가지고 범죄자의 특징으로 하는 것인가가 반드시 명확한 것은 아니라고 하는 점 등이 그것이다.

그러나 현대의 범죄학의 과학성과 동등한 것을 Lombroso에게 구하는 것은 어떤 의미에서는 무리라고 할 수 있을 것이다. 따라서 "범죄자는 신체적·정신적으로 다수의 변질특징(變質特徵, stigmata)을 갖는 인간의 변종이고, 인류학적으로 본다면 이것은 원시인적 특징이 격세유전에 의해 현대사회에 재현된 것이며, 병리학적으로 본다면 간질증에 다름 아니고, 심리학·정신의학적으로 보면 패덕성(悖德性)에 해당한다는 것이다"고 한 Lombroso의 견해는 현대범죄학의 시작을 예고하는 것이고, 실증주의 범죄학의 탄생을 의미한 것이었다고 할 수 있을 것이다.[9)]

9) 高橋正巳, "刑事學(犯罪學)の諸學說," 下中邦彦 編, 「世界大百科事典 9」, 平凡社, 1981, 83면.

Lombroso는 교정치료나 형사정책의 영역에서도 중대한 제언을 하고 있었는데,[10] 즉,

첫째, 범죄의 원인으로서 소질의 중요성을 지적한 Lombroso는 각 개인에 있어서 평등한 자유의사의 존재에 의문을 던지고, 범죄자의 처우에 관하여 범한 죄에 의해 형벌이 정해져야 하는 것은 아니고, 범죄자의 개성에 대응한 치료가 되어야 한다고 주장한다.

둘째, Lombroso는 범죄자에 대한 형벌의 기초가 형벌의 자연적 필연성과 사회방위의 권리에 있다고 생각하였다. 즉 형벌의 일차적 목적이 사회의 방위에 있고, 이차적 목적은 범죄자의 개선에 있다고 한 것이다. 그러므로 형벌의 양도 사회방위에 필요한 한도에서 제한되어야 하고 응보나 복수의 개념은 형벌로부터 배척되어야 한다는 것이다.

셋째, 형벌에 관하여는 범죄자의 동기나 인격을 고려하여 그들을 합리적으로 처우하는 것이 필요하고, 형법전이 형벌을 상세하게 구별하고 있는 것은 난센스로 범죄와 형벌은 여유를 갖고 정해져야 한다. 그것은 마치 병명이 같기 때문에 같은 약을 투여하는 것과 같으며 아주 위험한 것이다. 환자의 체질이라든가 병의 상태에 의해 치료방법을 바꾸는 것처럼 범죄자의 주관적인 조건에 따라서 형벌을 개별화하지 않으면 범죄방지의 목적은 달성될 수 없다고 한다.

넷째, 추상적인 의미에서 범죄자를 연구하거나 다루는 것이 아니고, 범죄자 그 자체의 연구에 기초한 처우를 하지 않으면 안 된다. 즉 Lombroso는 처우의 개별화를 주장하고, 의사가 환자 각각의 질병을 치료하는 때와 마찬가지로 각 범죄자에 적합한 특별한 방법을 가지고 처우하지 않으면 안 된다고 한 것이다.

다섯째, 구체적으로는 소년범죄자나 경범죄자, 우발범죄자에 대하여는 구금형을 가능한 한 피하고, 감독제도를 도입하는 것이 바람직하다는 것, 소년범죄자나 여성범죄자에 대하여는 그 특수성과 치료가능성을 고려한 특별처우가 필요하다는 것, 생래적 범죄자나 배덕광자(背德狂者)는 유전적 본능에서 범죄를 범한 것이기 때문에 치료의 대상으로 되어야 하지만 그 치료의 곤란함과 다른 수형자에 미칠 악영향 때문에 특별한 시설에 수용되는 것이 바람직하다는 것 등을 제안하고 있다.

여섯째, 형벌의 종류에는 연소자에게는 체형(體刑)이 효과적이고, 단식, 냉수욕, 중노동, 자택연금, 벌금형, 보증 등도 마찬가지로 시도될 필요가 있다.

10) 藤本哲也, 앞의 책, 56-57면.

또한 소년범죄자나 우발범죄자에 대한 최량의 예방적 방법은 미국의 보호관찰(probation)이 적당하다고 하고, 상습범죄자에게는 유형(流刑) 외에도 사회안전과 인도주의의 타협으로서 범죄정신병원의 설립이 바람직하다. 나아가 이미 죄를 범할 능력이 없는 노인은 감옥에 넣어둘 필요가 없다고 하는 한편, 가장 비참한 것이기는 하지만 가장 확실한 도태방법으로서 사형이 남아 있다고 단언하고, 생래적 범죄자에 대한 무기징역과 사형을 주장하였다.

일곱째, Lombroso는 또한 E. Ferri나 R. Garofalo와 공조하여 범죄의 피해자는 그 피해에 대한 상응한 보상을 받지 않으면 안 된다는 것을 지적하고, 피해자는 구금생활 중에 있는 범죄가해자가 구금 중에 종사한 작업으로부터 취득한 수입의 일부를 받을 법률상의 권리를 부여받아야 한다는 것을 주장하고 있다.

여덟째, 또한 생래적 범죄인 이외의 자에 대해서는 부정기형을 주장하고 벌금형이나 보호관찰(Probation) 등을 추천하고 있다.

Lombroso의 생래적 범죄인설을 계기로 세계 각지에서 인류학적인 연구가 시도되었지만 그 연구가 모두 Lombroso를 지지하는 것은 아니었다. 특히 영국의 C. Goring이 Lombroso의 비판으로 유명한데, 그는 통계적 방법에 의해 수형자 3,000명의 신체적 · 정신적 특징과 비범죄자의 그것과 비교 · 연구하였다. 즉 Goring은 1913년 그의 저서 '영국의 범죄자'(the English Convict)에서 범죄와 관계가 있다고 된 37개의 신체적 특징과 6가지의 정신적 특징의 관련성을 검토한 결과 범죄의 정도에 관한 한 종래 관련성이 있는 것으로 생각되고 있던 신장, 양안(兩眼)의 간격, 머리의 둘레, 체중과 머리의 크기 차이의 지수 등은 이것과 무관하다고 주장하였다.[11)]

그러나 Goring은 Lombroso의 이론 그 자체보다도 그 방법론에 대하여 비판을 집중하고 있다고 보는 것이 좋을 것이다. 즉 Lombroso의 해부병리학적 방법은 인간의 이상(異常)한 해부학적 특징은 인간의 감각에 의해 직접 관찰함으로써 이해될 수 있는데, 모든 범죄적 특징은 평균치로부터 이탈하고 있으며, 이것을 이상(異常) 또는 변질(變質, degenerscence)[12)]로 정의하고, 인간의

11) 柳本正春, 앞의 글, 217면.

12) 변질(變質, degeneresccence)이라는 용어는 프랑스의 정신의학자 Morel이 사용한 말로, 어떤 가계 또는 인종 중에는 세대가 진행함에 따라 신체적 · 정신적 조건이 진행적으로 퇴화 또는 저하의 변질과정을 거치고 있고, 그로 인하여 뇌졸중자, 대주가(大酒家), 부랑자, 매춘부, 정신병질자, 범죄자 등이 다수 나오게 되는 경우를 볼 수 있다고 하고, 일단 이러한 변질과정을 거치기 시작한 가계와 인종은 언젠가 멸망하지 않으면 안 될 운명에 있다고 하였다.

도덕적 소외의 정도는 그들의 신체에 관한 이 이상으로부터 추론할 수 있을 것이라고 하는데, Goring은 이와 같은 방법론을 세 가지 점에서 비판하고 있다.

첫째, 과학은 정확한 측정을 필요로 하고, 이것은 감각적 인상에 의해 얻어지는 것은 아니라고 하는 점이다.

둘째, Lombroso는 통계과학에 반하여 평균치보다 이탈한 것을 특이한 현상이라고 하기보다는 오히려 비정상적인 것으로서 이것을 질적인 차이가 있는 것으로 하고 있으나, 이처럼 속단하는 것에는 무리가 있다.

셋째, Lombroso의 연구는 측정기술이 조잡하기 때문에 그러한 자료에 기초하여 재생한 이상(異常)을 인정하는 것은 무리라고 하는 3가지 점이다.

(2) Lombroso 이후의 생물학적 원인론

Lombroso의 사상은 이탈리아의 Garofalo, Marro, Ferri, 독일의 Kurella, Koch, Kraepelin, 프랑스의 Bodier, Leturneau, 영국의 Havelock 등과 같은 수많은 학자, 의사, 법조인들에 의해 주창되고 발전되었다. 특히 Raffaele Garofalo(1851-1934년)는 '자연범'(自然犯, natural crime)과 '법정범'(法定犯, artificial crime)에 관한 이론과 인간 본성의 불가변성을 주장했다. 그의 주장에 의하면 자연범은 두 가지 주요한 감정, 즉 타인을 고통스럽게 하는 것에 대한 혐오(pieta)와 타인의 소유권에 대한 존중(probita)이라는 두 가지 감정 중에 하나를 침해하는 것과 관련되어 있다. 그가 주장하는 범죄인은 Lombroso의 생래적 범죄인의 존재에 관한 견해에 상응하는 '야만적'인 인간과 정신적 지체(遲滯)를 보인다고 한다.

또한 범죄생물학파의 한사람인 A. Marro는 범죄를 중추신경조직의 쇠퇴로 인한 생물학적 현상이라고 정의한다.

한편 인류학파의 몇몇 추종자들은 사회범죄학파로부터 차용한 새로운 요소들을 첨가하여 그 주요 전제를 수정하였다. 다양한 원인을 가진 특정 집단에 기초하여 범죄성의 기원을 설명하려는 이러한 이론들을 절충학파(折衷學派, eclectic)라고 부른다. 예를 들면 Enrico Ferri(1856-1929년)에 의하면 범죄의 원인이 되는 주요 요인은 사람의 신체구조와 그의 정신적 구조만이 아니고 인종, 연령, 성, 기후, 시기, 시간과 같은 형태와 특질, 그리고 특정한 사회적 조건(인구밀도, 알코올중독, 산업화, 경제적 및 정치적 조건 등)도 또한 그 주요 요인이 된다고 한다.

이와 유사한 견해가 절충주의학파의 대표자의 한 사람이자 범죄학의 선구자인 Franz von Liszt(1851-1919년)에 의해 주장되었다. 그는 “범죄는 한편으로는 범죄자의 독특한 특질의 산물이고 다른 한편으로는 행위시에 범죄자를 둘러싸고 있는 환경과의 사회적 관계이다”고 주장한다. 이와 같은 주장은 그때까지의 범죄학의 분석의 틀을 넓히고 지금까지는 다루지 않았던 새로운 문제를 제기한 것으로 평가된다.

인류학적(생물학적) 개념은 많은 후기 학자들의 저서에서 다시 부활했다. 예를 들면 Hooton은 범죄자 13,000명이 포함된 17,000명의 사람들을 상세히 조사한 후 사람들의 신체적 불완전은 그의 정신적 소인을 표현한다고 주장하였다. 또한 E. Bleurel은 범죄자는 출생부터 좀더 고차원의 감정이 위축되어 고통을 받는 사람이라는 가설을 제시했는데, 이 가설은 정신병질과 정신이상에 관한 연구의 단초가 되면서 학자들의 주의를 끌게 되었다. 그러나 생물학적인 요인에서만 범죄의 원인을 찾는 것은 기대했던 성과를 낳는 데 실패했다는 평가를 받는다.

(3) 체질생물학적 이론(體質生物學的 理論)

고대로부터 사람의 신체적 형태와의 관련 속에서 그의 정신적인 특질을 정의하려는 시도가 있었다. Hippocrates와 Galen의 분류에 의하면 다혈질(多血質, sanguine), 담즙질(膽汁質, choleric), 우울질(憂鬱質, melancholic), 점액질(粘液質, phlegmatic)의 4가지가 있다.

19세기와 20세기에 걸쳐서도 이와 같은 형식의 분류가 계속 시도되었는데, 특히 독일의 정신의학자 Ernst Kretschmer가 1921년에 그의 저서 ‘신체구조와 성격’(*Körperbau und Charakter*)을 통해 발표한 신체형(body type)과 각 개인의 성격 기질과의 상관관계에 관한 연구가 유명하다.

Kretschmer에 의하면 사람은 세장형(細長型, leptosomic) 또는 허약형(虛弱型, asthenic), 투사형(鬪士型, athletic: 건강형 또는 운동형이라고도 함), 비만형(肥滿型, pyknic), 그리고 발육이상형(發育異常型, dysplastic)이라고 하는 4가지 체형(physiques)으로 표현되는데, 이 체형에 따라 각기 다른 정신적 특질이 나타난다고 한다.

즉 그는 신체형의 특징을 다음과 같이 묘사하고 있는데, 비만형인 사람은 신체가 둥글고 지방이 풍부하며, 늑골이 완만하고 허리가 잘 발달되어 있다. 사지(四肢)는 몸체에 비해 짧고 피부는 부드럽고 목은 짧고 두텁다. 그리고 일찍 머리가 벗어지는 경향이 있다. 얼굴은 납작하거나 넓다. 세장형은 가슴이

좁고 얇으며 늑골은 급경사를 이룬다. 목은 가늘고 뼈 조직은 섬세하며 피부는 창백하며 건조하다. 사지는 몸체에 비해 길고 얼굴은 둥글다. 코는 크나 턱이 잘 발달되지 못했다. 투사형은 가슴이 넓고 두꺼우며 근육이 잘 발달되어 있다. 뼈조직은 튼튼하고 옹골차며 피부는 광택이 있고 긴장되어 있으며 얼굴은 갸름하다.

또한 그는 인간의 기질을 순환성기질(循環性氣質), 분열성기질(分裂性氣質), 점착성기질(粘着性氣質)의 3종류로 분류하고 있는데, 순환성기질은 정서의 기복이 심하나 그 움직임은 자연스럽고 반응은 자극에 어울리며 사교적이고 따뜻한 마음을 가지고 있다. 사회적 태도는 외향적 · 실제적 · 물질적 · 협조적이다. 분열성기질은 급작스럽게 과민하거나 둔감해지고, 그 움직임은 부자연스러우며, 반응은 자극에 어울리지 아니한다. 사회적 태도는 내향적 기질이고 폐쇄적이며 사람을 싫어하고 반사회적이다. 점착성기질이란 점착성이거나 폭발성으로 변하며, 사회적 태도는 신중하고 친절 · 예의바르며 착실하고 꼼꼼하다. 또한 끈질긴 면도 있다고 한다.

Kretschmer는 이와 같은 체형과 기질, 그리고 정신질환 사이에 밀접한 관계가 있다고 생각했다. 그의 주장에 의하면 정신분열증(schizophrenia)과 조울증(躁鬱症, manic depressive psychosis)이라는 2개의 극단적인 정신장애의 유형이 있는데, 정신분열증은 세장형과 투사형에, 조울증은 비만형의 체형과 관련이 있다고 하였다. 이들 유형의 특정형태(분열성기질과 조울성기질)는 Kretschmer의 관찰에 의하면 정신병질자와 건강한 자에게도 보이는데, 범죄적 태도는 주로 분열성기질의 특징을 이루고 이와 같은 분열성기질을 보유한 자 가운데 생래적 범죄인이 있다는 것이다.

이 Kretschmer의 체형이론은 그 후 F. von Rodden, G. Schwab, M. Riedl 등에 의해 계승되었고, 그 가운데서도 특히 Schwab는 범죄를 저지른 시기, 범죄의 종류 등을 체형과 관련시켜 고찰했다. 즉 세장형은 나이가 어려서 범죄를 저지르는 경향이 강한데 비해 비만형은 나이가 들어서 범죄를 저지르는 경향이고, 세장형은 누범(累犯) 경향이 두드러지게 강한 데 비해 비만형은 약하고 투사형은 그 중간이다. 죄질에 관하여는 세장형은 절도나 사기가 많으나 폭력범죄나 성범죄는 적은 반면 투사형은 폭력범죄와 관계가 깊고 폭력성의 재산범죄(예를 들면 강도) · 성범죄를 저지를 우려가 많다. 발육이상형은 성범죄가 많고 비만형은 모든 범죄에 평균 이하로 관여되어 있지만 예외적으로 사기죄를 저지를 확률은 높다고 하였다.

Kretschmer의 체형이론을 한 걸음 더 발전시킨 학자가 미국의 정신의학자이자 심리학자였던 William Sheldon이다. 범죄적 체형이라고 하는 개념을 발전시킨 그는 사람의 신체형을 3가지 형으로 구분하였다. 즉 내배엽형(內胚葉型, endomorphic: 소화기관을 포함하여 내장기관이 고도로 발달한 것), 중배엽형(中胚葉型, mesomorphic: 뼈와 근육조직이 고도로 발달한 것), 외배엽형(外胚葉型, ectomorphic: 섬세한 피부와 민감한 신경조직을 보유한 것)이 그것인데, 이것들에 대응하는 성격유형으로서 내장형(內臟型), 신체형(身體型), 비만형(肥滿型)을 열거한다.

Sheldon에 의하면 내배엽형은 소화기가 비교적 잘 발달하고 비만하기 쉬운 경향이 있으며 신체의 각 부분이 부드럽고 통통하다. 손발은 짧고 끝으로 갈수록 가늘다. 골격은 작고 피부가 부드러우며 매끈매끈하고 탄력성이 많은 타입의 인간이다. 중배엽형은 신체의 근골(筋骨)과 운동기관이 잘 발달되어 있고 몸체가 크며 가슴이 잘 발달되어 있고 팔이나 손이 크다. 몸매가 날씬하고 품위가 있는 경우에는 신체의 외관이 정사각형으로 보인다. 그렇지 않은 경우에는 흔히 살이 찐다. 외배엽형은 피부와 신경계통을 포함하여 피부부속기관이 비교적 잘 발달하고 부드럽고 허약하여 섬세한 신체이다. 얼굴은 작고 코가 우뚝솟아 있고 머리카락이 가늘고 민툿한 어깨를 가졌다.

Sheldon이 말하는 내장형의 기질은 일반적으로 여유가 있고 명랑하고 온화하며 사치스러움을 선호하는 타입의 인간이다. 어떤 의미에서는 온건한 사람이나 본질적으로는 외향적인 인간이다. 신체형은 능동적이어서 가만히 있지 못하며, 잘 돌아다니며 말이 많다. 몸짓을 하면서 자기주장을 펴는 타입이고, 공격적인 행동을 잘 나타내는 인간이다. 두뇌형은 항상 신체의 여기저기가 아프다고 호소하며, 알레르기성 피부병, 만성피로, 불면증으로 고통받으며, 내향성의 기질을 갖는다.

Sheldon은 내배엽형의 체형은 내장형의 기질, 중배엽형은 신체형의 체형을, 그리고 외배엽형은 두뇌형의 기질과 밀접한 관계가 있다고 하면서, 비행소년들은 일반적으로 중배엽형이 가장 우세했고 내배엽형은 중간 정도 외배엽형은 거의 없는 것으로 나타났다고 한다.[13)]

또한 S. Gluck과 E. Gluck도 이와 같은 체형분류를 비행소년에 적용하였

13) Sheldon, Hartl and McDermott, *Varieties of Delinquent Youth*, 1949.

는데, 그들은 비행소년에는 일반소년과 비교하여 중배엽형의 특징이 우월한 자가 많고 외배엽형의 특징이 우월한 자는 적다고 하였다.

(4) 기 타

의학의 진보는 내분비선의 역할, 특히 그 중에서도 내분비선의 불완전한 기능의 효과에 학자들의 주의를 끌게 되었는데, 그것은 내분비선과 신경조직, 즉 중추신경과 말초신경간에 상호의존관계가 있다는 것을 조사해 왔기 때문이다. 내분비론자들은 뇌하수체(腦下垂體), 송과선(松果腺), 갑상선(甲狀腺), 부신(副腎), 췌장(膵臟)과 같은 내분비선의 기능장애가 정신질환을 포함하여 많은 영향을 가져온다는 것을 보여주었다.

이 연구 역시 Max Schlapp, Edward Smith, 그리고 Louis Berman 등에 의해 범죄학에 도입되었는데, 그들은 이와 같은 내분비선의 기능장애는 결정적인 범죄전도적(犯罪傳導的) 요인이라고 주장하였다. 그러나 후의 연구에서는 이들 내분비선의 기능과 범죄행동과의 의미 있는 상호관계를 증명하는 데는 실패했다.

최근에 염색체(染色體)를 하나 또는 둘을 추가로 보유하고 있는 특수한 사람이 발견되어 관심을 끌고 있다. 정상적인 남자의 세포는 어머니로부터 유전된 X염색체와 아버지로부터 유전된 Y염색체를 보유한다. 그런데 정신적인 장애를 보여주고 있는 특정인에 있어서는 추가적으로 Y염색체를, 드문 경우지만 심지어는 두 개의 Y염색체까지 추가로 발견할 수 있다고 하며, 이와 같이 추가적인 염색체를 보유한 자는 다른 유사한 성격특성과 함께 공격적 반사회적 불안정 정서적인 것을 발견할 수 있었다고 한다.

또한 이와 유사한 몇몇 연구는 불균형한 염색체군(染色體群)과 범죄 사이에 어떤 관련이 있다고 결론지었으나 그러나 그와 같은 염색체군은 매우 드물기 때문에 제출된 가정이 사실로 밝혀지더라도 실질적인 의의는 거의 없을 것이다. 나아가 그와 같은 연구에서 그 실험방법과 표본의 선택은 심한 비판을 받았기 때문에 오늘날은 추가적 염색체의 보유사실과 범죄를 관련시키는 주장은 거의 자취를 감췄다.

그 후의 많은 연구들은 정신적 특질과 신체구조의 형과의 관련성이 항상 있는 것은 아니라는 것을 증명하고 있다. 특히 Schwab와 Saza의 연구는 범죄인구에서 이들 유형이 점하는 비율은 일반인들에서 이들 유형이 점하는 비율보다 결코 많지 않다는 것을 시사하고 있다.

3. 심리학적 원인론(心理學的 原因論)

(1) 범죄심리학의 기원(起源)

범죄자의 심리에 초점을 맞추어 범죄행동을 해명하려고 하는 시도는 18세기의 말엽부터 행해졌다고 하나 '범죄심리학'이라고 하는 명칭은 이미 18세기에 사용되었다고 한다. 그러나 '범죄심리학'이라는 명칭을 붙인 저서가 출판된 것은 19세기 말부터 20세기 초에 걸쳐서이다. 그 가운데에도 C. Lombroso의 제자이자 저명한 법관이기도 하였던 R. Garofalo는 범죄심리학의 중요성을 지적하고 '자연범'(自然犯)이라는 개념을 제창하면서, 범죄를 연민(憐憫)의 정(情)과 성실(誠實)의 정(情)이라고 하는 기본적인 애타적 정조(愛他的 情操)에 대한 침해라고 이해하고, 도덕적 의식에 대한 침해야말로 범죄의 개념에서 중심적 요소를 이루는 것이라고 하였다. 이러한 Garofalo의 생각은 '도덕적 이상성설'(道德的 異常性說)로 불리고 있으며, 이는 C. R. Darwin이나 H. Spencer로부터 영향을 받은 것으로 생각된다.

동 시대의 A. Quételet나 E. Ferri가 사회물리학적인 견지로부터 범죄의 정률성(定律性)을 주장하여 자연범의 개념에 접근하였던 것에 비해, Garofalo는 도덕감정의 진화에 초점을 맞추어 자연범의 정식(定式)을 정했던 것이다. 요컨대 Garofalo는 자연범인을 애타적 정조의 결여로 특징짓고, 그 애타적 정조의 결여의 원인을 인류학적 변이성(變異性)에서 찾으며, 인류의 진화와 사회의 진화에 역행하는 낙오된 인간이 범죄자라고 생각하였다.

Garofalo는 범죄자의 심리에 있는 반윤리적 정조는 퇴화적 도태를 당한 윤리적 변질자(變質者)에 고유한 것이고, 그것은 오랜 진화의 과정에서 서서히 형성되어 온 것이라고 하였다. 이 점에서 Garofalo가 Lombroso의 영향을 받았다는 것을 짐작할 수 있으며, Garofalo 자신은 그것과 구별하고 있으나 자연범죄인은 생래적 범죄인과 같은 개념이라는 것을 알 수 있다.[14)]

이와 같이 Garofalo는 범죄의 심리학적 고찰을 출발점으로 하여 범죄의 법률학적 개념정의에 방향성을 제시하면서, 애타적 정조의 결여 정도에 따라 범죄자를 분류하고 그 대책을 수립하는 형사정책을 시도하였다. 또한 자연범의 개념을 기초로 하여 형법상의 제 문제를 검토하고, 고전학파의 도덕적 책임론을 배격하였다. 그리고 범죄자의 위험성이라고 하는 개념을 형법학에 도입

14) 藤本哲也, 앞의 책, 70면.

하였으며, 사회적응성이란 개념을 채용함으로써 형사법사상의 발전에 커다란 공헌을 하였다.

Garofalo의 이러한 사고(思考)로부터 범죄심리학적 사색의 단초를 찾을 수 있을 것이다. 물론 진정한 범죄심리학의 업적이라고 말할 수 있는 것이 나타난 것은 1930년 이후이고, 심리학적 원인론이 범죄학의 한 원류로 된 것은 S. Freud의 업적이 평가되면서이다.

(2) Freud의 정신분석학적 범죄관(精神分析學的 犯罪觀)

범죄학의 이론에서 Freud 일파의 사상체계가 갖고 있는 의미는 단순히 범죄 그것에만 주목하지 않고 범죄를 포함한 일체의 인간행동을 설명하기 위한 학설을 세우려고 한 점에 있다. 일반적으로 Freud의 정신분석이론(精神分析理論)은 D. Rapaport 이래 다음 여섯 가지의 기본적 관점으로 분류된다.

첫째, 의식(意識), 전의식(前意識), 무의식(無意識)이라고 하는 3가지의 심적 영역을 인정하고, 정신활동이 어느 영역에 작용하고 있는가를 밝히려는 국소론적 입장(局所論的 立場, topographic aspect),

둘째, 본능(本能, id), 자아(自我, ego), 초자아(超自我, super ego)라고 하는 정신구조를 고안해 내고, 그것들의 각 기능과 그것들 상호간의 역동적인 관계를 문제로 하는 구조론적 입장(構造論的 立場, structural aspect),

셋째, 모든 심적 현상에 관하여 그 배후에 심리학적인 힘 내지 무의식적인 동기가 있다고 가정하고, 심적 현상을 그들 여러 힘의 협동이나 갈등 및 통합의 표출로 파악하고자 하는 역동론적 입장(力動論的 立場, dynamic aspect),

넷째, 욕구(慾求)·충동(衝動)의 흥분량(興奮量)이나 자아의 역배치(逆配置, 억압에네르기)에서 나타나는 것처럼 모든 심적 현상을 심리적 에너지가 맡고 있다고 가정하는 경제론적 입장(經濟論的 立場, economic aspect),

다섯째, 모든 심적 현상(心的 現象)은 환경과 밀접하게 관계되어 결합하고 있다는 것으로, 쾌락원리(快樂原理)와 현실원리(現實原理)에 관한 명제를 기초하고, 다음의 정신분석학의 사회적 측면에서의 발전을 준비한 적응론적 입장(適應論的 立場, adaptational aspect),

여섯째, 모든 심적 현상이 심리적인 기원(起源)과 그 후의 발달과정을 가지고 있고, 과거의 심적 현상의 패턴은 일단은 없어진 것처럼 보여도 후에 오히려 활동적으로 될 가능성을 가지고 있다는 것으로, 정신분석인격발달론(精神分析人格發達論)을 낳은 발달론적 입장(發達論的 立場, developmental aspect)[15] 등이다.

Freud는 처음에 신경증의 연구로부터 출발하여 무의식의 세계를 탐색하기 위하여 최면암시법(催眠暗示法)으로부터 전액법(前額法)을 거쳐 자유연상법(自由聯想法)[16]을 이용하여, 꿈이나 일상생활심리의 연구에 몰두했다. 특히 자유연상법은 무의식을 의식화하는 심리학 방법으로서 그 후 Freud 정신분석학의 중심개념이 된 무의식의 세계를 탐구하는 방법론적 기초가 되었다. 또한 Freud의 이론은 흔히 범성설(汎性說)[17]이라고도 불리는 것처럼 리비도를 중시하는 것이었는데, 특히 히스테리증상이나 신경증, 강박현상 등에 성적인 것 그것도 주로 어린 시절의 것에 의한 것에서 많은 것을 발견하였다.

"억압된 관념이 성적인 것이다"라고 하는 것과 "성욕은 어린 시절부터 있다"고 하는 주장은 그 후 '성(性)의 이론에 관한 세 논문'(Drei Abhandlungen zur Sexualtheorie)에서 전개되었는데, 이 무렵부터 Freud는 자기의 이론을 체계화하는 작업을 시작하였다. 그 후 Freud는 성욕을 더욱더 중시하게 되었고 성욕으로 간주해야 할 것의 범위를 확대해 나갔다. 그리고 신경증의 원인으로서 감정적인 상처를 주었던 특정한 한 가지 사건을 고려하는 것보다 오히려 성적 요소의 역할을 중시하고자 하였던 것이다.

Freud는 이런 생각을 범죄에도 적용하여 정신적(심리적) 갈등→억압(抑壓)→상징적인 행동(象徵的 行動)으로서의 범죄라고 하는 도식(圖式)이 신경증과 같은 문제를 고찰하는 데에 채택하고 있다.

Freud의 견해 가운데 범죄와 관련성이 깊은 것은 의식, 전의식, 무의식이라고 하는 3가지의 심적 영역과 본능(id), 자아(ego), 초자아(superego)라고 하는 정신구조가 있다. 성욕 등의 원시적 욕구(이드)는 본능적이고, 쾌(快)를 추구하고 불쾌(不快)를 피하려고 하는 '쾌락의 원칙'(快樂의 原則)에 지배되고 있으며, 인격은 그 원초적 단계에서는 오로지 쾌감을 추구하는 충동체로서의 이드에 지나지 않는다고 Freud는 말한다.

물론 우리가 쾌락의 원칙에서만 생활하는 것이 불가능하기 때문에 이드는 억압될 필요가 있고 검열을 받지 않으면 안 된다. 이처럼 이드의 무의식의 동기라고 말하는 쾌감이나 파괴에의 본능은 초자아의 도덕적 억압이나 자아의

15) 馬場謙一, "ジグムント・フロイト," 「現代精神病理學のエッセンス」(萩野恒一, 相場均 監修), ぺりかん社, 1979, 16-17면.

16) 그냥 머리에 떠오르는 이미지를 자유로이 표현하게 하는 방법.

17) 무엇보다도 성적인 것을 강조하는 학설.

현실적 기능(작용)에 의해 통상 억압되어 감금되어 있으나, 쾌락추구의 욕구는 없어지는 것이 아니고 남아 있으며 꿈이나 공상으로서 방출되기도 하고, 때로는 격심한 심적 갈등의 결과로서 정신이상의 징후로 나타나기도 한다. 그러므로 예를 들면 상습범죄자는 강한 자아가 발달되지 않은 사람들이고, 적의(敵意)가 있는 공격본능을 억압할 수 없는 자들이라고 Freud는 생각한 것이다.

이와 같은 Freud의 범죄관은 다음과 같이 정리할 수 있다.

인간은 범죄적 생물로서 태어나고(性惡說), 따라서 아동은 범죄성을 완전히 보유하고 있는데, 욕구나 충동에 따르는 행동이 점차 사회와 충돌하는 것을 알게 되면서 무의식의 세계로부터 의식의 세계로 들어와 행동하게 된다. 이리하여 본능적 욕구는 억제되고 사회적 적응성이 획득되어 오이디푸스(oedipus) 복합체는 극복된다. 이것이야말로 정상인과 범죄인의 분기점이다. 이 억지중추(抑止中樞)를 인격의 사회성의 기초에 두고 이것에 의해 형성된 양심을 '초자아'(超自我, berich, superego)라고 부른다. 즉 이 초자아의 포섭 유무가 정상인과 범죄인의 차이를 결정한다는 것이다.

이와 같이 범죄인은 그의 무의식적 범죄행동에 의해 하나의 잠재적인 죄책감(罪責感, Schuldgefühl)이나 죄책망상(罪責妄想, Sündenwahn)을 해소하고, 또한 범죄행동에 의해 이것들로부터 도피하고자 노력한다. Oedipus complex가 사회적인 죄책감을 낳고 무의식적으로 그들은 이 죄책감을 피하기는커녕 역으로 범죄를 추구함으로써 형벌적 제재를 열망하는 것이다. 이것은 숙명적인 죄책감을 배설하고자 하는 무의식적인 목적행동에 다름 아니다. 즉 죄책감 내지 죄의식이 범죄행동의 원인으로 되고 있다고 보아야 하며, 따라서 범행 후에야 처음으로 죄책감이나 죄의식이 발생한 것은 아니다.

그렇기 때문에 범죄인과 신경증환자는 완전히 동일한 유형의 인간이라고 할 수 있다. 다만 범죄인은 콤플렉스를 범죄라고 하는 외적 행위로 표출하여 대상적인 방어를 하지만, 신경증은 무의식적인 충동과 이를 억제하려는 억압력(抑壓力)간에 발생하는 긴장을 내면적인 무해한 증상으로 상징화한다는 차이가 있을 뿐이다. 그러나 범죄인이나 신경증환자의 병적 행동이 모두 무의식안에서 발현된다는 점에서는 같은 것이다.[18)]

이상의 설명에서 나타나고 있는 것처럼 Freud의 범죄관에서 또 하나의 중요한 기본개념은 Öedipus complex이다. 오이디푸스 콤플렉스는 남자 어린이

18) 前田信二郎, 「增訂 刑事學原論」, 法律文化社, 1970, 126-127면.

는 어머니를 독점하고자 하는 욕구가 있고, 경쟁자로서의 아버지에 대한 증오를 품고 있다고 하는 관계를 둘러싼 정서적으로 강조된 관념군(觀念群)을 일컫는다. 이 명칭은 테베의 왕 '라이오스'의 아들인 '오이디푸스'가 모르고 자신의 아버지를 살해하고 어머니와 결혼했다고 하는 그리스 신화에서 유래한 것인데, 이 이른바 아버지에 대한 살의(殺意) 근친상간(近親相姦)의 욕구는 성장함에 따라 억압되나 때로는 성장 후에도 뿌리 깊게 남아 있는 경우가 있으며, 이것이 신경증이나 범죄 또는 비행(非行)과 같은 반사회적 행동의 원인으로 되는 것이라고 한다. 역시 여자 어린이의 경우에 이와 같은 관계를 나타내는 말로는 '엘렉트라 콤플렉스'(Electra Complex)라는 용어를 사용하며, 그 밖에 콤플렉스의 성질을 나타내는 것으로서 거세(去勢) 콤플렉스, 카인 콤플렉스(兄弟敵對感情), 다이아나 콤플렉스[19]라는 용어들이 사용된다.

Freud는 그의 후기에 이르러 생(生)의 본능 또는 에로스본능과 파괴본능 또는 죽음의 본능이란 존재를 인정하고, 생의 본능과 죽음의 본능은 순수한 형태는 아니고 항상 여러 가지의 형태로 융합하여 작용하는 것인데, 인간행동은 모두 생의 본능(Eros)과 죽음의 본능(Thanatos)과의 상호대립적 또는 결합적 작용에 다름 아니라고 한다. 그리고 죽음의 본능은 오이디푸스 콤플렉스 가운데 억압된 두 개의 범죄, 즉 부친살해와 근친상간의 무의식적 반복으로서 이 무의식의 내부에 억압된 욕구가 모든 인간의 무의식적 죄책감의 근원이라고 Freud는 생각하였다. 또한 이 같은 오이디푸스적 정신역동(精神力動)은 모든 개인에 인정되는 것이기 때문에 따라서 "인간은 모두 잠재적으로 범죄자이다" 라고 말할 수 있을 것이라고 한다.

이상과 같이 Freud의 이론에서는 범죄행동은 단순하고도 단적인 대상반응(代償反應)이며 억압된 콤플렉스가 상징적으로 분출구를 찾는 형태라고 이해된다. 즉 무의식의 마음 가운데 갈등은 죄책감과 불안감을 낳고 그 결과 죄책감을 치룬 악(惡)에 대한 선(善)의 적정한 균형을 회복하기 위하여 자신을 스스로 벌하고 싶다고 하는 생각이 발생한다는 것이다. 결과적으로 Freud에 의하면 범죄인은 붙잡혀 벌받기 위하여 범죄행동을 저지른다는 것이다.

만약 그렇다고 한다면 범죄를 저지름으로써 정신적 중압으로부터 해방된 인간에게는 형벌은 바람직한 것이지 고통은 아니라고 할 수 있을 것이다. 왜냐

19) 여자가 독립심이 강하고, 남성적 직업을 선호하며 독신이거나 결혼하더라도 남편을 여성화시키는 경우 이 콤플렉스가 존재하는 것이라고 한다.

하면 그들은 범죄와 마찬가지로 형벌도 원하고 있기 때문이다. 그러므로 형벌에는 위하적(威嚇的) 효과는 인정될 수 없을 것이고, 따라서 범죄를 방지하는 힘을 기대할 수 없을 뿐만 아니라 오히려 형벌에 범죄성을 조장하고 촉진하는 기능이 있다는 것을 인정하지 않을 수 없을 것이다. 결국 Freud의 학설에 의하면 형벌의 무용론(無用論)을 주장하게 될 것이고, 따라서 정신분석학적인 입장에서는 신경증적 범죄인에 대하여 무죄를 주장하고, 그들을 의학적 치료와 보호처분의 대상으로 고려할지언정 재판 및 행형의 대상으로는 보지 않게 될 것이다.

(3) Alexander의 신경증적 범죄자(神經症的 犯罪者)

Freud로부터 시작한 정신분석학적 관점에 의한 범죄관은 그 후 정신분석학적 인격론(人格論), 자아심리학(自我心理學), 욕구불만이나 공격성에 관한 여러 이론, 자아방위기제(自我防衛機制)에 기초한 적응이론(適應理論), 사회화 과정이나 정신발달에 관한 여러 이론으로 승계되어 독특한 범죄학 이론을 탄생시켰다.

그 가운데에서도 Freud의 후계자의 한 사람인 F. Alexander는 심적 갈등의 결과 특정사태에서는 악한 행동을 하고 다른 사태에서는 아주 양심적인 행동을 하는 범죄자의 유형을 들어 이것을 '신경증적인 행동표출범죄자'(神經症的 行動表出犯罪者, acting-out neurotic criminal)라고 칭하였다. 여기에서 Alexander가 말한 '신경증적인 행동표출범죄자'란 금지된 욕구에 기인한 강한 무의식적 죄책감이 존재하기 때문에 초자아가 스스로 처벌을 원해서 범죄를 행하려고 하는 경우라고 한다. 이와 같은 Alexander의 생각은 Freud의 '죄책감으로부터의 범죄자'에 상당하는 것이라고 말할 수 있으며, 이 경우 죄책감은 범죄의 결과는 아니고 오히려 그 동기이다. 그리고 범행 전부터의 중압적인 죄책감은 범행에 의해 의식적인 죄책감으로 전환되고 판결·처벌 등에 의해 자기파괴욕구가 충족되고 경감되는 과정을 서서히 거치는 것이다. 또한 무의식적 죄책감의 원천은 오이디푸스 콤플렉스에서 찾을 수 있다고 한다. 이와 같이 Alexander가 심적 결정론의 입장을 취함으로써 정신분석학파의 범죄관을 보다 일층 명확화하였다고 할 수 있을 것이다.

Alexander의 말처럼 신경증은 자기 스스로를 벌하는 것에 의해, 그리고 또한 범죄자는 타인을 공격하여 처벌을 받음으로써 죄책감을 진정시키고자 하는 존재라고 한다면 Alexander의 입장에서도 형벌은 의미가 없는 것으로 된다. 왜냐하면 이와 같은 경우 범죄자에 형벌을 과하는 것은 그들의 양심을 만족시킬지언정 범죄억제에는 효과가 없기 때문이다.

일반적으로 정신병질자의 다수는 무의식적 동기로부터 범죄에 빠져드는 신경증적 범죄자이고, 정신분석이 그 유일한 치료법이라고 하는 Alexander의 주장은 1930년대에 미국에서 직접요법(directive treatment)으로 불렸으며, 범죄자의 개별요법을 만들어낸 B. Karpman에 의해 실천되었다. S. Glueck and E. Glueck의 조기예측도 Alexander의 것처럼 사회학파 정신분석학자의 영향을 강하게 받고 있다고 할 수 있을 것이다.

(4) Aichhorn의 잠재적 비행성(潛在的 非行性)

Alexander의 이론과 함께 또 하나의 중요한 정신분석학파의 범죄이론으로 K. Friedlander와 A. Aichhorn의 '정신분석학적 비행자인격이론'(精神分析學的 非行者人格理論)이 있다. 이 이론을 주장하는 학자는 Freud의 정신발달의 과정과 이드, 에고, 슈퍼에고라고 하는 정신구조의 도식을 이용하여 범죄자의 성격을 해명하여 왔기 때문에 성인범죄자보다는 반사회적인 비행소년을 대상으로 하는 경우가 많다.

Aichhorn은 비행원인으로 자아 및 초자아의 발달장애를 무엇보다도 강조하였다. 비행소년의 자아는 내적 및 외적 원인에 의해 현실적응이 곤란하게 태어난 사람인데, 이것은 유아기의 인간관계에 기인하는 것이라고 한다. 즉 적절한 동일시(同一視)가 이루어지지 않았기 때문에 발생한 초자아의 발달부진은 본능적 충동의 통제를 불가능하게 하고 현실적응을 위한 기본적인 형(型)의 확립을 저해하고 있다는 것이다. 또한 잠재적 비행성격이 형성되는 것은 가정에서의 애정의 과잉으로 말미암아 건강을 소홀히 하고 쾌감자아의 욕구를 지속적으로 충족시킴으로써 현실자아의 형성을 저해하거나, 가정에서의 과도하게 엄격한 대우로 일관함으로써 연령에 상응하는 현실원리의 정착을 저해하여 쾌감자아에의 퇴행을 초래한 결과라고 한다.

또한 그는 아동은 애정을 교환하지 않으면 그의 본능적 요구를 방기(放棄)하지 않는 것이라고 한다. 만약 어린이가 보호자에게서 아주 원시적인 욕망이 제어되지 못한 채 애정만을 받는다든지 또는 바람직한 형태의 애정을 전혀 받지 못할 때는 그런 어린이들은 생애를 통하여 여전히 본능적인 인간이 된다고 한다. 애정을 주는 동시에 순응을 강요하는 보다 정상적인 가정의 어린이라면 차차 내면적인 통제를 기억하게 되고 그것에 의해 자신의 행동을 제어할 수 있다는 것이다.

Aichhorn에 의하면 그의 본능이 어떤 점에서도 억제되지 않은 채로 환경과 끊임없이 갈등을 일으키고 있는 비행자와 마음 가운데 갈등을 일으키고 있는 신경증환자와는 구별된다고 한다. 여기에서 말하는 '환경과 끊임없이 갈등을 일으키는 비행자'란 자아나 초자아의 형성 그 자체에는 큰 장애가 없고 오로지 현실문제로서 환경조건과의 사이에 갈등을 낳아 그 결과로서 범죄 또는 비행이 출현하는 자이고, '마음 가운데 끊임없이 갈등을 일으키고 있는 신경증환자'란 초자아가 형성되어 있기 때문에 자아와 이드와의 갈등이 발생하여 그 갈등의 결과로서 비행을 실현하는 자라고 말할 수 있을 것이다. Freud나 Alexander에 의해 지적된 '죄책감으로부터의 범죄'는 이 후자의 범죄자이다.

(5) Friedlander의 반사회적 성격(反社會的 性格)

K. Friedlander는 Aichhorn의 이론을 기초로 정신분석이론을 이용하여 비행요인을 기본적인 것과 부차적인 것으로 분류하였다. 여기서 말하는 기본적 요인은 Freud가 말한 오이디푸스기의 친자관계에 기인하는 정서적 요인을 지칭한다. 이 경우에서의 친자관계는 처음에는 모자의 인간관계가 문제로 되며, 생후 수년간의 친자관계가 현저히 소원했거나 왜곡된 것이고, 현실원리에 따른 자아가 형성되지 않고 자아는 본능적인 이드의 노예로 되어 정서적 요인으로부터 반사회적 성격이 형성되고 그것이 비행요인으로서 중요한 역할을 한다는 것이다.

이 Friedlander의 비행소년에서 비행발생의 준비성으로서의 '반사회적 성격'은 ① 통제되지 않은 본능적 욕구의 힘, ② 조정기능으로서의 자아활동의 미약, ③ 초자아가 확립되어 있지 않은 것 등의 3가지를 조성요소로 하고 있고, 이들 3가지는 상호 관련되어 어울려 존재하는 경우가 많다. 그러나 본질적으로는 각각 독립된 사항이라고도 할 수 있는 것으로, 실제로 이것들 가운데 어떤 것 하나가 우위에 있는 사례는 임상적으로도 많이 관찰되고 있다고 한다.

Friedlander의 이 '반사회적 성격'의 개념은 Aichhorn의 '잠재적 비행성'(potential delinquency)의 개념과 거의 같은 것으로 자아의 발달장애로 생각되며, 그 형성은 상당히 어린소년 무렵, 즉 잠재기(잠복기) 또는 사춘기 전이라고 한다. 그리고 이와 같은 성격의 형성요인은 '비행의 일차적 요인'이라고 불리고 있고 그 중요한 것은 이 시기에서 가정 내의 친자관계에 있다고 생각되고 있는 것이다. 그렇기는 하지만 이와 같은 반사회적 성격이 형성되었기 때문에 바로 비행이 발생된다고는 할 수 없고, 그 외에 '2차적 요인'이 나타나 관여함으로써 비행이 현실화된다고 설명하고 있다.

Friedlander가 말하는 일차적 요인이란 유년기의 정서, 환경적 요인, 특히 모자관계의 장애 유무이고, 이차적 요인이란 학교생활, 실업, 교우불량, 가정의 도덕성 등인데, Aichhorn에 의하면 이와 같이 형성된 비행준비성은 5-6세경에 잠재적 비행성으로 이행하고 소년기에 현실화한다고 한다.

이상과 같은 기본적인 관점으로부터 Friedlander는 인격진단에 의한 비행소년의 유형화를 시도하여, ① 기질장해(器質障害, 알코올 기타 약물중독, 뇌외상, 뇌염후유증 등)에 의한 것, ② 정신이상에 의해 자아장해를 수반하는 것, ③ 반사회적 성격형성에 의한 것 등 3가지로 분류하고, 나아가 반사회적 성격형성에 관하여는 ① 반사회적 성격형성에만 의한 것, ② 반사회적 성격의 정도는 비교적 경하나 환경에 의한 무의식정서의 압력을 강하게 받고 있는 것, ③ 반사회적 성격의 정도는 경하나 신경증적 갈등이 보이는 것, ④ 반사회적 성격과 함께 공상을 행동화하는 신경증적 장해를 수반하는 것 등으로 분류하고 있다.

또한 그는 무의식의 심적 갈등 가운데에는 ① 공상(空想) 중에 대리형성(代理形成)을 하여 만족하는 것과, ② 행동(行動) 중에 대리형성을 하여 만족하는 것이 있다고 생각하고, 전자는 신경증의 증후, 후자는 불량증후라고 하고 있다. 그리고 전자에 속하는 것, 즉 신경증의 소년들은 정상에 가까운 단순한 히스테리에 불과한 것도 있지만 강박신경증처럼 초자아가 이상적(異常的)으로 엄격하게 자기를 공격하여 고통받는 것이 많다고 생각하며, 이것에 반하여 후자에 속하는 것은 초자아의 흠결 때문에 공격성이 외부로 향하여 주위의 사람들을 고통스럽게 하는 것이라고 생각한다. 바꾸어 말하면 신경증이 된 소년들은 초자아의 발달과잉 때문에 자기를 공격하여 고통받는 것에 비하여 비행으로 치달은 소년들은 초자아의 흠결 때문에 공격성이 외부로 향하여 주위의 사람을 괴롭게 한다고 생각하는 것이다. 따라서 유아를 통제하는 어머니의 힘이 합리적인 방향으로 사용된다면 그 아동은 사회적으로 받아들일 수 있는 태도나 성격을 갖게 될 것이고, 또한 어머니에의 애정과 어머니로부터 認을 받는다는 것은 본능적 욕망의 직접적 만족보다도 큰 것이 된다는 것이 Friedlander의 기본적인 생각이다.

(6) Adler의 열등감설(劣等感說)

A. Adler는 Freud의 좋은 협력자였으나 후에 그의 성중심주의(性中心主義)를 비판하면서 Freud로부터 결별하고 독자적인 이론체계를 수립하였다. 이 Adler의 이론체계를 '개인심리학'(Individual Psychology)이라고 부른다.

Adler의 학설은 Freud처럼 심층심리학을 중심으로 하는 종적인 체계라고 하기보다도 외계에의 적응을 주로 하는 횡적인 체계라고 말할 수 있을 것이다.

Adler에 의하면 어린이는 인생의 출발에서 무력감을 가지며, 이 무력감은 ① 부적당한 취급을 받은 불행한 환경에서 자란 경우, ② 신체기관의 열등성, 즉 신체의 이상(異常)에 관하여 본인이 열등감을 갖는 경우에 강화된다고 한다. 그리고 이와 같은 경우에 어린이는 다른 사람보다도 우수하고자 하는 욕구에 의해 이것을 극복하고자 한다는 것이다. 바꾸어 말하자면 범죄자는 어린시절 ① 응석받이로 버릇 없이 자란 어린이, ② 학대받은 어린이, ③ 못생긴 어린이 중의 어느 하나에 해당하는 것으로서 범죄는 그들의 우월성에의 노력이라는 것이다. 그들은 본질적으로 겁쟁이이고, 정신병자, 신경증자와 마찬가지로 사회적 관심과 사회화가 결여됐다고 한다.

이처럼 Adler는 인간의 기본적인 욕구를 열등감의 극복 및 자기보존의 욕구라고 생각하고, '열등감과 비사교성'(dis-socialization)이라는 개념을 중심으로 하는 독자적인 범죄론을 전개하였다.

그의 주장에 의하면 인간에는 무의식 안에 열등감 콤플렉스(inferiority complex)가 내재해 있고, 그것을 극복하여 우월감을 획득하고자 하는 무의식의 동기, 즉 우월의 욕구 또는 권력에의 의지(will to power)가 있다. 즉 리비도로서의 우월의 욕구가 충족되지 않는 결과 생기는 열등감 콤플렉스의 보상에 의해 그것을 극복한다는 것으로부터 개인의 행동이 나타난다. 특히 과잉보상은 문제행동의 발생과 결합되는 것이 많기 때문에 비행은 열등감을 갖는 소년이 그것을 과도하게 보상하기 위하여 다른 사람의 주의를 자기에게 끌고자 하는 행동이라고 한다. 즉 비행을 저지름으로써 자존심을 회복하게 될 수 있기 때문이라는 것이다.

또한 그는 아동 초기에 사회적 관심이 없는 것도 문제시하였다. 사회적 관심이 결여된 자는 적절한 준비가 되어 있지 않은 상황에 직면할 때 열등감 콤플렉스를 갖는다. 이 콤플렉스의 원천은 신체적인 열등에 의해서만은 아니고, 응석받이로 자랐거나 무시당하면서 양육된 결과이다. 열등감 콤플렉스 때문에 해결할 수 없는 문제에 부딪치면 이것을 계기로 어릴 때부터 내면에 준비되어 온 경향에 따라 최초의 범죄를 행한다. 여기서 응석받이는 일하는 것이 괴롭기 때문에 다른 사람에게서 금품을 빼앗는 행위를 하게 되고, 무시당하는 환경에서 양육된 아이는 양친으로부터 얻지 못한 애정을 주위사람으로부터 얻기 위해 도둑질을 시작할 수도 있다. 심한 열등감을 느끼는 여성은 세상살이의 3가지 문제, 즉 사회적 관심, 직업, 연애와 결혼 등을 해결할 수 없다고 생각하는 자기 자신을 팔음으로써(賣春) 타인으로부터 인정받는 것, 돈을 버는 것, 개인적 우위를 얻는 것 등과 같은 문제를 해결할지도 모른다고 한다.

개인적 우월감에의 욕구가 강한 범죄자는 정복자가 되는 것을 자기의 목표로 하고, 모든 활동을 이 목표달성에 집중한다. 그는 사회적 관심의 미발달 때문에 상식으로부터 유리되고, 게임의 규칙에는 눈도 돌리지 않는다. 오로지 행동에의 충동에 자신을 맡기기 때문에 사회로서는 위험인물이 된다는 것이다.

(7) Jung의 분석심리학(分析心理學)

C. G. Jung은 Freud의 리비도(libido) 개념을 비판하고 리비도(성적 에너지)를 성적인 것에 한정하지 않고 모든 행동의 기저에 있는 심적 에너지로 생각하였다. 그는 그와 같은 생명의지(生命意志, 심적 에너지)가 향하는 방향에 따라 인간의 태도를 외향성, 내향성으로 나누어 독자적인 인격이론(유형이론)을 구성하고, 자기의 이론체계를 '분석심리학'(分析心理學, Analytical Psychology)이라고 이름 붙였다. 그가 무의식을 중시하는 것은 Freud와 마찬가지이지만, 개인적 무의식에 의하지 않은 '집단적 무의식'을 인정한 것, 즉 우리의 선조의 경험이나 자연의 힘에 대한 원시적인 해석방법이 유전되어 무의식 가운데에 존재한다고 주장한 점이 독특하다고 할 수 있다.

그는 리비도 개념의 역사적 변천을 동서고금의 신화나 민속으로부터 광범위하게 추적하고, (Freud에 있어서는 아직 명확하지 않았던) 원시시대로부터 현대인에까지 계속되어 이어온 집단적 무의식을 개인적 무의식과 구별하다. 또한 그는 Arthur Schopenhauer나 Nicolai Hartmann의 사고방식에 따라 의지(意志)의 생명력을 인정하고 이것을 '리비도'라고 불렀는데 그것은 Freud의 리비도 개념보다도 훨씬 넓은 개념이라고 할 수 있다. 또한 Jung은 리비도가 무의식으로부터 나와 의식화될 때 상징의 형태를 취한다고 하였다.

Jung의 심리학에 관하여는 외향성·내향성이라고 하는 성격분류가 유명하며, 이것은 Freud가 신경증을 '성적 외상이론'(性的 外傷理論)으로 설명하고,

Adler가 '권력의지론'(權力意志論)으로 설명한 것을 Jung이 외향성·내향성이라고 하는 '유형이론'으로 설명한 것이다.

Freud는 주위의 환경이나 사람들과의 관계에 관심을 두는 외향형의 인간이었기 때문에 그의 이론은 주위와의 관계, 특히 그 가운데서도 유아기의 양친과의 관계에 중심을 두었고, Adler는 오로지 자신의 내적인 마음의 움직임에 관심을 둔 내향형의 인간이었기 때문에 자신의 마음 내부에 숨겨 있는 '권력에의 의지' 내지는 그 반대인 '열등감'에 눈을 돌렸다고 Jung은 생각했다. Jung이 취한 이러한 외향성·내향성이라고 하는 분류는 말하자면 리비도의 방향에 의한 것이라고 생각되었다.

또한 Jung은 인간을 단순히 과거에 의해서만 설명되는 것이 아니고 주체성을 가진 것으로서 설명하며, 꿈 등도 과거의 욕망에 의한 퇴행으로 해석하기보다는 미래에 향하는 전향적인 것으로 해석을 하였다는 점에서 Freud와 다른 견해를 제시하였다고 할 수 있을 것이다. 특히 Jung은 그 신경증이론에서 한편으로는 신경증은 Freud가 역설한 성이론(性理論)으로 이해되고, 또한 치료될 수 있는 것이 있다는 것을 인정하면서, 다른 한편으로는 Adler가 역설한 권력에의 의지이론으로도 이해되고 치료될 수 있다는 것을 인정하고 있다. 그러나 Freud가 말한 것처럼 신경증의 원인이 모든 과거의 체험에 기초한 것이라면 왜 신경증이 지금 발생하지 않으면 안 되는 것인가를 설명할 수 없다고 비판하고, 그 점에서 Adler의 생각은 현재의 시점에의 예를 들면 가족 내에의 역학관계를 변경하고자 하는 목적적인 사고방식을 제공하고 있다는 점에서 평가될 수 있다고 한다.

Freud에 있어서 생명은 2가지 목표, 요컨대 리비도의 만족과 태어나기 전의 상태로의 복귀(죽음에의 복귀)를 가질 뿐이지만, Jung에 있어서는 그것은 환경을 지배하고 인간을 진보시키는 잠재력을 실현하고자 하는 다양한 목적을 갖는 것이라고 생각되고 있다. 어떻든 집합적 무의식의 현상형태를 원시유형이라 이름붙이고 이것을 생물적 본능처럼 선천적 행동양식에의 유전으로 생각하였다는 점에서 Jung의 분석심리학의 특색이 있다.

(8) Reich의 충동적 성격이론(衝動的 性格理論)

W. Reich는 기본적으로는 Freud에 동조하는, 한편 종래의 정신분석요법이 그 목표를 전적으로 증상에 두고 있는 것에 비해 증상을 낳은 배후에 있는 신경증적 반응기초에 있다는 것을 분명히 하였다는 점에서 특색이 있다. 즉

Reich는 모든 신경증의 증상에 성격론적 반응기초가 있다는 것을 분명히 하고, 개인의 성격은 한 가지의 충동이 좌절할 때 그 욕구좌절의 범위와 강도(強度), 욕구좌절을 부여한 인물의 성별 등과 같은 인자(因子)들에 의해 규정·형성되고, 이것을 통하여 그 개인에 특유한 성격반응양식이 이루어져 행해진다고 생각한 것이다. 요컨대 Reich는 이와 같은 과정에서 생기는 갈등과 방위의 반복이 자아를 변화·발달시켜 온 것으로 보고 거기에 생긴 외계에 대한 태도를 '성격의 갑옷'이라고 이름 붙였다. 구체적으로는 애정이 결핍된 일관성이 없는 양육태도 아래 형성된 충동적 성격에서는 충동긍정적(衝動肯定的)인 초자아와 충동부정적(衝動否定的)인 초자아가 날카롭게 양가감정(兩價感情, ambivalence)으로 공존하고 있고, 이것이 범죄·비행의 요인이 된다고 생각하였다. 즉 Reich에 의하면 충동억제적인 신경증적 성격에서는 충동의 단념은 자아이상(自我理想)에 대한 동일시와 함께 행해지고, 그러므로 초자아와 자아는 유기적으로 융합하여 있다. 이것에 비하여 충동적 성격의 형성과정에는 애정에 기초하지 않은 금지, 광범위한 충동만족에 대한 금지의 결여와 외상적(外傷的)인 단념이 강조된다고 하는 모순된 양육태도가 나타나고, 따라서 어린이는 날카로운 양가감정 가운데에 '자아로부터 고립된 초자아'를 형성하게 되고 여기에서 반사회적인 성격이 형성된다고 한다.

또한 Reich에 의하면 죄책감으로부터의 범죄자의 자학적(masochism) 수벌욕구(受罰欲求)는 충동적인 성격으로부터 인도된 2차적이자 경제적인 것이고, 충동성의 억제가 완전히 결여된 자는 내적 갈등은 발생시키지 않으나 현실적으로 직면하면 즉각 외계화의 갈등을 발생시키는 경우가 많은데, 이러한 유형은 통상 누범자, 매춘부에 많다고 한다. 이에 반해 Reich가 말하는 충동적 성격을 가진 자는 진단적으로는 행동화경향이 강한 신경증이고, 정신병질의 일종인 경우도 생각할 수 있다는 것이다.

이와 같은 Reich의 충동적 성격의 양육사(養育史)에 나타난 무제한의 욕구충족과 부조리한 금지라고 하는 모순은 후에 비행소년의 치료를 맡은 Aichhorn, Alexander, Friedlander 등에 의해 실증되었다.

Reich는 또한 병자가 갖는 성격에 치료적으로 깊이 들어감으로써, 병자가 나타내는 방위적·저항적인 성격의 측면 가운데 단순히 본능적인 것뿐만 아니라 병자의 성격 또는 환경으로서의 사회질서 자체의 왜곡됨도 반영하고 있다는 것을 지적했다. 또한 Freud가 공격성 또는 죽음의 본능을 일차적 충동으로 보는 것에 비해 Reich는 죽음의 본능은 물론, 본능으로서의 공격성도 부정하였다. 즉 Reich는 공격성은 욕구불만(frustration) 때문에 2차적으로 발생한 사회적 욕구이고 그것은 사회의 변혁이나 억압을 해소함으로써 감소될 수 있는 것이라고 한다.

(9) 기 타(신Freud학파)

Freud 이후 정신분석학의 분야에서는 Freud의 이론을 충실히 받아 계승한 Anna Freud나 R. Hartmann 등에 의해 정통파 정신분석으로서의 '자아심리학'(自我心理學, Ego Psychology)이 발달한 한편, Freud이론의 생물학주의에 대한 비판을 기초로 대인관계론적 · 적응론적 · 비교문화론적 입장 등의 도입에 의해 Freud의 이론을 수정하고자 하는 움직임이 일어났다. K. Horney, H. S. Sullivan, E. Fromm, F. Fromm-Reichmann 등이 그 대표적인 인물이다. 이들과 같이 Freud의 생각의 근본적 원칙을 인정하면서도 Freud의 생각을 전면적으로 받아들이려고 하지 않는 사람들을 '신Freud학파'(Neo-Freudian Psychoanalysis)라고 부른다. 그 외에도 A. Kardiner, R. Linton, J. Dollard, M. Mead 등도 신Freud학파에 속한다고 한다.

그들은 특히 오이디푸스 콤플렉스나 거세(去勢) 콤플렉스를 시대나 사회를 초월하여 존재하는 것이라고 생각하지 않으며, 특정사회의 가족에 나타나는 인간관계를 강조한다. 또한 Freud가 말하는 성(性, sex)의 발달단계도 어린이와 가족간의 인간관계를 중심으로 하여 고찰하고, 치료면에도 인간관계를 중요시하는 입장이다. 그러나 행동의 동기가 무의식적이고 정동적(情動的)이라고 생각하는 것은 Freud와 같다.[20)]

이상과 같이 Freud가 1900년 전후에 본능론적(本能論的)관 점으로부터 제창한 정신분석은 1920년대 후반부터 '자아심리학'(自我心理學)이나 '대인관계론'(對人關係論)으로 발전하였다. 근년에는 '대상관계론'(對象關係論, Object Relation Theory)이 제창되면서 M. Klein의 정신분석이론에 대한 재평가가 시도되고 있다.

Klein학파의 계통은 미국의 자아심리학이나 신Freud학파와 함께 Freud 이래의 정신분석이론의 주류를 이루고 있다. 즉 자아심리학파가 객관주의적인 적응이론의 입장으로부터 외적 현상으로서 환경의 의의를 중시한 데 비하여 Klein학파는 무의식의 세계를 깊숙이 탐구하는 Freud의 정신내면주의(精神內

20) 平尾靖, 「非行心理の探究」, 大成出版社, 1979, 125면.

界主義)를 더욱더 철저하며 순수화하고 있는 점이 특징적이다.

종래의 본능론적 정신분석이나 자아심리학에서는 개인의 인격발달을 구순기(口脣期), 항문기(肛門期), 성기기(性器期) 또는 남근기(男根期) 등 인간의 생물학적 욕구의 발달단계를 기초로 하여 이해하고 있었던 것에 비해 대상관계론에서는 자아와 그 대상과의 관계, 즉 자아에 있어서 외계의 제 대상이 어떻게 반영하고 어떠한 의미를 갖고 있는가, 그리고 그것이 자아의 발달에 수반하여 어떻게 변화하여 온 것인가라고 하는 관점에서 인격발달을 파악한다. 나아가 이 자아의 대상과의 관련된 방법을 개입시켜 신경증이나 정신병의 정신역동을 이해한 정신요법을 행한 것에 대상관계론의 본질적인 특징이 있다.[21)]

지금까지 특히 정신분석학의 입장에 의한 심리학적 원인론에 관하여 그 흐름을 개관하였으나 심리학적 원인론이 이것에 그치지 않는다는 것은 말할 필요도 없다. 정신분석학파의 이론에 대해서는,

첫째, 이 이론의 주된 난점은 변수에 해당하는 것이 과학적으로 증명될 수 없는 성질이라는 것,

둘째, 따라서 정신분석학자의 신념이나 견해도 그 연구와 마찬가지로 단지 반대론자에게 그를 신용하라고 주장하는 것에 지나지 않으며,

셋째, 이 이론의 옹호자들은 정신분석의 이론은 많은 점에서 과학적으로 근거가 없다고 주장하는 자를 정신분석하고 “비판자는 어떤 깊이 숨겨진 비밀의 정서상의 갈등을 표출하고 있는 것이고, 또한 그렇게 하지 않을 수 없는 것이어서 건설적인 비판을 하고 있는 것이 아니다”라고 하지만 이와 같은 주장에는 범죄와 범죄성에 관한 건전한 지식체계의 발전은 기대할 수 없고,

넷째, 정신분석학파는 아주 새로운 표제를 제공하였다는 점을 제외한다면 범죄자를 정의(定義)하고 처우한다는 문제에 대한 실제상의 공헌은 극히 적다는 등의 비판이 있다.

그러나 정신분석학파는 첫째, 범죄자의 감정적 요소에 빛을 비춤으로써 심오한 범죄성의 뿌리를 탐구하였다는 점,

둘째, 사회적으로 결함이 없는 사람들에 의해 범해진 갑작스러운 범죄행동을 쉽게 설명할 수 있게 하였다는 점,

셋째, 과거로부터 현재라고 하는 시간축(時間軸)에 따라 인과적으로 인격의 형성발달을 설명하고자 시도한 점,

21) 平尾靖, 같은 책, 1979, 130면.

넷째, 심적 결정론에 의해 형벌에 대신한 치료를 중시하는 것을 주장한 점 등에서 평가할 수 있을 것이다.[22)]

4. 사회학적 원인론(社會學的 原因論)

(1) 범죄사회학(犯罪社會學)의 기원(起源)

Lombroso에 의해 인류학적 기초가 만들어지고 Garofalo에 의해 도덕적 이상성이 강조된 범죄원인론의 실증적 연구는 E. Ferri에 의해 사회학적 방법론의 채택과 이론의 체계화가 시도되었다. 여기에서 범죄학분야에서의 범죄원인의 구명(究明)은 일단 완성을 보게 된 것이다.

Ferri도 Lombroso의 제자이지만 Garofalo와 다른 것은 그는 C. R. Darwin의 진화론이나 Herbert Spencer의 총합철학(總合哲學) 외에 Karl Marx의 과학적 사회주의이론도 흡수하여 자기의 이론을 완성한 점이다. Ferri는 "일정량(一定量), 일정온도(一定溫度)의 물 가운데는 일정량(一定量)의 화학물질이 용해되지만, 그 이상은 한 개의 원자도 많거나 적거나 용해하지 않는다"고 하는 화학상의 법칙에 비견하여 "범죄는 물질적 · 지리적 · 인류학적 · 사회적 인자의 총합적 산물이고 일정의 사회환경에 일정의 인적 · 물적 상태가 수반하면 범죄의 수는 일정하다"고 하는 '범죄포화의 법칙'(犯罪飽和의 法則)을 제창하였다. 이 원칙은 "사회는 범죄의 맹아(萌芽)를 함유하고 범죄를 준비한다"고 하는 A. Quételet의 견해나, "범죄는 사회를 움직이는 윤활유의 역할을 한다"고 하는 E. Durkheim의 생각과는 일맥상통하다고 할 수 있으나, 범죄자를 인류의 아종(亞種)[23)]으로 보았던 스승 Lombroso의 생각과는 이론적으로는 서로 대립하는 것이다.

이와 같은 범죄에 관한 사회학적 연구는 19세기 말부터 20세기 초에 걸쳐서 Durkheim 등에 의해 전개되고, G. Tarde의 범죄모방설이나 범죄인류학과 사회학의 유기적인 관련성 위에서 "사회환경은 범죄의 배양액이다"고 표현한 프랑스의 A. Lacassagne의 견해나, 마르크스주의의 입장에서 범죄의 원인은 자본주의체제에 있다고 생각하고 빈곤에서 범죄의 원인을 구하고자 한 W. A. Bonger의 견해들이 미국에 건너가 이른바 시카고학파가 형성됨으로써 사회학적 원인론, 즉 범죄사회학은 범죄학상 중요한 지위를 점하기에 이르렀다.

22) 藤本哲也, 앞의 책, 1996,, 87-88면.

23) 생물분류학상의 종(種)의 하위단계. 동일한 종 중에서 주로 지역적으로 일정한 차이를 가지는 집단이 인정될 때 이용된다.

이하에서는 1910년대에 전개된 사회해체론으로부터 1970년, 1980년대의 신사조인 신범죄학이론까지의 대표적인 이론들에 관하여 소개한다.

(2) 사회해체론(社會解體論, Social Disorganization Theory)

사회학적 원인론이 가장 발달한 나라는 미국이라고 하나 유럽의 범죄학이 주로 범죄와 사회사상(社會事象)의 통계적 분석에 의한 실증적 측면을 강조하여 발달하여 온 것에 비해 미국의 범죄사회학적 방법은 한결같이 사회학의 제 ㅋ 이론을 범죄에 적용하는 이론적 측면에 중점을 두면서 발달하여 왔다. 1910년대까지는 범죄학이론이 없었다고까지 하는 미국에서 사회학이론을 범죄현상에 적용한 최초의 범죄학이론으로서 등장한 것이 이 사회해체론이다.

사회해체란 사회를 구성하는 제 제도간에 부조화상태가 발생하고 사회가 그 집단 구성원에 대하여 전체로서의 존재를 확립하는 데 필요한 사회생활에 관한 행동기준으로서의 사회규범에 의한 통제력을 상실한 상태를 말하는데, 이 사회해체의 개념을 이용한 범죄발생메커니즘에 관한 설명은 다음과 같다.

첫째, 제 1 단계로서 사회해체가 상례화(常例化)되어 온 빈민가(slum)에서는 사회규범이 사회구성원으로부터 공감을 얻지 못하고, 따라서 사회의식의 분열이 나타나게 된다.

둘째, 제 2 단계로서 이와 같은 사회의 기본적 조직이 해체된 곳에서는 기존의 사회통제도 사회화도 기능을 잃어버리고 그것에 대신해야 할 통제기구도 없는 상태에 빠진다. 결국 슬럼화가 진행되고 이른바 도덕적 퇴폐현상이 보이게 되는 것은 이 무렵이다.

셋째, 제 3 단계로서는 슬럼화가 뚜렷이 진행된 상태에서는 위기감이 생기고 사기(士氣)가 상실되고, 모든 형태의 사회붕괴현상이 나타나게 될 것이다. 그 결과 여기에서는 반사회적 태도가 상례화되고 사회의 해체속도가 빨라진다. 거기에서 범죄가 발생하게 된다.

이와 같이 사회해체론을 이용하여 범죄현상을 설명하고자 시도한 학자는 C. H. Cooley, W. I. Thomas, M. A. Elliott와 F. E. Merrill, 그리고 R. E. L. Faris 등이다.

(3) 문화전달이론(文化傳達理論, Culture Transmission Theory)

사회해체이론과 거의 같은 시기에 발전해 온 문화전달이론은 한마디로 말하면 문화가 부모로부터 자식에게 전달되는 것처럼 범죄도 부모로부터 자식에로 전달된다는 이론이다. 이 이론은 C. R. Shaw나 H. O. McKay의 '도시에서의 범죄의 생태학적 연구'에서 시작하여 이른바 시카고학파의 전통적 이론으로서 E. H. Sutherland의 차등적 접촉이론이나 D. Glaser의 차등적 동일시이론에서 결실을 맺게 된다.

Shaw와 McKay는 도시의 생태학적 연구에서 ① 비행률(非行率)은 지역에 따라 현저한 차이가 있고 어떤 지역에는 연간 한 명의 소년도 체포되지 않는 반면 어떤 지역에서는 소년의 20% 이상이 체포되었다고 하는 사실이 나타난다는 것, ② 비행률은 일반적으로 도시 중심부근에서 최고를 나타내는데 중심부로부터 멀어짐에 따라 감소한다. 그리고 이와 같은 경향은 도시공업 또는 상업지구에서도 보인다는 것, ③ 퇴학률(退學率)이 높은 지역은 소년재판소의 수리건수도 많고, 성인의 county jail에의 수용도 높으며, 남자소년의 비행률이 높은 지역은 여자소년의 비행률도 높다는 것, ④ 1930년에 높은 범죄율을 보였던 지역은 1900년으로 소급해 보거나 그 동안에 그 지역주민의 구성에 변화가 있었더라도 마찬가지로 높은 범죄율을 나타냈다는 것, ⑤ 비행지대에 사는 집단의 비행률은 인구 전체의 비행률과 같고, 시 중심부근에 이르면 높고, 주변으로 감에 따라 낮아지는 경향이 있다는 것, ⑥ 높은 비행률을 나타낸 지역에 사는 비행자들은 누범자(累犯者)가 되기 쉽고, 또한 그들은 비행률이 낮은 지역에 사는 누범자보다도 법원에 출두하는 경향이 훨씬 많다는 것 등의 연구결과를 보고하고 있다.

이들의 연구결과 가운데 주목하여야 할 것은 시간의 경과에 수반하여 지역주민의 구성이 변화했음에도 불구하고 비행률이 일정하게 유지하고 있다는 사실을 밝힌 점이다. 그 점에서 범죄는 개인심리(個人心理)의 소산이라고 하는 것보다는 오히려 환경과의 함수로 간주된다는 것을 시사하는 것이고, 아울러 범죄현상을 보다 잘 이해하기 위해서는 초개인적(超個人的)인 사회적 요인에 주목하지 않으면 안 된다는 것을 시사하고 있다는 것이다. 그리고 또한 이와 같은 사실이 범죄비행성은 이들 지역에서 사회적 전통의 중핵을 구성하고 있다는 것을 암시하고, 범죄나 비행은 언어나 기타 관습이 전해져 온 것과 마찬가지로 주민들 사이에 세대(世代)를 걸쳐 이어받아 계승되어 온 것이라고 하는 가설을 제시하고 있다는 것이다. 이와 같이 비행다발지역에서는 비행을 생산하는 고유한 문화가 있고 비행문화가 전달된다고 하는 가설이 문화전달이론의 골자인 것이다.

(4) 차등적 접촉이론(差等的 接觸理論, Theory of Differential Association)

Edwin H. Sutherland가 발전시킨 이론으로 범죄학에서 가장 논란이 되는 이론 가운데 하나이다. 이 이론은 범죄학에서 생물학적인 이론과 정신분석학적 이론에 대한 부정과 사회심리학(상징적인 상호작용론)과 사회학(생태학적 연구)에 대한 Sutherland의 견해에 시카고학파가 끼친 긍정적인 영향으로부터 비롯된다.

Sutherland는 법이 용납하지 않는 행동을 하려는 유전적 또는 생래적인 소질에서 범죄의 근원을 찾으려는 당시에 유력했던 범죄학적인 경향을 전면적으로 부정했다. 또한 그의 주장에 의하면 범죄란 정서적 질환, 잠재의식적 갈등 또는 아동기 충격의 형태에서 일어난 일종의 '장애'(障碍, disturbance)의 결과가 아니다.

차등적 접촉이론은 범죄적 행동은 정상적이고 학습된 행동이며, 다른 모든 행동유형의 학습에서 나타나는 기제(機制, mechanisms)들을 범죄적 행동의 학습과정에서도 발견할 수 있다고 가정한다.

Sutherland이론의 출발점은 차등화 된 사회조직, 즉 사회의 한 부분은 법의 준수와 관련된 가치를 중심으로 조직되어 있고, 다른 부분은 범죄적 가치로 둘러싸여 조직되어 있다는 것으로부터 시작된다. 차등적 사회조직은 법규범과 관련한 문화적 갈등을 초래한다. 이와 같은 범죄적 문화는 법을 준수하는 문화와 마찬가지로 확실하며 일반적으로 알려져 있는 것보다 훨씬 광범위하게 퍼져 있다. 즉 그것은 빈민가의 건달이나 직업적인 범죄자에 한하지 않는다는 것이다. 흔히 죄수들은 그들이 현재 바깥 세상에 있는 대부분의 사람들보다 더 나쁘다고 주장하고, 또한 이를 의심하지 않고 믿는다. 그런데 기업가와 전문직업인의 부정한 거래는 그것이 논리적으로 교도소에 수감되어야 하는 범죄적 행동과 동일함에도 불구하고 글자 그대로 법을 지킨 것으로 해석될 수 있는 것이다.

문화적 갈등의 존재는 차등적 접촉과정이나 또는 개인적 범죄가 발생하는 과정을 위한 필수적 조건이다. 차등적 접촉은 학습과정을 통해 채택되는 범죄적 행동모형과 비범죄적(非犯罪的) 행동모형과의 접촉을 의미한다. 범죄적 행동 또는 비범죄적 행동의 학습은 의사소통의 과정 속에서 타인과의 상호작용을 통해 일어난다. 그와 같은 의사소통은 언어적인 것일 수도 비언어적인 것일 수도 있다.

Sutherland는 사람들이 그들의 행동모형을 이끌어내는 가장 중요한 원천으로서 직접적인 상호작용을 크게 중요시하였다. 따라서 그는 그 구성원(構成員)간 접촉의 밀착성과 지속성 때문에 가족, 또래집단, 이웃과 같은 일차집단의 중요성을 강조하였다. Sutherland에 의하면 범죄적 행동모형에 동화되는 과정에서 집단대중매체와 기타 유형의 집단들은 2차적인 역할을 한다고 한다.

그와 같은 상호작용의 과정에서 사람들은 법위반을 조장하거나 조장하지 않은 형태에 노출된다. 이들 형태는 범죄적인 행동모형과 비범죄적인 행동모형 양자를 포함하고 있다. 법위반을 조장하지 않는 모형과 비교하여 법위반을 조장하는 모형이 초과하는 경우에 법에 순응하지 않는 태도가 형성된다. Sutherland는 이와 같은 '초과현상'은 범죄적 행동모형이 양적으로 더 많은 결과이기 때문만은 아니라고 한다. 또한 초과상황으로 발전할 것인가 하는 것은 기간, 빈도 그리고 일정한 모형유형과의 과거의 접촉경험에 달려 있다. 그러나 예를 들면 빈번하지만 형식적인 범죄적 행동모형과의 접촉은 그와 같은 초과현상으로 발전되지는 않을 것이다. 또한 범죄화 과정은 오로지 한 가지 유형에만 접촉하는 것보다는 범죄적 행동과 비범죄적 행동과 번갈아 접촉하는 상호작용을 통해 이루어진다고 한다.

E. H. Sutherland가 주창한 이 차등적 접촉이론은 범죄행동을 역사적 발생적으로 설명하고자 하는 것으로 다음과 같이 정리할 수 있다.

첫째, 범죄행동은 학습된다.

둘째, 범죄행동은 커뮤니케이션의 과정에서 다른 사람들과의 상호작용 가운데 학습된다.

셋째, 범죄행동학습의 중요한 부분은 친밀한 사적 집단에서 생긴다.

넷째, 범죄행동이 학습될 때 그 학습의 내용은 때로는 대단히 복잡하거나 또한 때로는 대단히 단순한 범죄수행기술이고, 동기, 충동, 합리화, 태도 등의 특정한 방향 지움도 포함한다.

다섯째, 동기 및 충동에 관한 특정한 방향 지움은 법규범을 바람직한 것이라고 생각하는가 또는 바람직하지 않은 것이라고 생각하는가에 따라 다르게 학습된다.

여섯째, 사람은 법위반을 바람직하다고 하는 정의(定義)가 법위반을 바람직하지 않다고 하는 정의를 초과한 경우에 범죄자로 된다.

일곱째, 차등적 접촉은 빈도(頻度), 기간(期間), 순위(順位), 강도(強度)라는 점에서 각각 다르다.

열덟째, 범죄적 행동형 및 비범죄적 행동형의 접촉에 의한 범죄행동학습 과정은 다른 모든 학습에 포함된 메커니즘을 포함하고 있다.

아홉째, 범죄행동은 일반적인 욕구나 가치의 표현이지만 비범죄행동도 또한 같은 욕구나 가치의 표현이기 때문에 범죄행동은 그들의 일반적 욕구나 가치에 의해서는 설명할 수 없다.

이상 9가지의 명제가 Sutherland에 의한 범죄행동의 발생적 설명이나 Sutherland 자신이 서술한 것처럼 ⑥번 명제 "사람은 법위반을 바람직하다고 하는 정의가 법위반을 바람직하지 않다고 하는 정의를 초과한 경우에 범죄자로 된다"가 차등적 접촉이론의 근본원리이다. 쉽게 말하면 "빨강에 접촉하면 빨갛게 된다"고 하는 것이 Sutherland이론의 근본이라고 할 수 있을 것이다.

(5) 차등적 동일시이론(差等的 同一視理論, Differential Identification Theory)[24]

D. Glaser에 의해 제창된 이론으로, 사람은 자신의 범죄행동을 용납하여 왔다고 생각하는 실제의 또는 관념상의 인간에 자기 자신을 동일시하는 범위 내에서 범죄행동을 수행한다고 주장하는 이론이다. 요컨대 이 Glaser의 차등적 동일시이론은 Sutherland의 '접촉'(接觸)의 개념 대신에 '동일시'(同一視)라는 개념을 이용하여 범죄의 발생, 범죄행동과 비행행동의 분화를 보다 용이하게 설명하려는 입장이다.

좀더 구체적으로 말하자면 Glaser는 ① 문화에 접촉한다고 하는 것과 그것에 동일시한다고 하는 것은 별개의 것이고, 동일시의 개념을 받아들임으로써 범죄문화에 접촉하면서도 범죄를 행하지 않는 사람들이 있다는 것을 설명할 수 있다는 것, ② 차등적 접촉이론은 범죄일반이 아닌 특정 유형의 범죄밖에 설명할 수 없고 우연한 계기에 범죄를 전한 자에 관해서는 설명하기 곤란하나, 동일시의 개념을 이용함으로써 이러한 결점을 보완할 수 있다고 주장한다.

또한 Glaser는 차등적 동일시이론의 특징으로서 ① 차등적 동일시이론에 의해 확실하게 된 개념은 범죄학의 제 성과를 설명하는 데 가장 적절하면서도 간결한 이론 틀이라는 것, ② 차등적 동일시이론은 여러 교정기술(矯正技術)의 사회복귀효과를 바르게 평가하는 지침을 준다는 것, ③ 차등적 동일시이론은 그 역할개념에 있어 인류학자나 사회학자에 의한 집단행동의 분석과 심리학자

---

24) 이질적 동일시이론(異質的 同一視理論) 또는 분화적 동일시이론(分化的 同一視理論)이라고도 한다.

나 정신병리학자에 의한 개인의 동기 지움의 분석과 결합한 논리적 접점을 제공한다는 것 등의 3가지를 열거하고 있다.

요컨대 차등적 동일시이론의 핵심은 인간은 자신의 행동을 용인하고 지배하여 왔다고 생각되는 실제의 또는 관념상의 사람들에 대한 동일시 정도에 의해, 그리고 동일시의 대상이 되는 사람들의 종류에 의해 범죄를 수행하거나 또는 하지 않거나 하는 것이고, 범죄문화에의 단순한 접촉경험만이 아니고 접촉한 범죄문화에 어느 정도 자신을 휩쓸리게 하는가라고 하는 것이 범죄행동을 결정하는 요소가 된다고 하는 점에 있다.

(6) **문화갈등이론**(文化葛藤理論, Culture Conflict Theory)

문화갈등이론은 "범죄는 문화의 소산이다"라는 가설을 그 이론적 전제로 한다. 요컨대 사람을 법규범에 위반하는 행위로 몰아가는 것은 문화, 특히 문화적 가치규범의 갈등이라고 생각하는 것이다. 이와 같은 관점에서 범죄를 이해하고자 하는 시도는 A. Prins, Frnaz von Liszt와 G. A. von Hamel 등에서 찾아볼 수 있다. 그들은 그 의미에 약간의 차이는 있지만 '사회조직의 퇴폐'라고 하는 개념을 이용하여 범죄와 문화의 관련성을 추구하고자 시도한 것이다.

그러나 문화갈등이론의 대표적인 학자는 뭐라고 하여도 Thorsten Sellin이다. Sellin은 문화갈등을 제 1 차 문화갈등과 제 2 차 문화갈등으로 나누어 설명하고 있다. 그가 말하는 제 1 차 문화갈등이란 다른 문화체계를 갖고 이주한 이민이 새롭게 정주한 나라의 문화와 충돌하는 경우의 갈등이다. 즉 제 1 차 문화갈등이란 행위규범이 하나의 문화권으로부터 다른 문화권으로 옮겨간 경우에 일어나는 갈등을 의미하는 것이다. 이것은 이질문화의 충돌에 의한 갈등 또는 문화적 규범의 충돌로서의 문화갈등으로도 불리고 있다.

Sellin이 말하는 제 2 차 문화갈등이란 현대문화의 발전에 수반한 사회분화의 과정으로부터 생겨난 규범갈등이다. 즉 Sellin은 이질요소로부터 발생한 불통합(不統合)으로 복합적인 사회에는 규범갈등이 증대하고, 그것이 내면화함으로써 인격의 해체를 야기한다고 설명하는 것이다. 또한 이것은 동일문화 내에서의 갈등이라든가 문명발전의 부산물로서의 문화갈등으로도 불리고 있다. 요컨대 제 2 차 문화갈등은 사회가 원시적 집단으로서의 가족적 · 협동적인 문화를 갖는 사회로부터 개인적 · 경쟁적인 문화를 갖고 수많은 사회집단, 경쟁하는 여러 이익, 빈약한 개인간의 관계, 사회적 익명성(匿名性), 규범의 혼란, 비인격적인 지배기구 등의 특징을 갖는 사회에로 변천하고 있는 문화의 추이 가운데에서 범죄에 대한 해석방법을 찾아내려는 것이다. 바꾸어 말하자면 제 1 차 문화갈등이 이질문화의 충돌에 의한 갈등으로서 횡단적인 문화갈등을 파악하는 것에 비해 제 2 차 문화갈등으로 보이는 규범갈등은 역사적 · 사회발전사적인 관점으로부터 종단적(縱斷的)으로 문화갈등을 파악하고 있는 점에서 특색이 있다고 할 것이다.

이처럼 Sellin은 문화갈등이란 개념을 사용하여 "한 가지 통일적인 가치관을 갖고, 사회구성원이 서로 간에 승인하여 맞춘 공통의 규범의식을 갖는 사회에는 문화갈등문제는 일어나지 않으나, 다원적 복합적인 현대사회에서는 고유의 규범의식을 갖는 부분사회도 내포하고 있는 것이기 때문에 전체사회의 규범과 부분사회의 규범간에 갈등이 생기기 쉽고, 개인적인 범죄의 경우에 있어서도 이런 종류의 문화갈등이 내면화되고 규범갈등이 증대한다면 그것은 행위자의 인격해체를 야기하게 되고, 그 결과로서 범죄가 유발된다"고 설명하고 있다. 즉 Sellin은 범죄행동과 같은 비정상적인 행위는 단순히 집단규범의 위반에 지나지 않는다고도 말할 수 있으나, 한편 그것은 비정상적인 행동을 채택하고자 하는 문화적 요소와 결합한 인격 역동적인 표현이라고도 말할 수 있기 때문에 인격구조나 그 발전과정에 초점을 맞추어 범죄자를 비범죄자로부터 구별하는 법칙을 발견하는 것이 중요하다는 것을 시사한 것이다.[25)]

Sellin의 미국범죄학에의 공헌은 범죄원인 연구분야에 문화적 측면을 포함하여 범죄의 중요한 요소로서 사회적 환경의 차이에 기한 행위규범의 갈등이라고 하는 개념을 도입하여 이민집단(移民集團)이나 인종(人種)간의 범죄현상도 집단간의 문화적 규범의 충돌로서의 갈등으로 설명한 것이라고 할 수 있다. 그러므로 Sellin에 있어서 범죄원인론의 연구에서 중요한 것은 인격구조나 그 발전과정에 주목함으로써 범죄자와 비범죄자를 구별하는 법칙을 발견한 것에 있다고 할 수 있을 것이다.

(7) **하층계급문화이론**(下層階級文化理論, Theory of Lower Class Culture)

문화갈등이론을 기초로 '집중적 관심'(focal concerns)이라는 개념을 사용하여 하층계급에는 하층계급에 특징적인 가치와 생활양식이 존재하는 것을 인정하고, 이와 같은 하층계급에 특유한 문화적 규범에 따르는 것은 자동적으로 보다 넓은 사회의 법규범에 위반하는 것이 된다는 주장이다. 이 입장에 있는 학자로는 Walter B. Miller가 있다.

25) 藤本哲也, 같은 책, 1996, 94-95면.

Miller에 의하면 청소년조직범죄집단의 형성과 활동은 하층계급문화전통의 결과라고 한다. 그는 하층계급문화를 중산계층의 행동기준으로부터 아주 독립된 것이라고 정의했다. 하층계급문화는 거칠고 억셈(toughness), 부랑생활(street smartness), 흥분(excitement), 자립(autonomy), 고통(troubles: 고통을 만들거나 피하는 것 양자를 포함한다) 등과 같은 특징을 크게 강조하고 인정한다. 그와 같은 문화에서 최고로 인정되는 인격모형은 권투선수, 깡패(gangsters), 사기꾼이다. 그것은 특히 남성적인 사회적 역할(social role)을 지향한다. 하층계급의 가정은 여자에 의해 지배되기 때문에 조직범죄집단을 통해 남성 및 남성적 동일시의 사회적 역할을 학습하고 실천한다. 조직범죄집단은 하층계급청소년들에게 소속감과, 비록 하층계급에게는 높이 평가되지만 그들의 행동기준이 법에 반영되는 중산계층과 상류계층에게는 부정적으로 평가될 수 있는 그런 가치를 달성함으로써 더 높은 지위를 획득할 수 있다는 가능성을 제공한다는 것이다.

Miller가 지적한 것처럼 오늘의 미국사회에는 그 사회계층의 커다란 부분에 '하층계급'이라고 하는 한 가지 특징적인 문화체계를 갖는 집단이 존재한다는 것은 사회학자나 범죄학자가 모두 인정하고 있는 바이다. 또한 수많은 학문적 연구에 의해 실증된 것처럼 이 문화체계는 미국사회에서 더욱더 특징적인 것으로 되고 게다가 이 전통을 공유하고 있는 집단의 규모는 더 커져가고 있는 현상이다. 그에 의하면 "이 하층계급의 생활양식은 모든 특징적인 문화집단에 있어서와 마찬가지로 일련의 '집중적 관심' 요컨대 상당히 높은 정도의 감정적인 관계라는 것을 야기하는 경우의 영역 또는 문제에 의하여 특징짓는 것"이라고 한다. 더구나 Miller가 문제삼고 있는 특정의 제 관심은 결코 미국사회의 하층계급에만 한정된 것은 아니고 그것은 모든 사회계급을 통하여 한 가지의 특징적인 관심유형을 형성하는 것이지만, 그 순위 지움과 무게 두는 방향의 양쪽에서 미국의 중산계층의 그것과는 현저한 차이가 있다.

이와 같이 Miller는 범죄나 비행은 하층계급에 현저한 현상이라는 것을 인정한 뒤에 행동에 직접적인 영향을 준 것은 비행부문화가 아닌 하층계급이란 공동사회 그 자체이고, 오랫동안 배양된 그 공동사회에 고유한 전통과 가치라고 한다. 요컨대 Miller는 비행부문화가 어떻게 하여 창출되는가라고 하는 문제보다도 그것이 창출된 후 왜 존속하고 유지되는가라는 문제에 관심을 갖고 논리를 전개하고 있다.

이 논리를 고수할 경우 범죄나 비행은 하층계급문화에의 동조의 소산이라고 하는 것이 되고, 하층계급에 속하는 자 중에 범죄나 비행행동을 취하지 않는 자는 하층계급사회에서조차 사회적 상승의욕을 갖지 않는 자거나 또는 중산계층문화에의 동조를 지향하는 자라고 말할 수 있다. 그러므로 여기에서는 하층계급의 가치관이 비행부문화를 포함한다고 하는 것을 그 이론적 전제로 하고 있다는 것은 말할 필요조차 없다.

Miller의 이론은 문화적 측면으로부터 하층계급에 왜 범죄가 많은가라고 하는 것을 설명하고, 이 이론이 하층계급에 현저한 범죄의 발생과정을 잘 설명한 점에서 높게 평가되고 있지만, 그 이론의 특색은 범죄나 비행에 직접적으로 영향을 주는 것은 하층계급사회 그 자체이고 오랫동안 배양된 그 공동사회에 고유한 문화라고 한 점이라고 할 수 있다.

(8) 아노미이론(Anomie Theory)

R. K. Merton은 '사회구조와 아노미'(Social Structure and Anomie)라는 그이 논문에서 일탈행위는 문화적으로 규정된 목표와 그 목표를 달성하기 위하여 사회적으로 구조(構造)된 제도적 수단이 조화적으로 작용하지 않는 경우에 생긴다고 하는 이론을 제창하였다. 즉 현대사회에서는 많은 사람들에 공통한 목표가 한결같이 강조되고 있는 반면, 그 목표를 달성하기 위한 합법적인 수단을 얻는 기회는 대부분의 사람들에게는 사회구조상 제한되거나 경우에 따라서는 완전히 배제되기도 한다. 이 때문에 이와 같은 제한을 받는 사람들은 규범에 대한 정서적 공감이나 지지를 하지 않고 합법적인가 비합법적인가를 묻지 않고 목표달성을 위한 기술적 수단을 확보할 것에만 마음을 쓰게 된다. 여기에서 일탈행위의 발생원인을 찾을 수 있다고 하는 것이 Merton의 이론이다.

여기에 나타난 Merton의 사회관은 현대사회를 한결같이 훌륭한 공통의 목표를 갖고 노력과 업적이 크게 평가되는 사회라고 생각하는 한편, 제도적으로 인정되는 수단을 거의 갖지 못하는 하층계급처럼 욕구불만과 긴장을 만들어내는 사회도 있다고 한다. 그리고 이와 같은 사회관에 입각하여 왜 일탈행동의 빈도가 사회구조의 차이에 따라 다르게 되는가, 어떻게 일탈의 방법이 사회구조의 차이에 따라 그 종류나 형식을 다르게 하는가라고 하는 점을 문제로 하는 것이다.

이와 같은 문제의식 아래 Merton은 사회적 · 문화적 구조는 문화적 목표와 제도적 수단의 두 요소로부터 이루어진다고 하고, 이들 두 요소는 통상 공동하여 작용하나 양자가 반드시 항상적 관계를 갖는다고는 할 수 없다고 한다. 즉 일정한 목표에 대한 문화적 강조는 제도적 수단의 강조 정도와는 무관하게 변화한다고 생각하는 것이고, 양자의 균형상태나 그 상호관계를 문제로 하는 것이다.

이상과 같은 이론적 전제하에 Merton은 문화적 목표의 '수용'과 제도적 수단의 '거부'로 인해 발생한 기능장애상태에 적응하는 개개인의 적응유형을 ① 동조(同調) 또는 순응주의(順應主義), ② 의례주의(儀禮主義) 또는 의식주의(儀式主義), ③ 혁신(革新), ④ 도피주의(逃避主義), ⑤ 반항(反抗)의 5가지 형으로 분류하고 있다.

첫째, 동조 또는 순응주의(conformism)는 문화적으로 용인된 목표를 법적인 수단에 의해 달성하려고 한다. 이 순응주의는 사회경제적 지위의 향상이라고 하는 목표를 성공적으로 달성할 수 있는 현실적인 가능성(재정적으로나 직업적으로)을 가진 사회집단에 가장 많다.

둘째, 의식주의(ritualism)는 실패로 인하여 더 이상 욕구불만이 되지 않을 정도까지 보다 높은 지위에의 소망을 포기하거나 낮추려고 한다. 이 의식주의는 당해 행위가 종속된다고 생각하는 목표를 잃고 그 행위 자체를 가치 있는 것으로 취급하는 적응형태를 보인다.

앞의 두 가지 적응유형은 일탈행위를 유발하지 않는 것이 확실하다. 그러나 다음의 세 가지 적응유형은 그 사회적 유해성에 있어서 정도의 차이는 있으나 일탈적인 성질을 가진다.

셋째, 혁신(innovation)은 문화적 목표를 달성하기 위해 정해진 기존의 방법(수단)은 거부하면서 문화적 목표 자체는 수용한다. Merton에 의하면 이것이 가장 범죄유발적인 적응유형이라고 한다. 이 유형의 인간은 그들 사회에서 채택된 가치를 실현하나 불법적인 수단에 의한다고 한다. 혁신적인 적응은 법에 의해 행동하면 더 높은 사회적 지위를 획득할 가능성이 상대적으로 제한된 사회집단에서 특히 개연성이 높다. 보다 광범위한 진보(보다 높은 수입, 보다 좋은 교육 등)에의 기회를 차단하는 것은 그와 같은 목적을 달성하기 위한 새로운 방법을 추구하는 것으로 쉽게 전환할 수 있는 압력을 유발한다.

넷째, 도피주의(dropping out)는 사회적 압력이 되는 성취목표와 그 목표를 달성하는 수단을 모두 거부하는 것이다. 이 적응유형에 따르는 사람은 '도

피'(drop out)한다. 이런 적응유형은 범죄와 관계를 맺을 수 있는데, 그러나 이런 유형에서의 범죄는 보편적으로 수용되는 문화목표와 관련되는 것이라기보다는 우연적인 경우가 많다.

다섯째, 반항(rebellion)은 앞의 유형과 마찬가지로 현존하는 목표와 수단을 거절하면서 동시에 사회체제에 새로운 목표와 그것을 얻기 위한 새로운 수단을 적극적으로 제시한다. 이것은 문화와 사회구조의 변화, 즉 '새로운 규칙에 의한 행동'을 의미한다. 이런 적응유형을 선택하는 사람은(기존 사회체제에서 그와 같은 활동이 금지되고 있는 곳에서는) 개혁가나 혁명가 또는 정치적 범죄자라고 불린다.

이 다섯 가지 적응양식 가운데는 혁신과 도피주의가 가장 범죄와 관계가 깊은 유형이라고 할 수 있다. 어쨌든 이 아노미이론의 핵심은 문화적 목표와 제도적 수단의 간격 또는 차이를 문제로 하는 것에 있고, 특정한 사람들이—특히 하층계급에 속하는 사람들—사회구조상 불리한 입장에 처해져 있고, 따라서 일탈행위에 빠지기 쉽다고 하는 점이다. 즉 Merton은 문화구조가 요구하는 행위나 태도를 본래 평등한 제도적 수단에의 통로를 보장해야 할 사회구조가 압박을 가하여 저지하고 있는 때 아노미 상태가 발생한다고 하고 그것은 특히 하층계급에서 현저하다고 하였다.

이와 같은 Merton의 이론의 특색은 문화목표달성의 기회에 계층적 차별이 있다는 것을 지적한 점이고, 개인이 사회에 점하는 지위에 의해 성공목표를 달성하기 위한 합법적 수단이 다르다는 것을 지적한 점에 있다. Merton의 이론은 말하자면 중간계층이론(middle-range theory)으로서 기초이론에서 추상적 개념과 실증적 연구에 있어서 현실문제와의 통일적 설명원리를 동원하는 것을 목적으로 한 것이고, 그 위에 범죄행동 이외의 일상적인 일탈행동도 설명하기 위한 기초개념의 확립을 의도한 것이었다고 할 수 있을 것이다.

(9) **비행부문화이론**(非行副文化理論, Theory of Delinquent Subculture)

비행부문화에 관한 고전적인 개념은 Frederick Thrasher에 의해 주장되었다. Thrasher는 청소년조직범죄집단에 관한 그의 유명한 연구에서 조직범죄집단을 대도시에서의 사회해체에 관한 개념과 관련지었는데, 이 사회해체에 관한 개념은 지역적인 범죄확산에 관한 연구를 수행한 과학자들에 의해 사용되었다.

비행부문화(delinquent subculture)란 범죄자집단이나 비행자집단 가운데 공유하고 있는 특정의 이념, 가치관에 기초한 사고나 행동양식이고, 범죄나 비행행동이 불가결의 요소로 되고 있는 문화를 말한다.

사회해체상태는 특정 인구집단(예를 들면 소수민족이나 새로 정착한 이민들)에 의해 지배되는 지역에서 그 사회적 유대가 이완(弛緩)됨과 동시에 사회적 통제가 붕괴한 것을 의미한다. 이 사회해체상태는 '규범적 혼란'(normative chaos)을 야기하는데, 이와 같은 지역에서 생활하는 개인은 그들의 행동을 평가할 확실하게 규정된 규범이 없다. 그것은 '기존'(旣存, old)의 규범은 대도시의 새로운 환경에 더 이상 적합하지 않을 뿐만 아니라 동시에 빈민이웃과 같은 뿌리가 없고 세분화된 공동체는 새로운 규범체제와 그와 같은 체제에 적합한 사회적 통제를 발전시킬 능력이 없기 때문이다. 규범의 상대적인 결여는 법과 충돌하는 행동의 가능성을 증대시킨다.

Thrasher는 청소년조직범죄집단의 형성과 기능을 아동의 행동에 대한 충분한 사회적 통제가 결여된 결과로 보았는데(특히 부모에 의한 통제가 결여되거나 결손가정에서의 통제의 결여), 이 사회적 통제의 결여는 빈민지역에서 제한된 기회와 연결되어 자치적인 청소년 공동체, 즉 다른 말로 부문화(subculture)를 형성한다고 한다. 부문화는 가정의 결점을 보상하여 주고 빈민지역에서 다른 수단에 의해 이용할 수 없는 즐거움과 흥분을 위한 기회를 제공해 주는 대체 공동체(代替共同體, substitute community)에 해당한다.

Albert Cohen도 Thrasher와 마찬가지로 비행부문화의 존재가 하층계급 청소년의 특징이라는 데 동의한다. 그러나 그는 그 현상의 기원은 다른 어떤 곳에 있다고 믿는다. Cohen이론의 출발점은 Merton이론에 있고 그의 가설의 중심은 일반적으로 사회 내에 주된 목적에 대한 통일된 체제가 존재한다는 것에 있다.

Cohen에 의하면 하층계급 소년들은 물질적인 개선을 선호하고 학습에 의해 그리고 후에는 노동을 통해 더 높은 사회적 지위를 얻으려고 한다. 그러나 그들이 가정에서 받는 교육은 그들이 학교상황에 적응하는 것을 크게 저해한다. 그들은 미래의 성공이 가져다 줄 이익을 위하여 현재의 희열을 포기할 적절한 준비가 되어 있지 않다. 그들은 그들의 공격성을 억제하거나 사회적 미덕 또는 소유권에 대한 존중에 관하여 충분한 교육을 받지 못했다. 양육에 있어서의 이와 같은 차이가 하층계급의 소년들이 중산계층의 아이들과 비교하여 일반적으로 열등한 원인이 된다. 즉 그들은 배우지 못한데다가 학교환경에 잘 적응하지 못하는 것이다.

학습을 통해 향상할 기회를 차단당했다는 느낌은 인생에서 성공하고자 하는 소망과 결합하여 욕구불만과 공포를 낳고 이른바 반동형성(反動形成, reaction formation)에 의해 해결되는 상황을 초래한다. 이것은 중산계층의 가치를 전면적으로 전도(顚倒)하고 학교에서 장려하는 가치에 반하는 특정한 행위를 하는 것을 의미한다. 따라서 조직범죄집단 부문화는 근시안적인 쾌락주의로 특징져지고, 평가된 가치는 무용하며, 적대적이고 부정적이다. Cohen의 견해에 의하면 조직범죄집단의 형성은 그들의 소망이 차단되었다고 느끼는 청소년들에게는 집단적으로 해방감을 느끼게 하는 동기가 된다고 한다.

Albert K. Cohen은 그의 저서 '비행소년들'(Delinquent Boys)에서 이 비행부문화를 계급구조와의 관계에서 논하고, 소년비행은 압도적으로 남자노동자계급에 나타나는 현상이라는 것을 밝혔다. 즉 Cohen은 비행이 하층계급에 속하는 소년 사이에 집중되고 있는 이유로서 미국사회의 계급구조에 주목한 것이다. 이 점에서 Cohen의 비행부문화이론도 원칙적으로는 Merton의 이론과 동일한 기반 위에 있다고 말할 수 있다. 그렇기는 하지만 Cohen은 왜 많은 비행이 확실한 목적이나 이익을 갖지 않고 오히려 비공리적(非公利的)이고, 악의가 있고, 부정적인 것으로 보이는가라고 하는 것을 추구하고 있는 점에서 Merton의 이론과 상당히 다른 관점으로부터 접근하고 있다고 할 수 있을 것이다.

Cohen은 범죄비행의 발생과정에 관하여 다음과 같이 설명한다.

첫째, 먼저 미국사회에서 지배적인 가치체계는 중산계층의 사람들 간에 적용되고 있는 것이고, 그 특징은 말이 유창하고, 높은 수준을 지향하는 향상심(向上心), 성공에의 의욕, 장기적인 목표를 위한 부단한 노력을 하는 능력, 욕구충족을 연기할 수 있는 능력, 정연(整然)하고, 청순(淸純)하고, 세련(洗練)된 예의범절 등에 있다고 한다.

둘째, 그리고 이와 같은 중산계층적인 가치나 여러 가지 도덕이 지배하는 사회에서는 하층계급에 속하는 소년들은 그 사회적 지위 때문에 동일한 출발점에 설 수 없다고 하는 불만을 갖게 되고, 실제로 그들은 중산계층에 속하는 어린이들이 승리자라고 느끼고 '인생'이라고 하는 게임에서 보다 많은 실패나 굴욕을 경험하기 쉽다.

셋째, 미국문화의 특징은 사회계층이 다른 소년이 동일한 규칙하에 상호간에 지위나 승인을 얻으려고 경쟁하고 있다고 느끼게 되는 것이라고 할 수 있으나, 실제문제에서는 하층계급에 속하는 자가 불리한 입장에 있는 것이 확실하고 그렇기 때문에 하층계급에 속하는 소년이 갖는 문제의 주된 것은 지위에 대한 욕구불만이라고 할 수 있다.

넷째, 그리고 이 욕구불만상태에서 가능한 반동형성(反動形成)이 비행부문화의 창조와 그 유지이고, 이 반동형성을 통하여 중산계층적인 가치나 규범은 집합적·부문화적 해결로 바뀌게 된다는 것이다.

다섯째, 이와 같이 하층계급출신의 소년들은 중산계층의 소년들과는 이질적인 적응문제에 직면하는 것이고, 그렇기 때문에 그들에게 불이익을 가져오는 중산계층의 가치기준을 부정하고 뒤집어 엎음으로써 중산계층적인 생활방식을 경멸하는 것이다. 그들의 행동이 범죄나 비행으로서 나타나는 것은 바야흐로 이와 같은 중산계층의 가치기준에 대한 반동형성으로서이다.

요컨대 비행은 하층계급의 소년들이 처하고 있는 사회적 상황과의 관계에서 설명되지 않으면 안 된다는 것이 Cohen이론의 핵심이 될 것이다.

⑽ 차등적 기회구조이론(差等的 機會構造理論, Differential Opportunity Theory)

차등적 기회구조이론은 Richard Cloward와 Lloyd E. Ohlin에 의해 제창된 이론으로 범죄학 이론상 한 시대를 풍미한 중요한 이론의 하나이다.

Richard Cloward는 Lloyd Ohlin과 함께 Merton의 이론과 Sutherland의 이론을 종합하여 차등적 기회구조이론이라는 또 다른 비행부문화이론을 도출해 냈다. 즉 Cloward와 Ohlin은 그의 이론에서 일탈행위에 대한 구조론적인 접근에 관한 Merton의 견해와 기존 사회구조 수준에서의 비행행동모형 접근에 관한 Sutherland의 이론을 반영한 것이다.

그들은 Cohen과는 달리 청소년조직범죄집단의 비행을 중산계층의 가치에 대한 부정적인 표현이라고 생각하지 않았다. 그들에 의하면 더 높은 사회적 지위와 복지를 달성하고자 하는 목표는 모든 사회계층에 있는 특징이고, 비행부문화의 형성은 이와 같은 목표를 법의 테두리 내에서 달성할 수 없기 때문에 생기는 결과라고 한다. 즉 목표는 같으나 다른 것은 수단이라는 것이다.

비행행동모형에 접근하는 것은 모두가 같지는 않다. 문화적으로 승인된 목표를 달성하는 수단은 합법적인 수단과 비행적인 수단 모두 차등적으로 접근한다. 이런 점에서 Cloward와 Ohlin은 청소년부문화의 세 가지 유형을 구분하고 있다.

첫째, 전형적인 비행부문화는 범죄단체가 운용되고 다양한 유형의 성인범죄가 행해지고 있으며 단결이 잘 된 빈민가에서 발달한다. 비행적 행동모형이 성인에 의해 제시된 그와 같은 곳에서는 처음에는 청소년들만의 조직범죄집단의 형태에서 똘마니 취급을 받다가 종국에는 범죄단체의 정식 구성원이 되는 식으로 점차 범죄에 빠져들면서 그 곳에 동화된다. 그와 같은 환경에서는 성공을 위한 불법적인 기회가 존재하고 청소년들은 범죄를 정상적인 삶의 수단으로 취급한다.

둘째, 부실하게 결합된 지역은 구성원의 유동성과 보편적인 불안정으로 특징져지는데(Thrasher에 의하면 이런 유형은 사회해체의 특징을 갖는 지역에 가장 가깝다), 더 높은 지위를 허용하는 행동모형이 동료집단으로부터 나오기 때문에 성인에 의해 제시되는 비행행동모형에 제한적으로 접근한다. 이것은 깡패집단과 폭력·파괴행위에서 그 예를 볼 수 있는 것과 같은 갈등적 부문화를 형성할 것이다. 그와 같은 부문화는 배짱, 호전성, 물리적인 힘에 커다란 가치를 부여하고, 그리고 깡패집단 싸움에서 특별한 악평을 들은 소년들이 커다란 영예를 누린다.

셋째, 세 번째 유형의 부문화는 이른바 '낙오(落伍, drop-out)부문화'라는 것으로 합법적인 수단에 의한 성공의 기회도 갖지 못하고 앞에서 언급한 두 가지 불법적인 적응방법에서도 성공하지 못한 하층계급 청소년을 포함한다. 또한 이 방법은 그들의 도덕률에 배치된 것으로 불법적인 행동을 의식적으로 거부한 하층계급의 소년에 의해 선택될 것이다. Cloward와 Ohlin은 그것을 '이중패배자(二重敗北者, double losers)들의 부문화'라고 불렀다. 낙오부문화(落伍副文化)는 주로 약물남용과 비행적인 활동의 부문화인데 여기서는 주로 마약의 불법적인 유통에 한정된다고 한다.

이 이론은 한마디로 개인을 원칙으로 하는 합법적 기회구조의 관점에서 고찰하는 아노미 이론과 비합법적 수단에 중점을 두고 합법적 수단에의 접근을 비교적 등한시하는 시카고학파의 전통에 기초한 문화전달이론이나 차등적 접촉이론을 통합한 이론이라고 할 수 있다.

즉 Cloward와 Ohlin은 아노미 이론에서는 성공목표를 달성하기 위한 합법적 수단에 접근하는 사회구조상의 차이에 관해서는 자주 논의되고 있음에도 불구하고 성공목표에의 비합법적 수단의 이용가능성에 관하여는 전혀 논의되고 있지 않다는 점을 지적하고, 다른 한편에서 문화전달이론이나 Sutherland

의 차등적 접촉이론에서는 반대로 비합법적 수단의 측면에 중점을 두고 합법적 수단의 이용가능성에 관하여는 고려하지 않은 차이가 있다는 점을 지적한다.

이와 같은 두 개의 주요한 범죄학 이론이 갖는 결점을 고려하여 합법과 비합법이라고 하는 두 개의 기회구조와의 관계에서 일탈행위를 이해하여야 한다고 주장한 것이 Cloward와 Ohlin의 차등적 기회구조이론인 것이다. 즉 Cloward와 Ohlin은 개인을 합법적인 기회구조와 비합법적인 기회구조의 양자에 걸친 지위를 점하는 것으로 가정하고, 개인이 성공목표를 달성하고자 할 때 합법적 수단을 채택하는가 비합법적 수단을 채택하는가의 차이는 사회구조와의 관계에서 그가 어느 쪽의 수단을 확실히 얻을 지위에 있는가에 의한다는 것이다. 바꾸어 말하자면 개인이 범죄에 빠지느냐 빠지지 않느냐는 그 자가 어느 정도 비행부문화에 접촉하고 그것을 학습할 기회와 실제로 비합법적인 행위를 수행할 기회에 접근할 수 있었느냐 또는 반대로 합법적인 행동의 학습과 수행의 기회로부터 어느 정도 차단되고 있었느냐에 의해 결정된다는 것이다.

결국 이 차등적 기회구조이론의 특징은 합법적 수단에의 접근의 차이를 강조하는 아노미 이론과 비합법적인 수단에의 접근의 차이를 중시하는 시카고학파의 이론을 통합한 점이라고 할 수 있다.

⑾ **비행표류이론**(非行漂流理論, Drift Theory)

범죄나 비행을 하층계급에 특징적인 현상으로 보고, 하층계급에서 나타나는 특수한 문화—비행부문화—의 소산으로서 범죄현상을 해명하고자 하는 종래의 범죄관과는 달리, 비행소년은 그와 같은 특정한 부문화(subculture)에 지배되는 것은 아닐 뿐 아니라, 또한 끊임없이 반사회적 행위에 종사하고 있는 것은 더욱 아니며, 비행과 무비행의 생활양식의 사이를 표류하고(drift) 있는 것에 불과한 존재, 요컨대 비행자를 일반사회로부터 상대적으로밖에 자립할 수 없는 '중간적 · 표류적 존재'로서 파악하고자 하는 견해가 비행표류이론으로 1964년 David Matza에 의해 주창되었다.

Matza에 의하면 비행집단 청소년과 다른 젊은이들 간에는 아무런 기본적 차이가 없다고 한다. 또한 비행부문화현상을 하층계급에만 관련짓는 것은 옳지 않은데, 그것은 부문화에서 지배적인 가치는 오히려 여가시간에 사회 전체가 갖는 가치, 즉 쾌락에의 욕망, 모험, 스릴, 남성다움과 용기를 과시하는 것과 유사하기 때문이다. 그렇기 때문에 조직범죄집단의 규범은 사회의 행동기준에 대한 부정이라기보다는 오히려 사회의 평안에 관한 특정 행동기준을 회화(繪畵)한 것이고, 전체적인 문제는 비행청소년들이 다른 경우에는 받아들여졌을 이들 규범을 잘못된 상황에서는 마치 여가의 연장처럼 보는 것이라고 한다.

그는 모든 부문화이론뿐만 아니라 실증주의적 경향을 포함한 범죄에 대한 모든 사회학적 이론의 오류는 그들의 과도한 결정론이라고 한다. 또한 조직범죄집단의 성원이 어떻게든 해서 사람들에게 비행행위를 하도록 강요하거나 부문화의 소년들이 전통적인 사회와 항구적인 투쟁상태에 있다는 것은 사실이 아니라고 주장한다. Matza는 조직범죄집단의 비행은 다른 경우에는 준수되는 규범체계와의 일시적인 단절인데 그 단절은 비행의 방향으로 '표류'(drift)하는 결과를 낳는다고 한다. '표류'(漂流)라고 하는 형태에서 청소년비행의 현상을 규정하는 것은 결정론의 수정된 형태라고 할 수 있다.

Matza는 조직범죄집단 성원의 비행은 피할 수 없는 것도 아니고 한때 비행자들의 행위에 말려들었던 자들에게 부여된 유일한 생활방편도 아니라는 전제를 지지하며 두 가지 유형의 논거를 제시했다.

첫째, 이것은 소위 비행으로부터 벗어난다는 사실에 의해 반증된다. 앞에서 기술한 결정론적 개념에 의하면 범죄적 방편이 일단 한번 선택되면 그로부터 되돌리는 것은 불가능하다. 그러나 비행소년이 성장한 후에도 범죄적 생활을 계속하는 것은 상대적으로 소수이고 심지어는 청소년기에도 조직범죄집단의 성원을 그만두는 것이 발견된다고 하는 증거가 있다.

둘째, 사회의 안정을 해하는 것이 일시적인 경향이라는 것은 조직범죄집단의 구성원도 잘못과 옳음을 구별할 수 있고 양심의 가책을 느낀다는 사실로부터 증명된다. 범죄는 청소년이 그들의 부당한 행동을 정당화할 수 있는 방법으로 '합리화'(rationalize)할 수 있을 때만 발생한다.

이 Matza의 비행표류이론은 Cohen의 비행부문화이론을 비판함으로써 형성된 것인데, Cohen이 하층노동자계급에 속하는 비행소년의 행동은 중산계층의 가치관에의 반동형성에 근거한 것이라고 한 것에 비해, Matza는 비행소년의 행동에는 그와 같은 반동형성은 볼 수 없으며 오히려 그들은 전통적 가치관에 동조하면서도 결과적으로는 비행행동에 이르는 과정을 거치는 것이 보통이라고 생각하는 것이다.

요컨대 비행소년은 지배적 사회질서가 요구하는 것에 대한 무관심은 아니고, 자신의 행위를 내심에는 부끄럽게 여기기까지 한다고 Matza는 보는 것이고, 이 점에서 비행소년이 중산계층의 가치관을 부정하고 그들이 자신들의 비행을 옳다고 생각하는 것 같은 독자적인 행동양식이나 규범을 갖고 있으며, 그 가치체계를 기초로 하여 비행이 생겨난다고 하는 Cohen의 이론과 대립된다.

⑿ **비행중화기술이론**(非行中和技術理論, Techniques of Neutralization Theory)

Matza의 비행표류이론은 Cohen에 대한 비판으로부터 출발한 것인데, 이 이론의 기초로 된 것은 Matza가 Gresham M. Sykes와 함께 1957년 '미국사회학평론'(American Sociological Review)에 게재한 논문 '중화의 기술: 비행이론'(Techniques of Neutralization)이다. 여기서 말하는 비행중화의 기술이란 한마디로 말하면 비행은 그 비행행위를 정당화함으로써 중화된다고 하는 것이라고 할 수 있으며, 그 근저에 있는 것은 사회규범에의 동조의 요구를 어떻게 중화하느냐를 아는 것이 비행행동의 이해에 연결된다고 하는 생각이다. 즉 비행자도 전통적 가치관이나 규범의식을 내면화하고 있고, 따라서 자신들의 행동을 정당화하지 않고는 죄악감을 불식할 수 없기 때문에 자신의 내면화된 가치관이나 규범의식의 중화를 시도하는 것이다. 말하자면 비행과 그들 비행자에 내면화된 규범의식의 대립을 조정하고자 하여 전가(轉嫁)된 자기정당화방법이 비행중화의 기술이라고 하는 것이다.

Matza와 Sykes는 비행중화의 기술로서 ① 책임의 부정, ② 손해의 부정, ③ 피해자의 부정, ④ 비난자의 비난, ⑤ 보다 높은 충성에의 호소 등 5가지 유형을 열거하고 있으며, 이들 비행중화기술의 5가지 유형은 각각 그 나름대로 특징이 있는 것은 사실이지만, 전체로 보면 비행행위는 바로 그것을 어쩔 수 없었던 행위라고 이해하고 그와 같은 행위가 정당하다고는 할 수 없어도 사회적으로 수용된 것이라고 생각하고자 하는 점에서 서로 같다고 할 수 있다.

Sykes와 Matza에 의해 '중화의 기술'(techniques of neutralization)이라고 표현된 이 합리화는 다음과 같은 형태를 취한다.

1) 책임의 부정: 범죄는 발생했으나 범죄자는 "어쩔 수 없었다" 또는 "정신이 없었다"는 식으로 책임을 지지 않는다.

2) 해악의 부정: 범죄는 발생했으나 "어쨌든 그들은 보험금을 받는다" 또는 "그들은 이 손실을 감당할 수 있다"는 식으로 아무도 고통을 받지 않는다고 주장한다.

3) 피해자의 부정: 범죄는 발생했으나 "그것은 그 자신의 잘못"이라든가

"그가 그것을 요구했다"는 식으로 그 범죄에 피해자가 기여했거나 범죄를 피해자 자신이 유발했다고 주장한다.

4) 비난하는 자를 비난: 범죄는 발생했으나 "나는 불행한 아동기를 보냈다," "세상 모든 사람들도 도둑질한다," "경찰이 나를 자극했다"는 식으로 그 비난을 전적으로 사회나 당국에 돌린다.

5) 보다 높은 동기가 있었음을 주장: 범죄는 발생하였으나 "나는 내 친구를 도와주지 않을 수 없었다," "내 가족을 먹여 살리기 위해서이다"라는 등의 고상한 이유 때문에 범죄를 저질렀다고 주장한다.

중화기술에 덧붙여서 Matza는 청소년비행을 '희극적인 오류'(comedy of errors)라고 하였는데 그것은 다음과 같은 사실로부터 기인한다고 한다. 즉 모든 조직범죄집단 성원들은 다른 사람들이 그보다 더 반역적이라고 믿고, 따라서 그가 그의 지위를 잃게 된다는 두려움이라는 사실상 근거 없는 추측에 의해 반항적인 행동을 한다는 것이다. 이것은 그 자신에게 영향을 미치는 구성원 가운데 한 사람에 의해 행할 수 없는 행위를 전체로서의 조직범죄집단이 행하는 이유를 설명한다.

요컨대 Matza와 Sykes의 비행중화기술의 근본원리는 비행자와 사회와의 관련성에 대한 고찰에서 그 비유사성(非類似性)을 강조하는 종래의 전통적인 관점과는 반대로 양자의 유사성에 주목하고, 비행행동에 대한 설명은 보다 큰 사회의 문화적·전통적 제 가치가 정상적인 형태는 아니지만 비행자에게도 용납되고 있는 것이라고 이해하고 있는 점에 있다.

(13) 잠재적 가치이론(潛在的 價値理論, Theory of Subterranean Values)

비행중화기술이론과 병행해서 Matza와 Sykes의 비행행동이론을 이해하는 데 있어 또 하나의 중요한 이론은 '잠재적 가치이론'이다. Matza와 Sykes는 1961년의 '비행소년과 잠재적 가치'(Juvenile Delinquency and Subterranean Values)라는 논문에서 비행행동의 배후에 있는 가치는 유한계급(有閑階級)의 가치라고 하는 이론을 전개하고 ① 많은 비행소년의 배후에 있는 가치는 통상 진술되고 있는 만큼 일탈적인 것은 아니라는 것, ② 종래의 설명은 중산계층의 가치체계를 지나치게 단순화하고 있는 것에 문제가 있다는 것을 지적하고 있다. 즉 그는 "최근의 비행소년에 관한 설명은 비행자의 일탈에 역점을 두고 있다. 그리고 그것은 오로지 그저 비행자의 행동에 관하여 뿐만이 아니고 그들의 행위의 기초에 있는 가치와의 관련에서 되어지는 것이다. 그렇기는 하지만 비행자의 가치는 통상 묘사되고 있는 만큼 일탈하고 있는 것은 아니고, 그 잘못된 묘사가 중산계층의 가치체계에 관한 잘못된 생각에서 기인하는 것이라고 하는 주장이 있을 수 있다. 어쩌면 비행자가 갖고 있을 것이라고 생각되는 일련의 가치는 지배적인 사회의 여가활동으로 구현되고 있는 가치에 대단히 비슷하다. 청소년일반, 특히 비행소년을 최근의 유한계급의 구성원으로 보는 것이 기록되지 않은 비행이 엄청난 양에 이른다는 것, 계층구조 전반에 걸쳐 비행이 나타난다는 양 측면을 설명하는 것이 될 것이다"고 주장한다.[26)]

이처럼 비행행동의 배후에 있는 가치로서 잠재적 가치의 존재를 주장하고, 소년비행을 어떤 특정계급에 특유한 현상으로 보지 않고 공통의 사회학적 기반을 갖는 것이라고 하는 생각은 중요하다. 왜냐하면 Matza와 Sykes가 지적한 것처럼 사회는 중산계층만으로 구성되어 있는 것도 아닐 뿐만 아니라 중산계층 그 자체도 결코 질이 동등한 것은 아니기 때문이다. 잠재적 가치가 비행가치고, 그것은 또한 유한계급의 가치 혹은 일반사회의 가치와 동질의 것이라는 것을 다시 시사한 후에 이 가치의 공유야말로 비행자가 성인이 된 경우에도 이미 비행 따위는 생각하지 않을 정도의 변화를 보이는 최대의 원인일 것이라고 하는 Matza와 Sykes의 생각은 범죄학상 중요한 의미를 갖는다.

⒁ 자아개념이론(自我概念理論, Theory of Self-Concept)

Sutherland의 차등적 접촉이론에서 제시된 범죄학상 논란이 된 가장 중요한 문제는 동일한 범죄적 문화에 접촉하면서도 왜 어떤 사람은 범죄자가 되는데도 어떤 사람은 되지 않는가라는 것이었다. 이 문제에 대한 답을 위하여 심리학적 요소를 도입하면서 '접촉'에 대신하여 '동일시'의 개념을 이용한 설명을 시도한 것이 Glaser의 차등적 동일시이론이었다. 이것에 비하여 Glaser보다도 한층 심리학적 요소를 중시하면서도 종래의 연구자처럼 범죄적 문화에 접근한 자가 범죄에 빠지는 과정을 고찰하는 것이 아니고 반대로 왜 어떤 자는 범죄에 빠지지 않는 것인가라고 하는 점을 고찰한 것이 W. C. Reckless와 그 제자들이다.

W. C. Reckless, S. Dinitz and E. Murray는 1956년에 '비행에 대한 절연체(絶緣體)로서의 자아개념'(Self Concept as an Insulator against Delinquency)이라는 논문에서 비행소년을 많이 낳은 이른바 비행다발지역에서 똑같이 나쁜 환경에 있는 나쁜 영향을 받으면서도 여전히 비행에 빠지지 않는 자가 있는

26) 藤本哲也, 같은 책, 1996, 102-103면.

것은 어떠한 까닭인가라고 하는 점에 초점을 맞추어 연구를 추진하였다. 그들 연구의 주안점은 소년이 그 성장과정에서 범죄에 빠지지 않는 준법적인 자의 관습을 유지하는 원인요소는 무엇인가를 찾아내는 것에 있다. 그리고 결과적으로 Reckless 등이 발견했던 착한 소년을 비행으로부터 멀리하는 '비행절연체'(非行絶緣體, delinquency insularity)로서 가장 중요한 것은 소년들의 가족관계라는 것이다.

Reckless 등이 선발한 125명의 착한 소년의 가정은 혼인관계, 주거관계, 경제관계 등에서 안정되어 있고, 소년의 활동이나 교우관계에 있어서도 친밀한 감독하에 있다. 또한 양친은 자녀의 복지나 그들에게 준법적 태도(遵法的態度), 준법적 행태(遵法的行態)를 철저히 가르치고 있고, 이와 같은 양친에 의한 지도감독은 교우관계, 여가활동, 교외활동, 가정에의 의무이행까지 미치고 있는데, 이런 엄격한 감독에도 불구하고 자녀들은 그들의 행동이 부당하게 구속되고 있다고는 느끼지 않는다. 오히려 그들은 자신의 가정을 다른 가정보다도 좋은 가정이라고 생각하고, 양친에 대하여도 자신의 양친이 이해심 있는 부모라고 느끼고 있다.

이와 같이 Reckless 등은 착한 소년을 비행으로부터 멀리하는 주요한 요소는 가족관계에 있다고 하며, 이론적으로는 준법적 가치의 내재화(內在化)를 중요한 요소로 본다. 요컨대 Reckless 등은 비행자에게는 없는 소년들에게 내재하는 변수로서의 '긍정적인 자아개념'(positive self concept)이 소년이 비행에 빠지는 것을 방지하는 중요한 요소라는 것이다.

요약하면 Reckless 등은 자기와 타인에 대한 적절 또는 부적절한 개념의 형성이 어떻게 중요한가를 지적하고, 이 기초적인 요소에 의해 소년들이 흔히 새로운 환경이나 비행형과 대결할 때, 왜 어떤 자가 사회적으로 수용되지 않는 행동형으로 이끌어지고 다른 자는 그것으로부터 소원해지는가, 왜 어떤 자는 굴복하는데 다른 자는 굴복하지 않는가를 설명할 수 있다고 생각했다.

⒂ **견제이론**(牽制理論, Containment Theory)

1956년 이후의 연구를 통하여 Reckless가 깨달은 중요한 가설은 행위자의 자아개념 또는 행위자의 직접적인 세계 안에 일탈에 대한 분명한 구획을 긋게 되는 혹은 사회적 기대에 호응하게 하는 무엇인가의 요소가 존재하는 것은 아닌가 하는 것이었다. 이 가설은 1961년에 발표한 그의 논문 '범죄와 비행에 관한 새로운 이론'(A New Theory of Delinquency and Crime)에서 강력한 내면적인 통제와 그것을 보강하는 외부적 통제가 사회적 법적인 행위규범의 위반에 대한 하나의 절연체(絶緣體)를 형성한다는 가설로까지 발전하였는데 이것을 통상 견제이론이라고 부른다.

Reckless의 견제이론을 한마디로 설명하는 것은 곤란하지만, Reckless의 견제이론에서 중요한 개념인 '내적 견제'란 주로 자기통제, 긍정적인 자아개념, 강한 자아, 충분히 발달한 초자아, 욕구좌절에 대한 강한 인내력, 변화에 대한 저항력, 강한 책임감, 목적의 설정, 대체적 만족을 발견하는 능력, 긴장을 완화하는 합리화 등 자아의 구성요소로서 이루어진 것이다. 반면에 '외적 견제'란 그 자의 직접적인 세계에서 구조상의 완충장치와 같은 것으로 그것은 그를 경계 내에 머물게 하는 것을 가능케 하는 것으로, 행위자에의 한결같은 도덕기준의 제시, 행위자의 규범, 목표, 기대에의 제도상의 강화, 일련의 합리적인 사회적 기대의 존재, 효과적인 관리와 규율, 적당한 활동여지의 제공과 그 밖에 취할 수 있는 방법과 안전판의 제공, 승인, 동화, 귀속의 기회 등이 그 주된 것들이다.

Reckless는 이 내적 견제와 외적 견제가 균형을 유지한 발달이야말로 범죄나 비행을 행하지 않게 하는 중요한 요소라고 한다.

요컨대 Reckless의 견제이론은 규범적인 행동이 정당한 사회적 기대에의 방향 지움에 의한 것과 마찬가지로 일탈에 대한 저항에 의하여도 역시 규제될 수 있다는 것을 지적하고, 인간에는 밀고(push) 당기는(pull) 두 가지 반대되는 방향의 힘이 개인에 대하여 가해지고 있다는 것을 전제로 일탈은 그 힘의 차이가 나타내는 표출이라는 것이다.

⒃ 낙인이론(烙印理論, Labeling Theory)

낙인이론[27)]은 사회학적 범죄이론 가운데에서도 비교적 새로운 접근방법의 하나이다. 종래 1940년대부터 1950년대에 걸친 전통적 범죄학이론의 중심에 있는 것은 Merton, Talcott Parsons, Cloward, Ohlin 등을 중심으로 하는 기능주의이론으로, 범죄나 비행행위에 관한 주된 설명을 사회적·문화적 구조 안에서 구하고자 하였다. 그러나 1960년대에 이르러 민족지학적(民族誌學的) 방법에 기초한 이론이나, 현상학적 방법에 기초한 이론 또는 상징적 상호작용 이론이 대두하게 되고, 그것과 병행하여 사회적 상호작용에 중점을 둔 낙인이론이 주장되게 된 것이다. 즉 지금까지의 이론이 개인 또는 특정집단이 법을

27) 사회적 반작용이론(社會的 反作用理論) 또는 사회적 반동이론(社會的 反動理論)이라고도 한다.

위반하는 원인이 되는 이유와 조건에 중점을 둔 것인 데 비해 이 이론들은 어떻게 범죄가 발전되었는가에 대한 해답을 시도한 것이다. Edwin Lemert는 이 이론의 창시자이고 그 외에도 Howard Becker, Kai Erickson 등이 이러한 입장에 있다.

Lemert는 일탈적 행동은 사회통제를 필요로 하지도 않고 사회통제붕괴의 결과도 아니라고 주장한다. 그에 의하면 일탈행위에 책임이 있는 것은 사회통제 자체라는 것이다. 예를 들면 수많은 국가에서 동성애라든가 낙태는 한때는 형법에 지배되고 흔히 유죄선고에 의해 처벌될 수 있는 범죄로 간주되었다. 그러나 일단 반형벌적(反刑罰的)이 되면 이전에 범죄로 성립되었던 그 행동유형은 완전히 합법화된다. 이와 같은 전도(顚倒)는 합법적인 행동이 법이 바뀌면서 범죄로 됨으로써 마찬가지로 가능하다. 이것은 규범과 충돌하는 행동의 범위와 유형은 범죄자의 '악의'(bed will)에 못지 않게 특정행동유형에 대한 사회적 반응에 의해서도 영향을 받는다는 것을 의미한다.

이와 같은 일반적인 전제하에 Lemert는 일탈행동을 두 가지 범주로 분류하였는데, 즉 일차적 일탈과 이차적 일탈이 그것이다.

일차적인 일탈은 개인이 범죄를 저지를 것을 결정하는 기제(機制, mechanisms)를 의미한다. 일탈행위의 일차적인 원인에 관한 문제에서 Lemert는 절충적 접근방식을 취하였다. 그는 일탈행위는 사회적 요인, 문화와 관련된 요인, 정신적 요인 또는 지속적이거나 일시적으로 형성된 생리적 요인과 같은 다양한 요인들이 원인이라고 한다. 일차적 일탈행위의 원인을 밝히는 것은 이차적으로 중요한 문제인데, 그것은 실제로 개인의 지위와 정신구조를 변화시키고 '정상적'인 사람을 비행자로 만드는 요인은 절도, 알코올남용, 동성애관계 또는 약물남용과 같은 사실이 아니고 낙인찍는 과정(labeling process)이기 때문이다. 이 낙인찍는 과정은 당해인(當該人)을 비행의 사회적 역할로 들어가게 하는 원인이 된다.

이차적 일탈행위는 낙인이론 주창자들이 정의한 것에 의하면 일탈행위에 대한 사회적 반응의 순간과 동시에 시작된다. 범죄와 함께 이차적 일탈행위의 과정은 범죄자에 대하여 공적인 소추를 제기하도록 부추기는 순간에 시작되어 형벌을 과하는 과정에서 정점에 달한다. 당해인(當該人)이 공공연하게 범죄인, 비행자 또는 어떤 수상한 자라고 선언되는 순간이 바로 그 때이다.

다음으로는 유죄판결을 받고 복역하는 과정에서 공적으로 범죄자로 확정된 자는 머리를 짧게 자른다든지 특별한 옷을 입힌다든지 하는 등과 같은 다양한 외부적 '격하'(格下)행위에 지배된다. 일탈행위에 대한 이 모든 사회적 반응의 연쇄는 특정 개인으로 하여금 부착된 낙인에 부합되는 행위를 하게 하는 원인이 된다. 이전에 법을 잘 준수하던 소년이 우연히 소년비행자로 낙인찍히면 그 낙인 때문에 비행행위를 하기 시작한다. 알코올을 남용하는 사람이 공공연하게 알코올중독자로 평가되면 스스로를 알코올중독자에 기대되는 방법으로 반응하는 사람으로 간주하기 시작한다. 따라서 낙인찍히는 과정에 지배당하는 자는 그의 장래의 행동에 대해 오랜 영향을 미칠 부정적인 자아를 발달시킨다는 것이다.

이러한 이론적 조류는 사회심리학에 있어서의 상호작용론적인 조류와 직접 관련된다. 이 상호작용론적 조류는 특히 반영된 자아현상과 타인에 대한 소정의 반응(기대)으로부터 기인한 사회적 역할을 채택하는 현상을 강조한다. 낙인이론의 주창자들은 일탈행동을 준경력(準經歷)으로 취급하고 사회적 격하의 과정은 악순환적 효과로 보고 있다.

Lemert는 그의 연구에서 다음과 같은 단계의 일탈과정을 기술했다. 즉 일차적 일탈→사회적 처벌→일차적 일탈의 계속→보다 엄한 처벌과 배척(排斥)→처벌을 한 자에게 초점을 맞추기 시작하는 적개심과 원한에 의한 일탈의 지속→일탈이라고 낙인찍는 그 사회의 공적인 소추(형사소추)로 표현된 인내의 한계에의 도달→낙인찍음과 처벌에 대한 부정적인 반작용으로서 일탈행동의 개시→일탈적·사회적 지위에 대한 종국적인 수용과 반사회적 역할을 기반으로 하는 적응시도가 그것이다.

사회에 의해 알코올중독자, 동성연애자 또는 정신질환자와 같은 범죄자로 낙인찍힌 자는 사회에 의해 배척당한다. 더 이상 국외자(局外者)이기를 그만두고 소속하고자 하는 전형적인 인간의 욕구는 일탈경력의 마지막 단계에서 조직적인 일탈집단에 참여하는 원인이 된다. 조직적인 일탈집단에 참여하는 것은 일탈자의 경력에 많은 영향을 미친다. 일반 개인과 비교하면 먼저 일탈집단은 그들의 상황을 보다 합리화하는 경향을 보여준다. 다음으로 일탈자는 그 일탈행위에서 일어나는 곤란을 최소화하는 방법으로 일탈행위를 수행하는 것을 배운다. 그가 규범을 위반함으로써 부딪치는 모든 문제들은 이전에 다른 사람들에 의해 부딪친 것이다. 따라서 조직되고 제도화된 비행집단에 참여하고 있는 비행자는 그의 이전의 행동을 계속할 가능성이 전보다 훨씬 많다. 한편으로는 곤란을 회피하는 방법을 배우고 다른 한편으로는 일탈의 지속을 정당화하는 방법을 배운다는 것이다.

이 이론의 진수(眞髓)는 일탈자로서의 낙인을 찍는 자와 찍히는 자와의 상호작용을 중시하는 것이다. 즉 일탈행동 형성의 메커니즘을 단순히 개인의 소질이나 환경에서 찾는 것이 아니라, 일탈은 사회에 의해 만들어진다는 전제에서 다른 사람에 의한 사회적 낙인부여나 사회적 반작용이야말로 비행경력의 촉매제 역할을 하는 것이라고 하여, 낙인이 행위자의 주관적인 면에 주는 영향을 중시하는 것이다. 이 이론에서는 행위자가 사회의 구성원 혹은 사회통제기관에 의해 일탈자로서 낙인 붙여진 과정을 중시하고 이 낙인부여가 일탈행위에 미치는 영향의 중대성을 지적함으로써 일탈행동이 사회통제를 만들어내는 것이 아니라 반대로 사회통제가 일탈행동을 만들어내는 것은 아닌가라는 의문을 제시한 것이다.

이것은 지금까지의 연구방법들과는 정반대로 시각을 전환한 것이라고 할 수 있다. 즉 낙인이론에서는 지금까지의 전통적인 범죄학이론에서 행위자의 개인적 속성이나 사회적 문화적 속성을 중시하는 관점으로부터 행위자가 왜 범죄자로 정의되고 일탈자로 취급되어 온 것인가에 관한 일련의 과정과 그 정의를 한 주체와의 관계를 문제로 하는 관점으로 시각을 전환한 것이다. 이것은 바야흐로 범죄나 범죄자의 연구만을 중심으로 한 범죄원인론의 연구에 치중하였던 종래의 범죄학이 피해자라고 하는 잊혀졌던 연구대상에 초점을 맞춤으로써 '피해자학'(被害者學, Victimology)이라고 하는 새로운 연구분야를 낳은 과정과 매우 유사하다고 할 것이다.

이 낙인이론의 특징으로는 다음의 5가지를 든다.

첫째, 낙인이론은 유전적・심리학적・다원론적 범죄원인론을 배척한다.

둘째, 지금까지의 전통적 범죄학이론에서 비교적 등한시되어 온 낙인의 주체인 법집행기관의 자의성(恣意性)을 중시한다.

셋째, 일탈행위를 단순히 주어진 규칙으로부터 벗어난 행위로 보는 것에 그치지 않고 오히려 한걸음 더 나아가 규칙 그 자체의 형성근거를 문제로 한다.

넷째, 일탈행위를 행위의 낙인으로 분석하지 않고 상호작용의 낙인으로 분석한다.

다섯째, 일탈행위의 분석방법으로 공식통계에만 의존하는 것에 의문을 던지고, 자기보고나 참여관찰을 병용할 필요성을 강조한다.

다음으로 낙인이론의 범죄원인론상의 공헌에 관한 것인데, 이 이론이 전통적인 범죄학에 대한 비판을 통하여 제기한 문제점이 주목할 만하다. 즉 낙인이론은 전통적인 범죄원인론적 분석이 범죄행동의 정의에 관하여 형법과 형벌제도의 역할을 묵과하고 있다고 하는 점을 지적하고, 또한 전통적인 범죄학이 범죄자와 비범죄자의 구별을 지나치게 중시한 점을 지적한다. 요컨대 일탈이란 생물학적·심리학적 또는 사회학적인 여러 변수(變數)에 의해 결정된 것이 아니고 작용과 반작용, 반응과 역반응이라고 하는 상호작용적 동태적인 과정으로서 파악되어야 한다는 것이다.

이처럼 낙인이론에서는 종래의 전통적인 범죄학이론에서 행위자의 개인적 속성이나 사회적·문화적 속성을 중시하는 관점으로부터 행위자가 범죄자로 정의되고 일탈자로 취급되어 온 일련의 과정과 그 정의주체(定義主體)를 문제로 하는 관점으로 시각을 전환하고 있다.

낙인이론은 한편으로는 지나치게 단순화하였다는 점에서 다른 한편으로는 과도하게 강조하고 있다는 점에서 비난을 받을 수 있다. 전자로는 낙인과정이 일어난 적이 없기 때문에 비록 그들의 행위가 결코 밝혀지지는 않았지만 많은 경우에 개인들이 조직적으로 법을 위반하고 있다는 것에서 흔히 볼 수 있다. 후자로는 대다수의 사례에서 사회적 반응과 낙인찍힘이라는 사실이 개인이 지속적으로 일탈행동을 하는 것을 방지한다는 것이다.

이와 같은 제한점에도 불구하고 낙인이론은 범죄행동의 원인론적인 제 요인에 관한 전통적인 탐구를 비롯하여, 그 범죄행동에 관한 규범적인 영역 및 특정한 경우에 일탈행위에 대한 사회적 반응으로부터 일어나는 효과에 대한 견해와 범죄학적 연구를 확실히 재정립하는 계기가 되었다.

그 밖에도 낙인이론은 실질적으로 중요한 것을 시사하고 있다. 즉 낙인이론은 특정인을 사법행정기관을 통해 소추하는 것에 대한 가능한 부정적인 결과에 관하여 형사사법기관에 대해 경고함으로써 봉사하는 것이다. 이것은 그들에게 할당된 사회적 역할에 특히 쉽게 적응하기 때문에 그의 정신이 아직도 형성과정에 있는 청소년들에게 특히 적합하다. 미성년자에 대한 소추를 지나치게 서두르도록 하는 것은 그들의 사회적 지위의 격하를 방지한다기보다는 오히려 그 격하과정을 촉진시키게 될 것이다.

5. 사회주의국가에서의 범죄원인론적 가설

Marx와 Engels는 범죄의 원인을 자본주의체제의 사회적 갈등과 모순에서 찾았다. 산업화의 진보와 계급간 격차의 확대는 한편으로는 부(富)의 극치를 이룬 반면, 다른 한편으로는 빈곤의 극치를 가져왔다. Engels는 그의 '영국에 있어서의 노동자계급의 상황'(Condition of the Working Class in England)이라는 저서에서 고도의 산업화를 이룩한 서구 유럽국가에서 19세기 중반 대다수의 노동자 계급에서 나타나는 극심한 빈곤상황에 관해 기술한 바 있다.[28)]

한편 Marx는 자본주의체제의 범죄조장적인 성격을 지적하였다. 인구의 증가속도보다 더 빨리 증가하는 범죄에 관한 Adolf Quételet의 자료를 인용하여 Marx는 자본주의체제 자체가 이런 사태에 책임이 있다고 결론지었는데 그 이유는 자본주의체제는 빈곤을 근절하지 않고 부(富)를 증대시키기 때문이라는 것이다. 그러나 Marx와 Engels의 견해를 단지 경제적 결정론으로 격하하는 것은 지나치게 단순화하는 것이 될 것이다.[29)]

Marx주의의 고전이 경제적 상황에 중점을 둔 것은 주로 생산의 사회적 성격과 생산수단의 사적 소유간에 나타나는 사회적 갈등과 모순에 관한 그들의 일반이론을 예시한 것에 불과하다. 자본주의체제의 모순들은 인간관계와 개인의 심리에 반영된다. 자유경쟁, 이익획득을 위한 극심한 투쟁, 화폐에 대한 유일하고 최고의 가치부여, 이런 모든 것들은 사람의 태도와 가치, 그리고 인간활동의 동기에 반영될 수밖에 없다.

Marx주의 범죄학자의 한 사람인 William Bonger는 이것을 좀더 철저하게 이용하여 기존체제에서의 범죄를 분석하였다.

Bonger의 원인론적 개념에서의 중심용어는 이른바 '범죄의도'(犯罪意圖)와 그의 형성, 개인이 범죄의도를 충족하는 것을 방지하는 힘, 그리고 범죄를 저지르도록 하는 환경이다. Bonger에 의하면 범죄의도는 자본주의국가의 사회체제에 의해 인간의 이기적 경향을 자극한 결과이다. 이기적 경향은 생산력의 발달과 생산관계에서 일어나는 변화와 함께 사회에서 자각된다.[30)]

---

28) Friedrich Engels, *Die Lage der arbeitenden Klasse in England,* Berlin: Dietz, 1947.

29) George B. Vold, *Theoretical Criminology,* New York: Oxford University Press, 1958, pp. 159-183.

30) William A. Bonger, *Criminality and Economic Conditions,* Boston: Little Brown, 1961, p. 401.

선사시대 원시공동체 또는 다른 용어로 원시공산주의에서는 사람들은 이타주의적 동기(利他主義的 動機)에 의해 지배되었다. 이것은 단순한 재생산에 기초한 그 시절의 생산관계가 생존을 위해 사회를 통합하고 공동으로 행동할 필요가 있었기 때문이다. 사람들은 상대방을 향해 서로 호의와 신뢰, 그리고 우정을 가졌고, 공통의 선을 위해 그들 자신의 이익을 포기했다. 그러나 생산자가 그 자신이 필요한 것보다도 더 많이 체계적으로 생산할 수 있을 정도로 생산이 증대된 순간, 그리고 분업에 의해 생산자가 그가 스스로 생산할 수 없는 물건과 그의 잉여생산물과 교환할 수 있게 된 순간부터 사람은 그가 더 이상 그들이 필요한 것을 그의 동료에게 제공하지 않고 그 자신의 생산물을 스스로 보유할 수 있고 그 잉여생산물을 교환할 수 있다는 확신을 갖게 된다. 생산관계가 이전처럼 인간의 사회적 본능에 기울지 아니하고 대립하기 시작한 것이 바로 이 때이다.[31] 이렇게 하여 계급분화, 경쟁, 그리고 생산수단의 사적 소유는 인간욕구의 개인화와 이기적인 경향을 증대시키는 원인이 되었다. 소유에 대한 전반적인 욕망, 탐욕, 타인을 무시하는 것, 이것은 자본주의 사회관계의 특징인데, 이 모든 것들이 범죄적 의도의 형성과 수행을 위한 비옥한 토양으로 기능한다.

이기주의, 빈곤, 그리고 당해 범죄의 유형간의 관련을 상세하게 분류하고자 한 것은 아니었으나 Bonger는 자본주의의 도덕적 분위기는 자본가의 범죄에 역시 책임이 있다고 하였다. 그는 가난한 자의 범죄를 주로 경제적 압력에 의한 것으로 설명한 반면, 자본가들의 범죄는 주로 탐욕에 의한 것이라고 주장했다. 또한 탐욕은 오늘날의 우리 사회의 모든 계층에서 강한 동기를 형성하고 있으며, 특히 그것은 경제생활에서 그가 차지하는 위치가 가져다 주는 결과로서 자본가와 관련된다고 한다.[32] 부(富)의 소유는 자본가들을 만족시키지 못한다. 더 많은 부를 향한 욕망은 자본가들을 범죄의 길로 인도한다.

Bonger의 사상은 계급과 구조요소 외에 또 다른 요소에 주목하는데, 그 때문에 그 이론은 매우 절충적이 된다. 예를 들면 Bonger는 범죄의 또 다른 원인으로 하층계급과 알코올중독자의 문화와 교육의 결핍을 똑같이 중요시한다.

구 소련의 범죄학에서는 범죄원인론에 관하여 특징적인 발전을 해 왔다.

31) Ian Taylor, Paul Walton and Jock Young, *The New Criminology: For a Social Theory of Deviance*, London: Routledge and Kegan Paul, 1973, p. 226.

32) William A. Bonger, *Criminality and Economic Conditions*, Bloomington, London: Indiana Univirsity Press, 1969, p. 138.

혁명 후의 첫 단계에서는 많은 신Lombroso 이론의 주창자들이 있었다. 이것은 아마도 Marx 고전에 대한 문헌적 해석을 적용하는 그 시절의 학자들이 사회체제의 변화와 함께 범죄가 생산되는 구조적 이유가 상실되었기 때문에 범죄의 근원을 개인의 생물학적 및 정신적 구조에서 찾으려 했기 때문일 것이다. 그 외에 Enrico Ferri의 이론도 이 시절에 크게 평판을 받았다.

1930년대는 구 소련의 범죄학이론의 전반적인 쇠퇴와 함께 '잔재이론'(殘滓理論, relict theory)이 전체적으로 우세한 시대였다. 잔재이론은 여러 가지 해석이 있는데 한마디로 요약하면 사회주의 국가에서 범죄의 유일한 원인은 인간정신에 있는 과거의 잔재라는 것이다. 사회주의 범죄학자들은 이들 요인(과거의 잔재들)을 모든 범죄행동에 적용할 수 있는 여러 가지 범죄원인 가운데 하나로 인정하였다. 사회주의 사회의 발전은 그의 대변동과 모순이 없이는 조화로운 과정이 아니라고 하는 Marx주의적 접근을 취하면서 사회주의 범죄학자들은 개인 갈등의 이유를 한정된 사회분위기에서 찾으려고 한 것이다.[33]

구 소련의 범죄학은 사회주의 사회에서의 범죄의 역동적인 수준과 원인, 그것을 연구하는 방법, 그것을 방지하는 수단과 방법에 관한 과학이라고 정의되고 있다.

사회주의 범죄학자들은 사회현상에 관한 장(場)에 생물학적 개념을 적용하는 것이 불가능하기 때문에 범죄의 생물학적 또는 생물심리학적 성질을 받아들이지 않는다. 이것은 사회주의 범죄학자들이 범죄자의 인격을 고려하지 않았다는 것을 의미하는 것이 아니다. 범죄의 원인으로서 생물학적 요인을 부정하면서 사회주의 범죄학자들은 개인행동을 설명하고자 할 때 사회적 환경요인과 상호작용하는 내적 조건으로서 개인의 생리학상 및 정신적 특성을 고려할 것을 요구한다.

구 소련의 범죄학은 인격에 접근하는 방법에서 자본주의 범죄학과 전혀 다르다. 즉 구 소련 범죄학에서는 인격을 범죄적 행동의 어떤 특성 또는 경향에 귀속될 수 있는 개인으로 취급하지 않거나, 또는 마치 인간에 특유한 '범죄의 내적인 원인'(internal causes of criminality)으로 취급되는 생리학적 및 정신적 특징의 복합체로 보지 않는다. 오히려 구 소련의 범죄학은 사회와 사람들 사이

33) Vladimir Zvirbul and Aleksy Shlapochnikov, "Osostoyaniiy perspectivakh razvitiya sovietskoy criminologii"(On the state and perspectives of developing Soviet criminology), *Socyalististisheskaya Zakonnost,* 1976, No. 8; Brunon Holyst, *Comparative Criminology,* Lexington Books, D. C. Health and Company, Lexington, Massachusetts Toronto, 1979, p. 47.

에서 생활하고 자연과 사회, 그리고 사람들에게 작용하며 그것들로부터 반응(feed back)을 받는 사회구성원의 인격을 연구한다는 것이다. 구 소련 범죄학자들은 사회적 생활조건에 의한 범죄의 영향력을 강조한다. 유전적 연구와 같은 자연과학적 연구의 결과는 개인의 범죄행동에 관한 연구에서 일반적으로는 이용되지 않는다.

저명한 구 소련 범죄학자의 한 사람인 쿠드라브쵸프(V. N. Kudriavtsev)는 법률위반의 배후에 있는 이유를 연구하는 것은 사회학 · 심리학 · 철학 그리고 법의 일반적인 이론이라는 관점으로부터 분석이 필요하다는 것을 강조한다. 그는 법위반의 배후에 있는 이유를 분석하는 것은 단지 범죄적 행동에 한하는 것이 아니고 법과 상반되는 모든 유형의 행동을 고려하여야 하다고 주장한다.[34)]

구 동독 범죄학자들의 견해에 의하면 사회주의범죄학은 범죄현상이 사회적 조건 그 자체에서 나타나는 고유한 특성이 아니고 사람을 착취하는 체제가 가지는 특성이라고 보고 있다. 사회주의체제에서는 범죄는 이전의 사회체제로부터 물려받아 아직도 여전히 사회주의사회에 남아 있으며 사회주의와의 충돌하는 제 요인들의 표현이거나 또는 새로운 체제를 건설하면서 저질러진 과오가 낳은 과도적인 현상으로 취급된다.[35)]

이와 같은 입장의 사회주의국가의 범죄학자들로서는 구소련의 쿠드라브쵸프(V. N. Kudriavtsev), 사하로프(A. B. Sakharov), 코간(V. M. Kogan), 그리고 폴란드의 레넬(Leszek Lernell), 바피아(Jerzy Bafia), 포토고레츠키(Adam Podgo'recki) 등이 있다.

6. 신범죄학이론(新犯罪學理論, Theory of New Criminology)

1960년대 초에 미국과 영국에서 범죄를 Marx주의 또는 유사 Marx주의(quasi-Marxist)적인 토대 위에서 분석하는 새로운 비판적 또는 급진적인 범죄학의 조류가 싹텄다. 영국의 Ian Taylor, Paul Walton, Jock Young, William J. Chambliss와 같은 범죄학자들이 그들로 1970년대에 이르러 대표적인 범죄학이론의 하나가 되었는데, 미국의 Gresham M. Sykes에 의해 명명(命名)된 비판범죄학(Critical Criminology), 그리고 A. M. Platt를 대표자로 하는 급진적 범죄학(Radical Criminology)이론이 모두 이 범주에 속한다.

34) Vladimir N. Kudriavtsev, *Przyczyny naruszen prawa*(Causes behind law violations), Polish translstion, Warsaw: Wydawnictwo Prawnicze, 1978.

35) Erich Buchholtz et al., *Sozialistische Kriminologie*, Berkin: Staatsverlag der DDR, 1971.

신범죄학은 그 성질에 있어 실증주의적이고 교정주의를 지향하는 이전의 이론적인 제 범죄학들과는 거리를 둔다. 즉 실증주의, Durkheim의 이론, 초기 범죄사회학, 낙인이론, 자연주의와 현상학, Marx, Engels, Bonger의 견해, 신투쟁학파의 이론 등을 비판함으로써 보다 완전한 '범죄의 사회학이론'을 수립하고자 한 것이다.

여기에서 말하는 범죄의 사회학이론은 일탈행동의 보다 광범한 기원이나 직접적인 기원에 관하여 충분히 고려하고, 실제행동을 사회동태성이란 견지에서 음미하며, 사회적 반작용의 직접적인 기원이나 일탈적 반작용의 보다 광범위한 기원에 관해서도 검토한다. 또한 일탈자의 장래의 행동에 대한 사회적 반작용의 결과를 고려함으로써 전체로서의 일탈과정의 본질을 적절히 설명할 수 있는 이론이라고 한다. 그리고 이 이론에서는 '범죄의 정치경제성'과 '범죄의 사회심리성'이 중시된다.

이 학파의 주창자들은 법률이 반영하는 것은 그 가치, 목표, 그리고 행동모형을 피지배계층에 초점을 맞추는 법령의 권위에 의해 상승된 지배계급의 의사라는 전제하에 범죄에 대한 전통적인 법적 개념에 의문을 제시한다. 신범죄학은 사회 전체 내에 주된 목표, 규범 및 가치와 같은 합의가 있고 그것이 법에 반영된다는 관념에 기초한 사회합의모형을 부정한다. 그와 같은 모형에서는 '일탈자'(逸脫者, deviant)는 행동에 있어서 사람들과는 전혀 다른 개인이고, 일탈행위는 흔히 개인에 작용하는 우연적인 외부요인으로 취급된다.

이 이론은 개인이 그의 일탈행위에 대해 아주 적게 영향을 미치거나 또는 전혀 영향을 미치지 않으며, 일탈행위는 개인 자신의 통제밖에 있다는 것을 인정한다. 실무적인 영역에서 그와 같은 일탈행위의 정의를 논리적으로 추구한 것이 '교정적'(corrective) 또는 '치료적'(therapeutic)인 모델이다. 개인이 일반적으로 승인된 기준으로부터 행동을 일탈시킨다는 사실에도 불구하고 사회체제가 우수하고, 법이 만인에 대하여 공정하고 평등하기 때문에 그 개인은 그가 다시 조화롭고 갈등 없는 사회의 정식 성원이 될 수 있도록 '재사회화'(resocialization), '재교육'(reeducation), '처우'(treatment)를 필요로 한다고 비판한다.

신범죄학의 주창자들은 실증주의 범죄학자들이 의문을 표시한 '자유의사'(free will)를 그들의 이론에 반영했다. 그들은 범죄적인 행동은 결코 외부적 영향의 산물이 아니고 여러 가지 대안 가운데서 계획적으로 선택한 행위라고 한다. 따라서 절도는 불충분한 사회화의 결과나 또는 잠재의식화 된 갈등의 표현으로 해석하는 것이 아니고 자본주의 체제의 불공정성에 대한 일종의 반항 내지는 항의로 해석한다. 이들이 생각하는 자본주의체제에서는 법률이 있음에도 불구하고 외면상으로만 평등하지 경제적인 측면에서나 의사결정을 위한 기회가 평등하게 부여되지 않는다.

신범죄학은 '범죄적인 개인'(criminal individuals)이라는 용어보다도 '범죄적인 사회체제'(criminal social system)라는 용어를 쓴다. 그것은 그 학파들에 의해 제기된 프로그램이 범죄현상을 제한하기 위한 주요 조건으로서 자본주의 사회체제가 총체적으로 변화해야 한다고 하는 것을 기초로 하고 있기 때문이다.

Sykes의 비판범죄학[36]은 역사적인 관점에서 범죄학의 동향에 관한 분석을 시도한 것이다. 이 비판범죄학은 개인에 초점을 둔 범죄원인론에 대하여 깊은 회의를 나타내고 범죄를 취급하는 제 기관의 활동배후에 있는 진실한 동기를 탐색하는 것에 연구의 초점을 돌리고자 하였다. 또한 형법의 정당성 자체를 의문시하였으며, 공식적인 범죄통계의 신뢰성에 의문을 표시하고 암수의 존재를 인식하는 것이 중요하다고 역설하였다.

급진적 범죄학이론은 캘리포니아대학에서 생겨난 이론으로 그 대표자인 Platt는 현재 미국에서 대세를 점하고 있는 것이 리버럴리즘(liberalism)의 견지에 의한 범죄학이라고 지적하고 급진적 범죄학의 필요성을 제창하였다. 일반적으로 리버럴한 범죄학자는 정치적으로 조직된 권위 있는 여러 기관에 의해 정해진 범죄의 정의를 무조건으로 받아들이는 경향이 있으며, 리버럴한 범죄학의 중심이 되는 이념은 개혁주의(reformism)에 있다고 하는 점을 비판한다. 또한 리버럴한 범죄학이 거시적(巨視的)인 이론구성이나 역사적 분석을 중시하지 않는 점이나, 행동주의 · 실용주의(pragmatism), 사회공학을 강조하고 있는 점 또는 냉소주의(cynicism)와 정열의 결여라고 한 점을 들고, 리버럴한 범죄학자는 마구잡이로 난해한 언어를 사용하여 실용주의적인 해결방법이나 개선주의를 강조할 뿐이고 사건의 본질을 파악하기 위한 역사적 고찰이나 경제적 조건의 분석을 게을리하고 있다고 지적한다.

---

36) 비판범죄학이라고 하는 경우 Sykes가 설명한 비판범죄학과 신범죄학의 주창자인 Taylor, Walton, Young에 의해 편집된 저서 '비판적 범죄학'(Critical Criminology)을 지칭하는 경우도 있으나, 후자의 경우는 영국의 신범죄학론자와 미국의 급진적 범죄학론자와의 합작이기 때문에 보통 비판범죄학이라고 하는 경우는 Sykes의 비판범죄학을 지칭하는 경우가 많다.

실증주의 범죄학에 대하여 급진적 범죄학자들이 흔히 제기하고 있는 반론은 실증주의 범죄학자들이 표면상으로는 정치적으로 무관심한 것과 실증주의 범죄학이 취하고자 하는 과학적으로 중립적인 자세와 관련된다. 결론적으로 이 자세는 기존의 불공정한 사회적 관계를 묵시적으로 시인(그리고 나아가 형사사법 또는 입법의 부분적인 개혁을 제안함으로써 '개선'을)하게 된다.

실증주의자들과는 달리 급진적 범죄학자들은 정치적인 문제와 아주 밀접하게 관계되어 있고, 그들의 일탈현상에 대한 분석은 Marx주의자의 계급적인 입장으로부터 이루어지고 있다. 고찰의 출발점도 범죄인에서 당해 행위를 범죄로 규정하는 법규범(법형성 및 적용과정과 좀더 넓은 사회적·경제적 상황에서의 그것의 계급적 배경)과 범죄개념 그 자체로 옮겨갔다. 신범죄학의 주창자들은 실증주의 범죄학자들에 비해 훨씬 넓은 범죄개념을 가진다. 예를 들면 Hermann and Julia Schwedinger는 인종주의나 성차별 같은 특정 유형의 집단적 행위나 제국주의, 경제적 착취, 침략전쟁 등과 같은 국가에 의해 수행된 행위를 범죄로 인정하고자 하였다.

신범죄학적 접근에서는 범죄는 개인적 안전의 권리, 종족, 성, 경제적 평등의 권리 등의 기본적 인권을 해치는 것으로 정의되어야 하며 이들 권리가 형법규정에 의해 보호되는지의 여부는 상관하지 않는다.

그러나 신범죄학은 아직 그 이론이 통일되지 않았다. 심지어 신범죄학의 주창자들은 기본적인 문제에서까지 주장이 각기 서로 다르다. '급진적'인 자들에 의해 제시된 요구와 개념의 어떤 것은 매우 순수하고, 그들이 중점을 두는 이론과 조사의 관심은 전통적인 범죄학 분야와 완전히 차이가 있다.[37] 이와 같은 이의에도 불구하고 신범죄학의 조류는 세밀한 주목을 받을 가치가 있다. 그것은 특히 자본주의 국가들에서 입법과 법적용의 메커니즘을 설명하는 데 있어서 아주 독창적인 것이 될 수 있기 때문이다.

37) 이 차이는 신범죄학파가 '정치적 범죄학'이라고 불릴 정도로 커다란 차이가 있다.

제 3 편

형 벌 론

제 1 장

형벌의 본질

형벌은 범죄행위에 대한 사회윤리적 비난이요, 국가의 공식적인 제재수단이다. 형벌은 범죄행위에 대한 사회윤리적 비난이기 때문에 범죄인으로부터 통상의 자유 또는 권리를 박탈하거나 감소시키는 작용을 한다. 이를 통하여 형벌은 사회일반인의 법익보호와 범죄인 자신의 사회복귀를 도모하는 것을 목적으로 삼는다.[1)]

따라서 형벌은 첫째, 이미 발생된 형법위반행위에 대한 국가의 사후적 대응이다. 따라서 오로지 미래의 범죄행위에 대한 예방적 조치를 목표로 하는 것은 형벌일 수 없다.

둘째, 형법규범침해행위에 대한 반작용이다. 따라서 충돌·파괴된 법을 공적으로 확인하고 선언하는 기능을 갖는다.

셋째, 범죄행위에 대한 법공동체의 비난 또는 불승인을 내포하는 개념이다. 따라서 이와 같은 범죄적 행위에 대해 다른 교육적 목적에서 긍정적 반응을 보여준다면 그것은 형벌의 개념에 포함될 수 없다.

넷째, 범죄인에게는 그의 자유 · 재산 또는 사회적 지위나 명예 등과 같은 권리영역에 대한 국가적 침해행위라는 의미를 갖는다. 따라서 형벌이 범죄자의 사회적 · 재산적 또는 인격적 지위에 유리하게 작용하도록 계획된다면 역시 형벌의 개념을 벗어난 것이 된다. 비록 그 결과가 이를테면 개과천선과 같은 범죄인의 개선으로 나타나 형벌이 본래 의도한 목표의 하나를 충족시킨다고 할지라도 그것은 본래적 의미의 형벌이라고 볼 수 없다.

다섯째, 국가의 공적 제재수단이라는 점에서 언제나 공형벌(公刑罰)만을 뜻한다. 따라서 사형(私刑, lynch)이나 특정한 사회집단의 내부에서만 규범력을 갖는 징계, 그리고 민사적인 손해배상의무의 부과 같은 것들은 형벌의 개념에 포함되지 않는다.

1) 金日秀 · 서보학, 「새로쓴 형법총론」, 博英社, 2004, 17면.

여섯째, 국가권력에 의해 예정된 강제다. 따라서 범죄인에게 선택이나 회피의 기회를 줄 수 없다. 이렇게 강제적이라는 점에서 교육적 복지적 시혜(施惠)와 구분된다.

이와 같은 형벌의 침해적 성격 때문에 그 정당성(좀더 구체적으로는 형벌자체의 정당성과 형벌부과의 정당성)과 한계가 또한 문제된다. 형벌의 자체적 또는 본질적 정당성 문제는 부과대상 및 근거에 관한 문제, 즉 누구에게 왜 형벌이 부과되어야 하는가라는 문제이고, 형벌부과의 정당성에 관한 문제는 형벌의 정도(程度)에 관한 문제로 귀결된다. 이것들은 곧 형벌목적 및 그 대상과 한계에 관한 문제이기도 하다.

제 1 절 형벌의 목적

형벌의 목적을 파악하는 일은 곧 형벌의 의미 또는 본질을 파악하는 것이 된다. 왜냐하면 현실과 밀접한 관련성을 가지는 형벌이라는 법적 수단은 그의 목적과 동떨어진 본질을 갖고 있는 것이 아니라, 도리어 이러한 본질이 우리가 달성하려고 하는 목적에 의해 규정되는 것이기 때문이다.[2] 즉 형벌의 의미는 형벌의 사회적인 현실목적을 달성하는 데 있는 것이다.

이와 같은 형벌의 의미와 목적을 파악하고자 하는 논의가 바로 형벌이론(Straftheorie)이다. 나아가 형벌이론은 현행 형벌의 학문적 정당성을 찾거나[3] 또는 더욱 인간적인 새로운 형벌을 찾아내기 위한 미래지향적인 논의이기도 하다. 그런 점에서 형벌이론은 형법을 이상적·합목적적으로 발전시키기 위한 필수적 전제라고도 할 수 있다.

형벌의 의미에 관한 논쟁은 고대 희랍철학에서부터 찾아볼 수 있다고 한다. 이 형벌이론은 일반적으로 절대설(絶對說, Die absolute Theorie)과 상대설(相對說, Die relative Theorie), 그리고 절충설(折衷說, Die Vereinigungstheorie)이 있다.

---

2) Vgl. A. Mergen, "Die soziale Zweckmäßigkeit in der mordernen Kriminalpolitik," in: *Rittler Festschrift*, 1957, S. 21.

3) 이것을 배종대 교수는 '형벌의 모순성을 해명하고 정당화시키는 작업'이라고 하고 있다. 裵鍾大, "刑罰의 意味," 「月刊考試」, 1990. 11, 67면.

(1) 절대설(絶對說)

형벌을 유책(有責)한 범죄행위에 대한 응보(應報, Vergeltung)라고 보는 입장이다.[4] 이런 관점에서 응보설이라고도 하며, 형벌을 절대적 정의의 요구로 보는 정의설(正義說), 속죄의 형태로 보는 속죄설(贖罪說)[5] 등이 모두 절대설에 속한다. 이 이론은 형벌을 원인적으로 설명하기보다는 형벌의 정당화만을 강조한다. 다시 말하자면 일정한 목적 추구와 관련해서 형벌을 과하는 것이 아니고 범죄자에게 고통을 주는 그 자체로서 형벌의 목적과 가치가 있다는 것이다(형벌의 자기목적성 및 가치중립성).

Kant는 형벌을 그것이 추구하려는 목적과 절연시켜 단지 정의의 요구에서만 그 근거를 찾으려고 하였다. 즉 형벌은 탈리오의 법칙(lex Talionis)처럼 범죄에 대해 그와 동일한 다른 해악을 가지고 응보를 하는 것이라고 보았다. Kant에게는 형벌은 일종의 정언명령(定言命令, kategorischer Imperativ)이었다. 따라서 형벌은 책임응보에서만 그 의미를 발견할 수 있는 것이다. 이 점에 관해 그는 그의 저술 '도덕형이상학'(道德形而上學, Metaphysik der Sitten)에서 다음과 같이 서술하고 있다.[6]

> 법관의 형벌은 결코 범죄자 자신을 위해서건 시민사회를 위해서건 어떤 다른 선(善)을 조장하기 위한 단순한 수단일 수 없다. 도리어 그것은 언제나 범죄자가 죄를 범하였기 때문에 그에게 과하여지는 것이어야 한다. 형법은 일종의 정언명령이다. 공이론(公理論)이 형벌관념 속에 뱀처럼 기어 들어와 정언명령을 형벌에서 벗어나게 하거나, 마치 "전체 백성이 죽는 것보다 한 사람이 죽는 것이 나을 것이다"고 한 바리세인의 말에 좇아 그 정도를 완화하려는 시도에 대해 경계·방어할지어다! 왜냐하면 정의가 몰락한다면 인간은 더 이상 이 땅위에 살 가치가 없기 때문이다.

---

4) "현자(賢者)는 죄를 지었기 때문이 아니라 장래에 더 이상 죄를 짓지 않도록 하기 위해서 처벌한다"(memo prudens punit, quia peccatum est, sed ne peccetur)라고 하는 Seneca의 말이 상대설을 대변하고 있다면, 절대설은 '바로 죄를 저질렀다는 점'(quia peccatum est)에서 형벌을 이해한다. 金日秀·서보학, 앞의 책, 719면.

5) 흔히 속죄와 응보는 같은 의미로 사용되고 있지만 엄밀히 말하면 양자는 차이가 있다. 즉 응보는 범인이 자신이 저지른 악행으로 말미암아 수동적으로 수인(受忍)하지 않으면 안 되는 가해인 반면, 속죄는 범인 자신의 능동적이고 윤리적인 노력을 통해 그의 진정한 자아 및 사회에 대해 죄를 뉘우치고 내면으로부터 우러나오는 화해(Versöhnung)를 의미한다. 이에 관한 자세한 문헌은 P. Bockelmann, *Schuld und Sühne,* 1952, S. 8; ders., *Vom Sinn der Strafe,* 1961, S. 38; G. Stratenwerth, *Schuld und Sühne,* 1958, S. 337ff.; Arth Kaufmann, *Das Schuldprinzip,* 2. Aufl., S. 272: Eb. Schmidthäuser, *Vom Sinn der Strafe,* 2. Aufl., S. 50 등이 있다.

6) I. Kant, Metaphysik der Sitten, Werkausgabe: in 12 *Bänden des Suhlkamf,* Ver. hrsg. von W. Weischedel, 1797, S. 453.

Kant 형벌이론의 '절대성'은 이른바 그의 '섬의 비유'(Insel-Beispiel)에서 더욱 분명하게 나타난다.[7)]

> "시민사회가 그 구성원의 합의에 의해 해체된다고 하더라도(예컨대 한 섬에 거주하는 백성들이 그 섬을 버리고 다른 세상으로 흩어지기로 결의한 경우처럼) 감옥에 마지막으로 남아 있는 살인자만은 사전에 처형하고 떠나야 한다. 그렇게 함으로써 사람들은 범죄행위의 대가가 어떤 것인지를 체험하게 되고, 살인의 책임은 다른 사람이 아닌 바로 살인자 자신이 져야 하는 것임을 깨닫게 된다. 만일 처형하지 않고 떠날 경우 그 사람들은 정의에 대한 공공연한 침해를 방조한 결과가 될 것이다."

F. Hegel 또한 Kant와 마찬가지로 형벌의 목적 추구사상을 비판하면서 절대설을 주장했다. 즉 그는 형벌을 변증법적 발전과정에 도입시켜 여기에 절대적 성격을 부여한 것이다. 그리하여 보편의지(普遍意志)로서의 범죄는 부정(否定)이며 형벌은 이 부정에 대한 부정이라는 것이다. 이것은 범죄가 형벌에 의해 상쇄되고 부정되고 속죄되는 것을 의미한다.[8)]

> "절대적이면서도 또 타당한 법을 침해한 범죄는 그 자체가 무효이다. 이 무효성은 범죄효과의 당연한 결과이다. 그러나 무효인 이 범죄는 자기 스스로 무효임을 선언하여야 한다. 다시 말하면 법을 침해하는 범죄가 이제는 자기 스스로 침해될 수 있다는 것을 보여주어야 한다. 범죄행위는 형벌을 부정해야 할 긍정적인 것을 가지고 있는 것은 아니다. 범죄는 부정적인 것이고 형벌은 이 부정을 다시 부정할 뿐이다. 진정한 법은 이러한 범죄의 침해를 파기시켜야 한다. 그렇게 함으로써 법의 타당성을 보여주고 아울러 법이 분쟁의 필수적인 조정자임을 보여주어야 한다."[9)]

그러나 Hegel은 Kant와는 달리 정당한 형벌은 탈리오의 법칙에 의해 결정되는 것이 아니라 범죄와 형벌의 등가성에서 결정된다고 보았다. 즉 "범죄의 지양(止揚)은 개념상 침해의 침해이다. 현실적으로 범죄가 일정한 질적·양적 범위를 갖고, 이 범죄의 부정도 마찬가지의 범위를 갖는다는 점에서 재응보(再應報, Wiedervergeltung)이다. 그러나 재응보라는 개념 위에 기초하고 있는 이러한 일체성은 침해라는 특수한 성격상으로 동일한 것을 의미하지 않고 도리어 가치상으로 동일한 것을 뜻한다"[10)]고 하여 범죄와 형벌의 가치적 동일성으로부터 형벌의 정당성을 찾았다.

---

7) *ebd.*, S. 455.

8) F. Hegel, *Grundlinien der Philosophie des Rechts*, 1821, § 104 Zusatz.

9) *ebenda*, § 97 Zusatz.

10) *ebenda*, § 101 Zusatz.

이처럼 형벌의 본질 또는 목적을 응보로 보면서 그 내용을 책임상쇄(責任相殺)에 의한 정의실현으로 보는 절대설은 그 다음에 등장하는 상대설(예방적 형벌이론)에 의해 비판을 받게 되지만, 다른 한편으로는 '범죄에 상당한 형벌'이라는 개념을 확립함으로써 오늘날의 형법의 책임주의와 비례성원칙의 기초가 되기도 하였다. 형벌의 정도가 개별적 책임의 정도에 의해 제한된다는 점에서 범죄인을 위한 권리보장적 개념으로 채택되는 것이다.

⑵ 상대설(相對說)

상대설은 절대설이 가지는 이론적 결점을 지적하는 것에서 시작된다. 즉 절대설은 첫째, 절대적 형벌이론은 절대국가를 전제해야만 성립할 수 있다고 한다. 그러나 오늘날 절대국가란 개념은 존재하지 않는다는 것이다. 즉 현대의 시민국가는 도덕국가(道德國家)나 신정국가(神政國家)와 같은 절대국가가 아니고 시민상호간의 평화적 공존질서유지를 지도원리로 삼고 있는 상대적 목적을 가진 기능적 존재로 인정될 수 있을 뿐이라고 한다. 그리고 오늘날의 국가가 지향하는 것은 시민상호간의 평화적 공존질서유지이다. 따라서 단지 응보 그 자체의 요구 때문에 또는 산술적 정의 때문에 형벌을 과하는 것이 아니라 시민의 평화적 공존질서가 위태하게 되었을 때 이를 회복하고 방지하기 위하여 형벌을 과하는 것이다. 그렇기 때문에 사회적 목적을 도외시한 '정언명령적 처벌'(定言命令的 處罰)은 오늘날의 국가임무와 어울리지 않는다는 것이다.

둘째, 응보사상이 기초로 삼고 있는 책임상쇄의 원리는 원래 신학적·형이상학적 근거에 기초하고 있다. 그러나 살인이 반드시 사형을 통해서만 상쇄될 수 있다면 그것은 형이상학적으로는 논거가 없지 않겠으나 형법학상으로는 비합리적이라고 평가하지 않을 수 없다는 것이다. 하나의 해악(犯罪)이 어떻게 다른 제 2 의 해악(刑罰)을 통해 균형을 찾게 되고 다시 회복되는가를 알 수 없기 때문이라고 한다. 결국 책임상쇄적 반응사상은 말이 정의의 실현이지 사회적 책임성을 결여한 비합리적인 가설에 지나지 않는다고 할 수밖에 없다는 것이다.

셋째, 절대설은 또한 절대적 범죄개념[11]을 전제해서만 가능하다. 그러나

11) 절대적 범죄개념이란 시간과 공간을 초월해서 타당할 수 있는, 즉 특정한 국가의 법질서와 무관한 자연적 범죄개념을 말한다. 인간이 갖는 절대성 추구에의 관심은 범죄에 있어서도 절대적인 개념을 찾고자 하는 노력으로 이어졌으나 아직까지 찾아내지는 못했다. 따라서 범죄개념은 일정한 규범과의 관련에서만 성립되어 왔다고 할 수 있다고 한다. 배종대, 앞의 글, 72면. 그럼에도 불구하고 형법학은 이러한 절대적 범죄개념을 꾸준히 추구해 왔고, 그러한 과정 속에서 정당한 법률(이른바 正法)을 전제로 상대적 범죄개념은 의미를 가질 수 있다고 한다.

이와 같이 시간과 공간을 초월한 범죄개념은 사실상 존재하지 않는다는 것이다. 즉 각각의 문화, 사회질서에 종속되는 상대적 범죄개념이 있을 뿐이라는 것이다. 이처럼 상대적으로 정의될 수밖에 없는 범죄에 대해 절대적 형벌을 귀속시키는 것은 전제와 결론이 맞지 않는 모순이라는 지적을 한다.

넷째, 절대설은 형사정책적 차원에 있어서도 전혀 무기력하다고 비판한다. 즉 절대설에 의하면 형벌이라는 수단으로서 일정한 목적을 추구하는 것을 인정하지 않기 때문에 형벌은 형사정책적으로 필요한 수단으로 이용할 수 없고, 따라서 그 목적이 기여할 수 없다는 것이다. 해악의 부과로서만 이해되는 형벌은 수형자를 개선시켜 그와 법공동체 사이의 상호관계를 바로잡지 못할 뿐만 아니라 오히려 잘못하면 규범적대적(規範敵對的)인 태도 내지는 반사회적인 태도를 강화시켜 주는 역기능을 초래하기 쉽다고 한다.

이상과 같이 절대설의 이론적 결함을 지적하면서 상대설은 형벌의 사회적 측면에 관심을 둔다. 즉 절대설이 형벌의 개인성, 관념성, 형이상학성, 자기목적성을 중시하는 반면 상대설은 형벌의 사회성, 현실성, 형이하학성, 수단성을 강조한 것이다. 다시 말해서 형벌은 그 자체가 목적인 것이 아니라 다른 목적을 달성하기 위한 수단으로 파악된다. 그런 의미에서 상대설을 목적형론 또는 예방형벌이론이라고도 부른다.

한편 상대설은 추구하는 목적에 따라 일반예방이론(Generalpr vention Theorie)과 특별예방이론(Spezialpr vention Theorie)으로 나뉜다.

1) 일반예방이론(一般豫防理論)

형벌을 일반국민 전체에 대한 위하(威嚇)로 파악하는 입장이다. 이 이론은 처벌하는 과정을 형벌이 달성하고자 하는 일정한 목적, 즉 잠재적 범죄자의 범죄행위방지로부터 원인적으로 설명하려고 시도한다. 이로부터 형법규정의 존재는 일반인을 위하하고 그 형법규정의 구체적 내용인 형벌은 이 위하를 통해 특정인으로 하여금 범죄행위를 결심하지 못하게 하거나 이미 결심한 범죄행위를 단념하게 하는 효과를 기대하는 한편(소극적 일반예방), 다른 한편으로는 사회일반의 규범의식을 강화시켜 주는 효과를 기대한다(적극적 일반예방).

일반예방이론의 주창자인 P. J. A. Feuerbach는 다음과 같이 형벌의 위하를 통한 심리적 강제효과를 설명함으로써 형벌의 예방적 기능을 주장하고 있다.

> "범죄를 예방하는 데에는 두 가지 방법이 있다. 그 하나는 사람들에게 쇠고랑을 채우는 방법인데, 그러나 이것은 현실적으로 불가능한 일이다. 다른 하나는 사

람들이 범죄행위를 심리적으로 할 수 없도록 만드는 방법이다. 즉 법률을 통하여 일정한 범죄행위에 대하여 형벌을 부과한다고 위하한다. 그리고 실제로 그러한 행위가 발생하였을 경우 형벌집행을 함으로써 형벌위하의 진지성을 보여준다. 이러한 과정은 일반인에게 심리적 강제(心理的 強制, psychologische Zwang)로 작용하여 결국 범죄행위를 단념케 하는 결과를 가져오게 된다. 그러나 개선과 보안은 형벌목적으로 인정될 수 없다. 왜냐하면 그러한 목적을 추구하는 것은 국가권력의 권한에 속하지 않기 때문이다."[12]

이와 같이 위하를 통한 심리강제를 도모하려면 가시적이고 명확한 법규범의 존재와 또한 그것이 범죄의 충동을 억누를 만한 형벌을 그 내용으로 하여야 하는 것이다.[13]

이러한 일반예방에 지향된 상대설은 잠재적 범죄자에 대한 정의를 잃지 않고 있다는 장점을 지닌다. 즉 형벌위협을 통한 범죄예방적 차원에서의 형벌은 범죄를 저지르지 않는 한 단순한 '위협'에 지나지 않는다. 따라서 진실로 두려워해야 하는 사람은 이 '형벌위협'에 거역하여 범죄를 결심한 자일 뿐이다. 나아가 사회적으로 유해성이 적은 범죄에 대해서는 위하의 필요성도 적어서 형벌제재가 합리적인 한계 내에서 유지될 수 있다는 장점, 그리고 사회공동체에 해악을 끼친 자를 반드시 처벌함으로써—즉 형벌의 진지성을 보여줌으로써—잠재적 범죄자를 위협하는 일반예방적 효과 외에도 사회정의의 실현을 보장해준다는 또 다른 장점을 보유한다.

그러나 일반예방이론은 앞에서 기술한 장점이 지니는 이론상의 한계와 더불어 나타나는 단점을 부인할 수 없다. 즉 일반예방에서 주장하는 범죄인에 대한 위하, 그리고 심리적 강제와 그 결과로서의 범죄의 포기라는 도식은 범죄인의 심리를 지나치게 단순화하고 있다는 비판을 면치 못한다. Feuerbach가 생각하는 인간상은 Kant의 합리적 인간상에 결정주의적 요소를 가미한 것이다. 따라서 이러한 인간상에 의하면 사람은 그에게 주어지는 영향들이 강제를 띠고 작용할 때 그 작용에 따라 결정할 수 있을 뿐이라는 것이다.

또한 Feuerbach는 현실적으로 자기의 범죄가 탄로 나지 않으리라고 생각하면서 저지른 범죄(이른바 완전범죄에 대한 확신), 행위의 순간 법규범이나 형벌에 대한 의식을 하지 않거나 할 수 없는 격정범(激情犯) 또는 책임무능력자

12) P. J. A. Feuerbach, *Revision der Grundsätz und Grundbegriffe des positiven peinlichen Rechts,* Teil I, 1799, S. 1ff.

13) P. J. A. Feuerbach, *Lehrbuch des peinlichen Rechts,* 1832, §12.

의 범죄, 법규범이나 형벌을 의식하되 이를 무시하는 확신범(確信犯)들에게는 형벌위하가 의미가 없다는 것을 상정(想定)하지 못했다.

그뿐만 아니라 범죄의 단념은 단순히 형벌위협에 대한 존중의 결과로만 이루어지는 것이 아니고 그 외에도 여러 가지 상황적 경험적, 그리고 개인적 조건들이 복합적으로 작용하여 이루어지는 것이라고 생각된다. 똑같은 형법과 형벌의 위협에도 역시 범죄를 저지른 사람이 있는가 하면 그렇지 않는 자도 있다. 일반예방이론은 이와 같은 범죄의 차등적 발생에 대해 설명해 주지 못하는 것이다. 나아가 일반예방이론은 그 이론을 철저하게 추구하게 되면 범죄자의 책임범위를 넘어가는 처벌도 가능하게 된다는 이론적 모순에 부딪치게 된다. 일반예방은 그 목적상 실제운영에 있어서 형벌의 전시적 또는 표본적 집행이라는 수단을 허용하게 되고(예를 들면 일벌백계[一罰百戒]), 그러다 보면 자의적이고 불공정한 형벌의 집행을 정당화시켜 주는 도구로 전락할 위험을 내포하고 있는 것이다.[14)]

형벌이 타인에게 보이기 위해, 즉 타인을 위하(威嚇)하기 위해 시행된다는 것은 어떤 의미에서는 범죄자가 저지른 행위의 책임범위를 벗어난 것이고 이것은 현대형법의 책임주의 원칙에도 반하는 것이다.

2) 특별예방이론(特別豫防理論)

이 이론은 형벌을 범죄자에 대한 영향력행사로 보는 입장이다. 일반예방이론에 있어서는 범죄자가 잠재적 범죄자의 범죄저지 또는 일반인의 규범의식 강화를 위한 목적대상임에 반하여, 여기서는 범죄자 자신이 형벌을 통하여 달성하고자 하는 목적의 주체로 등장한다. 즉 형벌을 통하여 범죄자를 교화·개선함으로써 출소 후에 재범하지 않도록 하거나, 교화·개선이 불가능하다고 판단된 범죄자는 사회로부터 격리수용시킴으로써 다시 범죄를 저지르지 못하게 한다는 것이다. 그런 점에서 특별예방이론은 재사회화 이론과 보안처분이론으로 구분할 수 있다. 전자는 개인의 교화·개선을 통한 사회복귀가 목적이고, 후자는 사회방위가 주된 목적이나 양자는 모두 특별예방적 차원에서 고려되는 것이다.

이러한 특별예방사상은 계몽주의시대에 특히 Pufendorf, Thomasius, Montesquieu, Bentham 등에 의해 형성·지지되어 왔다. 나중에 관념철학의

14) 특별형법제정을 통해 중형을 부과하는 입법정책들이 바로 이와 같은 일반예방사상을 배경으로 하고 있다.

응보설에 의해 빛을 잃었지만, 18세기 말부터 19세기 초까지 독일에서는 Stübel, Grolmann, Kleinschrod 등에 의해 경찰국가의 형벌이론으로 발전되었고, 19세기 말에 이르면서 이른바 사회학적 형법학파(신파)에 의해 더욱 강조되면서 오늘날까지 영향을 미치고 있다.

그 가운데서 19세기 말 이른바 형법학의 신파를 창시한 Liszt는 그의 유명한 '마부르강령'(Marburg綱領)에서 Kant와 Hegel의 절대설을 비판하면서 "형벌은 억압을 통한 예방이다"(Die Strafe ist Prävention durch Repression)라고 하여 특별예방사상을 지지하였다.[15)]

또한 그는 "형벌은 강제이다. 즉 형벌은 범죄자의 의사에 반하여 그의 이익을 강제로 침해한다. 강제로서의 형벌은 다음과 같은 두 가지의 성격을 갖는다. 즉,

첫째는, 간접적 · 심리적 강제 또는 동기 지움이다. 형벌은 범죄자가 결하고 있는 범죄에 대항할 수 있는 동기를 심어준다. 따라서 형벌은 범죄자를 인위적으로 사회에 적합하도록 만드는 작용을 하는데 그 방법은 다음의 두 가지이다. 그 하나는 범죄를 행하지 않을 수 있는 애타적(愛他的) · 사회적 동기를 심어주고 강화시켜 주는 개선(改善, Besserung)이고, 다른 하나는 범죄를 저지르게 되면 자기가 형벌에 의해 피해를 보게 된다는 이기적 동기에 호소하는 위하(威嚇, Abschrechung)가 그것이다.

둘째는, 직접적 · 물리적 강제와 폭력의 사용이다. 즉 형벌에 의하여 범죄자를 강제로 관리하여 사회로부터 격리조치시킴으로써 무해화(無害化)한다. 이것은 사회적으로 쓸모 없는 인간들을 선별함으로써 이루어진다. 따라서 개선(改善) · 위하(威嚇), 무해화(無害化)는 형벌의 직접적 작용이다"고 주장함으로써[16)] 특별예방사상에서 재사회화와 보안처분의 양 기능을 동시에 인정하였다. 이렇게 하여 그의 주장은 행위자 유형에 따라 범죄자를 각기 다르게 처우할 것을 주장하는 이른바 개별처우론(個別處遇論)으로 발전해 나간다. 즉 위하의 효력도 없고 개선도 불가능한 상습범 등은 사회로부터 격리하여 수용하고, 기회범(機會犯)에게는 위하를 하고, 개선가능한 자에게는 개선의 기회를 제공한다는 것이다.

---

15) F. v. Liszt, Der Zweckgedenke im Strafrecht, in: *Aufsätz und Vortrage,* bd. I, 1905, S. 126ff.

16) F. v. Liszt, *ebenda.*

이와 같은 특별예방이론은 특히 그 가운데서 재사회화기능이 범죄인에 대해 인도적 조치로 작용한다는 점에서, 그리고 보안처분적 기능이 재범방지와 사회방위라는 합리적 목적을 추구하는 데 유효하다는 점에서 긍정적이다. 특별예방이론은 응보이론에 대한 불신을 토대로 하면서 범죄는 범죄자의 책임에 그치는 것이 아니고 그 국가와 사회구성원의 책임임을 간과하지 않고 있다.

그러나 이 특별예방이론도 일반예방이론과 마찬가지로 몇 가지 점에서 이론적 결함이 지적되고 있다. 그것은 우선 이 이론에 충실하다 보면 범죄를 저질렀으나 이미 개선·교화된 자는 처벌할 필요가 없다는 결론이 나온다. 이미 재사회화되어 있고 사회에 위험도 없기 때문에 특별예방적 목적의 형벌은 설 자리가 없는 것이다. 마찬가지 이유로 반대의 경우도 가능하다. 즉 개선·교화가 되지 않았기 때문이라는 이유로 범죄자에게 형벌이 무한정으로 시행될 수 있게 된다. 결국 형벌에 있어서의 '비례성의 원칙'은 여기에서 의미를 잃게 되고 나아가 국가형벌권을 적절히 제한할 수 없다는 난점이 있다.

특별예방이론에 대한 또 다른 비판은 그것이 장점으로 주장된 인도성에 관한 것이다. 교정주의이론과 마찬가지로 '개인의 개선·교화'라는 형벌은 이론적으로는 인도적인 것으로 되어 있으나 실제로는 범죄인의 신체뿐만 아니라 정신까지도 강제하는 결과가 되는 가혹한 것이라는 주장이다.

(3) 절충설(折衷說)

이 이론은 형벌을 절대설과 상대설이 가지는 모든 가능한 설명과 정당화한 시도들의 합일(合一)을 통하여 파악하려는 입장이다. 말하자면 지금까지 주장된 모든 형벌론들을 대립적인 관계에서 파악하는 것이 아니고, 서로 타협·절충시킴으로써 형벌을 설명하려는 이론이다. 이런 점에서 절충설을 합일이론(合一理論, Vereinigungstheorie)이라고도 한다.

이 절충설은 19세기 말 이래 제기되어 온 학파논쟁의 타협적 산물이라고도 할 수 있는바, Adolf Merkel, Robert von Hippel 등과 같은 학자가 이와 같은 절충설의 입장에 있는 대표적인 학자이다. 특히 Hippel은 "현실적인 생활현상의 일부를 포괄하지 않는 모든 이론은 어디에서나 일면적이고 불충분한 이론이다. 이러한 과오는 모든 본질적인 관점들을 적절히 평가함으로써, 다시 말해 절충설에 의해서 회피되는 것이다"고 함으로써 절충적 이론의 장점을 강조했다.[17)]

---

17) Robert von Hippel, *Deutsches Strafrecht I*, 1929, S. 491.

이 이론은 타협의 방법에 따라 응보에 우위를 두는 응보적 절충설(應報的 折衷說, Die vergeltende Vereinigungstheorie)과 예방에 우위를 두는 예방적 절충설(豫防的 折衷說, Die präventive Vereinigungstheorie)이 있는데, 양자는 강조점에 차이가 있을 뿐 '응보'와 '예방'을 택일적으로 보지 않고 모두 인정한다는 데에서 공통점이 있다. 따라서 절충설에 의하면 범죄를 저지른 자는 그가 행한 범죄행위 때문에 형벌을 받는 것이고(정당한 응보), 동시에 다른 사람들이 범죄를 저지르지 못하도록 하기 위하여 처벌받는다(일반예방). 그뿐만 아니라 범죄자 자신이 다시 범죄를 저지르지 않도록 하기 위해서도 처벌된다(특별예방).

응보적 절충설은 응보를 형벌의 본질로 삼고 이와 같은 응보적인 관점 내에서 부수적으로 예방의 관점을 고려하자는 입장이다. 초기 독일의 학설과 판례가 지지했던 입장이다.[18)]

오늘날에는 "중범죄에 대하여는 엄격히 제한된 그러나 목적을 고려하지 않은 엄한 응보형벌을 적용해야 한다"고 하는 범죄유형에 따라 차등을 두는 응보적 절충설을 취하는 입장도 있다.[19)]

한편 예방적 절충설은 응보적 절충설과는 반대로 예방을 형벌의 본질로 삼고 응보는 예방적인 관점 내에서 고려하자는 입장이다. 오늘날 예방이론의 단점을 극복하고자 하는 이론적 전략에서 주장된 이론이다.

응보와 예방의 구체적 절충방법으로는 소송의 발전단계에 따라 절충하는 방법이 있고, 범죄유형에 따라 절충하는 방법이 있다. 전자의 예로서는 수사단계에서는 일반예방에서의 위하효과를 지향하고, 재판단계에서는 정당한 응보지향, 그리고 형벌집행단계에서는 특별예방의 재사회화목적을 지향하는 방법이 있고, 후자의 예로서는 폭력을 수단으로 하는 고의범에게는 응보를, 고의는 있으나 폭력을 수단으로 하지 않는 범죄에 대해서는 일반예방적 형벌목적을, 그리고 과실범에 대해서는 특별예방적 형벌목적을 우위에 두는 방법이 있을 것이다.[20)]

---

18) 독일 제국재판소(帝國裁判所)는 "속죄의 필요성 및 응보목적이 형벌에서 일차적으로 중요하고 그 밖의 형벌목적, 예컨대 개선과 보안목적은 그 배후에 물러서 있는 것"이라고 판시하여 응보우위의 입장을 지지했다. *RGSt.* 58, 100.

19) W. Nauche, *Die Reichqeite des Vergeltungsstrafrechts bei Kant, Schleswig Holsteinische Anzeigen,* 1964, S. 210; 金日秀 · 서보학, 앞의 책, 728면.

20) Wolfgang Naucke, *Strafrecht, Einfürung,* 4. Aufl., 1987, S. 46; Haft, *Strafrecht* A. T. 4. Aufl., 1990, S. 91.

근래에 이러한 기존의 절충적 방법과는 다른 새로운 절충적 방법이 제기되고 있어 주목을 끌고 있다. Claus Roxin 교수에 의해 소개된 이른바 '변증론적 절충설'(辨證論的 折衷說, Die dialektische Vereinigungstheorie)이 그것이다. 이 변증론적 절충설은 형법에서 응보사고를 완전히 추방할 뿐만 아니라, 나아가 형벌이론에서 응보사상의 연명을 위한 모든 시도를 포기한 뒤에 단지 특별예방과 일반예방만을 형벌의 유일한 목적으로 파악하여, 형법실현의 각 단계에서 그 단점들을 상호보충에 의해 제거하고 나머지 장점들만 부각되도록 이를 변증론적으로 합일시키려는 입장이다.[21] 이 점에서 Roxin의 변증법적 절충설은 전술한 절충설의 범주에 속하지 않는다고 보는 것이 타당하다. 즉 원래의 절충설은 절대설과 상대설—다른 말로 응보설과 예방설—의 타협과 조화를 꾀하는 이론인바, Roxin의 변증법적 절충설은 응보가 완전히 배제된다는 점에서 예방론적 이론의 변형일 뿐이다.

그에 의하면 형법규범은 개인의 자유와 이에 봉사하는 사회질서의 유지를 추구한다는 점에서만이 정당화될 수 있으므로 형법규범의 구체적 기능인 형벌도 범죄예방이라는 현실적인 목적을 추구하는 방향으로 기도되어야 함은 당연하다고 한다. 그런데 이와 같은 범죄의 예방 또는 저지는 개인 및 일반인에 대한 현실적인 영향력 행사에 의해 가능하게 되는 것이므로 그런 점에서 형벌은 개인의 자유와 사회질서보호라는 상위의 목적에 봉사하는 수단이고, 이와 같은 범주 내에서 특별예방과 일반예방은 동위(同位)의 정당한 목적이 되는 것이다.

따라서 이 두 가지 예방목적은 형법실현의 각 단계에서 항상 동시에 추구되어야 한다는 것이다. 그러나 각각의 단점이 있기 때문에 단계에 따라 어느 한 목적을 강조하고 동시에 다른 목적은 제한하는 방식으로 보완하게 된다. 즉 형사입법의 단계에서는 일반예방의 압도적 우위와 특별예방의 상대적 기능축소로 형벌목적은 실현되고, 형사소송의 단계에서는 일반예방과 특별예방의 목적이 똑같은 비중을 갖고 있지만 효과 있는 사회복귀적 형벌집행이란 관점을 염두에 둔다면 특별예방적 고려가 양형과 판결선고에서 우위적으로 고려될 것이며, 행형단계에서는 특별예방의 압도적 우위와 일반예방이 최소한적인 기능으로 형벌목적은 실현된다는 것이다. 그러나 특별예방적 고려를 우선하되 이

21) C. Roxin, "Sinn und Grenzen staatlicher Strafe," in: *Strafrechtliche Grundlagenprobleme*, 1973, S. 28.

것 때문에 처벌의 위하력(威嚇力)이 감쇄(減殺)되어 법질서의 방위(法秩序防衛, Verteidigung der Rechtordnung)가 위태롭게 되어서는 안 되기 때문에 책임의 상한선과 일반예방의 하한선 사이에서 특별예방적 고려를 우선하도록 하여야 한다고 한다.[22)]

이들 절충설은 이론적으로는 매우 긍정적이다. 그것은 다른 모든 형벌이론들이 가지는 장점과 단점을 파악한 후에 각 이론의 장점을 취하면서 단점을 극소화시키는 방향으로 이론을 구성하였기 때문이다. 그러나 이와 같은 이론구성은 잘못하면 관념적 조작에 그치고 현실적 가능성이 없을 우려가 있다. 절충설에 대하여 검증이 필요한 것은 이 때문이다.

이와 관련하여 형벌의 근원적인 정당화의 문제가 타협과 조정에 의해서 해결될 수 있는가에 대해 회의적인 시각이 있다. 즉 형벌의 정당화는 근본입장의 분명한 표명이 있어야 하고, 따라서 형사사법의 구성을 위해서는 절대설 또는 상대설을 토대로 한 어느 하나가 가능할 수 있을 뿐이라는 것이다.[23)]

그러나 형벌의 정당성은 응보냐 예방이냐 하는 목적의 택일적 선택에 의해 나타나는 것은 아니고 형벌이 본질적으로 갖는 여러 가지 기능이 형사사법의 정책방향에 따라 작용하는 목적기능인 것이다. 따라서 형사사법은 그가 지향하는 목적을 위해 형벌의 여러 가지 기능을 선택적으로 발휘시키는 것이고, 그 목적의 정당성은 형벌을 요구하는 사회적 가치기준에 의해 정해지는 것이다. 인간사회의 규범자체가 상대적일 수밖에 없는 상황에서 형벌의 정당성에 관한 절대적 개념을 추구하는 것 자체가 무리라고 할 수밖에 없는 것이다.

그런 의미에서 형벌을 절충적인 입장에서 파악하려는 것은 불가능한 것은 아닐 것이다. 다만 형벌이 추구하는 복합적인 목적들이 동시에 이루어질 수 없는 것일 때 그 목적 중 어느 것을 우선적으로 강조하느냐 하는 선택의 문제가 형사정책의 과제로 제기될 뿐이다. 이런 차원에서 절충설이라는 용어보다는 복합설 또는 합일설이 더 적절한 용어일 것이다.

문제가 되는 것은 절충설이 주장하는 단계적 목적 사상이 과연 가능한 것이고 바람직한 것인가 하는 것이다. 형법이 형벌을 통하여 달성하고자 하는 목적은 입법단계에서나 사법단계, 그리고 행형단계에서 일관되게 추구되어야 한다. 응보적 목적의 형벌을 예방적 목적으로 집행한다는 것은 옳지 않을 것이고

22) C. Roxin, *ebed.*, S. 12ff.
23) 배종대, 앞의 글, 79면.

반대로 예방적 목적의 형벌이 응보적 목적에 적합지 않을 것은 당연하다. 집행으로 수렴되는 형벌의 목적은 일관되게 추구되어야 할 것이다. 그러나 한편으로는 형벌이 가지는 이중적 기능을 처음부터 인정한다면 형사사법의 각 단계에서 동시에 그러나 일관성 있게 추구되는 것은 가능할 것이다.

형벌이론의 문제는 그 이론의 장·단점에 따라 선택함으로써 해결되는 문제는 아니다. 그것은 그 시대와 장소가 갖는 문화에 따라 달라지는 것이다. 다시 말하면 그 사회문화의 요구에 의해 선택되어지고 만들어지는 것이지, 선택할 수 있는 것은 아니라는 것이다. 따라서 형벌이론은 그 이론의 완전성을 추구하는 가운데도 현실의 불완전성을 고려할 것까지도 요구되는 것이다.[24)]

대체로 오늘날의 형사사법이 근거하고 있는 형벌이론은 특별예방목적을 우위에 두는 절충설이 지배적이다.[25)] 그러나 한편으로는 이러한 이론을 토대로 하는 형사정책의 실제적 범죄예방효과가 기대 이하라는 경험적 사실에 의한 반성으로 일반예방 우위의 예방적 프로그램을 주장하는 이론[26)]이 다시 대두되고 있다는 사실에도 주목할 필요가 있을 것이다.

제 2 절 형벌의 대상과 한계

1. 형벌의 대상

형벌은 형식적 의미의 범죄[27)]를 대상으로 삼아야 한다는 것은 죄형법정주

---

24) Hassemer, *Einfürung in die Grundlagen des Strafrechts,* 2. Aufl., 1990, S. 265.

25) 우리나라에서도 대부분의 학자들은 절충설의 입장인 것으로 보인다. 예를 들면 심재우 교수는 "일반예방은 형법을 통해서, 특별예방은 형벌집행을 통해서 단계적으로 추구되어야 한다"고 주장한다(심재우, 앞의 글, 803-808면). 또한 정성근 교수는 국가의 임무가 사회국가사상의 실현에 있음을 강조하면서, 형벌의 목적은 일반예방과 특별예방에 있다고 한다(鄭盛根, 「刑法總論(改稿版)」, 1988, 106-107면). 그 외에도 劉基天 · 李在祥 · 李炯國 교수 등이 절충설의 입장이라고 한다.

26) 이것을 신고전주의(新古典主義, neo-Klassizismus)라고 하는데 주로 스칸디나비아 제국에서 제기되고 있다고 한다. 金日秀, "西歐諸國의 刑法改正作業에 관한 考察," 「刑法改正資料(I)」, 59면.

27) 범죄를 범죄학적 범죄개념과 형법적 범죄개념으로 구분하고, 형법적 범죄개념을 다시 형식적 범죄개념, 실정법적 · 실질적 범죄개념, 법정책적 · 실질적 범죄개념으로 구분하기도 한다. 그리고 형식적 범죄개념은 범죄의 실질을 검토하는 데 필요한 사유체계(思惟體系)와 분석의 방법을 제공하고, 실정법적 · 실질적 범죄개념 및 법정책적 · 실질적 범죄개념은 법치국가질서 내에서 당벌성(當罰性)의 내용적인 근거와 한계를 제시함으로써 상호보완적 기능을 담당하는 것이라고 한다. 그러나 개념상의 혼란을 피하기 위해서는 범죄학적 범죄개념을 실질적 범죄개념으로, 그리고 실정법적 범죄개념을 형식적 범죄개념으로 구분하는 것이 타당할 것이다.

의원칙(罪刑法定主義原則)상 당연한 귀결이다. 따라서 형식적 의미의 범죄개념은 어떤 행위를 처벌하기 위해서는 그 행위가 현행법상 어떠한 표지(標識)들을 갖추어야 하는가 하는 문제를 내용으로 삼는다.[28] 따라서 형벌의 대상인 범죄는 이러한 형식적인 실정법 안에 개별적인 구성요건으로 이미 정해져 있는 것이다.

그러나 이 범죄개념은 왜 어떤 행위는 처벌되고 다른 행위는 처벌되지 않는가라는 물음에 대하여 대답을 줄 수 없다. 그 이유는 이 문제에 대한 입법자의 가치판단이 이미 이루어진 것을 전제하고 있기 때문이다. 반면에 다른 한편으로는 일정한 행위를 현행 실정법에 따라 처벌하려고 할 때 법관에게 확실하고 유용한 체계적·단계적 범죄인식의 계기를 제공한다는 실질적·실천적인 의미를 가진다.[29]

한편 이와 같은 실정법상의 구성요건적 행위가 법체계 내에서 갖는 의미는 그것이 사회적으로 유해한 행위(sozialschädliche Handlung)라고 하는 것이다.[30] 사회적으로 유해하다는 것은 구체적으로는 타인의 법익에 대한 위험야기 또는 침해를 함으로써 사회공동체의 평화와 질서를 무너뜨리는 것을 말한다. 이렇게 보면 형벌은 타인의 법익을 위태롭게 하거나 침해함으로써 사회의 질서와 평화를 해치는 사회적으로 유해한 것으로 실정법상 규정된 대상으로 한다고 말할 수 있을 것이다.

2. 형벌의 한계

한편 형벌은 범죄자의 입장에서는 그 개인의 사회적·물리적 실존을 위협하는 해악적 존재로서의 의미를 갖는다. 범죄의 대가로서의 형벌은 범죄자의 명예·재산·권리 등을 파괴하고 유보 또는 박탈하는 것이다. 따라서 국가에 의해 시행되는 형벌은 행위 및 형벌의 자기목적과의 관련 속에서 스스로 내재하는 한계를 갖지 않으면 안 되는데 그것이 바로 책임원칙(Schuldprinzip)과 형벌필요성(Strafbedürftigkeit)에 의한 한계이다.

---

28) 범죄의 형식적 의미(formeller Verbrechensbegriff)에 관해서는 Beling 이래 오늘에 이르기까지 '범죄는 구성요건에 해당하는 위법 유책한 행위'라는 명제(命題)로 표현되고 있고, 이것은 우리나라에 있어서도 통설적 지위를 차지하고 있는 개념이다. 李炯國, 「刑法總論」, 法文社, 2003, 50면.

29) Paul Bockelmann, *Strafrecht I*, A. T. 9. Aufl., 1985, S. 2.

30) 실질적 범죄개념에 의하면 이와 같은 사회적 유해성에 관한 판단기준은 시간과 공간, 그리고 문화에 따라 다르겠으나 형식적 범죄개념에서는 이미 유해한 것으로 정해져 있다.

국가의 형벌권은 무제한 적용될 수 있는 것이 아니다. 즉 스스로의 내재적 한계를 가지며, 또한 일정한 전제조건하에서만 행사되어야 한다. 만약에 형벌권의 행사가 이러한 한계와 조건을 충족시키지 못할 때는 그것은 국가권력의 작용으로서 정당화될 수 없고 국가권력에 의해 자행되는 또 다른 폭력이 될 것이다.[31)]

(1) 책임원칙에 의한 한계

실질적으로 불법한 행위가 발생했더라도 그 모든 불법행위에 대하여 책임이 귀속되는 것은 아니다. 행위자에게 책임귀속이 불가능한 경우 또는 책임비난을 할 수 없는 경우에는 책임은 탈락되며, 따라서 형벌을 과할 수 없게 된다. 이와 같이 책임이 없으면 형벌을 과할 수 없다는 원칙을 형법상의 '책임원칙'(責任原則, Schuldprinzip)라고 한다.[32)] 이처럼 책임은 형벌을 근거 지움과 동시에 형벌을 제한하고 있으며, 또한 그 비난책임의 내적 근거를 인간의 고유한 윤리적 인격성에 두고 있다.

형법에 있어서 이러한 책임원칙이 처음부터 확립되고 있었던 것은 아니다. 18세기 말까지도 형벌은 일정한 결과만 발생하면 그 사실에 대하여 책임을 묻는 결과책임주의(結果責任主義)였고, 심지어는 행위자 대신에 처벌받는 대리벌(代理罰)이나 행위자와 더불어 처벌받는 연좌벌(連坐罰) 제도도 있었다. 그뿐만 아니라 고의책임(故意責任)과 과실책임(過失責任)을 구별하지 않고 일률적으로 다루기도 하였고, 고의·과실이 없이 발생된 자연적 또는 우연한 결과에 대해서까지 형벌이 과해지기도 하였다고 한다.[33)] 그러나 오늘날의 형법관(刑法觀)에 있어서는 이와 같은 책임 없는 형벌부과는 용납되지 않고 있으며, 행위책임의 엄격한 인식을 요구하고 있다. 즉 결과책임주의가 극복되고 행위책임주의로 대치된 것이다.

행위자에게 행위책임을 물으려면 그 행위자가 책임능력을 가지고 있어야 한다. 책임능력(Schuldfähigkeit)이란 행위자가 적법하게 행위를 할 수 있는 능

31) 이를 형벌폭력(Strafgewalt)이라고 하며, 형벌권(Strafrecht)과는 구분되는 것으로 그것은 형벌목적에 의해 제한되어 있지 않은 사실상의 힘이라고 한다.

32) Arthur Kaufmann, *Das Schuldprinzig,* 2. Aufl., 1976, S. 208. 그러나 최근에는 형벌의 정당성근거를 오로지 책임에서만 찾을 것인가, 아니면 예방목적에서도 찾을 것인가를 둘러싼 논쟁이 독일에서 활발히 전개되고 있다고 한다. 이에 관한 참고문헌으로는 C. Roxin, "Schuld und Verantwortlichkeit als strafrechtliche Systemkategorien," in: *Festschrift für Heinrich Henkel,* 1974, S. 28ff.; Jakobs, *Schuld und Pränvention,* 1976 등이 있다.

33) 우리나라에서도 1894년 갑오경장(甲午更張)에 의해 연좌제가 폐지되기 전까지는 형법에서 연대책임을 인정해 왔다. 김일수·서보학, 앞의 책, 19면.

력, 즉 사물을 판별할 능력을 말한다. 이것은 자기의 행위가 타인에게 미치는 결과를 이해할 수 있는 능력, 다시 말하면 자기행위의 사회적 의미를 이해하고 지배할 수 있는 사회적 행위지배능력으로 해석되고 있다.[34] 따라서 이 능력을 전제하지 않으면 법규범이 인간에게 일정한 행위를 요구하고 따를 것을 기대할 수 없다. 그것 없이는 사물을 판별할 수 없고 규범의 요구에 따르는 의사결정을 할 수 없기 때문이다.

형법은 평범한 정상적인 인간은 누구나 이러한 능력을 갖는 것으로 본다. 동시에 이와 같은 능력을 가진 각 개인이 반사회적 행위를 하지 않도록 요구하는 것이다. 이것은 다른 말로 반사회적 행위를 하지 않을 의사결정을 할 책임을 요구하는 것이라고 할 수 있다. 이렇게 보면 결국 책임원칙은 인간의 의사결정의 자유를 그 논리적 전제로 하고 있다고 할 것이다.[35]

이와 같은 책임원칙은 형법에서 책임이 인식론적·존재과학적 문제가 아니라 국가가 그 시민을 타인의 간섭 없이 스스로 자기행동을 결정하고 그에 대한 책임을 질 줄 아는 자유로운 인간으로 다루어야 한다는 법정책적 요청이기도 하다. 그러므로 이것은 인간의 존엄성에 근거한 헌법을 포함한 전체 법질서의 요구라고도 할 수 있을 것이다. 이러한 법치국가적 책임원칙에 의해 국가권력이 형벌을 통해 '개인의 자유'를 자의적으로 침해하지 못하도록 하는 것이다. 이와 같이 형벌권은 책임원칙에 의해 구속되며 그 한계 내에서 제한된다.

(2) 형벌필요성에 의한 한계

국가는 질서유지의 담당자로서 일체의 법질서 위반행위에 대하여 제재를 가한다. 그러나 국가가 모든 질서위반행위를 형벌이라는 수단으로만 해결하는 것은 아니다. 즉 행정벌(行政罰)이나 민사벌(民事罰)로서 해결이 가능하다고 하는 경우에는 형벌적용의 필요성은 배제되며, 또한 형사정책적으로 효과가 없는 형벌은 형벌로서의 적정성을 결하게 된다. 전자를 형벌보충성(刑罰補充性, Strafsubsidiairtät)의 요구라 하고, 후자를 형벌실효성(刑罰實效性, Strafeffektivität)의 요구라고 한다. 프랑스 인권선언 제 8 조가 규정하고 있는 "법률은 절대로 그리고 명백히 필요한 형벌만을 규정하여야 하며…"에서의 '절대로 그

34) 심재우, 앞의 책, 90면.

35) 종래 의사의 자유에 관한 문제를 둘러싸고 결정론과 비결정론이 첨예한 대립을 해 왔다. 그러나 오늘날 이러한 결정론 또는 비결정론의 고전적 도그마를 주장하는 학자는 거의 없으며, 이는 형법에 있어서 이론학적·법정책학적 의의를 잃은 것으로 보고 있다. Müller-Dietz, *Grundlagen des strafrechtlichen Sanktionensystem,* 1979, S. 9.

리고 명백히 필요한 형벌'이 의미하는 바가 바로 형벌의 필요성이다. 또한 F. v. Liszt가 단기자유형의 폐지를 주장한 것도 형벌로서의 적정성이 없다는 이유에서였고, 과실범을 민사벌로서 다루고자 한 것도 그것이 형벌적용의 필요성이 없다는 판단에서였다고 한다.[36]

오늘날 형벌은 오로지 법익보호(法益保護, Rechtsgüterschutz)를 위한 수단으로 되어 있다. 즉 법치국가에 있어서의 형법의 역할은 도덕이나 풍속의 보호에 이바지하는 것이 아니라, 오로지 법익보호에 이바지하는 것으로 한정된다는 것이다. 따라서 형벌도 도덕감정이나 윤리감정에 만족을 주기보다는 인간의 사회적 실존조건인 법익보호에 이바지하는 수단에 국한되어가고 있다고 볼 수 있다. 이와 같이 형벌권은 그 본질에 따르는 내재적 제한을 받게 되며, 그 한계 안에서 효용성을 갖게 되는 것이다(실효성의 원칙).

형벌권은 또한 정책적 이유에서도 제한의 필요성을 발견한다. 그것은 특히 정치형법(政治刑法, politisches Strafrecht)의 경우에 확연히 나타난다. 형법이 어떤 특정한 정치적 목적 또는 이데올로기적 목적을 위하여 형벌권을 남용한다고 할 때 그 폐해에 대해서는 이미 우리가 역사적 경험을 통해 익히 보아왔기 때문에 더 이상 말할 필요가 없을 것이다. 더욱이 그것이 정치적 박해나 보복의 수단으로 사용될 때는 완전히 형벌폭력으로 전락하고 만다. 형벌은 그 본질에 있어서 중립적인 범죄투쟁의 수단인 것이고 이데올로기적 정치투쟁의 수단은 아니다. 어떤 의미에서 오늘날 형법은 국가가 정치적으로 형벌권을 남용하는 것을 방지하기 위해 마련되었다고도 할 수 있다. 현대법치국가에 있어서의 형법의 지주인 죄형법정주의의 원칙이란 것도 정치적 자의가 형법화 하여 개인의 자유와 권리를 함부로 침해하지 못하도록 하기 위한 보장적 기능으로서의 의의가 강한 것이다.

필요성에 의한 형벌권의 제한은 사회정책과의 관계에 있어서도 명백히 드러난다. 범죄사회학적 관점에서 바라볼 때 형벌은 사회정책의 일부에 지나지 않는다. 다시 말하자면 범죄투쟁의 수단은 형벌에만 의존되어 있는 것은 아니며 오히려 사회정책이 그 대부분을 차지하는 것이다. 따라서 형벌은 다른 모든 사회정책이 실효성이 없는 경우에 마지막 수단으로 동원되는 '최후의 사회정책'(Ultimaratio der Sozialpolitik)이라고 할 수 있다.[37]

36) C. Roxin, "Franz von Liszt und die kriminalpolitische Konzeption des Alternativentwurfs," in: *Strafrechtliche Grundlagenprobleme,* 1973, S. 40.

37) W. Maihofer, "Menschenbild und Strafrechtsreform," in: *Universitätstage,* 1964, S. 18.

그뿐만 아니라 형벌은 그의 본질적 성격 때문에 필요한 최소한의 것일 것을 필요로 한다. 왜냐하면 형벌은 범죄자에게는 강제를 통한 법익침해의 의미를 갖기 때문이다. 형법에서 구성요건을 일정한 한도로 제한하는 것은 그 때문이다. 따라서 원칙적으로 형벌권은 사회생활에 절대로 필요한 기본적 법익의 침해에 대해서만 발동되어야 한다.

이와 같이 형벌권은 필요한 최소한의 것에 머물러야 하며, 사회방위의 최후의 수단으로 사용되어야 하는 것이다(보충성의 원칙).[38]

제 3 절 형벌제도와 이념의 역사적 변천

범죄를 범한 자는 벌을 받아야 한다는 것은 인간사회의 섭리이다. 인류의 역사에서 범죄의 개념이나 범죄의 유형은 그다지 크게 변화되지 않았으나, 형벌의 역사를 돌이켜 보면, 형벌의 성격은 그 형벌을 이용하는 국가의 문화적 가치와 밀접하게 관련되어 왔다는 것을 알 수 있다.

그러나 형벌은 범죄의 단순한 결과도 아니고 범죄의 상대적인 개념도 아니며, 또한 달성하여야 할 목적에 의해 결정되는 단순한 수단도 아니다. 즉 형벌도 하나의 사회현상인 것이다. 우리가 여기에서 형벌이라고 하는 경우에는 형벌의 구체적 제도나 특정의 형사적 관행을 의미하고 있는 것이고, 추상적 의미에서 형벌이라고 하는 개념을 사용하고 있는 것이 아니라는 점에 우선 유의하여야 한다. 만일 추상적인 의미에서의 형벌이라고 하는 개념을 사용하게 된다면 범죄뿐만이 아니라 형벌도 인간에 대한 고통을 준다고 하는 점에서는 동일한 의미내용을 갖는 것이라고 말하는 것에 지나지 않기 때문이다.

이와 같은 해석은 형벌의 목적을 무시하여야 한다든지 범죄를 긍정하여야 한다든지 하는 것을 의미하는 것은 결코 아니다. 그것은 형벌도 사회현상으로서 사회의 정치적·경제적 요인과 밀접하게 관련되어 있다는 것을 우리가 인식하지 않으면 안 된다고 하는 것을 시사하고 있는 것이다. 과거시대에 있어서 형벌의 한 형태였던 노예(奴隸)의 사역(使役)은 노예경제가 아니고는 불가능하고, 감옥노동은 수공업 또는 공업의 발달과의 관련 없이는 생각할 수 없으

38) A. Mergen, "Die soziale Zweckmäßigkeit in der modernen Kriminalpolitik," in: *Rittler Festschrift*, 1957, S. 21.

며, 사회의 모든 계급에 적용되는 벌금형은 화폐경제의 발전 없이는 생각할 수 없는 제도인 것이다. 여기에 형벌을 그 제도사적 측면으로부터 고찰하여 볼 의의가 있는 것이다. 즉 형벌제도를 제도사적으로 연구함으로써 형벌제도로부터 그 관념적인 덮개와 법률적인 외관을 벗겨내고 진정한 형벌제도가 갖는 의미, 즉 형벌의 사회적 의미를 파악할 수 있을 것이다.

형벌제도의 변천을 역사적으로 조망하여 보면, 속죄금(贖罪金)과 벌금형(罰金刑)이 중심이었던 중세 초기와, 신체형 및 사형(死刑)이 많이 이용된 중세 후기, 그리고 구금형(拘禁刑)이 주류를 점하게 되었던 17세기 이래의 3시대로 대별할 수 있다. 이와 같은 행형의 변화는 각 시대의 경제적 발전의 각 단계와 밀접한 관계를 가진다.

일반적으로 국가형벌제도가 존재할 여지가 거의 없었던 중세 초기에는 사람들로 하여금 범죄를 저지르지 못하게 하는 주요한 동기는 피해자측의 사적 보복(私的報復)에 대한 공포였다고 한다. 또한 범죄는 흡사 전투에서의 적의 행위처럼 생각되었다. 그러므로 이와 같은 사회에서는 형법의 제 1 의 임무가 무엇보다도 평화의 유지에 있었다는 것은 당연하다. 그리고 그 경우에 분쟁처리를 위해 이용하는 방법은 사적인 중재에 의한 속죄금의 지불이라고 하는 평화적인 해결방법이었다고 한다. 따라서 이와 같은 사회에서는 형법은 사회계급조직을 유지하는 수단으로서는 그다지 중요한 지위를 점하고 있지 않았다. 왜냐하면 전통적 관습이나 평형(균형, balance)이 유지된 사회적 종속제도나 기성질서를 유지하기 위한 종교적 규범에 의한 통제가 아직도 확고하게 자리잡고 있었기 때문이다.

그러므로 어떤 자가 일시적인 격정에 의해 다른 사람에게 중상을 입혔다거나 살인을 한 경우 당시의 사회에서는 자유인(市民)들로 구성된 엄숙한 집회에서 판결이 내려져, 피해자측의 복수에 기초한 피의 결투나 일종의 무정부상태가 되지 않도록 범인에 대하여 살인배상금의 지불을 명하는 독특한 제도가 고안된 것이다.

14세기부터 15세기에 걸쳐 유럽제국에서 점차 치열한 계급투쟁이 나타나게 되고 그 결과 하층계급에 대한 가혹한 형법이 제정되게 되었다. 또한 인구의 급격한 증가와 토지의 피폐(疲弊)에 수반하여 경제상태가 악화되고 빈곤에 시달리게 된 무산계급 사이에 범죄가 증가하기 시작했다. 이러한 경향은 특히 대도시에서 현저했으며 그 때문에 지배계급은 형사행정을 효과적으로 하기 위해 새로운 범죄통제의 방법을 고안할 필요성을 느끼게 되었다. 그러나 당시의 형벌제도는 신체형(身體刑)과 벌금형(罰金刑)의 이원적 제도로 피고인의 사회적·정치적 계급에 따라 차등적으로 적용되는 형태로 존속하였다. 또한 형벌은 범죄나 범죄자의 종류에 의해서도 다르게 적용되기도 하였지만, 범죄에 대한 사적인 해결은 그 시절에도 인정되지 않았다.

이와 같은 현상은 15세기 후반부터 16세기에 이르러 더욱 현저해졌다. 즉 어떤 종류의 형벌은 특정한 신분에 속한 자에 대하여는 면제되거나 다른 경한 형벌로 대신한 것이다. 특히 부유층이나 상층계급에 속하는 자는 그들에게 적용될 사형 또는 신체형, 유형 등에 대신하여 벌금형을 부과할 수 있었다고 한다. 이처럼 부유한 자나 특별한 신분을 갖는 자들은 그 지위나 재산에 의해 형벌을 면할 수 있는 반면, 그렇지 못한 대다수의 평민범죄자는 자기에 과하여진 가혹한 형벌을 피할 수 없었다고 한다. 특히 이 시대에는 대부분의 범죄가 재산에 대한 것이었고, 또한 그와 같은 범죄를 범한 자들은 거의가 빈곤한 자들이었기 때문에 벌금형은 실질적인 의미를 갖지 못하였고, 따라서 그들을 이와 같은 범죄로부터 멀리하기 위해 형벌은 점차 가혹해졌다.

그리하여 15세기까지는 형벌은 벌금형이 주가 되었고, 사형 및 신체형은 극단적인 사안에 관해서만 벌금형을 보충하는 것으로서 적용되었을 뿐이었지만, 이 무렵에는 사형, 신체형, 유형(流刑)들이 가장 일반적인 형벌이 되었다. 재판관은 범인이 사회에 위험을 미친다고 확신한 경우에는 주저하지 않고 사형을 언도하였고 그 결과 16세기에서는 사형선고의 수가 급격한 증가를 보였다.39)

한편 16세기 말에 접어들면서는 경제·사회의 변화에 따라 형벌도 점차 변화되기 시작한다. 즉 유형, 중노동부징역형(重勞動付懲役刑) 등과 같은 형벌이 형벌제도의 중심을 점하게 되었는데, 이와 같은 변화는 당시에 있어서의 경제적 발전의 결과, 즉 중상주의의 대두와 식민지정책에 의한 노동력의 필요성에 의한 것이다. 16세기 말엽에 부랑자 대책으로서 징치장의 제도가 탄생한 것도 필요한 노동력을 죄수에 의해 조달한다고 하는 극히 공리적인 생각에 기초한 것이었다고 하며, 근대적인 형무소의 출현이나 구금형까지도 자본주의경제의 발전과 궤(軌)를 같이 하여 온 것에 주목을 할 필요가 있다.

39) 영국의 헨리 8세 시대에는 7만 2천명의 절도범이 교수형에 처해졌고, 엘리자베스 여왕 치하에서는 부랑인이 일회에 3백 내지 4백명까지 함께 처형되었다고 하는 기록도 있다.

제 2 장

형벌의 종류

형벌은 그 박탈하는 법익의 종류에 의해 생명형(生命刑)·신체형(身體刑)·자유형(自由刑)·명예형(名譽刑)·재산형(財産刑) 등으로 분류된다. 생명형은 사람의 생명을 박탈하는 형벌로서 사형이 여기에 해당한다. 신체형은 사람의 신체에 대한 해악을 가하는 형벌을 말하며, 비형(鼻刑), 묵형(墨刑), 장형(杖刑), 태형(笞刑) 등이 있고, 자유형은 사람의 신체의 자유를 박탈하는 형벌을 말하고, 추방, 거주제한, 구금(징역·금고)을 내용으로 한다. 재산형은 재산을 박탈하는 형벌인데 벌금, 과료, 몰수 등을 그 내용으로 하며, 명예형은 사람의 명예를 박탈하는 형벌인데 공권을 정지 또는 박탈하는 자격정지와 자격상실을 그 내용으로 한다.

위법행위에 대해 과해지는 것일지라도 형식상 형벌로서 규정되지 않은 것은 형벌이 아니다. 그것들은 통상 행정벌이라 일컬어지는데 일반적으로 네 가지 형태가 있다.

첫째는, 징계(懲戒) 또는 징벌(懲罰)인데 국가공무원법에 정해진 의무위반에 대한 징계처분(면직, 정직, 감봉, 경고, 파면) 등이 그 예이다.

둘째는, 과태료로서 민사법, 「행정법」 등에 규정하고 있다.

셋째는, 감치(監置)인데 「민사소송법」, 「민사집행법」, 「법원조직법」, 「법정 등의 질서유지에 관한 법률」(法廷 등의 秩序維持에 관한 法律) 및 「가사소송법이」규정하고 있다.

넷째는, 자격제한으로 「지방교육자치에 관한 법률」, 「공직선거 및 선거부정방지법」 등이 정하고 있다.

이것들은 형벌은 아니기 때문에 형벌과 병과 하여도 헌법의 이중처벌금지의 원칙에 위반하는 것은 아니다. 그렇다고는 하지만 행정벌도 대상자의 법익을 박탈하는 점에서는 실질상의 형벌과 다르지 않기 때문에 형사절차에 준한 인권보장과 절차적 보호가 필요한 것은 말할 필요가 없다.

1. 사 형(死刑)

(1) 사형의 의의 및 집행방법

1) 사형의 의의

사형(死刑, Capital punishment, Death penalty, Todesstrafe, La peine de mort)은 범죄자의 생명을 박탈하여 그 사회적 존재를 영원히 말살케 하는 것을 목적으로 하는 형벌로 국가형벌 가운데 가장 극단적인 형벌이라는 점에서 극형이라고 불려지기도 하며, 또한 자유형·재산형과 대비하여 생명형이라고 일컬어지기도 한다.

사형이 가지는 형벌로서의 성격이나 의미는 시대에 따라 변화되어 왔다. 고대에는 사형이 종교적 신앙과 결부된 일종의 국가적인 의식으로서의 성격을 가지고 있었으며, 중세에는 사형이 신적 권위(神的 權威)의 침해에 대한 신적 질서(神的 秩序)의 회복이라는 성격을 가지고 있었다. 즉 원시사회의 Shamanism적 우주관에 의하면, 인간은 개별적 범죄행위로 인하여 신의 분노를 야기하게 되나 신의 분노는 전체 인간을 대상으로 한 재앙으로 나타나는 것인 만큼 원시사회공동체의 생존을 위협하는 신의 분노를 달래기 위하여 범법자의 생명을 제물로 바친다는 의식이 사형제도로 구체화된 것이라고 한다.

또한 중세의 기독교적 세계관에 의하면 지상의 정의는 하느님의 의지에 따른 것이므로 이를 거역하는 범죄행위에 대한 하느님의 정의의 회복이 곧 사형인 것이었다. 오늘날에는 근대형법학의 확립 이후 형벌의 본질 또는 목적에 관한 이론에 상응하여 사형제도는 응보적 정의 또는 사회방위 차원에서 범죄예방적 수단으로서의 성격을 가지는 것으로 받아들여지다가 인간존엄사상 및 인도주의사상의 고양(高揚)과 더불어 사형제도 존재 자체에 대한 논의가 다시 검토되는 시점에 와 있다.

2) 사형의 집행방법

사형의 집행방법은 시대와 국가에 따라 여러 가지로 시행되어 왔다. 대체로 사형에 응보적·일반예방적 위하효과(威嚇效果)를 주로 기대했던 고대 및 중세시대에는 화형, 참수형 등과 같은 잔인하고 참혹한 방법이 그것도 공개적으로 시행되었으나, 오늘날에는 대부분의 사형은 비공개로 집행되며, 또한 그 방법도 잔인한 것을 피하고 사형수에게 가급적 고통을 적게 주는 방법을 강구하여 시행되고 있다. 현재 시행되고 있는 사형집행방법으로는 교수형(絞首刑

[絞殺]), 총살(銃殺), 전기살(電氣殺), 독가스살 등이 있다.

가. 교수형(絞首刑, Hanging) 수형자를 밧줄로 목을 메달아 죽음에 이르게 하는 방법이다. 우리나라를 비롯하여 일본, 영국, 미국의 일부 주, 인도, 이란, 이라크, 이스라엘, 오스트리아, 미얀마, 터키, 레바논, 뉴질랜드, 싱가포르, 남아프리카, 아랍공화국 등 다수의 국가에서 채용하고 있다. 집행모습이 흉하다는 지적이 있으나 사형수에게 짧은 고통과 함께 쾌감도 가져다준다는 의학적인 차원에서의 긍정적인 주장도 있다.

나. 총살(銃殺, Shooting) 수형자를 총기로 사살하는 방법이다. 교수형보다는 명예적(名譽的)이라는 평도 있으나 평화적인 방법이라고는 할 수 없다. 주로 군사형벌에서 많이 이용되나 이탈리아, 스위스, 멕시코, 모로코, 구소련 등과 같이 일반형법에서 채택하고 있는 나라도 있다.

다. 전기살(電氣殺, Electrocution) 전류를 수형자의 몸에 관류(通流)시킴으로써 생명을 단절시키는 방법이다. 집행인의 불쾌감을 덜고 수형자의 고통을 순간적으로 줄여준다는 장점이 있다고 한다. 전기살을 채택하고 있는 나라는 미국의 21개주와 필리핀이라고 한다.

라. 독가스살(毒가스殺) 수형자를 밀폐된 가스실(Gas Chamber)에 입실시켜 시아나이드가스(Cyanide gas: CN화합물)를 통하게 하여 질식사시키는 방법이다. 전기살을 개량한 것으로 1921년 미국 네바다 주에서 처음으로 시작한 이래 몇 개의 주에서 시행되고 있다. 사형집행방법 중 가장 빠른 시간 내에 인도적으로 죽게 하는 방법이며, 또한 가장 수형자의 고통을 적게 하는 방법이라는 주장도 있으나 기계문명이 인류를 구축(驅逐)하는 비참한 장면이라는 비판도 있다.

이 외에도 수형자에게 직접 독약을 마시게 하는 독살(毒殺, Gift-becher)과 무통주사에 의한 처형방법이 있으나, 전자는 국가가 국민의 자살을 방조 또는 장려하는 결과가 된다는 비난이 있고, 후자는 의사로 하여금 사람을 살해하도록 함으로써 인술에 어긋난다는 비난이 있다.

(2) 현행법상의 사형

우리나라는 「형법」, 「형사소송법」, 「행형법」, 「군형법」, 「군사법원법」 및 「군행형법」에 사형에 관하여 규정하고 있으며, 그 집행방법은 교수형이며 비공개를 원칙으로 하고 있다(「형법」 제41조 및 제66조; 「형사소송법」 제463조 내지 제469조; 「군행형법」 제54조; 「행형법」 제57조; 「군사법원법」 제506조). 다만 「군형법」에 의한 사형집행은 총살형을 채택하고 있다(「군형법」 제3조).

현행법 가운데 법정형으로 사형을 규정하고 있는 것은 「형법」을 비롯하여 「군형법」, 「국가보안법」, 「특정범죄가중처벌 등에 관한 법률」, 「보건범죄단속에 관한 특별조치법」, 「문화재보호법」, 「폭력행위 등 처벌에 관한 법률」, 「국가보안법」, 「선박 및 해상구조물에 대한 위해행위의 처벌 등에 관한 법률」, 「원자력법」, 「원자력시설 등의 방호 및 방사능방재대책법」, 「항공법」, 「항공안전 및 보안에 관한 법률」, 「화학무기의 금지를 위한 특정화학물질의 제조·수출입규제 등에 관한 법률」, 「성폭력범죄의 처벌 및 피해자보호 등에 관한 법률」, 「장기이식 등에 관한 법률」, 「지뢰 등 재래식무기사용 및 이전의 규제에 관한 법률」, 「한국조폐공사법」, 「마약류불법거래방지에 관한 특례법」, 「마약류관리에 관한 법률」, 「전투경찰대설치법」 등이다.

「형법」은 국사범(國事犯)과 살인 및 중대범죄 등 10개 죄목에서 사형을 규정하고 있다. 그 가운데서 여적죄(與敵罪)(「형법」 제93조)에 대해서만 절대적 법정형으로 사형을 과하도록 하고 있고 나머지는 상대적 법정형으로서 법관의 재량에 의해 자유형과 선택적으로 과할 수 있다. 「군형법」은 사형에 해당하는 범죄가 42개나 되는데, 그 중에서 13개 죄목에 대해서는 절대적 법정형으로 사형을 규정하고 있다.[1)]

또한 특별형법 가운데는 조문 하나에 여러 개의 죄목을 한꺼번에 규정하고 있는 경우가 많아 실제로 사형에 처할 수 있는 죄목은 조문수를 훨씬 상회하고 있다.[2)]

한편 우리 「형사소송법」은 오판의 방지와 사형판결의 신중을 기하기 위하여 사형이 선고된 판결에 대하여는 상소를 포기할 수 없도록 규정하고 있고(「형사소송법」 제349조 단서), 사형선고는 합의심판부에서 과반수로서 결정하며, 이 때 합의에 관한 의견이 셋 이상 분립하여 각각 과반수에 달하지 못하면 과반수에 달하기까지 피고인에게 가장 불리한 의견의 수에 순차적으로 유리한 의견의 수를 더하여 그 중 가장 유리한 의견을 재판의 내용으로 하도록 하고 있다(「법원조직법」 제32조 및 제66조). 이는 국가가 국민의 법감정 및 국가적·사회적 여건을 고려하여 사형제도는

1) 사형을 절대적 법정형으로 규정하고 있는 「군형법」 조항은 반란(제 5 조 1항), 반란목적의 군용물탈취(제 6 조), 군대 및 군용시설제공(제11조), 군용시설 등 파괴(제12조), 불법전투개시(제18조), 불법전투계속(제19조), 항복(제22조), 솔대도피(率隊逃避)(제23조), 직무유기(제24조 1항), 지휘관의 수소이탈(守所離脫)(제27조 1항), 적진에의 도주(제33조), 상관의 살해(제53조), 전지강간(戰地強姦)(제84조) 등이다.

2) 특히 「특정범죄가중처벌 등에 관한 법률」은 총 16개 조문 중 13개 조문에 사형을 규정하고 있어 '죽음의 문서'라고까지도 불리기도 한다.

존치하되 그 적용에 있어 신중을 기하자는 취지인 것이다.

그러나 전술한 바와 같이 한편으로는 특별형법의 제정과 이에 따른 중형주의적 태도로 인해 사형이 남발되고 있다는 비판도 면치 못한다. 이와 같은 태도는 오히려「형벌면역현상'(刑罰免疫現象)만 초래하여 범죄자들의 규범의식을 더욱 약화시키고 결과적으로 한층 흉포한 범죄를 저지르게 할 우려도 있는 것이다.

사형의 확정판결을 받은 자는 미결수용자에 관한 규정을 준용하여 구치소 또는 미결수용실(未決收容室)에 수용된다(「행형법」 제13조). 사형은 교도소와 구치소 안의 사형장에서 교수하여 집행한다(「형법」 제66조 및 「행형법」 제57조 1항). 집행은 법무부장관의 명령에 의하되, 그 집행의 명령은 판결이 확정된 날로부터 6개월 이내에 하여야 하고, 집행은 명령이 떨어진 날로부터 5일 이내에 하여야 한다(「형사소송법」 제463조, 제465조 1항 및 제466조). 이와 같이 6개월 이내에 집행하도록 한 것은 원래 확정된 형이 집행되지 않은 채 그대로 방치된다면 그 본래의 취지에 반하는 것이 됨과 함께, 부당하게 긴 죽음의 공포에 처하는 것은 잔혹한 형벌금지의 취지에 반하기 때문이다.[3)]

사형수가 재심의 청구 내지 특사의 청원 등을 한 경우에는 그 청구 또는 특사가 심사되는 기간은 6개월에 산입되지 않는다. 또한 6개월의 기간은 일종의 직무기간에 불과하기 때문에 이 기간을 경과한다고 하여도 집행명령은 가능하다고 해석하여야 한다.[4)]

사형집행은 공개되지 않는다(밀행주의[密行主義]). 따라서 사형집행 시에는 검사와 검찰청서기관, 그리고 교도소장 또는 구치소장이나 그 대리자만 참석할 수 있고 그 이외의 자는 검사 또는 교도소장의 허가가 없으면 참관할 수 없다(「형사소송법」 제467조 1항 및 2항).

그러나 사형선고를 받은 자가 심신의 장애로 의사능력이 없는 상태에 있거나 잉태(孕胎) 중에 있는 때에는 심신장애의 회복 또는 출산 후까지 법무부장관의 명령으로 집행을 정지한다(「형사소송법」 제469조 1항 및 2항).

또한 사형이 감경사유에 의해 감경되는 경우는 무기 또는 10년 이하의 징역 또는 금고로 된다(「형법」 제55조 1항 1호).

---

3) 그러나 사형제도에 대한 비판적인 여론 등 여러 이유로 사형이 확정되고 6개월이 경과한 후에까지 법무부장관이 집행명령을 내리지 않는 경우가 많다.

4) 高田,「刑事訴訟法(二訂版)」, 1984, 589면.

(3) 사형존폐론(死刑存廢論)

사형제도의 존폐에 관한 여러 의견들은 그들이 가지는 형벌사상 및 형사정책적 입장에 따라, 그리고 그 사회의 법감정을 배경으로 하여 첨예하게 대립하여 왔다.

1) 사형폐지론(死刑廢止論)

사형폐지론은 Cesare Beccaria의 사회계약설[5]을 비롯하여 인도주의적 견지, 형사정책적 입장 등에서 그 논거를 찾는다.

지금까지 논의되어 온 사형폐지론을 정리하면 ① 국가가 범죄자의 생명을 박탈할 권한이 있는가 하는 법철학적 관점, ② 사형에 일반예방적 기능이 있는가 하는 형사정책적 관점, ③ 사형은 잔혹한 형벌을 금지하고 있는 헌법정신에 위배되지 않는가 하는 헌법론적 관점, ④ 오판의 가능성이 있는 이상 만회할 기회가 없는 사형을 선고하는 것은 적법절차에 반하는 것이 아닌가 하는 적법절차적 관점 등이 있다.

첫번째의 법철학적 관점에서는 국가는 생명의 절대적 가치를 전제로 하여 살인행위를 범죄로 하고 있으면서 범인의 생명을 박탈하는 것은 모순이라는 것이다. 즉 사람을 살해한 범인을 비난하면서 국가 자신이 이를 행하는 것은 응보 이외에는 아무 것도 아닐 것이며 결과적으로 국가가 도살리(屠殺吏)를 인정하는 것이 된다는 것이다.

두 번째의 형사정책적 관점에서는 사형에 위하력이 있는지 여부도 불분명하고, 따라서 "의심스러울 때는 사용하지 않는다"고 하는 견지에서 보더라도 사형은 폐지되어야 한다는 것이다. 즉 사형은 일반사회인이 기대하는 것과 같은 위하적 효력(威嚇的 效力)을 갖지 못하며, 특히 사형이 주된 대상으로 삼고 있는 흉악범이나 정치적 확신범(確信犯)에 대해서는 거의 무력(無力)하다는 것이다. 그뿐만 아니라 사형의 효용에 관한 경험적 결과도 사형이 가지는 예방적 기능을 인정하기 어렵다고 한다. 지금까지의 여러 실증적 연구에 의하면 주된 사형범죄의 하나인 살인의 발생률에 있어 사형의 폐지 전과 후에 아무런

---

5) Beccaria는 사회계약의 내용에 생명을 박탈하는 권리가 포함되어 있다고 할 수 없기 때문에 사형은 형벌권을 근거지우는 사회계약의 본지에 반한다고 하며, 또한 사형의 위하력은 종신형에 떨어질 뿐만 아니라, 사람들에게 잔혹한 행위의 표본을 보여줌으로써 오히려 사회에 유해한 것이라고 하여 사회계약설 및 일반예방론의 입장에서 사형폐지를 주장하였다. Cesare Beccaria, *Dei Delitti e delle Pene*(1764); 이수성 · 한인섭 공역, 「범죄와 형벌」, 吉安社, 1995, 85-95면.

유의적 상관관계를 발견할 수 없다는 것이다.[6] 따라서 사형에 의한 위하적 효과를 주장하는 것은 범죄자가 갖는 성격적 심리적 특수성을 무시한 단순한 추측에서 비롯된 무책임한 주장이라고 한다.

세 번째의 헌법적 관점에서는 사형은 현대의 문명에 비추어 보아 '잔혹한 형벌'(cruel punishment)에 해당하는 것이 분명할 뿐만 아니라 인도주의적 관점에서도 허용되어서는 안 된다는 것이다. 무한대의 가치를 가진 인간의 생명을 인간의 집단인 국가가 빼앗는다는 것은 부당하며 비인간적이라는 것이다.

네 번째의 적법절차적 관점에서는 사형은 한번 집행되면 사태를 회복하는 것이 불가능하기 때문에 오판의 가능성이 있는 이상 사형의 판결을 내리는 것은 적법절차에 반하는 것이 된다는 것이다.

그 외에도 사형이 갖는 형사정책적 의미가 범죄자에 대한 완전한 무해화(無害化)에 있다고 한다면 다른 방법도 있다는 것, 사형은 피해자에 대한 손해배상의 가능성을 완전히 박탈해 버린다는 것이 사형폐지론의 근거로 열거되고 있다.[7]

---

6) [표 1] 미국에서의 사형존치와 폐지한 지역간의 살인사건 발생률 비교(＊인접한 주끼리 비교한 것임)

주	1931-1935	1936-1940	1941-1946
Rhode Island(폐지)	1.8	1.5	1.0
Connecticut(존치)	2.4	2.0	1.9
Michigan(폐지)	5.0	3.6	3.4
Indianna(존치)	6.2	4.3	3.2
Wisconsin(폐지)	2.4	1.9	1.5
Illinois(존치)	9.6	5.7	1.3
Minnesota(폐지)	3.1	1.7	1.6
Iowa(존치)	2.6	1.7	1.3
Arizona(폐지)	12.6	10.3	6.5
New Mexico(존치)	12.5	8.4	5.3

[표 2] 이탈리아에서의 사형존치와 폐지한 기간의 살인사건 발생률 비교(인구평균 10만 단위)

구 분	년 도	살인발생률
사형존치기간	1880-1889	9.22
사형폐지기간	1890-1899	7.43

7) 사형을 폐지하고 있는 주요 국가 또는 주(州)는 포르투갈(1867년), 네덜란드(1870년), 스위스(1874년), 노르웨이(1905년), 멕시코(1929년), 스웨덴(1921년), 덴마크(1930년), 스페인(1932년), 뉴질랜드(1941년), 이탈리아(1944년), 독일(1949년), 핀란드(1949년), 오스트리아(1950년), 영국(1965년), 프랑스(1981년) 등이고, 미국은 미시간 주(1846년)를 시초로 웨스트버지니아 주(1965년) 등 11개주이다. 또한 1989년 12월 15일 개최된 제44회 유엔총회에서 채택한 '사형폐지에 향한 시민적 및 정치적 권리에 관한 국제규약 제 2 선택의정서'에서 "당사국은

2) 사형존치론(死刑存置論)

사형제도를 존치하여야 한다는 입장은 민족적 법감정과 일반예방적 범죄 억지력을 그 근거로 삼고 있다. 즉,

첫째, 사람을 살해하는 등 흉악한 범죄자에 대하여는 그 생명을 박탈해야 한다는 것이 아직까지는 국민의 도의적·법적 확신 내지 국민감정에 합치된다는 것이다(응보적 관점). 여기서 도의적·법적 확신 또는 국민감정이란 시간적·공간적 상황에서 자연히 생성된 국민의 무의식적인 감정과 가치기준을 말한다.

둘째, 법질서의 유지를 위해 흉악범 등 중대범죄에 대해서는 사형으로 이를 위하(威嚇)하지 않으면 법익보호의 목적을 달성할 수 없으므로 사형은 일종의 필요악이라는 주장이다. 즉 중대한 범죄나 잔인하고 포악한 범죄에 대하여 본능적으로 가장 애착을 가지고 있는 생명을 박탈한다는 위하로써 범죄를 예방할 수 있다는 것이다(일반예방적 관점).

셋째, 극악한 범죄자는 사회에 유해하므로 국가사회의 방위를 위해서는 유해한 존재를 사회로부터 완전히 격리할 필요가 있다는 것이다(사회방위론적 관점).

넷째, 사형폐지론자들이 오판(誤判)의 위험을 전제로 사형의 폐지를 주장하나 이는 잘못이라는 것이다. 즉 오판은 사형선고의 경우에만 발생할 수 있는 것은 아니고, 오판에 의하여 일어나는 결과는 자유형의 경우도 마찬가지로 회복할 수 없다는 것이다. 또한 현행 제도상으로도 사형은 오판의 방지를 위하여 신중하게 취급하고 있다고 한다. 따라서 사형의 존폐에 관한 문제는 오판의 여지가 없는 명백한 사건에 대해 사형을 과할 것인가 여부의 판단을 출발점으로 논의되어야 할 것이라는 것이다.

다섯째, 사형이 위헌이라는 주장에 대한 반론으로, 헌법은 생명을 박탈하는 형벌 자체를 부정하는 것은 아니며, 단지 생명을 박탈하는 데 필수적으로 수반되는 고통 이외의 것을 주는 것을 허용하지 않을 뿐이라고 한다.

결론적으로 사형존치론자들이 주장하는 논지는 사형은 사람의 생명을 박탈하는 형벌이므로 당해 범죄인의 개선·교화라는 점에서는 전혀 의미가 없을 것이나, 인간이 본능적으로 애착을 갖고 있는 생명을 박탈한다는 형벌의 예고

사형폐지를 위한 모든 필요한 조치를 강구하지 않으면 안 된다"고 규정하고 있다. 이 의정서는 1991년 7월에 11개국의 비준을 받아 발효하였지만 우리나라는 아직 비준하지 않고 있다.

는 범죄자에게 최대의 위하로 될 수 있고, 따라서 법은 범죄에 대한 강력한 억지력을 기대할 수 있을 것이라는 것이다. 또한 극악(極惡)한 범죄인을 사회로부터 영원히 격리한다는 점에서도 사형은 그 목적에 있어서 절대적 확실성을 기대할 수 있을 것이라고 생각한다.

3) 사형제도에 대한 형사정책적 제안

형벌의 해악적 속성은 국가의 처벌행위의 정당성에 대한 의문을 끊임없이 제기하여 왔다. 즉 국가가 한편으로는 국민의 생명·신체·재산 등에 대한 침해를 법을 통해 금지하면서 다른 한편으로는 국가 스스로 법의 이름을 빌려 그러한 침해행위를 자행하는 모순을 어떻게 설명하고 정당화할 수 있는가 하는 문제이다. 이러한 문제들은 시대적·사회적 상황에 따라 응보와 개선이라는 형벌목적을 중심으로 해결하려 하였고 설명되어져 왔다.

형벌의 역사를 더듬어 볼 때 문명화와 함께 사형은 점차 제한되어 왔고, 또한 이미 폐지하고 있는 국가도 적지 않기 때문에 언젠가는 사형이 세계 각국의 형벌제도로부터 자취를 감출 것이 예상된다. 그러나 사형제도가 비인도적이고 어떤 의미에서는 단선적(單線的)이고 무책임한 사회개선책임은 틀림이 없으나 그렇다고 하여 현실적인 국민의 법감정과 사회적 상황을 무시하고 그저 인도주의적·이상적 입장에서 무조건적으로 사형제도의 폐지를 부르짖을 수만은 없을 것이다. 따라서 언젠가는 우리 인류사회에 없어져야 할 제도임을 전제로 하되, 우선 현실적으로 존속하고 있는 사형제도의 신중하고 합리적인 운용이 선결과제일 것이다. 그런 의미에서 사형제도와 관련하여 다음 몇 가지 방안을 고려할 수 있을 것이다.

첫째, 사형범죄의 종류를 크게 축소하는 것이다. 특히 모살(謀殺)이 아닌 격정범(激情犯)이나 아무런 사전적 의도 없이 행해진 고살(故殺), 사상범(思想犯) 또는 양심범(良心犯)에 대해서는 사형을 배제하는 것이 타당할 것이다. 또한 결과적 가중범(結果的 加重犯)에 대해서도 사형을 배제하는 것이 옳다고 생각한다. 특정한 범죄에 대해 그 규모나 조직, 해악성(害惡性) 등에 비추어 가중처벌로서 사형을 인정하고 있는 것이 현재 세계 각국에서 드물지 않게 보이고 있는 현상이다. 그러나 그때그때의 사회적 감정과 요청에 따라서 범죄자를 가중처벌하는 것은 법적 안정성 및 법에 대한 신뢰라는 측면에서도 타당치 않다고 본다.

둘째, 사형을 선고함에 있어서 신중을 기할 수 있는 제도적 장치를 보완하는 것이다. 물론 우리 「형사소송법」에는 상소의 포기금지라든가 필요적 변호제도 등을 두고 있어 신중을 기하고 있다고는 하지만, 아직도 충분하다고는 할 수 없다.

사형판결에 있어서 평결정족수의 강화,[8] 사형은 본인의 의사와 상관 없이 자동적으로 3심절차를 거치는 것(자동상소제[自動上訴制]), 현재 별 실효를 거두지 못하고 있는 국선변호인제도의 강화 등 입법론적으로 고려할 필요가 있을 것이다.

셋째, 사형의 집행을 제한하는 것이다. 즉 사형선고를 받은 사형수에게도 개선·교화의 가능성을 기대하고 기회를 부여한다는 의미에서 사형의 집행을 유예하는 것이다.[9] 이와 함께 현재 정치적·잠정적인 조치로만 시행되고 있는 사면제도(赦免制度)를 사형수의 교화·개선과 결부시켜 시행하는 방법을 강구하여야 할 것이다. 이는 언젠가 폐지되어야 할 사형제도의 과도적·중간적 조치로서 의의가 있을 뿐만 아니라 형벌의 개별화란 형사정책적 차원에서도 의미가 있을 것이다.

넷째, 사형제도의 완전 폐지란 차원에서 고려할 수 있는 제도로서는 중무기형(重無期刑)이라 할 수 있는 특사(特赦) 또는 감형(減刑)이 되지 않는 종신구금제(終身拘禁刑), 영미법계에서 시행하고 있는 것처럼 경합범의 가중한도(加重限度) 철폐[10] 등이 고려될 수 있을 것이다.

궁극적으로 사형존폐의 문제는 당해 사회에서의 국민의 일반적 감정 내지 법적 확신에 의거하여 논해지지 않으면 안 된다. 따라서 맹목적인 정의감정 또는 감상적인 인도주의적 사고에서 판단될 사안은 아니다. 그러나 언젠가는 국민의 법감정이 변화하여 사형이 비인도주의적이고 잔혹하며 무익한 형벌이라는 공감대가 형성되고 이와 함께 범죄에 대한 다른 더 나은 방안이 강구되면 사형은 폐지되어야 할 것이다.

---

8) 현재 합의심판부에서 과반수의 찬성으로 결정하도록 하고 있는 사형판결을 5명 이상의 합의심판부에서 3분의 2 이상의 찬성으로 하는 방법도 고려될 수 있을 것이다.

9) 현재 중국에서 시행되고 있는 '사형집행연기제도'(死刑執行延期制度)가 그 좋은 입법례이다. 이 제도는 원래 중국 형법상의 '쓰후안'(私緩) 제도로부터 유래한 것으로 사형에 처해야 할 범죄자에 대하여 바로 집행하지 않으면 안 될 경우를 제외하고는 사형의 판결과 동시에 집행연기 2년을 선고하여 노동을 통한 개조를 시도하여 그 태도 여하에 따라 사형을 면하게 하는 것이다(중국 형법 제43조 1항 참조).

10) 자유형에 대한 가중한도(加重限度)가 없기 때문에 예를 들면 징역 150년과 같은 형량이 선고될 수 있다.

2. 자유형(自由刑)

(1) 자유형의 의의와 종류

자유형은 수형자를 구금하여 그 자유를 박탈하는 것을 내용으로 하는 형벌이다. 그 종류는 나라에 따라 다르지만 대체로 징역(懲役)·금고(禁錮)·구류(拘留)가 일반적이다.[11)]

자유형의 내용이 되는 신병(身柄)의 구금은 원래는 재판의 집행확보를 목적으로 하는 것이었는데, 징역이 형벌의 내용으로 된 시기는 16세기부터 17세기에 걸쳐서 이고, 유럽 및 영국에서 생긴 징치장(懲治場) 내지 노역장(勞役場)에서 그 원형을 찾을 수 있다고 한다. 그 후 17세기부터 18세기에 걸쳐 그 때까지 시행되어 왔던 화형(火刑), 신체형(身體刑), 유형(流刑) 등에 대신하여 자유형이 형벌제도의 중심이 되었다.

이와 같이 자유형이 형벌의 중심이 되게 된 배경으로는, 첫째 생활조건의 향상에 따라 자유의 박탈만으로 범죄자에게 충분한 고통을 줄 수 있게 되었다는 것, 둘째 자유형은 양적(量的)으로 단계를 나누는 것이 가능하기 때문에 응보형으로서 죄형균형(罪刑均衡)의 요구를 충족시키기에 적합한 형벌이라는 것, 셋째 수공업의 발달로 수형자의 노동력을 필요로 하였다는 것, 넷째 Calvinism의 영향 등이 지적되고 있다.[12)]

징역과 금고는 모두 감옥에 구치함으로써 집행되는 점에서 동일하나, 징역은 구금 이외에 '소정의 작업,' 즉 교도작업이 과해지는 것에 비해 금고는 그것이 과해지지 않는다는 점에서 다르다(「형법」 제67조 및 제68조). 그러나 금고와 구류형을 받은 자는 본인의 신청에 의해 작업을 할 수 있다(「행형법」 제38조). 이 경우 정당한 사유가 없으면 마음대로 작업을 그만둘 수 없게 되어 실질상 징역수형자와 동일한 취급을 받는다(「행형법 시행령」 제120조).

징역 및 금고에는 무기와 유기가 있고, 유기는 1개월 이상 15년 이하이나 형을 가중하는 경우에는 25년까지 가능하다(「형법」 제42조). 그리고 무기징역 또는 무기금고를 감경할 때에는 7년 이상의 징역 또는 금고로 하며, 유기징역 또는 유기금고를 감경할 때에는 그 형기의 2분의 1로 한다(「형법」 제55조 1항 2호 및 3호).

11) 프랑스는 자유형을 중징역·경징역·구류·금고·도역(徒役) 등의 구별을 두고 있었으나 1993년의 형법개정에 의해 징역·금고·구류의 세 종류로 축소했다. 독일도 중징역·경징역·감금·구류의 4종류를 두고 있었으나 1969년 개정시 '자유형'으로 통일하였다.

12) 平野龍一, 「矯正保護法」, 1963, 11면.

구류는 징역 또는 금고에 비해 경한 자유형으로 그 기간은 1일 이상 30일 미만이며, 구치하는 장소도 교도소가 아닌 구치소 또는 유치장이라는 점에서 징역 또는 금고와 다르나 '소정의 작업'을 과하지 않는다는 점에서 금고형과 같다.

(2) 자유형의 형사정책적 의의와 한계

1) 형사정책적 의의

자유형은 오늘날 형벌체계의 중심을 이루고 있는 형벌로서 다음과 같은 기능이 있다. 즉,

첫째, 응보라는 차원에서 범죄인에게 신체적 자유의 구속 내지 강제적 작업에 수반하는 고통을 부여하고 있다.

둘째, 관련된 고통이 법정형(法定刑), 선고형(宣告刑), 집행형(執行刑)으로 현실화됨으로써 일반인에는 위하력, 즉 일반예방기능을 한다.

셋째, 선고형 내지 집행형으로서의 자유형은 그 대상자인 범죄자에 대하여 감화력을 갖기 때문에 특별예방기능이 있다. 특히 자유형에 특별예방기능이 기대되는 것은 그 집행에 있어서 재범방지기능이다. 재범방지기능은 범인의 격리 및 개선을 위한 처우에 의해 달성된다.[13)]

즉 자유형의 집행은 현실적으로 시설구금을 내용으로 하지만 범죄인이 사회로부터 격리되기 때문에 그 격리되는 기간 동안 사회는 범죄자의 사회적 위험성으로부터 보호되는 결과가 되는 것이다. 그러나 자유형의 수형자는 머지않아 사회에 복귀시키지 않으면 안 되는 이상 그들을 갱생시켜 다시 죄를 범하지 않을 시민으로서 사회에 복귀시키는 것은 형사정책상 극히 중요할 뿐만 아니라, 개인의 존엄을 중요시하는 인도주의의 요청에도 타당한 것이다. 따라서 이 사회복귀야말로 자유형집행의 중심목적이고 자유형에 고유한 형사정책

---

13) 범죄인을 개선한다는 사상은 자유형과 불가분의 관계로 전개되어 왔다. 암스테르담 징치장이 이러한 개선목적을 내세웠던 것이고, 감옥개량운동도 열악하고 비인도적인 감옥환경으로 인해 감옥이 오히려 범죄에 감염되는 장소가 되고 있기 때문에 범죄자를 응징하여 개선한다는 사상에 반한다고 하는 것이 그 출발점이었다. 20세기에 들어와 유럽에서 개선형론이 전개되면서 자유형의 집행은 수형자를 개선·교육하는 행형이 되지 않으면 안 된다고 하는 생각이 일반화되었다. 한편 영국과 미국에서는 제 2 차 세계대전 이후부터 '교정'(矯正) 또는 '처우'(處遇)의 사상이 발전하여 실무에 적용되기 시작하였다. 여기에는 과학적이고 의료적인 개선이 강조되고, 수형자 각인에 상응하는 '개별처우'에 의한 수형인의 교정·사회복귀가 지향되었다. 그러나 1970년대에 들어오면서 미국에서 사회복귀사상에 기초한 행형에 강한 반발이 일기 시작하고 소위 '정의모델'(justice model) 내지 '반사회복귀사상'(反社會復歸思想)에 기초한 행형개혁이 주장되어 오기 시작한다(이에 관해서는 후술한다).

적 의의라고 할 것이다.[14)]

2) 자유형의 한계

자유형의 형사정책적 의의로 특히 기대되는 것은 자유형의 집행에 의해 수형자의 사회복귀를 적극적으로 도모하는 것이다. 그러나 시설구금에 의한 교정을 통한 사회복귀에는 다음과 같은 문제가 항상 따라 다닌다.

첫째, 사회복귀의 취지에 비추어 보면 구금하여 사회생활의 자유를 박탈하는 것 그 자체가 모순이 아닌가 하는 점이다. 시설에 수용하는 것은 사회생활의 중단을 가져와 사회복귀를 방해하게 될 뿐만 아니라, 범죄자 스스로 시민으로서의 자각을 잃게 함으로써 오히려 범죄성향을 촉진시키는 요인으로 될 수 있기 때문이다. 그뿐만 아니라 다른 수형자와 접촉함으로써 악풍(惡風)에 감염되고 새로운 범죄수법을 취득할 수도 있어 감옥은 일종의 범죄학교라고 하는 측면도 갖고 있다.

이와 같이 자유형은 수형자의 사회복귀에는 원래 적합하지 않은 측면을 갖고 있기 때문에 감옥파산론(監獄破産論)까지도 주창되어 오고 있는 정도이다.[15)] 따라서 그 폐해를 피하기 위해서는 가능한 한 자유형을 제한할 필요가 있으며(자유형 회피 내지는 비시설화), 이와 같은 한계를 극복할 수 있는 시설의 개선과 처우기술의 개발이 필요하게 될 것이다.

둘째, 자유형의 집행으로서 행해지는 교정은 응보나 일반예방 등 다른 형벌목적에 의한 제약을 받는다. 구체적으로 말하자면 우선 교정을 위한 처우에는 형의 종류나 형기(刑期)에 의해 처우의 범위나 내용에 제약이 있고, 그것이 자유형의 형사정책상의 한계가 되고 있다는 점이다. 처우는 각각의 범죄자의 인격에 대응하여 사회복귀에 유효한 방법으로 행하여지지 않으면 안 되지만 현행법상으로는 징역·금고·구류라는 틀 내에서 처우가 행해지지 않으면 안

14) 사회복귀란 말은 미국의 소년비행전문가인 W. Healy가 1949년경에 최초로 사용한 이래 범죄학분야에서 광범위하게 사용되어 왔지만 본래는 의학상의 용어이다. 즉 수술 후 기능회복을 도모하여 서서히 사회생활에 순응하기 위한 치료를 말하는 것이기 때문에 이 용법은 범죄자를 치료한다고 하는 '개선모델'(改善model)의 처우론을 기초로 한 것이라고 할 수 있다. 한편 재사회화라는 용어는 사회학적인 사고를 기초로 하는 것으로, 범죄자가 됨으로써 사회로부터 소외되는 자가 사회에 다시 받아들여지게 되는 능력을 갖게 한다고 하는 것으로 독일, 스위스, 오스트리아 등에서 사용되어 왔다. 그러나 양자의 어의(語義)는 연혁상으로 다를 뿐 어느 것이나 범죄자를 교정하여 사회에 복귀시키는 것을 자유형집행의 이념으로 하는 점에서 동일하다. 宮澤浩一, "行刑思想の發展と動搖,"「現代刑罰法大系」, 74면.

15) 감옥파산론이란 종래의 구금·계호 중심의 감옥제도는 수형자의 개선에 적합하지 않기 때문에 가능한 한 빨리 폐지되지 않으면 안 된다고 하는 주장이다. 20세기 초에 독일에서 제창된 것으로 감옥분열론(監獄分裂論)이라고도 한다.

되기 때문이다.

또한 처우는 선고된 형의 기간에 의해 제약을 받기 때문에 처우상 부적합한 형이라도 집행되지 않으면 안 되는 경우가 있고, 반대로 처우상 필요하여도 형기가 만료되면 석방하지 않으면 안 되는 경우도 있다. 자유형의 단일화, 단기자유형, 부정기형의 문제가 논의되는 근거가 여기에 있다.

셋째, 국가재정상의 한계이다. 일단 범죄에 빠진 사람을 사회에 복귀시키기 위해서는 시설 및 처우면에서 많은 경비를 필요로 하지만 국가재정적 견지에서 그것에 필요한 예산이 확보되기는 어려운 경우가 많다. 따라서 사회복귀처우의 성부(成否)는 충분한 재정적 기반에 기초한 인적·물적 설비의 충실에 달려 있다고 해도 과언이 아니다.

이와 같이 자유형의 재범방지기능에는 본질적 현실적인 형사정책상의 한계가 있다. 그렇기 때문에 이들 한계를 자각하여 자유형의 폐해를 줄임과 동시에 자유형의 재범방지기능을 촉진하기 위하여 그 한계를 극복하도록 노력하여야 할 것이다.

자유형의 폐해 내지 한계를 극복하는 방법으로는 흔히 세 가지가 거론되고 있다. 즉 자유형에 대체하는 형벌을 개발하는 것, 자유형 자체의 다양화를 도모하는 것(예를 들면 개방시설 또는 특별시설의 설치가 이것에 속한다), 형집행 자체의 개선을 도모하는 것(예를 들면 처우기술의 개발, 격리작용이 초래할 폐해를 제거하는 것이 이것에 속한다) 등이 그것이다.

(3) 자유형의 단일화

1) 단일형론(單一刑論)과 자유형다원론(自由刑多元論)

자유형의 법률상의 종별을 폐지하고 단일한 자유형을 채용하여야 한다는 주장을 단일형론이라고 한다. 단일형론에 기초한 자유형단일화의 문제는 1872년 런던에서 개최된 제 1 회 '국제형법 및 형무회의'에서 의제로 처음으로 다루어진 이래, 1878년 스톡홀름에서 개최된 제 2 회 회의에서 이것을 인정하는 결의가 이루어졌으며, 1951년 베른에서 개최된 '국제형법 및 형무위원회'에서 "범죄의 성질 및 경중에 의해 형을 구별하는 것은 폐지하고, 형의 개별화의 필요에 따라 새로운 분류를 마련하여야 한다"고 하는 결의를 하였다.

자유형의 단일화에 대한 논거는 여러 가지가 있지만 그 기조는 자유형이 수형자의 개선·교육을 주요한 목적으로 하는 것인 이상 자유형의 내용을 고통으로 생각하고 형의 종류에 상응하여 고통의 내용과 정도를 달리하여야 한다는 사고에 입각한 자유형다원론(自由刑多元論)은 부정되어야 하며, 또한 작업의 유무를 자유형 종류의 기초로 하는 것은 개선의 방법으로서의 작업의 의미를 무시하는 것이라는 것이다.

또한 징역과 금고를 구분하는 것은 ① 수형자의 개성에 응한 처우, 즉 처우의 개별화라는 이념에 반하고, ② 징역은 파렴치범(破廉恥犯), 금고는 비파렴치범(非破廉恥犯)이라고 하는 도덕적 평가를 형법에 도입하는 것은 과도한 도덕주의(道德主義, moralism)일 뿐만 아니라, 또한 그 구별 자체가 애매하며, ③ 그런 경우 파렴치범이 아닌 징역수형자에게도 파렴치범의 낙인을 찍는 것이 되어 그들의 사회복귀에 저해될 수 있고, ④ 금고를 경한 형으로 하는 것은 노동을 고통으로 보는 노동경시사상(勞動輕視思想)으로부터 유래함과 동시에 노동의 권리 및 의무를 규정한 헌법정신(「헌법」 제32조)에 반하며, ⑤ 금고수형자의 대부분이 청원작업에 종사하고 있다는 현실로 보더라도 노동강제의 유무를 기준으로 하여 금고와 징역을 구분하는 의미가 없다고 한다. 결국 징역·금고·구류 등의 자유형은 어느 것이나 수형자의 개선을 목적으로 하는 점에서 동일한 것이기 때문에 자유형을 여러 종류로 둘 필요가 없다는 것이다.

이에 대해 자유형다원론은 징역·금고의 구별은 전통적으로 인정되어 온 것이고, 금고는 원래 비파렴치범에 대한 명예구금으로서 생겨난 것이지만, 범죄를 파렴치한 것과 비파렴치한 것으로 구분하는 것은 현재도 국민의 도의관념에 뿌리박고 있기 때문에 형의 종류에 있어서도 범죄에 대한 도의적 평가의 차이를 확실히 할 필요가 있다고 주장한다.

이 외에도 자유형다원론의 논거는 ① 정치범을 특별히 고려하는 제도는 민주주의의 기초를 이루는 정치적 상대주의라는 것, ② 정치범이나 과실범 가운데는 작업강제에 적합하지 않는 자가 있기 때문에 이것을 행형담당자의 재량에 맡기지 않고 입법 및 재판의 단계에서 구별하는 것이 인권보장의 차원에서 바람직하다는 것, ③ 교통사범에 대해서는 금고형을 통한 집단처우가 유효하기 때문에 금고를 징역과 구별할 필요가 있다고 한다.

2) 자유형의 단일화

형벌의 집행은 수형자의 개선과 사회복귀가 그 목적으로 되어야 한다. 따라서 이와 같은 목적을 달성하기 위해서는 각 범죄자에 적합한 처우가 시행되어야 할 것이다. 그렇기 때문에 예를 들면 파렴치범죄자에게는 징역, 비파렴치범죄자에게는 금고를 부과하는 것과 같이 자유형의 종류를 범죄자의 특성이 아닌 범죄의 종류에 따라 정하는 것은 타당하지 않다고 할 것이다. 그런 의미에서 법률상 자유형을 징역과 금고로 나누는 현행제도는 개선되어야 한다.

그런데 단일형으로 한다면 금고형으로 일원화할 것인가 징역형으로 일원화할 것인가가 문제된다.

생각건대 현행법처럼 작업이 필수적인 징역을 중심으로 하는 자유형의 단일화는 형벌이 추구하는 사회복귀이념에 비추어 본다면 허용되어서는 안 될 것이다. 작업은 개선과 사회복귀에 있어서 유용하기 때문에 많은 국가가 그것을 범죄자처우의 수단으로 하고 있으나, 수형자에 따라서는 그 이외의 교육적·훈련적·의료적 처우가 적합한 경우도 있고, 경우에 따라서는 작업이 오히려 그의 개선에 장애가 되는 경우도 있을 수가 있기 때문이다. 따라서 작업이 필수요건으로 되어 있지 않은 자유형으로 일원화하되(이 경우 금고 또는 징역이라고 하기보다는 그냥 자유형이라고 칭하면 될 것이다), 본인의 의사 또는 동의에 의해 작업을 부과할 수 있도록 하는 것이 좋을 것이다. 즉 작업을 절대적 개념요소로 하지 않되, 자유형에 처해진 자의 성향 및 능력, 그리고 그의 의사에 따라 작업을 과하거나 기타 교정에 필요한 처우를 행하도록 하는 것이다.

(4) 단기자유형(短期自由刑)

1) 단기자유형의 의의 및 문제점

형기가 짧은 자유형을 '단기자유형'이라고 한다. 그런데 어느 정도의 형기를 단기로 하느냐의 문제와 단기를 정하는 기준을 선고형에 두느냐 집행형에 두느냐 하는 문제가 있다. 지금까지는 6개월 미만의 자유형을 단기자유형이라고 하는 주장이 세계적으로 지배적이다. 단기자유형의 폐해가 제기된 19세기 후반에는 3개월 이하의 자유형수형자들 다수가 분류도 되지 않고 수용되어 있는 실태였고, 따라서 이 무렵은 3개월설이 단기자유형으로 유력하였다. 그러다가 제 2 차 세계대전 후에 '개선'이라는 측면이 강조되면서 교정을 위해서는 3개월로는 지나치게 짧기 때문에 적어도 6개월을 초과하는 자유형을 필요로 한다고 하는 관점으로부터 6개월 미만이 자유형의 단기라고 하는 주장이 유력하게 되었다.

그 기준은 단기자유형문제가 단기자유형의 폐해로부터 제기되어 온 것을 감안한다면 집행형에 두는 것이 타당할 것이라는 주장도 있지만 단기자유형의 경우는 선고형과 집행형이 거의 같기 때문에 논의의 실익이 없다.

현행법상 징역·금고의 하한은 모두 1개월이나(「형법」 제42조), 감경하는 경우에는

1개월 미만으로 낮추는 것도 가능할 뿐만 아니라(「형법」 제55조 1항 3호), 구류는 1일 이상 30일 미만의 형기이기 때문에(「형법」 제46조) 현행법은 단기자유형을 당연히 예정하고 있는 셈이다. 실무상으로도 6개월 이하의 징역 또는 금고는 많이 선고되고 있는 실정이다.

이와 같은 단기자유형은 그 기간이 짧기 때문에 개선의 효과를 기대할 수 없고, 오히려 수형자가 유치장이나 교도소에서 다른 수형자로부터 나쁜 영향을 받기 쉬울 뿐만 아니라, 수형(受刑)에 의해 사회적인 지위나 직업을 잃게 되기 때문에 단기자유형의 수형자는 재범에 빠지기 쉽다는 등의 폐해가 있다고 지적되어 왔다.

1872년 런던에서 개최된 제1회 '국제감옥회의'에서 이 단기자유형에 관한 문제가 의제로 채택된 이래 단기자유형의 배제의 소리가 높아져 왔고, 1950년 헤이그에서 개최된 제12회 '국제형법 및 형무회의'에서는 단기자유형에 대신하여 집행유예, 자유형의 벌금형에로의 전환 등과 같은 여러 제도가 권고되었다.

또한 1950년 헤이그에서 개최된 '국제형법 및 감옥회의'에서는 단기자유형은 사회적·경제적·가족적 견지로부터 중대한 폐해가 있다고 하였으며, 구체적으로는 다음과 같은 사항들이 지적되었다. 첫째, 기간이 지나치게 짧아서 충분한 교육이 불가능하고, 둘째, 시설 및 직원이 열악하여 수형자에게 심신상의 악영향을 미치며, 셋째, 수형자의 다수는 초범인데 그들이 단기간이라도 교도소에 구금됨으로써 구금에 대한 공포감을 상실하게 되고, 자존심을 상실하게 되어 누범자(累犯者)가 되기가 쉬우며, 넷째, 수형자의 가족은 물심양면으로 심각한 타격을 받고, 다섯째, 수형자의 사회적 파멸을 초래하여 그의 사회복귀를 곤란하게 하고, 여섯째, 행형실무에 있어 과도한 업무부담이 된다는 것 등이다.

이에 대해 첫째, 단기자유형의 폐해로 지적되는 것의 대부분은 장기자유형에도 해당될 뿐만 아니라 오히려 그 폐해의 정도는 장기의 경우가 현저하다는 것, 둘째, 형벌제도의 인도화(人道化)의 요청에 의해 20세기 이래(특히 제2차대전 후) 자유형을 회피·완화하는 경향이 있어 왔고, 이에 따라 자유형의 형기가 단기화되어 가고 있다는 점, 셋째, 교통사범(交通事犯)에 대한 단기자유형의 효용이 인식됨과 함께 단기자유형의 효과도 재평가되고 있다는 점, 넷째, 죄형균형(罪刑均衡) 내지 응보적 정의의 견지에서 경한 범죄에 대하여는 경한 형벌을 과하는 것이 필요한 이상 단기자유형은 나름대로 의의가 있다는 것, 다섯째, 단기자유형을 폐지하고 집행유예와 벌금으로 대신한다면 일반예방적 견지에서 문제가 있다는 것 등을 이유로 단기자유형을 배제해서는 안 된다고 하는 주장도 있다.

2) 단기자유형의 개선방안

단기자유형의 폐해로 지적되어 온 것들 대부분은 자유형이 가지고 있는 일반적인 폐해이다. 그렇기 때문에 형벌로서의 기능을 손상하지 않는 한 자유형 자체를 회피하는 방향으로 가되 그 대안을 적극적으로 강구하여야 할 것이다.

지금까지 단기자유형의 대체수단으로서 거론되어 온 것들은 특히 단기자유형에만 적용되는 것이 아니고 자유형 모두에게 적용될 수 있는 수단들이다. 따라서 1976년 유럽이사회결의에서 ① 자유형의 회피, ② 재정상의 지출절약, ③ 대체수단의 강구를 명문화한 것도 자유형 일반의 회피 내지 비시설화(非施設化)라는 사고에 기초하고 있다. 그 대체수단으로서는 종래 주장되어 온 벌금, 집행유예 외에 선고유예, 주말구금, 반구금(半拘禁), 손해배상명령, 사회봉사명령 등이 고려된다.

그러나 형벌의 여러 기능에 비추어 자유형을 부과해야 하는 경우가 있고, 또한 범죄와의 균형을 고려한 형벌(비례성의 원칙)이라고 하는 죄형법정주의의 요청으로 경한 범죄에는 경한 형벌을 과하는 것이 당연하기 때문에 단기자유형을 형벌체계로부터 배제할 수는 없다. 특히 오늘날 교통범죄와 같은 질서범(秩序犯)에 대하여는 단기자유형이 유용하게 이용되고 있는 것을 보아도 단기자유형도 나름대로 존재의의가 있다는 것을 알 수 있다.

그런데 이와 같은 단기자유형은 두 가지 점에서 문제가 있다. 그 첫째는 단기자유형 가운데에 현행법상의 구류와 같은 제도를 특히 두어야 할 필요가 있는가 하는 것이고, 둘째는 단기자유형에 있어서도 특별한 처우방법을 필요로 하는가이다. 자유형의 단일화를 실현한 나라에서는 단기자유형을 형벌의 종류로 두지 않는 것이 보통이지만, 단일형론자들도 구류를 존속시키는 것에는 동의하고 있다(부분적 단일형론).

생각건대 「경범죄처벌법」 위반과 같은 경미한 범죄에 대하여는 응보·위하·개선 등의 견지에서 일반범죄와 구별하여 상대적으로 경한 벌로 처벌하여야 하고, 또한 그것이 국민의 법감정에도 합치할 것이다. 그런 의미에서 단기

자유형 가운데 특히 단기인 현행법상의 구류제도는 의미가 있다.

그런데 현행의 구류제도가 실질적으로 위하력이나 개선의 효과도 없기 때문에 구류의 기간을 최대 90일 미만으로 확장하자는 주장이 있다. 그러나 구류는 과료와 함께 특히 경미한 범죄에 적용되는 형벌의 하나이고, 또한 후술하는 자격제한도 수반하지 않는 것이기 때문에 그 기간을 최대 90일까지로 하는 것은 너무 과중하고, 따라서 형기는 현행처럼 30일 미만이 적당할 것이다.

문제는 현행처럼 수형자를 구치소 또는 유치장에 단순히 구치할 뿐 아무런 교정상의 처우를 행하지 않고 있는 점이다. 단기이지만 그 기간에 교양강좌나 상담치료 또는 사회봉사활동 등을 통한 개선의 효과를 도모하는 방안도 고려될 수 있을 것이다.

경미한 범행을 되풀이하는 범죄자에 대하여 엄격하고 적절한 생활지도와 교육훈련을 중심으로 하는 처우를 시행하는 것은 개선·교육상의 의의가 있을 것이다. 이와 같은 관점에서 구류를 포함한 단기자유형에 적합한 처우프로그램을 만들어 일반의 수형자와 다른 시설에서 수용·처우를 하여야 할 것이다. 구체적으로는 전용시설에의 개별수용, 폐쇄적인 처우와 개방처우의 병용 등의 방법을 통해 반성과 책임감을 환기시키도록 하여야 할 것이다. 또한 주중에는 통상의 사회생활을 영위하게 하고 주말이나 휴일에만 형사시설에 수용하는 주말구금, 그리고 영국에서 시행되고 있는 주말에 출두소(出頭所)에 출두하게 하는 것도 생각할 수 있을 것이다.

(5) 부정기형(不定期刑)

1) 부정기형의 의의

자유형을 선고할 때 일정한 형기를 정하지 않고 행형의 경과에 따라 사후적으로 결정하는 제도를 부정기형이라고 한다. 부정기형은 형기를 전혀 정하지 않는 절대적 부정기형과 형기의 장기(상한)와 단기(하한) 또는 그 어느 한 쪽을 정하여 선고하는 상대적 부정기형이 있다. 전자의 경우는 형벌을 법정하지 않는 것이나 다름 없고, 따라서 죄형법정주의에 반하는 것이기 때문에 오늘날의 형사사법에서는 용납될 수 없다. 그렇기 때문에 형사정책적인 차원에서 고려되는 것은 상대적 부정기형일 뿐이다.

부정기형은 특별예방과 함께 개선형사상(改善刑思想)에 기초하고 있다. 즉 범죄자에 어떠한 형기의 자유형을 과하여야 그 위험성이 제거될 것인지는 판결당시에는 예측할 수 없기 때문에 형집행의 경과에 따라 개선효과의 유무를 검토하여 사후적으로 형기를 확정하여야 한다는 것이다.

부정기형사상은 원래 유럽에서 태동한 것으로 특히 근대학파에 의해 이론화되었으나 제도적으로는 미국에서 먼저 발전되었다. 즉 부정기형은 1869년 미국 미시간 주에서 시행된 이른바 「3년법」을 그 효시로 하는데, 이 법률은 매춘부에 대하여 3년 이하의 부정기구금을 허용하는 것이었다. 이어 1877년에는 뉴욕 주의 엘마이라 교정원(Elmira Reformatory)에서 16세 이상 30세 이하의 수형자에 대한 부정기형제도가 실시된 이래 부정기형은 미국 각 주로 확산되었다. 1946년에는 이른바 '개선모델'을 기초로 하여 소년에 대하여 전 미국에 보급되었고, 성인에게도 뉴욕 주 등 38개주 및 연방형법에 채택되었다.

그러나 유럽에서는 스웨덴과 독일이 그것도 소년에 대해서만 실시한 것이 전부였다. 특히 독일에서는 형벌에 응보의 관념이 강하게 지배하고 있었기 때문에 부정기형은 법치국가적 보장의 원칙에 반하는 것으로 간주되어 부정되었다.

그러나 미국이 이와 같은 부정기형의 원조라고는 하지만 개선사상의 후퇴와 응보형론의 대두, 실제로 형기를 결정하는 기관(Parole Board: 가석방위원회)의 부당한 재량권행사, 그것에 수반하는 수용의 장기화와 형기의 불공평에 대한 비판 등의 이유에 의해 1960년대의 후반부터 부정기형의 폐지를 요구하는 소리가 높아졌고, 그 결과 1975년에는 연방교정국이 개선모델로부터의 후퇴를 공식적으로 인정하였다.

1984년에 제정된 포괄적 범죄규제법은 연방차원에서 가석방을 폐지한 입법이었고, 이에 따라 메인 주는 부정기형과 가석방을 최초로 폐지하였다. 현재에는 이른바 '정의모델'(正義모델, justice model)에 입각하여 미국의 27개주가 부정기형을 폐지하였다고 한다.

2) 부정기형과 책임주의(責任主義)

상대적 부정기형을 선고하는 경우 그 선고형은 형의 양정기준 다시 말하면 양형기준에 따라 정해진다. 양형기준은 형법이론에서 책임 내지 형벌에 대한 사고방식에 따라 각기 다르지만 일반적으로는 '도의적 책임'을 양형의 기준으로 하여야 한다고 생각되고 있다. 즉 형의 양은 '책임에 부응하여' 또는 '책임을 한도로 하여' 결정하여야 한다는 것이고, 이것을 양형에 있어서의 책임주의라고 한다. 부정기형에서 문제가 되는 책임주의는 이 의미이다.

개선형론은 범인의 개선이라는 입장에서 부정기형을 주장하지만, 전술한 의미에서의 책임주의를 양형의 원칙으로 하는 이상은 부정기형도 또한 책임에 비례하거나, 책임을 한도로 하지 않으면 안 될 것이다. 그런데 책임에는 상한과 하한을 설정할 수 있는 폭이 있다고 한다. 이른바 '폭의 이론'(幅의 理論, Spielraumtheorie)이 그것인데, 이것은 원래 독일에서 책임주의에도 책임의 범위에 범인의 개선 등과 같은 목적적 고려를 도입할 수 있다고 하는 관점으로부터 주장되었다. 이것을 부정기형의 근거로 한 것은 '개정형법 준비초안 이유서'에서 "책임주의는 형벌이 행위자의 도의적 책임에 상응할 것을 요구하는데 그 책임에는 폭(幅)이 있다. 따라서 반드시 3년 6월이라든지 5년 3월이라고 하는 것처럼 일정한 수치를 나타내어야 하는 것은 아니다. 책임에 상응하는 범위에서 보안 및 개선갱생의 목적상 필요한 상대적 부정기형을 언도하는 것은 책임주의에 반하는 것이 아니다"고 하였다.

그 외에도 "개별행위책임을 물을 뿐만 아니라 성격책임이라든지 인격책임 또는 행위책임을 묻는다," "단기는 행위에 대한 책임을 중심으로 하여 보안의 목적을 가미한 형량이 될 것이고, 장기는 보안의 목적을 중심으로 하지 않기 때문에 행위자에 대한 책임을 고려하여 정한다"고도 하였다. 그러나 이것에는 두 가지 책임개념을 인정하고 있을 뿐만 아니라 결국은 보안형(保安刑)을 수용하는 셈이 되고 책임관념을 공동화(空洞化)하는 것이 된다는 비판이 있다.

한편 부정기형에서의 장기와 단기는 이 폭에 대응하는 것이라고 한다. 그러나 형벌의 여러 목적을 추구하기 위해서는 무엇보다도 응보원리에 입각한 것이지 않으면 안 되고, 그것을 위하여서는 범죄와 형벌이 균형을 갖는다고 하는 것, 즉 선고형은 당해범죄의 구체적인 무게, 특히 비난의 대소에 의해 제약되고 그것을 초과하는 형벌은 인권보장상 허용되지 않는다고 하는 것이 책임주의의 취지이다.

그리고 비난은 반드시 일의적(一義的)으로 확정할 수 있는 것이 아닐 뿐만 아니라 판단하는 사람에 따라 다르게 되지만, 그러나 그 범죄에 대하여 얼마만큼 비난할 수 있는가를 구체적으로 판단하는 경우에 일정한 폭이 있다는 것까지는 인정될 수 없을 것이다. 동일한 범죄에 대하여 두 가지 정의(正義)에 합당한 형벌은 존재할 수 없기 때문이다.

결국 폭의 이론은 책임을 초월한 양형을 용인하는 것이라고 하여야 할 것이고, 따라서 부정기형을 폭의 이론에 근거를 둘 수는 없을 것이다.

3) 부정기형의 형사정책적 의의

부정기형이 갖는 형사정책적 의의는 범죄적 위험성이 강한 자에 대해 그 책임의 범위 내에서 장기 자유형을 과함과 동시에 범인의 개선갱생을 도모한다고 하는 견지에서 단기를 정하여 처우를 탄력화한다는 점에 있다.

그러나 부정기형에는 다음과 같은 문제가 있을 수 있다. 즉 부정기형의 수형자는 언제 석방될 지가 알 수 없어 불안정한 입장에 처해 있기 때문에 자포자기하거나, 반대로 조기에 석방되기 위해 위선적인 행동을 함으로써 오히려 개선처우(改善處遇)에 장애가 될 수 있을 것이다. 또한 석방의 시기가 행형담당자의 평가에 달려 있기 때문에 그들의 전횡을 초래함과 동시에 불공정한 행형이 발생될 수 있을 것이다. 나아가 개선·교화의 기회제공이라는 명분으로 형을 선고할 때 책임을 초월한 장기(長期)가 부과되고 이에 따라 부정기형이 장기구금의 도구화할지도 모른다는 것이다.

형벌은 책임과 균형이 맞지 않으면 안 된다고 하지만, 그러나 형벌은 응보를 위한 응보로서 과해져야 하는 것은 아니다. 오히려 고통을 통해 형벌의 제 목적을 실현하고 사회질서의 유지에 봉사하고자 하는 것이기 때문에 그 목적의 실현에 있어서 불필요한 형벌을 과하는 것은 허용되지 않는 것이다.

한편 형벌의 여러 목적을 실현하기 위하여 그것이 설사 필요한 형벌이라고 하여도 범인의 행위에 대한 책임을 초과하여 형을 과한다면 책임주의에 반한다. 결국 형벌은 책임의 범위 내에서 형사정책적 목적을 추구하는 것이 되어야 할 것이며 이것이 양형에 있어서 책임주의이다. 부정기형은 이와 같은 양형에 있어서 책임주의의 한계 내에서 존립의 근거와 의의를 찾을 수 있을 것이다.

3. 재산형(財産刑)

재산형이란 범죄자로부터 재산적 이익을 빼앗는 형벌로 현행형법은 벌금(罰金)·과료(科料)·몰수(沒收)의 3종류를 두고 있다. 그 중 과료는 자유형에 있어서 구류에 상당하는 것으로 경범죄법 위반의 죄 등 경미한 범죄에 대해 법정된 것이다. 벌금과 과료는 금액상의 차이에 불과할 뿐이기 때문에 여기에서는 양자를 포함하는 개념으로 벌금을 사용한다. 벌금·과료를 납부하지 않는 경우에는 노역장에 유치된다(換刑處分).

몰수는 부가형(附加刑)으로 과해진다. 부가형은 주형(主刑)을 선고할 때만

과할 수 있는 형벌로써 현행법은 몰수만을 부가형으로 하고 있다. 몰수는 일면 보안처분(保安處分)적 성질을 갖고 있지만 범죄에 의해 취득된 물건을 박탈한다는 점에서는 형벌로서의 성질을 가지고 있는 재산형의 일종이라고 할 수 있다. 또한 몰수하여야 할 물건이 몰수불가능하게 될 때는 그것에 대신하여야 할 금액을 국고로 납부하도록 하는 명하는 추징(追徵)이라는 제도가 있다.

그 외에도 범칙금통고제도가 있는데, 범칙금통고제도는 비교적 경미한 죄에 대해 과해지는 벌금에 대신하여 범칙금을 납부하도록 하는 것으로 Diversion의 일종으로 볼 수 있을 것이다.

(1) 벌　금(fine)

1) 벌금의 의의

벌금이란 범죄자에게 일정액의 금전을 국고에 납부하도록 하는 형벌을 말한다. 벌금은 자유형보다도 오래된 역사를 가지고 있다. 고대 로마법이나 게르만법 및 중국의 고대법에서는 가해자가 피해자에게 지불하는 사형(私刑)으로서의 성격을 갖는 속죄금(贖罪金)의 일종이었으나, 그 이후 로마법에서 국가가 속죄금의 지불을 강제하고 이것을 국고에 일단 귀속시켜 그 일부를 피해자에 지불하는 제도로 변화함으로써 속죄금은 공형(公刑)인 벌금으로서의 성격을 갖게 되었다.

중세에는 공공단체의 평화금(平和金)으로서 벌금이 제도화되어 경미한 범죄에 대한 형벌로 이용되기도 했으나 벌금이 형벌의 하나로 주목을 받게 된 것은 20세기에 들어와서 이었다고 한다. 즉 19세기 이래 형벌제도의 중심이 되어 온 자유형의 폐해, 특히 그 중에서도 단기자유형의 폐해가 제기되면서 그것을 해결하는 방안의 하나로서 형의 집행유예제도와 함께 벌금에 의한 대체가 주창된 것이다.

2) 현행법상의 벌금

벌금은 5만원 이상이나 감경하는 경우는 5만원 미만도 가능하다. 한편 과료는 2천원 이상 5만원 미만이다(「형법」 제45조 및 제47조). 따라서 벌금과 과료가 다른 점은 그 부과할 수 있는 금액의 대소와 환형처분인 노역장 유치기간뿐이다.

벌금 · 과료의 판결은 검사의 명령에 의해 집행된다. 이 명령은 집행력이 있는 채무명의와 같은 효력을 갖고, 그 집행에 대하여는 민사소송법의 집행에 관한 규정을 준용한다(「형사소송법」 제477조). 또한 몰수 또는 조세(租稅) · 전매(專賣) 기타 공과(公課)에 관한 법령에 의하여 재판한 벌금 또는 추징은 그 재판을 받은 자가 재판확정 후 사망한 경우에는 그 상속재산에 대하여 집행할 수 있다(「형사소송법」 제478조). 벌금은 벌금만을 독자적으로 과하는 경우, 다른 형과 병과 하는 경우, 다른 형과 선택적으로 과하는 경우가 있다.

벌금·과료의 납부가 불가능한 자는 노역장에 유치할 수 있다. 이 때 벌금의 경우는 1일 이상 3년 이하, 과료의 경우는 1일 이상 30일 미만의 기간에 한하여 노역장에 유치하여 작업에 임하게 할 수 있다(「형법」 제69조). 따라서 벌금 또는 과료를 선고할 때에는 납입하지 아니하는 경우의 유치기간을 정하여 동시에 선고하여야 하며, 벌금 또는 과료를 선고받은 자가 그 일부를 납입한 때에는 벌금 또는 과료액과 유치기간의 일수에 비례하여 납입금액에 상당한 일수를 공제한다(「형법」 제70조 및 제71조). 벌금·과료를 납부하지 않아 노역장에 유치된 자가 그 도중에 벌금·과료를 납부한 경우도 벌금 또는 과료액과 잔여유치기간의 일수에 비례하여 징수하고 나머지 기간을 면제할 수 있도록 하여야 할 것이다. 현행 우리 법은 이에 관한 아무런 규정을 두고 있지 않은 데 입법의 불비이다. 검찰징수사무규칙에 "검사는… 노역장유치집행 중에 벌금 또는 과료를 완납한 때에는 석방지휘서에 의하여 석방을 지휘하여야 한다"고 하여(제22조 2항) 노역장유치집행 중에도 벌금·과료를 납부하면 석방할 수 있는 절차를 법무부령으로 규정하고 있으나 일본처럼 법률에 규정하여야 할 것이다.[16)]

한편 노역장유치 1일에 상응하는 금전의 환산율은 노동의 보수액과 같은 비율로 결정되는 것은 아니다. 그러므로 노역장유치를 규정한 「형법」 제69조는 벌금의 대신으로 자유를 박탈하는 환형처분을 인정한 것으로 해석하여야 할 것이다.

3) 벌금의 형사정책적 의의

벌금은 범죄자의 재산을 박탈함으로써 생기는 고통을 수단으로 하여 일반인을 위하함과 함께, 재산상의 손해를 받는 심리적 압박 내지는 훈계적 작용(訓戒的 作用)을 통해 수형자의 규범의식을 깨우치게 함으로써 장래의 범죄를 예방하는 것을 목적으로 한다. 벌금형에는 다른 형벌과 비교하여 여러 가지 장점이 있으나 그 가운데서 가장 큰 장점은 뭐라고 해도 자유형, 특히 단기자유형의 폐해를 회피할 수 있다는 점일 것이다.

그뿐만 아니라 절도·도박과 같은 이욕적 동기(利慾的 動機)에 기인한 이

16) 일본은 "유치기간 내에 벌금·과료를 납부한 때는 같은 비율로 나머지 일수를 할당한다"(일본「형법」 제18조 7항)고 하여 이에 관한 명문의 규정을 형법에 두고 있다.

욕범죄(利慾犯罪)에 대해 유효하고, 법인(法人)에 대한 형벌로서 의미가 있으며, 수형자의 자산, 수입, 성격 등에 상응하여 탄력적인 운용이 가능하다는 등의 장점이 있다고 한다.

그 외에도 범죄자의 익명성(匿名性), 오판(誤判)의 시정가능성, 집행비용의 경미, 사회경제상의 손실이 없다는 점 등도 벌금형의 장점이라고 한다.

한편 단점으로는 벌금지불을 위해 새로운 범죄를 저지를 가능성이 있고, 범죄자의 재산상태에 따라 벌금이 미치는 영향이 각각 다르기 때문에 범죄자에게 과해지는 고통이 불평등하다는 점, 특정범죄에 대해서는 벌금이 전혀 효과가 없다는 점 등이 주장되고 있다.

자유형의 집행은 수형자를 사회생활로부터 격리시키고, 가정이나 기타 관계자에 고통을 주며, 국가에도 많은 비용과 노력을 지불하게 하는데도 수형자의 개선에 대해서는 많은 기대를 할 수 없을 뿐만 아니라 오히려 "교도소에 들어갔다"고 하는 낙인을 찍게 되어 사회복귀를 곤란하게까지 한다. 이것에 반해 벌금은 그 집행에 많은 비용을 필요로 하지 않고 전술한 것과 같은 사회적 비용도 없고 국고의 수입도 크다. 궁극적으로 벌금의 형사정책적 의의는 자유형의 폐해를 회피하고 범죄자를 사회에 그대로 두면서 형벌의 범죄억지효과를 발휘할 수 있다는 것이다.

그렇다고는 하지만 벌금은 자유형에 대신할 수 있는 형벌로서의 기능을 갖느냐 하는 문제가 있다. 특히 벌금은 재산상의 이익을 박탈하는 만큼 수형자의 전체인격(全體人格)에 작용하는 것은 아니기 때문에 일반적으로는 고통의 정도가 경하고 그 특별예방기능은 형벌이 과해진 자의 규범의식에 작용하지 않는 한 효과를 발휘하지 않기 때문에 규범의식이 둔화된 범죄자에게는 무력하다. 또한 손익계산의 원칙에서 행해지는 범죄에 대한 일반예방효과도 기대할 수 없을 것이다. 여기에 벌금의 한계가 있고, 그런 의미에서는 벌금이 형벌로서의 기능을 할 수 있는 범죄나 범죄자에 대하여만 벌금을 과하여야 할 것이고, 그렇지 않으면 형벌만 완화한 셈이 될 것이다.

4) 벌금형의 합리화

벌금은 전술한 바와 같은 장점들이 있지만 자력(資力)이 없는 자에 대한 집행의 곤란 및 수형자의 재산상태에 의한 형벌효과의 불평등이라고 하는 본질적인 단점이 있다. 그리고 벌금을 완납하지 않은 경우에는 노역장유치라고 하는 환형처분을 하기 때문에 수형자의 빈부의 차(貧富差)에 의한 현저한 불공평이 발생하게 된다. 특히 벌금형은 형벌로서의 위하력 또는 감화력(感化力)이 적다는 문제가 있다. 이러한 단점들을 보완하기 위한 벌금합리화의 방도가 강구되어야 할 것이다.

벌금형의 합리화 대책의 하나로서 독일이나 스위스에서 제안된 '자유노동에 의한 상각'(自由勞動에 의한 償却, Tilgung durch frei Arbeit)이 있다. 이것은 벌금형의 집행이 불가능하다고 인정될 때는 그 범인을 국가기관이나 또는 국영기업체에 근무시켜 그 임금의 일부를 납부하도록 하는 것이다. 그러나 이런 성격에 합당한 근무처를 확보하는 것은 실제상 곤란하기 때문에 이상론에 그치기 쉽다. 일본에서는 50만엔 이하의 벌금에 대하여 집행을 유예하는 방법으로 벌금의 합리화를 도모하고 있다(일본 「형법」 제25조 1항).[17]

벌금형의 합리화 대책의 다른 하나로 벌금의 연납(延納)이나 분납(分納)이 있다. 이 제도는 벌금완납의 불능한 사태를 회피하고 나아가 노역장유치라는 환형처분을 피하기 위해 일정기간 벌금의 지불을 유예하거나(延納), 벌금을 분할하여 납부하도록 하는(分納) 제도이다. 이 제도는 독일, 스위스에서 채택되고 있는데, 예를 들면 독일 형법과 같이 법원이 지불의 유예·분납을 인정하는 제도, 스위스 형법과 같이 벌금을 집행하는 기관이 이것을 인정하는 등의 입법례가 있다. 우리나라도 형법에는 명문으로 규정하고 있지 않으나 검찰징수사무규칙에 일부납부 또는 납부연기제도를 두고 있어(동 규칙 제12조) 실무상으로는 이를 시행하고 있는 셈이다. 그러나 노역장유치 중의 납부와 마찬가지로 형법에 이를 명시하는 것이 타당할 것이다.

5) 일수벌금제(日數罰金制, Tagesbu ensystem)

이 제도는 법원이 행위자의 재산상태, 즉 지불능력을 고려하여 1일분을 금액으로 환산하여 벌금을 그 날 수에 비례하여 과하는 것이다.

먼저 형양정(刑量定)의 일반원칙에 따라 먼저 벌금일수(罰金日數)를 정하는데, 이 단계에는 행위자의 지불능력이나 재산상태는 고려하지 않고, 같은 비

---

17) 그러나 벌금에 대한 집행유예율은 자유형에 비해 현저히 낮다고 한다. 즉 자유형의 집행유예율은 징역의 경우 50-60%, 금고의 경우는 70-94%인 데 비해 벌금의 경우는 1% 전후에 불과하다고 한다. 따라서 자유형에 비해 벌금의 집행유예율이 지나치게 낮다는 비판도 있다(森下, 「刑事政策大綱」, 77면). 그러나 일본에 있어 벌금의 선고형은 일반적으로 그 액수가 적고(10만엔 미만의 벌금에 처해진 자가 벌금에 처해진 총수의 87%를 넘는다고 한다). 또한 벌금의 수형자에는 거의 사회적인 낙인이 찍히지 않기 때문에 벌금형의 집행유예는 벌금형의 효과만 약화시키는 결과가 될 것이다. 따라서 벌금의 집행유예는 벌금을 납부시킴으로써 수형자의 경제생활에 심각한 악영향을 주는 등의 특별한 사정이 있는 경우에만 인정되어야 할 것이다.

중의 범죄에는 같은 벌금일수가 정해지게 된다. 다음으로 벌금일수가 정해진 단계에서 행위자의 지불능력을 고려하여 1일에 대한 금액을 정한다.[18] 이처럼 우선 행위자의 책임을 기준으로 하여 일수를 정하고 다음으로 지불능력의 차이를 고려하여 1일 벌금액을 정하여 판결할 때 그 벌금일수에 1일 벌금액을 곱한 벌금총액을 언도하는 제도가 일수벌금제도이다.

이 제도는 일면으로는 형벌효과(고통)의 불평등을 시정함과 함께 무용하고 유해한 환형처분(換刑處分)을 방지하기 위함이고, 죄형의 균형 내지 행위자의 책임이라는 개념을 유지하면서 피고인의 지불능력을 고려하여 고통의 평등화를 꾀하고, 납부할 수 없는 자가 발생하는 것을 방지하고자 하는 것이다. 이와 같은 일수벌금제도는 스웨덴(1931년)을 효시로 오스트리아(1974년), 독일(1975년), 프랑스(1984년) 등에서 시행하고 있다.

그러나 일수벌금제도에 대해서도 비판이 있다. 무엇보다도 가장 문제가 되는 것은 피고인의 재산상태나 지불능력의 조사 및 확정방법이 곤란하다는 것이다. 가장 쉽고 확실하게 파악할 수 있는 피고인이 납부한 세금액이나 받은 급여에 의해서 판단하는 방법이 있겠지만 그것만으로는 그의 재산상태를 정확히 파악한 것이라고 볼 수 없기 때문이다. 수입이라든가 자산뿐만 아니라 사회적 지위에 상응한 생활비를 기준으로 하여야 한다고도 하지만, 그것 역시 공정성 문제가 제기될 것이다.

일수벌금제에 대한 비판은 이 외에도 경제력의 대소에 의해 차별적 취급을 하는 것은 차별을 금지한 헌법정신에 어긋난다는 것, 이 제도를 채택하여도 법정의 상한과 하한 사이에서 벌금액이 정해지기 때문에 고통의 평등화는 달성될 수 없다는 비판이 있다. 참고로 독일에서는 통상 경찰의 수사를 기초로 하여 수입액을 확정하고 수사에서 확실히 할 수 없는 경우에는 그의 직업상의 지위를 감안하여 그 지위에 있는 자의 통상 수입을 기초로 법원이 결정한다고 한다.

6) 범칙금통고제도(犯則金通告制度)

앞에 기술한 제도들과는 취지를 달리하지만 범칙금통고제도도 벌금합리화의 하나의 방법이다. 「경범죄처벌법」, 「도로교통법」 위반사건에 대한 범칙금통고제도가 그 대표적인 것이다.

---

18) 예를 들면 갑이 1일당 만원이고 을의 지불능력이 갑의 두배라고 한다면 을의 1일 벌금액은 2만원이 될 것이다.

이 제도는 벌금에 관한 형사절차를 간소화함으로써 형사사법의 효율화를 기한다고 하는 점에서 형사정책적 의의가 있으나, 특히 벌금을 일종의 행정벌화(行政罰化)함으로써 일종의 Diversion효과를 가져오고, 다수의 국민이 전과자가 되는 것을 피할 수 있을 것이다. 또한 벌금으로서의 형벌을 남용하고 있다는 인상을 불식하면서도 벌금이 갖는 위하력 감화력을 유지한다는 점에 의의가 있다. 특히 오늘날 가장 많이 발생하는 도로교통법 위반사건은 이 제도에 의해 경찰단계에서 처리함으로써 형사절차를 간소화할 뿐만 아니라 전술한 바와 같이 다수의 국민이 전과자가 되는 것을 피할 수 있는 것이다.

우리 「경범죄처벌법」과 「도로교통법」은 범칙행위자에 대해 경찰서장이 범칙자로 인정되는 사람에 대하여 그 이유를 명시한 범칙금납부통고서로 통고하고, 이 통고를 받은 자는 통고처분을 받은 날로부터 10일 이내에 경찰청장이 지정하는 국고은행 또는 우체국에 납부하도록 하고 있다(「경범죄처벌법」 제6조 및 제7조; 「도로교통법」 제117조, 제119조).

그런데 이와 같은 경찰의 범칙금납부통고에 이의가 있는 경우에 대해서는 아무런 언급이 없다. 현행법상으로는 범칙금납부통고서를 받기를 거부한 사람은 즉결심판에 회부하게 되어 있는바(「도로교통법」 제120조 및 「경범죄처벌법」 제8조), 따라서 범칙금납부통고에 이의가 있는 자는 일단 그 통고서 수령을 거부하여 자신을 즉결심판에 회부하도록 한 후 정식재판을 청구하는 절차를 밟는 수밖에 없을 것이다. 범칙금납부통고도 국민의 재산과 권리에 대한 제한임이 틀림없는 이상 이에 대한 이의신청절차를 두어야 할 것이다. 입법론적으로는 먼저 관할경찰서장에게 이의신청을 하도록 하고, 이것이 기각된 경우 범칙자로 지목된 자가 스스로 즉결심판 또는 정식재판을 청구할 수 있도록 하는 것이 좋을 것이다.

7) 벌금의 위하력 강화(威嚇力 強化)

벌금의 위하력 내지 감화력은 다른 형벌에 비해 약하다. 그것은 벌금에 처해진 사람이 많을 뿐만 아니라 형벌일반에 부수하는 사회적 비난이 거의 없고, 행위자 자신도 범죄를 저질러 유죄로 되었다는 자각이나 반성이 없기 때문이다. 따라서 단지 벌금을 지불하면 문제가 해결된다는 정도로 생각하는 경우가 많다.

일반적으로 벌금의 위하력 내지는 감화력이 약하게 되는 이유로서 다음의 두 가지가 지적되고 있다. 그 하나는 벌금의 대부분이 약식절차에 의해 기계적으로 처리되어 버리기 때문에 범인이 자기의 범행에 관하여 법정에서 비난받을 기회가 없고, 그 때문에 벌금이 과해져도 후회나 반성이 생기지 않는다고 하는 점이고, 다른 하나는 벌금액이 전체적으로 소액이기 때문에 형벌로서의 위하력을 상실하고 있다는 점이다.

따라서 벌금의 위하력을 강화할 필요가 있다. 그것을 위해서는 우선 형벌로서의 위하력을 필요로 하지 않는 벌금은 범칙금통고제도로 전환하여 행정벌화할 필요가 있을 것이다. 다음으로 약식절차의 적용을 제한하는 것으로 예를 들면 다른 사람이 대신 벌금을 지불할 것이 예상되는 경우에는 공판을 청구하는 방안도 고려될 수 있을 것이다. 마지막으로 재산형에 대한 근본적인 검토가 필요할 것이다. 즉 화폐가치의 변동에 적합한 벌금의 법정(法定) 및 형벌로서의 기능을 발휘할 수 있는 정도까지 벌금의 법정형을 인상하고, 벌금으로 대처할 수 없는 범죄에 대하여는 사회봉사명령, 자격제한 등 벌금에 대신하는 제도를 마련하여 대처하여야 할 것이다.

(2) 몰수·추징(沒收·追徵)

1) 몰수(forfeiture: Einziehung)의 의의

몰수란 물건의 소유권을 박탈하여 국고에 귀속시키는 처분이다. 제도적으로는 유죄판결과 상관 없는 독립된 처분으로 할 수도 있지만[19] 대부분의 국가에서는 부가형(附加刑)으로서 주형(主刑)에 부가하여 언도되고 있다. 그러므로 현행법상의 몰수는 형벌에 다름 아니나, 예를 들면 형법 제48조 1항에 규정된 제3자가 그 정을 알고 취득한 물건에 대한 몰수와 같은 것은 형벌이라고는 하기 어렵고, 따라서 그런 의미에서 현행법상의 몰수는 형벌적 성질과 보안처분적 성질을 함께 가지고 있다고 보아야 할 것이다.

몰수제도의 사상적 기초로서는 세 가지를 든다.

첫째, 범죄자에 대하여는 권리능력을 인정하지 않는다는 사고(思考)이다. 로마법에 있어서의 형벌로서의 일반적 또는 분할적 재산몰수, 게르만법에서의 평화상실의 제도로부터 발전되어 온 재산몰수, 영국의 보통법상의 전재산몰수(全財產沒收), 일본의 영지몰수 등이 이에 해당한다.

둘째, 범죄에 이용된 물건 자체를 범죄시하는 사고이다. 로마법에 있어서의 특정물건의 몰수, 일본에서의 신물(神物: 祓具[불구], 祭具[제구])몰수 등이

19) 우리 「형법」은 "몰수는 타형에 부가하여 과한다"고 하여 부가형임을 명시하고 있다. 그러나 행위자에게 유죄의 재판을 아니 할 때에도 몰수의 요건이 있는 때에는 몰수만을 예외적으로 선고할 수도 있다(「형법」 제49조). 예를 들면 국가보안법은 국가보안법을 위반한 자를 소추하지 않을 때도 압수물의 폐기 또는 국고귀속을 명할 수 있도록 하고 있다(「국가보안법」 제15조 2항).

이에 해당한다.

셋째, 범죄에 의해 취득된 이익을 인정하지 않는 사고이다. 로마법에 있어서의 부도덕한 원인에 의해 취득된 이득에 대한 반환청구제도로부터 발전되어 온 불법이득박탈이 이것에 해당한다.[20]

첫번째 것에 속하는 몰수는 현재에도 일부 입법례를 볼 수 있으며 이것은 범죄를 이유로 하는 것이기 때문에 확실한 형벌이다. 두 번째에 속하는 몰수는 물건 그 자체를 범죄시하는 것이기 때문에 그 위험성에 착안한 보안처분—대물적 보안처분(對物的 保安處分)—이라는 사고에 입각한 것이다. 이탈리아를 시초로 많은 나라가 몰수를 대물적 보안처분으로 자리매김하고 있다. 세 번째에 속하는 몰수는 범죄에 의해 취득된 불법이득은 수익자의 수중으로부터 박탈하는 것이 형평에 맞는다고 하는 형평사상에 기초한 것으로, 이 경우는 물건의 국고귀속이라고 하는 측면보다도 대인적인 징계라는 색채가 농후하다. 몰수불능의 경우에 추징이 인정되는 것도 그와 같은 사고에서이며, 이런 종류의 몰수는 모든 입법례에서 찾아볼 수 있다.

몰수에 관한 일반적 규정은 재판관의 재량에 의해 행해지는 임의적 몰수로서 형법총칙에 위치하고 있지만(「형법」 제48조 및 제49조), 동시에 형법 각칙[21] 및 특별법[22]에는 필요적 몰수도 규정하고 있다. 그러나 필요적 몰수는 일반적 규정에 의한 임의적 몰수의 적용을 배제하는 것은 아니기 때문에 필요적 몰수의 대상이 되지 않는 물건도 임의적 몰수의 대상이 될 수 있음은 물론이다.

2) 현행법상의 몰수

몰수의 대상이 되는 물건은 동산·부동산을 불문하며, 범죄행위에 제공하였거나 제공하려고 한 물건, 범죄행위로 인하여 생겼거나 이로 인하여 취득한 물건 또는 이상과 같은 물건들의 대가로 취득한 물건이다(「형법」 제48조). 예를 들면 문서위조죄에서의 위조문서는 범죄행위에 제공된 물건이고, 도박에 의해 취득된 금전 또는 물건은 범죄행위로 인해 생긴 물건이 될 것이다.

---

20) 谷口正孝, "沒收及び追徵の硏究," 「司法硏究報告書(第八輯 四號)」, 1955, 1면.

21) 예를 들면 형법 제134조의 뇌물의 몰수·추징, 제206조의 아편에 관한 죄에 제공한 아편, 모르핀이나 그 화합물 또는 아편흡식기구 등의 몰수.

22) 「공무원범죄에 관한 몰수특례법」(1995. 1. 5. 법률 제4934호), 「마약류불법거래방지에 관한 특례법」(1995. 12. 6. 법률 제5011호), 「특정경제범죄가중처벌 등에 관한 법률」(1990. 12. 31. 법률 제4292호 개정), 「관세법」(1996. 12. 30. 법률 제5194호 개정), 「담배사업법」(1993. 12. 31. 법률 제4682호), 「범죄수익은닉의 규제 및 처벌 등에 관한 법률」(2001. 9. 27. 법률 제6517호), 「성매매알선 등 행위의 처벌에 관한 법률」(2004. 3. 22. 법률 제7196호) 등 외 다수.

또한「범죄수익은닉의 규제 및 처벌 등에 관한 법률」에 의거 범죄수익 또는 범죄수익에서 유래한 재산은 모두 몰수된다(동법 제8조).

현실적으로 몰수가 인정되기 위해서는 그 외에도 두 가지 요건이 충족되지 않으면 안 된다. 즉 첫째는 몰수대상인 물건이 현실적으로 존재하여야 한다. 그 물건이 소비·분실·파손 등에 의해 존재하지 않을 경우 또는 혼동(混同)·가공 등에 의해 그 물건이 동일성을 상실한 경우는 몰수가 불가능하게 되고 후술하는 추징의 문제로 된다. 둘째는 그 물건이 범인(공범자 포함) 이외의 자의 소유인 경우는 원칙적으로 몰수가 인정되지 않을 것이다. 단, 그가 범죄 후에 그 정을 알고 그 물건을 취득한 경우는 예외적으로 몰수할 수 있다고 보아야 할 것이다.

몰수의 판결에 의해 그 물건의 소유권은 국고에 귀속한다.

현행법은 형벌로서 범죄행위에 관련한 특정한 물건을 몰수의 대상으로 하고 있지만 형사정책적인 차원에서 전혀 문제가 없는 것은 아니다. 특히 몰수의 대상과 그 범위를 둘러싸고 논란이 될 수 있다. 즉 행위자의 범죄행위에 대한 책임을 묻기 위하여 어떠한 범위의 물건을 몰수하는 것이 타당한지의 문제와 행위자의 책임을 초과하여 범죄예방의 견지에서 어느 범위의 물건을 보안상 필요한 것으로서 몰수하는 것이 타당한가의 문제이다.

전자는 형벌로서의 몰수로서 범죄행위로 인하여 생겼거나 취득한 물건이나 그 대가로 취득한 물건이 몰수의 대상으로 될 것이다. 이것들은 모두 보안적 견지로부터 몰수된 것이라고 하는 견해(보안처분설)도 있으나, 범죄로부터 취득한 불법적인 이득을 수익자의 손에 남지 않도록 함으로써 간접적으로 범죄의 일반예방 및 특별예방을 도모하고자 하는 것이다. 그 의미에서 몰수의 상대방은 범인 내지 범죄 후 이를 알고 취득한 이른바 지정취득자(知情取得者)에 한하는 것이다. 이와 같이 형벌적인 몰수의 취지가 범죄행위에 의한 불법이득을 수익자의 수중으로부터 모두 박탈한다고 하는 점에 있기 때문에 만약 몰수불능이 되는 경우는 수익상당액을 추징하여야 할 것이다.

후자, 즉 보안처분으로서의 몰수는 범죄행위에 제공하였거나 제공하려고 한 물건으로서 그와 같은 물건들이 몰수되지 않고 피고인 또는 제3자의 수중에 남아 있다고 한다면 다시 범죄에 이용될 가능성이 있기 때문에 그대로 방치하여 두는 것은 범죄예방이라는 차원에서 타당하지 않을 것이다. 그렇기 때문에 범죄행위의 죄책과는 무관계하고 물건 자체가 장래의 범죄발생 위험성을 갖는지 여부를 기준으로 하여 몰수 여부를 판단하게 될 것이다. 따라서 이 경우에는 추징을 할 여지가 없을 것이다. 그러나 보안상 필요하다고 인정되는 한 몰수는 모든 사람에게 과할 수 있기 때문에 일반적으로 제 3 자 몰수를 인정하게 된다.

3) 추징(追徵, money collected in addition)

추징이란 몰수하여야 하는 물건이 몰수 불가능하게 된 경우에 이것에 대신하여 일정금액을 국고에 납부하도록 명령하는 처분이다. 이는 범죄로 인한 불법이득을 범죄자의 손에 남아 있지 못하게 한다는 취지에 기초하는 제도로서 우리「형법」제48조 제 2 항 및「범죄수익은닉의 규제 및 처벌 등에 관한 법률」제10조에 규정되어 있다.

추징은 형벌은 아니나 몰수가 불가능한 경우에 일종의 환형처분으로서 형벌에 준하는 성질을 갖는다. 즉 몰수하여야 할 물건의 전부 또는 일부에 대하여 몰수하는 것이 불가능한 때는 그 가액(價額)을 추징하도록 하고 있는데, 여기서 '몰수하는 것이 불가능한 때'란 범인이 소비 또는 훼손하거나 혼동 또는 가공하여 물건의 동일성을 상실하여 물건을 몰수할 수 없는 것을 말한다.

추징의 가액은 몰수할 수 없는 경우에 그것을 금전으로 환산한 금액을 말하나, 그 산정기준에 관해서는 그 행위시점, 즉 물건의 수수취득 당시의 금액으로 하는 것이 옳을 것이라는 주장도 있으나,[23] 추징의 원 취지가 범죄행위로 인해 취득한 이득을 범죄자로부터 환수한다는 데 있기 때문에 몰수가 불가능한 때를 기준으로 하여야 할 것이다.[24]

4. 자격제한(資格制限)

(1) 자격제한의 의의

자격제한이란 범죄자의 사회생활상의 권리 또는 지위를 박탈 내지 제한하는 것을 말한다. 자격제한은 사회생활상의 권리나 지위를 박탈 또는 제한함으

23) 일본 판례는 "수뢰자는 수뢰한 물건을 수수(收受)함으로써 그 물건의 시가에 상당하는 이익을 얻은 것이고, 그 후 시간이 경과함으로써 그 물건의 가액의 증감 여부와 전술한 수수와는 별개의 원인에 기한 것에 불과한 것이기 때문에 몰수에 대신하여 추징하여야 할 금액은 그 물건의 수수 당시의 가액에 의하여야 하는 것으로 해석하는 것이 옳다"(最大判 昭和 43年 9月 25日, 刑集 22卷 9號, 871면)고 하여 행위시설(行爲時說)을 채택하고 있다.

24) 산정기준에 관해서는 당해 범죄행위가 일어난 시점을 산정기준으로 하여야 한다는 행위시설(行爲時說), 몰수가 불가능하게 된 시점을 기준으로 해야 한다는 沒收不能時說(몰수불능시설), 재판시를 기준으로 하는 것이 옳다는 재판시설(裁判時說)이 있다.

로써 그 인격에 대한 사회적 평가를 저하시키기 때문에 명예형(名譽刑)의 일종이라고도 생각할 수도 있으나, 사회생활상의 지위나 권리를 박탈하는 것을 내용으로 하는 자격제한형(資格制限刑)으로 해석하여야 할 것이다. 명예형이란 일반적으로 범죄자의 명예를 박탈하는 형벌을 말하는데, 자격제한을 받음으로써 명예가 상실되는 것보다도 권리나 지위의 박탈 또는 제한되는 것 자체가 고통의 내용이 되고 있다고 해석하여야 하기 때문이다.

자격제한은 비교법상으로는 대부분의 국가에서 형벌의 일종으로 주형(主刑) 내지 부가형(附加刑)의 형식으로 「형법」에 규정하고 있다.[25)]

⑵ 현행법상의 자격제한

우리 「형법」은 형의 일종으로 자격상실 및 자격정지를 규정하고 있다(「형법」 제48조 4호 및 5호). 따라서 주형으로 자격상실 또는 자격정지만을 과할 수도 있으나, 실무에서는 대부분 다른 형과 함께 부가형으로 과해진다.

사형, 무기징역 또는 무기금고의 판결을 받은 자는 ① 공무원이 되는 자격, ② 공법상의 선거권과 피선거권, ③ 법률로 요건을 정한 공법상의 업무에 관한 자격, ④ 법인의 이사, 감사 또는 지배인 기타 법인의 업무에 관한 검사역이나 재산관리인이 되는 자격 등을 상실하고, 유기징역 또는 유기금고의 판결을 받은 자는 그 형의 집행이 종료하거나 면제될 때까지 앞에 열거한 자격들이 정지된다.

또한 자격정지는 1년 이상 15년 이하로 하며, 유기징역 또는 유기금고에 자격정지를 병과한 때에는 금고 또는 징역의 집행이 종료하거나 면제된 날로부터 정지기간을 기산한다(「형법」 제43조 및 제44조). 따라서 전자, 즉 형집행 중의 자격정지는 주형이 갖는 본질적인 기능의 하나라고 할 수 있지만 유기징역 또는 유기금고에 병과된 자격정지는 부가형인 셈이다.

⑶ 자격제한의 형사정책적 의의

자격제한은 원래 명예형의 일종으로 생각되어 왔던 것에서도 알 수 있는 것처럼 범죄자로부터 일반적인 시민권을 박탈하는 것은 당연하다고 하는 사회의 응보감정을 기초로 하고 있다. 그러나 그것이 형벌로서 인정되기 위해서는

25) 그러나 일본은 자격제한을 형벌의 일종으로 규정하고 있지 않고 있다. 즉 일본 「형법」은 형을 사형·징역·금고·벌금·구류 및 과료를 주형으로 하고 몰수를 부가형으로 규정하고 있다(동법 제9조). 일본의 구 「형법」에서는 박탈공권(剝奪公權), 정지공권(停止公權), 금치산(禁治産) 등의 자격제한이 부가형으로 규정되었으나 개정형법에서는 이를 삭제하고 각 특별법(예를 들면 일본 「국가공무원법」 제38조 2호; 「지방공무원법」 제16조 2호; 「변호사법」 제6조; 「공증인법」 제14조 등)에서 따로 자격제한을 하고 있다.

범죄억지란 차원에서 의의를 갖지 않으면 안 된다.

한편 개선형론자(改善刑論者)들은 자격제한은 사회에서 명예 내지 권리·지위를 박탈하여 사회복귀를 곤란하게 하기 때문에 형벌로부터 배제하여야 한다고 주장한다.[26] 이와 같은 맥락에서 자격제한은 범죄자가 시민으로서 생활하는 것을 부정하는 것을 의미할 뿐만 아니라 재범방지에 있어서 유해하기 때문에 형벌로서는 인정되어서는 안 되고, 보안처분의 일종으로 파악하여야 한다고 하는 견해가 유력하다.

그러나 그 자의 자격을 제한하지 않으면 다시 동종의 범죄를 반복할 우려가 있는 경우에 한해서 자격제한을 하는 것이고, 이와 같은 의미에서 자격제한은 해당범죄에 대한 특별예방적 기능으로서 형사정책적 의의를 인정할 수 있을 것이다. 예를 들면 절도로 유죄판결을 받은 법관에게 일정기간 법관으로서의 지위를 박탈하는 것에 이의를 제기할 자는 없을 것이다. 사람을 재판할 자가 스스로 법을 파괴한 것에 대하여 비난을 하는 것은 단순히 그 자에 언도된 징역만으로는 충분하지가 않을 경우가 있기 때문이다. 따라서 일정한 범위에서 형벌로서의 자격제한은 의의가 있다고 할 것이다. 결국 자격제한은 형벌로서 사회의 응보감정을 만족시킬 수 있고, 공직이나 기타 특정한 직업에 관계하는 자에 대한 예방효과를 인정할 수 있다는 두 가지 점에서 형사정책적 의의를 인정할 수 있는 것이다.

5. 형벌과 보안처분(保安處分)

형벌과 보안처분은 다같이 형사상의 제재에 속하지만 그 기능에 있어 차이가 있다. 즉 형벌은 응보, 속죄, 일반예방적 기능을 가지며, 보안처분은 개선, 보안, 특별예방적 기능을 가지는 것이다. 또한 형벌은 과거의 위법행위에 대한 진압작용으로 나타나지만 보안처분은 미래의 위험성에 대한 예방작용으로 나타난다.[27] 따라서 형벌이 과거에 저질러진 범죄행위와 행위책임에 과형근거를 두고 있다면, 보안처분은 범죄행위 속에 표현된 행위자의 장래 위험성에 근거하여 과해지는 제재수단이라는 점에서 양자는 본질적인 차이를 갖는 것이다.

형벌의 본질이 책임을 전제로 한 규범적 응보에 있고, 다만 현실적 작용으

26) 正木 亮, 「刑事政策汎論(增訂版)」, 1949, 606면.

27) E. Dreher, Die Vereinheitlichung von Strafen und sichernden Maßregeln, *ZStW*. Bd. 65, 1953, S. 481.

로서 보안처분적 예방기능도 가지고 있으나,[28] 그러한 특별예방기능은 책임에 상응한 해악으로서의 응보라는 측면을 보유하는 형벌의 본질상 규범적 응보의 범위 내에서만 이루어져야 한다는 필연적인 제약이 있다. 그렇기 때문에 형벌은 더 이상의 교화·개선이 필요하지 않다고 인정되는 경우에도 형기가 만료되기 이전에는 자유형을 종료시킬 수 없으며,[29] 반대로 재범의 우려가 있다고 할지라도 형기가 종료하면 무조건 석방하지 않으면 안 되는 것이다.

이에 반하여 보안처분은 오로지 범인의 위험성만을 기초로 하고, 또 범인의 교화·개선에 의한 사회방위, 즉 특별예방만을 그 목표로 하기 때문에, 이론상으로는 위법행위에 대해 범인이 갖는 책임의 대소와는 관계 없이 행하여질 수 있다는 결론이 나온다. 결국 형벌은 비난가능성이라는 의미의 위험성의 대소에 상응한 형사처분인 데 비하여, 보안처분은 재범의 우려라는 의미의 위험성의 대소에 상응한 형사처분인 점에서 양자는 결정적으로 구별되며, 특히 보안처분은 장래에 대한 예방적 조치인 점에서 합목적적인 요구에 강하게 지배된다고 한다.[30] 다같은 형법상의 효과이면서도 서로가 융합하기 곤란한 이유가 여기에 있는 것이다.

그러나 형벌의 기능에도 보안처분적 요소가 들어 있고 반대로 보안처분에도 형벌적 요소가 있기 때문에 양자를 이와 같이 일률적으로 구별하는 데는 문제가 있다는 주장도 있다.[31] 이와 같은 관점은 형벌의 기능이 단순한 진압적 응보(鎭壓的 應報)로 이해될 수 없다는 데서부터 출발한다. 즉 이미 파괴된 법질서는 형벌에 의해서도 회복하지 못하며, 따라서 형벌의 법질서유지기능도 이미 파괴된 법질서가 아니라 아직 파괴되지 않은 법질서와의 관계에서만 의미가 있는 것으로 보는 것이다. 결국 '죄를 범하였기 때문에 처벌하는 것' (punitur, quia peccatumest)이 아니라 '죄를 범하지 않도록 처벌하는 것' (punitur, ne peccetur)이고 이런 점에서 형벌은 본질적으로 예방형벌(Verhütungsstrafe)일 수밖에 없다는 것이다.[32]

---

28) 예컨대 자유형을 집행함에 있어서 수형자의 사회복귀에 기여할 수 있는 다양한 처우를 함으로써 보안처분이 가지고 있는 것과 같은 특별예방적 기능도 함께 도모한다.

29) 가석방처럼 형기만료 전 석방제도가 없는 것은 아니나 이것도 일정기간을 복역한 자에 한해서만 허용되는 것이므로 엄격히 말하면 보안처분에서의 그것과 같다고는 할 수 없다.

30) 金淇春, 「刑法改正試論」, 三英社, 1984, 211면.

31) F. Nowakowski, Maßnahmenkomponente im StGB, in: *Festschrift für Christian Broda,* 1970, S. 193ff.

32) F. v. Liszt, "Der Zweckgedanke im Strafrecht," 1882, in: *Strsfrechtliche Aufsätze und Vorträge,* Bd. I, 1905, S. 126, 163ff.

형벌을 이와 같이 예방형벌로서 이해할 때 그것은 보안처분적 요소를 이미 자체 내에 포함하고 있다. 보안처분이 장래의 범죄에 대한 사전적 예방처분이라고 한다면 형벌도 그 점에 있어서는 다를 바가 없는 것이다. 형벌을 응보형이 아닌 목적형으로 이해하는 한 그것은 결코 과거의 행위에 대한 사후적 진압형벌만을 의미하는 것이 아니기 때문이다. 결국 이것은 형벌과 보안처분의 기능을 각기 어떻게 이해하느냐에 달려있다고 할 것인바, 양자를 상호보완적 관계에 있는 사회통제수단으로 파악하는 것이 가장 타당할 것이다.

형벌과 보안처분에 관한 이러한 이해는 그 집행에 있어서 대체주의(代替主義, Das vikarlierendes System)를[33] 허용하게 된다. 즉 대체주의는 선고에 있어서는 책임형을 부과하고 집행에 있어서는 보안처분에 의하여 대체되는 것을 말한다. 이것은 보안처분이 형벌보다 앞서 집행되고 그 보안처분의 집행기간은 형기에 산입되는 것을 의미하는 것이다.[34]

33) 이원주의에 있어서 보안처분과 형벌과의 관계: 이원주의에 입각한 경우 형벌과 보안처분을 병렬하여 규정하기 때문에 동일인에 대하여 자유형과 협의의 보안처분 양자를 과하여야 할 경우가 생긴다(예를 들면 한정책임능력자(限定責任能力者)에 대하여 형을 감경하는 한편, 그 장래의 재범위험성에 대하여는 시설수용이라는 보안처분을 하는 것).

① 병과주의(竝科主義): 형벌과 보안처분과는 원래 이질적인 제도라고 하는 이원주의의 사고를 취하면 책임에 관하여는 형벌을 과하고 위험성에 관하여는 보안처분에 처하여 양자를 병과하게 된다. 이것을 형벌과 보안처분의 병과주의라고 한다. 이 경우 이론적으로는 형벌을 먼저 집행하는 형벌선집행주의(刑罰先執行主義)도 가능하고, 반대로 보안처분을 먼저 집행하는 보안처분선집행주의(保安處分先執行主義)도 가능하다. 입법례로는 형을 먼저 집행하는 병과주의로 이탈리아형법(제211조 1항)이 있고, 보안처분선집행의 임의적 대체주의로 독일형법(제67조), 보안처분선집행의 필요적 대체주의로 스위스형법(제42조 1항)이 있다. 이와 같이 병과주의는 이원주의의 귀결이지만, 한쪽의 집행에 의해 목적이 달성될 수 있는 경우에도 다른 한쪽을 집행하지 않으면 안 된다고 하는 것은 형사정책적으로 타당성을 결하고 있을 뿐만 아니라 필요 이상으로 개인의 인권을 박탈한다는 비판을 면키 어렵다. 즉 병과주의는 보안처분의 비형벌적 성격을 형식적으로는 명확하게 하고 있는 셈이나, 형벌과 보안처분은 자유박탈이라고 하는 고통의 점에서는 차이가 없고, 병과주의는 먼저 형벌이나 보안처분이라는 명목으로 과하고 다시 보안처분이나 형벌이라는 명목으로 또 다시 과하게 되는 것이기 때문에 이중의 고통을 피처분자에게 가하는 셈이다.

② 대체주의(代替主義): 병과된 형벌 및 보안처분의 어느 것인가 한쪽을 먼저 집행하고 그것에 의해 필요하지 않게 된 범위 내에서 다른 쪽의 집행을 면제하는 제도를 대체주의라고 한다. 이것에는 대체를 임의적인 것으로 하는 임의적 대체주의와 필요적인 것으로 하는 필요적 대체주의가 있다. 생각건대 대체주의는 형법전 및 선고의 단계에는 이원주의를 고수하면서 집행면에서는 일원주의를 취해 형벌과 보안처분이 특별예방이란 차원과 자유박탈이라는 점에서 유사하다는 것을 정면으로 인정하는 것이다.

③ 택일주의(擇一主義): 판결단계에서 어느 한쪽을 선택하는 것으로 언도에 있어서 대체주의라고도 한다. 실제로는 형벌에 대신하여 보안처분을 언도한 이상은 이미 형벌을 언도하여 집행하는 것은 아니라는 점에서 보안처분을 형벌에 대체시키는 제도이다.

34) 예를 들면 우리 사회보호법상의 치료감호조치가 이에 해당한다. 그러나 동 법에 규정되어 있는 보호감호조치는 형벌을 먼저 집행하고 보안처분을 나중에 집행하는 이른바 이원주의 또는 이원집행주의에 입각하고 있다.

이처럼 형벌과 보안처분의 본질적인 차이를 부인하면서 대체주의를 주장하는 학자로는 E. Dreher가 있고,[35] 양자의 차이를 인정하면서 이원주의를 주장하는 학자는 Schröder가 있다.[36]

대체주의의 이론적 근거는 형사정책상 형벌과 보안처분 사이에 본질적인 차이가 없다는 데서 찾을 수 있다. 따라서 보안처분에 의해서도 형벌의 목적을 충분히 달성할 수 있을 뿐만 아니라, 형벌과 보안처분을 별개의 형사제재수단으로 보는 이원주의가 갖는 이중적 처벌의 폐해를 배제할 수 있다는 데 대체주의가 그 의의를 갖는 것이다.

결론적으로 형벌과 보안처분의 차이는 ① 형벌은 범죄에 대한 책임비난으로서 가해지는 것에 비해 보안처분은 책임비난을 요소로 하지 않는 것, ② 형벌은 범죄행위를 전제로 하여 이것에 대한 법률상의 효과로서 과해지는 것에 비해 보안처분은 반드시 범죄행위를 전제로 하지 않고 행위자의 장래의 위험성을 그 처분의 요건으로 하는 것, ③ 형벌은 과거의 범죄에 대한 응보로서 가해지는 것에 비해 보안처분은 행위자의 장래의 위험성을 제거하기 위해 가해진다는 것으로 이상 세 가지 점에서 본질적인 차이가 있다고 해석하여야 할 것이다.

6. 형벌과 보호처분(保護處分)

보호처분의 성격을 형벌로 보느냐 아니면 순수한 교육적·복지적 처분으로 보느냐에 따라 보호처분의 범위와 대상이 달라질 것이다. 물론 이것은 그 나라 사법제도의 구조와 성격에 달려 있다.

예컨대 스웨덴의 경우에는 소년범죄자에 대한 형사처벌을 가급적 포기하고 범죄의 위험성이 있는 소년을 순전히 보호적·교육적 관점에서 필요한 처분을 강구함으로써 소년비행문제를 해결하려 하고 있다.[37] 따라서 스웨덴에 있어서 소년범에 대한 조치는 형벌적 의미를 가진다고 볼 수 없을 것이다.

그러나 독일은 소년비행을 어디까지나 범죄에 대한 형사처벌의 관점에서

35) *op. cit., ZStW,* Bd. 65, S. 481ff.

36) Die Vereinheitlichung der Strafe und der sichernden Maßnahmen, *ZStW,* Bd. 66, 1954, S. 180ff.

37) Schaffstein, *Jugendstrafrecht,* 9. Aufl., 1983, S. 11; 신동운, "西獨의 少年司法制度," 「各國의 少年司法制度研究(法務資料 第113輯)」, 1989, 145면; 유진식, "스웨덴의 少年司法制度," 「各國의 少年司法制度研究(法務資料 第113輯)」, 1989, 231면 이하.

파악하고 있다는 점에서 스웨덴과 차이가 있다. 그렇기 때문에 범죄소년에 관한 법적 규율을 규정한 독일의 「소년법원법」(Jugendgerichtsgesetz)은 순수한 의미에서의 형사법으로 파악되고 있고, 따라서 소년비행에 대한 보호적 처분도 형벌적 의미에 가깝다고 할 것이다.[38]

이와 같이 소년비행을 교육과 양호를 통해 해결하려는 입장과 소년비행을 범죄적 차원으로 파악하여 형사처벌을 유지하면서 교육적 성격을 가미하려는 입장으로 오늘날의 소년사법을 나눌 수 있다.

전자, 즉 교육을 통한 교정을 모색하는 입장은 일체의 소년비행에 대해서 교육처분이라는 단일체계를 통하여 해결하려고 한다. 따라서 이 입장에서는 아직 범죄를 저지르지 않은 우범(虞犯, Status Crime)은 물론이고, 형벌법규에 저촉되는 행위를 한 범죄소년에 대해서도 교육적 관점에서 형벌보다는 사회화를 위한 처우를 시행하고자 한다. 그러나 후자, 즉 형사처벌을 원칙으로 하는 입장에서는 소년이 범죄행위를 한 경우에는 형법상의 제재인 형벌을 포기할 수 없다는 입장을 고수한다. 다만 이 경우에도 소년의 특수성을 감안하여 형사제재의 운용에 있어(즉 형벌의 운용에 있어) 교육적 관점을 반영하는 것으로 충분하다고 한다.

그러나 여기서 고찰하고자 하는 것은 이와 같은 제도적 차원에서 보호처분의 성격을 파악하려는 것이 아니고, 본질적인 차원에서 보호처분이 가지는 성격을 형벌과의 관계하에서 파악해 보려는 것이다. 그것은 원래 보호처분이라는 것이 발생연원에 있어서도 형벌의 대용적 또는 보조적 수단으로 강구되었을 뿐만 아니라 그 기능에 있어서도(특히 강제성이란 점에 있어서) 유사하기 때문이다. 이러한 발생적 기능적 관련성은 때로는 그 운영실제에서 형벌과 보호처분의 한계를 모호하게 하는 결과를 낳고 있기도 하다.

(1) 보호처분과 강제(強制)

실제로 운영되고 있는 소년법에서의 보호처분은 소년 자신의 의사와는 상관 없이 행해지고 있다. 이처럼 소년 자신의 의사와 무관하게 보호처분이 강제되는 근거로는 소년의 판단능력 및 자기결정능력의 미숙을 들고 있다.[39] 즉 소년의 미숙성을 보완해 주고 보호해 주는 의무와 권리(친권)를 갖는 부모가 소

38) 독일 「소년법원법」은 범죄소년에 대하여 교육처분(Erziehungsmaßregel, 동법 제 9 조), 징계처분(Zuchtmittel, 동법 제13조), 소년형(少年刑, Jugendstrafe, 동법 제17조 1항)을 규정하고 있다.

39) 平野龍一 編, 「少年保護: 少年法と少年保護講座(第 2 巻)」, 東京: 大成出版社, 1982, 22면.

년비행사건에서는 이를 행사할 수 있는 능력이나 환경이 안 된다고 간주하고, 대신 국가가 부모의 입장에서 친권을 대행한다는 것이다. 이것을 이른바 '국의친'(國親, parence patriae)이라고 하며, 보호처분의 강제는 이와 같은 부모의 친권[40]에 갈음하는 국가의 친권에 근거한다.

역사적으로 보면 부모의 친권도 점차 법에 의해 제한되어 왔음을 알 수 있다. 「민법」의 친권상실규정(「민법」 제924조),[41] 「아동복지법」에서의 친권상실선고의 청구 및 후견인 선임(「아동복지법」 제15조), 의무교육제도의 시행(「교육기본법」 제 8 조 1항 및 「초·중등교육법」 제 2 장) 등이 친권에 대한 법의 규제 및 국가의 관여가 늘어나고 있는 예이다. 이런 의미에서 국가에 의해 시행되는 보호처분의 강제는 근대 이전의 사회에서 부모가 자녀에게 할 수 있었던 통제의 범위를 넘는 것은 아니라고 보는 것이 논리상 타당할 것이다.

(2) 보호처분과 형벌의 차이

1) 형벌과 벌(罰)

보호처분을 하는 국가의 권한이 부모의 친권과 같은 성질의 것이라면(즉 그것이 부모의 징계권과 같은 권한에 의해 행사될 수 있는 것이라면) 경우에 따라 그것이 벌로서 사용되는 것도 인정될 수 있을 것이다. 사실 소년법 자체가 형벌에 대한 회의의 증대와 결부되어 발달해 온 것이 사실이지만, 그것이 어디까지 형벌에 결부되고, 또 어디서부터 벌인지 확실한 것은 아니라고 한다.[42]

개인의 개선 · 교화에는 그가 저지른 악행과 결부된 고통의 존재를 체험하는 것도 도움이 된다. 그렇게 함으로써 속죄를 통한 자기실현을 이룰 수 있는 계기가 될 수도 있기 때문이다. 그런 의미에서 보호처분이 사안에 따라 벌을 사용하거나, 경우에 따라서는 그 자체가 벌로 사용되는 것도 있을 수 있는 일이라고 하겠다.[43] 따라서 보호처분이라는 명분하에 사용되는 벌은 일반 형사사법상의 형벌과는 다를 수밖에 없다.

---

40) 친권자는 그의 자식에 대해 보호 또는 양육상 필요하다고 생각하는 경우에 징계를 할 수 있고, 법원의 허가를 얻어 감화원 또는 교정기관에 위탁할 수 있다. 그 외에도 거소지정을 하는 등 소년에게 강제적 조치를 할 수 있다(우리 「민법」 제914조, 제915조; 일본 「민법」 제821조, 제822조).

41) 일본에서는 1899년 제정된 구「민법」에서 이미 친권상실규정을 두었다(일본 구「민법」 제834조 참조).

42) 平野龍一, 앞의 책, 22면.

43) 「소년원법」 등에서 보호권자에게 징계권을 주고 있는 것은(일본 「소년원법」 제 8 조; 우리 「소년원법」 제15조) 교육기관의 책임자에게 학생의 징계권을 부여하는 것(우리 「초·중등교육법」 제18조)과 같은 차원의 의미를 갖는다고 할 수 있을 것이다.

형벌의 경우에는 그것을 받는 자의 장래가 형벌이 갖는 응보적 · 일반예방적 성격 때문에 희생될 수도 있다. 그런 의미에서 형벌은 적대적인 성격을 불식하지 못한다. 반면에 보호처분은 그러한 적대적인 성격을 불식하지 않으면 안 된다. 보호관찰처분이나 소년원 송치처분 자체가 벌로서 사용되는 것이고, 또한 거기서도 벌을 받는 수도 있을 수 있겠지만, 그러한 벌은 교정 내지는 양호를 위한 교육적 징벌 이상의 것은 아닌 것이다.

그러나 형벌에 있어서도 그것의 적대적인 성격은 점차적으로 완화되어가는 추세에 있다. 특히 형사사법에서 교정주의사상이 강조되면서부터 형벌 자체도 어느 정도는 보호처분과 유사한 성격으로 완화되고 있는 것이다. 그런가 하면 형사사법이 아닌 일반에서 사용되는 벌이라고 하는 것도 어떤 측면에 있어서는 일반예방적 의도를 포함하는 경우도 있다는 사실을 인정해야 한다. 즉 부모나 학교, 소년원 등에서 소년에게 실시하는 벌도 형제나 다른 학생 또는 다른 원생에 대한 '본보기'의 의도가 전혀 없다고는 할 수 없는 것이다. 그러나 그러한 의도가 피징계자 본인의 장래를 위험하게 하는 경우는 거의 없을 뿐더러, 만약에 그러한 목적으로만 징계가 행해진다면 그것은 징계권의 남용이 될 것이다. 특히 보호처분선고가 다른 일반의 소년들에 대한 '본보기'로 사용된다는 것은 있을 수 없는 일이다.[44] 따라서 보호처분과정에서 벌을 사용하는 것은 그 소년에게 벌의 존재를 가르친다는 한도에 머물러야 할 것이다.

2) 보호처분과 형벌의 차이

형벌이 교정주의의 영향으로 그의 일반예방적 · 적대적 성격을 완화한다면 그 실질에 있어서 보호처분과의 차이는 거의 없어질 것이다. 그러나 대부분의 국가의 소년사법은 아직도 보호처분과 형벌을 병행해서 사용하는 이원주의를 채택하고 있기 때문에 이를 확실히 구분할 필요가 있는 것이다.

첫째, 보호처분과 형벌은 그 목적의 강조점이 다르다. 즉 보호처분은 소년의 개선과 교화가 주 목적이고 일반예방이나 응보적 내용은 뒷전에 있는 반면, 형벌은 사회질서의 유지 내지는 사회정의의 실현을 위한 일반예방적 기능이 우선적으로 작용하고 있다.

물론 형벌도 개인의 개선 · 교화를 목적으로도 기능하는 것이 사실이다.

44) 소년심판절차가 비공개진행을 원칙으로 하는 것도 바로 이런 이유에서이다(「소년법」 제24조; 일본 「소년법」 제22조 2항). 친권자나 학교의 장에 의해 시행되는 벌의 '본보기'는 그 대상이 피징계자 본인과 그 동료에 한정되어 있을 뿐만 아니라 소년의 장래에 미치는 영향도 거의 없다고 한다. 平野龍一, 앞의 책, 23면.

그러나 그것은 사회정의라든가 사회질서를 궁극적으로 확보하자는 수단으로 고려된, 다시 말하자면 범죄인의 개선·교화를 통해 사회질서와 사회정의를 확보하자는 차원에서 고려된 것이라고 보아야 한다. 즉 보호처분이 비행소년의 개선을 우선적 목표로 한다면 형벌은 사회의 개선 및 안전을 우선적 목표로 한다. 따라서 형벌집행에 있어서는 책임주의원칙, 형평성의 원칙, 비례성의 원칙 등이 고수되어야 하지만 보호처분은 개별화된 처우를 위한 재량과 집행의 융통성이 허용된다고 할 수 있다.

그러나 그것은 무한정 허용되는 것은 아니고 소년사법의 기본 테두리 내에서 허용되는 한정적인 재량과 융통성이다. 즉 사법적인 판단에 의해 이루어지는 것이기 때문에 처분의 종류를 피집행자나 집행자가 선택한다거나 회피하는 등의 재량은 허용되지 않는 것이다. 바로 이 사법적 판단에 의해 시행되는 강제라는 점에서 형벌과 보호처분은 같은 성질을 가진다.

앞에서 보호처분은 형벌과는 다른 벌이라고 하였지만, 그 벌은 국가의 자의적인 판단에 의해 결정되고 시행되는 것이 아니고 법률에 의해 행해지는 것이기 때문에 일단 법적 절차에 의해 결정되면 반드시 집행되는 것이고, 이 점에서 상황에 따라 마음대로 집행을 보류하거나 취소할 수 있는 교육권 등에 의한 징계와는 다르다. 바꾸어 말하면 보호처분이 아무리 교육적·복지적 성격의 처우라 할지라도 그것이 사법적 조치임을 부인할 수 없다는 것이다.

둘째, 형벌은 이미 발생된 반사회적 행위에 대한 사후적 대응임에 반하여, 보호처분은 그 처분의 동기나 근거는 반사회적 행위로부터 시작되지만 반드시 그에 대한 대응을 목표로 하는 것은 아니고 소년의 장래를 목표로 하는 사전적 대응이다. 따라서 형벌은 그 행위의 양과 질에 근거하여 부과되는 반면, 보호처분은 그 행위의 질과 양도 참작하지만 주로 소년의 환경과 개인적 특성을 근거로 부과된다는 점에서 차이가 있다.

셋째, 보호처분과 형벌은 대상영역에 있어서 차이가 난다. 형벌이 죄형법정주의원칙과 책임주의원칙에 의해 형법규정을 위반한 범죄자에게만 부과되어야 하는 것에 반해, 보호처분은 형법규정은 위반하지 않았으나 장래에 그와 같은 행위를 할 위험이 있다고 판단되는 소년도 그 대상에 포함되는 것에 차이가 있다. 또한 범죄는 저질렀으나 책임을 물을 수 없는 소년도(예를 들면「소년법」제4조 1항 2호의 촉법소년(觸法少年)) 보호처분의 대상이 된다. 이와 같은 점에서 형벌은 사후적 기능을 지니고 보호처분은 사전적 기능을 지닌다고 할 수 있다.

그러나 한편으로는 보호처분의 대상에 우범소년과 촉법소년을 포함하는 것이 부당하다는 주장도 유력하게 대두되고 있는바, 그런 관점에서는 역시 형벌과 보호처분은 다를 것이 없는 셈이다.

이렇게 보면 형벌과 보호처분은 그 출발에 있어서는 지향목표에서 차이가 있었을지 모르나 오늘날의 사법체계, 특히 교정주의적 사법체계 내에서는 서로 유사한 기능과 형태로 접근하고 있다고 볼 수 있을 것이다.

7. 보안처분과 보호처분

보호처분을 논함에 있어서 보안처분에 대한 검토가 필요한 것은 보안처분 역시 형벌과 마찬가지로 그 기능과 발생연원이 보호처분의 그것과 거의 같기 때문이다. 따라서 보호처분을 보안처분의 일종으로 보는 것이 종래의 통설적 입장이기도 하다.[45]

그러나 이것은 보안처분의 개념영역을 어떻게 잡는가에 따라 달라진다. 즉 보안처분의 개념을 범죄의 진압과 예방을 목적으로 하는 일체의 인적·물적 처분을 총괄하는 모든 조치를 말하는 최광의(最廣義)의 것으로부터, 범죄자에게 부과되는 형벌에 대신하여 과하는 수용처분에 국한하는 최협의(最狹義)의 개념까지 다양한 의견이 있는 것이다.[46]

보호처분이 반사회적 성향이 있는 소년, 다시 말하면 장래 범죄를 저지를 위험이 있는 소년의 이러한 성향을 제거하기 위한 처분으로 시행된다면 그런 점에서는 넓은 의미에서의 보안처분의 범주에 포함시킬 수 있을 것이다. 그렇기 때문에 구태여 보안처분과 보호처분을 구분하여 논의할 실익이 있는 것은 아니고, 다만 넓은 의미의 보안처분개념을 파악하는 과정에서 보호처분의 성격이라든가 기능이 좀더 확실해질 수 있으리라고 생각하는 것이다.

보호처분의 성격을 어떻게 보느냐에 관해서는 입장이 두 가지로 나뉜다. 즉 보호처분을 사회방위사상에 기초한 보안처분의 일종이라고 보는 입장과,[47] 보안처분과는 전혀 다른 보호주의에 입각한 사회복지적 처분이라는 입장이 그

45) 이 입장으로는 平場安治, 「少年法」, 東京: 有斐閣, 1987, 75면; 柏木千秋, 「改訂 新少年法概說」, 東京: 立花書房, 1946, 122면.

46) 木村龜二, "保安處分の理論," 「刑事政策の基礎理論」, 355면.

47) 이와 같은 견해로는 崔世英, "少年犯에 대한 保護處分의 將來," 「少年犯에 관한 諸問題」, 司法硏修院, 1979, 225-226면; 金日秀, 「刑法學原論(總論講義)」, 博英社, 1988, 1247-1248면 등이 있다.

것이다.[48] 그러나 소년법상의 보호처분을 보안처분의 일종으로 볼 것인가 하는 문제는 보안처분의 개념범위를 어떻게 정하느냐에 달려 있다는 것은 이미 앞에서 언급한 바 있다.

보안처분을 형벌 이외의 형법상의 법효과(法效果)라고 넓게 정의한다면 보호처분이 보안처분의 범주에 속하게 되는 것은 의문의 여지가 없다. 반면에 보안처분이 장래의 범죄에 대한 보안적 조치만을 의도하는 처분이라고 한다면 보호처분을 그 범주에 넣는다는 것은 무리일 것이다.

일반적으로 보호처분은 소년보호의 이념 아래 비행소년의 환경조정 및 성행의 교정을 목적으로 필요한 조치를 하는 것으로서 미완성인격자에 대한 보호육성이라는 복지정책적 요청에서 발달한 것이라고 정의한다.[49]

이렇게 보면 보호처분과 보안처분은 그 지향목표 내지 중점목표에서 구별된다. 전자가 소년의 개선과 보호를 주목적으로 한다면, 후자는 사회방위를 주목적으로 하고 있는 것이다. 즉 보호처분이 비행소년에 대한 사후적 치료 및 교정을 위한 교육적·복지적 활동을 강조하고 있는 반면, 보안처분은 사회방위이념을 배경으로 장래에 범죄를 저지를 우려가 있는 자에 대한 사전적 예방활동을 강조하고 있다고 볼 수 있다. 또한 그 발생연원에 있어서도 보안처분이 고정화된 형벌제도의 보완적 장치로서 주로 대륙법계 국가들을 중심으로 타협적·조정적(調停的)으로 발전되어 온 것과는 달리, 보호처분은 영국의 형평법원(衡平法院)에서 유래한 국친사상(國親思想, parens patriae)을 배경으로 소년비행에 대한 구체적 대처과정을 통해 자연적·경험적으로 형성·확립된 것이다.

결국 앞에서 보안처분의 개념범위를 어디까지 잡느냐에 따라 달라지겠지만 보호처분을 사회방위를 위한 예방적 처분이라고 하는 통상의 보안처분과 같은 개념으로 파악할 수는 없을 것이다.[50]

---

48) 이와 같은 견해로는 愼鏞揆, "虞犯少年 處理實態와 善導方案," 「「青少年犯罪研究(第5輯)」, 法務部, 1987, 165면; 徐挺旭, "少年院收容期間의 檢討: 短期處理를 中心으로," 「青少年犯罪研究(第4輯)」, 法務部, 1986, 18면; 所一彥, "少年審判の理念と制度," 「講座 少年保護(第2卷)」, 東京: 大成出版社, 1982, 17-24면 등이 있다.

49) 朴在允, 「刑事法講座 I」, 博英社, 1984, 858면.

50) 보호처분을 보안처분의 일종이라고 보는 입장에서도 이를 단순한 예방처분 내지 사회방위사상을 배경으로 하는 형사정책적 처분의 의미로서의 보안처분의 개념에 그치는 것이 아니고, 소년의 건전한 육성을 목적으로 성행의 교정과 환경조정을 하는 교육적·복지적 내용도 함께 포함하는 처분이라고 보고 있다. 鄭榮錫·申洋均 공저, 「(新稿)刑事政策」, 法文社, 1995, 333-334면; 梁承均, "우리나라 少年法上의 保護處分에 관한 研究," 「檢察(第3輯)」, 1982, 86-87면; 吳幸男, "少年에 대한 保護處分의 研究," 「裁判資料(第18輯)」, 法院行政處, 1983, 796면; 金鍾源, "保護處分種類의 多樣化 및 施行方案," 「青少年犯罪研究(第3輯)」, 法務部, 1985, 44면.

그러나 그렇다고 해서 보호처분을 순수한 사회복지적 처분으로만 이해하는 것도 옳지 않다. 왜냐하면 보호처분은 어디까지나 소년의 비행 내지 범죄에 대한 사법적 판단에 의한 처분이기 때문이다.

형사사법적 처분이 징벌적·예방적 의미와 기능을 포함하고 있다는 것은 주지의 사실이다. 마찬가지로 오늘날의 형벌이나 보안처분의 개념에 개선과 교화를 통한 사회복귀라는 교정주의적 이념이 기초하고 있다는 것도 이미 앞에서도 언급한 바 있다. 이렇게 보면 보호처분을 하나의 정형적 카테고리(Category)에 묶어 판단한다는 것이 무리일지도 모른다. 또한 그것이 보안처분에 속하는 것이냐 하는 것도 특별한 논의의 실익이 있는 것도 아니다. 그럼에도 불구하고 그것이 보안처분과 함께 논의되는 이유는 양자가 모두 형벌의 보충적·대안적 수단으로 고안되고 발전되어 왔기 때문에 그 기능영역에서 서로 중복·교차되는 부분이 있기 때문이다. 그것은 구체적으로 보호처분에 있어서 통상의 보안처분과 같은 성격의 사회방위적·특별예방적 기능을 인정할 것인가와, 마찬가지로 보안처분에 교육적·복지적 기능을 인정할 것인가의 문제로 나타난다. 결국 그것은 입법정책에 관한 문제로 귀결된다고 볼 수 있다.

제 3 장

비형벌화

제 1 절 비형벌화의 의의

비형벌화(de-penalization)란 어떤 행위를 형벌의 대상으로는 하지만 형벌을 경감하거나 또는 형벌 대신에 다른 비형벌적인 수단을 강구하는 것이다.[1] 즉 범죄에 대한 형벌에 대신하여 형벌 이외의 보다 가벼운 제재를 과하거나 형벌을 경감·완화하는 것을 말한다. 비형벌화의 의의에 관하여는 형벌에 대신하여 형벌 이외의 제재를 과하는 것이라고 하는 견해, 형벌을 완화를 전제로 하여 종래의 형벌에 대신하여 다른 비형벌적 제재를 사용하는 것 또는 형벌 자체를 완화하는 것을 의미한다는 등의 견해가 대립되어 있다.

생각건대 비형벌화는 비범죄화의 이념과 공통한 기초 위에서 자유형의 폐해를 회피하기 위하여 제창된 것이고, 또한 겸억주의(謙抑主義)에 입각하여 형사제재를 회피 내지 완화하는 정책을 말하는 것으로 이해되기 때문에 두 번째 견해가 타당할 것이다. 따라서 예를 들면 범죄소년에 대한 보호처분이나 성인범죄자에 대한 보안처분도 비형벌화의 예라고 할 수 있지만, 그 내용이 형벌보다도 사실상 무거운 제재인 경우는 비형벌화의 이념에 합치하는 것이 아닐 것이다.

제 2 절 비형벌화의 유형

비형벌화는 입법·사법·행형의 어느 단계에서도 행해질 수 있다. 비형벌화는 제도로서 입법적으로 행해지거나 또는 유죄가 확정된 자에 대한 집행문제로 하여야 하는 것이라는 견해가 있지만, 수사와 소추의 단계에서도 고려되어야 한다.

1) 國田幸一·辻本依佐,「犯罪學」, 北樹出版, 2003, 207면.

1. 입법상의 비형벌화

입법단계에서 법정형 중 사형을 징역형으로 또는 자유형을 벌금형으로 개정하는 경우 등이 이것에 해당한다. 범죄를 질서위반행위로 변경하고 형벌에 대신하여 행정벌을 과하는 경우와 같은 것을 비범죄화라고 하는 주장과 비형벌화라고 하는 주장이 대립되어 있지만, 이미 실체법상 및 절차법상으로도 범죄로 취급하지 않는 이상 비범죄화라고 해석하는 앞의 주장이 타당하다.

형벌에 대신하여 보안처분 내지는 보호처분을 법정(法定)하는 경우에는 원칙적으로 비형벌화를 인정하여야 하는 것이지만, 전술한 보안처분처럼 반드시 비형벌화라고 할 수 없는 경우가 있는 것에 주의하여야 한다. 원래 범죄방지에 있어 유효하고 동시에 합리적 근거를 갖는 경우는 보안처분을 법정하는 것은 허용되지만 이것은 비형벌화의 문제와는 별개의 차원으로 논하여야 할 것이다.

2. 형사사법상의 비형벌화

형사사법상의 비형벌화란 경찰·검찰·법원·행형기관·보호기관 등과 같은 형사사법기관에서의 비형벌화를 말한다. 경찰에서의 훈방처분, 검찰에서의 기소유예 등 사법전(司法前) 처리에 의해 형사절차에 오르지 않은 Diversion도 비형벌화에 다름 아니다. 범칙금통고제도가 비형벌화에 해당하는가에 관하여 긍정론과 부정론이 있으나 범칙금의 실질은 형벌을 행정벌로 전환한 것이기 때문에 긍정론이 타당하다. 예를 들면 교통법규위반은 범죄이기 때문에 행정벌로 이해하여도 비범죄화로 분류되는 것은 아니다.

재판에 있어서 비형벌화로서는 집행유예 및 선고유예가 있고 행형의 단계에는 Probation, Parole, 선시제(善時制), 개방처우, 중간처우 등이 있다.

제 4 편

범죄대책론

제 1 장

범죄대책의 기초

제 1 절 범죄방지책의 개관

1. 범죄원인론과 범죄대책

종래 범죄원인론과 범죄대책과의 관계는 의학에서 병의 원인을 구명하고 거기에 의거하여 치료방법을 강구하는 것과 유사한 것으로 이해되어 왔다. 이 관점으로부터라면 범죄의 원인을 구명하여야 비로소 유효한 범죄대책을 강구할 수 있는 것이 될 것이고, 따라서 원인론에 기초하지 않은 범죄대책은 비과학적인 것이라는 평가를 하게 될 것이다.

범죄원인론에 관하여는 19세기 후반부터 범죄통계학파, 범죄인류학파, 범죄사회학파 등에 의해 과학적 해명이 행하여진 이래, 오늘날에 있어서는 범죄생물학적 견지, 범죄심리학적 견지 및 범죄사회학적 견지로부터 다양하게 설명되고 있다. 그러나 그 이론의 대부분은 가설에 그치고 있고, 따라서 현재 정설이라고 할 만한 원인론은 확립되어 있지 않다. 그렇기 때문에 형사정책에 확고한 기초를 제공할 수 있는 범죄원인론은 아직까지는 확립되어 있지 않다고 보는 것이 타당할 것이다. 이러한 상황을 배경으로 하여 최근에 이르러서는 형사정책을 논함에 있어 신범죄학(新犯罪學, new criminology)과 같은 실증적·과학적인 원인론을 중시하지 않는 입장도 나타나고 있다.[1)]

대체로 모든 인간의 행동이 그러한 것처럼 범죄행동도 완전히 실증 가능한 법칙으로 파악하는 것은 곤란할 뿐만 아니라 모든 경우에 적용될 수 있는 법칙은 없다고 하여도 과언은 아니다. 그러나 모든 범죄현상을 법칙적으로 인

1) Marc Ancel(1902-1990년)은 실증주의적 입장을 출발점으로 하면서도 자유의지를 긍정한다. 따라서 그는 자유의지의 이면에 있는 책임의 관념을 범죄자의 처우에 있어서 적극적으로 이용하여야 한다고 하면서, 또한 범죄자의 인격존중이라는 이념에 입각한 인도주의적 사회방위론을 제창하고 있다. アンセル・吉川經夫 譯, 「新社會防衛論」, 1968; 澤登俊雄, 「新社會防衛論の展開」, 1986, 74면.

식할 수 있는 범죄원인론을 확립하는 것은 영구히 불가능할지 모르지만, 인간의 자유의지를 박탈하거나 자유의지에 영향을 미치는 특정한 소질과 환경이 범죄원인의 하나가 될 수 있다는 것은 어느 정도 실증적으로 밝혀지고 있다. 따라서 범죄의 원인이 완전히 법칙적으로 인식될 수 없다고 하더라도 인간의 의사에 영향을 미치는 범죄적 요인을 제거하고, 또한 인격의 주체성에 작용함으로써 범죄를 저지르지 못하도록 한다는 차원에서의 과학적인 범죄방지책은 가능할 것이다.

그러므로 한편으로는 현재까지 과학적으로 밝혀지거나 추측된 범죄원인을 범죄대책에 적극적으로 활용하고, 다른 한편으로는 인격의 주체성, 즉 자유의지와 관련된 부분에 대하여는 범죄를 회피하여 적법한 행위를 선택하는 것이 가능하였는데도 굳이 범죄행위를 선택하였다고 하는 점에 비난의 근거를 찾아 그 비난의 정도에 따라 형벌이라고 하는 고통을 과함으로써 인간의 행동을 규제하여야 할 것이다. 전자가 결정론에 근거한 범죄대책이라면 후자는 비결정론에 근거한 범죄대책이라 할 수 있다.

그러나 아무리 유효한 대책이라 하여도 범죄대책은 많든 적든 간에 개인의 신체 또는 행동의 자유를 제한하는 등의 권리제한을 수반하기 때문에 범죄대책을 선정·시행함에 있어서는 범죄자의 인권옹호라는 측면에도 배려가 필요하다. 그런 차원에서 범죄자 처우에 있어서는 인격의 자율성을 존중하고 자발적인 개선과 사회복귀를 촉진하는 적절한 지도와 원호를 행하는 방안이 강구되어야 할 것이다.

2. 범죄와 진압(鎭壓)

형사정책상의 범죄방지책은 범죄의 예방과 제재를 통한 진압으로 나눌 수 있는데, 가장 이상적인 것은 예방이 되겠으나 현실적으로는 사후적 방지책으로서의 범죄에 대한 제재를 통한 진압이 그 중핵이 될 것이다.

제재(制裁, sanction)란 사회적 규범으로부터 일탈한 행위자에 대하여 가해지는 심리적·물리적 압력의 총체를 말한다. 그것에는 신비적(神秘的)인 것, 법률적인 것, 도덕적인 것 등이 있다. 신비적인 제재란 초자연적인 힘에 의한 제재, 즉 신 또는 악마에 의한 저주 같은 것을 말하나 오늘날에는 그와 같은 제재는 자취를 감추었다.

한편 오늘날 우리 인류사회에서 사용되고 있는 제재는 다음 몇 가지 유형

으로 나눌 수 있을 것이다. 즉,

첫째는, 사회적 제재 내지 도덕적 제재에 맡기는 방법이다. 실질적인 범죄에 상당하는 행위에 대하여는 통상 사회윤리에 기초한 사회적 비난이 가해지는 것이고, 그것에 수반하는 불이익이 심리적 강제로 되어 범죄방지의 효과를 낳게 한다.

둘째는, 손해배상의 책임과 같은 민사상의 제재(민사제재)에 맡기는 방법이다. 민사제재는 원래 손해의 공평한 부담을 목적으로 하는 것이지만 그것에 의해 초래될 수 있는 가해자에 대한 불이익이 심리적 강제가 되어 범죄방지의 효과를 낳게 된다.

셋째는, 행정상의 제재(행정제재)에 맡기는 방법이다. 예를 들면 영업정지 명령에 의해 영업을 정지시킴으로써 그와 같은 행정상의 불이익처분이 심리적 강제로 되어 범죄방지의 효과를 낳는 것이다.

넷째는, 형사상의 제재(형사제재)를 사용하는 방법으로 형벌이라고 하는 해악의 부과를 예고하고 그 집행하는 것에 의해 범죄의 방지를 도모하는 방법이다.

사회적 유해행위로서의 범죄에 대하여는 이상과 같은 각종의 제재가 고려될 수 있으나 가장 유효한 것은 말할 것도 없이 형사제재일 것이다.

제 2 절 범죄화와 비범죄화

1. 범죄화(犯罪化)

(1) 범죄화의 의의

범죄화(criminalization)란 범죄가 아닌 행위를 법률상의 범죄로 하여 형사제재의 대상으로 하는 것이다. 범죄화는 입법상의 범죄화와 형벌법규의 해석과 적용상의 범죄화를 포함한다. 즉 죄형법정주의를 원칙으로 하는 민주법치국가에서는 범죄와 형벌은 법률에 정해져야 하기 때문에 범죄화는 원칙적으로 입법에 의하지 않으면 안 되지만, 이미 존재하는 형벌법규의 해석·적용을 변경함으로써 범죄화할 수도 있을 것이다. 실질적 범죄는 범죄화에 의해 비로소 형사사법의 대상이 되기 때문에 범죄화는 범죄대책의 출발점이라고 할 수 있다. 즉 그 행위가 아무리 사회적으로 유해하여도 입법에 의해 범죄화가 되어 있지 않으면 형사사법상의 단속대상으로 할 수 없는 것이다. 구체적으로는 형법 또는 특별형법에 의해 범죄화를 함으로써 형사사법의 대상인 범죄유형을 확정한다.

그러나 사회의 변동에 따라 반사회적 행동의 태양(態樣)도 변화하고, 따라서 이전에는 예상하지 못했던 새로운 반사회적 행위유형이 발생한다. 그러나 형법은 유추해석을 해서는 안 되기 때문에 이와 같은 행위를 기존의 법해석에 의해 범죄화하는 데는 한계가 있다. 다시 말하면 기존의 법규범에 의해서만은 반사회적 행위를 방지할 수 없는 사태가 끊임없이 발생한다는 것이다. 예를 들면 20세기에 들어와 특히 새로이 나타난 반사회적 행위유형으로 항공기납치, 테러활동, 환경범죄, 도로교통범죄, 컴퓨터범죄, 사이버범죄 등과 같은 행위가 그것이다. 이와 같은 행위들은 기존의 법률에 의한 범죄화의 개념에 적용하기가 어려운 것이고, 따라서 새로운 범죄화를 위한 입법적 조치가 필요한 것이다. 결국 어떠한 반사회적 행위를 범죄화하여야 할 것인가는 형사정책상 가장 중요한 과제의 하나인 것이다.

(2) 범죄화의 기준과 형식

1) 범죄화의 기준

범죄화의 기준이란 입법상, 그리고 해석과 적용상의 범죄화를 행하는 경우 실질적 기준이 되는 것이다. 반사회적 행위를 억제하기 위하여서는 범죄화가 필요하지만 그에 따르는 형사제재는 물리적 강제력을 수반하는 가혹한 성질을 갖기 때문에 범죄화를 함에 있어서는 무엇이 보호법익인가를 충분히 고려한 후 이것을 보호하는 방법으로는 형벌법규를 창설하여 형벌적 수단에 호소하는 이외에 적당한 방법이 없는 경우에 비로소 범죄화가 허용되는 것이다. 따라서 범죄화는 단순히 그것이 필요하다는 정도로는 충분하지 않고 형법의 보충성·단편성·관용성, 즉 '겸억주의'(謙抑主義)[2] 정신에 입각한 정당한 근거가 있을 때 비로소 허용된다고 하여야 할 것이다. 오늘날 일부 국가에서 사회를 통제하는 수단으로서 안이하고 쉽게 범죄를 창설하는 경향이 있는데 이와 같은 태도는 과잉범죄화(過剩犯罪化, over-criminalization)로서 바람직하지

2) 「형법」은 법익보호를 위한 최후의 수단으로서의 성질을 갖고 있다고 하는 것을 형법의 보충성이라고 하고, 형법은 시민생활의 구석구석까지 개입하지 않는다고 하는 것을 형법의 단편성이라고 하며, 범죄가 현실로 행하여져도 사회질서의 유지의 견지로부터 처벌의 필요성이 없는 경우에는 처벌하지 않는다고 하는 것을 형법의 관용성이라고 하고, 이들 3가지를 총괄하여 겸억주의라고 한다. 겸억주의는 형법해석의 원리이지만 동시에 범죄화, 즉 형사입법의 원리도 된다고 할 수 있을 것이다. 大谷 實, 「刑法講義總論(第四版補訂版)」, 7면.

않다.

처벌의 필요성과 합리적 근거가 없는 형벌법규는 실체적 적정(實體的 適定, substantive due process)을 결한 것으로 헌법에 반한다. 반면에 처벌의 필요성과 합리적 근거가 있는데도 범죄화하지 않는 것은 입법부의 의무위반(즉 입법부작위에 의한 의무위반)이라고 하여야 할 것이다.

2) 범죄화의 형식

가. 입법상의 범죄화 우리 헌법 제12조는 '법률과 적법한 절차'에 의하지 아니하고는 형벌을 과하지 않는다고 명시하고 있다. 이것은 범죄와 형벌은 법률에 의해 정해져야 한다는 것을 당연한 전제로 하고 있는 이른바 법률주의를 규정한 것이다. 즉 무엇을 범죄로 하고 그것에 어떠한 형벌을 과하여야 하는가는 국회가 제정한 법, 즉 협의의 법률에 명확히 규정되지 않으면 안 된다고 하는 취지이다. 그러므로 범죄화는 법률 이외의 방법으로는 허용되지 않는다는 것이 원칙이다.

범죄와 형벌이 현저히 균형을 잃어 부당한 형벌을 형벌법규에 규정하고 있을 때는 죄형의 적정에 반하는 것으로서 마찬가지로 헌법 제12조에 위반한다. 범죄의 무게와 형벌과는 균형을 이루지 않으면 안 된다고 하는 원리를 죄형균형의 원칙이라고 한다. 범죄와 형벌과의 균형성은 침해된 법익의 중요성의 정도와 사회질서유지의 견지로부터 본 처벌의 필요성의 정도를 기준으로 하여 판단하여야 할 것이다.

나. 해석 및 적용상의 범죄화 해석 및 적용상의 범죄화란 형벌법규의 해석 또는 적용에 있어서 그 때까지 범죄로서 단속의 대상으로 되어 있지 않던 사실에 관하여 당해 형벌법규를 적용하는 것을 말한다. 여기에는 해석의 변경에 의한 경우(해석상의 범죄화)와 단속방침의 변경의 경우(적용상의 범죄화)가 포함된다. 전자는 형벌법규의 해석을 확대함으로써 범죄화하는 것이고, 후자는 형벌법규의 적용범위에 어떤 사실에 관하여 오랫동안 적용하지 않았기 때문에 사실상 형벌법규가 폐지된 것이나 다름없었던 것을 다시 적용함으로써 범죄화하는 경우이다.

해석 · 적용상의 범죄화에 있어서도 전술한 범죄화의 기준이 준수되어야 하는 것은 당연하다. 따라서 해석상의 범죄화의 경우는 형벌법규의 엄격해석, 즉 유추해석금지의 원칙에 따라야 할 것은 당연하다. 그러므로 처벌의 필요성이나 합리성이 인정되고, 또한 국민의 처벌의 요구가 아무리 강해도 유추해석에 의한 범죄화는 인정될 수 없다. 또한 적용상의 범죄화에 있어서는 그 형벌법규가 오랫동안 적용되지 않았고 그 때문에 사실상 폐지되었다고 인정될 때는 형벌법규는 관습법상 효력을 상실한 것으로 해석하고 그 적용을 인정하여서는 안 될 것이다.[3)]

(3) 범죄화와 범죄대책

반사회적 행위를 범죄대책의 대상으로 하기 위해서는 그 행위를 법률상 범죄, 즉 범죄화할 필요가 있다. 이와 같은 범죄화는 죄형법정주의의 요청으로부터 입법에 의해 행하여지지 않으면 안 된다. 한편 범죄화를 통한 형사제재는 인권의 박탈 내지 제한을 수반하는 가혹한 것이기 때문에 반사회적 행동을 방지하기 위한 최후의 수단(ultima ratio)이 되어야 하고, 따라서 실질적 범죄로서의 성질을 갖는 행위라고 하여도 사회질서유지의 견지에서 보아 형사제재 이외의 방법에 의해 범죄를 방지할 수 있는 경우에는 범죄화는 피하지 않으면 안 된다. 그러나 형사제재 이외의 방법에 의한다는 것은 범죄방지의 효과를 기대할 수 없고 그 때문에 사회질서의 유지에 지장이 된다고 판단될 때는 신속히 형사상의 입법조치를 강구하지 않으면 안 된다. 따라서 형사입법, 특히 범죄화는 범죄대책의 출발점이 된다.

결론적으로 범죄화의 형사정책적 의의는 특정의 범죄를 행한 자에는 일정의 형을 과한다는 취지를 법률에 예고함으로써 그 위하작용을 통하여 국민의 규범의식을 깨우치고 강화하며, 또한 사회일반인을 범죄로부터 멀리하는 일반예방효과를 목적으로 하는 범죄대책인 것이다.

일정한 범죄를 행한 자에게는 일정한 형을 과하는 것을 예고하고 그 심리적인 강제력을 통하여 범죄를 예방하는 것에 범죄화의 목적이 있지만, 그 목적을 담보하기 위하여서는 실제로 범죄를 행한 자, 즉 범죄자를 형사사법을 통해 처벌하지 않으면 안 된다. 형벌을 예고한 범위 내에서 범죄자를 처벌하지 않는다면 위하에 의한 심리강제작용은 생기지 않을 것이기 때문이다. 이를 위하여 범죄자에 형벌을 과함으로써 범죄방지를 도모하는 시스템, 즉 범죄방지 시스템이 필요하게 되는 것이고, 그를 위해 경찰, 검찰, 법원, 교정, 보호라고 하는 형사사법제도가 존재한다.

형사사법제도는 일반예방작용, 즉 형벌의 위하(위협)에 의한 심리적 강제작용을 실현하는 시스템이지만, 그것은 일반인의 심리에 작용하여 범죄의 억

3) 大谷 實, 앞의 책, 74면.

제를 도모하는 것만은 아니고 일단 범죄자가 된 특정한 사람에게 형벌을 과함으로써 재범에 빠지지 않도록 하는 특별예방의 기능도 아주 중요한 과제가 된다. 즉 형벌의 부과를 통하여 범죄자의 개선을 도모하여 보도(輔導)·원호(援護)함으로써 그를 사회로 복귀시키고 재범방지의 목적을 달성하는 것도 형사사법의 중요한 임무가 되는 것이다.

한편 형사사법에서 범죄의 방지는 이미 실행된 범죄의 처리를 통한 범죄의 진압을 목표하는 것이나 원래 범죄는 사전에 예방하는 방법이 가장 바람직할 것이다. 특정 행위에 대해 형벌법규를 통해 범죄화하는 것 자체가 범죄의 예방효과가 있다고는 하지만(일반예방효과), 그러나 그것은 어디까지나 사후적 진압이 목적이고 사전적 예방은 부수적인 것이다.

이와 같은 범죄의 예방은 형사정책상 매우 중요한 의의가 있음에도 불구하고 지금까지는 사후적 진압에 관심이 집중되어 왔고 사전적 예방에는 그다지 관심을 기울이지 않았다. 그러나 최근에 이르러 「지역조직화적 접근방법」(地域組織化的 接近方法, community organization approach)을 중심으로 한 예방활동이 형사정책학 분야에서 강조되고 있는데, 그 구체적인 것으로는 사회적 제 조건의 개선, 범죄비행의 예측에 기초한 Case work적 예방활동, 지역조직화에 의한 방범활동(防犯活動) 등이 거론되고 있다.

2. 비범죄화(非犯罪化)

(1) 비범죄화의 의의와 배경

비범죄화(de-criminalization)란 그 때까지 범죄로서 처벌되어 온 행위를 범죄의 유형에서 제외하여 처벌을 하지 않는 것을 말한다. 그러므로 종래 범죄로서 형벌을 과하던 것을 형벌에 대신하여 과료 등의 행정벌을 과하는 경우(비형벌화)도 넓은 의미의 비범죄화에 포함된다.

비범죄화 문제는 제 2 차 세계대전 후에 형법 전면개정을 추진해 온 영국, 미국, 독일 등의 국가를 중심으로 제기되었는데, 그것은 가치관의 다양화에 기초한 허용사회(許容社會)의 이념을 배경으로, 특히 1950년대부터 1960년대에 걸쳐 동성연애나 근친상간과 같은 법이 보호하여야 할 구체적 이익이 존재하지 않은 단순한 종교 내지 특정의 도덕관을 보호하는 것에 지나지 않는 '피해자 없는 범죄'(victimless crime)는 형법으로부터 제거되어야 한다는 사고로부터 출발하였다.

비범죄화론은 그 때까지 국가가 국가적인 도덕관(moralism) 내지 간섭주의(paternalism)[4]의 입장으로부터 형벌에 의해 도덕을 강제하는 등 과잉범죄화의 경향이 있었던 것을 비판한다. 나아가 법과 도덕의 분리를 전제로 한 다양한 가치관의 공존을 인정하는 허용사회에서는 개인의 이익을 구체적으로 침해하는 경우, 즉 누군가의 피해가 인정되는 경우만이 범죄와 형벌은 정당화될 수 있다고 주장하고, 구체적인 피해를 낳지 않은 피해자 없는 범죄는 처벌하지 말아야 한다는 것이다. 결국 비범죄화의 형사정책적 의의는 국가의 강한 처벌요구에 기초한 과잉범죄화의 경향을 시정하고 겸억주의에 입각한 적정한 범죄를 유도하고자 하는 점에 있다.

(2) 피해자 없는 범죄

1) 피해자 없는 범죄의 의의

피해자 없는 범죄란 오로지 종교 내지 도덕을 보호하기 위한 것으로 개인의 생활이익과 무관계한 범죄를 말한다. 피해자 없는 범죄의 정의에 관하여는 ① 타인에게 명백한 해악을 끼치지 않은 도덕 그 자체에 반하는 행위를 처벌하는 범죄라고 하는 입장, ② 비범죄화의 필요성이 있는 범죄라고 하는 입장이 있다.

생각건대 범죄의 본질을 법익침해에서 구하는 입장에서는 법익침해 또는 그 위험성이 없으면 범죄의 실질을 잃기 때문에 그 범위에서는 앞의 주장이 타당하다. 그러나 법익침해는 단순히 개인으로서 타인에 대한 해악인 것에 그치지 않고 사회법익 및 국가법익에 대한 침해도 당연히 포함되는 것이기 때문에 피해자 없는 범죄란 법익침해 내지 그 위험성을 수반하지 않는 범죄, 바꾸어 말하면 보호법익이 명백하지 않는 범죄를 의미하는 것으로 이해하는 것이 옳을 것이다.[5]

4) legal moralism(법도덕주의[法道德主義])이란 국가는 도덕 내지 윤리질서의 유지를 목적으로 하여 형벌을 사용하여야 한다는 사고를 말한다. 이 사고에 의하면 사회는 도덕적인 유대를 기반으로 하여 성립하고 있는 것이고, 이것이 이완된다면 사회는 붕괴해 버리기 때문에 형법은 궁극적으로 도덕의 유지를 목적으로 하지 않으면 안 된다는 것이 된다. 그러므로 범죄의 본질은 도덕 내지 윤리규범위반에 있다는 주장이다. '리갈 모랄리즘'은 유럽과 미국의 형법사상을 지배하여 왔던 것이지만 제 2 차 세계대전 후의 가치관의 다양화에 수반하여 도덕도 다원적인 것이고 그 가운데 하나의 도덕을 뽑아내어 강제하는 것은 권위주의에 지나지 않는다는 비판을 받고 있다. 한편 간섭주의(legal paternalism)란 국가는 가부장적 입장에서 '피해자를 그 자신으로부터 지키기 위해' 형벌을 사용한다고 하는 사고를 말한다. 자살, 약물의 남용 등의 자손행위(自損行爲), 피해자의 동의에 기초한 행위도 본인을 보호하기 위하여 처벌하여야 한다는 사고이다. 그러나 제 2 차 세계대전 후 자기결정 내지 사생활의 권리가 강조되면서 이와 같은 국민의 후견인으로서 국가가 개입하는 가부장적 간섭에 대한 비판이 높아지고 있다.

5) 平野龍一, 「刑事制裁の限界(上·下), ジリスト(475號 · 478號)」, 1971.

한편 피해자 없는 범죄와 관련하여 '감지되지 않은 범죄'라는 것이 있다. 이 감지되지 않은 범죄란 가해자와 피해자의 관계가 명료하지 않기 때문에 피해자 자신이 피해를 받는 것을 느끼지 않는 범죄를 말하는데, 예를 들면 증수뢰죄, 부정대출, 증권거래법상의 내부거래 등과 같은 화이트칼라범죄, 암시장거래, 분식결산(粉飾決算) 등이 이것에 해당한다. 감지되지 않은 범죄라는 개념은 피해자 없는 범죄와 관련하여 미국에서 처음 주장된 것으로, 발각되기 어렵고 피해자측의 피해의식이 없으며 가해자에게 죄악감이 없다는 등의 특징이 있다. 또한 이런 유형의 범죄는 전통적 범죄와는 비교할 수 없는 많은 금전상의 손실을 끼치고, 사회·경제제도 전반에 대한 해악이 커서 그 피해가 전국적 규모로 확산될 수 있다. 그러므로 이 감지되지 않은 범죄는 불특정다수인에 대한 법익침해가 명백한 이상 피해자 없는 범죄는 아니다.

2) 피해자 없는 범죄의 유형

유럽과 미국에서 문제가 된 피해자 없는 범죄는 매춘, 동성애, 수간(獸姦), 근친상간(近親相姦), 낙태, 음란출판물, 신성모독(瀆神) 등이 있으나 우리나라에서는 반자연적인 성행위, 자살 및 신성모독 등은 처벌하고 있지 않다. 현재 피해자 없는 범죄로서 논란이 되는 것은 매춘, 낙태, 마약 등 자기사용, 도박, 음란물반포 등이다.

가. 매춘(賣春)　　성인의 합의에 기초한 매춘 그 자체는 어떠한 법익도 침해하는 것은 아니다. 사실 매춘 그 자체를 범죄화하는 최대의 근거는 공공도덕의 유지에 있다고 할 수 있을 것이다. 그렇기 때문에 법도덕주의(法道德主義, legal moralism)의 쇠퇴와 함께 매춘 그 자체는 처벌하지 않지만 매춘을 위한 유객행위, 선전은 공공에 있어서 유해한 것으로 판단하여 처벌하고 있는 경향이다.[6]

그러나 우리 현행법은 윤락행위를 권유, 유인, 장소제공 등을 한 자뿐만 아니라 윤락행위를 한 자 또는 그 상대자가 된 자도 처벌하고 있다(「성매매알선 등 행위의 처벌에 관한 법률」[7] 제18조 내지 제21조). 따라서 우리나라에서는 매춘에 관한 범죄는 피해자 없는 범죄의 일종이다.

---

6) 일본은 1956년에 「매춘방지법」을 제정 "누구도 매춘을 하거나 또는 그의 상대방이 되어서는 안 된다"(동법 제 3 조)라고 규정하고 있지만, 매춘을 한 당사자는 처벌하지 않고, 매춘을 권유, 주선, 유인, 장소제공(동법 제 5 조 내지 제 7 조) 등 이른바 권유사범(勸誘事犯) 내지 조장사범(助長事犯)만을 처벌하고 있다.

7) 2004년 3 월 21일 제정된 이 법률은 기존의 「윤락행위방지법」을 강화한 것이다.

나. 낙태(落胎) 낙태의 비범죄화에 관해서는 유럽과 미국에서 가장 활발하게 논의되어 오다가 1950년대 이래 일정한 요건이 갖추어진 경우에 한해서 낙태를 합법화하였다. 우리는 「모자보건법」에 의해 일정한 요건을 갖추는 경우 낙태를 허용하고 있지만(동법 제14조), 「형법」에 낙태의 죄를 두어 낙태를 범죄로 처벌하고 있다(「형법」 제27장). 즉 ① 본인 또는 배우자가 우생학적 또는 유전학적 정신장애나 신체질환 또는 전염성 질환이 있는 경우, ② 강간 또는 준강간에 의해 임신한 경우, ③ 법률상 혼인할 수 없는 혈족 또는 인척간에 임신한 경우, ④ 임신의 지속이 모체의 건강을 심히 해하거나 그 우려가 있는 경우에는 법률상 위법성이 조각되나 그렇지 않는 경우에는 낙태죄로 처벌된다. 그러나 오늘날 자기낙태죄(「형법」 제269조 1항)와 업무상 낙태죄(「형법」 제270조)로 처벌되는 예는 거의 없기 때문에 낙태죄를 비범죄화하여야 한다는 주장이 많다.

다. 마약 등의 자기사용(自己使用) 마약 등의 자기사용에 관해서는 그것이 일종의 자손행위(自損行爲)로서 피해자 없는 범죄이다. 따라서 처벌할 필요가 없다는 주장이 있는데,[8] 특히 유럽이나 미국의 경우 형법적 규제가 사실상 불가능할 정도로 마약 등 향정신성약물이 만연되어 있기 때문에 이러한 물질을 자기사용하는 것을 비범죄화하고자 하는 시도도 있다. 그러나 우리나라나 일본은 자기사용뿐만 아니라 양도, 소지 등과 같은 행위까지 처벌하고 있다. 즉 우리나라는 「형법」(제17장 아편에 관한 죄), 「마약류관리에 관한 법률」, 「마약류불법거래방지에 관한 특례법」, 「유해화학물질관리법」, 「특정범죄가중처벌 등에 관한 법률」[9] 등을 통해 이와 같은 행위를 중형으로 처벌하고 있는 것이다.

이와 같은 행위를 처벌하는 근거로는 약물의 영향하에 있는 자는 타인을 해칠 위험성이 높고, 약물을 구입하기 위해서 다른 범죄를 저지를 가능성이 있으며, 약물남용이 만연되면 사회를 황폐화시키는 등 사회법익을 침해한다고 하는 점에서 찾는다.

라. 도박(賭博) 도박은 노동에 의해 생계를 유지한다는 건전한 경제 · 노동생활을 타락시키는 행위이다. 아울러 이러한 도박행위는 부수적으로 강도 · 절도 등과 같은 범죄를 유발하기 쉽다. 도박행위를 처벌하는 근거는 바로 이러한 점에 있다.

---

8) 平野龍一, 「法學セミナ(第123號)」, 1966, 16면.

9) 「특정범죄가중처벌 등에 관한 법률」은 마약의 소지, 수입, 수출, 제조, 매매, 매매의 주선 등의 행위에 최고 사형까지 선고할 수 있도록 하고 있다(「특정범죄가중처벌 등에 관한 법률」 제11조 1항).

그러나 인생을 어떻게 사느냐 하는 것은 그 개인의 자기결정 내지 사생활 문제이고, 근로의욕을 고양하기 위해서 형법을 사용한다는 것은 법간섭주의(法干涉主義, legal paternalism) 다름 아니라는 비판이 있다. 또한 도박에 의해 피해자가 발생했다고 하더라도 그 피해는 피해자 자신의 부정직한 의사에 기해 발생한 것이기 때문에 법이 보호할 가치가 없다는 것이다.

현실적으로 도박은 가족이나 친지를 곤경에 빠뜨리고 절도나 강도 같은 재산범죄를 유발하는 해악을 초래하기 때문에 피해자 없는 범죄라고 하기는 어렵다. 따라서 형법과 특별법으로 도박 등 사행행위를 규제하고 있다(「형법」 제23장 도박과 복표에 관한 죄, 「사행행위 등 규제 및 처벌특례법」).

그러나 다른 한편으로는 국가나 지방자치단체가 특별한 정책을 수립하기 위한 재원확보라는 명목으로 여러 종류의 도박이나 복표(福票: 복권)를 공인하고 있는 것에 주의하지 않으면 안 된다. 예를 들면 경마, 경륜, 주택복권, 체육복권, 관광호텔의 카지노 또는 파친코 등이 그것이다. 이와 같은 도박이나 복권에 관하여는, 「경륜·경정법」(競輪·競艇法), 「한국마사회법」(경마), 「관광진흥법」(제3조 1항의4 제2호: 카지노), 「주택건설촉진법」(제17조: 주택복권), 「국민체육진흥법」(제19조의2: 체육복권), 「한국종합기술금융 주식회사법」(제18조: 기술개발복권) 등의 법률 및 규정에 의해 공인되어 있는바, 따라서 「형법」 제20조에 의해 정당행위(正當行爲)로 되어 위법성이 조각(阻却)된다.

이와 같은 공영 또는 공인 도박 및 복권의 존재는 도박 및 복권에 대한 처벌의 정당성에 대한 의문을 제기할 수 있고, 따라서 단순도박죄는 비범죄화하여야 한다는 의견도 있다.[10]

그러나 도박이 폭력조직에 의해 행해지는 경우는 일반 시민의 재산에 대한 위험을 줄 뿐만 아니라, 이로 인해 취득한 부당이득은 불법단체인 폭력조직의 자금으로 사용될 위험이 있기 때문에 도박장 개설이나 상습적인 도박행위는 처벌하여야 할 것이다.

마. 음란물반포·공연음란(淫亂物頒布·公然淫亂) 「형법」상의 음화제조 및 반포, 공연음란죄(公然淫亂罪)의 보호법익은 공중의 성적 풍속 내지 성질서(性秩序)에 있다고 하는 것이 통설이다. 이 입장에서는 음란물반포 등의 행위는 원칙적으로 처벌되어야 한다고 한다. 그러나 이것을 개인의 성적 자유(性的 自由)라는 사생활에 대한 침해로 보는 입장에서는 보고 싶지 않은 자유

10) 大谷 實, 「刑事政策講義」, 東京: 弘文堂, 1997, 100면.

를 침해하지 않는 한—다시 말하면 보아야 한다고 강요하는 것이 아닌 한—처벌해서는 안 된다고 한다.

이처럼 음란물범죄의 실질에 관하여는 법익침해라고 하는 관점에서는 전혀 다른 결론이 도출된다. 이와 관련해 일본 판례는 음란행위를 '사회를 도덕적 퇴폐로부터 수호하기 위해' 처벌한다고 하고 있다.[11] 이는 법도덕주의(legal moralism)를 음란죄의 타당근거로 하고 있다고 보아야 할 것이다.

생각건대 단순히 풍속에 대한 유해성 또는 청소년에 대한 유해성이나 "'붙잡힌 청중'(또는 관중)의 보고 싶지 않은 자유에 대한 침해"라는 법익침해의 측면에서만이 아니고, 통상의 사회생활기준, 즉 사회윤리규범에 위반하는 것인가 아닌가를 기준으로 하여 음란범죄를 검토하는 것이 옳을 것이다.

(3) 비범죄화의 유형

1) 단속상의 비범죄화

단속상의 비범죄화란 형벌법규는 존재하나 수사기관 또는 단속기관이 당해 형벌법규를 적용하지 않기 때문에 실질적으로 이미 범죄로 되지 않은 것을 말하는데 '사실상의 비범죄화'라고도 한다. 전술한 자기낙태죄가 전형적인 예이다. 이와 같은 단속상의 비범죄화가 되는 경우는 형벌법규와 국민의 법감정이 현저히 괴리되어 있는 경우, 사회의 변동과 함께 처벌의 필요성이 없어졌으나 아직 법률이 폐지되지 않은 경우, 단속체제가 약하기 때문에 일부 위반자만 단속한다면 차별적 단속이 되기 때문에 아예 단속을 하지 않는 경우 등이 있다.

이러한 경우에는 당해 형벌법규를 폐지하여야 하지만, 문제는 아직 형벌법규가 폐지되지 않고 비범죄화 상태에 있는 사건을 단속하는 경우이다. 이 형벌법규는 관습법상 효력을 상실한 것으로서 당해 형벌법규는 폐지된 것과 같이 취급하여야 하고 기소된 사건은 법원이 「형사소송법」 제326조의 범죄 후의 형의 개폐로 형이 폐지된 경우로 보아 면소조치를 해야 한다는 견해가 있다.[12]

그러나 이 경우는 형의 면제판결을 하는 것이 타당할 것이다. 형법에서 관습법상의 효력을 인정하는 것은 옳지 않을 뿐만 아니라 형의 면제판결도 실질적으로는 비범죄화에 다름 아니기 때문이다.

---

11) 最大判 昭和 31. 3. 13, 刑集 11卷 3號, 997면.
12) 大谷 實, 같은 책, 101면.

2) 재판상의 비범죄화

재판상의 비범죄화란 형사재판을 통하여 행하여지는 비범죄화를 말하는데 '사법상의 비범죄화'라고도 한다. 판례를 변경하여 형벌법규의 해석·적용을 수정하여, 종래 처벌되던 행위를 처벌하지 않는 것이다. 이와 같은 경우에도 법원은 형벌법규의 관습법적 폐지를 인정하여 당해 형벌법규에 관하여 기소된 사건에 대하여는 면소를 해야 한다는 견해가 있다.[13] 역시 전술한 것과 같은 이유로 타당치 않다.

3) 입법상의 비범죄화

입법상의 비범죄화란 법률의 폐지 또는 변경에 의해 범죄이던 행위를 범죄가 아닌 행위로 하는 것을 말한다. 전형적인 비범죄화의 유형이다.

13) 大谷 實, 같은 책.

제 2 장

범죄자처우

제 1 절 범죄자처우(犯罪者處遇)의 의의와 이념

1. 범죄자처우의 의의

범죄자처우란 범죄의 방지 및 범죄자의 사회복귀를 위하여 범죄자에 대하여 가해지는 국가적 조치의 총체를 말한다. 이와 같은 범죄자처우는 사법적 처우(司法的 處遇), 시설내처우(施設內處遇), 사회내처우(社會內處遇)로 크게 나눌 수 있다. 사법적 처우는 경찰, 검찰, 그리고 법원의 각 단계에서 행해지는 처우를 말하고, 시설내처우는 교도소 등의 형사시설에서 행해지는 처우를 말하며, 사회내처우는 범죄자에게 사회생활을 영위하도록 하면서 행해지는 처우를 말한다.

사법적 처우는 범죄자에 대하여 어떠한 처분을 할 것인가, 즉 형벌, 보안처분, 보호처분 가운데 어느 것을 과할 것인가 하는 것과 또한 그 정도는 어느 만큼일 것인가 하는 처우의 양(量)이 중심이 된다. 시설내처우는 사법적 처우에 의해 결정된 자유형 등을 교도소와 같은 시설 내에서 집행하는 것을 내용으로 한다. 한편 사회내처우는 가석방자에 대한 보호관찰이나 자유형의 집행을 종료한 자에 대한 갱생보호와 같이 시설내처우에 이어서 행해지는 처우와 법원이 언도한 보호관찰과 같은 사법적 처우에 이어서 행해지는 처우를 포함한다.

범죄자에 대한 응보가 아닌 처우(treatment, Behandlung, traitement)를 한다는 개념은 19세기 중엽 이후 근대형법학파의 개선사상(改善思想)과 함께 탄생하였으나, 이 개념이 일반에 보급된 것은 1950년대 이후, 특히 1955년에 제네바에서 개최된 제 1 회 '유엔범죄방지 및 범죄자의 처우에 관한 회의'부터이다. 이 회의를 기점으로 하여 '범죄자처우'라는 개념은 '범죄자의 개선 · 갱생 및 사회복귀에 필요한 조치,' 즉 범죄자 및 비행소년 등에 대하여 재범을 방지하고 사회복귀를 용이하게 하기 위한 사회학적 · 교육학적 · 의학적 · 심리학적 조치를 의미하게 된 것이다.

그러나 범죄방지 및 범죄자의 처우를 합리화하기 위하여서는 형벌의 집행단계에서 행해지는 개선 · 원호조치만이 아니고 그 이전의 경찰, 검찰, 그리고 법원의 재판단계에서의 개선 · 원호조치도 고려되어야 할 것이다. 따라서 형사사법절차에서 이루어지는 처우, 즉 사법적 처우가 범죄자의 재범방지 및 사회복귀에 있어서 매우 중요한 의미를 갖게 되었다.

2. 범죄자처우의 이념

(1) 범죄자처우의 원칙

범죄자처우에 있어서 강조되는 첫번째 원칙은 인도주의의 원칙(人道主義原則)이다. '유엔인권규약 B규약'은 인도주의와 관련하여 "누구도 고문 또는 잔혹하고 비인도적인 혹은 인간의 품위를 손상하는 조치나 형벌을 받지 않는다. 특히 누구도 그의 동의 없이 의학적 또는 과학적 실험을 받지 않는다"(동규약 제7조)고 하고 있고, 또한 "자유를 박탈당해야 하는 자는 인도적이고 인간이 갖는 고유의 존엄성을 존중하여 취급되어야 한다"(동규약 제10조)고 규정하고 있다. 이와 같은 인도주의이념에 의거한 범죄자처우의 지도이념을 '처우의 인도화'(處遇의 人道化)라고 한다.

두 번째 원칙은 법률주의의 원칙(法律主義原則)이다. 이것은 범죄자의 처우는 범죄자의 신체적 자유나 권리를 제한하는 등 해악을 수반하는 것이 보통이기 때문에 "모든 국민은 법률에 의하지 않고 체포 · 구속 · 압수 · 수색 또는 심문을 받지 아니하며, 법률과 적법한 절차에 의하지 아니하고는 처벌, 보안처분 또는 강제노역을 받지 아니한다"(「헌법」 제12조)고 하는 헌법정신에 따라 범죄자의 처우에 있어서 적정한 법률을 근거로 하여야 한다는 것이다.

이와 같은 법률주의의 당연한 귀결로서 동일한 사건에 대하여는 동일한 처우가 행해져야 한다고 하는 원칙이 지배한다. 이것을 특히 '공평의 원칙'(公平의 原則)이라고 한다. 유엔인권규약 B규약도 "누구나 법률 앞에 평등하고 어떠한 차별도 없이 법률에 의해 평등하게 보호받을 권리를 갖는다"(동규약 제26조)고 규정하고 있다. 이와 같은 법률주의에 의거한 범죄자처우의 지도이념을 '처우의 법률화'(處遇의 法律化)라고 한다.

세 번째 원칙은 개별처우의 원칙(個別處遇의 原則)이다. 이것은 범죄자의 개선과 사회복귀를 위해서는 범죄자가 죄를 범하게 된 환경적 배경과 범죄자의 개인적 특성을 파악하여 그에 맞는 처우방법을 선택하여 시행하여야 한다는 것이다. 이런 원칙에 의거한 범죄자처우의 지도이념을 '처우의 개별화'(處遇의 個別化)라고 한다.

이와 같은 범죄자처우원칙은 사법적 조치, 시설내처우, 사회내처우를 망라한 모든 범죄자처우에 적용되는 것은 물론이다.[1)]

(2) 형사사법의 각 단계에서의 범죄자처우의 이념

지금까지는 범죄를 저지른 자를 처우하는 데 있어서 형사사법의 각 단계에서 범죄자의 사회복귀를 이념으로 하는 사회복귀사상 내지 개선모델이 강조되어 왔다. 그러나 범죄대책에 응보기능 및 일반예방기능을 함께 고려하면서 당해 범죄자에게 특정한 처우를 하는 것이 필요불가결한 것이냐 하는 것이 문제가 된다.

형사소추의 단계에서는 일반예방과 특별예방의 차원에서 보아 '처우의 필요불가결성'이 형사처분의 가부를 판단하는 기준이 된다. 다음으로 재판에 의한 유죄의 확정과 처우의 선택단계에 있어서는 형사처분의 필요불가결성을 전제로 하여 일반예방효과만이 아니고 재범방지도 중시함으로써 범죄자처우의 개별화도 고려되어야 하지만, 이 단계에서는 응보적 정의의 만족, 즉 응보적 차원에 입각한 '공정한 처우'가 중핵이 된다. 마지막으로 법의 구체적 실현으로서의 형의 집행단계에서는 당해 범죄자의 재범방지가 가장 중심이 되는 과제이기 때문에 특별예방, 즉 '처우의 개별화원칙'이 우선된다. 따라서 시설내처우 및 사회내처우에 있어서는 각 범죄자가 죄를 저지르게 된 환경적 요인을 구명하고, 그의 인격적 특성을 진단하여 그가 개선·갱생의 의욕을 갖고 사회에 복귀할 수 있게 한다는 범죄자의 사회복귀를 이념으로 하여 이것에 필요한 지도·원호 또는 의료를 행함으로써 재범방지를 도모하여야 할 것이다.

(3) 사회복귀(社會復歸)모델과 정의(正義)모델

사회복귀모델(rehabilitative model)이란 전술한 바와 같이 범죄자의 개선

1) 이 외에도 '법적 지위에 상응하는 처우'(treatment appropriate to legal status)를 범죄자처우의 원칙에 포함해야 한다는 주장이 있다. 즉 '유엔인권규약 B'는 "피고인은… 유죄의 판결을 받지 않은 자로서, 그와 같은 지위에 상응한 별도의 취급을 받는다"(동 규약 제10조 2항)고 규정하고 있으며, 또한 "소년범죄자는 성인과 분리하여 그 연령 및 법적 지위에 상응하는 취급을 받는다"(동 규약 제10조 3항)고 규정하고 있는바, 이와 같은 정신에 의거하여 범죄자처우의 원칙에 '법적 지위에 상응하는 처우'가 포함되어야 한다는 것이다. 森下 忠, 「刑事政策大綱」, 31면.

과 사회복귀를 범죄자처우의 이념으로 하는 것으로 개선(改善)모델이라고도 한다. 사회복귀모델 가운데 범죄자처우를 병자에 대한 의학적인 치료와 같이 생각하는 입장을 의료(醫療)모델(medical model)이라고 하는데, 미국에서는 이 모델을 기초로 한 부정기형과 가석방(parole)이 처우의 중심이 되어 왔다.

그러나 부정기형의 상한과 하한의 폭이 지나치게 넓고, 석방에 관한 재량권이 크며, 그 절차도 적정을 결하고 있다는 지적과 아울러 이른바 반사회복귀사상(反社會復歸思想)이 대두되게 되면서 의료모델은 비판을 받게 되고 이것에 대신하여 정의모델(justice model)이 주장되게 된다.

정의모델이란 범죄자의 처우는 정당한 응보(just desert), 즉 응보관념에 입각하여야 한다는 처우사상이다. 이 모델에 의하면 개선(改善) 및 치료(治療)의 이념을 폐기하고 불개입주의(不介入主義)를 채택하며, 형벌은 범죄자를 처벌하는 것에 그쳐야 하기 때문에 정기형으로 전환하여야 한다고 한다. 이와 같은 사조(思潮)에 맞추어 의료모델은 후퇴하고 미국의 여러 주에서 부정기형과 가석방을 폐지하기에 이르렀다.

미국에서 범죄자처우방식이 이처럼 변화하게 된 이유로는 원래 부정기형 자체에 문제가 있었고, 범죄의 증가에 수반하여 교도소에의 과잉구금과 교도소 증설로 인한 재정문제, 교정처우의 효과에 대한 의문(교정비관론) 등을 들 수 있다.

제 2 절 사법적 처우(司法的 處遇)

1. 사법적 처우의 개관

'사법적 처우'란 범죄를 맨 처음 인지할 때부터 형의 선고와 집행, 그리고 갱생보호까지의 일련의 형사사법의 흐름 내에서 수사에 의하여 범인을 특정하고, 형사재판을 통하여 처우를 결정하는 단계까지의 범죄자처우를 말한다.

국가기관이 범죄자와 관계하는 것은 수사단계부터이다. 수사를 행하는 것은 수사기관인 검사와 사법경찰관리이며, 검사는 범죄의 혐의가 있다고 인정되는 때에는 범인·범죄사실과 증거를 수사하여야 하고, 사법경찰관은 검사의 지휘를 받아 수사하여야 한다(「형사소송법」 제195조-제196조). 수사는 증거가 수집·보전되고 범인의 신병이 확보되면 종료한다.

경미한 교통위반사건 등을 제외하고는 사건은 모두 검사에 송치된다. 검사는 경찰로부터 송치를 받은 사건과 스스로 인지한 사건에 대해 수사를 한 후 공소제기 여부, 즉 기소 또는 불기소를 결정한다.

이 때 소송조건이 결여되거나 혐의가 불충분한 경우에는 불기소처분을 하고, 범인의 성격, 연령, 범죄의 경중, 정상(情狀), 그리고 범죄 후의 태도에 따라 소추가 필요하지 않다고 판단되는 때는 범죄의 혐의가 있어도 공소를 제기하지 않을 수 있다(「형사소송법」 제247조 1항: 기소편의주의). 이와 같이 검사는 넓은 재량권을 가지고 사실상 유죄 · 무죄에 영향을 미치는 준사법적 역할을 하고 있다.

공소제기에 의해 사건은 법원에 이송된다. 법원은 수사기관이 행한 체포·구금 · 수색 · 압수 등 인적 · 물적인 강제조치에 대하여 사법적 통제를 행함과 함께, 통상 재판을 개시하여 기소된 사건에 대한 심리를 거쳐 유·무죄 등의 판결을 한다.

유죄판결에 대한 형은 사형 · 무기 · 징역 · 금고 · 벌금 · 과료가 있는데, 3년 이하의 징역 · 금고에 해당하는 사건에 대하여는 집행을 유예할 수 있다(「형법」 제62조). 이와 같이 법원은 범죄자의 처우방법 및 그 양을 선택 · 결정한다.

그 외에 법원의 재판절차로 약식절차(略式節次)가 있다. 약식절차란 벌금 또는 과료에 처할 수 있는 경미한 사건에 대하여 검사가 문서로 제출한 자료만을 조사하여 약식명령으로 피고인에게 벌금 · 과료 또는 몰수의 형을 과하는 간이(簡易)한 재판절차를 말한다. 이 약식절차는 독일의 과형명령절차(科刑命令節次, Strafbefehlsverfahren)에서 유래한 제도로 소송경제와 피고인의 이익보호라는 차원에서 의의가 있다.

한편 소년사건의 처리는 일반 성인사건의 경우와 아주 다르다. 즉 소년사건 가운데 보호처분에 처할 사건은 가정법원 또는 법원 소년부에서 비공개 절차에 의해 결정하고 형사처분 할 사건은 일반 형사법원에서 통상의 절차에 따라 처리한다.

2. 경찰에서의 처우

경찰은 국민의 생명 · 신체 및 재산의 보호와 범죄의 예방 · 진압 및 수사, 치안정보의 수집, 교통의 단속 기타 공공의 안녕과 질서유지를 그 임무로 한다. 또한 경찰관의 직무범위는 ① 범죄의 예방 · 진압 및 수사, ② 경비 · 요인경호 및 대간첩작전수행, ③ 치안정보의 수집 · 작성 및 배포, ④ 교통의 단속과 위험의 방지, ⑤ 기타 공공의 안녕과 질서유지이다(「경찰관직무집행법」 제2조).

범죄에 관한 경찰활동은 범죄의 예방과 수사이다. 예방은 범죄의 발생을 사전에 방지하기 위한 경찰활동인데, 경계체재를 하기도 하고 범죄행위를 제지하고, 또는 범죄의 유인이 되는 것을 제거하는 등의 방범활동을 내용으로 한다. 수사란 범죄가 발생한 경우에 증거를 수집하고, 피의자의 신병을 확보하여 재판에 대비하는 준비활동을 말한다.

검찰의 범인검거 및 수사활동이 범죄자의 적정한 처분을 목표로 하는 것이라면 경찰의 활동은 범죄예방과 그 피해의 확대방지가 주요 목표라고 할 수 있다. 이것을 공안 또는 치안경찰활동이라고 한다. 그러나 오늘날은 범죄예방활동뿐만 아니라 그 밖에 시민복지를 위한 폭넓은 활동을 기대하는 경찰활동, 즉 복지경찰 또는 행정경찰활동을 강조한다.

이와 같은 경찰활동의 기본전제는 경찰의 정치적 중립성과 독립성이다. 외국의 경우에는 국가공안위원회 내지는 지방자치기구를 통해 실현하고자 한다. 그러나 현재 우리나라는 행정자치부장관의 소속하에 있다(「정부조직법」 제33조 4항).

(1) 경찰의 범죄수사와 범죄예방활동

1) 범죄수사

현행법상 범죄수사는 검사의 주도하에 행해지는데(「형사소송법」 제195조) 수사관, 경무관, 총경, 경감, 경위 등의 사법경찰관은 검사의 지휘를 받아 수사를 행하고, 경사, 순경 등의 사법경찰리(司法警察吏)는 검사 또는 사법경찰관의 지휘를 받아 수사의 보조를 한다(동법 제196조 1항 및 2항). 이외에도 특별사법경찰 예를 들면 삼림(森林), 해사(海事), 전매(專賣), 세무(稅務), 군수사기관(軍搜査機關) 및 「사법경찰관리의 직무를 행할 자와 그 직무범위에 관한 법률」에 규정된 특정직무 종사자 등이 법률로 정해진 직무범위 내에서 수사권을 행사한다(동법 제197조).

수사는 범죄의 발생을 검찰이나 경찰 등이 인지함으로써 개시된다. 인지의 단서는 크게 두 가지로 나눌 수 있다. 하나는 수동적 인지(受動的 認知)로 일반인의 신고 또는 고발, 피해자의 고소 또는 신고, 자수(自首) 등이다. 다른 하나는 능동적 인지(能動的 認知)로 경찰관의 범죄 또는 피해현장인지, 변사체의 검시 외에 소문, 신문기사, 수사 중 다른 사건의 탐지 등에 의한 인지 등이 있다. 이외에도 신문 기타 출판물의 기사, 방송, 익명의 신고, 풍문 기타 광범위한 사회의 현상에 주의함과 동시에, 순찰, 불심검문 등을 통해 적극적으로 수사의 단서를 얻는다(「범죄수사규칙」 제48조).

수사는 증거가 수집·보전되고 범인의 신병이 확보되면 사실상 종료한다. 이것을 검거라고 한다. 그러나 내사결과 범죄의 혐의가 없다고 인정할 때는 즉시 내사를 종결하여야 한다(「범죄수사규칙」 제73조 2항).

2) 검거율(檢擧率)과 형사정책

검거율이란 범죄의 인지건수와 검거건수의 관계를 백분율, 즉 $\frac{\text{검거건수}}{\text{인지건수}}100$으로 나타낸 것으로 경찰의 범죄수사능력을 판단하는 지표로 사용되고 있다. 일반적으로 검거율이 높을수록 수사활동이 우수하다고 평가되나 여기에는 몇 가지 문제가 있다.

첫째는, 인지건수에는 암수가 있기 때문에 반드시 범죄 및 수사활동의 실태를 반영한 것은 아니라는 것이다. 즉 범죄가 발생했어도 피해자 또는 제 3 자에게 인지되지 않는 경우(예를 들면 무임승차나 증수뢰 등), 특수한 사정이 있어서 경찰에 신고하지 않아 인지되지 않은 경우(예를 들면 소액의 재산범죄, 강간범죄 등)가 있기 때문이다.

둘째는, 검거율이 높다는 것이 항상 수사활동의 성공을 의미하는 것은 아니라는 것이다. 예를 들면 증수뢰나 도로교통법위반죄와 같은 범죄는 범인을 검거함으로써 인지되는 것이기 때문에 인지건수가 범죄의 실태를 말하는 것이라고 할 수는 없고, 따라서 검거율이 아주 높다고 해도 수사활동이 우수한 것이라고는 할 수 없다.

검거율의 이러한 문제점을 지적하면서 검거율이라는 것은 무의미하다고 하면서 이것에 대신하여 범죄처리효율(犯罪處理效率)이라는 개념을 주장하는 학자가 있다.[2] 즉 검거율은 범죄처리를 위해 투입된 경찰력에 좌우되는 외에 인지의 여부에도 영향이 있기 때문에 죄종(罪種)에 따라 검거율을 비교하는 것은 무의미하고, 따라서 인지건수는 경찰에 의한 능동적 인지(경찰의 현행범 인지, 불심검문, 변사체 등)를 제외하고 신고된 범죄만을 인지건수로 하여 검거한 사건수와의 비율을 표시하여야 한다는 것이다. 이 주장은 인지건수가 범죄의 실상을 반영하는 것이 아니라는 것을 지적하고, 검거율의 허구성을 지적한 것으로 주목되나, 암수의 비율이 매년 크게 변하지는 않을 뿐더러 능동적 인지도 범죄의 실태를 반영한다는 점에서 검거율을 이용하여 범죄수사활동의 성과여부를 판단하는 것은 잘못이라고 할 수 없을 것이다.

---

2) 吉岡一男, "警察の犯罪統計における檢擧率について," 「刑事制度の基本理念を求めて」, 1984, 238면.

한편 범죄수사에 의한 검거율이 높으면 그것만으로 일반예방효과가 증대함은 물론이지만 그 외에도 다음과 같은 파급효과가 있다.

첫째, 일벌백계(一罰百戒)적인 엄벌주의를 회피할 수 있다. 검거율이 낮은 경우에는 모처럼 검거한 범인을 표본적으로 처벌하는 경향이 있기 때문이다.

둘째, 처벌을 통해 개선·교화를 효과적으로 촉구할 수 있다. 검거율이 낮으면 체포된 범인은 운이 나빠 검거됐다고 생각하는 등 자신의 행위에 대한 책임 내지 반성보다는 형사사법에 대한 원망 내지 반항적인 태도를 갖기 쉽다. 그러나 검거율이 높다고 하면 이러한 감정보다는 형사사법에 대한 복종적인 태도를 가질 것이기 때문이다.

셋째, 검거율이 높다는 사실만으로도 일반예방목적을 달성할 수 있기 때문에 굳이 모든 사건을 기소할 필요가 없고 진실로 처벌할 가치가 있는 범인만을 기소하면 족하게 된다.

넷째, 형사사법에 대한 국민의 신뢰를 얻을 수 있기 때문에 방범활동에의 시민참여를 촉구하는 것이 용이하게 된다.[3] 따라서 검거율은 형사사법의 존망(存亡)을 지배하는 것이라고 하여도 과언이 아니다.

3) 범죄예측(犯罪豫測)**과 잠재적 범죄자**(潛在的 犯罪者)

잠재적 범죄자, 즉 아직 범죄를 저지르지는 않았으나 범죄를 저지를 가능성이 있는 자를 파악하여 사전에 조치를 한다는 것은 범죄예방에 있어서 중요한 문제이다. 특히 경찰활동에서 이 잠재적 범죄자의 파악은 커다란 의미를 지닌다. 잠재적 범죄자의 파악은 범죄예측을 통하여 가능할 것이다.

현재까지 알려진 범죄예측방법은 전체적 평가법(全體的 評價法: 직관법[直觀法], 임상적 예측법[臨床的 豫測法])과 통계적 예측법(統計的 豫測法: 점수법[點數法])이 있다. 전자는 범죄학상 중요시되는 인격·환경상의 제 요인에 관한 각 개인의 상황을 여러 모로 조사·분석하고 종합하여 그 개인의 범죄가능성 또는 재범가능성을 예측하는 것이고, 후자는 과거의 다수의 범죄자 또는 재범자에 대한 실제적인 조사·분석결과를 일정 수치(數値)로 나타내고, 이에 의거 현재의 범죄 또는 재범의 우려가 있는 자를 평가하려는 것이다. 우리나라는 중앙청소년보호대책위원회에서 만든 '비행성예측자료표'(非行性豫測資料票)라는 통계적 예측법이 활용되고 있다.

그러나 이와 같은 범죄예측에 의한 잠재적 범죄자의 파악과 지도는 전적

3) 敷田稔, "司法的處遇の變貌と自由刑,"「日本の矯正と保護(第一卷)」, 83면.

으로 사법외처우(司法外處遇, Diversion)라는 차원에서만 이용되어야 할 것이다. 그것은 범죄예측이라는 것 자체가 범죄발생의 개연성을 추정하는 것일 뿐 반드시 범죄가 발생한다는 것을 나타내는 것은 아니기 때문이다. 따라서 아직 범죄를 저지르지 않은 자를 잠재적 범죄자라고 하여 어떤 강제적 처분을 한다는 것은 죄형법정주의원칙에 반할 뿐만 아니라 인권침해의 우려가 있다. 그러나 그렇다고 하여 범죄를 저지를 우려가 높은 자를 그대로 방치한다는 것도 옳은 것은 아닐 것이다. 가장 바람직한 범죄대책은 예방이기 때문이다.

결국 잠재적 범죄자에 대한 가장 바람직한 대책은 사법기관과 사회기관이 협력하여 그들의 범죄적 성향이 표출되지 않도록 하는 것이다. 그 구체적인 방법으로는 지도(指導)와 원호(援護)가 있을 것이다. 여기서의 지도는 주로 상담 및 생활지도를 말하는 것이고 원호는 취업이나 취업을 위한 교육기회 부여 등 생활환경개선을 위한 원호를 말한다. 이를 위해서는 담당자 및 관련기관과 잠재적 범죄자간에 신뢰를 바탕으로 하는 심적 교류(心的 交流, Rapport)가 필요할 것이다.

4) 범죄예방활동(방범활동[防犯活動])

경찰의 범죄예방활동은 크게 일반방범활동과 특별방범활동으로 나눌 수 있다. 전자는 경찰관이 그의 일상근무 중 방범효과를 지향해서 계속적으로 시행하는 방범활동을 말하고, 후자는 특수한 사정, 지역, 시기에 실시되는 방범활동을 말한다.

일반방범활동의 구체적인 것으로는 외근경찰관이 관내지역을 순시하며 수상한 자에 대한 불심검문을 하거나 지도 또는 계몽을 하고, 위험물의 제거하며, 보호가 필요한 자(요보호자[要保護者])에 대한 보호활동 등을 하는 순찰과 담당구역 내의 가정, 상점, 공장 등지를 호별 방문하여 범죄예방과 재해방지 등에 관한 지도와 상담을 하고, 경찰활동에 필요한 정보를 수집하는 외근방문(外勤訪問), 그리고 풍속영업자, 전당포, 고물상 등 업소를 방문하여 법령상의 의무사항이 잘 준수되고 있는가를 조사·단속하는 임검(臨檢) 등이 경찰의 일반방범활동이다. 이외에도 방범상담, 방범단체의 육성, 방범정보의 수집 등이 있다.

한편 특별방범활동은 우범지역을 파악하고 대책수립, 금융기관 등에 대한 방범진단 및 지도, 전과자, 가석방자, 우범자에 대한 감시 및 보호·지도 등의 방범보도(防犯輔導)와 소년경찰의 청소년방범지도, 그리고 연말·연시, 명절 등 특정범죄가 다발적으로 발생하는 시기에 하는 방범활동으로 특별경계령 등의 이름으로 시행하는 계절방범활동 등이 있다.

(2) 경찰수사권 독립문제

현행 우리 「형사소송법」 체제하에서는 범죄수사의 주체는 검사이고 경찰은 독립수사권을 갖지 못하는 수사보조자일 뿐이다. 즉 경찰은 검사의 지휘·감독하에 수사권을 행사하도록 되어 있는 검사주재수사권체제(檢事主宰搜査權體制)를 채택하고 있다(「형사소송법」 제195조, 197조; 「검찰청법」 제 5 조, 제35조, 제36조). 이에 반해 경찰이 독립한 수사권을 행사하여 수사의 주체가 되는 것을 경찰독립수사권체제(警察獨立搜査權體制)라고 한다. 이러한 두 가지 수사권체제는 각기 그 나름대로 장단점을 가지고 있으나 세계 각국의 추세는 경찰에도 독립적인 수사권을 부여하여 사기를 앙양하고 활동의 기민화(機敏化)를 도모하는 추세이다.

1) 검사주재수사권체제의 장단점

검사주재수사권체제의 장점으로는 첫째로, 인권옹호를 위하여 유리하다는 것이다. 범죄수사는 범인을 포함한 일반시민의 인권옹호와 깊은 관련을 갖는 것으로, 고도의 자격시험에 의해 선발된 인원으로 구성된 검사들에게 그 지휘·감독권을 인정하고 일반경찰관은 그의 지휘·감독하에서만 수사를 행하게 하는 것이 인권옹호에 만전을 기할 수 있다는 것이다.

둘째로, 소송경제라는 측면에서 유리하다고 한다. 범죄수사는 범인의 검거에만 그치는 것이 아니고, 증거의 수집 등 형사소송진행의 전 단계이기 때문에 그 적정진행 여부는 공소권 추진과 깊은 관계를 갖는데, 이 진행과정을 처음부터 공소권자인 검사의 지휘·감독하에서 추진하게 되면 수사의 이중화를 방지하여 형사절차가 경제적으로 진행될 수 있다는 것이다.

셋째로, 경찰의 권력비대화 및 남용을 방지할 수 있다고 한다. 경찰은 인력, 장비, 조직면에서 하나의 큰 권력집단을 형성하는데, 이들에게 독립적인 수사권을 주는 경우 그 권력의 비대화가 우려되고, 만약 그 정치적 중립성이 보장되지 않으면 경찰파쇼의 우려가 있다. 따라서 검사라는 타 기관의 지휘·감독을 받게 하는 것이 유리하다는 것이다.

반면 단점으로는 일선에서 수사업무를 전담하는 경찰의 사기저하 및 업무의 비능률화로 유능한 수사경찰요원을 확보하지 못하게 된다는 것을 든다. 그리고 수사의 지휘·감독권이 검찰에 있음으로써 기동성이 요구되는 경찰수사업무에 차질이 생길 우려가 있고, 인사권 등 경찰업무의 여타 분야까지 간섭할 우려가 있어 독립행정관청으로서의 위치가 흔들리기 쉽다는 것이다.

2) 경찰독립수사권체제의 장단점

경찰독립수사권체제의 장점으로는 무엇보다도 경찰의 고유 업무인 범인수사에 대한 책임과 권한을 부여함으로써 사기앙양과 업무능률 향상에 효과가 있다는 점이다. 그리고 수사의 기동성 및 신속성을 기할 수 있으며, 유능한 수사관을 확보하여 능률과 질을 향상시킬 수 있다는 점을 든다.

한편 단점으로는 방대한 인력, 조직, 장비를 가진 경찰에게 독립적인 수사권을 주는 경우 권력의 비대화와 정치적 악용우려가 있고, 나아가 인권침해의 우려가 있다는 것을 든다. 그러나 후자는 경찰의 질이 낮다는 것을 전제하는 것이다.

3) 외국의 입법례

현재 세계의 다수 국가는 경찰에 독립적인 수사권을 인정하는 추세이다. 제 2 차 세계대전 전의 독일과 프랑스 등에서는 이를 인정하지 않다가 종전 후에 그 나름대로 특이한 형태로 경찰에 독립적인 수사권을 인정하게 되었는데, 그것은 경찰관서 중의 일부를 수사전담부서로 구성하고 독립적인 수사권을 인정하는 것이다.

한편 영미에서는 전통적으로 경찰에 독립적인 수사권을 인정하고 있는데, 검사는 특히 예외적인 경우에만 수사권을 행사하며, 주로 소추와 법률자문기관으로서만 기능함으로써 상호협력체제를 유지한다. 그러나 미국에서는 차츰 검사가 직접 수사권을 행사하는 경우가 늘어나고 있다고 한다. 미국 연방정부의 경우에는 법무성의 수사국 내에 검사와 경찰수사관이 같이 배치되어 있으나 각각 독립적으로 수사권을 행사한다. 그러나 이 경우에도 검사가 경찰수사사건의 소추를 담당한다.

이러한 영미수사권체제는 첫째, 지방자치의 발전과 그 궤를 같이한다. 즉 경찰은 원칙적으로 민선인 지방자치단체장의 지휘·감독하에 두고 있으며 정치적 중립성이 보장되어 있다. 영국의 경우에는 경찰위원회위원을 별도로 선출하여 중립성 보장에 노력하고 있다. 둘째, 임의수사(任意搜査)를 엄격히 제한하고 구속영장발부에 엄격한 사법적 규제가 행하여져 왔다. 우리나라는 피의자의 구속은 수사의 개시를 의미하지만 이들 나라에서는 수사의 종결을 의미한다. 셋째, 변호사제도가 발전되어 있어 수사초기단계부터 변호권이 보장되어 있다. 즉 변호사 선임이 용이하여 피의자의 인권을 보호할 수 있다는 것이다.

일본의 경우에는 독일, 프랑스와 마찬가지로 제 2 차 세계대전 전에는 검찰주재수사권체제를 유지하다가 전후 영·미소송체제의 영향을 받아 경찰독립수사권체제로 전환하였는데, 경찰의 정치적 중립성을 보장하는 방안으로 공안위원회를 설치하고 있다. 따라서 경찰을 '제 1 차적 본래적 수사기관,' 검찰을 '제 2 차적 보충 · 보정적(補充 · 補正的) 수사기관'이라고 칭하기도 한다. 즉 경찰과 검찰은 상하지배복종의 관계가 아니라 상호협력관계를 이루고 있는 것이다.

그러나 공소전담기관으로서의 검사의 특수한 지위를 인정하여 수사경찰관에 대한 일반적인 지휘 · 지시권을 인정하고 이에 불복할 때는 공안위원회에 징계 또는 파면을 소추할 수 있다. 또한 구속영장은 검찰을 경유해서만 발부받을 수 있다. 이는 수사의 적정화 및 인권옹호를 위함이라고 한다.

3. 검찰에서의 범죄자처우

검사는 검찰권을 행사하는 국가기관이다. 검찰권의 내용은 수사를 행하고 (「형사소송법」 제195조), 공소를 제기하며(「형사소송법」 제246조), 법원에 법의 정당한 적용을 청구하고, 재판의 집행을 지휘 · 감독한다(「형사소송법」 제460조). 검사는 이와 같이 수사로부터 공소제기와 함께 형의 집행이라고 하는 형사사법절차의 전 과정에 관여하는 것이기 때문에 형사소송에서 당사자로서 지위에 그치지 않고, 형사정책에서도 극히 중요한 역할을 담당하는 기관인 것이다.

(1) 검사의 기소재량(起訴裁量)과 불기소처분(不起訴處分)

범죄피의사건에 대한 수사의 마지막 단계에서 검사가 행하는 기소 · 불기소의 처분 중 형사정책상 특히 문제가 되는 것이 불기소처분이다. 불기소처분은 두 가지로 구분할 수 있는바, 그 하나는 '혐의 없음'(무혐의), '죄가 되지 않음'(책임조각 등으로), '공소권이 없음'(시효 등의 완성으로) 등의 법률적 불기소처분(法律的 不起訴處分) 또는 필요적 불기소처분(必要的 不起訴處分)이 있고,[4] 다른 하나는 정책적 불기소처분 또는 임의적 불기소처분이라고 하는 것으로서 「형사소송법」 제247조 1항이 규정하고 있는 기소편의주의에 의거한 기소유예제도(起訴猶豫制度)가 그것이다. 형사정책상 특히 의의가 있는 것은 이 정책적 불기소처분인 기소유예제도이다.

4) 그 외에도 범인의 도주나 소재불명으로 수사 및 기소가 불가능할 때 하는 기소중지처분도 넓은 의미에서 법률적 불기소처분이라고 할 수 있다.

우리 '형사소송법' 제247조 1항은 기소편의주의(起訴便宜主義, Opportunitätsprinzip)라는 조 제목하에 "검사는 「형법」 제51조의 사항을 참작하여 공소를 제기하지 않을 수 있다"고 하였고, 「형법」 제51조(양형조건)는 "형을 정함에 있어서는 다음의 사항을 참작하여야 한다"고 규정하면서, 그 참작사유로는 "범인의 연령, 성행, 지능과 환경, 피해자에 대한 관계, 범행의 동기, 수단과 결과, 범행 후의 정황"을 고려하도록 하고 있다. 이는 범인의 정상을 참작한 결과 범인에게 재기의 기회를 주는 것이 그를 기소하여 형벌을 받게 하는 것보다 더 유리하다는 판단하에서 행하는 것으로 근대 교정주의적 형사정책의 일환인 것이다.

이 제도가 갖는 현실적인 장점은 판사의 사건부담을 줄임으로써 중요사건에 대한 심리를 더 적정하게 행할 수 있다는 것과, 미결구금 및 심리과정에서 다른 범죄자로부터 오염되는 것을 방지하는 효과와 형사사법절차에 회부된다는 낙인을 방지하는 효과 등이 있다. 반면 단점으로는 검사의 공소권남용과 국민의 불신, 그 결과 예상되는 사적 제재(私的 制裁)의 증가(이것은 또 다른 새로운 범죄가 발생함을 의미한다)와 준법정신(遵法精神)의 약화를 든다.

한편 이와 같은 검사의 기소편의주의를 인정하지 않고 수사결과 공소를 제기함에 충분한 혐의가 인정되고 소송조건을 갖춘 때에는 반드시 공소를 제기하여야 하는 것을 기소법정주의(起訴法定主義, Legalitätsprinzip)라고 하는데 독일, 일본, 북한 등이 이를 채택하고 있다.

이와 같은 검사의 기소편의주의에 대한 통제방법은 상급관청이 불기소처분 하나하나를 감독하는 자체적인 감독과, 상급 청(廳)에 항고(抗告)하거나 재정신청(裁定申請)을 하는 방법이 있다. 그러나 검사동일체의 원칙(檢事同一體原則)하에 있는 우리 제도에서 상급관청에 항고한다는 것은 그 실효성이 의심스럽고, 또한 재정신청 대상도 '공무원의 직권남용죄'에 한정하고 있기 때문에(「형사소송법」 제260조) 실효성이 없다는 비판을 받고 있다.

(2) 불기소처분과 기소유예

현행 「형사소송법」은 공소는 검사가 제기하여 수행한다고 규정하여(동법 제246조) 기소독점주의(起訴獨占主義, Anklagemonopol)를 취하는 한편, 검사의 재량으로 공소제기 여부를 결정할 수 있는 기소편의주의를 인정하고 있다(동법 제247조 1항). 따라서 검사는 공소를 제기함에 충분한 혐의가 있고, 모든 소송조건을 완비하고 있는 경우에도 형사정책상의 득실을 고려하여 그의 재량으로 기소·불기소를 결정할 수 있는 것이다.

국가가 범죄에 대한 형벌권을 실현하는 과정에서 공소권자(公訴權者)에게 공소권행사에 관한 재량권을 인정할 것인가에 관한 문제는 궁극적으로 형벌권의 본질에 관한 가치관과 형사절차를 지배하고 있는 이념에 달려 있다. 각국의 형사절차는 그 역사적 배경에 따라 다소간의 차이는 있지만 대부분 재판기관 이외에 별도의 소추기관을 두고 소추기관의 소제기(訴提起) 여부에 따라서 재판을 개시하는 이른바 탄핵적(彈劾的)인 소송형식을 기본구조로 하고 있다. 또한 이들 국가는 대부분 국가소추주의와 기소독점주의를 채택하여 국가기관인 검사에게 소추권을 독점시키고 있기 때문에 국가형벌권의 실현과정에서 검사의 소추기능이 차지하는 영향이 클 뿐만 아니라, 그 기능의 적정 여부는 형사사법에 중대한 영향을 미치게 된다.

이와 같은 검사의 기소재량권행사의 중심이 되는 것은 기소유예이다. 검사는 범인의 연령, 성행, 지능과 환경, 피해자에 대한 관계, 범행의 동기 및 수단과 결과, 범행 후의 정황 등을 종합적으로 고려하여 공소를 제기하지 않는 것이 피고인의 장래나 사회적인 차원에서 유리하다고 판단될 때 기소를 유예하는 것이다.

이러한 기소유예처분의 법적 효과에 대해서는 기소유예 자체가 어디까지나 검찰내부의 의사결정에 불과하고 대외적으로는 아무런 법적 효과가 있는 것이 아니므로 법원의 확정판결과 같은 확정력은 인정되지 않는다고 한다. 그러므로 검사는 일단 기소유예처분을 한 사건을 다시 기소할 수 있고, 따라서 법원이 이에 대하여 유죄의 선고를 하였다고 하여 잘못이라고 할 수 없다는 것이 우리의 통설과 판례의 입장이다.

여기에 대해 검사는 행정관청이며, 또 불기소처분은 일종의 행정처분, 특히 상대방에게 이익을 주는 행정처분이라는 점에서 최소한 일반 행정처분에 대하여 기속력이 인정되는 것과의 균형상 검사의 기소유예사건에 대한 수사재개나 공소제기는 일정한 제약을 받아야 하며, 또한 그것은 공소취소에 의한 공소기각의 결정이 확정된 때에는 그 후 다른 중요한 증거가 발견된 경우가 아니면 다시 공소를 제기할 수 없게 한 「형사소송법」 제329조와의 균형상으로도 그러하다고 한다.

생각건대 검사의 기소편의주의를 규정한 「형사소송법」 제247조 1항은 양형사유와 형사정책상의 고려에 의해 검사의 재량판단으로 기소를 할 수도 있고 하지 않을 수도 있다는 것이지, 일단 불기소처분한 사건을 자의적으로 다시 기소할 수 있다는 것을 의미하는 것은 아니다. 검사의 불기소처분에 대해 이의가 있는 이해당사자(고소 또는 고발인)에게 재정신청(「형사소송법」 제260조 1항)이나 항고·재항고(「검찰청법」 제10조 1항 및 2항)를 할 수 있게 하는 것은 검사의 기소재량권남용의 가능성을 방지하고자 하는 취지이다. 마찬가지로 검찰이 스스로 내린 결정에 대해 마음대로 번복할 수 없게 한다는 것도 재량권남용을 방지하는 일책(一策)이다. 검찰이 같은 사건에 대해 마음대로 불기소처분했다 다시 취소할 수 있다고 한다면 피의자의 법적 안정성은 기대할 수 없게 되는 것이다.

해석론으로도 제247조 1항을 기소를 보류한다고 볼 이유가 없다고 생각한다. 즉 동 조항은 기소를 보류하여 언제고 다시 기소할 수 있다는 것이 아니라 여러 가지 사유를 참작하여 기소를 하지 않는 것이다. 따라서 불기소처분의 효과에 있어서는 범죄사실의 부존재, 증거불충분, 소송조건의 결여 등과 같은 사유에 의한 불기소처분(협의의 불기소처분)과, 「형법」 제51조 등의 사유에 의한 불기소처분이 다른 것은 아니다. 단지 불기소의 사유와 결정과정만 다를 뿐이다. 즉 전자가 필요적 불기소처분의 성질을 갖는 것이라고 한다면, 후자는 임의적 불기소처분인 것이다. 그러므로 사실인정에 있어서 중대한 착오가 있지 않는 한 일단 불기소처분이 된 사건은 동일한 이유로 다시 공소를 제기할 수 없다고 보아야 할 것이다.

이렇게 보면 엄밀히 말해서 기소유예라는 용어는 조건부 불기소처분(條件附 不起訴處分)을 의미한다고 보는 것이 타당하다고 할 것인바(즉 조건의 불이행을 해제조건으로 하는 불기소처분),[5] 문제는 이와 같은 조건부 불기소처분이 검사의 재량으로 가능한 것인가이다.

조건부 불기소처분은 검사가 범죄의 혐의가 있고 소송조건도 구비되어 있어 기소대상이 되는 자를 재량으로 불기소처분을 함에 있어 피의자의 특정한

5) 우리 「형사소송법」 어디에도 기소유예라는 용어는 없다. 단지 검찰사건사무규칙(법무부령 제230호) 제69조 3항 1호에 '피의사실이 인정되나, 「형법」 제51조 각호의 사항을 참작하여 소추를 필요로 하지 않는 경우'를 기소유예라고 규정하고 있을 뿐이다. 한편 형사보상법에 의하면 협의의 불기소처분과 기소유예를 구분하여 취급한다. 즉 전자의 경우에는 피의자로 구금되었던 자에게 형사보상이 인정되지만, 후자인 기소유예의 경우에는 그렇지 않다(「형사보상법」 제26조 1항). 그러나 이 경우는 국가의 부당한 공권력행사에 대한 배상을 하자는 것이기 때문에 불기소처분의 사유에 따라 구분하자는 것이지(따라서 후자의 경우에는 국가의 불법행위가 있었다고 할 수 없다) 협의의 불기소처분과 기소유예 자체의 법률적 효력이 다른 것이기 때문에 차이를 두는 것은 아니다. 그러나 여기서는 「형사소송법」 제247조 1항의 불기소처분(임의적 불기소처분)을 통상처럼 기소유예라는 용어로 사용하기로 한다.

조건을 전제로 하는 것이다. 따라서 그 조건을 이행하지 않을 때는 소송조건의 흠결이 없는 한 불기소처분을 취소하고 유보했던 공소를 제기하게 되는 것이다. 이 때 불기소의 전제조건은 실질적으로 검사가 피의자에게 어떤 것을 하도록 하거나 아니면 하지 못하게 하는 것으로서(예를 들면 우범지역 등 일정한 지역을 출입하거나 불량집단과의 접촉을 금하는 것 또는 봉사활동 등의 선행이나 수강명령) 피의자에게는 강제적인 의미를 갖는 것이 될 것이다.

그러나 검사가 이러한 강제적인 의무사항을 부과하는 것은 헌법에 보장된 적법절차의 요청에 반하는 것이다. 검사는 준사법기관(準司法機關)에 불과할 뿐 법관은 아니므로 법률에 별도의 규정이 없는 한 의무이행을 조건으로 하는 조건부 불기소처분, 즉 기소유예는 허용되지 않는다고 해야 할 것이다.

⑶ 기소유예의 운용

검사는 범인에 관한 사항(범인의 성격, 연령 및 소행, 성벽, 지적 능력, 생활사, 건강상태, 전과의 유무, 가정환경, 직업, 교우관계 등), 범죄자체에 관한 사항(범죄의 경중 및 정황, 피해의 대소, 가중·감경사유[加重·減輕事由]의 유무, 공범의 유무, 범행동기 및 방법, 범죄에 의한 이득의 정도, 피해자와의 관계, 범죄의 사회적 영향 등), 범죄 후의 제반사정(범죄 후의 정황, 즉 개전[改悛]의 정 유무, 피해의 회복 및 사죄의 노력, 화해의 성부, 시간의 경과, 사회상황의 추이, 법령의 개폐, 범인의 생활상황, 신병인수인의 유무 등)을 고려하여 기소·불기소의 재량권을 행사하여야 한다(「형사소송법」 제147조 1항; 형법 제51조).

기소유예의 유형은 ① 경죄처분형(輕罪處分型: 경미한 범죄를 신속히 형사절차로부터 분리하는 것), ② 기소유보형(起訴留保型: 피해의 보상 등 사건 후의 상황에 따라 기소를 유보하는 것), ③ 보호관찰부기소유예형(保護觀察附起訴猶豫型: 기소를 유예하고 보호관찰에 회부하는 것), ④ 기소방기형(起訴放棄型: 사건이 어느 정도 중대하여도 제반사정으로 보아 기소하지 않는 것) 등 몇 가지 유형이 있다. 이러한 기소재량을 직접 행하는 것은 담당검사이지만 판단의 적정 및 사건처리의 통일을 도모하기 위해 실무상 검사장 등 상급검사의 결재를 받도록 하고 있다.

⑷ 기소유예의 형사정책적 의의와 문제점

1) 기소유예의 형사정책적 의의

기소유예는 범죄방지라는 차원에서 보아 공소를 제기하여 처벌하는 것이 불필요하다고 판단되는 범죄를 재판 전에 처리하여 형사사법절차의 효율적 운용을 도모하고, 아울러 형사사법과정이 갖는 낙인작용의 폐해를 회피하고 범인의 사회복귀를 용이하게 하는 사법외처우(司法外處遇, Diversion)의 일종이다.

형사사법은 범인의 적절한 처벌에 의해 일반예방 및 특별예방을 통하여 사회질서의 유지를 도모하는 것을 목적으로 하는 것이기 때문에 현실적으로 범죄가 행하여져도 일반예방이나 특별예방의 입장에서 볼 때 처벌의 가치가 없는 이상 기소를 유예하고 신속히 형사절차로부터 분리하고, 실제로 처벌할 가치가 있는 범죄만을 형사절차에 회부하는 것이 타당할 것이다. 또한 일단 기소된다면 일반사회로부터 유죄나 다름없는 낙인이 찍히고, 또한 본인은 피소인(被訴人)으로서 소송대책에 쫓기는 외에 기소휴직이나 자격제한 등의 불이익을 입기 때문에 사회복귀가 곤란하게 된다. 기소유예는 이와 같은 기소가 가져오는 사회복귀상의 폐해를 회피하여 범인의 갱생을 도모함으로써 재범을 방지한다는 점에 형사정책상의 의의가 있는 것이다.

2) 기소유예의 문제점

기소유예는 범죄자를 다시 사회로 돌려보낸다는 것을 의미한다. 따라서 아무리 범죄가 경미하고 범죄자의 정상(情狀)으로 보아 처벌하는 것이 적당치 않다고는 하여도 일단 범죄를 저지른 자를 재범방지를 위한 아무런 대책 없이 사회에 내보낸다는 것은 문제가 있을 뿐만 아니라 일반 국민의 법감정과도 맞지 않을 것이다. 따라서 기소유예처분을 받은 자에게도 재범방지를 위한 최소한의 조치는 이루어져야 할 것이다. 이와 관련하여 일본의 「범죄자예방갱생법」은 "소추를 필요로 하지 않기 때문에 공소를 제기하지 않는 처분을 받은 자"에 대해서 갱생긴급보호제도(更生緊急保護制度)를 두어 6개월을 초과하지 않는 범위에서 본인의 의사에 반하지 않는 한 금품의 대여, 거처할 집의 주선 등과 같은 일시보호 등이 행해진다. 그러나 이 제도는 기소유예자 가운데 극히 소수만이 적용될 뿐만 아니라 기소유예자에 대해 이와 같이 원호적 보호에 그치는 것에 대해서도 비판이 있다.[6)]

6) 이와 관련하여 1961년 요코하마 지방검찰청을 시초로 하여 전국 12개 지방검찰청에서 주로 어린 범죄자를 대상으로 실시된바 있던 갱생보호조치부기소유예(更生保護措置附起訴猶豫)가 주목된다. 이 갱생보호조치부기소유예제도는 지방에 따라 약간씩 다른데, 예를 들면 요코하마 식은 구「갱생긴급보호법」(舊更生緊急保護法)을 근거로 기소유예자의 신청에 의해 보호관찰소와의 협조 아래 주로 형법범 중 25세 이하의 재산범·폭력범의 피의자를 선정하여 기소유예처분을 하면서 6개월 이내의 기간의 보호관찰관과 보호사의 보도(輔導)에 복종하도록 하는데, 이 조치에도 불구하고 재범의 우려가 있는 때는 유보하였던 기소를 하는 것이다. 그러나 이 조치에 대해서는 그 법적 근거가 없고 형사소송의 당사자인 검사가 보호관찰에 상당한 처우의 주역이 되는 것은 타당하지 않다는 등의 비판이 있다. 그러나 검사는 광범위한 기소재량권을 갖고 있기

기소유예의 또 다른 문제점은 소송법상의 문제이다. 기소유예를 합리적으로 운영하기 위해서는 범죄의 혐의에 대해서는 물론이고 소송의 제기를 필요로 하는 제반의 사정에 대해서도 충분한 자료를 수집하기 때문에 소송제기의 단계에 있어서는 이미 피고인의 죄책(罪責)이 거의 확정된 것이나 다름 없다. 그럼에도 불구하고 검사가 이를 기소유예(불기소처분)하는 것이 타당할 것인가 하는 것이다. 이는 기소편의주의하에서 검사의 기소재량에 관련된 문제이기도 하다. 따라서 기소재량이 자의적으로 행사되지 않기 위한 대책을 강구할 필요가 있다. 현행법상은 그 방법으로서 고소인 등에게 검사가 불기소처분 및 그 이유의 고지(「형사소송법」 제259조), 그리고 전술한 항고 · 재항고(「검찰청법」 제10조 1항 및 2항), 그리고 재정신청(「형사소송법」 제260조)제도가 있다.

4. 법원에서의 범죄자처우

(1) 재판과 형사정책

검사에 의해 공소가 제기되면 사건은 법원에 계속(繫屬)된다. 일단 사건이 법원에 계속되면 관할위반이나 공소기각 또는 면소(免訴)의 판결에 의해 절차가 중단되지 않는 한 법원은 사건의 실체를 심리하여 유죄 또는 무죄의 판결을 하여야 한다. 또한 유죄판결을 하는 경우는 반드시 그에 따른 형벌(또는 형의 유예나 면제)을 언도하여야 한다. 이와 같은 법원의 재판은 형사정책적 차원에서 다음과 같은 문제가 고려될 것이다.

첫째, 소송절차에 있어서의 적정성이다. 형사절차의 적정(適正)은 「형사소송법」의 이념이자 동시에 형사정책의 주요 지침이기도 하다. 부적절한 절차는 장래 범죄자로 처우해야 할 피고인에게 불만과 저항감을 낳게 하고 결과적으로 교정처우 내지 사회내처우를 곤란하게 하기 때문이다. 또한 절차의 적정을 흠결한 재판은 일반사회의 사법에 대한 신뢰감을 해치게 됨으로써 형사사법의 적절한 운용에 중대한 폐해를 초래할 것이다.

둘째, 판결에 있어서의 공정성이다. 소송절차를 종결시키는 형식은 판결과 결정이나 여기에서 중요한 것은 유·무죄의 여부이다. 피고인이 납득할 수 있는 정확한 유·무죄의 판단은 형사사법의 신뢰를 확보할 뿐만 아니라, 다른 피고인의 자백을 유도하여 형사사법상의 정의와 형평을 실현할 수 있게 된다.

때문에 단순히 소송의 당사자에 그치는 것이 아니고 기소 전에는 범인의 사회복귀를 도모하는 처우결정의 주체로서의 역할도 인정된다는 점에서 긍정적으로 보는 견해도 있다.

셋째, 양형에 있어서의 형평성이다. 유·무죄의 결정에 대하여는 법원의 재량의 여지가 없지만 양형에 있어서는 형종(刑種)의 선택, 임의적 감경(任意的減輕), 작량감경(酌量減輕), 선고형의 결정, 집행유예의 여부, 보호관찰 또는 보호감호처분의 부과 여부, 노역장유치, 추징 등 많은 재량권을 보유하고 있다. 이것은 검사의 기소유예와 함께 '법률상의 처우의 개별화'라고 한다.

(2) 양 형(量刑)

1) 법정형(法定刑) · **처단형**(處斷刑) · **선고형**(宣告刑)

법관은 적용하여야 하는 형벌법규에 규정된 법정형 또는 가중 · 감경(加重·減輕)한 처단형의 범위 내에서 스스로 형의 종류와 그 양을 결정한다. 이와 같이 구체적으로 언도하여야 하는 형의 종류와 양을 결정하는 것을 협의의 양형이라고 한다. 즉 법정형에 두 개 이상의 형이 선택적으로 규정되어 있는 경우 먼저 형의 종류를 선택하고, 다음으로 가중 · 감경사유가 있다면 가중 · 감경을 하는데 형법 각칙 본조에 의한 가중, 「형법」 제34조 2항의 가중(직무상 교사 또는 방조), 누범가중, 법률상 감경, 경합범가중, 작량감경의 순서로 가중 · 감경한다(「형법」 제54조 및 제56조).

이처럼 법정형에 가중 · 감경을 한 것이 처단형이다. 처단형이 사형 또는 무기징역이나 무기금고이면 그것이 곧 선고형으로 되기 때문에 양형의 문제는 생기지 않지만 그 이외의 경우는 처단형에 폭(幅)이 있기 때문에 그 범위 내에서 일정기간의 자유형 또는 일정액의 재산형을 선고한다. 이것이 선고형이다. 또한 법원은 형의 선고에 있어서 집행유예, 보호관찰, 보호감호, 미결통산, 추징, 그리고 노역장유치 등의 부수적 처분을 언도할 수 있다. 이와 같이 법원은 형종의 선택, 법률상의 감경, 작량감경, 선고형의 결정, 집행유예의 여부, 보호관찰 또는 보호감호의 여부 등의 부수적 처분을 스스로의 재량에 의해 결정한다. 이것을 광의의 양형이라고 하고 이 재량의 기준을 형의 양정기준 또는 양형기준이라고 한다.

2) 양형기준(量刑基準)

형의 양정(量定)에 있어서 가장 중요한 문제는 그 기준을 어떻게 정하는가, 바꾸어 말하면 무엇을 고려의 대상으로 하여 어떠한 원칙에 기하여 형의 양정을 하여야 하는가이다. 이 문제는 형벌론과 표리를 이루고 있기 때문에 형벌의 본질 · 목적을 어떻게 보느냐에 따라 다양하겠지만 형벌은 그 본질을 응보에 두면서 일반예방 및 특별예방의 목적을 달성하여야 하는 것이기 때문에 이것들과 관련된 사항은 모두 고려의 대상이 되어야 할 것이다.

문제는 그와 같은 사항들을 어떠한 기준으로 형의 양정과 결부시키는가이다. 이것에 관하여 스위스 형법은 "법관은 범인의 책임에 상응한 형을 양정한다. 법관은 범인의 동기, 경력 및 개인적 관계를 참작한다"고 규정하여(동법 제63조) 행위책임을 중심으로 하여 다른 요소를 고려하는 것으로 하고 있다. 우리나라는 "정상에 참작할 만한 사유가 있는 때"(「형법」 제53조)라고만 규정하고 있고 형의 양정에 관한 포괄적인 규정을 두지 않고 있다.

형벌의 목적을 추구할 경우에 무엇보다도 중요한 것은 그 목적의 추구가 형벌의 본질인 응보원리에 입각해야 한다는 것이었다. 그리고 형벌이 응보이기 위해서는 범죄와 형벌이 균형을 이루어야 한다는 것, 즉 선고형은 당해 범죄의 구체적인 무게, 특히 비난의 정도와 균형을 이룬 것이어야 한다. 형벌이라고 하는 고통을 정당화할 수 있는 것은 궁극적으로 행위자에게 비난을 돌리고자 하는 것에 다름 아니기 때문이다.

그러나 형벌은 응보를 위한 응보로 과해져야 하는 것은 아니고, 오히려 고통을 통하여 형벌의 여러 가지 목적을 실현하여 사회질서의 유지에 봉사하고자 하는 것이기 때문에 그 목적의 실현에 있어서 불필요한 형벌을 과하는 것은 허용되지 않는다. 그렇기 때문에 책임이 있다면 반드시 형벌을 과한다고 하는 것(이른바 적극적 책임주의)은 타당하지 않다.

한편 형벌의 제 목적을 실현하기 위하여 그것이 설사 필요한 형벌이어도 범인의 행위에 대한 책임을 초월하는 형벌을 과하는 것은 허용될 수 없다. 결국 형벌의 목적은 책임을 한도로 하여 추구되어야 하기 때문에 양형의 일반적인 지침은 범인의 행위책임이라고 이해하여야 할 것이다(양형에 있어서 책임주의).

이와 같이 행위책임을 기준으로 하면서 일반예방 및 특별예방을 고려하여 법관 스스로의 판단에 의해 양형을 행하는데 그 양형의 기초가 되는 사실이 범인의 정상(情狀)이다. 정상에는 범죄사실에 속하는 것(범정[犯情])과 범죄사실에 속하지 않는 것(협의의 정상)이 있다. 전자는 범죄의 동기, 방법, 결과, 그리고 사회적 영향으로 주로 범인의 책임과 일반예방의 견지로부터 중시되는 사항이다. 후자는 범인의 연령, 성격, 경력 및 환경, 그리고 범죄 후의 범인의 태도로 범인의 사회적 위험성 또는 개선가능성을 판단하기 위한 것으로 주로 특별예방의 관점에서 중시되는 사항이다. 범죄 후의 범인의 태도—예를 들면 반성을 하고 있는지 여부, 피해변상을 위해 노력하는지 여부—등은 책임의 평가와 형사정책적 고려라는 양면에 관련된 사실이다. 또한 법관은 적법하게 알게 된 피고인에 관한 정상은 모두 양형상 고려하여야 하기 때문에 예를 들면 범행 후의 사회사정의 변화 등 전술한 두 가지 사실, 즉 범정과 협의의 정상에 들어가지 않는 '기타의 사정'도 당연히 고려하여야 한다.

양형기준이나 정상이 확실해도 실제 형을 양정하는 것은 개개의 법원이기 때문에 법원 또는 법관에 따라 양형에 차이가 나는 것은 충분히 예상할 수 있다. 그러나 유사한 정상인데도 양형에 있어서 현저히 차이가 나는 것은 '법 앞에 평등'이라는 원칙에 비추어도 부당한 것이고 형사정책상으로도 바람직하지 않을 것이다. 현재 우리나라는 법원과 검찰에서 양형과 구형의 기준을 나름대로 만들어 참고하고 있으나 양형의 편차가 법관, 시기, 지역에 따라 아직도 심한 것이 사실이다. 양형의 계량화(計量化)[7] 등과 같은 방법이 양형기준에서 고려될 수 있을 것이다.

(3) 판결전조사제도(判決前調査制度, Presentence investigation)

판결전조사제도(Presentence Investigation System)라 함은 일반적으로 형사절차에서 유죄가 인정된 자에 대하여 판결 전에 그 소질, 환경에 대한 과학적 조사를 하여 그에 적합한 처우를 하기 위한 기초자료로서 이용하게 하는 제도를 말한다. 수집된 자료를 법관이 피고인에 대한 양형에 참고한다는 의미에서 양형자료조사제도(量刑資料調査制度) 또는 정상조사제도(情狀調査制度)라고도 하는데, 법원의 종국처분에 앞서 행하여진다는 점에서 사전조사 또는 예비조사의 성격을 갖는다.

또한 범죄인의 인격에 내포되어 있는 범죄위험성의 태양(態樣)과 정도를 사회조사방법 등으로 예측하여 이를 처우의 결정이나 양형에 반영함으로써 종국적으로 범죄인의 재범방지와 사회복귀를 도모하는 데 이용한다는 의미에서 인격조사(人格調査) 또는 사회조사(社會調査, social inquiry)라고도 한다.[8]

7) 양형의 계량화(計量化)란 어떤 사건에 관한 평균적인 법관의 양형을 계량적으로 명확히 하는 것을 말한다. 예를 들면 '갑'이란 상해사건에 관하여 평균적인 법관이라면 벌금인가 자유형인가, 실형판결이라면 어느 정도의 징역 또는 금고기간 또는 벌금액을 언도하는가를 명확히 하는 것이다. 그 구체적인 방법으로는 기존 판례 가운데 적당한 것을 선택하여 일정수의 사례에 대하여 카이자승(κ^2) 테스트를 하여 양형에 밀접한 상관관계가 있는 인자를 뽑아 산출한다.

8) 스웨덴에서는 1954년 「형사소송에 있어서의 인격조사에 관한 법률」이 제정되면서부터 종전까지 사용하여 오던 특별사전조사(特別事前調査)라는 명칭 대신에 인격조사라는 용어를 사용하고 있다. 한편 영국은 종래 사회조사라는 용어를 오랫동안 사용하여 오다가 1991년 「형사사법법」(刑事司法法, The Criminal Justice Act)을 개정하면서 판결전조사라는 용어를 사용하게 되

이 제도는 미국에서 보호관찰(保護觀察, probation)의 적격 여부를 판단하기 위한 피고인에 관한 자료를 수집하면서 발달했던 제도인데, 이것이 처우결정을 위한 일반 조사활동으로 발전해 온 것이다. 그러나 미국에서의 재판전조사는 공소사실 존부(存否)에 관한 입증, 즉 사실확인을 위한 조사절차와 양형자료를 위한 조사절차가 엄격히 분리된 절차의 2분화를 통해 시행되고 있다.[9)]

한편 우리나라와 일본은 일반 형사사건에는 이 제도를 채택하지 않고 소년보호사건에만 판결전조사를 행하고 있다(「소년법」 제 9 조-제12조).

이와 같이 일반 형사사건에 판결전조사제도를 채택하는 것이 불합리하다는 이유로는 절차상의 혼란을 초래하고, 피고인에게 불리한 자료가 조직적으로 수집되어 형이 가중될 우려가 있으며, 양형에 관한 변호권이 실질적으로 제한되어 있다는 것 등을 든다. 또한 미국처럼 절차의 이분화(二分化)가 확립되어 있지 않기 때문에 형의 양정에 관한 조사결과가 사실인정에 영향을 미칠 우려가 있고, 또한 조사결과에 의해 형의 양정이 좌우되는 경우 여기에 당사자가 관여할 여지가 없기 때문에 직권주의화(職權主義化)할 가능성이 많다고 한다.

따라서 판결전조사는 피고인이 범죄사실에 대하여 '유죄라는 취지의 진술'을 하거나 또는 '조사된 것에 대하여 피고인이 이의(異議)가 없는 것'에 한하여 판결전조사를 인정하여야 할 것이다. 또한 조사는 법원조사관이 의학, 심리학, 사회학 기타 전문적 지식을 활용하여 행하고, 이렇게 작성된 조사보고서는 범죄사실의 존부에 관한 취조가 행하여진 후에 법원에 제출되어야 할 것이다.

(4) 집행유예(執行猶豫)와 선고유예(宣告猶豫)

1) 의 의

법원이 유죄의 판결을 하는 경우 반드시 형을 언도하여야 하나 형을 언도할 당시 피고인의 정상에 비추어 반드시 실제로 형을 집행할 필요가 없다고 판단되는 경우에는 법관의 재량에 의해 일정기간 그 집행을 유예할 수 있다. 이것이 집행유예제도이다.

었다고 한다. 坂田 仁, 「犯罪者處遇の思想」, 京應通信株式會社, 1984, 141면; Martin Wasik, "Rethinking Information And Advice For Sentencers," *Sentencing, Judicial Discretion And Training,* Sweet And Maxwell, London, 1992, p. 174.

9) 미국에서는 1954년경부터 일정한 형에 처하는 경우에는 판결전조사보고를 필요로 하는 제도가 채택되어 왔으며, 현재에도 약 4분의 1에 상당하는 주가 이 제도를 채택하고 있다고 한다. 또한 정의(正義)모델(justice model)에 의거한 1984년의 「포괄적 범죄규제법」(Comprehensive Crime Control Act)도 판결전조사제도를 한층 강화하고 있다.

한편 법원이 피고인의 유죄를 인정하는 경우에도 정상을 참작하여 일정기간 유죄판결의 선고 또는 형의 선고를 유예하는 것이 형사정책상 유리하다고 판단되어 선고 그 자체를 유예하는 제도가 선고유예이다. 이 양 제도는 모두 법원의 재량에 의해 적용된다는 외에도 형벌집행의 폐해를 회피하면서 범죄자의 사회복귀를 목적으로 한다는 점에서 공통된다.

2) 집행유예

가. 집행유예의 의의 형의 집행유예란 형을 언도할 경우에 정상을 참작하여 일정기간 그 집행을 유예하고 그 기간이 지나면 형의 언도와 그 효력을 상실케 하는 제도를 말한다. 이는 형의 집행을 유예함으로써 실제로 집행함으로써 발생할 수 있는 폐해를 줄이도록 하는 한편, 집행을 유예하면서 부과한 조건(재범을 하지 말 것 또는 재범방지를 위한 보호관찰 등)을 위반하면 유예했던 형을 집행한다는 위협을 통해(심리적 강제) 범인의 개선·갱생을 도모하자는 것이다. 즉 일단 형을 언도함으로써 응보적 효과를 유지하면서 다른 한편으로는 피고인에게 불필요한 형의 집행을 피함으로써 개선과 사회복귀를 돕자는 특별예방적 차원의 조치인 것이다.

이런 의미에서 집행유예 자체는 형식적으로는 형벌은 아니고 형벌의 부수적 효과에 불과하지만 실질적으로는 하나의 독립된 형사처분으로서의 성질과 기능을 가지고 있는 것이다.

나. 집행유예의 요건 및 내용 현행법상 3년 이하의 징역 또는 금고의 형을 선고할 경우에 「형법」 제51조에 규정한 정상을 참작할 만한 사유가 있다고 판단되는 때에 1년 이상 5년 이하의 기간 내에서 법관이 재량으로 형의 집행을 유예할 수 있다. 단 피고인이 그 이전에 금고 이상의 형을 선고한 판결이 확정된 때부터 그 집행을 종료하거나 면제된 후 3년까지의 기간에 범한 죄에 대하여는 집행을 유예할 수 없다(「형법」 제62조 1항). 그리고 집행유예를 하는 경우에 유예기간의 범위 내에서 보호관찰 또는 사회봉사 또는 수강을 명할 수 있다(동법 제62조의2). 또한 형을 병과할 경우에는 그 형의 일부에 대해서만 집행을 유예할 수도 있다(동법 제62조 2항).

집행유예는 그 선고를 받은 자가 유예기간 중에 금고 이상의 형의 선고를 받아 그 판결이 확정되면 실효되고, 유예된 형을 집행한다(「형법」 제63조). 또한 집행유예를 받은 자가 형의 선고를 받아 집행이 종료 또는 면제된 후 5년이 경과하지 않은 사실이 발견되거나, 집행유예와 함께 보호관찰이나 사회봉사 또는 수강(受講)을 명령받은 자가 그 준수사항이나 명령을 위반한 때에는 보호관찰소장의 신청에 따른 검사의 청구에 의해 집행유예를 취소할 수 있다(「형법」 제64조; 「형사소송법」 제335조; 「보호관찰등에 관한 법률」 제47조). 그러나 집행유예의 선고를 받은 자가 그 선고의 실효나 취소를 받지 않고 유예기간을 경과한 때에는 형의 선고 자체가 효력을 잃는다(「형법」 제65조).

이전에는 유예기간 중에 금고 이상의 형을 받거나 받은 사실이 발견되지 않은 한 피고인은 자유롭게 사회에서 활동할 수 있었으나, 그러나 이것은 범법자에 대한 아무런 사후대책이 없이 사회에 내보낸다는 비판을 받았다. 따라서 피고인의 개선·갱생을 위한 적극적인 조치가 강조되었고 그런 차원에서 보호관찰이나 사회봉사명령(社會奉仕命令) 또는 수강명령(受講命令)을 집행유예와 선고유예의 조건으로 부가하는 것이 강구되게 되었다. 이에 따라 1997년 1월 1일부터 「보호관찰 등에 관한 법률」이 효력을 발생하게 되면서 보호관찰부집행유예제도(保護觀察付執行猶豫制度)와 후술하는 보호관찰부선고유예제도(保護觀察付宣告猶豫制度)가 시행되게 된 것이다.

다. 집행유예의 문제점 전술한 바와 같이 집행유예는 실형, 특히 단기자유형에 수반하는 폐해, 예를 들면 악풍에 감염될 우려가 있고 피고인의 가정생활이 곤궁해지며, 사회복귀 및 피해자에게의 배상이 어렵게 되는 등과 같은 폐해를 줄이는 한편, 형의 집행을 담보로 하여 범죄인을 심리적으로 위하함으로써 범죄자의 개선을 도모한다는 특별예방에 그 형사정책적 의의가 있다.

그러나 집행유예는 그 대상자 선정에 있어서 형평성과 집행유예의 효용성에 있어서 문제가 있다. 즉 집행유예는 피고인 개개인의 정상과 개선가능성을 기초로 하여 판단하는 것이기 때문에 같은 종류의 범죄자를 저지른 자에 대해서도 각각 다른 결과가 나올 수 있다. 다시 말하면 같은 종류의 범죄를 저지른 자에 대해서 어떤 자에게는 형을 집행하고 어떤 자에 대해서는 그 집행을 유예하여 궁극적으로는 선고 자체를 무효화시키는 것이다. 이것은 다른 한편으로는 법의 형평성이 무시되는 결과가 된다. 따라서 형의 집행유예를 통한 형사정책적 목적달성과 사회정의실현의 구체적 실천인 공평한 법의 집행이라는 과제를 어떻게 조화시키느냐가 문제되는 것이다.

또한 집행유예자의 재범률이 적지 않은 현실에서 일반 선량한 국민의 법감정과의 관계가 문제된다. 일반 국민의 입장에서는 범법자가 아무런 처벌을 받지 않고 사회에 나와 활보하는 것이 되기 때문이다.

현재 논의되고 있는 집행유예의 개선방안으로는 ① 집행유예가 가능한 자유형의 최고한도를 상향 조정할 것, ② 구류에도 집행유예를 인정할 것, ③ 집행유예의 대상자에 전과자도 포함할 것, ④ 집행유예기간을 단축하거나 탄력적으로 정할 수 있도록 할 것, ⑤ 필요적 취소사유를 폐지할 것, ⑥ 집행유예를 취소한 경우에도 재량에 의해 형의 일부를 면제할 수 있도록 할 것 등이 제시되고 있다.

3) 선고유예(宣告猶豫)

가. 선고유예의 의의와 요건 선고유예란 법원이 피고인의 유죄를 인정하나 일정한 조건하에서 일정기간 유죄판결의 선고나 형의 선고를 유예하는 제도를 말한다. 전자를 판결의 선고유예 또는 유죄의 선고유예라고 하는데, 이것에는 사실인정절차 자체를 정지하는 경우와 사실인정절차는 거치는 경우가 있다. 한편 후자는 형의 선고유예라고 하는데 유죄의 선고는 하나 형의 언도를 유예하는 제도이다. 이것에도 형의 양정을 하는 경우와 그렇지 않는 경우가 있다.

이 제도는 19세기 중엽부터 영국에서 재판상의 관습법으로 형성되어 온 것인데, 죄질이 경미하고 재범의 우려가 없다고 판단되는 피고인에 대하여 일단 유죄를 인정한 후 선행을 조건으로 형의 선고를 유보하고 석방한 것이다. 이와 같이 선고유예는 사회내처우와 결부되어 탄생한 것인데, 미국에 도입되면서 보호관찰과 결부된 선고유예제도가 확립되게 된 것이다. 현재는 우리나라를 비롯하여 벨기에, 덴마크, 스웨덴, 노르웨이, 영국, 캐나다, 미국 등이 이 제도를 채택하고 있다.[10)]

현행법상으로는 1년 이하의 징역이나 금고, 자격정지 또는 벌금의 형을 선고할 경우에 「형법」 제51조에 규정된 양형의 조건, 즉 정상을 참작한 결과 개전(改悛)의 정상(情狀)이 현저하다고 판단되는 경우에 그 선고를 유예할 수 있도록 하고 있다(「형법」 제59조). 그러나 자격정지 이상의 형을 받은 전과가 있는 자에 대해서는 선고유예를 할 수 없다(동조 단서). 따라서 우리의 그것은 사실인정절차와 형의 양정을 거친 형의 선고유예라고 하겠다.

이 경우에 1년의 보호관찰을 명할 수 있으며(「형법」 제59조의2), 형의 선고를 유예

10) 영국에서는 1972년 형사재판법에 형의 선고연기제도(宣告延期制度, deferred sentence)를 창설하였으나 이것은 형의 선고를 연기한 기간 내에 피고인의 태도를 참작하여 형의 양정을 행하는 것으로 형의 선고유예와는 취지를 달리한다.

받은 자가 유예기간 중 자격정지 이상의 형에 처해지거나 그런 전과가 발견된 때, 그리고 보호관찰을 명한 선고유예를 받은 자가 보호관찰기간에 준수사항을 현저히 위반한 때에는 검사의 청구에 의해 유예한 형을 선고한다(동법 제61조; 「형사소송법」 제335조 4항; 「보호관찰 등에 관한 법률」 제47조). 그러나 형의 선고유예를 받은 자가 실효 또는 취소처분을 받음이 없이 선고유예를 받은 날로부터 2년을 경과하면 면소된 것으로 간주하게 된다(「형법」 제60조).

나. 선고유예의 장점과 문제점 선고유예의 장점으로는 첫째, 집행유예에 비하여 범죄자라고 하는 낙인성(烙印性)이 약할 뿐만 아니라 자격제한도 수반하지 않기 때문에 사회복귀의 효과가 크다는 점, 둘째, 피소된 범죄자 가운데도 그 죄질이 아주 경하여 형을 언도하고 그 집행을 유예할 필요조차 없다고 판단되는 경우가 있는데 이런 범죄자에게는 선고를 유예하는 것이 타당하다는 것, 셋째, 선고유예는 형이 일단 언도되는 집행유예보다도 재범방지의 심리적 억제력이 강하다는 점, 넷째, 집행유예의 경우에는 실형을 과하는 경우보다도 장기의 유예기간이 언도되고 있기 때문에 집행유예가 취소된 경우에는 본인에게 불리한 결과가 되지만 선고유예는 그렇지 않다는 점을 든다.

이와 같은 장점을 가졌다고 하는 선고유예에 대하여 절차상의 문제가 있다는 주장이 있다. 즉 선고유예를 받은 자에게 보호관찰을 명하는 것이 적법절차(適法節次, due process)에 위반되지 않느냐는 것이다. 다시 말하자면 형이 선고되지 않았기 때문에 유죄가 확정됐다고 볼 수 없는 자에게 어떤 조건을 부과하는 것은 부당하다는 것이다.

그러나 선고유예는 일단 유죄로 확정된 피고인을 형사정책적인 차원에서 형의 선고를 유예하는 것이기 때문에 적법절차를 위반한 것이라고는 볼 수 없다. 물론 사실인정절차(事實認定節次)를 거치지 않은 판결의 선고유예에 대하여는 형식논리상으로는 그와 같은 주장이 타당할 수도 있지만[11] 우리처럼 사실인정절차를 거치고 유죄가 확정된 피고인에게 특정의 조건을 붙여 선고를 유예하는 것은 결코 피고인에게 불리한 조치라고 할 수 없고, 따라서 적법절차를 위반한 것이 아니다. 그러나 형이 선고되지 않기 때문에 일반예방효과나 심리적 강제에 의한 재범방지효과가 약하다는 문제점은 있다.

---

11) 그러나 이 경우에도 그와 같은 선고유예조치가 피고인에게 불리한 것이라고 볼 수 없기 때문에 적법절차를 위반한 것이라고는 할 수 없다.

제3절 행 형(行刑)

1. 행형에서의 교정처우(矯正處遇)

행형에서 교정이란 수용자의 재사회화를 위한 교육적 · 복지적 차원의 행형을 말한다. 이것은 실증주의를 기반으로 하는 교정주의(矯正主義, correctionalism)이념을 토대로 범죄자의 개선 · 교화를 통한 재사회화(再社會化, resocialization)를 목표로 하는 근대 행형사조에서 비롯된 것이다. 원래 교정(correction)이란 용어는 범죄자를 병자로 보는 의료모델(醫療모델, medical model of corrections)에서 비롯된다. 오늘날에는 이와 같은 의학적인 사고는 후퇴하고 '교정처우'(矯正處遇, correctional treatment)라고 하는 말은 범죄자와 비행소년에 대한 시설내처우를 주축으로 하는 처우를 넓게 지칭하고 있다. 결국 교정행형이란 범죄자를 단순히 처벌한다는, 즉 책임주의에 입각한 응보적인 것이 아니고, 범죄자의 개별적인 특성에 착안하여 범죄자에게 맞는 처우를 시행함으로써 그가 사회에 다시 복귀하여 건전한 시민으로 생활할 수 있게 하는 것을 목표로 하는 행형을 말하는 것이다.

따라서 이 교정행형에는 범죄자나 비행소년에 대한 시설내처우뿐만 아니라 가석방, 보호관찰 등과 같은 사회내처우가 포함되며, 이것이 재사회화의 목적을 위하여 교육적 · 복지적으로 시행될 때 이를 교정처우라고 한다.

우리나라에서 교정이라는 용어가 행형에 최초로 도입된 것은 1950년 3월의 「행형법」 제정에 의해서이다. 즉 동법 제1조는 행형법의 목적으로서 수형자를 격리하여 교정 · 교화하며, 건전한 국민사상과 근로정신을 함양하고 기술교육을 실시하여 사회에 복귀케 하는 데 있다고 하였다. 이는 행형의 기본이념이 구금에 의한 신병확보작용 이외에도 교육형주의에 입각한 교화와 개선기능을 수행하는 데 있음을 선언한 것이다. 또한 1961년의 행형법개정은 그 때까지 행형법에서 사용되고 있었던 형무소(刑務所)와 형무관(刑務官)이라는 용어를 교도소(矯導所)와 교도관(矯導官)으로 바꾸었는데, 이것은 단순히 명칭을 다르게 하였다는 의미에 그치는 것이 아니고 종래의 응보주의적 구금위주의 행형이 교육형주의에 입각한 교화와 개선으로 그 목표가 전환되었음을 의미하는 것이다.[12)]

12) 그러나 우리 「형법」은 아직도 '형무소'라는 용어를 사용하고 있다. 즉 「형법」 제66조는 "사형

오늘날 교정행형은 법무행정의 일 분야로서 수형자에 대한 시설내처우로서의 행형(Strafvollzug)과 비행소년에 대한 시설내처우로서의 소년보호를 그 전형적인 대상으로 하고 있다. 이 외에도 교정행형영역에 속하는 것으로서 미결구금, 사형확정자의 구치(拘置)와 집행, 노역장유치, 비행소년에 대한 보호관찰 및 분류심사 등이 있다.

2. 행형의 목적

행형은 범죄자 및 비행소년을 개선·교화하여 사회에 복귀시키는 것을 목적으로 한다(사회복귀사상). 따라서 여기에는 '교육형'(教育刑, Erziehungsstrafe)이라는 개념이 도입되게 된다. 교육형이라는 말은 다의적으로 사용되고 있어 그 의의에 관하여는 논란이 있으나, 자유형을 수형자의 사회복귀에 유용하도록 교육적·복지적으로 집행하는 것을 의미한다는 점에서는 의견이 일치하고 있다.

그러므로 형사시설에서의 행형은 법령이 정하는 바에 따라 가능한 한 수형자의 개성에 맞추어 그의 개선·갱생을 도모하는 것이어야 한다. 여기에 선언되어 있는 행형의 지도이념은, 첫째, 형의 집행을 받는 수형자의 지위가 법령에 의해 규율된다는 것, 둘째, 형사시설에서 교정처우가 수형자의 개선·갱생, 즉 사회복귀를 목적으로 하는 것이라는 것, 셋째, 구치·작업·의료·교육 등 모든 처우가 가능한 한 수형자의 개성을 기초로 하여 행하여진다는 것 등이다. 여기에는 행형의 목적이 수형자의 사회복귀에 있다는 것이 전제되어 있음은 물론이다.

3. 교정처우의 실정법에의 구현

제 2 차 세계대전 후 각국은 행형에 있어서 교정처우의 원칙을 헌법이나 법률에 규정하기 시작했다. 이것은 '세계인권선언'(1948년 12월 10일 유엔결의)의 핵심인 기본적 인권과 인간존엄의 존중이념을 범죄자의 처우영역에 구체화한 것이다. 몇 가지 예를 열거한다면,

첫째, 1947년의 이탈리아 헌법은 "형벌은 인도주의에 반하는 처우여서는 안 되고 형을 언도받은 자의 재교육을 목적으로 하는 것이어야 한다"고 규정

은 '형무소' 내에서 교수하여 집행한다"고 하고 있고, 제67조와 제68조도 각각 "징역은 '형무소' 내에서 …," "금고와 구치는 '형무소' 내에서 …"라고 하고 있다. 입법상 착오라고 생각한다.

하고(동법 제27조 3항), 1978년의 스웨덴 헌법은 "자유형 및 보안처분은 재교육 및 사회복귀를 목적으로 하여야 하고, 강제노역을 본질로 하는 것은 할 수 없다"고 규정하고 있다(동법 제25조 2항).

둘째, 「유엔처우규칙」 제65조 및 「유럽행형규칙」 제 3 조는 피수용자에 그 석방 후 준법적(遵法的)이고 자립적인 생활을 할 의지와 능력을 갖게 하는 것을 교정처우의 목적으로 하여야 한다는 취지를 규정하고 있다.

셋째, 행형법에 「유엔처우규칙」에 따른 규정을 두고 있는 예로는 오스트리아의 1969년 「행형법」 제20조, 스웨덴의 1974년 「행형법」 제 4 조, 이탈리아의 1975년 「행형법」 제 1 조, 독일의 1976년 「행형법」 제 2 조, 1961년의 유고슬라비아 「행형법」 제 9 조, 1979년의 헝가리 「신형법」 등이 있다.

한편 최근에는 구미제국에서 교정처우에 대한 비판론이 대두되고 있다는 점에도 주목을 해야 할 것이다. 이와 같은 비판론은 전쟁 전에 일부 국가나 일부 학파에 의해 고양(高揚)되었던 낙관적인 개선사상에 대한 반동으로도 볼 수 있으나, 무엇보다도 이와 같은 교정처우에도 불구하고 범죄자가 격증해 왔다는 경험적인 사실과 교정시설에의 과잉수용이라고 하는 현실적인 상황에서 기인한다.

4. 피수용자(被收容者)의 법적 지위

(1) 피수용자의 의의

피수용자란 형사사법시설, 즉 교정시설에 수용되어 있는 수형자(受刑者), 피구류자(被拘留者), 사형확정자(死刑確定者), 미결수용자(未決囚容者) 등을 말한다. 「유엔처우규칙」에 의하면 피수용자(prisoners, dētenus, Gefangenen)에는 모든 종류의 피구금자, 즉 기결 · 미결을 묻지 않고 형사 또는 민사의 피구금자, 그 밖에 보안처분 또는 보호처분(corrective measures, mesure rēēducative)에 처해진 자를 포함한다(동규칙 제 4 조 1항).

법률상 신체의 자유를 계속하여 구속하는 것을 '구금'(拘禁) · '구치'(拘置) · '수용'(受容)이라고 한다. 그러나 일반 법률용어로서는 형사적 처분에 의할 때는 '구금'이라고 하고, 반면에 소년원, 소년분류심사원 등에 대해서는 '수용'이라는 용어를 사용하고 있다. 피수용자의 법적 지위가 논해지는 때의 '피수용자'는 보통 이 양자를 포함한 의미에서 수용의 대상으로 된 자이다. 다만 보안처분이 실시되고 있는 나라에서는 보안처분 피수용자(interné, internato,

Untergebrachte)의 법적 지위가 별도로 논의되고 있다. 이것은 예방의 관점을 중시하는 수용과 치료의 관점이 중시되는 수용에 있어서 그 처우내용이 달라질 수밖에 없기 때문이다.

(2) 피수용자의 국법상의 권리

피수용자는 일찍이 아무런 권리나 자유를 갖지 않았던 시대도 있었지만 오늘날의 민주주의 법치국가에서는 완전히 법적 보호로부터 제외되는 자는 아니다.

수형자의 국법상의 지위를 명확하여야 한다는 것을 최초로 주창한 학자는 독일의 형법학자 Berthold Freudenthal(1872-1929년)이었는데, 그는 1902년 '수형자의 국법상의 지위'라는 제목의 프랑크푸르트 대학총장 취임강연에서 처벌하는 국가와 자유를 박탈당한 상태에 있는 수형자간에 법률관계로서 명확한 법적 보장이 주어질 필요가 있다고 지적하고, 행형에 있어서도 법률과 판결이 근거가 되어야 한다는 것을 주장하였다(수용관계의 법률화의 요청).

그는 이어 1911년의 '공법상의 법률관계로서의 행형'(Der Strafvollzug als Rechtsverhältnises öffentlichen Rechts)이란 논문에서도 같은 주장을 전개한 바 있다.

그 후 '사람으로서 가치 있는 현존재'(現存在)(menschenw rdiges Dasein), 즉 생존권의 보장을 규정한 바이마르헌법(1919년)에 자극되어 수형자의 법적 지위를 둘러싼 논의가 더욱 활발해졌고, 이에 따라 1929년 '국제형법 및 형무위원회'는 「피구금자처우최저기준규칙」(被拘禁者處遇最低規則, Standard minimum rules for the treatment of prisoners)을 작성하였다. 이 기준규칙은 행형법의 최소한도를 제시한 것으로서 약간의 수정을 가하여 1934년 국제연맹총회에서 승인되었고, 이것은 피수용자처우에서 인권보장을 강화한 현행 유엔처우규칙(1955년)의 기초가 되었다. 유엔처우규칙은 피수용자의 기본적 인권, 사적 권리, 사회보장상의 권리 등을 가능한 한 넓게 보호하여야 한다는 것을 주요 내용으로 하고 있다.

한편 이와 같은 피수용자의 권리의식이 국제적으로 고양(高揚)되면서 피수용자가 행형담당기관의 위법한 공권력 행사에 대한 사법적 구제를 구하는 쟁송이 격증함과 동시에 피수용자에 의한 이 권리확대운동이 확산되었는데, 이들 쟁송이나 운동을 통하여 피수용자의 지위가 법률관계라는 점이 명확하게 된 것이다.

피수용자는 법률에 기초한 국가의 강제력에 의해 형사시설이라고 하는 공법상의 영조물(營造物)에 강제로 수용되어 있는 자이다. 종래 이와 같은 공법상의 영조물이용관계에는 공법상의 특별권력관계이론(Lehre von besonderen Gewaltverhältnis)이 적용된다는 것이 전통적인 사고였다. 요컨대 형사시설의 수용관계는 시설의 책임자가 영조물권력에 근거하여 피수용자를 포괄적으로 지배하고 피수용자가 이것에 포괄적으로 복종하는 공권력관계로서 구성되어 온 것이다. 이와 같은 특별권력관계이론은 19세기 후반의 특수한 정치상황하에서 독일 공법학자에 의해 주장된 것이다.

그러나 헌법에서 기본적 인권을 강하게 보장하게 되면서 행정소송에서도 일반조항이 채택되고, 그 결과 특별권력관계이론은 변화하지 않을 수 없게 되었고, 최근에는 형사시설의 수용관계의 법적 성질을 특별권력관계 부정설의 입장으로부터 특별한 공권력발동관계로 파악하려는 견해가 유력하다.

(3) 피수용자의 기본적 인권보장

1978년의 스페인「헌법」제25조 2항은 "자유형의 수형자는 판결, 형의 성질 및 행형법에 명문으로써 제한하는 경우를 제외하고는 본 장에 규정한 기본적 권리를 향유한다"고 규정하고 있었다. 이 규정의 취지는 자유형에 내재하는 제약을 별도로 하여 수형자에 대하여 가능한 한 넓은 기본적 인권을 보장하고자 하는 것이고, 행형법의 명문규정은 그 제약의 범위를 명확히 하고자 한 것이다. 따라서 이 헌법규정은 수형자 이외의 피수용자에도 각자의 법적 지위에 상응하여 유추적용되어야 할 것이다.

형사시설의 수용관계로부터 피수용자에 대한 헌법상의 기본권보장 정도는 다음 3종류로 나뉜다.

첫째, 법률에 의해서도 침해할 수 없는 기본권: 이것에는 종교의 자유, 사상 및 양심의 자유가 속한다.

둘째, 영조물의 존립목적상 법률에 의해 침해하는 것이 가능한 기본권: 이것에는 신체의 자유, 표현·통신의 자유, 학문의 자유, 교육을 받을 권리, 노동의 권리, 근로자의 단결권, 소유권 등이 속한다.

셋째, 구금의 사실에 직접 내재하여 본래 구금과 양립하지 않는 성질의 것이기 때문에 당연히 제한되는 기본권: 이것에는 집회·결사의 자유, 거주이전, 직업선택의 자유가 속한다.

그러나 이것에도 문제가 없는 것은 아니다. 예를 들면 종교의 자유는 '법률에 의해서도 침해할 수 없는 기본권'이지만 그것을 실현할 구체적 형태에 대하여는 구금에 수반하는 제약이 따른다. 종교 가운데는 매일 소정의 시간에 예배하는 것을 의무로 하고 있는 것, 안식일인 토요일에는 일하지 않는 것 등과 같은 여러 종교·종파가 있다. 이들 종교의 계율이나 의무를 모두 용납하게 된다면 당연히 구금의 목적 달성에 지장이 생길 것이다.

이와 관련하여 1950년 11월 4일 로마에서 체결된 '인권 및 기본적 자유의 보장에 관한 유럽조약'(약칭 '유럽인권조약')을 주목할 필요가 있다. 즉 동 조약 제 9 조 2항은 "자기의 종교 … 을 표명하는 자유는 … 민주적 사회에서 필요한 제한에만 따르는 것으로 한다"고 규정하고 있는데, 따라서 이 규정에 의하면 형사시설에 수용된 피수용자에게 수용을 위해 필요한 제한을 할 수 있게 된다. 즉 피수용자에게는 필요성의 원칙(principe de nécessité)과 상당성의 원칙(principe de proportionnalité)에 따라 종교자유를 제한할 수 있는데, 이것은 종교를 표명하는 자유와는 구별되는 것이다. 이와 같은 원칙은 피수용자의 다른 자유나 권리에도 적용될 것이다.

한편 '영조물의 존립목적상 법률에 의해 침해할 수 있는 기본권' 가운데는 일정한 조건하에 형사시설에 의한 권리의 제한을 완화할 수 있는 것이 있다. 예를 들면 일정한 요건을 구비한 수형자에 통신교육을 수강시킨다거나 외부통학을 허용함으로써 교육을 받을 권리의 실현을 도모하는 것이다.

(4) 권리보장의 요건

피수용자의 권리가 명확히 보장되기 위해서는 다음의 기본적인 두 가지 요건이 충족되어야 한다. 즉 ① 피수용자에게 적용되는 법률이 피수용자의 권리를 인정할 것, ② 그 권리가 침해(또는 무시)될 때 피수용자가 이 권리침해에 대해 사법적 구제를 구할 수 있을 것 등이다.[13)]

수용처분도 행정처분의 일종이므로 수용처분에 있어서 피수용자에게 허용된 권리가 침해된 경우에는 행정심판을 청구할 수 있다고 보아야 할 것이다. 일본의 경우와는 달리 우리나라의 「행정심판법」은 청구인적격에 피수용자를 제외하고 있지 않기 때문이다(「행정심판법」 제 9 조 참조).[14)] 이 행정심판의 재결에 대해 이의가

13) Sériaux, Des intérêts légitmes sans protection juridique: les droits des détenus, *R. P. D. P.*, Vol. 103, 1979, p. 455.

14) 일본 「행정불복심사법」(行政不服審査法)은 형무소, 소년형무소, 구치소, 소년원, 소년감별소, 부인보도원(婦人補導院)에서 수용의 목적을 달성하기 위해 피수용자에 대하여 행해진 처분은 이의를 신청할 수 없다고 규정하고 있다(동법 제 4 조 1항 9호).

있으면 관할행정법원에 행정소송(항고소송)을 제기할 수 있다. 행정심판을 청구하지 않고 직접 행정소송을 하는 것도 물론 가능하다(「행정소송법」 제18조).

또한 「행형법」 제 6 조에 의거 수용자가 그 처우에 대하여 불복이 있을 때에는 법무부장관 또는 순회점검공무원(巡廻點檢公務員)[15]에게 청원할 수 있다. 수용자가 순회점검공무원에게 청원을 하면, 순회점검공무원은 받은 청원을 일단 심사한 후 스스로 그에 대한 결정을 하거나, 특히 중요하다고 인정되는 경우는 법무부장관에게 보고하여 결정하도록 한다. 그 외에도 수용자가 법무부장관에게 서면으로 직접 청원할 수도 있다(「행형법」 제 6 조 1항 및 2항).

이 경우 수용자가 법무부장관 또는 순회점검공무원에의 청원과 행정심판청구의 관계가 문제된다. 즉 수용자는 법무부장관 또는 순회점검공무원에의 청원과 행정심판청구를 선택적으로 할 수 있는가 여부이다. 현행 「행정심판법」은 행정청의 처분 또는 부작위에 대하여 다른 법률에 특별한 규정이 있는 경우를 제외하고는 행정심판을 제기할 수 있다고 규정하고 있다(동법 제 3 조 1항). 여기서 '다른 법률에 특별한 규정이 있는 경우'라 함은 행정심판청구인 적격을 제한하는 것을 의미한다고 해석해야 할 것이다. 따라서 현행법상으로는 수용자는 행정심판을 청구하거나 법무부장관 또는 순회점검공무원에게 청원할 것을 선택할 수 있으며, 또한 양자를 동시에 신청할 수도 있다고 해석해야 할 것이다. 그러나 이 경우 수용자가 먼저 「행형법」에 의해 청원하고 그에 대한 불복이 있는 경우에 행정심판을 청구하며, 최종적인 구제절차로 행정소송을 제기할 수 있도록 하는 것이 합리적일 것이다. 입법의 미비라고 생각된다. 그리고 수용자의 청원에 대한 법무부장관 또는 순회점검공무원의 결정기간과 이에 대한 불복절차도 명문화할 필요가 있다.

(5) 교정시설에서 처우를 받을 권리와 처우를 받지 않을 권리

피수용자의 권리(substantive rights of prisoners)를 어디까지 인정하여야 할 것인가는 피수용자의 사회적 지위를 어떻게 파악하는가의 문제와 관련하여 검토해야 할 과제이다. 1962년 2월 1일 유럽이사회의 각료위원회는 '피수용자의 선거권, 시민권 및 사회권에 관한 결의'를 하고 있는데, 거기에는 피수용자의 권리를 자유로운 시민의 그것에 비슷하게 할 것을 권고하고 있다. 피수용자의 권리 가운데 가장 논란이 되는 것은 처우를 받을 권리와 처우를 받지 않

15) 순회점검공무원이란 법무부장관의 명을 받아 교도소, 소년교도소, 구치소를 순회점검하는 공무원을 말한다(「행형법」 제 5 조 1항 및 동 시행령 제 2 조 참조).

을 권리이다. 양자는 주로 미국에서 논의되고 있다.

1) 처우를 받을 권리

교정시설에서 처우를 받을 권리(right to treatment in correctional institutions)라는 문제는 피수용자에는 사회복귀를 위해 적당한 처우를 받을 헌법상 또는 법률상의 권리가 존재하는가 여부에 관한 것이다. 미국에는 그와 같은 헌법상의 권리가 있다고 하는 판례는 아직 없다. 다만 몇몇 판례가 비행소년에 대하여는 가정과 같은 환경을 배려하여야 할 '국친'(國親)의 의무('parens patriae' obligation)를 주(州) 당국에 인정하고 있다. 그러나 그것이 소년측에 처우를 받을 권리를 인정한 것인가 여부는 명확하지 않다. 이것과 관련하여 피수용자측에 적당한 의학적 치료를 받을 헌법상의 권리가 존재한다는 판례가 있다.[16)]

이미 살펴본 것처럼 각국의 헌법이나 법률 가운데에는 범죄자의 재교육과 사회복귀를 처우원칙으로 규정하고 있는 것이 있다. 그러나 그들 규정으로부터 직접 피수용자에게 처우를 받을 권리를 도출할 수 있는가는 의문이다.

2) 처우를 받지 않을 권리

처우를 받지 않을 권리(right to no treatment, right not be treated) 또는 처우를 거부할 권리(right to refuse treatment)에 관한 문제는 1972년 7월 미국 일리노이즈 주 Marion 연방교도소의 '연방피구금자연합'(Federal Prisoners Coalition)이라고 불리는 단체에 속하는 피수용자들이 유엔경제사회이사회에 제출할 보고서를 준비한 것이 시초이다.

또한 그들은 시설의 심리기관(心理機關: 상담소)이 작성한 치료계획(therapeutic programs)에 참가하는 것을 거부했다는 이유로 격리구역[17)]으로 이송되는 것에 불복하여 연방법원에 제소하였다. 이 소송에서는 수형자에게 그의 태도, 가치관 또는 성격을 변화시키고자 하는 개선요법을 거부할 권리가 있는지 여부가 쟁점이 되었다. Marion 교도소의 수형자들은 시설에 의한 이와 같은 치료계획을 '세뇌'(洗腦, brainwashing)계획으로 본 것이다. 결국 1975년 12월 Marion 교도소의 치료계획 중 몇 개의 강제적인 부분을 중지시키라는 법원의 명령이 나왔다. 이것이 법원으로 하여금 치료계획을 거부할 피수용자의 권리

16) Kranz, *The law of corrections and prisoners' rights in Nutshell*, 1976, p. 180. 피수용자에게는 적당한 의학적 치료를 받을 헌법상의 권리가 있다고 하고 있다고 한 판례로는 Newman v. State, 349 F. Supp. 278 M. D. Ala.(1972)가 있다.

17) 면회, 서신수발 기타 권리를 박탈당한 구역을 말하는데 우리의 감치(監置)에 해당한다.

를 인정하도록 한 것은 아니나 시설직원에 의한 강제조치의 사용에 한계를 정하였다는 의미는 있다.[18)]

이 외에도 유사한 사건이 미국의 법원에서 다투어졌는데, 1973년 미주리 주의 연방시설에 수용되어 있는 8명의 수형자가 '특수처우 및 재활훈련'(Special Treatment and Rehabilitation Training: START)이라고 불리는 연방행형국의 새로운 처우계획을 실시하는 시설측을 상대로 소송을 제기하여 결국 그 계획을 폐지하도록 한 것과, 같은 해 제8순회고등법원이 아이오와 주의 교정시설에서 피수용자에게 구토하게 하는 약을 사용한 사건에 관하여 피수용자가 사정을 알고 문서에 동의하지 않는 한 위헌이라고 판시한 사건이 그것이다.[19)]

이렇게 보면 '처우를 받지 않을 권리'라고 하는 것은 합리적 근거가 없는 특수한 심리적·의학적 치료를 받지 않을 권리를 의미한다고 보아야 할 것이다.

5. 교정행형(矯正行刑)의 사법화(司法化)

(1) 교정행형에 있어서 사법화의 요구

행형이란 자유형을 집행받고 있는 수형자를 비롯하여 구류중인 미결구금자 등 모든 재소자에 대한 형사정책적인 합목적성을 추구하는 법무행정을 말한다. 따라서 형벌의 집행뿐만이 아니라 수사단계, 재판단계에 있어서의 피의자 및 피고인의 수용절차와 방법에 관한 것이 그 내용이 된다(「행형법」 제1조). 이와 같은 행형은 행정청, 즉 법무부의 업무관할에 속한다(「정부조직법」 제33조). 따라서 수사 및 기소단계에서나 재판의 확정 후에 그 집행단계에서 수용자에게는 그 각 단계에서 행해진 불법에 대한 사후적인 조치 외에는 국가사법이 관여할 여지가 없다.[20)] 요컨대 범죄자에 대한 처우가 사법과 행정의 두 영역으로 분리되어 있는 것이다.

그런데 같은 범죄자에 대한 처우가 이와 같이 사법의 영역과 행정의 영역으로 확실히 나누는 것이 타당한지에 대해 논란이 있다. '재판권연속성(裁判權連續性)의 이념'(idée du'ne continuité de juridiction)을 중시하는 입장은 재판

18) Williams, *Dictionary of American Penology,* 1979, pp. 225-226.

19) Knecht v. Gillman, 488 F. 2d 1136(8th Cir. 1973).

20) 「사회보호법」상의 사회보호위원회 위원으로 판사가 참여하게 되어 있으나 위원장은 법무부 차관이다(동법 제32조 2항). 또한 「보호관찰 등에 관한 법률」상의 보호관찰심사위원회에도 판사가 참여할 수 있으나(동법 제7조 3항), 이 경우는 당연직은 아니다.

과 그 집행을 '형의 적용'(application des peines)의 개념에 포함시킬 수 있다고 본다.[21] 특히 유럽에서는 가석방과 같이 재판을 수정하는 결과가 되는 처분을 완전히 행정관청의 권한에 위임하는 것에 대하여 의문시하는 견해가 많다.

한편 형벌과 보안처분의 이원주의를 채택하고 있는 나라에서는 집행의 단계에서 대체주의를 인정하기 때문에 형벌과 보안처분과의 대체를 결정하는 권한은 법원에 속하는 것이어야만 하는 것은 아니라고 한다. 그런가 하면 수용자의 권리보장을 강조하는 입장에서는 사법적 억제(judicial control, contrôle judiciaire)에 의한 권리강화를 주장한다.

그렇다면 수용자의 처우에 있어서 법관은 어디까지 개입하는 것이 타당할 것인가가 문제된다. 이에 관해 1937년 프랑스 파리에서 개최된 제 4 회 '국제형법회의'는 "죄형법정주의 및 개인의 자유의 보장은 형벌 및 보안처분의 집행에 사법기관이 관여하는 것을 요구한다"고 결의한 바 있고, 이어 1969년 이탈리아 로마에서 개최된 제10회 '국제형법회의'에서도 "법원이 언도한 형벌 및 보안처분 집행형태(執行形態)의 변경은 법관 또는 형집행을 감독하는 임무를 담당하는 다른 사법당국에 의해 행해지거나 재검토되지 않으면 안 된다"고 결의하였다.

(2) 입 법 례[22]

유럽에는 형벌 및 보안처분의 집행을 감독하는 법관제도를 두고 있는 국가가 있다. 이 법관은 행형법관(行刑法官), 형적용법관(刑適用法官), 감독법관(監督法官) 등으로 불리고 있는데, 그것은 보안처분이 시행되고 있는 국가와 그렇지 않은 국가에서 이 법관의 권한범위가 다르기 때문이다. 여기에서는 양자를 포괄하는 명칭으로 '집행법관'(執行法官)이라는 용어를 사용하기로 한다.

집행법관제도는 신사회방위론(新社會防衛論)의 영향하에서 형벌을 개별화하고 동시에 형의 집행에 법관을 관여시켜 감독하도록 함으로써 행형학의 새로운 발전단계를 가져왔다는 평을 받고 있다. 집행법관제도가 언제부터 존재하게 되었는가는 명확하지 않지만, 실정법에 나타난 것은 1930년의 이탈리아 형법전(刑法典)부터이다.

---

21) Sliwowsk, Les dispositions concernant le controle judiciaire de l'exécuion des peines en droit pénal franÇais: Témoinage du'ne évolution créatrice, dans: *Problémes contemporains de procédure pénale en hommagã M. Louis Hugueney,* 1964, p. 275.

22) 이것에 관해서는 森下 忠, 「刑事政策大綱(新版 第二版)」, 東京: 成文堂, 1996, 179-181면 참조.

1) 이탈리아

1930년 제정된 이탈리아 형법은 형사제재로서 형벌과 보안처분을 규정하는 이른바 이원주의를 채택하고, 감독법관(監督法官, magistrato di sorveglianza)에게 그 집행을 담당하도록 하였고(구 이탈리아 「형법」 제144조 이하), 이 규정은 1975년의 이탈리아 「행형법」 제68조 이하에 수용되어 계수(繼受)되었다.

동법에 의하면 형벌 및 보안처분의 집행은 감독법관 및 감독법원에 의해 감독된다. 즉 감독법관은 ① 교정시설의 조직을 감시하고, ② 피수용자의 교육처우를 위한 각종 업무계획을 법무성에 제시하며, ③ 피구금자의 구금이 법령에 의해 이루어지고 있는가를 감시하고, ④ 비구금적 대인보안처분의 집행을 감독하며, ⑤ 처우계획을 승인하거나 피수용자의 권리침해를 배제하기 위한 지시를 하는 등의 권한을 갖는다(이탈리아 「행형법」 제69조). 그리고 감독법원(監督法院, tribunale disorveglianza)은 보안처분의 사전해제, 중간처우 및 선시제(善時制)에 의한 형기단축 등과 같은 중요한 사항에 관한 관할권을 가지며, 심리 · 결정한다(동법 제71조의2).

이탈리아에서 감독법관제도를 둔 초기에는 형벌의 집행에 법관이 개입하는 것에 대하여 부정적인 의견도 많았으나, 그 후 감독법관과 시설책임자의 양식(良識)과 협력에 의해 이 제도가 효율적으로 운영되고 있어 긍정적인 평을 받고 있다고 한다.

2) 포르투갈

1944년의 법률은 이탈리아의 모델을 본떠 집행법관제도(執行法官制度)를 두었다. 그러나 그것은 교정당국이 전통적으로 가지고 있는 권한을 침해하는 것은 아니고, 형벌이나 수용보안처분의 집행 중에 법률을 적용하여 그 집행을 수정할 경우에 한하여 개입하는 것에 그치고 있다. 오늘날에 와서도 이 집행법관의 권한을 확대할 필요를 느끼는 것 같지는 않다.

3) 프 랑 스

1954년 프랑스 교정당국은 행형법관제도의 창설에 착수하였는데, 1958년 새로운 「형사소송법」이 공포되기 전까지는 사법성의 요구에 의해 법원장이 행형재판관(行刑裁判官, juge de l'exécution)을 임명하였다.

1958년에 제정된 현행 「형사소송법」은 형적용법관(刑適用法官, juge de l'application des peines: JAP)제도를 정식으로 채택하였다. 이 형적용법관은 폭넓은 권한을 보유하는데, 즉 각종 교정시설에서 각 수형자에게 시행될 주요 교정처우를 결정하고, 시설외 출역(出役), 개방처우, 외출의 허가 및 취소를 결정하는 것이 그것이다(프랑스「형사소송법」제722조 1항). 또한 각 시설에 설치된 형적용위원회(刑適用委員會)의 의장이 되고(동조 제4항), 형기가 3년 이하인 수형자에 대한 가석방을 허가하는 권한을 갖는데, 형기가 3년을 초과하는 수형자에 대하여는 가석방허가권을 갖는 사법대신에게 가석방을 발의한다(동법 제730조 2항 및 3항). 이 외에도 가석방자원조위원회의 의장이 되고(동법 제731조), 보호관찰위원회의 위원장으로서 보호관찰에 따르는 처분의 집행을 감독한다(동법 제739조). 형적용법관이 가장 큰 권한을 갖는 것은 이 보호관찰에 관한 것이다. 그 밖에도 형적용법관이 갖는 권한은 많다.

한편 1978년의 형법초안은 형적용법관(刑適用法官)과 함께 형집행법원(刑執行法院, tribunal de l'exécution des sanctions)의 창설을 시도하기도 했다.

4) 독 일

독일의 1976년 「행형법」(정식명칭은 「행형 및 보안처분집행법」)은 형집행부(刑執行部, Strafvollstreckungskammer)라고 하는 형태의 형집행법원(刑執行法院)을 창설하였다. 이 형집행부는 형집행유예 및 형을 유보하는 것에 관한 사후적 재판(「형사소송법」제453조), 가석방(동법 제454조), 보안처분의 집행(동법 제463조)에 관하여, 그리고 행형영역에서 취해진 조치에 관한 쟁송에 관하여 관할권을 갖는다(「행형법」제109조 및 제 179조).

5) 벨 기 에

벨기에는 집행법관제도에 대해 비판적이고 대신 법관을 포함한 수명의 전문가로 구성된 위원회제도를 선호한다. 1930년의 「사회방위법」(社會防衛法)과 1964년의 동법 개정법이 사회방위위원회(위원장은 법관이 맡는다)를 두고 있는 것도 이 때문이다.

(3) 금후의 과제

집행법관제도는 법원과 형집행기관, 특히 교정당국과의 상호기능관계를 이론적으로 분석한 결과 생긴 것이라 하기보다는 효과적인 범죄방지를 위한 실질적인 필요성에서 만들어진 것이다. 그렇기 때문에 집행법관제도의 타당성 여부는 그 나라의 형벌 및 보안처분의 집행에 관한 제도의 본질적인 모습에 관계되는 문제라고 일률적으로 말할 수는 없다.

전술한 것처럼 프랑스의 제도는 재판권 연속성의 이념에 고무되어 있는 것이지만 오늘날 집행법관제도의 창설이 국제적인 관심사로 되게 된 것은 무엇보다도 피수용자의 권리가 강하게 보호되어야 한다는 인식이 싹트게 되면서부터이다. 예를 들면 집행법관이 적어도 월 1회 시설을 순시하고, 피수용자로부터 처우에 관한 소청을 수리한다든가(프랑스「형사소송법」D. 제176조 및 제259조 참조), 처우가 시행되는 도중에 피수용자의 권리를 침해하는 것을 배제하기 위한 지시를 함으로써(이탈리아「행형법」제69조 4항) 공평한 사법적 억제에 의해 구체적이고 타당성이 있는 해결이 모색된다. 그것은 권리침해를 이유로 하여 피수용자에 의한 소송제기의 남용을 회피한다는 점에서도 유용할 것이다. 더구나 이탈리아와 같이 감독법원이 가석방허가의 권한을 갖는 경우에는 감독법원이 감독법관의 의견을 청취하여 심리하는 제도도 유용할 것이다.

집행법관제도를 인정한다고 하여도 어디까지 그 권한을 인정할 것인가가 문제된다. 집행법관에게 광범한 권한을 부여한다면 교정당국의 활동영역을 제한하는 것이 되어, 행정권의 영역에 사법권이 크게 간섭하는 결과가 된다. 그런가 하면 집행법관이 교정시설 책임자의 의견에 따라 사무적으로 서류를 처리하는 것에 그치게 될지도 모른다. 그러한 폐단에 빠지지 않기 위해서는 집행법관의 권한은 주요한 교정처우의 태양(態樣)을 감독하고 동시에 피수용자의 권리침해를 배제하는 정도에 한정될 필요가 있을 것이다.

집행법관제도를 우리나라에서 채택하는 것이 타당할 것인가 여부, 그리고 그 필요성이 있는가에 대해서는 의문이다. 그 이유로는 형의 집행을 행정권에 위임하는 것이 전통적으로 유지되어 왔고 특별한 문제가 있다고 생각되지는 않기 때문이다. 집행법관제도가 부적절하다는 또 다른 이유로는 집행법관제도의 채택이 헌법에 합치되는지가 의문이다. 헌법은 사법권과 행정권을 분리하고 있다. 그러므로 법관이 법관으로서 행정기관 안에 들어가 행동한다는 것 자체가 문제되는 것이다.

다만 가석방이나 감형과 같은 판결의 변경에 해당하는 처분에는 어떤 형태로든 법관이 참여하는 것은 바람직하다고 할 수 있을 것이다. 형벌의 부과에 관한 사항은 사법권의 고유영역이라고 할 수 있기 때문이다. 그러나 형의 집행이라는 행정행위가 그 목적을 달성하기 위해서 형의 변경 또는 수정이 필요한 경우도 있을 것이고, 따라서 이 경우 사법기관과 행정기관의 의견교환을 통하여 형을 수정하도록 하는 것이 합리적일 것이다. 이 경우 누가 주도를 하느냐가 문제될 수 있으나 현실적으로 형을 집행하는 행정기관이 발의를 하여 사법부의 의견을 참작하는 것이 타당할 것이다. 현행법상으로는 가석방의 경우에는 가석방위원회의 위원으로 판사가 참여할 수 있도록 되어 있으나(「행형법」제50조 2항)

감형에 대해서는 전혀 참여할 여지가 없다(「사면법」 제8조 내지 제12조 참조). 감형 역시 사법적 판단에 의해 확정된 형을 변경하는 것이라는 점을 감안한다면 감형절차에도 법관이 개입할 수 있는 제도가 필요할 것이다.

6. 수형자(受刑者)처우

(1) 수형자처우의 원칙

1) 자유박탈(自由剝奪)의 의미

수형자란 자유형의 집행을 위해 형사시설에 구치된 자를 말한다. 현행 「형법」은 자유형으로서 징역·금고·구류의 3종류를 규정하고 있는데(「형법」 제41조, 제42조 및 제46조) 이들은 형사시설에의 구치, 즉 자유박탈이라는 점에서 공통된다. 원래 '구치'(拘置)란 상당한 기간에 걸쳐 사람을 일정한 장소에 머물게 하는 것으로서 그의 자유로운 의사에 의해 그 장소로부터 마음대로 출입할 수 없는 상태를 말한다. 높은 담, 쇠창살, 견고한 열쇠 등이 교정시설의 상징이 되고 있는 것은 이것들이 구치의 전형적인 수단이기 때문이다.

그러나 '구치'란 개념은 오늘날 완화되어 가는 경향이 있다. 개방시설(開放施設)에의 수용을 비롯하여 외출, 외박 등의 처우방식이 점차로 확대·시행되고 있기 때문이다. 수형자의 외부통근, 외출, 외박은 수형자에 대하여 사실상 일시적으로 구치는 해제하고 있지만 법률적으로는 그들은 아직 교정시설에 구치되어 있는 것이다. 이와 같은 새로운 처우방식이 국민감정에 의해 승인됨으로써 '구치'라는 개념은 완화되고 변용될 수 있을 것이다.

본래 자유형의 집행으로 박탈되는 '자유'란 사회에서 생활하는 자유를 의미하는 것이지만, 이 박탈된 자유는 이와 같은 개방적 처우나 외부통근 등의 중간처우에 의해 상당히 완화된 셈이다.

2) 개선갱생(改善更生)의 원칙

행형의 역사를 살펴보면 그 이념과 제도에 있어서 많은 변화가 있었지만 오늘날에는 행형의 목적이 수형자의 개선갱생·사회복귀를 도모하는 것에 있다는 것은 거의 일반화된 사실이다.

「유엔처우규칙」 제65조는 "구금형 또는 유사처분에 과해진 자의 처우는 형기가 허용되는 한도 내에서 그 자에게 그의 석방 후 준법적(遵法的)이고 자립적인 생활을 할 의지와 능력을 가져다주는 것을 목적으로 하지 않으면 안된다. 수형자의 처우는 그 자존심을 고양하고 동시에 책임감을 향상시키는 것이 되지 않으면 안 된다"고 규정하고 있으며, 또한 국제인권규약 B규약 제10조 2항도 "행형제도는 피구금자의 교정 및 사회복귀(reformation and social rehabilitation)를 기본적인 목적으로 하는 처우를 포함한다"고 규정하고 있다. 여기에는 수형자의 개선갱생에 의한 사회복귀를 도모하는 것을 궁극적인 목표로 하는 이념, 즉 개선갱생의 원칙이 표명되어 있는 것이다.

20세기 후반에 이르러 교정비관론이 대두되면서 "형무소는 범죄자를 처벌하는 것으로만 봉사한다"고 하는 정의(正義)모델(justice model)도 주창되고 있지만, 아직도 가능한 한 수형자의 자주적이고 자발적인 개선·교화를 통한 사회복귀, 즉 갱생을 도모하는 것은 수형자처우의 과제이고 목표임에는 틀림없다.

3) 처우의 개별화 원칙

「행형법」은 "소장은 수형자를 개별적으로 심사·분류하여 그에 상응한 처우를 하여야 한다"(동법 제44조)고 하여 처우의 개별화를 명문화하고 있다. 또한 분류심사를 함에 있어서는 "심리학, 사회학, 교육학, 정신의학 등을 기초로 하여…을 심사하여야 한다"(「수형자분류처우규칙」 제7조)고 하여 개별처우를 위한 분류의 과학화를 명시하고 있다. 여기에서 말하는 처우의 개별화는 반드시 수형자 개인을 단독으로 처우하는 것을 의미하는 것은 아니고 대부분의 경우 유사성이 높은 것들을 집단적으로 처우하는 장(場)에서의 개별화를 의미한다.

이와 같은 처우의 개별화의 원칙은 「유엔처우규칙」 제66조와 「유럽행형규칙」에 명시되어 있는데, 특히 유럽행형규칙은 이 원칙을 효과적으로 실시하기 위해 개별적 처우계획(個別的 處遇計劃, individual treatment and training programmes)을 작성하여야 할 것을 명기하고 있다(동규칙 제66조 C호).

4) 자유제한의 순차적 완화

수형자의 자주성을 촉진하기 위해 사회복귀의 목적을 달성할 가능성이 높다고 판단되는 순서에 따라 생활 및 행동의 제한을 순차적으로 완화하는 것이다. 이와 같은 자유제한의 순차적 완화의 이념에 따르면 사회복귀의 가능성이 특히 높다고 인정되는 수형자에 대하여는 개방적 처우를 적극적으로 행하는 것이 요망된다. 종래의 전통적인 폐쇄적 처우가 가져다 준 폐해를 제거하고 행형의 사회화를 촉진하기 위해서는 개방적 처우는 가장 바람직한 조건을 구비하고 있기 때문이다.

개방처우에는 개방시설에서의 처우와 중간처우 바꾸어 말하자면 반시설처우(半施設處遇, semi-institutional treatment)의 두 가지 형태가 있다. 개방적 시설처우를 받는 자는 주로 개선도가 높다고 인정되어 폐쇄적 처우로부터 이감(移監)된 자들일 것이나, 그 외에도 입소 당시부터 개선도가 높다고 인정되어 개방적 시설에 수용된 자도 여기에 포함될 수 있을 것이다.

(2) 수형자의 분류처우(分類處遇)

1) 분류처우의 의의

'수형자의 분류'라는 말은 일반적으로 수형자의 특질에 따라 집단으로 나누는 것, 특히 등질적(等質的)인 집단으로 나누는 것이라고 이해되고 있다.[23)] 그러나 분류제도(分類制度) 또는 분류처우(分類處遇)라고 할 때는 단순히 집단으로 나누는 행위만을 의미하는 것이 아니고, 수형자의 개선갱생 및 사회복귀라는 목적을 달성하기 위하여 그의 성향과 문제점들을 과학적으로 검토하여 그에 알맞은 처우방침을 수립 · 실시하는 일련의 행위들을 의미한다. 따라서 이것은 교정행형에 있어서 처우의 개별화라는 개념과도 밀접한 관련을 가지고 있다.

한편 이 수형자 분류의 개념은 응보형사상이 지배하던 고전적 행형제도하에서는 형벌의 종류와 기간에 따라 단순히 그 유형별로 구분 · 수용한다는 의미로 사용되었으나, 교정처우와 사회복귀라는 이념을 근간으로 하는 근대적 교정행형에서는 수형자의 개별적인 특성을 고려하여 처우한다는 의미로 사용되어 왔다. 수형자의 '유형별 배열'(類列, sériation)이라든가, '분류'(classification)라고 하는 용어도 이러한 차원에서 생긴 것이다.[24)]

그러나 유럽과 미국에서 사용되는 분류라는 개념은 그 내용에 있어서 차이가 있다. 즉 유럽에서는 분류라는 개념을 수형자를 특성이 유사하기 때문에 동종의 처우를 통해 개선이 가능하다고 생각되는 자들끼리 따로 모아 그들에게 맞는 집단처우를 한다는 의미로 사용되나, 미국에서는 수형자 각 개인에 대한 과학적인 진단(診斷, diagnostic)을 통한 지도(指導, orientation)와 처우(處遇, treatment)라는 개념으로 사용되고 있다. 다시 말하면 유럽에서는 수형자의

23) 金和洙, 「行刑法學」, 東民出版社, 1991, 371면.

24) Marc Ancel은 FIPP(Fondation Internationale Pénale et Pénitiarie)에 제출한 그의 보고서에서 유별(類別, sériation)과 분류(分類, classification)를 구별할 것을 제안하고 있다. 즉 유별의 목적은 위생 · 정신 · 범죄예방 등의 이유에서 모든 접촉을 피하는 것이 바람직하다는 견지에서 수형자를 분류하는 것이었으므로 수형자의 인격조사가 행해졌던 것은 아니고, 따라서 기준 또한 연령, 성별, 누범, 사회적 상황 등과 같은 객관적인 것에 그치나, 분류는 시설 내에서 유효하고 구체적인 처우계획을 결정하기 위한 다시 말하면 처우의 개별화를 위한 구별이라는 것이다.

유형별 처우라는 개념으로 분류처우가 사용되는 데에 비해 미국에서는 처우의 개별화라는 개념으로 사용된다는 것이다.

현재 우리 행형실무상 행해지고 있는 분류의 내용은 수형자를 관리하기 위한 분류(累進制度: 등급 매김)를 중점으로 한다. 따라서 우리 행형에 있어서의 분류라는 개념은 유럽의 유형별 처우에 가깝다고 할 수 있으나, 그것이 수형자 개개인의 개선·교화보다는 관리가 우선되고 있다는 점에서 다르다.

2) 수형자분류제도(受刑者分類制度)의 연혁

가. 초기의 분류제도 수형자의 분류(classification of prisoners, répartition des détenus)는 행형처우의 실무상의 필요로부터 수형자를 대상으로 생긴 제도이다. 이 점에서 수형자의 분류는 범죄인 분류가 범죄의 과학적 인식으로부터 출발하여 범죄자를 대상으로 하고 있는 것과 대비된다.

수형자 분류의 기원은 분류의 의의를 어떻게 파악하는가에 따라 다르다. 수형자를 단순히 남과 여, 소년과 성인을 구별한 것을 분류에 포함한다고 하면 1597년 경찰국가였던 네덜란드의 암스테르담 징치장(懲治場)에서 남자 징치장과 여자 징치장으로 분류하여 수용한 것에서 그 기원을 찾아야 할 것이다. 반면에 분류를 수형자의 재교육을 목표로 하는 처우방법의 한 가지라고 이해한다면 그 기원은 1775년에 건설된 벨기에의 Gand감옥이나, 1790년부터 미국 필라델피아의 Walnut Street감옥에서 채택된 제도로부터라고 하여야 할 것이다.

한편 분류제도가 본격적으로 논의되기 시작한 것은 19세기에 들어오면서 그 때까지 시행되어 오던 엄정독거제(嚴正獨居制)[25]에 대한 비판이 제기되면서라고 한다. 즉 수형자를 엄격한 규율하에 독거(獨居)시키면서 자기위하(自己威嚇)와 회오(悔悟)에 의해서 스스로를 개선하기를 기대하는 엄정독거제가 실효성이 없다는 비판을 하면서, 따라서 수형자를 연령, 성격 및 범행에 따라 각각 분류하여 그 특성에 맞추어 주간에는 혼거시켜 작업에 종사하게 하고 야간에는 독거구금시키는 방안이 강구된 것이다.

한편 1820년에 만들어진 오번(Auburn)제도[26]는 수형자를 초범·누범으로 분류하는 한편, 수형자의 행장(行狀)에 따라 더 유리한 처우를 제공하는 누

25) '엄정독거제'(嚴正獨居制)란 1796년 미국에서 퀘이커교도의 종교적 영향을 받아 수형자에게 작업을 과하지 않고, 주간에는 수형자로 하여금 침묵하여 정신수양에 전념하도록 하는 독거감옥제(獨居監獄制)를 말하는데, 처음 시행된 주의 이름을 따서 '펜실베이니아제'라고도 불린다.

26) 뉴욕 주의 Auburn감옥에서 처음 시행되었다고 하여 오번제도라고 한다.

진제를 병합해서 시행하는 분류처우제도였다고 한다.[27]

그러나 이 시대의 분류제도는 주로 수형자의 성별이나 죄의 종류 또는 형기(刑期)에 따른 분리수용을 통한 집단처우형태에 불과했고, 그 목적도 감옥질서를 확립하고 수형자가 악풍(惡風)에 감염되는 것을 방지한다고 하는 극히 소극적인 차원의 처우를 위한 것이었다.

나. 과학적 분류제도 확립 19세기 후반부터 자연과학과 인문과학이 급격한 발달을 이루면서 범죄학을 비롯한 제 형사사법 분야에도 과학적인 차원의 분석과 대책이 강구되었다. 특히 개인의 진단과 조사에 있어서의 과학화는 행형에 있어서의 분류와 처우에도 혁신적인 발전을 이루게 된다. 따라서 종래의 고전적인 분류에서 행해졌던 연령, 성별, 죄질 등의 기준 외에도 개인의 체질적·기질적 특성, 그리고 그를 둘러싼 환경 등이 과학적으로 조사·분석되어 분류에 동원되었다.

오늘날과 같은 분류제도는 1907년에 Lours Vervaeck가 벨기에의 Forest 감옥의 수형자에게 실시한 것이 그 시초라고 한다. 즉 그는 수형자에 대하여 과학적 인격조사를 실시하여 그 결과를 사회적 요인에 의한 범죄자, 심리적 요인에 의한 범죄자, 그리고 이 양자가 혼합된 요인에 의한 범죄자로 분류하고 각각에 적합하다고 생각하는 처우방법을 시행하도록 한 것이다. 이어 1916년에 미국 뉴욕 주의 트랭톤감옥에서 처음 시도되었다가 싱싱형무소에 설립된 Clearing House는 종합적이고 과학적인 분류센터로서 미국을 비롯한 세계 각국의 분류처우에 지대한 영향을 끼쳤으며, 1922년 독일 바이에른 주의 Straubing감옥의 수용구(收容區)에서 시행된 생물학적 조사 및 심리학·정신의학적 조사 등을 통한 수형자의 신상파악도 이와 같은 과학적 분류를 위한 것이었다고 할 수 있다. 이와 같은 분류처우의 과학화는 기존의 단순한 '형무소에의 분류'(이른바 수용분류)로부터 '형무소에서의 분류'(이른바 처우분류)로 발전한 것으로도 이해할 수 있을 것이다.

다. 우리나라에서의 분류처우제도의 발전 우리나라에서의 분류제도는 조선시대인 1895년의 감옥규칙에 규정된 징역표(懲役表)가 최초라고 할 수 있다. 이 징역표에 의하면 수형자를 보통자(普通者), 특수기예(特殊技藝)를 가진 자, 노유자(老幼者), 그리고 부녀(婦女)의 4종으로 구분하고, 다시 각 유형을 5등급으로 구분하여 각 등급마다 처우를 달리하도록 하고 있었다. 그러나

27) 權仁鎬, 「行刑史」, 국민서관, 1973, 226면.

그 처우의 내용은 등급에 따라 계구(戒具)의 사용에 차이를 둔 것이 전부였다고 한다.[28)]

그 후 일제시대인 1923년에 소년수형자에 대한 계급제도가 실시되고, 이어 1937년 11월 총독부령 제178호로 「조선행형누진처우규칙」(朝鮮行刑累進處遇規則)이 제정되어 1938년부터 시행됨으로써 근대적인 분류처우제도가 본격적으로 시행되기 시작하였다고 할 수 있다.

한편 1948년 공포된 남조선과도정부 법령 제172호로 「우량수형자석방령」(優良受刑者釋放令)은 수형자의 개전(改悛)과 자력갱생(自力更生)을 촉진하여 사회생활에 적응케 함을 목적으로 수형자가 재소 중 징벌을 받지 않으면 일정한 기간이 경과한 후 석방할 수 있도록 하였다. 이는 구미제국의 선시제도(善時制度)를 도입한 것으로 수형자 자신의 선행과 규율준수에 의해 형기가 단축되는 제도이다. 그러나 이 법령은 1953년 「형법」이 제정됨으로써 폐지되었다.

정부수립 이후 종전의 이와 같은 제도들을 참작하여 교육성적, 작업성적, 관규준수(官規遵守) 기타 선행의 정도를 출역에 고려하거나 가석방에 반영해 오다가, 1956년부터 행상심사규정(行狀審査規程)과 수형자상우규정(受刑者賞遇規程)에 의한 행상제도(行狀制度)를 만들어 시행하였다. 이 제도는 수형자의 행상을 5단계로 나누고 수형자의 수형태도에 따라 각각 등급을 매겨 그 등급에 따라 수용소에서의 처우를 달리하도록 하는 것이다. 그러나 이 제도 역시 분류의 객관성 결여와 측정방법의 비과학성이 문제점으로 지적되어 왔다.

이에 따라 수형자의 개성과 능력 및 범죄원인을 과학적으로 진단·분류하여 수형자의 개별처우에 적정을 기한다는 취지에서 수형자분류심사방안(受刑者分類審査方案)(1964년 7월 「例規矯正」 제39호)을 정하여 시행하여 오다가, 1969년 5월 분류심사와 행상심사를 일원화한 '교정누진처우규정'(矯正累進處遇規程)(「법무부령」 제111호)을 제정·시행하였다.

1978년 9월 분류심사체제의 확립을 위한 '수형자분류심사지침'(受刑者分類檢査指針)(「例規保安」 제835호, 3-33916)을 시달한 바 있고, 이어 1979년 2월 '수형자분류처우요강'(受刑者分類處遇要綱)(「例規保安」 제226호)을 제정함으로써 과학적 분류조사에 기초

---

28) 동 징역표에 의하면 5등에 해당하는 수형자는 복역기간 동안 중쇄(重鎖)를 채우고, 4등은 경쇄(輕鎖), 3등은 양체(兩釱), 2등은 편체(片釱), 1등은 무계구(無戒具)로 하고, 기간이 경과함에 따라 5등부터 점차 진급하도록 하여 마지막에는 방면한다. 그러나 징역표에 기재된 체(釱), 중쇄, 경쇄라고 하는 계구에 대해서는 설명이 없을 뿐만 아니라 설치된 흔적도 보이지 않아 사문화됐었던 것이 아니냐는 추측을 한다. 尹白南, 「朝鮮刑政史」, 文藝書林, 1948, 147-152면 참조.

한 적정한 수형자의 수용처우 및 관리를 할 수 있는 근거규정이 마련된 셈이다.[29]

1991년에 「교정누진처우규정」을 「수형자분류처우규칙」(受刑者處遇分類規則)으로 개정하여[30] 시행하여 오다가 1999년의 전문개정(全文改正)과[31] 2002년[32] 및 2003년[33]의 일부개정을 거쳐 오늘에 이르고 있다.

그러나 전술한 바와 같이 이와 같은 분류제도가 실제로 수형자에 대한 처우의 개별화라는 목적을 위하여 사용되고 있는가에 대해서는 의문이다. 그것은 분류심사를 거의 심리학·교육학 또는 범죄학을 전공한 전문인이 아닌 교도관이 주로 담당하고 있어 과학적이라고 할 수 없을 뿐만 아니라, 그 분류의 결과도 수형자 개개인의 개선·교화가 주목적이 아닌 수형자의 효율적인 관리를 위한 수단으로만 이용되고 있는 현실이기 때문이다.

---

29) 金和洙, 앞의 책, 386면.

30) 주요 내용은 제명을 「수형자분류처우규칙」으로 변경하고, 이 규칙의 적용대상에서 제외되는 자에 「특정강력범죄의 처벌에 관한 특례법」의 규정에 의한 특정강력범죄를 범한 자로서 심성이 순화되지 아니한 자를 추가하였고, 수형자의 시설별 분류수용 및 단계처우의 근거규정을 신설한 것이다.

31) 전문개정의 주요 내용은 다음과 같다.

1. 수형자 처우의 중요기준이 되는 범수의 산정방법을 형의실효등에관한법률과 일치시키고 유예기간이 경과한 집행유예의 선고는 범수로 산정하지 아니하도록 함(제 6 조).
2. 형기의 2분의 1 및 3분의 2에 도달한 때에는 정기적으로 해당 수형자의 처우를 재심사하도록 하여 형기의 경과에 따른 공정한 처우가 이루어질 수 있도록 함(제10조).
3. 수형자에 대한 개별적인 처우를 위하여 인성검사 지능검사 및 적성검사 등의 분류검사를 실시하도록 함(제13조).
4. 수형자의 분류급을 수용급·개선급·관리급 및 처우급으로 구분하여 분류급에 따른 시설별 분류수용과 처우의 중요지침을 제시하여 악성범죄의 감염을 방지하고 수형자에 대한 처우의 합리화를 도모하도록 함(제14조 내지 제20조).
5. 가진급제도를 폐지하여 특별진급으로 통합하도록 함(제30조).
6. 누진처우 제외대상자인 집행할 형기가 6월 미만인 자, 환자, 임산부, 고령자등을 급외로 규정하여 등급에 따라 단계적인 처우가 이루어지도록 함(제39조 내지 제45조).
7. 모범수형자 등에 대하여는 자치활동 및 전화사용을 허가하도록 함(제47조 및 제51조).
8. 수형자에 대하여 접견횟수를 확대하고, 누진계급 제 2 급 및 제 3 급에 대하여도 접견실 외에서의 접견을 할 수 있도록 함(제48조 및 제49조).
9. 모든 수형자에 대하여 라디오 청취, 텔레비전 시청, 시계착용, 신문열람, 가족 등의 사진소지 및 자기사진 송부 등을 허용하도록 함(제56조 내지 제58조 및 제60조 내지 제62조).

32) 2002년 개정의 주요 내용은 수형자의 적절한 처우를 위하여 정기재심사의 범위를 확대하고, 수형자분류처우의 전문성을 높이기 위하여 인성검사를 교정심리검사로 변경하는 것 등이다.

33) 2003년 개정의 주요 내용은 준법서약서의 제출 여부에 따라 수형자의 처우기준을 다르게 적용하는 것이 「헌법」상 양심의 자유를 침해한다는 비판이 계속 제기되고 상대적인 불이익과 차별을 하는 등의 불합리한 문제점이 있다는 지적에 따라, 준법서약서의 제출과 관련된 규정을 삭제한 것이다.

3) 분류처우의 방법

수형자의 분류처우방법은 3가지 단계가 있다. 즉 시설단위집단의 일원으로서 분류하는 수용분류(受容分類), 다음으로 처우단위집단의 일원으로서 분류하는 처우분류(處遇分類), 마지막으로 수형자 개인에 대한 개별처우계획(個別處遇計劃)의 3단계가 그것이다.

가. 수용분류 분류의 첫 단계로 수형자를 어떠한 종류의 시설에 수용할 것인가를 판정하는 것이다. 그러나 이 수용분류는 교정에서 처우의 개별화란 개념이 강조되면서 다음의 처우분류에 흡수되는 경향이다. 분류의 본질이 개별처우에 있다고 하는 입장에서는 이 수용분류는 가장 단순하고 소박한 분류처우에 해당한다고 볼 수 있다.

현행 우리 '분류처우요강'에는 성(姓), 국적, 형명(刑名), 연령, 형기 등의 절대적인 지표와 범죄경향의 진도[34] 및 정신장애 또는 신체상의 질환과 장애 등을 분류기준으로 하고 있다.

나. 처우분류 처우활동을 위한 구체적인 처우단위에 편입시키기 위해 행하여지는 분류이다. 따라서 이 단계에서의 분류는 상당히 구체적이고 과학적인 처우내용에 상응할 수 있는 것이어야 한다. 그러나 신입수형자가 집행할 경기가 3개월 미만이거나 질병 등으로 인하여 심사가 불가능한 경우, 그리고 징벌집행 중이거나 분류심사를 거부하여 심사가 불가능한 경우는 분류심사를 하지 아니한다(「수형자분류처우규칙」 제3조).

현행 「수형자분류처우규칙」에 의하면 수형자의 분류급을 수용급(수용하여야 할 시설 및 시설 안의 구획 등을 구별하는 기준이 되는 분류급)·개선급(각 수형자에 대한 책임점수의 부과, 가석방 등 누진처우를 행하는 데 필요한 기준을 제공하는 분류급)·관리급(계호의 정도 또는 처우의 곤란도를 구별하는 기준이 되는 분류급)·처우급(처우의 중요지침을 구별하는 기준이 되는 분류급)의 4급으로 분류한다(동 규칙 제14조).

수용급을 W급(여자수형자), F급(외국인수형자), I급(금고수형자), J급(20세 미만의 소년수형자), Y급(23세 미만의 성년수형자), L급(10년 이상의 장기수형

---

34) 분류처우요강은 범죄경향의 진도를 범죄경향이 그다지 진도되어 있지 않다고 인정되는 A급과 범죄성향이 진전되어 있다고 인정되는 B급으로 분류하고 있는데(동 요강 제10조 2호), 이는 각 수형자의 범죄력(犯罪歷: 범죄를 저지른 기간, 재범기간, 형벌을 받은 경력), 반사회성이 있는 집단에의 귀속도(歸屬度), 범행 전후의 생계의 태양(態樣), 현재 문제가 되고 있는 범죄의 원인, 동기 등이 지표가 된다.

자), M급(정신장애자), P급(신체상의 질환 또는 장애가 있는 자), C0급(국가보안법위반자 등 반국가사범) 등 9개 유형으로 분류한다(동규칙 제15조).

개선급은 범죄성향이 진전되지 아니한 자로서 개선이 가능한 자인 A급, 범죄성향이 진전된 자로서 개선이 가능한 자인 B급, 범죄성향이 진전된 자로서 개선이 곤란한 자인 C급으로 분류한다(동규칙 제16조).

관리급은 구외작업에 적합한 완화계호급(g_1급), 구내관용작업에 적합한 중간계호급(g_2급), 구외작업 및 구내관용작업에 부적합한 엄중계호급(g_3급), 관리에 특별한 주의를 요하는 특별계호급(g_4급)으로 분류하며(동규칙 제17조), 처우급은 직업훈련을 필요로 하는 V급, 학과교육을 필요로 하는 E급, 생활지도교육을 필요로 하는 G급, 작업중점지도를 필요로 하는 R급, 관용작업(官傭作業)에 적합한 N급, 양호적 치료를 필요로 하는 Q급, 전문적 치료를 필요로 하는 T급, 자치적 처우에 적합한 H급, 개방처우에 적합한 O급, 특수한 처우를 필요로 하는 S급으로 분류한다(동규칙 제18조).

처우급 중에서 N급은 시설운영상 필요한 작업을 과하는 것이다. 그러나 G급, 즉 생활지도를 필요로 하는 자에 해당하는 급은 생활지도라고 하는 것이 교정처우 전반에 걸쳐 행해져야 하는 것일 뿐만 아니라, 그것이 구체적으로 어떤 내용을 갖는지가 명시되어 있지 않아 처우분류의 단위로는 의미가 없다. 실무에서는 다른 처우분류급에 해당하지 않는 자는 모두 이 급으로 분류하고 있다고 한다.[35)]

다. 개별처우계획 분류처우의 최종단계로서 각 수형자가 가지는 인격적 특징, 환경, 범죄성 등에 관한 정밀조사를 토대로 보안, 작업, 교육, 보건 등의 구체적인 처우 등의 구체적인 처우계획을 확립하는 것이다. 여기에는 처우계획을 현장에 전달하는 것뿐만 아니라 그것에 의해 실시된 처우의 효과를 검증하여 그것을 수정하는 feed back 과정도 포함된다. 또한 계호의 정도나 처우곤란 유형을 구별하는 이른바 관리분류도 이 개별처우계획에 속한다.

4) 누진처우(累進處遇)

누진제(累進制, progressive stage system, Progressivsystem)란 자유형의 집행에 있어서 그 전과정을 사전에 수개의 계급 또는 단계로 나누어, 수형자의 개선 정도에 따라 순차적으로 계급을 상승시킴으로써 자유구속의 정도를 완화

35) 金和洙, 앞의 책, 61면 참조.

하고 자율적 책임을 가중시켜 가는 제도이다.[36]

누진제는 1791년 영국 유형지였던 오스트레일리아에서 창안된 것이 시초라고 한다.[37] 그 후 1840년 Alexander Maconochie가 수형인의 진급방법으로 점수제를 창안한 바 있고, 1856년에는 아일랜드의 감옥제도개혁의 중심인물이었던 Sir Walter Crofton이 잉글랜드 식민지에서의 누진제를 도입하였다. 또한 그는 가석방을 허가하기 전에 반자유적인 중간형무소에 수용하여 사회복귀를 준비시키는 방법을 채용하였다. 이것이 이른바 아일랜드제(Irish system)라고 불리는 것이다.

이 아일랜드제는 미국에도 파급되어 1870년 미국 신시내티 주에서 개최된 '전미국형무회의'(全美國刑務會議)에서 누진제를 채택할 것을 결의한 후 미국 전역에 파급되었다.

한편 독일에서는 1929년에 프로이센「행형누진처우령」(行刑累進處遇令)이 제정되었고, 이에 영향을 받아 일본도 1933년「행형누진처우령」을 제정하였다. 일본의 누진제는 1929년의 프로이센의「행형누진처우령」에 아일랜드제를 가미한 것이라고 한다.

흔히 '종적 분류'(vertical classification)라고 불리고 있는 이 누진처우는 그러나 제 2 차 세계대전 후부터 그 존재의의가 희박해지기 시작했다. 그 이유는 주로 분류제도의 발달이 경험주의와 획일성에 기반을 두는 누진제도를 침식하게 되었다는 것과, 대체적으로 수형자 처우의 기준이 높아져서 누진제도 그 자체도 계급간의 처우차가 근소해졌기 때문이라고 한다. 그 외에도 계급의 누진과 가석방이 결합되지 않았다는 것, 누진제에 과학성이 없다는 것, 형기가 짧은 자는 빨리 누진하는 데 비해 형기가 긴 자는 누진이 늦어 불공평하다는 점 등이 누진제의 의의를 감소시킨 요인이라고 한다.

이와 같은 이유 등으로 1970년경부터는 누진제를 폐지하는 나라가 잇달아 생겨났다. 폐지의 가장 큰 이유로는 누진제에 내포된 획일주의가 처우의 개별화를 저해한다는 점이다.

(3) 개방처우(開放處遇)

1) 개방처우의 의의

개방처우(open treatment, traitement en milieu ouvert)란 구금을 확보하기

36) 椎名通藏, "行刑累進處遇令の運用と實際," 「刑政論集」, 刑務協會, 1938.
37) 正木亮, 「新監獄學」, 1951, 175면.

위한 물리적·유형적인 설비 및 조치를 완화하는 수용처우의 일종으로, 이것은 수형자의 자율과 책임에 대한 신뢰를 기초로 한다. 여기에는 앞서 이야기한 물리적·유형적인 설비 및 조치의 완화정도 바꾸어 말하자면 개방의 정도가 문제된다. 개방 정도에는 반개방(半開放)으로부터 완전개방(完全開放)에 이르기까지 몇 가지 단계가 있기 때문에 개방처우는 상당히 폭이 넓은 개념이라고 할 수 있다.

이 개방처우는 그 실시형태에 따라 ① 개방시설에서의 처우, ② 구외작업(構外作業), ③ 반자유(외부통근을 포함한다), ④ 중간형무소, ⑤ 외출 및 외박 등으로 분류할 수 있다. 그러나 이 구분은 반드시 이론적으로 명확한 것은 아니고 그 가운데에는 중복되어 있는 것도 있다. 그것은 현실적으로 다양한 처우형태가 존재하기 때문이다.

2) 개방시설에 있어서의 처우

개방시설(open institution)은 개방성의 정도에 따라 이것을 완전개방시설과 반개방시설(semi-open institution)로 나눌 수 있다. 전자는 「유엔처우규칙」 제63조 2항에 규정된 것과 같은 도주에 대한 물리적인 경비수단을 갖지 않은 시설이며, 후자는 도주방지에 대한 물리적 수단을 어느 정도까지 완화 또는 제거한 시설을 말한다. 그러나 반개방의 정도에는 여러 가지가 있다.

개방시설의 기원은 19세기 후반 유럽제국 및 영국의 식민지에서 찾을 수 있다고 하나, 이 제도가 적극적으로 도입되게 된 것은 제 2 차 세계대전 후이다. 그 배경에는 처우의 개별화, 행형의 사회화 등과 같은 이념이 행형 전반에 주장되기 시작한 데도 있지만, 한편으로는 과잉구금의 완화, 시설구금에 필요한 적지 않은 예산을 절감한다는 현실적인 문제가 있었다고 한다.

현재 우리나라는 천안교도소 한 곳만 개방시설로 되어 있고,[38] 행형 성적이 우수하고 사회생활에 적응할 가능성이 높다고 인정되는 수형자, 즉 이른바 모범수에 한하여 그 시설에 수용할 수 있도록 하고 있다(「행형법」 제44조 2항).

3) 구외작업(構外作業)

구외작업이란 행형시설 외의 작업장에서 행형당국의 감시하에 이루어지는 작업을 말하는데 외역(外役) 또는 감외작업(監外作業)이라고도 한다. 구외작업은 작업의 형태에 따라 교도소에서 통근하는 형식의 통역작업(通役作業)과 교

38) 천안개방교도소는 「행형법」상으로도 그렇지만 분류·처우의 실제상으로도 반개방교도소에 속한다고 한다. 배종대·정승환 공저, 「行刑學」, 홍문관, 2002, 149면.

도소 외부장소에서 숙박하는 외박작업(外泊作業)으로 나뉜다.[39)]

구외작업은 18-19세기 중엽부터 등장하였다고 한다. 즉 18세기 영국에서 당시 식민지였던 오스트레일리아의 노동력을 보충하기 위하여 본국의 수형자를 유배하여 공공작업에 동원한 것으로부터 유래한다. 대표적인 것으로 1854년 아일랜드의 Crofton이 실시한 가석방 전 중간교도소를 들 수 있다. 당시 구외작업을 실시한 목적은 시설 내 과잉수용을 해소함과 동시에 부족한 노동력을 보충하기 위한 것이었다. 그 이후 구외작업은 개방처우방안의 하나로 각광을 받음과 동시에 장래 수형자의 사회복귀를 준비하기 위한 방편으로도 주목을 받게 되었다. 그 결실로 이루어진 것이 스웨덴의 「1945년 행형법」, 1913년의 미국 「후버법」이다.

구외작업은 수형자의 사회적응 훈련에 유용하고, 특히 단기수형자에게는 우선적으로 취업기회가 주어지며, 장기수형자에게는 장기구금에서 오는 육체적 · 정신적 장애를 덜 수 있다는 장점이 있다. 반면에 작업이 행형시설 밖에서 행하여짐으로써 보안과 질서유지에 어려움이 따르고, 도주 · 소요 등과 같은 교정사고의 가능성이 높기 때문에 계호인력의 증원이 필요하다는 문제가 있다.

4) 반자유(半自由)

반자유(semi-liberté: SL)란 주간에는 수형자에게 형사시설 외에서 행형당국의 계속적인 감시 없이 일반 근로자와 동일한 조건하에서 직업활동을 하게 하거나, 교육 또는 직업훈련이나 의학적 치료를 받게 하는 제도를 말한다. 따라서 반자유에는 외부통근, 외부통학, 외부통원치료 등이 포함되지만 보통 반자유라고 하면 외부통근을 지칭하는 경우가 많다.[40)]

반자유라는 용어는 프랑스를 비롯하여[41)] 벨기에, 이탈리아 등에서 널리 사용되고 있는데, 특히 벨기에와 이탈리아에서는 형 집행 초기부터 적용되는 반자유를 반구금(半拘禁, semi-détention, semi-detenzione)이라고 하여 중장기 자유형의 집행 도중이나 마지막에 시행되는 반자유형과 구분한다.

외부통근제(外部通勤制, work release program, free labor system)는 1906년에 미국 버몬트 주 법률로 인정한 것이 최초라고 한다. 이어 1913년 위스콘신 주가 「후버법」(Huber Law)에 이 제도를 두었고, 1918년에는 매사추세츠

39) 현재 구외작업은 일부 교도소에서 각 소별로 소규모로 운영하고 있는 실정이다. 대표적인 예로 천안교도소에서 실시하고 있는 외부통근제를 들 수 있다.

40) 森下 忠, "フランス行刑における半自由," 「刑事政策の新展開」, 1968, 99면 이하.

41) 프랑스 「형사소송법」 제723조 2항 참조.

주가 여자수형자에게까지 이 제도를 확대한 이래 오늘날에는 미국의 모든 주가 외부통근제를 실시하고 있다.[42)]

이 외부통근제는 유럽으로 건너가 1932년에 벨기에가 가석방 전에 있는 수형자에게 이를 실시하였고, 이어 1937년 스웨덴이 자유노동의 허가(free labour permit)라는 명칭하에 이를 도입하였고, 제 2 차 세계대전 이후 많은 국가가 이를 채택하게 되었다.

이 제도는 시행하는 나라에 따라 상당히 차이가 나지만 공통되는 점은 수형자를 주간에 시설 외에서 행형당국의 감시가 없이 일반 근로자와 함께 일을 시키고, 야간과 휴일에는 시설에 수용시키는 것이다. 이 경우 수형자가 기거하는 장소는 폐쇄시설 가운데 특별히 개방적인 구획을 정해 기거하게 하기도 하고 독립된 소규모의 시설—이른바 halfway house—을 따로 설치하기도 한다.

그러나 외부통근제는 실무상이나 법률상 많은 문제를 내포하고 있다. 실무상으로는 우선 수형자에게 일을 시킬 사업장을 구하기 어렵고, 또한 필요한 수만큼의 수형자를 상시 통근시키기가 쉽지 않다는 것이다.

또한 법률적인 측면에서는 통근수형자를 어디까지 일반 근로자와 동등한 취급을 할 것인가가 문제된다. 예를 들면 통근 도중에 일어난 교통사고의 민사책임은 누가 질 것인가, 산업재해에 관하여 수형자도 일반 근로자와 같이 재해보상금을 받을 수 있을 것인가, 사업장에서 일반 근로자와 같은 노동자의 권리가 인정될 것인가, 해고 등의 경우에 보상 또는 실업보험을 받을 수 있을 것인가 등과 같은 문제가 대두될 것이다. 이와 같은 문제들은 현재 외부통근제를 실시하고 있는 각국에서도 아직 명확한 해결을 보지 못하고 있는 것 같다.

5) 중간교도소(中間矯導所)

중간교도소(intermediate prison)란 말은 시설내처우와 사회내처우의 다리 역할을 하는 교도소를 뜻하는 의미로 사용되고 있다. 연혁적으로는 1850년대부터 아일랜드에서 행해진 가석방 전의 1단계로 이용되었던 중간형무소에서 그 기원을 찾는다. 그것은 상급의 누진점수를 취득한 수형자를 관대한 자유와 자치가 허용되는 중간형무소로 이감하여 농업이나 공업에 종사시키다가 머지 않아 석방시키는 제도였다.

중간교도소는 시설내처우와 사회내처우의 중간에 위치한 처우형태로서의 중간교정처우가 행해지는 대표적인 시설로 미국에서는 'Halfway house,' 영국

42) 미국에서는 외부통근 수형자를 시간제 죄수(part time prisoners)라고 부른다.

에서는 'Hostel,' 프랑스에서는 'Foyer'라고 불리고 있다.

미국의 Halfway house는 두 가지 유형이 있다. 하나는 'halfway out of prison'이라고 부르는 것으로 '형사시설로부터 자유로운 일반사회에 복귀하는 도중'에 하는 처우로써, 일반적으로 Halfway house라고 하는 경우 이것을 말한다. 다른 하나는 'halfway in prison'이라고 하는 것으로 보호관찰보다는 강하나, 교도소보다는 규율이나 구속이 느슨한 감독이 필요하다고 인정되는 재택범죄자(財宅犯罪者, home offender)를 말한다. 그러나 이것은 전자와 반대로 '사회로부터 시설로 가는 도중'에 시행되는 처우이다.

이 중간교도소는 일반교도소의 일부를 특별구역화하여 두기도 하나 이와 같은 폐쇄시설과는 완전히 독립하여 설치하는 경우도 많으며, 이 곳에 수용되는 자의 대부분은 반자유가 허용된 자이다.

한편 중간처우의 의미를 넓게 해석한다면 주말구금(週末拘禁, weekend arrest, arrết de fin de semaine) 또는 휴일구금(休日拘禁, Freizeitarrest)과 같은 새로운 형태의 자유형 집행방법에 의한 처우도 이것에 포함될 것이다. 그러나 일반적으로는 주말구금이나 재택구금(home arrest, arrết a' domicile, Hausarrest)과 같은 새로운 자유형 집행방법은 중간처우의 형태에서 제외하고 있다.

6) 외출과 귀휴(歸休)

'외출'이란 1일 가운데 정해진 시간 내에서 수형자가 행형담당자의 동행이 없이 형사시설의 밖으로 나가는 것을 말한다. 한편 '귀휴'(furlough, permission de sortir, Urlaub)란 정해진 일수 동안 수형자가 행형담당자의 동행이나 감시 없이 형사시설의 밖에서 숙박하는 것을 말한다. 귀휴는 형집행정지와는 다르기 때문에 귀휴자는 수형자의 지위를 그대로 가지고 있으며, 따라서 귀휴 중에도 형기는 진행한다. 외출과 귀휴는 일정한 조건을 충족하는 수형자(보통 누진성적이 상급인 모범수들이 그 대상이 될 것이다)에 대하여 그의 원활한 사회복귀를 돕기 위해 필요하다고 인정되는 경우에 허가된다.

법률적으로는 수형자가 외출이나 귀휴 중에 죄를 범하여 타인의 생명 · 신체 · 재산 등을 침해한 경우는 외출 · 귀휴를 허가한 시설의 책임자는 어떠한 책임을 질 것인지가 문제된다. 이 경우 외출 · 귀휴를 허가하는 데 있어서 중대한 과실이 있는 경우를 제외하고는 시설측의 법적 책임은 없다고 보아야 할 것이다.

우리 현행법은 외출에 관하여는 규정하고 있지 않으나 12시간 또는 72시간 이내의 귀휴제도를 두고 있기 때문에 사실상 외출을 허가하고 있는 셈이다(「귀휴시행규칙」 제2조 1항 5호 아목).

귀휴는 1년 이상 복역한 수형자로서 그 형기의 3분의 1이 경과하고(무기수는 7년) 행형성적이 우수한 자에게는 1년 중 10일 이내에서 귀휴를 허가할 수 있도록 하고 있다(「행형법」 제44조 3항). 구체적으로는 누진계급이 3급 이상인 자로서 ① 직계존·비속, 배우자 또는 배우자의 직계존속이 질병이나 사고로 위독한 때, ② 본인의 질병이나 사고로 인하여 외부병원에 입원수술이 필요한 때, ③ 직계존속, 배우자, 배우자의 직계존속 또는 본인의 회갑일이나 직계비속이 현역병으로 입영하게 된 때, ④ 천재 · 지변 기타 이에 준하는 사유로 인하여 직계존·비속, 배우자 또는 본인에게 회복할 수 없는 중대한 재산상의 손해가 발생하거나 발생할 우려가 있는 때, ⑤ 훈련, 시험, 행사, 입양, 취업알선, 방송통신대학 출석수업 기타 교화상 목적이나 작업의 능률향상을 위하여 특별히 필요하다고 인정하는 때 등과 같은 사유가 있는 경우에 귀휴가 허락될 수 있다(「귀휴시행규칙」 제2조).

7) 가석방(假釋放)

가. 가석방의 의의와 연혁 가석방이란 행형당국의 결정에 의해 수형자의 형기가 만료되기 전에 일정한 조건(감시에 관한 규칙, 보호관찰 등)하에 석방하는 것이다. 즉 범죄자를 그 형기만료 전에 석방함에 있어 그에게 특정의 조건을 부여하고 이를 위반하는 경우에는 다시 수용하여 잔여형기를 집행한다는 심리적 강제를 통해 그의 개선과 사회복귀를 도모하는 사회내처우의 일환인 것이다.

이 제도는 18세기 영국의 유형지였던 오스트레일리아에서 조건부은사(條件附恩赦)의 형식으로 특히 개전의 정(情)이 있다고 인정되는 모범수에 대하여 형기 전에 석방한 것이 그 기원이라고 한다. 또한 그것은 수형자의 과밀상태를 해소하고 유형자(流刑者)에게 형기 전 석방의 희망을 줌으로써 감옥 내의 질서에 복종하도록 유도하기 위한다는 취지에서 비롯하였다.

그 후 19세기 중엽에 영국 본토에서 수형자에 대한 누진제도(累進制度)를 실시하면서 그 최종단계에 이 가석방이 채택되었는데, 특히 혼거구금(混居拘禁)→중간교도소(中間矯導所)→가석방(假釋放)의 순서로 처우를 행하는 이른바 아일랜드 제도가 채택되기 시작하면서 가석방이 범죄자처우의 일환으로 주목을 받게 되었고 이윽고 영국 전역에 채택하게 되었다고 한다. 이 제도는 미국으로 건너가 '패롤'(parole)[43]이라는 형태로 보급되었으며, 유럽에서도 1830년대부터 조건부석방으로 가석방이 시행되어 왔는데, 특히 19세기 후반에는 영국의 영향을 받아 독일 같은 나라에서는 아일랜드제의 가석방을 제도화하였다고 한다.

나. 가석방의 요건 및 절차 징역 또는 금고의 집행 중에 있는 자가 그 행상(行狀)이 양호하여 개전의 정이 현저한 때에는 무기는 10년, 유기는 형기의 3분의 1을 경과한 후 행정처분으로 가석방을 할 수 있다(「형법」 제72조 1항). 이 가석방의 적격 여부를 심사하기 위하여 법무부장관 소속하에 가석방심사위원회를 두는데 위원장은 법무부차관이 되고 위원은 판사, 검사, 변호사, 법무부 소속 공무원 및 교정에 관한 학식과 경험이 풍부한 자로 위원장을 포함하여 5인 이상 9인 이하의 위원으로 구성된다(「행형법」 제49조, 제50조).

가석방은 「형법」 제72조 1항에 정한 기간, 즉 무기는 10년, 유기는 형기의 3분의 1을 경과한 수형자 가운데 교정성적이 양호하고 재범의 위험성이 없다고 인정되는 때에 소장이 가석방심사위원회에 가석방심사를 신청하여야 한다(「행형법」 제51조 1항). 가석방심사위원회는 가석방적격 여부를 심사함에 있어서 연령, 죄명, 범죄의 동기, 형기, 수형 중의 행상(行狀), 가석방 후의 생계수단과 생활환경, 재범의 위험성 유무 등을 참작하여야 하고(동조 제2항), 심사결과 가석방적격 결정을 한 때에는 5일 이내에 법무부장관에게 가석방허가를 신청하여야 한다(동조 제3항). 그러나 실무에서 가석방심사를 하는 데 참작이 되는 것은 주로 행형성적과 재범의 위험성, 그리고 사회적응도(社會適應度) 등이다(「행형법 시행령」 제153조 참조).

가석방의 기간은 무기는 10년, 유기는 잔여형기로 하되 10년을 초과할 수 없고, 가석방된 자는 허가관청이 필요가 없다고 판단하는 경우를 제외하고는 보호관찰을 받는다(「형법」 제73조의2). 그러나 가석방기간 동안 과실이 아닌 죄로 금고 이상의 형을 선고받아 확정된 때에는 가석방처분은 효력을 잃게 되고, 또한 가석방처분을 받은 자가 감시에 관한 규정(가석방자관리규정)을 위반하거나 보호관찰의 준수사항을 현저히 위반한 때에는 그 처분을 취소할 수 있다(「형법」 제74조 및 제75조).

한편 가석방처분을 받은 후 그 처분이 실효 또는 취소됨이 없이 가석방기

43) '패롤'은 통상 가석방으로 번역하나 이 어원은 parole d'honneur(명예를 걸고)이다. 그러나 이 '패롤'은 단순히 수형자를 석방하는 것만을 의미하는 것이 아니고 가석방허가와 그 후의 감독을 병행하는 것을 포함하는 의미로 사용된다. 영국에서 '패롤'에 해당하는 용어는 conditional release on license이나 1967년의 형사재판법에서 처음으로 '패롤'이라는 용어를 사용하였다고 한다. 이 '패롤'에 해당하는 용어로 독일은 vorläufige Entlassung, 프랑스는 libération conditionelle가 있다.

간을 경과한 때에는 형의 집행을 종료한 것으로 본다(「형법」 제76조).

가석방된 자는 가석방기간 중 선행을 하고 정상적인 업무에 취업하여야 하며, 기타 법령에서 정하는 준수사항을 지켜야 한다(「행형법 시행령」 제157조). 여기서 '기타 법령에서 정하는 준수사항'이란 「보호관찰 등에 관한 법률」에 정해진 보호관찰의 준수사항(동법 제32조) 및 「가석방자관리규정」에 정해진 준수사항을 말한다. 특히 「가석방자관리규정」에 의하면 가석방자는 주거지를 이전하거나 국내에서 10일 이상의 여행을 할 때에는 관할감호경찰서장의 허가를 받아야 하고, 국외이주 또는 국외여행을 할 때에는 법무부장관의 허가를 받아야 하며, 귀국한 때에는 지체없이 관할감호경찰서에 신고하여야 한다(동규정 제10조 및 제14조, 제16조, 제17조). 이와 같은 준수사항을 위반하거나 비행 또는 정상적인 업무에 종사하지 않고 감호경찰의 훈계나 명령을 지키지 않을 때는 가석방이 취소될 수 있다(「가석방심사 등에 관한 규칙」 제22조).

다. 가석방의 문제점 첫째, 가석방심사위원회의 구성에 관한 문제이다. 전술한 바와 같이 현행법상 가석방심사위원회는 법무부차관을 위원장으로 하고 위원은 판사, 검사, 변호사 및 법무부소속 공무원, 그리고 교정에 관한 학식과 경험이 풍부한 자 중에서 법무부장관이 위촉 또는 임명하도록 되어 있다. 그러나 실제로는 법무부 공무원으로 편중되어 있는 것이 현실이다. 공정한 판단을 담보하기 위해서 뿐만이 아니라 가석방에 대한 사회적 신뢰를 확보하기 위해서도 일반 시민을 참여시키는 것이 타당할 것이다. 그것이 한편으로는 범죄자의 사회내처우에 시민의 관심과 참여를 촉구하는 방편이 되기도 하기 때문이다.

둘째, 가석방신청권을 수형자에게 인정할 것인가 하는 문제이다. 현행법상 가석방심사신청권은 교도소장에게 있고 가석방허가신청권은 가석방위원회의 위원장에게 있다(「행형법」 제51조; 「행형법 시행령」 제154조 참조). 따라서 가석방신청에 대한 일차적인 권한은 교도소장에게 있다고 보아야 할 것이다. 가석방이 수형자에 대한 처우의 일환으로 시행되는 것이기 때문에 가석방심리개시 여부는 국가의 재량에 속하고, 따라서 수형자에게 가석방신청권이 인정될 수 없다고 하는 견해가 있으나,[44] 가석방이 갖는 사회내처우로서의 의의를 감안한다면 수형자에게도 가석방심사신청권이 부여되어야 할 것이다.

그 구체적인 절차로는 「형법」 제72조 1항에 해당하는 수형자가 먼저 교도소장에게 가석방심사신청을 하고, 이를 기각당했을 때 그 사유를 첨부하여

44) 大谷 實, 앞의 책, 311면.

가석방심사위원회에 직접 신청할 수 있도록 하는 것이다. 그렇게 함으로써 행형당국의 재량권남용도 어느 정도 방지할 수 있을 것이다.

셋째, 가석방결정에 대한 이의신청을 할 수 있는가 하는 문제이다. 현행법상으로는 수형자가 가석방결정에 대한 이의를 신청할 수 있는 규정은 없다. 다만 교도소장이 가석방이 허가되지 않는 자가 그 후에 가석방을 함이 적당하다고 인정할 때에는 다시 가석방을 신청할 수 있을 뿐이다(「가석방심사 등에 관한 규칙」 제21조).

생각건대 가석방심사위원회의 가석방적부결정과 법무부장관의 허가는 행정처분의 일종이다. 따라서 「헌법」 제26조에 규정하고 있는 청원권에 의거 수형자는 그 가석방적부결정과 법무부장관 허가 여부에 대한 행정심판을 청구할 수 있으며(「행정심판법」 제1조 및 제3조 제1항), 또한 행정소송도 제기할 수 있다고 해석할 수 있을 것이다(「행정소송법」 제3조 1호). 그러나 법체계상으로 보아 「행형법」에 가석방결정에 대한 이의신청절차에 관한 규정을 두어 이를 인정하는 것이 더 타당할 것이다.

넷째, 가석방심사에 관한 문제이다. 현행법상 가석방의 심사는 가석방심사위원회가 가석방적격 여부를 결정하기 위하여 수형자의 신원관계, 범죄관계, 보호관계 기타 필요한 사항을 심사하도록 되어 있는데, 이를 교도소장에 위임하여 보고할 수 있게 하고 있다(「가석방심사 등에 관한 규칙」 제3조 2항). 실무상으로도 가석방심사는 대부분 교도소측이 작성한 서류를 토대로 한 서류심사에 그치고 있다. 가석방의 적정을 기한다는 차원에서도 가석방대상자에 대한 가석방위원회의 면접 등을 통한 실질적인 심사가 이루어져야 할 것이다.

(4) 현행법상의 수용처우

1) 혼거제(混居制)와 독거제(獨居制)

원래 자유형의 집행방법으로는 수형자를 국내 또는 국외의 원격지(遠隔地)로 강제이송하여 억류시키는 유형제도(流刑制度)와, 일정한 구금시설에 구금하여 자유를 박탈하는 구금제도가 있었다. 그러나 전자는 형벌사상의 변천에 따른 수형자의 지위향상으로 그 자취를 감추었고, 따라서 오늘날은 구금제도만이 자유형으로 존속하고 있다.[45]

이 구금제도는 구금방법에 따라 크게 독거제(獨居制)와 혼거제(混居制)로 구분할 수 있다.

독거제는 글자 그대로 수형자를 교도소 내의 독립된 방에 구금·수용하는 것이다. 이것은 다시 전 수형기간에 걸쳐 독거수용하는 엄정독거제(嚴正獨居

45) 金龍俊·李淳吉, 앞의 책, 275면.

制)와 주간에는 수형자를 혼거시켜 공장작업 등에 취업시키고 취침시, 즉 야간에만 독거수용하는 야간독거제, 그리고 주야독거수용(晝夜獨居收容)하지만 운동, 교회(敎誨), 접견, 교육 등 특수한 경우에만 다른 수형자와 동석시켜 혼거를 허용하는 완화독거제(緩和獨居制)로 구분할 수 있다.

혼거제는 잡거제(雜居制)라고도 하는데, 이 제도는 수명의 수형자들을 동일한 공간에 함께 수용하여 생활하게 하는 것으로 행형제도의 발달사상 가장 오래된 구금제도이다.

양 제도의 장단점에 관해서는 주장하는 입장에 따라 다르나, 독거제의 장점으로는 주로 수용자 상호간의 통모(通謀) 또는 악풍(惡風)에 감염되는 것을 방지할 수 있고, 관리 및 개별처우에 적합하다는 것을 든다. 그 밖에도 혼자 생활함으로써 반성의 기회를 가질 수 있다는 것을 들고 있으나 이에 관해서는 반대의견도 있다.

한편 혼거제의 장점으로는 행형의 통일을 기할 수 있고, 경제적이며 사회복귀를 위한 집단훈련이 용이하다는 것 등을 든다. 반면에 단점으로는 독거제는 사회적 훈련기회의 결여, 사회적 동물인 인간을 독거수용할 때 생길 수 있는 정신적 황폐화의 우려,[46] 그리고 관리를 위해 많은 경비를 필요로 한다는 경제적 문제를, 혼거제는 악풍감염의 우려, 개별처우의 곤란, 관리의 곤란을 주로 든다.

결과적으로 양 제도는 한쪽의 장점이 다른 한쪽의 단점으로 작용하고 있기 때문에 어느 제도가 절대적으로 좋다고 할 수는 없고, 따라서 그 사회의 법문화와 환경에 의해 선택될 수밖에 없을 것이다.

우리나라는 행형법상으로는 독거수용을 원칙으로 하고[47] 예외적으로 혼거수용을 허용하고 있으나(「행형법」 제11조 1항 및 동 시행령 제31조), 실무상으로는 대부분 혼거수용을 하고 특수한 경우에만 독거수용을 하고 있다.[48]

46) 실제로 독거수용에 있어서 가장 문제가 되는 것은 자살, 정신장애 등이라고 한다.

47) 현행법령에 의하면 독거수용자는 운동, 입욕, 접견, 교회(敎誨), 진찰 기타 부득이한 경우를 제외하고는 타인과의 접촉을 금하고 항상 독거시키도록 하고 있다(「행형법 시행령」 제23조). 따라서 법규정상으로는 우리가 시행하는 독거제는 완화독거제에 해당한다고 하겠다.

48) 金龍俊·李淳吉, 앞의 책, 277면. 2000년 개정 전의 행형법 시행령은 혼거수용을 전제로 하고 있었던바, 즉 독거수용자의 수용순위를, 첫째 도주의 우려가 있는 자, 둘째 수용질서를 해칠 우려가 있는 자, 셋째 미결수용자로 증거인멸의 우려가 있는 자, 넷째 다른 수용자에게 나쁜 영향을 미칠 우려가 있는 자, 다섯째 분류심사를 위하여 필요한 자, 여섯째 여죄사건이 계류중인 자, 일곱째 수용생활에 적응하기 위하여, 특히 안정이 필요한 자의 순으로 하고 있다(동 시행령 제24조). 또한 그 기간도 계속하여 2년을 초과하지 못하는 것을 원칙으로 하나 단, 교도소장이 필요하다고 인정하는 때는 6개월을 연장하도록 하고 있다(동 시행령 제26조 1항). 그러나 20세

2) 계 호(戒護)

'계호'라 함은 교도소 등의 교정시설의 안전과 질서를 유지하기 위하여 수용자를 경계·감시 및 지도·명령하고, 안전 및 질서가 침해되거나 침해될 우려가 있는 경우에는 이를 진압하고, 원상회복을 위하여 강제력을 행사하는 것을 말한다.

이와 같은 계호업무를 위하여 교도관은 계구(戒具)를 사용할 수 있다. 즉 수형자의 도주·폭행·소요 또는 자살의 방지 기타 필요한 경우에 포승(捕繩)·수갑(手匣)·사슬·안면의 보호구 등의 계구를 사용할 수 있다(「행형법」 제14조). 그러나 계구는 수용시설의 책임자(소장)의 명령에 의해서만 사용할 수 있다(「행형법 시행령」 제45조). 포승과 수갑은 소요·폭행·도주 또는 자살의 우려가 있는 자와 호송 중의 수용자에게, 안면보호구는 제지에 불응하고 고성을 발하거나 자해의 우려가 있는 자에게 사용하며, 사슬은 포승과 수갑으로 수용자를 제지할 수 없거나 기타 특별한 경우에만 사용할 수 있다(동 시행령 제46조 1항 및 2항).

그러나 이와 같은 계구의 사용은 재소자에게 극심한 정신적·육체적 고통을 주는 것이므로 사용자는 법령이 정한 절차와 방법에 따라 계호의 목적을 달성하는 데 필요한 최소한도의 범위 내에서 사용되어야 하는 것이다. 따라서 계구의 사용요건과 한계가 법정화되어야 할 것이다. 계구의 모양과 규격 및 사용절차 등에 관하여는 법무부장관이 정하도록 하고 있으나(「행형법」 제14조 4항) 아직까지 규정되어 있지 않다. 또한 전술한 바와 같이 계구의 사용은 교도소장의 명령에 의해서만 가능하게 되어 있으나 실무상 그와 같은 사전명령에 의해 사용되고 있는지에 대해서는 의문이 있다. 또한 「행형법」 제14조 1항의 "… 기타 교도소등의 안전과 질서유지를 위하여 필요한 경우"라는 애매모호한 용어는 담당관의 재량권남용을 초래하여 재소자의 인권을 침해할 우려가 있다.

계호업무에 사용되는 계구 중 사슬은 교도소 밖의 작업에 취역하는 수형자의 도주방지를 위해 필요하다고 인정하는 경우에 사용하던 도구이다. 길이

미만의 청소년은 6개월 이상 독거수용하지 않는 것을 원칙으로 하고 있었다(동조 제2항). 그 밖에 계호상 필요한 경우(동 시행령 제44조), 징벌자(동 시행령 제143조), 석방준비자(동 시행령 제159조) 등도 독거수용대상자로 규정하고 있었다. 또한 전염병방지상 필요한 경우와 신입자도 독거수용하는 것으로 하였으나, 1995년 개정에 의해 전염병에 걸린 자는 격리병실 기타 적당한 시설에 수용하도록 하였고(동 시행령 제15조), 신입자는 신입자 거실을 새로 마련하여 3일간 그 곳에 수용하도록 하고 있었다(동 제21조). 이로 미루어 보아 행형의 실무에 있어서는 혼거수용을 원칙으로 하고 있고 예외적으로 독거수용을 하고 있었음을 알 수 있다. 결과적으로 모법인 「행형법」과 그 하위법인 「행형법 시행령」이 서로 다른 태도를 취하고 있었던 셈이다.

5.5m의 쇠사슬로서 양끝에 1인씩 연결하여 2인 1조가 되도록 하는 비인간적이고 반문명적인 이 계구는 일제 말기까지 사용되었으나 해방 후부터는 우리나라에서는 사용되지 않고 있다. 그럼에도 불구하고 아직도 현행 행형법상으로는 계호에 사용할 수 있는 도구로 규정하고 있다. 1995년의 시행령개정에서 사슬의 사용을 포승과 수갑으로 수용자를 제지할 수 없거나 기타 특히 필요한 경우에 사용할 수 있다고 하였으나, 포승과 수갑으로 수용자를 제지할 수 없는 경우도 상상할 수 없을 뿐만 아니라 역시 "기타 교도소등의 안전과 질서유지를 위하여 필요한 경우"라고 하는 애매한 규정에 의해 결과적으로 수용자의 징벌을 목적으로 사용될 가능성이 높다. 따라서 이와 같은 전근대적이고 반문명적인 계구는 폐지되어야 할 것이다.

또한 소란을 피우는 재소자에게 사용하는 안면보호구(이른바 입마개)도 마찬가지로 비인간적이고 반문명적일 뿐만 아니라 위험하기까지 하여 그 사용이 금지되어야 할 계구이다. 기존의 방성구(防聲具)를 폐지하고 수용자의 자살방지를 위한 안면보호구로 대체하였다고는 하나 실제로는 기존의 방성구에 다름 아니다. 지금까지 안면보호구가 사용되어야 할 경우도 그리 많지 않고, 다른 나라의 경우도 안면보호구의 사용을 인정한 입법례는 거의 드물다고 한다. 그러나 우리 행형법 시행령은 6시간까지 안면보호구를 사용할 수 있게 하고, 거기다가 필요한 경우에는 3시간을 연장하여 사용할 수 있게 하고 있다(동법 시행령 제46조 3항).

3) 징 벌(懲罰)

징벌제도는 교도소에서 그 행형상의 목적을 달성하기 위하여 제정한 각종 규칙을 위반한 수형자에게 과하는 행형상의 불이익처분이다. 우리「행형법」은 제46조 내지 제48조에 징벌의 종류와 절차 및 시행방법만 규정하고 있고, 규율내용과 징벌에 관한 기준은 따로 법무부령으로 정하고 있다(「수용자규율 및 징벌에 관한 규칙」, 1995년 8월 전문개정 법무부령 제411호, 2004년 6월 29일 전문개정 법무부령 제555호). 이들 규정에 의하면 수용자는 총 21개의 규율사항을 준수하도록 되어 있고(동규칙 제3조) 각 규율위반에 대해서는 경고, 1개월 이내의 신문 및 도서열람 제한, 2개월의 청원작업정지, 작업상여금의 전부 또는 일부의 삭감, 2개월 이내의 금치(禁置) 등의 5가지가 있다(「행형법」 제46조 2항 및 동 시행령 제145조; 「수용자규율 및 징벌에 관한 규칙」 제4조).

가. 규율과 징벌부과기준(懲罰賦課基準) 교도소 내의 질서유지와 수용자들의 효율적인 관리를 위한「수용자규율 및 징벌에 관한 규칙」(「법부부령」 제555호)(이하「규칙」이라 한다)을 두고 있다. 기존 규칙의 내용 중에 모호하거나 관리

편의적인가 하면 행위에 비해 과도한 징벌을 부과하는 것들이 있다는 비판을 받아들여 2004년 6월 전문개정한 것이다.

총 21개의 규제행위에 대해 30일 이하의 금치, 20일 이하의 금치 또는 6개월 이하의 작업상여금 삭감, 10일 이하의 금치 또는 4개월 이하의 작업상여금 삭감 및 2개월 이내의 신청에 의한 작업의 정지, 1개월 이내의 신문 및 도서열람의 제한 또는 경고 등 4종류의 징벌을 규정하고 있다.

즉 「형법」, 「폭력행위 등 처벌에 관한 법률」 그 밖의 형벌규정에 저촉되는 행위, 교도소 등의 안전 또는 질서를 해칠 목적으로 다중을 선동하는 행위, 교도소 등의 안전 또는 질서를 해칠 목적으로 단체를 조직하거나 그에 가입하는 행위, 방화 · 도주 등 교정사고에 제공 또는 직접 사용할 목적으로 물품을 제작 · 소지 · 수수 · 은닉하는 행위, 소지가 금지된 금전 또는 물품을 교도소 등에 반입하거나 이를 제작 · 소지 · 사용 · 수수 · 교환 또는 은닉하는 행위, 계구 · 도주방지시설 등 보안시설 · 장비의 기능을 훼손하는 행위 등에 대해서는 30일 이하의 금지처분을 하고,

교도관, 다른 수용자 또는 출입자를 처벌받게 할 목적으로 허위의 사실을 신고하는 행위, 음란한 행위를 하거나 다른 사람에게 성적 언동 등으로 성적 굴욕감 또는 혐오감을 느끼게 하는 행위, 다른 사람에게 부당한 금품을 요구하는 행위, 교도작업, 교육훈련, 접견, 집필, 전화통화, 운동 그 밖에 교도소 등에서의 교도관의 직무 또는 다른 수용자의 정상적인 일과진행을 방해하는 행위, 문신을 하거나 이물질을 신체에 삽입하는 등 의료 외의 목적으로 신체를 변형하는 행위, 허가 없이 지정된 장소를 벗어나거나 금지구역을 출입하는 행위 등에 대해서는 20일 이하의 금치 또는 6월 이내의 작업상여금 삭금을 하며,

허가 없이 다른 사람과 만나거나 연락하는 행위, 수용생활의 편의 등 자신의 요구를 관철할 목적으로 이물질을 취식(取食)하거나 자해하는 행위, 인원점검을 회피하거나 방해하는 행위, 교도소 등의 시설이나 물품을 고의로 훼손 또는 낭비하여 다른 수용자가 사용하지 못하게 하거나 현저한 재산상의 손실을 초래하는 행위, 고의로 수용자번호표 · 거실표 · 작업장표시표 등을 지정된 위치에 붙이지 아니하거나 그 밖의 방법으로 현황파악을 방해하는 행위, 허가 없이 물품을 제작 · 수수 또는 교환하거나 지급받은 물품을 임의로 변조하는 행위, 계속적인 고성 또는 소음을 발하여 다른 수용자의 평온한 수용생활을 현저히 방해하는 행위, 도박 그 밖의 사행심을 조장하는 놀이 · 내기를 하는 행위,

교도작업·교육훈련의 거부 또는 태만, 입실거부 등 정당한 이유 없이 교도관의 직무상 지시나 명령에 따르지 아니하는 행위 등에 대해서는 10일 이하의 금치 또는 4월 이내의 작업상여금 삭감을,

그리고 이들 행위를 하였으나 위반의 정도가 경미한 자에 대해서는 제1호 내지 제3호의 규정에 불구하고 2월 이내의 신청에 의한 작업의 정지, 1월 이내의 신문 및 도서열람의 제한 또는 경고에 처하도록 하고 있다(동규칙 제3조 및 제4조).

그러나 교육훈련의 거부나 태만에 대해서는 경고 정도의 징벌로부터 시작하여 그 경고가 수회 반복되도록 규율을 지키지 않을 때 비로소 10일 이내 정도의 금치에 처하는 것이 타당할 것이고, 청원작업을 하는 금고형 수형자가 작업거부나 작업을 태만히 하는 경우는 일정기간 출역을 금지시키는 징벌이 오히려 효과적일 것이다. 또한 교도관의 직무상 지시나 명령에 따르지 않는 행위에 대해서도 징계를 경고로부터 시작하고, 마찬가지로 반복되는 경우에 좀더 중한 징계를 함이 옳을 것이다. 그리고 실내에서의 행동과 표현의 자유는 소내의 질서를 해치지 않는 한도에서 어느 정도 허용되어야 할 것이고, 또한 그 정도를 넘어 징계가 필요하다고 할지라도 앞서와 마찬가지로 경고를 거쳐서 다음 단계의 중징계로 나아가야 할 것이다.

수형인이라는 특수한 자들을 집단으로 관리·계도한다는 것이 쉬운 일은 아닐 것이나 그렇다고 관리편의적인 사고로 획일적이고 억압적인 행형으로 일관해서는 안 될 것이다.

나. 징벌의 종류 현행 「행형법」상 인정하고 있는 징벌은 경고, 1월 이내의 도서열람제한, 청원작업의 정지, 작업상여금의 전부 또는 일부의 삭감, 2월 이내의 금치의 5종류가 있다.[49] 이 가운데서 문제가 되는 징벌은 금치와 도서열람제한, 그리고 작업상여금의 삭감 등이다

① 2개월 이내의 금치(「행형법」 제46조 2항 5호): 금치는 피징벌자를 징벌방[50]에 구금

49) 구「행형법」에서는 경고, 3개월 이내의 독서금지, 청원작업의 정지, 5일 이내의 운동정지, 작업상여금의 일부 또는 전부의 삭감, 2개월 이내의 작업정지, 2개월 이내의 접견·서신금지, 2개월 이내의 금치, 7일 이내의 감식 등 9종류가 있었다(구「행형법」 제46조 2항). 이 가운데 7일 이내의 감식(減食)과 2개월 이내의 접견·서신금지는 1980년 12월 국가보위입법회의(國家保衛立法會議)에서 「행형법」을 개정하면서 새로 추가한 것인데, 비인도적이고 반문명적이라는 비판이 있어 1995년 개정에서 5일 이내의 운동정지와 함께 폐지하였다.

50) 특별사 또는 독방이라고 칭하는 것으로 속칭(俗稱) 먹방이라고도 한다. 크기는 1.6평부터 0.6평까지로 교도소마다 다양하나 대부분 사람이 겨우 운신할 정도의 좁은 공간에다 통풍도 안 되고 햇빛도 거의 들지 않는 밀폐된 시설이라고 한다. 평화신문, 1988. 11, 6-12면. 지금은 징벌방이라고 명칭을 바꾸었으나 시설이나 환경은 전과 마찬가지라고 한다.

하는 것으로 사실상 가장 가혹한 징벌이다. 이 금치기간 중에는 접견, 서신수발, 전화통화, 집필, 작업, 운동, 신문 · 도서열람, 라디오청취, 텔레비전시청 및 자비부담물품의 사용을 금지한다. 다만 미결수용자의 소송서류작성, 변호인과의 접견 및 서신수발은 예외로 하며, 소장이 교화 또는 처우상 특히 필요하다고 인정하는 때에는 접견 · 서신수발 또는 도서열람을 허가할 수 있다(「행형법 시행령」 제145조 2항). 이처럼 가혹한 징벌인 금치는 따라서 그 기간과 내용에 있어서 상당성이 문제된다. 외국의 경우에 있어서도 우리처럼 최대 2개월이라는 장기간을 금치기간으로 정하고 있는 예는 거의 없다.[51]

또한 금치기간 중에 접견, 서신수발, 전화통화, 집필, 작업, 운동, 신문·도서열람, 라디오청취, 텔레비전시청 및 자비부담물품의 사용 등을 금하고 있는데, 특히 운동이나 신문 · 독서마저 금지한다는 것은 인간다운 생활을 할 수 있는 최소한의 권리마저 박탈한 가혹한 처사이다.[52] 따라서 금치는 가장 중한 규칙위반행위를 그것도 반복적으로 행한 자에게만 부과하되, 그 기간도 최대 1개월이 넘지 않아야 할 것이고, 금치기간 중에도 운동과 독서 등은 어느 정도 제한된 방법으로라도 허용되어야 할 것이다.

② 작업상여금의 일부 또는 전부의 삭감(「행형법」 제46조 2항 4호): 작업상여금은 수형자가 작업에 출역하여 제공하는 노동에 대한 은혜적인 급부이다. 즉 수형자의 노역을 통해 얻어지는 수익금은 전액 국고에 귀속되며, 수형자에게는 전술한 은혜적인 상여금 명목의 금전을 출옥시 지급하는 것을 원칙으로 하고 있다(「행형법」 제39조). 이에 관해 수형자에게도 노동에 대한 정당한 대가가 지불되어야 하며, 따라서 상여금이 아닌 임금제로 하여야 한다는 주장이 있다.[53] 교정행형의 차원에서 경청할 만한 주장이나, 공법관계에 의해 강제로 작업에 참여하도록 하고 있는 징역형의 수형자에게 임금을 지급하는 것도 모순이라고 하겠다. 그러나 금고형을 받은 수형자가 자진해서 참여하는 청원작업 수형자에게는 임금제로 대가를 지불하는 것은 가능할 것이다.

---

51) 독일은 중대하고 반복되는 위반행위에 대해서 최대 4주의 금치에 처할 수 있다고 하며, 미국의 판례도 15일을 넘는 징벌적 격리는 '잔혹하고 이상한 형벌'에 해당한다고 판시한 바 있다. Sostre v. Rockefeller, 321F., Supp. 863(S.D.N.Y., 1970), Shelden Kranz, *The Law of Corrections land Prisoner's rights,* West Publishing Co.(St. Paul. Minn., 1973), p. 545ff.

52) 일본의 판례도 금치 중의 재소자에 대해 감식(減食), 운동 등을 금지하는 것은 재소자도 자유로운 인격자임을 부정하는 것이며, 그의 건강과 생명을 위협하는 것으로서 헌법상 용납되지 않는다고 판시한 바 있다. 昭和 33. 8. 20, 大阪地方裁判所判決, 行政例集 9卷 8號, 1162면.

53) 金龍俊 · 李淳吉, 앞의 책, 478-479면.

이와 같은 작업상여금을 징벌의 수단으로 이를 삭감하는 것은 재산벌적 의미를 갖는 것으로 부당하다. 더구나 이 상여금이 교정과 재활, 즉 수형자가 출소해서 사회에 정착하는 데 필요한 기금으로서 의의를 가진다고 한다면 이와 같은 징벌은 오늘날의 행형이념과 정면으로 배치되는 것이라 아니할 수 없고, 따라서 이 징벌은 폐지하여야 할 것이다.

③ 1월 이내의 신문 및 도서열람의 제한(「행형법」 제46조 2항 2호): 독서는 우리 문명생활의 일부분이라고 할 수 있을 정도로 현대인에게는 필수적인 것이다. 따라서 독서를 할 수 없다는 것은 개인에게 커다란 고통이 될 수 있다. 하물며 폐쇄된 공간에서 생활하는 재소자로부터 독서의 기회를 박탈한다는 것은 수형생활에 고통을 주는 것에 그치지 않고, 출소 후 사회에 적응하는 데 필요한 정보와 지식의 습득을 막는 반교정적인 것으로 재소자의 재활에도 커다란 장애를 가져다주는 결과가 될 것이다.

따라서 전면적인 독서금지는 있어서는 안 될 것이고, 그런 의미에서 여기서의 '도서열람제한'은 도서를 열람할 수 있는 기간과 도서의 종류를 제한하는 것이고 독서를 전면적으로 금지하는 것을 의미하는 것은 아니라고 해석해야 할 것이다.[54)]

다. 징계절차　　징벌은 교도소장을 위원장으로 하고 당해 소 내 부소장과 과장급(지소의 경우에는 7급 이상의 교도관) 및 교정에 관한 학식과 경험이 풍부한 외부인사로 구성된 징벌위원회의 의결로서 결정된다(「행형법」 제47조). 그 구체적인 절차에 관해서는 「수용자규율 및 징벌에 관한 규칙」에 비교적 상세히 규정하고 있다. 그런데 이 징계절차가 실무상 제대로 지켜지는지 여부는 별개로 하고, 그 절차 자체에 대해서도 몇 가지 비판이 제기되고 있다.

첫째, 징벌을 받을 당사자인 수형자에게 스스로 변명할 기회를 보장하고 있지 않다는 점이다. 규칙 제 8 조 4항에 의하면 징벌위원회가 징벌을 의결할 때는 규율위반혐의자를 위원회에 출석시켜 규율위반 혐의내용을 심문하고 그

54) 현행법상으로는 수용자가 신문 또는 도서의 구매 및 열람을 신청하면 교도소의 안전과 질서를 해하거나 교화상, 특히 부적당하다고 인정되는 사유가 없는 한 허용하도록 되어 있다(「행형법」 제33조). 실무상으로는 623종의 도서를 열독불허도서로 규정 · 시행하여 오다가 1988년 11월부터 이를 폐지하고 개별심사를 하고 있다. 이에 관해 미국 판례는 "… 검열이라는 것은 우리의 생활양식에는 이질적인 것이며 독재적인 냄새가 나는 것이다. 교도소측은 여론의 비판 위에 군림하지 못하며, 그들이 감옥규율권을 가지고 있다고 해서 모든 검열권한을 가지는 것이 아니다"고 하면서 교정당국에 대한 비판적인 내용을 게재한 잡지를 읽는 것을 금한 교도소의 처분을 위헌이라고 판시한 바 있다. *Fortune Society vs. McGinnis,* 319F., Supp. 901(S.D.N.Y., 1970).

의 진술을 들어야 한다고 되어 있으나, 이것은 단순히 사실확인을 위한 절차일 뿐, 혐의를 받고 있는 수용자에게 변론권 등 적극적인 자기방어의 권리를 부여한 것은 아니다. 수용자에게는 징계가 단순히 위반사실에 상응하는 일시적 불이익처분에 그치는 것이 아니고 징벌처분에 의해 가석방 내지 형기단축의 혜택을 받을 가능성이 희박해지고, 분류처우를 위한 평가에 있어서도 불리하게 된다는 것을 감안한다면 규율위반혐의를 받고 있는 수용자에게 충분한 변명의 기회를 주는 것은 당연할 것이다. 행형 선진국에서는 이 경우 징벌처분에 의해 형기단축의 혜택이 박탈되면 그것은 사실상 또 다른 형사처분을 받는 것과 같은 결과가 되므로 외부변호인의 조력을 받아야 한다는 주장까지 있다고 한다. 유엔의 「피구금자처우에 관한 최저기준규칙」도 피구금자를 징계하려면 심리(審理) 전에 혐의사실을 통보하고 그에 대한 적절한 항변기회를 주지 않으면 징계할 수 없다고 하고 있다(동규칙 제30조 2항).

둘째, 징벌위원회의 결정에 대해 이의가 있거나, 그 결정이 잘못되었을 때에 이에 대한 이의신청절차나 구제절차가 마련되어 있지 않다. 수용중의 징벌기록이 본인의 장래에 미치는 영향력을 감안한다면 징벌기록의 말소를 위해서도 재심절차는 마련되어야 할 것이다. 그러기 위해서는 이와 같은 이의신청이나 재심을 위한 기구가 구성되어야 할 것이다. 이 이의신청 또는 재심기구는 교도소당국자뿐만이 아니라 사법기관 내지 관련 사회단체 소속인사(예를 들면 범죄예방자원봉사위원) 등이 참여하도록 하여야 할 것이다. 참고로 「유엔최저기준규칙」은 교도소당국과 교도소감사관, 중앙교정당국, 사법관청 등에 불복신청을 할 기회가 부여되어야 한다고 규정하고 있으며(동규칙 제36조), 영국의 경우에는 교도소장은 3일 이내의 금치처분만 재량으로 할 수 있고, 그 이상의 징계는 법관이 참여하는 감찰위원회(board of visitors)에서 심리·결정하도록 하고 있으며, 미국은 징벌위원회에 정신과의사, 심리학자, 교회사(教誨師), 수형자분류심사관 등을 참여시키고 있다.

4) 접견교통(接見交通)

다른 사람과의 접촉과 교통은 인간존재를 위한 기본적인 것이다. 그렇기 때문에 비록 형을 받고 구금된 자라고 할지라도 이와 같은 욕구는 충족되어야 하고, 또한 그것은 권리로서 보장되어야 하는 것이다. 그러나 수형자라는 특수한 위치에 있는 이들에게 일반인과 마찬가지로 외부인과의 접견 및 교통을 무제한적으로 허용할 수 없다는 것도 당연하다. 즉 자유의 형벌로서의 본질상 불가피하게 일정한 범위에서 제한 당할 수밖에 없다. 접견교통을 폭넓게 허용할 수록 그만큼 시설 내 질서와 보안의 문제가 발생할 가능성이 높기기 때문이다. 따라서 문제는 헌법이 보장하고 있는 알 권리, 표현의 자유, 통신의 자유 등과 같은 국민의 기본권과 접견교통제한의 필요성이 어떻게 조화를 이룰 수 있는가 하는 것으로 귀결된다.

접견교통의 허용기준에 대해서는 두 가지 입장이 있다. 하나는 헌법에 따른 제한원리 가운데 '명백하고 현존하는 위험'의 원리를 원용하여 시설의 유지 · 관리에 이러한 위험을 초래하는 경우에만 제한이 가능하도고 보는 견해이고, 다른 하나는 명백하고 현존하는 위험의 정도에 이르지는 않더라도 교도소장의 재량과 판단에 따라 제한이 가능하다고 보는 견해이다. 그러나 후자는 보안상의 필요를 앞세워 교도소장의 자의적인 판단과 재량에 따라 수형자의 기본권을 부당하게 희생시킬 수 있는 위험성이 있기 때문에 찬성할 수 없다.[55)]

수형자의 접견교통권은 일반적 생활조건들과 달리 적극적 권리의 성격을 갖는 것이라고 할 수 있다. 수형자에 대한 자유형의 집행이 구금으로 인한 고통 이외에 다른 고통을 주지 않도록 해야 한다는 점에 비추어 보면, 시설의 안전과 질서유지를 위해 꼭 필요한 경우가 아니라면 외부와의 접견교통은 수형자의 권리로서 보장되어야 하고, 그 제한은 법률에 의해서만 가능하다고 보아야 한다.[56)]

이와 같은 견지에서 오늘날 각국은 일정한 조건하에 수형자 및 미결구금자의 접견과 서신수발을 허용하고 있으며, 「유엔피구금자처우최저규칙」도 "피구금자에게는 필요한 감독하에 정규적으로 가족 및 친지들과 통신이나 면회를 통해 교류하는 것이 허용되어야 한다"(동 규칙 제37조)고 하여 수형자를 포함한 모든 피구금자에 대한 접견과 통신을 허용할 것을 권장하고 있다.

가. 현행법상의 접견 현행법에 의하면 수형자의 접견은 교도소장의 허가사항이고, 그 대상은 수용자와 관계된 모든 사람이다. 구법에서 원칙적으로 '친족'으로 제한하고 있던 것을 1995년 개정에서 '다른 사람'으로 규정하여 그 대상을 확대한 것이다(「행형법」 제18조 1항 및 2항).

55) 배종대 · 정승환 공저, 「行刑學」, 弘文社, 2002, 205면.
56) 신양균, "행형법 개정과 수형자의 인권보장," 「형사정책(제12권 2호)」, 한국형사정책연구회, 2000, 94면.

접견시에는 변호인접견을 제외하고는 반드시 교도관이 입회하여 면담의 내용을 기록한다(동조 3항 및 동 시행령 제58조 1항 및「교도관집무규칙」제51조 1항). 단 소장은 ① 형기의 3분의 1(무기형의 경우에는 7년)을 경과한 수형자로서 행형성적이 우수한 자, ② 죄질이 가벼운 미결수용자로서 증거인멸의 우려가 없다고 인정되는 자, ③ 기타 교화상 특히 필요하다고 인정되는 자에 대해서는 면담요지의 기록과 교도관의 참관 없이 접견하게 할 수 있고, ① 범죄를 선동·조장하는 때, ② 증거인멸, 도주의 기도 등 교도소 등의 안전과 질서를 위태롭게 하는 때, ③ 수용자의 처우 기타 교도소등의 운영실태에 관하여 허위사실을 유포하는 때, ④ 기타 법 및 이 영의 규정을 위반하는 때에는 교도관으로 하여금 이를 제지하게 할 수 있으며, 이에 불응하는 때에는 그 접견을 종료시킬 수 있다.[57]

수형자의 접견시간은 30분 내이고(동 시행령 제54조),[58] 접견허용회수는 수형자에 대해서는 매월 4회로 원칙으로 하되, 20세 미만의 수형자 또는 이에 준하는 처우를 받는 수형자와 행형성적이 우수한 수형자에 대하여는 접견횟수를 증가시킬 수 있다.[59] 이에 따라「수형자분류처우규칙」(1999년 5월 전문개정, 법무부령 제480호, 2003년 11월 개정 법무부령 제541호)은 수형자의 접견회수를 행형성적 4급의 징역수형자는 월 4회, 3급수형자는 월 5회, 2급수형자는 월 6회, 1급수형자는 수시로 정하고 있다(동규칙 제48조 1항).

접견인원에 관해서는 명문의 규정이 없으나 이를 무제한으로 허용할 수도 없으므로 실무상으로는 3인 이하로 제한하고 있다.

접견장소는 1급수형자는 접견실 외 적당한 장소에서 접견할 수 있으나 2급 이하의 수형자는 접견실에 한하여 접견하는 것을 원칙으로 한다. 그러나 실무상으로는 국경일이나 명절에 모범수형자에 대하여 교도소 내의 접견실이 아닌 다른 잔디밭이나 넓은 장소에서 인원수에 상관없이 가족과 합동으로 접견하게 하는 합동접견을 시행하고 있다.

나. 접견의 성격과 대상 이상의 수형자 접견에 관해서 우선 문제가 되고 있는 것이 접견의 성격과 대상에 관한 것이다. 앞에서 살펴본 바와 같이

57) 접견기록과 참관의 제한 및 접견중단 등에 관한 규정은 2000년 3월의 행형법 시행령 개정시 새로 신설된 것이다.

58) 그러나 시설과 관리의 문제 때문에 실무상 허용하고 있는 접견시간은 교도소의 수용인원에 따라 다르지만 대개 10분을 넘지 않는다고 한다. 제40회(1989년) '세계인권선언기념 심포지엄'의 사례발표 및 토론의 내용.

59) 2000년 3월의 시행령개정 전에는 징역형 수형자에 대하여는 매월 2회, 금고·노역장유치 또는 구류의 수형자에 대하여는 매월 3회, 미결수용자의 경우는 매일 1회(변호인과의 접견을 제외함)로 제한하고 있었다(구「행형법 시행령」제56조).

우리나라에서의 수형자 접견은 교도소장의 허가사항이고, 따라서 시혜적인 성격을 가지는 것이라고 보아야 한다. 독일의 경우를 보면 최소한 월 1시간 정기적으로 누구하고나 접견할 수 있는 것을 수형자의 권리로 인정하고 있다(독일「행형법」 제24조 1항). 따라서 가족은 물론이고 다른 일반인과도 접견할 수 있는 것이다. 특히 수형자의 갱생과 교화를 위해서 또는 개인적·법적·사업상의 용무를 위해서는 이 최소한의 시간을 초과해서 접견할 수 있도록 하고 있기 때문에(동조 제2항 및 제145조 2항) 사실상 이 최소시간보다 더 많은 시간의 접견이 보장되어 있는 셈이다.[60] 그러나 시설의 안전 또는 질서를 위태롭게 하거나 또는 수형자에게 유해한 영향을 미치거나 사회복귀를 방해할 때는 시설책임자(소장)가 접견을 제한할 수는 있으나, 이 경우에도 가족과의 접견은 금할 수 없도록 하고 있다(동법 제25조).

한편 이와는 달리 일본은 접견을 수형자의 권리로 인정하지 않고 우리처럼 시혜 또는 특전으로 본다. 따라서 접견은 교도소장의 허가사항이다(일본「감옥법」 제45조).[61] 마찬가지로 미국의 판례도 면회는 특전이지 수형자의 권리는 아니라고 하고, 따라서 교도소 당국이 가족이나 우인(友人)과의 면회를 거절하더라고 헌법을 위배한 것은 아니라고 한다.[62]

생각건대 접견을 수형자의 권리로 보느냐 아니면 국가가 수형자에게 베푸는 은전 또는 특혜로 보느냐 하는 것은 그 나라의 법문화 내지는 법전통에 의해 결정될 성질의 것이다. 따라서 그것을 어떤 성격의 것으로 이해하는 것이 옳은 것이라고 일률적으로 말할 수는 없다. 그러나 확실한 것은 그것이 어떤 성질의 것이든 수형자의 개선과 교화, 그리고 재사회화를 위해서 반드시 필요한 것이라는 것이다.

접견과 관련된 가장 큰 문제점은 접견시 교도관이 참여하는 방법에 관한 것이다. 수형자의 접견에 교도관이 입회를 하는 방법은 두 가지가 있다. 하나는 대화의 내용을 들을 수는 없으나 접견자들의 행동을 관찰할 수 있는 정도의 거리에서 감시하는 방법이고, 다른 하나는 접견자들의 대화내용을 청취하여 기록하는 방법이다. 독일을 비롯한 구미제국의 경향은 가시거리(可視距離)

---

60) 그러나 독지방문자(篤志訪問者)가 너무 많이 와서 더 이상의 접견이 필요치 않다는 이유로 접견신청을 거절한 사례에 대하여 하자 없는 재량행위라는 판결을 한 예도 있다. *OLG Celle Zfstrvo SH*, 1978, 20.

61) 일본도 우리와 마찬가지로 처음에는 가족 이외의 자 와의 접견은 원칙적으로 금하고 있었다.

62) *Lynott v. Henderson*, 610F. 2d 340.

에서 접견상황을 감시하는 것이 일반적이나,[63] 우리나라나 일본은 접견에 직접 참여하여 접견내용을 기록하고, 경우에 따라서는 대화내용을 문제삼아 접견을 중지시키기도 한다. 수형자에게도 사생활의 비밀은 보호되어야 한다는 견지에서 특별히 보안상 필요한 경우를 제외하고는 가시거리에서 접견을 감시하는 정도가 타당할 것이다.

5) 서신수발(書信受發)

가. 현행법상의 서신수발 전술한 접견이 외부인과 수형자의 직접적인 교통수단이라고 한다면 서신수발은 서면에 의한 간접적인 교통수단이라는 점에서 다를 뿐, 구금된 수형자에게 허용되는 외부접촉을 위한 수단이라는 점에서는 같은 의미를 갖는다. 그러나 서신을 이용한다는 수단적 차이 때문에 몇 가지 점에서 특별한 통제가 행해지고 있다.

서신수발은 접견의 경우와 마찬가지로 원칙적으로 누구하고나 가능하다(「행형법」제18조의2). 서신수발회수는 수용자가 발송하는 경우는 제한하지 아니한다. 다만 소장이 특히 필요하다고 인정하는 때에는 매월 4통으로 제한할 수 있다(「행형법 시행령」제61조). 구 시행령이 징역수형자는 월 1통, 구류수형자는 10일에 1통, 금고 및 노역장수형자는 월 2통으로 제한했던 것을 1995년의 개정에서 횟수 제한을 폐지한 것이다.

편지수신, 즉 외부에서 보내오는 편지에 대해서는 명문의 규정이 없으나 통수의 제한이 없이 수형자에게 전달되는 것으로 보아야 할 것이다. 수용자가 작성하는 편지는 긴급을 요하는 경우를 제외하고는 일요일, 휴일 또는 휴식시간이 아니면 할 수 없다(「행형법 시행령」제65조).

교도소장 등은 수용자의 서신을 검열할 수 있다(「행형법 시행령」제62조 1항). 그러나 미결수용자와 변호인과의 서신은 교도소 등에서 상대방이 변호인임을 확인할 수 없는 경우 또는 서신에 마약 등 소지를 금지하는 물품이 포함되어 있거나 도주, 증거인멸, 교도소 등의 규율과 질서의 파괴 기타 형벌규정에 저촉되는 내용이 기재되어 있다고 의심할 만한 합리적인 이유가 있는 경우를 제외하고는 이를 검열할 수 없다(「행형법」제66조 2항).

---

63) 독일 「행형법」은 접견에 있어서 감시는 눈으로 감시하는 경우(Sichtkontrolle)와 옆에서 대화내용을 청취하는 경우(Gesp chskontrolle)가 예정되어 있으나, 감시가 처우 또는 시설의 보안 등을 위해 불가피한 경우를 제외하고는 감시를 하지 않는 것이 일반적이고, 감시를 하는 경우에도 주로 전자에 의하고 후자는 극히 예외적인 경우로 한정하고 있다. *OLG Celle Zfstvo*, 1987, S. 187f.

또한 형기의 3분의 1(무기형의 경우에는 7년)을 경과한 수형자로서 행형 성적이 우수한 자, 죄질이 가벼운 미결수용자로서 증거인멸의 우려가 없다고 인정되는 자, 기타 교화상 특히 필요하다고 인정되는 자의 서신은 검열하지 않을 수 있다(「행형법 시행령」 제62조 1항 및 제58조 2항).

나. 서신수발의 문제점 이와 같은 수형자의 서신수발에 관한 규정에서 문제가 되는 것은 첫째, 서신수발횟수를 제한하지 않는 것으로 「행형법 시행령」 제61조 본문에 규정하고 다시 단서로 "교도소장이 특히 필요하다고 인정하는 때에는 접견횟수의 규정(동 시행령 제56조)을 준용할 수 있다"고 하는 극히 애매한 규정을 두어 사실상 서신발송 횟수를 제한할 수 있도록 한 것이다.

참고로 외국의 경우를 살펴보면, 독일의 경우에는 수형자에게 거의 무제한적인 서신수발권(Recht auf Schriftwechsel)을 인정하고 있다(독일 「행형법」 제28조 1항). 즉 독일에 있어서 수형자는 정기적이고 제한된 범위에서가 아니라, 언제나 제한 없이 편지를 발송하고 접수할 수 있는 것이다. 다만 접견에 있어서와 마찬가지로 행형 목적을 위태롭게 하거나 시설의 안전이나 질서를 위태롭게 할 때에는 특정한 사람과의 서신왕래를 금할 수 있으나, 이 경우에도 가족과의 서신왕래는 금할 수 없다(독일 「행형법」 제28조 2항). 미국에 있어서도 대부분의 주에서 서신수발의 횟수제한을 철폐하고 있다고 한다.[64] 같은 맥락에서 미국 교정협회는 "통신은 가급적 장려되어야 하고 그 유일한 제한은 직원의 취급능력의 한계뿐이다"고 선언하고 있다.[65]

둘째, 서신작성의 시간을 수용자에게는 '긴급을 요하는 경우'를 제외하고는 일요일 또는 휴식시간으로 제한하고 있는데 여기서 말하는 '긴급을 요하는 경우'라는 것이 어떤 경우를 말하는지 구체적으로 적시하고 있지 않기 때문에 교도관의 자의적인 재량권행사의 우려가 있다. 따라서 '긴급을 요하는 경우'란 어떤 경우를 말하는지 그 내용에 관해 좀더 구체적으로 예시할 필요가 있다.

셋째, 수형자의 서신검열에 관한 문제이다. 현행법은 수용자가 발송하는 서신은 당해 소장이 검열을 하고, 검열을 위하여 발송서신은 봉함을 하지 아니하고 교도소당국에 제출하여야 하며, 수신할 서신은 이를 개봉하여 검열하고 검인을 날인한 후 교부하도록 하고 있다(「행형법」 제18조의2 3항; 「행형법 시행령」 제62조 1항 및 2항).

이와 같은 서신의 검열에 대해서는 통신의 자유와 사생활의 비밀보장이라

64) ABA, "The Legal Status of Prisoners," *14 American Criminal Law Review,* pp. 377, 495.
65) 平野龍一, 「矯正保護法」, 1973, 88면.

는 헌법상의 권리와 관련하여 논란이 있다. 즉 이를 부정하는 입장은 통신의 자유와 사생활의 비밀은 헌법상 보장된 인간의 기본권으로서 수용자라고 할지라도 이 권리는 보장되어야 한다는 것이다. 반면 이를 긍정하는 입장은 수용자는 그의 신분상의 특수성 때문에 일반인이 누리는 모든 권리가 허용되는 것은 아니고 제한된 범위 내에서만 허용될 수밖에 없고, 따라서 서신검열은 교정목적과 시설의 보안을 위해 가능한 것이라고 한다.

이에 관해 미국의 판례는 가족과 친구를 포함한 일반인과의 서신교환은 교도관이 검열할 수 없다는 하급심판례가 있으나, 연방최고법원은 일반 공중과의 서신교환에 대한 검열은 허용되지만 그 검열권행사에는 구체적인 제약이 따른다는 입장을 취하고 있다. 즉 도주계획 같은 것을 내용으로 하는 서신의 검열은 허용되지만 교도소에 대한 불만이나 인종적 · 종교적 · 정치적 견해를 배제할 것만을 목적으로 하는 검열은 허용되지 않으며, 통신을 제한함으로써 교도소의 안전과 질서가 유지되고 수형자의 사회복귀가 촉진된다는 증명이 없으면 안 된다는 것이다.[66]

독일에서는 서신의 검열은 원칙적으로 허용되지 아니하고, 처우상 또는 시설의 안전이나 질서를 유지하기 위해 필요하다는 근거가 있을 때에만 허용된다(독일 「행형법」 제29조 3항). 그 경우에도 변호인과의 서신교환, 그리고 연방 또는 주 의회 및 의원들에게 보내는 서신은 검열할 수 없다(동조 1항 및 2항).[67]

또한 편지의 압류는 통신권에 대한 중대한 침해이자 표현의 자유를 제한하는 것으로 보고 압류사유에 관한 구체적인 규정을 두고 있다. 즉 독일 행형법이 규정하고 있는 서신의 압류사유로는 ① 행형의 목적 또는 시설의 보안이나 질서를 위태롭게 할 우려가 있을 때, ② 서신의 내용을 알고 교부하는 것이 범죄 또는 과료의 구성요건을 실현할 가능성이 있을 때, ③ 서신의 내용이 시설의 상황을 명백히 잘못 묘사하거나 현저히 왜곡시키는 것을 포함하고 있을 때, ④ 서신의 내용이 모욕적인 표현을 포함하고 있을 때, ⑤ 그것이 다른 죄수의 입소를 위태롭게 하거나, ⑥ 암호로 작성되었거나, 읽을 수 없거나 이해할 수 없거나 또는 피치 못할 상황이 아닌데도 외국어로 작성되었을 때 등이다(독일 「행형법」 제31조 1항).

생각건대 수형자의 서신검열은 교정목적과 보안의 필요에 의해 정당화될

66) 朴在允, "受刑者의 法的 地位에 硏究," 成均館大學校 大學院博士學位論文, 1990, 121면.
67) 그러나 일본은 서신검열을 원칙적으로 인정하고 있다(일본 「감옥법 시행규칙」 제130조).

수 있다고 보나, 미결수의 서신 및 변호사와의 서신수발, 그리고 정부나 의회에 제출하는 청원서 등은 검열할 수 없도록 하는 것이 타당할 것이다.

수용자의 서신검열과 관련된 또 다른 문제는 서신수발의 제한에 대하여 이의신청방법이 없다는 것이다. 구법 시행령에는 서신을 폐기하는 경우에도 누구로부터 편지가 왔다는 사실은 수형자에게 알려 주고 폐기하도록 하고 있었는데 개정시 삭제하였다(구「행형법 시행령」 제63조). 전술한 징계에 있어서와 마찬가지로 서신수발의 제한에 대해서도 이의를 신청할 수 있도록 하여야 할 것이고, 그러자면 그 사실을 수용자에게 고지하여 수용자로 하여금 이를 알도록 하여야 할 것이다.

6) 미결수용자의 접견과 서신수발

미결수용자에 대한 접견 및 서신수발도 기결수의 경우와 마찬가지로 교도소장의 허가에 의해 행하여진다. 한편 형사소송법 제91조는 구속된 피의자·피고인이 도망이나 죄증(罪證)을 인멸할 우려가 있다고 인정할 만한 상당한 이유가 있는 때 법원이 그의 직권 또는 검사의 청구에 의하여 결정으로 접견을 금지하도록 하고 있다. 이 규정의 취지는 피의자 · 피고인의 접견은 미결수용의 본질 내지는 그 목적을 근본적으로 저해하는 '도주'나 '증거인멸'의 우려가 있는 경우에만 제한할 수 있고, 그 외의 경우에는 접견을 제한할 수 없도록 함으로써 피의자 · 피고인의 접견권을 광범위하게 보장하려는 것이다. 결국 현행법상 미결수용자에 대한 접견은 법원의 결정과 교도소장의 판단에 의해 제한할 수 있고, 따라서 교도소장은 법원의 결정이 없어도 그의 판단에 의해 접견을 제한할 수 있다(「행형법 시행령」 제57조).

미결수용의 본 취지가 피의자 · 피고인의 도주 및 증거인멸을 방지함으로써 국가형사사법권행사의 적정을 기하고자 하는 것이기 때문에, 그와 같은 우려가 있다고 판단될 때 미결수용에 관한 책임을 지고 있는 교도소장이 이를 제한하는 것은 그 업무의 성격상 당연하다고 할 수 있다. 그러나 미결수용자에 대한 접견제한은 도주 및 증거인멸의 우려가 있다고 인정할 '상당한 이유가 있을 때'로 국한되어야 하고, 그 외에는 무죄추정의 원칙과 방어권보장이라는 형사소송의 대원칙에 비추어 가능한 한 접견권을 폭넓게 인정하여야 할 것이다.

미결수용자의 접견횟수는 매일 1회이다(「행형법 시행령」 제56조 2항). 구「행형법」은 미결수용자에 대하여「행형법」및 동법에 의해 발하는 명령에 특별한 규정이 없는 때에는 수형자에 관한 규정을 적용하도록 하였다(구「행형법」 제62조). 따라서 구「행형법」이나 동법 시행령에 미결수용자의 접견에 관한 규정이 없기 때문에 기결수인 수형자에 준할 수밖에 없었다. 그렇게 된다면 무죄추정을 받아야 하는 미결수용자와 형이 확정된 기결수형자를 동등하게 취급하는 부당한 결과가 되게 된다. 따라서 이를 해결하기 위해 법무부 예규에 미결수용자에 대해서는 1일 1회의 접견이 가능하도록 규정하였다. 결과적으로 상위법과 상치되어 시행되고 있었던 셈이다. 그러나 동법 제62조는 1992년 헌법재판소의 위헌결정에 의해 실효되었고,[68] 이어 1995년의 개정에서 삭제됨으로써 개정법에 미결수용자의 접견횟수에 관한 규정을 신설하여 입법적으로 해결한 것이다.

미결수용자의 서신수발의 횟수도 제한이 없으며, 소장이 이를 검열한다. 그러나 특히 미결구금자의 서신의 교부불허는 '도주 및 증거인멸의 우려가 있다고 인정할 만한 상당한 이유가 있을 때'에 한해서만 극히 예외적인 것으로 엄격히 제한하여야 할 것이다.

참고로 「유엔피구금자처우 최저기준규칙」은 "유죄판결을 받지 아니한 피구금자는 무죄로 추정되고 이에 합당하게 처우되어야 한다"고 선언하고(동규칙 제84조), 미결구금자에게 사복착용의 권리, 작업에 참여할 수 있는 권리와 그에 대한 보수지급, 무료법률구조청구권, 변호인과의 접견권 등을 인정하여야 한다고 규정하고 있다(동규칙 제85조 내지 제93조). 특히 변호인과의 접견에 있어서는 경찰관 또는 구금시설의 직원이 참여할 수는 있지만 대화의 내용을 청취해서는 안 된다고 하고 있다(동규칙 제93조).

7) 그 밖의 외부통신

가. 전화통화 이전에는 수용자는 외부와 전화통화를 할 수 없었으나 1999년의 행형법 개정에서 수용자들이 외부와 전화통화를 할 수 있게 되었다. 즉 교도소장은 수용목적 달성에 지장을 주지 아니하는 범위 내에서 필요하다고 인정되는 경우에는 수용자에게 외부와 전화통화를 허가할 수 있다(「행형법」 제18조의3 1항). 통화허가의 범위와 통화내용의 청취, 그리고 통화비용의 부담 등에 관해서는 법무부장관이 정하도록 하고 있다(동조 3항). 즉, 수형자분류처우규칙에 1급수형자에게는 월 5회, 2급수형자에게는 월 3회, 그리고 3급 이하의 수형자는 원칙

68) 동 위헌결정의 요지는 다음과 같다. 즉 「행형법」 제62조가 "미결수용자에 대하여 본법 또는 본법의 규정에 의하여 발하는 명령에 특별한 규정이 없는 때에는 수형자에 관한 규정을 준용한다"라고 규정하여 미결수용자(피의자 · 피고인)의 변호인 접견에도 「행형법」 제18조 3항에 따라서 교도관이 참여할 수 있게 한 것은 신체구속을 당한 미결수용자에게 보장된 변호인의 조력을 받을 권리를 침해하는 것이어서 헌법에 위배된다.

적으로 전화사용이 허용되지 않으나 처우상 필요하다고 인정되는 경우에는 교도소장이 허용할 수 있다. 전화사용료는 수형자 자신이 부담하도록 하고 있으나 통화내용의 청취에 대해서는 규정하고 있지 않다(동규칙 제51조). 「행형법」의 전화사용은 누진처우의 일환으로 우량수형자에게 인정되는 특혜인 것이다.

「행형법」이 전화통화를 수용목적의 달성에 지장을 주지 않는 범위 안에서 소장의 허가사항으로 규정하고 있음에도 실무에서 이와 같이 모범수형자에 대한 상우(賞遇)의 취지로 허용하고 있는 것은 본래의 입법취지에 반하는 것이다.

나. 도서 · 신문열람 및 방송청취 수용자는 자비부담으로 신문 또는 도서를 구매하거나 열람할 수 있다(「행형법」 제33조 1항). 또한 교도소장은 수용자에게 라디오청취와 텔레비전시청을 하게 할 수 있다(「행형법」 제33조의2; 동 시행령 제114조). 현재 도서 · 신문열람, 라디오 · 텔레비전시청은 모든 수형자에게 허용되어 있다(「수형자분류처우규칙」 제56조, 제57조, 제60조). 수형자의 사회적응과 지식 · 정보의 습득을 통한 재사회화라는 견지에서 바람직한 조치이다.

다. 집필(執筆) 수용자는 교도소장의 허가를 받아 문서 또는 도화를 작성하거나 문학 · 학술 기타 사항에 관한 집필을 할 수 있다(「행형법」 제33조의3 제1항). 역시 1999년의 행형법 개정을 통해 신설된 내용이다. 집필은 긴급을 요하는 경우를 제외하고는 일요일, 휴일 또는 휴게시간에 하여야 하며, 집필장소는 집필실, 거실 또는 작업장안의 지정된 장소 등이다(동 시행령 제65조 및 제66조).

수용자가 집필한 문서 등은 교도소에 영치하되, 수용자가 외부에 발송할 것을 원하거나 교도소장이 기간이나 분량을 정하여 수용자에게 그 소지를 허가한 경우에는 예외로 한다(동 시행령 제67조 1항).

「행형법」이 수용자의 집필활동에 대한 법적 근거를 명확히 한 것은 바람직한 일이지만 이를 교도소장 등의 허가사항으로 한 것은 이를 허용한 취지를 무색하게 하는 것이다. 집필활동은 「헌법」이 보장하는 인격권, 행복추구권과도 밀접한 관련을 가지며, 「헌법」 제22조가 보장하는 학문과 예술의 자유와도 관련을 가진다. 또한 집필활동은 외부와의 접촉을 전제로 하는 접견이나 서신과는 달리 집필활동의 결과가 외부적으로 표현되지 않는 한 개인의 양심이나 사상의 자유와 같이 누구에게나 보장되어야 할 기본권으로 보아야 한다. 따라서 행형시설의 안전과 질서에 방해가 되지 않는 한 집필활동 자체를 제한하거나 허가사항으로 하는 것은 기본권의 본질적 내용에 대한 침해라고 할 수 있기 때문에 집필활동을 허가사항으로 하는 것보다는 수용자의 기본적인 권리로

규정하고 제한할 수 있는 경우를 법에 명시하는 것이 바람직할 것이다.[69)]

8) 교도작업(矯導作業)

가. 교도작업의 의의 '교도작업'(prison labour, travail pénitentiaire, Gafängnisarbeit)이란 교도소와 같은 행형시설에서 피수용자에게 부과되는 노무(勞務)를 말한다. 이러한 교도작업은 징역수형자가 종사하는 소정의 작업, 즉「형법」제67조에 의한 징역수형자의 정역의무(定役義務)에 의한 작업이 본래적인 것이나, 환형처분에 의한 노역장유치, 금고형과 구류형 수형자의 청원작업(「행형법」 제38조) 등도 넓은 의미의 교도작업에 포함된다.

이와 같이 교도작업은 그 작업 자체가 형벌의 내용이기 때문에 일반사회의 노무계약처럼 민법 또는 노동법의 적용대상이 아니다. 그리고 수형자가 여가시간을 활용하여 자신의 재화를 획득하기 위한 행위, 즉 자기노작(自己勞作)[70)]은 자신의 수지계산과 책임하에 하는 것으로 여기의 교도작업에는 해당하지 않는다.

고대에는 죄인을 노예와 같이 또는 노예로 취급하여 사역하는 것이 일반적이었다고 한다. 그러나 16세기 말경부터 근대적 자유형제도가 탄생하면서 교도작업은 자유형의 중핵적인 요소가 되었다. 그러나 그 때의 교도작업도 근로가 목적이라 하기보다는 수형자에게 육체적·정신적 고통을 부여하기 위한 방편의 하나로 부과된 경우가 많았다. 18세기 유럽의 감옥에서 볼 수 있었던 쳇바퀴(treadwheel, treadmill)[71)] 같은 것이 그 표본적인 예이다. 이와 같은 사실을 감안하여「유엔처우규칙」은 "교도작업은 고통을 주는 성질(afflictive nature)의 것이 되어서는 안 된다"고 규정하고 있다(동규칙 제71조 1항).

나. 교도작업의 기능 오늘날 세계 각국은 교도작업을 교정처우의 일환으로 널리 이용하고 있다. 교도작업이 갖는 의의는 무엇보다도 형사시설 내의 폐쇄적이고 단조로운 생활이 가져다주는 심리적·육체적 무력감이나 퇴보를 막아준다는 점일 것이다. 따라서 이른바 교도소실업(矯導所失業, unemployment in prison)은 대부분 예외 없이 수형자의 태만·수형둔중(受刑鈍重, prison stupors)·반항·폭행과 같은 부정적인 태도를 낳고 심지어는 폭동을 야기하

69) 배종대·정승환, 앞의 책, 214면.

70) 제 2 급 이상의 수형자로서 작업기술이 탁월하고 작업성적이 우수한 자에 대하여는 작업시간 외의 시간에 수형자 자신을 위한 개인작업을 2시간 이내의 범위에서 교도소장으로부터 허가를 받아 할 수 있다(「수용자분류처우규칙」 제72조).

71) 감옥에서 죄수에게 징벌로서 쳇바퀴를 돌리게 하거나 땅을 파고 다시 메꾸는 것을 반복하게 하는 것.

기까지 한다.

교도작업은 이와 같은 부정적인 면을 방지할 뿐만 아니라 수형자에 대한 교정처우의 근간을 이루는 사회교육의 한 방법이기도 하다. 그것은 ① 직업적 지식과 기능을 습득시키는 직업교육 내지 직업훈련이고, ② 근로정신을 배양하는 생활지도이며, ③ 심신에 고장이 있는 자에 대한 치료작업도 될 것이다. 그뿐만 아니라 교도작업에 의해 획득된 보수는 가족의 생활부조, 자기의 갱생, 범죄피해자에 대한 배상을 위해서 사용될 수 있기 때문에 수형자의 사회복귀에도 도움이 된다.

이와 같은 교도작업이 갖는 중요한 기능을 충분히 활용하기 위해서는 첫째, 작업의 내용이 경제적으로 유용하고 생산성이 있는 것(고생산성, 고부가가치가 있는 작업)일 것, 둘째, 작업은 가능한 한 일반 생산활동과 유사한 조건하에 운영될 것이 요청된다(「유엔처우규칙」 제72조 3항-6항 참조).

그런데 '유용한 작업'(useful labour, travail productif)의 의미에 대해서는 그 기준을 어떤 것으로 하느냐에 따라 두 가지 의견이 있다. 하나는 국가경제의 입장에서 생산성이 높은 작업을 의미한다는 주장이다. 이 주장에 의하면 작업수입을 올려 행형비용의 경감에 유용한 작업이 '유용한 작업'일 것이다. 행형에 있어서 자급자족체제(self-supporting system)를 강조하는 측면에서 주장되는 입장이다.[72] 국가재정이 어려울 때 특히 이러한 주장이 강조되는 경향이 있다. 그러나 이 원칙을 강조할 때는 교도작업의 교육적 측면이 소홀히 될 수밖에 없을 것이다.

다른 하나는 유용한 작업을 수형자의 사회복귀라는 차원에서 그 유용성을 평가해야 한다는 주장이다. 이 주장에 의하면 작업의 유용성을 측정하는 주된 기준은 작업의 경제적 기능성이 아닌 교육적 기능성에서 찾게 된다. 따라서 수형자에게 작업의 기술이나 지식을 익히도록 하는 직업교육 및 직업훈련이 중시될 것이다.

형사시설에서 익힌 기능·자격 등이 수형자의 사회복귀와 재범방지에 유용한 기능을 하게 됨으로써 교도작업은 교정처우의 방법으로 중요한 의의를 갖는다. 오늘날의 행형이 교정주의적 처우에 의한 사회복귀를 목표로 하고 있

72) 일찍이 1923년 독일 자유형집행원칙 제77조는 자급자족의 원칙을 내세웠다. 그러나 오늘날에는 이 원칙은 작업의 운영에서 노동의 윤리성 및 경제성을 강조하여 가능한 한 수형자가 노력해야 할 정신적인 목표를 부여한다고 하는 한도에서 인정되고 있다. 小野清一郎·朝倉京一, 「改訂監獄法」, 1970, 227면.

다면 교정작업도 그와 같은 차원에서 의의와 방향을 찾아야 할 것이다.

다. 교도작업의 보수(報酬) 수형자의 교도작업에 대한 보수에 관하여는 작업의 법적 성질, 생산성, 교도소 경영의 채산성(採算性) 등과도 관련하여 일찍부터 활발한 논쟁이 전개되어 왔다. 이에 관해 유엔처우규칙은 수형자에게 '적정한 보수체제'(system of equitable remuneration)가 적용되어야 한다는 것을 규정하고 있다(동규칙 제76조 1항). 어떤 것이 '적절한 보수'인가에 관해서는 논란이 있으나, 현재는 작업상여금제도와 임금제가 대립하여 주장되어 왔다.

우리 「행형법」은 작업의 수입을 모두 국고수입으로 하는, 즉 국고귀속주의를 채택하고, 작업에 참여한 수형자에게 그 대가로 일정한 상여금을 지불하는 작업상여금제도를 채택하고 있다(「행형법」 제39조 1항 및 2항).

작업상여금(Arbeitsbelohnung, Verdienstanteil)은 작업에 대한 보상이기는 하지만 사법적(私法的)인 대가는 아니고 공법적(公法的)인 급부이다. 따라서 그것은 다분히 시혜적이고 작업장려를 위한 정책적인 견지에서 행해지는 지출이기 때문에 작업수입과는 등가관계(等價關係)가 없다.

또한 작업상여금은 청구권이 인정되지 않는다고 해석된다. 그것은 교도작업은 사적인 노무계약관계가 아닌 공법관계에 기초한 작업이기 때문이다. 그러나 일반사회에서 이른바 '보너스'(bonus)가 단순한 시혜적인 것은 아니고 생활급적(生活給的) 성질을 갖는 것이라고 한다면 이것과 마찬가지로 작업상여금을 어느 한도 내에서 권리적인 것으로 할 수도 있을 것이다.

이에 반해 임금제는 수형자에게 작업에 대한 보상으로 일반사회에서와 같이 임금을 지불하는 제도이다. 이와 같은 임금제는 1884년에 독일인 발베르그(Wahlberg)가 최초로 주장한 바 있었고, 이어 1895년 파리에서 개최된 제 5 회 '국제형무회의'에서 지지되었다. 이 견해에 의하면 수형자에게 자유는 박탈할 수 있으나 그것이 그의 노동력까지 박탈한다는 의미는 아니기 때문에 수형자는 작업에 대한 보수로서의 임금을 받을 권리를 갖는다는 것이다. 따라서 임금제를 지지하는 자들은 '동일노동 동일임금'(equal pay for equal work)의 원칙에 의거하여 수형자에게도 자유로운 일반 노동자의 보수에 상당하는 금액이 지불되어야 한다고 주장한다.

그러나 징역수형자는 그 형의 내용으로 작업의 의무를 지고 있다(「형법」 제67조). 따라서 징역수형자는 그 형이 확정됨과 동시에 작업의 의무를 지는 것이고 그것에 대한 보수를 지급한다는 것은 모순이다.

문제는 작업의무가 없는 금고수형자 및 구류수형자의 법적 지위를 어떻게 볼 것인가이다. 이론적으로는 이들 수형자의 청원작업 또는 희망에 의한 작업에 대하여 임금제를 채택하는 것은 가능하다. 또한 이러한 청원작업 수형인을 자유로운 일반 노동자와 같이 보게 되면 당연히 의식(衣食)의 비용과 같은 급양비 및 세금을 지불하지 않으면 안 된다는 주장이 있을 수 있다.[73] 그러나 그렇게 된다면 생산성이나 부가가치가 낮은 교도작업에 투입된 수형자는 급양비마저 지불하지 못하는 경우가 없다고 할 수는 없을 것이다. 이들 수형자에 대해서는 현재 및 장래의 재산 및 수입으로써 국가에 지불하여야 할 민사책임을 지는 것으로 하는 이탈리아의 입법례도 있으나(이탈리아 「형법」 제188조) 교정처우의 이념에 적합한 것은 아니다.

결론적으로 교도작업에 임하는 수형자에 대해 일반사회의 자유노동자에 준하는 임금을 지불할 수는 없으나, 수형자에 대한 교정처우와 갱생 및 사회복귀를 도모한다는 차원에서 어느 정도 그 보수를 현실화시키는 것이 좋을 것이다.

제 4 절 사회내처우(社會內處遇)

1. 시설내처우(施設內處遇)와 사회내처우

범죄자를 개선·교화하여 정상인으로서 사회에 복귀시킨다는 교정주의적 내지 보호주의적 노력은 처음에는 시설에의 수용처우를 중심으로 이루어졌다. 그러나 시설수용처우가 본질적으로 갖고 있는 해악과 그로 인한 사회복귀목적 달성의 비효율성이 지적되면서 시설수용이 아닌 사회 속에서 범죄자의 개선·교화를 도모하려는 사회내처우(Community treatment)라는 새로운 처우방법이 대두하게 된 것이다.[74] 따라서 초창기의 사회내처우는 그것이 갖는 형사사법체계에서의 의미나 효율성에 대한 확신에서 비롯되었다기보다는 이전의 행형

73) 이탈리아 「형법」 제188조, 이탈리아 「행형법」 제 2 조. 正木亮, 「增訂改版刑事政策汎論」, 1949, 397면 참조. 이것에 대해 임금제의 채택에 있어서 수용비의 상각(償却)을 전제로 해서는 안 된다고 하는 주장도 있다(佐藤安俊, "刑務作業の機能," 「矯正論集」, 矯正協會, 1968, 436면). 그러나 그렇게 되면 수형자를 일반 노동자보다도 특혜를 주는 것이 된다.

74) Chris W. Eskridge, Richard P. Seiter and Eric W. Carlson, "Community Based Corrections: From the Community to the Community," Roy R. Roberg and Vincent J. Webb, eds., *Critical Issues in Corrections*(St. Paul: West Publishing Co., 1981), pp. 172-173.

제도에 대한 부정적인 인식에서 나온 것이라고 할 수 있다.[75)]

초창기의 사회내처우제도는 보호관찰부형유예(保護觀察附刑猶豫, probation) 및 보호관찰부가석방(保護觀察附假釋放, parole)이 중심이었다고 한다. 이것은 사회내처우를 우선으로 하고 그것이 실패한 경우 시설내처우로 전환한다는 것을 의미한다. 최근에는 중간처우소(中間處遇所, halfway house), 사회내교정센터(社會內矯正센터, Community correctional centers), 양육소(養育所, foster house), 집단처우소(集團處遇所, group house), 시설 외에서의 직업종사(work release), 시설 외에서의 학업이수(study release) 등 다양한 형태의 사회내처우제도가 개발·시행되고 있다.[76)] 그러나 현재까지의 사회내처우제도는 시설내처우의 보조적 내지 보완적 제도로서의 역할을 면치 못하고 있다는 지적을 받고 있는 것도 사실이다. 즉 대부분의 사회내처우는 시설내처우를 보유한다는 전제에서 시행되고 있다는 것이다. 그것은 사회내처우에 잘 따르지 않는 범죄자에 대해서는 처분의 변경을 통해 시설수용을 할 수 있게 하고 있는 것에서 잘 나타나고 있다.

이에 대해 시설내처우와 사회내처우를 완전히 분리시키고 후자를 원칙적인 형사제도의 일종으로 채택하여야 한다는 주장이 있어 주목을 끌고 있다. 즉 모든 형태의 구금을 비롯한 시설내수용은 범죄인에게나 사회 모두에게 본질적으로 유해하고, 따라서 이상적인 사회에서의 행형정책의 궁극적인 목표는 강제구금인 교도소를 궁극적으로 폐지하는 것이라고 한 Tomasic & Dobinson의 주장이 그것이다. 즉 그들은 "재소자(在所者) 중의 4/5는 사회에 위험을 끼치지 않고도 즉시 석방될 수 있을 것이라는 것이 널리 인정되고 있는 형사정책적 견해이고, 그렇기 때문에 대부분의 재소자들이 교도소에 있어서는 안된다는 것은 널리 인정되고 있다. 따라서 교도소제도에 대한 앞으로의 개선방향은 감옥을 비우는 것이어야 하고, 그 대안은 새로운 강제가 되어서는 안 되고, 이것은 행형제도의 중심에서 교도소제도를 없애는 것을 통해 달성될 수 있다. 또한 보호관찰, 중간교도소, 사회봉사명령 등과 같은 대안은 (구금과는) 독립된 판결에서의 선택사항(separate sentencing alternatives)이어야 하는 것이

75) Roman Tomasic & Ian Dobinson, *The Failure of Imprisonment: An Australian Perspective* (Sydney: George Allen and Unwin, 1979), p. 59; 吳英根, "犯罪人의 社會內處遇에 관한 硏究: 美國의 社會復歸理論과 制度를 中心으로," 서울대학교 大學院 博士學位論文, 1988, 12면.

76) 중간처우소의 발전과 시설 외의 직업종사에 관해서는 Chris W. Esbridge, Richard P. Seiter and Eric W. Carlson(1981), *op. cit.*, pp. 171-202, Chap. 7 참조.

고, 현재처럼 동 프로그램에서 성공하지 못한 자들이 구금의 위협을 받는 것이어서는 안 된다"고 주장함으로써[77] 사회내처우가 시설내처우를 보완하는 제도가 아니고, 오히려 시설내처우를 부정하는 대안적 제도로서의 가치를 부여하고 있는 것이다.

1973년의 미국 '형사사법(刑事司法)의 기준 및 목적에 관한 국가자문위원회(國家諮問會議)'(National Advisory Commission on Criminal Justice Standards and Goals)의 보고서에서도 같은 취지의 견해를 피력하고 있다.

동 보고서에 의하면 효과적인 교정을 위한 바람직한 방향은 교도소의 구금을 없애고 범죄인을 사회 내에서 감독하는 것이라고 한다. 그리고 적어도 3분의 1 이상의 범죄인들이 probation, parole, work release, study release 및 기타 조건부석방 등의 사회내처우를 받고 있는 상황이며, 따라서 현재 가장 널리 시행되고 있는 사회내처우제도인 Probation을 형사사건에서 기본적인 처분(standard sentence)으로 하고, 구금은 사회 내에서는 안전하게 감독할 수 없는 범죄인에게만 시행되는 것으로 제한되어야 한다는 것이다.

나아가 동 보고서는 기존의 교도소를 운영하는 경우에도 가급적 사회내처우에 가깝게 운영해야 한다고 주장한다. 즉 소년범을 구금할 시설이 필요한 경우에 그것은 도시근처에 위치하도록 하고, 학교, 의료용역 등 사회 내에서 획득가능한 용역(service)들을 그대로 모방해서 시설 내에서 제공하기보다는 시설 내에 있는 소년범들이 구매나 계약 등을 통해 동 용역들을 사회에서 직접 획득하게 해야 한다고 한다. 이러한 방법으로 시설에 있는 소년들이 그가 앞으로 살아야 할 사회에서 자기 자신을 시험해 볼 수 있다는 것이다.[78]

이와 같이 교정정책에서 사회내처우가 강조되기 시작한 것은 앞서 기술한 바와 같이 시설내처우를 중심으로 시행되어 온 기존의 행형제도가 실패했다는 경험적 사실과 반성으로부터 출발한다. 대체로 시설내처우가 갖는 폐해 또는 부정적 측면에 관해 다음 몇 가지 점들이 지적된다.

첫째, 시설내처우는 범죄인의 개선·교화에 비효율적이었다는 점을 지적한다. 즉 교도소는 지금까지의 경험으로 보아 범죄인을 효과적으로 다루지 못했을 뿐만 아니라, 범죄인의 사회복귀, 일반예방 등과 같은 제 목적을 달성하

77) Tomasic & Dobinson, *op. cit.*, pp. 3-4.

78) National Advisory Commission on Criminal Justice Standard and Goals, *A National Strategy to Reduce Crime*(Washington D. C.: United States Government Printing Office, 1973), pp. 121-122.

는 데 명백히 실패했으며, 또한 교도소가 범죄를 감소시켰다는 증거도 없다는 것이다.

Bailey는 1940년부터 1960년 사이에 발표된 교정처우에 관한 100개의 조사결과를 분석한 후 "교정처우(여기서 말하는 교정처우는 시설내처우로서의 교정적처우를 의미한다)의 효율성을 뒷받침하는 증거는 미약하고 일관되지 않으며, 신빙성이 없다"는 결론을 내리고 있다.[79] 또한 같은 입장에서 Sparks도 "시설내처우가 재범을 방지한다는 면에서 사회내처우보다 더 효율적이라고는 할 수 없다"고 하였다.[80]

둘째, 시설내처우는 재범을 방지하는 것이 아니고 오히려 재범을 유발하는 기능을 한다고 한다. 교도소는 단순히 개인의 자유를 속박하는 구금으로서의 기능밖에 하지 못하고, 그 결과 재소자들에게 바람직하지 못한 학습을 하게 할 뿐만 아니라 낙인(labeling)을 찍게 됨으로써 유용하고 건설적인 사회구성원으로 사회에 재통합(reintegration)되는 데에 도움을 주지 못하는 결과가 된다. 그리하여 이와 같은 교도소 내의 '범죄배양효과'(犯罪培養效果, crime breeding effect) 및 교도소 외에서의 낙인화는 필연적으로 재범을 유발하게 된다는 것이다.

셋째, 시설내처우가 갖는 비인도적인 측면을 지적한다. 즉 구금은 범죄인을 육체적·심리적으로 고립시킬 뿐만 아니라 학교, 직장, 가족 등 그에게 긍정적인 영향력을 미칠 집단과 유리시키는 결과를 가져온다는 것이다. Sykes는 구금이 주는 부정적인 측면으로 자유의 박탈(the deprivation of liberty), 재화 및 용역의 박탈(the deprivation of goods and services), 이성관계의 박탈(the deprivation of hetero-sexual relationship), 자율성의 박탈(the deprivation of autonomy), 안전의 박탈(the deprivation of security) 등을 들고 있다.[81] 그리하여 개인을 더욱 비인간화하게 됨으로써 재소자들의 약점은 더욱 악화되고 통제(regimentation)로 인하여 재소자들의 책임과 자기 통제력이 상실된다는 것이다.

넷째, 시설내처우는 비경제적이라는 지적을 한다. 구금과 교정시설을 위해

79) Walter C. Bailey, "A Evaluation of 100 Studies of Correctional Outcome" in: Norman Johnston and Leonard D. Savitz, eds., *Justice and Corrections*(New York: John Wiley and Sons, 1978), pp. 33-742.

80) Chris W. Eskridge, et al., *op. cit.*, p. 180.

81) Greham M. Sykes, *The Society of Captives: A Study of a Maximum Security Prison* (Princeton: Princeton University Press, 1958), pp. 63-68.

지출되는 비용이 사회내처우를 위해 지출되는 비용보다 훨씬 많다는 것이다. '법집행 및 사법행정에 관한 대통령자문위원회'(President's Commission on Law Enforcement and Administration of Justice)의 보고서에 의하면 1965년 현재 소년범을 소년원(Training School)에 수용하는 데 드는 비용은 연 3,600달러 정도이나 probation의 경우에는 그 비용이 10분의 1에 불과하다고 한다.[82)]

이와 같은 시설내처우의 폐해는 사회내처우의 장점으로 극복될 수 있다는 것이 사회내처우론자들의 주장인 것이다. 즉 사회내처우는 구금으로 인한 낙인효과를 배제할 수 있고, 따라서 사회복귀를 용이하게 할 수 있으며, 범죄자를 격리·고립시킴으로써 비인간적인 환경에서 그들이 더욱 악화되는 것을 방지할 수 있고, 시설내처우에 비해 훨씬 경제적이며, 법집행기관의 부담을 덜어줄 수 있다는 것 등을 그 장점으로 내세울 수 있다는 것이다. 그러나 법집행기관의 부담이 줄어든다고 해서 부담의 총량이 감소되는 것은 아니고, 다만 그 부담이 좀더 효율적으로 재분배되는 것일 뿐이라고 한다.[83)]

한편 이와 같은 장점을 가지고 있다고 하는 사회내처우에 대한 비판 내지 반론도 적지 않다. 심지어 Wilson 같은 학자는 "오늘날 우리들은 구금상태하의 종교적 교육이 도덕적 부흥을 일으킬 것이라고 생각했던 초기 감옥개혁론자들의 순진성에 고소를 금치 못한다. 그러나 그 초기 개혁론자들이 오늘날 생존해 있다면 병리학자와의 대화나 사회로 돌려보내는 것이 같은 목적을 달성하리라고 하는 우리들의 가설에 대해 역시 고소를 금치 못할 것이다"고 함으로써 사회내처우에 대한 근본적인 회의를 표시하였다.[84)] 사회내처우가 장점으로 내세우는 논거에 대응하는 반론으로는 다음과 같은 것이 제시되고 있다.

첫째, 사회내처우가 시설내처우보다 효율적이라는 주장에 대한 반론이다.

A. T. Scull은 사회내처우가 시설내처우보다 범죄인의 교화에 효과적이라는 생각은 환상에 불과하다고 하면서, 다음과 같이 주장한다.

> "사회내처우가 시설내처우보다 범죄인의 교화에 성공적이라는 주장은 옳지 않다. 이 주장은 사회내처우의 실제 내용이 무엇인가, 시설내처우를 포기하는 것의 효과가 어떠할까에 대해서는 거의 관심을 기울이고 있지 않다. 범죄인을 풀어놓는 것이 그들을 치료하거나 사회복귀시킨다는 주장은 단순한 생각에 불과하다. 이 주

82) President's Commission on Law Enforcement and Administration of Justice, *op. cit.*, pp. 165-166.

83) Eskridge, et al., *op. cit.*, pp. 183-184.

84) James Q. Wilson, *Thinking about Crime*(New York: Basic Books, 1975), p. 170.

장을 입증할 확실한 증거는 없다. 이 주장은 단지 모호한 수사법과 그렇게 되었으면 좋겠다는 생각에만 기초하고 있을 뿐이다."[85]

교정과 구금간의 모순으로부터 시설내처우가 본질적으로 실패가 예정되어 있다는 비판은 사회내처우에 있어서도 마찬가지로 적용된다고 한다. 즉 시설내처우가 실패할 수밖에 없는 것이 교정의 전제인 피처우자의 자발성과 구금의 본질적 요소인 강압성이 서로 조화될 수 없기 때문이라면, 사회내처우에 있어서도 이 강압성의 문제는 역시 존재한다는 것이다.

사회내처우가 구금을 배제하는 것은 사실이지만, 그렇다고 해서 그것이 곧 강압성이 배제되거나 자발성을 유도하는 것이라고 볼 수는 없다. 피처우자의 입장에서는 처우공간만 달라졌을 뿐 국가에 의해 일방적으로 시행되는 이 사회내처우도 마음내켜 하지 않는 것임은 여전하고, 그런 점에서 강압성이란 문제는 사회내처우에 있어서도 여전히 존재한다고 한다. 예를 들면 사회내처우의 일환으로 흔히 거론되고 있는 중간처우소(halfway house)나 사회내교정센터(community correctional centers)는 교도소의 연장에 불과하고, probation이나 parole도 범죄인에게 공간의 자유는 부여하지만 보다 더 클 수 있는 심리적 압박을 주기 때문에 범죄인의 입장에서는 강압적일 수밖에 없다는 것이다.

또한 낙인이론가들에 의해서도 사회내처우의 효율성에 대한 회의가 제기된다. 그들의 주장에 의하면 사회내처우에서도 범죄인에 대한 낙인의 효과가 여전히 존재하고 그런 점에 있어서 시설내처우와 마찬가지로 범죄인의 개선이나 교화, 그리고 특히 재사회화를 기대하기 어렵다고 한다. 즉 사회내처우가 시설내처우보다 상대적으로 낙인의 효과에 있어서는 덜 할지는 모르지만 여전히 범죄자로 규정되어 처우를 받는 것이므로 낙인이 야기하는 범죄의 재생산을 극복하지는 못한다는 것이다.[86]

둘째, 사회내처우론자들이 주장하는 사회내처우의 인도성에 대한 반론이다. 앞에서 이야기한 것처럼 사회내처우 자체도 시설내처우 못지 않게 강압성을 내재하고 있고, 따라서 피처우자의 입장에서는 인도적이라는 생각은 들지 않을 뿐만 아니라 어떤 의미에서는 교도소에서 받는 명백한 자유제한보다 더 큰 심리적 압박을 받게 될 것이고, 그런 점에서 사회내처우는 알려진 것보다

---

85) A. T. Scull, *Decreation Community Treatment and the Deviant: A Radical View*, Englewood Cliffs, 1977, p. 1.

86) G. Hawkins, *The Prison: Policy and Practice*, Chicago, 1976, p. 86.

훨씬 비인도적인 측면이 있다는 것이다.

D. F. Greenberg는 사회내처우가 시설내처우보다 더 인도적이라는 주장에 대해 다음과 같이 반박한다.

> "구금의 야만성과 사회내처우의 인도성(人道性)을 대조시키는 것은 옳지 못하다. 왜냐하면 사회내처우가 구금을 대체하는 것이 아니고, 범죄인은 교도소와 사회라는 양자의 형벌적 제도에 노출되어 있을 뿐이기 때문이다."[87]

즉 사회내처우가 현실적으로 시설내처우를 대체하는 것이 아니라 보조하는 것이고 나아가 양자는 병행적으로 사용되기 때문에, 피처우자는 시설내처우와 사회내처우의 양쪽에서 압력을 받게 되고, 그런 점에서 사회내처우제도를 두는 것이 인도적이라는 주장은 허구라는 것이다.

셋째, 사회내처우가 시설내처우보다 더 경제적이라는 주장에 대한 반론이다.

Greenberg는 사회내처우가 경제적이라는 주장에 대하여 다음과 같이 비판한다.[88]

> "사회내처우가 구금보다 경비가 절약되는 것은 일반적으로 옳다고 할 수 없는데 자주 그런 것처럼 여겨진다. 그러나 경제성에 관한 주장은 잘못된 것이다. 왜냐하면 어떤 사회내처우는 재정의 지출을 최대한 억제하기 때문에 경비가 적게 들고 있을 뿐이기 때문이다. 범죄자들에게 교육, 취업 등의 기회를 제공하고 정신병리상담 등의 원조를 실질적으로 제공해 준다면 비용은 훨씬 증가할 것이다. 게다가 교도소 등의 수용시설을 운영하는 비용은 고정되어 있고 재소자의 증감에 따라 크게 변화하지는 않는다. 그렇기 때문에 어떤 재소자를 사회내처우에 부(附)하게 되면 구금되어 있는 나머지 재소자들의 1인당 경비가 증가하는 결과가 되는 것이다."[89]

마찬가지로 Shover도 사회내처우가 경제적이라고 하는 주장은 사실에 입각한 것이 아니라 전래적 지혜(傳來的 知慧, conventional wisdom)에 기초한 것이라고 하면서, 사회내처우의 경제성을 주장한 사람들이 내세우는 근거는 1년 동안 범죄인을 보호관찰하는 데 드는 비용과 교도소 내에서 관리하는 데 드는 비용을 단순비교해서 산출한 것인데도 사회내처우 운동의 확대에 따라 거의 dogma가 된 것이라고 한다.

---

87) D. F. Greenberg, "Problems in Community Corrections," *Issues in Criminology*(Spring, 1975), p. 8.

88) *Ibid.*, p. 6.

89) Neal Shover, *A Sociology of American Corrections*(Homewood: The Dorsey Press, 1979), p. 310.

결론적으로 사회내처우의 경제성에 관한 주장에 대한 비판은 시설내처우가 완전히 폐지되지 않은 상태에서(또는 폐지할 수 없는 현실적인 상황을 감안한다면) 사회내처우의 주장은 또 다른 하나의 비용지출을 의미할 뿐이고, 따라서 전체적으로는 그만큼 경비가 증가한 것이라고 한다. 그뿐만 아니라 사회내처우와 시설내처우에 대한 비용을 단순비교한다고 하더라도 사회내처우의 실효를 거두기 위해서는 시설내처우에 못지 않은 많은 전문인력과 원조가 필요하게 된다는 점을 감안한다면 사회내처우가 결코 더 경제적이라고 섣불리 주장할 수 없을 것이라는 것이다.

사회내처우가 형사정책적 목적 달성에 유능할 것인가 아니면 시설내처우가 더 유용할 것인가는 한마디로 단언하기 어렵다. 그러나 사회내처우가 시설내처우의 결함을 완전하게 극복하지 못한다고 해서 사회내처우의 무용론으로 경도되는 것은 옳지 않다. 사회내처우도 강제성, 낙인성 등의 문제는 분명히 존재한다고 하겠으나 그 정도에 있어 시설내처우보다 훨씬 경할 것임은 불문가지(不問可知)이다.

사회내처우의 옹호자들은 사회내처우에 대해 제기되는 강압성과 자율성문제는 이론의 모순이 아니고 실행상의 과오라고 주장한다. 따라서 사회내처우의 프로그램들을 보다 자율적인 방향으로 개발하고 발전시키면 사회내처우의 강압성은 배제될 수 있다는 것이다.[90)]

양 처우의 경제성에 관한 논쟁도 그것에 외형적으로 투입된 경비만 가지고 단순비교하는 것도 옳지 않다. 경제성 여부는 투자된 비용과 그 효과라는 측면에서 논의되어야 하기 때문이다. 그런 점에서 사회내처우가 시설내처우보다 더 경제적이라거나 또는 시설내처우가 더 경제적이라는 지금까지의 주장들은 모두 타당한 것이 아닌 것이다. 아직까지는 양 처우의 효율성에 관한 주장들이 이론적으로만 제시되고 있었을 뿐, 어느 처우가 더 효과적이었다고 단정적으로 말할 경험적 증거는 나타나지 않고 있다.

그렇다고 Roman Tomasic과 Ian Dobinson의 주장처럼 시설내처우가 사회나 범죄인 모두에게 본질적으로 유해하기 때문에 궁극적으로는 시설내처우를 폐지하고 사회내처우만을 고수하여야 한다는 것은 아니다. 사회내처우만으로 형사정책적 목적을 달성할 수 있다면 그렇게 할 수도 있겠지만, 앞에서 살펴본 것처럼 사회내처우도 시설내처우가 가지는 문제점을 완전히 해결하는 것

90) N. Shover, *A Sociology of American Corrections,* Homewood, 1979, p. 310.

도 아닐 뿐더러, 설령 해결할 수 있다고 할지라도 형사사법의 현실에서는 쉽게 실행될 수 있는 것이 아니다. 왜냐하면 사법정책은 시민의 법감정을 무시하고는 실현되기가 어렵다고 할 것인바, 그런 점에서 모든 범죄자를 사회에 풀어놓고 처우한다는 식의 사회내처우가 시민의 지지를 쉽게 얻을 수 있으리라고는 생각되지 않기 때문이다. 일반 시민의 입장에서는 처우의 목적이 무엇이고 형사사법의 이상이 어떤 것이든 범죄자에 대해 응보감정 내지는 방어적인 태도를 갖는 것은 사실이다.

이렇게 본다면 시설내처우나 사회내처우는 양자가 모두 형사사법정책으로서 의미가 있는 것이고, 따라서 이 양 제도는 서로 보완적으로 시행되어야 하는 것이지 어느 하나가 절대적인 가치를 가지고 있고, 상대적으로 다른 하나는 배척되어야 하는 것은 아니라고 해야 할 것이다. 다만 그 정책결정과정에 있어 시민의 입장(즉 사회방위적 입장)이 우선적으로 고려될 것인가 또는 피처우자의 입장(즉 복지적 · 원호적 입장)이 우선적으로 고려되어야 할 것인가가 문제될 것이다.

2. 사회내처우에 관한 새로운 관점

(1) 사회내처우와 '사회의 처우'

사회내처우론에 대해서 가해지는 비판 중 특히 강압성에 관한 문제를—이것은 시설내처우에 대해서도 마찬가지로 지적되고 있는 것이지만—국가공권력과 교화의 모순이라는 차원에서 파악하면서, 이를 국가와 사회공동체간의 수직적인 관계가 아닌 수평적인 역학관계 속에서 해결하려는 시도가 있다. 즉 범죄인의 교화라는 문제를 교정행형과 국가공권력이 직접적으로 체화(體化)된 형사제재체계인 교정행형과 분리해서 해결한다는 것이고, 따라서 그것은 국가공권력이 주도하는 '사회내처우'가 아니라 사회공동체가 스스로 해결하고자 하는 '사회의 처우'이어야 한다는 사고이다.

이 주장은 사회내처우도 국가공권력의 주도하에 시행되는 한 그것은 본질적으로 강압적일 수밖에 없고, 이처럼 자발성이 배제된 상황에서는 교화는 불가능하다는 것을 전제로 한다. 이 주장에 의하면 시설내처우의 실패가 교정과 구금간의 모순에서 비롯된다는 사회내처우론에 대해, 사회내처우가 비록 구금을 배제한다고 해도 처우담당기관과 처우의 내용에 있어서 국가공권력이 직접 개입하는 것이라면 처우의 강압성은 여전히 존재하고, 따라서 사회내처우에서도 시설내처우가 갖는 모순은 그대로 남아 있다고 비판한다. 즉 처우의 장(場)이 사회로 옮겨졌을 뿐 처우의 논리와 구도는 시설내처우와 다를 것이 없기 때문에 범죄인의 교화는 국가공권력이 배제된 상태에서 이루어져야 한다는 것이다.[91)]

국가공권력이 배제된 상태란 교화의 주체가 국가기관이 아니며 교화를 위한 힘이 공권력의 강압에 의존하지 않는 것을 말하고, 궁극적으로 그것은 사회공동체에 의해 주도되는 교화를 의미하게 된다. 그런 의미에서 기존의 사회내처우가 '국가의 사회내처우'라고 한다면 여기서 이야기하는 사회내처우는 '사회의 사회내처우'(약칭 사회의 처우)라고 할 수 있다.

여기서 사회공동체의 주도하에 범죄인의 교화가 이루어진다는 것은 사회와 범죄인이 교화를 실행하는 양 당사자로 되고, 상호간의 논의와 협조 속에서 교화가 이루어지며, 이 때 사회공동체는 범죄인을 동료시민의 한 사람으로 바라보고 문제해결을 도모하는 것을 의미하는 것이라고 한다.[92)]

이것은 Haffke의 이른바 '해방적 처우방법'(解放的 處遇方法, emanzipierende Methode)과 유사한 발상임을 알 수 있다. 그가 주장한 '해방적 사회요법'(解放的 社會療法, emanzipierende Sozialtherapie)에 의하면 지금까지의 교화·개선처분은 주로 지배작용(Herrschaftsinteraktion)에 의해 이루어졌기 때문에 문제가 있었고, 따라서 이러한 권위주의적 처우방식은 '범죄자를 위해서'(für dem Täter)도 '범죄자 위에서'(über dem Täter)도 아닌, '범죄자와 함께'(mit dem Täter) 수행된다고 하는 '해방적 처우방법'에 의해 대처되어야 한다는 것이다.[93)]

(2) '사회의 처우'의 담당자와 역할

'사회의 처우'의 담당자는 그 취지와 성격상 당연히 사회공동체, 즉 구체적으로는 종교단체, 사회사업단체, 개인독지가 등이 될 것이다. 따라서 국가기관, 즉 법무부나 법원은 필요한 범위 내에서 이를 지원해 주는 협력기관으로서

91) 이수성, "사회내처우의 소개와 평가-공동체 사회적 처우를 제시하며-," 「비상근연구위원논문집(제 2 집)」, 법무연수원, 1998, 56-57면.

92) 이수성, 같은 글, 71면.

93) Haffke의 해방적 요법에 관해서는 Haffke, *Gibt es ein verfassungsrechtlichtes Besserungsverbot? Zur rechtsschöpferischen Funktion von Angst,* Mschrkrim, 1975; ders., "Hat emanzipierende Sozialtherapie eine Chance? Eine Problemskizze," in; Lüderssen/Sack (Hrsg.), Seminar: *Abweichendes Verhalten II: Die gesellschaftliche Reaktion auf Kriminaltäat,* Bd. 2, Frankfurt am Main, 1975; Hassemer, *Einführung in die Grundlagen des Strafrechts,* Müchen, 1981 등이 있다.

의 기능을 할 뿐이다. 이와 같은 사회의 처우를 담당할 사회단체 등을 발굴함에 있어서도 국가는 적극적으로 전면에 나서서는 안 될 것이고, 다만 사회단체 등의 처우실행을 격려하고 보조하는 정도에 그쳐야 한다고 한다. 그렇게 함으로써 건전한 사회역학관계의 메커니즘 속에서 사회의 처우를 담당할 그룹들이 자연스럽게 형성될 것이라는 것이다.

다음으로 이처럼 사회의 처우를 담당할 집단들이 어느 정도 형성되면 그들이 서로 연계를 이루어 처우실행의 효율화 내지는 실질화를 도모하도록 한다는 것이다. 그것은 처우실행을 능률화하고 실질화 하기 위해서도 필요하지만 사회의 처우를 사회일반에 인식시키고 확산시키는 데도 유리하다. 나아가 범죄인 집단의 이익을 대변함으로써 범죄인과 일반사회의 관계를 정립하는 일에도 기여할 수 있으리라고 보고 있다.[94]

같은 맥락에서 사회의 처우대상자도 개인적 성향에서 기인하였든 환경적 요인 때문이든 범죄에 친근한 상태에 있는 동료시민이 모두 처우의 대상으로 될 수 있고, 구체적인 선정절차는 처우담당단체들의 개별적인 관점에 따라 수립될 수 있으리라고 한다. 그러나 현실적인 실천과 관련하여 어떤 집단부터 처우를 실행하여야 하는가 또는 처우가 중점적으로 시행되어야 하는 집단은 어떤 집단이어야 하는가 등의 문제는 논의되어야 할 수밖에 없다고 한다. 따라서 사회의 처우에서 처우대상으로 거론될 수 있는 집단은 현행 형사법제상 diversion되는 자, 전통적인 노상범죄자(路上犯罪者, street crime), 심신장애자 또는 마약중독자로서 범죄를 저지른 자 등이 고려될 것이라고 한다.[95]

생각건대 '사회의 처우'가 범죄 및 범죄자를 사회와 유리된 별개의 존재로 파악하지 않으려는 자세는 일단 긍정적으로 여겨진다. 또한 범죄는 사회의 한 현상일 뿐이고, 따라서 범죄자와 일반시민이 동등한 입장에서 주체자로서 범죄문제를 해결한다는 주장도 이론적으로는 일면 가치가 있는 것으로 보인다.

그러나 범죄가 사회의 한 현상임은 틀림이 없으나 그것은 당연히 존재하여야 할 현상이 아니고 없어져야 할 부정적인 현상이다. 사회는 이러한 현상에 대해 불편해하고 고통스러워하고 있지, 결코 이를 인정하거나 이 현상에 대해

94) 북유럽에서는 수형자 조합을 인정하는 경우까지 있다고 한다. 북유럽의 수형자 조합운동에 관해서는 J. B. Jacobs, "The Prisoner's Rights Movement and Its Impact, 1960-1980," in; Morris, N. and Tony, M.(eds.) *Crime and Justice*, Vol. 2, Chicago and London, 1980, pp. 431-449 참조.

95) 이수성, 같은 글, 79-81면.

무조건 책임을 지려하거나 감내(堪耐)해야 할 것으로는 보지 않는다.

물론 사회가 범죄적 현상과 범죄자에 대해 '있어서는 안 될 것'으로만 보지 않고 '있을 수 있는 것'으로 보아 책임감을 느끼고, 이의 해결을 위해 공동의 노력을 기울인다는 것은 매우 바람직하다. 그리하여 범죄자와 일반시민이 상호대립적인 관계가 아닌 동반자적인 관계로서 동병상린(同病相憐)한다면 문제해결은 훨씬 쉬워질 것이다. 그러나 이것은 이상일 뿐이고 현실에서는 쉽게 가능한 것이 아니다. 사회가 스스로 범죄현상을 치유할 능력이 있었다면 처음부터 범죄는 발생하지도 않았을 것이고 발생하였다고 하더라도 저절로 해결됐을 것이며, 따라서 사회가 지금처럼 범죄로 인해 고통스러워하지도 않았을 것이다.

그렇다고 범죄문제해결에 사회공동체가 전혀 무력하고 불필요하다는 것은 물론 아니다. 앞에서 이야기한 것처럼 범죄자와 사회공동체가 일체감을 가지고 공동의 노력을 한다면 문제해결을 더 쉽게 할 수 있는 것이라고 생각하기 때문이다. 그러나 '사회의 처우론'이 주장한 것처럼 그들이 주체적으로 문제를 해결할 수 있다고 생각하는 것은 범죄와 사회에 대한 지나친 낙관적 기대라고 볼 수밖에 없다.

또한 사회의 처우론이 전제하는 국가공권력에 의한 처우는 강제적 처우이고 사회의 처우는 비강제적 처우, 그리고 강제적 처우는 교정이 불가능하다는 관점은 각 처우의 한 측면만을 강조한 것이라는 지적을 면치 못할 것이다. 사회의 처우도 사회공동체와 범죄자간에 동의가 이루어지지 않을 때는 처우가 실행될 수 없거나, 실행되어야 한다는 사회공동체만의 합의가 있어 실행된다고 해도 그것은 강압적인 것이 될 수밖에 없기 때문이다. 또한 이러한 동의가 가능 하느냐에 대하여서도 근본적인 회의가 있다. 본질적으로 비행 또는 범죄와 같은 반사회적 행위는 자기 자신 및 사회공동체와의 가치갈등으로부터 비롯되는 경우가 많기 때문이다.

사실 사회의 처우론에 대해 먼저 검토하여야 할 것은 그것이 형사정책의 범위 내에서 논구(論究)될 수 있는 성질의 것이냐 하는 것이다. 결론부터 말하자면 이것은 형사정책의 범위 밖이라고 본다. 국가권력과 강제가 완전히 배제된 정책은 형사사법의 본질상 불가능하기 때문이다. 사회가 자발적으로 강제성이 없이 시행하는 범죄정책은 사회복지차원에서 이루어지는 사회정책일 뿐이다.

그럼에도 불구하고 사회의 처우론이 형사정책에서 의미를 찾을 수 있다고 생각하는 것은 기존의 처우론들이 갖는 인습적인 사고로부터 새로운 전환이 필요하다고 보기 때문이다. 형사정책에서 추구하는 범죄통제정책이 복지적·교육적인 성격을 갖는 것이어야 한다면, 그와 같은 복지적·교육적인 정책실현은 사회공동체의 능동적이고도 적극적인 참여가 없이는 불가능한 것이다. 비행 또는 범죄와 관련해서 범죄자들이 갖는 문제는 바로 사회공동체 자신의 문제이고, 따라서 사회는 범죄자에게 원조를 한다거나 하는 시혜자로서가 아닌 사회와 범죄자들이 같은 입장에서 문제해결을 위한 공동의 노력을 하는 동반자라는 인식이 필요할 것이고, 그런 점에서 '사회의 처우론'은 처우의 구체적인 실행단계에서 의미가 있을 것이다.

(3) Diversion[96)]

앞에서 살펴본 시설내처우와 사회내처우에 관한 논쟁은 궁극적으로 그것이 갖는 교정적 효과, 즉 어느 것이 더 비행 또는 범죄의 진압과 예방에 효과적일 것인가 하는 차원에서 그 타당성 내지 정당성이 입증될 것이다. 그러나 어떤 처우방법도 절대적인 것이 되지 못함을 지금까지의 경험으로부터 알 수 있다. 즉 양 처우방법이 일면 타당성을 가지고 있다고는 하지만 어느 한쪽을 부정할 만한 절대적인 가치를 보유하는 것은 아니라는 것이다.

또한 이것들은 형사사법제도가 갖는 본질적인 문제, 다시 말하면 강제성과 낙인이라는 문제를 극복하지는 못한다. 따라서 여기서는 이와 같은 문제를 제거하거나 적어도 최소화하는 방안으로 고려된 새로운 형사정책적 대안이 Diversion인 것이다.

1) Diversion의 의의와 연혁

Diversion이라 함은 형사사건처리의 흐름을 통상의 형사사법절차로부터 이탈 또는 회피시키는 것을 말한다. 다시 말하자면 '체포→기소→판결→교도소수용'이라는 통상적인 범죄자 처리과정에서 벗어나, 일단 사회에 먼저 복귀시켜 사회 속에서 개선·교화시키는 것을 목적으로 하는 제반 조치를 의미한다. 그것은 다른 한편으로는 사법적 처우과정에서 발생할 수 있는 낙인효과와

96) Diversion을 우리말로 '전환처분'(轉換處分), '사법외처분'(司法外處分), '대체처분'(代替處分), '분리처분'(分離處分) 등 여러 가지로 부르고 있다. 사법절차에 회부하는 대신 다른 원호적 또는 보호적 처분을 한다는 의미에서 모두가 타당한 용어라고 생각된다. 그러나 Diversion이라는 용어가 형사정책분야에서 이미 일반화되어 있다고 생각하기 때문에 여기서는 원어 그대로 사용하기로 한다.

같은 역기능을 방지함으로써 범죄자의 사회복귀가 원활하고 쉽게 이루어질 수 있게 한다는 목적을 내포하고 있는 것이기도 하다.

한편 Diversion과 비범죄화(非犯罪化), 비형벌화(非刑罰化)의 개념 차이에 관해서는 아직까지 명확히 정립된 바 없으나, 일반적으로 Diversion은 형사절차의 다양성 내지는 재량성을 반영한 합목적적인 절차의 분화를 그 전제로 하고 있다는 점에서 후자들과 다르다고 한다.[97] 따라서 엄격히 말하면 비범죄화나 비형벌화와는 다른 절차적 측면의 개념이지만, 형벌회피의 결과 또는 겸억적 형벌사용(謙抑的 刑罰使用)이라는 측면에서는 방향을 같이한다고 할 수 있다.

Diversion은 1960년대 후반 미국 사회의 범죄문제가 이전의 사법적 대응책만으로는 대처할 수 없다는 인식이 싹트게 될 정도로 심화되면서 연방정부의 적극적인 후원하에 각 주와 시당국이 시도한 공판전개입(公判前介入, Pre-Trial Intervention), 청소년봉사국(Youth Service Bureau) 활동 등 일련의 비사법적 조치를 총칭하는 것이었으나, 점차 형사절차의 분화와 더불어 일반화되어 종래의 일상적 형사절차로부터 이탈하는 것을 의미하게 되었다고 한다. 다른 말로 그것은 범죄자를 공식적인 사회통제체제로부터 전향, 우회 또는 면제하는 것을 목표로 하는 전략이라고 표현되는 것이다.[98]

1967년 미국 '법집행 및 사법행정에 관한 대통령자문위원회'(President's Commission on Law Enforcement and Administration of Justice)는 '자유사회에 있어서의 범죄의 도전'이라는 보고서에서 기존의 소년재판제도를 비판하고, 재판전처분(裁判前處分, Pre-judicial disposition)이라는 새로운 형사정책을 주창하였다. 이와 같이 재판전처분제도를 주창하게 된 이면에는 당시에 가혹했던 것으로 알려진 형벌을 완화하자는, 즉 행형의 인도화(人道化)라는 차원의 고려가 있었기도 했지만, 그 외에도 형사사법의 비용절감 및 사건부담의 경감이라는 실질적인 측면의 고려도 없지 않았다고 한다.[99]

97) 강구진,「刑事訴訟法原論」, 학연사, 1983, 8-9면.

98) Wolfgang Heinz, "Diversion im Jugendstrafverfahren—Praxis, Chancen, Risiken und rechtsstaatliche Grenzen—," *Zeitschrift für die gesamte Strafrechtswissenschaft,* 104, Band, Heft 3, 1992, S. 591.

99) 이에 관해서는 宮澤浩一・騰本哲也, "犯罪の統制と非犯罪化,"「法學セミナー12」, 1982, 19면; F. Kirchhoff, "Diversionsprogramm in den U.S.A., Diversion Zwischen Entdeckung und vor Verurteilung im Juvinile Justice System," in; H. Kury, Lerchenm ller, H.(Hrsg.), *Diversion, Alternativen zu Klassischen Sanktionsformen,* Band 1, Bochum, 1981, S. 251ff. 및 H. Janssen, "Diversion: Entstehungsbedingungen, Hintergründe und Konsequenzen einer veränderten Strategie sozialer Kontrolle," in; Kerner, H.-J.(Hrsg.), *Diversion statt Strafe?,* Heidelberg, 1983, S. 15ff. 참조.

이 Diversion은 1984년에 개최된 제13차 국제형사법학회에서 회의안건으로 채택된 바 있는데, 그 회의에서 다음의 두 가지 이유를 근거로 Diversion이 오늘날의 형사보호제도의 문제점을 해결할 수 있는 새롭고도 환영할 만한 가치가 있는 대안이라고 결론을 내렸다.

첫째, Diversion은 과도한 범죄화의 위험을 방지한다. 그러나 그것은 형벌의 적용범위를 스스로 축소하자는 것은 아니고, 다만 유해한 효과를 완화시키자는 것이다.

둘째, Diversion은 형법적 강제가 부적절한 것으로 간주될 때 형벌을 완화하면서 범죄행위에 대해 적절한 대응을 함으로써 소위 형벌의 위기를 극복하는 데 기여할 수 있다.[100]

한편 1985년 8월 이탈리아 밀라노에서 개최된 '제 7 차 범죄방지 및 범죄자처우에 관한 유엔회의'(Seventh United Nations Congress on the Prevention of Crime and the Treatment of Offenders)에서 「소년사법의 운용을 위한 유엔 최저표준규칙」(the United Standard Minimum Rules for the Administration of Juvenile Justice: 'Beijing Rules')을 채택한 바 있는데, 동 규칙 제11조에서 공식적인 절차의 외면, 즉 Diversion에 관해 다음과 같이 규정하고 있다.

11. 1 소년 범죄자를 본 규칙 제14조 1항에 정한 당해 기관의 공식적인 재판에 의거하지 않고 처우하는 것이 적절하다고 할 때는 이를 고려하여야 한다. 동 규칙 제14조 1항에 규정한 당해 기관은 법원(court)이나 재정위원회(裁定委員會, tribunal)를 관장하는 사람들을 포함하는데, 거기에는 직업적 또는 평민치안판사(平民治安判事, lay magistrate)와 마찬가지로 행정위원회(administrate board: 예를 들면 스코틀랜드 및 스칸디나비아) 또는 다른 비공식적인 사회단체와 심판적 성격을 가진 분쟁해결기관이 포함될 것이다. 이런 기관들로는 영국과 북아일랜드 및 보통법제도의 영향을 받은 나라에 있어서의 치안판사, 로마법을 계수했거나 그 영향을 받은 나라에 있어서의 훈련된 전문적인 법관, 그 외의 지역에서의 선출되거나 특정 절차에 의해 지명된 비전문인(layman) 또는 배심원, 지역사회에 기반을 두고 있는 위원회의 위원 등을 들 수 있다.

11. 2 경찰, 검찰 또는 기타 소년사건을 다루는 기관에게는 그의 재량으로 공식적인 심리(hearing)를 거치지 않고 각국의 법제도가 목적하고 있는 범위 내에서, 그리고 또한 이 규칙에 내포된 원칙에 따라 사건을 재량으로 처분

100) Wolfgang Heinz, *Ibid.*

할 수 있는 권한을 부여하여야 한다.

11.3 적당한 사회단체나 기타 봉사기관에 위탁하는 것을 포함한 모든 Diversion은 그 결정에 대하여 권한을 가진 기관의 재심리가 가능하다는 것을 조건으로 하여 당사자 또는 그의 부모나 보호자의 동의를 얻어야 한다.

11.4 소년사건의 재량처분을 촉진하기 위해서 일시적 감독, 지도, 피해자에게의 배상 및 보상과 같은 사회내프로그램을 제공하려는 노력이 이루어져야 한다.

범죄사건처리에 있어서 형사사법절차를 제거하고 사회단체의 후원봉사로 돌려지는 Diversion은 일반적으로 여러 법률체제 내에서 공식적·비공식적 기반 위에 실행되고 있다. 이것은 소년사법행정의 후속절차에서 발생하는 부정적 효과(예를 들면 유죄판결과 형벌부과로부터 생기는 낙인)를 막는다.

형사사건에 대한 대응방법 중에서 불간섭이 가장 좋은 대응이라는 주장이 있다. 따라서 대안적인 사회봉사기관에 위탁함이 없이 처음부터 Diversion하는 것이 가장 최선의 것이라는 것이다. 특히 그것은 범죄의 성격이 그렇게 중대하지 않고 가정이나 학교 또는 다른 비공식적인 사회통제기관이 이미 적절하고 건설적인 방법으로 대응하고 있거나, 대응하려고 하는 사건에 그러하다. 규칙 제11.2에 규정한 바와 같이 Diversion은 사건처리의 어느 단계에서나, 즉 경찰, 검찰 또는 법원, 재정위원회(裁定委員會, tribunal),[101] 평의회 같은 기타 기관들에 의해 이용될 수 있다. 또한 그것은 각 제도의 규정과 정책에 따라 그리고 이 규칙에 의해서 한 기관 또는 여러 기관 또는 모든 기관이 시행할 수 있다.

Diversion은 그것을 주요수단으로 하는 경미한 사건에만 국한되는 것은 아니다.

규칙 제11.3은 권고한 Diversion에 대한 본인 또는 부모나 보호자의 동의를 얻는 것을 강조한다. 그와 같은 동의가 없이 사회봉사에 회부하는 Diversion은 강제노동폐지협약에 반하는 것이다. 그러나 이 동의는 범죄자측에서 단순히 자포자기한 상황에서 이루어질 수도 있기 때문에 취소할 수 없는 것이 되어서는 안 된다.

이 규칙은 Diversion의 모든 단계에서 잠재할 수 있는 강요와 위협을 최

101) 보통 tribunal은 정규 사법체계의 밖에서 사법적 기능을 행사하는 기관을 말한다. 심판위원회라고 번역하기도 하나 여기서는 재정위원회라고 한다.

소화할 수 있는 배려가 있어야 한다고 강조한다. 소년은 Diversion 프로그램에 동의하도록 압력을 느끼거나(예를 들면 법원에 출두하는 것을 피하기 위해서), 받아서는 안 된다. 그리하여 이 규정은 범죄자 자신을 포함한 관할기관의 청구에 의한 처분의 적절성에 대한 객관적 평가를 위해 만들어져야 한다는 것을 주장한다(여기서 말하는 '관할기관'[管轄機關]은 규칙 제14조에서 언급된 것과는 다르다).

규칙 제11.4조는 사회를 기반으로 하는 Diversion의 형태 내에서 소년사법절차에 대한 가능한 대안의 준비를 권고하고 있다. 피해자와의 배상을 통한 화해를 포함하여 일시적인 감독이나 지도를 통해, 장래에 법과의 충돌을 피하게 하기 위한 프로그램들이 특히 권고되고 있다.

개별적인 사건처리가 갖는 장점은 그것이 좀더 중한 범죄일지라도 Diversion이 적절하다는 데 있다(예를 들면 초범이나 동료집단의 압력에 의해 저질러진 범죄 등).[102)]

미국에서 Diversion운동이 전개되게 된 또 다른 계기를 미국이 갖는 소년사법제도의 특수성으로부터 찾을 수 있다고 한다. 즉 미국의 법원조직에 의하면 소년사건의 관할은 가정법원(probate court)의 소년부에 있으며, 그 절차는 비형사소송적인 것이 특색이다. 그뿐만 아니라 실체법상으로서도 소년비행이라는 특별한 구성요건이 마련되어 있어서 대륙법계의 전통적인 범죄구성요건에서는 볼 수 없는 비행이라는 이른바 우범(虞犯, status offender)까지 소년법원에서 다루게 된다. 따라서 이러한 우범자를 처리하는 데 있어서 일반 범죄자와 같은 차원에서 공식적 절차에 의해 처우하는 것은 부당하게 생각되었으며, 나아가 경미한 형사사건에까지도 비공식적 처리방안이 강구되어야 한다는 주장이 대두되었다고 한다.[103)]

한편 '유럽각료위원회'는 1987년과 1988년 2회에 걸쳐서 소년사법에 있어서 지속적인 Diversion의 확산을 위한 권고를 발표한 바 있으며, 또한 1990년 12월에 개최된 '제 8 차 유엔범죄방지회의'는 '청소년범죄예방을 위한 유엔지침'(United Nations Guidelines for the Prevention of Juvenile Delinquency: 'Riyadh Guidelines')을 채택한 바 있는데, 동 지침에서는 공식적인 사회통제기

102) "少年司法運營に關する國連最低基準規則," 「拘禁者處遇と國連關係文書」, 第二東京辯護士會拘禁二法案沮止對策會議, 1988, 93-94면.

103) F. Kirchhoff, "Diversionsprogramm in den U.S.A., Diversion Zwischen Entdeckung und vor Verurteilung im Juvenile Justice System," in: H. Kury, Lerchenm ller, H.(Hrsg.), *Diversion, Alternativen zu Klassischen Sanktionsformen,* Band 1, Bochum 1981, S. 257ff.

능은 최후의 수단으로 사용되어야 하고(동 지침 제6조), 법집행기관 및 기타 관련자들은 소년들의 특별한 필요에 부응할 수 있도록 훈련을 받아야 하며, 가능한 한 최대한으로 소년을 사법제도로부터 Diversion하기 위한 프로그램과 시설을 잘 알고 이용할 수 있어야 한다고 규정하였다(동 지침 제58조).

Diversion의 이론적 배경으로는 낙인이론을 든다. 재범에 관한 설명에 특히 설득력을 가지는 낙인이론이 미국 범죄학계에 대두되면서 전통적인 형사사법의 흐름으로부터의 분리·이탈이 강조되기 시작한 것이다.

Diversion에 의해 두 가지 다른 목표가 추구된다. 그 하나는 피의자의 낙인화를 최소화하고 행위와 대응관계를 유지하면서도 신속한 대응을 가능케 하고, 또한 이것이 판결에서 행해질 수 있는 것 보다 더 융통성 있는 문제해결을 위한 원조를 허용하는 것이다. 다른 하나는 유죄판결을 받게 되는 사건의 수가 감소하게 됨으로써 형사사법에서의 사건부담의 경감과 사건의 신속한 처리에 기여한다는 것이다. 그 밖의 부수적인 효과로서는 형사사법의 비용절감이 기대될 것이다.[104)]

Diversion의 개념을 넓은 의미로 해석할 때에는 유죄판결이라는 형사소송절차에서의 최종목적지로 향하는 커다란 흐름 가운데에서 그 마지막 종착지에 도달하기 전에 그 흐름의 일부를 방향 전환하여 본류로부터 이탈시키는 일체의 노력을 지칭하는 것으로 이해할 수 있다.[105)]

이것은 다시 두 가지 형태로 나누어 볼 수 있는데, 하나는 '단순형 Diversion'(simple diversion)으로서 경찰수사단계, 검찰수사 및 수사종결처분단계, 그리고 형사법원의 공판단계에서 형사사건을 종결시키는 각종의 공식적인 조치들이고, 다른 하나는 '개입형 Diversion'(diversion with intervention)으로[106)] 형사사건을 유죄판결의 전 단계에서 종결시킨다는 점에서는 전자, 즉 단순형 Diversion과 같으나, 문제를 해결하는 비형벌적인 수단—예컨대 사회복귀적·치료적·교육적 성격을 갖는 제 조치 또는 손해배상·원상회복 등—을 통한 간섭을 필수적인 조건으로 하는 점에서 단순히 석방하는 것에 그침으로써 불간섭주의적 태도를 취하는 전자와 다르다.

---

104) Wolfgang Heinz, *Ibid.*, S. 592.

105) 신동운, "Diversion운동과 善導條件附 起訴猶豫,"「刑事政策(第 2 號)」, 刑事政策研究會, 1987, 5-6 면.

106) R. Hirano, "Kommentar zum Thema Ⅲ Diversion und Schlichtung," in: *Zeitschrift für die gesamte Strafrechtswissenschaft*, Band 93(1981), S. 1088-1089ff.

2) Diversion의 유형

Diversion은 행위유형에 의한 Diversion, 행위자유형에 의한 Diversion, 그리고 일반적 사건처리과정에서의 Diversion으로 구분할 수 있다.

가. 행위유형(行爲類型)에 의한 Diversion 범죄 또는 비행의 태양(態樣)에 의해 Diversion 여부가 결정되는 것이다. 특정한 행위유형은 형벌이 부적당하나, 행위에 대한 범죄적 평가가 변하지 않아 형벌을 유보하거나 비범죄화할 경우에 반발과 비판을 야기할 수 있다. 이 경우에 형법상의 범죄로 존치하면서, 단지 형사사법제도의 부담경감과 범죄자에게 낙인을 찍음으로서 생길 수 있는 부정적인 결과의 회피에 중점을 두는 형사사법제도 밖으로의 개입, 즉 Diversion이 요청될 것이다. 그 예로서는 미국에서의 술주정꾼의 알코올중독자치료센터에의 수용,[107] 약물 · 마약중독자의 치료처분이 있다.

나. 행위자유형(行爲者類型)에 의한 Diversion 형사미성년자, 정신장애자들과 같은 형벌대상으로부터 제외되는 책임무능력자들을 형사사법제도의 밖에서 처우하는 것이다. 그러나 이처럼 형벌대상으로부터 이탈시키는 경우도 일단은 형사사법절차에 오르는 것이 예상된다. 이 경우에 형사사법제도로부터 이탈시키고자 할 때는 여러 가지 절차적 과정이 요구되는데, 보통 사실관계가 명확하게 된 시점에서 형사절차를 종결시키게 된다. 이와 같이 형사절차를 종결시킨 후 형사사법 외의 다른 개입이 시도되는데, 정신질환자의 치료감호조치, 범죄를 저지른 형사미성년자를 아동보호기관 등에 보호 · 위탁하는 것, 보안처분 등이 그것이다. 우리 소년법에서의 보호처분도 그것이 형사사법제도로부터의 분리를 의도하고 있다는 점에서 여기에 속한다고 하겠다.

다. 일반적 사건처리과정에서의 Diversion 범죄사건을 처리하는 각 단계에서 행하여지는 Diversion을 의미하는데, 이것은 각 처리단계에 따라 다음과 같은 형태로 나타난다.

첫째, 사건에 따라서는 행위자 · 피해자 · 목격자 등 관계자들간의 합의에

---

107) 1966년 연방법집행자금에 의해 세인트루이스에서 처음으로 시행된 이 제도는 술에 취해 공중에게 주정하여(公然酩酊者) 체포된 자를 종래의 형사절차에 회부하지 않고 7일간의 치료처우에 처하는 것이었다. 그 후 Columbia특구 및 New York시에서도 술주정꾼(公然酩酊者)을 위한 수용시설을 만들었고, 이로부터 알코올문제자를 범죄자로 취급하여 형사제재를 가하는 대신에 보건 · 사회복지의 일환으로 처우하게 되었다고 한다. 이에 관한 상세한 것은 吉岡一男, "合衆國における非犯罪化の動向," 「法學論叢(第102券 506號)」, 1978, 185-187면; 松尾灝也, "ディヴァージョン(Diversion)について一アメリカ刑事司法の最近動向," 平場安治博士 還歷祝賀記念論文集, 「現代の刑事法學(下)」, 有斐閣, 1977, 22-33면 참조.

의해 처리되거나 피해자의 독단적 판단에 의해 형사사법절차에 흡수되지 않는 경우가 있다. 흔히 교통사고에서 볼 수 있는 합의에 의한 해결 또는 피해자의 불신고 등이 그것이다. 또한 가정과 학교 내에서 행하여지는 비행소년에 대한 내부적 처리도 비공식적 사회통제의 한 형태로서 Diversion의 일종이라고 할 수 있는데,[108] 이것은 전술한 '사회의 처우'의 일환으로 설명될 수도 있을 것이다.

둘째, 경찰단계에서 이루어지는 Diversion의 형태로서 훈방, 경고, 보호기관에의 위탁 등이 있다. 또한 「도로교통법」 위반행위와 「경범죄처벌법」 위반행위 가운데 일부는 경찰의 범칙금통고처분에 의해 처리되고 있다. 이 경우 당사자가 불복하면 통상의 형사사법절차로 진입하게 된다. 「도로교통법」 제12장 제117조 내지 제121조, 「경범죄처벌법」 제 6 조 등의 통고처분이 그것이다. 그 밖에도 「조세범처벌절차법」, 「출입국관리법」, 「관세법」 등의 관련 법집행기관에 의한 통고처분도 이 유형의 Diversion에 해당할 것이다.

이와 같이 간이절차를 인정하는 이유는 ① 처벌을 관계기관으로 하여금 담당하게 하는 것이 합리적이고, ② 신속한 해결을 하게 함으로써 증거인멸의 염려를 불식할 수 있으며, ③ 정식절차에서 초래될 수 있는 피의자측의 비용증가, 신용실추, 고통의 장기화 등을 회피하기 위한 것이라고 한다.

셋째, 검찰의 기소유예[109] 또는 불기소처분, 약식명령청구도 정식의 공판절차로부터 분리된 Diversion의 일종이다.[110]

넷째, 법원에서 행해지는 Diversion의 형태로는 선고유예, 집행유예, 약식명령 등을 들 수 있다. 특히 일수벌금제도(日數罰金制度, Tagessatzsystem)와 더불어 단기자유형에 대한 대안의 역할을 하는 집행유예는 선고유예와 함께 조건부유죄판결(條件附有罪判決, bedingte Verurteilung)의 성격을 갖는 것으로, 일단 형사사법절차에 의해 유죄판결을 받았거나 받기로 예정된 피고인의 형집행 또는 선고를 유예함으로써 피고인을 형사 사법적 절차로부터 분리시키는

108) 비공식적 사회통제(Informal Social Control)로는 가정, 학교, 여가그룹, 이웃 또는 직장에서의 통제를 들 수 있다. 이에 관해서는 宮澤浩一, "インフォーマルな社會統制と犯罪・非行," 宮澤浩一・藤本哲也 編, 「新講 犯罪學」, 東京: 青林新書, 1982, 307-319면 참조.

109) 현재 우리나라의 검찰에서 시행하고 있는 선도조건부기소유예제도가 검찰 Diversion의 전형적인 형태라고 할 수 있다.

110) 「형사소송법」 제 3 장(제448조-제458조) 참조. 미국의 대표적인 Diversion이라고 할 수 있는 공판전개입은 그 대부분이 기소 후의 것이지만, 형사절차의 진행을 그 단계에서 잠정적으로 중단하고 일정기간의 집단치료 또는 직업훈련 등을 받게 한다. 지시된 처우에 복종하면 기소를 취소하고, 피고인의 비협력으로 실패하면 다시 형사절차를 계속하게 된다.

Diversion의 한 형태로 기능하게 되는 것이다.

약식명령 역시 정식 공판절차를 거치지 않고 서류심리로 이루어진다는 점에서, 그리고 환형형식(換刑形式)이라고 할 수 있는 재산형을 부과한다는 점에서 일종의 Diversion이라고 할 수 있다.

다섯째, 행형단계에서 행하여지는 Diversion으로 가석방, 개방처우(De-institutionalization), 보호관찰, 주말구금 또는 휴일구금 같은 형태의 분할집행, 귀휴제 등이 있다. 이것들 역시 시설내처우가 아닌 사회내처우를 통해 형사사법적 색채를 최소화하고, 조기에 형사사법의 절차로부터 분리시키려는 시도라는 점에서 넓은 의미에서의 Diversion이라고 할 수 있는 것이다.

이상에서 살펴본 Diversion은 궁극적으로 범죄자를 사법절차로부터 이탈시켜서 다른 사회기관으로 '전환'(轉換)시킨다는 점에서 '탈형사사법화조치'(脫刑事司法化措置) 내지는 '탈형사법원화조치'(脫刑事法院化措置)라고 할 수 있을 것이다. 따라서 엄밀한 의미에서 사법적 처우의 일종인 보호처분이라든가 사회내처우와는 다르다. 특히 보호처분과 사회내처우가 사법적 절차를 통해 이루어지고 있다는 점을 감안한다면 이것들을 Diversion의 범주에 포함하여 설명한다는 것은 무리일 것이다.

그러나 오늘날의 형사사법이 그 이상과 현실 사이에서 나타나고 있는 역기능을 치유 내지는 최소화하고자 하는 방안들로 보호처분이나 사회내처우가 고려되었다는 점에서 Diversion은 이것들과 의미 있는 관련을 갖게 된다. 다시 말하면 보호처분과 사회내처분이 형사사법이 갖는 낙인, 재사회화의 애로 등과 같은 문제점들을 치유하고자 하는 방안으로 고안된 것이라고 한다면, 그런 차원에서 Diversion과 지향 점을 같이 한다고 보는 것이다.

(4) 보호처분 · 사회내처우 및 Diversion

보호처분은 비행소년을 일단 형사처분절차로부터 배제시킨다. 그것은 소년에게 형벌을 과하지 않는다는 것을 의미하는 것이다. 따라서 형사사법의 낙인(특히 전과자로서의 낙인)을 찍지 않도록 배려한다는 것과, 사회복귀를 강조한다는 점에서 Diversion과 궤를 같이할 것이다. 그러나 Diversion이 사법적 절차로부터의 완전한 외면을 의미한다면 보호처분이 곧 Diversion이라고는 할 수 없을 것이다. 보호처분은 어디까지나 소년사법절차를 통해 결정되고, 소년사법의 테두리 내에서 시행되는 사법적 처분임은 틀림없기 때문이다. 그럼에도 불구하고 Diversion이 보호처분에서 의미를 갖는 것은 보호처분이 소년사법의 테두리 내에서 이루어지는 사법적 처분임에도 사법적 색채를 가급적 배제하는 방향에서 시도되고 있기 때문이다.

사회내처우는 형사사법에서 교정처우의 한 방법으로서 의미를 갖는다. 즉 그것은 사회 속에서의 처우라는 점과 재사회화의 시도라는 점에서 가급적 · 사법적 색채를 배제하고 있고, 따라서 보호처분이 비행소년의 낙인화를 방지하고 재사회화를 유도하는 방향으로 시행되어야 한다면, 그런 차원에서 사회내처우는 보호처분의 실천적 기제(機制, mechanism)로서 의미가 있게 된다. 또한 그것은 Diversion처럼 사회 속에서 시행되면서 사법적 성격을 가급적 불식하려는 방향으로 시도된다는 점에서 일면 Diversion과 같은 기능을 갖는다.

Diversion이 범죄자에 대해 처음부터 사법절차를 외면하고 사회단체나 개인의 자발적인 처우기능에 의존하는 것을 의미한다면, '사회의 처우'는 그런 의미에서 곧 Diversion인 것이다. 또한 그것은 앞에서도 언급한 것처럼 보호처분의 실행적 차원에서 의미가 있다. 처분의 시행주체와 객체의 자발성이라는 차원에서 '사회의 처우'가 사회내처우와는 다른 뜻으로 사용되는 개념이라는 것도 이미 앞에서 언급한 바 있다.

결국 보호처분이 그 원호적 · 복지적 기능을 효율적으로 수행하는 방법론으로 사회내처우가 의미를 가진다고 할 것이고, 처우의 사회화, 자기화라는 새로운 형사정책적 사고로서 Diversion 및 사회의 처우라는 개념은 보호처분에서 의의를 찾을 수 있다.[111] 특히 Diversion은 소년사법절차에서 비행소년을 일차적으로 소년사법의 테두리 밖으로 screen한다는 차원에서 커다란 의미를 가질 것이다.

제 5 절 보호관찰(保護觀察, probation)[112]

1. 보호관찰의 의의

보호관찰이란 범죄인의 자유를 박탈하지 않고 그로 하여금 자유로운 사회

111) 김일수 교수는 인간과 형벌, 그리고 인간과 형법과의 관계를 보다 실질적 · 근본적인 목적 개념에 의한 재구성이 필요하다고 주장하면서, 이러한 새로운 목적 개념의 모델로 사회화(Socialization)와 자기화(Personalization)개념을 제시한다. 형법의 목적 개념으로서의 사회화와 자기화개념의 의미와 기능에 관해서는 김일수, "刑法上 原狀回復制度의 意義와 그 刑事政策的 機能," 「人權과 正義」, 1990. 11, 33면 이하 참조.

112) '프로베이션'(probation)이란 말은 원래 미국에서 처음으로 사용되기 시작한 것으로 그 어원

생활을 영위하게 하면서 일정한 담당관(보호관찰관)의 감독·감시·지도에 복종하도록 하여 범죄인의 재범을 방지하고 사회복귀를 할 수 있도록 원호·교육하는 제도를 말한다. 이러한 전통적인 개념은 보호관찰에서의 진단·치료의 측면을 강조한 것으로써, 소년에 대한 보호관찰의 담당자는 상담자로서 범죄인을 감독·보호하는 역할을 중요시하게 된다.

이 전통적인 입장에 따라 보호관찰을 이해한다면 보호관찰제도는 다음과 같은 몇 가지 내용을 요소로 하고 있음을 알 수 있다.

첫째, 보호관찰제도는 범죄인에 대한 적극적·개별적인 사회내처우방법이다. 범죄인에 대한 국가의 공적 처우방법(公的 處遇方法)이라는 점에서 일반복지사업이나 사적(私的)인 원조 등과는 구분되며, 범죄인에게 사회 내에서의 자유를 허용하는 사회내처우라는 점에서 교도소수용이나 소년원수용 등과 같은 시설내처우와 본질적으로 다르다.

최근에는 일부 국가에서 정신장애자 등 특수한 범죄자에 대하여 병원 등 특별시설에 수용처우하는 보호관찰제도가 새로이 인정됨으로써 보호관찰제도의 개념적 내용이 확장되고 있고, 이를 계기로 그 본질의 변이(變移)까지 논의되고 있다. 또한 이 제도는 적극적·개별적인 처우방법을 통하여 범죄인을 갱생하여 국가사회에 복귀시키는 것을 목적으로 한다. 그렇게 하기 위하여 개개의 대상자에게 알맞은 다양한 감독과 원호를 행한다는 점에서 종래의 소극적이고 획일적인 처우방법과 상이하다.

둘째, 보호관찰제도는 형벌의 유예를 전제로 하여 행하여진다는 점을 본질적 특색의 하나로 하고 있다. 여기서 말하는 형벌의 유예란 형의 선고유예와 선고된 형의 집행유예를 포함한 개념이다. 이와 같이 형벌이 유예된다는 점에서 형벌에 의한 처벌과는 다르며, 따라서 고유한 의미의 형벌이 아닌 비형벌적 처분으로 간주된다.[113] 그러나 형벌이 유예되어 있을 뿐 완전히 소멸되거나 면제된 것이 아니기 때문에 단순한 자비나 재판상의 관용은 아니다.

셋째, 보호관찰제도의 또 다른 특징은 대상자에 대한 감독과 원호를 그 내용으로 하고 있다는 점이다. 즉 형벌을 유예한 후 범죄인을 사회 내에 그대로 방치하는 것이 아니라 개선·갱생을 위하여 국가가 적극적으로 감독하고 원호

은 probatio(證明)이란 용어로부터 유래한 것으로 교직자가 되는 시험에 관한 종교상의 용어였다고 한다.

113) Edwin H. Sutherland & Donald R. Cressey, *Criminology*, 9th ed., 1974, pp. 461-462.

한다는 점에서 단순한 유예제도와는 본질적으로 다르다.

여기서 의미하는 감독이란 보호관찰처분의 조건인 준수사항의 이행 여부를 살피고 필요한 지시를 하는 등과 같은 권력적 기능이며, 조건의 위반이 중대한 경우에는 보호관찰이 취소되고 유예되었던 형벌에 의하여 처벌된다는 이른바 '처벌에의 위협'을 그 배경으로 하고 있다. 한편 원호란 범죄자의 갱생의욕을 고취하고 직업을 주선해 주며 사회복지시설을 이용하도록 하는 등 환경을 개선·조정하는 복지적 기능을 말한다.

보호관찰에 관한 이와 같은 전통적 개념 외에도 1980년대에 들어와 이른바 정의모델(justice model)에 따른 보호관찰의 개념이 새로이 대두된다. 그것은 보호관찰을 범죄인의 사회복귀수단이 아니라 범죄행위에 상응하는 제재(sanction) 또는 형벌의 일종으로 보는 것으로 보호관찰의 내용은 자유의 제한과 배상으로 이해되고, 이 양자가 달성되면 범죄인의 사회적 책임이 완수된다는 것이다. 따라서 범죄인의 행동양식의 변화 등은 보호관찰의 시행에 따른 부수적인 효과일 뿐이며, 그렇기 때문에 관심의 대상도 범죄인이 아닌 범죄행위이고, 보호관찰의 조건도 행위자가 아니라 행위에 따라 결정된다는 것이다. 이와 같은 보호관찰에 관한 새로운 개념은 전통적인 보호관찰제도를 시행하는 과정에서 나타나는 문제점을 보완하는 과정에서 등장했다기보다는 범죄 전반에 대한 보다 강력한 사법정책을 요구하는 사회적 추세에 의한 개념의 변화라고 보아야 할 것이다.

2. 보호관찰제도의 성격

보호관찰제도의 성격에 관한 학자들의 견해는 다양하다. 즉 ① 보호관찰은 법원의 처분에 의한 형의 유예에 불과하다는 법률적 처분설(法律的 處分說), ② 피보호관찰자는 법관의 행위에 의한 조건부 특권을 누린다고 하는 은사설(恩赦說), ③ 보호관찰은 일종의 형벌이고 피보호관찰자는 준재소자라고 하는 형벌설(刑罰說), ④ 보호관찰은 피보호관찰자가 제한된 자유를 향유하기 위해 여러 조건을 수락함으로써 이루어진다고 하는 계약설(契約說), ⑤ 보호관찰에 있어서 범죄인의 사회복귀를 돕기 위한 구체적 수단의 확보가 가장 중요하기 때문에 보호관찰은 하나의 행정과정이라고 하는 행정과정설(行政過程說), ⑥ 보호관찰은 보호관찰관이 사회사업적 기초 위에서 행하는 치료수단이라고 하는 사회사업적 처분설(社會事業的 處分說), ⑦ 사회사업적 처분의 성격과 행

정과정의 성격을 복합적으로 지니고 있다는 복합설(複合說) 등이 그것이다.[114)]

미국에서는 사회사업적 처분설이 다수설이라고 하나 보호관찰에 관한 이와 같은 견해들은 이 제도가 발생한 역사적 배경과 정책적 입장에 따라 성격이 달리 해석된다고 볼 수밖에 없다. 따라서 보호관찰의 성격에 관해서는 그것이 시행되고 있는 구체적 내용에 따라 고찰하는 것이 타당할 것이다.

첫째, 상습범 또는 특수범 및 기타 형집행 종료자들에 대한 보호관찰은 보안처분에 해당한다고 하는 것은 이설(異論)이 없다. 이 경우의 보호관찰은 특수한 범죄의 위험성이 있는 범죄자에 대하여 사회 내에서의 생활을 영위하게 하기 위하여 보도·원호(輔導·援護)의 조치를 병행하지만 주된 목적은 그들의 범죄위험성으로부터 사회를 보호하자는 것이고, 따라서 그 내용 역시 감시가 중요한 위치를 점하고 있는 것이다. 우리나라의 「보안관찰법」상의 보안관찰처분, 「사회보호법」상의 보호감호 등이 이에 해당한다.

둘째, 형집행의 유예나 정지의 조건으로 시행되는 보호관찰의 법률적 성질에 관해서는 의견이 대립되고 있다. 이 제도가 범죄자에 대한 국가적 대응수단으로서 단순한 복지행정 또는 사면(赦免)이 아닌 형사사법상의 제도라는 점에는 의견이 일치한다. 그러나 형사사법에 있어서의 보호관찰의 성질에 관해서는 견해가 대립되고 있다. 그 하나는 보호관찰을 자유형의 변형(Modifikation der Freiheitsstrafe) 또는 형집행의 변형(Modifikation der Vollstreckung)이라고 보는 입장이고, 다른 하나는 보안처분의 일종이라고 보는 입장이다. 보호관찰을 자유형의 변형 또는 형집행의 변형이라고 보는 입장은 보호관찰은 영국과 미국에서 범죄자에 대한 적극적인 사회내처우수단으로 생겨난 제도이고 보안처분은 원래 유럽대륙에서 응보적 형벌제도가 파산(破産)하면서 생겨난 제도로서 양자는 역사적·발생적 배경을 본질적으로 달리하고 있을 뿐만 아니라, 보호관찰은 범죄자 개개인에게 중점을 둔 형사정책의 일환으로서 자유형의 폐단을 회피하고 범죄자의 개선과 사회복귀를 도모함으로써 결과적으로 범죄를 예방하고자 창설된 제도인 반면, 보안처분은 형법상의 특례로서 위험한 범죄자로부터 사회를 방위하고자 하는 목적으로 창설된 제도라고 한다.

한편 보호관찰을 보안처분의 일종이라고 보는 입장은 보호관찰과 보안처

114) Howard Abadinsky, *Probation and Parole*(Englewood Cliffs; Prentice Hall), 1979, pp. 130-131; Lewis Diana, "What is Probation," in: R. M. Carter & L. T. Wilkins(ed.), *Probation and Parole,* Selected Readings(New York: John Wiley & Sons Inc.), 1970, pp. 40-50.

분이 그 발생연원과 목적에 있어서 서로 다른 것이 사실이지만 보안처분도 궁극적으로는 대상자의 사회복귀를 목적으로 하는 것이기 때문에 보호관찰을 보안처분의 일종으로 보는 것이 타당하다는 것이다.[115)]

생각건대 보호관찰을 단순한 자유형의 변형이라고 해석하는 것은 보호관찰의 고유한 의의에도 반할 것이고, 또한 보안처분과 보호관찰은 그 주된 기능에 있어서도 다르기 때문에 보호관찰의 성질을 보안처분의 일종이나 변형된 자유형이라고 하기보다는 자유형이 내용적으로 다른 종류의 제도에 의해 대체된 것이라고 보는 것이 타당하다고 생각한다. 또한 보안처분은 "형벌 이외에 이와 대체 또는 이를 보충하기 위한 것으로서 범죄행위를 원인으로 하여 행위자의 범죄위험성을 방지하기 위하여 자유의 박탈 또는 제한을 내용으로 하는 처분"을 뜻하는 것으로 본질적으로 위험성 있는 특수한 자에 대한 사회방위수단으로서의 의의를 가지는 것이고, 보호관찰은 범죄자의 교화·개선을 위한 적극적인 사회내처우를 목적으로 하는 갱생보호의 정신을 강조하기 때문에 보호관찰을 보안처분의 범주에 포함시키는 것은 타당하지 않다고 본다. 그러나 우리 「사회보호법」상의 보호관찰처럼 보안처분적 성질을 가지면서 보호관찰이라는 용어를 사용하고 있는 경우도 있다.

3. 보호관찰제도의 연혁

일반적으로 보호관찰제도의 기원은 13세기 이래의 영국 보통법상의 몇 가지 재판상의 관행들에서 찾는다. 영국 보통법상의 관행이란 주로 가혹한 형벌로부터 범죄인을 보호할 목적으로 행하여진 영국의 '성직자의 특혜'(Benefit of Clergy)와 14세기경부터 행하여진 '선행(善行)의 서약'과 '보증부유예'(保證附猶豫)를 말한다.

성직자의 특혜는 성직자에 대하여는 일반법원에 재판권이 없다는 교회측의 주장에 따라 범죄를 행한 성직자를 일반법원에서 석방하고 공인된 성직자에게 처벌권을 위임함으로써 범죄인에게 덜 가혹한 형벌을 부과하였던 관행이다. 이와 같은 특혜는 점차 그 대상이 확대되어 성직자뿐만 아니라 일반인에게까지 적용되다가 1827년에 정식으로 폐지되었다고 한다.

한편 '선행의 서약'이나 '보증부유예'라는 관행들은 범죄인으로부터 선행할 것을 서약받거나 보증금을 받고 석방하는 것으로, 서약을 위반하는 경우에

115) 이재상, 「社會保護法論」, 經文社, 1981, 175면.

는 다시 처벌을 받게 된다는 점 등에서 오늘날의 보호관찰제도와 많은 유사점을 갖고 있어 보호관찰의 발전과정에 있어서 기초적인 단계라고까지 말해지고 있다.[116)]

그 밖에도 18세기 말엽 역시 영국에서 시행된 관행들로서 일정한 요건하에서 유죄피고인을 석방시키는 방면장(放免狀, Ticket of leave)제도와 재소자들을 공공사업에 종사시켜 거의 일반인과 같은 생활을 영위하게 하는 재소자의 '공공사업종사제도'(Prisoner on Public Works) 등이 있었고, 오늘날의 비사법적 보호관찰(非司法的 保護觀察, Nonjudicial Probation)에 해당하는 미국 Massachusetts 주의 기소보류절차(起訴保留節次, filing Procedure)나 오늘날의 보석(保釋)에 해당하는 선행보증제도 등이 있었는데 이와 같은 제도들이 활용 발전되어 영국과 미국의 보호관찰제도의 발생과 입법에 커다란 영향을 미쳤다. 그러나 이러한 제도들이 오늘날의 보호관찰제도에 일관하여 직접적으로 연결·발전해 온 것은 아니고 각 시대의 특수한 정치·문화적 상황에서 생겨난 독자적이고 단편적인 정책의 산물인 것이다. 따라서 오늘날의 보호관찰제도는 전술한 여러 관행 및 제도의 영향을 받은 것은 사실이지만 바로 그 관행들이 발전한 것은 아니다.

오늘날의 보호관찰제도의 효시는 미국의 독지가(篤志家) John Augustus가 시작한 보석보증인(保釋保證人) 활동과 그의 실천례를 모태로 하여 제정된 1869년의 매사추세츠 주의 법이다. 즉 미국 Boston시의 제화업자(製靴業者)이자 민간독지가인 Augustus가 1841년 알코올에 중독된 범죄자를 법원으로부터 자기의 보증하에 석방받아 관찰·원호한 것이 제도적 모체가 된 것이다. 현대적 보호관찰의 창시자로 불리는 그는 최초로 'Probation'이라는 용어를 사용하였을 뿐만 아니라 Case work적인 방법을 보호관찰에 응용함으로써 현대적인 보호관찰의 유형을 확립하였고, 이어 판사 출신의 법조인 P. O. Thacher와 신부(神父)인 George F. Haskins, 그리고 Rufus R. Cook 등과 같은 독지가들에 의해서 더욱 발전되어 19세기 말경에는 입법화단계에 이르게 되었다.

미국에서 보호관찰제도를 최초로 입법화한 것은 1869년의 매사추세츠 주법이라고는 하나 이것은 보호관찰제도와 유사한 오늘날의 보호처분과 같은 유예 및 관찰제도를 형식적으로 규정하는 데 그쳤을 뿐만 아니라 오늘날과 같은 probation이라는 용어도 사용하지 않았다고 한다. 그러나 형식상은 주지사가

116) U. N. Department of Social Affairs, Probation and Related Measure, 1951, p. 22.

임명하는 방문관이 석방자의 관찰과 원호업무를 행하게 되어 있다는 점 등에서 이 법은 최초의 형식적인 보호관찰법이라고 불린다. probation이라는 용어를 처음 사용한 입법은 1878년의 매사추세츠주법이다. 특히 1899년의 일리노이즈 주의「요부조(要扶助), 방임(放任) 및 비행소년의 처우와 통제에 관한 법률」(The Act to Regulate the Treatment and Control of Dependant, Neglected and Delinquent Children, Law of Illinois)은 세계 최초의 소년원법으로 소년에 대한 특별처우를 위하여 보호관찰제도를 도입하고 시카고에 최초의 소년법원을 설치하는 등 비행소년에 대한 법률적 · 사회적 및 과학적인 처우를 하게 된 계기를 마련하였다.

4. 현행법상의 보호관찰

1989년 7월 1일부터 시행되고 있는 현행「보호관찰 등에 관한 법률」(이하「보호관찰법」이라고 한다)은 1997년의 전문개정을 거쳐 현재에 이르고 있다.

현행법상 보호관찰은 보호관찰을 조건으로 선고유예 및 집행유예를 받은 자, 가석방 및 가퇴원된 자, 소년법에 의해 보호처분을 받은 자, '다른 법령'에 의해 이 법에 의한 보호관찰을 받도록 규정된 자 등을 그 대상으로 한다(「보호관찰법」 제3조 1항). 그런데 현재 보호관찰을 규정하고 있는 '다른 법령'은[117]「성폭력범죄의 처벌 및 피해자보호 등에 관한 법률」(제16조),「가정폭력범죄의 처벌 등에 관한 특례법」 및「성매매알선 등 행위의 처벌에 관한 법률」(제14조)이 있으나, 그것은 사회방위를 주목적으로 하고 있고, 따라서 그 주된 기능도 감시 · 감독이기 때문에 보안처분의 일종이라고 할 수 있어 엄격한 의미에서 범죄자의 복지와 보호를 주된 목적으로 하는 보호관찰법의 그것과는 다르다고 할 것이다. 이 경우에 있어서의 보호관찰은 특수한 범죄적 위험성이 있는 범죄자에게 사회 내에서의 재활을 가능케 하기 위하여 보도(輔導)와 원호(援護)를 행하기는 하지만, 그 주된 목적은 그들의 범죄적 위험성으로부터 사회를 보호하자는 것이고, 따라서 그 내용 역시 감시가 중요한 위치를 점하고 있기 때문이다. 또한「성폭력범죄의 처벌 및 피해자보호 등에 관한 법률」을 위반하여 선고유예, 집행유예, 가석방 등의 처분을 받은 자는「보호관찰법」의 적용대상이나(동법 제16조 4항),[118] 폐지

117)「사회보호법」은 2005년 8월 4일 법률 제7656호로 폐지되었다.

118)「사회보호법」은 전통적인 형벌만으로 개선 · 교화되지 않는 상습범과 조직범죄자, 심신장애범

된「사회보호법」상의 보호관찰은 이와 같은 위임규정이 없기 때문에 보호관찰법의 적용대상이 아니다.

보호관찰기간은 보호관찰부선고유예의 경우는 1년(「형법」 제59조의2 2항)이고, 집행유예는 집행을 유예한 기간(「형법」 제62조의2 2항)이나 법원은 이 유예된 기간 내에서 따로 보호관찰기간을 정할 수 있다(「형법」 제62조의2 2항 단서).

가석방은 무기형 수형자였던 자에게는 10년, 유기형은 잔여형기(「형법」 제73조의2), 소년법에 의한 보호관찰은 단기보호관찰의 경우는 6개월, 일반 보호관찰은 2년인데 1년의 범위 내에서 1회에 한하여 연장할 수 있다(「소년법」 제33조).

보호관찰의 담당기관은 법무부보호국, 보호관찰심사위원회, 보호관찰소 등인데, 보호관찰심사위원회는 각 고등검찰청 소재지에 두며 위원장은 검사장 또는 고등검찰청소속 검사 중에서 법무부장관이 임명한다(「보호관찰법」 제5조 및 제7조). 보호관찰심사위원회는 5인 이상 9인 이하의 위원으로 구성하는데, 그 위원은 판사, 검사, 변호사, 보호관찰소장, 지방교정청장, 교도소장, 소년원장 및 보호관찰에 관한 지식과 경험이 풍부한 자 중에서 법무부장관이 임명 또는 위촉한다(「보호관찰법」 제7조).

보호관찰심사위원회의 임무는 가석방, 가퇴원과 그 취소에 관한 사항, 보호관찰의 가해제(假解除), 정지 및 취소에 관한 사항, 가석방 중인 자의 부정기형의 종료에 관한 사항 등을 심사·결정하는 것이다(「보호관찰법」 제6조). 단 여기서 말하는 가석방, 가퇴원, 가석방 중인 자의 부정기형 종료에 관한 심사·결정은 소년수형자를 대상으로 하는 심사·결정이다.

보호관찰소는 보호관찰, 사회봉사·수강 및 갱생보호에 관한 사무를 관장하기 위한 법무부장관 소속 행정기관이다. 이 기관은 형사정책학, 행형학, 범죄학, 사회사업학, 교육학, 심리학 기타 전문지식을 갖춘 공무원인 보호관찰관과 명예직인 민간 범죄예방자원봉사위원으로 구성되며, 이들이 보호관찰 및 갱생보호를 실시하고 수강명령이나 사회봉사명령 등을 직접 집행한다. 그러나

죄자, 마약류·알코올중독자 중 특히 위험한 범죄자에 대하여 '사회보호'와 교육, 그리고 개선 및 치료를 위한 감호(監護)와 보호관찰을 행하기 위하여 보호처분제도를 두었고, 그 보호처분의 방법으로 보호감호, 치료감호, 보호관찰 등을 두고 있다(「대한민국법률연혁집(제6권)」, 국회사무처, 1992, 5596면). 또한「성폭력범죄의 처벌 및 피해자보호 등에 관한 법률」 역시 성폭력범죄를 행한 자이 대하여 선고유예 또는 집행유예를 할 때에는 일정기간 보호관찰을 명할 수 있도록 하되, 동 범죄를「사회보호법」에 의한 보호감호대상범죄로 취급함으로써(동법 제17조) 상습범 등과 마찬가지로 사회방위차원에서 보호관찰이 행하여짐을 시사하고 있다(한국법제연구원,「대한민국법률연혁집」, 1994, 351면). 그러나 2005년「사회보호법」이 폐지되었기 때문에 이 규정은 개정하여야 할 것이다.

실무에 있어서는 보호관찰관은 행정적인 업무를 주로 하고 민간인 범죄예방자원봉사위원이 대상자를 직접 접촉하여 원호·보도 등의 처우를 하고 있기 때문에 전문성 등이 문제된다.

5. 보호관찰소의 업무와 보호관찰의 내용

(1) 판결전조사(判決前調査)

보호관찰소의 장은 법원의 요구가 있을 때 소년피고인의 범행동기, 직업, 생활환경, 교우관계, 가족상황, 피해보상 여부 등 필요한 사항을 조사하여 법원에 통보하여야 한다. 이 때 필요하다고 인정되는 경우에는 피고인이나 관계인을 소환하여 심문하거나 소속 보호관찰관으로 하여금 필요한 사항을 조사하게 할 수 있다(「보호관찰법」 제19조).

이와 같은 판결전조사는 법원이 보호관찰, 사회봉사 또는 수강명령을 내리기 위한 참고자료가 되는 것이다. 따라서 사실인정에 영향을 미쳐서는 안 되고, 그러기 위해서는 사실심리가 끝난 후 양형단계에서 비로소 판결전조사보고서가 제출되어야 할 것이다.

(2) 환경조사 및 환경개선활동

보호관찰소의 장은 소년수형자 및 소년원수용자의 범죄 또는 비행의 동기, 수용전의 직업, 생활환경, 교우관계, 가족상황, 피해회복 여부, 생계대책 등과 같은 환경을 조사하여 수용기관의 장에게 통보하여야 한다(「보호관찰법」 제26조). 또한 이와 같은 환경조사결과에 따라 수용자의 건전한 사회복귀를 촉진하기 위하여 필요하다고 인정하는 때에는 본인, 가족 기타 관련인 등의 동의 또는 협력을 얻어 본인의 환경개선을 위한 활동을 할 수 있고, 이를 위해 수용자를 면담하는 등 필요한 조치를 할 수 있다(「보호관찰법」 제27조). 그뿐만 아니라 가석방심사위원회가 의뢰한 가석방대상자에 대한 환경조사 및 재범위험성, 사회생활 적응가능성 등을 조사하여 가석방심사위원회에 보고한다(「보호관찰법」 제28조).

(3) 지도·감독 및 원호(指導·監督 및 援護)

보호관찰관은 보호관찰대상자의 재범을 방지하고 건전한 사회복귀를 촉진하기 위해 보호관찰대상자와 긴밀한 접촉을 가지고 항상 그 행동 및 환경 등을 관찰하고, 준수사항을 이행함에 적절한 지시를 하며, 보호관찰대상자의 건전한 사회복귀를 위한 조치를 하는 등 지도·감독을 한다(「보호관찰법」 제33조). 또한 숙소 및 취업을 알선하고, 직업훈련기회를 제공하며, 환경의 개선과 사회복귀에 필요한 원조를 한다(「보호관찰법」 제34조).

그뿐만 아니라 보호관찰의 실시를 위해 필요한 때에는 보호관찰대상자 및 기타 관계인을 소환하여 심문하거나 필요한 사항을 조사한다. 그러나 이러한 직무를 담당하는 자는 직무상 비밀을 엄수하고, 보호관찰대상자 및 관계인의 인권을 존중하여야 하며(「보호관찰법」 제37조) 만약 이를 위반하였을 때는 공무상비밀누설죄(「형법」 제127조) 및 인권옹호직무방해죄(「형법」 제139조) 등에 해당하여 처벌을 받아야 할 것이다.

⑷ 경고(警告) 및 구인(拘引)

보호관찰소의 장은 보호관찰대상자가 「보호관찰법」 제32조에 규정된 준수사항을 위반하거나 위반할 위험성이 있다고 인정할 상당한 이유가 있는 때에는 준수사항의 이행을 촉구하고 형의 집행 등 불이익한 처분을 받을 수 있음을 경고할 수 있다(「보호관찰법」 제38조). 또한 이와 같은 자가 일정한 주거가 없거나, 보호관찰관의 소환에 불응하거나, 도주 또는 도주할 우려가 있는 때에는 검사의 지휘를 받아 보호관찰관이 보호관찰대상자를 구인한다. 이 때 구인장은 보호관찰소의 장이 관할 지방검찰청의 검사에게 신청하여 검사의 청구로 관할 지방법원판사가 발부하며(「보호관찰법」 제39조), 구인기간은 48시간이다(「보호관찰법」 제41조).

그러나 긴급을 요하여 구인장을 받을 수 없는 때에는 구인장 없이 긴급구인(緊急拘引)하고 관할 지방검찰청 검사의 사후승인을 얻어야 하며, 검사의 승인을 받지 못하면 즉시 석방하여야 한다(「보호관찰법」 제40조). 따라서 이와 같은 긴급구인의 경우 보호관찰소의 장이 관할 지방검찰청 검사의 사후승인을 얻으면 그것으로 효력을 발생하며 일반 구인의 경우와 같이 판사가 발부한 구인장은 사후에라도 필요하지 않게 되어 있다.

⑸ 유　치(留置)

구인된 보호관찰대상자에 대하여 보호관찰을 조건으로 한 형의 선고유예의 실효 및 집행유예의 취소청구, 가석방 및 가퇴원의 취소청구, 보호처분의 변경 등을 신청하는 데 필요하다고 인정되는 때에는 그 보호관찰대상자를 수용기관 또는 소년분류심사원에 유치할 수 있다(「보호관찰법」 제42조). 여기서 소년분류심사원에 유치할 수 있는 대상자는 보호처분을 받은 소년이 될 것이고 유치장, 구치소 또는 교도소 등과 같은 수용기관에 유치되는 대상자는 선고유예 및 집행유예를 받거나 그리고 가석방된 자들이 될 것이다.

유치는 보호관찰대상자를 구인한 때부터 48시간 이내에 보호관찰소의 장이 검사에게 신청하여 검사의 청구로 관할 지방법원판사의 허가를 받아 행하고, 유치허가를 받은 때로부터 24시간 이내에 전술한 취소청구 또는 변경 등의 신청을 관할 검찰청 검사에게 하여야 한다(「보호관찰법」 제42조 2항 및 3항).

유치기간은 법원의 허가를 받은 날로부터 20일인데, 보호관찰을 조건으로 한 형의 선고유예의 실효 및 집행유예의 취소청구신청과 보호처분의 변경신청의 경우는 각 심급마다 20일 범위 내에서 1차에 한하여 유치기간을 연장할 수 있고, 가석방 및 가퇴원의 취소신청의 경우는 10일 이내의 범위에서 1차에 한하여 유치기간을 연장할 수 있다(「보호관찰법」 제43조). 그리고 이 유치기간은 보호관찰을 조건으로 한 형의 선고유예의 실효, 집행유예의 취소 또는 가석방의 취소가 있는 때에는 그 유치기간을 형기에 산입한다(「보호관찰법」 제45조).

6. 보호관찰의 종료

보호관찰은 보호관찰기간이 경과하거나 보호관찰을 조건으로 한 선고유예의 실효된 때, 집행유예가 실효 또는 취소된 때, 가석방 및 가퇴원이 실효 또는 취소된 때, 보호처분이 변경된 때, 부정기형 종료결정이 있는 때, 보호관찰기간중 금고 이상의 형의 집행을 받게 된 때에 종료된다(「보호관찰법」 제51조).

여기서 부정기형 종료결정이 있는 때란 「소년법」 제60조 1항의 규정에 의해 형의 선고를 받은 후 가석방된 소년이 그 형의 단기가 경과하고 보호관찰의 목적이 달성하였다고 인정되어 정해진 형기가 만료되기 전에 형의 집행이 종료된 것을 말한다. 따라서 보호관찰기간이 경과한 것과 마찬가지로 보호관찰이 종료되는 것은 당연할 것이다. 또한 보호관찰이 변경된 때란 「소년법」에 의해 보호관찰을 받고 있는 소년이 준수사항을 지키지 않는 등 보호관찰을 계속함이 적합하지 않다고 판단되는 때 그 보호관찰처분을 다른 보호처분으로 변경하는 것이다. 따라서 보호관찰처분보다 더 무거운 처분, 즉 소년원 송치처분이 될 것이고 그렇기 때문에 보호관찰을 할 여지가 없게 될 것이다. 마찬가지로 선고유예나 집행유예가 실효 또는 취소된 때에도 유예했던 유죄의 선고 또는 형이 집행되기 때문에 보호관찰이 시행될 여지가 없고, 따라서 보호관찰이 종료된다.

제 6 절 사회봉사 · 수강명령 및 손해배상명령

1. 사회봉사명령(社會奉仕命令)

(1) 사회봉사명령의 의의와 배경

사회봉사명령(community service order, gemeinützige Arbeit)이란 사회내 처우의 일환으로서 형벌, 특히 구금형의 대안으로 고안된 것으로써 유죄의 혐의가 있거나 유죄판결을 받은 피고인에게 기소 또는 선고를 유예하거나 형의 집행을 유예하는 조건으로 특정한 공공시설이나 복지시설에서 봉사하도록 함으로써 그의 개선과 사회복귀를 도모하는 제도를 말한다.

사회봉사명령은 수단에 있어 구금을 수반하지 않고 있어 범죄자의 개인적 또는 사회적 기능을 저해할 가능성이 적고, 운용이 경제적인 것으로 여러 가지 요소가 합체(合體)된 것이다. 즉 고된 노동, 훈련, 그리고 근로가 무보수이고 의무적이라는 점에서 처벌적 요소를 내포하고 있는 반면에, 다른 한편으로는 무보수로 봉사함으로써 범죄를 행하여 사회에 끼친 피해를 배상한다는 배상적 요소를 가지는 제도이다.

이 제도는 1970년 영국에서 형벌제도에 관한 자문위원회인 '우튼위원회'(The Wootton Committee)[119]가 제출한 보고서에서 처음 제안되었고 이어 1972년의 「형사재판법」 개정에 의해 최초로 입법화되었다. 즉 1972년 영국의회를 통과하여 여왕의 재가를 받아 1973년 1월 1일부터 시행하게 된 영국의 「형사재판법」에 이 사회봉사명령제도가 도입된 것이다. 그러나 이 제도는 1973년과 1974년에는 Inner London, Kent, Nottinghamshire, Durham, South-West Lancashire, 그리고 Shropshire 등 6개 지역에서 시범적으로 시행되었을 뿐이고 영국 전역에 시행된 것은 1979년부터라고 한다.[120] 현재 유럽대륙과 미국, 캐나다, 오스트레일리아, 그리고 뉴질랜드 등 각국도 이 제도를 도입하여 실시하고 있다.

이 사회봉사명령제도가 형사사법에 도입되게 된 배경은 먼저 형벌로서의

119) 우튼위원회는 영국 내무성의 자문위원회 가운데 하나로 그 정식 명칭은 '형벌제도에 관한 자문위원회'(The Advisory Council on the Penal System)인데, 이 위원회에서는 1970년에 '시설외형벌'과 '준시설내형벌'(Non-Custodial and Semi-Custodial Penalties)이라고 하는 제목의 보고서를 발간하여 사회봉사명령의 도입을 주장하였다. 정동기, "英國의 社會奉仕命令 및 受講命令制度," 「各國의 少年善導保護制度硏究, 法務資料(第135輯)」, 法務部, 1990, 101면.

120) 한국형사정책연구원, 「사회봉사명령제도에 관한 비교법적 연구」, 1992, 39면.

자유형에 대한 환멸 내지 실망 그리고 인도주의(人道主義, humanitarianism)의 영향을 들 수 있다. 즉 기존의 잔혹한 자유형에 대한 반성과 그 효율성에 대한 실망과 회의가 그것이다. 다음으로 교도소의 수용인원 증가에 따른 현실적이고 경제적인 측면의 요구이다. 즉 수용인원이 증가함으로써 생기는 교도소 내의 과밀수용현상을 해소하고 경제적인 문제를 해결하고자 하는 방안으로 고려된 것이다.

(2) 사회봉사명령의 이념

사회봉사명령은 형사정책적 입장의 산물이기 때문에 그 이념에는 범죄인의 처벌(punishment), 사회에 대한 배상(reparation), 범죄행위에 대한 속죄(expiation), 범죄인의 사회복귀 또는 사회에의 재융합(再融合, reintegration) 등과 같은 요소들이 포함되어 있다.

1) 처 벌

사회봉사명령은 우선 사회 내에서의 처벌이라는 차원에서 고려된다. 즉 범죄자를 사회에 활동하게 하면서 처벌의 목적을 달성한다는 것이다. 재소자의 수용밀도완화와 재정증가의 감소라는 현실적인 문제를 해결하기 위한 방편의 하나로 범죄자를 사회에 활동하게 하면서 처벌의 목적을 달성하고자 하는 사회봉사명령은 따라서 형벌적 요소와 일반예방적 요소를 강조하는 시설외처우인 것이다.

2) 배상과 속죄

범죄자는 그가 저지른 범죄행위로 말미암아 직·간접으로 사회에 해를 끼친다. 사회봉사명령에서의 배상적 요소는 이런 차원에서 의미가 있다. 즉 범죄자로 하여금 사회에 가한 해악에 대하여 사회에 배상하도록 한다는 의미가 있는 것이다. 따라서 범죄자는 사회적으로 유익한 일을 함으로써 유해한 사회적 존재에서 유익한 기여자로 바뀌는 것이다. 이것은 다분히 상징적 배상(symbolic reparation)이면서 도덕적 책임(moral accounting)의 성질을 갖는다.

한편 이와 같은 사회봉사명령의 배상적 요소는 범죄자로 하여금 자신의 무책임한 행동에 대한 가시적인 개전(改悛)을 하였다는 심리를 충족시키는 통로가 된다는 점에서 속죄의 요소도 있다. 즉 사회봉사명령은 범죄자가 가지고 있는 강한 죄의식을 완화시키는 유용한 수단이 되는 것이다.

3) 교정과 재사회화

사회봉사명령은 범죄자를 교정하여 사회에 복귀시키는 것을 그 이념적 요소로 한다. 이와 같은 교정과 사회복귀라는 이념적 요소는 범죄자에게 다음과 같은 몇 가지 차원에서 구체화된다.

첫째, 사회봉사를 통해 사회 내에서 자신의 역할을 재발견하고 사회적 책임감을 불러일으킬 수 있다. 그것은 범죄자가 사회에서 보호와 원조를 필요로 하는 사람들을 도움으로써 사회에 대한 참여의식과 타인에 대한 관심을 증대시키고 발전시킬 뿐만 아니라, 범죄자가 사회에 대한 긍정적인 기여를 할 수 있다는 점에서 긍정적인 자아상(自我像, self-image)을 형성하게 된다는 점에서 의의가 있다.

둘째, 범죄자가 아닌 다른 자원봉사자들과 접촉할 기회를 갖게 됨으로써 스스로 그들의 가치관을 배우고 반추할 수 있을 뿐만 아니라 타인과의 사회적 접촉을 강화할 수 있다. 또한 적절한 감독자와 함께 하는 근로를 통하여 사회적 의무와 근로의무에 보다 실천적 자세를 갖게 한다. 특히 이는 반사회성을 제거하고 사회가 그 구성원들에게 주는 합리적 요구에 대한 관심을 고양하는 것이 될 것이다.

셋째, 사회봉사명령이 갖는 또 다른 특징은 여가를 건전하게 사용함으로써 반사회적인 행위를 할 가능성을 박탈한다는 것이다. 즉 범죄자들이 근로에 종사함으로써 건전하지 못한 여가생활을 할 기회를 없앨 수 있다는 것이다.

넷째, 사회봉사를 통해 범죄자들이 지금까지 스스로 인식하지 못했던 능력과 관심을 발견할 수 있고, 따라서 사회봉사명령이 종료된 후에도 계속적으로 봉사활동에 관심을 갖게 됨으로써 확고한 사회의 선량한 구성원이 될 수 있다. 또한 이를 통하여 범죄자에게 새로운 취업의 욕구를 형성하게 할 수 있을 것이다.

다섯째, 사회봉사명령은 만성적으로 실업상태에 있는 범죄자들에게 근로의 습성을 회복시키는 유용한 수단이 될 수 있다. 이와 같은 근로습성의 회복은 나태(idleness)로 인하여 생길 수 있는 범죄성이 싹트는 것을 방지하고 자신의 능력으로 자립할 수 있다는 자기확신(self-confidence)을 갖게 함으로써 적극적이고 준법적인 사회생활을 영위하게 할 수 있을 것이다.

(3) 사회봉사명령의 법적 성격

사회봉사명령이 독립한 형벌적 조치인가 아니면 보호관찰의 조건이나 준수사항의 하나로 볼 것인가에 대해서는 그 국가의 입법정책에 따라 달라질 수 밖에 없다. 예를 들면 영국에서는 사회봉사명령이 형선고에 수반하는 조건으로서가 아닌 독립한 하나의 형벌로서 선고되고 있으나, 미국에서는 단순히 보호관찰의 조건으로 선고되는 주가 있는가 하면, 선고유예의 조건으로 선고되는 주도 있고, 또한 독립된 형벌의 일종으로 선고되는 주도 있다고 한다.[121)]

우리나라는 사회봉사명령을 형의 집행유예에 병과하는 것과(「형법」 제62조의2 제1항), 보호처분에 부가하여 명하는 것 두 가지 방법으로 시행하고 있다(「소년법」 제32조 3항).

사회봉사명령을 보호관찰의 조건이나 준수사항의 일종으로 하는 것은 피고인이 명령을 위반하였을 때에 유보했던 형벌을 부과할 수 있게 될 것이고, 따라서 그 명령이행의 효율성이 높을 것이다. 반면 독립된 형벌로 본다면 다른 형벌과 함께 부과할 수 없다는 것은 당연하고, 따라서 명령을 위반하였을 때에도 사회봉사명령 자체가 갖는 징계, 예를 들면 사회봉사의 기간을 연장한다든지 또는 좀더 고된 노역에 종사하도록 하는 등의 조치를 할 수밖에 없을 것이다.

(4) 현행법상의 사회봉사명령

우리 「형법」은 형의 집행을 유예할 경우 사회봉사명령을 할 수 있도록 하고 있다(「형법」 제62조의2). 그 기간은 다른 법률에 특별한 규정이 없는 경우에 500시간의 범위 이내이고 법원이 봉사를 할 분야와 장소 등을 지정한다(「보호관찰법」 제59조). 그러나 집행유예기간보다는 장기일 수는 없다. 그것은 이 명령이 집행유예의 부수적인 조건이기 때문이다. 한편 보호관찰과 함께 부과되는 사회봉사명령은 보호관찰을 받은 16세 이상의 소년을 대상으로 단기보호관찰의 경우에는 50시간, 일반보호관찰에 대해서는 200시간을 초과하지 않는 범위 내에서 시행된다(「소년법」 제33조 4항).

사회봉사명령의 집행담당기관은 보호관찰소이다. 따라서 보호관찰관이 이를 집행하는데, 보호관찰관은 국·공립기관 기타 단체에 그 집행의 전부 또는 일부를 위탁할 수 있고, 필요하다고 인정되는 경우에는 협조를 요청할 수 있다(「보호관찰법」 제61조 1항 및 3항). 이 때 법원은 그 위탁이 적절하지 않다고 판단되면 집행의 위탁을 취소할 수 있으며(동조 2항), 이 경우 보호관찰관은 남은 기간의 사회봉사명령을 직접 집행하거나 다른 국·공립기관 기타 단체에 위탁하여 집행한다(동 시행령 제38조).

사회봉사명령대상자는 보호관찰관의 지시에 따르고 주거를 이전하거나 1월 이상의 국내외 여행을 할 때에는 미리 보호관찰관에게 신고하여야 한다. 이 외에도 재범의 기회나 충동을 줄 수 있는 장소에 출입하지 아니할 것, 사행

121) D.C. McDonald, *Punishment without Walls,* Rutgers University Press, New Brunswick, New Jersey, 1986, p. 10.

행위에 빠지지 아니할 것, 주류를 과도하게 마시지 아니할 것, 마약 향정신성 의약품 · 대마 기타 남용되거나 해독작용을 일으킬 우려가 있는 물질을 사용하지 아니할 것, 가족의 부양 등 가정생활에 있어서 책임을 이행할 것 등의 준수사항들이 있는데, 이와 같은 준수사항은 보호관찰대상자의 생활력, 심신의 상태, 범죄 또는 비행의 동기, 거주지의 환경 등으로 보아 보호관찰대상자가 준수할 수 있다고 인정되고 자유를 부당하게 제한하지 아니하는 범위 내에서 개선자립에 도움이 된다고 인정되는 구체적 사항이어야 한다(「보호관찰법」 제32조 3항 및 동 시행령 제19조).

사회봉사명령은 법원이 정한 기간에 집행을 완료하거나 집행유예기간이 경과한 때 종료된다. 또한 집행유예의 선고가 취소된 때와 금고 이상의 형의 집행을 받게 된 때는 유예했던 형이 집행됨으로써 사회봉사명령이 종료되는 것은 당연하다(동법 제63조).

(5) 사회봉사명령의 문제점

사회봉사명령과 관련하여 논란이 되는 것은 그 명령을 피고인이 거부할 수 있는 가이다. 우리 현행법은 이것에 관해 아무런 언급을 하고 있지 않다. 따라서 피고인의 동의 없이 사회봉사명령이 과해질 수 있다고 보아야 한다.

그러나 사회봉사명령이 갖는 실질적인 내용은 피고인의 노동이다. 따라서 그것이 피고인의 자발적인 동의 없이 행하여진다면 그것은 결과적으로 사회봉사가 아닌 강제노동이 될 것이다. 이것은 강제노동을 금지한 '1930년과 1957년의 제네바조약,' '인권과 기본적 자유의 보호를 위한 1950년의 로마조약,' 그리고 '시민권 및 정치적 권리에 관한 1966년의 뉴욕조약'[122] 등에 위배된다.

그러나 다른 한편으로 사회봉사명령이 형벌의 부수적인 조건이라고 한다면 이것은 뉴욕조약 제 8 조 3항(b)가 규정하고 있는 "권한 있는 법원이 형벌로 선고한 것을 이행하기 위한 노동의 수행"이 될 것이다. 우리 헌법도 "… 법률과 적법한 절차에 의하지 아니하고는 처벌 · 보안처분 또는 강제노역을 받지 아니한다"고 하고 있기 때문에(「헌법」 제12조 1항) 역으로 법률과 적법한 절차에 의하면

122) 1966년의 뉴욕조약 제 8 조 3항은 강제노역에 관해 다음과 같이 규정하고 있다. 즉 (a) 누구도 노동을 강요당하거나 강제당해서는 안 된다. (b) 제 3 항 (a)는 범죄에 대한 형벌로서 징역을 과하는 국가에 있어서 권한 있는 법원이 형벌로 선고한 것을 이행하기 위한 노동의 수행을 배제하는 것으로 이해되어서는 안 된다. (c) 이 항에 규정되어 있는 '강요된 노동 또는 강제노동'은 다음 각호의 것을 포함하지 않는다. ① 위 (b)에 언급되지 않은 것으로서 법원의 합법적인 판결결과 구금되어 있는 자 또는 그러한 구금에서 조건부로 석방되어 있는 자에게 요구되는 작업 또는 노역, ② 병역의무의 성격이 있는 용역제공 및 양심적 반대가 인정되는 나라에서 양심적 반대자에게 법에 의해 요구되는 국가적 노역, ③ 생명이나 공공의 안녕을 위협하는 긴급시나 재난시에 제공하는 노역, ④ 정상적인 시민의 의무의 일부분인 작업이나 노역.

강제노역을 부과할 수 있다. 따라서 집행유예의 조건으로 하는 사회봉사명령은 비록 그것이 피고인의 동의가 없더라도 집행되어야 하는 것이라고 보아야 할 것이다.

반면에 집행유예가 갖는 본래의 취지, 즉 범죄자에게 시설 내 수용이 낳을 수 있는 폐해를 줄이고 범죄자의 사회복귀를 도모하기 위함이라는 것을 감안한다면 이 사회봉사명령은 어디까지나 강제노동이 아닌 피고인의 자발적인 '봉사'가 되어야 할 것이다. 즉 사회봉사명령의 노동은 징역에 있어서의 그것과는 성격이 근본적으로 다른 것이다. 따라서 사회봉사명령을 함에 있어서는 피고인의 동의가 필요하다고 할 것이다. 또한 그렇게 하는 것이 피고인의 자발적이고 적극적인 '봉사활동'을 유도할 수 있어 사회봉사명령의 취지를 달성하는 데 도움이 될 것이다. 실제로 사회봉사명령을 조건으로 형의 집행을 유예한다고 할 때 대다수의 범죄자들은 이에 동의할 것이나 그렇다고 해서 모두가 동조한다고는 볼 수 없기 때문에 이 경우 이와 같은 동의 절차는 의미가 있을 것이다.

입법례를 살펴보면 영국, 덴마크, 노르웨이 등과 같은 국가는 사회봉사명령에 피고인의 동의를 명시적으로 요하고 있고, 반면에 독일은 범죄인의 동의를 필요로 하지 않는다. 한편 프랑스는 사전에 사회봉사명령을 거부할 수 있음을 고지하고 있고 네덜란드는 범죄인의 신청에 의해 사회봉사명령을 부과하고 있다.

입법론적으로 우리나라도 피고인의 사전동의를 요하는 것으로 하고, 그 대상도 벌금, 구류, 기소유예, 선고유예, 가석방된 자들에까지 확대하는 것이 좋을 것이다.

2. 수강명령(受講命令)

(1) 수강명령제도의 의의 및 연혁

수강명령이란 죄질이 비교적 약한 범죄자들에 대하여 일정기간 수강기관에 출석하여 강의, 훈련 또는 상담 등을 받도록 함으로써 범죄자의 개선·교화와 사회복귀를 적극적으로 도모하고자 하는 처분이다.

이 제도는 1948년 영국의 「형사재판법」에 도입됨으로써 처음으로 입법화되었는데 그것은 소년범죄자들로부터 주말의 여가시간을 박탈하는 '짧고 강한 충격'(short and sharp shock)으로 고안되었다고 한다. 즉 주로 주말을 이용하여 범죄자 및 비행소년들의 여가시간을 박탈함으로써 범죄의 기회를 축소시키는 한편, 여가선용을 통한 건전한 여가생활의 습관을 익히도록 하는 것이었고, 이는 기본적으로 단기구금의 폐해를 방지하고자 도입된 제도이기도 하다. 그러나 오늘날에 있어서 이 수강명령제도는 이와 같은 여가시간의 강제적 박탈이라는 의미보다도 범죄인의 개선과 교화를 위한 수단으로서의 의미가 더 강하다.

(2) 외국의 수강명령제도 및 유사 프로그램

1) 영 국

우리나라의 수강명령제도와 유사한 제도로 영국에서 시행되고 있는 것은 Attendance Centre Order와 Probation Day Centre Order가 있다. 전자는 형의 선고에 대신하는 독립된 처분의 명령으로써 우리 「형법」 제62조의2의 집행유예부 수강명령제도와 같은 것이라고 할 수 있고, 후자는 보호관찰조건으로서의 수강명령으로 우리 「소년법」 제32조 3항의 그것과 같은 성질의 것이다.

이 Attendance Centre Order는 21세 미만의 청소년[123]이 징역형에 해당하는 범죄를 범하여 유죄로 인정된 경우에 징역형을 선고하지 아니하고 일정시간 Attendance Centre[124]에 출석하여 강의, 훈련 또는 상담을 받도록 한다. 그러나 그 대상자는 초범이거나 전과가 있다고 하여도 벌금 이하의 형에 해당하는 처분을 받은 자로 경미한 범죄를 저지른 자에 한한다.

Attendance Centre의 출석은 14세 미만의 아동은 12시간을 초과할 수 없고, 14세 이상 17세 미만의 소년은 24시간, 그리고 17세 이상 21세 미만의 소년은 36시간을 초과할 수 없다.[125]

이 명령은 학업이나 생업에 지장을 주지 않도록 정해져야 하기 때문에 보통 주말에 시행되는데, 참석시간은 1일 3시간을 초과할 수 없도록 되어 있다. 대상자가 출석하지 않거나 중대한 위반사항을 범하였을 때에는 법원에 다시 이송되어 치안법원에서 원래의 범죄에 대한 처벌을 받거나 지방법원에 이송된다.

---

123) 영국은 10세 이상 14세 미만의 소년을 아동(children), 14세 이상 17세 미만을 소년(young person), 그리고 17세 이상 21세 미만은 청년(young adults)이라고 한다. 한편 청소년(juvenile)은 이 'children'과 'young person'을 함께 지칭하는 말이다.

124) Attendance Centre는 17세 미만의 소년을 위한 Junior Attendance Centre와 17세 이상 21세 미만의 소년범죄자를 위한 Senior Attendance Centre가 있다.

125) F. H. Mclintock, N. A. *Walker and N. C. Savill, Attendance Centre,* London: Macmillan & Co. Ltd., 1961.

Attendance Centre에서의 활동내용은 전적으로 Centre의 책임자의 결정에 달려 있는데 주로 대상자들의 외모나 행동을 점검하는 검열행진(inspection parade)을 비롯해서 체육훈련, 청소, 응급처치훈련, 잔디깎기, 목공기술, 무선기술 등의 교육과 작업 등이다.

한편 Probation Day Centre Order는 보호관찰명령의 준수사항의 하나로 보호관찰대상자가 Probation Centre[126)]에 입소하여 사회적응에 필요한 교육과 훈련을 받도록 하는 것이다. 즉 특정범죄를 저질러 유죄판결을 받을 가능성이 있거나 유죄판결을 받은 자들에게 유죄판결 또는 형의 집행을 유보하고 대신 보호관찰을 받도록 하면서 그 보호관찰의 조건으로 일주일에 5일씩 60일동안 Probation Centre에 출석하여 소정의 교육과 훈련을 받도록 하는 것이다. 이 Probation Centre의 프로그램에 적응할 수 있는지 여부를 검토하기 위해 보호관찰관과 보호관찰대상자가 함께 Cedar Hall Day Centre에 위탁하여 면접하는 과정을 거치도록 한다.

결국 영국의 Attendance Centre Order와 Probation Centre Order는 대상자에게 사회적응에 필요한 교육과 훈련을 목적으로 한다는 점에서는 같으나 전자가 후자보다 좀더 경한 범죄자에 대한 교육과 훈련이라면 후자는 전자보다는 더 중한 범죄를 저지른 보호관찰대상자에 대한 재활훈련이라는 점에서 차이가 있다.

2) 미 국

미국에 있어서 우리나라의 수강명령제도와 유사한 제도로는 Day Treatment Center프로그램이 있다. 다른 말로 GUIDE(Girls Unit for Intensive Daytime Education)라고 하는 이 프로그램은 13세에서 19세까지의 비행소녀에 대해 교육, 집단활동, 상담 등을 시행하는데, 1964년 캘리포니아 주에서 처음 시행되었다고 한다. 수강기간은 정규학교 교육과 마찬가지로 3년인데 따라서 수료 후에는 학력도 인정받을 수 있다고 한다. 그러나 이 제도는 소녀들만을 대상으로 하고 참가인원이 10명으로 제한되어 있으며, 그 내용은 심리치료가 중심이라는 것에서 우리의 수강명령이나 영국의 Attendance Centre Order와는 약간 다르다.

또한 이와 유사한 제도로 L.A.주에서 시행하고 있는 지역사회주간센터

126) Probation Centre는 처음에 Day Training Centre라는 명칭으로 시작하였다가 후에 Day Centre로 바뀌었고 이어 1991년의 형사재판법 개정에 의해 개칭된 것이다.

(Community Day Center: CDC) 프로그램이 있다. 이것은 가정, 지역사회, 학교 등에서 문제가 있는 19세 미만의 청소년으로서 현재 소년사건으로 심판대상이 되고 있거나 교육당국의 요청에 따라 보호관찰관이 위탁한 자들을 대상으로 1년 단위의 특별교육 프로그램을 실시하는 것이다.

3) 뉴질랜드

뉴질랜드는 우리나라의 수강명령과 유사한 제도로 1962년부터 시행하고 있는 Periodic Detention Centre처우제도가 있다. 이 제도는 처음에는 구금형 이하의 형에 해당하는 가벼운 범죄를 저지른 15세 이상 21세 미만의 청소년범죄자들만을 대상으로 시행되다가 1966년부터 성인범죄자에게도 적용하게 되었다.

대상자들은 주말과 평일 저녁에 출석하여 봉사활동을 비롯한 근로와 교육 및 훈련 등을 받는다. 주말은 보통 금요일 저녁 7시에 입소하여 일요일 오전 11시까지 기숙을 한다.

센터의 규칙을 위반하거나 감독관의 명령에 복종하지 않는 자, 그리고 작업을 태만히 하거나 폭력을 행사한 자들에게는 3월 이하의 구금이나 50파운드 이하의 벌금에 처하거나 양자를 병과할 수 있도록 하고 있다.

(3) 우리나라의 수강명령제도

1) 현행법상의 수강명령

우리나라에서는 「형법」 제62조의2 1항에 의하여 집행유예자들에게 병과되는 수강명령과 「소년법」 제32조 3항에 의한 보호관찰대상 소년들에게 부과되는 수강명령이 있다. 전자, 즉 집행유예자에 대한 수강명령은 그 유예된 형기 내에서 시행되는데 그 기간은 200시간을 초과할 수 없으며(「보호관찰법」 제59조), 준수사항, 수강명령의 취소 또는 종료, 집행기관 등은 사회봉사명령의 그것과 같다.

한편 후자, 즉 보호관찰대상자에 대한 수강명령기간은 사회봉사명령의 그것과 마찬가지로 16세 이상의 소년 가운데 단기보호관찰자에 대해서는 50시간 일반보호관찰대상자에 대해서는 200시간을 초과하지 않는 범위 내에서 시행된다. 수강명령의 이념과 법적 성질 역시 사회봉사명령의 그것과 마찬가지이다.

2) 수강명령제도의 문제점

현재 실시되고 있는 수강명령제도가 개선되어야 할 문제점으로는 첫째, 교육 프로그램에 관한 것이다. 대부분의 수강프로그램이 몇 가지로 한정되어 있어 장시간의 수강명령을 받은 자는 규정된 시간을 채우기 위해 강의를 중복하여 들어야 하는 경우마저 생기고 있다. 또한 획일화된 교육내용으로 말미암아 각 대상자에 필요하고 적합한 교육이 이루어지고 있지 못하다는 점이다.

둘째, 소년에 대한 수강명령대상자의 연령제한에 관한 것이다. 수강명령은 전술한 바와 같이 보호관찰처분시를 기준으로 16세 이상의 소년에 대해서만 명할 수 있게 되어 있다. 그러나 수강명령은 근로를 중심으로 하는 사회봉사명령과는 달리 그 내용이 주로 상담, 토론참가, 상황극(狀況劇) 연출, 체육, 극기활동 등과 같은 심신의 개선과 발달을 위한 교육적인 프로그램이 중심이다. 따라서 이와 같은 교육프로그램은 비행성이 있는 모든 청소년들의 개선에 유용할 것이다. 그런 점에서 수강명령에 있어서는 연령의 제한을 두지 않되 수강프로그램을 다양화하여 연령에 따라 시행하도록 하여야 할 것이다.

셋째, 소년에 대한 수강명령이 보호관찰과 연계되어 있다는 점이다. 현행 법제에 의하면 형사법원에 회부되어 집행유예를 받은 자에게는 성인이나 소년을 막론하고 보호관찰, 사회봉사명령 또는 수강명령을 선택적으로 과할 수 있게 되어 있다. 그러나 소년법원에 회부되어 보호처분을 받은 소년은 보호관찰처분이 과해져야 사회봉사명령이나 수강명령을 할 수 있다(「소년법」 제32조 3항). 이렇게 되면 「소년법」 제32조 1항 1호 처분을 받아 "보호자 또는 보호자를 대신하여 소년을 보호할 수 있는 자에게 감호가 위탁된 소년은" 반드시 보호관찰처분이 병과되어야 수강명령을 받을 수 있게 된다. 실무에서는 대부분 제 1 호 처분을 보호관찰처분과 병과하고 있다고 하지만 보호관찰처분은 필요하지 않으나 수강명령은 받게 할 필요가 있다고 판단되는 경우도 있을 것이고, 반대로 보호관찰처분은 필요할 것이나 수강명령이 필요하지 않을 경우도 있을 것이다. 따라서 「소년법」상의 수강명령도 보호관찰과 독립된 처분으로 하는 것이 타당할 것이며, 그렇게 하는 것이 수강명령 대상자를 확대하고 그 효율성을 높이는 것이 될 것이다.[127)]

3. 손해배상명령

손해배상명령(compensation order)은 집행유예, 선고유예, 보호관찰 또는

127) 1994년에 법무부 기획단에서 '수강조건부기소유예 도입 및 실시방안'을 작성하여 소년교통사범 및 환각제남용사범 등에 대하여 일정시간 교육프로그램을 이수하는 조건으로 기소유예를 하는 것을 검토한 바 있으나 시행되지는 않았다. 그러나 이 제도는 형벌부과를 위주로 하는 형사사법이 갖는 부작용을 줄이고 교육적 기능을 강화함으로 소년의 개선과 사회복귀를 도모한다는 차원에서 의의가 있을 것이다.

가석방의 조건으로 범죄자에게 피해자에 대한 손해배상을 명하는 제도이다. 유럽에서는 19세기부터 20세기에 걸쳐서 가석방의 조건으로서 배상을 명하는 제도가 여러 국가에서 채택되었으나 우리나라와 일본은 이를 채택하지 않고 있다. 다만 선고유예 및 집행유예에 참고하여야 하는 양형조건에 피해자와의 관계를 참작하도록 함으로써(「형법」 제51조) 간접적으로 피해자에의 배상을 촉구하고 있을 뿐이다.

이와 같은 손해배상명령은 한편으로는 범죄피해자의 손해를 복구 또는 전보(塡補)하고, 다른 한편으로는 범죄자가 자기가 저지른 행위에 대한 책임을 지도록 함으로써 사회적 책임에 관한 자각을 불러일으킴으로써 개선을 도모하여 자유형을 회피할 수 있다는 데에 형사정책적 의의가 있다. 그러나 이러한 손해배상명령은 피해자가 입은 손해의 적정한 산정이라는 문제와 손해배상을 지나치게 강조하다 보면 범죄자의 경제력에 의해 형벌의 내용이 결정되어버릴 수 있다는 문제점이 있다. 특히 경제력이 없는 피고인이 경제력이 있는 피고인보다 불리한 처우를 받는 결과가 될 우려가 있는 것이다.

제 7 절 사 면(赦免)

1. 사면의 의의와 역사

사면은 행정권에 의한 형벌집행권의 전부 또는 일부를 소멸시키거나 그 효과를 약화시키는 것을 말하는 것으로 우리 「헌법」 제79조 및 사면법에 근거한다. 다시 말하면 대통령이 유죄 또는 형이 확정된 자에 대하여 그 효력의 전부 또는 일부를 소멸시키거나, 특정의 죄를 범해 아직 유죄가 확정되지 않은 자에 대하여 공소권을 소멸시키는 행위이다.

사면의 역사는 고대그리스 시대에서 찾아볼 수 있는데 이것이 로마법에 계수(繼受)된 것이다.[128] 거기에는 새로운 통치자가 집권하는 시점에서 과거를 잊고 새로운 출발을 하고자 하는 정치적 의미와 종교적 감정이 포함되어 있었다고 한다.

우리 헌법은 “대통령은 법률이 정하는 바에 의하여 사면·감형 또는 복권

128) 원래 사면의 대표적인 형태인 대사면(大赦免, amnistie, amnesty, Amnestie)은 망각을 의미하는 그리스어 ‘amnesia’로부터 생겨난 말이라고 한다.

을 명할 수 있다"(「헌법」 제79조 1항)고 규정하여 사면이 대통령의 권한임을 명시하고 있다. 따라서 사면은 행정권에 의한 국가형벌권의 전부 또는 일부를 포기하는 행위이고, 삼권분립의 예외적인 조치다.

2. 사면의 종류와 내용

(1) 특별사면과 일반사면

사면은 그것이 행하여지는 방법에 따라 특별사면(Begnadigung)과 일반사면(Amnestie)으로 나눌 수 있다. 특별사면은 유죄가 확정되어 형이 언도된 자에게 형의 집행을 면제하는 것으로(「사면법」 제3조 2호) 법무부장관이 상신하여 대통령이 행한다(「사면법」 제9조 및 제10조). 그러나 형의 선고로 인한 효력은 특별사면으로 인해 소멸하지 않지만, 특별한 사정이 있는 경우는 형의 선고의 효력을 상실케 할 수 있다(「사면법」 제5조 1항 2호 단서).

한편 일반사면은 죄를 범한 자로서 아직 형의 언도를 받지 않은 자는 공소권이 소멸되며, 형이 언도된 자는 그 효력이 상실되는데, 대통령령으로 사면대상이 되는 죄의 종류를 정한다(「사면법」 제3조, 제5조 1호 및 제8조). 따라서 특별사면이 특정한 자에 대한 사면이라면 일반사면은 특정한 범죄에 대한 사면이다. 그리고 일반사면에 관해서는 국무회의의 심의를 거쳐 국회의 동의를 얻어야 하나(「헌법」 제89조 9호 및 제79조 2항) 특별사면은 국무회의의 심의만 거쳐 대통령이 행한다.

(2) 감 형(減刑)

감형은 형이 언도된 자에 대하여 보다 경한 형으로 변경하거나 또는 형의 집행을 감경하는 것이다. 대상이 형을 언도받은 자이므로 집행유예의 언도를 받은 자에 대해서도 감형 또는 그 유예기간을 단축할 수 있다(「사면법」 제7조).

이와 유사한 것으로 형의 집행면제가 있다. 일본 은사법(恩赦法)에 규정되어 있는 형집행면제는 형을 언도받아 확정된 자에 대하여 그 형의 집행을 면제하는 효력을 갖는다. 다만 형의 집행유예를 받아 아직 그 유예기간이 경과하지 않은 자는 제외된다(동법 제8조). 집행하여야 할 잔여형기의 전부를 면제할 뿐이고 선고형 그 자체는 변경되지 않는다. 이 사면으로서의 형의 집행면제는 무기형이나 장기형의 가출옥자에 대하여 많이 행하여지고 있다고 하나 우리나라는 시행하고 있지 않다.

그러나 사면으로 행하여지는 형집행의 감경 및 면제는 외국에서 형을 언도받아 그 전부 또는 일부의 집행을 받은 자에 대하여 행하여지는 형의 감경 또는 면제(「형법」 제7조)와는 구별된다. 후자는 법원이 형을 언도할 당시 판결주문으로 명시하여야 한다.

(3) 복 권(復權)

복권(réhabilitation, Rehabilitation)은 형의 언도로 인하여 상실된 자격 및 권리를 회복시켜 주는 제도이다. 즉 형의 집행을 종료하거나 또는 집행이 면제된 자에 대하여 그가 유죄가 확정됨으로써 법령에 의해 상실 또는 실효된 자격을 회복시키는 것이다(「사면법」 제5조 1항 5호). 그러나 형의 집행이 아직 종료되지 않거나 면제되지 않은 자는 복권될 수 없다(「사면법」 제6조).

복권은 재판상의 복권과 법률상의 복권, 그리고 사면에 의한 복권의 세 종류가 있다. 재판상의 복권이란 법원의 판결에 의해 행하여지는 복권을 말하고, 법률상의 복권이란 형의 집행이 종료되거나 형이 면제된 자가 다시 유죄판결을 받음이 없이 일정기간을 경과하면 언도된 형이 효력을 잃게 되는 것을 말한다. 한편 사면에 의한 복권은 언도된 형이 실효되는 것을 기다리지 않고 행정권에 의해 자격을 회복시키는 것이다. 우리 「형법」 제82조에 의한 복권은 일견 법률상의 복권에 유사한 것으로 보이나 본인 또는 검사의 청구에 의해 법원이 복권을 선고하기 때문에 재판상의 복권이라고 해야 옳다. 따라서 우리나라는 사면에 의한 복권과 재판상의 복권 두 가지가 있는 셈이다.

일찍이 로마법은 원상회복(restitutio in interim)이라고 하는 명칭하에 일종의 복권제도를 두고 있었고, 또한 옛 프랑스 법에도 국왕이 수여하는 복권장(復權狀, lettres de réhabilitation)에 의해 복권시키는 제도가 있었다고 한다. 이 복권장에 의한 복권제도는 1789년의 프랑스 대혁명까지 유지되다가 그 후 여러 차례 변화를 겪어 왔는데, 1885년법에는 순수한 재판상의 복권(réhabilitation judiciaire)으로 되었다가 1899년법 이래 이것과 병행하여 법률상의 복권(réhabilitation légale)도 인정되게 되었고, 오늘날에는 많은 나라가 이 두 가지 종류의 복권을 규정하고 있다.

복권이 되면 정지되었던 공무원이 되는 자격, 공법상의 선거권과 피선거권, 법률로 요건을 정한 공법상의 업무에 관한 자격, 법인의 이사, 감사 또는 지배인 기타 법인의 업무에 관한 검사역(檢査役)이나 재산관리인 등의 자격을 회복한다. 그러나 복권이 되었다고 해서 형선고의 효력 자체가 소멸되는 것은 아니다(「사면법」 제5조 2항).

3. 사면의 효력에 관한 일반원칙

사면의 효력에 관하여는 일반적으로 다음과 같은 원칙이 인정되고 있다. 즉 첫째, 사면의 효력은 형사사법상의 효과 및 형사재판의 부수적 효과(사람에 대한 자격제한 등)에만 미칠 뿐 그 밖의 법률적 효과에는 미치지 않는다. 예를 들면 「도로교통법」 위반행위로 형을 언도받은 자가 특사를 받아 사면되어도 그 법위반으로 이루어진 운전면허취소 등과 같은 행정처분에는 아무런 영향을 미치지 않는다. 또한 사법상의 손해배상책임 등에도 영향을 미치지 않은 것은 물론이다. 이것은 "사면으로 제 3 자의 권리를 해쳐서는 안 된다"고 하는 원칙에 근거한다.[129)]

둘째, 사면의 효력은 소급하지 않는다. 사면은 그것이 행하여진 시점을 기준으로 장래에 향하여서만 그 효력을 발생하는 것이다. 따라서 사면이 되어도 이전에 납부한 벌금을 반환하지는 않는다.

셋째, 사면의 효과는 강제적이다. 그것은 사면이 국가형벌권의 포기라고 하는 국가적 요청을 실현하는 것이기 때문이다. 따라서 사면된 자는 그 효과를 거부할 수 없고 아울러 사면대상자의 사전동의나 사후추인도 필요하지 않다.

이 경우에 일반사면과 특별사면이 행하여지면 상소 및 재심청구가 가능한지가 문제된다. 이것은 "사면의 효력은 사면을 받은 자의 이익의 범위 내에서 한정된다"고 하는 원칙[130)]에 관한 문제이다. 우리나라는 이에 관한 명문의 규정이 없으나 일본 판례는 일반사면의 대상이 된 미확정판결에 대한 상소를 인정하지 않고 있다.[131)] 그러나 사면은 유죄의 혐의가 있거나 유죄가 확정된 자에 대한 국가의 은혜적인 조치이므로 무죄와는 다르다. 따라서 무죄를 주장하는 상소나 재심청구는 가능하다고 보아야 할 것이다.

넷째, 사면의 효력은 보안처분에는 미치지 않는다. 보안처분의 목적은 사회방위에 있기 때문이다. 현행 우리 법제상 소년에 대한 보호처분도 사면의 대상이 아니다. 그러나 1947년의 프랑스 법은 사회조사결과 소년에게 이익이 된

129) 森下 忠, 앞의 책, 335면.

130) réstrictions apportées aux effets de l'amnistie dans l'intéreêt de ceux qui en bénéficient, cf. Bouzat et Pinatel, Traité de droit Pénal et de criminologie, tome I, 2 éd. 1970, n⁰ 909, p. 865.

131) 일본 판례는 일반사면에 의한 면소의 판결에 대하여 무죄를 주장하여 상소할 수 없다고 하였다. 最判 昭 23. 5. 26, 刑集 2-6, 529면. 프랑스 판례도 마찬가지 입장이었으나 1921년 이후의 사면법은 사면을 받은 자에게 재심청구권을 인정하고 있다.

다고 판단되는 경우 사면에 의한 보호처분의 종결을 인정하고 있다.

4. 사면의 의의

민주법치주의 국가에서 법은 반드시 지켜지고 재판의 결과는 집행되어야 한다는 것이 원칙이다. 그러나 법이 제정된 후 국민의 법감정이 변화했다거나 범죄자의 개선·갱생으로 형을 집행하는 것이 불필요하거나 집행하지 않고 사회에 복귀시키는 것이 국가와 사회에 이익이 된다고 할 때는 이와 같은 원칙이 재고되어야 하는 것은 당연하다. 사면은 이러한 경우 아직 법이 개정되지 않아도 이와 같은 법의 경직성을 완화할 수 있는 방법의 하나로 의의가 있는 것이다.

또한 사면은 잘못된 판결을 시정하는 방법의 하나로도 그 의의가 있을 것이다. 오판(誤判)에 대한 시정방법으로는 재심과 비상상고가 있다. 이것들은 사법권 그 자체의 작용으로서 시정·구제하는 방법인 것이다. 그렇기 때문에 행정권에 의해 확정판결을 시정하는 것은 사법절차에 의해 비상구제수단을 인정하고 있는 법률의 취지에 반하는 것이 될 것이다. 그러나 현행 비상구제절차는 그 요건이 지나치게 엄격하여 구제절차로서 충분하지 않다고 하는 비판이 있다.[132]

따라서 이와 같이 비상구제절차에 의해서도 확정판결의 기속력(羈束力)을 시정할 수 없을 때 사면이라는 방법이 그 구제수단으로 의의가 있을 것이다.

제 8 절 전과말소(前科抹消)

1. 전과말소제도의 의의

전과(前科)라고 하는 말은 법률상의 용어가 아닌 사회적 용어로 대체로 다음과 같은 3가지 의미로 쓰이고 있다. 즉 첫째, 형을 언도받은 것(집행유예를 포함), 둘째, 자유형의 집행을 받은 것, 다시 말하면 교도소에 들어가는 것, 셋째, 시·군·구에 설치된 수형인 명부에 형을 받은 사실이 등재(登載)되는 것

132) 예를 들면 일본의 판례는 범행시 18세 미만이었는데도 성인이라고 속이고 무기징역의 확정판결을 받아 복역 중인 자에 대하여 연령오인은 재심사유가 아니며(最決 昭 43. 7. 4, 刑集 22-7, 581면), 또한 비상상고의 이유로도 될 수 없다고(最判 昭 27. 4. 23, 刑集 6-4, 685면) 하고 있다.

이 그것이다. 결국 전과라는 말은 유죄판결을 받은 사실을 의미한다고 할 것이나, 행정적으로는 검찰청(군검찰부 포함) 및 수형인의 본적지 시·구·읍·면사무소에서 관리하는 수형인명부와 경찰청에서 관리하는 수사자료표에 등재되는 것을 말한다. 따라서 전과말소란 이와 같은 수형인명부와 수사자료표에서 그의 이름을 삭제하는 것을 의미한다.

수형자는 형의 종료 또는 면제, 시효의 완성 등으로 형이 소멸되어도 전과사실 때문에 실질적으로는 사회생활에 있어서 여러 가지 제약을 받게 된다. 즉 형선고의 법률적 효과는 사실상 그대로 존재하고 있는 셈이다. 따라서 범죄자의 전과사실을 말소시켜서 일반 사회인과 똑같은 대우를 받으며 자유롭게 사회생활을 할 수 있게 한다는 것이 형사정책적인 요청이라 할 것이고, 전과말소제도는 그와 같은 차원에서 의의가 있는 것이다.

2. 현행법상 전과말소제도

전과가 말소된다는 것은 형의 언도, 즉 유죄판결을 받았던 사실이 소멸하는 것이나 다름 없다. 우리나라는 형법규정에 의한 형의 실효 및 복권(「형법」 제81조 및 제82조)과 「형의 실효 등에 관한 법률」에 의한 실효, 그리고 사면법에 의한 실효가 있다(「사면법」 제5조 1항 2호 단서). 즉 「형법」 제81조는 징역 또는 금고의 집행을 종료하거나 집행이 면제된 자가 피해자의 손해를 보상하고 자격정지 이상의 형을 받지 않고 7년을 경과한 때에는 본인 또는 검사의 신청에 의하여 재판의 실효를 선고할 수 있다고 규정하고 있다. 한편 「형의 실효 등에 관한 법률」은 "수형인이 자격정지 이상의 형을 받음이 없이 형의 집행을 종료하거나 그 집행이 면제된 날로부터[133] 다음 각호의 기간이 경과한 때에는 그 형은 실효된다. 다만 구류·과료는 형의 집행을 종료하거나 그 집행이 면제된 때에 그 형이 실효된다"고 하고 ① 3년을 초과하는 징역·금고는 10년, ② 3년 이하의 징역·금고는 5년, ③ 벌금은 2년이 각각 경과하면 그 형이 실효되는 것으로 하고 있다(동법 제7조).

따라서 현행법상으로는 형법규정에 의한 실효는 '본인 또는 검사의 신청에 의해' 법원이 형의 실효를 선고하는 것과 「형의 실효 등에 관한법률」에 의

133) 법조문에는 "수형인이 자격정지 이상의 형을 받음이 없이 형의 집행을 종료하거나 그 집행이 면제된 날부터 …"라고 규정하고 있는데 이것은 "형의 집행을 종료하거나 그 집행이 면제된 자가 그 집행이 종료되거나 면제된 이후 자격정지 이상의 형을 받음이 없이 다음의 기간을 경과하면 …"이라고 하는 것이 더 논리적일 것이다.

해 일정조건[134]을 충족하면 자동적으로 수형인명부에서 삭제되어 실효되는 두 가지 방법이 있는 셈이다. 이 경우 당사자는 3년 이상의 징역·금고형을 받았던 자는 「형법」 제81조에 의한 형의 실효를 신청하는 것이 유리할 것이고 나머지는 「형의 실효 등에 관한 법률」에 의해 당해 조건만 충족되면 모두 자동적으로 실효된다고 보아야 할 것이다. 실질적으로는 대부분 본인의 신청에 의하는 것이 될 것이다. 본인이 검찰에 신청하면 검찰이 법원에 신청할 수도 있다고 생각되나 현행법상 그 절차를 정하고 있는 규정은 없다.

결국 현행법상 형의 실효는 「형의 실효 등에 관한 법률」 제7조에 의한 실효, 「형법」 제81조에 의한 실효, 「형법」 제63조 및 제65조의 규정에 의한 집행유예기간의 경과에 따른 실효,[135] 자격정지가 부과된 경우 그 기간의 경과에 따른 자동실효, 그리고 일반사면이나 형의 선고의 효력을 상실하게 하는 특별사면 또는 복권 등에 의한 실효 등이 있는 셈이다.

134) 여기서 일정조건이라 함은 자격정지 이상의 형을 받음이 없이 3년을 초과하는 징역·금고는 10년, 3년 이하의 징역·금고는 5년, 그리고 벌금은 2년을 경과하는 것을 말한다(동법 제7조 1항).

135) 집행유예는 그 선고의 실효 또는 취소됨이 없이 유예기간을 경과한 때에는 형의 선고는 효력을 잃는다(「형법」 제65조). 그런데 벌금형의 경우는 이와 같은 집행유예나 실효에 관한 규정이 없다. 따라서 형의 실효에 관해서는 벌금형이 집행유예보다 불리하게 되어 있는 셈이다. 입법론적으로 고려해 볼 문제이다.

제 3 장

범죄피해자와 범죄대책

제 1 절 피해자학(被害者學, Victimology)

1. 피해자학의 역사

20세기 전반까지는 형사사법에서 범죄피해자를 중심으로 하는 논의는 거의 없었다고 해도 과언이 아니다. 대부분의 범죄가 범죄자와 피해자간의 관계에서 발생한 것임에도 불구하고 그 때까지는 범죄에 관한 문제에 있어서 범죄행위와 범죄자를 중심으로 파악되고 대책이 강구되어 왔을 뿐 피해자는 범죄적 상황에 있어서 나타나는 부수적이고 피동적인 존재로 파악되었을 뿐이다.

범죄의 원인을 탐구하고 그 효과적인 대책을 수립하고자 하는 범죄학 내지 형사정책학 분야는 오로지 범죄자 개인의 생물학적·사회학적 배경과 원인을 탐구하는 데 주력하였으며, 형사학에서도 역시 가해자의 행위만을 중심으로 범죄론과 형벌론을 전개해 왔다. 또한 형사절차라는 측면에서도 적정절차의 보장이라든가 피고인의 방어권보호, 그리고 실체적 진실의 발견이라는 이념에 충실한 나머지 피해자의 이익과 권리의 보호는 뒷전으로 물러날 수밖에 없었다. 이러한 전통적인 사고의 기저(基底)에는 범죄행위란 범죄자 개인이 저지르는 규범위반행위이고 국가는 피해자를 대신해서 그리고 사회의 공익을 대변하는 지위에서 범죄자에 대한 형사소추와 처벌을 담당함으로써 사회 전체의 안전과 평화에 이바지해야 한다는 사고가 자리잡고 있었다.

이와 같은 인식에 커다란 변화를 가져온 것은 1948년에 출간된 독일 범죄학자 Hans von Hentig의 '범죄자와 그 피해자'(The Criminal and His Victim)라는 논문을 발표하면서부터이다. Hentig는 그의 논문에서 '범죄의 이중구조'(The Duet Frame of Crime)라고 하는 가설을 제시하고, 범죄의 실태를 정확하게 파악하려면 가해자와 피해자, 즉 행위를 한 자(Doer)와 그 행위를 받는 자

(Sufferer)를 결합하여 이해할 필요가 있다고 주장하였다. 다시 말하면 범죄자와 피해자 양자간에는 넓은 의미에서 상관관계가 있어서 서로 반발하거나 끌어당긴다는 것이다. 또한 그는 특히 피해자가 되기 쉬운 형은 어떤 것이고 어떠한 사회조건이나 정신상태에 있는 사람이 피해를 받기 쉬운가를 문제삼았다.

이어 1954년 스위스의 정신의학자인 Henri Ellenberger는 Sigmund Freud와 Carl Gustav Jung의 심리학적 가설을 배경으로 하여 피해자와 가해자간의 심리학적 관계에 대하여 Hentig의 가설을 보강하였다. 즉 그는 인간심리의 기저에 있는 원망(願望)이나 열등의식이 상황의 변화, 몽롱(朦朧), 반의식(半意識), 무분별(無分別), 현혹(眩惑) 등의 상태에서 갑자기 나타나고, 그것이 원인이 되어 피해를 받거나 또는 범죄를 행하게 된다고 주장하였다.

한편 이스라엘의 변호사 Beniamin Mendelsohn은 1956년 피해자에 관한 문제를 생물학, 심리학, 사회학의 지식을 사용하여 과학적으로 연구하여야 한다는 것을 주장하였다.[1] 그는 피해자현상(被害者現象)은 국가나 법제도, 사회사정, 국민성에 따라 다양하기 때문에 각국의 상황을 비교·연구할 필요가 있고, 이를 위하여 각국에 중앙문헌센터를 두어 정보를 수집하여 서로 교환하기 위한 국제회의를 개최할 것을 제창하였다. 또한 그는 피해자를 원조하고 신체적·심리적인 피해를 치유하기 위한 중앙치료소를 둘 것을 제안하였다.

피해를 만들어 내는 사회적 요인과 피해자가 되기 쉬운 피해수용성(被害受容性)에 대한 연구가 이와 같이 Ellenberger와 Mendelsohn 등에 의해 비판·수정되면서 오늘날과 같은 피해원인론과 피해자화의 과정론을 주요 내용으로 하는 '피해자학'이라는 독립된 학문분야로 발전해 온 것이다.

피해자학에서는 Hentig, Ellenberger, Mendelsohn 3인을 피해자학의 아버지라고 한다.[2]

2. 피해자학의 발생배경과 목적

형사사법에서 피해자에 대한 관심이 고양되게 된 배경은 사회과학의 발전과정에서 개인의 행위가 그 행위의 상대방과의 상호작용 속에서 형성되는 것

1) 피해자학이라는 용어는 1956년 Beniamin Mendelsohn이 그의 논문 "Une Nouvelle Branche de la Science Bio-psycho-sociale: Victimologie"(생물·심리·사회학의 새로운 분야-피해자학)에서 프랑스어 victima와 그리스어 logos를 결합하여 'Victimologie'라고 하는 합성어를 만들어서 이를 피해자에 관한 새로운 사회과학에 사용할 것을 주장한 것으로부터 시작되었다고 한다.

2) 宮澤浩一, "被害者學の現況," 「被害者學硏究(創刊號)」, 1992, 25면 이하; 諸澤英道, 「被害者學入門(第2版)」, 1993, 18면 이하.

임을 인식하게 된 데에 있다. 따라서 범죄자와 피해자의 관계를 보다 정밀하게 분석함으로써 그로부터 효율적인 범죄대책을 강구할 수 있다고 생각하게 된 것이다.

범죄피해자에 대한 관심이 싹트게 된 또 다른 배경은 시민의 권리와 자유의 보장을 최대 이념으로 하고 있는 현대사회에서 범죄피해자의 고통을 최대한 경감시켜 주는 것이 형사사법의 중요한 과제임을 깨닫게 됨으로써이다. 그동안 법치주의라는 이념하에 형사절차상 피의자 또는 피고인의 권리보호에 치중함으로써 결과적으로 범죄인의 인권보장을 중심으로 하는 형사사법체계는 발전되어 왔지만, 이 과정에서 피해자의 권리와 이익은 거의 등한시되어 온 데에 대한 반성이 일어난 것이다. 아울러 이와 같은 형사절차에서의 피해자보호는 나아가 범죄예방 및 범죄척결에도 크게 도움이 된다는 인식이 싹튼 것이다. 즉 형사사법체계에서 범죄피해자가 주체로서의 역할을 하고, 또한 보호된다면 피해자의 적극적인 참여와 협조를 얻을 수 있을 것이고, 이것은 바로 범죄예방과 진압에 있어서 효율성을 증대시키는 방안의 하나가 될 것이라는 사고가 생기게 된 것이다.

이와 같은 배경하에 탄생한 피해자학은 궁극적으로 피해자를 중심으로 한 범죄원인의 구명과 대책을 강구하자는 데 그 목적이 있다. 다시 말하면 범죄가 발생하게 된 원인 가운데 피해자에게 귀속시킬 수 있는 인자(因子) 또는 요소를 발견하여 그것을 제거함으로써 범죄를 예방하고 진압하자는 것이다. 지금까지는 행위자인 범죄자를 중심으로 범죄를 파악하고 그 대책을 수립하여 왔고 범죄피해자는 그 과정에서 소극적인 범죄현상의 하나로 파악되고 있었을 뿐이나, 피해자학에서는 피해자가 범죄의 원인과 대책에서 중심이 되는 것이다. 따라서 피해자학은 피해와 피해자를 중심으로 하는 범죄원인의 구명과 피해자의 구조(救助)가 그 학문영역이 된다.

제 2 절 피해원인

1. 피해자의 범죄유발(犯罪誘發)

피해라고 하는 결과는 가해자만이 만들어 내는 것이 아니고 피해자도 그 피해의 발생에 대해 무엇인가 기여하고 있다는 것이 피해자학의 기본적인 생각이다. 대체로 피해자에게 책임이 있는 피해로는 피해자의 동의 또는 가담으로 발생한 범죄에 의한 피해, 피해자가 유발한 범죄에 의한 피해, 피해자가 자초한 범죄에 의한 피해로 구분할 수 있다.

(1) 피해자의 동의 또는 가담

통상 범죄적 상황에 참가하는 자를 가해자와 피해자로 분류할 수 있지만 경우에 따라서는 그렇지 않은 것도 있다. 그러한 대표적인 예가 '당사자간의 합의'가 있거나 피해자가 범죄행위에 어떤 형태로든 가담하고 있는 경우이다. 당사자간에 어떤 합의가 있는 경우는 당사자는 그것에 기하여 일어난 결과, 즉 피해에 대하여 호소할 입장이 아닐 것이다. 경우에 따라서는 스스로 그 행위에 가담하는 경우도 있을 것인데 그렇게 된다면 이미 공범관계에 있다고 까지도 할 수 있다.

또한 그다지 적극적이지는 않더라도 승낙할 마음을 가지고 있는 경우 또는 상대방의 의도를 알고 그것에 부응한 경우('미필적 동의'라고 한다) 등 여러 가지가 있을 수 있으나 어느 경우라고 할지라도 그 관계자를 가해자와 피해자로 구분하는 것이 곤란하다. 이러한 전형적인 예로 증수뢰(贈收賂), 도박, 개인들이 발행한 복권, 외설물 전시·반포, 매춘, 마약밀매, 결투 등을 들 수 있다. 이것들은 모두 범죄행위이기 때문에 당사자는 원칙적으로 공범관계가 되는 것이다. 따라서 이들 행위에 참여한 자들은 그 행위에 의해 피해를 입었더라도 피해자라고 주장할 입장이 아니고 오히려 스스로 행위에 가담하여 진행시킨 경우가 많기 때문에 범죄자의 일면까지도 겸비하고 있다고 할 수 있다.

(2) 피해자가 유발한 범죄

피해 가운데는 피해자측이 유발하여 피해를 불러일으키는 사례도 있다. 이런 경우에 '피해자'라고 부르는 것 자체가 잘못일 수도 있다. 예를 들면 살인사건에서 ① 피해자쪽이 먼저 폭력을 행사했거나, ② 피해자쪽이 먼저 흉기를 들고 대치했거나, ③ 배신했거나, ④ 욕설을 하거나, ⑤ 빌린 돈을 반환하지 않아서 자신에 대한 살인을 유발하여 피해자가 된 경우 등과 같은 것이다.[3)]

일반적으로 피해자라 함은 권리를 잃은 자, 즉 사망했거나 부상당한 자 또는 도난당한 자를 지칭한다. 그런데 양당사자가 모두 권리를 잃었거나 손해를 입은 경우도 있다. 이 경우보다 많이 잃거나 입은 쪽을 피해자라고 칭하는 경

3) Marvin Wolfgang, Victim precipitated criminal homicide. In: *Journal of Criminal Law, Criminality and Police Science,* Vol. 47, No. 1, 1957, p. 1.

우가 많기 때문에 때에 따라서는 가해자보다 잘못이 큰 피해자가 존재하게 된다. 이와 같은 모순이 흔히 나타나는 경우가 교통사고에서이다. 즉 이 경우 대다수의 사람들이 원인을 만든 쪽보다는 많이 다친 쪽을 피해자라고 부르는 경향이 있다.

(3) 피해를 스스로 초래한 피해자

자기 자신을 향한 가해행위(자해행위), 즉 스스로 초래한 피해도 피해자성(被害者性)을 생각할 수 있다. 이것도 어떤 의미에서는 동의가 있는 경우이지만 그 동의의 상대가 자신이라는 점에서 타인의 행위에 동의한 피해자와는 다르다.

그 전형적인 예가 자살이나 자해행위(自傷行爲)이다. 자동차운전을 잘못하여 가드레일을 들이받는다든지 공장에서 손가락을 절단하는 것 등 여러 경우가 있으나 고의적이나 과실이나 모두 스스로 초래한 피해자라고 할 수 있을 것이다. 또한 마약이나 각성제와 같이 건강에 나쁜 것을 알면서도 그것을 계속하는 것, 자기 소유의 물건을 파손하거나 방화하는 것, 자신의 권리나 이익에 대한 침해행위 등도 이것에 해당할 것이다. 요컨대 여기에 열거한 예들은 행위자가 피해자이자 가해자라고 하는 상반된 입장을 동시에 겸하고 있는 것이다.

이와 같이 스스로에게 향한 가해행위는 기본적으로 법률상의 문제는 발생하지 않지만 그것이 사회적으로 커다란 불안이나 위험을 수반하는 경우는 그 행위도 범죄행위가 될 것이다.

2. 피해화요인(被害化要因)

피해를 일으키는 요인을 '피해화요인'이라고 한다. 이 피해화요인을 오늘날 피해자를 존재하게 하는 원인이라는 측면에서 고찰할 필요가 있다.

(1) 성 별

남성과 여성을 비교하여 남성쪽이 받기 쉬운 피해와 여성쪽이 받기 쉬운 피해가 있다. 또한 범죄의 특성이 남녀의 어느 한쪽만이 행할 수 있는 것이 있다. 특히 성범죄가 그 전형적인 예이다. 예를 들면 "추업(醜業)에 사용할 목적으로 부녀를 매매한 자는 1년 이상의 유기징역에 처한다"고 한 「형법」 제288조의 '영리 등을 위한 약취·유인매매죄'와 "폭행 또는 협박으로 부녀를 강간한 자는…"이라고 하는 강간죄 그리고 "혼인을 빙자하거나 기타 위계로써 음행의 상습이 없는 부녀를 기망하여…"라고 하는 혼인빙자간음죄 등은 남성만이 가능한 범죄이기 때문에 여성만이 피해자가 될 것이다. 또한 통계에 의하면 살인사건에서 남성이 피해자인 경우 가해자의 성별에 관한 특성은 별로 나타나지 않으나 여성이 피해자인 경우는 남성에 의해 살해된 경우가 많다고 한다. 교통사고에서도 여성은 사망률이 낮으나 부상율은 높고 사기의 피해자는 여성이 높다고 한다.[4)]

(2) 대장기능장해(大腦機能障害)

지능 및 지적 발육상황이 범죄피해와 어떠한 관련이 있는가에 관해서는 아직 실증적인 연구는 없다. 일반적으로 지적 능력이 낮은 자가 피해를 입은 경우에 그 지적 능력이 낮은 것이 피해의 원인이라고 하는 정도이다.

과거에는 사기꾼들이 노리는 대상은 대체로 지능이 높은 자들이었다고 하지만 오늘날에는 닥치는 대로 올가미를 던지고 있다고 한다. 따라서 지능이 낮은 자가 걸려들 가능성이 높은 것은 당연할 것이다. 재테크형 불량상거래의 피해자를 보면 지능과는 상관없다고도 알려져 있지만 대부분의 피해자가 재산증식방법을 이해하고 있지 못하고 있다. 이해력 부족이 목표물이 된 것이다.

Hentig는 1929년에 발표한 그의 논문 '부친살해의 문제점'(Zur Problematik des Vatermordes)에서 자식에게 살해된 부친의 예와 그 원인을 분석하였는데, 그것에 의하면 자녀가 정신적 또는 육체적으로 결함이 있으면 부친은 언제까지나 자녀의 독립을 인정하지 않기 쉽고, 따라서 자녀는 이러한 예속상태에 불만을 갖게 되어 이윽고 비극을 낳게 된다고 하였다.[5)] 그러나 이 사례는 결함이 가해행위를 일으키는 예이지만 본질적으로는 능력이 열등한 자녀를 갖고 있는 부모의 부적절한 행동이 원인이라고 하여야 할 것이다.

(3) 성격 및 성향

Mendelsohn은 범죄발생에 있어서 가해자와 피해자는 '형사상의 동반자' (penal couple)라는 불가분의 관계에 있다고 하면서 피해자의 전형적인 성격특성은 다음과 같다고 한다. 즉,

첫째, 의기소침자(意氣銷沈者) 또는 무관심자(방심자: the depressed or apathetic)로 이들은 경계지주(警戒支柱)를 상실한 채 누구에게나 쉽게 압도되고 장래의 위험에 대한 관심이 결여된 것이 특징이다.

둘째, 탐욕자(the acquisitive or greedy)로 이들은 탐욕에 눈이 멀어 순간

4) 諸澤英道, 앞의 책, 106-107면.

5) Hans von Hentig, "Zur Problematik des Vatermordes," *Monatschrift für Kriminologie und Strafrechtsreform,* 1929, S. 629ff.

적으로 쉽게 속는 자이다.

셋째, 방종 또는 호색가(the wanton or sensual)로 이들은 성적인 욕구를 참지 못해 쉽게 성범죄를 저지른다.

넷째, 고독과 비탄에 젖은 사람(the lonesome and heartbroken)으로 이들은 고독한 상태에서 지내기만 하여 비판능력이 상실 또는 위축되고 비탄에 젖어 있어 범죄에 대한 저항력이 약해진 사람들이다.

다섯째, 학대자(虐待者, the tormentor)로 이들은 평소 타인을 괴롭히는 자(가학적 취미)로서 피학대자로부터의 보복이 오면 쉽게 이를 감수한다.

(4) 정신장해(精神障害)

정신장해와 범죄의 관련성에 관하여는 비교적 많은 연구가 있다. 그러나 정신장해와 피해의 관계에 대해서는 아직 정확한 자료나 연구가 없다. 다만 조울병자(躁鬱病者)나 간질병자(癎疾病者)에는 소극적 피해자인 경우가 많고 정신분열병자에는 적극적 피해자(또는 공격적 피해자)가 많지만 피해율이 높은 것은 아니라고 하는 주장이 있다.[6)]

(5) 체격 및 체력

가해행위를 위해서는 체력이 필요한 경우 체력이 우수한 자가 열등한 자보다 우위를 점하는 것은 당연할 것이다. 폭력사건에서 여성이 남성보다 피해자가 되는 확률이 높은 것은 이러한 이유에서다. 범죄를 기도하였지만 손발이 생각처럼 움직여주지 않아 실패한 경우는 많다. 따라서 체격이나 체력이 우수한 자가 강도나 상해와 같은 폭력적인 범죄의 가해자가 되는 경우가 많을 것이고 이에 반해 열등한 자는 피해자로 될 확률이 높을 것이다.

(6) 의식 · 가치관 · 도덕관 · 윤리관 · 인생관 · 생활만족도 · 노후불안도

흔히 준법의식이라든가 도덕관이 범죄행위에 제동을 건다고 하지만 이것들이 피해를 막는 데도 역할을 하는지에 대해서는 확실하지가 않다. 다만 가해자와 피해자가 아주 가까운 관계가 있고 어떤 상황적 요인(예를 들면 우연)이 영향을 미쳐 두 사람이 가해자와 피해자로 나뉘게 된 경우에는 그의 내면에 잠재하고 있는 준법의식이나 도덕관이 피해화의 요인이라고도 할 수 있을 것이다.

또한 가정생활이나 우인관계에 만족하고 있는지 여부, 생활에 의욕을 가지고 있는지 여부 등과 피해와는 관계가 없으나, 다만 노후의 불안을 느끼고

6) 諸澤英道, 앞의 책, 110-111면.

있는 사람이 피해자가 될 가능성은 많다고 한다.[7)]

(7) 직업 · 사회적 지위 · 직무

특정한 직업에 종사하고 있는 사람이 받는 피해가 있다. 예를 들면 금융업에 종사하는 사람이 강도나 절도로 피해를 당한다든지 풍속영업을 하는 자가 공갈이나 폭행 등의 피해자가 되기 쉬운 경우이다. 또한 불량거래에서 쉽게 피해를 당하는 자는 주부나 상업에 종사하는 자들이고, 반대로 쉽게 피해를 당하지 않는 자는 무직, 사무직, 서비스업에 종사하는 자들이라고 한다.

(8) 연 령

조사에 의하면 살인사건과 상해사건에서 사상자의 다수가 20대와 30대에 집중되어 있고 가해자 가운데 약 반수가 20대였다고 한다. 또한 강간사건에서 가해자와 피해자는 약 10세의 연령 차이가 있었고 불량상거래의 피해자는 30대가 가장 많았다고 한다. 조사에 의하면 강간사건에서 18세 이하의 피해자와 24세 이하의 가해자가 결합되는 비율이 45.7%, 19세부터 29세의 피해자와 30대의 가해자가 결합한 것은 90.2%, 30대의 피해자와 40대의 가해자가 결합한 것은 35.0%였다고 한다.[8)]

교통사고의 사망자는 고령자가 많고 절도의 피해자는 30세 이상 60세 미만이 많고 상해 · 폭행 · 협박 · 공갈 등의 피해자는 14세 이상 29세 이하가 많다고 한다. 60세 이상의 고령자가 많이 당할 수 있는 피해는 절도 · 사기 · 기물손괴 · 상해 · 횡령 · 방화 등의 순서라고 한다.[9)]

(9) 학 력

학력도 연령과 마찬가지로 대다수의 사람들이 가지고 있는 속성이기 때문에 사회에서 그 사람의 지위를 판단하는 자료가 된다. 그러나 학력은 지적 수준과 반드시 같다고는 볼 수 없기 때문에 학력을 개인적 속성으로 중시하는 것은 문제가 있다. 한편 '학벌'이라고 하는 말로 대변되는 것처럼 학력은 인간관계의 한 가지 단위로서 파악되기도 한다.

학력과 피해와의 관계에 대하여 일본에서 의미 있는 조사결과가 있다. 통상 불량상거래에서 학력이 높을수록 피해를 당하는 경우가 적고 학력이 낮을수록 피해를 당하기 쉽다고 생각되기 쉽지만, 조사에 의하면 이와는 약간 다른

7) 諸澤英道, 같은 책, 113면.

8) 佐藤欣子, "強姦事犯の實態," 法務總合研究所研究部紀要, 「刑事政策研究(第 1 號)」, 1978, 141-156면.

9) 諸澤英道, 앞의 책, 115-116면.

결과가 나왔다. 즉 피해집단이 다른 집단에 비해 많은 것은 단기대학졸업자(14.5%)와 전문학교졸업자(7.9%)였고, 반면에 피해를 벗어난 집단이 많은 것은 고등학교졸업자(48.3%)와 대학졸업자(16.9%)였다는 것이다.[10)]

이것으로부터 그 사회의 평균 정도의 교육을 받은 자라고 해서 반드시 적당한 지식을 가지고 사회의 새로운 움직임에 신중한 대응을 하고 있는 것은 아니라는 것을 알 수 있다.

⑽ 전과(前科)와 피해경험

가해자가 피해자로 바뀌고 피해자가 가해자로 바뀐 경우가 있다. 이 경우 가해라든가 피해는 결과임과 동시에 원인이기도 하다. 예를 들면 백화점에서 물건을 훔쳐 경비원에게 체포된 주부가 경비원으로부터 성추행을 당한다거나(가해자의 피해화), 공갈을 당해 돈을 빼앗긴 소년이 빼앗긴 돈을 만회하기 위하여 다른 소년에게 공갈을 하는(피해자의 가해화) 것이다. 또한 가족이나 가까운 친지 또는 친구가 그를 범죄자로 내몰았다고 할 수 있는 사례('사회에 의한 피해자'인 가해자), 언론이나 주위 사람들이 범인을 몰아쳐서 그가 한 행위 이상의 제재를 받게 하는 사례(가해자에 대한 사회에 의한 피해화)가 있다. 그러나 이와 같은 관계를 조사에 의해 밝히는 것은 어렵다. 그것은 이러한 사례들이 일반화할 만큼 많이 있지는 않기 때문이다.

한번 피해를 입은 자는 다시 피해를 입기 쉽다고 한다. 이른바 '누피해성'(累被害性) 또는 '상습피해성'(常習被害性)이라고 하는 것이다. 조사에 의하면 214명의 불량상거래 피해자 가운데서 한번의 피해로 끝난 사람은 52.3%이고 나머지는 두 번 이상 피해를 당한 경험이 있다고 한다.[11)]

이것으로 미루어 보아 피해 가운데는 우연에 의한 것도 있지만 피해자의 특성이 의미를 갖고 있는 경우도 많이 있다는 것을 알 수 있다.

⑾ 약물의존(藥物依存)

마약이나 환각제에 중독되었거나 술에 중독되는 것은 가해나 피해와 밀접한 관계가 있다는 것은 이미 잘 알려진 사실이다. 마약이나 환각제 같은 약물은 소지·사용하는 것 자체가 범죄로 되고 있으며, 또한 이를 입수하기 위해 범죄를 저지르거나 환각상태에서 범죄를 행하는 등 2중 3중으로 범죄를 저지르게 된다.

---

10) 諸澤英道, 같은 책, 117면.
11) 諸澤英道, 앞의 책, 119면.

약물이나 술에 취한 상태에서 피해를 당하기 쉽다는 것은 충분히 예상할 수 있는 일이다. 감각과 운동능력이 둔화되어 방어기능이 떨어지기 때문이다.

제 3 절 범죄피해자보상(犯罪被害者補償)

피해자대책은 피해의 방지와 피해의 복구 또는 회복이 될 것이다. 피해를 방지한다는 것은 범죄가 발생하지 않도록 한다는 것이고, 피해화요인을 밝혀 제거하는 것이 될 것이다. 한편 피해의 복구 또는 회복은 범죄피해자구조 내지는 보상이라는 차원에서 논의될 것이다.

1. 범죄피해자보상의 의의 및 역사

범죄피해자보상(compensation for victims of crime, compensation to victims of crimes, Indemnisation des Victimes)이란 범죄에 의해 피해를 입은 자 또는 그 가족에 대해 국가 또는 공공기관이 범죄자를 대신하여 그 피해의 정도에 상응하는 금전적인 보상[12]을 하는 것을 말한다. 여기서 '피해자'라 함은 범죄에 의해 피해를 입은 자에 한정된다. 따라서 자연재해나 산업재해 등의 피해자는 여기에서 말하는 피해자가 아니기 때문에 피해자보상의 대상이 될 수 없다.

피해자보상의 법적 성질에 관하여는 여러 가지 주장이 있으나 국가 또는 공공기관이 범죄에 의해 발생하는 손해를 배상하는 것은 아니라고 하는 견해에는 일치하고 있다.

피해자보상은 기원전 1900년으로 거슬러 올라가 함무라비(Hammurabi)법전에서 찾아볼 수 있다. 즉 함무라비법전 제24조에 강도 또는 살인범이 체포되지 않은 경우에는 범죄행위가 발생한 지역 또는 그 지역의 장이 배상의무를 부담한다고 규정하고 있다. 그러나 동 법전의 규정은 범인의 가족이 져야 할 연대책임을 지역사회에 확장한 것에 불과하였다고 한다. 민사책임과 형사책임이 미분화되어 있는 고대에는 부족 또는 지역단체가 범죄로부터 발생한 손해

12) '보상'(compensation, indemnisation)은 적법행위로 인해 입은 재산상의 손실을 보충하기 위해 제공되는 대상(代償)을 말하는 것으로 여기서는 국가 또는 공공기관이 범인에 대신하여 피해자에 대한 손해를 전보(塡補)하는 것이다. 한편 '배상'(restitution)은 범인 자신이 범죄에 의해 발생한 손해의 변상 내지 회복을 하는 것을 말한다.

를 배상하기도 하였다. 근대에 이르러 범죄피해자에 대한 보상 또는 배상이 논의되기 시작한 것은 이탈리아 실증학파 Ferri와 Garofalo부터이다. 이와 같은 실증학파의 주장은 19세기 이래 멕시코나 쿠바에서 실험적으로 실시된 바 있으나 보상자금의 부족 등으로 활용되지는 못했다고 한다. 또한 1826년에 영국에서 제정된 「선한 사마리아인의 법」(Good Samaritans Law)에서 범인을 체포하거나 범죄를 진압하는 과정에서 협력하다가 죽거나 다친 자에게 국가가 보상하는 제도를 두었는데, 이 제도가 피해자보상제도의 계기가 되었다고 하는 견해도 있다.

제 2 차 세계대전 후에는 주로 영미법계에서 피해자보상에 대해 논의되기 시작하였다. 특히 1957년 영국의 형벌개량가인 Margery Frey여사는 '피해자를 위한 정의'(Justece for victims)라고 하는 글을 발표한 바 있는데, 거기서 그는 생명 · 신체범의 피해자에 대한 국가보상제도를 채택할 것을 주장하였다. 이것을 계기로 하여 1959년 11월 '범죄피해(보상)법안'(The Criminal Injuries Compensation Bill)이 노동당에 의해 제출되었으나 아직 시기상조라 하여 부결되었다가, 1964년에 이르러 「범죄피해자보상법」이 제정되었다.

영국의 영향을 받은 뉴질랜드는 1963년 10월 「범죄피해자보상법」(Criminal Injuries Compensation)을 제정하게 된다. 미국도 1965년에 캘리포니아 주가 최초로 「피해자보상법」을 제정한 것을 필두로 대부분의 주가 이 법을 제정하였고, 이어 1960년대 말에는 캐나다와 오스트레일리아의 여러 주에 파급되었다고 한다. 유럽에서도 1972년에 오스트리아, 1976년에 독일, 1977년 프랑스, 1978년 스웨덴, 1981년 노르웨이 순으로 이와 같은 법률이 제정되었다.

한편 1974년 헝가리 부다페스트에서 개최된 제11회 국제형법회의에서는 '범죄피해자를 위한 보상'이라는 의제에서 공적 방법에 의한 일차적인 보상제도를 두는 것에 대한 찬성하는 취지의 결의문을 채택하였다. 이어 1977년 '유럽이사회각료회의'는 범죄피해자보상에 관한 결의를 하였고, 이것들이 각국에서 피해자보상 입법을 촉진하는 계기가 된 것이다.

2. 범죄피해자보상제도의 이론적 근거

(1) 엄격책임이론(嚴格責任理論, Strict Liability Theory)

이 이론은 Bentham으로부터 기원하는데, 범죄피해자를 국가가 구조해야 하는 것은 피해자와 그의 정부간에 맺어진 사회적 계약이 파괴된 때문이라고 주장한다. 즉 피해자는 국가가 피해를 생산하는 범죄를 방지하지 못한 것에 대한 법적 청구권을 가진다는 것이다. 정부는 개인이 그 자신을 보호하는 개인의 능력을 제한하는 대신 국가의 법집행관에게 권한을 주며, 또한 그 법집행관을 부양하기 위해 개인에게 세금을 부과하기 때문에 정부는 그의 법집행활동이 성공하지 못했을 때 피해자에게 책임을 져야 한다는 것이다.[13] 그뿐만 아니라 국가는 피해를 야기한 범죄자를 구금함으로써 피해자가 범죄자로부터 변상을 받는 것을 불가능하게 하였고, 더 나아가서 범죄를 방지하지 못한 것뿐만 아니라 실제로 범죄를 생산하거나 야기한 사회적 환경을 만들고, 그 결과 피해자를 만드는 데 도움이 됐다고 한다.

이 주장에 근거하여 피해자구조는 한편으로는 피해자에게 손해를 회복할 합리적인 기회를 주면서 범죄피해에 대한 국가책임을 지는 유일한 길이라고 한다.[14]

이 이론은 범죄피해자에 대한 국가의 법적 책임이라는 개념이 전제되어 있다. 이것은 범죄피해자에게 보상을 해야 할 국가의 법적 책임은 국가가 행위조종을 기능으로 하는 법규운용을 주도하면서 국민의 생활범위를 설정하였다면 국가는 그 의도를 파괴한 데에 대한 응징을 할 뿐만이 아니라, 그 파괴에 따른 피해보상도 책임져야 한다는 점, 국가가 사적 보복 내지는 자력구제를 금지하고 있으므로 당연히 범죄발생에 대한 자기책임을 인정하여 보상해야 한다는 점, 그리고 국가가 범죄방지를 위해 잘못된 방법을 채택하여 범죄를 발생하도록 했다는 점 등에 기초한다.[15]

피해자보상제도의 어머니라고 불리는 M. Frey 여사에 의하면 국가는 국민에게 자기방어의 목적으로 무기의 소유나 휴대를 금지하고, 원칙적으로 자력구제를 인정하지 않고 있으며, 국가는 범죄예방의무를 전담하고 있으므로 국가가 그 의무를 다하지 못하여 범죄를 발생시켰을 경우에는 그 피해자에게 손해배상책임이 있다고 한다.[16]

이 이론에 의하면 범죄피해자는 국가에 대해 계약불이행에 따른 손해배상책임을 물을 수 있기 때문에 별도의 피해자보상제도는 필요치 않다는 결론이

13) Robert Elias, *Victims of the System—Crime Victims and Compensation in American Politics and Criminal Justice—*, New Brunswick, New Jersey, 1983, p. 24.

14) Elias, *op. cit.*, p. 25.

15) Council of Europe, *Compensation for Victims of Crime*, Strabourg, 1975, p. 6.

16) Brooks Jimmy Ervin, *Criminal Injury Compensation Program: An Analysis of Their Development And Administrations*, The University of Oklahoma, Ph. D., 1972, p. 19.

나오고, 따라서 범죄피해를 당한 모든 국민은 국가에 배상을 청구할 수 있게 된다. 그렇게 된다면 국가의 재정적 부담이 지나치게 커질 것이다. 실제로 이 이론에 근거한 입법례는 찾아 볼 수 없다.

(2) 정부과실론(政府過失論, Government Negligence Theory)

이 이론은 모든 범죄에 대해 정부책임을 물을 수는 없을지 모르나 적어도 법집행관의 과실에 연유한 피해에 대해서는 정부가 책임이 있다는 입장이다.[17)]

이에 의하면 앞의 엄격책임론보다 정부의 책임범위가 좁아진다. 따라서 피해자구조의 적격 여부는 범죄발생에 있어 정부측의 과실이 있었는지의 여부에 따라 결정될 것이고, 이것은 보상을 위한 피해자적격을 가리는 데 좀더 선별적인 근거를 제공할 수 있을 것이다.[18)]

(3) 동등보호론(同等保護論, Equal Protection Theory)

동등보호론은 피해자보상을 피해부담을 평등화하는 것이 될 것이라고 생각하는 이론이다. 어떤 사람들은 다른 사람에 비해 높은 범죄영역에서 살기 때문에 정부는 그들의 시민이 누리는 평화와 일반 복지의 불균형을 시정하려는 어떤 것을 하여야 한다는 것이 요구된다는 것이다. 따라서 형평성을 증대시키기 위해서는 피해자보상이 적절할 것이고, 이 피해자보상은 시민의 이익평등을 증진시키는 한 방법이라는 주장이다.[19)]

이 이론의 요체는 어느 사회라도 일정량의 범죄와 그에 따른 피해는 있기 마련인바, 국가가 그 범죄의 피해가 평등하게 분배되도록 한다는 데 있다.

(4) 인도주의론(人道主義論, Humanitarian Theory)

이 이론은 앞의 이론과는 달리 범죄피해에 대한 정부의 어떤 법적 책임이나 비난에 근거하는 것이 아니고, 인도주의적 입장에서 국가가 피해자에게 보상하는 것이라는 주장이다. 따라서 범죄피해자에게 주어지는 보상은 범죄피해로 인해 빈궁해진 자에게 주어지는 일종의 정부시혜(政府施惠, government charity)가 될 것이다.[20)]

(5) 사회적 의무론(社會的 義務論, Social Obligation Theory)

사회적 의무론은 사회는 개인이 스스로를 효과적으로 보호하는 것을 금하

17) Luis Kutner, "Due Process for Crime Victims," *Trial 8,* 1972, p. 28.

18) Robert Elias, *Victims of the System—Crime Victims and Compensation in American Politics and Criminal Justice—*, New Brunswick, New Jersey, 1983, p. 25.

19) James Polish, "Rehabilitation of the Victims of Crime," *U.C.L.A.L.R.,* 21, 1973, p. 337.

20) John Schmutz, "Compensation for the Criminally Injured Revisited: An Emphasis on the Victim?," *Notre Dame Law,* 47, 1971, p. 90.

며, 또한 개인을 보호하기 위한 사회적 책임을 태만해서도 안 된다. 그러므로 사회는 피해자에게 그 의무태만에 기한 피해를 보상할 의무를 부담한다는 입장에서 출발한다.[21] 즉 범죄피해는 법과 질서를 보호해야 하는 사회가 그 의무를 태만한 결과로 나타나는 것이기 때문에 범죄로 인하여 시민이 피해를 입었을 경우에는 사회는 마땅히 피해자의 고통과 상해에 대해 보상해야 할 책임이 있는 것이라는 주장이다.

이 이론에 의하면 범죄로 인해 피해를 입은 자는 모두 사회로부터 보상을 받을 자격이 있게 된다. 결국 이 이론은 전술한 엄격책임론과 궤를 같이 한다고 보아야 할 것이다.

(6) **사회복지론**(社會福祉論, Social Welfare Theory)

피해자보상의 근거로 가장 폭넓게 주창되는 이론이다. Elias는 이 이론은 전술한 사회적 의무론과 같은 논리에서 출발하나 보상이 곤궁한 처지에 있는 자 또는 정부의 복지적 혜택을 받을 자격이 있는 자에게만 한정한다는 점에 차이가 있다고 한다.[22] 그러나 사회적 의무론은 '사회의 의무이행태만에 의한 책임'에서 피해자구조의 이론적 근거를 찾지만, 사회복지론은 '모든 국민의 행복과 안정된 생활을 위한 국가사회의 적극적인 역할'에 그 이론적 근거가 있다고 해야 할 것이다.

이 이론은 국가의 능력범위 내에 복지를 제한하고, 따라서 가장 필요한 자에게만 원조를 제공할 수밖에 없다는 현실을 합리화시켜 주는 기능을 할 것이다.

(7) **범죄예방론**(犯罪豫防論, Crime Prevention Theory)

범죄피해자보상은 법을 집행하는 데 있어서 실제로 도움이 될 수 있기 때문에 정당화된다는 이론이다.[23] 대중은 만일 그들의 노력으로 피해보상을 받을 희망이 있다면 범죄를 신고하고 범인을 체포하고 확인하는 데 적극적일 것이다. 나아가 범죄피해자보상은 범죄자에 대한 보복감정을 약화시키고, 또한

21) Brooks Jimmy Ervin, *Criminal Injury Compensation Programs: An Analysis of Their Development and Adminstration,* The University of Oklahoma, Ph. D., Degree Date 1972, p. 19.

22) Elias, *op. cit.,* p. 26.

23) Duncan Chappell & L. Paul Sutton, "Evaluating the Effectiveness of Programs to Compensate the Victims of Crime," in Israel Drapkin & Emilio Viano(eds.), *Victimology: Theoretical Issues in Victimology,* Lexington: D.C. Heath, 1973, p. 213; T.F. Coon, "Public Defender and Victims Compensation Legislation: Their Part in the Criminal Justice System," *Bull. Soc. Profess. Investig.,* 1971, p. 25.

피해자가 그의 피해를 회복하기 위하여 법을 위반하고자 하는 감정이 생기는 것을 완화시켜 줌으로써 또 다른 범죄가 발생하는 것을 방지하는 효과가 있다는 주장이다.

결국 이 이론은 범죄피해자보상은 범죄예방이라는 형사정책적 목적에서 정당화된다는 주장이다.

(8) **합리적 형사정책론**(合理的 刑事政策論, Rational Criminal Policy Theory)

이 이론은 국가가 범죄피해자에게 보상을 하면 가해자에 대한 피해자의 반발을 소멸하든지 감소시킬 수 있고, 그럼으로써 범죄자의 사회복귀를 목적으로 하는 합리적인 형사정책을 전개할 수 있다는 점을 들어 피해자보상의 정당성 근거를 찾는다.[24]

그 외에도 피해자보상을 통해 범죄자의 피해자에 대한 손해배상의무를 자각시킴으로써 범죄인의 재사회화에 도움을 줄 수 있다는 점도 제시되고 있다.

오늘날의 형사사법의 영역에서 추구되고 있는 범죄인에 대한 처벌의 완화 내지는 사회내처우를 통한 재사회화, 범죄인의 인권보장 등과 같은 형사정책적 시도는 다른 한편으로 범죄피해자의 법질서에 대한 불만을 야기한다. 따라서 피해자보상을 통하여 이와 같은 불만을 완화하고, 그럼으로써 범죄자의 사회복귀를 위한 합리적인 형사정책의 전개가 가능해진다는 주장이다.

전술한 범죄예방론과 마찬가지로 형사정책적 목적으로부터 범죄피해자보상의 근거를 찾는 이론이나, 범죄예방론이 피해자보상을 통해 피해자의 적극적인 형사사법운영에의 참여를 기대한다면 합리적 형사정책론은 가해자인 범죄자의 사회복귀를 중심으로 고려하고 있다는 점이 다르다.

(9) **정치적 동기론**(政治的 動機論, Political Motive Theory)

이 이론은 피해자보상은 그것이 가져다주는 다양한 정치적 이익 때문에 행해진다는 주장이다.[25] 즉 여론은 피해자구조제도와 같은 계획에 강한 지지를 보낼 것이고, 따라서 그것을 추진한다는 것은 그와 같은 국민감정에 부합하는 좋은 정치적 전략이라는 것이다. 나아가 정치인은 비록 국민 개개인이 피해자가 된 적이 없고, 따라서 보상을 받을 필요를 갖고 있지 않더라도 그 정책이

---

24) Gerjardt Grebing, "Die Verhandlung der Ⅲ Sektion über das Thema Die Entschädigung des durch eine Straftat Verlezten," *Zeitschrift für die gesamte Strafrechtswissenschaft*, Bd. 87, Heft 2, 1975, p. 475.

25) Stephen Schafer, "The Proper Role of a Victim Compensation System," *Crime & Delinq.*, 21, 1975, p. 48.

국민들 속에서 형사사법체제, 정부 그리고 정치가 자신에게 향하는 선의(善意)를 낳게 한다는 이익을 얻을 수 있다고 한다. 그리하여 비록 어떤 실질적인 도움을 필요로 하거나 받지 않더라도 보상은 대중에게 상징적·심리적 이익을 제공할 수 있고, 또한 그런 종류의 반응은 빈약한 형사절차와 사회가 야기할 수 있는 소원감(疎遠感)을 억제하는 것을 도와줌으로써 정부의 정치적 안정을 강화할 수 있다는 주장이다.[26]

범죄피해자보상에 관한 이상의 이론들은 범죄피해자보상의 본질을 전체적으로 설명한다기보다는 그것이 시행되는 방법 및 방향을 근거지우는 주장들로서 가치가 있다. 따라서 각 범죄피해자보상제도의 정당성을 근거지우는 이론으로는 각기 일면의 타당성을 가질 것이다.

3. 범죄피해자보상제도의 유형

일반적으로 범죄피해자보상제도는 손해배상형, 생활보호형, 산재보상형의 3유형으로 크게 분류할 수 있다.

(1) 손해배상형(損害賠償型)

엄격책임이론과 정부과실론, 그리고 사회적 의무론 등과 같은 국가책임이론에 기초한 보상유형이다. 국가의 책임과 범죄피해와의 관계에서 볼 때, 이 이론에 기초한 피해자보상방법은 범죄로 인한 손해를 배상하여 주는 형식이 되는 것이다. 따라서 이 유형에서는 민사법상의 불법행위로 인한 손해배상액을 기준으로 보상하게 된다.

1964년의 영국의 피해자보상제도가 이 유형으로 입법화되었으나, 실제에 있어서는 은혜적인 것으로 하는 것을 원칙으로 하고 있다고 한다.[27]

(2) 생활보호형(生活保護型)

이 유형은 범죄피해자보상제도의 목적을 범죄로 인해 피해를 입어 생활이 곤궁하게 된 자를 구제하는 데 둔다. 전술한 사회복지론은 이 생활보호형의 범죄피해자보상제도를 지지하는 이론이 될 것이다.

이 유형의 피해자보상제도를 최초로 채택한 곳은 미국 캘리포니아 주라고 한다.[28]

---

26) Robert Elias, *Victims of the System—Crime Victims and Compensation in American Politics and Criminal Justice—*, New Brunswick, New Jersey, 1983, p. 26.

27) 藤本哲也, 「犯罪學入門」, 立化書房, 1988, 310면.

28) 藤本哲也, 같은 책, 311면.

(3) 산재보상형(産災補償型)

이 유형은 사회보험적 입장에 해당하는 것으로서 범죄에 의한 손해나 피해를 사회구성원에게 공평하게 분배하려는 것이다. 산업현장에서 고용주에게 과실이 없는 경우에도 노동재해에 의한 피해를 보상하는 것과 같은 원리로 정부가 무과실책임에 기하여 범죄피해자에게 일정한 보상을 한다는 것이다. 전술한 동등보호론은 이 유형을 지지하는 이론이 될 것이다.

1963년의 뉴질랜드 범죄피해자보상제도가 이 유형에 해당하고, 미국 워싱턴 주의 경우에도 명문의 규정은 없지만 노동성에서 이 제도를 운영하고 있고 보상절차가 산업재해보상절차에 따르고 있음을 미루어 보아 산재보상형을 채택하고 있다고 볼 수 있을 것이다.[29)]

생각건대 범죄피해자에 대한 구조로서의 보상은 손해배상형이 가장 이상형일 것이다. 그러나 손해배상형은 국가책임이론에 근거한 것이기 때문에 모든 범죄피해자에게 제한 없이 범죄피해에 대한 배상을 해야 한다는 문제가 있다. 따라서 이 유형의 보상제도는 현실적으로 실현이 어려울 것이다. 결국 이렇게 보면 생활보호형과 산재보상형의 범죄피해자보상제도가 정부가 시행하기에는 가장 적합한 유형일 것이다.

우리의 피해자보상제도의 유형적 성격은 생활보호형에 가깝다고 보아야 할 것이다. 범죄피해자범죄피해자구조법의 기초가 사회복지이론에 터잡고 있을 뿐더러, 피해자보상 자체가 범죄로 인해 생활이 어려워진 피해자에 대한 시혜적 관점으로 이해되는 까닭이다.

4. 현행 범죄피해자보상제도

범죄피해자에 대한 보상에 관한 법률로는 「범죄피해자구조법」이 있다. 현행 「범죄피해자구조법」은 1987년 10월 30일 국회를 통과 동년 11월 28일 법률 제3969호로 공포되어, 1988년 7월 1일부터 시행되었고, 1990년 12월과 2005년 12월에 각각 개정되어 현재에 이르고 있다.

(1) 보상대상

「범죄피해자구조법」은 사람의 생명 또는 신체를 해하는 범죄행위(폭력범죄)로 인하여 사망한 자의 유족이나 중장해(重障害)를 당한 자와 자기 또는 타인의 형사사건의 수사 또는 재판에 있어서 고소·고발 등 수사단서의 제

29) 大谷實, 「犯罪被害者と補償」, 日經新書, 1975, 107면.

공 · 진술 · 증언 또는 자료제출과 관련하여 피해자가 된 자를 그 대상으로 한다(동법 제1조 및 제3조). 또한 형사미성년자와 심신장애자 등과 같은 책임무능력자가 저지른 불법행위에 의한 피해자와 강요된 행위, 긴급피난에 의한 피해자도 그 대상에 포함된다. 그러나 정당행위와 정당방위 및 과실에 의한 행위의 피해자는 제외한다(동법 제2조 1호).

1) 폭력범죄피해자

범죄피해자구조법은 사람의 생명 또는 신체를 해하는 범죄행위, 즉 폭력범죄에 의한 사망자의 유족과 중장해자를 그 대상으로 한다(동법 제1조). 따라서 재산범죄의 피해자와 폭력범죄에 의한 피해자일지라도 경장해자(輕障害者)는 제외된다. 이와 같은 입법태도는 다음과 같은 이유에 근거한다.

첫째, 피해 정도에서 볼 때 생명이나 신체상의 피해가 재산적 피해보다 훨씬 크기 때문에 완벽한 피해자구조가 가능할 때까지는 우선적으로 생명 · 신체상의 피해를 중심으로 운영하는 것이 합리적이다.[30)]

둘째, 피해의 회복이란 측면에서 재산적 피해는 대부분 회복이 가능하나, 생명이나 신체의 피해는 회복하기 곤란하거나 불가능하다.

셋째, 피해의 확인이라는 측면에서 생명이나 신체피해는 눈으로 정확한 확인이 가능하나, 재산적 피해는 그 내용을 과장하는 등 조작할 수 있기 때문에 피해내용의 진실성을 담보할 수 없다.

넷째, 피해자의 구제방법에 있어서 재산피해는 보험 등의 방법으로 구제를 할 수 있으나 생명 · 신체의 피해는 그렇지 못하다.

다섯째, 만약 재산피해까지 구제해야 한다면 피해자보상제도의 운영 자체가 복잡해지고 그에 따른 비용도 많이 든다.

이와 같은 주장에 대해 재산피해도 보상범위에 포함되어야 한다는 입장은 다음과 같이 반론을 제기한다.[31)]

첫째, 재산피해를 제외하자고 주장한 자들은 폭력범죄로 인한 생명 · 신체피해가 더 크다고 주장하나, 비폭력적 범죄에 의한 피해는 폭력범죄보다 더 장기간 계속된다는 점을 간과하고 있다. 따라서 비폭력적 범죄의 피해가 더 어려움을 줄 수 있다.

---

30) Rogert Childres, "Compensation for Criminal Inflected Personal Injury," *N.Y.U.L. Rew*, Vol. 39, 1964, p. 460.

31) 齊藤誠二,「犯罪被害者補償制度の基本問題」, 東京: 風間書房, 1977, 76-77면.

둘째, 재산피해는 보험가입 등으로 그 회복이 가능하다고 하나 이는 보험가입이 현실적으로 일반화되어 있지 않다는 점을 간과한 판단에 불과하다.

셋째, 피해의 허위신청이나 조작은 반드시 재산피해에만 많다고 볼 수는 없다. 신체에 대한 피해도 얼마든지 조작 또는 허위신고가 가능하다.

넷째, 재산피해에 대한 보상비용도 생각보다는 많이 들지 않는다.

다섯째,「민법」상의 불법행위 규정은 재산피해에 있어서는 거의 실효성이 없으므로 어떤 형태로든지 보상이 필요하다.[32)]

여섯째, 어떤 점에 있어서는 재산피해가 생명 · 신체상의 피해보다 더욱 심각하고 어떤 형태의 사회보장에 의해서도 보호되지 않는다.[33)]

한편 1974년 9월 헝가리 부다페스트에서 개최된 '국제형법학회'에서 범죄피해자 보상제도가 논의됐었는데, 그 회의에서는 피해보상은 적어도 생명과 신체에 대한 고의의 범죄로 인하여 발생한 피해를 대상으로 하여야 하며, 재산피해자에 대한 보상은 피해자가 견딜 수 없을 정도로 특히 심각한 때에 주어져야 한다고 하여 재산피해에 대한 국가적 구제도 합리적인 이유가 있을 때는 가능하다는 것을 시사한 바 있다. 그러나 1984년 3월 1일부터 발효된 '폭력범죄피해자에 대한 유럽협약'(the European Convention on the Compensation of Victims of Violent Crimes)은 보상의 대상을 폭력범죄의 결과로 심한 상해를 입은 사람 또는 범죄의 결과로 사망한 사람의 유족으로 한하고 있다.[34)]

입법례를 살펴보면 일본, 독일, 폴란드, 스웨덴, 네덜란드의 경우는 자연인의 생명 또는 신체를 해치는 범죄행위에 의하여 사망한 유족 또는 중장해를 입은 자를 보상대상으로 하고 있다.[35)] 그리고 캐나다의 몇몇 지역(온타리오, 뉴브란츠위크, 마니토바, 브리티시 콜롬비아)과 영국은 생명 · 신체의 피해 이외에도 피해자가 피해 당시 입고 있던 옷, 안경, 의치 등을 실무상 보상대상으로 인정하고 있으며, 뉴질랜드와 핀란드에서는 형사시설의 수용자가 도주과정에서 재산적 피해를 야기한 경우에는 그 피해를 보상한다. 한편 미국의 하와이주와 캘리포니아 주는 범죄예방 및 경찰관의 범죄예방활동에 협력한 사람이 그 협력과정에서 입은 생명 · 신체상의 피해는 물론 재산피해도 보상하도록 하

32) 大穀實 · 宮澤浩一 共著,「犯罪被害者補償制度」, 成文堂, 1976, 31면.

33) Council of Europe, *Compensation for Victims of Crime,* Strabourg, 1975, p. 14.

34) *Explanatory Report on the European Convention on the Compensation of Victims of Violent Crimes,* Strasbourg, 1984, p. 7.

35) 警察廳給與厚生課,「犯罪被害給付編, 逐條解說 犯罪被害者給付金支給法」, 1985, 39면; 齊藤誠二, 앞의 책, 36-37면.

는 시민권 조항을 두고 있다.[36)]

생각건대 피해자보상대상을 폭력범죄의 피해자로 제한하는 실제적인 이유는 재정지원의 제한성과 범죄피해에 대한 일반의 인식의 차이에 근거한다고 보는 것이 타당할 것이다. 즉 국가가 모든 범죄피해에 대해 보상을 해 줄 만한 재정확보가 현실적으로 어렵고, 따라서 재산피해보다 신체적 피해를 더 크고 심각하게 생각하는 일반의 인식에 따라 폭력범죄로 그 보상범위를 제한할 수 밖에 없는 것이다. 그런 점에서 구조대상을 폭력범죄의 피해자 및 그 유족으로 제한하고 있는 우리의 입법태도는 현실적인 차원에서 근거하고 있다고 보아야 할 것이다. 다만 범죄피해자보상제도가 범죄에 의한 피해 때문에 정상적인 생활을 영위하지 못할 정도로 어려워진 피해자를 국가가 구제하자는 의도에서 비롯된 것이라고 본다면 재산적 범죄로 인해 생활 자체가 어려워진 피해자에 대해서도 점차 그 구제범위를 넓혀가는 방안이 강구되어야 할 것이다.

2) 형사사건에서 발생한 보복범죄의 피해자

자기 또는 타인의 형사사건의 수사 또는 재판에 있어서 고소·고발이나 수사단서를 제공하거나 수사기관이나 재판정에서의 진술·증언 또는 자료제출로 인하여 보복을 당해 피해자가 된 자는 구조대상이 된다(「범죄피해자구조법」 제3조 1항). 1990년 개정시 신설된 규정이다.

범죄수사 또는 형사재판절차에 있어서 고소·고발이나 증언 등을 하였다는 이유로 보복범죄를 당한 경우 그 구조요건을 일반 폭력범죄의 그것보다 완화함으로써 범죄척결에 국민이 안심하고 협조할 수 있도록 한다는 취지이다. 즉 일반 국민의 적극적인 형사사법에의 참여를 유도하자는 형사정책적 차원의 규정인 것이다. 따라서 이 경우에는 일반 폭력범죄처럼 가해자의 불명 또는 무자력(無資力), 피해자의 생계곤란 여부와 관계없이 범죄피해자구조금을 지급한다.

이러한 입법례로는 영국, 북아일랜드, 호주, 캐나다, 일본, 미국의 하와이 주와 캘리포니아 주 등이 있다. 특히 미국의 하와이 주와 캐나다의 온타리오 주와 뉴브란츠위크 주는 합법적 체포, 범죄방지, 경찰관 협조시의 피해에 재산피해까지도 보상하고 있다고 한다.[37)]

---

36) Hawaii Revised Statutes, Vol. 4, Ch. 351, sec. 351; California Govt., Code, Ch. 5, Art. 1, sec. 13972.

37) Roger E. Meiners, *Victim Compensation—Economic, Legal and Political Aspects—*, Lexington Co., 1978, p. 18.

3) 책임무능력자의 불법행위에 의한 피해자

범죄피해자구조법은 형사책임무능력자, 즉 14세 미만의 형사미성년자와 사물을 변별할 능력이 없거나 의사를 결정할 능력이 없는 심신장애자가 저지른 불법행위에 의해 피해를 입은 피해자를 구조대상에 포함하고 있다(동법 제2조 1호).

이와 같이 책임무능력자의 범죄행위에 의한 피해를 보상하고 있는 국가는 미국의 캘리포니아 주, 뉴욕 주, 매사추세츠 주, 하와이 주, 뉴질랜드, 영국 등이다. 그러나 호주의 뉴사우스웰즈, 웨스턴오스트레일리아 등은 책임무능력자에 의한 피해를 보상대상에서 제외하고 있다.

책임무능력자의 행위에 의한 피해자도 보상대상에 포함되어야 한다는 당위적 근거로는 다음과 같은 것들이 제시되고 있다.[38]

첫째, 형벌권행사의 문제에서는 범죄는 체계상의 한 단계인 책임능력의 유무가 결정적인 기능을 담당하나, 피해보상의 문제는 설사 책임능력이 결여되었다 할지라도 피해자의 피해가 그 책임능력에 따라 감소되는 것이 아니다. 즉 책임무능력자의 행위요소가 구성요건과 위법성 단계를 충족시키고 단지 책임비난만이 없다는 것은 그 행위 자체는 구성요건해당행위로 형벌의 대상으로 추정되는 것이고, 그에 의해 피해가 야기되었으므로 당연히 보상되어야 한다는 것이다.

둘째, 책임능력에 관한 문제는 형사실체법상의 문제로서 범죄완성에 관한 것이기 때문에 범죄피해보상 여부의 결정에 관한 문제와는 성질이 전혀 다르다.

셋째, 범죄피해자보상제도의 근본취지는 형사재판이 확정력이 나타나기 전에 신속하게 보상한다는데 있으므로 가해자의 책임능력이 없어 유죄판결을 획득하지 못한다 하더라도 보상은 실제로 가능해질 수밖에 없다.

생각건대 책임능력을 고전학파의 입장에서 유책행위능력 또는 범죄능력으로 보면 책임무능력자가 행한 불법행위는 범죄라고 할 수 없기 때문에 엄격히 해석하면 범죄피해자구조법의 대상이 되지 않을 것이다. 그러나 근대학파의 입장에서 책임능력을 수형능력 또는 형벌적응능력이라고 본다면 책임무능력자의 불법행위도 범죄는 성립하므로 그 피해자는 범죄피해자구조법의 대상이 된다고 보아야 할 것이다.

이처럼 강학상(講學上)으로는 형법상의 책임능력의 본질을 어떻게 이해하느냐에 따라 책임무능력자의 불법행위에 의한 피해자의 보상대상 포함 여부가

---

38) 齊藤誠二, 앞의 책, 43-44면.

달라질 수 있으나, 그보다는 범죄피해자구조법의 구조대상은 그 제도가 갖는 취지와 목적에 의해 결정되어야 할 것이다. 따라서 범죄피해자구조법이 부당한 행위로 인해 피해를 당한 무고한 시민을 구제하자는 데 그 본래의 목적이 있다고 한다면 책임무능력자의 불법행위에 의한 피해자도 그 대상에 포함되는 것이 타당할 것이다. 그것은 범죄피해자구조법이 그 원인이 되는 행위를 대상으로 하는 것이 아니고 그 결과를 대상으로 하고 있기 때문이다.

실무상으로도 책임무능력자의 행위에 의한 피해자를 보상대상에서 제외한다면 예를 들면 정신질환자나 형사미성년자가 불법행위를 저지르고 도주하여 행방불명이 되면 보상대상이 되나 체포되어 형사미성년 또는 정신질환자임이 밝혀지면 보상대상에서 제외된다는 부당한 결과가 될 것이다.

4) 긴급피난에 의한 피해자

「범죄피해자구조법」은 긴급피난에 의한 피해자를 구조대상에 포함하고 있다(동법 제2조 1호). 따라서 자기 또는 타인의 법익에 대한 현재의 위난을 피하기 위한 행위로 인해 피해를 입은 자는 범죄피해자구조법의 보상대상이 된다.

긴급피난의 본질을 통설의 입장처럼 위법성조각사유(違法性阻却事由)로 보면 긴급피난행위도 정당행위와 마찬가지로 위법성이 없는 정당한 행위이기 때문에 그 행위에 의한 피해는 인용되어야 할 것이고, 따라서 보상범위에서 제외되어야 한다는 결론이 된다. 그러나 책임조각사유(責任阻脚事由)로 본다면 전술한 바와 같이 책임능력을 무엇으로 보느냐에 따라 달라질 것이다. 그러나 이 경우도 앞서의 책임무능력자의 그것과 마찬가지로 강학상의 범죄이론에 의하기보다는 구조제도의 취지와 목적에 비추어 판단해야 할 것이다.

생각건대 긴급피난은 가해자의 입장에서는 형법상 정당한 행위이기 때문에 처벌의 대상이 되지 않으나, 피해자의 입장에서는 부당한 손해를 입은 것이다. 따라서 긴급피난에 의한 피해로 인해 생계가 곤란해진 자를 구제대상에 포함하는 것이 범죄피해자구조제도의 취지에 부합될 것이다.

입법례로는 일본과 독일이 긴급피난의 피해자를 보상대상에 포함하고 있다.

5) 과실범에 의한 피해자

범죄피해자보상제도에 있어서 과실범에 의한 피해자를 그 보상대상에 포함하느냐 여부는 입법례와 학설이 각기 나뉜다.

입법례를 살펴보면 우리나라를 비롯해서 일본, 영국, 독일 등은 과실범에 의한 피해자를 보상대상에서 제외하고 있고, 반면에 핀란드는 고의·과실을 구별하지 않고 보상하고 있다. 한편 1974년의 부다페스트 국제회의에서는 보상은 적어도 생명과 신체에 대한 고의 범죄로 인한 피해에 국한해야 한다는 취지를 결의한 바 있다.

과실범에 의한 피해자를 보상대상에서 제외해야 한다는 입장은 그 이유로 다음과 같은 것을 든다.[39)]

첫째, 과실범은 피해자의 감정, 특히 유서(宥恕)의 정도에서 보면 고의범에 비해 보상의 필요성이 저하된다.

둘째, 과실피해는 대부분 교통사고, 노동재해, 공해, 의료과실 등에 의한 것으로 각종 보험제도에 의한 구제가 이루어지고 있어 고의범에 한정해도 피해자구제에 별 지장이 없다.

셋째, 과실사범의 가해자는 살인범 등과는 다르고, 많은 경우 배상능력이 있다고 보는 것이 일반적이므로 보상의 필요성이 없다.

넷째, 피해자보상제도가 신속한 보상을 중요 이념으로 하고 있음을 전제할 때, 형사재판의 확정 전에 보상됨이 원칙이어야 하는데, 과실의 유무는 재판확정 전에 판단될 수 없기 때문에 피해자보상제도의 근본취지에 반한다.

다섯째, 과실에 의한 피해는 많든 적든 우연적인 요소와 결합되어 발생하는 것이기 때문에 이것을 보상대상으로 하면 자연재해와 같은 불가항력에 의한 사상(死傷)에는 보상하지 않겠다는 주장의 설득력이 약해진다.

여섯째, 과실의 방지는 국가의 책임이 될 수 없다. 왜냐하면 과실의 본질은 분배된 주의의무의 위반에 있는 것으로 개인의 주의의무이행 여부에 대한 책임을 국가측에 전가시킬 수 없기 때문이다.

일곱째, 과실범에 의한 피해를 보상하게 되면 피해자의 기여과실(寄與過失)과 허위신청을 배제하기 곤란하다.

여덟째, 「범죄피해자구조법」이 고의의 폭력행위에 의한 피해자만 보상하도록 하고 있는 것은 공동사회의 평온이 깨어져서는 안 된다는 시민의 기대가 고의적 폭력행위의 경우에 가장 강하게 침해받기 때문이다.

이에 대하여 과실범에 의한 피해자를 보상대상에 포함하여야 한다는 입장은 그 이유로,

첫째, 피해의 원인은 형법상 규정된 범죄이고 보상제도의 골격은 범죄로 인정되는 것에 의한 피해이므로 과실범을 제외할 이유가 없다. 즉 피해자가 피

39) 大谷實, 「被害者の補償」, 東京: 學陽書房, 1977, 140-141면.

해를 입어 보상을 필요로 한다는 점에서 본다면 고의적인 폭력피해와 과실에 의한 폭력피해를 어떤 형태로든지 구별해야 할 이유가 없다.

둘째, 과실의 발생이 우연 등의 어떤 요소와 결합되어 나타나는 것이 일반적이라고 할지라도 그것이 형법상 처벌이 되는 범죄의 일종이라면 고의범과 달리 취급해야 할 당위성이 없다.

셋째, '불신의 원리'가 적용되던 시대와는 달리 '허용된 위험의 법리'와 '신뢰의 원칙'이 형법해석에 중요하게 기능하는 것은 그만큼 과실에 의한 피해가 나날이 증가되고 있다는 것의 반증이다. 따라서 현실적인 관점에서 과실에 의한 피해도 보상하여야 한다는 점 등을 들고 있다.

생각건대 과실범이 피해자의 감정이라는 측면에서 보면 고의범에 비해 보상의 필요성이 저하되기 때문에 과실범의 피해자를 보상대상에서 제외하여야 한다는 주장은 범죄피해자보상제도를 피해자의 피해감정의 완화에 그 목적을 두고 있다. 또한 과실에 의한 피해는 대부분 각종 보험에 의해 구제가 가능하거나 과실범의 가해자로부터 배상을 받을 수 있기 때문에 보상대상에서 제외한다는 것은 범죄피해자보상제도의 근본취지를 잘못 이해한 것이다. 범죄피해자보상제도는 범죄의 피해로 인해 현재 생활이 곤궁해진 피해자를 국가가 신속히 돕자는 것이다. 그렇기 때문에 국가는 고의·과실을 묻지 않고 범죄피해자를 먼저 구제하고 후에 보험 등에 의해 피해를 배상받는 경우에는 국가가 대위하여 변제를 받으면 되는 것이다. 그러나 국가가 피해를 보상하고 보험 등의 청구권을 대위하는 것도 문제가 없는 것은 아니다.

과실행위도 형법상 불법의 요건을 갖추고 있기 때문에 처벌되고 있고, 한편 피해자의 입장에서는 그 피해가 부당한 것이다. 따라서 그로 인해 생활이 곤란해진 자를 국가가 구조한다는 것은 범죄피해자보상제도의 취지상 당연하다고 하겠다. 특히 범죄피해자보상제도를 사회복지적 차원의 시혜라고 본다면 과실범의 피해자만 유독 제외할 이유가 없고 그런 의미에서 우리 범죄피해자구조법이 과실범의 피해자를 제외한 것은 잘못이다.

(2) **구조적격**(救助適格)

1) **가해자불명**(加害者不明) **또는 무자력**(無資力)

「범죄피해자구조법」은 폭력범죄의 피해자라 할지라도 그 피해자가 가해자의 불명 또는 무자력의 사유로 인하여 피해의 전부 또는 일부를 보상받지 못하고 그 생계유지가 곤란한 사정이 있는 때에 범죄피해구조금을 지급하는 것으로 하고 있다(동법 제3조 1항). 따라서 범죄피해자가 범죄로 인해 생계가 곤란하다고 할지라도 가해자가 누구인지 밝혀지지 않거나, 밝혀지더라도 무자력이라는 것이 증명되지 않으면 보상금을 지급받지 못한다.

가해자불명의 기준은 ① 가해자의 신원을 알 수 없는 경우, ② 가해자의 도주 등으로 그 소재를 알 수 없는 경우, ③ 가해자의 신원을 알 수 없거나 도주해서 체포가 현저히 곤란하다고 인정되는 경우(「범죄피해자구조법 시행령」 제3조)이고, 무자력의 기준은 ① 가해자에게 아무런 재산이 없거나 가해자의 재산액이 범죄피해를 받은 자가 지급받을 손해배상액에 미치지 못한 경우, ② 가해자의 재산에 대한 집행이 현저히 곤란하여 피해자가 손해배상액의 전부 또는 일부를 지급받을 수 없다고 인정되는 경우(동 시행령 제4조)이다.

이와 같이 가해자의 불명이나 무자력을 요건으로 하고 있는 것은 국가예산의 현실에 비추어 손해배상이 불가능한 경우로 제한하는 것이 타당하다는 이유에 기초한다. 그러나 「범죄피해자구조법」상의 이 요건은 범죄피해자보상의 근본취지를 몰각(沒覺)한 잘못된 규정이다.

이 규정대로라면 범죄로 인해 피해를 입어 생계유지가 곤란한 자라도 가해자가 체포되어 무자력이라는 것이 증명되지 않으면 보상을 받지 못한다는 결과가 된다. 그렇기 때문에 체포되어 무자력이라고 밝혀지는 것보다 범인이 누구인지 모르거나 도주해서 체포되지 않은 경우가 더 유리하다는 불합리한 결과가 될 것이다.

많은 범죄자들이 알려지더라도 체포되지 않거니와, 설사 그 체포된 범죄자가 자력이 있는 자라 할지라도 현행 손해배상청구제도에 의해서는 가해자로부터 신속하고 실효성 있는 보상이 어렵다는 점을 보완하기 위하여 제정된 법이 「범죄피해자구조법」인 것이다. 따라서 우리 「범죄피해자구조법」의 가해자불명 또는 무자력에 관한 조항은 삭제하는 것이 타당할 것이다. 현재 가해자불명 또는 무자력을 구조적격조건으로 하고 있는 입법례는 거의 없다.

2) 피해자의 경제적 궁핍

2005년 개정 전의 「범죄피해자구조법」은 그 구조적격으로 범죄피해로 인해 피해자의 생계유지가 곤란함을 요구하고 있었다(동법 제3조 2항).

피해자 생계곤란의 기준은 ① 범죄피해에 대한 구조금지급결정시 피해자가 속한 가구의 소득금액이 정부노임단가기준[40] 중 건설공사부문의 남자 보통

40) 1995년부터 그 동안 재정경제부에서 발표했던 정부노임단가기준제도가 폐지되고 대신 대한건

인부 노임액의 1.5배에 상당한 금액에 미치지 못하는 경우, ② 앞의 기준에 해당되지 아니하더라도 피해자가 처한 사회적 · 경제적 상황에 비추어 당해 피해자의 생계유지에 곤란한 사정이 있음을 인정할 수 있는 경우(동법 시행령 제5조 1항)이다.

이처럼 피해자구조적격으로 피해자의 경제적 상황을 고려하는 것에 관하여는 찬반론이 대립하고 있다. 피해자의 경제적 상황을 고려하여야 한다는 입장은 그 이유로서,

첫째, 피해자구조기금이 한정되어 있기 때문에 경제적으로 보상받을 필요가 있는 피해자에게만 보상하여야 한다.

둘째, 범죄피해자보상에 관한 논의의 출발은 사회복지적 배경에서 비롯된 것으로서 따라서 재앙손실에 대해서만 구제하도록 계획되었기 때문이라는 것이다. 그렇기 때문에 범죄로부터 피해를 입었다고 하더라도 피해자가 그 손실을 감당할 능력이 있다면 그 손실은 피해자가 감당하여야 하고 사회에 분산시켜서는 안 된다는 것 등을 들고 있다.[41)]

반면에 피해자구조적격으로 피해자의 경제적 상황을 고려하는 것이 부당하다는 입장은,

첫째, 보상제도의 이론적 근거를 국가의무나 국가책임론에서 구한다면 범죄피해의 현실적 존재만 인정되면 국가는 피해자에게 보상(이 경우에는 배상이 될 것이다)해야 하고, 따라서 범죄피해자보상은 피해자 자신의 경제적 상황과는 무관하다.[42)]

둘째, 모든 피해자는 법 앞에 평등함으로 피해의 크기에 따라 보상받아야 하는 것이고, 따라서 피해자의 경제적 사정에 따라 보상받도록 되어서는 안 된다.

셋째, 피해자의 경제적 상황을 요건으로 규정할 경우 피해자보상 여부의 결정이 늦어지고, 따라서 피해자구조의 실효성이 반감된다.[43)]

설협회가 조사 · 발표하는 시중노임단가를 기준으로 하고 있다. 따라서 시행령의 정부노임단가 기준은 시중노임단가기준으로 바뀌어야 할 것이다.

41) Richard Cosway, "Crime Compensation," *Washington Law Review,* Vol. 49, 1974, pp. 554-555.

42) Childres, *op. cit.,* p. 462.

43) 미국 뉴욕 주와 메릴랜드 주의 범죄피해자보상위원회의 보고서에 의하면 보상청구자의 재정적인 상황을 입증하기 위한 조사와 그에 따른 잡무로 인해 사건처리가 지연되어 효율적인 보상이 이루어지지 못했다는 점을 지적하고 있다. New York, *1968 Second Annual Report of the Crime Victims Compensation Board; Maryland, Criminal Injuries Compensation Board*; Ervin, *op. cit.,* p. 211.

넷째, 피해자가 보상을 받기 위하여 자기 자신의 재산에 관한 상황이 나쁘다는 것을 밝혀야 하고, 이에 대한 심사를 받는다는 것에 거부감을 갖게 된다.[44)]

다섯째, 피해자의 경제적 상황을 피해보상적격기준으로 삼게 되면 매우 제한된 범위의 피해자만 보상을 받게 된다. 또한 그 기준이 애매하여 조사자의 자의에 의한 운영이 될 소지가 많다.

여섯째, 경제적 상황을 요건으로 하여 구조적격자를 제한한다고 하더라도 실제 비용절감에는 성공적이지 못하다.[45)]

일곱째, 보상제도가 갖는 숨겨진 의의의 하나가 피해자의 소외감을 없애는 것인데, 이 요건을 요구하는 것은 오히려 피해자의 소외감을 더해 주는 결과가 된다는 것[46)] 등을 들고 있다.

생각건대 범죄피해자보상제도가 국가의무 내지는 국가책임론에 근거한다고 할 때에는 범죄피해자구조적격요건을 피해자의 경제적 상황에 두는 것은 잘못일 것이다. 이러한 점을 고려하여 2005년 12월의 개정에서 "피해자의 생계유지곤란"이라는 요건은 삭제하였다.

이러한 요건이 없더라도 경제적으로 자력이 있는 피해자들은 스스로 국가로부터의 구제를 포기한다거나 다른 구제수단에 의한 해결을 의뢰하는 경우가 많을 것이므로 실제 이 제도의 운영에 직접적인 영향은 없을 것이라는 주장도 있는데[47)] 재력이 있는 피해자라고 할지라도 쉬운 피해구제방법을 두고 구제를 포기하거나 다른 복잡한 구제수단을 찾으려고 할지는 의문이다.

입법례를 살펴보면 미국의 캘리포니아 주, 뉴욕 주, 메릴랜드 주, 플로리다 주, 알래스카 주, 캐나다의 뉴펀들랜드 주, 사스캐츠완 주는 피해자의 경제적 상황을 피해자구조적격의 요건으로 하고 있고, 반면에 핀란드, 독일, 일본, 미국의 하와이 주, 매사추세츠 주, 워싱턴 주는 피해자의 경제적 상황을 전혀 고려하지 않고 있다.[48)]

---

44) 앞의 뉴욕 보상위원회의 보고서에 의하면 실제로 많은 보상청구자들이 조사자에게 그들의 재정적 상황을 논의하거나 밝히는 것을 꺼려하고 있는 것으로 밝혀졌다고 한다. Ervin, *op. cit.*, pp. 211-212.

45) 미국 뉴욕 주 보상위원회는 이러한 보상요건을 제외함으로써 생기는 비용의 증가는 10% 이내일 것이라고 말하고 있다. Koning, "Compensation for Victims of Crime—The Texas Approach—," *Southwestern Law Journal,* Vol. 34, 1980, p. 703.

46) Koning, *op. cit.*, p. 703.

47) 朴光燮, "犯罪被害者 補償에 관한 體系的 硏究,"「忠南大學校 大學院 博士學位論文」, 1988, 907면.

48) 齊藤誠二, 앞의 책, 70면.

3) 가해자에 대한 유죄선고

가해자에 대한 유죄선고는 가해자의 범죄행위를 확증하는 것이 된다. 따라서 만일 가해자에게 유죄선고가 내려지지 않는다면 보상기관은 보상신청자가 범죄피해자라는 확증을 갖지 못하는 셈이 된다. 이런 점에서 본다면 가해자의 유죄선고는 범죄피해자 확정의 전제조건이라고 할 수 있다.

그러나 범죄자의 상당수가 알려져 있지 않거나 체포되지 않는 현실에서 유죄선고를 전제조건으로 한다는 것은 범죄피해자보상제도의 실효성을 크게 떨어뜨리는 것이 될 것이다. 그뿐만 아니라 유죄의 확정 후 피해자에게 보상을 한다는 것은 구조의 적기(適期)를 놓치는 경우가 많게 될 것이다.

이러한 관점에서 대부분의 입법례는 범죄자에 대한 유죄선고가 보상급부의 선행조건이 아님을 명백히 하고 있다. 단 호주의 뉴사우스웰즈 주는 보상절차가 개시되기 전에 범인의 체포와 법원의 소송절차개시를 전제조건으로 하나, 검찰총장은 재량으로 미해결된 사건의 범죄피해자에게 보상을 결정할 수 있다고 한다.[49] 우리 「범죄피해자구조법」도 명시적으로 이를 규정하고 있지는 않으나 동법 제 3 조 1항에 규정하고 있는 적용범위에 '가해자의 불명'을 피해보상대상으로 하고 있는 것을 보아 가해자의 유죄선고를 피해보상의 전제조건으로 하고 있지 않음은 분명하다. 입법론적으로는 보상심사대상을 수사기관인 경찰 또는 검찰이 인지한 범죄사건의 피해자로 하는 것이 타당할 것이다.

(3) 구조금지급 결격사유

「범죄피해자구조법」은 피해자와 가해자간에 친족관계에 있는 경우, 피해자가 범죄행위를 유발하였거나 당해 범죄피해의 발생에 관하여 피해자에게 귀책사유가 있는 경우, 그리고 사회통념상 구조금의 지급이 타당하지 않다고 인정되는 경우는 구조금의 전부 또는 일부를 지급하지 않도록 하고 있다(동법 제6조).

1) 가해자와 피해자 간의 친족관계

가해자와 피해자가 부부(사실상 혼인관계를 포함한다), 직계혈족, 4촌 이내의 친족, 동거친족의 관계에 있을 때는 범죄피해구조금을 지급하지 아니하고, 그 외의 친족관계가 있을 때는 피해구조금의 일부를 지급하지 아니한다. 다만 구조금을 지급하지 않는 것이 사회통념상 위배된다고 인정할 만한 특별한 사정이 있는 경우에는 구조금의 일부를 지급할 수 있다(「범죄피해자구조법 시행령」 제6조).

49) LeRoy L. Lamborn, "The Scope of Programs for Govermental Compensation of Victims of Crime," *Univ. of Illinois Law Forum,* 1973, p. 44.

이처럼 친족관계에 있는 자를 피해보상대상에서 제외하고 있는 근거로는 피해자의 무책성(無責性)을 입증하기 어렵고, 사기 또는 공모의 위험이 크다는 점을 들고 있다.[50)]

그러나 가해자와 피해자간에 친족관계가 있다고 하여 피해자에게 부분적으로 책임이 있을 가능성이 크다고 보는 견해는 근거가 없으며, 또한 친족간이기 때문에 사기나 공모의 위험이 크다는 주장도 납득하기가 어렵다. 설령 공모가 있다고 하더라도 그것은 후술하는 피해자의 귀책사유에 해당하기 때문에 보상청구를 기각하면 될 것이다.

우리「민법」상 친족의 범위는 8촌 이내의 혈족, 4촌 이내의 인척, 그리고 배우자이다(「민법」 제777조). 「범죄피해자구조법」은 이 민법상의 친족범위보다 약간 축소하여 보상대상에서 제외하고 있으나,[51)] 이들 친족 사이에서도 무고한 범죄의 피해자는 있을 수 있으며, 따라서 단지 친족이라는 이유로 국가의 보상대상에서 제외된다는 것은 형평을 그르친 처사이다. 극히 예외적인 경우를 상정(想定)하여 구조가 꼭 필요한 피해자를 제외하는 결과가 되기 때문이다. 또한 핵가족 현상으로 친인척의 개념이 희박해져 가고 있고, 가정폭력이 문제가 되고 있는 현실에서 친족이라는 이유만으로 피해를 당하고도 보상을 받지 못한다는 것은 부당하다고 아니할 수 없다.

따라서 입법론적으로는「범죄피해자구조법」 제 6 조 1항 및 동 시행령 제 6 조를 삭제하되, 친족간의 범죄피해에 관해서는 엄격한 입증책임을 부담하는 제도적 장치를 둘 필요는 있을 것이다.

그러나 대부분의 입법례는 가해자와 피해자와의 특별한 관계를 보상대상 제외조건으로 하고 있다. 입법례를 살펴보면 ① 피해자가 범죄자와 함께 생활하는 가족의 일원일 때 보상을 거부하는 형으로 북아일랜드, 캐나다의 뉴브런즈윅 주, 뉴펀들랜드 주, 사스캐츠완 주, ② 피해자가 범죄자 가족의 일원이거나 범죄자와 함께 생활하고 있을 때 보상을 거부하는 형으로 1969년의 뉴질랜드 법, 호주의 뉴사우스웰즈 주, 퀸즐랜드 주, 사우스웨스턴 오스트레일리아 주, ③ 앞의 두 경우를 포함해서 가해자와 성적 관계가 있는 때 보상을 거부하는 형으로 영국, 미국의 알래스카 주, 메릴랜드 주, 매사추세츠 주, 뉴저지 주,

50) Koning, *op. cit.*, p. 705.

51) 「범죄피해자구조법」은 사실상의 혼인관계를 포함한 부부, 직계혈족, 4촌 이내의 친족, 동거친족관계에 있으면 구조금을 지급하지 않고, 이들 관계 외에 친족관계가 있으면 일부를 지급하지 않는 것으로 하고 있다(동법 시행령 제 6 조).

뉴욕 주, 캐나다의 마니토바 주, ④ 우리나라처럼 일정한 촌수의 친족관계가 있을 때 보상을 거부하는 형으로 일본의 입법례가 있다.

2) 피해자의 귀책사유

우리 「범죄피해자구조법」은 피해자가 당해 범죄행위를 교사 또는 방조했거나, 가해자에게 폭행 · 협박 또는 모욕을 하여 당해 범죄행위를 유발하였거나, 당해 범죄행위와 관련된 현저한 부정행위, 당해 범죄피해의 발생 또는 증대에 가공한 부주의한 행위 또는 부적절한 행위는 그 정도에 따라 구조금을 지급하지 않거나 일부만 지급하도록 하고 있다(동법 제6조 2호 및 동시행령 제7조).

범죄피해의 발생은 그 범죄에 대한 피해자측의 특성, 즉 범죄자의 내부적 또는 심리적 상황에 대해 외부적 자극으로서의 피해자의 존재와 태도, 가해자와 피해자와의 인간관계 혹은 상호교류의 전개과정 등이 범죄형성에 중요한 역할을 하고 있음이 피해자학에서 구명되고 있다.[52] 따라서 범죄피해자에 대한 보상을 결정함에 있어서 발생된 범죄에 있어서의 피해자의 역할이 고려되어야 하는 것은 논리적으로 당연하다고 하겠다. 왜냐하면 발생된 범죄에 기여한 피해자는 다른 측면에서는 가해자인 셈이고, 그렇기 때문에 이를 국가가 보상한다는 것은 결과적으로 범죄발생과 피해를 장려하는 것이 되기 때문이다.

이런 관점에서 당해 범죄에 귀책사유가 있는 피해자를 보상대상에서 제외하거나 보상액의 일부를 삭감하는 우리 「범죄피해자구조법」의 태도는 옳다. 다만 보상액의 일부를 삭감하는 경우 그 기준이 문제가 될 것이다.

미국의 하와이 주, 메릴랜드 주, 매사추세츠 주, 뉴저지 주, 뉴욕 주 등은 그 피해자가 피해발생에 기여한 정도에 비례하여 감액하는 방법을 채택하고 있다. 그러나 당해 범죄에의 기여 정도를 측정 · 수량화하여 감액한다는 것은 실제로는 쉽지 않을 뿐 아니라 담당자의 자의적인 재량이 개입할 여지가 많을 것이다. 따라서 입법론적으로는 기여유형에 따라 보상액에서 일정액을 감액하는 방법이 좋을 것이다. 예를 들면 범죄에의 기여의 유형을 교사 · 방조와 같은 적극적인 참여, 당해 범죄와 직접적인 관계는 없으나 피해자 자신의 특정한 성격이나 행동이 원인이 된 경우, 피해자의 현저한 부주의 또는 의도치 않았으나 범죄의 유혹사물(誘惑事物)이 된 것과 같은 소극적인 참여 등으로 분류하여 일정액을 감하도록 하는 방법이다.

52) 권문택, "被害者學의 基本問題," 「忠南大學校法律行政硏究所論文集(第8集)」, 1981, 19면.

3) 사회통념

사회통념상 구조금을 지급하는 것이 부당하다고 생각되는 경우로는 당해 범죄행위를 용인한 경우, 집단적 또는 상습적으로 불법행위를 행할 우려가 있는 조직에 속하고 있는 경우(단 그 조직에 속하고 있는 것이 당해 범죄피해를 당한 것과 관련이 없다고 인정되는 경우를 제외한다), 당해 범죄행위에 대한 보복으로 가해자 또는 그 친족 기타 가해자와 밀접한 관계가 있는 자의 생명을 해하거나 또는 신체에 중대한 해를 가한 경우를 말한다(「범죄피해자구조법 시행령」 제8조).

범죄피해자보상제도가 사회복지적인 차원에서 시행되는 시혜의 일종이라고 한다면 피해자의 사회적인 태도도 보상을 결정하는 데 고려되어야 함은 당연하다. 즉 국가의 복지는 선량한 국민을 대상으로 그 의의와 목적을 두는 것이고, 따라서 상습적으로 반사회적 행위를 하거나 사회통념상 용납되지 못하는 행위를 한 결과로 피해를 입은 자까지 보호하고 구조할 필요는 없는 것이다. 영국과 뉴질랜드의 경우는 당해 범죄와는 직접적인 관계가 없는 피해자의 전과사실, 성격 또는 생활양식까지도 보상 여부를 결정하는 데 고려하고 있다고 한다.

그러나 입법론적으로 고려할 점은 있다. 「범죄피해자구조법」은 범죄행위를 용인한 경우를 사회통념에 위배되는 행위로 보아 구조금지급을 거부하도록 하고 있는데(동법 시행령 제8조 1항 1호) 이 경우에는 사회통념에 위배되는 행위라기보다도 전술한 피해자의 귀책사유로 보아 구조금을 감액하는 것이 옳을 것이다. 특히 승낙살인의 경우에는 피해자 자신의 승낙이 있었다고 하더라도 그 승낙이 위법성 또는 책임을 조각(阻却)하는 것이 아니기 때문에 범죄행위가 성립되는 것은 틀림이 없고, 따라서 그로 인해 생계가 곤란해진 유족이 보상을 받지 못한다는 것은 형평에 어긋난다고 할 것이다.

(4) 국가의 구상권(求償權)행사

국가는 구조금을 지급한 때에는 그 지급한 금액의 한도 내에서 당해 구조금의 지급을 받은 자가 가지는 손해배상청구권을 대위(代位)한다. 국가가 그 손해배상청구권을 대위함에 있어서 범죄피해구조심의회의 결정에 의해 가해자의 작업상여금 또는 근로보상금으로부터 그 배상금을 지급받을 수 있다(「범죄피해자구조법」 제8조 2항 및 3항; 동 시행령 제11조). 즉 국가가 범죄피해자에게 피해를 보상하였을 때 국가는 피해자에 대위해서 범죄자에게 손해배상청구권에 대위하여 구상권을 행사한다는 것이다.

이처럼 국가가 피해자에게 보상하고 구상권을 행사하는 것은 국가가 피해자에게 보상하는 것이 범죄자를 대신하여 책임지는 것이 아니기 때문에 범죄자 자신의 피해자에 대한 배상책임은 그대로 존재하고 있고, 따라서 동일사건에 대하여 피해자는 이미 국가로부터 보상을 받았기 때문에 피해자의 가해자에 대한 배상청구권은 그를 대신하여 보상해 준 국가측에 옮겨져야 한다는 이유에서이다.[53)]

이와 같은 구상권행사에 관한 것으로는 영국과 독일 등의 입법례가 있는데, 독일의 경우는 연방이나 란트(Land)가 피해자에게 보상을 한 때에는 가해자에 대한 손해배상청구권은 그 보상기관에 이전하되, 그것이 범죄자의 사회복귀를 어렵게 한다고 판단된 때에는 구상권을 행사하지 않을 수 있도록 하고 있다(1976년 독일「폭력범죄의 피해자를 위한 보상에 관한 법률」제 5 조 1 항).

생각건대 범죄로 인해 궁핍해진 범죄피해자가 국가로부터 보상을 받는 것은 국가사회복지적인 차원의 시혜이다. 따라서 그 성격은 국가가 범죄자를 대신하여 책임을 지는 배상이 아니고 어디까지나 생활보조금인 것이다. 그렇기 때문에 피해자가 국가로부터 보상을 받고, 또 가해자로부터 손해배상을 받는다고 할지라도 이중적인 배상을 받는 것이라고 할 수는 없다. 실무상으로도 피해자에게 보상을 하는 것은 가해자로부터 보상을 받기 어려운 경우로 한정하고 있기 때문에 이중으로 보상받을 가능성도 거의 없을 것이며, 국가로부터 지급되는 보상금액도 현실적으로 충분한 것이 아니기 때문이다. 우리「범죄피해자구조법」상 범죄피해사망 유족구조금은 1 천만원, 1 급장해가 6 백만원, 2 급이 4 백만원, 그리고 3 급은 3 백만원밖에 되지 않는다(동법 시행령 제12조 및 제13조).

또한 우리「범죄피해자구조법」이 가해자의 작업상여금 또는 근로보상금에 대해 구상권을 행사하도록 하고 있는데(동법 제 8 조 3 항), 이것 역시 범죄자의 사회복귀라는 형사정책적 목적에 비추어 옳지 않다. 작업상여금이나 근로보상금은 금고 또는 징역형을 복역하고 있는 수형자가 수형기간 동안 노역에 종사하여 얻는 대가로 수형시나 또는 출소 후의 사회복귀·정착에 중요한 자원이 된다. 따라서 이것에 대해 국가가 구상한다면 수형자의 근로의욕과 재활의지를 저하시켜 결과적으로 국가가 범죄자의 사회복귀를 막고 재범의 기회를 증대시키는 결과가 될 것이다.

53) 齊藤誠二, 앞의 책, 93면.

(5) 범죄피해자보상제도의 방향

범죄피해자보상제도는 국가책임을 근간으로 피해자의 권리라는 차원에서 시행되는 것이 가장 이상적일 것이다. 그러나 그것은 재정적인 현실상 쉬운 일이 아니다. 따라서 대부분의 국가도 사회복지정책의 일환의 정부시혜라는 차원에서 보상제도를 운영하고 있는 것이다.

국가의 사회복지정책의 일환으로 시행되고 있는 범죄피해자보상제도는 따라서 그 대상범위와 역할이 제한적일 수밖에 없다. 그러나 복지국가라는 현대국가정책지향의 일환으로 범죄피해자보상제도의 의의가 있다고 한다면 그 대상범위는 가급적 넓어지고 역할이 증대되어야 할 것이다.

그렇기 위해서 우선되어야 하는 것이 재정의 확보임은 재삼 언급할 필요가 없다. 현재와 같은 적은 재원으로는 극히 제한된 부문에 형식적으로 보조할 수 있을 뿐이기 때문에 범죄피해자구조를 위한 재원을 확보하는 것이 급선무이다. 구체적으로는 「범죄피해자구조법」에 범죄피해자보상기금을 위한 근거규정을 두어, 일정액을 정부와 지방자치단체 및 기타 사회단체가 출손(出捐)할 수 있도록 하는 것이 좋을 것이다.

무릇 국가의 모든 정책이 그러하여야 하겠지만, 특히 형사정책적 고려는 어느 한 측면에 치우쳐서는 안 된다. 가해자·피해자, 그리고 국가의 정책을 지원하는 시민 모두가 납득할 수 있는 균형잡힌 정책이 개발되고 시행되어야 하는 것이다. 그런 측면에서 가해자, 즉 범죄자에 대한 교정정책은 피해자와 관계 속에서 고려되는 것이 옳을 것이고, 마찬가지로 피해자에 대한 구조정책도 가해자의 교정 내지는 사회복귀라는 차원에서의 고려가 전제되어야 할 것이다.

범죄자의 재활 또는 사회복귀라는 측면만 강조하다가 범죄의 다른 측면인 피해자의 피해감정 및 사회경제적인 상황이 무시당해서는 안 될 것이고, 그렇다고 해서 피해자의 입장만 강조하다가 가해자의 재활을 소홀히 하여 또 다른 범죄를 생산하는 악순환에 빠지게 해서도 안 될 것이다.

보상기금의 마련, 보상의 범위와 보상액의 현실성, 보상절차의 신속과 간결, 보상의 공정성 및 형평성, 그리고 또한 형사정책적 차원의 효과 등이 경험적으로 검증되고 다시 고려되어야 할 과제일 것이다.

제 4 장

회복적 사법

제 1 절 회복적 사법의 의의

회복적 사법(Restorative Justice)이란 특정범죄와 관련된 모든 당사자들이 함께 참여하여 범죄의 피해와 그로 인한 후유증 등을 건설적인 방식으로 해결하려는 새로운 시도로, 1970년대 이후 북미와 유럽에서 시행되고 있는 다양한 형태의 피해회복 및 형사화해 프로그램(victim-offender-mediation program)을 통한 새로운 범죄대응방식이다. 이 회복적 사법은 범죄로 인해 발생한 정신적·물질적 피해를 복구하고 법적 평화를 회복하는 것을 이념으로 피해자와 가해자 또는 지역사회구성원 등 범죄사건 관련자들이 사건해결 과정에 적극적으로 참여하여 피해자 또는 지역사회의 손실을 복구하고 관련당사자들의 화해와 재통합을 추구한다.[1)]

배상이나 사죄를 통한 피해회복은 회복적 사법의 기본요소를 이루지만 회복적 사법이 지향하는 회복(restoration)은 피해자 또는 사회공동체의 손해를 배상하거나 사죄함으로써 범죄로 인한 정신적·물질적 피해를 회복하는 것만을 의미하지는 않는다. 회복적 사법은 가해자의 사죄와 배상을 통해 피해자가 당한 정신적·물질적 피해를 회복하고 갈등의 당사자인 이들이 서로 화해함으로써 가해자가 규범합치적 행동양식을 회복하고 다시 사회공동체로 복귀하도록 촉구한다.

현대적 의미의 회복적 사법은 1974년 캐나다 온타리오(Ontario) 주 엘미이라(Elmira) 시에서 소년범죄사건의 가해자와 피해자조정의 형태로 처음 시행된 후, 1976년 인디애나(Indiana) 주 엘카아트(Elkhart)카운티의 메노나이트(Mennonites) 교단을 통해 미국 전역으로 확산되었고, 1980년대에 들어서 북

1) 김용세, "한국의 형사사법체계와 회복적 사법," 「형사법연구(제20호)」, 한국형사법학회, 2003년 겨울, 347면 참조.

미와 유럽 각지에서 널리 수용되기에 이르렀다.[2)]

회복위주의 처우방식은 범죄를 보다 포괄적으로 이해하려는 시도이다. 범죄를 단지 '법의 위반'(violation of law)에 초점을 맞추기보다는 범죄자가 피해자나 사회공동체 또는 그 자신에게 입힌 피해에 초점을 맞추어 이해한다. 즉 범죄는 일차적으로 피해자와 사회공동체, 범죄자 모두에게 해를 끼치는 개인 간의 갈등이며 법의 위반은 그 다음 문제라고 주장한다. 따라서 형사서법과정에서 주요 목표는 범죄로 인해 야기된 상처를 치유하면서 피해자 · 범죄자 및 사회공동체를 회복시키는 데 두어야 한다는 것이다.[3)] 따라서 회복적 사법은 범죄통제에 대한 국가의 독점에 이의를 제기하고, 피해자 · 가해자 및 지역사회공동체가 가능한 한 형사절차의 초기단계에서부터 범죄사건의 해결에 적극적으로 관여한다.

제 2 절 회복적 사법의 이론적 기초

1. '피해자관계적 형사사법'의 발전

범죄인에 대한 불이익처분을 통한 책임상쇄와 재사회화를 추구하는 전통적인 형사사법 시스템에서 피해자는 언제나 국외자에 불과했다. 가해자에게 유죄가 선고되더라도 그 범죄로 인한 피해를 배상받기 위해서는 민사소송을 제기할 수밖에 없는데, 그나마 대부분의 가해자는 손해를 배상할 능력과 의욕이 없는 경우가 많다. 게다가 징벌적 형사사법 시스템은 피해자의 입장을 도외시하고 국법질서 또는 법공동체의 평화라는 추상적 가치를 앞세워 가해자에 대한 징벌에만 관심을 두어 왔다.

그러나 가해자에게 유죄가 인정되고 형벌이 부과된다고 할지라도 피해자에게는 아무런 혜택이 없다. 따라서 가해자에 대한 형벌은 피해자에게는 아무 혜택도 없고 가해자에게 전과자란 낙인을 찍어 결과적으로 가해자가 사회로부터 소외됨으로써 가해자의 재범 가능성만 늘어난다. 그에 따라 피해자는 범죄로 인한 정신적 · 물질적 피해를 감수해야 하며, 심지어 가해자의 보복위험을

2) 김용세 외, "형사화해제도 도입을 위한 입법론적 연구(연구보고서 01-29)," 형사정책연구원, 2001, 33면 이하 참고.

3) 민영성, "회복적 사법의 의의와 수용가능성,"「부산대학교 법학연구(제44권 1호)」, 2003. 12, 242면.

감수해야 하기 때문에 범죄신고를 꺼리게 되고 그 결과 범죄의 암수비율은 증가된다.

이와 같은 가해자 중심의 전통적 제재시스템에 내재된 모순을 비판하고 형사절차에서 피해자의 지위를 강화하는 동시에 피해회복의 기회를 부여해야 한다는 주장이 제기된 것은 1940년대 후반부터 크게 발전한 피해자학으로부터 힘입은 바 크다. 피해자학은 종래의 범죄학이 도외시하던 피해자 측면에 대한 관심을 환기시킴으로써 범죄현상을 종합적으로 고찰할 계기를 마련하였으며 피해자를 범죄학과 형사정책학의 주요 관심대상으로 부각시켰다. 초기 피해자학은 주로 범죄피해자의 특성과 유형에 관한 연구에 관심을 기울였지만 곧 이어 피해자에 대한 지원과 보호대책을 강구하는 쪽으로 발전하였다. '피해자관계적 형사사법'의 발전과정은 대체로 다음의 세 단계로 나누어 설명할 수 있다.[4)]

첫째, 1950년대 중반부터 1960년대에 걸친 범죄피해자 지원체제구축 단계다. 이것은 다시 '민간단체의 피해자보호활동'과 '국가적 차원의 피해자지원'으로 나눌 수 있다. 민간차원의 피해자보호활동은 1950년대 후반부터 북미와 유럽 각지에서 자연발생적으로 시작되었는데, 정신·심리상담과 법률상담, 피난처제공 등이 주된 내용을 이룬다. 범죄피해자에 대한 공적지원이란 주로 범죄피해자들에 대한 국가적 차원의 경제적 지원을 내용으로 하는데, 1962년 영국과 뉴질랜드에서 범죄피해자보상법이 제정된 이후 1970년대까지 거의 모든 선진국에서 채택되었다. 우리나라도 1987년 12월 「범죄피해자구조법」을 제정하였지만 앞에서 살펴본 바와 같이 구조금 지급요건이 지나치게 까다롭고 구조금액이 너무 적어서 상징적인 제도에 머물고 있다는 비판을 받고 있다.

둘째, 1960년대부터 1970년대에 추진되었던 형사절차법 개혁이다. 이 시기에 북미와 유럽 각국은 전통적인 형사소송절차가 오직 피의자와 피고인의 인권만 강조해 온 점을 반성하면서 형사절차상 피해자의 권익보호를 위한 제도개혁에 나서기 시작한다.

그 내용은 수사와 재판과정에서 피해자의 입장을 배려하기 위한 '형사사법기관의 노력'과 '형사절차법 개혁'으로 나누어 설명할 수 있다. 1970년대 미국과 유럽에서는 광범한 범죄실태조사가 실시되었는데, 그 과정에서 범죄피해자들이 형사사법제도에 대해 강한 불만과 불신을 가지고 있다는 사실이 밝혀

4) 김용세, 앞의 글, 349면.

졌다. 이 때부터 서구 선진국의 경찰 · 검찰 및 법원 등은 피해자에게 절차진행에 관한 정보를 제공하거나, 피해자의 입장을 배려해서 조사를 진행하는 등 직무집행방식을 대대적으로 개선하기 시작한다. 또한 형사절차진행과정에서 피해자와 피고인의 권리를 조화롭게 보장하기 위한 형사절차법 개정도 추진되었다.[5)]

셋째, 회복적 사법모델의 도입을 통한 형사사법제도 개혁의 단계다. 전통적인 제재시스템에는 범죄자에 대해 형벌을 부과함으로써 법질서의 실존을 증명하고 불법행위자를 사회로부터 영구히 격리하거나 반성을 촉구함으로써 건강한 사회인으로 복귀하도록 교화한다는 생각이 전제되어 있다. 이에 반해 회복적 사법은 가해자가 피해를 배상하고 사죄함으로써 자기의 행위로 인한 피해를 회복시켰다면 형벌을 면제하거나 감경해 주자는 발생에 기초하고 있다.

2. 회복적 사법의 기본구상 · 전제 및 목적

(1) 회복적 사법의 기본구상

회복적 사법은 종래의 형벌시스템에 내포되어 있는 '적대적 보복감정에 기초한 해악의 부과'라는 파괴적 구도를 타파하고 '인도주의와 동정심에 기초한 화해와 용서'를 통해 사회공동체의 항구적 평화를 추구한다는 구상에서 출발한다. 범죄자를 중벌에 처해야 한다는 법공동체의 요구는 형벌이라는 수단을 사용하지 않아도 그를 재사회화 내지는 무해화(無害化)하는 것이 가능하기만 하다면 얼마든지 완화될 수 있다. 피해자와 법공동체가 모두 만족할 수 있는 해결책을 찾아낸다는 것은 결국 범죄자의 개선 · 교화를 추구하는 것과 다를 바 없다.[6)] 가해자와 피해자, 그리고 지역사회 등 사건관련자들이 추구하는 바는 피해자는 가해자의 배상 또는 사죄를, 가해자는 피해자와 지역사회로부터의 용서를, 지역사회는 가해자의 원활한 재사회화를 통한 법적 평화의 회복을 추구하기 때문이다.

회복적 사법절차에서 가해자는 피해회복 급부를 통해 자신의 책임을 수용하고 규범에 순응하는 태도를 회복함으로써 원활한 사회복귀에로 나아간다.

---

5) 김용세 외, "형사절차에서의 피해자지위 강화," 「비교형사법연구(제 2 권 2호)」, 2002. 12, 250면 이하; 도중진, "형사절차에서 범죄피해자에 대한 재고찰," 「피해자학연구(제10권 1호)」, 2002, 173면 이하 참조.

6) Marshall, T. F. Restorative Justice An Overview(1998), at: http://ssw.che.umn.deu/rjp/Resources/Documents/bmar98a. P.D.F., 3면 참조.

피해자와 지역사회는 배상과 화해를 위한 교섭을 통해 법적 정의의 실존을 확인하고 법질서에 대한 신뢰를 회복하게 된다.[7)]

범죄자가 피해자와의 직접 대화를 통해 피해자가 당한 고통을 깨닫고 피해자를 더 이상 비개성적·추상적 행위대상으로 보지 않게 되기를 바라는 것이다. 피해자가 당한 고통을 직접 확인함으로써 자기 행위의 의미를 중화(中和)하지 않게 되는 것이다. 이런 과정을 통해 지역공동체가 그들 내부의 범죄문제를 관리할 역량을 키워나간다면 형사사법기관의 업무부담은 현저히 감소하고 범죄사건처리에 소요되는 비용도 크게 절약될 것이다.

회복적 사법은 당사자 사이의 사적 배상 또는 화해에 대해 형사법적 의미를 부여하는 것을 기본이념으로 한다. 여기서는 형법과 민법 사이의 강고(強固)한 긴장관계가 더 이상 유지될 수 없으므로 민·형분리(民·刑分離)의 전통적 도그마도 포기되기에 이른다.[8)]

(2) 회복적 사법의 전제 및 목적

회복적 사법은 다음과 같은 전제를 바탕으로 한다.[9)]

첫째, 범죄를 법규범위반의 문제로 보지 않고 다른 사람에 대한 잘못된 행위 또는 인간관계의 침해로 본다. 따라서 범죄는 사회공동체 내의 사회적 조건(social condition)과 관계(relationships)에서 그 원인을 찾을 수 있다.

둘째, 범죄를 위와 같이 본다면 범죄예방은 범죄를 야기하는 사회적 조건을 치료·개선하는 데 일정한 정도의 책임이 있는 그 사회공동체에 달려 있다.

셋째, 범죄의 결과는 각 당사자(피해자·가해자 및 지역사회공동체)의 개인적인 참여(personal involvement) 없이는 해결될 수 없다.

넷째, 사법절차는 각각의 사건에 따라 특정 당사자의 요구나 개인적인 필요에 반응할 수 있도록 유연해야 한다.

다섯째, 최적의 효과와 효율성을 위해 사법기관 사이 및 사법기관과 사회공동체의 공동의 목적과 협력은 필수적이다.

---

7) 이진국 역, "가해자-피해자-조정(*Täter-Opfer-Ausgleich: Eine Chance für Opfer und Täter durch einen Weg im Umgang mit Kriminalität,* hrsg., von Bundesministerium der Justiz)," 「한국형사정책연구원(번역총서 5)」, 2002, 8면.

8) Roxin, C. Die Wiedergutmachung im System der Strafzweck, in: *Wiedergutmachung und Strafrecht,* hrsg., von Schöch, H., München: Wilhelm Fink, 1987, p. 43 참조.

9) Marshall, T. F., Restorative Justice: An Overview, London: Home Office Research Development and Statistics Directorate(1996); The Evolution of Restorative Justice in Britain, *European Journal of Criminal Policy and Research,* 4(4), p. 2.

여섯째, 사법은 하나의 목적만이 주가 되지 않는 균형적인 방식으로 구성된다.

또한 회복적 사법의 주요 목적으로는,

첫째, 피해자의 욕구 또는 필요를 최대한 충족시켜 주는 것이다. 이러한 욕구로는 신체적 · 재정적 · 감정적 및 사회적 욕구를 포함한다.[10] 그리고 이러한 욕구는 피해자뿐만 아니라 피해자와 개인적으로 가까운 사이나 범죄사건의 영향을 받은 사람의 욕구도 포함된다. 다시 말하면 피해자의 가족과 지역사회 공동체 구성원의 욕구도 포함되는 것이다.

한편 회복적 사법은 별도의 민사적 절차를 거치지 않고도 피해를 배상받을 수 있다는 점에서 피해자의 이익을 두텁게 보호하는 의미를 가진다.

또한 피해자가 가해자와 직접 대면하여 대화함으로써 자신이 피해를 당한 이유를 알게 되고, 경우에 따라서는 가해자의 사죄를 통해 그 억울함과 분노 등의 감정을 해소하는 정신적 · 심리적 효과도 얻을 수 있을 것을 뿐만 아니라 국가주도의 형사절차에서 생길 수 있는 피해자의 소외와 무력감을 막을 수 있다.

둘째, 가해자를 지역사회공동체에 재통합함으로써 재범을 방지하고, 가해자로 하여금 자기 자신이 한 행동에 대해 책임감을 가지도록 한다. 기존의 형사사법에서의 가해자는 스스로 자기 잘못을 뉘우치기보다는 형벌을 받았기 때문에 책임을 다했다는 수동적인 책임의식을 가지게 된다. 이러한 경우 가해자는 범죄원인을 자기에게서 찾는 것이 아니라 사회나 다른 사람에게 그 원인을 찾음으로써 자기 행위에 정당성을 부여하게 된다.

그리고 회복적 사법에서는 가해자로 하여금 피해자나 그 가족 및 지역사회공동체 구성원을 직접 만나 서로 대화할 수 있는 기회를 제공하는 절차를 두고 있다. 이 과정 중에 가해자는 범죄가 초래한 결과를 직접 파악함으로써 자기 잘못을 뉘우치는 능동적인 책임의식을 가질 수 있게 된다. 이러한 절차를 거쳐 능동적인 책임의식을 지니게 된 가해자는 재범의 위험성이 줄어들고 그 해결과정에 있는 화해를 통해 다시 지역사회공동체에 통합될 수 있는 것이다. 또한 화해를 통해 형벌의 집행을 면제받는 경우에는 낙인효과를 회피하고 그 결과 원활한 사회복귀를 기대할 수 있다.

셋째, 회복적 사법은 가해자와 피해자의 갱생(rehabilitation)을 지원하고

10) Marshall, *op. cit.*, p. 2.

범죄예방에 적극적인 역량을 가질 수 있는 지역사회공동체의 재창조를 목적으로 한다. 개인주의와 산업화·도시화로 인하여 지역사회공동체는 이전처럼 그 역할을 하지 못하고 있다. 회복적 사법의 목적이 아무리 이상적이라고 하여도 지역사회공동체구성원 사이에 교류가 없거나 무관심하다면 회복적 사법은 불가능하다. 따라서 목적을 수행하기 위하여 좀더 능동적인 지역사회공동체의 참여가 필요하다.

넷째, 법적 절차와 관련비용 및 절차지연에 따른 비용의 단계적 확대를 피하는 수단을 제공하고자 한다. 현재의 형사사법절차는 장시간이 소요되는 것이 보통이다. 또한 그 절차에 따라 비용이 증가할 뿐만 아니라 가해자와 피해자 모두 사회·경제적 활동에 지장을 받게 된다. 따라서 회복적 사법은 이 형사사법절차가 가지는 비용과 손실을 피하는 것을 목적으로 한다.

3. 피해회복과 형벌

회복적 사법의 실천원리인 피해회복 및 화해와 전통적인 형사제재와의 관계를 어떻게 파악할 것인가가 문제된다.

(1) 독립적인 형사제재수단으로서의 피해회복

피해회복 또는 형사화해를 독자적인 형벌의 일종으로 인정한다면, 다시 말하면 피해회복 또는 화해의 강제(명령)가 특정한 범죄에 대한 법효과로 인정된다면 그 범위 내에서 형법은 민법에 흡수되고 말 것이다.

민법상 손해배상책임을 부과하는 것도 형벌과 마찬가지로 법익침해행위에 대한 통제를 목적으로 한다. 민법상 불법행위로 인한 손해배상책임을 인정하더라도 그 행위로 인해 발생한 모든 손해를 배상할 의무를 부과하는 것은 아니다. 발생한 손해가 행위자의 불법과 책임으로 귀속될 수 있는 범위 내에서만 배상책임이 인정되므로 결국 유죄인정을 위한 형사절차와 다를 바 없다. 이렇게 본다면 하나의 불법행위에 대해 형사책임과 민사책임이 중복하여 부과될 수 없고 양자 사이에 상계(相計)를 인정하여야 할 것이다. 결국 손해배상이 가벌적 법익침해에 대한 1차적 제재라고 이해하게 된다.[11] 이것은 결국 형법이 민법에 흡수되고, 모든 불법행위를 기본적으로 사적 처리에 맡긴다는 것을 의미한다.

이와 같은 입법례로는 1982년 영국의 「형사절차법」(Criminal Justice Act)

---

11) 高橋則夫, 「刑法における損害回復の思想」, 成文堂, 1997, 60면.

과 미국의 「피해자 및 증인보호법」(Victim and Witness Protection Act)에 규정된 피해배상명령(reparation order)을 들 수 있다. 영국 「형사절차법」은 범죄행위에 대한 제재로서 피해배상만을 명령할 수 있도록 하고 배상이 벌금형보다 우선하는 것으로 하고 있다. 배상명령은 약식절차와 정식절차에서 모두 인정되고 피해자의 신청을 요건으로 하는 것도 아니지만, 입증이 어려움이 없는 단순한 사건에 대해서만 허용된다. 법원은 민사상의 손해배상청구권 유무와는 관계 없이 손해배상명령을 부과할 수 있으며, 그 집행도 벌금형집행에 관한 규정에 따라 법원이 행하고 피해자에게 직접 배상하는 것은 허용되지 않는다.[12)]

미국의 「피해자 및 증인보호법」도 보호관찰의 조건으로서 또는 경죄(輕罪)에 대한 독자적 제재로서 배상명령을 과할 수 있도록 하고 있다. 그러나 이것은 민사판결과 동일한 절차를 통해 집행된다는 점에서 대체자유형을 예정하고 있는 영국제도와 구별되며[13)] 프랑스, 독일 및 우리나라 법제에서 채택하고 있는 배상명령(부대사소[附帶私訴])제도와 성격이 유사하지만 부대사소가 주로 피해자의 손실을 가해자에 대한 처우로 연결짓는다는 점에서 구별된다.

(2) 보충적 제재수단으로서의 피해회복

피해회복을 종래의 형벌 또는 보안처분과 함께 범죄에 대한 법률효과 내지 반작용으로서 법원이 선택할 수 있는 수단 중 하나로 간주하는 것이다. 가해자는 피해회복을 통해 자신이 저지른 불법행위에 대한 책임을 청산하고 침해된 규범의 유효성을 확인하는 동시에 그 동안 법익에 적대했던 태도를 바꿀 의사를 표명한 것이므로 적어도 부분적으로는 전통적인 형벌목적에 기여할 수 있지만 그로 인해 형벌부과의 당위성이 전적으로 사라지지는 않는다고 본다.[14)]

오늘날 대부분의 실정형법은 그 예방목적을 달성하기 위한 수단으로서 형벌 외에도 보안처분제도를 채택하고 있으며, 경미범죄에 대한 절차중단 내지 형벌부과 포기를 인정하고 있다. 따라서 피해회복도 법질서회복을 위한 비징벌적 수단의 하나로 포함시킬 수 있을 것이다. 그렇지만 피해회복 또는 화해를 징역형이나 벌금형과 같은 형벌의 일종으로 볼 수는 없다. 이것은 형벌과 보안처분이라는 형법상의 제재와 손해배상명령 또는 행정제재와 같은 형법 외의

12) 李昊重, "형법상의 원상회복에 관한 연구," 「서울대학교 대학원 박사학위청구논문」, 1997, 122면.

13) 李昊重, 같은 논문, 123면.

14) Jescheck, H. H., Lehrbuch des Strafrechts, A. T., 5. Aufl. Berlin: Duncker & Humbolt, 1996, p. 748.

제재(außerstrafrechtliche Sanktionen)의 경계에 위치한다. 형벌은 피고인의 의사 및 태도와 관계 없이 일방적으로 부과되어 집행되지만 피해회복과 화해는 어디까지나 당사자의 자유로운 선택에 맡겨지기 때문이다.

다만 가해자가 피해를 회복하고 피해자와 화해하기 위해 특별히 노력한 때에는 일정한 조건하에서 형벌의 예방목적이 달성되었기 때문에 달리 형벌이나 보안처분을 부과할 필요가 없어지는 경우도 있을 수 있는데 이 범위 내에서는 피해회복이 형벌의 예방의무를 인수하는 셈이다. 예컨대 독일「형사소송법」제153조 a와 같이 피해회복을 절차중단의 조건으로서 검사 또는 법관에 의해 부과하는 경우에는 마치 형벌을 대체하는 것과 같은 기능을 하는데, 이 경우에도 피해회복의 권고 또는 명령이 형벌부과와 동일한 의미를 가지는 것은 아니다. 형사사법기관의 공식적인 권고 또는 명령에 의해 당사자가 임의로 배상과 화해를 위해 노력한다는 형식이다.

벌금형은 확정된 금액의 납부를 강제하는 것이지만 피해회복의 경우에는 그 금액을 확정해 줄 수도 없고 가해자와 피해자에게 급부의 이행과 수령을 강제할 수도 없다는 점에서 피해회복의 성사 여부는 당사자의 임의에 맡겨진다. 따라서 현실적으로 손해를 회복한 경우뿐만 아니라 피해회복을 위한 진지한 노력이 있는 때에도 절차를 중단할 수 있는 것이다.[15] 그러나 중대한 범죄행위에 대해서는 손해가 회복되고 피해자가 용서(화해)했더라도 그것은 단지 양형상의 참작사유일 뿐 국가의 제재가능성은 여전히 남아 있게 된다.

제 3 절 회복적 사법의 실천모델

회복적 사법의 형태로는 실시형식, 참가자, 사회조정자(司會調停者) 등에 따라 다양한 모델이 있다. 지금까지 시행되고 있는 대표적인 것으로 피해자와 가해자의 중재프로그램(Victim-Offender mediation program: VOMP), 가족집단회의(Family Group Conference), Circle모델 등이 있다.[16]

15) 현재 우리의 형사실무도 피해자와의 '합의'를 전제로 기소유예 처분을 내리거나 형의 선고 또는 집행을 유예하는 경우가 있는데 이것도 결국은 피해자와의 화해를 조건으로 한 형벌부과의 실질적 포기를 의미한다.

16) 이에 대해 자세한 것은 西村春夫, "回復的司法の理念と實踐,"「刑法雜誌(제41권 2호)」, 日本刑法學會, 2002, 236-237면 참조.

1. 피해자와 가해자의 중재프로그램(VOMP)

이 모델은 1970년대 초 캐나다 온타리오(Ontario)의 Kitchener의 보호관찰관이 법관을 설득하여 부랑행위로 유죄판결을 받은 가해자를 피해자와 만나게 하도록 하여 보호관찰에 토대를 둔 유죄판결 후 형선고의 대안으로 시작되었다. 이를 계기로 1970년대 중반 이후 북미, 유럽까지 확대되었으며 오늘날 회복적 사법의 이념을 구현할 수 있는 최적의 모델 중 하나로 간주되고 있다.[17)]

이 모델은 분쟁해결과 피해배상을 결합시킨 것으로 법원의 지시에 의하여 당사자가 서로 만나 피해사실과 상호감정을 대화로 논의하며, 이 때 전문적인 중재자가 제 3 자의 입장에서 화해를 하도록 조언한다. 이는 현행 형사사법체제의 문제점을 해결할 수 있는 가능성을 가지고 있는 프로그램으로 받아들여지고 있다.[18)]

미국에서는 주로 수형자 · 지역사회협력사업단(Prisoners And Community Together, emc: PACT)과 매노파 교회(Mennonite Church)와의 협력에 의해 실시되고 있다.[19)] 특히 1994년 미국 법률가협회에서 피해자, 가해자중개 프로그램을 전적으로 지지하여 미국 전역의 법정에서 적극적으로 활용하도록 권고하였다.[20)] 현재 Kansas, Ohio, California, Indiana 주 등에서 실시되고 있으며, 뉴질랜드에서는 입법화되어 정규형벌의 하나로 사용되고 있다.[21)]

주로 청소년범죄를 대상으로 시행되고 있고, 범죄의 종류로는 약탈(vandalism) · 폭행 · 강도 등이 주종을 이루고 있다. 중재는 일반적으로 교회 또는 지역사회에서 이루어지고 있으며, 정부로부터 기금을 받는다.

이 VOMP는 지역의 봉사자와 법원이 긴밀하게 협동하면서도 법원으로부터 독립한 조직체로 활용되고 있다. 그 이유는 중립적인 지위를 가지고 활동하

---

17) Leena Kurki, Restorative and Community Justice in the United States, 27 Crime and Just, 2000, p. 235.

18) Marshall, T., "Restorative Justice on Trial in Britain," *Mediation Quarterly,* 1995(Vol. 12), pp. 1491-1499.

19) 藤本哲也, 「刑事政策概論」, 青林書院, 1996, 289면.

20) Umbreit M. S., *Restorative Justice through Mediation,* Overcrowded Times, 1996, p. 9; Umbreit M. S., *National Survey of Victim-Offender Mediation Programs in the United Station,* 2000, p. 1.

21) Umbreit M. S., *Victim Offender Mediation : A national Survey, Federal Probation,* Vol. 50, No. 4. 1986, p. 53.

는 것이 목적 달성에 효과적이고, 또한 활동과정에서 자유로운 토론이 이루어지기 위해서라고 한다. 또한 VOMP의 중요한 목적인 피해자와 가해자의 관계개선을 위해서는 지역에 기반을 둔 조직을 활용하는 것이 최선이라고 생각하기 때문이기도 하다.

조정절차는 먼저 범죄사건의 발생사실과 그로 인해 경험한 사실을 서로 이야기하게 하고, 다음으로 피해회복방법에 대한 합의를 도출하며, 마지막으로 합의된 내용의 이행방법에 대해서 논의한다.

그러나 범죄피해자가 실제로 여기에 참가할 의사가 있는지가 문제된다. 특히 강력범죄의 경우에는 피해자가 참가하지 않을 가능성이 많다. 따라서 VOMP가 시행되는 대상범죄를 비폭력적인 재산범죄를 원칙으로 하고, 피해자가 원하는 경우에는 폭력범죄 등에까지 확대하도록 하는 탄력적인 운용이 필요하다.

현재 이 VOMP는 판결 전이나 판결 후 그리고 행형단계에서 광범위하게 실시되고 있다.

2. 가족집단회합(FGC)모델

이 모델은 뉴질랜드 마오리족의 '와나우(Whanau)회의'[22]에서 착안하여 시행된 것으로 회복적 사법의 기본적인 원칙을 공유하기 위해서 청소년범죄를 다루는 하나의 방법으로 1089년 뉴질랜드에서 처음으로 도입된 이래 현재에는 성인범죄까지 확대·실시되고 있다.[23] 오스트레일리아에서도 1990년대 중반에 뉴질랜드의 FGC모델에 근거한 회복적 사법을 도입하여 각 주에서 시행하고 있다.

FGC는 보통 청소년범죄에 많이 활용되고 있는데, 피해자와 가해자뿐만 아니라 피해자의 가족과 친구, 가해자의 가족과 친구 등도 참가한다는 점에서 VOMP와 구별된다. 프로그램에 따라서는 범죄자를 체포한 경찰관·범죄자의 변호사 등도 참여할 수 있다. 당사자 이외의 참가자는 범죄에 의해 영향을 받은 자들인데 이들은 최종적인 합의가 실현될 때까지 참가한다. 중재자(conference coordinator)는 이 회의를 통제하지만 실질적인 논의에는 참여하지 않는

22) 와나우는 뉴질랜드 마오리족의 대가족적 구조를 의미한다. 이에 관한 자세한 내용은 http://www.headspace.org.nz/family-whanau 참조.

23) 前野育三, "被害者問題と修復的司法: ニューランンドのFamily Group Conference 中心に," 「犯罪と非行(제123호)」, 2002.

다. 여기서는 우선 가해자가 피해자에게 어떻게 하는 것이 좋은가를 묻고 다음에 피해자가 피해체험과 피해당한 피해의 내용을 설명하고, 마지막으로 피해자의 가족과 지원자·가해자의 가족과 지원자가 발언을 한다. 피해자의 피해를 회복하기 위하여 참가자 전원이 노력하여야 하며, 무엇보다도 대화에 의한 합의를 중시한다. 합의가 이루어지면 그 내용을 서면으로 작성하여 형사사법기관에 송부한다.

합의서에는 피해자에 대한 물질적 보상, 가해자의 재활을 위한 봉사활동, 고용을 위한 도움, 약물이나 알코올 문제에 대한 보조 또는 그 밖에 참석자들이 동의한 예방활동 등에 관한 계획서가 포함된다.

이 모델은 사건의 진상을 명확히 하여 범죄를 비난하는 한편, 가해자를 절차에 참가시켜 지원하며, 동시에 피해자의 피해를 회복시켜 가해자의 재통합을 촉진함으로써 집단적 책임을 강조하는 것이 주된 목적이다. 뉴질랜드에서의 소년사건의 경우 최초의 단계에서 이 FGC가 실시되어 처분권을 가진 법원의 부담을 덜어주고 있고, 오스트레일리아와 미국에서는 경찰이 주도권을 가지면서 운영하고 있다.

이 FGC의 목적은 범죄자들이 법원에 출두해서 기소당하는 대신 가족집단회합에 참여하여 범죄에 대해서 논의하고 해명하도록 함으로써 범죄자를 형사사법기관으로부터 전환시키는 것이다. 가족집단회합은 가해자 자신의 유죄 여부를 논증하고자 하는 것이 아니고 그가 어떤 짓을 했는가, 범죄에 대해 어떤 느낌을 가지는가, 그 때 어떻게 했어야 했다고 생각하는지 등에 관해서 설명하도록 한다.

반면에 피해자와 그 가족들은 범죄로 인한 신체적·정신적·경제적 결과에 대해 설명한다. 이 모든 것들은 범죄자와 그의 가족들 및 친구들에게 범죄행동에 대해서 수치심을 느끼도록 하며, 피해자에게 사과하도록 하게 부추기는 역할을 한다.

3. Circles 모델

이 모델은 미국 원주민과 캐나다의 원주민과의 분쟁을 해결하는 방식에서 그 기원을 두고 있는데 1991년 캐나다의 Yukon 주에서 실시된 것을 시작으로 현재는 캐나다의 다른 주에도 시행하고 있고, 미국도 1995년 Minnesota 주를 시작으로 Alaska, Oregon, Texas, Colorado, Massachusetts 주 등에서 시행

하고 있으나, 아직 북미 지역 이외에서는 실시되고 있지 않다고 한다.[24)]

이 Circles는 대체로 지역간의 문제, 학생의 퇴학·정학, 어린이 보호사건 등을 주된 대상으로 시행되는데[25)] 의견결정 Circles(Sentencing Circles), 화해장려 Circles(Peacemaking Circles), 그리고 지역사회 Circles(Community Circles)로 분류할 수 있다.

Circles의 참가자는 당사자인 피해자와 가해자 외에 각각의 가족과 지원자, 형사사법기관을 포함한다는 점에서 집단가족회합과 동일하지만 형사사건에 관심이 있는 지역사회의 구성원들도 참가한다는 점이 다르다.

절차는 먼저 가해자가 사건에 대해 설명하고 그 다음에 Circles의 모든 참가자와 대화할 기회를 갖는다. 서로 자유롭게 대화하여 해결방법을 제시하며, Circles의 관리자는 중재자의 역할을 하고 절차의 순조로운 진행을 위해 노력한다.

24) Mara Schiff, Models Challenges and The Promise of Restorative Conferencing Strategies, in: Hirsh · Roberts · Bottoms · Roach and Schiff(ed.), *Restorative Justice & Criminal Justice*, Hart Publishing, 2003, p. 321.

25) Mara Schiff, *op. cit.*, p. 322.

제 5 편

주요 범죄와 대책

제 1 장

정신장애범죄

제 1 절 정신장애범죄의 의의

1. 정신장애의 개념

정신장애를 사회학적 입장에서 파악하면 사회적 기능상실(社會的 機能喪失, a socially disable)상태로 볼 수 있고, 의학적 입장에서는 질병을 앓고 있는 것(a disorder)으로 볼 수 있을 것이다. 물론 정신질환자는 하나의 환자이면서 동시에 그 상태에서는 사회적 기능상실자이기도 하다.

정신장애는 뇌세포의 기능이 신경전달물질의 대사이상(代謝異常)으로 인해 병적으로 변화된 하나의 질병이라는 것으로 판명되어 있는 일종의 질병이다.

현재 정신의학에서 대상으로 삼고 있는 정신질환은 크게 세 가지 범주로 분류할 수 있다. 그 하나는 우리가 흔히 정신병(Psychotic disorder, psychosis)이라고 하는 것으로 일상의 사회생활에 적응하는 것이 거의 불가능하거나 현저하게 제한되어 있으며, 타인에게 위화감을 조성하는 등 일반사회에 물질적·정신적 해를 입힐 수 있는 정신장애를 말한다. 정신분열증(精神分裂症, Schizophrenia), 우울증(憂鬱症, manic depressive illness) 및 각종 기질성정신병(Organic brain syndromes)[1] 등이 그것이다.

두 번째 범주에 속하는 정신질환들은 앞의 경우보다는 사회에 끼치는 영향이 적고, 그 증상을 가진 자들도 비교적 사회생활에 잘 적응하고 있는 부류이다. 따라서 이런 종류의 질환은 흔히 타인들이 인식하지 못하나 본인 자신은 어떤 불편을 느끼기 때문에 치료받기를 원하는 그런 환자들이 속해 있는 가벼

1) 노인성 정신병(老人性精神病), 매독균에 의한 감염과 같은 뇌의 감염에 의한 염증성 정신병(厭症性精神病), 외상성 정신병(外傷性精神病), 뇌동맥경화성 정신병(腦動脈硬化性精神病), 독성물질에 의한 중독성 정신병(中毒性精神病) 등이 이에 속한다.

운 정도의 정신질환이다. 각종 신경증(神經症, neurosis),[2] 가벼운 정도의 성격장애(性格障碍, personality disorder), 정신신체장애(精神身體障碍, Psychosomatic disorder) 그리고 여러 가지 경증(輕症)의 정신질환이 여기에 포함된다.

마지막으로 앞의 두 범주에 포함되지는 않으나 그 결과로 발생할 수도 있고, 또 그 원인이 될 수도 있는 일군의 정신질환들이 있는데, 마약중독증(痲藥中毒症, narcotic addicts), 상습성약물중독증(習慣性藥物中毒症, drug abuse, substance use disorder), 알코올중독증(alcoholism) 등이 바로 그것이다.

우리 「정신보건법」은 "정신질환자라 함은 정신병(기질적 정신병을 포함한다), 인격장애 기타 비정신병적 정신장애를 가진 자를 말한다"고 하고 있다(동법 제3조 1호). 여기서 기질적 정신병은 세균감염이나 상처로 인해 뇌에 이상이 온 것을 말하고, 비정신병적 정신장애라 함은 마약이나 습관성약물 또는 알코올과 같은 것에 중독되어 정상적인 정신활동을 하지 못하는 것을 말한다.

한편 정신박약(精神薄弱)은 지능이 일반적인 수준보다 현저히 낮아 정상적인 사회생활을 영위할 수 없는 정도를 말한다.

2. 정신장애와 범죄위험성

정신장애와 범죄와의 관계, 즉 정신질환자의 위험성 예측은 서구에서도 정신의학연구에 있어서 커다란 과제가 되고 있으나 아직까지 위험성 여부를 예측할 수 있는 결정적 기준을 제시하는 연구결과는 없다. 지금까지 나타난 연구결과 가운데 의미가 있는 것이라고 한다면 아무리 예측을 잘한다고 하더라도 그 적중률이 30% 이상을 넘기 힘들다는 것, 그리고 과거에 위험한 행위 또는 범행을 한 경력이 있으면 재범 가능성이 더 높다는 것, 그리고 그 횟수가 많을수록 재범 가능성이 높다는 것, 장기간의 위험성 예측은 단기간의 예측보다 힘들다는 것 정도이다.[3]

일반적으로 정신질환과 범죄와의 관계는 희박하다고 할 수 있으며 몇몇 특수한 질환과 집단에서만 그 인과관계가 인정될 뿐이다.[4] 예를 들면 중범죄인에 대한 연구에서 정신분열증, 조울증, 기질성 뇌증후군 환자들은 일반인들에 비해 특이한 범죄성향을 발견할 수 없는 반면, 알코올중독자, 정신병질자,

2) 이른바 노이로제라고 하는 것이 이것이다.

3) 장동원, "정신질환과 범죄," 「형사정책연구(창간호)」, 1990. 6, 97면.

4) Rappeport and Lassen, "Dangerousness-arrest rate comparisons of discharged patients and the general population," *American Journal of Psychiatry* 121(1965), pp. 776-783.

약물남용자들에게서는 일반인보다 더 높은 범죄성향을 발견할 수 있었다고 한다.[5] 또한 H. Häfner와 W. Böker의 살인 등 중범죄를 조사한 연구에 의하면 주요 정신질환자들에게서는 전체적으로 일반인에 비해 특이한 범죄현상을 발견할 수 없었으나, 정신분열증환자에게서는 일반인보다 다소 높게 그리고 우울증과 정신지체 및 뇌손상환자들에게서는 일반인보다 낮은 범죄율을 보였다고 한다.[6]

우리나라 연구보고 중 비교적 최근의 것으로는 1986년과 1987년에 발생한 살인, 폭행 및 상해, 강간, 강도, 방화 등의 강력범죄를 저지르고 치료감호처분을 받은 정신질환자 126명과 일반 강력범죄자와의 비교연구가 있는데, 이 연구에 의하면 일반인들이 인구 100,000명당 155명(살인은 2.3명)의 비율로 강력범죄를 범하는 데 반하여, 정신질환자들은 인구 100,000명당 6.5명(살인은 2.4명) 꼴로 강력범죄를 범한 것으로 나타났다.[7] 즉 살인에 있어서만 정신질환자와 일반인이 비슷하고 기타 강력범죄에 있어서는 정신질환자가 일반인보다 훨씬 낮은 것으로 나타난 것이다.

이상의 국내외의 연구로부터 내릴 수 있는 잠정적인 결론은 강력범죄에서 정신질환자가 일반인보다 특이한 범죄적 현상, 즉 위험도를 발견할 수 없거나 오히려 정신질환자가 좀더 낮고, 정신질환자 중에서는 정신병질자, 알코올중독자, 정신분열증환자의 범죄빈도가 상대적으로 높다는 정도이다.

제 2 절 정신장애범죄에 대한 대책

1. 정신장애범죄와 형사처분

형법은 심신장애로 인하여 사물에 대한 통찰능력(洞察能力, Einsichtsf higkeit)과 조종능력(操縱能力, Steuerungsf higkeit)이 상실 또는 미약한 자를 '형사책임무능력자'(刑事責任無能力者)라고 하여 처벌하지 않거나 형을 감경한다. 즉 "심신장애로 인하여 사물을 변별(辨別)할 능력이 없거나 의사를 결정할

5) Samuel B. Guze, *Criminality and Psychiatric Disorders,* Oxford University Press, 1976, p. 124.

6) H. Häfner and W. Böker, *Mentally disordered violent offenders,* Soc. Psychiatry 8(1973), pp. 220-229.

7) 장동원, "정신질환자의 범죄성에 관한 연구," 한국형사정책연구원, 1991, 46면.

능력이 없는 자의 행위는 벌하지 아니 한다"고 하고 있으며(형법 제10조 1항), 또한 "심신장애로 인하여 사물을 변별할 능력이나 의사를 결정할 능력이 미약한 자의 행위는 형을 감경한다"고 규정하고 있다(동조 2항). 여기서 '사물을 변별할 능력'이란 행위의 불법 여부를 인식할 수 있는 능력 또는 행위의 시비선악(是非善惡)을 분별할 수 있는 능력으로서 '지적능력'(知的能力)을 의미한다. 다시 말하면 자신의 행위가 범죄행위라는 사실을 깨달을 수 있는 능력이다. '의사를 결정할 능력'이란 불법을 분별할 수 있다고 하더라도 이에 따라 의사를 결정하고 자신의 행동을 제어할 수 있는 '의지적 지능'(意志的 知能), 다시 말하면 행위의 의미를 인식하고 이에 따라 자신의 행위를 조종할 수 있는 능력, 즉 행위조종능력(行爲操縱能力)을 의미한다. 따라서 심신상실로 인한 책임무능력에는 지적무능력과 의지적 무능력이 있다.[8)]

심신장애의 구체적인 행태로는 정신분열증,[9)] 조울증, 진행성 뇌연화증, 뇌손상, 간질[10)] 등과 같은 정신병과 백치 등과 같은 지능박약, 실신, 마취, 혼수상태, 깊은 최면상태, 극도의 피로, 심한 충격이나 극도의 격정상태, 명정상태(酩酊狀態)[11)] 등과 같은 의식장애 그리고 노이로제, 중한 충동장애 및 중한 정신신경증 등과 같은 심신장애적 이상(異常) 등이 있다.

심신미약의 행태로는 경미한 뇌성마비, 가벼운 정신분열상태, 가벼운 간질, 보통의 중독, 보통의 최면상태 등과 같은 것으로 심신상실과는 정도의 차이이다.

2. 정신장애범죄자에 대한 치료감호(治療監護)

(1) 치료감호의 의의와 연혁

1) 치료감호의 의의

치료감호는 책임능력의 결함으로 인하여 형벌의 효과를 기대하기 어렵거

8) 임웅, 「형법총론」, 법문사, 2003, 280면; 朴相基, 「刑法總論(第二改訂版)」, 博英社, 1997, 224면. 판례는 '사물을 변별할 능력이 없는 자'란 사물의 선악과 시비를 합리적으로 판단하여 구별할 수 있는 능력이 결여된 자를 의미하고, '의사를 결정할 능력이 없는 자'란 사물을 변별한 바에 따라 의지를 정하여 자기의 행위를 통제할 수 있는 능력이 결여된 상태에 있는 자를 의미한다. 이와 같은 사물변별능력이나 의사결정능력은 판단능력 또는 의지능력과 관련된 것으로 사실의 인식능력이나 기억능력과는 반드시 일치하는 것은 아니라고 하여 자신의 범행에 대한 인식과 범행과정에 대한 기억이 있어도 심신상실자일 수 있음을 인정하고 있다. 大判 1990. 8. 14, 90도1328.

9) 大判 1983. 7. 26, 83도1239.

10) 大判 1984. 8. 21, 84도1510.

11) 大判 1974. 1. 15, 73도2622.

나 재범의 우려가 있는 자에게 일정기간 또는 무기한 정신병동 등 일정한 시설에 수용하여 치료 · 개선을 하는 한편, 사회의 안전을 도모하는 조치로서 '대인적 자유박탈적 보안처분'(freiheitsentziehende Maßregeln)에 속한다.[12] 치료감호는 책임무능력자, 한정책임능력자, 마약류 등 알코올중독자 등에 적용된다는 점에서 범죄와 관련된 물건의 몰수, 범죄행위에 이용된 시설 또는 영업소의 폐쇄 등의 처분인 '대물적 보안처분'(代物的 保安處分)과 구별되고, 형 집행종료 후에 다시 재범의 위험성이 있는 경우 특별한 시설에 수용하는 '보안감호처분'(保安監護處分), 그리고 인격장애 등의 원인에 기인한 상습적 누범자를 사회치료를 통하여 효과를 거두고자 하는 '사회치료처분'과는 그 대상에서 다르다. 또한 치료감호는 '자유박탈적 보안처분'이라는 점에서 사회생활을 영위하도록 하면서 개선과 사회복귀를 도모하는 보호관찰을 비롯하여 선행보증, 직업금지 또는 제한, 거주제한, 국외추방, 운전면허 박탈 등과 같은 '자유제한적 보안처분'(freiheitsbeschr nkende Maßregeln)과 구별된다.

2) 치료감호의 연혁

형사사법에서 보안처분이 논의되기 시작한 것은 1893년 스위스 형법학자 Carl Stoos가 스위스 형법예비초안에 제시한 것이 시초라고 한다. 그러나 범죄적 위험성을 사전에 제거하고자 하는 보안처분의 유형은 그 이전에도 찾아볼 수 있다. 즉 사형이나 국외추방 등이 형벌의 주된 지위를 차지하고 있던 중세기 이전에도 범죄를 저지를 위험이 있는 자에 대한 사회방위수단으로서의 보안처분과 같은 것이 형벌에 흡수된 형태로 존재하였고, 형벌의 개별화가 나타나는 중세기 이후에는 무의식적 범죄자에게는 보안구금, 그리고 정신병자의 경우에는 배에 태워 강이나 바다에 띄워 보내는 등의 조치를 하였다.[13] 형사제재의 수단으로 형벌과 보안처분을 병존시키는 이원주의는 이 Stoos의 스위스 형법예비초안에 제시된 후 이어 유럽 각국에 도입 · 입법화된 바 독일에서는 1993년 「상습범규제법률」(Gewohnheitsverbrechersgesetz)에서 처음 도입하였다가 1975년 신형법 총칙편에 형벌과 함께 보안처분을 규정하여 오늘에 이르고 있고(독일 「형법」 제61조 이하), 오스트리아(오스트리아 「형법」 제21조), 스위스(스위스 「형법」 제43조), 덴마크(덴마크 「형법」 제65조), 미국(미국 「모범형법전」 제 4 장 제 8 조), 우리나라(「사회보호법」 제 8 조) 등이 이를 규정하고 있다.

12) 형사정책연구원, 「치료감호에 관한 연구」, 1994, 15면.

13) 법제처, 「각국의 보안처분제도」, 1975, 9면.

(2) 현행법상의 치료감호[14]

1) 요 건

정신장애상태에서 행한 행위에 대하여는 책임무능력이나 한정책임능력으로 인해 형사처벌을 받지 않거나 또는 감경된다고 하더라도 「치료감호법」[15]에 의한 보안처분의 일환으로 치료감호처분이 과하여질 수는 있다(「치료감호법」 제2조 1항 1호). 「정신보건법」상의 보호의무자에 의한 입원(동법 제24조), 시·도지사에 의한 입원(동법 제25조), 응급입원(동법 제26조) 등과 같은 강제입원치료가 정신장애자의 범죄에 대한 예방적 차원의 조치라고 한다면 치료감호는 사후적 조치로서 보안처분의 일종이라고 할 수 있다.

정신장애자로서 「형법」 제10조 1항의 규정에 의하여 벌할 수 없거나 동조 2항의 규정에 의하여 형이 감경되는 자가 금고 이상의 형에 해당하는 죄를 범한 때, 그리고 마약, 향정신성의약품, 대마 기타 남용되거나 해독작용(害毒作用)을 일으킬 우려가 있는 물질이나 알코올을 식음(食飮), 섭취, 흡입, 흡연 또는 주입받는 습벽이 있거나 그에 중독된 자가 금고 이상의 형에 해당하는 죄를 범한 자로 재범의 위험이 있다고 인정되는 때에는 치료감호에 처한다(「치료감호법」 제2조 1항).

가. 치료감호의 대상자 책임무능력자와 한정책임능력자이다. 책임무능력과 한정책임능력에 관한 규정에는 세 가지의 유형이 있다. 첫째는 '생물학적 방법'(biologische Methode)으로 책임능력이 배제될 정신적 결함이 되는 원인 등의 생물학적 기초에 착안하여 규정하는 방식이다. 예컨대 정신병, 백치와 같은 계속적 장애요인이 이것에 해당한다. 둘째는 '심리학적 방법'(psychologiche Methode)으로 행위시의 정신상태에 따라 규정하는 방식이다. 실신, 극도의 피로, 충격, 격정상태 등과 같은 일반적으로 일시적인 장애요인이 이에 해당한다. 셋째는 이 두 가지 방법을 혼용하여 규정하는 '생물학적 · 심리학적 방법'(biologisch-psychologische Methode) 또는 '혼합적 방법'(gemischte Methode)

14) 치료감호와 구별되는 개념으로 치료보호가 있다. 치료보호는 「마약류관리에 관한 법률」에서 마약류 등 중독자에 대하여 행하는 일종의 보호처분제도이다(동법 제40조). 즉 약물 등 중독자를 형사처벌과는 별도로 일정기간 강제수용하면서 중독에 대한 치료를 실시하여 중독자의 사회복귀를 도모하고, 그 중독자로 인한 마약류의 범람과 기타 범법행위로부터 사회를 보호하자는 취지로 마련한 제도이다. 이 점에서 마약류 등의 중독자가 금고 이상의 형에 해당하는 죄를 범하고 재범의 위험성이 있다고 인정될 때 내려지는 치료감호법상의 치료감호와 구별된다.

15) 「치료감호법」은 기존의 2006년 6월 9일 「사회보호법」을 폐지하고 같은 날 「사회보호법」에 의거 규율되어 온 치료감호제도를 보완 · 개선하여 심신장애 또는 마약류 · 알코올 등의 중독 · 습벽상태에서 범죄를 행한 자를 보호 · 치료하여 재범을 방지하고 원활한 사회복귀를 촉진하기 위한다는 목적으로 제정된 법이다.

이다.[16)]

우리 형법상 책임무능력과 한정책임능력에 관한 규정은 생물학적 방법과 심리학적 방법의 혼합적 방법에 따르고 있다. 따라서 형법상 심신상실 또는 심신미약은 공통적으로 심신장애라는 생물학적 기초가 존재하여야 하며 이러한 생물학적 기초에 의하여 사물을 변별할 능력 또는 의사를 결정할 능력이 없거나 미약하다는 심리적 요소가 있어야 한다.

생물학적인 요소인 심신장애가 있느냐의 판단은 정신의학과 심리학적 지식이 있는 전문가의 감정을 토대로 법관이 내린다. 그러나 법관은 전문가의 정신감정의 결과에 반드시 구속되는 것은 아니고, 이를 참고자료로 하여 당해 행위상황에서 행위자에게 행위능력이 있었는지를 규범적으로 판단한다. 즉 범죄행위의 경위, 수단, 범죄행위 전후의 피고인의 행동 등 기록에 나타난 제반자료와 공판정에서의 피고인의 태도 등을 종합하여 법관이 독자적으로 심신장애의 유무를 판단할 수 있는 것이다.[17)]

치료감호를 선고하기 위한 책임무능력은 정신병 또는 장기간 계속된 상태에 기초한 것임이 요구된다. 따라서 일시적으로 정신활동이 병적 장애에 빠진 것만으로는 치료감호선고를 위한 충분한 요건을 갖추었다고 할 수 없다.[18)] 또한 한정책임능력자도 책임무능력자와 마찬가지로 치료감호를 선고하기 위해서는 일시적인 심신미약으로는 족하지 아니하고 장기간 계속된 상태에서 기인한 심신미약임을 요한다.

나. 금고 이상의 형에 해당하는 죄를 범한 책임무능력자 또는 한정책임능력자 정신장애자를 치료감호에 처하기 위해서는 반드시 범죄행위를 전제로 한다. 즉 범죄행위를 한 심신장애자가 치료감호의 대상이 된다는 점에서 단지 범죄의 위험이 있다는 이유로 심신장애자를 강제입원 치료시키는 정신보건법상의 입원치료와 구별된다. 따라서 책임무능력자가 행한 행위가 구성요건에 해당하고 위법하며 금고 이상의 형에 해당하여야 한다. 여기서 '금고 이상의 형'이라 함은 법정형을 말한다. 또한 그 범죄행위는 책임무능력상태에서 행하여져야 하고 그것이 치료감호처분에 해당하기 위해서는 책임무능력으

16) 團藤重光, "責任能力の本質,"「刑法講座 3」, 有斐閣, 1963, 33면.

17) 같은 취지의 판례로는 大判 1991. 9. 13, 91도1473; 大判 1981. 5. 26, 81도1344; 大判 1982. 7. 27, 82도1014; 大判 1983. 7. 12, 83도1181; 大判 1984. 4. 24, 84도527; 大判 1985. 8. 20, 85도1235 등이 있다.

18) A. Schönke, H. Schröder und W. Stree, *Strafgesetzbuck, Kommentar,* 24. Aufl., 1991, §63, Rdnr. 12.

로 인하여 무죄가 선고된 것이어야 한다.

한편 치료감호조치의 대상이 되는 한정책임능력자가 행한 행위는 구성요건에 해당하고 위법하며 그리고 유책한 것으로 유죄판결이 선고되어야 한다.

또한 치료감호는 그 대상이 되는 심신상실자에게 형벌부과가 불가능할 것이 전제가 되므로, 스스로 심신상실의 상태를 야기한 이른바 '원인에 있어서 자유로운 행위를 한 자'(actio libera in causa)는 이에 해당하지 않는다(「형법」 제10조 3항).

피고사건에 대하여 면소의 판결, 공소기각의 판결이나 결정을 할 때에도 치료감호를 선고할 수 없다. 다만 예외적으로 고소·고발이 있어야 논할 수 있는 죄에서 그 고소·고발이 없거나 취소된 때 또는 반의사불벌죄(反意思不罰罪)에서 처벌을 희망하지 아니하는 의사표시가 있거나 처벌을 희망하는 의사표시가 철회된 때에는 보호감호의 경우와 마찬가지로 치료감호를 선고할 수 있다(「치료감호법」 제7조 2호).

다. 재범의 위험성 심신상실자(心神喪失者) 또는 심신미약자(心神微弱者)에게 치료감호조치를 선고하기 위해서는 금고 이상의 죄를 범한 외에도 재범의 위험성이 있어야 한다. 즉 치료감호를 선고하는 데에는 죄를 범한 사실만으로는 불충분하고 재범의 위험이라는 요소가 필요한 것이다. 1989년의 「사회보호법」 개정 전에는 심신상실자의 경우에는 재범의 위험성 여부를 묻지 않고 심신상실자가 금고 이상의 형에 해당하는 죄를 범한 때에는 치료감호에 처하도록 하였다(구「사회보호법」 제8조 1항). 이는 정신장애자가 죄를 범한 때에는 그 정신장애로 인한 위험성이 현저하기 때문에 재범의 위험성에 대한 판단을 새삼 필요로 하지 않는다는 취지에 따른 것이나, 1989년의 개정에서 재범의 위험성을 추가하였고 2006년의 「치료감호법」에서 이를 다시 규정하였다(「치료감호법」 제2조 1항 본문).

치료감호에 있어서의 이 재범의 위험성에 대한 판단은 역시 규범적·법률적 판단이므로 법관의 권한에 속한다. 다만 치료감호에 있어서는 행위자의 심신장애에 기인하여 다시 위법행위를 할 수 있다는 개연성을 의미하므로 정신의학적 감정(鑑定)이 고려되어야 할 것이다.

2) 치료감호의 기간

치료감호의 기간은 15년을 초과하지 않는 범위에서 피치료감호자가 감호의 필요가 없을 정도로 치유되어 치료감호심의위원회의 치료감호의 종료결정을 받거나 가종료결정을 받을 때까지이다(「치료보호법」 제16조 2항 및 제37조 3항). 다만 심신장애로 인해 치료감호처분을 받은 피치료감호자가 그 집행개시 후 2년을 경과한 때에는 상당한 기간을 정하여 그 친족에게 치료감호시설 외에서 치료를 위탁할 수 있다(동법 제16조 2항).

심신장애자에 대한 치료감호는 심신자애자의 범죄성을 제거하기 위한 치료·개선처분이다. 따라서 심신장애의 치료에 필요한 적정기간을 정할 수 있는 과학적·합리적인 근거가 없는 현실에서 치료감호를 선고할 때 그 기간을 정한다는 것은 불가능할 것이다. 또한 사회의 안전이라는 측면에서도 위험성이 있는 한 감호는 계속되어야 할 것이고, 그런 의미에서 치료감호기간에 제한을 두지 않은 것은 타당하다고 할 것이다. 치료감호의 기간을 우리처럼 제한하고 있지 않은 입법례는 독일형법, 스위스형법, 그리스형법, 덴마크의 사회방위법 등이고, 반면에 이탈리아, 브라질, 프랑스 등과 같은 국가는 치료감호기간의 단기를 규정하고 있으며, 그 기간은 행위자가 범한 범죄의 경중에 따라 다르다.[19)]

그러나 약물이나 알코올중독자에 대한 감호처분은 치료기간을 예측할 수 있으므로(통상 2년이면 금단치료가 종료된다고 한다) 이 경우에는 2년을 초과할 수 없다는 제한을 두자는 주장이 있다.

3) 치료감호처분의 절차

가. 치료감호사건의 조사 치료감호사건은 피의사건(피고사건)의 유죄를 전제로 한다. 따라서 검사는 먼저 피의사건에 대하여 조사하여야 하며, 그 수사 중 감호의 요건에 해당하는 사실이 밝혀지면 이에 관하여도 조사하여야 하며, 사법경찰관은 검사의 지휘를 받아 조사한다. 감호의 요건을 조사함에 있어서는 전과, 감호경력, 상습성 및 재범의 위험성 판단, 심신장애의 정도 및 마약류나 알코올의 습벽 및 정도는 물론, 이의 요건들을 증명하는 사항도 아울러 조사하여야 한다(「치료감호법」 제5조).

나. 보호구속(保護拘束) 보호대상자에 대하여 감호처분의 필요성이 인정되는 자로 일정한 주거가 없거나 증거를 인멸할 우려가 있거나 도주의 우려가 있을 때는 검사는 관할 지방법원 판사에게 치료감호영장을 청구·발부받아 보호대상자를 보호구속할 수 있다(「치료감호법」 제6조 1항). 이 치료감호영장의 청구 및 발부절차와 그 효력은 「형사소송법」상의 구속영장과 대부분 동일하다. 그러나 구「사회보호법」은 보호구속된 보호대상자에 대하여는 「형사소송법」상의 보

19) 李在祥, 「保安處分의 硏究」, 法文社, 1978, 83면 이하; Th. Lenckner, Strafe, Schuld und Schuldfähigkeit, In, Göfinger und Witter(Hrsg.), *Handbuch der forensischen Psychiatrie,* 1972, S. 192.

석(「형사소송법」 제94조 및 제96조), 재구속의 제한(「형사소송법」 제208조), 구속적부심청구(「형사소송법」 제214조의2) 등에 관한 규정이 적용되지 않도록 하였으나(구「사회보호법」 제13조 4항) 「치료감호법」에는 그런 규정을 두지 않고 있다.

다. 치료감호의 청구 치료감호의 청구는 검사가 치료감호영장청구서를 관할 지방법원 판사에게 제출하여야 한다(「치료감호법」 제6조 1항). 치료감호사건의 1심 재판은 지방법원 및 지방법원지원 합의부의 관할로 하며, 피청구인에 대한 치료감호사건과 피고사건의 관할이 다른 경우는 치료감호사건의 관할에 따른다(동법 제3조). 또한 이 치료감호는 독립청구가 가능하다. 즉 피의자가 심신상실의 경우 책임무능력으로 무죄선고의 대상이 되므로, 피의사건에 대하여는 불기소결정을 하고 치료감호만을 청구하는 것이다(동법 제7조).

한편 치료감호청구의 시효는 치료감호청구된 사건과 동시에 심리하거나 심리할 수 있었던 죄에 대한 공소시효기간에 따르고(동법 제45조 1항), 감호청구된 사건은 판결의 확정이 없이 감호청구가 있은 때로부터 15년을 경과하면 청구의 시효가 만료된다(동조 2항). 또한 심신장애로 인해 치료감호의 선고를 받은 자가 그 판결이 확정된 후 집행을 받음이 없이 10년을 지나면 시효가 완성되어 그 집행이 면제되고, 마찬가지로 마약류 등 중독으로 인해 치료감호의 선고를 받은 자는 7년이 지나면 그 집행이 면제된다(동법 제46조).

검사는 감호청구사건에 대하여 감호청구와 감호불청구의 결정을 할 수 있다. 그러나 피의자가 심신상실인 경우를 제외한 심신미약의 경우는 원칙적으로 피의사건에 대하여 유죄가 인정되어야 하기 때문에 검사가 기소유예, 무혐의, 기소중지결정을 할 때에는 유죄가 인정되지 않기 때문에 감호불청구결정을 하여야 할 것이다.

검사가 치료감호를 청구함에 있어서는 정신과전문의의 진단 또는 감정을 참고하여야 한다(동법 제4조 2항).

라. 치료감호의 집행 「형법」 제10조 1항의 심신상실자에 대한 치료감호의 경우에는 치료감호만 선고될 것이므로 집행의 순서라는 문제가 발생하지 않을 것이나, 형법 제10조 2항의 심신미약자와 약물 또는 알코올중독자에 대한 치료감호는 형과 함께 치료감호가 선고될 것이므로 어떤 것을 먼저 집행하느냐가 문제된다.

「치료감호법」은 보호감호와는 달리 치료감호에 있어서는 대체주의를[20]

20) 대체주의는 책임주의에 따라 형벌을 선고하되, 그 집행단계에 있어서는 보안처분에 대체하거

채택하고 있다. 따라서 치료감호는 형벌보다 먼저 집행하되, 그 치료감호의 기간을 형기에 산입한다(「치료감호법」 제18조). 치료감호는 피치료감호자의 치료 · 개선을 목적으로 하는 보안처분이므로 가능한 빨리 피치료감호자의 인격적 특성을 고려한 보안처분의 집행이 요구되기 때문이다. 그러나 치료감호기간이 형기를 초과하면 형의 집행은 종료된 것으로 본다.

치료감호의 선고를 받은 자에 대하여는 검사의 집행지휘에 따라 치료감호시설에 수용하여 치료를 위한 조치를 한다(「치료감호법」 제16조 및 제17조). 따라서 현재 우리나라 유일의 치료감호시설인 충남 공주 소재 법무부치료감호소에 수용 · 치료를 받게 된다.[21)]

나 또는 일정한 조건하에 보안처분의 집행이 종료된 후 형벌을 집행하는 제도이다.

21) 1980년에 「사회보호법」이 제정되어 보안처분의 하나로 치료감호제도를 실시해 왔으나 치료감호시설이 없어서 그 동안 교도소나 국립정신병동 등에 분산 수용해 오던 것을 1987년 충남 공주군 반포면에 치료감호소를 설립함으로써 비로소 명실상부한 치료감호가 행하여지게 되었다.

제 2 장

상습범죄

제 1 절 상습범죄의 의의

1. 상습범의 개념

상습범(常習犯, Gewonheitsverbrecher)이란 일반적으로 성격상의 소질 또는 관행에 의하여 획득된 내부적 성벽(性癖, Hang)으로 인하여 반복하여 범죄를 행하고, 또 이를 반복하는 성벽이 있는 자를 말하는데, '직업적 범죄자'(職業的 犯罪者), '경향범'(傾向犯), '상태범'(狀態犯), '만성적(慢性的) 또는 경향적(傾向的) 범인'이라고도 불린다.[1)]

이와 같이 상습범을 성벽범(性癖犯, Hangtäter)으로 이해하는 것은 독일제국법원(Reichsgericht)의 판례가 견지해 온 것으로, 이에 영향을 받아 독일의 제 1 차 개정형법에서는 상습범이라는 표현 대신 '성벽범'이라는 용어를 사용하고 있다. 판례도 종래에는 상습범을 "수차 반복하여 습관적으로 범죄를 행하는 것을 의미한다"고 하였으나,[2)] 근래에 와서는 "상습이란 범죄자의 어떤 범죄의 버릇, 범죄의 경향을 의미하는 것이므로, 상습은 행위의 본질을 이루는 성질이 아니고 행위자의 특성을 이루는 성질을 의미하는 것"이라고 하여 상습범을 '성벽범' 또는 '경향범'(傾向犯)으로 이해한다.[3)] 상습범을 범죄에 대한 성벽으로 인하여 반복하여 범죄를 범하는 자라는 의미로 이해할 때 상습범의 개념요소로서 다음과 같은 것을 고려하여야 한다.

첫째, 상습범은 범죄에 대한 성벽이 있을 것을 요한다. 그러나 그것은 생

---

1) Schönke-Schröder, Strafgesetzbuch, Kommentar, 18. Aufl., 1971, S. 102. 상습범이라는 용어를 처음 사용한 학자는 F. v. Liszt였다고 한다. 그는 상습범을 기회범(機會犯)에 대립하는 개념으로 주로 소매치기, 사기, 공갈, 낙태방조 등과 같은 직업적인 범죄자(Berufsverbrecher)를 지칭하는 의미로 사용하였다.

2) 朝高判 18. 11. 17.

3) 大判 1972. 6. 27, 72도597; 李在祥, 「社會保護法」, 經文社, 1981, 74면.

래적인 것인가 후천적인 것인가를 불문한다.

둘째, 행위자가 범죄적 성벽에 따라 범죄를 행한 이상 그 행위에 대한 외적인 원인은 불문한다.

셋째, 상습범의 여부는 행위와 행위자에 대한 종합적인 판단, 즉 행위자의 인격까지를 고려한 판단이어야 한다.

넷째, 상습범의 행위는 그 범죄적 성벽에 대한 징표행위(Symptomtat)로서의 의미를 가져야 하며, 따라서 반복하여 행한 범죄는 동일한 죄질에 속해야 할 것이다. 여기서 말하는 죄질의 동일성은 범죄적 성벽에 대한 징표로서의 의미를 가지면 충분하므로 재산범죄, 폭력범죄 등과 같은 특정한 상위개념에 속하는 행위이면 동일성을 가진다고 보아야 한다.[4)]

2. 상습범과 누범(累犯)

일반적으로 누범(累犯, Rückfall)은 범행횟수를 기초로 규정되는 개념임에 비하여, 상습범은 상습적인 범죄의 습벽을 기초로 하는 개념이다. 따라서 누범은 단순히 전과만 있으면 누범의 요건을 충족하지만, 상습범은 동일 죄명 또는 동일 죄질의 범죄를 반복하는 것을 요건으로 한다. 또한 상습범은 전과사실이 없어도 성립할 수 있다.[5)] 실제에 있어서는 누범의 대부분이 상습범이겠지만 범죄의 상습적 습벽이 없더라도 우발적으로 범행을 반복한 경우가 있을 수 있고, 또 범죄의 상습적 습벽이 있는 자라고 해도 한번도 체포된 적이 없어 누범이 되지 않은 경우도 있을 것이다. 그뿐만 아니라 처음 체포된 자에 대하여 범죄의 반복적, 즉 상습성이 인정되는 경우도 있을 것이다.

그러나 상습범과 누범은 사실상 극히 밀접한 중복적 상관관계에 있기 때문에 명확하게 구별하기 어려운 경우도 있다. 따라서 상습범과 누범을 결합하여 '상습에 의한 누범'(이른바 상습누범)이라는 개념을 도입한 입법례도 있다. 영국의 「형사재판법」 제37조, 덴마크 「형법」 제65조, 그리스 「형법」 제90조가 그것이다.

4) 판례는 "비록 폭력행위는 한 번뿐이지만 공갈행위는 여러 번 있는 경우에 이 폭행과 공갈은 상습성이 있다"고 한다. 大判 1969. 1. 14, 69도1600.

5) 大判 1966. 6. 28, 66도639, 大判 1966. 1. 22, 66도1288.

제 2 절 상습범죄에 대한 대책

1. 상습범죄 대책에 관한 입법례

현재 각국에서 시행되고 있는 상습범죄에 대한 입법례는 7가지로 유형화할 수 있다. 즉 ① 부정기형만 과하는 것(일본의 개정「형법」초안), ② 정기형만 과하는 것(일본 현행「형법」, 1967년의 영국「형사재판법」), ③ 정기형에 정기의 예방구금을 병과하는 것(1908년의 영국「범죄예방법」), ④ 정기형에 부정기의 보안구금을 병과하는 것(독일「형법」), ⑤ 형벌과 사회치료처분을 병행하여 언도하여, 집행면에서 사회치료처분으로 형벌의 대체성을 인정하는 것(독일「형법」), ⑥ 형벌에 대신하여 정기의 예방구금·교정훈련을 과하는 것(1948년의 영국「형사재판법」), ⑦ 형벌에 대신하여 부정기의 보안구금을 과하는 것(스위스「형법」) 등이 그것이다.

이것들 가운데 ①과 ②는 형벌일원주의(刑罰一元主義)이고, ③ 이하는 형벌과 보안처분의 이원주의(二元主義)이다. 또한 이 이원주의 가운데 ③과 ④는 병과주의(倂科主義), ⑤는 대체주의(代替主義), ⑥·⑦은 택일주의(擇一主義)이다.

2. 현행「형법」및 특별형법상의 상습범 대책

우리「형법」은 누범에 대해서는 일반적 규정을 두고 있으나(「형법」제35조 및 제36조), 상습범에 대해서는 각 본조에서 개별적으로 규정하고 있다. 상습범은 비상습범(非常習犯)보다 가중해서 처벌하는데, 그 죄에 정한 법정형의 2분의 1까지 가중하는 것이 보통이나 도박에 관한 죄(3년 이하의 징역 또는 2천만원 이하의 벌금)나 장물죄의 상습범(1년 이상 10년 이하의 징역)과 같이 따로 법정형을 정하고 있는 경우도 있다.

「형법」에서 상습범에 대한 가중처벌을 하고 있는 범죄로는 아편에 관한 죄(「형법」제203조), 도박에 관한 죄(「형법」제246조 2항), 상해와 폭행의 죄(「형법」제264조), 체포와 감금의 죄(「형법」제279조), 협박의 죄(「형법」제285조), 약취와 유인의 죄(「형법」제293조), 절도와 강도의 죄(「형법」및 제341조), 사기와 공갈의 죄(「형법」제351조), 장물취득·알선 등의 죄(「형법」제363조) 등이다.

이 밖에 특별형법에서도 상습범에 대한 가중처벌규정을 두고 있는데,「특정범죄가중처벌 등에 관한 법률」의 상습적으로 영리 등을 위한 약취·유인·

매매, 국외이송을 위한 약취·유인·매매, 그리고 약취·유인·매매된 자의 수수(授受), 은닉 등을 한 자에 대한 가중처벌(동법 제5조의2 5항), 상습절도, 상습야간주거침입절도, 상습특수절도, 상습강도, 상습특수강도, 상습인질강도, 상습해상강도에 대한 가중처벌(동법 제5조의4), 상습적인 밀수출입, 관세포탈 등에 대한 가중처벌(동법 제6조 8항) 등이 그것이다. 또한「폭력행위 등 처벌에 관한 법률」의 상습상해, 상습폭행, 상습체포·감금, 상습적인 폭력에 의한 권리행사방해, 상습 공갈, 상습손괴 등도 같은 예에 속하며(동법 제2조 1항),「성폭력범죄의 처벌 및 피해자보호 등에 관한 법률」의 약취·유인·매매 또는 이송된 자의 상습적 수수 또는 은닉(동법 제2조 1항 2호)의 '상습' 그리고「마약류불법거래방지에 관한 특례법」제6조의 업(業)으로서 행한 불법수입 등에 관한 처벌규정의 '업'(業)이라는 것도 상습적인 행위를 의미하는 것이다. 그 외에도「변호사법」제114조,「마약류관리에 관한 법률」제56조 2항,「아동복지법」제40조의2,「특정경제범죄가중처벌 등에 관한 법률」제 3 조 등에 상습범가중처벌 규정을 두고 있다.

그러나 이와 같은 상습범가중처벌에 대해서는 책임주의라는 형벌원칙과 가중처벌의 형사정책적 효과라는 측면에서 비판이 제기되기도 한다. 즉 상습범에 대한 형의 가중은 행위자의 책임을 벗어난 보안형(保安刑, Sicherungsstrafe) 또는 목적형(目的刑, Zweckstrafe)으로서 책임주의에 반하며, 형이 가중된다고 해서 범죄가 감소되지 않을 뿐만 아니라 상습범의 사회복귀에 도움이 되지 않는다는 것이다.

그 외에 구「사회보호법」상의 상습범에 대한 보호감호처분이 있었으나 동법이 2005년 6월 폐지됨으로써 이 제도는 없어졌고, 따라서 기존의 보호감호시설도 교도소로 개편되었다.

제 3 장

조직범죄

제 1 절　조직범죄의 의의와 실태

1. 조직범죄의 의의

조직범죄란 일정한 조직적인 집단에 의해 행해지는 범죄를 말하는데 보통 폭력적인 위협을 배경으로 한다. 미국의 '마피아,' 중국의 '삼합회,' 일본의 '야쿠자' 등이 그 대표적인 예이다. 미국의 조직범죄법(Organized Crime Control Act of 1970)은 조직의 형성과 유지에 필요한 최소한의 인원수를 5인 이상이라고 규정하고 있다(Organized Crime Control Act, Public Law 91-452). 조직범죄집단의 특성은,

첫째, 그 집단의 결성목적이 불법적이고, 그 조직 자체도 불법이고 은밀한 경우가 많다. 물론 합법적인 목적으로 위장한 경우도 있으나 그 본래의 목적은 어디까지나 불법적인 행위에 의한 이득추구이다.

둘째, 조직의 단결과 위계질서(位階秩序)를 유지하기 위하여 엄격한 내부규율을 갖는다.

셋째, 경제적 이익을 추구하는 것을 목표로 한다. 정치적 테러행위 같은 경제적 이득이 아닌 것을 추구하는 조직단체도 있으나 원칙적으로 정치적인 변화를 위해서 싸우는 테러집단은 조직범죄집단에 포함되지 않는다고 보는 것이 일반적이다.[1)]

조직범죄집단이 추구하는 경제적 이익은 도박, 마약, 매춘, 고리대금, 청부살인, 불법무기거래, 밀수, 인신매매, 장기매매(臟器賣買) 등 불법적인 재화와 용역의 공급을 통하여 확보되기도 하고, 탈세, 부동산투기, 증권시세조작, 불법

1) John Gardiner, *The Politices of Corruption: Organized Crime in an American City,* Russel Sage Foundation, 1970, pp. 17-31; Paul Tappan, *Crime, Justice and Correction,* 4th ed., McGraw-Hill, 1960, pp. 182-184; Don Gibbons, *Society, Crime and Criminal Behavior,* 4th ed., Prentice-Hall, 1982, pp. 337-340.

경마 또는 경륜 등의 교묘하고 복잡한 조작에 의해 확보된다.[2)]

넷째, 영속성과 계획성을 지닌다. 조직범죄집단은 경험, 관행, 실행 등에 의하여 관계인이나 피해자를 효과적으로 통제하고 구성원을 훈련·양성시킬 수 있어 영속성(perpetuation)이 있다.[3)] 또한 대부분의 행위가 충동적이나 감정적이 아닌 계획적이고 치밀한 고려하에 실행된다.

다섯째, 조직범죄집단의 구성원은 주관적 요소로서 조직범죄에 가담한다는 공동의사 또는 조직의사(組織意思)를 가지며, 객관적인 요소로서 조직적 행동을 한다.

2. 조직범죄 현황

(1) 외국의 조직범죄

세계 각국에 조직범죄가 없는 곳은 거의 없다. 그리고 이 조직범죄집단은 국경을 초월하여 서로 연대하거나 다른 나라에 새로 그들의 조직을 결성함으로써 세력을 확장해가고 있다. 즉 조직범죄의 국제화 현상이 나타나고 있는 것이다. 이와 같은 조직범죄집단은 그 나라의 지하경제에서부터 정치적 배후세력으로까지 그 활동영역을 넓혀가고 있는 것이 오늘날의 현실이다.

1) 이탈리아

이탈리아는 '코사 노스트라'라는 시칠리안 마피아를 비롯하여 '카모라,' '누드랑게타'라는 조직범죄집단이 위세를 떨치고 있다. 그들은 심지어 정계에까지 진출하여 정치권을 장악하고자 기도하고 있으며, 주로 마약거래와 상인들로부터 갈취하는 보호세가 주 수입원이라고 한다.[4)] 이들 조직범죄집단은 초기에는 혈연관계를 중심으로 외세(外勢)나 상류계급의 탄압에 저항하거나 또는 상류계급이 하층민을 착취하는 데 하수인의 역할을 하면서 결성된 것이 특색이다.

무솔리니의 파시스트정권이 마피아를 탄압하면서 이들은 잠시 쇠퇴하였다가 2차대전 후 다시 증가하기 시작했고, 이탈리아의 경제부흥과 함께 농촌에서 도시로 진출하여 도시형 조직범죄로 변모했다. 현재 '코사 노스트라'는 팔레모를 중심으로 약 170여개의 패밀리에 5천여명의 회원(Mafioso)이 가입되

---

2) Frederic Homer, *Guns and Garlic*, 6th ed., Purdue University Presss, 1983, p. 14.

3) Howard Abadinsky, *Organized Crime*,,Allyn & Bacon, 1981, p. 19.

4) 이탈리아 중소기업협회에 의하면 조직범죄단체들이 이탈리아 상인들로부터 '보호세'라는 명목으로 뜯어내는 돈만도 연간 3백억 달러에 이른다고 하며, 남부에서는 사업체의 99%가 보호세를 내고 있다는 통계도 있다. 조선호, 「세계의 조직범죄」, 청목사, 1993, 26면.

어 있으며, 카모라는 나폴리를 근거로 활동하는 이탈리아 최대의 조직범죄집단이다. 한편 '누드랑게타'는 이탈리아반도 최남단 도시인 레조와 칼라브리아 지역을 기반으로 하는 범죄조직이다. 이들의 주요 활동은 마약, 무기, 보석밀수·밀매, 부동산, 건설부분에서 불법적으로 이루어지고 있다.

2) 미 국

미국에는 여러 가지 형태의 범죄조직이 있는데 마피아는 그 대표적인 조직이다. 이 마피아는 19-20세기 전환기에 미국 동부도시로 이주해 온 시칠리아 출신의 범죄자와 그 후예들이 중심이 되어 결성한 범죄조직이다. Black Hand Society라고도 불리는 이들은 조직구성원에 대하여 조직의 계율을 강제하고 폭력에 의한 보복을 일삼으며 범죄하수인들에게 충성을 강요함으로써 은밀한 조직구조를 유지하면서 활동한다.

그들은 절도, 사기, 장물, 유괴, 청부살인, 고리대금, 매춘, 포르노산업, 마약밀매, 도박, 노임 갈취 등의 불법행위뿐만 아니라 합법적 또는 합법을 가장한 유흥업, 연예사업 등에 기업형태로 참여해 광범위한 지하경제를 형성하고 있다. 또한 그들의 활동범위는 도시를 벗어나 각 지방에까지 미치고 있으며, 정부, 의회 등 정치계에까지 침투하고 있다.[5] 미국에서 마피아를 위시한 조직범죄집단이 그 세력을 현저하게 신장시킬 수 있었던 최대의 요인은 금주법이었는데, 그들은 밀조주의 거래에 의해 막대한 이익을 올리고 그 수입으로 경찰이나 공무원을 매수했다.

현재 마피아의 세력은 최소한 전국적으로 약 2만명에 이르는 것으로 추산되고 있으며, 그 가운데 감비노가가 최대의 패밀리로서 7-8백명의 조직원을 거느리고 있다고 알려져 있다. 미국의 마피아는 라코사 노스트라라고 불리는 집단지도체제가 있고, 미국 남부 멕시코와 인접한 지역에서 활동하는 멕시칸 마피아, 그리고 캘리포니아를 중심으로 활동하는 중국계 마피아조직이 있다. 그 외에도 뉴욕, 마이애미 그리고 로스앤젤레스를 중심으로 하는 쿠바계와 콜롬비아계의 범죄조직도 무시하지 못할 세력을 가지고 있다.

3) 독립국가연합

소련의 붕괴와 함께 독립국가연합의 각국에서 나타나고 있는 가장 두드러진 현상 중의 하나가 범죄, 특히 그 중에서도 조직범죄의 급증이다. 러시아를 비롯한 독립국가연합의 극심한 경제혼란과 생활필수품 부족, 그리고 실업의

5) 조선호, 앞의 책, 39면.

증가는 이러한 조직범죄집단이 준동할 수 있는 환경을 제시해 주고 있다.

러시아의 마피아조직은 옐친정부 내의 고급관료, 구 공산당간부, 고위군간부, 서방과의 합작회사간부 등과 같은 사회상층부로부터 암달러상, 깡패, 매춘부 등 하층부에 이르기까지 광범위하게 형성되어 있다고 한다. 특히 군대 내에도 마피아조직이 있어 그들만의 계급체계를 따로 갖추고 전문화되어 있다는 것이 커다란 문제로 되고 있다. 군대가 이처럼 마피아와 연계되면서 전 세계로 불법무기가 유출되고 있는 것이다. 그 가운데서 글라스노스트갱단은 미국에까지 상륙하여 세력을 확장시키고 있어 미국 사법당국을 긴장시키고 있는 현실이다.

4) 일 본

일본의 조직범죄활동은 '야쿠자'라고 불리는 폭력조직이 중심이 되어 대소범죄집단과 연계되어 있는 것이 특색이다. 야쿠자조직은 이탈리아의 마피아와 마찬가지로 혈연 중심의 가족형태로 조직이 구성되어 있다. 맨 위에는 가장이 있으며, 이 가족으로 편입되는 새 구성원들은 형제 및 자식들로 입양된다. 이들은 '오야붕'(親分, おやぶん)과 '꼬붕'(子分, こぶん)이라는 특수한 수직적인 인간관계로 맺어지는데, 오야붕은 꼬붕에게 충고와 보호를 해 주는 반면 꼬붕으로부터 절대적 충성을 받는다.

최근에는 야마구치(山口組), 이나가와카이(稻川會), 스미요시카이(住吉會)라는 3개의 야쿠자조직을 중심으로 거의 일본전역에서 활동하고 있다. 그들은 항만 등을 중심으로 부두노동자 중개업을 하고 건설회사를 설립하여 입찰에 개입한다. 또한 도박, 프로스포츠, 영화 등 연예사업, 히로뽕 등의 마약공급, 운수업 등 거의 모든 사회경제에 침투하여 부정수입을 올리고 있다.

이들은 1975년을 전후하여 미국 및 필리핀, 대만을 비롯한 동남아 등의 해외로 진출하기 시작했는데, 그 주목적은 마약이나 총기 등 금지품의 확보라고 한다.

5) 중 국

중국에는 '삼합회'(三合會, Triads)라는 국제적 범죄조직이 있다. 이 삼합회는 홍콩, 대만 및 본토계로 나뉘는데, 그들 중 홍콩계가 주류를 이룬다. 삼합회도 일본 야쿠자와 마찬가지로 50-60개의 방계조직을 가지고 있으며, 또한 세계 각국에 퍼져 있는 화교와 차이나타운을 거점으로 약 10만명이 넘는 조직원을 확보하고 있다고 한다.

삼합회의 전통적인 자금원은 마약밀매이고 본토 주민을 미국이나 캐나다로 밀입국시키는 것도 그들의 주요 사업이다.

(2) 우리나라의 조직범죄

우리나라는 아직까지는 외국처럼 기업형(企業型)의 조직범죄에 이르기까지는 않고 있으나 최근에는 마약과 불법무기 등을 다루기 시작하면서 외국 특히 중국이나 일본의 폭력집단과의 조직연대의 조짐이 보이기 시작하고 있다.

지금까지 나타나고 있는 조직범죄집단의 유형은 대도시의 소매치기조직, 유흥업소 등을 무대로 하는 폭력조직, 그리고 밀수조직이 주된 형태였다. 전술한 바와 같이 최근에는 동남아와 연계하여 히로뽕을 공급하는 조직이 적발되고 있다. 특히 이 히로뽕조직은 홍콩을 원료공급지로 하고 한국에서 제조하여 일본에 소비시키는 이른바 '화이트 트라이앵글'(White Triangle)이라는 삼각구도의 공급체계를 유지하여 온 것으로 밝혀졌다. 그러나 우리나라도 점차 히로뽕의 소비가 높아져 소비시장으로서의 기능에도 조직범죄단들이 주목하고 있는 경향이 나타나고 있다.

폭력조직은 서울을 비롯한 대도시를 중심으로 뿌리 깊게 결성되어 오고 있는데, 초기에는 단순한 사행행위나 도박장 또는 유흥업소의 경비 등을 통해 조직의 운영자금을 조달해 오다가, 이를 직접 운영하는 형태로 발전해 왔고, 근래에는 정치·경제계와 결탁하여 정당활동이나 기업활동에까지 개입하고 있는 현실이다. 또한 일본과 동남아를 상대로 하는 인신매매에도 관여하고 있는 것으로 나타나고 있다.

밀수조직은 1950년대에 호황을 누리다가 1960년대 초의 군사혁명정부가 강력히 단속한 것을 계기로 많이 와해됐으나, 아직도 동남아를 주 공급처로 하는 금괴와 마약밀수조직은 존재하고 있는 것으로 알려져 있다.[6)]

제 2 절 조직범죄대책

1. 조직범죄통제를 위한 일반정책

(1) 범죄기회의 감소를 위한 비범죄화(非犯罪化)

조직범죄집단이 독점적으로 누리고 있는 이득은 대부분 공식적으로는 불법화되어 있는 대상으로부터 획득한 것이다. 1900년대 초 미국에서 주류의 제

6) 최명숙, "組織犯罪에 관한 硏究," 서울대학교대학원 박사학위논문, 1986, 131-210면.

조 · 판매를 불법화했던 금주시대에 마피아가 주류의 불법적인 공급을 통해 세력을 급속히 확장한 것이 그 전형적인 예이다. 따라서 이처럼 불법화되어 온 특정영역을 합법화함으로써 범죄자들이 누리던 독점적이고 불법적인 이익을 박탈함으로써 조직범죄집단의 자금원(資金源)을 고갈시키게 될 것이다.

이른바 비범죄화(de-criminalization)라는 것으로, 종래에는 가벌적(可罰的) 행위였던 것을 불가벌적(不可罰的) 행위로 전환하는 것이다. 물론 그렇게 하기 위해서는 그 행위에 대한 사회의 법감정이나 가치관이 어느 정도 변화해야 한다는 것은 당연하다. 그러나 법 자체가 본질적으로 가지고 있는 경직성과 실정법 위주의 사회정책은 시민이 자치적으로 해결할 수 있는 문제까지도 국가기관이 관여함으로써 과잉범죄화(過剩犯罪化, Over-criminalization)된 부분도 없지 않다. 이와 같은 과잉범죄화 현상은 법집행기관에 감당하기 힘든 부담을 지우게 될 것이다.[7)]

(2) 조직의 수입원 차단과 지도층 와해

대체로 범죄조직의 지도층이 가지고 있는 카리스마(Charisma)적인 권위는 폭력성과 재정적인 능력으로 대변된다.

조직범죄를 행위(Matrix)라는 측면에서 파악하는 입장에서는 범죄조직의 활동에 필요한 자금의 공급을 차단하면 조직을 운영하기 어렵게 되기 때문에 수입을 가져다주는 활동부터 통제하여야 한다고 한다. 반면 조직범죄를 조직(Society)이라는 측면에서 파악하는 입장은 조직범죄의 진압대책은 그들의 범행을 추적하는 것보다는 그 조직의 인적 구조와 지도적 위치에 있는 자를 규명하는 데 역점을 두어 내부지도층의 분쇄(粉碎)에 초점을 맞추어야 한다고 한다. 그러나 조직범죄집단은 이 두 가지 측면을 모두 포함하여 파악하는 것이 옳을 것이고, 따라서 조직의 수입원 차단과 조직지도층의 와해라는 두 가지 방법을 병행하여 추진하여야만 그 효과를 배가시킬 수 있을 것이다. 그러나 조직의 지도층을 제거할 때는 우두머리뿐만 아니라 중간간부까지 일시에 제거해야 한다. 그렇지 않으면 조직이 세포분열하거나 중간간부 가운데 하나가 다시 조직의 우두머리가 되어 조직을 관리할 우려가 있기 때문이다.

(3) 범죄조직의 조기식별

조직범죄집단은 가능한 한 초기에 발견하여 와해시키는 것이 바람직하다.

---

7) Sanford Kadish, *The Crisis of Overcriminalizatio, The Annals: Combatting Crime,* 1957, 11, pp. 157-170.

조직이 일단 결성되어 일정한 시간이 지나면 사회적 실체로 자리잡기 쉽기 때문이다. 따라서 조직범죄집단의 실태를 파악하고, 새로운 범죄조직이 태동할 수 있는 소지를 없애는 것이 중요하다. 그런 의미에서 청소년집단에 대한 사회적 차원의 배려와 주의는 매우 중요하다고 할 것이다. 조직범죄집단에 가입하는 것도 불량청소년집단에서 비롯하는 경우가 많을 뿐더러, 조직범죄집단에서 전위(前衛)역할을 하고 있는 것도 주로 청소년이기 때문이다.

(4) 조직범죄통제기구 정비

조직범죄에 대처하기 위해서는 그것을 전담하는 기구가 필요하다. 은밀하고 결속력 있을 뿐만 아니라 사회에 막강한 영향력을 행사하기까지 하는 조직범죄집단을 진압하려면 기존의 일반적인 수사조직으로는 어려운 경우가 많기 때문이다. 따라서 국가적 차원의 조직범죄통제기구를 창설할 필요가 있는 것이다. 현재 우리나라에서 형사사건을 담당하고 있는 부서는 법무부 검찰국 2과, 대검찰청 강력부, 경찰청은 형사국 형사 2과 등이나 조직범죄를 전담하는 부서는 없다.[8)]

조직범죄를 퇴치하기 위한 기구의 형태와 기능은 여러 변수간의 상호작용에 의하여 결정되어야 한다. 직무를 담당할 수 있는 기관이라는 의미의 책무성(責務性, Accountability)이라는 개념이 중요하고, 지정학적 그리고 문화적 환경 등은 요구되는 통제활동의 차원을 결정짓는 요소로 사용될 수 있으며, 집행기관의 구조 내에는 효율성을 증대시키고 부패를 최소화시킬 수 있는 내적 안전장치(Safe guard)가 마련되어야 한다.

2. 각국의 조직범죄대책

(1) 미국의 조직범죄대책

미국은 연방, 주, 지방을 막론하고 조직범죄를 전문적으로 관장하는 부서를 두고 있다. 1968년에는 연방수사관에게 제한적이지만 도청수사를 허용케

---

8) 참고로 미국의 조직범죄통제와 관련된 기구를 소개하면 연방차원에서 교정위원회(Marchals Service), 관세국(Bureau of Customs), 국세위원회(Internal Revenue Service), 마약·담배 및 무기관리국(Bureau of Alcohol, Tabacco & Firearms), 연방수사국(FBI), 상공위원회(Interstate Commerce Commission), 민간항공국(Civil Aeronautics Board), 보험 및 증권관리위원회(Securities and Exchange Commission), 소비자보호협회(Commodity Futures Trading Commission) 등이 있다. 특히 뉴욕, 마이애미 등의 대도시 18곳에 연방검찰관, 연방경찰기관, 주 및 지방경찰기관 등으로 구성된 조직범죄특별수사대(Organized Crime Strike Forces)가 설치되어 있고, 또 코카인, 마리화나에 대해서는 마약단속국, 세관, 해안경비대의 각 연방경찰기구로 구성된 부통령직속 남부합동수사반(Vice President's South Florida Joint Task Force)이 있다.

한「범죄규제 및 거리안전에 관한 총괄법」(Omnibus Crime Control and Safe Streets Act)이 제정되었고, 1970년에는 조직범죄 규제법률로 가장 중요한 법률이라고 할 수 있는「조직범죄단속법」(Organized Crime Control Act)이 제정되었다. 1984년에는「포괄적 범죄통제법」(Comprehensive Crime Control Act)이 제정되어 형사몰수의 의무조항이 신설되는 등 형사몰수에 관한 규정을 강화하였고, 이어 1986년에는「돈세탁규제법」(Money Laundering Control Act)이 제정되어 범죄집단의 자금에 대한 규제를 강화하였다.

1) 조　　직

미국에서의 연방차원의 조직범죄대책기구는 1983년에 발족한 '대통령자문위원회'(The President's Commission on Organized Crime)와 합동수사기구가 있다. 대통령자문위원회는 조직범죄나 신흥폭력세력에 대한 실태를 조사하고 그 대책에 관하여 대통령과 법무부장관에게 보고, 또는 권고하는 기관으로 위원장을 비롯하여 19명의 위원으로 구성되어 있고, 사무국에는 법무성과 연방수사국(FBI) 등 관계기관의 직원이 파견되어 있다.

한편 연방법무성 내에 설치된 '조직범죄전담부'(Organized Crime and Racketeering Section)는 조직범죄수사에 체계적이고 조직적인 지원과 통제를 하기 위한 기관이다. 또한 전국 18개 주요 도시에 '조직범죄합동수사부'(Organized Crime Strike Force)를 설치하여 연방검찰관, 연방경찰, 주 및 지방경찰기관 등의 요원이 파견되어 지속적인 업무협조하에 조직범죄를 단속하고 있다. 그뿐만 아니라 코카인, 마리화나 등 마약밀수의 거점이 되고 있는 플로리다에는 마약단속국, 세관, 이민국, 연안경비대 등 각 연방기관으로 구성되는 부통령 직속 '플로리다합동수사대'(Vice President's South Florida Joint Task Force)를 두어 조직범죄수사에 정보력과 수사력을 집중시키고 있다.

2) 조직범죄 수사를 위한 특별조치

가. 도청(盜聽)　　1968년에 제정된「범죄규제 및 거리안전에 관한 총괄법」은 도청을 제한적으로 허용하는 규정을 두고 있다.[9] 즉 특정범죄의 수사를 위하여 수사기관이 법관의 영장을 발부받아 도청을 할 수 있게 한 것이다(동법 제2516조). 이 때 법관이 도청허가를 하는 영장을 발부하는 요건은 ① 어떤 자가 범죄를 현재 실행 중에 있거나, 실행하였거나 또는 실행하려고 하고 있다고

9) 동법은 1986년의「전자통신비밀법」(Electronic Communication Privacy Act)에 의해 개정되어 유선통신(wire communication) 및 구두대화(oral communication)뿐만 아니라 전자우편과 위성TV통신 등 전자통신(electronic communication)에까지 그 도청대상영역을 확장하였다.

믿을 만한 상당한 이유가 있을 것, ② 도청에 의해 당해 범죄에 관련된 통신을 접수할 수 있다고 믿을 만한 상당한 이유가 있을 것, ③ 도청 이외의 수사기법을 사용하였으나 목적을 달성하지 못했던 사실이 있거나 또는 도청 이외의 수사기법을 사용한다면 목적을 달성하지 못할 가능성이 크다는 것을 나타내는 합리적인 이유가 있을 것, ④ 도청이 행해져야 할 설비 또는 장소가 당해 범죄와 관련하여 사용되고 있거나 사용되려고 하고 있거나 또는 그러한 자에 의하여 임차되거나 그 자의 명의로 등록되어 있다고 믿을 수 있는 상당한 이유가 있을 것 등이다(동법 제2518조의3).

도청허가기간은 30일 이내이고, 법관이 필요하다고 인정하면 30일 이내의 범위 내에서 이를 연장할 수 있다(동법 제2518조의5). 그리고 조직범죄의 공모행위, 국가의 안전을 위협하는 공모행위 등으로 긴급히 도청하지 않으면 안 되는 경우에는 영장 없이 도청할 수 있다. 단 이 경우 48시간 이내에 당해 도청에 대하여 법관의 추인을 받아야 한다(동법 제2518조의7).

나. 증인보호프로그램 미국은 조직범죄와 관련된 사실들을 폭로하는 증인 등을 보호하기 위하여 1970년의 「조직범죄규제법」과 1984년의 「수정 증인보호법」(Witness Security Reform Act)에 '증인보호프로그램'(witness security program)을 두고 있다. 증인보호프로그램은 '법무부형사국단속담당관실'(Office of Enforcement Operations: OEO)의 조정하에 '연방보안관실'(United States Marshals Service: USMS)이 그 집행을 담당하고 있다.[10)]

증인보호프로그램의 내용은 목격자, 증인이나 증인이 될 자 및 그 가족에 대하여 범죄조직으로부터 멀리 떨어진 지역에 거주할 수 있는 주택이나 직업을 알선해 주어 보호하는 것이다. 범죄조직에 의해 보복을 당하는 것을 피하기 위하여 성명이나 주소는 물론이고 사회보장번호, 운전면허증, 자동차등록증 등과 같은 사회생활에 필요한 일체의 증명을 변경해 준다. 또한 이와 같은 새로운 생활에 적응하는 데 필요한 기간 중은 연방보안관실에서 재정적인 지원 및 정기적인 방문을 통해 지속적인 사후관리를 한다.

1970년의 「조직범죄규제법」에 규정된 증인보호프로그램을 살펴보면, 법무장관은 조직범죄에 관련된 자에 대한 소송절차를 진행함에 있어서 정부측 증인과 정부측 증인이 될 자, 그리고 이들의 가족의 안전을 책임질 권한을 가진다(동법 제501조). 또한 법무장관은 정부측 증인 또는 정부측 증인이 될 자가 증언

10) 飯紫政次, 「組織犯罪對策マニユアル」, 有斐閣, 1990, 164면.

하거나 증언하려고 함에 있어서 당사자 또는 그 가족의 생명과 신체에 위험이 미칠 우려가 있다고 판단될 경우에는 이들의 건강·안전 및 복지를 위하여 안전한 주택을 구입·대여·개조하는 등의 권한을 가진다. 법무장관에게 당해 시설을 제공받은 자는 그의 생명 및 신체에 위험이 지속되고 있다고 법무장관이 인정하는 한 당해 시설을 사용할 수 있다(동법 제502조).

한편 1984년「포괄적 범죄통제법」의 일부로 제정된「수정 증인보호법」에서는 증인보호프로그램의 적용범위를 확대하여, 조직범죄뿐만 아니라 중대범죄에 대한 소송절차에 대해서도 증인보호프로그램이 실시될 수 있도록 하였고, 보호의 대상도 증인과 그 가족에 한정하지 않고 '밀접한 관계를 가진 자'까지 포함하여 폭넓게 보호할 수 있도록 하였다(동법 제3521조 a항).

증인보호의 수단으로는 새로운 신분증명서, 주택, 생활비 제공, 그리고 직업을 알선하는 것 등이다. 단 증인보호프로그램이 실시되기 전에 법무장관과 증인 간에 각서를 작성하는데, 증인이 이 각서에 대해 중대한 위반을 한 때에는 보호프로그램을 중단시킬 수 있다(동법 제3521조 f항). 각서의 내용은 증인은 증언과 정보를 제공하고, 범죄를 범하지 않으며, 담당관의 지시에 따르고, 정기적으로 보고할 것이며, 법무장관은 증인 등을 보호하는 것 등이다.

다. 증인면책 범죄조직의 구성원이나 관련자들은 형사상 자기에게 불리한 질문에 답하거나 증언을 거부할 수 있도록 규정하고 있는 수정헌법 제 5 조에 근거하여 그들의 불법적인 활동에 대한 정보의 제공을 거부하는 경우가 많다. 그렇기 때문에 범죄조직의 구성원으로부터 조직의 두목이나 간부 또는 다른 조직원의 유죄를 입증할 수 있는 자료를 얻어내기 위하여 증인면책(witness immunity)의 방법이 흔히 사용된다. 즉 검사가 조직범죄의 구성원이 증언을 하는 대가로 그의 범죄행위에 대한 기소를 면제하여 주는 것이다.[11]

이 증인면책은 거래면책(transactional immunity)과 사용면책(use immunity)이 있다. 거래면책은 증인의 증언과 관련된 모든 범죄에 대하여 기소를 금지하는 것으로 1957년부터 1970년까지 연방과 다수의 주에서 인정되었던 제도이다. 한편 사용면책은 1970년 연방의 '증인면책법'(Witness Immunity Act)에 규정되면서 적용되기 시작한 제도로 면책하에서의 증언으로부터 얻어진 증거나 그 증언으로부터 유출된 증거를 사용하여 증인을 기소할 수 없도록 하는

11) Robert P. Rhodes, *Organized Crime-Crime Control vs Civil Liberties-*, Random House Inc., New York, 1984, p. 186.

것이다. 그러나 증언과 무관하게 얻어진 것일 때에는 증언과 관련된 범죄에 대하여 증인을 기소할 수 있다.

검사는 증인면책이 필요한 경우 법무성의 승인을 얻어 법원에 증인면책을 신청하여야 하며, 면책이 허용되면 법원은 증인에 대하여 증언을 하도록 명하게 된다. 이 때에 증인이 증언을 거부하면 법정모욕죄가 적용되어 처벌받게 된다. 증인면책은 범죄조직 거물급을 검거하여 그에 대한 유죄판결을 얻어내는데 매우 효과적인 수단이 되고 있다고 한다.

3) 「RICO법」

가. 「RICO법」의 의의 「RICO법」은 미국에서 가장 포괄적이고 강력한 조직범죄규제법이다. 1970년의 조직범죄단속법의 제 9 편으로 제정된 「RICO법」은 연방법전 제18편 제96장 제1961조부터 제1968조까지에 해당하는 규정으로 'Racketeer Influenced and Corrupt Organizations'이라는 제목을 붙이고 있기 때문에 약칭하여 「RICO법」이라고 부른다.

이 「RICO법」법은 특히 범죄조직의 경제적 기반을 박탈하는 것을 주목적으로 하고 있다.

「RICO법」이 가지는 특징 가운데 하나는 그것이 범죄조직 자체의 규제를 주목표로 하고 있다는 것이다. 즉 개개의 조직범죄를 수사·소추하는 종래의 단속방법으로는 범죄조직에 대해 충분한 타격을 가할 수 없다는 판단하에 범죄조직 자체를 규제대상으로 하는 것이다. 따라서 이 「RICO법」은 범죄조직을 공격하기 위한 강력한 형사적·민사적 수단을 제공하고 있는데, 범죄조직의 우두머리를 장기간 교도소에 감금시키고, 몰수조치에 의하여 조직의 경제적 기반을 박탈함과 동시에 민사제재를 통하여 조직을 경제계로부터 축출시키는 것이다.

「RICO법」의 또 다른 특징은 조직범죄의 개념을 화이트칼라범죄에까지 확대하여 그 규제의 대상으로 하고 있는 점이다. 오늘날의 조직범죄현상이 불법적 조직이라는 차원을 넘어 합법을 가장한 기업형의 범죄로 발전해 가는 데에 대한 대응책인 것이다.

나. 「RICO법」상의 범죄행위 「RICO법」은 조직범죄를 정의하는 것을 피하고 그 대신 범죄조직이 행할 가능성이 많은 범죄유형, 다시 말하면 조직범죄활동(racketeering activity)의 유형을 광범위하게 열거하고 있다. 즉 조직범죄활동에 해당하는 범죄행위의 유형을 크게 5가지로 분류하고 있는데, 그

것은 첫째, 주법(州法)에 의한 금지행위로서 살인, 유괴, 도박, 방화, 뇌물, 강도, 공갈, 음란물 거래 또는 마약 기타 위험약물의 거래에 관한 행위 또는 그 위험행위(미수 및 공모행위)로서 주법에 의해 그 법정형이 1년 이상의 구금형인 행위 등, 둘째, 연방법전 제18편에 의한 금지행위로서 뇌물, 위조, 연금횡령, 우편・전신(電信)사기, 음란물의 우송, 사법방해・수사방해, 증인・피해자 또는 정보원에 대한 간섭・보복, 도박용품의 주간이송, 복지후생기금의 부당지불, 불법도박업 등, 셋째, 연방법전 제21편 중의 노동조합에의 지불 또는 대부의 제한(제186조), 노동조합기금의 횡령(제501조 c항), 넷째, 연방법전 제11편에 규정된 사건(파산제도)에 관련한 사기, 증권의 매매에 관련한 사기, 마약 기타 위험약물의 제조, 수입, 수령, 은닉, 구입, 판매, 다섯째, 「통화 및 해외거래보고법」(Currency and Foreign Transactions Reporting Act)에 의해 기소되는 행위 등이다(동법 제1961조).

또한 불법채권을[12] 회수함으로써 직·간접으로 수입을 얻고, 주(州)간 또는 국제간의 통상에 관여하거나, 이에 영향을 미치는 활동을 하고 있는 단체에서 권익을 취득하거나, 단체(enterprise)를[13] 설립・운영함에 있어서 그 수입이나 수입으로부터 발생한 수익을 직·간접으로 사용하거나 투자하는 행위들도 위법한 행위로 규정하고 있다(동법 제1962조 a항). 그리고 조직범죄활동 또는 불법채권의 회수를 통해 기업의 권익 또는 지배를 취득하거나 갖는 것, 그리고 이러한 단체(기업)에 고용되어 조직범죄활동을 하거나 불법채권회수 등을 하는 것도 금지한다(동법 제1962조 b항 및 제1962조 c항). 이와 같은 규정들은 폭행, 협박, 사기, 고리대금 등과 같은 수단에 의해 기업으로부터 이익을 취득하거나 기업을 지배하고, 또한 기업을 이용하여 불법한 행위를 수행하는 것을 방지하기 위한 것들이다.

다. 「RICO법」 위반에 대한 형사제재 「RICO법」은 그 위반행위에 대한 제재수단으로 자유형과 벌금형, 그리고 몰수제도를 채택하고 있다. 즉 동법 제1962조의 각항에서 금지하고 있는 행위를 한 때에는 벌금[14] 또는 20년 이하의 구금(단 최고형으로 무기구금이 있는 경우에는 무기) 또는 이를 병과하고,

12) 불법채권(unlawful debt)란 도박, 도박업 또는 고리대금(loansharking)과 관련된 불법행위에 의해 발생한 채권을 말한다.

13) 여기서의 단체(enterprise)란 회사 등의 법인뿐만 아니라 사실상 결합한 개인의 집단・조합・협회 등을 포함한다. 범죄조직도 이 단체에 해당함은 물론이다.

14) 벌금은 자연인에 대해서는 25만달러, 법인 등에 대해서는 50만달러, 그리고 범죄에 의하여 경제적 이익을 얻거나 피해자에게 경제적 손실을 끼친 때에는 그 이익 또는 손실의 2배에 해당하는 금액이 부과된다.

그 범죄와 관련된 수익 또는 물건을 몰수할 수 있도록 하고 있다. 특히「RICO법」이 규정하고 있는 몰수의 대상은 범죄행위에 의해 얻은 이익뿐만 아니라 피고인이 단체에 대하여 지니고 있는 모든 권익에 미치고 있다. 즉 동법 제1962조 위반에 의하여 취득 또는 보유하고 있는 모든 이익, 제1962조를 위반하여 설립·운영·관리·경영하거나 경영에 참가한 단체와 관련된 모든 이익, 증권, 청구권, 영향력을 미칠 수 있는 재산상·계약상의 권리, 동법 제1962조에 위반하는 조직범죄활동 또는 불법채권의 회수에 의해 직·간접으로 취득한 모든 수익으로 이루어진 재산 또는 그 수익에 기하여 취득한 모든 재산이 몰수의 대상인 것이다(동법 제1963조).

또한 이와 같은 몰수를 효과적으로 하기 위해서 자금세탁(資金洗濯)의 규제와 몰수대상재산의 은닉·처분을 방지하기 위한 몰수대상재산의 보전조치가 필요할 것인바, 따라서「RICO법」은 몰수대상재산의 보전조치를 위한 규정을 두고 있다(동법 제1963조 d항). 즉 검사가「RICO법」제1962조의 위반에 대하여 법원에 몰수대상재산에 대한 보전명령을 청구하는 것이다.

라.「RICO법」위반에 대한 민사제재 「RICO법」은 상술한 바와 같이 범죄조직의 구성원에 대하여 엄중한 형사제재를 하고 있으나, 형사사건의 경우 개별행위책임에 의하는 것을 원칙으로 하고 있고 '합리적인 의심을 초과하는'(beyond a reasonable doubt) 정도에 이르는 입증이 필요하다는 제약이 있다. 따라서 이러한 형사제재의 제약과 한계를 보충하기 위하여 민사제재에 관한 규정을 두고 있는 것이다.[15] 즉 연방정부는 장래에 있어서의 피고의 조직범죄활동을 억지하기 위하여 법원에 민사적 구제명령을 청구할 수 있도록 하고 있다. 이 청구를 받은 법원은 피고인에 대하여 단체로부터의 추방, 단체의 해산, 이익의 박탈, 장래의 위반행위의 금지 등을 명할 수 있다. 또한 그 위반행위에 의해 피해를 받은 자에 대하여 그 피해액의 3배에 해당하는 손해배상청구권 및 변호사비용을 포함한 소송비용을 보상받을 것을 인정하고 있다(동법 제1964조 c항). 이 규정은 피해자를 보호함과 동시에 범죄조직이 불법한 이익을 얻기 위해 범죄를 행하더라도 결국은 그 재산이 크게 박탈되고 만다는 사실을 인식시킴으로써 범죄억지효과를 얻고자 하는 것이다.

15) 판례는 민사몰수의 경우에는 '증거의 우월'(preponderance of the evidence)로서 족하고, 따라서 형사사건에서 증거의 불충분으로 무죄가 된 사건에 대하여 민사몰수를 적용하더라도 금반언(禁反言)의 원칙이나 이중 위험의 원칙에 반하지 않는다고 한다. 加藤久雄,「組織犯罪の研究」, 成文堂, 1992, 89면.

⑵ 일본의 조직범죄대책

1) 일반대책

일본의 조직범죄는 폭력단을 중심으로 이루어지고 있다. 최근에 이르러서 이 폭력단은 그 세력이 광역화되고 폭력단간의 계열화가 이루어지고 있는 추세라고 한다. 또한 민사개입폭력이나 기업대상폭력 등 새로운 형태의 자금취득활동을 하기 위하여 정치활동이나 사회운동 등을 가장·표방하는 폭력단이 증가하고 있다. 그뿐만 아니라 폭력단의 무장화가 이루어져 총격사건이 빈발해지고 해외에서의 새로운 자금원을 확보하기 위한 폭력단의 해외진출이 활발한 실정이다.

이러한 폭력단에 대처하기 위한 일본 정부의 기본방침은 폭력단에 대한 단속과 폭력단 배제운동을 유기적으로 연계시키는 종합대책을 추진하는 것이다. 특히 폭력단에 대한 단속은 '인'(人)·'금'(金)·'물'(物)이라는 세 개의 축으로 하여 추진하여 왔다. '인'이란 중추간부를 중심으로 폭력단을 집중적으로, 그리고 계속적으로 검거하여 장기 격리시키는 것을 의미하고, '금'이란 폭력단의 자금취득활동에 대한 단속을 철저히 하여 폭력단의 자금원을 고갈시키는 것이며, '물'이란 관계기관과 제휴하여 총기를 철저히 적발·압수하는 것을 의미한다.

한편 이와 같은 경찰 등 치안담당기관의 폭력단 단속 외에도 민간 차원에서의 폭력단 배제운동을 지역별·업종별로 활발히 전개하여 사회에서 폭력단이 존립할 기반을 없애고자 하고 있다. 일본에서의 지역별 폭력단배제운동은 각 지방자치단체인 도도부현(都道府縣)을 중심으로 폭력단배제를 위한 홍보·계몽활동, 폭력감시활동, 피해자의 구제·보호, 폭력상담활동, 폭력추방을 위한 각종 정보·자료의 수집 및 교환을 중심으로 이루어지고 있으며, 그 밖에도 폭력상담전화와 폭력상담실의 개설, 그리고 폭력단을 상대로 하는 소송을 제도적으로 지원하는 것 등을 추진하고 있다. 업종별 폭력단배제운동은 건설업, 부동산업, 공영경기장, 은행, 호텔, 보험관계, 운수업, 유기장 등 폭력단이 기생하기 쉬운 업종들을 중심으로 폭력단배제조직을 결성하여 폭력배제운동을 지속적으로 전개하고 있다.

2) 입법적 대책

가. 「형법」 및 기타 1953년에 개정한 일본 「형사소송법」은 석방 후 보복을 행할 우려가 있는 자 등에 대해서는 권리보석의 제외사유를 확대하고

보석이나 구류의 집행정지의 취소사유를 두었다. 또한 1958년의 형법개정에서 증인협박죄(제105조의2)와 흉기준비집합죄(제208조의2)를 신설한 바 있고, 증인 등의 피해에 대한 급부에 관한 법률이 제정되었다.

1964년 개정된 「폭력행위 등 처벌에 관한 법률」은 상습범의 형을 가중하고 상습적 폭력행위에 대한 규정을 두었다(동법 제1조의2 및 제1조의3).

한편 1971년에 「총포도검류 소지 등 단속법」을 개정하여 폭력단의 무기에 대한 규제를 강화하였고, 또한 1981년에는 상법을 개정하여 이른바 총회꾼 대책의 일환으로 이익공여의 금지조항을 신설하였다.

나. 「폭력단원에 의한 부당행위의 방지 등에 관한 법률」 1991년 제정되어 1992년 3월부터 시행되고 있는 「폭력단원에 의한 부당한 행위의 방지 등에 관한 법률」(暴力團員による不當な行爲の防止等に關する法律. 이하 「폭력단 대책법」이라 한다)은 조직폭력단체의 세력확장 및 활동에 대처하기 위한 것으로서, 민사개입폭력의 단속, 폭력단 상호간의 대립·항쟁으로 인한 일반시민 생활의 위험발생방지, 폭력단의 사무소와 그 주변에 거주하는 주민들의 불안감과 생활불편해소를 그 주요 목적으로 하고 있다. 이 법률의 주요 내용은 다음과 같다.

첫째, 도도부현(都道府縣)의 공안위원회가 일정한 요건에 해당하는 집단을 폭력단으로 지정하고(지정폭력단),[16] 그 지정된 폭력단의 단원을 규제의 대상으로 한다. 여기서 '폭력단'이라 함은 그 단체의 구성원이 집단적 또는 상습적으로 폭력적 불법행위 등을 행하는 것을 조장할 우려가 있는 단체를 말한다(동법 제2조 2호). 또한 지정폭력단이 그 전부 또는 일부를 구성하고 있는 것을 요건으로 하여 '지정폭력단의 연합체'를 지정할 수 있다(동법 제4조). 이 지정은 3년간 효력을 지니나 해산 기타 일정한 경우에 그것을 취소하여야 한다(동법 제8조 1호 및 2호).

둘째, 지정폭력단원(또는 지정폭력단의 연합체의 단원)이 지정폭력단 등의 위력을 과시하면서 금품요구 등의 전형적인 부당한 행위를 하는 것을 규제함과 동시에 도도부현의 공안위원회가 폭력단원의 부당한 요구에 따른 피해의 회복 등을 위한 원조를 행한다. 또한 지정폭력단원에 대하여 폭력적 요구행위

16) 「폭력단대책법」이 규정하고 있는 지정폭력단의 요건은 첫째, 그 폭력단원으로 하여금 당해 폭력단의 위력을 이용하게 하거나 그 이용을 용인하는 것을 실질적인 목적으로 하고, 둘째, 당해 폭력단의 간부 내지 폭력단원 가운데 범죄경력보유자가 정령에 정한 일정비율을 넘어서고, 셋째, 당해 폭력단의 대표자 또는 그 운영을 지배하는 자의 통제하에 계층적으로 구성되어 있는 단체로 인정되는 경우이다(동법 제3조).

를 하도록 의뢰하거나 교사하는 것을 금지하고 있다(동법 제10조).

셋째, 폭력단간의 세력확장이나 기득권보호 등을 위한 폭력사태를 봉쇄하고 조기에 진압하기 위해 폭력단의 거점이 되는 지정폭력단의 사무소 사용 및 폭력단에의 가입권유 등의 행위에 대한 규제를 한다.

넷째, 각 도도부현에 폭력추방운동 추진센터를 지정함과 동시에 전국적인 폭력추방운동센터를 설립하여 이러한 기구로 하여금 상담업무, 위로금지급, 민사소송지원 등의 피해자보호와 관련된 활동을 하도록 한다.

(3) 이탈리아의 조직범죄대책

이탈리아에서는 범죄조직을 규제하기 위하여 각종 법규를 제정하여 왔는데, 1956년의 「예방처분법」, 1965년의 「대마피아법」, 1982년의 「마피아범죄투쟁 긴급조치법」과 「마피아형 범죄대책통합법」, 그리고 1990년의 「마피아형 범죄방지법」 등이 그것이다. 그러나 이탈리아 정부가 이와 같은 마피아 대책법을 잇달아 제정하여 단속을 강화해 왔으나 마피아를 비롯한 범죄조직들이 각기 그 활동지역 내에서 정계, 관계, 경제계, 법조계를 비롯하여 심지어는 교육계, 종교계까지 침투하여 그들과의 관계를 유지하고 있기 때문에 큰 성과를 거두지 못하고 있다고 한다.[17)]

1) 「**예방처분법**」(豫防處分法)

1956년에 제정된 「예방처분법」은 대인적 예방처분에 관한 규정을 두고 있는데, 그 주요 내용으로는 경찰서장에 의한 경고처분과 귀향명령처분, 그리고 법원에 의한 특별감시처분 등이 있다. 경찰서장은 상습적 부랑자나 생활태도에 비추어 범죄로부터의 수입에 의해 생활하고 있다고 판단되는 자에 대하여 생활태도를 바꾸도록 경고할 수 있고(동법 제1조), 공공에 대하여 위험성을 가지고, 거주지 이외의 장소에서 체재하는 자를 사전 허가 없이 그 출신지로 송환할 수 있다(동법 제2조). 이러한 경찰서장의 경고를 무시하거나 개전의 정이 없는 자는 경찰서장의 신청과 법원의 결정에 의해 특별감시처분이 명해질 수 있다. 이 특별감시처분에는 특정지역에서의 거주금지, 의무적 거주 등의 사항이 부여된다(동법 제3조).

2) 「**대마피아법**」(對마피아法)

1965년의 「대마피아법」은 이탈리아 팔레르모를 중심으로 하여 마약밀매 등을 행하고 있던 시칠리아의 마피아를 규제하기 위한 법이라고 한다. 이 법의

17) 加藤久雄, 앞의 책, 42면.

주요 내용은 경찰서장, 검사, 법원 등이 가지고 있는 조사권과 압류·몰수권한을 확대하여 마약 등의 부정거래로부터 얻은 이익과 재산을 압류하고, 합법적인 출처를 증명하지 못할 때에는 몰수할 수 있도록 하고(동법 제2조의3), 1956년 법에 의한 예방처분에 대하여 검사에게도 그 신청권을 인정하며, 경찰서장에 의해 경고처분이 내려진 자에 대해서는 긴급체포의 요건이 확대된 것(예컨대 과실행위에 대해서도 적용), 예방처분이 내려진 자의 범죄에 대해서는 형을 가중하는 것 등이다(동법 제7조).

3)「마피아범죄투쟁 긴급조치법」

1970년대 후반부터 그 동안 프랑스에서 제조하던 헤로인의 정제기지(精製基地)가 시칠리아 섬의 팔레르모로 이전되자, 이러한 마약거래의 이권을 둘러싸고 마피아 범죄조직 간의 항쟁이 그치지 않았다. 이러한 상황 속에서 제정된 1982년의「마피아범죄투쟁 긴급조치법」은 마피아 조직범죄단체의 불법행위에 대한 효과적인 예방과 투쟁을 위하여 법무장관이 주지사에게 고등판무관(Alto Com\missario)의 자격을 부여하여 행정기관과 경찰기관과의 조정권을 위임하였고, 공공단체 등에의 출입조사권, 전화도청권 등의 권한을 부여하였다.

4)「마피아형 범죄대책통합법」(마피아型 犯罪對策統合法)

1982년의「마피아형 범죄대책통합법」은 기존의 마피아범죄관계 규제법들을 개정·신설하기 위한 법률이다. 예를 들면 동법 제1조는「형법」제416조의2의 규정을 신설하는 조항으로, 이 규정에 의해 신설된「형법」제416조의2는 마피아형 결사의 죄를 규정하고 있다. 동 조문에 의하면 "마피아형 결사라 함은 그 구성원이 죄를 범하기 위하여 경제활동, 불하, 인·허가, 공공의 청부를 직·간접으로 관리 또는 지배하기 위하여 또는 부정한 이익을 얻거나 제3자에게 얻게 하기 위하여 결사조직의 위하력과 함께 복종과 침묵의 법칙을 이용한 때의 결사"를 말한다(동법 제416조의2 3항). 또한 증인보호를 위한 법원의 비공개 증인조사(동법 제6조에 의한「형사소송법」제448조 5항 신설), 국회에서의 마피아 대책위원회신설(동법 제32조 및 제33조) 등이 그 주요 내용이다.

5)「마피아형 범죄방지법」(마피아型 犯罪防止法)

1990년의「마피아형 범죄방지법」은 주로 1965년의「대마피아법」과 1982년의「마피아범죄투쟁 긴급조치법」을 보강할 목적으로 제정된 법이다. 동법의 주요 내용은 다음과 같다.

첫째, 마피아형 범죄자로 인정되어 예방처분에 처해진 자에 대하여는 상업관련 인·허가, 공공사업에의 참여, 기업활동에 필요한 업자명부에의 등록 등을 할 수 없다. 또한 이러한 금지 및 권리의 실효는 예방처분에 처해진 자의 동거인과 피처분자가 관계하는 기업체 등에도 미칠 수 있다. 이와 같은 금지는 5년간 유효하다.

둘째, 이러한 각종 금지에 위반하여 마피아형 범죄자와 청부계약 등을 체결한 공무원 등에 대해서는 2년 이상 4년 이하의 금고형에 처한다.

셋째, 각종 인·허가, 면허, 자격부여, 등록허가 및 각종의 청부계약 등을 체결 또는 승인하는 주무관청은 당해 신청자로 하여금 그가 마피아형 범죄조직에 소속되어 있지 않다는 것을 증명하는 주지사 발행의 증명서를 제출하도록 하여야 한다.

넷째, 마피아형 범죄에 의해 유죄판결을 받은 자와 예방처분확정자는 10년간에 걸쳐 매년 그 재산변동에 관하여 거주지의 세무서에 보고하여야 한다.

다섯째, 각종 공직에 있는 자가 마피아형 범죄를 행하거나 방조한 경우에는 공직임명의 효력이 상실된다.

여섯째, 특수강도, 강요, 강요를 위한 불법감금, 마약이나 환각제의 생산 또는 거래로부터 생긴 금전이나 재산상의 이익을 사용한 자는 4년 이상 10년 이하의 금고 및 200만리라 이상 3,000만리라 이하의 벌금에 처한다. 또한 경찰관은 마피아형 범죄가 있다고 판단되거나 마약 및 환각제 등의 약물거래에 관한 자금세탁이 행해지고 있다고 판단되는 때에는 언제, 어디서나 거래의 규제와 소지품검사를 할 수 있다.

일곱째, 이탈리아은행의 인가를 받지 않고 공중(公衆)으로부터 예금을 받는 업무를 행한 자에 대해서는 6개월 이상 4년 이하의 금고 및 400만리라 이상 2,000만리라 이하의 벌금에 처한다.

(4) 독일의 조직범죄대책

독일의 조직범죄대책으로는 「형법」 제129조의 범죄단체조직죄와 마약법 등의 규제법규가 있으며, 각 지역에 조직범죄특별위원회나 중점대책위원회의 설치, 중앙수사국의 설치, 경찰·검찰의 연대 및 제휴, 국제협력의 확립 등과 같은 대책이 수립·추진되고 있다. 그 밖에 1988년의 「마약 및 향정신성물질의 불법거래방지에 관한 협약」에 따라 자금세탁의 규제와 수사기법의 개선 등에 관한 국내법의 정비가 추진되어 지난 1992년에 「불법약물거래와 조직범죄의 대책에 관한 법률」(Das Gesetz zur Bekämpfung des illegalen Rauschgifthandels und anderer Erscheinungsformen der Organisierten Kriminalität: OrgKG) 이 제정되어 조직범죄에 대해 보다 효과적인 대응을 할 수 있게 되었다.

1) 「형법」상의 규제

독일 「형법」은 "그 목적이나 활동이 범죄행위의 수행에 있는 단체를 설립하거나 또는 그러한 단체에 가입하거나 또는 그 단체를 고무하거나 지원한 자는 5년 이하의 자유형 또는 벌금에 처한다"고 규정하고 있다(동법 제129조 1항). 그러나 이 규정이 지나치게 확대 적용되는 것을 방지하기 위하여 각종의 규정을 두고 있는데, 즉 이 규정은 ① 그 단체가 연방헌법재판소에 의하여 위헌이 아니라고 선고된 정당인 때, ② 범죄행위의 수행이 종속적 의의를 가지는 목적 또는 활동에 불과할 때, ③ 단체의 목적이나 활동이 제84조 내지 제87조에 의한 범죄행위에 관련된 때에는 적용되지 않는다고 하고 있으며, 또한 합법적인 정치단체나 노조활동을 규제할 수 없도록 하고 있다(동법 제127조 및 제129조 a항).[18]

2) 「불법약물거래와 조직범죄의 대책에 관한 법률」

1992년 7월에 제정되어 동년 9월 22일부터 효력을 발생한 「불법약물거래와 조직범죄의 대책에 관한 법률」은 자금세탁규제와 재산형(財産刑, Verm gensstrafe)의 신설, 그리고 추징(追徵, Verfall)범위의 확장에 관해 규정함과 동시에, 조직범죄수사실무에서 널리 활용되어 온 위장수사관(Verdeckter Ermittler)에 관한 근거규정과 증인보호를 위한 각종 규정들을 그 내용으로 하고 있다.

가. 자금세탁 동법은 「형법」 제261조에 자금세탁죄의 구성요건을 신설하여 불법행위에 의해 취득된 자금을 세탁하여 그 출처 및 사용처를 은닉 또는 위장하는 것을 처벌하도록 하고 있다. 즉 타인의 범죄, 약물범죄, 범죄단체의 구성원에 의한 범죄로부터 유래한 물건을 은폐하거나 그 출처를 위장하거나 또는 그 출처의 수사, 물건의 발견, 몰수 · 추징 또는 보전을 방해하거나 위태롭게 한 자는 5년 이하의 자유형 또는 벌금형에 처한다. 또한 이러한 물건을 자기 또는 제 3 자에게 제공하거나 보관시키거나 사용한 자도 처벌한다. 이와 같은 행위를 한 자가 직업적이거나 범죄집단의 구성원인 때에는 6개월 이상 10년 이하의 자유형으로 형이 가중된다.

나. 재산형의 신설과 추징범위의 확장 약물범죄와 조직범죄로부터

18) 독일 「형법」 제84조는 위헌이라고 선고된 정당의 존속, 제85조는 결사금지에 대한 위반, 제86조는 위헌적 조직의 선전수단의 반포, 제86조 a항은 위헌적 조직의 표식사용, 제87조는 태업을 위한 첩보활동에 관한 규정이다.

얻어지는 이익을 박탈하기 위하여 재산형을 신설하고 추징의 범위를 확장하였다. 재산형은 2년 이상의 자유형으로 처벌되는 경우에 행위자가 범죄로부터 얻게 된 재산의 가치에 의해 결정한다. 그러나 이 재산형의 집행이 어려울 경우에는 최고 2년, 최저 1개월의 대체자유형(Ersatzfreiheitsstrafe)을 부가할 수 있다(동법 제3조 a항).

한편 추징의 범위를 확장한 것은 물건의 취득이 합법적으로 이루어졌는지의 여부가 명백하지 않고, 그 물건이 범행과 밀접한 관련을 가지고 있다는 개연성이 크거나 책임에 합당한 재산형의 부과를 기대할 수 없을 경우에 형법적인 결함을 보완하여 재산적 이익을 박탈하고자 하는 취지이다. 즉 위법행위가 행해지는 경우 물건이 위법행위를 위한 것이거나 위법행위에 의하여 취득된 것이라고 인정되는 경우 법원은 행위자나 공범의 물건을 추징할 것을 명한다. 이는 그 물건이 행위자나 공범의 소유가 아닌 경우에도 적용된다. 추징의 대상은 법적인 이유 예컨대 소멸시효 때문에 소추할 수 없는 행위에서 유래하는 물건도 해당된다.

다. 증인보호 동법은 형사소송절차의 증인보호를 위한 규정을 신설 및 보완하였다. 즉 「형사소송법」 제68조는 직업적인 활동의 결과로 자주 위험상태에 처하게 되는 경찰이나 공무원, 검사 등의 신분을 가진 증인은 자신의 거주지 대신 근무지를 알릴 수 있도록 하고, 공무원이 아닌 경우에도 증인의 주소가 알려짐으로써 증인이나 가족 기타 관계자가 위험에 처하게 될 우려가 있는 경우에는 근무장소나 가까운 경찰서의 주소 등을 사용할 수 있도록 하였고, 또한 증인의 동일성, 증인의 주소 또는 거소를 밝힘으로써 증인 또는 기타 관련자의 생명 · 신체 또는 자유가 위험에 처해질 우려가 있다고 인정되는 경우에는 증인이 자신에 대한 진술을 하지 않거나 그 이전의 동일성을 밝히는 것으로 대신할 수 있도록 하였다.

⑸ 우리나라의 조직범죄대책

1) 조직범죄단속을 위한 여러 시책

우리나라에서의 조직범죄단속은 정치적 급변기에 민심수습책의 일환으로 단편적으로 행해져 온 것이 특징이다. 5·16 군사쿠데타 이후의 국토건설단, 5·17 비상계엄 이후의 삼청교육대가 그 대표적인 예이다. 그러나 이러한 시책들은 그 집행절차와 방법에 있어서 인권침해라는 비판을 받았고, 또한 그 효과도 지속적이지 못했다는 평을 받았었다.

한편 정부는 1989년 '국민생활침해사범 합동수사본부'라는 기구를 발족하여 조직폭력을 '국민생활침해사범'의 하나로 선정하면서 이에 대한 집중적인 단속을 해왔다. 그러나 동 합동수사본부의 활동에도 불구하고 조직폭력을 비롯한 인신매매, 약물범죄, 강·절도 등과 같은 강력범죄가 날로 확산되자 1990년 10월 13일 정부가 '범죄와 폭력에 대한 전쟁'을 선포하여 조직폭력에 대한 집중적인 단속을 하였다.

이와 같은 국민생활침해사범 합동수사본부의 발족과 범죄와의 전쟁선포 이후 검찰은 폭력조직의 계보를 파악하여 그 조직의 실체와 활동사항을 철저히 수사하여 범죄단체조직죄를 적용하고 수괴 등 주모자는 법정최고형을 구형하는 등 강력한 대처를 하였다. 또한 「특정범죄가중처벌 등에 관한 법률」과 「폭력행위 등 처벌에 관한 법률」을 개정하고, 「특정강력범죄의 처벌에 관한 특례법」의 제정하여 폭력조직의 구성원에 대하여 법원의 중형선고를 유도하였다. 그뿐만 아니라 피해자 및 증인보호를 위하여 보복전담검사를 두어 보복행위를 엄단하도록 하였으며, 피해비밀신고 전담전화를 설치 · 운영하는 등 피해자와 증인보호를 강화하였다. 그 밖에 경찰 등 관련기관은 가스총, 도검류 등 흉기류의 단속과 청소년유해사범의 단속, 폭력조직의 비호세력 처벌강화, 조직폭력사범 기소중지자의 검거 등에 주력해 왔다.

그러나 아직 조직폭력범죄의 규제를 위한 종합적인 법률이 마련되지 않고 있을 뿐만 아니라, 폭력조직이 범죄를 통해 얻은 부정수익을 몰수하거나 이를 합법적인 것으로 위장하는 자금세탁에 대해서도 적절한 규제방법이 마련되어 있지 않다. 1997년에 「금융실명거래 및 비밀보장에 관한 법률」을 제정하여 간접적으로 불법자금을 세탁하는 것을 방지하고자 하고 있으나 범죄수익을 몰수하거나 자금을 세탁하는 행위를 직접 처벌하는 법률은 아직 없다. 그러나 1999년에 「특정범죄신고자 등 보호법」을 제정하여 범죄신고자나 범죄신고로 인하여 보복을 당할 우려가 있는 자를 보호하고 구조금을 지급하도록 하여 범죄신고자 또는 증인에 대한 보호장치를 마련하였다.

2) 조직범죄대책에 관한 현행법

현재 우리나라에는 조직범죄에 관한 독립적인 법률은 없고 「형법」과 「특별형법」의 각조에 산발적으로 규정되어 있을 뿐이다.

우리 「형법」에서 조직범죄를 규율할 수 있는 규정은 「형법」 제114조에 범죄단체의 조직에 관한 규정이 있다. 즉 동조 1항은 "범죄를 목적으로 하는 단체를 조직하거나 이에 가입한 자는 그 목적한 죄에 정한 형으로 처단한다"고 하고 있다. 조직범죄의 증가와 그 위험성에 대처하기 위한 예방적 필요성 때문에 규정된 것이다. 여기서의 범죄단체란 특정다수인이 공동목적을 수행하기 위한 계속적인 결합체를 말한다.[19] 또한 목표로 하는 범죄를 수행하기 위하여 단체를 주도하는 개인의 지시에 따라 상호간에 통일된 의사로써 행동한다고 느끼는 최소한도의 통솔체계를 갖추고 있어야 한다.[20] 이러한 점에서 특별한 조직형태를 갖추지 않고 단순히 다수인이 모여 공동의 범죄 실현의사를 가지고 범행을 수행하는 공동정범과 구별된다.

그러나 최근 폭력조직에 대한 사회여론이 비등해 짐에 따라 범죄단체 또는 집단과 관련하여 판례는 "… 그 계속적인 결집성이 다소 불안정하고 통솔체계가 대내외적으로 반드시 명확하지 않더라도 구성원간의 관계가 선후배 또는 형, 아우로 뭉쳐져 최소한의 통솔체계를 갖추었다면 그것만으로 범죄단체 또는 범죄집단구성죄가 성립하는 것으로 보아야 한다"고 하여[21] 폭넓게 범죄단체를 인정하고 있다.

범죄단체조직죄는 범죄를 실행하지 않았어도 범죄를 목적으로 하는 단체를 조직하거나 이에 가입하면 성립한다. 따라서 이러한 조직을 통하여 범한 범죄행위와는 경합범의 관계에 있다. 그러나 대다수의 범죄단체가 결성목적을 친목과 같은 합법적인 취지를 표방하기 때문에 실제로는 그 단체나 단체의 구성원이 범죄를 저질렀을 때 비로소 그 단체를 범죄단체로 규정하는 경우가 많을 것이다.

한편 「폭력행위 등 처벌에 관한 법률」은 상해, 폭행, 체포·감금, 협박, 주거침입·퇴거불응, 강요, 공갈, 손괴 등과 같은 범죄행위를 목적으로 하는 단체를 구성하거나 가입하는 경우에 그 지위에 따라 처벌한다(동법 제4조). 또한 「특정범죄가중처벌 등에 관한 법률」에서도 타인의 재물을 절취할 목적으로 단체 또는 집단을 구성한 자를 그 지위에 따라 처벌하도록 하고 있으며(동법 제5조의8), 「특정강력범죄의 처벌에 관한 특례법」은 특정강력범죄로 형을 받아 그 집행이 종료되거나 면제된 후 3년 이내에 다시 그 범죄를 저지르면 그 죄에 정한 형의 장기 및 단기의 2분의 1을 가중하여 처벌하도록 하고 있다(동법 제3조).

이렇게 보면 이들 법률의 각 규정들은 법조경합관계에 있다고 볼 것이므

19) 大判 1977. 5. 24, 77도1015.

20) 大判 1981. 11. 24, 81도2608.

21) 大判 1990. 2. 23, 89도2367; 大判 1987. 10. 13, 87도1240; 大判 1991. 5. 28, 91도739.

로 실제 적용에 있어서는 상해, 폭행, 체포·감금, 주거침입·퇴거불응, 폭력에 의한 권리행사방해, 공갈, 손괴 등을 목적으로 하는 범죄조직의 경우에는 「폭력행위 등 처벌에 관한 법률」 제2조가 적용될 것이며, 절도나 강도 등을 목적으로 하는 범죄조직의 경우에는 「특정범죄가중처벌 등에 관한 법률」 제5조의8이, 그리고 그 이외의 범죄를 목적으로 구성된 범죄조직의 경우에는 형법 제114조를 적용할 수 있다.[22]

제 3 절 자금세탁(資金洗濯)규제

1. 자금세탁의 의의

자금세탁, 즉 '돈세탁'(Money Laundering)이라 함은 범죄행위 등과 같은 불법적인 활동으로 생긴 수익금의 출처나 소유자를 은폐하기 위하여 그 수익금을 이송·변형하거나 합법적인 자금과 혼합시킴으로써 정당한 자금으로 위장하는 것을 말한다. 다시 말하자면 불법한 소득의 존재, 출처 또는 이용을 감추고 그 소득이 적법한 것으로 보이게 하는 일련의 과정인 것이다.[23]

인간사회에서 발생하는 범죄의 대부분은 이욕(利慾)으로부터 비롯된다고 해도 과언이 아니다. 그리고 설령 범죄의 목적이 다른 데 있다고 하더라도 그 목적을 수행하기 위해서는 필연적으로 자금이 필요하게 되는데, 이 자금은 정당한 수단을 통해 조달할 수 없는 경우가 대부분이다. 따라서 범죄를 효과적으

22) 범죄단체가 법인설립등기를 하여 합법적인 기업의 형태를 가장할 때는 「상법」 제176조 1항 1호(회사의 설립목적이 불법한 것인 때)와 동조 3항(이사 또는 회사의 업무를 집행하는 사원이 법령 또는 정관에 위반하여 회사의 존속을 허용할 수 없는 행위를 한 때)을 적용하여 회사를 해산시킬 수도 있을 것이다. 이 경우 그 불법적인 목적을 따져 형법이나 「폭력행위 등에 관한 특별법」 또는 「특정범죄가중처벌 등에 관한 법률」이 적용되는 것은 별개의 문제이다.

23) 1988년 12월 오스트리아 비인(Wien)에서 체결된 「마약 및 향정신성물질의 불법거래방지에 관한 협약」(Convention Against Illicit Traffic in Narcotic Drugs and Psychotropic Substance)은 다음과 같이 자금세탁의 의미를 규정하고 있다.

① 범죄활동이나 범죄가담의 결과로 취득한 것임을 알면서, 그 불법취득원을 은폐 또는 위장하거나, 법적 처벌을 회피하려는 자를 지원할 목적으로 재산을 교환(conversion) 또는 이전(transfer)하는 행위.

② 범죄활동이나 범죄가담의 결과로 취득한 것임을 알면서, 재산의 진정한 성격·취득원·위치·처분·이동·관련권리 및 소유를 은폐 또는 위장하는 행위.

③ 범죄활동이나 범죄가담의 결과로 취득한 것임을 알면서, 재산을 취득(acquisition)·소유(possession)·사용(use)하는 행위.

④ 이상에서 열거한 행위에 참가(participation) 또는 연계(association to commit)되거나, 범행을 원조·방조·조장하는 행위.

로 예방하고 수사 · 진압을 하려면 이러한 자금원을 차단하는 것이 첩경일 것이고, 그렇기 때문에 또한 범죄자들은 그들 나름대로 그들의 수익 및 그 출처 그리고 사용처를 숨기려고 애쓰는 것이다. 결국 자금세탁은 모든 범죄행위에 있어서 그 행위를 은폐하고 체포를 면하기 위해 이용되는 필수적인 절차라고 할 수 있다.

근래에 이르러 조직범죄자들이 국제간의 마약이나 무기거래를 통해 천문학적인 범죄수익을 꾀하고 있고, 그 과정에서 자금세탁이라는 절차가 필수적으로, 그리고 유용하게 행하여지고 있다. 그뿐만 아니라 부패한 공무원을 매수하는 뇌물도 이와 같은 자금세탁과정을 거침으로써 범죄사실 자체를 은폐하고, 나아가 범죄사실이 인지되어 체포될 경우에도 그와 같은 불법수익을 몰수당하는 것을 면하고자 하는 것이다.

우리나라에서는 1990년대에 접어들면서부터 범죄수사와 관련하여 언론매체 등에 '자금세탁' 또는 '돈세탁'이라는 용어가 등장하기 시작하였다.[24] 이는 우리나라도 바야흐로 범죄의 조직화 · 국제화현상이 나타나기 시작했다는 징조이기도 하다. 특히 근래에는 부패공무원으로 밝혀진 자의 재산축적 과정의 추적과 관련하여 자금세탁이라는 용어가 우리 사회에 더욱 빈번하게 등장하고 있다.

그러나 아직까지 우리나라는 이와 같은 범죄행위 등으로 발생한 부정자금 위장에 효과적으로 대처할 수 있는 법령을 갖추지 못하고 있다. 1997년 12월에 제정된 「금융실명거래 및 비밀보장에 관한 법률」을 통해 어느 정도 불법적인 자금을 세정(洗淨)하는 것을 막는 간접적인 효과를 거둘 수 있다고는 하나, 날로 지능화 · 국제화되어 가고 있는 오늘날의 범죄현상에 비추어 이것만 가지고는 미흡하다고 아니할 수 없다. 따라서 자금세탁 자체를 차단하는 입법적 조치가 강구되어야 할 것이며, 아울러 국가간의 공조체제를 갖추어야 할 필요가 있는 것이다.

2. 자금세탁의 수법[25]

범죄조직은 마약이나 도박, 공갈, 매춘, 밀수, 유괴 등과 같은 범죄를 통하여 불법적인 수익을 획득하는데, 그 과정에서 범죄의 증거를 남기지 않기 위해

24) 함승희, "돈세탁 차단 없이 부패척결 불가능," 「法律新聞」, 1994. 10. 13, 13면.

25) 이에 관해서는 조균석, "資金洗淨規制에 관한 國際的 動向," 「法曹」, 1992. 4, 25-29면; 이강연, "돈세탁(Money Laundering)이란?," 「關稅」, 1994. 1, 23-26면.

서 주로 현금으로, 그것도 널리 유통되는 소액지폐로 거래를 한다. 그러나 이러한 다량의 소액지폐는 보관, 운반, 사용상에 여러 가지 난점이 있기 때문에, 이를 사용하기 간편하고, 또한 불법의 흔적을 남기지 않는 형태의 유통수단으로 바꾸는 것이다.

자금세탁은 범죄로부터 취득한 수익을 수사기관에 적발되지 않도록 그 소재를 이전하는 배치단계, 자금추적이 불가능하도록 위장된 금융거래 등을 계속함으로써 불법수익을 그 원천으로부터 분리하는 반복단계, 정상적인 경제거래에서 합법적인 자금으로 이용하려는 통합단계로 나누어 그 과정을 분석할 수 있다.[26] 그러나 이 3과정들은 복합적으로 이루어지는 경우가 많으며, 특히 자금세탁의 유형에 따라서는 배치단계와 반복단계가 서로 깊은 연관을 맺음으로써 그 구분이 명백하지 않는 경우도 있다.

(1) 배치단계(配置段階, Placement)

범죄자들은 다량의 소액지폐로 된 수익금을 우선 물리적으로 은닉하거나, 국외로 반출하거나, 소재 이전하거나, 다른 자금과 혼합하는 등의 자금세탁을 위한 첫번째 단계의 과정을 거친다. 이를 구체적으로 설명하면 다음과 같다.

1) 자금의 물리적 은닉

불법으로 취득한 현금을 그대로 특정장소에 은닉하는 것으로 가장 원시적인 방법이다.

2) 자금의 국외반출

은행비밀이 법적으로 보호되고 있는 국가로 현금을 운반하여 그 국가의 은행에 예치하는 수법이다. 이처럼 고객의 은행비밀을 지켜줌으로써 결과적으로 범죄자들의 자금세탁에 이용되는 지역 또는 국가를 Tax Haven 또는 Offshore 국가 등으로 부르는데, 바하마, 파나마, 케이만군도, 네덜란드령 안칠래군도, 룩셈부르크, 리히텐슈타인, 홍콩 등이 이에 속한다.[27]

3) 자금의 소재이전

자금의 소재이전에는 은행 또는 비은행금융기관을 이용하는 방법과 카지노 같은 도박장을 이용하는 방법 등이 있다. 은행을 이용하는 방법 가운데 가장 일반적인 것은 소액지폐를 고액지폐로 바꾸는 방법이고, 현금을 은행수표 또는 여행자수표, 신용장 등과 교환하는 방법이 있으며, 개인명의 또는 법인

26) 미국 정부는 이와 같은 자금세탁과정을 Placement, Layering, Integration라고 부르고 있다. 藤田昇三, "痲薬新協約の概要,"「罪と罰(第27巻 3號)」, 日本刑事政策研究會報, 1990. 4, 11면.

27) 李康演, 앞의 글, 25면.

등과 같은 단체의 가명구좌(dummy account)를 개설하는 방법도 있다. 비은행금융기관을 이용하는 방법은 환전상, 송금회사, 전신송금업자를 이용하는 것으로, 이들 비은행금융기관들은 범죄수익금을 자신들 명의로 은행거래를 하거나, 직접 운반책을 고용하여 자금을 운반하거나, 보고의무를 회피하기 위하여 분산거래를 하는 것이다.

한편 카지노 등 도박장은 현금집중적인 사업으로서 은행에서 제공되는 것과 유사한 금융서비스를 제공하기 때문에 돈세탁의 수단으로 이용하기 편리하다. 예를 들면 고객이 카지노에 소액지폐를 제시하고 100달러짜리 지폐나 카지노체크와 교환하고, 카지노는 자신들의 거래은행에 이 소액지폐를 예치하고 다시 100달러 지폐로 인출하는 방법으로 세탁하는 것이다.

4) 자금의 혼합

불법행위로 취득한 수익금을 다른 합법적인 수익금과 섞는 것이다.

(2) 반복단계(反復段階, Layering)

자금세탁의 다음 단계로는 불법수익을 유형적인 자산으로 바꾸는 방법과 반복적인 전신송금 등을 통하여 자금을 Offshore 국가에 이송하는 방법, 국외의 위장기업이나 자회사를 이용하는 방법 등이 있다.

1) 유형적인 자산으로 바꾸는 방법

불법행위로 취득한 수익으로 고가의 자동차, 요트, 보석, 저택 등을 구입하고 이를 다시 매각하는 것이다. 그 외에도 주식이나 환증서 등과 같은 유가증권을 매입하는 방법도 있는데, 이 경우에는 실질적 소유자를 은닉하기 위하여 제 3 자 명의로 매수하거나 회사를 이용하여 매수하거나, 단순교부만으로 소유권이 이전될 수 있는 소지인지급식증권(所持人支給式證券)을 매입하기도 한다.

2) 반복적인 전신송금을 통해 자금을 Offshore 국가에 이송하는 방법

반복적인 전신송금은 은행간의 가장 신속하고 효과적인 자금이송수단인 관계로 자금세탁수단으로 널리 이용되고 있다. 최근에는 팩시밀리나 컴퓨터를 이용하여 은행직원의 손을 직접 빌리지 않고도 간단히 전신송금을 할 수 있다고 한다. 이처럼 전신송금을 통하여 자금이 외국으로 유출되면 그 추적은 사실상 불가능하게 된다.[28]

28) 미국의 경우에는 연간 약 1,000억달러의 마약관련자금이 미국 밖으로 전신송금되고 있는 것으로 추정되고 있다. 早川武夫, "痲薬組織とマネロンタリング," 「法學セミナー(第426號)」, 1990. 6, 10면.

3) 국외의 위장기업이나 자회사를 이용하는 방법

국외에 위장기업을 설립하여 동 기업의 국외구좌로 환전상을 통하여 송금하고 그 나라에 거주하는 고용변호사에게 국외에 있는 은행으로 하여금 위 송금을 요구하도록 하는 방법이다. 또 국외의 자회사에게 상품을 주문하면서 실제가격보다 훨씬 높은 가격으로 주문하고, 자회사는 그 차액을 자신의 Offshore 구좌에 예치하거나 그 반대의 방법으로 자금을 세정하기도 한다.

(3) 통합단계(統合段階, Integration)

앞에서 열거한 방법으로 세정된 불법자금들을 정상적인 경제거래에서 합법적인 자금으로 이용하는 것이다. 이 단계에서 이용되는 수법으로는 loan back수법, 유령회사(shell company)를 이용하는 방법, 허위채무를 부담하거나 허위송장을 이용하는 방법 등이 있다.

1) loan back 수법

Offshore 국가의 은행구좌에 불법수익금을 은닉하고 있는 자가 양국의 은행을 이용하여 이것을 다시 자기가 활동하고 있는 곳으로 합법적으로 반입하는 것이다. 즉 자기가 있는 곳에 합법적인 투자대상을 정하여 그것을 핑계로 투자자금에 대해 자국의 은행과 Offshore 국가의 은행으로부터 은행대부를 받고, 그런 후에 합법적인 대등당사자간 거래인 것처럼 원금과 이자를 불입하는 것이다. 이러한 loan back 수법은 예금구좌가 있는 외국은행과 직접적으로 이루어지는 경우는 드물고, 수개의 Offshore 회사가 복잡하게 관여되어 있는 것이 대부분이다.

2) 유령회사를 이용하는 방법

유령회사를 전면에 내세워 국내의 관련회사에 직접 투자하는 방법으로서, 범죄자는 불법수익을 유령회사를 통하여 외국에서 사업에 성공하여 취득한 수익이라고 주장하는 것이다. 이 경우 대부분이 회계전문가나 변호사 등의 자문을 받고 있기 때문에 적발해 내기가 매우 어렵다.

3) 허위채무 또는 허위송장(送狀)을 이용하는 방법

타인 또는 Offshore 국가의 회사 간에 허위채무를 만들고 이에 대한 이자와 원금을 상환하는 방법 또는 수출입송장에 실제금액보다 많은 금액을 기재하여 그 결재대금으로 사용하는 방법을 말한다.

이상과 같은 과정을 거쳐서 세정된 자금들은 일부분은 직접 불법활동자금으로 다시 이용되고, 나머지 부분은 국내나 국외의 금융업, 기관투자, 건설업 등의 합법적인 활동자금으로 사용된다. 그러나 이렇게 합법적 활동을 가장한 기업활동을 통하여 취득되는 막대한 수익은 다시금 금융기관을 거쳐 불법적 자금과 혼합되어 계속적으로 자금세탁과정에 이용되는 것이다.

3. 자금세탁에 대한 국제적 대응

자금세탁을 제도적으로 막기 위한 노력은 1960년대에 미국에서 처음 시작되었다고 한다. 그 당시 미국에서는 커다란 사회적 문제로 대두되고 있었던 마약거래의 근절을 위해 이른바 「은행비밀보호법」(Bank Secrecy Act)을 제정하여 은행으로 하여금 일정액 이상의 현금이 거래되는 경우에는 연방국세청(Internal Revenue Service: IRS)에 보고하도록 함으로써 자금세탁을 조기에 적발하거나 예방할 수 있도록 한 것이다. 이러한 노력은 1980년대에 이르러 더욱 강화되었으나,[29] 범죄조직들이 마약밀매대금 등의 불법거래자금을 세탁하기 위하여 미국뿐만 아니라 다른 국가의 금융기관들도 이용하기 시작하면서 점차 국제적 협력체제를 구축할 필요성이 대두되었다.

한편 유럽도 1980년대 이후의 북미의 마약시장이 공급과잉에 의해 마약밀매업자들이 유럽에 진출하기 시작하고, 고객의 금융비밀을 철저하게 보장해주는 은행제도를 이용하여 전술한 불법자금세탁의 장소로 이용되는 경우가 많아지자 자금세탁방지를 위한 국제적 노력을 서두르게 되었다. 특히 1992년에 유럽공동체(EC) 내 국가간의 무역장벽이 사실상 철폐됨으로써 유럽시장 단일화의 토대가 마련됨에 따라 국제범죄조직들이 불법거래자금을 합법적 자금으로 변신시킬 수 있는 기회도 그만큼 넓어졌다고 할 수 있을 것이다.

그리하여 유럽국가들은 1988년 12월 스위스의 바젤에서의 이른바 '바젤위원회선언'(Basle Committee Statement), 오스트리아 비인에서의 '비인협약'(Wien Convention)의 체결 등을 통하여 자금세탁에 대한 국제적인 대응책을 모색하게 된다. 이러한 유럽 국가들의 노력은 부분적으로는 세계적으로 증가추세를 보이고 있는 마약밀매 등 불법행위에 대한 국제적 대응의 필요성과 미

29) 1986년에는 앞서의 「은행비밀보호법」을 수정한 「약물남용방지법」(藥物濫用防止法, Anti-Drug Abuse Act)을 제정하여, 금융기관들이 현금거래보고의무를 회피하기 위하여 거액을 1만 달러 미만의 다수거래로 위장 · 분산하여 거래한 경우에도 동법을 위반한 것에 해당한다고 하였고, 1988년에 이를 다시 개정하여 재무성이 특정 금융기관에 대해 1만 달러 미만의 거래에 대하여도 기록유지 및 보고서제출명령(Targeting Order)을 발할 수 있도록 하는 등 현금거래 보고의무를 한층 강화하였다. 한국은행 은행감독원, 「資金洗濯에 대한 國際的 對應動向」, 업무자료: 監調-22, 1990. 7, 8-9면.

국의 압력, 그리고 최근 유럽 금융기관들과 공무원들이 관련되어 물의를 일으킨 각종 자금세탁관련 스캔들에 대한 반응인 동시에, 전술한 바와 같이 유럽지역 내 단일시장이 형성되어 국가간 자본의 자유로운 이동이 가능하게 됨으로써 국제적인 범죄가 증가하게 된 것에 대한 금융기관들의 자각의 표출이기도 하다.[30]

(1) '바젤위원회선언'(Basle Committee Statement)[31]

정식명칭이 '은행규제 및 감독관행에 관한 위원회'(Committee of Banking Regulation and Supervisory Practices)인 '바젤위원회'는 1988년 12월 스위스 바젤에서 국제적 자금세탁방지를 위한 이른바 '바젤위원회선언'(Statement on Prevention of Criminal Use of the Banking System for the Purpose of Money Laundering)을 발표하였는데, 그 주요 내용은 다음과 같다.

동 선언은 먼저 바젤위원회는 은행감독당국의 주된 목적이 은행재정의 안정성을 유지하는 것이지 결코 개별적 은행거래의 적법성까지 보장하려는 것은 아니지만, 이로 인해 "은행이 범죄자들에 의해 이용되는 것에 대해서까지 무관심할 수는 없다"는 점을 명확히 하고, 금융제도의 안정성을 유지하면서 은행제도들이 국제적으로 범죄에 이용되는 것을 막기 위한 일련의 원칙들을 규정했다. 이를 요약하면,[32]

1) 자금세탁을 막기 위한 원초적이고도 가장 중요한 안전장치는 은행 스스로의 경영의 건전성과 그러한 기관들이 범죄와 연계되거나 자금세탁의 창구로서 이용되는 것을 방지하기 위한 스스로의 경계적인 결정이다.

2) 은행은 고객과의 거래시 신분을 확인하고 예금계좌의 실질적인 소유주가 누구인가를 알아내어 예금상품의 안정성을 보장하기 위한 합리적인 노력을 기울여야 하며, 신분을 밝히지 않는 고객과의 거래는 물론, 자금세탁과 관련이 있다

---

30) 조영제, "資金洗淨에 대한 國際法的 規制 및 主要國의 立法措置,"「變化하는 世界와 國際法(金禎鍵博士華甲記念論文集)」, 博英社, 1993, 423-424면.

31) 바젤위원회는 일명 '쿡 위원회'(Cooke Committee)라고도 하는데, 각국간의 은행감독 및 규제기준의 통일을 통한 국제은행감독체제의 강화를 위해 이른바 선진 10개국(G-7)의 중앙은행총재들이 '국제결제은행'(國際決濟銀行, International Conference of Banking Supervisors: ICBS)의 후원하에 1974년 12월 스위스 바젤에 모여 설립한 기구이다. 동 위원회의 회원국으로는 벨기에, 캐나다, 프랑스, 독일, 영국, 이탈리아, 일본, 네덜란드, 스위스, 미국, 룩셈부르크, 스웨덴 등 12개국이다. 한국은행 은행감독원,「바젤 Concordat 및 國際銀行監督協力方案」, 조사자료: 監調-16, 1987. 10, 1-3면.

32) 바젤위원회선언에 관해서는 *Trends and Forces in International Banking Law*, W. Park ed., Boston Univ., 1990, pp. 113-117.

고 추정할 만한 합리적 이유가 있는 어떠한 거래에도 종사하여서는 아니 된다.

3) 금융기관은 고객의 예금거래 비밀보장에 관한 규정들을 위배하지 않는 범위 내에서 국내 사법당국들과 가능한 한 긴밀한 협력관계를 유지하며, 사법당국을 기만하려는 고객에 대하여는 어떠한 도움도 주어서는 아니 된다.

4) 은행은 예금이 범죄활동으로부터 얻은 자금이거나 또는 거래행위가 성격상 범죄행위에 해당한다고 추정할 만한 상당한 이유가 있을 때에는 적절한 조치를 취하여야 한다. 이러한 조치들에는 협조의 거부, 거래관계의 단절, 고객 예금계좌의 공개 또는 동결 등이 포함된다.

5) 은행들은 이러한 원칙들과 일치하는 정책들을 공식적으로 채택하고, 동 원칙들을 확실하게 집행할 내부통제 및 훈련절차를 개발하며, 고객의 신분확인과 거래기록을 보관하기 위한 특별한 절차를 발전시켜야 한다.

이와 같은 '바젤위원회선언'은 국제적으로 은행이 불법자금의 세정에 이용되는 것을 막기 위한 기본원칙을 담은 최초의 국제적 합의문서이기는 하지만, 법적 구속력이 없고 어디까지나 권고적 성격을 띠고 있는 것일 뿐이기 때문에 이를 위반할 경우 준수하도록 강제할 방법이 없다. 그럼에도 불구하고 동 선언은 많은 국가들이 자체적으로 적절한 입법조치를 취할 수 있는 계기와 기준을 마련하였다는 점에서 큰 의의가 있다고 할 수 있다.

(2) '비인협약'

바젤위원회선언과 거의 같은 시기에 유엔에서도 자금세탁을 방지하기 위한 국제적 노력이 이루어졌는데, 1988년 12월에 채택하여 1990년 11월부터 효력이 발생하게 된 '마약 및 향정신성물질의 불법거래방지를 위한 비인협약' (Convention Against Illicit Traffic in Narcotic Drugs and Psychotropic Substances: 일명 Wien협약 또는 마약신협약)이 그것이다.[33] 자금세탁에 관해서는 동 협약의 제 3 조 이하에 규정되어 있는바, 이를 요약하면 다음과 같다.[34]

1) 협약이 예정하고 있는 자금세탁죄(資金洗濯罪)의 유형은 불법적으로 마약 또는 향정신성물질을 취급하거나 그러한 행위에 참가함으로써 생긴 재산

33) 동 협약은 제29조의 규정에 의거 20개국의 비준서가 기탁된 후 90일째에 효력을 발생하도록(entry into force)되어 있는바, 1990년 8월 13일 스페인이 비준함으로써 비준국이 20개국이 되었고, 따라서 동년 11월 11일부터 발효되었다.

34) 그러나 동 협약에서 규정하고 있는 '자금세탁'에 대한 규제는 마약관련 범죄에 한정하고 있다.

35) 협약은 '세탁'(laundering)이라는 용어가 일부 국가에서는 법률용어로 익숙해 있지 아니한 점을 고려하여, 대신에 재산의 '은닉'(concealment)이라는 용어를 사용하고 있다. 조균석, 「資金洗淨規制論」, 經進社, 1993, 30면.

이라는 것을 알면서 고의로 그 재산의 불법한 출처를 은닉[35] 또는 위장하거나, 그러한 범죄를 행한 자가 법률상의 책임을 면하는 것을 원조하기 위하여 그러한 재산을 전환 또는 이전하거나, 그 재산의 진정한 성질, 출처, 소재, 처분, 이동, 그 재산에 관련된 권리 또는 소유관계를 은닉 또는 위장하는 행위이다.

2) 체약당사국은 마약 또는 향정신성물질을 취급하거나 그러한 행위에 참가함으로써 생긴 재산이라는 것을 알면서 이를 취득, 소지 또는 사용하는 행위, 그리고 이에 가담, 공모하거나 미수죄를 범하거나 방조, 교사, 상담하는 행위에 대하여 헌법상의 원칙 및 법률제도의 기본적 개념에 따르는 것을 원칙으로, 자국의 국내법에 따라 범죄로 정하기 위한 필요한 조치를 취하여야 한다.

3) 체약당사국은 자금세탁죄 등에 대해서는 범죄의 중대성을 고려하여 구금형 및 기타 형태의 자유박탈형, 벌금형 외에 몰수를 과한다.

4) 앞에서 열거한 범죄행위에 대해 관할권을 갖는 다른 당사국이 수익금 및 재산의 몰수를 요구할 경우, 이를 요구받은 당사국은 요구된 수익금의 식별·추적·동결 및 압류조치를 취할 의무를 부담한다.

5) 체약당사국은 몰수된 수익금이나 재산을 국제마약밀매단속당국에 귀속시키거나 관련국들에 균등하게 분배할 것이 요구된다.

6) 체약당사국은 협약에 따라 범죄인을 인도하여야 할 대상으로 간주되는 범죄들을 공개하여야 하며, 각 회원국은 동범죄인 인도를 요구받았을 경우 이의 신속한 처리를 위한 모든 적절한 조치를 강구하여야 한다. 이와 같은 상호간 법적 지원조치의무는 자국의 은행비밀보호법을 이유로 거부될 수 없다.

(3) 유럽이사회(EC)의 '범죄수익규제협약'

1990년 11월 프랑스의 Strasbourg에서 개최된 '유럽이사회'(Council of Europe)는 범죄를 범함으로써 커다란 수익을 얻을 수 있는 모든 범죄, 특히 마약범죄, 테러범죄 등의 중대범죄로부터 취득한 수익에 대한 수사공조, 수색, 압수 및 몰수에 관한 국제협력 체제를 강화하기 위하여 '범죄수익의 세탁·압수·수색 및 몰수에 관한 협약'(Convention on Laundering, Search, Seizure and Confiscation of the Proceeds from Crime)을 체결하였다. 전문을 포함해서 모두 4장 44조로 구성되어 있는 동 협약은 크게 국가차원에서 취하여야 할 조치와 국제협력 즉 국제사법공조에 관한 것으로 나누어져 있다.

1) 국가차원에서 취하여야 할 조치

가. 자금세탁행위의 처벌　　협약은, 고의로 범한 ① 당해 재산이 범죄

수익이라는 것을 알면서 재산의 불법한 출처를 은닉 또는 위장하거나 기준범죄(pedicate crime)[36]를 행한 자가 법률상의 책임을 면하는 것을 원조하기 위하여 그러한 재산을 전환 또는 이전하는 행위, ② 당해 재산이 범죄수익이라는 것을 알면서 그 재산의 진정한 성질, 출처, 소재, 처분, 이동 및 그 재산에 관련된 권리 또는 소유관계를 은닉 또는 위장하는 행위와 또한 '자국의 헌법상의 원칙' 및 법률제도의 '기본적 개념'에 따를 것을 전제로,[37] ③ 당해 재산이 범죄수익이었다는 것을 수취의 시점에서 알면서 이를 취득·소지 또는 사용하는 행위, ④ 본조의 규정에 따라 정해진 범죄에 가담·공모하거나, 미수의 죄를 범하거나, 방조·교사·원조하거나 상담하는 행위에 대하여 체약당사국은 국내법에 따라 범죄로 정하기 위하여 필요한 입법 및 기타 조치를 취하여야 한다고 규정하고 있다(동 협약 제 6 조 1 항).

이 규정은 전술한 '비인협약' 제 3 조 1 항 (b)호·(c)호의 자금세탁죄에 관한 규정을 본떠 만든 것이나, 비인협약상의 자금세탁죄가 마약범죄에 의하여 취득한 수익의 세탁만을 그 대상으로 하고 있음에 비하여, 범죄의 결과로서 수익이 파생되는 모든 범죄를 대상으로 하고 있는 점과, 또한 '비인협약'이 마약범죄에 의하여 취득한 수익 이외에 마약범죄에의 가담행위(participation)로부터 취득한 수익만을 그 대상으로 하고 있음에 비하여 기준범죄에 의하여 취득한 수익만을 그 대상으로 하고 있는 점이 상이하다.

또한 이러한 자금세탁죄를 적용함에 있어서 기준범죄가 당사국의 형사재판관할권에 속하는가 여부는 불문하며(동 협약 제 6 조 2 항 a 호), 기준범죄를 범한 자에게는 제 1 항의 범죄, 즉 자금세탁죄를 적용하지 아니하는 규정을 둘 수 있다(동조 2 항 b 호). 그리고 범죄구성요건인 인식·의도·목적은 객관적인 사실상의 정황에 의하여 추인할 수 있다(동조 2 항 c 호).[38]

나. 몰 수 체약당사국은 도구(instrumentalities) 및 수익 또는 그

---

36) 여기서 기준범죄(predict crime)라 함은 동 협약 제 1 조 e항에 정의된 것으로서, 현재 세탁하고자 하는 불법적인 수익의 원천이 되었던 범죄를 말한다.

37) 여기서 자국의 '헌법상의 원칙'이란 당사국의 헌법규정·헌법원리·헌법정신을 말하고, '법률제도'란 당사국의 법률·규칙·명령 등이며, '기본개념'이란 당사국의 법률제도에 의해 인정되는 기본적인 원칙·사고 등을 말한다. 조균석, "資金洗淨規制에 관한 國際的 動向," 「法曹」, 1992. 4, 42면.

38) 협약 제 6 조 b호는 나라에 따라서는 기준범죄의 행위자 이외의 자에 대해서만 자금세탁죄로 처벌할 뿐, 기준범죄 행위자에 대해서는 자금세탁죄로 처벌하지 아니하는 사례가 있기 때문에, 이를 존중하기 위해서 둔 규정이고, c호는 자금세탁죄의 주관적 구성요건의 입증부담을 줄이기 위하여 둔 일종의 추정규정이다. 조균석, 앞의 책, 52-53면.

수익에 상당하는 가치를 가진 재산을 몰수(confiscation)할 수 있도록 하는 데 필요한 입법 기타 조치를 취할 의무가 있다(동 협약 제2조 1항). 여기서의 몰수는 범죄와 관련한(in relation to a criminal offence or criminal offences) 절차에 있어서의 몰수에 한정된다. 따라서 순수한 행정적 몰수는 이에 포함되지 아니한다.

몰수의 목적을 달성하기 위해서는 몰수대상재산의 사전확보가 무엇보다도 필요하다는 점에서 동 협약은 체약당사국이 몰수대상재산을 특정(identify)·추적(trace)하고 그 재산에 관한 모든 거래·이전(移轉) 또는 처분을 방지할 수 있도록 하는 데 필요한 입법 기타 조치를 강구하도록 의무화하고 있다(동 협약 제3조). 이러한 보전처분제도 등의 정비는 후술하는 국제협력에 있어 그 전제조건의 정비를 의미한다.

몰수 또는 보전처분을 실시하기 위하여 체약당사국은 특별한 수사권 및 수사기법을 강구하여야 한다. 특별수사권이란 법원 기타 권한 있는 당국이 은행서류 또는 재정, 상업서류를 열람하거나 압수할 권한을 의미하며(동 협약 제4조 1항), 특별수사기법이란 수익의 특정·추적을 용이하게 하고 수익과 관련된 증거의 수집을 용이하게 하는 수사기법으로서, 은행구좌의 감시명령(monitoring order),[39] 관찰(observation),[40] 전신전화의 방수(傍受, interception of telecommunication),[41] 컴퓨터시스템의 접근(access to computer system), 특정서류의 제출명령(production order) 등이 그것이다(동조 2항).

2) 자금세탁에 대한 국제형사사법공조

자금세탁행위는 대부분 국제적으로 이루어지고 있고, 따라서 이를 규제하고 나아가 이와 관련된 재산 등을 몰수하려면 국가간의 형사사법공조가 필요하다. 그렇기 때문에 체약당사국은 범죄수익이나 도구의 몰수를 목적으로 하는 수사 또는 절차에 있어서 가능한 한 폭넓은 공조체제를 구축할 필요가 있다. 그러나 이러한 수사공조가 상호주의에 입각하여야 할 것임은 물론이다. 이와 같은 점을 고려하여 협약은 몰수를 목적으로 하는 수사 및 보전처분을 위한 공조를 협약의 대상으로 하여 체약당사국에 그러한 공조의 요청을 응낙할 수 있도록 하는 입법 기타 조치를 강구할 것을 의무화하고 있다(동 협약 제7조 2항).

---

39) 특정인이 금융기관에 개설하고 있는 구좌를 통하여 행한 거래정보를 제공할 것을 금융기관에 요구하는 법관의 명령을 말한다.

40) 법집행기관이 특정인의 행동을 비밀리에 추적하는 수사기법을 말한다.

41) 전화대화, 텔렉스·텔레팩스 교신을 포함하며, 이에 관해서는 유럽형사공조협약의 실제적용과 관련한 권고[No. R(89)9]가 있다.

가. 수사공조(搜査共助) 당사국들은 상대국의 요청이 있을 때에 몰수대상인 도구, 수익 기타의 재산을 특정하고 추적하는 것을 내용으로 하는 수사공조를 가능한 한 넓은 범위에서 행하여야 하며, 그러한 공조수사에는 몰수대상의 존재, 소재, 이동, 법적 지위 또는 가치에 관한 증거를 수집하고 보전하는 조치가 포함된다(동 협약 제8조).

이러한 수사공조의 집행은 수사공조 요청을 받은 나라의 국내법에 따라 행하여지나, 요청이 있는 때 특정된 절차가 국내법에 저촉되지 아니하는 한 그 절차를 따라야 한다(동 협약 제9조). 또한 몰수대상에 관한 정보가 다른 당사국의 수사나 절차에 있어 도움이 된다고 판단되는 경우에는 사전요청이 없더라도 그에 관한 정보를 다른 당사국에 임의로 전달할 수 있다(동 협약 제10조).

나. 보전처분(保全處分)**에 관한 공조** 보전처분에 관한 공조에는 두 가지가 있다는데, 그 하나는 형사절차나 몰수절차를 개시하였으나 아직 몰수명령을 발하지 아니한 다른 체약국의 보전처분요청에 기하여 행하는 보전처분조치(동 협약 제11조 1항)이고, 다른 하나는 다른 체약국에서 이미 몰수명령을 발한 후에 몰수에 관한 공조요청을 하여 그 요청을 접수한 경우에, 그 요청에 보전처분에 관하여 명시되어 있는 때에 행하는 보전처분조치(동조 2항)이다.

보전처분의 대상은 최종적으로 몰수요청의 대상이 되거나 몰수요청을 응낙하게 될 재산이고, 보전처분의 집행은 수사공조의 경우와 마찬가지로 요청을 받은 나라의 법률에 의한다(동 협약 제12조 1항).

다. 몰수에 관한 공조 협약은 두 가지 형태의 몰수에 관한 국제협력을 예정하고 있는데, 하나는 요청국의 법원이 발부한 몰수명령의 집행에 관한 규정(동 협약 제13조 1항 a호)이고, 다른 하나는 몰수명령을 요청받은 경우에 국내법에 따라 몰수절차를 개시하는 규정이다(동항 b호). 전자는 일종의 외국형사판결의 집행으로서의 성격을 가지며, 후자는 요청국으로부터의 요청이 있는 경우에 이를 국내의 권한 있는 당국에 전달하여 몰수절차를 개시하고, 그에 따라 몰수명령이 발하여지면 이를 집행할 의무를 체약당사국에 부여한 것이다. 체약당사국은 양자 또는 어느 하나를 채택하여야 하며, 특정사건에 대하여 양자를 동시에 이용하여도 무방하다.[42] 다른 체약당사국으로부터의 요청은 그 성질상 범죄를 이유로 한 몰수에 관한 것이어야 한다. 따라서 행정몰수는 국제공조에서 제외된다. 그러나 법원의 몰수명령은 형사절차의 결과에 의하여서만 발하여질 것을

42) 동 협약 주석(註釋) 제44항 참조.

요하지는 아니한다.[43]

몰수요청이 특정재산에 관한 경우에는 체약당사국은 요청을 받은 나라가 그 재산의 가치에 상응하는 금액을 납부케 함으로써 몰수를 행할 수 있도록 합의할 수 있다(동 협약 제13조 4항). 이는 동 협약 제13조 1항의 적용에 대해 체약당사국 간에 합의가 이루어지지 아니한 경우에 보충적으로 적용되는 규정이다.

몰수된 재산은 관계당사국 사이에 특별한 합의가 없는 경우에는 모두 요청을 받은 나라의 법령에 따라 처분된다(동 협약 제15조). 그러나 실제로는 몰수재산은 요청을 받은 나라의 국고에 귀속되는 것이 아니라 중대범죄방지를 위한 국제기관의 운영이나 국제기금으로 사용되든가, 관련범죄 피해자구제를 위하여 사용될 것이다.[44]

라. 공조의 거절 협약은 국제형사사법공조의 임의적 거절사유에 관하여서도 규정하고 있는데, 수사공조, 보전처분, 몰수에 관한 공조에 공통적으로 적용되는 거절사유는 다음과 같다(동 협약 제18조 1항).

a호. 공조요청된 조치가 요청을 받은 나라의 법률체계의 기본원칙에 반하는 경우

b호. 공조요청을 집행하는 것이 요청을 받은 나라의 주권, 안전, 공공질서 또는 기타 기본적 이익을 침해할 우려가 있는 경우

c호. 요청을 받은 나라가 판단하기에 공조요청과 관련된 사건의 중요성이 요청된 조치의 실시를 정당화하지 못한다고 인정되는 경우

d호. 공조요청과 관련된 범죄가 정치범죄 또는 재정범죄(fiscal offence)인 경우

e호. 요청을 받은 나라의 판단에 공조 요청된 조치가 일사부재리원칙에 반한다고 인정되는 경우

f호. 공조요청과 관련된 범죄가 요청을 받은 나라의 영역 내에서 범하여졌다면 그 나라의 국내법상 범죄를 구성하지 아니하는 경우

위의 a호는 '유럽 형사소추이송조약' 제11조 j호 및 '유럽 형사판결효력협약' 제 6 조 a호에도 규정되어 있는 거절사유인바, 예컨대 그 절차에 의할 때 기본적 인권을 침해할 우려가 있는 경우, 피요청국의 법률에 의하면 특정재산이 몰수가 금지되어 있는 경우, 자국민의 이익이 침해될 가능성이 있는 경우

43) 동 협약 주석(註釋) 제23항 참조. 따라서 미국법에 있어서의 민사몰수(civil forfeiture)도 이 협약의 대상이 된다.

44) 森下忠, "マネロダリング條約(三, 完)," 「警察硏究(第63卷 6號)」, 1992. 6, 6면.

등이 이에 해당한다.[45)]

b호는 이른바 공공질서의 이론(theory of public order)에 의한 공조의 제한이다. 이와 같은 공조의 제한은 1927년 프랑스의 「범죄인인도법」(「犯罪人引渡法」 동법 제32조)과 1959년 '유럽 형사사법 공조협약'(동 협약 제2조 b호)에도 규정된 바 있다.

c호의 "사건의 중요성이 요청된 조치의 실시를 정당화하지 못한다고 인정되는 경우"란 요청된 조치와 관련범죄와의 사이에 명백한 불균형이 있는 경우, 예를 들면 경미한 범죄에 과도한 금액을 몰수하는 것과 같이 비례의 원칙(principle of proportionality)에 벗어나는 경우, 몰수의 액이 경미한 경우, 그리고 범죄 자체가 경미한 경우를 말한다.[46)]

d호에서 의미하는 '재정범죄'란 관세, 재정 또는 환전 등에 관한 법률위반 범죄로서, 이것들은 단지 국가의 재정수입 등과 관련한 그 나라의 재정정책의 문제라는 점에서 공조대상범죄에서 제외할 수 있도록 한 것이다.

e호는 일사부재리 또는 일사부재집행(ne bis in indem)에 반하는 것을 공조거절의 이유로 한 것이다.

f호는 쌍방가벌주의(雙方加罰主義, principle of double criminality)를 천명한 것이다. 쌍방가벌주의에는 양국가에서 형벌법규가 추상적으로 동일 또는 유사하면 족하다는 추상적 쌍방가벌성과 양국가에서 형벌법규에 비추어 구체적인 가벌성이 있어야 한다는 구체적 쌍방가벌성이 있는데, 몰수 및 보전처분에 있어서는 구체적 쌍방가벌성을 의미하지만, 수사공조의 경우에는 추상적 쌍방가벌성으로 족하다고 해석된다.[47)] 그러나 체약당사국은 은행비밀의 공조거절사유로 원용하여서는 아니 된다(동 협약 제18조 7항).

전술한 Wien협약(마약신협약)도 약물범죄나 자금세탁죄의 수익에 관하여 은행비밀을 이유로 공조를 거절할 수 없도록 하고 있다(Wien협약 제5조 3항).

마. 집행의 연기 요청을 받은 나라는 요청에 따른 조치의 집행으로 인하여 자국의 수사나 절차가 방해될 우려가 있는 경우에는 그 집행을 연기할 수 있다(동 협약 제19조). 연기는 대개 기한을 정하여 연기하며, 그 기한이 도래하면 재연기가 가능하다. 그러나 요청을 받은 국가는 연기결정을 하기 전에 후술하는 부분적 또는 조건부승낙이 가능한가 여부를 검토하여야 한다. 이와 같은 연기의 결정은 통상 요청국과의 협의하에 이루어진다.

45) 동 협약 주석 제60항.
46) 동 협약 주석 제62항.
47) 동 협약 주석 제65항.

바. 요청의 부분적 또는 조건부승낙 요청을 받은 국가가 동 협약상의 공조를 거절하거나 연기하려는 경우에는 필요한 경우 요청국의 의견을 들은 후에 요청을 부분적으로 허락하거나 필요하다고 인정되는 조건을 붙여 이를 허용할 수 있는가를 검토하여야 한다(동 협약 제20조).

부분적 거절(또는 승낙)은 예컨대, 특정재산의 몰수만을 집행한다든가, 가치몰수명령을 받은 일부금액만을 집행한다든가 하는 것을 말한다. 그리고 조건부승낙에 있어서의 조건으로서는 제 3 자의 권리에 관한 것이라든가, 특정재산의 소유권의 문제가 당해 재산의 처분에 관하여 최종적으로 결정이 나기 전에 해결될 것을 요구한다든가 하는 것들이 있을 것이다.[48)]

(4) 기 타

그 밖에도 자금세탁을 규제하기 위한 국제간의 노력으로는 1991년 제정된 '자금세탁을 위한 금융제도이용방지를 위한 이사회지침'(Council Directive on Prevention of the Use of the Financial System for the Purpose of Money Laundering, 91/308/EEC, 약칭 '유럽이사회지침')과 1988년의 제14회 'Toronto 회'의 이래 매년 새로운 논의와 결의를 하는 서방선진국정상회담에서의 자금세탁에 관한 대책, 1990년의 '금융활동작업그룹'(Financial Action Task Force: FATF)이 작성한 '자금세탁활동에 관한 보고서'에서의 권고 등이 있다.

1991년 6월에 제정된 '유럽이사회지침'은[49)] 전술한 '유럽이사회범죄수익규제협약'과는 별도로 유럽공동체 국가들이 1993년부터 유럽공동체지역 내에 단일시장이 형성되고, 이에 따라 국가간의 자본시장이 과거보다 자유로워짐으로써 금융기관을 이용한 자금세탁행위가 더욱 성행할 것에 대비한 것이다.

동 지침은 유럽공동체국가 내에서의 자금세탁을 범죄행위로 규정하고, 자금세탁행위자들에 대한 수사 및 소추에 있어서 회원국들간에 협력을 증진시키는 것을 목적으로 한다. 그 외에도 지침은 신용기관 또는 금융기관들이 그들과 거래를 갖고자 하는 고객들에게 신분확인을 요구하는 등의 일정한 의무를 부과함으로써 자금세탁을 규제하고자 하였다(동 지침 제 3 조).

---

48) 동 협약 주석 제79항.

49) 유럽공동체법에서의 지침(Directive, 명령 · 지시 · 지령이라고도 한다)이라 함은 공동체법의 하나로서, 달성되어야 할 결과에 대해서는 각 가맹국을 구속하지만 그 형식이나 방법에 관해서는 각 가맹국에 위임되어 있는 것을 말하며(EEC조약 제189조), 지침의 이행에 관하여 각 가맹국은 조약상의 의무를 부담하고, 가맹국이 상당한 기간이 경과하였음에도 이를 이행하지 아니한 경우에는 이행한 가맹국이 공동체법원에 제소할 수 있도록 되어 있다(동 조약 제170조). 조균석, 앞의 책, 43면.

서방선진국정상회담에서의 자금세탁규제에 관한 선언은 불법약물, 특히 마약의 생산, 거래 및 마약거래를 위한 자금조달과 관련한 부정한 자금세탁을 규제하기 위한 국제적 협력을 강조한 1988년의 제14회 Toronto(캐나다)회의를 필두로 하여 마약문제에 관심을 갖는 국가들로 구성된 '금융활동작업그룹'의 소집을 결의한 1989년의 제15회 프랑스 Arshur회의, 동 금융활동작업그룹의 보고를 지지하고 권고를 지킬 것을 천명한 1990년의 제16회 미국 Houston 회의, 모든 국가들에게 자금세탁에 관한 국제적 투쟁에 참여하고, 금융활동작업그룹의 활동에 협력할 것을 촉구한 1991년의 제17회 영국 London회의로 이어져 왔다. 또한 1990년 4월 정식 공포된 금융활동작업그룹의 자금세탁에 관한 보고서는 자금세탁과정의 규모와 수법, 자금세탁규제를 위한 현행의 제 조치, 자금세탁규제를 위한 장래의 조치에 관한 권고 등으로 구성되어 있다.[50)]

4. 자금세탁방지를 위한 주요국의 입법

이상과 같은 자금세탁방지를 위한 국제적 노력과 병행하여 각국은 자체입법을 통한 자구적 조치에 힘써왔다. 이러한 노력들은 자국 내에서의 자금세탁방지는 물론, 국가간의 협력증진을 위한 입법조치까지 포함하고 있다.

(1) 미 국

미국에 있어서의 자금세탁규제에 관한 입법은 「공모법」(共謀法, law of conspiracy), 「몰수법」(forfeiture act), 그리고 「은행비밀보호법」(The Bank Secrecy Act of 1970)상의 현금거래보고와 관련된 집행상의 문제점을 근간으로 발전한 것이다.[51)] 즉 1986년의 「자금세탁규제법」(The Money Laundering Control Act of 1986)이[52)] 제정 · 시행되기 이전에는 대부분의 자금세탁행위는 공모규정, 「은행비밀법」상의 현금거래보고의무불이행죄, 몰수법 등을 통해 직·간접적으로 규제하여 왔고, 「자금세탁규제법」은 이들 법이 갖는 기본취지와 실무상 나타난 문제점들을 원용 · 개선하여 제정한 것이다.

이와 같은 법률적 · 실무적 배경하에서 제정된 미국의 「자금세탁규제법」

50) 금융활동작업그룹 보고서에 관해서는 小口一彦, "マネロンダリング金融活動作業グルブ報告書の概要," 「金融法務事情(No. 1524)」, 1990, 5면; 趙均錫, 앞의 책, 68-81면.

51) Richard Strafer, "Money Laundering, The Crime of the '90's," *American Criminal Law Review* 149(1989), p. 150.

52) 이 법은 「반약물남용법」(反藥物濫用法, Anti-Drug Abuse Act of 1986)의 일부로서 연방법전의 제18편(18 U.S.C.)과 제33편(31 U.S.C.)에 분산 규정되어 있다. 구체적으로 Money Laundering죄는 Pub. L. No. 99-570, 1351-1352, 100 Stat. 3207, 3207-18에 해당한다.

은 불법행위로부터 파생된 자금을 세탁하는 데 주로 이용되는 거래의 형태를 중심으로 자금세탁문제를 해결하고자 하는데, 동법에 규정되어 있는 금융수단 세탁죄(金融手段洗濯罪, Laundering of Monetary Instruments. 이를 협의의 자금 세탁죄라고 한다)와 금융거래관여죄(金融去來關與罪, Engaging in monetary transaction in property derived from specified unlawful activity)라는 연방범죄 (federal crime)가 바로 그것이다.

1) 금융수단세탁죄(金融手段洗濯罪, Laundering of Monetary Instruments)

미국 연방법전 제18편 제1956조(18 U.S.C. §1956)에 규정되어 있는 금융수단세탁죄는 거래범죄(去來犯罪, transaction offence. §1956(a)(1)과 (a)(3))와 이송범죄(移送犯罪, transportation offence. §1956(a)(1)과 (a)(2)의 두 가지 유형으로 구성되어 있다.

가. 국내 경제거래에 의한 자금세탁(§1956(a)(1)) 금융거래와 관련된 재산이 특정형태의 불법활동에 의한 수익이라는 것을 알면서도 다음에 열거된 것과 같은 불법적인 활동에 의한 수익과 실질적으로 관련되는 금융거래를 하거나 하려고 시도한 자는 누구를 불문하고 50만달러 또는 그 거래와 관련된 재산가치의 2배 중 고액을 벌금에 처하거나, 20년 이하의 구금형에 처하거나 또는 양자를 병과할 수 있다.

(A) (i) 고의로 특정 불법활동의 수행을 조장하는 것, (ii) 고의로 「국내세입법」(Internal Revenue Code of 1986) 제7201조 또는 제7202조를[53] 위반하는 행위에 종사하는 것, 또는 (B) 그 거래가 전부 또는 부분적으로 아래의 행위를 기도하려는 것임을 알고 있으면서 (i) 열거한 불법활동으로부터 발생한 수익의 성질, 소재, 원천, 소유 또는 지배를 은폐하거나 위장하는 것, (ii) 주법 또는 연방법상의 거래보고의무를 회피하기 위한 것이다.

여기서 '특정 불법활동'이라 함은 첫째, 연방법전 18편 제1961(1)조에 열거되어 있는 범죄, 즉 RICO법의 전제가 되어 있는 범죄로서 살인·유괴·도박·강도·공갈·증수뢰·약물거래·우편사기·전신사기·증권사기 등이 그것이고, 둘째, 전체 또는 부분적으로 미국 내에서 발생한 금융거래와 관련된 규제약물(controlled substances)의 제조·수입·판매 또는 공급을 포함한 외국에 대한 범죄, 셋째, 「CCE법」(Continuing Criminal Enterprise Statute)에 정의

53) 1986년의 「국내세입법」(國內稅入法) 제7201조(26 U.S.C. §7201)는 세금을 회피하거나 소멸시키려는 행위(attempt to evade or defeat tax)를 처벌하는 것이고, 동법 제7206조는 세금부정과 세금의 허위신고(tax fraud and false statement)를 처벌하는 것이다.

된 계속적인 범죄단체를 구성하는 행위, 넷째, 기타 제1956(c)조(7)(D)에 열거되어 있는 범죄로, 뇌물, 위조범죄, 밀수, 스파이행위, 저작권침해 등이 이에 속한다.

나. 금융수단 또는 자금의 국제이송에 의한 자금세탁(§1956(a)(2)) 금융수단이나 자금을 (A) 특정 불법활동의 수행을 조장할 의도로 또는 (B) 이송·전달·이동되는 금융수단이나 자금이 특정형태의 불법활동의 수익임을 알고 있고, 또한 그와 같은 이송이 전부 또는 부분적으로 (i) 열거한 불법활동으로부터 발생한 수익의 성질, 소재, 원천, 소유 또는 지배를 은폐하거나 위장하려는 것, (ii) 주법 또는 연방법상의 거래보고의무를 회피하기 위한 것이라는 것을 알면서도 미국 내로부터 다른 나라로 또는 다른 나라를 경유하여, 또는 다른 나라로부터 미국 내로 또는 다른 나라를 경유하여 미국 내로 이송·전달·이동하거나 하려고 시도한 자는 누구를 불문하고 50만 달러 또는 그 거래와 관련된 재산가치의 2배 중 고액을 벌금에 처하거나, 20년 이하의 구금형에 처하거나 또는 양자를 병과할 수 있다. 본조 (B)호에서의 '피고인이 알고 있다는 것'은 법집행관이 (B)호에 열거된 것을 사실이라고 주장했고, 그 후의 피고인의 진술이나 행동에 비추어 그와 같은 주장이 사실이라고 피고인이 믿고 있음을 지적함으로써 증명될 수 있다.

다. 함정조항(§1956(a)(3)) 고의로 (A) 특정한 불법활동의 수행을 조장하거나, (B) 특정불법활동의 수익이라고 믿어지는 재산의 성질, 소재, 원천, 소유 또는 지배를 은폐 또는 위장하거나, (C) 주법 또는 연방법상의 거래보고의무를 회피하기 위하여 특정불법활동의 수익이라고 연출된 재산 또는 특정불법활동을 수행하거나 촉진하기 위하여 사용된 재산과 관련한 금융거래를 행하거나 행하려고 한 자는 본조에 정한 벌금형에 처하거나 또는 20년 이하의 구금형에 처하거나 양자를 병과할 수 있다. 본항과 (2)항에서의 '연출된'(represented)이란 법집행관 또는 본조의 위반행위를 수사하거나 기소할 권한을 가진 연방공무원의 지시나 승인을 받은 자가 행한 연출(representation)을 의미한다.

이 조항은 1988년의 개정시 추가된 것으로 이 조항에 의하여 미국 내 경제거래와 관련한 자금세탁수사를 하는 데 있어 함정수사(sting operation)를 할 수 있게 되었기 때문에 함정조항(sting provision)이라고 한다. 여기서의 '연출되었다는 것'이란 수사기관이나 법집행기관의 요원이 함정수사를 위하여 특정재산을 불법수익인 것처럼 위장한 것을 말한다.

2) **금융거래관여죄**(金融去來關與罪, Engaging in monetary transaction in property derived from specified unlawful activity)

연방법전 제18편 제1957조(18 U.S.C. §1957)에 규정되어 있는 금융거래관여죄는 특정불법활동으로부터 파생된 재산과 관련된 금융거래에 종사하는 것을 처벌하는 것이다. 즉,

제1957조: (a) 누구든지 본조 (d)항에서 규정하고 있는 어느 한 조건하에서, 1만달러 이상의 가치가 있는 특정 불법행위로부터 파생된 불법재산의 거래에 그 정을 알면서 종사하거나 종사하려는 자는 본조 (b)항에 정한 바와 같이 처벌한다.

(b) (1) 본항 (2)호를 제외하고, 본조에 규정된 범죄행위에 대한 처벌은 연방법전 제18편에 정한 벌금 또는 10년 이하의 구금형 또는 양자를 병과한다.

여기서 '연방법전 제18편에 정한 벌금'이란 자연인에 대해서는 250,000달러, 법인에 대해서는 500,000달러 이하 또는 범죄에 의해 경제적 이득을 얻거나 타인에게 경제적 손실을 끼친 경우에는 그 경제적 이익 또는 손실의 2배 중 고액에 해당하는 것을 부과하도록 하는 것을 말한다(18 U.S.C §3623). (2) 법원은 앞의 (1)호에서 과할 수 있는 벌금액 대신에 거래와 관련된 불법재산총액의 2배를 넘지 않는 한도에서 대체벌금을 과할 수 있다.

(c) 본조에 정한 범죄를 기소함에 있어서, 정부는 피고인이 불법한 재산과 관련된 범죄가 특정 불법활동으로부터 파생된 것이라는 것을 알고 있었음을 증명할 필요가 없다.

(d) 본조 (a)항에서의 '조건'(circumstances)이란 다음과 같은 경우를 말한다. (1) 본조에 규정하고 있는 범죄가 미국 내 또는 특별한 해상 또는 미국의 재판관할 안에서 발생하거나, 또는 (2) 미국 국외 및 그와 같은 특수한 재판관할에서 본조에 규정하고 있는 범죄가 발생하였지만, 피고인이 미국시민일 경우이다.

(2) 독 일

독일은 1992년에 제정된「불법마약거래 및 기타 형태의 조직범죄대책법」(Gesetz zur Bekämpfung des illegalen Rauschgifthandels und anderer Erscheinungsformen der Organisierten Kriminalität: OrgKG. 이하「범죄조직대책법」이라 부른다)을 통하여 자금세탁행위를 규제하고 있다. 즉「형법」,「마약법」(Betäubungsmittelgesetz),「형사소송법」및 기타 관련법규를 개정하는 형식으로 된

동 법률의 형법전에 제261조를 신설하여 자금세탁행위를 범죄화한 것이다.

「형법」 제261조는 두 개의 범죄유형을 예정하고 있는데, 그 하나는 협의의 자금세탁죄(동조 1항)이고, 다른 하나는 불법취득죄(동조 2항)인데, 이 조항은 Wien협약(마약신협약) 제 3 조 1 항 (b) (i) (ii) (c) (i)에 대응하는 규정이다.

(i) 다음 각호의 행위에서 유래하고 사용된 물건(재산)을 은닉하거나, 그 출처의 수사, 그 물건의 발견 · 박탈 · 몰수 또는 보전을 방해하거나 위태롭게 한 자는 5년 이하의 자유형 또는 벌금형에 처한다.

i. 타인이 저지른 중죄

ii. 타인이 저지른 마약법 제29조 1항 1호 또는 2호 위반의 경죄[54)]

iii. 형법 제129조에서 규정하고 있는 범죄단체의 구성원이 범한 경죄[55)]

(ii) 1항에 표시된 물건을 취득하거나 제 3 자에게 알선한 자, 물건을 취득할 당시 그 물건의 유래를 알면서 그것을 보관하거나 자신 또는 제 3 자를 위해 이용한 자는 전항과 마찬가지로 처벌한다.

(iii) 미수범은 처벌한다.

(iv) 특별히 중한 경우는 6개월 이상 10년 이하의 자유형에 처한다. 특별히 중한 경우라 함은 일반적으로 행위자가 직업적이거나 또는 지속적으로 자금세탁을 하기 위하여 조직된 범죄단체의 성원으로 행한 경우를 말한다.

(v) 본조 1항 또는 2항의 경우에 물건이 1항에 열거된 타인의 위법행위로부터 유래한다는 사실을 부주의(leichtfertig)로 인식하지 못한 자는 2년 이하의 자유형 또는 벌금형에 처한다.[56)]

(vi) 범죄행위에 의하지 아니하고, 사전에 물건을 취득한 제 3 자는 2항에 의해 처벌되지 않는다.

(vii) 범행과 관련된 물건은 압수할 수 있다. 이 경우 본법 제74 a조가 준용된다.[57)] 행위자가 지속적인 자금세탁행위를 위하여 조직된 단체의 구성원으로

54) 「마약법」 제29조는 마약을 재배 또는 제조하거나, 수입, 수출, 유상양도, 교부 기타의 방법으로 입수하는 행위를 처벌하는 규정이다.

55) 여기서 '중죄'(重罪, Verbrechen)라 함은 법정형이 최저 1년 이상의 자유형으로 정해져 있는 범죄를 말하고, '경죄'(輕罪, Vergehen)란 법정형이 1년 미만의 자유형 또는 벌금형으로 정해져 있는 범죄를 말하며(독일 「형법」 제12조 1항 및 2항), 또한 「형법」 제129조의 '범죄단체구성원이 범한 범죄'라 함은 범죄단체결성죄를 말한다.

56) 이것은 일종의 중과실처벌규정이라고 할 수 있다.

57) 제74 a조는 범죄와 관련된 물건을 소지하고 있거나 소유할 권리가 있는 자가 그 물건이 범죄와 관련되는 데 있어서 부주의로 인해 기여했거나, 몰수될 물건임을 알면서도 정당하지 못한 방법으로 그 물건을 취득한 경우에도 몰수할 수 있다는 규정이다.

행위를 한 때에는 본법 제43 a조와 제73 d조를 준용한다.[58] 제73 d조는 행위자가 직업적인 차원에서 행위를 한 때에도 마찬가지로 준용한다.

(viii) 본법의 장소적 효력범위 밖에서 행하여진 행위로부터 유래된 물건은 그 행위가 행위지에서도 가벌적일 때에는 본조 1항·2항 및 5항에 열거된 재산과 같은 것으로 취급한다.

(ix) 다음의 경우에는 자금세탁행위로 처벌되지 않는다.

i. 자진해서 당해 관청에 범죄행위를 신고하거나 신고하도록 종용한 자로서, 신고 당시 그 행위가 전부 또는 부분적으로라도 아직 발각되지 아니하였으며, 행위자가 이를 알고 있거나 상황을 상식적으로 보아 이를 고려하고 있음이 틀림 없을 때

ii. 전 제 i 호의 조건하에서 본조 1항 또는 2항에 있어서의 범행에 관련된 물건을 보전(保全)한 자

(x) 법원은 행위자가 자신이 알고 있는 것을 폭로함으로써 자신이 저지른 행위 이외의 행위나 본조 1항에 열거된 타인의 위법한 행위를 적발하는 데 실질적으로 기여한 때에는 본조 1항 내지 5항의 경우에 재량으로 그 형을 감경하거나(제49조 2항) 본 규정에 의해 그 형을 면제할 수 있다.[59]

(3) 일 본

다른 나라와는 달리 마약문제가 그다지 심각하지 않았고, 경제거래도 주로 현금 중심으로 이루어지고 있었기 때문에 자금세탁규제문제에 관하여 그다지 관심을 두지 않았던 일본에서 자금세탁규제문제가 본격적으로 논의되고 그 대책수립에 착수한 것은 전술한 Wien협약의 체결과 가입부터라고 할 수 있다. 즉 1988년 Wien협약이 체결된 이래 미국을 비롯한 서방선진국들로부터의 압력이 가중되기 시작했고, 이에 따라 그 동안 이 문제에 대하여 비교적 소극적이었던 스위스를 비롯한 몇몇 국가도 자금세탁규제 대열에 합류하자 일본도 이에 동참하지 않을 수 없게 된 것이다.

1988년 12월 이른바 바젤위원회선언이 발표되자 1989년 1월 동 선언을 대장성은행국의 사무연락이라는 형식으로 각 금융기관에 전달하였으며, 동년 12월 Wien협약에 서명하고, 동 협약의 국내비준 및 1990년 4월의 금융활동작

58) 제43 a조는 재산형의 부과에 관한 규정이고, 제73 d조는 물건의 추징에 관한 규정이다.

59) 독일「형법」제49조 2항은 임의적 감경에 관한 규정으로, 법원이 법률에 따라 형을 재량에 의하여 감경할 수 있을 때에는 정해진 형의 법정 최하한까지 낮추거나 자유형에 갈음하여 벌금형을 선고할 수 있도록 하고 있다.

업그룹보고서의 권고사항을 실천하기 위한 관계기관간의 검토작업을 시작하였다.

이 검토작업을 진행하는 과정에서 일본 정부는 1990년 6월 우선 가능한 행정조치로서 은행 등 각 금융기관에 "마약 등 약물의 불법거래에 수반된 자금세탁의 방지에 관하여"라는 대장성 은행국의 통첩을 발하였다. 동년 10월부터 적용된 이 통첩은 금융기관의 본인확인의무, 거래 등 관련기록의 보존의무, 수사기관에 대한 협력의무 등에 관하여 규정하고 있다.

한편 일본 정부는 후생성 약무국, 법무성 형사국, 대장성 은행국 등 관계기관간의 협의와 검토 작업을 토대로 1991년 4월「국제적 협력하에 규제약물에 관련된 부정행위를 조장하는 행위 등의 방지를 도모하기 위한 마약 및 향정신성의약품 단속 등의 특례 등에 관한 법률」(國際的な協力の下に規制藥物に係る不正行爲を助長する行爲等の防止を圖るための痲藥及び向精神藥取締法等の特例等に關する法律, 平成 三年 十月 五日, 法律 第九十四號)을 제정하여 동년 10월 국회를 통과・공포하였는데,[60] 이 법률에서 행위를 규제하는 조항은 동법 제9조의 불법수익등은닉죄, 제10조의 불법수익등수수죄, 제14조 내지 제16조의 몰수, 제17조의 추징, 제18조의 불법수익의 추정, 그리고 제20조의 양벌규정 등이다. 이하 소개하면,

가. 불법수익 등 은닉(제9조)[61] (i) 불법수익의 취득이나 처분에 관한 사실을 가장하거나 또는 불법수익 등을 은닉한 자는 5년 이하의 징역 또는 300만엔 이하의 벌금형에 처하거나 또는 이를 병과한다. 불법수익의 발생원인에 관한 사실을 가장한 자도 똑같이 처벌한다.[62]

(ii) 전항의 미수는 처벌한다.

(iii) 제 1 항의 죄를 범할 목적으로 예비를 한 자는 2년 이하의 징역 또는 50만엔 이하의 벌금형에 처한다.

나. 불법수익 등 수수(제10조) 그 정을 알고 불법이익 등을 수수한 자는 3년 이하의 징역이나 100만엔 이하의 벌금형에 처하거나 또는 양자를 병과한

60) 동 법률은 부칙 제 1 조의 규정에 의하여 공포일로부터 1년을 초과하지 않는 범위 내에서 정령(政令)이 정하는 일자에 시행하도록 된바, 이에 따라 1992년 7월 1일부터 시행되었다.

61) Wien협약 제 3 조 1항 (b)(i)(ii)의 자금세탁죄에 대응하는 규정이다.

62) 여기서의 '발생원인에 관한 사실을 가장하는 행위'란 예컨대 규제약물의 양수인이 양수대금으로 지불한 금전을 정당한 사업의 경비인 것처럼 계상하거나 가공채무의 변제금으로 가장하는 등 약물거래로 인해 발생한 수익이 아닌 것처럼 가장하는 행위를 말한다. 말하자면 지불자측에서 마치 정당한 지불인 것처럼 위장하는 행위이다.

다. 단 법령상의 의무의 이행으로써 제공된 것을 수수한 자 또는 계약(채권자에게 상응한 재산상의 이익을 제공하는 계약에 한함)의 체결시에, 당해 계약과 관련된 채무의 이행이 불법수익 등에 의해 행하여진다는 정을 알지 못하고 당해 계약에 기한 채무의 이행으로 제공된 불법수익을 수수한 자는 여기서 제외한다.[63)]

다. 불법수익 등의 몰수(제14조) (i) 다음 각호에 열거한 재산은 몰수한다. 단 제9조 1항 및 2항 또는 제10조의 죄가 불법수익 또는 불법수익에서 유래한 재산과 기타 재산이 혼합된 재산에 관계된 때에, 이들 죄에 관하여 본조 3호부터 5호까지 열거된 재산의 전부를 몰수하는 것이 상당하지 않다고 인정되는 경우에는 그 일부만을 몰수할 수 있다.

i. 불법수익(제2조 2항 6호 또는 7호에 열거된 죄와 관계된 것은 제외함)[64)]

ii. 불법수익에서 유래한 재산(제2조 2항 6호 또는 7호에 열거된 죄와 관계된 불법수익의 보유 또는 처분에 의한 것은 제외함)

iii. 제9조 1항 및 2항 또는 제10조의 죄에 관계된 불법수익 등

iv. 제9조 1항 및 2항 또는 제10조의 범죄행위로부터 생기거나, 그리고 당해 범죄행위로부터 취득한 재산 또는 당해 범죄행위의 보수로 취득한 재산

v. 앞의 iii호 및 iv호에 열거한 재산의 과실로서 취득한 재산, 이들 재산의 대가로 취득한 재산 기타 iii호 및 iv호에 열거한 재산을 보유 또는 처분함으로써 취득한 재산

(ii) 전항의 규정에 의해 몰수할 수 있는 재산과 관련하여, 당해 재산의 성질, 그 사용정황, 당해 재산에 관한 범인 이외의 자의 권리유무 기타 사정에

---

63) 여기서 '법령상 의무의 이행'이란 그 이행이 법령에 의무로 되어 있는 것을 말한다. 예컨대 공조공과금(公租公課金)의 납부, 벌과금의 납부, 민법상의 부양의무의 이행 등이 그것이다. 그리고 '채권자에게 상응한 재산상의 이익'이란 불법수익과 대가관계에 있는 재산상 이익과 대가관계는 아니나 사회통념상 수수한 불법수익과 동등한 가치를 갖는다고 인정되는 재산상 이익을 말한다. 예컨대 수수한 재산과 제공한 재산상 이익이 상호 대가관계에 있는 매매계약, 교환계약, 임대차계약, 고용계약, 청부계약 등이 전자의 경우이고, 대가관계는 아니나 계약성립에 상응한 재산상 이익이 제공될 것이 요건으로 되어 있는 계약 등이 후자의 경우이다.

한편 단서 조항으로 예외 규정을 두고 있는 이유는, 전자는 그 행위가 약물범죄를 조장한다고 보기 어렵고, 또한 부양의무의 이행과 같은 경우에는 피부양자를 처벌한다는 것이 지나치게 가혹하다고 보기 때문이고, 후자의 경우에는 보호할 가치가 있는 일상적인 거래이므로 이를 보호하여 본죄의 성립범위가 지나치게 확대되는 것을 방지하고 거래의 안전을 도모하기 위해서이다.

64) 제2조 2항 6호의 죄는 「마약 및 향정신성의약품단속법」 제67조 및 제69조 2호, 「대마단속법」 제24조 4호, 「아편법」 제53조 또는 「각성제단속법」 제41조 6호에 해당하는 죄를 말하며, 동 7호의 죄는 「마약 및 향정신성의약품단속법」 제68조 및 제69조 4호, 「대마단속법」 제24조 6호, 「아편법」 제54조 2호 또는 「각성제단속법」 제41조 9호에 해당하는 죄이다. 이것들은 모두 예비죄 또는 자금 등 제공죄와 관련된 규정들이다.

비추어, 이를 몰수하는 것이 상당하지 않다고 인정되는 경우에는 동항의 규정에도 불구하고 이를 몰수하지 아니할 수 있다.

(iii) 다음에 열거한 재산은 이를 몰수할 수 있다.

i. 불법수익(제 2 조 2항 6호 또는 7호에 열거한 죄와 관련된 것에 한함)

ii. 불법수익으로부터 유래한 재산(제 2 조 2항 6호 또는 7호에 열거한 죄와 관련된 불법수익의 보유 또는 처분에 기초하여 취득한 것에 한함)

iii. 제 9 조 3항의 죄와 관련된 불법수익 등

iv. 제 9 조 3항의 범죄행위로부터 발생한 불법수익 및 당해 범죄행위에 의해 취득한 재산 또는 당해 범죄행위의 보수로서 취득한 재산

v. 전 2 호(iii호 및 iv호)의 과실로서 취득한 재산 또는 이들 재산의 대가로서 취득한 재산 기타 iii호 및 iv호에 열거한 재산을 보유 또는 처분함으로써 취득한 재산[65]

라. 불법수익 등이 혼합된 재산의 몰수(제15조)　전조 1항 각호 또는 3항 각호에 규정한 재산(이하 '불법재산'이라 한다)이 다른 재산과 혼합되어 있는 경우, 당해 불법재산을 몰수하여야 하는 때에는, 그 혼합에 의하여 발생된 재산(이하 '혼합재산'이라 한다)의 범위 내에서 당해 불법재산(당해 혼합과 관련된 부분에 한함)의 액수 또는 수량에 상당하는 부분을 몰수할 수 있다.

마. 몰수의 요건 등(제16조)　(i) 제14조의 규정에 의한 몰수는 불법재산 또는 혼합재산이 범인 이외의 자에 귀속되지 않는 경우에 한한다. 단 범인 이외의 자가 범죄 후 그 정을 알고 당해 불법재산 또는 혼합재산을 취득한 경우에는(당해 불법재산 또는 혼합재산의 취득이 제10조 단서에 규정한 불법수익 등의 수수에 해당하는 경우는 제외한다) 당해 불법재산 또는 혼합재산이 범인 이외의 자에 속하는 경우에도 이를 몰수할 수 있다.

(ii) 지상권・저당권 기타의 권리가 존재하는 재산을 제14조의 규정에 의해 몰수하는 경우, 범인 이외의 자가 범죄 전에 당해 권리를 취득한 때 또는 범인 이외의 자가 범죄 후에 그 정을 알지 못하고 당해 권리를 취득한 때에는 이를 존속시키는 것으로 한다.[66]

바. 추징(제17조)　(i) 제14조 1항의 규정에 의해 몰수하여야 하는 재산을 몰수할 수 없는 경우 또는 동조 2항의 규정에 의해 이를 몰수하지 않는 때에는 그 가액을 범인으로부터 추징한다.

65) 본조 1항은 필요적 몰수를, 2항은 임의적 몰수를 규정한 것이다.

66) 여기서 '존속케 한다'는 것은 법원이 몰수의 취지를 선고한 경우에, 선의의 제 3 자의 권리가 당해 재산 위에 존속한다는 의미이다.

(ii) 제14조 3항에 규정한 재산을 몰수할 수 없는 경우 또는 당해 재산의 성질, 그 사용의 정황, 당해 재산과 관련된 범인 이외의 자의 권리의 유무 기타의 사정에 비추어 이를 몰수하는 것이 상당하지 않다고 인정되는 경우에는 그 가액을 범인으로부터 추징할 수 있다.[67]

사. 불법수익의 추정(제18조) 제8조의 죄와[68] 관련된 불법수익에 대하여는 범인이 동조 각호에 열거한 행위를 직업적으로 행한 기간에 취득한 재산이고, 그 가액이 당해 기간 내의 범인의 활동상황 또는 법령에 기초한 급부의 수급상황에 비추어 상당하지 않을 정도로 고액이라고 인정되는 것은 당해 죄와 관련된 불법수익으로 추정한다.[69]

아. 양벌규정(제19조) 법인의 대표자 또는 법인 내지 자연인의 대리인·사용인 및 종업원이 그 법인 또는 자연인의 업무와 관련하여 제8조 내지 제12조의 죄를 범한 때에는 행위자를 벌하는 외에 그 법인 또는 자연인에 대하여도 각 본조의 벌금형을 과한다.

67) 전자는 제14조의 필요적 몰수에 대응하는 필요적 추징에 관한 규정이고, 후자는 제14조의 임의적 몰수에 대응하는 임의적 추징에 관한 규정이다.

68) 법 제8조의 죄는 「마약 및 향정신성의약품단속법」, 「대마단속법」, 「아편법」 등에 규정된 소정의 행위를 직업적으로 한 것을 말한다.

69) 따라서 이 경우 당해 재산이 이와 같은 행위로부터 기인한 불법수익이 아니라는 것을 범인이 입증하여야 할 것이다.

제 4 장

약물범죄

제 1 절 약물(藥物)의 의의

1. 약물의 개념

약물(drug)[1]이란 "식품 이외의 물질로서 그 화학적 성질에 의하여 생명체의 구조 또는 기능에 영향을 미치는 물질(substance)"이라고 정의할 수 있다.[2] 따라서 본드, 가스, 신나와 같은 유기용제 그리고 대마, 메스암페타민, 코카인, 헤로인 등의 마약류도 모두 약물이라는 개념에 포함된다.

약물을 사용하는 행위 중에서 문제가 되는 것 중의 하나가 약물을 본래의 목적으로부터 일탈하여 단지 쾌락을 추구하기 위해서만 사용하는 '약물남용'(drug abuse) 또는 '약물문제'(drug problem)이다. 따라서 어떤 것이 약물남용인지는 그 약물이 가지는 본래적 기능이나 목적에 따라 결정될 것이다. 그러나 실무상으로 약물남용 여부는 주로 사용되는 약물의 종류와 그 양, 그리고 사용빈도에 따라 결정된다.

1957년에 발표된 세계보건기구(WHO)의 정의에 의하면 약물남용은 첫째, 약물사용의 욕구가 강제적일 정도로 강하고(의존성), 둘째, 사용약물의 양이 증가하는 경향이 있으며(내성), 셋째, 금단현상 등이 나타나며, 넷째, 개인에 한정되지 아니하고 사회에까지 영향을 끼치는 것이다.

따라서 여기서 사용되는 약물이라는 개념에는 약물남용 또는 약물문제라는 차원의 개념의 것으로 마약류라고 지칭하는 마약, 대마, 향정신성의약품 등

---

1) 흔히 'drug'라는 용어와 'narcotic'이라는 용어는 구분하지 않고 혼용하고 있는데, 엄밀히 말하면 'drug'는 일반의약품과 마약 등을 포괄하는 넓은 의미의 개념으로 '약품' 또는 '약물'이 의미로 사용되고, 'narcotic'은 주로 양귀비로부터 추출되는 아편제제로서 마취성, 진통성, 최면성이 있는 물질만을 지칭하는 용어이다.

2) Franklin E. Zimring and Gordon Hawkins, *The Search for Rational Drug Control*, Cambridge University Press, 1992, p. 24.

과 본드, 부탄가스, 신나 등 유해화학물질을 포함한다.

2. 종 류

마약류는 중추신경계에 작용하여 중추신경의 활동을 앙양시키거나 억제하는 약물 중에서 신체적 의존성(중독성)이나 정신적 의존성(습관성)이 있는 것으로 인정되어 법에 의하여 지정된 약물을 말한다.

보통 마약류는 그 작용하는 성질에 따라 앙양제(昂揚劑)와 억제제(抑制劑), 약리작용에 따라 마취제 · 진통제 · 환각제 · 각성제 · 진정제로, 의존성에 따라 중독성 약물과 습관성 약물로, 생성원에 따라 천연마약 · 합성마약 · 반합성마약(反合成痲藥)으로 분류한다. 우리나라는 「마약류관리에 관한 법률」로 마약류를 마약, 정신성의약품, 대마의 3종류로 분류하고 있다.

(1) 마 약

마약은 마약원료인 생약으로부터 추출되는 천연마약과 화학적으로 합성되는 합성마약으로 분류할 수 있다. 천연마약에는 아편계와 코카계가 있고, 합성마약에는 페치딘(Pethidine)계, 메사돈(Methadone)계, 모르피난(Morphinane)계, 아미노부텐(Aminobuten)계 및 벤조몰판(Benzomorphan)계의 5종이 있다.

1) 천연마약

가. 아 편 계 아편계 약물로는 아편(Opium), 모르핀(Morphine), 헤로인(Heroin), 코데인(Codeine), 테바인(Thebaine), 옥시코돈(Oxycodone), 하이드로모르핀(Hydromorphine)[3] 등이 있는데 이것들은 모두 천연아편에서 추출·가공된 것이다.

나. 코 카 계 코카계 약물은 코카관목의 잎에서 채취한 코카인과 코카인 염화물을 가공하여 만들어지는 크랙[4]이 있다.

2) 합성마약

합성마약은 모르핀과 유사한 진통작용을 가지면서 의존성이 적은 의약품을 개발하려는 과정에서 만들어진 마약으로, 그 구조의 유사성에 따라 페치딘계, 메사돈계, 아미노부텐계, 벤조몰판계의 5종으로 분류되며, 현재 약 74종이 알려져 있다.

---

3) 통상 딜로디드(Dilaudid)라는 이름으로 거래되고 있다.

4) 크랙은 농축코카인이라고도 하는데, 코카인염화물에 암모니아 베이킹소다와 물을 넣고 가열하여 만드는데 그 모양이 작은 돌과 같은 결정체로 되며 수연관(water pipe)에 의한 독특한 흡연방법에 의해 남용된다. 1985년 이래 미국사회에서 이의 남용이 만연되고 있다고 한다.

가. 페치딘계 페치딘(Pethidine)은 화학적으로는 모르핀과 다르나 중추신경계에 작용하는 진통효과를 가져오는 점에 있어서 모르핀과 유사하다.[5] 현재 알려진 것으로는 페치딘, 펜타닐(Fentanyl), 디펜녹실레이트 등 23종이 있다.

나. 메사돈계 메사돈(Methadone)은 2차대전 중 모르핀 부족을 해결하기 위하여 독일의 과학자가 합성한 것이다. 그러나 당시에는 독성이 너무 강하다고 하여 사용하지 않다가 1946년부터 미국, 영국 등에서 사용하기 시작하였다. 현재 메사돈, 디피파논(Dipipanone), 아세틸메사돈 등 22종이 알려져 있다.

다. 기 타 모르피난계 8종, 아미노부텐계 4종, 벤조모르판계 2종 등이 있으며 벤조모르판계 중 펜타조신은 향정신성의약품으로 분류되어 있다.

(2) 향정신성의약품

향정신성의약품은 인간의 중추신경계에 자극을 주어 인간의 사고, 행동, 감정 등에 변화를 가져오게 하는 약물을 총칭한 것이다. 약리작용에 따라 각성제, 환각제, 억제제로 구분한다.

1) 각성제(覺醒劑, Stimulant, Pep Pill)

각성제는 중추신경흥분제에 해당하는데, 그 대표적인 것이 암페타민(Amphetamine)류인데, 이에는 암페타민, 메스암페타민(Methamphetamine), 덱스암페타민(Dexamphetamine) 등이 있다. 그 외에도 각성제에 속하는 약물로는 펜메트라진(Phenmetrazine), 메틸페니데이트(Methylphenidate) 등이 있다.

가. 암페타민류 암페타민류에서 우리나라에서 가장 많이 남용되고 있는 것이 속칭 '히로뽕'이라고 불리는 메스암페타민이다. 만성중독자의 대부분은 환각, 망상 등 정신분열증과 유사한 정신장애를 겪게 된다.

나. 기타 각성제 페메트라진이나 메틸페니데이트는 약리작용이나 남용형태 등에 있어서 다른 각성제와 매우 유사한 기능을 한다.

2) 환각제(幻覺劑, Hallucinogens)

환각제는 중추신경을 흥분 또는 억제하는 작용을 하여 황홀감을 경험하게 하는 물질이다. Lyscergic Acid Diethylamide(LSD), Phencyclidine(PCD), 메스칼린(Mescaline), Dimet-hyltryptamine(DMT), Diethyltryptamine(DET) 등

5) 1939년 O. Eiseleb가 합성했고, O. Schaumann이 모르핀과 비슷한 진통작용이 있음을 발견하여 'Dolantine'이라는 이름으로 시판하였다고 한다. 형사정책연구원, "마약류확산실태와 21세기 마약류통제정책의 방향," 2001, 52면.

이 이에 속한다.

가. Lyscergic Acid Diethylamide(LSD) 소량으로 환각을 경험할 수 있는 강력한 약물이다. 곡물의 곰팡이, 보리 맥각 등에서 추출·합성한 중추신경 흥분제이다.

나. Phencyclidine(PCD) 최근 마약시장에 등장한 새로운 약물이다.[6] 정맥주사와 마취 및 진통제로 연구되었던 이 약물은 정신장애 치료제로 사용되기도 하였으나, 그 효과에 비해 청각장애 및 정신착란 등 후유증이 커 사용이 통제되었다.

다. 메스칼린 메스칼린은 멕시코지방에서 자라는 페요트(Peyote)라는 선인장에 함유되어 있는 알카로이드로서 남용할 때 환각효과를 나타내는 물질이나 시중에 유통되는 것 대부분은 인공적으로 합성된 것이다.

라. Dimethyltryptamine(DMT) 서인도제도나 남미 일부에서 자생하는 식물의 열매에 함유된 환각제이다.[7]

마. Diethyltryptamine(DET) DMT의 유사물질로 역시 급속한 환각효과를 나타낸다. 생물체에서 추출하지 않은 순수한 화합물이다.

3) 억제제(Depressants)

억제제는 바르비튜레이트(Barbiturate)로 대표되는 진정수면제(Sedative-Hypnotics) 및 그와 유사한 약효를 가지고 있으나 그 정도가 상대적으로 약한 신경안정제(Tranquillizers)가 있다.

가. 진정수면제 바르비튜레이트 바르비튜레이트는 신경활동, 골격근, 평활근 및 심근에 상당한 억제효과를 미치고, 또한 광범위한 생물학적 기능을 억제시킬 수 있는 진정제이다. 그러나 심리적·신체적 의존과 내성이 있는 약물이다. 바르비튜레이트의 의존성은 일반적으로 견디기 힘든 긴장감, 불안 또는 무력감을 낳는다.

나. 신경안정제 신경안정제는 바르비튜레이트 이외에 널리 사용되는 억제제로서 적당한 양을 사용하면 피로감이나 졸음을 느끼지 않으면서도 불안감이나 긴장을 완화시켜 주는 역할을 하지만 남용하면 금단증상, 불면증, 식욕부진, 운동성 초조증, 근육경련, 발한 및 경련발작 등이 일어날 수 있다.

---

6) '천사의 가루'(angel dust)라는 이름으로 젊은 계층간에 거래·남용되고 있다.

7) 담배나 마리화나 등과 섞어 태울 때 나오는 연기를 들이마심으로써 환각상태에 도달하는데, 약효가 보통 45-60분간 지속되기 때문에 '직업인의 여행'(businessman's trip) 또는 '점심시간 동안의 여행'(lunch hour trip)을 위한 약물로 불리고 있다.

4) 신종 향정신성의약품

가. 엑스터시(Ecstasy, XTC, MDMA, '도리도리,' 搖頭丸) 1990년 이래 급속히 확산되고 있는 신종 마약류로, 화학적으로 Methy-lendioxy Methamphetamine(MDMA)로 불리는 암페타민계 유기화학물질이다. 약리작용으로는 식욕상실, 혼수, 정신착란 등을 일으키며, 과다하게 사용하면 사망에 이르기까지 한다.

나. 야바(Yaba) 세계 최대 마약밀매조직 '쿤사'가 개발한 약물로 한번 복용하면 3일간 잠을 자지 않을 정도로 환각효과가 뛰어나며 중독성도 강하다.

다. Gamma-Hydroxy Butirate(GHB: '물뽕') 무색무취의 약물로 복용 후 10-15분 사이에 효과가 나타나 3-4시간 계속되나 24시간 이내에 인체에서 빠져나가기 때문에 사후 추적이 곤란하다. 미국에서 '연방통제를 가장 엄격히 받는 약물'의 범주에 포함되어 이를 소지할 경우 최고 20년까지 징역형에 처할 수 있도록 하고 있다.

(3) 대 마

대마는 흡연하는 것이 일반적이나 입으로 먹는 방법이나 용액에 타서 마시는 방법도 사용되고 있다. 흥분과 억제의 두 가지 작용을 모두 가지고 있으며 일반적으로 환각제로 분류되고 있다. 이를 남용하는 경우에는 공중에 뜨는 느낌과 함께 빠른 감정의 변화를 경험하며, 사고 및 기억의 단절, 집중력의 상실, 자아감상실, 영상의 왜곡, 환상, 환각 등이 나타난다.

대마관련 약물로는 대마초(Marijuana), 대마수지(Hashish), 해쉬쉬 오일(Hashish Oil)이 있다.

1) **대마초**(Marijuana)

북남미에서는 '마리화나'[8]라고 불리는데, 대마의 잎과 꽃을 말려 담배로 만들어 흡입하면 대마에 포함되어 있는 Tetrahydrocannibinol(THC)성분에 의해 사고력저하 · 비현실감 · 망상 · 흥분 · 주의력 저하 등 환각상태가 야기된다.

2) **대마수지**(Hashish)

대마초에서 채취한 대마수지를 건조 · 압착시켜 여러 가지 형태로 제조해낸 것이 해쉬쉬이다. 해쉬쉬에는 2-10%의 THC가 함유되어 있는데, 이는 일반 대마초보다 3-4배 정도가 많은 양이다.

8) '마리화나'라는 이름은 '취하게 만드는 것'이라는 의미를 포르투갈어 'Mariguango'라는 말이 와전되어 생긴 용어라고 한다.

3) 해쉬쉬 오일(Hashish Oil)

해쉬쉬 오일은 대마초 또는 해쉬쉬를 반복적인 증류공정을 거쳐 만든 것으로 THC의 함량이 20%에 이르는 고도의 농축된 칸나비스 관련 마약이다.

(4) 흡입용환각물질(Inhalants)

흡입용환각물질이란 그 향기를 흡입했을 때 사용자가 도취감을 느끼게 되는 휘발성의 화학물질을 말한다. 현재 우리나라에서는 유해화학물질관리법에 의하여 규제되고 있다.

흡입용환각물질에는 휘발성솔벤트, 즉 유기용제, 분무물질인 아질산염, 마취제 등이 들어 있다. 접착제, 에어로졸, 솔벤트와 신나 · 부탄 등과 같은 가스, 세척제, 톨루엔(Toluene), 벤젠(Benzene), 나프타(Naphtha), 아세톤(Aceton), 본드, 프레온(Freon), 할로탄, 에텔(Ether), 크로르포름(Chloroform), 아산화질소(Nitrous Oxide) 등의 물질이 이에 속한다.

제 2 절 약물범죄대책

1. 약물규제에 관한 주요 국제협약

(1) 제 1 차 국제아편협약 등

마약류에 관한 최초의 국제회의는 1909년 상하이(Shanghai)에서 개최된 국제아편회의(International Opium Commission)이고, 이 회의가 발전하여 체결된 것이 '1912년 헤이그협약'(1912 Hague Convention)이다. 이 협약의 체약국들은 아편을 생산 · 수입 · 소유 · 사용을 금지하거나 제한하는 입법을 하도록 함으로써 마약류에 대한 감시와 관리가 국제적으로 이루어지게 되었다.

이어 제 1 차 세계대전 후 설립된 국제연맹 산하의 '아편 및 기타 위험약물 거래에 관한 자문위원회'(Advisory Committee on Traffic in Opium and Other Dangerous Drugs)의 주도로 '1925년 협약,' '1931년 협약,' '1936년 협약' 등을 체결하였고, 제 2 차 세계대전 후 국제연맹으로부터 마약류 관련 의무를 승계한 국제연합의 '1946년 의정서'(1946 Protocol), '1948년 의정서'(1948 Protocol)가 있다.

(2) '마약에 관한 단일협약'(Single Convention on Narcotic Drugs)

이 협약은 기존의 약물에 관한 국제협약들을 통합하여 마약에 대한 국제관리체계를 단일화할 목적으로 유엔이 1961년에 체결한 것이다. 마약통제를 위한 본격적인 국제협력의 서막이라고 할 수 있는 이 협약은 국제연합이 마약에 관한 국제기관들을 조정할 수 있는 권위를 확인하는 것이기도 하였다.

그 주요 내용은 관리통제규정에 따라야 하는 통제약물을 4종류로 규정하고(동협약 제2조), 체약국은 약물의 생산, 제조, 수출입, 분배, 거래, 사용 및 소지를 의학 및 학술적 목적에 국한하도록 하기 위한 필요한 입법적·행정적 조치를 취하도록 하며(동협약 제4조), 협약에 위배되는 약물의 재배, 생산, 제조, 추출, 조제, 소지, 제공, 구입, 판매, 인도, 알선, 발송, 제3국을 경유하는 발송, 운송, 수출입 등의 행위를 범죄로 규정하고 처벌하여야 하는 것(동협약 제36조 1항), 범죄인인도에 관한 규정(동협약 제36조), 약물 및 장비의 몰수(제37조), 약물중독자에 대한 치료와 재활에 관한 규정(동협약 제38조) 등이다.

1972년에 동 협약을 개정하는 의정서(Protocol amending Single Convention)가 채택되었고, 우리나라는 1965년 2월 25일에 동 협약을, 그리고 1975년 8월 8일에는 1972년의 개정의정서를 비준·공포한 바 있다.

(3) '1971년 향정신성 물질에 관한 협약'(Convention on Psychotropic Substances 1971)

1960년대에 들어오면서 전 세계 특히 구미 각국에서 급격하게 증가추세를 보인 마약의 남용과 중독약물의 다양화 추세를 가져 왔고, 이에 대응하여 유엔은 1971년 비엔나에서 '1971년 향정신성 물질에 관한 협약'을 채택하여 그 때까지 마약에 국한하였던 국제관리대상 약물을 환각제·각성제·수면제·진정제 등 향정신성 물질에까지 확대하였다.

즉 이 협약은 1961년의 '마약에 관한 단일협약'을 보완한 것으로 약물의 통제체제에 관해서는 대체로 1961년의 협약을 따르고 있으나, 향정신성 물질을 남용할 위험성·중독성 그리고 의료적 가치 등에 따라 4등급으로 나누어 각각 별도의 관리방법을 강구하고 있는 것이 특징이다.

우리나라는 이 협약을 1977년 12월 17일 비준·공포하였다.

(4) '1988년 마약 및 향정신성 물질의 불법거래방지에 관한 협약'(United Nations Convention against Illicit Traffic in Narcotic Drugs and Psychotropic Substances 1988)

국제적인 범죄조직에 의한 약물의 밀수·밀매행위에 국제협력을 통하여 대처하기 위해 1988년 12월 비엔나에서 채택, 1990년 11월부터 효력이 발생한 국제협약이다. 전문과 34개조로 구성되어 있는 이 협약은 약물의 부정거래에 대한 처벌을 비롯하여 부정거래에 의하여 얻어진 재산의 특정·추적·동결·몰수, 약물범죄인의 인도, 약물범죄수사에 있어서 국제공조체제의 확립, 감시하의 운반(controlled delivery)[9] 허용, 마약 등의 원재료·제조용구의 규제, 선박에 의한 부정거래의 단속 등에 관하여 규정하고 있다. 동 협약의 가장 특징적인 것은 자금세탁의 규제와 몰수에 관한 것이라고 할 수 있다.

우리나라는 1995년 12월 「마약류불법거래방지에 관한 특례법」을 제정하여 이 협약에 관한 국내법을 정비함으로써 협약에 가입할 요건을 갖추었으나, 가입을 미루다가 1998년 12월 28일에야 152번째로 가입하였다.

(5) '범죄수익의 자금세탁·수색·압수 및 수익박탈에 관한 1990년 유럽이사회 협약'

1990년 프랑스의 Strasbourg에서 열린 유럽이사회에서 체결된 협약이다. 이 협약은 중독성 약물통제에 관한 유럽 각국의 협력을 촉구하는 것으로 1988년의 유엔협약을 보완한 것이다. 주요 내용은 모든 범죄수익에 대한 수사지원·수색·압수·몰수를 위한 국제공조를 용이하게 하는 것이다.

2. 마약류규제 국제기구

(1) 유엔 마약위원회(UN Commission on Narcotic Drugs: UNCND)

1946년 국제연맹 산하의 '아편 및 기타 위험약물거래에 관한 자문위원회'의 기능을 이어받아 마약류통제정책을 입안하는 유엔 경제사회이사회 산하의 기구이다. 현재 유엔 회원국 및 '마약에 관한 단일협약' 당사국 중 마약류문제와 관련하여 중요한 위치에 있는 53개 위원국으로 구성되어 있으며, 위원의 임기는 4년이고 정기회의와 특별회의가 매년 교대로 열리고 있다.

이 위원회는 국제마약류 통제정책결정의 핵심적 기구라고 할 수 있는데, 특히 마약류관련 국제협약의 준수를 감독·관장하고 있는 경제사회이사회의 감독기능을 지원하며, 마약류와 관련된 모든 정책을 검토·성안하고, 기존 통제물질의 변경이나 추가에 대한 제안을 할 수 있다.

우리나라는 1991년 5월 위원국으로 피선되었다가 1995년 5월 재선된 바 있다.

---

9) 함정수사를 말한다.

(2) 유엔 마약류통제본부(UN International Drug Control Programme: UNDCP)

마약담당기구를 체계화하고 기능의 효율성을 증대시키기 위하여 1990년 유엔총회의 결의로 기존의 국제마약통제위원회(International Narcotics Control Board: INCB)의 사무국, 유엔 사무국의 마약과(UN Division on Narcotic Drugs), 마약류남용통제기금(UN Fund for Drug Abuse Control: UNFDAC) 등 3개의 기구를 통합하여 1991년 3월에 설립된 기구이다.

마약류통제 · 집행기구로서 마약의 수요와 공급이라는 양 측면에서 균형 있는 접근을 꾀하는 것을 원칙으로 활동하고 있다.

유엔의 정책결정기구인 마약위원회(CND)와 지역회의(HONLEA) 등을 개최 · 주도하며, 세계 각국의 마약류현황을 점검하여 예산과 기술지원 등의 마약류통제정책을 집행하고 있다. 우리나라도 1996년부터 이 기구에 기여금을 제공하고 있다.

(3) 유엔 마약류통제 및 범죄예방기구(Offece for Drug Control Crime Prevention: ODCCP)

마약과 조직범죄 등 국제범죄를 효율적으로 방지할 수 있도록 하기 위하여 1997년 11월 유엔마약류통제본부(UNDCP)와 국제범죄예방센터(CICP)로 구성된 기구이다. 범죄 및 마약 상호간의 관련사업에 대한 협력 · 조정 및 정복 교환을 촉진하기 위하여 이 기구 내에 '마약류통제 및 범죄예방에 관한 전략위원회'를 설치 · 운영하고 있다.

(4) 유엔 교육과학문화기구(UNESCO)

유네스코는 청소년에 대한 마약류 및 알코올의 남용실태와 대책에 관한 최신정보를 수집하여 세계 각국에 제공하고 효과적인 예방교육을 위한 지식을 보급하며 마약류 예방활동과 관련한 각종 지원사업을 수행하고 있다. 또한 마약남용근절을 위한 지역회의와 각종 심포지엄 및 연구발표회 등을 개최하여 마약류불법수요 방지와 감소 차원에서 주도적이고 중추적인 기능을 맡고 있다.

(5) 세계보건기구(WHO)

세계보건기구는 각국 정부의 보건분야 발전을 위한 질병퇴치활동의 일환으로 마약류 공급과 수요를 차단하는 방안을 상호보완적으로 추진하고 있다. 이에 따라 '마약에 관한 단일협약' 및 '향정신성 물질에 관한 협약'에 규정된 통제대상물의 추가 및 삭제 등에 관하여 의학적 관점으로부터의 조언을 하고 있으며, 또한 마약류남용의 폐해에 대한 홍보 및 계몽교육과 의료용 마약류의 통제나 중독자 치료대책을 강구하고 있다.

(6) 기타 약물관련 통제기구

1) 국제마약통제위원회(International Narcotic Control Board: INCB)

1961년의 '마약에 관한 단일협약'에 의거 설립된 기구이다. 이 위원회는 마약관련 국제협약의 시행기구로 유엔 사무총장의 행정적 감독하에 유엔 마약류통제본부(UNDCP)와 긴밀한 유대관계를 맺고 상호보완적인 역할을 수행하고 있다. 위원회 내부조직인 전문가위원회는 세계보건기구가 지명한 3인과 '마약에 관한 단일협약'의 위원국 및 비회원국이 지명한 10인으로 구성되어 있다.

2) 국제형사경찰기구(International Criminal Police Organization: ICPO)

흔히 '인터폴'(INTERPOL)이라 불리는 국제형사경찰기구는 형사범죄 일반에 대하여 국제협력을 하고 있는데, 그 일환으로서 유엔 마약위원회와 협정을 맺어 마약류의 국제통제를 수행하고 있다. 또한 유엔 마약위원회(UNCND)와 협정을 맺어 회원 상호국간이나 인터폴본부, 지역본부를 통해 마약류범죄를 포함한 형사범죄의 정보와 수법 등을 교환하는 등 마약범죄예방을 위한 활동도 강화하고 있으며, 국제 마약류통제활동에도 관여하고 있다.

3) 관세협력이사회(Custom Cooperation Council: CCC)

1952년 11월 관세제도의 간소화·표준화 및 국가간 관세협력 강화 등을 목적으로 설립된 관세협력이사회(Custom Cooperation Council: CCC)에서는 마약 및 향정신성 물질의 밀수에 관하여 관세의 측면에서 협력하고 있다. 즉 이 관세협력이사회에서는 마약류단속에 있어서 국제적으로 공동 대처하기 위하여 세관 상호간 지원협정을 체결하고 관련회의를 개최하고 있다.

4) 금융문제특별대책기구(Financial Action Task Force: FATF)

1989년 7월 파리에서 열린 제15차 선진 7개국(G-7) 정상회담 경제선언에서 조직구성이 결의된 '금융문제특별대책기구'는 마약류의 부정거래를 근절하기 위해서는 마약류조직의 불법수입에 대한 대책이 우선되어야 한다는 데 인식을 같이하고 은행 등 금융기관이 자금세탁에 이용되는 것을 방지하는 사법적 측면에서의 협력을 강화하기 위한 활동을 하고 있다.[10)]

---

10) 서방 선진 7개국(G-7) 정상회담에서도 이 마약류문제를 수차 의제로 채택한 바 있는데, 1988년 7월 파리에서 개최된 제15차 정상회담에서 채택된 경제선언에서는 1988년의 '마약 및 향정신성 물질의 불법거래방지에 관한 협약'(United Nations Convention against Illicit Traffic in Narcotic Drugs and Psychotropic Substances 1988)의 조기체결과 국제협력 강화의 필요성

5) 화학물질특별대책기구(Chemical Action Task Force: CATF)

1990년 7월에 휴스턴에서 개최된 서방 선진 7개국 정상회담에서 역시 1988년 협약의 조기체결과 금융활동작업그룹의 권고의 실시 등을 강력히 촉구하는 경제선언이 발표되었고, 이와 함께 마약류원료물질 등의 단속에 대한 검토를 위하여 화학물질특별대책기구를 구성할 것을 결의하였다.

즉 이 회합에서 1988년 협약 제12조에 열거된 12종의 규제화학물질 이외에 10종의 새로운 화학물질을 추가하여[11] 이의 규제를 위한 국제적 협력과 헤로인·코카인·합성마약 등의 제조에 필요한 원료물질의 이동을 차단하고 마약류의 제조 자체를 억제하기 위해 이 기구의 구성을 결의한 것이다.

6) 유엔 특별총회

1989년 11월 제44회 유엔총회에서 123개국의 공동제안으로 마약특별총회(General Assembly Special Session on Drugs)를 개최할 것을 결의하여, 다음해인 1990년 2월에 특별총회를 개최하였다. 이 총회에서는 국제사회가 직면하고 있는 마약문제에 대처하기 위해서는 세계 각국이 일치된 행동을 취할 필요가 있다고 하는 '정치선언'과 '세계행동계획'(Global Programme of Action: GPA)을 채택하고, 1991년부터 2000년까지를 '유엔마약류 퇴치 10년'(United Nations Decade against Drug Abuse)으로 정하고 마약류남용의 근절을 위한 국제협력을 강화하는 것 등을 골자로 하는 '정치선언문'과 '행동강령'이 채택되었다. 이 행동강령은 마약류문제에 대한 국제연합의 예산 및 인원의 우선적 배분, 가맹국에 의한 종합적인 수요대책의 추진, 불법생산대책의 강화, 각국의 1988년 협약의 조기체결, 자금세탁방지대책의 추진 등을 그 내용으로 하고 있다.

또한 1993년 10월에 개최된 제48회 국제연합총회에서는 마약특별회합을 열고 마약, 향정신성의약품의 부정생산 및 판매·거래 등에 관한 국제협력강화를 결의한 바 있다.

을 강조하였다. 또한 마약류불법거래와 관련한 자금세탁행위방지대책을 검토하기 위하여 금융활동작업그룹(FATF)을 소집할 것을 결의한바, 이에 따라 금융활동작업그룹은 미국, 영국, 프랑스, 일본, 캐나다, 독일, 이탈리아, EC 등의 회원국과 스웨덴, 네덜란드, 벨기에, 룩셈부르크, 스위스, 오스트리아, 스페인, 호주 등 이 문제에 관심을 가진 국가들이 참가하여 파리, 워싱턴 등에서 6회에 걸친 회의 끝에 1990년 2월 40개 항목에 달하는 자금세탁대책에 관한 권고(Recommendation)를 포함하는 전체 보고서를 채택하였다.

11) 추가된 10종의 규제화학물질은 CATF Final Report, June, 1991, Exhibit 4에 열거되어 있다.

3. 우리나라의 약물관련 규제법규 및 정책

(1) 주요 약물관련 규제법규

1) 연혁 및 체계

우리나라에서 마약류에 대한 정부차원의 관리가 시작된 것은 1946년 미군정법령 제119호 마약단속규정에 의거하여 당시의 보건후생부(현재의 보건복지부)의 약무국이 감시업무를 개시하면서부터라고 할 수 있다.[12)]

1953년「형법」을 제정하면서 제17장에 아편에 관한 죄를 규정하였고, 이어 1957년「마약법」을 제정하면서 마약류규제법규가 체계를 갖추거 시작하였다. 이「마약법」은 부정마약의 단속과 마약의 적정관리를 목적으로 제정된 특별법이다.

1970년에는 마약을 제외한 습관성이 있는 의약품 및 대마의 관리를 위한「습관성의약품관리법」이 제정되었고, 1976년에는 습관성의약품의 범주에서 대마를 분리하여「대마관리법」을 따로 제정하였다.

한편 습관성이 없는 일반 의약품으로 중추신경계에 작용하는 약품의 폐해가 늘어나지 이를 규제하기 위하여 1979년에「습관성의약품관리법」을 폐지하고「향정신성의약품관리법」을 제정하였다.

또한 1963년에 독물과 극물의 적정관리를 위하여 제정된「독물 및 극물에 관한 법률」을 제정하여 시행하여 오다가, 독극물이 아닌 본드 · 신나 등의 화학물질의 남용이 청소년층에서 만연되자 동법의 시행령으로 이를 단속하여 오다가 1990년「독물 및 극물에 관한 법률」을 폐지하고「유해화학물질관리법」을 제정, 2004년 12월 전문개정하여 시행하여 오고 있다.

1995년에는 영리목적 마약류범죄를 가중처벌하고, 마약류범죄행위로 취득한 불법수익 등을 철저히 추적 · 환수하기 위한 제도적 장치를 마련하기 위하여「마약류불법거래방지에 관한 특례법」이 제정되었다.

이와 같이 우리나라에서는 마약류규제법규를 그때그때의 필요에 따라 제정 및 개정해 왔기 때문에 법규 상호간의 불일치나 처벌의 불균형이 존재하였고, 또한 동일하거나 유사한 행위에 대하여 각기 다른 법에 중복적으로 규정하고 있으면서 처벌도 달리하는 문제점들이 지적되어 마약류관리를 위한 통일적인 법제정이 요구되었고 이에 따라 2000년 1월「마약법」,「향정신성의약품관

12) 형사정책연구원, 앞의 책, 210면.

리법」을 폐지하고 그 내용을 통합한 「마약류관리에 관한 법률」을 제정하였다.[13)]

따라서 현재로는 마약류규제에 관한 법으로는 일반법인 「형법」을 비롯하여 「마약류관리에 관한 법률」, 「마약류불법거래방지에 관한 특례법」, 「유해화학물질관리법」 등이 시행되고 있는 셈이다.

2) 「형　　법」

「형법」은 아편, 모르핀 또는 그 화합물 및 아편흡식기(阿片吸食器)의 제조, 수입, 판매 또는 판매목적의 소지, 그리고 아편을 흡식(吸食)하거나 모르핀의 주사 및 장소를 제공한 행위를 금지한다(동법 제17장 아편에 관한 죄: 제198조-제206조). 그러나 특별법인 「마약류관리에 관한 법률」이 아편과 그 화합물을 규제하고 있으므로 실제 법적용에 있어서는 이 형법의 규정은 적용될 여지가 없다.

3) 「마약류관리에 관한 법률」

가. 규제대상　　이 법에서 규제하는 마약류는 마약·향정신성의약품 및 대마이다. 마약은 양귀비·아편 및 코카엽과 이들로부터 추출한 알카로이드(가공마약) 또는 이들과 동일하게 남용되거나 남용될 우려가 있는 화학적 합성품(합성마약)과 이들을 함유하는 혼합물질(혼합마약)들이다(동법 제2조 1호 내지 3호).

향정신성의약품은 인간의 중추신경에 작용하는 것으로서 이를 오용 또는 남용할 경우 인체에 현저한 위해가 있고, 신체적·정신적 의존성을 일으키는 약물이나 이를 함유하거나 이들과 혼합된 물질로서 크게 각성제, 환각제, 억제제로 분류된다.

대마는 대마초(칸나비스사키바엘)와 그 수지(樹脂) 및 대마초 또는 그 수지를 원료로 하여 제조된 일체의 제품을 말한다. 다만 대마초의 종자·뿌리 및 성숙한 대마초의 줄기와 그 제품을 제외한다(동조 제5호).

나. 마약류취급의 허가와 지정　　마약류취급자가 되고자 하는 자 중 약사법에 의한 수입자로서 식품의약품안전청장의 의약품품목 허가를 받거나 품목신고를 한 마약류수출입업자, 약사법에 의하여 의약품제조업의 허가를 받

---

13) 통합법이라고 할 수 있는 「마약류관리에 관한 법률」과 기존의 마약류규제법들과의 큰 차이는 미성년자에 대한 마약류판매행위 등을 가중처벌하는 것과 의료인 등의 마약중독자 보고의무와 처벌규정을 폐지한 것이다. 의료인의 마약중독자 보고의무와 이의 위반시 처벌규정을 폐지한 것은 중독자에 대한 처벌보다는 치료와 재활이 우선되어야 한다는 시각을 토대로 첫째, 의료인의 보고의무 및 처벌규정을 두는 것은 중독자 발생의 예방에 효과가 없을 뿐 아니라 중독자의 치료와 재활에 전념해야 할 의료인에 대한 과도한 규제조항이고, 둘째, 의료인의 환자비밀보호규정과 상치되며, 셋째, 그 동안의 시행 결과 신고와 처벌의 사례가 없어 실효성 없는 사문화된 조항이라는 것이다.

은 마약류제조업자 · 마약류원료사용자, 그리고 학술연구를 위하여 마약류의 사용을 필요로 하는 마약류취급학술연구자 등은 식품의약품안정청장의 허가를 받아야 하고, 약사법에 의하여 등록된 약국개설자 또는 의약품도매상의 허가를 받은 마약류도매업자는 광역자치단체장(특별시장 · 광역시장 · 도지사)의 허가를 받아야 하며, 섬유 또는 종자를 채취할 목적으로 대마초를 재배하고자 하는 대마재배자는 기초자치단체장(시장 · 군수 · 구청장)의 허가를 받아야 한다.

또한 마약류관리자가 되고자 하는 자는 마약류취급의료업자가 있는 의료기관에 종사하는 약사로서 시·도지사의 지정을 받아야 한다(동법 제6조 1항 및 2항).

그러나 금치산자 · 한정치산자 또는 미성년자, 정신질환자 또는 마약류의 중독자, 금고 이상의 형을 받고 그 집행이 종료되거나 집행을 받지 아니하기로 확정된 후 3년이 경과되지 아니한 자는 마약류수출입업자 · 마약류취급학술연구자 또는 마약재배자의 허가를 받을 수 없고, 마약류취급자의 허가취소처분을 받고 2년이 경과되지 아니한 자 또는 지정취소처분을 받고 1년이 경과되지 아니한 자는 마약류취급자 허가 또는 마약류관리자의 지정을 받을 수 없다(동법 제6조 3항 및 4항).

다. 마약류의 양수 · 양도제한 및 마약류사용의 금지 마약류취급자는 마약류취급자가 아닌 자로부터 마약류를 양수하거나 「마약류관리에 관한 법률」에 정한 외에는 다른 사람에게 양도할 수 없고, 마약류제조업자 · 마약류원료사용업자 또는 마약류취급학술연구자가 다른 마약류제조업자 · 마약류원료사용업자 또는 마약류취급학술연구자에게 마약류를 양도하고자 할 때에는 식품의약품안전청장의 승인을 받아야 한다(동법 제9조).

또한 마약류취급의료업자는 마약의 중독자에 대하여 그 중독증상을 완화하게 하거나 치료하기 위하여 마약을 투약 또는 투약하기 위하여 교부하거나 마약을 기재한 처방전을 교부하지 못한다. 그러나 치료보호기관에서 식품의약품안전청장 또는 시·도지사의 허가를 받은 때에는 그러하지 아니하다(동법 제39조).[14)]

라. 마약류중독자의 치료보호 식품의약품안전청장 또는 시·도지사는 마약류사용자의 마약류중독 여부를 판별하거나 마약류중독자로 판명된 자를 치료보호하기 위하여 치료보호기관을 설치 · 운영하거나 지정할 수 있고, 마약류사용자에 대하여 치료보호심사위원회의 심의를 거쳐 치료보호기관에서

14) 「마약류관리에 관한 법률」 제39조의 조제목이 '마약의 사용금지'이고 본문도 '마약'이라는 용어를 사용하고 있으나 이 법의 체계상 여기서는 '마약'만을 의미하는 것이 아니기 때문에 '마약류'라는 용어를 쓰는 것이 타당한 할 것이다. 입법과정에서의 착오 또는 오류인 것 같다.

1개월 이내의 기간에서 마약류중독 여부의 판별검사를 받도록 하게 하거나 마약류중독자로 판명된 자에 대하여 6개월 이내의 기간에서 치료보호를 받도록 하게 할 수 있다.

마. 마약류의 감독과 단속 마약류취급허가권자인 식품의약품안전청장 및 광역・기초 자치단체장은 마약류 및 원료물질의 취급을 감시하고 단속할 필요가 있다고 인정하는 때에는 관계공무원으로 하여금 마약류취급자 및 원료물질취급자의 업무소・공장・창고・대마초재배지・약국・조제장소 그 밖에 마약류 및 원료물질에 관계가 있는 장소에 출입하여 그 구조・설비・업무현황・기록서류・의약품 그 밖의 물건을 검사하게 하거나 관계인에 대한 질문을 하게 하거나 시험용으로 필요한 최소분량에 한하여 마약류・원료물질 및 이와 관계가 있다고 인정되는 약품 및 물건을 수거하게 할 수 있다(동법 제41조). 또한 마약취급업자가 그 취급자격을 상실하거나 이 법률의 규정에 위반하여 제조・판매・저장 또는 수입한 향정신성의약품이나 불량한 향정신성의약품 등을 공중위생상의 위해발생을 방지할 수 있는 방법으로 폐기하거나 필요한 조치를 취할 것을 마약류취급자에게 명할 수 있고, 그 명령을 받은 마약류취급자가 이를 이행하지 않을 때는 관계공무원으로 하여금 당해 물품을 폐기하거나 그 밖의 필요한 조치를 하게 할 수 있다(동법 제42조).

이를 위해 식품의약품안전청, 광역・지방자치단체에 마약류의 감독과 단속을 하는 공무원의 직무와 기타 마약류에 관한 감시업무를 행하게 하기 위하여 마약류감시원을 두고, 마약류의 오용・남용을 방지하고 홍보・계몽 등을 행하기 위하여 마약류명예지도원을 둘 수 있다(동법 제48조 및 제49조).

바. 과징금처분 마약류취급허가관청은 마약류취급자에 대하여 업무정지처분을 하게 되는 경우에는 업무정지처분에 갈음하여 1억원 이하의 과징금을 부과할 수 있다. 그러나 과징금의 부과는 업무정지처분으로 인하여 국민보건에 큰 위해를 가져오거나 가져올 우려가 있는 때에 한하며, 3회를 초과하여 부과할 수 없다(동법 제46조).

사. 기 타 이 외에도 마약류의 폐해에 대한 대국민 홍보・계몽 및 교육사업, 마약류중독자의 사회복귀를 위한 사회복지사업, 그 밖에 식품의약품안전청장이 필요하다고 인정하는 불법마약류 및 약물 오・남용퇴치와 관련된 사업 등을 추진하기 위하여 법인으로 한국마약퇴치운동본부를 설립하도록 하고(동법 제51조의2), 마약류에 관한 범죄를 수사기관에 신고 또는 고발하거나 마약류

관련 법률을 위반한 자를 체포한 자에 대하여 보상금을 지급하게 함으로써(동법 제54조) 마약류범죄척결에 일반인이 적극적인 참여를 유도하며, 법률위반자에 대한 자유형 또는 재산형 및 명예형(자격정지)의 처벌규정을 두고 있다(동법 제58조 내지 제68조).

4) 「마약류불법거래방지에 관한 특례법」

가. 연혁 및 입법취지 근래에 급속히 확산되고 국제화·광역화·조직화되고 있는 동법은 마약류범죄에 강력히, 그리고 효율적으로 대처하고자 한 국제협약인 '1988년 마약 및 향정신성 물질의 불법거래방지에 관한 협약'(United Nations Convention against Illicit Traffic in Narcotic Drugs and Psychotropic Substances 1988)에 가입하기 위해 1995년 12월에 제정된 법이다. 이 법은 영리목적의 마약류범죄를 가중처벌하고, 그 범죄행위에 의해 취득된 불법수익을 철저히 추적·환수하기 위한 제도적 장치와 외국의 몰수·추징재판의 집행을 위한 국제공조절차를 마련하고 있다.

나. 마약류범죄수사를 위한 출입국절차 및 관세절차의 특례 출입국관리공무원은 마약류중독자로 의심되는 외국인으로부터 입국허가 또는 상륙허가의 신청이 있을 때에는 마약류의 분산 및 그 외국인의 도주를 방지하기 위하여 그 외국을 입국시킬 필요가 있다는 검사의 요청이 있는 때에는 법무부장관의 승인을 얻어 출입국관리법의 규정에 불구하고 그 외국인의 입국 또는 상륙을 허가할 수 있고, 세관장은 화물의 검사시 화물에 마약류가 은닉되어 있다고 판명되거나 그러한 의심이 드는 경우 그 마약류가 외국으로 반출되거나 대한민국으로 반입될 필요가 있다는 검사의 요청이 있는 때에는 당해 화물에 대한 관세법의 규정에 의한 수출입 또는 반송의 면허 기타 필요한 조치를 할 수 있다(동법 제3조 및 제4조).

이는 이른바 함정수사기법의 일종인 '통제배달제도'(Controlled Delivery)라고 하는 것으로 국제화되어 가는 마약류범죄에 대응하기 위하여 마약의 국내유입경로와 공급조직을 파악하고자 출입국절차법과 관세법의 예외적인 조치를 하는 것이다.

다. 마약류범죄로 취득한 불법수익 몰수 마약류범죄를 근절하기 위한 방안의 하나는 그로부터 취득한 이익을 박탈하는 것이다. 즉 불법수익, 불법수익에서 유래한 재산, 범죄수익을 세탁한 재산, 범죄수익인지를 알면서 수수한 재산 및 그 재산의 과실 또는 대가로서 얻은 재산 기타 그 재산의 보유 또는 처분에 의하여 얻은 재산은 몰수한다(필요적 몰수: 동법 제13조). 또한 마약류범죄로 취득한 불법재산이 그 불법재산외의 재산과 혼화된 경우에 그 불법재산을 몰수하여야 하는 때에는 그 혼화에 의하여 생긴 재산(혼화재산)중 그 불법재산의 금액 또는 수량에 상당하는 부분을 몰수할 수 있다(임의적 몰수: 동법 제14조). 그리고 이 불법수익을 몰수할 수 없거나 몰수하는 것이 적당하지 않을 때에는 그 가액을 추징한다(동법 제16조).

라. 불법수익재산 세탁행위 등의 처벌 마약류범죄로 얻은 불법수익에 대한 몰수・추징을 피하기 위하여 다양한 방법으로 그것은 은닉하거나 가장하는 이른바 '자금세탁'(money laundering)행위를 처벌하도록 하고 있다. 불법수익에 대한 몰수의 실효성을 확보하려는 취지이다. 즉 마약류범죄의 발견 또는 불법수익 등의 출처에 관한 수사를 방해하거나 불법수익 등의 몰수를 회피할 목적으로 불법수익 등의 성질・소재・출처 또는 귀속관계를 은닉하거나 가장한 자는 7년 이하의 징역 또는 3천만원 이하의 벌금에 처하거나 이를 병과할 수 있고, 이의 미수범은 처벌하며, 또한 이를 예비 또는 음모한 자는 2년 이하의 징역 또는 1천만원 이하의 벌금에 처하도록 하고 있다(동법 제7조).

그뿐만 아니라 그것이 마약류범죄로 취득한 불법수익인줄 알면서 이를 수수한 자도 3년 이하의 징역 또는 1천만원 이하의 벌금에 처하거나 이를 병과할 수 있도록 하고 있다(동법 제8조).

5)「유해화학물질관리법」[15)]

가. 연혁 및 적용범위 유해화학물질은 법률상으로는 마약류로 분류되어 있지 않지만 본드나 신나 같은 화학물질을 이용하여 환각상태를 즐기는 현상이 최근에 주로 청소년층을 중심으로 급속히 확산되고 있다. 이에 따라 화학물질로 인한 국민건강 및 환경상의 위해를 예방하고 유해화학물질을 적정하게 관리함으로써 모든 국민이 쾌적한 환경에서 생활할 수 있도록 한다는 취지에서 1990년 8월「유해화학물질관리법」을 제정한 것이다.

이 법의 규제대상은 유독물 취급제한・금지물질, 사고대비물질, 관찰물질 등의 유해화학물질이다. 유독물이란 사람의 건강 또는 환경에 위해를 미칠 유해성이 있는 화학물질로 환경부장관이 정하여 고시한 것을 말하고, 취급제한・금지물질이란 유독물 중 사람의 건강 또는 환경에 미치는 유해성 정도가 특히 크다고 인정되어 제조・수입 또는 사용이 제한되는 것을 말하며, 관찰물질(觀察物質)이란 사람의 건강 또는 환경에 위해를 미칠 유해성이 우려되는 화학물

15) 이 법률은 2004년 12월 전문개정되어 2006년 1월부터 시행되었다.

질로서 환경부장관이 관계중앙행정기관의 장과 협의하여 고시한 것을 말한다(동법 제2조). 규제대상이 되는 화학물질 중에서 「원자력법」에 의한 방사성물질, 「약사법」에 의한 의약품·의약외품 및 화장품, 「마약류관리에 관한 법률」에 의한 마약 및 향정신성의약품, 「농약관리법」에 의한 원제 및 농약, 「비료관리법」에 의한 비료, 「식품위생법」에 의한 식품 및 식품첨가물, 「사료관리법」에 의한 사료, 「총포·도검·화약류 등 단속법」에 의한 화약류, 「고압가스안전관리법」에 의한 독성가스 등은 제외된다(동법 제3조)

나. 환각물질의 흡입 등의 금지 흥분·환각 또는 마취의 작용을 일으키는 톨루엔·초산에틸 또는 메틸알코올, 톨루엔·초산에틸 또는 메틸알코올이 들어 있는 신나·접착제 및 도료, 부탄가스 등과 같은 유해화학물질을 섭취 또는 흡입하거나 이러한 목적으로 소지하거나, 이와 같은 환각물질을 섭취 또는 흡입하고자 하는 자에게 그 정을 알면서 이를 판매 또는 제공하여서는 한 자는 3년 이하의 징역 또는 3천만원 이하의 벌금에 처한다(동법 제43조 및 제58조 3호; 동 시행령 제22조). 즉 환각 유해화학물질을 섭취·흡입·소지하거나 이를 하고자 하는 자에게 판매하는 자를 처벌하도록 한 것이다.

6) 「특정범죄신고자 등 보호법」

조직적이고 영업적인 마약류불법거래를 방지·척결하기 위해서는 그 조직원 또는 거래의 일방당사자의 자수와 자백을 통한 협조가 필요하다. 이를 위하여 자수한 마약조직의 구성원 또는 마약거래의 일방당사자를 특별히 보호할 필요가 있다. 미국을 비롯한 각국은 자수하여 마약조직의 수사와 검거에 협력하는 자에 대하여 기소면제 등을 하는 이른바 '답변협상'(Plea Bargaining, die Absprache)과 신병보호 등을 보장하는 제도를 시행하고 있다. 우리나라도 이와 같은 제도의 도입필요성이 제기되어 1999년 8월 「특정범죄신고자 등 보호법」이 제정·시행되고 있다.

이 법에서는 「마약류불법거래방지에 관한 특례법」 제2조 2항의 범죄를 저지른 자가 자수하여 범죄의 단서를 제공하는 등 범인검거를 위하여 협력한 때에는 형을 감경 또는 면제할 수 있도록 하고 있고(동법 제16조),[16] 범죄신고자의 신변보호·구조금지급 등의 보호 및 지원조치를 규정하고 있다.

---

16) 이에 대해서는 마약류공급수사에 내부 제보자의 협력이 필수적이라는 점을 감안하여 내부 제보자에 대한 형의 임의적 감경·면제보다는 한걸음 더 나아가 기소유예를 할 수 있도록 하는 것이 타당하다는 의견이 있다. 형사정책연구원, 앞의 책, 269면.

(2) 주요 약물규제정책

1) 국가마약통제전략(National Drug Control Strategy)

1989년에 설립된 대검찰청 마약과를 중심으로 그 때까지의 마약류퇴치 경험과 실적을 토대로 하여 범정부적이고 체계적·장기적인 대처방안으로 '국가마약통제전략'을 마련하였다.

이 전략의 기본구도는 4대 전략목표인 ① 마약류공급 강력차단, ② 마약류수요 철저감축, ③ 범국민적 협조체제구축, ④ 국제적 협력체제강화 등의 유기적이고 성공적인 수행을 통한 '마약류 없는 사회건설' 및 '국제적 마약퇴치·협력모범국가의 건설'이라는 목표를 달성하는 것이다.17)

구체적인 추진내용으로는 첫째, 마약류밀제조·불법유통 등 공급을 차단하기 위한 각국간의 협력 및 강력하고 지속적인 법집행과 폭력조직의 마약류거래개입 차단, 둘째, 마약류공급차단과 더불어 중독자에 대한 치료와 재활을 통한 건전한 사회복귀 지원을 강화하고, 특히 청소년들의 마약류남용을 철저히 차단, 셋째, 마약류해악에 대한 전 국민의 관심과 올바른 이해를 갖추도록 하고 마약류퇴치운동을 정부기관·사회단체·시민들이 모두 참여하는 범국민적 시민운동으로 승화시키는 방안강구, 넷째, 마약류문제해결을 위한 국제적 협력체제구축과 이를 위한 관련 국가간의 신속한 정보교환 및 폭넓은 수사공조18) 등이다.

2) 마약류종합대책

2001년 11월 국무총리주제로 개최된 '마약류관리 및 단속실태 평가보고회'에서 수립된 것이다. 주요 내용은 국무총리 산하에 국무조정실장을 위원장으로 하여 국가정보원, 대검찰청, 경찰청, 관세청, 식약청 등 관련기관이 참여

17) 대검찰청, 국가마약퇴치전략, 1999, 8면.

18) 이 전략은 유엔마약특별총회에서 채택된 정치선언상의 2003년 및 2008년 양대 목표연도 행동계획에 맞추어 목표이행을 위한 3단계를 설정하고 있다. 즉

제 1 단계(1999-2002년) 마약류사범 제압: 2002년까지 법적 장치 및 관련 프로그램을 마련완료·시행함으로써 마약류사범을 3,000명 이내로 감소시키는 한편, 밀제조행위의 완전근절 및 밀수·밀매행위의 현저한 감소, 수요확산의 위축과 조직폭력의 마약류개입 완전차단 및 청소년의 마약류남용 완전근절

제 2 단계(2002-2005년) 마약류초안전지대 완성: 2005년까지 마약류사범을 1,000명 이내로 억제하는 한편, 밀수·밀매 완전근절, 수요감축의 현저한 성과거양 및 치료·재활제도의 극대화 이룩

제 3 단계(2005-2008년) 마약류 없는 사회 달성: 2008년까지 마약류퇴치에 완전 성공한 국가로서의 위상을 견지하고, 국제적 자문과 지원활동을 통해 마약류 없는 지구촌건설에 적극 기여, 대검찰청, 앞의 자료, 29면.

하는 '국가 마약류대책협의회'를 설치하고, ① 청소년들의 마약류남용을 막기 위하여 2003년부터 초·중·고등학교 교육과정에 마약류 및 환각물질 예방교육을 반영하여 학기당 2시간 이상 의무적으로 교육하며, ② 마약류사범관리 및 치료기능을 강화하기 위하여 단순투약자에 대하여 치료보호를 조건으로 기소를 유예하는 '치료보호부 기소유예제도'를 활성화하고, ③ 상습투약자에 대하여는 '치료보호부 집행유예제도'를 신설하도록 법령개정을 추진하기로 하였다.

(3) 약물퇴치관련 주요 사회단체 및 기관

1) 한국마약퇴치운동본부

마약류로부터 인류를 지키기 위하여 설립한 민간단체(Non-Government Organization: NGO)의 하나로 '마약류폐해 없는 밝은 사회'를 구현한다는 목표아래 1992년 4월 17일 창립된 기구이다. 현재 부산, 인천, 광주, 대전에 각각 지부를 그리고 전주에 상담소를 두고 있다. 주요 사업으로는 마약류퇴치 홍보활동, 마약류관련자료 조사·개발·연구, 마약퇴치 예방전문활동가 양성하여 사회 각 부문의 예방활동 역량강화, 자원봉사자 양성하여 운동본부 사업내실화 마련, 취약계층 대상예방교육 강화, 지역사회 시범사업실시, 마약류중독자의 상담 및 치료·재활활동, 자원봉사조직 및 후원회조직·운영, IFNGO(약물예방을 위한 국제 NGO들의 모임)에 가입 상호간의 정보를 교환 등의 활동을 하고 있다.

2) 마약범죄 시민사이버감시단

1999년 1월에 창립된 마약범죄퇴치를 위한 시민단체이다. 마약범죄 퇴치에 공감하는 약학·정신의학·이학·범죄심리학·법학·화학·사회학 등 관련분야의 전문가들로 구성되어있고, 인터넷사이버 공간을 이용하여 마약범죄의 퇴치를 위한 시민운동을 전개하고 있다. 인터넷으로 마약류감시를 위한 정보를 제공하고, 마약범죄수사를 위한 인터넷강좌를 실시하는 등의 활동을 하고 있다.

3) 기 타

그 외에도 YMCA, 대한주부클럽연합회 등과 같은 시민단체와 한국마약범죄학회, 대한신경정신의학회와 같은 학술단체, 대한한의사회 및 대한제약협회 등의 의료협회 그리고 한국청소년연맹, 한국청년회의소 등 사회단체 등이 마약류의 근절 및 계몽과 홍보를 위하여 활동하고 있다.

제 5 장

환 경 범 죄

제 1 절　환경문제(環境問題)에 대한 법적 대응

근대산업사회의 등장과 함께 발생된 환경오염의 문제는 오늘날에 이르러서는 인류생존의 문제로 대두될 만큼 심각한 양상을 띠고 있다. 이와 같은 환경오염추세가 지속된다면 자연생태계의 건전성 파괴와 대기의 구성요소 간의 형평성 교란 그리고 이에 따른 산업기반의 파괴, 생활비의 증대와 생활기반의 교란, 공해대책비의 급증, 생명·신체에 대한 위협 등 심각한 결과를 초래할 것임을 예상할 수 있다. 이에 따라 각국은 여러 가지 환경대책을 마련하고 환경보전행정을 전담할 독립적인 기구를 설치하고 있으며, 나아가 환경문제를 국제적인 이해와 협력으로 해결하려는 노력을 경주(傾注)하고 있다. 1972년 6월에 스톡홀름에서 개최된 제 1 회 'UN 인간환경회의'(人間環境會議)와 상설기구인 'UN 환경기구'(UN Environmental Programme) 등이 바로 이 환경문제에 관한 국제적인 협력을 도모하고자 하는 시도이다.

1. 환경입법(環境立法)의 일반적 추이

(1) 환경법의 발달과정

공해 또는 환경문제에 관한 법적 접근의 역사는 비교적 짧지만 대체로 위생법(衛生法)의 단계에서 공해법(公害法)의 단계를 거쳐 환경법(環境法)의 단계로 발전하고 있다. 제 2 차 세계대전 전후에 이루어진 공업화와 함께 대두되기 시작한 환경입법은 초창기에는 하수도, 매연, 폐기물 등 가시적인 것들이 인간의 건강에 미치는 위생문제로 취급하였다. 따라서 그 법적 성격은 위생법적인 색채가 강한 것이었다고 할 수 있다. 그러다가 비교적 최근에 이르러서는 사람뿐만 아니라 동식물을 포함한 모든 생물의 생육환경(生育環境), 즉 지구환경(地球環境)이 중요시됨에 따라 공해법 또는 환경법적 성격의 입법이 등장하게 되었다. 경우에 따라서는 공해법과 환경법의 양 개념을 구별하지 않고 혼용하는 사례도 있으나, 그러나 이 양자는 그 접근방법이나 대상에 있어서 서로 구별된다.

즉 공해법의 단계에서는 공해의 방지·제거와 그 피해구제를 위하여 공해에 대한 대증요법적(對症療法的) 혹은 진압적(鎭壓的) 접근방법을 취한다. 따라서 그 접근방법은 공해에 대한 국부적·소극적·미시적인 의미를 지닐 뿐이며, 환경적 측면에 대한 배려가 결여된다. 이에 반하여 환경법의 단계에서는 인간과 환경간의 상관관계에 입각하여 환경 전반의 관리·보전을 위하여 환경에 대한 적정관리적(適正管理的) 접근방법을 취한다. 이것은 환경을 오염시키거나 오용하지 않도록 사전에 환경을 관리·이용·보전하는 것을 목표로 하는 종합적·적극적·거시적인 접근이라고 할 수 있다.

대상에 있어서도 공해법의 단계에서는 공해현상만이 그 주된 접근의 대상이므로 공해의 제거와 방지, 즉 공해의 공법적 규제와 공해의 사법적 구제가 그 주된 대상이다. 이에 반하여 환경법의 단계에서는 환경 전반이 그 접근의 대상이 되며, 환경오염의 규제 및 피해구제뿐만 아니라 환경의 이용·관리·보전에까지 그 대상범위가 확대된다.

또한 그 기본성격에 있어서도 공해법의 기본성격은 공해의 방지 및 규제라는 공법적 측면은 공해공법(公害公法)을, 그리고 공해의 피해구제라는 사법적 측면은 공해사법(公害私法)을 구성하는 이원적 구조를 지닌다. 그러나 이 공해공법과 공해사법은 공해를 공통적인 대상으로 할 뿐이고, 그 법적 성격은 전통적인 의미에서의 공법과 사법의 성격을 각각 그대로 지니게 된다. 따라서 공해법이라는 명칭하에 앞의 두 법을 묶는 것은 모자이크적 결합 이외에 별다른 의미가 없게 된다.

이에 반하여 환경법의 기본성격은 전통적 의미에서의 공법·사법의 구별을 초월한 제 3 의 법영역인 사회법으로서의 성격을 갖는 일원적 구조를 지닌다. 이것은 현존 법체계 내에 환경권이라는 개념이 승인·독립됨으로써 가능한 것임은 물론이다.[1)]

또한 기본원리에 있어서 공해법의 기본원리는 전통적인 시민법원리인 데 반하여, 환경법을 지배하는 지도원리는 환경법원리, 즉 환경권 사상이 현행법체계 내에 승인됨으로써 확립되는 법리이다.

---

1) 법무연수원, 「환경범죄 및 교통범죄」 연구보고 25, 창신사, 1992, 54면.

오늘날 선진제국의 환경입법은 예외 없이 공해법적인 것으로부터 벗어나서 환경법적인 특성을 확립시켜 나가고 있다. 그것은 생태학적 지식을 통하여 인간환경의 위기를 인식하게 되었고, 기존의 공해법으로서는 공해 내지 환경문제의 근본적인 해결이 불가능할 뿐만 아니라 지금까지의 공해대책입법 및 정책이 그 접근방법상 현저한 결함을 지니고 있다는 것을 경험으로부터 알게 되었기 때문이다.

(2) 복수입법주의(複數立法主義)의 채택

공해 또는 환경문제에 대한 입법방식에는 일반적으로 세 가지 유형이 있다. 즉 첫째, 모든 종류의 오염현상을 한 개의 법률 속에서 총괄적으로 규율하는 단일법주의(單一法主義), 둘째, 오염종류별 또는 대책별로 입법을 개별화하

[도 표] 입법체계의 장단점

유 형	입법방식 및 채택국가		장 점	단 점
	방 식	채택국가		
제 1 유형	형법전에 편입	독일, 네덜란드, 러시아, 포르투칼, 오스트리아, 스웨덴	· 형법규정에 의해 환경침해 및 위태화행위에 대해 적절하게 대처 · 형법전 중심으로 환경관계법률의 통일성 기여	· 현실적으로 효율적인 대처가 곤란 · 기술적 규정을 편입해야 함으로써 형법전의 비대화 초래
제 2 유형	통일된 환경법전	노르웨이, 스위스, 그리스	· 환경보전의 중요성을 국민들에게 쉽게 인식시킴 · 법체계의 통일성을 기할 수 있음	· 형법을 비롯하여 관련행정법규들의 광범위한 개정작업이 필요
제 3 유형	특별히 중요한 환경범죄를 독립된 특별형법으로 규정	한국, 일본	· 각 영역에 알맞은 구성요건 신설 · 독자적 형벌규정을 통한 행정종속성 문제 완화	· 수범자의 범의식 고취라는 측면에서 실효성 약화
제 4 유형	각 환경행정법에 벌칙 규정	영국, 미국, 캐나다, 프랑스, 이탈리아, 벨기에	· 문제되는 개별적 환경영역에 합당한 구성요건 신설	· 법규가 산재되어 있어 일반예방의 효과를 거두기 어려움

여 수개의 독립된 법률을 제정하는 복수법주의(複數法主義), 셋째, 앞의 두 가지 입법주의를 절충하여 같은 법률 속에서 오염종류별 또는 사항별로 장을 설치하는 절충주의(折衷主義) 입법방식이 그것이다.

오늘날 환경문제 입법은 단일법주의에서 절충주의를 거쳐서 복수법주의로 나가는 것이 일반적인 경향이라고 한다. 선진제국의 경우 거의 예외 없이 복수법주의를 채택하여 오염종류별로, 그리고 대책별로 각각 독립된 입법을 하고 있으며, 이들 개별 대책법들을 총괄하는 기본정책법을 제정하는 경향이 늘고 있다.

공해 또는 환경입법의 입법방식에 복수법주의를 채택하는 것은 입법기술상으로 볼 때보다 합리적일 뿐만 아니라 환경행정의 적극화에 따른 필연적인 요청이기도 하다. 환경오염은 그 종류에 따라 전혀 상이한 특질을 가지므로 그 규제방법도 달라질 수밖에 없고, 환경문제의 심각화·다양화에 따른 환경대책의 적극화 추세에 비춰볼 때 단일법주의나 절충주의 입법방식으로는 입법의 수요를 충족하기 어렵게 되며, 따라서 단일법주의나 절충주의하에서는 하위법에의 위임입법이 증가할 수밖에 없어 입법형식의 기형화 내지는 위헌시비를 초래할 우려가 많기 때문이다. 각 입법체계의 장단점을 살펴보면 위 [도표]와 같다.

⑶ 입법내용의 확대

지금까지는 공해라는 개념하에 환경문제를 다루어 온 우리나라를 비롯한 일본·중국에서는 물론이고, 일찍부터 환경(environment)이라는 개념을 사용해 온 구미제국에서도 공해 내지 환경오염이 환경입법에 있어서 중심개념이었다. 그러나 최근에 이르러서는 문제의 핵심을 공해 내지 환경오염이라는 부분적인 것보다는 환경 전체의 문제로 파악하려는 경향이 현저해짐과 동시에 그 법적 접근방법도 대증요법적(對症療法的)인 것으로부터 적정관리적(適正管理的)인 것으로 전환되고, 환경입법의 규율대상도 공해 내지 환경오염의 방지뿐만 아니라 보다 근본적인 대책으로서의 환경보전 나아가 자원의 이용·개발의 문제까지 확대되고 있다.

⑷ 환경대책의 일원화 및 환경권의 입법화

환경행정업무는 복잡다기(複雜多岐)하고 그 고유범위가 명확하지 않기 때문에 그 관장기관도 다원화될 수밖에 없다. 따라서 오염방지 또는 환경보전과 관련 있는 업무를 담당하는 기구도 처음부터 오염방지를 목적으로 설립된 것,

다른 목적을 위하여 설립되었으나 그 업무수행상 오염문제와 긴밀한 관련이 있는 업무를 담당하는 것, 오염문제와는 관계 없이 설치되었으나 오염방지와 관계 있는 기능을 수행하는 것 등이 있게 된다. 그 결과 오염방지 또는 환경보전에 관한 업무들은 여러 행정기관에 분장되어 있게 되고, 이들 기관간의 업무협조나 업무관할범위에 관해 문제가 되고 있다. 따라서 이에 대처하기 위한 환경대책의 종합화·효율화가 요구되고, 그러기 위해서는 환경대책을 일원화할 필요가 있다. 이를 위하여 선진제국에서는 환경행정업무를 전적으로 담당하는 독립된 기구를 설치하여 이 기구로 하여금 다른 부처의 환경관계 업무에 대하여 조정할 수 있는 권한을 부여하고 있는 것이 일반적 추세로 되어 있다. 1967년에 설치된 스웨덴의 환경보호청을 비롯하여 영국의 환경성, 미국의 환경보호처, 프랑스의 자연환경보호성, 캐나다의 환경성, 일본의 환경처, 서독의 환경청 등이 이와 같은 환경대책의 일원화를 위한 조치인 것이다. 우리나라도 종전까지 보건사회부에서 보건·위생업무의 일환으로 취급해 오던 환경업무를 전담할 조직으로 1980년 1월 보건사회부 외청(外廳)으로 환경청을 설치하였고, 1990년 1월에는 이를 보건사회부에서 완전히 독립하여 국무총리 산하 환경처로 승격시켰다. 그 후 1994년 12월에는 다시 환경처를 환경부로 전환함으로 환경행정의 책임성 확보와 집행기능보강을 기할 수 있게 되었다.

한편 법적인 측면에서는 환경권의 이론적 확립과 이를 토대로 헌법 또는 특별법의 제정을 통하여 입법화하려는 노력이 각국에서 이루어지고 있다.

2. 환경문제에 관한 각국의 입법례

(1) 일 본

일본에서 공해를 실질적으로 규제하기 시작한 것은 명치 10년(1877년)에 대판정령(大阪府令) 제120호로 철공, 대장간, 목욕탕업에 대한 인가제를 둔 것과, 1920년의 대판정령(大阪府令) 제96호에 「공장취체규칙」을 두어 토지의 상황에 따라 공해가 인정될 때에는 공장의 등록을 취소할 수 있도록 한 것부터라고 한다.

그러다가 제 2 차 세계대전 이후 산업의 발달과 더불어 각국의 입법추세에 따라 1969-1970년에 「광산보안법」, 「광업법」, 「항칙법」(港則法), 「독물 및 극물취제법」 등과 같은 공해관계 행정법규가 제정되어 대기오염과 수질오염 등에 대한 규제 및 그 위반에 대한 벌칙조항을 두게 된다. 그 후 1970년을 전후하여「대기오염방지법」,「수질오탁방지법」,「소음규제법」,「해양오염방지법」,「공해방지사업비 사업자부담법」,「공해방지사업단법」,「폐기물처리 및 청소법」,「공해분쟁처리법」,「토양오염방지법」,「자연공원법」,「악취방지법」,「자연환경보전법」,「공해건강피해보상법」,「진동규제법」 등 14개 공해관계법이 제정되었다.

형사범으로서의 공해범의 처벌은 처음에는 업무상과실치사죄(業務上過失致傷罪), 과실왕래위험죄(過失往來危險罪)나 상해죄, 상해치사죄 등으로 의율하고 있었다. 그러나 이것은 공해라는 관념이 생기기 이전에 제정된 형법에 의한 것이기 때문에 공해억제의 효과도 적을 뿐만 아니라 구성요건의 적용에 있어서도 무리가 있었다. 이에 1970년 말 이른바 '공해국회'(公害國會)에서 공해범처벌법인「사람의 건강에 관계되는 공해범죄의 처벌에 관한 법률」(人の健康に係る公害犯罪の處罰に關する法律)을 제정하여 공공위험범으로 처벌하게 되었다.

(2) 미 국

미국에서의 공해문제는 보통법상 발전되어 온 불법방해(不法妨害, Nuisance)[2)]라는 개념으로부터 비롯된다. 이 불법방해는 공적 불법방해(公的 不法妨害, public nuisance)와 사적 불법방해(私的 不法妨害, private nuisance)로 구분된다. 사적 불법방해는 부동산에 관한 권리를 향유하는 것을 계속적으로 방해하는 행위를 말하고, 공적 불법방해는 사회인 모두가 향유하는 건강·안락·편리 등에 관한 권리의 향유를 방해하는 것을 의미하는데, 오늘날의 지역환경오염은 바로 이 공적 불법방해를 구성하는 것이다.

1970년대에는「대기정화법」(Clean Air Act, 1970, 1977),「연방수질오염규제법」(Federal Water Pollution Act, 1970, 1977) 등 환경보전을 위한 개별대책 입법들이 연방법으로 제정되었는데, 이 연방입법들에서 오염규제를 위한 제재수단으로 행정명령(Compliance Order), 민사벌금(Civil Penalty), 부작위소송(Injunctive Relief), 형사소추(Criminal Prosecution), 시민소송(Citizen Suits) 등을 두고 있다.

민사벌금은 행정명령을 이행하지 않거나 연방이 정한 기준을 따르지 않는 경우에 대기고정배출원(大氣固定排出源, Stationary Source)에 대하여는 1일

2) Nuisance란 '자신이 소유하고 있는 재산의 비합리적이고 불법한'(Unreasonable and Unlawful) 사용으로 인해 타인 또는 공공의 권리를 방해 또는 손상하거나 손해발생이 예상되는 곤혹(Annoyance), 불편(Unconvenience), 불안(Discomfort)을 야기하는 행위라고 정의한다.

25,000달러 이하, 새로운 자동차 규제위반에 대하여는 1대당 10,000달러 이하, 수질오염위반의 경우에는 1일 10,000달러 이하의 범위 내에서 법원의 결정에 의해 부과된다.

형벌로는 고의로 행정명령을 지키지 않았거나 연방이 정한 기준에 따르지 않거나 또는 행정벌인 불복종벌금(不服從罰金, Non-Compliance penalty)을 납부하지 않는 경우에 1일 25,000달러 이하의 벌금 또는 1년 이하의 징역을 과할 수 있다.

그러나 이와 같은 제재방법들은 모두 소송을 전제로 하고 있는데, 소송은 대개가 많은 시간이 소요되며, 또한 소송이 제기되어도 법원(특히 주법원)은 그 지역사회에 고용기회를 제공하는 공장을 폐쇄하거나 중한 벌금을 부과하여 기업을 어렵게 하는 것을 꺼리는 경향이 있고, 자유형은 법인기업에게는 과할 수 없기 때문에 실효성이 적다는 비판이 있다.[3)]

(3) 영 국

영국에서도 환경문제에 관해서는 미국과 마찬가지로 '불법방해'(Nuisance)라는 개념과 함께 전개되어 왔다. 따라서 공해의 형사적 제재는 '공적 불법방해'와 관련되어 행해진다. 1880년의 형법전(Crimina Code) 제146조에 의하면 "공중의 생명·안전·건강·재산·쾌락에 대하여 불법한 행위 또는 법률상의 의무불이행으로 공중이 영국신민으로서 가지고 있는 공통의 권리를 행사하고 누리는 것을 침해하는 것"을 공적 불법방해로 규정하여, 이를 야기한 자는 경죄(輕罪, 2년 이하의 금고 또는 재판관의 재량에 의한 벌금)로 처벌하고, 또한 법무장관이나 지방행정청의 신청에 의해 그와 같은 공적 불법방해를 금지할 수 있도록 하고 있다.

또한 영국에서는 일찍부터 판례에 의해 대기 및 수질오염과 소음 등에 대한 보통법상의 불법방해가 유형별로 확립되어 있는 외에 1875년에 제정된 「공중보건법」(Public Health Act)을 필두로 「대기정화법」(Clean Air Act, 1956, 1968), 「하천오염방지법」(Rivers Prevention of Pollution Act, 1951, 1961), 「소음제거법」(Noise Abatement Act, 1960) 등과 같은 많은 환경입법이 이루어져 제정법에 의해 불법방해를 규정하고 있다.

(4) 독 일

영미법상의 불법방해에 상응하는 행위를 독일에서는 '상린관계'(相隣關係,

3) 법무연수원, 앞의 책, 61-62면.

Immission)라고 한다. 이 상린관계도 불법방해와 마찬가지로 여러 가지 의미로 사용되나, 독일 민법에 의하면 "토지의 소유자는 가스, 증기, 취기(臭氣), 매연, 열, 소음, 진동이나 그와 유사한 작용이 타인의 토지로부터 침입해 들어오는 것을 그 작용이 자기의 이용을 해치지 않고 본질적 침해에 이르지 않는 때에는 이를 금지할 수 없다"(동법 제906조)고 규정하여 상린관계의 개념범위를 밝히면서 피해자에게 수인의무(受忍義務)를 부과하고 있는바, 공해의 사법적(私法的) 구제는 이 수인의무의 한도를 넘는 경우에 유지청구권(留止請求權)[4]과 조정적 보상청구권(調整的報償請求權)을 중심으로 논의되고 있다.

한편 공해의 공법적 규제는 경제활동에 관한 국가적 규제와 관여를 뜻하는 '영업경찰'(營業警察)의 작용으로 파악하고 있다. 1869년에 제정된 「영업법」 제16조는 산업활동에 수반하여 인접지에 위해를 야기하는 시설에 대하여는 사전인가제를 채택하여 연방법으로 영업경찰작용에 의한 공적 규제를 시도하고 있는바, 이 법률은 1968년에 개정된 이래 현재에도 연방차원의 공법적 규제의 중심이 되고 있다. 그 밖에도 1957년의 「연방수리규제법」(聯邦水利規制法), 1968년의 「건축소음방지법」, 1972년의 「연방폐기물제거법」 등 다수의 연방차원의 개별입법이 이루어졌고, 1974년에는 폐기물제거, 대기청정유지 및 소음방지를 위한 통일법으로 「연방상린관계법」(聯邦相隣關係法)이 제정되었다.

이와 같은 환경오염규제를 위한 각 개별대책 입법은 위반행위에 대한 형벌 또는 질서벌(秩序罰) 규정을 두고 있어 행정형법에 의한 공해규제의 기능을 하고 있다. 또한 위반행위가 사람의 생명·신체를 해한 결과를 초래한 경우에는 형법상의 상해죄나 과실치사상죄 등을 적용하여 처벌해 왔으나, 1980년의 제12차 형법개정에서 '환경에 관한 범죄행위'라는 장(章)을 신설하여 수질오염, 대기오염, 소음, 환경을 해치는 폐기물제거, 핵물질에의 무허가 종사, 보호구역의 위해, 독물의 방치에 의한 심한 위험 등 11개에 달하는 조문을 둠으로써 종래에 공해관계 행정법규의 벌칙조항으로 처벌하던 것을 대폭 형법전에 도입하였다. 그리고 규정형식에 있어서는 행정적 의무위반을 전제조건으로 하는 백지형법의 형태를 취하고 있어 행정법규의 존폐와 상관 없이 백지형법 자체는 존속함으로써 다양한 공해현상에 대하여 신축적으로 대처할 수 있도록

4) '유지청구권'(injunction)이란 상법상의 개념으로 회사가 법령 또는 정관에 위반하는 행위를 하여 손해 또는 불이익을 발생할 우려가 있을 때 주주가 사전에 그러한 행위를 유지(留止·禁止)할 것을 청구하는 권리를 말한다. 여기서는 피해자의 '공해발생'행위의 금지청구권이라는 의미가 될 것이다.

하고 있다.

(5) 프 랑 스

프랑스에서의 산업규제는 1917년에 제정된「위험 · 비위생 또는 근린방해적 시설에 관한 법률」에 의해 이루어지고 있다. 이 법은 "근린의 안전, 위생 또는 쾌적함, 공공의 건강 또는 농업에 대하여 위험의 원인이 되거나 피해가 생기게 하는 제조장, 공장, 창고, 사업장 및 일체의 상공업시설은 본법이 정하는 조건에 있어서 행정청의 감독에 따른다"고 규정하고(동법 제1조), 근린의 안전, 위생 또는 쾌적함을 해하는 시설을 1종부터 3종까지 분류하여 그 가운데 1종과 2종의 시설을 개설하려면 지사의 사전허가를 얻도록 하고 있다.

또한 해당 시설의 책임자, 이사 또는 관리자가 관계법령 또는 관계법령에 의거한 지사의 결정에 위반하는 경우에 위경죄(違警罪)[5]로 처벌한다.

1971년의 법률은 오늘날에도 프랑스에서 공해규제법규의 중핵을 차지하고 있으나 그것만으로는 오늘날의 공해현상을 모두 규율하기 어렵기 때문에 종합적 정책입법으로서 1961년의「대기오염방지법」, 1964년의「수질오탁방지법」, 1975년의「폐기물처리와 자원의 재생이용에 관한 법률」등을 제정한바, 이들 법률에서도 위반행위에 대하여 위경죄로 처벌하도록 하고 있다.

3. 환경문제에 대한 국제적 동향

(1) 지구환경문제에 관한 국제적 동향

지구환경문제를 처음으로 거론 한 국제회의는 1972년 6월 스웨덴의 스톡홀름에서 개최된 '유엔인간환경회의'(UN人間環境會議, UNCHE)이다. 이 회의에서 '하나뿐인 지구'(The Only One Earth)라는 슬로건 아래「인간환경선언」(Declaration on the Human environment, 스톡홀름선언)을 채택하였고, 그 결과 1973년 유엔에 지구환경문제를 논의하는 핵심기구인 '유엔환경계획기구'(UNEP)가 설치되었다.

1983년에는 2000년대를 향한 장기지구환경보전 전략을 수립하기 위한 '세계환경개발위원회'(WCED)가 구성되었고, 1987년 이 위원회는 '우리 공동의 미래'(Our Common Future)라는 보고서를(일명 'Brundtland Report') 발간하

5) 프랑스「형법」은 법률에 의거 경찰벌로 처벌되는 죄를 위경죄(違警罪), 경죄형(輕罪刑)으로 처벌되는 죄를 경죄(輕罪), 박탈형(剝奪刑) 또는 명예형(名譽刑)으로 처벌되는 죄를 중죄(重罪)로 분류하고, 위경죄에 해당하는 형벌로는 구금, 벌금, 특정한 물건에 대한 몰수 등을 두고 있다.

여 '지속가능한 개발'(Sustainable Development)[6]에 대한 전 세계의 공감대를 확산시켰다.

그 외에도 지구환경보전을 위한 국제협약으로 1983년의 '국제열대목재협정,' 1985년의 '오존층보호를 위한 비엔나협약,' 1985년의 비엔나협약의 후속 의정서인 1987년의 '몬트리올의정서,' 1989년의 '유해폐기물의 국가간 이동통제에 관한 바젤협약'이 있다.

(2) 유엔의 지구환경문제 대응

1) 유엔환경개발회의(리우회의)

1992년 6월 브라질 리우에서 개최된 유엔환경개발회의(UN Conference on Environment and Development: UNCED)는 1972년의 유엔인간환경회의 개최 20주년을 기념하고, 환경적으로 건전하고 지속가능한 개발의 이념을 공식화함과 아울러 이를 실천하기 위한 것이다. 178개국과 68개 국제기구가 참가한 이 회의는 전 세계적으로 환경을 정책관심사의 중심축으로 삼게 하는 중요한 계기가 되었고, 이것이 지구환경논의에 있어서 하나의 큰 획을 긋는 것이었다고 할 수 있다.

이 회의는 "현재의 개발이 현세대와 미래세대의 필요를 공평하게 충족시켜야 한다"는 지속가능한 개발의 이념이 유엔차원에서 공식적으로 환경과 개발을 위한 주요 목표로 천명되었다는 점에서 의의가 있다. 또한 이 회의에서는 지구환경보전을 위한 '공동의 차별적 책임'(Common but Differentiated Responsibility)이 강조되어 지구환경보전에 각국이 공동의 책임을 지며 범세계적인 대응이 필수적이지만 다양한 각국의 현실과 능력에 맞게 책임을 차별적으로 분배하여야 한다는 원칙을 표명하였고, '환경과 개발에 관한 리우선언'(The Rio Declaration on Environment and Development)과 '의제 21'(Agenda 21), '기후변화협약,' '생물다양성보호협약,' '산림원칙성명'이 채택되었다.

2) 유엔 지속개발위원회(Commission on Sustainable Development: CSD)

이 위원회는 1992년 12월에 개최된 제47차 유엔총회의 결의에 따라 유엔경제사회이사회(ECOSOC) 산하에 설립된 것으로 각국의 '의제 21'의 이행상황 특히 재정이전(財政移轉) 및 기술이전 분야의 이행상황을 중점적으로 검토한다. 특히 각국 정부 · 국제기구 · 민간단체의 '의제 21'의 이행에 관한 보고서와

6) 동보고서가 의미하는 '지속가능한 개발'이란 "미래의 후손의 욕구를 충족시킬 수 있는 능력과 여건을 저해하지 않으면서 현세대의 욕구를 충족시키는 개발"을 말한다. 고영훈, 「환경법」, 법문사, 2002, 449면.

각종 국제환경협약의 체결 및 이행상황을 평가하며, '의제 21'의 이행을 위한 국제협력을 증진하는 역할을 담당하고 있다.[7] 유엔차원의 환경논의의 주요한 장으로서 구체적인 환경규범을 제정하기보다는 지속가능한 개발이라는 목표달성을 위한 다양한 대안을 모색하는 토론의 장이다.

3) 유엔 환경계획(United Nations Environment Programme: UNEP)

유엔 환경계획은 유엔차원의 환경관련 활동에 대한 방향설정과 조정 등을 통한 정책지침을 제공하고, 환경분야에서의 국제협력과 환경관련 정보의 수립·평가 및 교환을 촉진하기 위하여 1972년 제27회 유엔총회의 결의로 설립되었다.[8]

주요 활동은 지구환경상태 평가를 위한 자료의 수집·조사 및 분석활동의 일환으로 지구환경감시시스템(Global Environment Monitoring System)과 각 국가에 있는 환경정보의 보유자와 수요자를 연결시킴으로써 환경정보의 상호 이용을 촉진시키는 국제환경정보원조회제도(INFOTERRA), 국제적 차원에서의 화학물질 관리를 효율화하기 위한 잠재성 유해화학물질의 국제등록제도(IRPIC) 등을 운영하고 있고, 인간의 활동으로 인한 환경문제의 관리을 위한 각종 정책지침의 제공 등 지원활동 및 환경교육·훈련 등을 실시하는 것 등이다.

제 2 절 우리나라의 환경범죄규제

1. 우리나라 환경관련법의 연혁

(1) 「공해방지법」(公害防止法)

우리나라는 아직 공해문제가 그리 심각하지 않았고, 따라서 국민들이 그 중요성에 대한 인식을 하지 못하고 있던 1963년에 벌써 「공해방지법」을 제정하였다. 이 입법은 1960년대 초기의 제 1 차 경제개발 5 개년계획의 수립과 함께 선진국에서의 환경오염 선례를 염려하였던 몇몇 선각적인 환경론자들의 세심한 배려의 성과라고 할 수 있다.

전문 21개조로 구성되어 있는 이 법률은 대기오염, 하천오염, 소음·진동

7) 우리나라는 1993-1995년까지 CSD이사국을 역임한 바 있다.

8) 우리나라는 유엔총회에서 지금까지 3차례 집행이사국으로 피선되어 활동한 바 있으며, 1997년부터 1998년까지 고위급위원회의 위원국으로 선출된 바 있다.

등을 규제하는 단일법주의(單一法主義)의 입법방식을 취하고 있는 법으로, 위생법적인 성격을 지닌 법이다. 그 주요 내용은 보건사회부 장관이 지정한 공해방지구역 내에 있는 공장이나 사업장은 이 법률에 의한 공해방지의무를 지고, 공해안전기준을 설정하여 이 공해안전기준을 초과한 사업장에 대하여는 공해방지조치를 명하고, 이에 응하지 않을 경우에는 개선명령, 더 나아가 조업정지를 명할 수 있도록 한 것이다. 또한 사업장에는 공해방지관리인을 두도록 하고, 공해방지행정업무를 담당케 하기 위하여 환경위생감시원을 둘 수 있게 하였다. 위반에 대한 제재로는 5만원 이상 20만원 이하의 벌금에 처하는 것이 전부였다.

그러나 이 법은 실제로는 거의 사문화된 것으로 단지 입법의 구색을 갖춘데 지나지 않았다. 그 이유는 법은 제정되었지만 공해행정을 담당할 기관이나 법 시행에 필요한 예산도 마련되지 않았기 때문이다.

1971년에 그 때까지 사문화되다시피 하여 제대로 시행되지 않고 있던 「공해방지법」을 대폭 수정하여 보다 종합적이고 적극적인 공해대책을 세우고자 하였다. 전문 27개조와 부칙으로 된 이 개정 「공해방지법」은 이른바 '공해법'(公害法)적 성격을 갖는 것으로, 배출시설의 개념을 새로 설정하고, 배출허용기준을 중심으로 한 강력한 배출규제를 시행하고자 하였고, 오염실태조사 및 공해사전대책(公害事前對策)에 관한 규정을 신설하였다. 또한 제재규정을 대폭 강화하여 위반행위에 대해서는 최고 2년 이하의 징역 또는 20만원 이상 200만원 이하의 벌금형을 부과할 수 있도록 하였다.

그러나 이 법은 1977년 「환경보전법」의 제정으로 폐지되었다.

⑵ 「환경보전법」(環境保全法)

제3차 경제개발 5개년계획의 추진과 함께 우리나라의 환경문제가 더욱 심각한 문제로 부각되면서 그 동안 수차례에 걸친 공해방지법시행령 및 동 시행규칙의 개정·보완에도 불구하고 기존의 공해방지법체제로서는 환경문제에 효과적으로 대처할 수 없다는 결론에 도달하게 되었다. 이에 따라 정부는 1977년 12월에 기존의 「공해방지법」에 대신하는 「환경보전법」을 제정·공포하여 좀더 적극적이고 효율적인 환경대책을 시행하고자 하였다.

그러나 1978년 7월 1일부터 이 「환경보전법」이 시행되었으나 환경행정의 효율화를 기할 수 있는 기반이 조성되어 있지 않고, 또한 환경보전에 관계있는 부처간의 협조가 잘 이루어지지 못하여 그다지 실효를 거두지 못했다. 이에 1979년 이 법을 개정하여 환경행정업무와 환경규제권을 1980년 1월부터 설치되는 환경청에 이관・집중하고 관계부처간의 협조를 강화하도록 하였다. 그러나 이 법률도 1990년 「환경정책기본법」이 제정되면서 폐지된다.

2. 현행 환경관계법령

(1) 환경관계 입법현황

우리 헌법은 "모든 국민은 건강하고 쾌적한 환경에서 생활할 권리를 가지며, 국가와 국민은 환경보전을 위하여 노력하여야 한다"(동법 제35조 1항)고 규정하여 이른바 환경권을 명시하고 있다.[9)]

이와 같이 환경권을 헌법에 수용한 것은 그것이 비록 선언적인 의미를 갖는 것에 불과할지라도 현대헌법이 지향해야 할 환경문제에 대한 국민적 내지 국가적 의지의 표현으로서 그 의의가 있다고 할 것이다.

한편 이와 같은 헌법정신의 실질적인 구현을 위한 현행 환경입법으로는 「환경정책기본법」, 「환경・교통・재해 등에 관한 영향평가법」, 「환경기술개발 및 지원에 관한 법률」, 「환경개선특별회계법」, 「환경개선비용부담법」, 「환경분쟁조정법」, 「대기환경보전법」, 「소음・진동규제법」, 「수질환경보전법」, 「유해화학물질관리법」, 「자연환경보전법」, 「먹는 물 관리법」, 「호소수질관리법」(湖沼水質管理法), 「환경범죄의 단속에 관한 특별조치법」, 「해양오염방지법」, 「수도법」, 「하수도법」, 「지하수법」, 「토양환경보전법」, 「지하생활공간 공기질관리법」(地下生活空間空氣質管理法), 「자연공원법」, 「자연환경보전법」, 「독도 등 도서지역의 생태계보전에 관한 특별법」, 「폐기물관리법」, 「폐기물처리시설 설치촉진 및 주변지역지원 등에 관한 법률」, 「환경관리공단법」, 「자원의 절약과 재활용촉진에 관한 법률」, 「폐기물의 국가간 이동 및 그 처리에 관한 법률」, 「오수・분뇨(汚水・糞尿) 및 가축폐수의 처리에 관한 법률」, 「한국자원재생공사법」, 「오존층보호를 위한 특정물질의 제조규제 등에 관한 법률」, 「악취방지법」, 「보건범죄단속에 관한 특별조치법」 제 4 조 등이 있다. 여기서는 중요한 몇 가지 환경관련법만 개관한다.

---

9) 우리 「헌법」에 환경권에 관하여 최초로 규정한 것은 1980년의 8차개정부터였다. 즉 1980년의 「헌법」 제33조는 "모든 국민은 깨끗한 환경에서 생활할 권리를 가지며, 국가와 국민은 환경보전을 위하여 노력하여야 한다"고 규정하여 환경권과 환경보전을 위한 국가와 국민의 의무를 선언한 것이다.

(2) 「환경정책기본법」(環境政策基本法)

기존의 「환경보전법」을 폐지하고 1990년에 새로 제정한 환경보전정책의 기본법이다. 즉 환경권에 대한 헌법이념에 근거하여 환경보전에 관한 국민의 권리·의무와 국가의 책무를 명확히 하며, 환경보전시책의 기본이념과 방향을 제시하고, 환경에 관한 기본정책을 규정하고 있다.

1) 환경보전을 위한 국가 및 지방자치단체 그리고 국민의 의무

국가는 환경오염과 그 위해를 예방하고 환경을 적정하게 관리·보전하기 위하여 환경보전계획을 수립·시행할 책무를 지니고, 지방자치단체는 국가의 환경보전계획에 따라 당해 지방자치단체의 계획을 수립하여 이를 시행할 책무를 진다(「환경정책기본법」 제4조). 그리고 사업자는 그 사업활동으로부터 야기되는 환경오염에 대하여 스스로 이를 방지함에 필요한 조치를 하여야 하며, 국가나 지방자치단체의 환경보전시책에 참여하고 협력하여야 할 의무를 지닌다(동법 제5조).

또한 자기의 행위 또는 사업활동으로 인하여 환경오염의 원인을 야기한 자는 그 오염의 방지와 오염된 환경의 회복 및 피해구제에 소요되는 비용을 부담하고(동법 제7조), 사업자는 제품의 제조·판매·유통 및 폐기 등 사업활동의 모든 과정에서 환경오염이 적은 원료를 사용하고 공정을 개선하며, 자원의 절약과 재활용의 촉진 등을 통하여 오염물질의 배출을 원천적으로 줄이고, 제품의 사용 및 폐기로 인하여 환경에 미치는 해로운 영향을 최소화하도록 노력하여야 한다(동법 제7조의2 2항).

한편 국가 및 지방자치단체는 환경오염물질 및 환경오염원(環境汚染源)의 원천적인 감소를 통해 사전 예방적 오염관리에 우선적인 노력을 기울여야 하며, 사업자로 하여금 환경오염의 예방을 위하여 스스로 노력하도록 촉진하기 위한 시책을 강구하고(동법 제7조의2 1항), 정부는 환경과 경제를 통합적으로 평가할 수 있는 방법을 개발하여 이를 각종 정책을 수립할 때에 고려하여야 하고, 환경용량의 범위 안에서 산업간·지역간·사업간 협의에 의하여 환경에 미치는 해로운 영향을 최소화하도록 지원하여야 한다(동법 제7조의3).

반면에 국민은 건강하고 쾌적한 환경에서 생활할 권리, 즉 이른바 환경권을 가지며, 국가 및 지방자치단체의 환경보전시책에 협력하고 환경보전을 위하여 노력할 의무를 지닌다(동법 제6조). 그리고 정부는 환경기준을 설정하고(동법 제10조) 매년 주요 환경보전시책의 추진상황에 관한 보고서를 국회에 제출하여야 한다(동법 제8조).

2) 환경기준의 설정과 유지 등

정부는 국민의 건강을 보호하고 쾌적한 환경을 조성하기 위하여 환경기준을 설정하여야 하며 환경여건의 변화에 따라 그 적정성이 유지되도록 하여야 한다(동법 제10조 1항). 또한 국가 및 지방자치단체가 환경기준이 적절히 유지되도록 환경에 관련되는 법령의 제정과 행정계획을 수립하거나 사업의 집행을 할 경우에는 ① 환경악화의 예방 및 그 요인의 제거, ② 환경오염지역의 원상회부, ③ 새로운 과학기술의 사용으로 인한 환경위해의 예방, ④ 환경오염방지를 위한 재원의 적정배분 등을 고려하여야 한다(동법 제11조 1항).

3) 기본적 시책

가. 환경보전 중·장기계획 수립 환경부장관은 정부의 환경보전을 위한 장기종합계획(국가 · 환경 · 종합계획)을 매 10년마다 수립하여야 하고, 확정된 '국가 · 환경 · 종합계획의 종합적 · 체계적 추진'을 위하여 5년마다 중기계획(환경보전중기종합계획)을 수립하여야 한다(동법 제12조 1항 및 제14조의2 1항). 그 장기계획에는 ① 인구, 산업, 경제, 토지 및 해양의 이용 등 환경변화 여건에 관한 사항, ② 환경오염원 · 환경오염도 및 오염물질 배출량의 예측과 환경오염 및 환경훼손으로 인한 환경질의 변화전망, ③ 자연환경의 현황 및 전망, ④ 환경보전 목표의 설정과 이의 달성을 위한 생물다양성 · 생태계 · 경관 등 자연환경의 보전에 관한 사항, 토양보전에 관한 사항, 해양환경의 보전에 관한 사항, 국토환경의 보전에 관한 사항, 대기환경의 보전에 관한 사항, 수질환경의 보전에 관한 사항, 상·하수도의 보급에 관한 사항, 폐기물의 관리 및 재활용에 관한 사항, 유해화학물질의 관리에 관한 사항, 방사능오염물질의 관리 사항 등에 관한 단계별 대책 및 사업계획, ⑤ 사업의 시행에 소요되는 비용의 산정 및 재원 조달방법 등이 포함된다(동법 제12조 및 제13조).

나. 환경오염의 조사 국가 및 지방자치단체는 자연환경 및 생활환경 현황, 환경오염 및 환경훼손실태, 환경오염원 및 환경훼손요인, 환경의 질의 변화 등을 상시 조사 · 평가하여야 하고, 조사 · 평가를 적정하게 실시하기 위한 연구 · 감시 · 측정 · 시험 및 분석체제를 유지하여야 한다(동법 제15조).

다. 국제협력 및 지구환경보전 국가 및 지방자치단체는 국제협력을 통하여 환경정보와 기술을 교류하고 전문인력을 양성하며, 지구전체의 환경에 영향을 미치는 기후변화, 오존층의 파괴, 해양오염, 사막화 및 생물자원의 감소 등으로부터 지구의 환경을 보전하기 위하여 지구환경의 감시 · 관측 및 보호에 관하여 상호 협력하는 등 국제적인 노력에 적극 참여하여야 한다(동법 제17조).

라. 환경보전을 위한 규제 및 경제적 유인수단 정부는 환경보전을 위하여 대기오염 · 수질오염 · 토양오염 또는 해양오염의 원인이 되는 물질의 배출, 소음, 진동, 악취의 발생, 폐기물의 처리, 일조(日照)의 침해 및 자연환경의 훼손에 대하여 필요한 규제를 하여야 하며, 자원의 효율적인 이용을 도모하고 환경오염의 원인을 야기한 자가 스스로 오염물질의 배출을 줄이도록 유도하기 위하여 필요한 경제적 유인수단을 강구하여야 한다(동법 제20조 및 제20조의3).

마. 특별대책지역의 지정과 특별종합대책의 수립 환경부장관은 환경의 오염 또는 자연생태계의 변화가 현저하거나 현저하게 될 우려가 있는 지역을 환경보전을 위한 특별대책지역으로 지정 · 고시하고 당해 지역 안의 환경보전을 위한 특별종합대책을 수립하여 관할 시·도지사에게 이를 시행하게 할 수 있고, 특별대책지역 내의 환경개선을 위하여 필요한 경우에는 그 지역 내의 토지이용과 시설설치를 제한할 수 있다(동법 제22조).

4) 분쟁조정 및 피해구제

국가 및 지방자치단체는 환경오염 또는 환경훼손으로 인한 분쟁 기타 환경관련 분쟁이 발생한 경우에 그 분쟁이 신속하고 공정하게 해결되도록 하기 위하여 필요한 시책을 강구하여야 하고, 환경오염 또는 환경훼손으로 인한 피해를 원활히 구제하기 위하여 필요한 시책을 강구하여야 한다(동법 제29조 및 제30조).

5) 환경오염의 피해배상 및 무과실책임

사업장 등에서 발생되는 환경오염 또는 환경훼손으로 인하여 피해가 발생한 때에는 당해 사업자는 그 피해를 배상하여야 한다. 이 경우 사업장등이 2개 이상 있어 어느 사업장 등에 의하여 피해가 발생한 것인지를 알 수 없을 때에는 각 사업자는 연대하여 배상하여야 한다(동법 제31조). 과거에는 피해발생에 사업자의 과실이 있는 경우에만 배상을 하도록 하였던 것을 동법은 사업자의 과실 여부를 묻지 않고 사업과 관련하여 피해만 발생하면 모두 배상을 하도록 하여 폭넓게 피해를 구제하도록 하였다.

6) 환경보전자문위원회, 환경보전협회

가. 환경보전자문위원회 환경보전자문위원회는 환경보전에 관한 기술적 자문에 응하기 위하여 만든 기구로, 환경부장관 소속하의 중앙환경보전자문위원회와 시·도지사 소속하의 지방환경자문위원회가 있다(동법 제37조). 중앙 환경보전자문위원회의 위원장은 환경부차관이 되고, 부위원장은 위원 중에서 환

경정책 · 자연보전 · 대기보전 · 수질보전 · 상하수도 · 폐기물자원 · 지구환경보전 등 환경관리 부문별로 위원장이 임명한다. 위원은 환경보전에 관한 학식과 경험이 풍부한 자와 관계부처의 공무원, 그리고 시민단체가 추천한 자 중에서 환경부장관이 위촉 또는 임명한다(동법 시행령 제16조).

중앙환경보전자문위원회의 기능은 '국가환경종합계획' 및 중기계획의 수립 · 변경에 관한 사항, 환경정책 · 자연보전 · 대기보전 · 수질보전 · 상하수도 · 폐기물자원 · 지구환경보전 등 환경관리 부문별 환경보전 기본계획이나 대책의 수립 · 변경에 관한 사항, 환경기준 · 오염물질배출 허용기준 및 방류수수질기준 등에 관한 사항, 특별대책지역의 지정 및 특별종합대책의 수립에 관한 사항 등을 심의하는 것이다(동법 시행령 제17조).

나. 환경보전협회 환경보전협회는 환경보전에 관한 조사연구, 기술개발 및 교육 · 홍보 등을 하기 위한 법인체로서 환경부 산하 민간자율단체라고 할 수 있다. 협회의 회원은 환경오염물질을 배출하는 시설의 설치허가를 받은 자, 환경오염물질 및 폐기물의 처리 또는 처리를 위한 시설의 설계 · 제작 · 시공을 업으로 하는 자, 환경오염방지에 관련한 기기류, 약품류의 제조 및 판매를 업으로 하는 자, 기타 환경보전에 적극 참여하고자 하는 자들로 구성된다(동법 제38조 및 동 시행령 제25조).

(3) 「**자연환경보전법**」(自然環境保全法)

자연환경을 인위적으로 훼손하는 것을 방지하고, 다양한 생태계를 보전하며, 야생동물과 야생식물의 멸종을 방지하는 등 자연환경을 체계적으로 보전 · 관리함으로써 국민이 쾌적한 자연환경에서 여유 있고 건강한 삶을 누릴 수 있도록 한다는 목적으로 제정된 법이다.

그 동안의 자연환경보전정책은 생태적 측면만 고려하여 규제를 강화하는 보존위주의 정책이었기 때문에 해당 지역주민과 갈등이 많았고, 자연자산의 건전한 활용이나 지방자치단체 및 민간부문과의 협조가 이루어지지 못했다는 비판을 받아왔다. 또한 자연 그 자체를 자산으로 인식하지 못하여 중요한 생태계 및 생물종들이 파괴되거나 멸종위기에 처하게 되었으며, 자연자산의 체계적인 보전 및 관리를 통해 국가의 의무로 인식하는 국제적 추세에 부응하지 못한다는 문제점이 있었다.

그리하여 1997년 기존의 「자연환경보전법」을 전문개정하여 자연의 체계적 보전과 자연자산의 현명한 이용을 위한 기본 틀로 시행해 오고 있다.

1) 자연환경보전의 기본원칙

자연환경은 다음과 같은 기본원칙에 따라 보전되어야 한다. 첫째, 자연은 모든 국민의 자산으로서 공익에 적합하게 보전되고 현재와 장래의 세대를 위하여 지속가능하게 이용되어야 한다. 둘째, 자연환경보전은 국토의 이용과 조화·균형을 이루어야 한다. 셋째, 멸종위기에 처한 야생동물과 야생식물은 보호되고, 생물다양성·생태계 및 수려한 자연경관 등은 보전되어야 한다. 넷째, 모든 국민이 자연환경보전에 참여하고 자연을 건전하게 이용할 수 있는 기회가 증진되어야 한다. 다섯째, 자연환경보전에 따르는 부담은 공평하게 분담되어야 하며, 자연으로부터 얻어지는 혜택은 지역주민과 이해관계자가 우선하여 누릴 수 있도록 하여야 한다. 여섯째, 자연환경보전과 자연의 지속가능한 이용을 위한 국제협력은 증진되어야 한다(동법 제3조).

또한 국가 및 지방자치단체는 자연환경보전기본원칙에 따라 자연환경보전을 위하여 첫째, 국토의 개발 및 이용·관리 등 개발사업으로 인한 과도한 자연환경의 훼손방지 및 자연의 지속가능한 이용을 위한 자연환경보전대책의 수립·시행, 둘째, 민간단체·사업자·국민 등이 자연환경보전에 적극 참여하도록 하는 시책의 추진과 여건을 조성, 셋째, 자연환경보전을 위한 조사·연구·기술개발 및 전문인력 양성 등 과학기술의 진흥하고, 넷째, 자연환경보전에 관한 교육 및 홍보를 통한 자연환경보전의 중요성에 대한 국민인식의 증진 등의 조치를 강구하여야 한다(동법 제4조).

2) 자연환경보전기본방침 및 전국자연환경보전계획의 수립

환경부장관은 자연환경보전기본원칙을 실현하기 위하여 관계중앙행정기관의 장 및 특별시장·광역시장·도지사의 의견을 듣고, 국무회의의 심의를 거쳐 자연환경보전을 위한 기본방침(자연환경보전기본방침)을 수립하여야 한다.

이 자연환경보전기본방침에는 ① 자연환경의 체계적 보존·관리, 자연의 지속가능한 이용, ② 중요하게 보전하여야 할 생태계의 선정, 멸종위기 야생동물 및 식물의 보호, ③ 생태계보전지역의 관리 및 해당 지역주민의 삶의 질 향상, ④ 산·하천·습지·농지·도서·해양 등에 있어 생태적 건전성의 향상 및 생태통로·소생태계·대체자연의 조성 등을 통한 생물다양성의 보전, ⑤ 자연환경에 관한 국민교육과 민간활력(民間活力)의 증진, ⑥ 자연환경보전에 관한 국제협력, ⑦ 자연환경보전을 위한 전문인력의 육성 및 연구·조사기관의 확충, ⑧ 자연환경보전을 위한 비용조달 및 투자의 촉진 등에 관한 사항들

이 포함되어 있어야 한다(동법 제6조 및 동 시행령 제7조).

3) 자연환경조사

환경부장관은 관계중앙행정기관의 장과 협조하여 10년마다 전국의 자연환경을 조사하여야 하며, 이 법에 의해 작성된 생태 · 자연도(生態 · 自然圖)에서 1등급 권역으로 분류된 지역과 자연상태의 변화를 특별히 파악할 필요가 있다고 인정되는 지역에 대하여 5년마다 자연환경을 조사할 수 있다. 또한 시·도지사는 당해 지방자치단체의 조례가 정하는 바에 의하여 관할구역의 자연환경을 조사할 수 있다(동법 제32조). 조사결과 필요한 경우에는 정밀 · 보완조사를 하거나 생태계의 변화를 지속적으로 관찰하여야 한다(동법 제33조).

4) 생태 · 자연도(生態 · 自然圖) 작성

환경부장관은 각종 개발계획의 수립이나 시행에 활용할 수 있도록 하기 위하여 자연환경조사 및 정밀조사와 생태계의 변환관찰결과 기초로 하여 전국의 자연환경을 다음 같이 구분한 생태 · 자연도(生態 · 自然圖)를 작성하여야 한다(동법 제34조).

가. 1등급 권역 멸종위기야생동식물 또는 보호야생동식물의 주된 서식지 · 도래지 및 주요 이동통로가 되는 지역, 생태계가 특히 우수하거나 경관이 특히 수려한 지역, 생물의 지리적 분포한계에 위치하는 생태계 지역 또는 주요 식생(植生)의 유형을 대표하는 지역, 생물다양성이 특히 풍부한 지역, 자연원시림 또는 이에 가까운 산림 및 고산초원, 자연상태 또는 이에 가까운 하천 · 호소강 하구 · 갯벌 및 해양.

나. 2등급 권역 1등급 준하는 지역으로서 장차 보전의 가치가 있는 지역 또는 1등급 권역의 외부지역.

다. 3등급 권역 1등급 권역, 2등급 권역 및 별도관리지역으로 분류된 지역 외의 지역으로서 개발 또는 이용의 대상이 되는 지역.

라. 별도관리지역 다른 법률의 규정에 의하여 보전되는 지역 중 역사적 · 문화적 · 경관적 가치가 있는 지역이거나 도시의 녹지보전 등을 위하여 관리되고 있는 산림유전자원보호림, 자연공원, 조수보호구, 수산자원보호구역.

또한 시·도지사는 환경부장관과 협의하여 효율적인 자연환경보전을 위하여 관할구역의 상세한 생태 · 자연도를 작성할 수 있다.

이 생태 · 자연도의 작성에 있어서 환경부장관은 국민의 열람을 거쳐 관계중앙행정기관의 장과 협의하여야 하며, 작성된 생태 · 자연도를 관계중앙행정기관의 장 및 해당 지방자치단체의 장에게 통보하고 고시하여야 한다.

5) 멸종위기야생동식물 등의 보전

이전에는 특정야생동식물은 「자연환경보전법」, 천연기념물은 「문화재보호법」, 야생조수는 「조수보호 및 수렵에 관한 법률」에 의해 각각 지정 · 관리되고 있었으나 멸종위기에 처한 야생동식물은 그 대상에서 제외되어 있었는데, 1997년 「자연환경보전법」을 전면개정하면서 멸종위기에 처한 야생동식물의 관리에 대한 제도적 기반을 구축하였다.

이 법에서 '멸종위기야생동식물'이라 함은 자연적 또는 인위적 위협요인으로 인한 주된 서식지 · 도래지의 감소 및 서식환경의 악화 등에 따라 개체수가 현저하게 감소되고 있어 현재의 위협요인이 제거되거나 완화되지 아니할 경우 멸종위기에 처할 우려가 있는 야생동식물을 말한다.[10)]

이와 같은 멸종위기의 야생동식물 및 보호야생동식물을 포획 · 채취 · 이식 · 가공 · 수출 · 반출 · 유통 · 보관 · 훼손 · 고사시키거나, 포획하거나 고사시키기 위하여 화약류 · 덫 · 올무 · 그물 · 함정을 설치하거나 유독물 · 농약 등을 살포 또는 주입하는 자에게는 5년 이하의 징역 또는 3천만원 이하의 벌금을 부과하는 등 중벌로 처벌하도록 하고 있다(동법 제11조 1항 및 제62조 내지 제65조 1호 및 2호).

(4) 「환경 · 교통 · 재해 등에 관한 영향평가법」(環境 · 交通 · 災害 등에 관한 影響評價法)

1) 환경영향평가제도의 의의

환경영향평가(Umweltvertr glichkeitspr fung: UVP, Environment Impact Assessment: EIA)는 환경보호행정의 사전배려의 원칙에 입각하여 각종 개발사업의 시행으로 인한 환경오염을 사전에 예방하기 위한 수단으로서, 사업계획을 수립 · 시행함에 있어서 당해 사업이 환경에 미칠 영향을 미리 예측 · 분석하여 환경에 미치는 영향을 줄일 수 있는 방안을 강구함으로써 환경친화적이고 지속가능한 개발을 도모하기 위하여 도입된 제도이다.[11)] 이 제도는 미국

---

10) 현재 멸종위기야생동식물로 지정된 것은 ① 포유류로 붉은 박쥐, 늑대, 여우, 표범, 호랑이, 수달, 바다사자, 반달가슴곰, 사향노루, 산양, ② 조류는 노랑부리백로, 황새, 노랑부리저어새, 저어새, 흑고니, 흰꼬리수리, 참수리, 검독수리, 매, 두루미, 넓적부리도요, 청다리도요사촌, 크낙새, ③ 양서 · 파충류로 구렁이, ④ 어류로 감돌고, 흰수마자, 미호종개, 꼬치동자개, 퉁사리, ⑤ 곤충류로 장수하늘소, 두점박이사슴벌레, 수염풍뎅이, 상제나비, 산굴뚝나비, 무척추동물로 나팔고둥, 귀이빨대칭이, 두드럭조개가 있고, ⑥ 식물은 한란, 나도풍란, 광릉요강꽃, 매화마름, 섬개야광나무, 돌매화나무 등이다(「자연환경보전법 시행령」 제 2 조 별표 1).

11) 고영훈, 앞의 책, 81면.

이 1969년에 제정한 「국가환경정책법」(National Environment Policy Act: NEPA)에서 처음 도입한 후, 1973년에 캐나다, 1974년에 호주와 독일 등이 도입한 이래 오늘날 대부분의 선진국을 포함하여 세계 100여개 국가가 시행 중에 있다고 한다.[12)]

우리나라는 1977년의 「환경보전법」에서 처음 도입하여, 1990년 제정된 「환경정책기본법」에 반영되면서 환경영향평가가 대상사업에 추가되었고, 이어 1993년에 단일법으로 「환경영향평가법」이 제정되었으나, 1999년에 기존의 「환경영향평가법」, 「도시교통정비촉진법」, 「자연재해대책법」 및 「수도권정비계획법」에서 각각 규정하고 있던 환경・교통・재해・인구영향평가를 통합한 「환경・교통・재해 등에 관한 영향평가법」이 제정되면서 기존의 「환경영향평가법」은 폐지되었다.

2) 환경영향평가에 관한 주요 절차 및 내용

가. 절 차 환경영양평가는 환경영향평가를 받아야 할 사업의 시행 전 또는 인·허가 전에 사업자가 주민의 의견수렴을 거쳐 환경영향평가서를 작성하여 당해 사업의 인·허가관청을 경유하여 환경부장관에게 제출하고, 승인기관의 장과 환경부장관은 이 환경영향평가서를 중심으로 협의하여 사업자에게 통보하면 사업자는 그에 따른 필요한 조치를 취한 후 인·허가를 받게 되며, 환경부장관 및 인・허가관청은 협의내용의 이행 여부를 감독・관리한다.

나. 대상 및 대상지역 이와 같은 환경영향평가를 실시하여야 할 사업은 도시의 개발, 산업입지 및 공업단지의 조성, 에너지개발, 항만건설, 도로건설, 수자원개발, 철도의 건설, 공항건설, 하천의 이용 및 개발, 매립 및 개간사업, 관광단지의 개발, 체육시설의 설치, 산지의 개발, 특정지역의 개발, 폐기물처리시설 및 분뇨처리시설의 설치 등이다(동법 제4조 1항).

그러나 이러한 사업에 속하는 것이 모두 평가대상이 되는 것은 아니며, 대통령령으로 정하는 단위산업의 일정한 범위를 초과한 경우만이 해당되나, 특별시・광역시 또는 도는 대통령령으로 정하는 사업의 범위에 해당하지 않는 사업에 대해서도 지역의 특수성을 고려하여 영향평가를 실시하여야 할 필요가 있는 때에는 대통령령이 정하는 범위 안에서 당해 시·도의 조례가 정하는 바에 따라 평가대상사업의 범위, 평가절차 등을 통하여 평가를 실시할 수 있다(동법 제4조 3항 내지 5항).

12) 환경부, 「환경백서」, 2000, 94면.

환경영향평가의 대상지역은 환경영향평가를 받아야 할 사업이 시행으로 인하여 환경영향을 받게 되는 지역으로서 환경영향을 과학적으로 예측·분석한 자료에 의하여 범위가 설정된 지역이다(동법 제31조).

환경영향평가대상지역의 주민들에게는 평가대상사업에 대한 영향평가의 부적절성 등을 이유로 대상사업의 승인처분을 다툴 수 있는 행정소송에서 원고적격이 인정되는 반면, 지역 밖의 주민들에게는 이것이 인정되지 않는다. 따라서 환경영향평가대상지역의 결정은 주민의 환경권침해에 대한 권리구제와 관련하여 중요한 의미를 갖는다.[13]

(5) 「환경개선비용부담법」(環境改善費用負擔法)

환경개선을 위한 대책을 종합적·체계적으로 추진하기 위한 투자재원을 조달하는 것을 목적으로 하는 법이다. 이를 위해 환경부장관은 유통·소비과정에서 환경오염물질을 다량 배출함으로써 직접적으로 환경오염을 야기한 건물 기타 시설물의 소유자 또는 점유자와 자동차의 소유자로부터 환경개선부담금을 부과·징수한다(동법 제9조).

환경개선부담금을 부과하는 대상은 유통·소비분야의 시설물과 경유자동차이다. 시설물의 경우 「국토의 계획 및 이용에 관한 법률」 제6조의 규정에 의한 도시지역, 관리지역 및 자연환경보전지역에 있는 점포·사무실·수상건물 등 지붕과 벽 및 기둥이 있는 각 층 바닥면적의 합계가 160m^2 이상인 건물(「환경개선비용부담법」 제9조 2항 1호 및 동법 시행령 제4조 1항 및 6항)이고 자동차는 「자동차관리법」에 의해 등록된 전국의 경유사용 자동차가 이에 속한다. 환경개선부담금의 부담자는 위의 건물 또는 시설물의 소유자이다. 그러나 소유자를 알 수 없는 때는 그 점유자가 환경개선부담금을 부담한다(「환경개선비용부담법 시행령」 제5조 1항 단서).

(6) 「환경분쟁조정법」(環境紛爭調整法)

1) 환경분쟁조정제도

"국가 및 지방자치단체는 환경오염 또는 환경훼손으로 인한 분쟁 기타 환경관련 분쟁이 발생한 경우에 그 분쟁이 신속하고 공정하게 해결될 수 있도록 하기 위하여 필요한 시책을 강구하여야 한다"고 한 「환경정책기본법」 제29조의 규정에 근거하여 1997년 제정된 「환경분쟁조정법」에 의해 도입된 제도이다.

이 제도는 사법기관에 의한 분쟁해결방법보다 행정기관이 지니고 있는 전

13) 고영훈, 같은 책, 85면.

문성, 절차의 신속성, 정보 등을 활용하여 행정기관이 환경분쟁에 적극 개입함으로써 신속 · 공정하게 분쟁을 해결해 줄 수 있다는 장점이 있어 많이 활용되고 있다.

2) 환경분쟁조정기관 및 임무

환경분쟁 등의 사무를 관장하기 위하여 환경부 산하에 중앙환경분쟁조정위원회를, 그리고 서울특별시를 비롯한 각 시·도에 지방환경분쟁조정위원회를 설치하도록 하였다(「환경분쟁조정법」 제 4 조). 위원장을 포함한 위원은 중앙조정위원회는 1급 상당의 공무원으로 1년 이상 재직한 자 또는 2-3급 상당의 공무원으로 3년 이상 재직한 자, 판사 · 검사 · 변호사로 6년 이상의 경력이 있는 자, 대학이나 연구기관에서 부교수 이상 또는 이에 상당하는 직에 3년 이상 재직한 자, 환경관계업무에 15년 이상 종사한 자 가운데 환경부 장관이 제청하여 대통령이 임명하고, 또한 지방조정위원회는 환경, 산업 또는 공중보건에 관한 학식과 경험이 풍부한 자 중에서 시·도지사가 임명 또는 위촉한다. 단 중앙환경분쟁조정위원회 및 지방환경조정위원회에는 법조인이 2명 이상 포함되어야 한다(동법 제 8 조).

위원의 임기는 2년으로 하되 연임할 수 있으며, 동법 제 9 조에서 정한 특별한 결격사유가 없으면 해임 또는 해촉할 수 없도록 하여 신분을 보장한다(동법 제 7 조 3항 및 제10조). 이것은 환경분쟁조정업무의 공정성을 확보하기 위한 취지에서이다.

이 분쟁조정위원회의 임무는 환경분쟁의 조정, 환경피해와 관련되는 민원의 조사 · 분석 및 상담, 분쟁의 예방 및 해결을 위한 제도와 정책의 연구 및 건의, 환경피해의 예방 및 구제와 관련된 교육 및 홍보 등이다(동법 제 5 조). 이 가운데서 주가 되는 것이 환경분쟁의 조정이다.

3) 환경분쟁의 조정

환경분쟁의 조정은 당사자 또는 그 대리인이 관할위원회에 알선 · 조정 또는 재정신청서(裁定申請書)를 제출함으로써 개시된다. 국가를 상대로 하는 조정에 있어서는 환경부장관이 대표가 된다(동법 제16조). 위원회가 행하는 조정의 절차는 특별한 규정이 없는 한 비공개로 진행하는 것을 원칙으로 한다. 환경부장관의 허가를 받아 설립된 비영리법인, 정관에 의하여 환경보호 등 공익의 보호와 증진을 목적으로 하는 단체, 법인으로서의 자연환경분야 활동실적이 2년 이상이고, 회원수가 100인 이상 그리고 3개 이상의 특별시 · 광역시 또는 분사무소를 둔 환경단체 등은 중대한 자연생태계 파괴로 인한 피해가 발생하였거나 발생할 위험이 현저한 경우에는 분쟁당사자를 대리하여 위원회에 조정을 신청할 수 있다(동법 제26조 1항 및 동 시행령 제20조).

가. 알선(斡旋) 조정위원회는 당사자 쌍방이 주장하는 요점을 확인하여 사건이 공정히 해결되도록 노력한다. 즉 분쟁당사자들이 조정 또는 재정신청에 들어가지 않고 스스로 해결하도록 주선하는 것이다. 따라서 알선으로는 분쟁해결의 가능성이 없다고 인정되는 때에는 알선을 중단할 수 있고, 알선중인 분쟁에 대해서 조정 또는 재정신청이 있는 때에는 당해 알선은 중단된다(동법 제29조).

나. 조정(調停) 환경에 관한 분쟁 당사자의 신청이 있을 때 또는 환경피해가 사회적으로 중대한 영향을 미칠 우려가 있는 경우에 중앙조정위원회의 직권으로 조정절차를 개시한다. 조정위원회는 필요한 경우 당사자가 점유하고 있는 공장·사업장 기타 사건과 관련이 있는 장소에 출입하여 관계서류 또는 물건을 조사·열람 또는 복사하거나 참고인의 진술과 함께 당사자의 의견을 들어 조정안을 작성한다.

이 조정안은 30일간의 기간을 가지고 당사자들에게 권고되며, 이 조정안이 당사자에 의하여 수락된 때에는 당사자간에 조정조서와 동일한 내용의 합의가 성립된 것으로 본다(동법 제32조 및 제33조). 그러나 당해 조정사건에 관하여 당사자간에 합의가 이루어질 가능성이 없다고 인정하는 때에는 조정을 하지 않는다는 결정에 의해 조정을 종결시킬 수 있고, 또한 30일 내에 당사자로부터 수락한다는 뜻의 통보가 없을 때에는 당사자간의 조정은 종결된다(동법 제35조 1항 및 2항).

다. 재정(裁定) 알선과 조정이 당사자간의 합의를 전제로 하는 분쟁조정이라면 재정은 재정위원의 직권에 의해 결정되는 분쟁조정방식이이 재정이다. 그러나 먼저 알선이나 조정절차를 거쳐야 하는 것은 아니고 직접 당사자가 재정신청을 할 수 있다. 다만 재정위원회(裁定委員會)가 재정신청된 사건이 조정에 회부하는 것이 적당하다고 인정하는 때에는 직권으로 직접 조정하거나 관할위원회에 송부하여 조정을 하도록 할 수 있으나, 이 경우에도 조정에 회부된 사건에 관하여 당사자간의 합의가 이루어지지 않으면 재정절차를 속행한다(동법 제43조).

재정위원회는 5인의 분쟁조정위원으로 구성된다. 사건은 재정위원회에서의 당사자 공개심문, 조사 및 감정 등을 통해 재정된다. 재정위원회가 재정을 행한 경우에 재정문서의 정본이 당사자에게 송달된 날부터 60일 이내에 당사자 쌍방 또는 일방에서 당해 재정의 대상인 환경피해를 원인으로 하는 소송이 제기되지 아니하거나, 소송이 제기되었더라도 그 소송이 철회된 때에는 당사자간에 당해 재정내용과 동일한 합의가 성립된 것으로 본다(동법 제42조).

(7)「환경범죄의 단속에 관한 특별조치법」(環境犯罪의 團束에 관한 特別措置法)

1) 연 혁

이 법은 환경범죄자를 중형으로 다스리기 위하여 제정된 법이다.[14] 즉 고의 또는 과실로 인하여 환경오염물질을 배출하여 공중의 생명·신체에 위험을 발생시키거나 공중의 생명·신체를 침해하는 행위에 대해 형벌을 과하는 것을 내용으로 하고 있다. 따라서 위반행위에 대해 행정벌을 위주로 하는 여타 환경범죄와는 달리 형벌을 부과하는 형법의 특별법이다.[15]

이전에는 환경범죄는 형법의 관련 조항과 개별 환경관련법들의 벌칙조항에 의해 처벌하였으나 그것만으로는 효과적으로 대처하기에 미흡하다는 비판이 있어 1991년「환경범죄의 처벌에 관한 특별조치법」을 제정하여 유해물질 등 인체에 해로운 물질을 배출하여 공중의 생명 또는 신체에 위해를 발생시키거나 사람을 사상(死傷)에 이르게 한 자를 무겁게 처벌하고자 하였다. 그 후 1996년과 1997년의 두 차례의 개정을 거쳐 1999년 12월에 환경범죄에 대한 처벌범위를 확대하고, 오염물질의 불법배출로 인하여 얻은 불법배출이익을 국가에서 환수하도록 하는「환경범죄의 단속에 관한 특별조치법」이 전문개정의 형식으로 제정되었다.

2) 주요 내용

이 법이 처벌의 대상으로 하고 있는 행위의 기본유형은 사업활동에 수반하는 유해물질의 불법배출이다. 고의범뿐만 아니라 과실범까지 처벌하며 일정한 경우 무기 또는 5년 이상의 징역으로 가중하여 처벌하는 누범가중규정을 두고 있다(동법 제5조 및 제8조). 또한 개인뿐만 아니라 법인도 각 해당 조의 벌금에 처한다(동법 제10조).

이 법률이 가지는 특징은 오염물질 불법배출행위를 중형에 처하는 것 외에도 배출행위와 위험발생 사이에 상당한 개연성이 있을 때는 그 위험이 관계사업자가 배출한 물질에 의해 발생한 것으로 추정하고, 피의자가 이를 면하려

14) 이 법은 1991년 대구에서 발생한 페놀사건을 계기로 사람의 생명, 신체에 위험을 주는 환경오염행위를 엄중히 처벌함으로써 이를 방지하고자 제정된 것이다.

15) 개별 환경법의 처벌규정들이 행정형법적 성격을 가진 것이라면 이 법은 형사특별법적인 성격을 가진 것이라고 할 것이다.

면 그 위험발생행위가 자기의 행위에 의한 것이 아니라는 증명을 하도록 한 것이다(동법 제11조). 이것은 사회적 강자인 기업에게 입증책임을 전환시킴으로써 피해자를 두텁게 보호하려는 취지이다.

(8)「해양오염방지법」

1) 연 혁

1960년대 초·중반까지는 우리나라의 해양은 거의 오염되지 않았고, 따라서 해양오염문제도 그다지 크게 부각되지 않았다. 그러나 그 후 경제개발추진으로 임해공업단지가 건설됨에 따라 각종 공장폐수가 해양에 유입되고 선박에 의한 해양오염사고가 빈발하자 해양환경보호의 필요성은 새롭게 인식하게 된다. 그리하여 1977년 12월 선박 및 해양시설로부터의 해양오염방지와 폐기물의 해양투기방지를 목적으로 하는「해양오염방지법」이 제정된다.

폐기물배출 및 수송에 관한 규제와 책임에 관한 것을 주요 내용으로 하는 동 법률은 해역별 수질기준과 특별관리해역을 지정하는 것을 내용으로 하는 1981년 12월의 1차 개정과, 'MARPOL협약'의 가입에 따른 'MARPOL협약'의 내용 일부를 수용한 1986년 12월의 개정, 폐유처리에 관한 규정을 보완한 1988년 12월의 3차 개정, 'MARPOL협약' 부속서 Ⅰ·Ⅱ의 내용을 수용한 것을 필두로 법률 전반에 걸쳐 대폭적인 수정·보완을 한 1991년 3월의 전문개정, 방제업무(方劑業務)를 내무부로 일원화하고, 민간분야의 폐유수거 및 방제를 활성화하는 한편, 연안특별관리해역의 지정·운영제도를 개선하는 것을 내용으로 하는 1995년의 개정, 방제선배치(防除船配置) 또는 방제장비설치의 불이행에 대한 처벌을 강화하고, 한국해양오염방제조합을 설립하는 것 등을 내용으로 하는 1997년 4월의 개정, 해양오염발생원의 범위를 확대하고, 해양환경의 상태가 양호한 해역을 환경보전해역으로 지정하여 관리함으로써 해양오염의 사전예방효과를 기하는 것을 내용으로 하는 1999년 2월의 개정 등을 거쳐 현재 시행되어 오고 있다.

2) 주요 내용

가. 배출규제 「해양오염방지법」은 해양에서 선박으로부터 기름·유해액체물질[16]·폐기물을 배출하는 것을 금지하고 있다. 즉 긴급피난이나 피치못할 경우를 제외하고는 모든 해역에서 선박에 의한 기름·유해액체물질 및

16) 유해액체물질(有害液體物質)이란 기름 외의 액체물질 중 해양환경의 보전을 저해하는 물질과 그 물질이 함유된 물밸러스트·화물창의 세정수 등을 말한다(「해양오염방지법」 제2조 3호).

폐기물의 배출을 금지하는 것을 원칙으로 하고 있다(동법 제5조 1항 1호, 제11조 1항 및 제16조 1항).

또한 그 실효성을 확보하기 위하여 선박소유자의 기름·유해액체·폐기물오염방지설비 설치와 기름기록부·유해액체물질기록부·폐기물기록부를 비치할 의무를 부과하고 하고 있다(동법 제6조, 제9조, 제12조, 제13조, 제17조 및 제22조).

나. 해양오염의 방제(防除)　　선박으로부터 대량의 기름을 배출하거나 또한 그 염려가 있는 때에는 그 선주나 관리자 등은 해양경찰청장에게 신고하여야 하고, 이들 신고의무자는 배출된 기름의 확산방지와 제거 및 계속적인 배출방지를 위한 응급조치를 취할 의무가 있다(동법 제47조 및 제48조).

다. 해양환경개선부담금　　해양수산부장관은 해양환경 및 생태계에 현저한 영향을 미치는 사업으로서 폐기물해양배출업자 등에 대하여는 해양환경개선부담금을 부과·징수한다(동법 제46조의3).

라. 해양오염방제조합의 설립　　해양에 배출된 기름등폐기물에 대한 효율적인 방제와 방제에 관한 교육·훈련 및 기술개발을 통하여 방제능력을 향상시킴으로써 해양환경을 보전하기 위하여 법인으로 한국해양오염방제조합을 설립하여 해양에 배출된 기름등폐기물의 방제, 방제에 필요한 자재·약제 및 장비의 비축 및 대여, 기름 등 폐기물저장시설 및 폐유처리시설의 설치·운영, 폐기물의 처리를 위한 선박의 운영, 기름 등 폐기물의 배출방지를 위한 선박의 인양·예인, 방제기술의 연구 및 개발 등의 사업을 하도록 하고 있다(동법 제52조의2 및 제52조의3).

마. 해양오염영향조사 및 비용부담　　선박의 소유자와 해양시설의 설치자는 기름 등 폐기물이 일정규모 이상 해양에 배출된 경우에 당사자가 경비를 부담하여 해양오염영향조사기관을 통하여 해양오염영향조사를 실시하여야 한다(동법 제52조의10). 또한 이 해양오염영향조사는 기름 등 폐기물에 의하여 해로운 영향을 받게 될 자연환경, 생활환경 및 사회·경제환경분야 등에 대하여 실시하여야 한다(동법 제52조의11).

(9) 「악취방지법」

1) 연　혁

「환경정책기본법」은 대기오염, 수질오염, 소음·진동 등과 함께 독립된 환경오염으로 악취를 규정하고 있으나(동법 제3조 4호), 「대기환경보전법」에 의거 대기오염 관리차원에서 대기오염물질배출시설 및 생활악취시설로 규제하고 있었다. 그러나 악취는 극히 낮은 농도에서도 불쾌감을 유발하고 대기를 오염시킬 수 있기 때문에 악취에 관한 민원이 증가하고 있는 현실에서 독립된 법률로 관리 · 규제해야할 필요가 제기되었다.

즉 악취는 일반 대기오염과는 달리 그 원인이 되는 물질이 다양하고 복합적이며 국지적 · 순간적으로 발생 · 소멸하는 특성이 있어 「대기환경보전법」으로 관리 · 규제하기에는 한계가 있기 때문에 일본 「악취방지법」의 입법례를 참고로 「악취방지법」을 제정하게 된 것이다.

「대기환경보전법」의 악취관리체계가 악취배출시설을 대기오염물질 배출시설 및 생활악취시설로 관리하는 시설 중심의 규제였다면 이 법은 악취관리지역을 지정하고, 악취관리지역 내의 사업장에 대하여 악취방지시설의 설치 및 방지계획을 이행하도록 하는 지역관리중심의 규제라고 할 수 있다.

이 법은 2003년 4월 정부로부터 제출되어 국회 소관 위원회의 심의를 거쳐 2004년 1월 국회 본회의를 통과하여 같은 해 2월 9일 공포되었고, 부칙에 따라 2005년 2월 10일부터 발효되었다.

2) 주요 내용

가. 악취관리지역 지정 「악취방지법」은 시·도지사에게 주민의 생활환경을 보전하기 위하여 사업장에서 배출되는 악취를 규제할 필요가 있다고 인정되는 지역을 악취관리지역으로 지정하도록 하고 있다(동법 제6조 1항). 또한 시·도지사가 악취관리지역을 지정하거나 이를 변경하고자 하는 때에는 이해관계인의 의견을 들어야 하고(동법 제8조 2항), 시·도지사는 악취관리지역을 지정하거나 변경한 때에는 이를 고시하고 그 내용을 환경부장관에게 보고하여야 한다(동법 제6조 2항 및 3항).

한편 시장 · 군수 또는 자치구의 구청장은 주민의 생활환경을 보전하기 위하여 필요하다고 인정하는 경우에는 지역을 정하여 시·도지사에게 악취관리지역으로 지정하여 줄 것을 요청할 수 있다(동법 제6조 4항).

나. 악취배출시설의 설치신고 악취관리지역안의 사업장에 악취배출시설을 설치하고자 하는 자는 시·도지사에게 신고하여야 하고, 당해 악취배출시설에서 배출되는 악취가 배출허용기준 이하로 배출될 수 있도록 악취방지시설의 설치 등 악취를 방지할 수 있는 계획을 수립하여 그 신고시에 함께 제출하여야 한다(동법 제8조 1항 및 2항).

또한 악취관리지역을 지정 · 고시할 당시 당해 지역에서 악취배출시설을 운영하고 있는 자는 그 고시된 날부터 6월 이내에 악취배출시설 설치신고와 함께 악취방지계획을 제출하고, 그 고시된 날부터 1년 이내에 악취방지계획에 따라 악취방지에 필요한 조치를 하여야 한다(동조 4항).

다. 개선명령 및 사용중지명령 시·도지사는 악취관리지역안의 사업장에서 배출되는 악취가 제 7 조의 규정에 따른 배출허용기준을 초과하는 경우에는 대통령령이 정하는 바에 따라 기간을 정하여 당해 사업자에게 그 악취가 배출허용기준 이하로 내려가도록 필요한 조치를 할 것을 명할 수 있고(동법 제10조), 개선명령을 받은 자 중 신고를 한 자가 악취배출시설에 대한 개선명령을 이행하지 아니하거나 이행은 하였으나 배출허용기준을 계속 초과하는 경우에는 당해 악취배출시설의 전부 또는 일부에 대하여 사용중지를 명할 수 있다(동법 제11조).

라. 생활악취의 방지 고무 · 피혁 · 합성수지류 · 폐유류 및 동물의 사체와 그 부산물 그 밖에 악취를 발생시키는 물질을 소각시설이 아닌 곳에서 태워서는 안 되고, 이를 위반한 자는 200만원 이하의 벌금에 처한다(동법 제15조 및 제28조 2호).

또한 국가 및 지방자치단체에게 하수관거 · 하천 · 호소 · 항만 등 공공수역에서 악취가 발생하여 주변지역 주민에게 피해를 주지 아니하도록 적절히 관리하여야 할 의무를 부과하고 있다(동법 제16조).

제 6 장

교 통 범 죄

제 1 절 교통범죄의 의의 및 실태

1. 교통범죄의 의의

교통범죄는 아직 학문적으로 정확하게 정립된 개념이 아니나 일반적으로 세 가지의 의미로 해석되고 있다. 첫째, 좁은 의미에서의 교통범죄로 이른바 교통형사범, 즉 교통기관을 수단 또는 대상으로 하여 행해진「형법」상의 범죄를 말한다. 둘째, 넓은 의미로는 좁은 의미의 교통범죄에다 교통위반, 즉 각종의 교통단속법규에 위반한 경우 중 그에 대하여 형벌을 과하도록 되어 있는 것들을 추가한 개념이다. 다시 말하면 넓은 의미에서의 교통범죄는 교통형사범과 형을 과하도록 되어 있는 교통규칙위반행위를 말하는 것이다. 셋째, 가장 넓은 의미의 교통범죄는 넓은 의미의 교통범죄에다 형벌을 과하도록 되어 있는 교통관계행정법규에 위반행위를 포함하는 개념이다.[1)]

형사정책에서는 보통 교통범죄라고 하는 경우에는 넓은 의미의 교통범죄로 도로교통을 둘러싼 범죄를 의미하는 넓은 의미의 교통범죄를 말한다. 즉 도로교통에 관계되는 업무상과실치사상죄 등의 교통사범과 교통규칙위반을 포함하는 개념인 것이다.

실무상으로는 교통범죄를 육·해·공상의 교통수단의 안전과 원활한 소통을 목적으로 하는 각종 법규를 위반하는 행위와 교통수단의 운행에 있어서의 과실로 인한 인적·물적 피해를 야기하는 행위를 의미한다. 그러나 일반적으로 교통범죄라고 하면 주로 도로교통사고에 의한 과실범죄를 의미하는 경우가 많다.[2)]

---

1) 예를 들면 무허가로 궤도를 부설하는 행위를 금지하는「삭도·궤도법」(索道·軌道法) 제 4 조 그리고 여객자동차운송사업면허 없이 여객자동차운송사업을 경영하는 행위 등을 금하는「여객자동차운수사업법」제 5 조 1항에 위반하는 행위 등이 이에 포함되는 것이다.

2) 그러나 엄밀히 말하면 이 경우에는 교통사고범죄라고 해야 정확할 것이다.

2. 교통범죄의 실태

현대 문명에서 중요한 위치를 차지하고 있는 교통수단은 그 질과 양에 있어서 날로 발달·증가하고 있다. 선진국의 경우에는 '1가구 1차량시대'를 넘어서 성인 한 사람당 1차량의 시대로 접어들고 있고, 우리나라도 사실상 '1가구 1차량시대'는 이미 도래했다고 보아야 할 것이다. 이에 따라 운전면허소지자도 급속히 증가하고 있고 나아가 운전면허증이 사실상 신분증과 같은 기능을 하기에까지 이르렀다.

이와 같은 1가구 1차량시대의 도래와 운전면허소지자의 증가가 차량운행 증가라는 현상을 초래하는 것은 당연한 현상이다. 그러나 교통시설, 즉 도로 및 교통환경은 이에 뒤따르지 못하고 있는 현실이다. 이러한 현상은 필연적으로 교통혼잡과 사고 및 교통공해 등과 같은 문제를 야기한다. 특히 교통사고는 그 피해의 수와 규모가 갈수록 커지고 있다. 따라서 이에 따른 경제적 손실도 엄청나다.

형사정책적인 측면에서도 교통사고로 인하여 범죄자가 양산되어 범죄 양의 전체적인 증가요인으로 작용하고 있다. 따라서 교통사고의 감소는 교통범죄의 감소와 직결되기 때문에 교통과 관련된 제반 환경의 개선이 시급할 것이다.

제 2 절 교통범죄의 대책

1. 교통범죄와 관련된 현행법

현행법상 교통범죄를 규율하는 법률은 「형법」의 교통방해의 죄(제185조-제191조), 과실치사상의 죄(제266조-제268조), 「교통사고처리특례법」, 「도로교통법」, 「특정범죄가중처벌 등에 관한 법률」 제5조의3 등이 있다. 그 외에도 「도로법」, 「여객자동차운수사업법」, 「자동차관리법」, 「고속국도법」, 「철도법」, 「도시철도법」, 「삭도·궤도법」(索道·軌道法), 「선박안전법」, 「항만운송사업법」, 「유선 및 도선사업법」, 「개항질서법」, 「선박법」, 「선박안전법」, 「항공법」, 「항공기운항안전법」, 「교통안전법」 등이 교통과 관련된 법이나 이것들 대부분은 교통범죄와 관련된 것이라기보다는 교통에 관한 행정법규이다.

(1) 「교통사고처리특례법」(交通事故處理特例法)

업무상과실 또는 중대한 과실(중과실)로 교통사고를 일으킨 운전자에 관한 특례를 정한 법률이다. 따라서 이 법률은 형법 제268조(업무상과실·중과실치사상)와 「도로교통법」의 특별법으로 교통사고에 의한 업무상과실이나 중과실치사상의 경우에 적용되는 법률이다.

오늘날 자동차운전이 사회에서 차지하는 기능에 비추어 운전 중 업무상과실 또는 중과실로 타인을 다치거나 죽게 한 경우에도 피해자와 합의하거나 보험 등에 의해 피해자의 손해를 어느 정도 전보(塡補)할 수 있다면 처벌하지 않는 것을 원칙으로 하고 있다. 즉 업무상과실 또는 중과실로 인한 교통사고에 의해 중과실치사상죄를 범한 자 또는 이 사고로 인해 타인의 건조물이나 재물을 손괴한 자라 하여도 처벌을 바라지 않는다는 피해자의 명시한 의사가 있거나 보험이나 공제(共濟)에 가입한 경우에는 공소를 제기할 수 없는 것이다. 이것은 오늘날 과실범이론의 전반을 지배하고 있는 '신뢰의 원칙'과 '허용된 위험의 법리'에 기초를 두고 있다.

그러나 가해운전자가 피해자를 구호하는 등 도로교통법 제50조 1항의 규정에 의한 조치를 하지 아니하고 도주하거나, 피해자를 사고장소로부터 옮겨 유기하고 도주하거나 또는 도로교통법상의 중대한 규칙위반(「도로교통법」 제5조, 제12조 3항, 제57조, 제15조 1항 및 2항, 제19조 1항, 제20조 내지 제20조의3, 제56조 2항, 제21조, 제24조 1항, 제40조 1항; 「건설기계관리법」 제26조; 「도로교통법」 제80조, 제41조 1항, 제42조, 제12조 1항 및 2항, 제35조 2항 등 이른바 10개 조항)에 해당하는 자는 피해자의 의사 또는 보험이나 공제에 가입 여부와 상관 없이 공소가 제기된다(동법 제3조). 이것은 이른바 '뺑소니 운전'과 '무보험운전'을 무겁게 처벌함으로써 피해자를 보호하고자 하는 취지이다.

(2) 「도로교통법」(道路交通法)

이 법률은 도로에서 발생하는 교통상의 모든 위험과 장해를 방지·제거하여 원활한 교통을 확보하고자 하여 제정된 행정법규이다. 따라서 그 내용도 도로교통과 관련된 각종 용어의 정의, 도로교통을 위한 신호등의 설치 및 관리, 보행자의 통행방법, 차마(車馬)의 통행방법, 운전자 및 고용주의 의무, 운전면허 등에 관한 것이 주가 되고 있다.

이 「도로교통법」 위반사범에 대해서는 형벌(징역 또는 벌금)과 행정벌로 범칙금(동법 제113조, 제114조 및 제117조 내지 제119조)과 과태료(제115조의2)가 부과된다. 그러나 실무상으로는 도로교통법위반사범 가운데 인적 피해 없이 단순히 재산적 피해만을 야기한 경우는 피해자와 합의되거나 가해차가 보험에 가입되어 있으면 '공소권 없음'

으로 불기소처분을 한다. 또한 기소를 하더라도 대부분이 구약식청구(求略式請求)를 하는데, 그것은 「교통사고처리특례법」 위반범죄가 인적 피해를 야기하는 것을 대상으로 하고 있는 것임에 비하여 「도로교통법」 위반범죄는 단순한 재산적 피해만을 야기하거나 또는 그러한 피해조차 없는 교통질서위반범죄를 그 내용으로 하고 있기 때문이다.

(3) 「특정범죄가중처벌 등에 관한 법률」 제 5 조의3

이 규정은 「도로교통법」 제 2 조에 규정된 자동차, 원동기장치자전거 또는 궤도차의 교통으로 인하여 형법 제268조의 죄(업무상과실 · 중과실치사상)를 범한 차륜의 운전자가 피해자를 구호하는 등 도로교통법 제50조 1항의 규정에 따라 조치를 취하지 않고 도주한 때에 가중처벌하는 것이다. 「교통사고처리특례법」이 '뺑소니 운전자'에 대한 공소제기가 주 내용인 반면, 이 법 규정은 뺑소니 운전자에 대한 가중처벌이 그 목적이다. 따라서 뺑소니 운전자는 이 법규에 의해 그 행위유형에 따라 최고 사형 · 무기 또는 5년 이상의 징역까지 처벌된다.

2. 교통범죄처리에 관한 입법례

(1) 물적 피해(物的 被害)

교통사고로 인한 재산피해에 대하여는 미국, 프랑스 등 대부분의 국가들이 형사처벌의 대상으로는 취급하지 않고 있다. 다만 일본의 경우 「교통사고즉결재판수속법」(交通事故卽決裁判手續法)에 의하여 즉결처리하고 있고,[3] 독일에서는 도로교통에 있어서 선행권무시(先行權無視) 등 심하게 교통법규를 위반하고 무분별하게 운전함으로써 큰 가치가 있는 타인의 재산을 위태롭게 한 때에는 형사처벌하도록 규정하고 있다(독일 「형법」 제315조의 c). 그뿐만 아니라 인적 · 물적 피해를 불문하고 자동차운전과 관련하여 또는 운전자의 의무위반하에서 행해진 범죄행위로 인하여 형의 선고를 받거나 또는 운전자의 의무를 위반하는 범죄행위를 저질렀으나 책임조각사유에 의해 형의 선고를 받지 아니한 때에는 운전면허를 취소하거나 운전금지명령을 선고하도록 하는 '개선 · 보안처분'

3) 1954년 5월 18일 제정된 「교통사고즉결재판수속법」은 교통에 관한 형사사건의 신속 · 적정한 처리를 도모하고자 「형사소송법」의 특별법으로 입법되어 종래의 약식수속과 병행하여 사건처리의 원활화에 기여하고 있다. 이 제도와 「형사소송법」상의 약식절차는 모두 공판 전의 간이소송절차이지만, 「교통사고즉결재판수속법」상의 즉결재판절차는 「형사소송법」상의 약식절차에 대한 특별절차라는 법적 성격을 갖는다. 법무연수원, 앞의 책, 334면.

(Maßregeln der Besserung und Sicherung) 규정을 두고 있다.

⑵ 인적 피해(人的 被害)

일본은 우리의 경우와 같이 형법을 적용하여 업무상과실치사상죄로 처벌하고 있고, 미국은 주마다 약간씩 상이한 태도를 보이고 있으나 보통 간이절차에 의하여 벌금형으로 처벌하고 있다. 다만 고의범 등 중대범죄에 대해서는 형법을 적용한다. 한편 독일의 경우에는 비교적 엄한 처벌을 하고 있다. 즉 알코올음료나 흥분제의 복용 또는 정신적이나 신체적 결함으로 차륜을 안전하게 운전할 수 없는 상태하에서 운전하거나 선행권무시(先行權無視) 등 7개항의 무분별한 운전으로 생명·신체를 위태롭게 한 자는 5년 이하의 자유형 또는 벌금형에 처하고 있고, 안전하게 운전할 수 없는 상태에서 운전한 경우에는 그 미수범도 처벌하고 있다. 또한 보통의 과실로 위와 같은 결과를 야기한 경우에는 2년 이하의 자유형 또는 벌금형에 처하도록 하고 있고, 운전면허취소 또는 운전금지명령이라는 개선·보안처분이 병과된다(독일 「형법」 제315조의 c).

프랑스는 미숙련, 경솔, 부주의, 태만, 규칙불준수(規則不遵守)로 인한 과실로 사람을 사망에 이르게 하거나 사망의 원인을 제공한 자는 3개월 이상 2년 이하의 구금 및 1,000프랑 이상 20,000프랑 이하의 벌금에 처하고, 미숙련 또는 부주의로 인하여 상해 또는 질병을 생기게 하여 3개월 이상 취업을 할 수 없게 한 경우에는 15일 이상 1년 이하의 구금 또는 500프랑 이상 15,000프랑 이하의 벌금에 처하거나 이를 병과하고 있다(프랑스 「형법」 제319조 및 제320조).

3. 교통범죄대책의 개선방안

⑴ 교통안전교육 및 교통환경의 개선

교통범죄, 즉 교통사고를 방지하는 선결조건은 국민의 교통질서의식의 확립이다. 교통사고를 줄이기 위해서는 운전자뿐만 아니라 보행자를 포함한 모든 국민이 교통질서확립에 대한 확실한 인식과 의지를 가지고 있어야 하는 것이다. 이와 같은 교통질서문화를 정착시키기 위해서는 체계적인 교통안전교육이 필요할 것이다. 즉 유아단계에서부터 고령자에 이르기까지 교통안전교육을 상시 그리고 조직적으로 실시하여야 할 것이다. 특히 교통안전에 관한 행동과 습관을 가장 효과적으로 내면화시킬 수 있는 시기인 유아기나 초등학교시기부터 교통안전에 관한 교육을 의무화하는 방안이 강구될 필요가 있다. 아울러 교통안전교육의 효과를 분석하고, 새로운 지도방법과 다양한 교재(教材)를 개발하기 위한 연구도 강화되어야 한다. 이와 병행하여 교통안전교육을 전담할 전문지도자의 육성과 관련조직의 활성화도 이루어져야 할 것이다.

또한 도로교통환경의 정비, 특히 '교통혼잡'의 해소는 교통사고방지를 위한 또 하나의 과제이다. 현재와 같은 열악한 도로조건에서는 교통안전을 기대하는 것이 어려울 정도이다. 따라서 교통혼잡 해소를 위한 방안이 다각적으로 모색 · 추진되어야 할 것이다. 그것은 도로의 확충과 자동차운행의 축소 그리고 주차공간의 확보라는 3방향에서 추진될 것이다.

(2) 교통단속의 개선

교통법규위반 단속의 실시 그 자체가 교통범죄의 예방에 효과적이라는 것은 의심할 여지가 없다. 그러나 현재와 같은 '실적위주' 또는 '함정단속'이라는 방법으로는 교통범죄에 대한 사회적 차원의 법의식을 확립할 수 없다. 따라서 명백하고 실질적인 기준에 의해 지속적이고 일관된 단속을 할 필요가 있다. 그럼으로써 교통지도와 단속의 정당성 · 공평성이 국민에게 인식되도록 하여야 하는 것이다.

결국 교통단속의 효과를 높이기 위해서는 교통사고의 발생상황과 교통환경의 특수성을 감안한 단속기준이 확립되어야 할 것이고, 특히 상시 그리고 지속적으로 단속을 함으로써 국민으로 하여금 교통위반행위로 인한 불이익을 실감하게 하여 교통질서를 지키는 것을 생활화하도록 하여야 할 것이다.

전술한 바와 같이 교통범죄에 대한 대책은 교통사고를 줄이는 것이 가장 중요한 방법이다. 따라서 첫째, 대물적(對物的) 대책으로서 교통공학적인 도로환경의 정비와 적절한 유지 · 관리, 안전차의 개발, 둘째, 대인적(對人的) 대책으로 운전자의 적성파악 및 운전자와 보행자에 대한 안전교육, 셋째, 사회정책으로 전문 직업운전자의 노동조건개선과 향상, 자동차의 적절한 생산규제와 자가 승용차의 소유 또는 운행제한, 넷째, 교통관계법령의 정비와 교육강화, 다섯째, 교통범죄자의 처우 및 개선 등이 필요할 것이다.

제 7 장

사이버범죄

제 1 절 컴퓨터범죄

1. 컴퓨터의 발전과 컴퓨터범죄의 특성

1) 컴퓨터의 발전과 사회

오늘날의 사회를 고도의 정보사회로 전환시킨 것은 컴퓨터와 데이터통신기술의 발달이라고 한다. 현대인은 이 컴퓨터를 이용하여 자신의 활동영역을 비약적으로 확대시켜 나갔고 나아가 생활의 편익을 증대시켜 왔다.

특히 오늘날 '정보의 바다'라고 일컫는 '인터넷'(Internet)의 급격한 보급·확산과 정보통신망(Information Infrastructure)의 구축은 전 세계를 하나로 묶어 놓았다. 그뿐만 아니라 인터넷을 통하여 컴퓨터, TV, 신문, 라디오 등 각종 미디어가 하나로 통합되는 추세로 가고 있다.

그러나 컴퓨터의 사회적 역할과 유용성의 증대라는 순기능(順機能)의 이면에는 그것을 악용하여 부당한 이익을 취하거나 타인에게 해를 입히는 역기능(逆機能)이 현대사회의 새로운 문제로 등장하고 있다. 즉 범죄자나 범죄단체가 이를 범죄의 도구나 수단으로 이용하게 되었고, 따라서 검찰·경찰 등 형사사법기관도 기존의 범죄예방 및 진압시스템만으로는 효율적으로 대응하기 어려워진 것이다. 미국을 비롯한 선진국들이 정보사회의 폐해와 부작용을 최소화하고 순기능을 극대화할 수 있는 법제도의 정비와 시스템구축에 전념하고 있는 것도 이와 같은 이유에서이다.

2) 컴퓨터범죄의 특성[1)]

컴퓨터범죄는 여러 가지 면에서 전통적인 범죄와 구분되는 특징을 가지고 있다.

1) 사법연수원, 「신종범죄」, 1999, 370면; 최영호, "컴퓨터와 범죄현상," 컴퓨터출판, 1995, 26면.

첫째, 범행이 지속적·반복적으로 행해지는 경우가 많다. 즉 컴퓨터부정조작이나 시스템침입 등은 1회로 그치기보다는 계속적으로 반복되는 경우가 많다. 이는 시스템의 진행과정이 매우 규칙적으로 구성되어 있어서 행위자가 일단 조작방법을 터득하기만 하면 다음부터는 쉽게 이용할 수 있기 때문이다.[2)]

둘째, 범행이 자동적 그리고 광범위하게 이루어진다. 프로그램조작에 의하여 행해지는 컴퓨터범죄는 행위자가 어떤 다른 행위를 하지 않더라도 일단 불법으로 변경된 고정자료를 호출하거나 부정한 프로그램을 삽입할 때마다 자동적으로 범죄행위가 이루어지는 것이다. 금융기관의 종사자들이 예금계좌를 조작하여 불법적 다른 계좌로 이체시키거나 인출하는 경우가 그 예이다.

또한 오늘날의 컴퓨터는 대부분 통신기능을 보유하고 있고 원격지에 있는 단말기를 통신회선으로 연결하여 정보의 전달과 처리를 하도록 하는 데이터통신시스템을 이용하여 원격지에서 범행할 수 있게 되어 범죄가 광역화하고 있다.

셋째, 범죄의 적발과 증명이 매우 곤란하다.[3)] 컴퓨터조작은 짧은 시간에 처리되는 양이 대단히 많기 때문에 부정조작이 이루어진 경우 사후에 이를 검토하여 잘못을 가려내기가 어려울 뿐만 아니라, 경제적으로도 막대한 비용이 소요되는 경우가 많다. 컴퓨터는 수많은 자료를 디스크, 마그네틱테이프 등 좁은 공간에 축소·저장하고, 이렇게 저장한 자료는 폐쇄성·은닉성(隱匿性)·불가시성(不可視性)을 갖기 때문에 그 적발과 증명이 곤란한 것이다.

또한 범죄의 고의를 입증하는 것도 곤란하다. 비록 컴퓨터상의 오류가 발견된다고 하더라도 행위자가 예금을 빼내는 등 범죄의사를 명시적으로 표현하지 않은 한 자료의 변경, 멸실 등의 단계에서는 범의를 부인하거나 실수라고 변명하는 경우가 많기 때문이다.

넷째, 행위자가 컴퓨터 전문가이거나 경영내부자인 경우가 많다. 지금까지의 경험으로는 컴퓨터범죄는 대체로 컴퓨터에 대한 전문적인 지식을 갖춘 자나 경영조직 내부의 담당자에 의해 저질러지고 있다.

다섯째, 컴퓨터범죄를 저지른 자 중 상당수는 범죄의식이 희박한 경우가 많다. 컴퓨터범죄의 범행동기는 전통적인 재산범죄와 달리 자기의 컴퓨터 실력을 과시하는 등 단순한 유희적 동기에서 비롯되는 경우가 많다는 것이다. 컴퓨터데이터의 조작(造作)이나 변조는 컴퓨터에 대한 상당한 지식과 기술을 필

2) Charles P. Pfleeger, *Security in Computing*, Prentice Hall, 1989, pp. 194-195.

3) US Department of Justice, Justice Management Division, *Basic Consideration in Investigation and Proving Computer-Related Federal Crimes*, 1988, pp. 1-4.

요로 하기 때문에 범죄자 의식의 저변에는 컴퓨터에 대한 고의의 조작기술을 즐기거나 다른 사람에게 이를 과시하고자 하는 의도가 깔려 있으므로, 다른 일반 전통적인 범죄들과 같은 도의적인 자책감은 없기가 쉽다.

여섯째, 컴퓨터범죄를 저지르는 연령층이 낮다. 컴퓨터가 우리 사회에 도입·이용된 시간이 얼마 되지 않기 때문에 주로 젊은 층들이 관심을 갖고 습득한 기술을 가지고 범행을 하기 때문이다.

2. 컴퓨터범죄의 유형

컴퓨터범죄를 행위자의 이용방법을 중심으로 컴퓨터부정조작, 컴퓨터파괴, 컴퓨터스파이, 컴퓨터부정사용 등으로 분류할 수 있다.

1) 컴퓨터부정조작(Computer-manipulation)

컴퓨터에 의하여 처리·보존·전달되는 데이터를 부정하게 조작하는 일체의 행위, 즉 컴퓨터데이터 또는 프로그램의 부정한 입력·처리·출력·기억·개변·소거 등을 말한다. 예를 들면 은행예금구좌에 허위납입 데이터를 입력한 뒤 예금을 빼내거나 위조한 현금카드로 금전을 인출하는 것, 융자관리파일의 등록말소나 데이터에 허위로 변제기록의 입력, 급여데이터의 위조나 급여프로그램의 조작, 컴퓨터화된 공정증서원본이나 장부 또는 회사시스템에 허위의 데이터를 입력하는 경우 등이다.

2) 컴퓨터파괴(Computer-sabotage)

타인에게 재산적 손해를 입힐 목적으로 컴퓨터 하드웨어 자체를 파괴하거나 작동이 되지 않도록 하는 행위와 데이터나 프로그램을 저장하고 있는 매체, 즉 자기디스크, 자기테이프, 자기드럼 등을 파괴하는 행위이다. 행위자는 간단한 도구를 이용하여 컴퓨터 하드웨어 자체를 파괴하거나 강력한 자석 또는 특정 프로그램을 입력시켜[4] 기억된 자료를 파괴하거나 무력화시킨다. 특히 행위자가 프로그램이나 컴퓨터시스템에 대한 지식을 가지고 있다면 콘솔이나 단말기를 이용하여 기억된 장치를 쉽게 해체시킬 수 있다.

3) 컴퓨터스파이(Computer-spy)

컴퓨터스파이란 권한 없는 자가 컴퓨터시스템의 자료를 획득하거나 누설하는 것을 말한다. 이른바 '해킹'이라는 행위가 그것이다. 현대 산업사회에서 모든 자료가 컴퓨터에 집중적으로 저장·관리되고, 또한 많은 자료가 용적이

---

4) 이른바 '컴퓨터바이러스'를 유포시키는 행위가 그 전형적인 것이다.

적은 자기테이프 등에 압축된 형태로 저장되고 있으므로 컴퓨터스파이 행위는 쉽게 그리고 눈에 띄지 않게 지능적으로 비밀을 탐색·입수하게 된다는 점에서 개인적인 손실뿐만 아니라 크게는 사회적·국가적 이익을 해칠 수도 있는 행위이다.

4) **컴퓨터부정사용**(Computer Zeitdiebstahl)

컴퓨터부정사용이란 자기의 데이터를 처리하기 위하여 권한 없이 타인의 컴퓨터를 사용하는 것으로써 시간절도(時間竊盜) 또는 컴퓨터 서비스절도라고도 한다. 이것은 권한이 전혀 없는 자가 사용하는 경우와 일정한 범위 내에서 사용권한이 있지만 그 권한을 이탈하여 사용하는 경우가 있다. 예컨대 기업의 컴퓨터를 그 종업원이 업무 외의 아르바이트 등의 자기 이익을 위하여 사용하거나 타인의 암호(Password)를 이용하여 타임셰어링시스템(Timesharing System)을 권한 없이 사용하는 경우이다.

온라인네트워크에 퍼스널컴퓨터를 연결하여 원거리 접속사용도 쉽게 할 수 있게 됨으로써 컴퓨터부정사용은 점차 증가될 것으로 예상된다.

3. 현행법상 컴퓨터범죄 규제

컴퓨터를 이용한 불법행위가 사회적으로 문제되고 있음에도 불구하고 기존의 법규로는 이에 대처할 수 없는 행위유형들이 있기 때문에 1995년의 형법개정에서 컴퓨터범죄를 처벌하기 위한 규정을 신설·보완하였다. 즉 자료의 부정조작에 대하여는 전자기록범죄와 컴퓨터 등 사용사기죄, 컴퓨터파괴에 대하여는 컴퓨터손괴 등 업무방해죄, 컴퓨터스파이에 대하여는 기술적 수단에 의한 비밀침해죄 등이 그것이다. 그러나 컴퓨터의 권한 없는 사용에 대하여는 직접적인 규정을 두고 있지 않다.

(1) **전자기록위작·변작죄**(電磁記錄僞作·變作罪)(「형법」 제227조의2 및 제232조의2)

전자가록을 공전자기록(公電磁記錄)과 사전자기록(私電磁記錄)으로 나누고 이의 위작·변작 및 행사를 처벌하도록 하였다. 또한 행정전산화에 따라 공정증서원본이 문서의 형태로부터 전자기록의 형태로 변화하여 가는 점을 고려하여 공정증서원본 부실기재죄의 행위객체에 전자기록 등 특수매체기록을 추가하였다. 그리고 위조사문서 등의 행사죄의 객체에도 위작·변작된 전자기록 등 특수매체기록을 행사도 포함하였다(동법 제234조).

(2) 컴퓨터 등 사용사기죄(「형법」 제347조의2)

종래 컴퓨터전자기록의 악용은 사람에 대한 직접적인 기망행위나 재물의 현실적인 점유이전을 수반하지 않기 때문에 일반 사기죄나 절도죄에 의하여 처벌할 수 없었다. 이와 같은 행위의 본질은 일반 사기죄와 유사하다는 점을 고려하여 1995년의 「형법」 개정시 "허위의 정보 또는 부정한 명령을 입력하여 정보처리를 하게 함으로써 재산상의 이익을 취득하거나…"라고 규정하여 이를 처벌할 수 있도록 하였다.[5]

(3) 컴퓨터손괴 등에 의한 업무방해죄(「형법」 제314조 2항)

컴퓨터시스템을 파괴하거나 기타 불법적인 방법으로 정보처리에 장애를 발생시키는 행위는 「형법」상의 업무방해죄와 그 본질은 동일하나 업무방해죄(제314조 1항)의 '허위사실 유포'나 '위계'가 사람에 대한 직접적인 행사를 전제로 하기 때문에 컴퓨터를 손괴하여 업무를 방해하는 행위를 처벌하기 위해서는 이와 다른 별개의 구성요건이 필요한 것이다.

따라서 본죄는 컴퓨터 등 정보처리장치 또는 전자기록 등 특수매체기록을 "손괴하거나 정보처리장치에 허위의 정보 또는 부정한 명령을 입력하거나 기타의 방법으로 정보처리에 장애를 발생하게" 하여 사람의 업무를 방해함으로써 성립한다.

(4) 전자기록손괴죄(「형법」 제366조 1항)

종래의 「형법」상으로는 전자기록 등 특수매체기록을 문서로 보기는 어렵고 이것에 기록된 자료만을 독립한 재물로 인정할 수 없다는 문제가 있어 1995년의 개정에서 전자기록 등 특수매체기록을 손괴하는 행위를 처벌할 수 있는 근거를 마련하였고, 또한 '서류 기타 물건'으로만 되어 있던 공용서류 등 무효죄(동법 제141조 1항)의 객체에 '공용전자기록 등 특수매체기록'을 포함함으로써 이를 처벌할 근거를 마련하였다. 따라서 예컨대 자료가 저장되어 있는 파일에 바이러스를 감염시키는 행위, 기록된 자료의 내용을 변경하거나 자기띠 부분에 기록된 금액을 감소시키는 행위가 이에 해당한다.

(5) 컴퓨터비밀침해죄(「형법」 제140조 및 제316조 2항)

종래의 형법상 비밀침해죄의 객체는 '봉함 기타 비밀장치한 문서 또는 도서'로 되어 있기 때문에 컴퓨터에 저장된 공무상 비밀이나 개인의 비밀이 침해

5) 그러나 이 규정에는 '재산상의 이익'만을 그 객체로 하고 있어 '재물'은 포함되어 있지 않다는 문제점이 있다. 입법과정상의 불비 또는 착오라고 생각된다.

되는 경우 이를 처벌할 수 없었다. 따라서 비밀침해죄의 구성요건을 "전자기록 등 특수매체기록을 기술적 수단을 이용하여 그 내용을 알아내는 자"라고 개정하여 그 객체에 '전자기록 등 특수매체기록'을 포함함으로써 이 문제를 해결한 것이다.

(6) 컴퓨터의 권한 없는 사용

「형법」은 "권리자의 동의 없이 타인의 자동차·선박·항공기 또는 원동기장치 자전거를 일시 사용한 자"를 처벌하고 있다(동법 제331조의2). 원래 절도죄는 '불법영득의 의사'가 필요하기 때문에 불법영득의 의사가 없이 잠시 동안 사용한 행위(사용절도)는 절도죄가 성립하지 않는다는 것이 통설·판례의 입장이었다.[6] 그러나 오늘날 자동차 등은 일상생활의 필수품이 되었고 이에 따라 이와 같은 것들을 타인이 무단히 사용하는 행위도 증가하고 있다. 이와 더불어 그로 인한 피해가 늘어나고 있고 결국 피해자 및 사회의 법감정과 외국의 입법추세에 맞추어 1995년의 개정에서 '자동차 등 불법사용죄'를 신설하여 사용절도를 처벌하도록 한 것이다. 그러나 '자동차 등 불법사용죄'의 구성요건에 '컴퓨터 등의 무단사용행위'는 포함되어 있지 않기 때문에 이와 같은 행위를 처벌할 수는 없다. 첨단기능을 가진 고가의 컴퓨터의 경제적 효율성을 감안한다면 특수한 컴퓨터의 권한 없는 무단사용행위에 대한 규제도 입법적으로 고려해 볼 문제이다.

제2절 사이버범죄

1990년대에 이르러 인터넷(Internet)이 보편화되면서 이전의 컴퓨터범죄와는 다른 새로운 양상의 범죄, 즉 컴퓨터상의 사이버공간을 주무대로 하는 사이버범죄가 나타난다. 따라서 이 범죄는 넓은 의미의 컴퓨터범죄의 일종이라고도 할 수 있으나, 컴퓨터범죄가 '컴퓨터 등 정보처리장치나 전자기록 같은 특수매체기록'에 대한 반사회적 행위라고 한다면, 사이버범죄는 "개개 컴퓨터 시스템을 연결하는 망이나 흐름 또는 이들 망이나 흐름을 통해 형성되는 사이버공간"에 대한 반사회적 행위라는 점에서 서로 다르다.

6) 임웅, 「형법각론(개정판)」, 법문사, 2003, 305면.

1. 사이버범죄의 특징

사이버범죄는 컴퓨터를 통해 행해지는 범죄이기 때문에 컴퓨터범죄의 특성인 범행의 연속성·자동성·광역성·증명의 곤란성 같은 것들이 마찬가지로 사이버범죄에도 적용될 수 있다. 그 외에 사이버범죄가 가지는 특성으로 다음과 같은 것을 들 수 있다.

첫째, 사이버범죄는 시간적·공간적 제약을 거의 받지 않는다. 누구든지 마음만 먹으면 인터넷을 24시간 내내 이용할 수 있으며, 세계 어느 곳에 있는 인터넷사이트에도 접속할 수 있다. 이와 같은 사이버공간의 시간적·공간적 무제약성은 사이버범죄자들에게 엄청나게 많은 범죄의 기회를 제공하고 있다. 즉 범죄자는 인터넷이 연결된 곳이면 언제 어디서나 범죄를 저지를 수 있다는 것이다.

둘째, 사이버범죄는 범행자가 전혀 모습을 드러내지 않는다. 사이버공간은 컴퓨터를 이용하여 인터넷을 매개로 하여 형성되는 생활공간으로 불가시적이므로 일반범죄와는 달리 행위자들이 자신의 얼굴을 드러내지 않고 행동한다는 특징을 갖고 있다. 사이버범죄가 가지는 이러한 비대면성(非對面性)은 사이버범죄자들을 보다 과격하고 대담하게 한다.

셋째, 범죄를 저지른 자를 찾아내기가 곤란한 경우가 많다. 사이버범죄는 범죄자의 신분이 노출되지 않고 제3자에 의한 신고도 기대하기 어렵기 때문이다. ID와 패스워드만 있으면 범행이 가능하기 때문에 피해자는 상대방을 알 수 없다. 다른 사람의 ID와 비밀번호를 도용하거나 가공의 인물의 ID와 비밀번호를 만들어 범행을 하는 경우에는 범죄자의 신분을 밝히기가 매우 어렵기 때문이다.

넷째, 한 사람이 단 한번의 조작으로 많은 피해를 유발할 수 있는 범죄를 저지를 수 있다. 한 사람이 동시에 세계 각지의 여러 사람을 상대로 금지물품을 판매할 수도 있고, 판매사기극을 연출할 수도 있다는 것이다.

다섯째, 범행현장과 범행흔적을 찾기가 곤란한 경우가 많다. 즉 행위는 있으나 행위를 한 장소를 찾기 어려운 경우가 많다는 것이다. 금융기관의 전산망에 침입하여 다른 사람의 예금을 지정하는 가명계좌로 이체하고 사라지는 경우가 대표적인 사례이다. 또한 전자적 데이터로 저장된 컴퓨터자료를 복사 또는 변조하거나 전부 또는 일부를 삭제해 버려도 아무런 흔적이나 표시가 남지 않는다는 것이다.

여섯째, 일반범죄보다 훨씬 많은 수사의 장애물이 존재한다. 아직까지 사이버공간에서 이루어지는 불법행위를 규제하는 데 필요한 법체계도 허술할 뿐만 아니라, 인터넷상으로 오고 가는 무수한 메시지들을 일일이 감시한다는 것도 현실적으로 불가능하다. 또한 특정대상을 상대로 감시한다고 하여도 인권과 사생활침해라는 문제를 야기할 우려가 많고, 현행법에 의한 체포나 압수·수색과 같은 강제처분이 거의 불가능하다.

짧은 시간에 방대한 양의 정보를 조작할 수 있기 때문에 이를 입증한다는 것도 매우 어렵고, 또한 많은 비용과 시간이 필요하다. 디지털자료는 디스크나 자기테이프와 같은 좁은 공간에 압축되어 저장될 뿐만 아니라, 일단 저장되면 폐쇄성·은닉성·불가시성을 갖기 때문에 사후적으로 조작 등의 혐의를 밝히기가 곤란하다는 것이다.

일곱째, 사이버범죄는 암수율이 높다. 사이버범죄 중에는 컴퓨터와 인터넷에 대하여 약간의 지식과 조작기술만 습득하면 범할 수 있는 것도 있지만, 프로그램조작을 통한 재산취득, 바이러스의 제작·유포, 해킹과 같은 사이버범죄는 범죄자가 고도의 전문지식과 기술을 갖춘 자이거나 조직 내부의 자인 경우에는 범행이 은폐될 여지가 많다. 특히 금융기관이나 국가기관 등은 범죄를 적발하더라도 금융기관의 신용이 훼손되거나 중요한 정보가 공개될 염려가 있기 때문에 이를 자체적으로 해결하고 덮어두려는 경향이 많기 때문이다.

2. 사이버범죄의 유형

(1) 해 킹(Hacking)

해킹이란 일반적으로 해커(Hacker)[7]들에 의해 컴퓨터 시스템에 불법으로 접근하여 데이터를 빼내거나 파괴하는 행위를 말한다, 다수의 해커들은 경제적 이익이나 보복 또는 단순히 자기의 컴퓨터 실력을 과시하기 위하여 타인의 컴퓨터에 침입하여 그 안에 축적되어 있는 각종 귀중한 정보를 빼내거나 없애는 행위를 한다. 오늘날 컴퓨터가 대중화되면서 컴퓨터 세계에서 발생하

7) 해커란 타인의 컴퓨터에 불법으로 접근하여 컴퓨터에 고장을 일으키거나 컴퓨터에 수록된 정부를 탐지하거나 또는 자료를 변조·파괴하는 사람을 일컫는 말이다. 원래는 컴퓨터를 이용하여 소프트웨어 작품을 만들어내는 사람이라는 용어로 사용되었던 것이나 오늘날은 컴퓨터를 이용하여 범죄를 저지른 자를 말하는 경우가 많다. 또한 해커와 크래커를 구별하여야 한다는 주장도 있는데, 즉 해커는 그들의 천재성을 컴퓨터프로그램을 통하여 구현하는 자들을 의미하고, 크래커는 그 이유를 불문하고 컴퓨터시스템에 침입하는 자들을 말한다는 것이다.

고 있는 신종범죄로서 사회에 적지 않은 문제를 일으키고 있다. 또한 이를 이용한 개인간·기업간·국가간의 정보쟁탈전이 야기될 우려도 있다.

해커는 크게 단순해커, 내부불순자, 외부불순자, 사이버테러리스트로 유형을 분류할 수 있다. 단순해커는 호기심이나 영웅심리에 의해 시스템을 해킹하는 자이고, 내부 불순자는 내부사용자 및 전산망관리자가 개인적 이익을 위해서나 직장에 대한 불만으로 자료를 유출하거나 시스템을 파괴하는 자이며, 외부불순자는 금전적 이익을 위해서 또는 원한에 의해 상대방의 시스템을 해킹하거나 경쟁사에 고용되어 상대기업의 정보를 절취하거나 시스템을 파괴하는 자이고, 사이버테러리스트는 적성국이나 경쟁국에서 상대국의 시스템에 침입하여 전산망을 파괴하거나 정보를 절취하는 자이이다.

이와 같은 해킹은 그 침해법익 또는 행위태양에 따라 「형법」상의 업무방해죄(「형법」 제314조 2항), 비밀침해죄(「형법」 제316조), 컴퓨터 등 사용사기죄(「형법」 제347조의2), 재물손괴죄(「형법」 제366조), 「정보통신기반보호법」상의 주요정보통신기반시설침해죄(동법 제12조 1호), 「정보통신망이용촉진 및 정보보호 등에 관한 법률」상의 정보통신망침해죄(동법 제48조 1항) 등에 해당하는 행위가 될 것이다.

(2) 컴퓨터바이러스 유포

컴퓨터바이러스란 컴퓨터의 정상적인 작동에 영향을 미치거나 컴퓨터에 저장되어 있는 정보를 고의적으로 파괴하는 등 컴퓨터시스템이 비정상적인 상태로 운영되게 하는 프로그램을 말한다. 일반적으로 컴퓨터바이러스라고 하면 해악 여부에 관계 없이 프로그램의 연산 도중에 간섭하여 비정상적인 방법으로 시스템이 운영되도록 하는 모든 프로그램을 지칭한다.

이 컴퓨터바이러스는 개인용 컴퓨터가 대중화되기 시작한 1980년대 중반부터 확산되기 시작했는데, 오늘날에는 개인용 컴퓨터뿐만 아니라 관공서나 기업 등의 대형 컴퓨터와 통신망 등에도 침입하여 많은 피해를 발생시키고 있다.

컴퓨터바이러스는 주로 불법소프트웨어를 복제해서 사용하다 감염되는 경우, 전산망을 통하여 다운받은 프로그램을 통하여 감염되는 경우, 메일을 통하여 감염되는 경우, LAN(Local Area Network)을 통하여 감염되는 경우 등이 있다.

이와 같은 컴퓨터바이러스 유포행위는 그 침해법익 및 행위태양에 따라 「형법」상의 업무방해죄(동법 제314조 2항), 재물손괴죄(동법 제366조), 「정보통신기반보호법」

상의 주요정보통신기반시설침해죄(동법 제12조 2호) 「정보통신망이용촉진 및 정보보호 등에 관한 법률」상의 정보통신망침해죄(동법 제48조 2항) 등에 해당하는 행위가 될 것이다.

(3) 인터넷사기(Internet Fraud)

인터넷의 발달과 함께 전자상거래가 활성화되면서 나타난 범죄이다. 인터넷사기는 일반 통신판매와는 달리 네트워크를 이용하고 그 대상이 불특정이며 그 도달범위가 매우 광범위하다는 특징을 가지고 있다. 종래의 컴퓨터사기가 컴퓨터를 이용하여 사기를 한다는 점에서는 인터넷사기와 같지만, 컴퓨터사기가 컴퓨터 또는 컴퓨터에 내장되어 있는 현금자동지급기 등의 정보처리장치에 허위정보나 부정한 명령을 입력하여 행하는 반면, 인터넷사기는 은행과의 인터넷뱅킹(Internet Banking)이나 전자상거래(Electronic Commerce: EC)와 관련된 사이버공간을 이용한 사기행위라는 점에서 차이가 난다. 즉 전자가 컴퓨터 자체를 대상으로 하는 사기라면 후자는 컴퓨터의 사이버공간을 중간 매체로 하여 개인을 기망하는 것이다.

이러한 인터넷사기의 유형과 수법으로는 온라인 경매사기, 일반상품 · 서비스제공사기, 투자사기, 피라미드 및 불법다단계사기, 상품 및 경품사기, 보험사기, 증권사기 등이 있다. 이러한 행위들은 모두 「형법」상의 사기죄에 해당하는 것은 물론이다.

(4) 사이버음란물 유포

인터넷을 이용하여 음란물을 유포시키는 행위이다. 인터넷상에서 음란물의 유포는 첫째, 사이버음란물(cyber-pornography)을 공연히 전시하거나 유통시키는 행위, 둘째, 몰래카메라 등을 이용하여 타인의 성생활을 촬영하고 이를 인터넷상으로 유통시키는 행위, 아동과 같이 의사능력이 없거나 미약한 자를 출연시킨 음란물을 유통시키는 행위 등이 있다.

첫번째의 사이버음란물 전시 · 유통행위는 「성폭력범죄의 처벌 및 피해자보호 등에 관한 법률」 제14조의 통신매체이용음란죄로 처벌할 수 있다.[8] 또한 두 번째의 몰래카메라를 이용한 촬영 및 사이버공간 유포행위는 역시 「성폭력

8) 음란사이트를 개설하여 이에 접속한 자에게 원하는 음란한 영상화면을 전송하는 행위에 대하여 「형법」 제243조의 음화반포죄의 규정을 적용할 수 있을 것인지 여부에 관하여 다툼이 있었으나 판례는 컴퓨터프로그램파일은 「형법」 제243조에서 규정하고 있는 '문서 · 도화 · 필름 기타 물건'에 해당되지 않는다는 이유로 음란한 영상화면을 수록한 컴퓨터프로그램파일을 컴퓨터통신망을 통하여 전송하는 방법으로 판매한 행위에 대하여 「형법」 제234조를 적용할 수 없다고 판시한 바 있다. 大判 1999. 2. 24, 98도3140.

범죄의 처벌 및 피해자보호 등에 관한 법률」 제14조의2 카메라 등 이용 촬영행위에 해당한다. 마지막으로 아동포르노그래피 및 청소년이용음란물 유포행위는 「청소년의 성보호에 관한 법률」 제 8 조 청소년이용음란물 제작 · 배포죄에 해당할 것이다.

(5) 사이버도박

인터넷과 전자상거래가 활성화되면서 섹스 · 폭력 등 음란사이트와 더불어 사행심을 조장하는 도박사이트가 급격히 증가하고 있다, 이는 단순히 가상의 돈으로 게임을 즐기는 형태가 아니라 실제로 신용카드를 이용하여 도박행위를 하기 때문에 문제가 심각해지는 것이다. 미국 등의 경우에도 인터넷도박은 불법으로 하고 있어 대부분의 도박사이트 개설자들은 미국법의 적용을 받지 않는 바하마 등지에 기반을 두고 운영하고 있는 실정이다.[9)]

사이버도박은 신용카드를 통하여 칩을 구입하고 웹 브라우저 상에서 도박을 행하는 형태로 이루어지며, CD나 인터넷에서 전송 받은 전용게임 에뮬레이터(emulator)를 이용해 게임하는 방식을 취하고 있다.

이와 같은 사이버도박으로 인하여 거액의 외화가 해외로 유출되고 여기에다 해외도박사이트들의 사기행각 및 해킹행위가지 가세하여 그 부작용은 갈수록 심각해지고 있는 상황이라고 한다.[10)]

이러한 사이버도박행위는 「형법」상의 도박죄(동법 제246조)와 「사행행위 등 규제 및 처벌특례법」으로 처벌된다.[11)]

3. 사이버범죄의 대응체계

(1) 국제적 대응체계

사이버공간을 이용한 범죄가 급격히 증가하면서 사이버공간의 법질서를 유지하는 문제가 국제적인 현안으로 부각되었고, 이에 따라 G8국가의 법집행 당국자들은 이에 대한 공동대응의 필요성에 공감하고 1997년 12월 미국 워싱턴 D.C.에서 「하이테크범죄방지를 위한 10가지 기본원칙과 10가지 행동지침」

9) 김희준, "사이버범죄의 개념과 대응방안," 「해외연수검사 연구논문집(I)」 제18집, 2003, 471면.

10) 김희준, 앞의 논문, 472면.

11) 미국에서는 인터넷도박을 규제하기 위하여 「인터넷도박금지법」(Internet Gambling Prohibition Act)의 입법을 준비 중이라고 한다. 그 주요 내용은 외국이나 다른 주에서 운영하는 도박에 참여할 수 있게 하는 통신수단을 사용했는지 여부 또는 송수신자에게 현금이나 신용카드를 통하여 금전을 수수할 수 있게 하는 통신수단의 이용 여부 등을 묻지 않고 도박에 참여한 사람들에 대하여 벌금과 금고형을 부과하도록 하는 것이다. 김희준, 같은 논문, 472-473면.

을 채택하였고,[12] 그 이듬해인 1998년 5월에는 G8국가의 정상들이 영국 버밍엄에서 회동을 갖고 세계 각국의 적극적인 동참과 협력을 촉구하였다.

또한 세계 각국은 사이버범죄에 대한 효과적인 대응체계로서 사이버경찰을 발족시켜 대처하고 있다. 사이버경찰은 경찰청과 지방경찰청 그리고 경찰서에서 사이버범죄만을 전담하는 단위조직과 수사요원들을 총칭하는 용어로,

---

12) 1997년 워싱턴 D.C. 합의문의 10가지 기본원칙과 행동지침은 다음과 같다.

〈기본원칙〉

1. 정보기술을 남용하는 사람의 은신을 방조해서는 안 된다.
2. 하이테크범죄는 발생지를 불문하고 관련국가 모두가 협력하여 수사와 기소에 관한 문제를 결정해야 한다.
3. 하이테크범죄의 수사요원(법집행요원)은 하이테크범죄에 대응하는 데 필요한 교육을 이수하고 지식을 갖추어야 한다.
4. 전자자료의 비밀성·무결성·가용성을 보장하고, 컴퓨터시스템에 대한 무단침입을 방지하며, 심각한 위법행위에 대해서는 처벌을 가할 수 있도록 법적·제도적 장치를 마련해야 한다.
5. 하이테크범죄의 수사에 결정적으로 필요한 컴퓨터자료를 보존함은 물론 보존자료에 대한 신속한 접근이 가능하도록 법률과 제도를 정비하여야 한다.
6. 국제적인 하이테크범죄와 관련된 사건을 처리함에 있어 신속한 증거수집과 교환이 가능하도록 상호협력체제를 갖추어야 한다.
7. 자국의 공개정보를 외국의 법집행기관이 인터넷을 통해 입수하고자 할 경우 별도의 승인절차 없이 이용이 가능하도록 하여야 한다.
8. 전자적 데이터가 범죄의 수사와 기소에 사용될 수 있도록 전자적 데이터의 검색과 인증에 대한 감정기준을 개발하여 활용하여야 한다.
9. 가급적 네트워크범죄의 방지와 탐지가 용이하도록 정보시스템을 설계하고, 범인추적과 증거수집에도 불편이 없도록 만들어야 한다.
10. 하이테크범죄에 관한 연구들을 다른 관련 국제포럼의 연구들과 연계시켜 중복연구로 인한 낭비를 막아야 한다.

〈행동지침〉

1. 국제적인 하이테크범죄를 적시에 효과적으로 단속할 수 있도록 기존 네트워크에 밝은 전문요원을 활용하고, 24시간 가동되는 범죄신고연락망(point-of-contact)을 구축할 것.
2. 하이테크범죄의 수사와 국제형사사법공조 업무에 익숙하고 전문적인 지식을 갖춘 전문수사요원을 충분히 양성할 것.
3. 통신과 컴퓨터시스템을 함부로 사용하는 행위를 처벌대상으로 규정하고 하이테크범죄에 대한 수사를 촉진시킬 수 있는 법률과 제도를 정비할 것.
4. 상호협정을 맺거나 조정을 행할 때는 하이테크범죄에 관련된 쟁점들을 고려할 것.
5. 사법공조를 요청하기에 앞서 전자적 증거의 보존방법·국경을 넘는 검색·자료의 소재를 모르는 상황에서의 컴퓨터자료 검색 등에 관한 실효성 있는 해결방안을 강구할 것.
6. 모든 통신매체에서 통신도중의 전송자료를 신속히 획득할 수 있는 방법 및 획득한 자료를 국제적으로 신속히 전파할 수 있는 방법을 강구할 것.
7. 중요한 증거의 보존 및 수집에 신기술 적용이 용이하도록 산업계와 공동 협력할 것
8. 긴급사태 발생시 신속한 협력요청과 신속한 응답이 가능하도록 통신수단(전화, 팩스, 이메일 등)을 강구할 것.
9. 정보통신기술 분야의 국제표준규격을 선도하고 있는 업체들로 하여금 신뢰할 수 있고 안전한 통신기술 및 데이터처리기술을 공공부문과 민간부문에 제공해 주도록 할 것.
10. 전자적 데이터의 검색과 인증이 가능한 기준을 개발 및 응용하여 범죄수사와 기소에 활용할 수 있도록 조치할 것.

사이버공간을 무대로 다른 사람의 생명 · 신체 · 재산 · 명예 · 정조 · 사생활 등을 위협하거나 사회질서를 문란하게 하는 행위, 그리고 국가안보를 해치는 모든 행위를 탐지하고 범인을 검거하는 임무를 주로 담당한다.

(2) 미국의 대응체계

미국은 세계에서 정보인프라가 가장 발달한 나라이면서 이에 따라 사이버범죄도 가장 기승을 부리는 나라이다. 이에 대처하기 위하여 연방정부는 1995년 연방수사국(FBI) 산하에 컴퓨터범죄기동타격대(CERT)를 발족하여 국가기관이나 기업의 전산망에 침입하는 해커집단을 감시하게 하였다. 1998년에는 이 컴퓨터범죄기동타격대를 '국가기반보호시설보호센터'(National Infrastructure Protection Center: NIPC)로 확대 개편하여 발전소나 전화교환기시스템과 같은 총체적 시스템들을 사이버테러공격으로 보호하는 임무를 수행하게 하였다.

NIPC의 주된 임무는 중요 국가시설의 컴퓨터시스템이나 네트워크의 안전을 지키는 것이다. 즉 사회기반시설의 안전을 위협하는 각종의 불법활동을 감지 · 방어 · 평가 · 경고 · 대응 및 수사함으로써 국가안보 및 법질서 유지에 기여한다.

(3) 프랑스의 대응체계

프랑스는 1994년에 경찰청 형사국 경제 및 금융범죄부국(副局) 제 9 과에 '컴퓨터범죄중앙수사대'를 설치하여 컴퓨터와 정보통신기술에 관련된 사이버범죄의 규제에 관한 업무를 총괄하게 하였다. 컴퓨터범죄중앙수사대는 국제형사경찰기구(ICPO-Interpol) 사무총국의 요청에 의해 설치되었기 때문에 인터폴 협력분야 중 컴퓨터 관련업무협조의 주된 창구역할을 담당하면서 인터폴 내 '컴퓨터범죄유럽실무자그룹'의 회원으로 활약하고 있다.

컴퓨터범죄중앙수사대는 프랑스 내에서 발생하는 모든 컴퓨터범죄의 수사를 조장하는 기능을 담당할 뿐 아니라, 컴퓨터범죄에 대한 전국적인 수사권을 가지고 있다.

이 외에도 사이버범죄의 수사를 담당하는 기관으로 경찰청 영토감시국(방첩담당)의 컴퓨터과 그리고 인터넷감시대가 있다. 컴퓨터과는 국가의 안보와 직결되거나 혹은 첨단산업과 관련된 사이트가 침해를 당한 경우 경찰청장의 명령에 의해 컴퓨터범죄중앙수사대의 수사업무를 분담하고, 인터넷감시대는 경찰청장 직속기관으로 사이버공간에서의 정보수집 및 금지된 음란사이트 등 불법사이트 발견시 형사국에 통보하는 역할을 담당한다.

⑷ 일본의 대응체계

일본은 1996년 큐수 지방의 쿠마모토현(熊本縣)에 처음으로 하이테크범죄를 담당하는 사무국이 설치된 이후 매년 그 수가 늘어나 지금은 거의 전 지역에 담당부서가 설치되어 있다.

1999년 4월에는 경찰청 통신국의 업무에 전자기록의 해석과 사이버범죄의 단속을 위한 사무를 추가하는 것 등을 골자로 한 경찰청법의 개정과 아울러 경찰청 정보통신국에 기술대책과를 신설하고, 그 산하에 첨단범죄기술전문가센터(High-tech-crime Technical Expert Center: HITEC)를 설치하여 일선 경찰서의 하이테크범죄 수사에 관한 기술지원을 담당하게 하였다.

또한 경찰서마다 해커전담반을 발족시켜 해커집단에 대한 수사를 전담케 하고, 사이버테러의 확산에 대비하여 사이버테러대책팀을 가동하고 있으며, 정보안전자문관(information security advisor)을 임명하여 사이버범죄피해자에 대한 자문, 대외홍보, 관민협력방안수립 등을 담당하게 하고 있다.

⑸ 우리나라의 대응체계

우리나라는 국제형사경찰기구(ICPO-Interpol)가 1991년에 '컴퓨터범죄전담팀'을 발족시킨 것을 계기로 1992년 경찰청 국제형사과에 '컴퓨터범죄담당자'가 정식 임명됨으로써 사이버경찰의 활동이 처음으로 개시되었고, 1995년 10월 '해커수사전담반'을 구성하였으며, 1996년 2월에 '해커수사대'를 발족하였다.

해커수사대의 주요 임무는 사이버공간에서 생활하는 선량한 네티즌을 보호하고 국내전산망의 안전한 운용을 도모하는 것이다. 1997년부터 전문요원양성을 위해 경찰수사보안연구소 교육과정에 해커수사 교과목을 추가하였다. 그 외에도 미국의 연방수사국(FBI)과 인터폴 사무총국 등에 요원을 파견하여 선진 외국의 해커추적기술을 습득케 하고, 해커추적프로그램 등 첨단수사장비도 보강하여 해킹에 대비하였다.

또한 2000년 7월에는 전문요원으로 편성된 사이버테러대응센터를 발족하여 사이버테러를 비롯한 각종 사이버범죄에 기민하게 대응하도록 하고 있다. 이 사이버테러대응센터는 국가정보원을 비롯한 국가기관들과 긴밀한 협력관계를 유지하면서, 국가기간전산망은 물론이고 기업의 전산망도 해커의 침입징후가 보이거나 해당 기관에서 의뢰가 있을 경우 관련 전산망에 대한 침입을 탐지하는 활동을 신속히 지원하여 실질적인 전산통신망 보호활동을 전개하고 있다.

제 6 편

「소년법」과 형사정책

제 1 장

「소년법」의 개념

「소년법」을 크게 실질적 의미의 「소년법」과 형식적 의미의 「소년법」으로 나눌 수 있다. 실질적 의미에서 「소년법」이라 함은 청소년문제와 관련된 모든 법률을 말한다. 따라서 청소년 또는 미성년자[1]와 관련된 「민법」, 「형법」 규정을 비롯한 모든 특별법규들이 여기에 포함될 것이다. 이것을 넓은 의미에 있어서의 「소년법」이라고도 한다.[2] 한편 형식적 의미에서의 「소년법」이라 함은 그 명칭을 「소년법」이라고 하는 법률, 즉 1958년 7월 24일 법률 제489호로 제정되고, 1988년 12월 31일 법률 제4057호로 전문개정된 현행 「소년법」을 말한다. 이것을 좁은 의미의 「소년법」이라고도 한다.

제 1 절 실질적 의미의 「소년법」

오늘날 국가가 아동의 보호와 육성을 종래의 부모의 친권행사에만 맡겨두

1) 우리 현행법률들은 소년에 대한 명칭을 소년 · 청소년 · 아동 · 미성년자 · 연소자 등 다양한 명칭으로 부르고 있고 그 기준도 각기 다르다. 즉 「민법」상의 미성년자와 「소년법」상의 '소년'은 20세 미만, 「청소년보호법」에서의 '청소년'은 19세 미만, 「모자복지법」과 「아동복지법」상의 '아동' 그리고 「공연법」상의 '연소자'는 18세 미만 그리고 「청소년기본법」상의 '청소년'은 9세 이상 24세 이하의 자로 하고 있어 그 기준이 각기 다른 것이다.

2) 일본의 故 森山武市郎博士는 실질적 의미에 있어서의 「소년법」을 소년의 불량행위 내지 범죄행위를 예방하고 나아가 국가의 인적 자원으로서의 가치를 확보하는 것을 직접 또는 간접의 목표로 하여 조직된 법률체계를 의미한다고 하여, 특히 「소년법」, 「교정원법」, 「소년구호법」 및 「아동학대방지법」을 지칭하지만 그 외에도 「모자보건법」, 「구호법」, 「상점법」, 「공업노동최저연령법」, 「미성년자음주금지법」, 「미성년자흡연금지법」, 「영화법」 기타 「노동관계법규」, 「교육관계법규」 또는 「민법」, 「상법」, 「형법」 등 광범위한 법영역에서 각종의 규정을 예상할 수 있다고 하였다(森山武市郎, 「少年法(新法學全集)」, 1면 참조). 한편 역시 일본의 平場安治 교수는 소년을 대상으로 하는 총합적인 법체계를 광의의 「소년법」으로 부르고, 소년을 국가의 직접적인 보호 아래 두는 법체계를 협의의 「소년법」이라고 부르며 그 밖에 범죄예방의 견지로부터 국가의 특별한 보호하에 두는 소년을 둘러싼 법률을 최협의의 「소년법」이라고 한다(平場安治, 「少年法」, 2면).

었던 종래의 소극적인 입장에서 벗어나 직접 소년에 대한 후견적인 임무를 담당하는 적극적인 입장으로 전환하여 소년의 이익을 위해 국가가 부모의 친권행사를 감시함과 동시에, 친권을 행사할 부모가 없는 소년이나 부모가 친권을 행사하는 것이 부적당하다고 판단되는 소년에게는 국가가 스스로 감호(監護)를 맡는 방향으로 나아가고 있다.[3)]

한편 소년에 관한 법령들은 그의 생활에 있어서 안으로부터의 보호・육성이라는 측면 외에도 소년의 건전한 성장에 대한 외부로부터의 침해를 방지한다고 하는 일면을 갖지 않으면 안 된다. 그뿐만 아니라 소년의 비행을 예방하고 대처한다는 차원의 측면도 필요로 한다. 그것은 구체적으로 민법상의 법적 무능력에 관한 제 규정(「민법」 제5조 내지 제8조)들을 비롯해서 친권에 관한 규정(「민법」 제909조 내지 제927조), 「근로기준법」상의 근로소년보호규정(「근로기준법」 제62조 내지 제70조), 「직업안정법」상의 소년에 대한 직업소개의 제한(「직업안정법」 제21조의3), 「아동복지법」, 「청소년의 성보호에 관한 법률」, 「음반・비디오물 및 게임물에 관한 법률」의 등급분류 및 연소자이용불가 음반결정에 관한 규정(동법 제20조 내지 제24조), 「청소년보호법」, 「청소년기본법」, 「형법」 상의 형사미성년자(「형법」 제9조), 아동혹사(「형법」 제274조), 미성년자의 약취・유인(「형법」 제287조), 미성년자 등에 대한 간음(「형법」 제302조), 미성년자에 대한 간음・추행(「형법」 제305조) 등과 같은 제 규정들 그리고 「성폭력범죄의 처벌 및 피해자보호 등에 관한 법률」, 「가정폭력범죄의 처벌 등에 관한 특례법」, 「가정폭력방지 및 피해자보호 등에 관한 법률」, 「보호관찰 등에 관한 법률」, 「학교폭력예방 및 대책에 관한 법률」, 「교육법」 그리고 「소년법」 등이 여기에 포함될 것이다.

이들이 바로 넓은 의미의 「소년법」에 속하는 것들이다. 이와 같은 넓은 의미의 「소년법」, 즉 소년보호 및 육성에 그리고 비행의 예방과 대처에 관한 포괄적 법체계는 아동관의 변천에 따라 계속 변화하겠지만 그것은 국가와 사회의 보다 적극적인 관여와 개입을 전제로 하는 방향이 될 것으로 예상된다.

그렇지만 이와 같은 국가의 개입이 무조건 장려되고 우선시되어야 한다는 사고도 경계하여야 할 것이다. 국가가 친권자인 부모를 대신하여 아동의 보호・감호를 맡는다든지 친권자가 국가의 위탁에 의해 자녀의 감호를 행한다고 하는 사고는 자칫하면 오히려 가정의 권위와 기능을 위축시킬 우려가 있기 때문이다. 가족제도를 전제로 하는 한 국가는 보호와 감호가 가정에서 이루어지지

3) 이것은 국법의 기능이 시민법적(市民法的)인 것으로부터 사회법적(社會法的)인 것으로 바뀌어가는 경향의 일단이기도 하다.

않는 범위 내에서 보충적으로 개입하는 정도에 그쳐야 하는 것이다.

현행법상 실질적 의미의 「소년법」에 속하는 법령들을 범주별로 구분하여 살펴보면 다음과 같다.

범 주	해 당 법 령
기본 법령	헌법, 민법, 형법, 청소년기본법, 소년법
교육관계 법령	교육기본법, 초중등교육법, 평생교육법, 학원의 설립·운영 및 과외교습에 관한 법률
취업관계 법령	근로기준법, 직업안정법
복지·보건 관계 법령	아동복지법, 국민기초생활보장법, 공중위생관리법, 식품위생법, 학교보건법, 학교급식법, 영유아보육법, 보호시설에 있는 미성년자의 후견직무에 관한 법률, 모·부자복지법, 모자보건법
선도·보호 관계 법령	소년원법, 방송법, 풍속영업의 규제에 관한 법률, 청소년의 성보호에 관한 법률, 청소년보호법, 가정폭력범죄의 처벌 등에 관한 법률, 가정폭력방지 및 피해자보호 등에 관한 법률, 학교폭력예방 및 대책에 관한 법률
시설관계 법령	공연법, 관광진흥법, 국민체육진흥법, 도시공원법, 자연공원법, 체육시설의 설치·이용에 관한 법률
단체관계 법령	스카우트활동육성에 관한 법률, 한국청소년연맹육성에 관한 법률, 한국해양소년단연맹육성에 관한 법률

제 2 절 형식적 의미의 「소년법」

형식적 의미의 「소년법」, 즉 좁은 의미에 있어서의 「소년법」은 소년의 비행 및 범죄예방과 처우를 위한 형사정책적인 입법으로 우리 법률 제4057호의 「소년법」이 여기에 해당된다. 이 「소년법」은 실체법적인 부분과 절차법적인 부분을 모두 포괄하는 형법의 특별법적인 성격을 가지고 있으며, 집행에 관한 부분은 별도로 「소년원법」과 「보호관찰 등에 관한 법률」로 따로 규정하고 있다.

이와 같은 「소년법」의 기원은 1899년 미국 일리노이주의 「요보호·방임·비행소년의 처우와 통제에 관한 법률」(An Act to Regulate the Treatment and Control of Dependent, Neglected and Delinquent Children)에서 찾는다. 이 법률의 명칭에서도 나타나고 있는 것처럼 소년법원의 심판대상이 되는 소년은 비행소년뿐만 아니라 방임된 소년(放任少年, neglected child) 및 요보호소년(要保護少年, dependent child)이다.

주 당국이 이들 소년을 보호할 수 있다는 것은 형평법(衡平法)에 근거하는 '국친'(國親, parens patriae)사상으로 '친권자에 대신하여'(in loco parens) 친권을 행사하는 것이라고 하는 생각에 기초한다. 본디 미합중국의 각주와 영국에서는 이 전통에 따라 범죄소년 · 비행소년 · 방임소년 · 요보호소년을 구별하지 않고 소년법원의 대상자로 하고 있었다고 한다.

한편 이 '국친'사상은 현실적으로는 비정형적(非定型的)으로 운영되고 있던 소년심판절차에서 지적될 수 있는 위헌성을 지적하는 비판을 회피하는 논리로 이용되기도 하였다. 즉 국가는 소년과의 관계에서 친권자인 부모가 가지고 있는 것과 동일한 권리를 가질 수 있기 때문에 부모와 마찬가지로 소년의 거소지정권(居所指定權)과 징계권을 갖고, 징계의 수단으로 소년을 감금할 수 있으며, 또한 소년의 비행을 조사하는 데 있어서도 특별히 형사소송법이 정한 절차와 증거능력의 제한을 필요로 하지 않는다는 것이다. 이러한 논리는 소년법원의 비형식적(informal)인 절차를 발전시켜 온 근거가 되었다. 그 대신에 국가가 소년에 대하여 행하고자 하는 처우도 또한 부모가 자녀에 대하여 행하고자 하는 것과 같은 종류와 정도에 한정될 뿐만 아니라 그 처우는 비행을 이유로 하는 것이나 응보적인 것이어서는 안 되고 어디까지나 소년의 교육과 육성을 위한 것이어야 한다고 한다.

그러나 이 고전적인 '국친'의 사상을 근거로 소년보호절차가 헌법상의 적법절차적 보장의 지배를 벗어난다고 하는 생각은 본디부터 비판적인 소지를 가지고 있었다. 미국도 연방최고법원에 의한 '콜드판결'(이에 관해서는 후술한다)이래 소년법원의 비형식적 절차가 적정절차조항에 반한다는 것이 명확히 되면서 '국친'사상(國親思想)에 근거한 소년법원절차는 그런 의미에서 비판을 받아왔다.

소년법원의 처분이 보호나 복지적인 것일지라도 국가의 강제가 수반하는 것인 한 적법절차가 보장이 되어야 한다는 주장은 일리가 있다. 그렇다고 하여 소년법원의 절차를 형사절차와 유사한 것으로 하여야 한다는 생각도 잘못이다. 국친사상은 그 이념 자체를 특별히 비난할 것은 아니고 오히려 소년에 대한 국가의 보충적인 보호권 또는 보호의무를 근거로 하는 이념으로는 당위성이 있다고 할 것이다.

「소년법」에는 부모의 보호 아래 있는 소년을 떼어놓아 직접적으로 국가의 보호 아래 둔다고 하는 것이 전제된다. 따라서 그것은 민법에서의 부모의 보호 아래 자녀를 둔다고 하는 친권개념의 예외적인 것이고, 사법(私法)에 대한 공법의 개입이라고 하는 의미에서 사회법적 색채가 가장 강하게 반영된 영역이다. 또한 법의 획일적인 집행에 대한 보충으로서 '구체적 타당성'이라는 개념으로부터 유도된 개별적 조사·개별적 처우를 필요로 하는 분야이기도 하다. 그런 의미에서 개별화된 사법(個別化된 私法, individualized justice) 또는 사회적 사법(社會的私法, social justice)이라고도 한다.

그러나 소년의 처우에 있어서 자연적 애정에 기초한 부모의 자식을 애호할 권리, 자식이 부모로부터 비호를 받을 권리가 쉽게 박탈되어서는 안 된다는 것도 고려해야 한다. 이 점에서 소년의 건전한 육성을 위해 직접 국가의 손에 소년을 맡겨야 한다는 현실적 요구와 부모와 자녀가 서로 떨어지게 해서는 안 된다는 자연법적 권리와의 관계 간에 심각한 충돌을 낳는 것이다. 여기에서 소년의 국가관리문제가 행정기관의 재량판단에 의한 것이 되어서는 안 되고 법원의 판단에 의해야 한다는 당위성이 나온다.

좁은 의미에서의 「소년법」에서는 비행소년과 방임된 소년 및 요부조소년은 동격으로 취급되고 있지만, 범죄예방이라고 하는 견지에서는 이미 비행성(非行性)을 갖춘 소년과 아직 비행성을 갖추지 않은 소년을 구분하여 취급하지 않으면 안 된다.

지금까지의 형사정책의 중심과제는 상습적 범죄인, 직업적 범죄인에 대한 대책이라고 하여도 과언이 아닐 것이다. 그러나 이미 고착되어 버린 상습적 범죄인, 직업적 범죄인에 대하여는 거의 형사정책은 무력하다. 그런데 이러한 상습적 범죄인의 대부분은 이미 소년기에 비행의 경력, 즉 비행력(非行歷)을 갖고 있다. 말하자면 비행소년은 상습적 범죄인의 예비단계라고 할 수 있는 것이다.

한편 소년은 아직 성장과정에 있어 인격적으로 고착되지 아니한 존재이기 때문에 이 단계에서는 아직 개선교정의 여지는 있다. 따라서 장래에 예상되는 상습적 범죄성에 대하여 사회와 소년 자신을 수호하는 것 바로 그것이 형사정책의 목표가 되어야 할 것이다. 다만 소년기는 한마디로 하면 심신이 불균형한 시기이다. 그것으로부터 생긴 모순과 긴장의 연속은 당연한 결과로 비행에의 친근성을 갖는다. 그렇기 때문에 비행소년을 획일적으로 범죄방지대책의 대상으로 하는 것은 합리적이지 않을 뿐만 아니라 오히려 폐해가 있을 수 있다.

소년의 비행이 소년기의 특성에 기인한 일시적인 현상인가, 아니면 그것이 장래의 상습적 범죄에 연결되는 것인가를 판단하는 것은 중요한 문제이다. 그러나 그와 같은 판단은 법률가의 능력만으로는 부족하고 인간을 대상으로 하는 전문과학, 즉 의학·심리학·교육학·사회학 등의 전문가의 협력을 필요로 하는 것이다. 여기에서 이와 같은 전문가 스텝을 거느리는 특수한 재판기관으로서의 소년법원의 기능이 강조되는 것이다. 그뿐만 아니라 절차과정에서도 대상소년의 성격이나 생활환경 등이 판단의 중심으로 되고, 형사소송에서처럼 과거의 특수한 범죄행위의 존부(存否)가 판단의 중심으로 되는 것은 아니기 때문에 당사자주의(當事者主義)와 변론주의(辯論主義)는 반드시 필요한 것은 아니고 직권주의(職權主義)와 조사주의(調査主義)에 기초한 절차에 친근하게 된다. 그런 의미에서 단순히 실체법분야에서만이 아니고 법원조직법, 소송법, 행형법 등의 형사법 전 분야에 걸친 특별법이 필요하게 된다.

한편 비행소년을 그대로 방치해 두면 건전한 성인으로 성장할 수 없기 때문에 일반 장애아동과 마찬가지로 국가가 적극적으로 보호를 해야 한다는 의미에서는 「소년법」은 복지적 성격을 갖는 사회법의 한 분야라고 할 수 있을 것이다. 따라서 좁은 의미에서의 「소년법」은 형사법적인 성격과 사회법적인 성격을 모두 포함하는 것이라고 할 수 있을 것이다. 여기에서 「소년법」의 해석이나 적용에 있어서 자연히 형사법적인 기능을 강조하는 입장과 복지법적인 기능을 강조하는 입장이 나뉘게 된다. 그러나 「소년법」에서 이 두 가지 기능은 모두 포섭되어야 하는 것이지 어느 한쪽이 강조되고 어느 한쪽은 소홀히 되서는 안 될 것이다.

따라서 「소년법」은 "소년의 건전한 육성을 기한다"고 하는 목적하에 전술한 두 가지 기능을 하기 위하여 2개의 관할을 갖는다. 즉 소년의 보호적 기능을 갖는 가정법원의 관할과 형사적 기능을 갖는 형사법원의 관할을 갖는 것이다. 또한 이 소년의 보호사건을 관할하는 가정법원과 소년의 형사사건을 관할하는 형사법원간에는 절차적인 결합이 있다. 즉 형사사건으로 형사법원에 송치된 소년사건일지라도 보호처분이 상당하다고 판단될 때에는 소년부에 송치하여야 하고(「소년법」 제50조. 이하 '법'이라고 한다) 소년부 역시 형사처분을 함에 타당하다고 판단되면 당해 검찰청검사에게 송검하게 한 것(법 제49조 2항)이 그것이다.

이 책에서는 좁은 의미에서의 「소년법」을 중심으로 하여 「소년법」을 해석한다. 따라서 이하에서 단순히 「소년법」이라고 한 때는 이 의미로 사용한다.

제 2 장

「소년법」의 발전

제 1 절 「소년법」의 연혁

비행소년을 성인과 다르게 처분하는 입법태도는 금세기에 들어와서부터 시도된 비교적 새로운 방법이라고 할 수 있다. 그러나 이와 같은 움직임이 갑자기 나타난 것은 아니고 여러 가지의 역사적 과정을 통해 형성된 제도들이 총합적으로 결합한 것이라고 할 수 있다. 다음은 「소년법」제도의 형성에 중요한 영향을 미쳐온 몇 가지 제도들이다.

1. 형사책임연령의 제한

형법적으로 소년을 성인과 구별한 최초의 시도는 형사책임연령의 제한이다. 책임능력이란 개념의 근원은 중세 이태리 법학에서 '악의(惡意)의 능력'(doli capacitas)이라는 것에서부터라고 한다. 16세기 중엽부터 18세기 초까지의 독일보통법시대에는 3가지로 연령을 구분하여 7세 이하의 유아(infantes)에게는 원칙적으로 고의의 능력은 없는 것으로 하고, 다만 예외적으로 매로 때리는 징계를 하였으며, 7세부터 14세의 아동은 다시 연소자와 연장자로 나누어서 연소자는 처벌하지 않는 것을 원칙으로 하고 연장자는 통상 추방하거나 감옥에 가두었고, 14세부터 25세의 아동은 미성년자(minores)로 규정하여 통상의 형벌로 처벌하였으나 14세를 약간 넘은 자나 정신지체가 심한 자는 형을 경감하였다고 한다.[1)]

프랑스의 1810년의 「형법」(Code pènal)은 절대적 책임능력을 16세로 하되 절대적 책임무능력은 인정하지 않았고, 그 대신에 16세에 이르지 않은 자에게는 시비(是非)를 '변별(辨別)할 능력'(discernment)의 유무에 의해 처벌의

1) Schaffstein, *Jugend Strafrecht*, S. 16ff. 마찬가지로 영미법에서도 거의 같은 형태의 연령구분에 의한 처우가 이루어졌다고 한다. Tappan, *Juvenile Delinquency*, pp. 167-168.

가부를 결정했다.

1871년의 독일의 「제국형법」(R.St.G.B)은 양자를 절충하여 12세까지를 절대적 책임무능력으로 하고 12세부터 18세까지를 상대적 책임무능력으로 하였다. 이 상대적 책임무능력은 시비의 변별력의 유무에 의해 처벌 여부를 결정한다. 그리고 시비를 변별할 능력이 있고, 따라서 가벌적인 자에게도 형의 필요적 감경을 행하였다고 한다.

영국과 미국의 보통법에서도 세 가지의 단계 연령을 나누어서 7세 미만의 어린이는 중죄 및 대역죄의 범죄능력이 없다고 하였고 7세 이상 14세까지는 범죄능력이 없는 것으로 추정되나 반증에 의해 뒤집을 수 있는 것으로 하였다. 그러나 14세 이상의 어린이는 성인과 마찬가지로 범죄능력이 있는 것으로 간주되었다.

2. 소년의 분리구금(分離拘禁)

근세 초기의 형벌체계는 사형이나 태형과 같은 가혹한 신체형이 중심을 이루었고 감옥은 형사피고인, 형을 선고받아 집행을 기다리는 자, 매춘부, 부랑인, 채무자 등과 잡다한 사람들을 대기시키는 장소로 활용되었을 뿐 오늘날과 같은 자유형의 집행장소로서의 의미는 없었다고 한다. 그러다가 형벌을 완화해야 한다는 주장이 설득력을 갖게 되면서 자유형이 시행되었고 이에 따라 감옥은 자유형을 집행하는 구금장소로서의 기능을 하게 되었다.

이와 같이 자유형이 점차 형벌의 중심을 차지하게 되면서 나이 어린 소년을 성인범죄자와 같이 수용하는 것에 대한 비판이 제기되게 되었다. 즉 나이 어린 소년을 성인과 마찬가지로 감옥에 넣는 것은 인도적인 차원에서도 가혹한 처분일 뿐만 아니라 또한 악성이 있는 성인범죄자들로부터 소년이 나쁜 영향을 받을 수 있다는 것이다. 소년을 위한 특별 수용시설이 필요하다는 운동은 바로 이러한 차원에서 비롯되게 된 것이다.

문제소년을 위한 최초의 특별 수용시설은 교황 크레멘트 11세가 1704년에 로마에 설립한 성 미카엘 사원이었다고 한다. 이 수용시설은 한때는 비록 사회에 유해한 행위를 한 소년이었지만 교화되면 국가에 유익한 인재로 변할 수 있다고 하는 사고로부터 문제소년을 교정하고 교육하기 위하여 설립되었다고 한다.[2)]

2) 성 미카엘 사원에 수용된 소년은 20세 미만으로 형사법원에 의해 유죄판결을 받은 소년 및 부

이를 시작으로 19세기에 들어와 구미 각국에서 소년교정훈련시설의 설립이 활성화되었는데, 그것들도 처음에는 사설 감화원(感化院)의 성격을 갖는 것이 대부분이었으나 점차로 범죄소년이 포함되면서 국영시설이 우위를 점하게 되었다. 그 가운데 특히 유명한 몇몇 시설을 소개하면, 독일에서는 1813년 요한 휠크가 설립한 열린 보호시설이 최초라고 하나 1833년에 함부르크 시 근교에 설립된 라우에스 하우스(Raues Haus)가 유명하다. 이 시설은 농업시설 내에서 문제소년들로 하여금 가정적인 분위기 하에서 스스로 자치적인 생활을 운영하도록 함으로써 개선의 효과를 기대한 것으로 여러 나라의 교정시설의 모델이 되었다고 한다.

프랑스에서도 독일의 라우에스 하우스를 모델로 1839년에 설립된 메톨 꼬로뉴(colonie agricole pénitentiaire de Mettray)를 시작으로 몇 개의 교육개선을 위한 꼬로뉴(colonie)가 설립되었으나 1850년의 「소년죄수의 교육과 보호에 관한 법률」에 의해 정식으로 형법체계에 편입되면서 이 꼬로뉴는 점차 징치(懲治) 꼬로뉴(colonie pénitentiaire)와 교정 꼬로뉴(colonie correctionnelle)로 세분화된다.

영국에서는 19세기 초엽부터 방임소년을 위한 사설 양호학교(feeding school)나 빈민학교(ragged school)가 설립되기 시작했으나 범죄소년을 다루기 위한 시설인 교정원(矯正院, Reformatory)은 1852년의 킹스우드 교정원(Kingswood Reformatory)이 최초라고 한다. 이어 비교적 나이가 어린 방임아동을 대상으로 하는 직업학교(industrial school)가 설립되었고 1854년에는 「교정원학교법」(Reformatory School Act)이 그리고 1857년에는 「직업학교법」(Industrial School Act)이 제정되어 이들 시설의 인가와 국가의 감독권을 행사할 근거를 마련하였다. 이것들이 이른바 인가학교(approved school)라고 불려지는 것으로 그 후 점차로 그 수가 증가하고 있다. 이들 시설과 함께 16세 이상 21세 미만의 연장소년(年長少年)을 수용하는 시설로서 보스텔시설(Borstal Institution)이 1902년부터 설치되고 있다.

미국에서는 영국보다 일찍 1825년에 뉴욕에 사설시설로 요호소(療護所,

모나 보호자의 말을 듣지 않아 부모나 보호자로부터 위탁을 받은 자였다고 한다. 이 사원에서는 종교 및 도덕교육과 직업교육이 행해졌고, 과거에 그가 저지른 악행에 따라 또는 시설의 종교적 규율에 반한 자에게는 태형도 가해졌다. 또한 범죄소년과 위탁을 받은 자 사이에는 처우에도 차이가 있었는데, 전자에게는 주간에 공동으로 강제노동을 시킨 것에 반해 후자에게는 별도의 특별한 교육이나 노동이 과해졌다고 한다. Nyquist, *Juvenile Justice,* p. 131.

House of Refuge)가 설립되었는데, 공립시설로는 1845년에 설립된 매사추세츠 주립교정원(Lyman School for Boys)이 처음이었다고 한다. 이들 시설이 오늘날의 미국 소년원(training school)의 시초라고 할 수 있다.

3. 보호관찰(保護觀察, Probation)

미국 소년법원의 이념이 형평법상의 '국친사상'에 근거하고 있다면, 그것을 구체적으로 실현하는 기술은 '보호관찰'이라고 할 수 있을 것이다. 오늘날 각국의 소년법제는 많든 적든 간에 보호관찰과 결부되어 있다.

이 보호관찰은 선고유예나 집행유예제도와 결합하여 탄생하였는데, 처음에는 보통법상의 형벌의 가혹함을 완화하기 위하여 유서(宥恕)할 만한 사유가 있는 범법자에게 선행을 하고 법질서를 존중하겠다는 서약을 하게 하여 적당한 감시를 붙여 석방하는 것이었다. 보호관찰에 회부하는 범법자의 감시는 주로 경찰관이나 보안관이 담당하였으나 후에는 민간인이나 보호단체에 위탁하기도 하였다. 그리하여 범죄인이 선행을 계속하거나 법질서에 편입되었다는 확신이 들면 다시 법원에 출두하게 하여 면소조치(免訴措置)를 하는 등 사건을 종결하는 것이다. 즉 형을 집행하기 전에 다시 한번 갱생의 기회를 주는 것이다.

이와 같은 보호관찰은 1830년대부터 매사추세츠 주에서 비공식적으로 시작되어 보스턴시의 법원판사인 Peter Oxenbridge Thacher가 발전시켰다고 하나, 1841년에 '보호관찰의 아버지'라고 불리는 보스턴의 제화업자 Jhon Augustus가 처음으로 교도소에 수감될 알코올중독자를 보스턴 치안재판소로부터 인수받아 갱생·보호를 한 것을 공식적인 보호관찰의 시초로 본다. Augustus는 갱생의 가능성이 있다고 본 피고인을 학업 또는 직업에 성실히 종사하게 하도록 지도·감시하고 본인의 행동을 법원에 보고한다는 것을 약속하여 법원으로부터 석방을 허가받았다. 그렇게 하여 그는 1854년까지 1,946명의 남녀를 보석으로 출소시켜 보호관찰을 통한 갱생·보호를 하였다고 한다.

1863년에는 보스턴 아동구호소(The Children's Aid Society of Boston)가 설립되어 주로 아동의 보호관찰을 취급하였는데, 그 중심인물은 Rufus R. Cook과 Miss L. P. Burnham이다. 그들은 치안법원과 상급법원으로부터 소년들을 석방시켜서 치안법원의 석방자에게는 6주간 그리고 상급법원의 석방자에게는 6개월의 단기 보호관찰에 회부하였다고 한다. Burnham은 석방의 기초로 된 조사에서 우수한 보호관찰관(probationer)으로서의 수완을 발휘하여 Cook의 교정업무를 원조하였다고 한다.

그러나 주 당국에 의해 보호관찰이 시행된 것은 1869년 매사추세츠주가 처음이라고 한다. 매사추세츠주는 법률로 보호관찰관 중에 순찰관(巡察關, visiting agent)을 두도록 하였는데, 순찰관은 법정에 출두하여 주립 교정원(reformatory)에 들어가도록 되어 있는 소년을 석방시켜서 적당한 가정을 찾아 보호관찰을 위탁하는 역할을 하는 자로 주의 자선위원회(慈善委員會, Massachusetts Board of State Charities)의 지휘・감독을 받는다. 매사추세츠주에 의해 설립・발전된 보호관찰제도는 머지 않아 미국의 다른 주와 외국에도 전파되게 된다.

'보호관찰의 아버지' Augustus가 주장한 사상의 출발점은 특정한 범죄자는 교도소에 넣지 않고도 친절과 도의에 호소하는 권고와 근로에 의해 개선의 효과를 기대할 수 있다고 하는 것이었다. 그와 같은 인물을 선발하기 위하여 그가 의존한 것은 직감과 경험이었다고 한다. 그러나 공공기관이 보호관찰을 행하게 됨으로써 지금까지의 직감이나 경험에 의존하는 것 대신에 과학적이고 합리적인 조사 및 이와 결합된 사후조치가 이루어졌다. 이를 계기로 전문보호관찰관(probation officer)이 탄생되게 되었고 아울러 case work의 기술이 발전한 것이다. 소년법원을 운영하는 방법은 이와 같은 보호관찰로부터 출발한 조사・선별・사후처리의 기술이라고 할 수 있다.

4. 형사학의 발달

소년법원의 목표가 '국친'의 입장으로부터 하는 소년의 보호이고, 그 방법이 보호관찰에 기초한 조사・선별・사후처리라고 하여도 이것만으로는 아직 완전한 것이라고는 말할 수 없다. 그것들을 지도하고 완전한 운영을 할 수 있도록 하기 위해서는 범죄발생에 관한 과학, 즉 형사학의 발달이 이루어져야 할 것이다.

'근대 형사학의 아버지 Cesare Lombroso'의 불후의 저서 「범죄인」(L'uomo delinquente)의 초판이 발행된 것은 1876년이다. 그는 감옥의 의사(監獄醫)로 근무하면서 범죄인의 진단 및 사후소견을 기초로 하여 실증주의적 견지로부터 범죄인의 신체적 및 정신적 특징을 추구하였다. 그 결과 도달한 결론이 유명한 '생래적 범죄인설'(生來的犯罪人說)이다. 그에 의하면 범죄인은 생래적으로 특이한 인류학적 유형이고, 그것은 신체적 및 정신적 특징에 의해 식별이 가능하고, 이와 같은 유형이 가능하다는 것은 격세유전(隔世遺傳)이라든가 퇴화현상에 의해 유전학적으로 설명될 수 있다고 한다. 이와 같은 생래적인 범죄인설 특히 그것이 신체적 및 정신적 특징에 의해 식별된다고 하는 생각은 그의 반대자에게서만이 아니고 그의 동료에 의해서도 비판되기에 이르렀지만 사실에 기초하여 범죄원인을 파악하고자 하는 방법은 근대형사학의 원류를 이룬 실증주의학파(scuola positiva)를 탄생하게 하였다.

이어 Garofalo는 '자연적 범죄'(自然的 犯罪)를 주장하여 범죄인의 특징을 성격적 비정상에서 구하고, 그 원인을 개인의 내적인 심리적 흠결이 외적인 사회적 · 경제적 환경과 결합하여 발생한 것으로 보았다.

한편 E. Ferri는 생래적 범죄인, (정신)병적 범죄인, 기회범죄인, 관습범죄인의 구분을 하였고,[3] 독일의 F. von Liszt는 형사처우라는 관점에서 개선이 불가능한 범죄인, 개선이 가능한 범죄인, 개선이 필요 없는 범죄인으로 나누고 형사정책적인 입장에서 범죄를 파악하고자 하였다. 그런가 하면 프랑스의 Tarde, Jean Gabriel(1843-1904년)는 범죄의 사회적 원인을 중시하여 모방의 법칙에 의해 범죄현상을 설명하고자 하였다.

이와 같은 새로운 형사학의 발달이 미국의 소년법원의 발생에 어떠한 영향을 미쳤는가는 명확하지 않으나 전혀 영향이 없었다고는 단언할 수 없을 것이다. 적어도 유럽에 있어서의 소년법제 운동에는 중요한 영향을 미치고 있던 것은 확실하고, 또한 미국의 소년법원의 발전에 정신분석학적 형사학이 중요한 지주가 된 것은 부정할 수 없으며, 미국이 소년법원운동을 발전시키면서 세계 형사학의 중심적 지위를 점하기에 이른 것도 사실이다.

제 2 절 외국의 소년법제

현재 세계 각국은 거의 모두가 비행소년을 보호하는 법제를 가지고 있다. 그 형태는 다양하나 크게 나누면 영미형 · 대륙형 · 북구형으로 나눌 수 있다.

1. 영미형(英美型)의 소년법제

영미형의 소년법제는 최초의 소년법원이 시카고에서 설립되었다는 것이

3) Lombroso도 만년(晩年)에는 생래적 범죄인유형 외에 격정범죄인, 기회범죄인의 유형을 인정하였다고 한다.

시사하는 것처럼 미국이 한발 앞섰고 영국이 그 뒤를 따르고 있다고 보는 것이 옳다. 그러나 오늘날 미국에서는 소년법제를 지탱하여온 국친사상(國親思想)이 비판을 받게 되면서 소년사법절차에서의 적법절차의 강화와 지역사회 내의 복지적 행정적 대응으로 이분화되어 가는 경향이 있다.

한편 영국에서는 보다 보호주의를 강화하는 방향으로 법개정이 추진되고 있지만 아직은 그 전면적 시행에까지는 이르고 있지 않은 것 같다. 영미형의 소년법제의 특징은 비행소년 외에 방임소년(放任少年), 요부조소년(要扶助少年)을 함께 취급하는 것이다.

(1) 미 국

미국은 각 주마다 여러 종류의 법 형태를 가지고 있어 비교법적 연구의 대상이 되기도 한다.

1) 소년법원의 형태

불량행위를 이유로 하여 송치된 소년에 대하여 심판을 행하고 처분을 하는 것은 소년법원(juvenile court)이다. 미국 소년법원의 형태는 일반법원의 한 부서로 소년사건을 취급하는 형태, 소년사건만 전담하는 소년법원 형태, 부양사건이나 이혼사건을 관할하는 가정법원에서 취급하는 형태 등이 있다. 대다수의 주에서는 민사법원, 형사법원과 마찬가지로 독립된 소년법원을 설치하고 있으나 지방 소도시(community)에서는 일반법원에서 '소년심판의 개정기일'(少年審判의 開廷期日)을 정하여 일정기간만 소년사건의 심리를 하기도 한다. 그러나 미국 약 반수의 주에서는 각 카운티(county)마다 소년법원을 설치하고 있다.

2) 소년법원 관할인 소년의 연령

소년법원의 관할이 되는 소년의 연령 상한은 거의 모든 주에서 18세까지이다(예외적으로 뉴욕주 등에서는 16세로 하고 있다). 이 연령은 대다수의 주에서는 행위시(行爲時)를 기준으로 정하고 있으나 몇몇 주에서는 체포 또는 재판의 시점을 기준으로 하고 있다. 행위시를 기준으로 하는 주는 재판의 시점에서 소년연령의 상한을 넘어서도 소년으로서 심판을 받으나 이 경우에도 재판시의 연령에 대하여 상한을 정하고 있는 것이 많다. 소년법원의 관할이 되는 소년의 연령을 여자에 대하여는 '여성보호'라는 입장에서 남자보다 높게 한 주도 있었으나 이 규정이 평등원칙에 반하여 위헌이라는 판결이 1970년대에 몇 개 있다.

3) 소년법원의 관할

소년법원의 관할은 각 주에 따라 약간씩 다르나 전형적인 것으로는 ① 비행소년(delinquents), ② 공적 감독이 필요한 소년(children in need supervision), ③ 방임소년(neglected), 학대받은 소년(abused juveniles) 또는 요부조소년(要扶助少年, dependent juveniles)이다. 성인의 사주(使嗾)에 의해 범죄를 저지른 소년이 비행소년에 해당하는 것은 당연하나 문제는 흡연, 부모에게 상습적인 반항, 심야배회, 음주, 환각물질 흡입, 학습태만 등 성인에게는 범죄가 되지 않고 소년에 대하여만 위법한 행위로 된 이른바 '우범'(虞犯, status offence)이다. 미국 약 반수의 주는 이 우범을 비행의 개념에 포함하고 있으나, 그 밖의 주에서는 비행과는 다른 공적 감독이 필요한 소년이라고 하는 범주를 법률상 인정하고 있다.

뉴욕주를 제외한 대부분의 주는 예외적인 경우이지만 소년의 범죄에 대하여 형사법원의 관할권을 인정하고 있다. 그 방식으로서는 ① 소년법원에 송치할 것인가, 형사법원에 기소할 것인가를 검찰관의 재량에 위임하는 것, ② 특정한 사건에 대하여는 형사법원이 전속적인 관할권을 갖는 것(예를 들면 교통사범이나 중죄를 범한 소년), ③ 소년사건을 일단 형사법원의 관할로 하되 필요적으로 소년법원에 송치하나 특정한 사건(예를 들면 중대한 범죄를 저지른 소년 또는 교통사범과 같은 사건)에 대하여는 형사법원이 관할권을 갖도록 하는 것, ④ 소년사건은 전부 소년법원의 관할로 하고, 일정한 범죄(예를 들면 중대범죄)에 대하여는 필요적으로 형사법원에 이송시키는 것, ⑤ 소년사건은 소년법원의 관할로 하지만 소년법원의 재량에 의해 형사법원로 이송하는 것을 인정하는 것 등이 있다. 이 가운데 ⑤의 방식을 채용하는 주가 가장 많다. 형사법원에의 이송은 대개 사건의 중대성이나 연령 또는 양자를 기준으로 하여 결정하고 있다.

1970년대에 이르러 흉악범(凶惡犯)·조폭범(粗暴犯)이 증가하는 것에 대응하여 소년법원의 관할이 미치는 소년연령의 상한을 낮추고, 형사법원으로의 이송이 가능한 연령의 하한을 인하시키는 법개정을 몇 개의 주에서 시행하였다. 형사법원으로의 이송은 소년심판절차에서 소년이 받을 수 있는 보호를 받지 못한다는 점에서 소년에게 불리한 측면이 많기 때문에 1969년의 이른바 켄트판결(Kent v. United States, 383 U.S. 541[1969])에서 연방최고법원이 소년법원에 의한 관할권포기결정에서 적법절차의 중요성을 강조한 바 있다.

소년법원은 보호사건 외에 소년의 비행, 요부조성을 조장한 양친이나 기타 성인의 사건에 대한 관할을 인정하는 것이 보통이다. 이러한 성인사건으로는 소년을 요부조상태나 방임상태로 둔 친권자의 책임이 문제된 사건, 아동학대사건, 비행원인을 제공한 사건, 비적출자(非嫡出子)의 인지청구사건(認知請求事件), 부양청구사건 등이 있다.

4) 보호관찰관(Probationer)

소년법원은 전임·유급의 보호관찰관(probationer 또는 probation officer)을 두어 소년사건의 조사와 평가 및 사회 내에서의 감독을 행하도록 하고 있다. 또한 대다수의 주에서는 법관 부족을 보완하기 위하여 조정관(調停官, referee 또는 commissioner)제도를 두어 법관의 임무를 보좌하도록 하고 있다.

조정관의 임무는 소년에 대한 심문, 사실확인을 위한 증언청취, 처우에 관한 의견을 제시하는 것 등이나, 법관에 대신하여 종국적인 결정을 내릴 수는 없다. 일반적으로 조정관은 관할구역에서 상근의 소년법관이 임명되지 않은 경우 법관의 권한을 부분적으로 대행하는 것이다.

또한 소년에 대한 정신의학적 진단을 소년법원에 제시하는 진료소(clinic)가 소년법원을 지원하고 있는데, 이 진료소의 스텝들은 정신의학자, 소아과의사나 간호원 등이다. 그렇지만 소년법원에 진료소를 두고 있는 것은 대도시지역에 국한되어 있고 인구가 적은 지역에는 외부기관을 이용하는 것이 보통이다.

5) Intake[4] 및 Diversion

수리한 사건의 비공식적 처리 여부를 결정하기 위해 이른바 intake가 행해지고 있다. 즉 보호관찰관이 통괄하는 intake부에서 소년사건을 선별하여 공식적인 심문을 위한 소년법원에 송치시키거나 그 이외의 비공식적 조치를 한다. 비공식적 조치로는 소년에 대한 intake의 결과 즉각 소년절차로부터 해방시키는 것, 각종의 서비스를 제공할 수 있는 공적 또는 사적인 기관에 송치시키는 것 또는 보호관찰관의 비공식적인 감독에 두는 것 등을 비롯한 많은 형태가 있다. 미국 전역에서 소년법원이 수리한 전체 사건의 약 반수가 이 intake에서 비공식적인 처리를 받고 있다고 하며, 거의 모든 주에서 개개의 소

4) intak는 상담심리학에서는 내담자(來談者, client)를 맞이하는 첫 면접을 일컫는다. 소년법원에 있어서도 intaker는 경찰로부터 송치된 소년사건을 단순히 서류에 의거 분류·처리하는데 그치지 않고 나름대로의 전문적인 판단에 의해 사건처리의 방향을 결정한다. 따라서 counseling에서의 intaker와 비슷한 기능과 책임이 요구된다고 하겠다. 그런 의미에서 intak를 단순히 접수라고 하는 것은 적당치 않다고 생각하며, 예비면담 또는 예비면접 등으로 부르는 것이 좋을 것으로 생각되나 여기서는 편의상 그대로 intak로 사용하기로 한다.

년에 관한 intake 단계의 설정이 의무화되고 있다.

또한 몇몇 주에서는 최근에 비사법적 처리의 형식으로 diversion이 도입되고 있다. diversion은 소년을 소년법원의 절차에서 빼내어 비형사적 또는 비사법적인 처리에 위임하는 것으로, 대부분 intake 단계에서 행해지고 있다. diversion의 대상이 된 소년은 '청소년봉사국'(Youth Service Bureau)이라고 불리는 기관에 송치된다. 이 청소년봉사국은 직접 서비스를 제공하거나 또는 기존의 지역자치단체의 서비스나 정부기관의 서비스를 조정하는 역할을 한다.

6) 자료 및 심리과정(審理過程)의 비공개

소년의 보호를 위하여 심리 및 사회기록은 공개하지 아니한다. 대다수의 주는 소년심판절차에 일반인이나 보도관계자가 출석하는 것을 금지하고 있다. 그리고 모든 주의 법이 재판기록을 공개하지 않을 뿐만 아니라 이것에 대한 공중일반의 접근도 제한하고 있다.

그런데 이와 같은 미합중국의 소년사법제도는 1950년대 후반부터 시작하여 최근에 이르기까지 강한 비판에 직면해 왔고 이에 따라 법제도의 개혁이 추진되고 있다. 그 비판은 크게 나누면 적법절차와 비사법적 처우를 중시하는 진보적인 입장과 '법과 질서'를 중시하는 형벌주의를 취하는 보수적 입장의 두 가지가 있다. 전자는 "국친(parens patriae)사상에 기초하고 있는 국가가 소년에 대하여 시혜적(施惠的)인 개입을 한다고 하고 있으나, 그 결과는 소년에 대한 지나친 간섭만을 초래하고 있다. 게다가 약속한 '보호'는 현실적으로 인적·물적 자원의 부족 때문에 실현되지 않고 국가의 개입에 의한 자유의 제한과 사회적으로 불리한 낙인만 존재한다. 또한 자유의 제한은 성인이면 부여될 적법절차의 보장도 없이 행해진다"고 주장한다. 이와 같은 비판을 받아 1967년의 '법집행과 사법의 운영에 관한 대통령자문위원회'의 보고서인 '자유사회에 있어서의 범죄의 도전' 및 '특별위원회 보고서'(task force report)[5)]는 ① 우범(status offence)을 비범죄화(非犯罪化, decriminalization)하고 소년법원의 관할권에서 제외할 것, ② diversion을 실시하여 소년을 재판절차에서 제외하고 공적 또는 사적인 처우프로그램에 위탁할 것, ③ 소년에 대한 적법절차(due process)상의 권리를 확대할 것, ④ 비시설수용화(非施設收容化, deinstitutionalization)를 늘리고 대규모 폐쇄시설인 소년원보다도 그룹 홈(group home)이나 수용을 수반하지 않은 처우시설의 활용을 꾀할 것, ⑤ 서비스를 다양화 할 것,

5) 法務總合硏究所 硏究資料 21, 「自由社會에서의 犯罪의 挑戰」.

⑥ 중앙집권적 관리를 그만두고 분권화할 것 등을 골자로 하는 개혁안을 내세웠다.[6] 그러나 이와 같은 개혁을 실시하는 데는 지역적인 편차가 있을 뿐만 아니라 또한 개혁의 결과를 측정하는 것도 곤란할 것이다.[7]

한편 1967년의 연방최고법원의 골드판결(In Gault, 87 S.G. 1428[1967])은 이웃부인에게 음란한 전화를 걸었다는 혐의를 받은 골드소년에게 비행사실의 고지(告知)나 변호인도 없이 재판을 하여 소년원송치처분을 한 사건에 대하여 소년심판에도 적법절차가 적용되어야 한다는 것을 강조하여 즉각 소년에게도 비행사실의 고지, 변호권·묵비권의 고지, 대질권 및 반대심문권이 보장되어야 하며, 따라서 그와 같은 절차가 없이 소년원송치처분을 한 원심은 적법절차(due process)를 위배하였다고 판시하였다(골드판결에 관하여는 후술하는 제 4 절 각주 3)을 참조).

이어 1970년의 윈십판결(In re Winship, 397 U.S. 358[1970])은 범죄사실의 인정에 있어서는 소년심판도 형사사건과 동일하게 '합리적인 의심을 초월하는'(beyond reasonable doubt) 심증이 필요하다고 판시하였다.

그러나 소년심판에서 배심재판을 받을 권리가 다투어진 1971년의 멕카이버사건(Mckeiver v. pennsylvania, 403 U.S. 528[1971])에서는 소년절차에서의 적법절차문제는 '기본적 공정'이 요구하는 한도 내에서 보장되어야 하고, 따라서 배심제를 취하게 되면 소년재판의 특성을 잃어버리게 된다고 하였다.[8]

한편 1975년의 브래드사건(Breed v. Jones, 421 U.S. 51[1975])에서는 동일한 사건에 대하여 소년심판절차에서 비행사실을 인정한 후 이것에 계속하여 형사소추를 행하는 것은 이중의 위험금지(수정 제1조)에 반한다고 판시하였다.

이와 같은 소년사법에서의 적법절차화(適法節次化)는 소년사법절차에서 소년의 인권보장을 강화하려는 시도이나 이것이 궁극적으로 검찰관의 관여를 필요로 하게 되어 소년사법의 대심구조화·형사법원화를 초래하게 된다는 비

6) 安田道夫・飛田清弘 譯, "少年司法に關する司法の運營(1)-(8)," 「警察學論集(第21卷 5號-第22卷 2號)」.

7) 齊藤豊治, "アメリカにおける少年司法改革の方向," 平場還曆記念 「現代の刑事法學(下)」, 442면; 同, "アメリカの少年司法ー非公式的處理(diversion)," 關西非行問題硏究會 編, 「非行克服の現場と理論」, 240면.

8) 상세한 것은 松尾浩也, "少年法に關する聯邦最高裁判所の新判例," 「判タ(第265號)」, 21면; 同, "少年法における適正手續," 「家事裁判資料(第93號)」, 55면; 鈴木茂嗣, "少年審判手續の'刑事訴訟化論'について," 「家裁月報(第24卷 6號)」, 1면; 平場安治, "少年法における保護主義と適正手續," 「犯罪と非行(第19號)」, 1면; 田宮裕, "少年審判とデュ・ブロセス," 「家裁月報(第24卷 12號)」, 1면 등을 참조할 것.

판도 없지 않다. 그러나 1970년대에 들어오면서 범죄의 위험이 증대하고 이에 따라 강력한 범죄 진압을 요구하는 목소리가 높아지면서 보다 징벌적인 접근이 대두된 것도 사실이다. 이러한 보수적인 목소리는 구체적으로는 ① 소년의 시설수용처분을 필요적인 것으로 한다거나 정기화(定期化)하고, ② 소년심판의 관할권이 되는 상한 연령을 인하할 것, ③ 소년을 성인의 형사법원에 기소하기 위한 소년법원의 관할권 포기를 보다 용이하게 행하도록 하는 것, ④ 소년의 기록에 대한 접근(access)을 확대하는 것 등과 같은 입법조치를 초래하게 된다.[9)]

(2) 영　국

1) 영국의「소년법」

영국에서 최초로 소년법원의 설치에 관해 규정한 것은 1908년의「아동법」(Children Act)이었으나 이 법률은 1933년에 제정된「아동 및 청소년법」(The Children and Young Persons Act)으로 통합되었다.[10)] 그 후 1969년에 새로운「아동 및 청소년법」이 제정되었고[11)] 이것이 영국의 현행 소년법제의 중핵을 이루고 있다.[12)] 다만 영국법은 성문법주의를 채택하고 있지 않기 때문에 소년법분야에도 다른 법영역에서와 마찬가지로 복수의 법률이 합체되어 소년법제를 형성하고 있다.

영국의 아동·소년대책에 관한 법제도는 다음의 세 가지로 나뉜다. 첫째는 아동복지절차를 정하는 아동법으로 1948년 법 및 1958년 법이 있다. 둘째는 소년범죄자에 대한 것으로서 1948년, 1961년, 1967년의 형사재판법이고, 「아동 및 청소년법」이 복지와 형사재판의 중간에 있는 세 번째 것이라고 할 수 있으며 소년법제의 중핵을 형성하고 있다. 특히 그 중심을 이루는 것이

9) 이것에 관하여서는 Loyd E. Ohlin, "The Future of Justice Policy and Research," Crime & Delinquency, July 1983, p. 453을 참조.

10) 영국「소년법」의 연혁에 관하여는 桑原洋子,「イギリス兒童少年保護立法の研究」를 참조.

11) 1969년 아동청「소년법」및 그 후의 동향에 대해서는 小川太郎 譯, 解說 "1969年イギリス兒童および少年法,"「家裁月報(第26卷 6號)」, 100면(法務省刑事局 編,「少年法改正資料(第11號)」에서 轉載); 柳本正春, "英國の新兒童少年法(上)(下),"「警察研究」第44卷 12號, 66면, 第45卷 1號, 107면; 菊田幸一, "イギリスにおける非行少年取扱の實際と課題(1)(2)(3),"「法律論叢」第50卷 1號, 1면, 2號 79면, 3號, 107면; 木村裕三, "英國少年裁判制度のジレンマ"「名城法學(財29卷 1·2合併號)」, 78면; 大谷實, "イギリスにおける少年犯罪に對する司法的措置,"「罪と罰(第18卷 4號)」, 5면 및 桑原, 前揭 글 참조.

12) 다만 스코틀랜드는 독자적으로 1968년의 Scotland Social Work Act에서 종래의 소년법원을 폐지하고 소년청문제도(children's hearings)를 도입하여 보다 복지적·행정적인 대응을 하였다. 이것에 관하여 상세한 것은 木村裕三, "スコットランドの少年裁判所制度," 矢野還曆記念論集「現代における法と行政」을 참조.

1969년의 「아동 및 청소년법」이나 1933법, 1952법 그리고 1963법도 현재 효력을 가지고 있다. 1969년 법에는 보호절차의 형사절차에 대한 우선원칙(優先原則) 등 보호주의의 이념이 강하게 구현되고 있으나 보호주의의 구체화를 도모하는 몇 개의 중요한 규정은 1971년 이후에야 규정되어 단계적으로 실시되어 오고 있다.

2) 대상연령과 관할

영국의 형사책임연령은 10세인데, 10세 이상 14세 미만의 자는 '아동'(child) 그리고 14세 이상 17세 미만의 자는 '청소년'(juvenile-adult)으로 구분하고 있다. 아동에 대해서는 시비변별능력의 유무에 의해 책임이 결정되고 있으나 실제로는 1969년의 「아동 및 청소년법」에는 살인의 경우 이외에는 아동은 기소하지 않는 것으로 하고 있기 때문에 결국 아동은 형사책임은 묻지 않고 민사적인 보호절차만이 취해지는 구조로 되어 있다. 그러나 1969년법은 형사재판권의 하한 연령을 14세로 인상하는 것을 단계적으로 실시한다고 하고 있다.

청소년에 대해서는 영국의 전통인 사인소추(私人訴追)의 원칙을 수정하여 일정한 자격을 갖춘 고발자가 고발하지 않으면 그 범죄(살인죄를 제외)는 소추될 수 없는 것으로 하고 있다. 살인을 한 아동 및 청소년, 장기간 구금을 요하는 중대한 범죄를 범한 청소년, 성인과 공범관계에 있고 쌍방이 배심재판이 적당하다고 판단된 청소년에 대하여는 통상의 형사법원이 관할하는 형사절차가 취해진다. 그러나 그 이외의 소년범죄는 소년법원의 관할로 된다.

3) 소년법원절차

소년법원의 절차에는 보호절차(care proceeding)와 형사절차가 있다.

보호절차는 범죄소년 · 우범소년 · 방임소년 · 요부조소년에 대하여 필요한 보호를 행하는 민사적인 절차이고, 지방자치단체, 경찰관 그리고 특정의 권한을 갖는 자의 신청에 의해 절차가 개시된다. 보호절차는 민사절차로 형사법상의 증거법은 적용하지 않는 것이 원칙이다. 그러나 범죄행위를 이유로 사건이 계류(繫留)된 경우는 형사법상의 증거법이 적용될 뿐만 아니라 일사부재리, 공소시효 등이 고려되고, 범죄사실에 대한 확증이 있는 후에 비로소 요보호성을 확인하는 것으로 하고 있다.

보호절차에서 법원이 언도할 수 있는 명령은 ① 양친이나 후견인에 대한 선행보증명령, ② 감독명령(supervision order), ③ 보호명령(care order), ④

정신위생법상의 입원명령, ⑤ 후견명령 등이 있다. 그 가운데 감독명령은 지방자치단체의 사회복지사(social worker) 또는 보호관찰관에 의해 실시되는 사회내처우를 하는 것이고, 보호명령은 아동이나 청소년을 지방자치단체의 보호하에 두는 조치로 지방자치단체는 소년의 이익을 꾀하고 적절한 발달의 기회를 부여할 의무를 가짐과 동시에 강제적 조치도 취할 수 있는 권리를 갖도록 하고 있다.

보호명령을 시행하기 위하여 지방자치단체는 수용시설로서 감화원(community home)을 설립하여 관리하여야 한다. 감화원은 지방자치단체가 관리·감독 · 지도하고 아동 및 청소년을 대상으로 하는 모든 시설의 총칭이며 인가학교(approved school)[13] 등도 감화원으로 이용되고 있다.

소년법원의 절차로는 보호절차뿐만 아니고 형사절차도 존재한다. 그러나 14세 미만의 아동에 대하여는 살인을 제외하고 형사절차에 회부할 수 없고, 14세 이상 17세 미만의 범죄소년에 대하여는 보호절차와 형사절차의 선택이 행하여지나 보호절차가 우선하는 구조이다. 보호절차의 청구 및 형사소추 청구권자는 원칙적으로 경찰이고, 경찰관이 보호절차와 형사소추의 어느 쪽이 당해 사건에서 타당한지를 결정하는 기준 가운데 형사소추가 되는 경우는 ① 살인죄 또는 기타 중대범죄, ② 공공과의 관계로 보아 선정적인(sensational) 유형의 범죄, ③ 범죄의 성질, 소년의 가정환경으로 보아 벌금 등 단순한 위하(威嚇)로 충분하다고 판단되는 경우, ④ 면허정지에 해당하는 도로교통법위반 사건, ⑤ 당해 소년이 주소불명 등의 이유로 보호적 처우에 적당하지 않는 경우, ⑥ 공범자가 형사절차에 회부된 경우 등 중에 어느 하나에 해당할 때이다.

소년법원의 형사절차에서 언도될 수 있는 처분은 보호처분과 마찬가지로 ① 선행보장명령, ② 감독명령, ③ 보호명령, ④ 정신위생법상의 정신병원에의 입원명령, ⑤ 절대적 또는 조건부석방, ⑥ 보호위탁명령, ⑦ 벌금 및 배상명령, ⑧ 자동차운전면허증의 박탈 등이 있고, 또한 장래에는 폐지될 예정이나 현재는 존속하고 있는 것으로 ⑨ 출두소에의 출두명령, ⑩ 단기수용소송치, ⑪ 보스탈(Bostal)훈련송치[14]가 있다. 1969년법의 형사절차에서 처분의 중추

13) 영국에서 비행 청소년을 수용하는 국·공립학교를 말한다. reform school이라고도 한다.

14) 보스탈 시스템(Bostal System)의 훈련과정을 말한다. 보스탈 시스템이란 청소년범죄인(juvenile-adult offender)을 위한 행형교육과 계호(戒護)를 겸한 교정제도로 1908년 영국의 「범죄방지법」(Prevention of Crime Act)에 의하여 처음으로 영국의 보스탈시에서 범죄청소년들의 재범방지를 위하여 시도되었기 때문에 그렇게 부른다.

를 이루고 있는 것은 감독명령과 보호명령이고 그것은 보호절차상 언도되는 것과 같은 것이다.

영국의 소년법원은 이른바 치안판사법원 내에 속해 있으며 소년사건을 전문으로 하는 특별법원이다. 소년법원은 소년사건에 적합한 자질과 경험을 갖는 소년법원구성원명부로부터 임명된 3명의 치안판사로 구성되나 3명이 모두 같은 성(性)으로 구성되어는 안 되도록 하고 있다. 소년법원의 보호절차는 기본적으로 민사절차로서의 성질을 갖지만 형사절차는 성인의 약식절차와 거의 동일하다. 형사절차에서 소추관(訴追官)의 역할을 하는 것은 경찰관이고, 소년은 형사절차에서 기본적인 보호조항의 적용을 받으며, 재판은 비공개이다.

경찰관은 당해 소년에 대하여 보호절차인가 형사절차인가를 결정하는 선의권(先議權)을 갖는 동시에 경고(caution)이라고 하는 형식의 경찰단계에서의 처분권한을 가지고 있는데 소년사건에는 광범위하게 이 경고가 행해지고 있다. 또한 경찰에는 소년연락기구(the juvenile liaison scheme)라는 조직을 두고 사회복지국과 협의하여 지역사회 내에서 비사법적·복지적으로 소년의 문제를 해결하는 방법을 강구하고 있다.

1969년의 「아동청소년법」을 거쳐 영국의 「소년법」은 ① 보호주의의 강화(소년법원에서의 보호절차의 신설과 지방자치단체에 의한 처우의 충실 그리고 지역 내에서의 비사법적 해결의 중시), ② 경찰관선의(警察官先議: 경고라는 경찰단계에서의 처분과 보호절차 그리고 형사절차의 선택), ③ 소년법원의 절차로서 보호절차와 형사절차라는 두 기둥을 인정하고 있는 것 등의 특색을 갖는다.

1969년의 「아동 및 청소년법」은 보호주의 및 복지주의를 근간으로 하는 소년법제개혁의 절정을 이루는 것만큼 이것에 반발한 형벌주의적인 입장으로부터의 비판도 거셌다. 특히 1980년대에 들어서면서 보수당인 대쳐 정권의 정강에서 ① 단기수용소의 재평가와 적용의 확대(단기수용소는 3S주의라고 알려져, 1969년법에는 장래 폐지할 것을 예정하고 있었다), ② 청년구금제(youth custody: 보스탈과 구금제에 대신하는 것)의 신설, ③ 소년에 대한 거주보호명령(residential care order)의 신설, ④ 청년에 대한 구금제 제한규정의 폐지 등 엄격한 처우를 도모하는 움직임이 나타났다.[15)]

---

15) 瀬川晃, "イギリス犯罪學の動態," 「犯罪社會學硏究(第7號)」, 150면 참조.

2. 대륙형 소년법제

유럽대륙의 각 국가는 북구권국가들을 제외하고 대체로 다음과 같은 점에서 공통성을 지니고 있다. 첫째, 특별법원에 속하는 소년법원을 갖고 있다는 것(그러나 그 실체는 형사법원의 소년부라고 하는 색채가 강하다), 둘째, 소년법원은 보호처분과 형벌을 선택적으로 과할 수 있다는 것, 셋째, 많은 나라에서는 범죄소년을 취급하는 소년법원법과 그 이외의 방임소년·요부조소년·우범소년을 대상으로 하는 아동복지법의 이원적인 시스템을 채택하고 있다는 것이다.

소년법원은 범죄소년만을 대상으로 하기 때문에 심판절차는 '작은 성인'에 대한 '형사절차'로서의 기본적 성격을 갖고, 이것에 보호주의를 가미한 것이다. 이와 같은 것들로부터 신파형법학의 영향을 알 수 있다. 다만 대륙형의 소년법제를 갖는 국가들에는 형사법적인 틀을 넘어서 소년의 복지와 보호를 충실히 하는 방향에서의 노력이 입법상 또는 운용상으로 시도되고 있다. 대륙형의 소년법제에 속하는 국가로서는 프랑스, 독일, 오스트리아, 스위스 등이 있다. 여기서는 대표적인 것으로 독일과 프랑스에 관하여 소개한다.

(1) 독 일

독일 소년법제는「소년법원법」(Jugendgerichtgesetz: JGG)과「소년복지법」(Jugendwhohlfahrtsgesetz)의 두 기둥으로 구성되어 있다. 제 1 차 세계대전 후 소년의 방임상태와 비행이 격증하는 가운데 1922년에「소년복지법」이, 그리고 1923년에「소년재판법」이 각각 제정되었다.「소년복지법」은 일본의「아동복지법」에 상당하는 것으로 소년의 건전육성을 담당하는 소년국과 소년복지위원회에 관해 규정함과 동시에, 후견법원이 비행성 있는 미성년자에 대하여 보호관찰(Schutzaufsicht) 내지 구호의 조치(Fürsorgeerziehung)를 부과할 수 있도록 하고 있다.

「소년복지법」이 소년에 대한 복지적 대응을 중심으로 규정하고 있는 반면,「소년법원법」은 범죄소년의 심판과 처우에 관하여 규정하고 있다. 이「소년법원법」은 나치정권하인 1943년에 전면개정이 이루어졌고, 패전 후 1953년에 다시 현행의「소년법원법」으로 제정되었다.

독일의「소년법원법」은 형사법제의 틀 안에서 실체적인 부분인 소년형법과 절차적인 부분인 소년형사절차법으로 되어 있는바, 그 특징은 다음과

같다.[16)]

1) 「소년법원법」의 적용대상

「소년법원법」의 적용대상은 범행을 할 때에 14세 이상 18세 미만인 소년(Jugendlicher) 및 18세 이상 21세 미만의 연장소년(年長少年, Heranwachsender)으로 일반형법에 의해 형이 예고된 비행(Vefehlung)을 범한 자이다.

2) 형사책임능력

행위시에 14세 미만의 자는 형사책임능력이 없고(절대적 책임무능력), 14세 이상 18세 미만의 자(즉 청소년)는 행위의 위법을 통찰하고 동시에 그것에 따라 행위를 할 정도의 지적(知的)·윤리적 성숙이 있는 경우에만 형사책임능력이 있다(상대적 책임능력).

책임능력이 없는 자에 대하여 법관은 소년의 교육을 위하여 후견법관과 같은 조치를 명할 수 있다. 성인형법에서 책임능력(Schuldf higkeit)은 형벌의 전제로 되는 것에 비해 소년법원법에서 책임능력(정확히는 답책성[答責性], Verantwortlichkeit)에는 형벌만이 아니라 소년법원이 정한 특별처우를 전제로 한다.

연장소년에 대하여는 환경적인 조건도 고려하면서 행위자의 인격을 전체적으로 평가할 때 행위시에 윤리적·정신적 발육으로부터 보아 아직 소년과 동등하다는 것이 분명하거나 또는 행위의 태양(態樣), 상황 또는 동기로 보아 소년비행으로 인정되는 때에 한하여 소년과 동등하게 처우를 받는다. 그 이외의 연장소년에게는 성인형법이 적용된다.

3) 처　　우

소년 및 소년과 동등하게 취급되는 연장소년에 대하여는 교육처분(Erziehungsma regeln), 징계처분(Zuchtmitteln) 그리고 소년형(少年刑, Jugendstrafe)의 3종류의 처분을 할 수 있다. 이 가운데 교육처분은 오로지 소년의 교육을 목적으로 과해지는데 지도(指導, Erteilung von Weisung), 교육원조(教育援助, Erziehungsbeistandschaft), 감화교육(感化教育, Fürsorgeerziehung)의 3종류가 있다.

---

16) 독일의 소년법제에 관하여는 波多野二三彦, “西ドイツ少年裁判所法および同法基準について,” 「家裁月報(第 8 巻 10號)」, 1면; 南原三男, “西ドイツの少年裁判所法(少年法),” 小川太郎 他 編, 「少年非行と少年保護」, 56면; 阿部純二, “西ドイツの少年刑法(1)(2),” 「家裁月報」 第14巻 11號, 19면, 15巻 4號, 1 면; 宮澤浩一, “西ドイツ少年法制の現狀と將來,” 宮澤 編, 「世界諸邦少年法制の動向」, 74면; 森本益之, “西ドイツの少年法制と改正動向,” 關西非行問題研究會 編, 「非行克服の現場と理論」, 304면 등이 있다. 여기서는 이 문헌들 외에 Schaffstein, *Jugendstrafrecht* 7. Auflage(1980)을 참고하였다.

지도는 소년의 교육을 위하여 생활에서 지켜야 하는 명령 및 금지를 말하는데, 예를 들면 거주에 관한 지시, 학업 또는 취업에 관한 지시, 교우관계나 음식점이나 유흥장 출입금지, 음주·흡연의 금지 등이 있다. 교육원조 및 원호의 조치를 하는 요건과 실시 그리고 종결은 소년복지에 관한 법령(특히 「소년복지법」)에 정해진 바에 의하나 성질상 연장소년에 대하여는 적용되지 아니한다.

징계처분은 소년형까지는 부과할 필요는 없으나 소년에게 자기의 불법행위에 관하여 책임을 명확히 자각시키기 위하여 과해지는 것으로, 계고(戒告, Verwarnung), 의무의 부과(Auflagen), 소년구금(Jugendarrest)의 3종류가 있다. 이 가운데 의무의 부과는 소년의 능력에 상응한 손해의 배상, 피해자에 대한 개인적인 사죄 및 공공시설에 대한 기부금의 지급 등과 같은 것들을 그 내용으로 한다.

소년구금은 나치시대인 1940년에 도입되었는데 제2차 세계대전 후에도 계속 존속하여 온 시설수용처분으로 휴일구금·단기구금·장기구금의 3가지가 있다.

휴일구금은 매주 휴일을 이용하여 구금하는 것으로 최저 1회로부터 최고 4회의 범위 내에서 시행된다. 단기구금은 연속하여 집행하는 것이 교육상 합목적적이라고 인정되고, 또한 그것이 소년의 학습 및 노동에 모두 해를 미치지 않는다고 인정되는 경우에 휴일구금에 대신하여 6일을 한도로 과해지는 것이다. 장기구금은 최저 1주간 최고 4주간의 범위 내에서 구금하는 것이다.

소년구금은 소년의 명예감정을 환기함과 동시에, 소년에게 자기가 범한 불법에 대하여 통절하게 책임을 자각하도록 하는 목적을 가진다.

이 소년구금은 이른바 3S주의(sharp, short, shock)에 입각한 방식에 의해 소년에 대한 효과를 겨냥한 것이라고 할 수 있으며 전후 일시적으로는 긍정적으로 평가하는 입장이 우세했었으나, 소년의 심리에 부정적으로 작용한다는 점에서 폐지를 주장하는 의견도 있다.[17] 또한 예전에는 엄격한 독거구금(獨居拘禁)을 처우의 원칙으로 하고, 질 나쁜 식사(粗食)와 딱딱한 침대에서 취침케 하는 것을 내용으로 하는 '시련의 날'(試鍊日)을 두고 있었으나 1977년의 새로운 「소년구금집행규칙」에 의해 대폭 완화되고, 독거는 야간만 시행하며, 처우도 다양화되고, 또한 '시련의 날'도 폐지되었다.

17) ハンス·シュナイダー(宮澤浩一 譯), "西ドイツの少年犯罪の現況と法改正の状況について,"「家裁月報(第27卷 4號)」, 35면 참조.

소년형은 소년형무소에서의 자유박탈을 내용으로 하는 형벌로, 법관이 범행에 의해 나타난 소년의 유해한 성향으로 보아 교육처분 또는 징계처분으로는 교육상 충분하지 않다고 판단하는 경우와 책임이 중대하기 때문에 형벌이 필요하다고 판단하는 경우에 과하도록 하고 있다.

이 소년형에는 정기형과 부정기형이 있는데, 정기형은 죄의 경중에 관계없이 소년의 인격 여하에 따라서 6 개월부터 5 년(연장소년의 경우는 10년)의 형을 과하는 것이 원칙이나, 예외적으로 일반형법에 의하면 장기 10년을 초과하는 자유형을 과하여야 할 범죄인 경우에는 그 장기는 10년이다.

소년에 대한 부정기형은 그 행위로 보아 행위자의 유해한 성향이 나타나 있고, 최고 4 년의 소년형이 필요하나 행형에 의해 성실한 성품과 행동을 할 수 있도록 교육하기 위하여 어느 정도의 기간을 필요로 할 것인가를 예견할 수 없는 경우에 장기 4 년 단기 6 개월의 범위 내에서 장기와 단기를 정하여 과하는 것이다. 또한 소년형은 집행유예나 선고유예를 하고 보호관찰을 할 수 있다.

4) 기　구

소년법원은 독립된 사법관청이 아니고 통상의 형사법원의 특별부와 같은 형식으로 되어 있다. 소년법원을 둔 법원의 등급은 구법원(區裁判所) 및 지방법원이다. 구법원에 속하는 것은 소년법관(Jugendrichter)과 소년참심법원(少年參審法院, Jugendschöffengericht)으로, 전자는 직업법관인 구법원 법관 1 명으로 구성되고 후자는 재판장으로서의 소년법관 및 1 명의 소년참심원(少年參審員)으로 구성된다. 지방법원에는 소년부(Jugendkammer)가 설치되고 3 인의 법관과 2 인의 소년참심원(남·여 각 1 명씩)으로 구성된다. 이들은 모두 제 1 심의 기능을 하나 소년부는 항소심으로서의 관할을 갖는다.

소년계(少年係) 법관은 교육처분이나 징계처분이 예상되는 경우에 관할권을 갖고, 지방법원의 소년부는 중대한 사건이라든가 복잡한 사건 등에 대하여 제 1 심으로서 관할권을 갖으며, 소년참심법원은 그 이외의 모든 사건에 대하여 관할한다. 소년법관은 가능한 한 후견법관을 겸하도록 하고 있고, 또한 교육적 능력이 있고 동시에 소년의 교육에 관한 경험을 갖고 있는 자이어야 한다고 한다. 그러나 현실적으로는 연수도 불충분하고 교육상의 식견을 충분히 갖지 않은 자가 소년법관이 되는 경우도 적지 않다고 한다.

5) 절　차

절차는 원칙적으로 형사소송법의 절차에 의하나 실체법의 '행위형법'으로부터 '행위자형법'에로의 전환에 대응하여 절차도 약간의 특례가 있다. 그것이 가장 현저한 것은 '소년심판보조'(少年審判補助, Jugendgerichtshilfe)제도 이다.[18] 소년심판보조원은 소년국의 공무원으로 사회복지사(social worker)의 자격과 풍부한 경험을 가지고 소년재판절차에서 교육적·사회적 그리고 보호적인 입장에서 활동한다. 즉 소년의 인격, 성장과정 및 환경의 조사를 행하여 강구해야 할 조치에 관하여 의견을 진술하고, 보호관찰관이 선임되지 아니한 경우 소년법원에 의해 소년에 부과된 지시나 의무의 이행에 관하여 감독하며, 소년이 가지고 있는 문제의 해결을 원조하고 다시 비행상태로 전락하지 않도록 보호하는 일 등을 수행하는 소년법원의 보조역할이다.

6) 기　타

독일 소년절차의 특징은 감정(鑑定)을 중요시한다는 것(특히 연장소년의 '소년성'[少年性]의 판정에 관하여 감정인의 역할을 중요시한다), 절차의 신속성과 심판의 비공개성, 검찰관이 소년사건의 소추에 관하여 비교적 넓은 재량권을 갖는다는 것 등이다.

제 2 차 세계대전 후의 독일 소년법제에 대한 개정의 논란은 주로 18세 이상 21세 이하의 연장소년층을 둘러싸고 생겨 왔다.[19] 연장소년에 대해 소년법원법을 적용하자고 하는 제안은 바이말(Weimar)시대와 나치(Nazi)시대에도 있었으나 제 2 차대전 후 현행「소년법원법」의 제정에 즈음하여서는 종래 대로 18세 미만으로 적용을 제한하자는 보수적인 견해와 18세 이상 21세 미만의 자에게도 적용범위를 확대하고자 하는 입장이 대립하여 오다가 전술한 것처럼 연령에 따라 다르게 취급하는 것으로 귀결되었다고 한다.

(2) 프 랑 스[20]

1810년의 Code Pénal 이후 소년의 취급에 관한 특칙을 정하기 위하여 일련의 법률이 제정되었으나 1912년의 「청소년재판소 및 감시부(監視付) 자유에

18) 이 제도에 관해서는 宮澤浩一·諸澤英道, "少年審判補助機關の成立過程,"「法學硏究(第43卷 5號」, 31면 참조.

19) 독일「소년법」개정의 동향에 관하여는 宮澤浩一, "西ドイツにおける年長少年法制の改正動向,"「家裁月報(第18卷 6號)」, 59면; 同, "西ドイツにおける少年法制改正の動向," 平場回甲記念「現代の刑事法學(下)」, 425면; 同, "少年法制改革の理想と現實,"「家裁月報(第31卷 5號)」, 1면 등을 참조.

20) 프랑스의 소년법제에 관해서는 森下忠,「刑事政策の新展開」, 144면에 수록된 "フランス少年法の諸問題" 및 169면의 "フランスにおける犯罪少年および要保護少年の處遇" 그리고「少年法改正資料(第8號)」의 "フランス少年法" 및「罪と罰(第18卷 4號)」, 18면의 "フランスにおける犯罪少年の司法的處遇"가 있다.

관한 법률」에 의해 소년법원의 설립과 보호관찰제도를 채택함으로써 비로소 독립된 소년법 분야를 열게 된다. 이어 1945년의 「범죄소년에 관한 법령」(Ordnance relative à l'enfance délinquante)이 제정되어 1951년과 1958년의 수정을 거쳐 현행 「소년법」의 근간이 만들어졌다. 또한 1958년에는 「소년사건의 법원구성에 관한 법령」이 제정되었고, 1974년 법률 제631호로 민사상의 성인연령과 형사상의 성인연령을 18세로 통일하였다.

1) 형사책임연령

형사책임연령은 13세이고 13세 이상 18세 미만을 소년, 18세 이상을 성인으로 하는데, 이 연령은 행위시를 기준으로 하고 있다. 범죄소년에 대하여는 연령에 따라 다음 3가지로 구별하여 처우한다.

첫째, 13세 미만의 자는 형벌을 과하지는 않으나 약간의 교육처분(보호처분, mesure de rééducation)을 하는 경우도 있다.

둘째, 13세 이상 16세 미만의 자에 대해서는 교육처분이 원칙이나 예외적으로 형벌이 과해진다. 형벌을 과하는 경우에는 소년에 대한 형은 필요적으로 경감한다.

셋째, 16세 이상 18세 미만의 자에 대해서도 13세 이상 16세 미만의 자와 마찬가지로 교육처분을 원칙으로 하고 형벌은 예외적으로 과해지고 있다. 다만 소년에 대한 형의 감경은 특별한 사유를 첨부한 법원의 결정에 의해 배제되는 경우를 제외하고는 성인과 동일한 형벌이 과해진다.

1974년의 법률에 의해 성인연령이 21세로부터 18세로 인하된 결과 교육처분 및 보호관찰 그리고 소년형무소에의 수용도 18세까지로 낮추어졌다. 그러나 1975년의 법률에 의해 예외적으로 16세 미만의 소년에 대해서는 5년을 넘지 아니하는 범위에서 21세에 도달하기까지 '사법적 보호'(protection judicature)를 할 수 있다.

2) 소년범죄의 관할

소년범죄에 관하여 소년계판사(少年係判事, juge des enfants), 소년법원(tribunal pour enfants) 및 소년중죄법원(cour d'assises des mineurs)이라고 하는 3종류의 법원이 있고, 범죄유형(제5급 위경죄[違警罪], 경죄, 중죄) 및 범죄행위시의 연령의 구분(16세)에 따라 관할이 정해진다. 소년법원과 소년중죄법원은 각각 지방법원(경죄법원)과 중죄법원에 대응하는 소년사법기관에 있으나 소년계판사제도는 프랑스 소년사법이 가지는 특징의 하나다.

가. 소년계판사 소년계판사는 지방법원에 해당하는 배심법원의 판사 중에서 3년의 임기로 소년문제에 갖는 관심 및 적성을 고려하여 선임되는데 재임도 가능하다. 이 소년계판사는 각 소년법원에 1인 내지 2인을 두는데, 그 관할은 미성년자에 의한 제5급 위경죄 및 경죄이다. 또한 소년계판사는 예비심문을 통해 소년의 인격과 환경에 관한 사회적 조사 및 자질감별을 행하고,[21] 예심판사적 기능을 함과 동시에 스스로 법관으로서 사건을 심판하는 것이 인정된다. 그러나 소년계판사가 종국처분을 할 수 있는 것은 시설수용을 수반하지 않는 경한 교육처분(훈계, 친권자 등에의 위탁 등)에 한한다.

나. 소년법원 소년법원은 재판장인 소년계판사와 2명의 초임 배석판사(參審員)으로 구성되는데 배석판사는 소년문제에 관심을 갖는 자 중에서 법무부장관이 선임한다. 소년법원은 18세 미만의 경죄사건과 16세 미만의 중죄사건 외에 제5급 위경죄(단 10일 이상의 구금 및 6백 프랑 이상의 벌금에 해당하는 범죄에 한한다)에 대하여 관할권을 갖는다.

다. 소년중죄법원 소년중죄법원은 상소법원 판사와 상소법원 관할내의 소년계판사 중에 선임하는 2명의 배석판사 그리고 9명의 배심원으로 구성되고, 그 관할은 16세 이상 18세 미만의 미성년자가 범한 중죄이나 중죄공소부(重罪公訴部)의 결정이 있으면 공범관계에 있는 성인에 대하여도 재판을 할 수 있다.

3) 검찰관의 선의권(先議權)과 소년계판사의 심리

검찰관은 소년사건에 관해 선의권을 가지는데 기소편의주의에 기초하는 불기소처분, 예심판사에의 예심청구 그리고 소년계판사에의 예심청구 가운데 하나를 일정한 기준에 의해 선택한다. 예심판사나 소년계판사도 범죄사실의 취조 외에 사회조사나 의학적 심리학적 조사를 명하고, 심리의 관찰을 위하여 일시적으로 감별소(鑑別所, centre d'observation)나 신뢰할 수 있는 개인 또는 공·사립 시설에 수용한다거나 보호관찰에 회부할 수 있다.

소년에 대한 미결구금은 원칙적으로 허용되지 않으나 13세 이상의 소년인 경우에는 구금 외에 다른 방법이 없고, 또한 필요하다고 인정되는 때에 한하여 구치소에 수용을 명할 수 있다.

예심의 결과 예심판사는 면소(免訴) 외에 상술한 구분에 따라 중죄공소부

---

21) 그 결과에 따라 소년계판사는 감별소수용(鑑別所收容) 등의 가감호(伽監護)조치를 할 수 있다.

의 심리에 회부하는 경우는 사건을 검사장에게 송치하고 그 외에는 소년법원에 송치한다. 또한 소년계판사는 중죄라고 판단되는 것은 예심판사에게 송치하고 그 외는 전술한 것과 같이 경미한 종국처분을 하거나 또는 소년법원에 송치한다.

소년계판사의 심리는 자유로운 절차방식에 의해 판사집무실 등에서 행해진다. 소년법원 및 소년중죄법원에서의 심리는 비공개이고 증인, 근친자(近親者), 후견인, 소년의 법정대리인, 변호사, 소년보호시설의 대표자 등을 제외하고는 출석을 금하고 있으며, 변론의 보도는 금지하고, 판결의 보도도 제한하고 있다. 재판은 다른 피고인과 분리하여 행해진다. 소년법원 및 소년중죄법원에서 재판장은 소년에게 퇴장을 명할 수 있다. 또한 소년법원에서는 소년의 이익을 위하여 소년의 출두를 면제할 수 있으나 이 경우에 변호사 또는 부모나 후견인이 소년을 대리하고, 법원의 결정은 대심(對審)에 의한 것으로 간주되고 있다.

4) 교육처분

소년법원 및 소년중죄법원은 사안에 따라 적당하다고 인정되는 교육처분을 할 수 있다. 교육처분의 종류는 ① 소년의 양친 · 후견인 · 보호자 또는 신뢰할 만한 사람에게 인도, ② 사법성이 인정하는 국립 또는 사립의 교육시설에 송치, ③ 사법성이 인정하는 의료시설 또는 의료교육시설에 송치, ④ 아동원조기관에 인도, ⑤ 학령전의 범죄소년을 위한 교호원(教護院, internat approprié)에 송치, ⑥ 소년원에 송치, ⑦ 보호관찰(監視付 自由, la liberté surveillée)이 있다. 이 가운데 ①, ㉣, ⑦이 자유를 구속하지 않는 처분이고 그 이외는 수용처분이다. ①, ②, ③ 처분은 13세 미만의 자나 13세 이상의 자에게 모두 언도할 수 있다.

13세 미만의 자가 소년교정교육기관에 송치되는 때는 교호원에, 13세 이상의 자가 송치되는 때는 소년원에 각각 수용된다. 또한 아동원조기관에의 인도는 주로 13세 미만의 자를 대상으로 하는 처분이고 13세 이상의 소년에 대하여는 의료조치를 요하는 경우나 고아 또는 양친이 친권을 상실한 경우에 한한다. 보호관찰은 가족에 인도하는 경우에 과하는 경우가 많으나 제도적으로는 수용처분이나 형을 언도하는 경우에도 보호관찰을 과할 수 있도록 하고 있다.

운용실제에 있어서는 소년계판사에 의해 훈계, 양친 등에의 인도, 보호관찰 등 시설수용을 수반하지 아니하는 교육처분이 높은 비중을 차지하고 있고, 수용처분이 감소하는 경향이라고 한다.

소년법원 및 소년중죄법원은 교육처분 외에도 형사처분을 할 수 있다. 즉 소년처우에 있어서 절차가 일원화되어 있는 것이다. 교육처분과 형사처분의 관계는 1945년의 법령 제2조 2항에 "제반 사정 및 범인의 인격에 비추어 필요하다고 사료되는 때에 한하여 형을 언도할 수 있다"고 되어 있어, 교육처분 우선을 원칙으로 하고 있는 것을 알 수 있다.

형사처분의 경우에는 형법상의 미성년자유서제도(未成年者宥恕制度)에 의해 형이 필요적으로 경감된다. 그 결과 무기징역 및 무기금고에 해당하는 때는 10년 이상 20년 이하의 구금에 처하고, 유기징역 및 금고에 해당하는 경우에는 그 형기의 2분의 1 이하의 구금, 공민권박탈과 추방에 해당하는 경우에는 2년 이하의 구금에 그리고 경죄 및 5급 위경죄에 해당하는 경우에는 그 형을 2분의 1 이하로 감경한다. 이와 같은 미성년자유서제도에 의해 형사처분은 구금형과 벌금형만이 인정되고 있는 것이다. 다만 이 감경은 16세 이상의 자에 대하여는 특별히 이유가 있는 경우에는 법원의 결정에 의해 인정되지 않는 경우가 있는데, 따라서 이 경우에는 성인과 동일하게 형이 부과된다.

이상과 같은 범죄소년에 대한 절차 외에 1958년의 법령에 의해 인정되는 '요보호소년'(21세 미만의 우범 또는 방임소년)에 대한 아동복지법적인 절차가 있는데, 이 역시 소년계판사의 관할로 되어 있고, 언도할 수 있는 종국처분의 내용도 범죄소년에 대한 교육처분과 아주 유사하다.[22)]

3. 북유럽의 소년법제

미국에서 최초의 소년법원이 출현한 것을 전후하여 스칸디나비아제국에서는 다른 종류의 보호처분결정기관이 출현하였는데 그것은 행정기관인 '아동복지위원회'이다. 이 제도를 최초로 채택한 것은 1896년 노르웨이고, 다음으로 1902년에 스웨덴, 1905년에 덴마크가 각각 아동복지위원회제도를 채택하였고 이어 핀란드가 1936년에, 아이슬란드는 1947년에 각각 이것을 채택하였다. 역시 구 소련연방도 1920년에 「소년사건위원회」를 창설하였으나 스탈인 시대인 1935년에 일단 폐지하였다가 1959년에 부활시켜 지역주민의 폭넓은 참여하에

22) 恒光徹, "30年を經たフランス少年法の問題點," 關西非行問題硏究會 編, 「非行克服の現場と理論」, 289면 참조.

소년사건의 심리를 포함하는 광범위한 권한을 부여하고 있다.[23] 여기서는 사회복지의 선진국인 스웨덴의 제도를 중심으로 소개한다.[24]

1) 연　령

스웨덴에서는 소년사건을 15세 미만, 15세 이상 18세 이하, 18세를 초과한 자로 구분하여 취급한다.

가. 15세 미만의 범죄행위자　스웨덴의 형사책임연령은 15세이다. 그러므로 이 연령에 달하지 아니하는 아동에 대해서는 형벌을 과하지 아니한다. 이 연령층의 아동에게도 증거를 확보하고, 증명에 관한 사항을 검토하기 위하여 형사법원에 출두하는 것을 요구할 수 있으나 이것은 극히 예외적인 경우이다. 15세 미만의 아동은 원칙적으로 지역마다 설치된 '사회복지위원회'가 전담하여 취급한다.

예전에는 소년사건은 아동복지위원회가 취급하였으나 1975년에 아동복지위원회와 알코올근절위원회 그리고 생활보호위원회[25]를 통합하여 중앙사회복지위원회를 설립하기 위한 법률이 제정되고, 또한 1982년의 사회서비스법의 제정에 의해 1960년의 「아동복지법」이 폐지되고 대신 동법에 의해 설립된 사회복지위원회를 전국적으로 확대함과 동시에 그 권한을 확대하였다.

이에 따라 각 코뮌(commune)마다 사회복지위원회를 두고 가정적 접근을 제도 전체의 원리로 하고 있는데, 이들 위원회는 당해 코뮌에 의해 선임된 임기 3년인 전문적인 사회복지사 9명으로 구성되어 있다. 코뮌의 사회복지위원회는 충분한 스텝을 보유한 지역사회복지위원회를 통하여 가능한 한 보다 분권화된 방법으로 활동하도록 하고 있다. 지역사회복지위원회의 구성원은 최저 5명 이상으로 구성하게 되어 있고 그들 역시 코뮌에 의해 선임되지만 그 가운데 최소한 1명은 중앙사회복지위원회의 멤버가 된다. 위원회에는 전문적인 법률과 의학적 지식이 제공되도록 하고 있고 규모가 큰 코뮌에는 위원회의 서기

23) 소련연방의 소년법제에 관하여는 宮崎昇, "ソビエト少年法制," 宮澤浩一 編, 「世界諸邦少年法制の動向」, 167면; 中山研一, "ソ聯・東歐の非行と少年司法," 關西非行問題硏究會 編, 「非行克服の現場と理論」, 314면 등을 참조.

24) 스웨덴의 소년법제에 관하여는 坂田仁의 일련의 연구가 있다. 특히 宮澤 編, 前揭書, 54면의 坂田의 논문 "スウェデンの兒童福祉委員會"가 상세하다. 또한 근년의 동향에 관하여는 同人의 "スウェデンの社會福祉立法ー社會サビス法私譯," 「家裁月報(第33卷 11號)」, 157면 및 前野育三, "スウェデンにおける少年非行と處遇," 「關西非行問題硏究(第 8 號)」, 58면이 있다. 여기서는 Cola Nyquist, The Swedish Approach to Juvenile Corrections, V. Lorena Stewart ed. *THE CHANGING FACES OF JUVENILE JUSTICE,* 1978 및 坂田仁, "スウェデンの社會福祉立法ー社會サ ビス法私譯ガ," 前揭書에서 참고했다.

25) 이 위원회는 주로 공적 부조와 노인의 간호를 임무로 하고 있다.

로 변호사가 임명되고 있다.

나. 15세 이상 18세 미만의 범죄자 스웨덴의 민법상의 성인연령은 18세인데, 이 연령층 특히 대부분 의무교육을 종료한 시점의 연령에 해당하는 15세의 소년들이 다른 연령층과 비교하여 극히 높은 범죄율을 나타내고 있다고 한다.

이들 범죄자에 대하여는 사회복지제도와 형사사법제도 간에 관할권이 중복되어 있다. 사회복지위원회의 청문 후에 당해 소년범죄자를 어디에서 처리하여야 하는가에 관하여 결정하는 것은 각 카운티(county: 전부해서 24개의 카운티가 있다)의 수석검찰관 재량이다.

스웨덴은 일반적으로는 기소강제주의를 취하고 있음에도 불구하고 대다수의 소년사건은 공소권포기라는 방법으로 사회복지위원회에 위임되고 있다. 만약 검찰관이 공익적인 견지에서 공소권을 포기할 수 없다고 판단하는 경우는 사건은 형사사건의 관할권을 갖는 법원에 송치된다. 그러나 이것은 반드시 그 범죄자가 사회복지위원회가 행하는 조치로부터 단절된다는 것을 의미하는 것은 아니고 법원이 공소사실에 관하여 긍정적인 심증을 얻은 후에 공적 보호(公的 保護, public care)를 구하여 사건을 사회복지위원회에 송치하는 처분을 할 수 있다. 실무적으로 이것은 자주 행하여지고 있는데 많은 사건이 공적인 보호를 위한 이송에 부가하여 벌금을 과해지고 있다고 한다. 법률상 범죄자의 교정 또는 공중의 준법의식고양이라는 견지에서 필요하다고 인정되는 경우에는 법원은 이와 같은 경우에 벌금을 과하는 권한을 가지고 있다.

다. 18세 이상의 범죄자 젊은 성인범죄자는 원칙적으로 일반 형사법원이 관할권을 갖으나 21세 미만의 범죄자사건은 사회복지위원회도 사건을 처리하는 권한을 갖는다. 이 경우 검찰관의 공소권포기에 의한 것은 아니고 일단 법원에 공소가 제기되어 법원이 피고인의 범죄사실을 인정한 후 피고인에 대한 공적인 보호를 위하여 사회복지기관에 이송한다는 결정에 의해 이루어지는 것이다. 그러나 이와 같은 경우는 비교적 드물고 대다수의 젊은 성인범죄자는 성인과 마찬가지로 취급된다고 한다.

2) 소년의 보호와 사회복지위원회의 권한

1980년의 「소년의 보호에 관한 특별법」은 소년의 보호요건으로 18세 미만의 소년이 의존성약물의 남용, 범죄행위 또는 이것과 유사한 행위에 의해 자기의 건강 및 성장에 중대한 위험이 되고 있으나 감호권자 또는 소년(이 경우

15세 이상의 소년에 한한다)으로부터 필요한 보호에 대한 동의를 얻을 수 없다고 판단되는 때(동법률 제1조의2 2항), 그리고 사회적 서비스에 의한 보호가 소년의 필요성과 개인적인 조건에 비추어 확실히 다른 보호보다 적절하다고 판단되는 경우(이 경우에는 18세 이상 20세 미만의 자에게도 적용된다)라고 규정하고 있다. 이 보호는 감호권자나 당해 소년의 동의가 필요 없는 강제적 조치이다.

이 요건에 합치되는 경우 사회복지위원회는 주 법원에 대하여 보호의 결정을 신청하고 주 법원은 이 신청을 심리한 후 타당하다고 인정하면 보호의 결정을 한다. 이전의 「아동복지법」에서는 아동복지위원회가 공적 보호를 위한 조치결정을 내리고 이것에 보호자가 동의하지 아니하는 경우에는 주 법원이 사건을 재심리하도록 하였던 것을 1980년의 특별규정에 의해 사법적 통제가 강화되었다고 할 수 있다.

「아동복지법」에는 충고 · 경고 등의 원조조치, 생활상황에 관한 지시, 감독(probation)이 규정되어 있었으나 1982년의 「사회봉사법」에서 이들 보호조치는 강제적 요소를 포함한다는 이유로 폐지하고 대신 상담 · 조언 · 접견인(contact person: 카운슬러 역할을 한다) 등과 같은 제도를 두고 있다.

주 법원이 보호의 결정을 한 경우에는 사회복지위원회가 보호를 실시한다. 보호를 시행함에 있어서는 「사회봉사법」이 적용된다. 사회복지위원회는 6개월마다 보호의 필요성을 심사하도록 하고 있다. 보호는 처음에는 가정 외의 장소에서 시작하나 후에는 가정 내에서 시행할 수도 있다. 「사회봉사법」은 서비스의 개요와 사회서비스에 의해 달성하여야 할 목적을 추상적으로 열거하고 있을 뿐이고 사회서비스의 내용과 그 실현에 관한 상세한 조건은 개인의 필요에 유연하게 대응할 수 있도록 특별히 규정하고 있지 않다. 그 결과 코뮌의 책임과 권한이 확대되고 있다.

예전에는 「아동복지법」에 의거 국가가 관리하는 소년복지학교를 두고 있었지만 1982년의 「사회봉사법」과 1980년의 「소년의 보호에 관한 특별법」이 제정되면서 '특별한 감독을 위한 가정'(home)이라는 제도가 도입되었다. 소년은 그 가정을 이탈하여서는 안 되는 외에도 각종 행동의 자유를 제한하는 조치에 복종해야 한다. 이 가정은 종래의 소년복지학교에 대응하는 것이나 설립의 주체는 코뮌이라는 점에서 차이가 있다.

형무소 등의 형사시설, 소년복지학교와 같은 시설수용은 전체적으로 감소 · 폐쇄되어 가는 경향이다. 「사회서비스법」과 「소년의 보호에 관한 특별법」

은 종전처럼 시설의 종류를 대상자의 외적 특징으로 나누지 않고 시설처우를 필요로 하는 자는 많은 문제 징후를 동시에 나타낸다는 발상으로부터 소년의 주소와의 근접성, 가족과의 자연스러운 접촉을 가능하도록 하는 가족관계의 자원 등을 중시하고 있다.

이상에서 스웨덴의 소년법제는 ① 아동복지위원회에 대신하여 보다 총합적인 복지행정기관인 사회복지위원회가 소년보호도 담당하고 있다는 점, ② 코뮌의 권한을 확대·강화하여 철저한 지방분권화를 꾀하려 한 점, ③ 아동복지법의 영역에서도 소년측의 자기결정을 중시하는 반면에 강제적 조치에 관하여는 사법적 억제를 강화하는 방향으로 가고 있다는 점 등을 특징으로 하고 있다는 것 등을 알 수 있다.

제 3 장

보호처분

우리 소년법은 제1조에 "반사회성이 있는 소년에 대하여 그 환경의 조정과 성행의 교정에 관한 보호처분을 행하고, 형사처분에 관한 특별조치를 행함으로써 소년의 건전한 육성을 기함을 목적으로 한다"고 규정하고 있다. 이는 소년에 대해 교육과 원호를 통한 개선을 도모한다는 것과, 형사처분 등에도 성인과 다른 특별한 절차와 처분을 함으로써 소년을 보호한다는 것을 의미하는 것으로, 우리 소년법이 교정주의 또는 보호주의에 입각하고 있다는 것을 시사하고 있다.

현행 「소년법」은 보호처분과 형사처분이라는 이원적인 구조를 가지고 소년범(少年犯)을 처우하고 있다. 따라서 「소년법」에서 보호처분이라 함은 동법 제32조가 규정하고 있는 7가지 처분을 의미한다.

제1절 보호처분(保護處分)과 형벌

보호처분의 성격을 형벌로 보느냐 아니면 순수한 교육적·복지적 처분으로 보느냐에 따라 보호처분의 범위와 대상이 달라질 것이다. 물론 그것은 그 나라의 소년사법제도의 구조 및 성격에 달려 있다. 예컨대 스웨덴의 경우에는 소년범죄자에 대한 형사처벌을 가급적 포기하고, 범죄의 위험성이 있는 소년을 순전히 보호적·교육적 관점에서 필요한 처분을 강구함으로써 소년비행문제를 해결하려 하고 있다. 따라서 스웨덴에 있어서 소년범에 대한 조치는 형벌적 의미를 가진다고 볼 수 없을 것이다. 그러나 독일은 소년비행을 어디까지나 범죄에 대한 형사처벌의 관점에서 파악하고 있다는 점에서 스웨덴과 차이가 있다. 그렇기 때문에 범죄소년에 관한 법적 조치를 규정한 독일의 「소년법원법」(Jugendgerichtsgesetz)은 순수한 의미에서의 형사법으로 파악되고 있고, 따

라서 소년비행에 대한 보호적 처분도 형벌적 의미에 가깝다고 할 것이다.[1)]

이와 같이 오늘날의 소년사법을 소년비행을 교육과 양호(養護)를 통해 해결하려는 입장과 소년비행을 범죄적 차원으로 파악하여 형사처벌을 유지하면서 교육적 성격을 가미하려는 입장으로 나눌 수 있다. 전자, 즉 교육을 통한 교정을 모색하는 입장은 일체의 소년비행에 대해서 교육처분이라는 단일체계를 통하여 해결하려고 한다. 따라서 이 입장에서는 아직 범죄에 해당하지 않은 우범(虞犯, Status Crime)은 물론이고, 형벌법규에 저촉되는 행위를 한 소위 범죄소년에 대해서도 교육적 관점에서 형벌보다는 사회화를 위한 처우를 시행하고자 한다. 그러나 후자, 즉 형사처벌을 원칙으로 하는 입장에서는 소년이 범죄행위를 한 경우에는 형법상의 제재인 형벌을 포기할 수 없다는 입장을 고수한다. 이 경우에도 소년의 특수성을 감안하여 형사제재의 운용에 있어 교육적 관점을 반영할 필요는 있다고 한다.

1. 형벌과 벌

보호처분을 하는 국가의 권한이 부모의 친권과 같은 성질의 것이라면(즉 그것이 부모의 징계권과 같은 권한에 의해 행사될 수 있는 것이라면) 경우에 따라 그것이 벌로서 사용되는 것도 인정될 수 있을 것이다. 사실 「소년법」 자체가 형벌에 대한 회의의 증대와 결부되어 발달해 온 것이 사실이지만, 그것이 어디까지 형벌에 결부되고, 또 어디서부터 벌인지 확실한 것은 아니라고 한다.[2)]

개인의 개선(改善) 및 교화(敎化)에는 그가 저지른 악행과 결부된 고통의 존재를 체험하는 것도 도움이 된다. 그렇게 함으로써 속죄를 통한 자기실현을 이룰 수 있는 계기가 될 수도 있기 때문이다. 그런 의미에서 보호처분이 사안에 따라 벌을 사용하거나, 경우에 따라서는 그 자체가 벌로 사용되는 것도 있을 수 있는 일이라고 하겠다. 소년원법 등에서 보호권자에게 징계권을 주고 있는 것은(「소년원법」 제15조) 교육기관의 책임자에게 학생의 징계권을 부여하는 것(「초·중등교육법」 제18조; 「고등교육법」 제13조)과 같은 차원의 의미를 갖는다고 할 것이다. 따라서 보호처분이라는 명분하에 사용되는 벌은 일반 형사사법상의 형벌과는 다를 수밖에 없다.

형벌의 경우에는 그것을 받는 자의 장래가 형벌이 갖는 응보적 · 일반예방적 성격 때문에 희생될 수도 있다. 그런 의미에서 형벌은 적대적인 성격을 불

1) 독일 「소년법원법」은 범죄소년에 대하여 교육처분(Erziehungsma regel, 동조 제 9 조), 징계처분(Zuchtmittel, 동법 제13조), 소년형(Jugendstrafe, 동법 제17조 1항)을 규정하고 있다.
2) 平野龍一 編, 「少年保護: 少年法と少年保護講座(第 2 巻)」, 1982, 22면.

식하지 못한다. 보호처분은 그러한 '적대적인 성격'을 불식하지 않으면 안 된다. 보호관찰처분이나 소년원송치처분 자체가 벌로서 사용되는 것이고, 또한 거기서도 벌을 받는 수도 있겠지만, 그러한 벌은 교정 내지는 양호를 위한 교육적 징벌 이상의 것은 아닌 것이다.

그러나 형벌에 있어서도 그것의 적대적인 성격은 점차적으로 완화되어 가는 추세에 있다. 특히 형사사법에서 교정주의사상이 강조되면서부터 형벌 자체도 어느 정도는 보호처분과 유사한 성격으로 완화되고 있는 것이다.

그런가 하면 형사사법이 아닌 일반에서 사용되는 벌이라고 하는 것도 어떤 측면에 있어서는 일반예방적 의도를 포함하는 경우도 있다는 사실을 인정해야 한다. 즉 부모나 학교, 소년원 등에서 소년에게 실시하는 벌도 형제나 다른 학생 또는 다른 원생에 대한 '본보기'의 의도가 전혀 없다고는 할 수 없는 것이다. 그러나 그러한 의도가 피징계자 본인의 장래를 위험하게 하는 경우는 거의 없을 뿐더러, 만약에 그러한 목적으로만 징계가 행해진다면 그것은 징계권의 남용이 될 것이다. 특히 보호처분선고가 다른 일반의 소년들에 대한 '본보기'로 사용된다는 것은 있을 수 없는 일이다. 소년심판절차가 비공개진행을 원칙으로 하는 것도 바로 이런 이유에서이다(「소년법」 제24조; 일본 「소년법」 제22조 2항). 친권자나 학교의 장에 의해 시행되는 벌의 '본보기'는 그 대상이 피징계자 본인과 그 동료에 한정되어 있을 뿐만 아니라 소년의 장래에 미치는 영향도 거의 없다고 한다.[3)]

따라서 보호처분 자체를 벌로 사용하는 것은 그 소년에게 벌의 존재를 가르친다는 한도에 머물러야 할 것이다.

2. 보호처분과 형벌의 차이

형벌이 교정주의의 영향으로 그의 일반예방적·적대적 성격을 완화한다면 그 실질에 있어서 보호처분과의 차이는 거의 없어질 것이다. 그러나 대부분의 국가의 소년사법은 아직도 보호처분과 형벌을 병행해서 사용하는 이원주의를 채택하고 있기 때문에 이를 확실히 구분할 필요가 있는 것이다.

우선 보호처분과 형벌은 그 목적의 강조점이 다르다. 즉 보호처분은 소년의 개선과 교화가 주목적이고 일반예방이나 응보적 내용은 뒷전에 있는 반면, 형벌은 사회질서의 유지 내지는 사회정의의 실현을 위한 일반예방적 기능이 우선적으로 작용하고 있다. 물론 형벌도 개인의 개선·교화를 목적으로도 기

3) 平野龍一, 앞의책, 23면.

능하는 것이 사실이다. 그러나 그것은 사회정의라든가 사회질서를 궁극적으로 확보하자는 수단으로 고려된, 다시 말하자면 범죄인의 개선·교화를 통해 사회질서와 사회정의를 확보하자는 차원에서 고려된 것이라고 보아야 한다. 즉 보호처분이 비행소년의 개선을 우선적 목표로 한다면 형벌은 사회의 개선 및 안전을 우선적 목표로 한다. 따라서 형벌집행에 있어서는 책임주의원칙·형평성·비례성 등이 원칙적으로 고수되어야 하지만 보호처분은 개별화된 처우를 위한 재량과 집행의 융통성이 허용된다고 할 수 있다.

그러나 그것은 무한정 허용되는 것은 아니고 소년사법의 기본 테두리 내에서 허용되는 한정적인 재량과 융통성이다. 즉 사법적인 판단에 의해 이루어지는 것이기 때문에 처분의 종류를 피집행자나 집행자가 선택한다거나 회피하는 등의 재량은 허용되지 않는 것이다. 바로 이 사법적 판단에 의해 시행되는 강제라는 점에서 형벌과 보호처분은 같은 성질을 가진다.

앞에서 보호처분은 형벌과는 다른 벌이라고 하였지만 그 벌은 국가의 자의적인 판단에 의해 결정되고 시행되는 것이 아니고 법률에 의해 행해지는 것이기 때문에 일단 법적 절차에 의해 결정되면 반드시 집행되는 것이고, 이 점에서 상황에 따라 마음대로 집행을 보류하거나 취소할 수 있는 교육권 등에 의한 징계와는 다르다. 환언하면 보호처분이 아무리 교육적·복지적 성격의 처우라 할지라도 그것이 사법적 조치임을 부인할 수 없다는 것이다.

다음으로 형벌은 이미 발생된 반사회적 행위에 대한 사후적 대응임에 반하여, 보호처분은 그 처분의 동기나 근거는 반사회적 행위로부터 시작되지만 반드시 그에 대한 대응을 목표로 하는 것은 아니고, 소년의 미래를 목표로 하는 사전적 대응이다. 따라서 형벌은 그 행위의 양과 질에 근거하여 부과되는 반면, 보호처분은 그 행위의 질과 양도 참작하지만 주로 소년의 환경과 개인적 특성을 근거로 부과된다는 점에서 차이가 있다.

또한 보호처분과 형벌은 대상영역에서 차이가 난다. 형벌이 죄형법정주의 원칙과 책임주의원칙에 의해 형법규정을 위반한 범죄자에게만 부과되어야 하는 것에 반해, 보호처분은 형법규정은 위반하지 않았으나 장래에 그와 같은 행위를 할 위험이 있다고 판단되는 소년(이른바 우범소년)도 그 대상에 포함되는 것에 차이가 있다. 또한 범죄는 저질렀으나 책임을 물을 수 없는 소년(이른바 촉법소년[觸法少年])도 보호처분의 대상이 된다. 이와 같은 점에서 형벌은 사후적 기능을 지니고 보호처분은 사전적 기능을 지닌다. 그러나 한편으로는 보호처분의 대상에 우범소년과 촉법소년을 포함하는 것이 부당하다는 주장도 유력하게 대두되고 있는바, 그런 관점에서는 역시 형벌과 보호처분은 다를 것이 없는 셈이다.

이렇게 보면 형벌과 보호처분은 그 출발에 있어서는 지향목표에서 차이가 있었을지 모르나, 오늘날의 사법체계 특히 교정주의적 사법체계 내에서는 서로 유사한 기능과 형태로 접근하고 있다고 볼 수 있을 것이다.

제 2 절 보안처분과 보호처분

보호처분을 논함에 있어서 보안처분에 대한 검토가 필요한 것은 보안처분 역시 형벌과 마찬가지로 그 기능과 발생연원이 보호처분의 그것과 거의 같기 때문이다. 따라서 보호처분을 보안처분의 일종으로 보는 것이 종래의 통설적 입장이기도 하다.[4)]

그러나 이것은 보안처분의 개념영역을 어떻게 잡는가에 따라 달라진다. 즉 보안처분의 개념은 범죄의 진압과 예방을 목적으로 하는 일체의 인적·물적(人的·物的) 처분을 총괄하는 모든 조치를 말하는 가장 넓은 의미의 것으로부터, 범죄자에게 부과되는 형벌에 대신하여 과하는 수용처분에 국한하는 가장 좁은 의미의 개념까지 다양한 의견이 있는 것이다.[5)]

보호처분이 반사회적 성향이 있는 소년, 다시 말하면 장래 범죄를 저지를 위험이 있는 소년의 이러한 성향을 제거하기 위한 처분으로 시행된다면, 그런 점에서는 넓은 의미에서의 보안처분의 범주에 포함시킬 수 있을 것이다. 그렇기 때문에 구태여 보안처분과 보호처분을 구분하여 논의할 실익이 있는 것은 아니고, 다만 넓은 의미의 보안처분개념을 파악하는 과정에서 보호처분의 성격이라든가 기능이 좀더 확실해질 수 있으리라고 생각하는 것이다.

1. 보안처분의 개념

보안처분(Sicherungsma nahme)[6)]의 개념은 다의적으로 사용되고 있다. 즉

4) 이 입장으로는 平場安治, 1987, 75면; 柏木千秋, 1946, 122면 등이 있다.

5) 木村龜二, “保安處分の理論,” 「刑事政策の基礎理論」, 355면.

6) 강학상(講學上)으로는 보통 ‘보안처분’이라고 칭하고 있으나 실정법상으로는 반드시 일치하는 것은 아니다. 예를 들면 독일 「형법」에서는 이를 ‘개선 및 보안처분’(Maßregeln der Besserung und Sicherung)이라고 하는 반면 우리나라의 폐지된 구「사회보호법」에서는 보호처분이라고 부른다.

넓은 의미에 있어서의 보안처분이라 함은 범죄를 예방·진압하기 위하여 국가가 행하는 형벌 이외의 일체의 강제조치를 뜻하는 것으로서, 이 처분은 반드시 범죄행위를 전제하지는 않는다. 따라서 현재 범죄자가 아니나 범죄적 위험이 있는 자도 그 대상에 포함되는 것이다. 반면 좁은 의미에 있어서의 보안처분은 직접 범죄인 또는 범죄적 위험이 있는 자에 대하여 일정한 범죄행위가 있었을 것을 전제로 하여 과하는 치료·격리 등의 자유박탈적 또는 자유제한적 처분을 말한다. 학자에 따라서는 보안처분을 사회방위를 주목적으로 하는 좁은 의미의 보안처분(Sicherungsma nahmen)과 교육·치료·개선을 주목적으로 하는 개선처분(改善處分, Besserungsma regeln)으로 구분하기도 한다.[7]

주로 특별형법의 목적으로 채택된 형벌 이외의 「형법」상의 법효과를 보안처분이라고 말한다면, 이 때의 보안처분은 보통 좁은 의미의 그것에 한정되어질 것이다. 물론 이 경우에도 보안처분의 구체적인 개념은 실정법상 형벌과 함께 형사처분으로서 규정되는 처분의 내용이 무엇인가에 의해 개별적으로 정립될 수밖에 없을 것이다. 그러나 보안처분을 '형벌 이외의 형법상의 법효과'라고 이해할 때에는 일반적으로는 보안처분도 형사처분의 일종이므로 같은 형사처분인 형벌과의 구별을 통하여 보안처분의 개념을 명확히 할 수 있을 것이다.[8]

2. 형벌과 보안처분의 차이

형벌과 보안처분은 다같이 형사상의 제재에 속하지만 그 기능에 있어 차이가 있다. 즉 형벌은 응보·속죄, 일반예방적 기능을 가지는 반면, 보안처분은 개선·보안, 특별예방적 기능을 가지는 것이다. 또한 형벌은 과거의 위법행위에 대한 진압작용으로 나타나지만, 보안처분은 미래의 위험성에 대한 예방작용으로 나타난다.[9] 따라서 형벌이 과거에 저질러진 범죄행위와 행위책임에 형벌을 부과하는 근거를 두고 있다면, 보안처분은 범죄행위 속에 표현된 행위자의 장래 위험성에 근거하여 과해지는 제재수단이라는 점에서 양자는 본질적인 차이를 갖는 것이다.

형벌의 본질이 책임을 전제로 한 규범적 응보에 있고, 다만 현실적 작용으

7) H. Welzel, *Das Deutsche Strafrecht*, 11. Aufl., 1969, S. 263.

8) 西原春夫, "保安處分論," 宮澤浩一 外 編, 「刑事政策講座(第 3 卷)」, 6-8면.

9) E. Dreher, *Die Vereinheitlichung von Strafen und sichernden Maßregeln*, *ZStW.*, Bd. 65, 1953, S. 481.

로서 보안처분적 예방기능도 가지고 있으나,[10] 그러한 특별예방기능은 책임에 상응한 해악으로서의 응보라는 측면을 보유하는 형벌의 본질상 규범적 응보의 범위 내에서만 이루어져야 한다는 필연적인 제약이 있다.

그렇기 때문에 형벌은 더 이상의 교화·개선이 필요하지 않다고 인정되는 경우에도 형기가 만료되기 이전에는 자유형을 종료시킬 수 없으며,[11] 반대로 재범의 우려가 있다고 할지라도 형기가 종료하면 무조건 석방하지 않으면 안 되는 것이다. 이에 반하여 보안처분은 오로지 범인의 위험성만을 기초로 하고, 또 범인의 교화·개선에 의한 사회방위, 즉 특별예방만을 그 목표로 하기 때문에, 이론상으로는 위법행위에 대해 범인이 갖는 책임의 대소와는 관계 없이 행하여질 수 있다는 결론이 나온다.

결국 형벌은 비난가능성이라는 의미의 위험성의 대소에 상응한 형사처분인데 비하여, 보안처분은 재범의 우려라는 의미의 위험성의 대소에 상응한 형사처분인 점에서 양자는 결정적으로 구별되며, 특히 보안처분은 장래에 대한 예방적 조치인 점에서 합목적적인 요구에 강하게 지배된다고 한다. 다 같은 형법상의 효과이면서도 서로가 융합하기 곤란한 이유가 여기에 있는 것이다.

그러나 형벌의 기능에도 보안처분적 요소가 들어 있고, 반대로 보안처분에도 형벌적 요소가 있기 때문에 양자를 이와 같이 일률적으로 구별하는 데는 문제가 있다는 주장도 있다.[12] 이와 같은 관점은 형벌의 기능이 단순한 진압적 응보로 이해될 수 없다는 데서부터 출발한다. 즉 이미 파괴된 법질서는 형벌에 의해서도 회복하지 못하며, 따라서 형벌의 법질서유지기능도 이미 파괴된 법질서가 아니라 아직 파괴되지 않은 법질서와의 관계에서만 의미가 있는 것으로 보는 것이다. 결국 '죄를 범하였기 때문에 처벌하는 것'(punitur, quia peccatum est)이 아니라 '죄를 범하지 않도록 처벌하는 것'(punitur, ne peccetur)이고 이런 점에서 형벌은 본질적으로 '예방형벌'(Verhütungsstrafe)일 수밖에 없다는 것이다.[13]

---

10) 예컨대 자유형을 집행함에 있어서 수형자의 사회복귀에 기여할 수 있는 다양한 처우를 함으로써 보안처분이 가지고 있는 것과 같은 특별예방적 기능도 함께 도모한다.

11) 가석방처럼 형기만료전석방제도가 없는 것은 아니나 이것도 일정 기간을 복역한 자에 한해서만 허용되는 것이므로, 엄격히 말하면 보안처분에서의 그것과 같다고는 할 수 없다.

12) F. Nowakowski, Maßnahmenkomponente im StGB, in, *Festschrift für Christian Broda,* 1970, S. 193.

13) F. v. Liszt, "Der Zweckgedanke im Strafrecht," 1882, in, *Strafrechtliche Aufsätze und Vorträge,* Bd. I, 1905, S. 126, 163.

형벌을 이와 같이 예방형벌로서 이해할 때 그것은 보안처분적 요소를 이미 자체 내에 포함하고 있다. 보안처분이 장래의 범죄에 대한 사전적 예방처분이라고 한다면 형벌도 그 점에 있어서는 다를 바가 없다. 형벌을 응보형이 아닌 목적형으로 이해하는 한 그것은 결코 과거의 행위에 대한 사후적 진압형벌만을 의미하는 것이 아니기 때문이다. 결국 이것은 형벌과 보안처분의 기능을 각기 어떻게 이해하느냐에 달려 있다고 할 것인바, 양자를 상호보완적 관계에 있는 사회통제수단으로 파악하는 것이 가장 타당할 것이다.

형벌과 보안처분에 관한 이러한 이해는 그 집행에 있어서 대체주의(代替主義)를 허용하게 된다.[14] 대체주의는 선고에 있어서는 책임형(責任刑)을 과하고 집행에 있어서는 보안처분에 의하여 대체되는 것을 말한다. 이것은 보안처분이 형벌보다 앞서 집행되고 그 보안처분의 집행기간은 형기에 산입되는 것을 의미하는 것이다. 예를 들면 우리 사회보호법상의 치료감호조치가 이에 해당한다. 그러나 동법에 규정되어 있는 보호감호조치는 형벌을 먼저 집행하고 보안처분을 나중에 집행하는 이른바 이원주의 또는 이원집행주의에 입각하고 있다.

대체주의의 이론적 근거는 형사정책상 형벌과 보안처분 사이에 본질적인 차이가 없다는 데서 찾을 수 있다. 따라서 보안처분에 의해서도 형벌의 목적을 충분히 달성할 수 있을 뿐만 아니라, 형벌과 보안처분을 별개의 형사제재수단으로 보는 이원주의가 갖는 이중적 처벌의 폐해를 배제할 수 있다는 데 대체주의가 그 의의를 갖는 것이다.

3. 보안처분과 보호처분

보호처분의 성격을 어떻게 보느냐에 관해서는 입장이 두 가지로 나뉜다. 즉 보호처분을 사회방위사상(社會防衛思想)에 기초한 보안처분의 일종이라고 보는 견해와 보안처분과는 전혀 다른 보호주의에 입각한 사회복지적 처분이라는 견해가 그것이다. 그러나 소년법상의 보호처분을 보안처분의 일종으로 볼 것인가 하는 문제는 보안처분의 개념범위를 어떻게 정하느냐에 달려 있다는 것은 이미 앞에 기술한 바 있다.

14) 이처럼 형벌과 보안처분의 본질적인 차이를 부인하면서 대체주의를 주장하는 학자로는 E. Dreher(1953, 481)가 있고, 양자의 차이를 인정하면서 이원주의를 주장하는 학자는 Schröder (1954, 180)가 있다.

보안처분을 형벌 이외의 「형법상」의 법효과라고 넓게 정의한다면 보호처분이 보안처분의 범주에 속하게 되는 것은 의문의 여지가 없다. 반면에 보안처분이 장래의 범죄에 대한 보안적 조치만을 의도하는 처분이라고 한다면 보호처분을 그 범주에 넣는다는 것은 무리이다.

일반적으로 보호처분은 소년보호의 이념 아래 비행소년의 환경조정 및 성행의 교정을 목적으로 필요한 조치를 하는 것으로서, 미완성인격자에 대한 보호육성이라는 복지정책적 요청에서 발달한 것이라고 정의한다. 이렇게 보면 보호처분과 보안처분은 그 지향목표 내지 중점목표에서 구별된다. 전자가 소년의 개선과 보호를 주목적으로 한다면, 후자는 사회방위를 주목적으로 하고 있는 것이다. 즉 보호처분이 비행소년에 대한 사후적 치료 및 교정을 위한 교육적 · 복지적 활동을 강조하고 있는 반면, 보안처분은 사회방위이념을 배경으로 장래에 범죄를 저지를 우려가 있는 자에 대한 사전적 예방활동을 강조하고 있다고 볼 수 있다.

또한 그 발생연원에 있어서도 보안처분이 고정화된 형벌제도의 보완적 장치로서 주로 대륙법계 국가들을 중심으로 타협적 · 조정적(調整的)으로 발전되어 온 것과는 달리, 보호처분은 영국의 형평법원(衡平法院)에서 유래한 국친사상(國親思想, parens patriae)을 배경으로 소년비행에 대한 구체적 대처과정을 통해 자연적 · 경험적으로 형성 · 확립된 것이다. 결국 앞에서 말한 것처럼 보안처분의 개념범위를 어디까지 잡느냐에 따라 달라지겠지만 보호처분을 통상의 보안처분과 같은 개념으로 파악할 수는 없다고 생각한다. 보호처분을 보안처분의 일종이라고 보는 입장에서도 이를 단순한 예방처분 내지 사회방위사상을 배경으로 하는 형사정책적 처분의 의미로서의 보안처분의 개념에 그치는 것이 아니고 소년의 건전한 육성을 목적으로 성행(性行)의 교정과 환경조정을 하는 교육적 · 복지적 내용도 함께 포함하는 처분이라고 보고 있다.

그러나 그렇다고 해서 보호처분을 순수한 사회복지적 처분으로만 이해하는 것도 옳지 않다. 왜냐하면 보호처분은 어디까지나 소년의 비행 내지 범죄에 대한 사법적 판단에 의한 처분이기 때문이다.

형사사법적 처분이 징벌적 · 예방적 의미와 기능을 포함하고 있다는 것은 주지의 사실이다. 마찬가지로 오늘날의 형벌이나 보안처분의 개념에 개선과 교화를 통한 사회복귀라는 교정주의적 이념을 배경으로 하고 있다는 것도 이미 앞에서도 언급한 바 있다.

이렇게 보면 보호처분을 하나의 정형적 카테고리(Category)에 묶어 판단한다는 것이 무리일지도 모른다. 또한 그것이 보안처분에 속하는 것이냐 하는 것도 특별한 논의의 실익이 있는 것도 아니다. 그럼에도 불구하고 그것이 보안처분과 함께 논의되는 이유는 양자가 모두 형벌의 보충적·대안적 수단으로 고안·발전되어 왔기 때문에 그 기능영역에서 서로 중복·교차되는 부분이 있기 때문이다. 그것은 구체적으로 보호처분에 있어서 통상의 보안처분과 같은 성격의 사회방위적·특별예방적 기능을 인정할 것인가와 마찬가지로 보안처분에 교육적·복지적 기능을 인정할 것인가 하는 문제로 나타난다. 결국 그것은 입법정책에 관한 문제로 귀결된다고 볼 수 있다.

그러나 어떤 정책도 그 제도의 본질을 벗어날 수는 없다. 다시 말하자면 그 제도가 생성·발전되어 온 과정 속에서 형성된 제도의 성격 내지 본질 내에서 정책의 방향이 결정되어야 한다는 것이다. 그런 의미에서 지금까지 소년사법에서 논의되어 온 것을 중심으로 보호처분의 본질을 분석·파악해 볼 필요가 있는 것이다.

제 3 절 보호처분의 본질

보호처분은 비행소년의 환경조정 및 성행의 교정을 목적한 조치라고 할 때 그것은 본질적으로 다음과 같은 내용을 포함하고 있다고 할 수 있다.

첫째, 보호처분은 반사회적 행위를 하거나 그럴 위험성이 있는 소년[15]에 대해 보호주의 내지 교정주의 이념을 배경으로 행해지는 조치이다. 따라서 그것은 교육적·복지적 성격을 갖는 처분이라고 할 수 있다.

둘째, 보호처분은 사법적 처분이다. 즉 반사회적 행위를 하거나 할 우려가 있는 소년에 대해 사법적 절차 및 판단을 거쳐 행해지는 조치라는 것이다. 국가의 사법은 어떤 행위가 사회적으로 문제가 되었을 때(다른 말로 사회공동체의 질서와 가치를 훼손했을 때) 비로소 관여하는 것이다. 그렇기 때문에 사법적 판단은 그 본질이 징벌적·응보적 의미를 외면할 수 없는 것이며, 보호처분도 그런 점에서는 이를 전혀 배제할 수는 없다고 보아야 한다.

15) 반사회적 행위의 위험이 있는 소년, 즉 우범소년에 대한 사전적 예방조치가 보호처분의 내용에 포함될 수 있느냐에 관하여는 논란이 있으나, 현행 「소년법」을 비롯한 많은 국가의 입법례가 이를 포함하고 있으므로 여기서는 일단 그 범주에 포함하는 것으로 한다.

셋째, 보호처분은 강제적 처분이다. 즉 단순한 권유 내지는 선택적인 조치가 아닌, 따라서 대상 소년이 필연적으로 감수해야 하는 비자발적(非自發的)인 처분인 것이다.

보호처분이 이처럼 사법적 판단에 의한 징벌적 · 강제적 성격을 갖는다는 점에서 법적 안정성 · 비례성 · 형식적 엄격성 · 보편성을 가진 적법절차 등의 형법 및 형사사법절차상의 모든 인권보장적 기능이 유지되어야 한다는 결론이 나온다.

그런가 하면 또한 보호처분이 비행소년의 개선 및 교화를 위한 교육적·복지적 차원의 고려를 필요로 하고 있다는 것은 보호처분의 기본이념과 성격상 당연하다고 할 것이다. 일반 형사사법에서 볼 수 없는 재판전조사, 교육 · 심리 · 의학 전문가들의 성격 및 환경적 위험성 판단 및 감별 등이 처분의 결정과정에서 참작되어야 하는 것은 바로 이런 이유에서이다. 그런 점에서 아울러 합목적성 · 개별성 · 사회성 등을 고려한 처분의 탄력적 운영을 필요로 하고 있는 것이다. 보호처분이 갖는 이와 같은 두 가지 측면, 즉 형식적 엄격성을 필요로 하는 사법적 측면과 탄력성과 융통성을 필요로 하는 교육적 · 복지적 측면을 어떻게 조화하느냐가 바로 보호처분이 안고 있는 정책적 과제라고 할 수 있다. 나아가 이 양 측면을 어떻게 수용하느냐에 따라 보호처분의 내용과 기능도 달라질 것이다.

실제로 이 문제는 어느 측면을 더 비교우위적으로 강조하느냐에 따라 입장이 나뉘고 있다. 즉 비행사실의 법정요건해당성을 엄격히 해석하고 절차의 형식성을 존중해야 한다는 사법기능우위설(司法機能優位說), 비행소년에 대한 Case Work적인 진단과 치료를 통하여 요보호성을 제거하는 데 보호처분의 목적이 있으며, 비행사실은 소년의 반사회적 성향의 징표로서 보호처분의 절차상의 심리조건에 불과하다고 보는 복지기능우위설(福祉機能優位說), 소년보호절차를 비행자결정절차와 처우결정절차로 나누어 전자에서는 사법기능이, 후자에서는 복지기능이 우월하다는 기능분담설(機能分擔說), 유기적으로 결합된 절차 속에서 양 기능이 융합 · 조화되어 균형 있게 운영되어야 한다는 양기능조화설(兩機能調和說), 양 기능을 대립 또는 병렬관계로 파악할 것이 아니고 '사법에 의한 복지'에서 '사법에 관한 복지'로 양 기능을 통합함으로써 '사법복지'란 새로운 개념을 도입한 사법복지설(司法福祉說) 등이 그것이다.[16]

16) 菊田幸一, 「少年法概說」, 東京: 有斐閣, 1981, 29-30면.

생각건대 사법기능우위설이나 복지기능우위설은 보호처분이 본질적으로 가지고 있어야 하는 두 가지 측면 중 한쪽만을 강조하고 있기 때문에 타당하다고 볼 수 없다. 또한 사법기능과 복지기능의 조화를 주장하는 양기능조화설은 오늘날의 통설처럼 되고 있으나[17] 실제로 그 기능이 어떻게 조화를 이룰 수 있는가에 대해서는 설명해 주고 있지 못하다. 즉 '양 기능의 융합·조화를 통한 균형 있는 운영'이라는 추상적인 표현만으로는 보호처분이 지향하는 방향을 알 수 없는 것이다. 마찬가지로 '사법복지'라는 개념을 동원한 사법복지설도 그 의미는 그럴듯할지 모르겠지만 개념의 추상성 때문에 구체적인 문제해결을 위한 해답을 제공하고 있는 것은 아닌 관념적인 것일 뿐이다.[18] 이렇게 본다면 보호처분을 비행판정절차(非行判定節次)와 처우결정절차(處遇決定節次)로 구분하여 각 절차에 합당한 기능을 인정하자는 기능분담설이 가장 구체적이고 타당한 주장이라고 하겠다.

보호처분은 교육기관이나 사회복지기관에서 행해지는 단순한 교육적·원호적 처분이 아닌 사회방위와 질서유지를 목표로 행해지는 사법기관의 징벌적·사회방위적 기능으로부터 비롯된 것임을 부인할 수는 없다. 다만 그것이 성장기적 특성을 지니는 소년에 대한 조치이기 때문에 그들의 특성에 적합한 처우를 강구하려는 것이고, 보호처분이 갖는 복지적·교육적 측면은 그런 점에서 의의를 찾을 수가 있는 것이다. 보호처분의 복지적·교육적 기능은 그것이 소년보호란 인도적·보호적 차원에서만 의의가 있는 것이 아니라, 궁극적으로는 그것을 통한 비행 내지 범죄문제 해결에 훨씬 효율적이라는 형사정책적 고려도 무시할 수 없다. 이것은 형벌에 있어서도 마찬가지일 것이다. 따라서 그 처분이 비록 복지적이고 교육적인 것이라고 할지라도 피처분자의 임의나 선택에 의한 자발적인 것이 아니고 보호처분기관의 판단에 의한 타율적인 조치이기 때문에 그 처분대상자를 결정하는 데 있어서 엄격한 기준과 절차의 형식성이 이 확보되어야 할 것이다.[19]

---

17) 菊田幸一, 같은 책, 29면.

18) 그러나 菊田幸一 교수는 사법과 복지를 지양·통합한 사법복지야 말로 오늘날 소년사법의 지도이념이 되어야 한다고 주장하면서 이것은 실제에 있어서 사법과 복지의 조화론과 동일하게 될 가능성이 있다고 하여 사법복지설과 량기능조화설이 사실상 같은 것임을 시사하고 있다. 菊田幸一, 1981, 30면.

19) 소년보호절차를 성인과 구분하여 진행한다는 것은 그 대상이 소년이라는 특수성을 고려한 것이기도 하지만, 한편으로는 오늘날 교정주의적 이념하에서 추구되는 '처우의 개별화'라는 형사정책전략에 비추어서도 당연하다고 하겠다.

다음으로 이와 같이 비행판정을 받은 소년에 대한 처우결정과 그 집행은 교육적·복지적 측면이 강조되는 방향으로 추진되어야 할 것이며, 그것이 오늘날의 행형이념과도 일치하는 것이 될 것이다. 오늘날의 행형이 단순한 징벌적 또는 응보적 의미의 처벌에 그치는 것이 아니고 범죄자의 교정·교화를 통한 사회복귀를 목적으로 한다면(「행형법」 제1조 참조) 그것은 교육적·복지적인 것이 되어야 할 것이기 때문이다.

결론적으로 보호처분은 그의 사법적·복지적 측면을 일련의 절차적 과정 속에서 서로 유기적인 관계를 유지하는 가운데 순차적으로 강조하여야 한다고 본다. 그것이 실질적으로 양 기능을 조화시키는 것이기도 하다.

제 4 절　보호처분의 법적 성격

보호처분이 형사처분과 구별되는 것은 그것이 행위와 관련된 처분이라기보다는 행위자인 소년의 특성과 환경과 관련되어 판단지워진 처분이라는데 있다. 또한 그것은 징벌적 의미로서보다는 교육적·복지적 성격이 우선적으로 강조되는 처분이기도 하다.

그러나 앞에서 살펴본 바와 같이 보호처분도 어디까지나 사법작용에 의한 처분의 하나이고 형사정책적 성격을 강하게 반영하는 처분인 것이다. 따라서 지나치게 보호적·복지적 기능만을 강조할 때에는 그것은 이미 사법작용이 될 수 없고 행정작용에 불과하다고 해야 할 것이다.[20)]

역사적으로 볼 때 형벌의 목적이 '응보'라는 견지에서 보호처분은 그것과 구별하여 행정작용으로서 발전되어 온 것도 사실이다. 또한 보호처분은 기존의 형벌만으로 해결되지 않은 소년범죄현상 및 형벌에 의해 야기되는 부작용(예를 들면 낙인효과 같은) 등을 해결하기 위한 방안의 하나로 모색된 것이기도 하다. 그럼에도 불구하고 오늘날 여전히 소년범죄가 그 질과 양적인 측면에서 악화되고 있는 현실과 결부되어 보호처분을 비롯한 소년에 대한 여러 처분을 재검토할 필요가 있다는 주장들이 대두되고 있는 것도 사실이다.

이들 주장에 의하면 형벌과 보호처분은 본질적으로 다른 것이 아니고, 다

20) 김훈, "少年司法行政에 있어서의 最近의 動向,"「外國司法硏修論集(4)」, 法院行政處, 1982, 215면.

만 양적인 면에서 차이가 있을 뿐이라고 하며, 따라서 소년사건도 그것이 사법권에 의해 행해지는 이상 사실발견절차와 처분절차를 엄격히 구분하여, 전자에 있어서는 일반 형사절차와 같은 소송절차에 의해 사실을 확정하여야 하며, 후자에 있어서는 보다 많은 합목적성이 고려되는 결과 처분의 개별화·과학화를 꾀하여야 한다는 것이다.

입법례를 보더라도 영국의 경우에는 처음부터 보호절차와 일반 형사절차가 본질적으로 동일했다고 한다. 따라서 소년사건에 있어서도 불고불리의 원칙이 적용될 뿐만 아니라, 엄격한 증명의 방법에 의해 사실이 확정된다. 또한 오늘날 소년보호라는 기치하에 보호사건을 일반 형사사건과 구별되는 별개의 것으로 발전시켜 왔던 미국의 각 주나 일본에서도 이와 같은 영국식 발상에 경도되는 경향을 보이고 있다는 점에 유의할 필요가 있다.

이러한 경향은 오로지 소년의 보호와 복지에만 치우쳤던 종래의 태도에서 한걸음 더 나아가 사회방위의 목적을 아울러 고려해야 한다는 사고에 근거하고 있는 것이다. 보호처분에서 복지적·보호적 목적 이외에 사회방위의 목적을 아울러 고려하게 된다면 그것은 이미 본질에 있어 일반 형사절차와 구별할 수 없게 되는 것이다. 현재 일본에서 추진되고 있는 소년법 개정방향도 보호와 사회방위의 균형을 유지하는 데 있다. 18세 이상의 연장소년(年長少年)에 대한 차등취급, 사형·무기 또는 단기 1년 이상의 징역이나 금고에 처할 중한 사건의 경우 검사의 임의적 출두 등이 개정내용으로 거론되고 있는데, 이는 소년심판절차가 일반 형사절차에 접근하고 있음을 의미하고 있는 것으로 보아야 할 것이다.

한편 미국에서도 50개 주 가운데 40개 주가 중죄를 범한 소년에 대해서 성인법원에 이송할 수 있는 규정을 마련하고 있는데, 이렇게 소년이 성인법원에서 재판받을 수 있도록 하는 예외규정은 날로 늘어나는 추세라고 한다. 성인법원의 보다 엄격한 적법절차조항 등의 절차적 보호를 받기 위해 또는 부정기형의 부과를 피하기 위해 특정 소년들이 일반 성인법원에서 재판을 받을 수 있는 선택권을 부여하고, 소년법원의 관할에 있어서 상한연령의 저하, 특정한 범죄에 대한 보다 엄격한 처분 등 소년법원에서의 보호처분의 범위를 축소하고 있다. 이와 같은 소년사법에서의 성인법원에로의 유보현상은 역시 소년보호 및 복지와 사회방위의 균형을 유지하기 위한 제도적 배려임은 틀림없다.

이러한 현상은 유럽에 있어서도 예외가 아니다. 지금까지 스웨덴은 검사가 소년을 기소하기 전에 사회복지사업중앙위원회의 의견을 들어야 하고, 그 경우 동 위원회는 불기소의견을 제시함이 관례였다고 한다. 그러나 여기에서도 불기소처분이 소기의 효과를 거둘 수 있는가를 개별적으로 심사하여 기소의견을 제시하는 경향이 늘어나고 있다는 것이다.

제 5 절 현행「소년법」상의 보호처분

1. 「소년법」상 보호처분의 성격

현행「소년법」은 반사회성(反社會性)이 있는 소년에 대하여 그 환경의 조정과 성행(性行)의 교정에 관한 보호처분을 행하고, 형사처분에 관한 특별조치를 행함으로써 소년의 건전한 육성을 기함을 목적으로 한다(「소년법」 제 1 조). 이는 소년에 대해 교육과 원호를 통한 개선을 도모한다는 것과 형사처분을 함에 있어서도 성인과 다른 특별한 절차와 처분을 함으로써 소년을 보호한다는 것을 의미하는 것으로, 우리 소년법이 교정주의이념 내지 보호주의에 입각하고 있다는 것을 시사하고 있다.[21)]

특히 보호처분이 비행사실에 대한 처벌이 아니고, 따라서 소년의 장래 신상에 아무런 영향을 미치지 아니하며(「소년법」 제32조 5항), 전문가의 진단과 소년분류심사원의 분류결과 및 소년조사관의 조사결과를 참작하여(동법 제 6 조, 제10조, 제11조 및 제12조) 소년의 요보호성(要保護性)을 해소하고, 건전육성을 위한 환경조정을 하며(동법 제 1 조), 소년의 요보호성의 변화에 따라 보호처분이 변경 또는 취소될 수 있다는 것(동법 제37조 및 제38조) 등이 소년보호처분의 교정주의적 · 보호주의적 성격을 나타내고 있는 제도이다.

---

21) 「소년법」 제 1 조를 "소년을 처벌의 대상이 아니라 보호의 대상으로 보며 소년범죄자에 대해서는 형사처분을 지양하고 보호처분을 부과함으로서 교육과 보호를 통한 개선을 지향한다는 의미이다"라고 하여 우리「소년법」이 보호처분 우선주의를 채택하고 있는 것으로 해석하는 입장이 있다(崔仁燮, "少年保護處分의 效果分析,"「青少年犯罪의 原因과 對策」, 刑事政策研究院, 1992, 227면). 그러나 그와 같은 해석은 마치 모든 범죄소년은 보호처분을 받는 것이 원칙이고 예외적으로 형사처분이 부과되는 것처럼 이해될 수 있는데, 그것은 잘못이다. 소년에 대한 보호처분과 형사처분은 그 행위유형(죄질)과 개인적 특성에 따라 선택적으로 과해지는 것이고, 또한 교정주의적 이념에 의해 그것은 모두 교육적 · 원호적 또는 복지적인 형태로 추구되어야 한다는 것을 의미한다고 보아야 하기 때문이다. 이와 같은 교육적 · 복지적 처분은 소년에게 뿐만 아니라 성인에게도 마찬가지로 추구되어야 하는 개념이기도 하다(「행형법」 제 1 조 참조).

한편 보호처분이 이러한 교정주의적 또는 보호주의적 이념을 배경으로 이루어지고 있다고 하지만, 보호처분 자체가 소년비행 내지 범죄로부터 사회를 보호하고 질서를 유지하기 위한 형사정책적 수단의 하나임을 고려한다고 할 때, 그것이 갖는 형사정책적·사법적 본질을 부인할 수는 없을 것이다. 즉 현행 「소년법」이 결정으로 보호처분을 하고(동법 제32조 1항), 지정된 기일에 본인을 소환하여 심리하여야 하며(동법 제21조 1항), 보호처분의 필요성이 없으면 불처분결정(동법 제29조)을 하는 등 보호처분이 법률적으로 판단되고 법정절차에 따라 결정되어야 한다는 점과 감호위탁 등의 임시조치(동법 제18조 1항), 소년원송치(동법 제32조 1항) 등 신체의 자유를 제한하거나 보호관찰상의 특별의무를 부과하는(동조 3항) 등 강제적인 조치가 이루어진다는 점 등에서 소년보호처분의 사법적 성격을 파악할 수 있다.

2. 보호처분의 종류

현행 「소년법」상 소년에 대한 보호처분은 죄를 범한 14세 이상 20세 미만의 소년(범죄소년[犯罪少年])과 형벌법규에 저촉되는 행위를 한 12세 이상 14세 미만의 소년(촉법소년[觸法少年]), 그리고 성격과 환경에 비추어 형벌법규에 저촉되는 행위를 할 우려가 있는 소년(우범소년[虞犯少年])을 대상으로 행해진다(동법 제4조).

「소년법」에서 규정하고 있는 보호처분은 7가지다.[22)]

(1) 보호자 등 위탁(1호처분)

1호처분은 보호자 또는 보호자를 대신하여 소년을 보호할 수 있는 자에게 소년의 감호를 위탁하는 것이다(동법 제32조 1항 1호). 이는 구「소년법」의 1호처분이 보호자 또는 적당한 자의 감호에 위탁하는 것으로 규정되어 있던 것을 구체화한 것이다. 즉 종래의 1호처분이 대부분 감호능력이 결여된 보호자에게 아무런 대책 없이 비행소년을 돌려줌으로써 과거의 좋지 못한 환경으로 복귀시키는 결과를 가져 왔으므로, 이를 개선하기 위해 현행 「소년법」에서는 소년선도에 관한 자원봉사자 등 보호자에 대신할 수 있는 자들에게 소년을 위탁하기 위한 근거를 구체적으로 마련한 것이다. 1호처분은 2호처분(단기 보호관찰처분)과 병합하여 시행할 수 있게 하고 있으며 운영실제에 있어서도 병합처분을 선호

22) 구「소년법」에는 6개의 보호처분을 규정하고 있었는데 1988년 「소년법」을 전면개정하면서 보호관찰처분을 장단기로 구분·구체화하고 각 처분의 실질화를 도모하였다.

하고 있다.

(2) **보호관찰처분**(2호·3호처분)

2호 및 3호처분은 보호관찰관의 보호관찰을 받게 하는 처분이다. 2호처분은 6개월의 단기 보호관찰처분이고, 3호처분은 2년의 장기보호관찰인데, 1년의 범위 내에서 1차에 한하여 그 관찰기간을 연장할 수 있다(동법 제32조 1항·2항 및 3항). 이는 구「소년법」6호처분인 보호관찰처분을 활성화시키는 방안의 일환으로, 과거보다 더 세분화시켰고, 또한 그 담당기관과 관찰기간을 명시한 것이다. 실제로 구「소년법」상의 보호관찰은 가정법원이나 지방법원의 소년조사관이 이를 담당해 왔는데, 조사관의 전문성 결여와 수적 부족으로 보호관찰이 그 관찰기간에 소년에게 출석의무를 부과하는 정도 외에는 별다른 실질을 기하지 못하였고, 더구나 당사자가 출석하지 않았을 때라도 보호관찰기간이 지나면 보호처분이 자동적으로 종결되는 등 지극히 형식적이고 비효율적으로 시행되어 온 것을 보완한 것이다.

(3) **복지시설 등 위탁**(4호처분)

4호처분은 아동복지시설이나 기타 소년보호시설에 감호를 위탁하는 것이다(동법 제32조 1항 4호). 이는 주로 소년의 연령이 낮거나, 성행이 양호하나 적절한 보호자가 없는 경우의 처분으로 시설내처우인 소년원송치처분과 사회내처우와의 중간처우의 형태이다. 구「소년법」 시행 당시 보호시설의 인적·물적 자원의 부족으로 제대로 기능을 하지 못했던 것을 보완하기 위한 것으로, 기존의 사설보호시설을 아동복지법상의 복지시설로 등록하거나 사회복지법상의 사회복지법인으로 설립인가를 받으면 국고의 지원을 받을 수 있도록 하여 처분의 실질화를 기하도록 한 것이다.

(4) **병원·요양소위탁**(5호처분)

5호처분은 질병이 있는 소년범죄자를 병원이나 요양원에 위탁하여 치료 및 원호를 받게 하는 것이다(법 제32조 5항). 이 처분은 그 취지에도 불구하고 시설의 부족과 소년의 보호자가 비용을 부담하는 등 현실적 문제 때문에 실효를 거두지 못하고 있다고 한다. 실제로 이 처분은 아직까지 거의 이용된 적이 없다.

(5) **소년원송치**(6호·7호처분)

6호 및 7호처분은 시설내처우로서 시설에 수용하여 교정·교화하지 않으면 안 된다고 판단되는 비행소년을 소년원에 송치하는 처분이다. 그 가운데 6호처분은 6개월 이내의 단기수용처분이나, 7호처분은 그 수용기간이 정해지지 않고 법률상으로는 22세까지 수용이 가능하기 때문에[23] 사실상 부정기형과 같은 성격을 띤 가혹한 형벌과 다름 없다는 비판도 있다.[24]

23) 보호소년 간의 연령격차를 완화하고 장기수용에 따른 폐해를 줄이도록 한다는 취지하에 2003년의 「소년원법」 개정에서 수용연령을 23세에서 22세로 낮추었다.

24) 崔仁燮, 앞의 글, 1992, 233면. 그러나 그 이전에도 소년원장이 교정의 목적을 달성하였다고 인정할 때에는 법무부장관의 허가를 얻어 퇴원시킬 수 있고, 「보호관찰등에 관한 법률」 제22조 1항의 규정에 따라 보호관찰심사위원회의 허가에 의해 가퇴원시킬 수도 있다(「소년원법」 제43조 2항 및 제44조).

제 4 장

소년사건처리절차

현행법상 비행소년을 발견하고 처리하는 과정에서 여러 기관이 역할을 분담하여 관여하고 있다. 그 가운데서 주로 경찰 · 검찰 · 법원이 그 기능을 하고 있는데, 이들 기관은 각기 고유한 업무기능을 가지면서도 서로가 상하 또는 수평적인 관계 속에서 직·간접적인 영향을 미치고 있다.

소년사건에 대한 처리는 이원적인 차원에서 이루어지고 있는데, 즉 일반 형사사건처리절차에 의한 형사처분과 비행소년의 선도 · 보호를 목적으로 하는 보호처분이 그것이다. 소년사건 중 죄질이 극히 불량하여 선도 · 교육이 불가능하고 금고 이상의 형에 해당한다고 판단되는 14세 이상 20세 미만의 범법소년은 형사법원을 통한 형사처분으로 소년교도소에 수감하는 등의 형벌을 과한다. 이에 반하여 14세 이상 20세 미만의 범죄소년으로서 그 행위가 벌금 이하의 형에 해당하거나 보호처분에 해당하는 사유가 있다고 인정되는 자, 12-13세의 형사미성년자로서 형벌법규에 위반되는 행위를 한 자(촉법소년), 12-19세의 소년으로서 보호자의 정당한 감독에 복종하지 않는 성벽이 있거나 정당한 이유 없이 가정에서 이탈하는 자, 범죄성이 있는 자 또는 부도덕한 자와 교제를 하거나 자기 또는 타인의 덕성을 해롭게 하는 성벽이 있는 자로서 성격 또는 환경에 비추어 형벌법령에 저촉되는 행위를 할 우려가 있는 자(이상 우범소년)에 대해서는 선도 · 보호의 측면에서 형사처벌 대신에 보호처분을 하는 것이다.

특히 보호처분은 검찰기소에 의한 형사법원의 판결로 형이 선고되는 일반 형사사건과는 그 절차를 달리하고 있다. 즉 소년보호사건의 심리는 소년이 어떤 범죄를 저질렀느냐보다는 소년이 국가의 특별한 보호를 요하는 조건들을 가지고 있는지 여부가 중시되며, 따라서 그 심리절차도 비송사건(非訟事件) 형식을 취하고 결정으로서 종결을 짓게 하는 등 「형사소송법」상의 제 원칙을 크게 생략하거나 변용하는 비형사적인 절차를 취하고 있는 것이다.

이와 같은 소년사건에 대한 이원적인 처리는 성장단계에 있는 소년을 가급적 형사사법의 낙인을 찍지 않고 개선·보호하여 사회로 복귀시키자는 데 그 주된 목적이 있다. 그러나 그 처리과정이나 대상선정에 있어서 여러 가지 문제점을 내포하고 있다. 특히 미성년자인 소년을 보호한다는 취지에서 마련한 보호처분절차가 때로는 형사처분보다도 불리하게 작용하는 결과를 가져올 수도 있는가 하면, 그것을 악용하여 형사사법의 형평성을 그르치게 하는 경우도 있다. 또한 보호처분 자체의 효용성에 대한 의문이 제기되기도 한다.

제 1 절 경찰의 소년사건처리

경찰은 "범죄의 예방, 진압 및 수사, 경비, 요인경호 및 대간첩작전수행, 치안정보의 수집·작성 및 배포, 교통의 단속과 위해의 방지 기타 공공안녕과 질서유지" 등을 주요 임무로 하고 있고(「경찰관직무집행법」 제 2 조), 그 외에도 각 단행경찰법규(單行警察法規)에서 비권력적 사실작용 및 준법률행위적 작용과 일반 행정기관의 권한에 속하는 행정작용 중 일부 업무를 경찰의 임무로 하여 수행하고 있으며, 이러한 목적을 달성하기 위하여 계몽지도·봉사·명령·강제를 주요 수단으로 삼고 있다.

한편 소년비행통제에 있어서 경찰의 주된 역할은 소년비행의 예방과 선도를 위한 제반활동을 비롯하여, 비행소년을 발견하여 검찰 또는 소년법원에 송치하는 것이다. 즉 경찰은 비행소년을 일차적으로 인지하여 검찰이나 법원에 통고하는 주된 기관이면서, 다른 한편으로는 가정·학교·종교단체 및 기타 사회복지기관들과의 협력을 통해 비행을 예방하고 비행소년을 선도하는 일을 한다. 이와 같이 경찰은 사법관리로서의 범죄통제 기능뿐만 아니라 비행예방과 개선·교화라는 교육적·복지적 차원의 기능도 함께 가지는 것이다.

그러나 경찰의 이와 같은 기능은 그의 재량권 내에서 가능한 것이고, 따라서 경찰의 소년비행통제과정에서 이 재량권의 범위 또는 한계가 문제된다. 결국 그것은 사법통제와 행정통제라는 양 측면의 기능을 동시에 보유하고 있는 경찰로 하여금 소년이라는 특수한 대상을 상대로 이 두 가지 기능 가운데 어떤 기능을 주로 발휘하도록 할 것인가 하는 소년비행통제정책에 관한 문제로 귀결될 것이다.

오늘날 소년비행통제절차에 있어서 가부장주의(家父長主義, paternalism), 낙인이론 등을 근간으로 형사사법절차배제라는 새로운 경향이 대두되고 있다. 이것은 특히 소년경찰이라는 개념과 함께 소년사법에 있어서 경찰의 재량권을 통한 사법외처우라는 새로운 처우개념의 탄생을 의미하는 것이다. 특히 'Diversion'이 그것인데, 비행소년을 형사사법절차로부터 이탈시켜 처우한다고 하는 이 방법은 경찰뿐만 아니라 검찰 · 법원 그리고 교정단계에서까지 고려되는 비사법적 · 비형식적인 처우방법이다. 즉 검찰의 기소유예처분, 법원의 선고유예, 집행유예, 보호처분 그리고 교정기관의 가석방 또는 가퇴원 등은 그들 기관의 기능범위 내에서 가급적 형사사법적인 색채를 배제하려는 시도라는 점에서 넓은 의미에서 'Diversion'이라고 할 수 있는 것이다. 그러나 엄밀히 말하자면 이것들은 형사사법적인 색채가 완전히 배제된 것이라고 하기는 어렵고, 다만 기존의 형사사법절차 내에서 가급적 그러한 색채를 약화시키자는 의도로 시행되고 있는 것이라고 해야 할 것이다.

반면에 경찰의 'Diversion'은 비행소년의 발견단계에서부터 아예 형사사법적 절차를 외면하는 것을 의도한다. 따라서 경찰 Diversion이야말로 본래적 의미의 Diversion이라고 할 수 있다.

1. 소년경찰과 운영현황

소년경찰은 1899년 미국 일리노이주 시카고시에서 법조인, 사회사업가 등이 「요부조소 · 방임소년 및 비행소년의 처우와 통제에 관한 법률」(An Act to Regulate the Treatment and Control of Dependent, Neglected and Delinquent Children, Law of Illinois)을 제정하고 소년사건을 전담하는 경찰을 둔 것이 그 처음이라고 한다.[1)]

우리나라는 1963년 1월 내무부 치안국 보안과(현 경찰청 방범국)와 각 시·도 경찰국에 방범소년계를 설치한 것을 시작으로, 1966년부터 서울, 부산, 대구, 광주, 인천, 대전 등 6대 도시의 경찰서에는 보안과에 소년계를, 그 밖의 시·도에는 경찰국 보안과 보안계와 일선 경찰서에 소년반을 설치함으로써 소년경찰의 시대가 막을 열었다.

그러나 범죄소년은 성인범죄를 담당하는 수사경찰이 다루고, 촉법소년

1) Martin H. Neumeyer, *Juvenile Delinquency in Modern Society*(New York: D. Van Nostrand Company, Inc., 1949), p. 248.

과 우범소년은 소년경찰이 담당하도록 하는 등 경찰 내부에서의 비행소년 처리가 이원적으로 시행되어 오다가, 1986년 7월부터는 소년사건 수사전담반을 설치하여 범죄소년도 소년경찰이 전담하도록 하면서 처리절차가 일원화되었다.

2005년 11월에는 '경찰청과 그 소속기관 등 직제'(대통령령 제19122호)를 개정하여 지금까지 경찰청 방범국을 생활안전국으로 명칭을 바꾸고 방범지도과에서 담당하던 소년비행예방과 소년범죄 수사업무를 여성청소년과에서 담당하도록 하고, 서울특별시지방경찰청은 생활안전부 생활질서과에, 기타 지방경찰청은 생활질서과가 각각 담당하는 것으로 하고 있다.

2. 관계법령 및 문제점

비행소년의 통제에 관한 기본 법령은 「소년법」(1988. 12. 31. 전문개정 법률 제4369호)이다. 따라서 비행소년과 관련된 모든 사법적 또는 준사법적 조치는 「형법」과 「형사소송법」의 특별법이라고 할 수 있는 이 「소년법」에 근거하여야 한다.

그 밖에도 소년경찰활동의 근거가 되는 법령으로는 「형법」을 비롯하여 「청소년기본법」(1991. 법률 제4477호),[2] 「청소년보호법」(1997. 3. 7. 법률 제5297호), 「경찰법」(1991. 5. 31. 법률 제4369호), 「경찰관직무집행법」(1999. 5. 24. 개정 법률 제5988호), 「사법경찰관리집무규칙」(2003. 3. 28. 개정 법무부령 제529호), 「소년경찰직무규칙」(2001. 5. 23. 경찰청 예규 제287호), 「범죄수사규칙」(2002. 10. 29. 개정 경찰청훈령 제384호), 「형사소송법」 제195조-제244조의 수사에 관한 규정, 「아동복지법」(200. 1. 12. 전문개정 법률 제6151호), 「청소년의 성보호에 관한 법률」(2000. 2. 23. 법률 제6261호), 「근로기준법」(1997. 3. 13. 법률 제5309호), 「직업안정법」(1994. 1. 7. 전문개정 법률 제4733호) 등이 있다. 그 밖에 2004년 7월 30일부터 시행되고 있는 「학교폭력예방 및 대책에 관한 법률」(법률 제7119호) 2004년 2월 9일 제정되어 2005년 2월 10일부터 시행되는 「청소년활동진흥법」(법률 제7163호)과 「청소년복지지원법」(법률 제7164호)도 소년경찰활동의 근거가 되는 법률이 될 것이다.

여기서는 비행소년의 경찰통제절차와 직접적인 관계가 있는 법령 및 규정들을 중심으로 살펴본다.

(1) 「소년법」(1988. 12. 31. 전문개정 법률 제4057호)

"반사회성 있는 소년에 대하여 그 환경의 조정과 성행의 교정에 관한 보호처분을 행하고, 형사처분에 관한 특별조치를 행함으로써 소년의 건전한 육

2) 「청소년기본법」은 2004년 2월 9일 법률 제7162호로 전문개정되어 2005년 2월 10일부터 시행되었다.

성을 기한다"(「소년법」 제1조)고 하는 「소년법」은 일반법적인 성격을 지니고 있다고 할 수 있는 보호사건에 관한 규정과 「형법」과 「형사소송법」의 특별법으로서의 성격을 가지는 형사사건에 관한 규정으로 되어 있다. 또한 이 법은 그 안에 소년의 보호와 비행통제에 관한 실체법적 규정과 절차법적 규정이 혼재되어 있는 따라서 가장 포괄적이고 기본적인 소년비행통제에 관한 법률이다.

1958년 7월에 제정된 이 법은 1988년의 전문개정을 거쳐 오늘에 이르고 있는데, 이 1988년의 전문개정은 그 때까지 유명무실하게 시행되어 왔던 보호처분을 다양화하고 보호관찰제도를 활성화하는 등 처분의 실질화를 도모했고, 또한 보호라는 명분으로 소홀히 해왔던 심판절차에서의 절차적 보호를 강화함으로써 소년사법제도에 일대 진전을 가져 왔다.

「소년법」에서 규정하고 있는 소년경찰 또는 경찰의 임무와 관련된 조항은 비행소년의 인지 및 송치에 관한 것과 감호 등의 보조적 업무에 관해서이다. 그러나 「소년법」에 규정된 이러한 경찰의 업무와 관련해서 문제점이 있다.

이 법 제 4 조 2항은 경찰이 우범소년 또는 촉법소년을 발견하였을 때에는 이들을 경찰서장이 직접 법원소년부에 송치하도록 하고 있다. 즉 경찰은 형벌법령에 저촉되는 행위를 한 12세 이상 14세 미만의 소년(촉법소년)과, 보호자의 정당한 감독에 복종하지 않거나 또는 정당한 이유 없이 가출하거나 불량한 자와 사귀는 12세 이상 20세 미만의 소년(우범소년)은 무조건 관할소년부에 송치하여야 하는 것이다.

그런데 범죄소년에 대해서는 검찰의 지휘를 받아 수사 또는 수사보조를 하여(「형사소송법」 제196조 1항 및 2항) 검사로 하여금 기소 여부 및 소년부송치 여부를 결정케 한다(「소년법」 제48조 및 제49조).[3] 결과적으로 소년법상으로는 경찰단계에서 인지한 비행소년을 경찰 스스로 처리할 수 있는 재량권이 전혀 없는 전건송치주의(全件送致主義)를 취하고 있는 것이다.

그러나 비행소년을 가장 먼저 접하는 경찰이 결과적으로 사법적 조치가 필요하지 않을 것으로 판단될 소년을 처음부터 사법절차에 회부조차 하지 않음으로써 소년이 형사사법처리절차에서 입을 수 있는 상처로부터 보호할 수 있으리라고 보기 때문에 소년사건에 관해서는 전건송치주의가 배제될 필요가 있다. 물론 여기에는 경찰재량권의 범위 또는 한계에 관한 문제가 고려되어야

3) 이렇게 보면 우리 「소년법」은 촉법소년과 우범소년에 대해서는 법원선의주의를, 범죄소년에 대해서는 검사선의주의를 채택하고 있다고 할 수 있다.

할 것이다. 입법론으로는 소년법에 경찰이 재량처분을 할 수 있는 근거규정을 두는 것이 타당할 것이다.

(2) 「소년경찰직무규칙」(2001. 5. 23. 경찰청 예규 제287호)

이 규칙은 청소년을 과학적으로 선도 · 보호하고 유해환경을 정화하며, 비행을 방지하고, 비행소년을 합리적으로 처우함으로써 청소년을 건전하게 지도 육성하기 위한 소년경찰의 활동지침이다(동규칙 제1조 1항). 따라서 이 규칙은 「소년법」, 「경찰관직무집행법」, 「형사소송법」, 「아동복지법」, 「청소년보호법」 등의 하위규범으로서 이들 각 법률에 규정된 경찰의 임무 및 활동내용을 구체적으로 적시하는 규범인 것이다.

동규칙에 규정된 소년경찰의 주요 업무로는 지역중심의 소년비행 예방활동을 추진하기 위해 비행이 빈발하는 지역을 선정하고(비행방지지구) 지역주민과 단체의 협력을 얻어 환경의 정화 및 비행방지를 도모할 수 있는 계획을 수립 · 실시하는 것(동규칙 제14조), 「초중등교육법」,[4] 「아동복지법」, 「근로기준법」, 「직업안정법」, 「청소년보호법」, 「형법」 기타 법률에 위반하여 소년을 착취 · 학대 · 혹사하거나 또는 이용의 대상으로 희생시키거나, 그 기본적 권리를 침해함으로써 소년의 복리를 해하는 행위를 발견하였을 때 지체 없이 수사에 착수하고 필요한 조치를 취하는 것(동규칙 제17조), 소년의 건전한 성장을 저해하거나 비행의 직·간접적인 요인이 되는 매스컴, 공연장, 유기시설, 풍속영업소 기타 사회의 범죄성 환경을 배제하고 정화하기 위한 적절한 조치 또는 권고하는 것(제18조), 비행소년 · 요보호소년 · 불량소년 등을 조기에 발견하여 보호하고, 사안에 따라 관계기관송치 및 가정 · 학교 · 직장 기타 관계자에 대한 통고, 조언 등 소년의 선도를 위한 적절한 조치를 하는 것(동규칙 제19조 내지 제22조), 공연장, 유기장, 풍속영업소, 번화가, 역, 공원, 유원지 기타 소년의 비행이 발생하기 쉬운 장소에 있어서의 청소년의 선도(가두선도)를 위한 사전 세부계획수립 및 실시(동규칙 제23조), 소년 또는 그 보호자 기타 관계자로부터 소년의 비행방지와 복지향상에 관한 상담의 수리 및 처리(동규칙 제26조), 촉법소년 · 우범소년 · 범죄소년에 대한 처우활동(동규칙 제29조 내지 제45조) 등이 있다. 그러나 이 규칙도 다른 법률 또는 규칙과 관련하여 몇 가지 문제점을 가지고 있다.

4) 동규칙 제17조는 「교육법」이라고 하고 있으나 「교육법」은 1997년 「교육기본법」, 「초·중등교육법」, 「고등교육법」으로 분리 · 제정되면서 폐지되었기 때문에 여기서는 「초·중등교육법」으로 하는 것이 타당할 것이다.

첫째로 이 규칙을 살펴보면 비행소년에 대한 업무관할이 이원화되어 있는 것을 알 수 있다. 즉 규칙 제 3 조는 "이 규칙에 규정한 직무는 경찰서 여성·청소년계 또는 소년업무 취급부서에서 주관한다. 다만 제17조에 규정한 복지범죄와 제35조 내지 제37조에 규정한 소년범죄의 송치에 관한 사항은 수사계에서 주관하되 소년업무 담당부서 감독자의 의견을 들어야 한다"고 하여 일반소년사건에 관한 사항은 여성·청소년계 또는 소년업무 취급부서에서 주관하나, 이른바 '복지범죄'라고 하는 「초·중등교육법」, 「아동복지법」, 「근로기준법」, 「직업안정법」, 「청소년보호법」 위반사건과 범죄소년사건은 수사계에서 주관하여 처리하도록 되어 있다. 또한 규칙 제48조는 소년계는 소년사건의 처리부를 비치하고 촉법소년·우범소년·불량소년 등의 처리상황을 기재하도록 하고 있고, 규칙 제49조 2항에 수사과에서 범죄소년을 조사·처리시는 신상조사표를 작성하여 소년계(반)에 제출하게 하고 있는데, 이것 역시 소년사건의 업무관할이 여성·청소년계와 수사계로 나뉘어 있다는 것을 전제한 것이다. 결국 이 규칙에 의하면 소년사건에 대한 경찰의 업무관할은 촉법소년과 우범소년 등의 비행소년은 소년경찰이 취급하고, 범죄소년은 수사경찰이 담당하도록 하는 이원적인 구조를 가지고 있는 셈이다.

그러나 복지범죄에 관련된 사건은 범죄주체나 성격이 성인범죄이기 때문에 일반 성인사건을 취급하는 수사과에서 담당하는 것이 타당할 수도 있겠으나, 소년범죄사건을 수사경찰로 하여금 취급하도록 한 것은 경찰에서의 소년사건 처리절차를 일원화한 1986년 7월의 조치와 상반될 뿐만 아니라 소년사건 수사는 생활안전국 생활지도과에서 담당하도록 한 '경찰청과 그 소속기관 등 직제'(제11조 및 제37조) 및 동 시행규칙(제8조) 그리고 「경찰청사무분장규칙」과도 상치되고 있는 것이다(동 규칙 제19조). 이는 경찰청이 내무부 소속 직할기구로 승격되면서 새로 제정된 형식으로 되어 있는 소년경찰직무규칙이 이 규칙의 제정에 의해 폐지된 구「소년경찰직무요강」(1966. 10. 12. 내무부예규 제66호)을 그대로 답습한 데서 온 입법의 불비라고 생각된다.

다음으로 이 규칙에서 정하고 있는 소년경찰활동의 대상에 관한 문제이다. 규칙에 의하면 소년경찰이 관할하는 소년은 범죄소년·촉법소년·우범소년·불량행위소년 또는 불량소년·요보호소년 등이다(동 규칙 제19조부터 제22조 및 제29조부터 제45조). 따라서 소년법에서 규정하고 있는 보호의 대상에 비해(「소년법」 제 4 조) 불량행위소년이라는 개념과 요보호소년이라는 개념이 추가되어 있다. 즉 범죄소년·촉법소년·

우범소년을 비행소년이라고 총칭하고(동규칙 제2조 5호), 비행소년은 아니나 음주, 끽연, 싸움 기타 자기 또는 타인의 덕성을 해하는 행위를 하는 소년을 불량행위소년(동조 6호), 역시 비행소년이라고는 할 수 없으나 학대·혹사·방임된 소년 또는 보호자로부터 유기 또는 이탈되었거나, 그 보호자가 양육할 수 없는 경우, 기타 「경찰관직무집행법」 제 4 조[5] 또는 「아동복지법」에 의하여 보호를 요하는 자를 일컬어 요보호소년이라고 하고 있다(동조 제7호).

그뿐만 아니라 경찰활동의 실제를 보면 '미성년자풍기사범'이라 하여 특정한 소년들을 재량으로 단속처리하고 있다. 경찰에서 단속처리하고 있는 소년풍기사범이라 함은 「소년경찰직무규칙」상의 불량소년을 일컫는 것으로 생각되는데, 동 규칙 제21조에 의하면 경찰관이 불량소년을 발견했을 때 취할 수 있는 조치는 현장에서의 주의나 조언 및 제지 또는 필요한 경우에 보호자에게 연락하고 조언할 수 있을 뿐이다. 그럼에도 불구하고 경찰실무상으로는 즉심, 보호자에게 통보, 훈방 등의 조치를 하고 있는 것이다. 선도·보호라는 차원에서 대부분 훈계방면하고 있다고 하나 즉심에 회부되는 수도 적지 않다.

「소년법」상으로는 우범소년의 처리에 관해서 경찰이 재량권을 행사할 수 없는 것으로 되어 있는데, 그 하위규범인 「소년경찰직무규칙」이 재량행위를 인정하고 있는 것도 문제일 뿐 아니라 단속대상행위에 대한 기준도 형평에 맞지 않고 있다.

경찰이 실무상 소년풍기사범으로 단속하고 있는 행위는 홍행장 출입, 음주, 끽연, 싸움, 불량교우, 남녀혼숙, 흉기소지, 불량집단가입, 환각물질소지 등인데, 흉기소지, 불량집단가입 등과 같은 행위는 「폭력행위 등 처벌에 관한 법률」 위반에 해당하는 행위이고, 환각물질소지는 「마약류관리에 관한 법률」 및 「마약류불법거래방지에 관한 특례법」을 위반한 범죄행위에 해당하는 반면, 음주, 끽연, 싸움, 불량교우, 남녀혼숙 등의 행위는 소년법상의 우범에 해당하는 행위라고 할 것이다. 따라서 이들을 풍기사범이라 하여 같은 범주에 포함하여 처리하고 있다는 것은 형평을 그르친 조치일 뿐만 아니라, 경찰의 재량권남용과 불신을 초래할 우려가 있다. 특히 소년을 일반 성인들과 같은 기준으로 즉심에 회부하는 것은 소년보호의 취지에도 반할 뿐만 아니라 법률상 허용된 재량의 범위를 넘는 조치이다.

5) 「경찰관직무집행법」 제 4 조는 거동수상자를 비롯하여 정신질환자·음주자로서 자기 또는 타인의 재산과 신체에 영향을 미칠 우려가 있는 자 및 자살기도자·미아·병자·부상자 등으로서 응급구호를 요하는 자 등에 대한 보호조치에 관한 규정이다.

(3) 「사법경찰관리집무규칙」(2005. 8. 26. 일부개정 법무부령 제577호)

이 규칙은 사법경찰관리의 범죄수사에 관한 집무상의 준칙을 규정하고자 한 것이다(동규칙 제1조). 전술한 바와 같이 소년의 촉법 및 우범행위는 소년경찰이 담당하여 처리하나, 범죄행위는 수사경찰이 담당하도록 되어 있기 때문에 소년범 수사절차에 관해 동 규칙 제 2 장 9절에 6개 조문에 걸쳐 소년사건에 관한 특칙을 규정하고 있는 것이다. 그러나 그 내용은 「소년경찰직무규칙」에 규정된 것과 거의 같다.

다만 규칙 제46조에 의하면 학생은 소년이 아니라도 수사에 있어서 소년과 같이 처우하도록 하고 있는데, 학생신분이라고 해서 이미 성인이 되었음에도 다른 성인범죄자와 달리 취급한다는 것은 형평상 문제가 있다고 본다. 그뿐만 아니라 그 내용들을 살펴보면 소년이 아니라도 오늘날 민주주의국가에서 「형사소송법」상 당연히 피의자에게 보장되어야 하는 것들을 훈시적으로 열거하고 있을 뿐이다. 따라서 이 규칙 제46조는 그 존치 여부를 재고해야 할 필요가 있는 조항이다.

(4) 「범죄수사규칙」(2005. 10. 6. 일부개정 경찰청훈령 제462호)

이 규칙은 사법경찰관리인 경찰공무원이 범죄를 수사함에 있어서 지켜야 할 마음가짐과 수사의 방법, 절차 기타 수사에 관하여 필요한 사항을 정한 것으로(동규칙 제1조), 제10장에 소년사건에 관한 특칙을 규정하고 있다.

이 특칙의 내용들은 사건을 처리함에 있어서 소년의 특성을 고려하며, 범죄의 원인과 환경조사 · 관계기관 또는 보호자와의 연락, 그리고 체포 · 구속 등에 있어서 신중을 기하고 사건처리의 신속과 소년사건을 보도할 때의 주의사항 등 「소년법」 및 「소년경찰규칙」, 「사법경찰관집무규칙」들에 규정된 것과 거의 동일하다.

그러나 이 규칙은 「소년법」과는 달리 소년사건에 있어서 경찰관의 재량권을 인정하고 이에 관해 상세히 규정하고 있다. 즉 촉법소년에 대해 경찰은 먼저 적당한 선도보호조치를 취하도록 하며, 만약에 그 소년이 보호자가 없거나 보호자에게 감호하는 것이 부적당하다고 인정될 때에는 「아동복지법」에 의한 조치를 강구하여야 하거나, 소년보호사건으로 하여 경찰서장이 가정법원소년부 또는 지방법원소년부에 송치하도록 하고 있다(동규칙 제202조 1항). 그러나 촉법소년의 행위가 형법상의 금고 이상의 형에 해당하는 것일 때에는 직접 소년부에 송치한다. 따라서 이 경우에는 경찰이 재량권을 행사할 여지가 없게 된다(동조 2항).

마찬가지로 우범소년에 있어서도 경찰이 먼저 적절한 선도보호조치를 강구하고, 적절한 조치가 강구되지 않을 때에 소년보호사건으로 하여 소년부에 송치하나, 이 경우에도 소년이 18세 이상일 때에는 소년부에 직접 송치하게 함으로써 역시 소위 연장소년에게는 경찰의 재량권 행사가 불가능하게 되어 있다(동조 3항 4호). 결과적으로 이 규칙은 일정한 범위 내에서 소년경찰의 재량처분권을 인정하고 있는 셈이고, 그런 점에서 「소년법」과 상치되고 있다.

규범체계 및 경찰재량권의 한계에 관한 문제는 별개의 것으로 하더라도 비행소년을 가장 먼저 그리고 가장 빈번히 접하는 사법적 기관이 경찰인 것을 감안할 때 이러한 재량조치는 실무상으로도 필요하다고 하겠으나, 상위 규범인 소년법과 상치된다는 점에서 그 효력이 문제될 것이다.

3. 경찰 Diversion

(1) 경찰 Diversion의 개념

소년을 형사사법절차로부터 회피시키기 위한 재량적 처분은 형사사법절차의 어느 단계에서도 이루어질 수 있다. 그러나 가장 쉽게 그리고 효과적으로 Diversion이 행해질 수 있는 기관이 형사사법절차의 최초 단계인 경찰임은 그것이 의도하는 목적 및 본질에 비추어서도 자명할 것이다. 이러한 점에서 경찰 Diversion은 중요한 의미를 갖는 것이다.

일반적으로 경찰단계에서 이루어지는 Diversion은 두 가지 방법이 있다. 첫째는 인지한 소년비행에 대해 아무런 조치도 취하지 않고 돌려보내는 것으로 말하자면 불간섭주의(不干涉主義)를 취하는 것이다. 그러나 이 경우에도 실무상 후술하는 경고나 훈계 또는 상담 등의 최소한의 조치는 행해질 수 있을 것이다. 둘째는 문제해결을 위한 적극적인 대응으로 소년을 소년법원이 아닌 사회교육기관이나 사회봉사기관 등에 위탁하는 것이다.

경찰은 그가 접하게 되는 여러 상황 속에서 이 둘 중 하나를 선택하여 소년에게 행할 수 있는 것이다. 물론 이러한 선택은 그 적용대상과 현실상황 등 기타 여러 가지 조건에 따라 이루어지게 될 것이나, 불간섭이라는 소극적인 대응과 사법적 차원이 아닌 행정적·교육적인 차원에서의 원조·지도·보호·감독이라는 적극적인 대응의 당위성에 대해 회의와 논란이 있는 것도 사실이다. 결국 이것은 소년의 반사회적 행위는 무시해 버리는 것이 궁극적으로 소년과 사회를 위해 도움을 주는 것일 것인가, 아니면 법원에 송치하여 전문가로 하여금 처리하게 하는 것이 더 유익할 것인가 하는 판단에 관한 문제인 것이다.

이처럼 서로 상치된다고 할 수 있는 이 두 가지 방법 가운데 어느 쪽을 선택해야 하는가 하는 자유재량적 판단과정에서 생기는 긴장이 미국에서의 전문화된 소년경찰의 설립·발전을 이루게 된 것이라고 한다.[6)]

영국은 미국보다 늦게 소년경찰이 설립·발전되었다고 하나 그 본질에 있어서는 거의 동일하다고 한다.[7)] 양국에 있어서 비행소년에 대한 경찰의 대응에는 2가지 요소가 작용하고 있다.

하나는 다시 비행을 저지르면 공식적으로 소년법원에 송치될 것이라는 경찰경고이고, 다른 하나는 보호관찰 등의 감독·지도를 하는 것이다. 그러나 영미에서 경찰이 비행소년을 지역사회복지기관에 소년을 위탁하는 것은 흔치 않다고 한다.

현재 영미에서의 비행소년에 대한 경찰의 실무관행은 'Diversion'을 강조하고 있는데 그것은 미국에서는 '경찰 Diversion'(Police Diversion)이라고 불려지며, 영국에서는 '경찰경고'(Police Cautioning)라고 불리는 것이다. 그러나 이와 같은 경찰 Diversion 또는 경찰경고에는 '경찰감독'(Police Supervision)이라는 개념은 거의 존재하지 않는다고 한다.[8)]

(2) 영국의 경찰 Diversion

영국은 1969년에 설립된 런던경시청(London Metropolitan Police) 산하 소년국(Juvenile Bureau)을 중심으로 소년경찰전문화를 시행하고 있다.[9)] 영국의 소년경찰은 소년사건이 소년국에 접수된 후에도 소년에게 더 이상의 어떠한 제재도 가하지 않고 훈방으로 부모에게 돌려보낼 수 있는 재량권을 가지고 있다. 소년국은 소년의 학교·가정 및 기타 관련집단과의 접촉을 통해 충분한 조사를 한 후에 소년과 그 부모에게 면접약속을 하게 되고, 이 면접을 통해서 소년경찰측에서 '공식경고'를 발하게 된다.

그러나 이 경고를 발하는 데는 3가지 전제조건을 필요로 한다. 즉 소년이

6) R. W. Kobetz, *The Police Role and Juvenile Delinquency, Gaitherburg: International Association of Chiefs of Police,* 1971, p. 49.

7) A. M. Hargrove, *New Trends in The Treatment of Young Offender,* Strasburg, 1958, p. 377.

8) 미국에 있어서 비행소년에 대한 경찰의 감독프로그램들을 'Station Adjustment'라고 하는데 여기에는 준사법적 심리가 포함되며, 한편 영국에서는 이것을 'Police Liaison Schemes'라고 한다.

9) C. Oliver, "Children in Prisons and Remand Centres," *The Howand Journal,* Vol. 16. No. 3, 1973, p. 501.

비행사실을 인정할 것, 부모가 그 사실에 동의할 것, 피해자가 경고조치를 하는 데 동의할 것 등이 그것이다.[10] 여기서의 피해자의 동의는 적극적인 것임을 요하는 것은 아니고, 경고처분에 이의를 제기하지 않는다는 소극적인 것으로 충분하다고 한다.

이러한 요건이 충족되면 경찰은 소년을 소환하여 다음에 다시 죄를 범하는 경우에는 기소될 수 있다는 엄중한 경고를 함과 동시에 일정한 조건을 붙여 석방한다. 그러나 과거에 경고를 받은 사실이 있다고 해서 다시 경고처분을 하지 못하는 것은 아니라고 한다.

(3) 미국의 경찰 Diversion

미국에서의 경찰 Diversion은 소년에게 필요한 서비스를 제공하고, 소년에 대한 낙인을 피하며, 소년비행문제 해결을 위한 지역사회의 적극적인 참여를 유도하고, 형사사법에 드는 비용을 절감하며, 경찰의 자유재량권 행사를 공식화한다는 점에서 그 합리적인 근거를 찾고 있다.[11] 이에 따라 소년경찰은 ① 공식적 보고서 작성이 없는 단순한 석방, ② 사건을 기술한 보고서를 작성한 후에 석방, ③ 공식적 견책을 한 후에 석방, ④ 청소년봉사국(Youth Services Bureaus),[12] 정신치료소(Mental Health Clinics), 소년복지국(Child Welfare Department), BBS, YMCA, YWCA, 종교단체 기타 레크리에이션단체 등의 사회기관에 위탁 · 상담,[13] ⑤ 불구속상태로 소년법원송치, ⑥ 구속하여 소년법원송치 등의 6가지 처분을 할 수 있다고 한다.[14] 물론 여기서 경찰

10) Oliver, *Ibid.*, p. 503. 그러나 그 운영실제에 있어서는 예산부족 또는 인력부족 등의 이유로 이른바 '사법정책적 접근'(Justice Approach)이라고 하는 생략된 제도를 선호하는 형편이라고 한다. 즉 소년의 환경과 개인적 특성에 관한 충분한 조사가 없이 비행사실을 중심으로 판단하여 경고조치를 한다는 것이다. Fisher, Bruce et. al., "Reducing Disparity in Juvenile Justice: App\roaches and Issues," in Martin L. Forst, ed., *Sentencing Reform: Experiments in Reducing Disparity,* Beverly Hills: Sage Pub., 1876.

11) S. B. Lincoln, "Recidivism Rate of Digressed Juvenile Offenders," *Paper Presented at the National Conference on Criminal Justice Evaluation,* Washington D.C., 1974.

12) 청소년봉사국은 지역의 기구 또는 이웃센터의 일부로서 경찰 · 보호관찰관 · 학교 및 지역사회기관들이 의뢰하는 문제소년들에게 광범위한 서비스를 제공하는 기관이다. 미국의 청소년봉사국에 관한 상세한 것은 Cocks Jack, "Innovative Correctional Programs for Juvenile Offenders," in: *Juvenile Justice Management,* Adams et. al.(eds), Springfield, IL.; Charles Thomas Pub.: Duxbury, Elaine B. *1971 Youth Service Bureaus in California: A Progress Report,* Sacramento: Dept. of Youth Authority 참조.

13) 이 경우 소년경찰의 자체조직 내에 Diversion 담당기구를 두어 약물, 음주, 학교문제, 가정문제, 취업문제 등에 관해 상담하기도 한다. Bartollas, Clements, *Juvenile Delinquency,* N.Y.: John Wiley & Sons, 1985, p. 479.

14) Kobetz, *Ibid.*, p. 143.

Diversion에 해당하는 것은 ①, ②, ③, ④에 해당하는 처분이 될 것이다.

(4) 오스트레일리아의 경찰 Diversion

오스트레일리아에서는 경찰이 소년비행을 인지하게 되면 먼저 공식적 경고로 사건을 종결할 것인지 여부를 결정하는데, 주에 따라 약간의 차이는 있지만 경고를 할 때 관련 복지기관의 대표자를 참석시킨다거나 또는 비공식적인 합의를 통하여 비행소년에 대한 후원방법을 결정한다. 경우에 따라서는 경찰 자신이 단순한 수사기관의 역할을 넘어서 경고를 받은 소년에 대한 카운슬링, 후원, 사후감독 등의 역할을 하기도 한다고 한다.[15)]

(5) 일본의 경찰 Diversion

일본의 소년경찰은 대상소년과 비행의 종류에 따라 처우방법을 달리하고 있다. 즉 14세부터 19세 사이의 우범소년과 14세 미만의 촉법소년은 경찰이 직접 가정법원에 송치하고, 비행이 보다 중한 소년, 즉 범죄소년의 경우에는 검사에게 송치한다. 이와 같이 경찰이 소년법원 또는 검찰에 송치하는 과정에서 경찰재량으로 Diversion할 수 있도록 하고 있는 것이다. 다시 말하자면 소년경찰은 비행소년을 소년법원으로 송치하느냐 검찰에 송치하느냐 하는 것을 결정하는 절차적인 선택권을 제한적으로나마 가지면서, 다른 한편으로는 경찰의 독자적인 판단과 재량에 의해 소년을 보호자 또는 사회기관에 위탁하는 경찰 Diversion을 행하는 것이다.[16)] 물론 모든 경찰관이 비행소년을 발견하였을 때 그를 체포하거나 연행할 수 있으며, 또한 소년경찰에게 인계하지 않고 독자적으로 경고하고 석방할 수도 있다. 그러나 이와 같은 비공식적 처우의 재량권은 소년의 행위가 「소년법」상의 비행행위에 해당할 때에는 극히 제한될 수밖에 없게 된다.

일본 「소년법」에 규정된 비행소년에 대한 경찰단계에서의 공식적 Diversion은 주로 2가지 프로그램에 의한다.[17)] 그 하나는 간이송치제도(簡易送致制度)인데, 이것은 주로 경한 죄를 범한 소년을 대상으로 한다. 즉 소년이 절도나 사기·폭행·상해행위를 했을 때, 그 피해액이 5,000엔을 넘지 않고, 상해의 경우에는 치료기간이 10일을 초과하지 않을 정도의 것이며, 범행의 원인과

---

15) 김훈, "少年司法行政에 있어서의 最近의 傾向," 「裁判資料(第15輯)」, 法院行政處, 1982, 212면.

16) 이러한 일본의 경찰 Diversion은 일본 「경찰법」 제2조 경찰의 책무 중 범죄의 예방에 관한 규정에 근거한다고 한다. 金承九, "外國의 少年犯罪處理制度와 實態－日本制度를 中心으로－," 韓國刑事政策硏究院, 1994, 52면 참조.

17) M. Tomita, "The Juvenile Justice System in Japan," *Juvenile Justice: An International Survey Report by U.N. Social Defense Research Institute,* 1984, pp. 241-243.

동기에 비추어 볼 때 형사처벌이나 보호조치가 필요하지 않을 뿐만 아니라, 아울러 재범의 우려가 없고, 소년의 성정(性情)이 양호하고 가정 및 주위환경이 건전하다고 판단될 때는 소년경찰은 소년과 부모 또는 보호자에게 경고나 훈계 등의 조치를 취한 다음 '소년사건간이송치서'를 작성하여 검찰관에게 송치하고 검찰관은 이것을 가정법원에 송치한다. 이 경우에 가정법원은 이 경찰의 청원서를 근거로 판결을 하지 않고 사건을 특별한 조건 없이 종결한다.[18] 이와 같은 간이송치제도는 최종적인 결정은 법원에서 하는 것으로 되어 있으나 실질적인 판단과 결정은 경찰에 의해 이루어지고 있는 셈이다. 여기서의 검찰관은 경찰과 마찬가지로 비행을 발견하고 확인하여 가정법원에 송치하는 기관일 뿐이다. 참고로 일본경시청의 소년 간이송치사건 판단기준을 소개하면 다음 도표와 같다.[19]

[도 표] 소년의 간이송치사건판단자료표

1) 간이송치할 수 없는 경우

기준지정사건 (基準指定事件)	1. 범행에 흉기를 사용한 사건 2. 피의사실이 2 이상인 사건(범행일시·장소가 밀착한—대략 30분 이내—같은 죄종(罪種)의 사건으로서 명백히 우발적인 사건이라고 인정되는 것을 제외한다) 3. 과거 2년 이내에 가정재판소에 송치·통고된 적이 있는 자의 사건(도로교통법위반 및 간이송치를 제외한다) 4. 범죄사실의 전부 또는 일부를 부인하고 있는 사건 5. 고소·고발된 사건 6. 피의자를 통상체포·긴급체포·현행범체포한 사건(경찰에 인치된 후 유치하지 아니하고 석방한 것을 제외한다) 7. 권리자에게 반환이 불가능한 증거품이 있는 사건
삼청회의지정사건 (三廳會議指定事件)	1. 3개월 이내에 성인이 될 소년의 사건 2. 절도 및 무면허운전과 관련된 사건 3. 상해 등으로 합의되지 아니한 사건
참 고	1. 압수·수색영장을 집행한 사건(＊재판관이 발부한 영장에 의하여 압수·수색하지 않으면 안 될 사건은 중요한 사건이므로 간이송치를 않는다)

18) 關力, "非行少年はこう扱われる," 有信堂, 1987, 84면.

19) 關力, 같은 글.

2) 간이송치할 수 있는 경우

기본요건	지정죄종	범 위
△ 간이송치할 수 없는 사건에 해당되지 아니하고, 아래 각 요건을 충족하면서 지정죄종과 범위에 해당하는 것 1. 사실이 극히 경미 2. 범죄원인·동기·소년의 성격·행상(行狀)·가정상황 및 환경 등에 비추어 재범의 우려가 없을 것 3. 형사처분 또는 소년법 제24조 1항 각호의 보호처분 및 가정법원에서의 어떠한 보호적 처분도 필요 없음이 명백히 인정될 것	1. 절 도 (미수포함)	1. 피해액 약 5,000엔 미만 2. 날치기, 훔치기, 점포침입절도, 고용인 절도, 동거인 절도 등으로서 계획성 없는 단순·우발적 범행이며 피해자도 관해한 조치를 요망하는 것
	2. 사 기 (미수포함)	1. 피해액 약 5,000엔 미만 2. 기망수단과 방법이 극히 단순한 것
	3. 횡 령 (점유이탈물횡령포함)	1. 피해액 약 5,000엔 미만 2. 친구 등 면식 있는 자로부터 빌린 것을 횡령하는 것 같은 단순횡령 또는 권리자가 명백한 점유이탈물 횡령같은 것
	4. 공 갈 (미수포함)	1. 피해액 1,000엔 미만 2. 면식 있는 자로부터 등치는 단순범행
	5. 장물죄 (형법 제39장)	1. 장물 가격 약 5,000엔 미만 2. 절도를 한 자와 관계가 희박하고 우발적인 것
	6. 폭 행	1. 학교·직장 내에서의 우발적인 것 또는 상대방의 촉발에 기인한 것
	7. 상 해	1. 전치 10일 이내의 상처 2. 흉기를 사용치 않은 우발적인 폭행에서 기인한 것
	8. 협 박	1. 흉기 등을 사용하지 않은 폭행 중 말싸움에서 기인한 것
	9. 도 박	1. 친구나 아는 사이의 단순한 여흥을 위한 것(태업[怠業]이나 태학[怠學]을 초래한 마작은 통상 송치한다)
	10. 기 타	1. 법정형이 3년 이하의 징역·금고, 벌금·압류·과료인 형법범, 특별법범(特別法犯) 2. 개개의 죄종에 관해 사안(事案)의 경미성, 재범의 위험성을 판단, 신중하게 선별한다

* 지정죄종(指定罪種) 1, 2, 3, 5 의 피해액과 장물의 가격 약 5,000엔 미만의 최대한도는 5,500엔까지로 한다. 이를 넘는 사건은 간역송치 불가.

다른 하나는 교통법규를 위반한 소년들에게 적용되는 프로그램이다. 1967년에 근거법이 제정되어 1970년부터 시행된 이 제도는 소년이 주차위반·신호위반·음주운전 등 도로교통법규를 위반하였을 때 이를 기소하지 않고 법규상 규정된 벌금을 물린 후에 석방하는 것이다.

(6) 대만의 경찰 Diversion

대만의 소년경찰은 경찰 자체의 역사에 비해서 상당히 빨리 설립되었고, 그 규모나 전문성에 있어서 선진국의 소년경찰에 못지않다고 한다.[20)]

그러나 소년에 대한 경찰 Diversion은 영국이나 일본처럼 공식화되어 있지도 않았고, 미국의 그것처럼 다양하지도 못하다. 즉 처분권이 미국과는 달리 ①⑩⑩ 조건 없는 석방, ② 보석에 의한 석방, ③ 소년법원 송치의 3가지로 제한되어 있다. 또한 대만의 소년경찰은 우리나라 소년경찰처럼 사법적 기능과 행정적 기능을 함께 가지고 있다. 즉 소년경찰조직 내에 범죄소년사건(Criminal Case)을 취급할 부서와 교화소년사건(Reformatory Case)을 다룰 부서를 두고, 전자는 사법적 기능을, 그리고 후자는 비사법적 기능을 주로 하고 있다. 특히 「치안사범처벌법」(治安事犯處罰法)에 의해 가출, 흉기소지, 불량교우관계 등의 우범소년에 대해서는 이를 '교화사건'(敎化事件)으로 하여 소년경찰의 자유재량에 의한 비사법적 처분, 즉 경찰 Diversion이 행해진다. 그러나 범죄소년사건에는 소년경찰의 자유재량권이 극히 제한되어 있기 때문에 경찰 Diversion의 범위도 그만큼 제한된다고 하겠다. 다만 상당한 전문성을 가진 소년경찰이 범죄소년과 교화소년을 자체 조직 안에서 처분하고 있기 때문에 공식적인 통계는 없지만, 교화소년은 물론이고 범죄소년도 상당수 공식적 사법절차에서 제외되어 Diversion되고 있는 것으로 추정된다고 한다.[21)]

(7) 우리나라의 경찰 Diversion

우리나라는 주로 촉법소년과 우범소년을 대상으로 경찰 Diversion을 시행하고 있다. 앞서 기술한 것처럼 소년경찰의 기능과 역할은 1986년 7월부터 확

---

20) 대만의 소년경찰의 역사는 40년이 넘는다. 1956년 '대북수도경찰국'에 처음으로 소년경찰과가 설립되었고, 이어 1965년에는 공안위원회 위원장 산하의 직속기구인 '소년경찰팀'으로 확대 개편되고, 그 후 모든 시와 도경찰국에 소년경찰부서가 설립되었다고 한다. C.H. Sheu, "The Juvenile Justice System in Taiwan," *Paper Presented at the American Academy of Criminal Justice Science,* 1984. p. 223.

21) 그러나 소년경찰의 구조적 장점과 그 전문성에 비하여 경찰단계에서의 Diversion을 위한 방안이 제한되어 있고, 특히 보호와 교화를 위한 시설이 충분히 마련되어 있지 않아 실효를 거두지 못하고 있다고 한다. 金甫煥, "少年刑事司法 節次上의 問題點에 관한 考察—경찰의 전환처분을 중심으로—," 「警察大學 治安論叢(第 9 輯)」, 1992, 190면.

대 강화된 바 있고, 이로부터 범죄소년 및 일부 촉법소년사건을 취급하는 사법경찰기능과 촉법소년과 우범소년사건을 취급하는 비사법적 기능이 소년경찰의 기능에 통합되었다. 그러나 범죄소년의 경우 전건송치주의에 의하여 소년경찰에 의한 자유재량적 Diversion이 허용되지 않고, 다만 촉법소년과 우범소년에 한하여 Diversion이 가능하도록 되어 있다. 그러나 이 경우 소년법 및 기타 관계규정의 해석상 문제가 있다는 것은 이미 앞에서 기술한 바 있다.

소년경찰은 촉법소년의 경우에는 소년법원송치 여부 또는 훈방 여부를 결정하고, 우범소년의 경우에는 경미한 비행에 한하여 훈방조치함으로써 Diversion하고 있다. 그러나 우리나라의 소년경찰은 대만과 같은 전문적인 보호·상담프로그램을 가지고 있지도 않고, 일본이나 미국처럼 사회위탁기관도 충분하지 않기 때문에 Diversion되는 대다수의 소년을 원래의 환경으로 형사사법의 낙인만 찍지 않고 돌려보내는 것이 고작인 형편이다.

4. 경찰의 소년사건처리에 있어서 문제점

경찰의 소년비행통제와 관련되어 나타나는 첫번째 문제점은 소년경찰의 전문성에 관한 것이다. 소년경찰을 전문화해야 한다는 주장은 비행소년을 처리하는 소년형사사법제도의 근본철학이 소년을 다루는 최초의 단계인 경찰에서부터 시행되어야 한다는 것을 의미한다. 그러기 위해서는 우선 소년경찰기구가 확대되고 아울러 전문적인 지식과 훈련을 받은 요원이 양성·배치되어야 할 것이다. 그렇게 함으로써 실질적이고 효율적인 소년비행 예방활동과 보호활동이 이루어질 수 있을 것이다.

그러나 우리의 현실은 그렇지 못하다. 즉 소년경찰은 대도시 경찰서를 중심으로 일부 조직되어 있으나, 소년범죄수사도 1986년의 방침과는[22] 달리 실제에 있어서는 소년경찰이 담당하는 것이 아니고 대부분 수사과에서 성인범죄사건과 함께 취급하고 있는 형편이다. 또한 소년경찰이 담당하고 있다고 해도

22) 도시에서의 소년범죄가 급증함에 따라 1986년 7월 1일부터 전국 6대 도시 경찰서에 소년범죄전담반을 설치하고 3-4명 정도(서울시내 경찰서는 5-6명)의 수사전담형사를 배속시켜 소년범죄수사를 전담하게 하였다. 그러나 이것을 소년경찰의 전문화 일환으로 보는 것은 타당치가 않다. 그 이유는 소년에 대한 전문적인 지식과 기능을 가진 소년경찰에 의해 소년범죄사건의 수사를 전담하게 한 것이 아니고, 일부 수사전문가로 하여금 소년사건을 집중적으로 담당하게 하여 폭주하는 소년사건을 기능적으로 처리하고자 한 것이 원래의 의도였기 때문이다. 그뿐만 아니라 소년부 판사처럼 모든 행정기관·학교·병원 기타 공·사집단에게 필요한 원조와 협력을 구할 수 있는(「소년법」 제27조) 법적 뒷받침이 없기 때문에 사회기관에 위탁하는 경찰 Diversion은 그만큼 더 제약을 받을 수밖에 없는 형편이다.

전문적인 소양과 교육을 받은 전임경찰이 아닌 순환보직에 의해 그 업무를 맡게 됨으로써 사실상 형식적인 전문화에 그치고 있는 형편이다. 그렇다고 해서 경찰교육과정에서라도 소년에 관한 전문적인 교육이 행해지고 있는 것도 아니다.[23)]

소년경찰의 소년비행통제과정에서 나타나는 또 하나의 문제는 전건송치주의와 소년경찰의 재량처분에 관한 것이다. 「소년법」에 의하면 범죄소년은 물론이고 우범소년과 촉법소년을 포함한 모든 소년사건을 검찰과 법원에 송치하도록 되어 있다(「소년법」 제4조 2항). 즉 범죄소년에 대해서는 수사보조자인 경찰이 사건을 종결시킬 권한이 없기 때문에 수사주체인 검사에게 송치하여 '기소편의주의'(起訴便宜主義)와 '검사선의주의'(檢事先議主義)에 의해 처리하도록 할 수 있을 뿐이고, 촉법소년과 우범소년은 「소년법」 제 4 조 2항의 규정에 의해 소년부 송치를 하도록 되어 있다.

결과적으로 소년경찰이 비행소년에 대해 재량처분을 할 수 있는 권한은 법적으로 인정되지 않고 있는 셈이다. 그러나 현실적으로 경찰이 인지한 사건의 종류나 정황에 따라서는 경찰단계에서 처리하는 것이 사회나 본인을 위해 바람직하다고 판단되어 구태여 사법기관의 심리를 거칠 필요가 없는 경우가 많은 것이 사실이다. 특히 우범소년사건은 그 내용이 실제로 법원송치까지 할 필요가 없는 것이 대부분이다.

그러나 경찰이 재량처분을 할 수 있는 근거는 「소년경찰직무규칙」, 「범죄수사규칙」, 「사법경찰관리집무규칙」 등과 같은 경찰청예규나 행정자치부령에서만 찾을 수 있는데, 이것들이 전건송치주의를 취하고 있는 상위법인 「소년법」과 상치되는 것이다.

따라서 소년경찰의 자유재량처분권을 부여하기 위해서는 「소년법」의 전건송치규정을 선별송치규정(選別送致規定)으로 개정하여야 할 것이다. 나아가 「소년경찰직무규칙」 중의 '불량행위소년'과 같은 「소년법」과 상치되거나 맞지 않거나 모호한 규정들을 정비하고, 비행소년의 즉심회부와 같이 법적 근거 없

23) 2004년 현재 경찰대학에 3학년 1학기 과정에 '청소년범죄론'(2학점)이 설강되어 있고(그나마 2006학년부터는 폐지되었다), 경찰종합학교의 기본교육과정에 '성폭력·학교폭력예방 및 수사요령'(4시간), 1주간 시행하는 직무·전문교육과정(경정 이하를 대상) 중 청소년범죄대책과정에 소년범수사절차 및 조사기법(6시간), 재범방지조치(2시간), 비행예측 및 인성검사요령(3시간), 범죄심리 및 상담학(4시간), 청소년사건처리사례(분임토의 10시간), 그리고 특강으로 국정목표·여성청소년정책이 설강되어 있을 뿐이고, 가장 초급경찰을 교육하는 중앙경찰학교의 교과목에는 청소년문제와 직접 관련된 과목은 설강되어 있지 않다.

이 시행되고 있는 잘못된 실무관행을 시정하며, 경찰자유재량의 정형화를 이루어야 한다. 소년경찰의 자유재량적 처분이 소년비행통제과정에서 그 당위성을 인정받고 있다고 할지라도 그것이 본질적으로 가지고 있는 법률적·실무적 문제점, 즉 명확성문제와 재량권남용문제는 상존하고 있기 때문이다.

경찰의 자유재량과 Diversion은 필수적인 상관관계를 가지고 있다. 경찰 Diversion은 경찰의 자유재량권이 확보되지 않고는 불가능하기 때문이다. 그러나 양자는 그 운영에 있어서 다음과 같은 역기능을 내포하고 있다고 한다. 첫째, Diversion을 위해 인정되는 자유재량권의 증가는 다른 한편으로는 재량권남용의 소지를 증가시킬 수 있다. 둘째, Diversion이 결과적으로 정부통제하에 있는 소년의 수를 증가시킬 수 있고, 조건 없이 석방될 수 있는 소년들을 Diversion기관에 회부할 수도 있다. 셋째, 흔히 Diversion의 결정과정은 공개되지 않으며 그와 같은 행정적 결정을 규제할 수 있는 법률적 기제(機制)도 없기 때문에 적법절차를 파괴할 수 도 있다. 넷째, Diversion은 소년형사사법체계 내에서 개선을 필요로 하는 소년까지 다른 데로 전환시킬 수 있다.[24)]

경찰의 재량권행사에 있어서 역기능을 방지하기 위해서는 재량권행사의 대상에 관한 상세한 규칙제정을 통해 재량권을 정형화함으로써 그 남용의 소지를 줄일 수 있을 것이다. 예를 들면 소년경찰이 재량처분할 수 있는 사건과 대상소년에 관한 판단기준을 「소년법」에 명시하는 것도 생각해 볼 수 있을 것이다. 그런 점에서 앞에 소개한 일본경찰청의 간이송치사건 판단자료는 좋은 참고가 될 수 있을 것이다.

제 2 절 검찰의 소년사건처리

검찰이 소년사건을 처리하는 방법은 기소유예(기소유예), 구약식(求略式), 선도조건부기소유예(善導條件附起訴猶豫), 가정법원소년부 또는 지방법원소년부 송치, 불구속기소(不拘束起訴), 구속기소(拘束起訴) 등이다. 검사가 갖는 범

---

24) Lurdman, Richard, et. al., "Will Diversion Reduce Recidivism?," *Crime and Delinquency,* 22. 1976, pp. 297〈&23927〉, 308: D. Gibbons, and G. Blake, "Evaluating Impact of Juvenile Diversion Programs," *Crime and Delinquency,* 22. 1976, pp. 411〈&23927〉, 420: P. Nejelski, "Diversion: the Promise and the Danger," *Crime and Delinquency,* 22. 1976, pp. 393〈&23927〉, 410.

죄소년에 대한 이러한 처분권한들은 우리「형사소송법」상 검사에게 부여된 수사의 주재자로서의 지위(「형사소송법」 제195조, 제196조)와 국가소추권을 독점적·재량적으로 행사할 수 있게 한 기소독점주의(동법 제246조) 및 기소편의주의(동법 제247조)에 근거한다.

특히 기소편의주의는 검사에게 공소권행사에 관한 광범한 재량권을 인정함으로써, 소극적으로는 피의자를 수사단계에서 신속히 석방할 수 있게 하고, 적극적인 측면에서는 기소를 유보하여 피의자 자신의 개선노력을 유도한다는 이중의 형사정책적 효과를 얻고자 하는 데 그 목적이 있는 것이다.[25)]

따라서 검사는 이와 같은 기소편의주의에 근거하여 행하어지고 있는 불기소처분, 기소유예, 구약식, 선도조건부기소유예 등은 검찰단계에서의 Diversion이라고 할 수 있다.

1. 검찰의 소년사건처리절차

검찰은 그가 가지는 수사의 주재자(主宰者)로서의 권한과 공소권을 가지고 소년사건을 처리한다. 이와 관련된 근거법령은 소년법, 형사소송법, 검찰청법이며, 그 밖에 법무부 훈령인「소년선도보호지침」(1996. 12. 27. 개정 법무부훈령 제373호)과 그때그때의 소년사건처리에 관한 세부지침을 규정한 예규가 있다.

따라서 검찰은 경찰에서 송치한 범죄소년에 대하여 수사한 후 형사법원에 기소하거나, 수사결과 벌금 이하의 형에 해당하는 범죄이거나 보호처분에 해당하는 사유가 있다고 인정되면 보호사건으로 법원에 송치한다(「소년법」 제49조 1항). 또한 범죄의 경중에 관계 없이 재범가능성이 희박하다고 판단되는 18세 미만의 범죄소년을 범죄예방자원봉사위원의 선도를 조건으로 기소유예처분을 할 수도 있다(「소년선도보호지침」 제4조 1항). 그러나 이 경우에도 공안사범, 마약사범, 흉악범, 조직적 또는 상습적 폭력배, 치기배, 현저한 파렴치범은 선도유예대상에서 원칙적으로 제외하고 있기 때문에(동지침 제4조 1항 단서) 실질적으로는 죄질이 경한 자에게만 적용되는 셈이다.

검찰은 소년사건을 처리하기 위해 각 지방검찰청 및 지청에 1명의 소년사건전담검사를 두어 소년사건을 처리하도록 하고 있다. 그러나 소년전담검사라 하여 소년사건만 전담하여 처리하고 있는 것이 아니고 소년사건 이외의 다른 사건도 함께 처리하기 때문에 현재로서는 소년경찰이나 소년부판사와 같은 소년사건전담자라는 개념으로 파악할 수는 없다. 운영실제에 있어서 소년전담검

25) 平場安治·高田卓彌 外,「主解 刑事訴訟法(中)」, 1982, 250면.

사가 다른 검사와 비교해서 특별히 다른 업무를 수행한다고 하는 것은 소년범죄사건에 대한 통계분석 및 선도조건부기소유예제도의 시행에 따른 범죄예방자원봉사위원과 선도유예소년의 관리, 그리고 소년범죄유발 사범에 대한 주기적인 단속을 실시하는 것이 고작인 상황이다.

2. 검찰의 소년사건처리에 있어서 검사선의권(檢事先議權)[26]

(1) 「소년법」상의 검사선의주의

소년사건의 처리과정에 관해서는 입법상 두 가지 태도가 있다. 즉 비행소년사건을 먼저 검사가 송치받아 검토한 후 소년법원에 송치할 것인가의 여부를 결정하는 검사선의주의(檢事先議主義)와 비행소년사건을 일단 소년법원이 먼저 수리·심리한 후에 형사처분을 함이 타당하다고 하는 사건만을 검사에게 송치하는 법원선의주의(法院先議主義)가 그것이다. 대체로 전자는 사법적 형사처분에 기초하는 태도로서 독일, 프랑스, 이탈리아 등의 대륙법계의 입법태도이고, 후자는 복지적 보호처분에 바탕을 둔 영미법계와 일본의 입법태도이다.[27]

우리 「소년법」은 전자, 즉 검사선의주의를 채택하고 있다(「소년법」 제49조 1항). 따라서 검사가 송치된 모든 소년을 보호사건으로 다룰 것인가 형사사건으로 다룰 것인가에 관한 일차적 결정권을 행사하여, 개개의 소년사건에 대해 기소, 불기소, 소년부송치 여부를 결정한다.[28]

그러나 이러한 검사선의주의만을 그대로 고수하면 절차선택의 변화 없이 처분의 종류가 결정되게 됨으로써 결과적으로 행정기관에 의한 사법적 판단이 이루어진 셈이 된다. 따라서 법원에 의한 통제수단이 필요하다고 할 것이며, 이에 관해 우리 「소년법」은 소년법원의 검찰송치(송검처분)(「소년법」 제49조 2항)와 형사

---

26) 선의권(先議權, Vorentscheidungsrecht)을 초심권(初審權)·선심권(先審權)·선결권(先決權) 등 여러 가지로 부르고 있는데, 근래에는 선의권이라고 칭하는 것이 일반적인 경향이다. 모두가 나름대로 일리가 있다고는 생각되나 용어의 통일을 기한다는 취지에서 여기서는 가장 많이 쓰이고 있는 선의권이라는 용어를 사용하기로 한다.

27) 선의권에 관한 상세한 것은 李完揆, "犯罪少年處理節次에 관한 研究―소위 檢事先決主義를 중심으로―," 서울大學校 大學院碩士論文, 1988; 司法研修院, 「少年法에 관한 諸問題」, 1979; 平野龍一, "檢察官の先議權," 「ジュリスト(第353號)」, 1966; 阿部純二, "檢察官先議の問題點," 「法律時報(第43券 13號)」, 1970) 등을 참조.

28) 선의권문제와 기소편의주의의 문제는 서로 다른 맥락에서 파악되어야 한다는 주장이 있다. 즉 선의권은 절차선택의 문제이므로 절차가 분리되어 있지 않은 경우는 선의권의 문제가 없고 절차에 놓느냐 그렇지 않으냐의 문제, 즉 기소편의주의의 문제만 남는다고 한다. 따라서 기소편의주의와 검사선의주의와 당연히 연결되는 것처럼 생각한다든가 또는 논리적 필연성이 있는 것처럼 생각하는 것은 오류라는 것이다. 田宮裕, 「刑事訴訟法 due process」, 東京: 有斐閣, 1972, 28면.

법원의 소년부송치에 관한 규정(동법 제50조)을 둠으로써 검사의 선의권행사에 대해 이차적으로 사법통제를 하고 있다. 따라서 우리 소년법상의 검사선의주의는 검사의 선의권과 법원의 사후적 통제라는 구조를 갖고 있는 셈이다.

「소년법」 제49조 1항은 "검사가 소년에 대한 피의사건을 수사한 결과 벌금 이하의 형에 해당하는 범죄이거나, 보호처분에 해당하는 사유가 있다고 인정한 때에는 사건을 관할 소년부에 송치하여야 한다"고 하여 검사의 선의권을 규정하고 있다. 따라서 동 조항에 의하면 검사는 그의 재량판단으로 소년에 대해 소년부송치를 하거나 기소할 수 있는 것이다. 그러나 검사가 소년범죄자에 대해 할 수 있는 처분은 이것만은 아니다. 전술한 바와 같이 「형사소송법」 제448조에 의해 벌금·과료·몰수에 해당하는 사건은 약식명령을 청구할 수도 있으며(「형사소송법」 제448조), 「형법」 제51조의 사항을 참작하여 공소를 제기하지 않거나 기소유예할 수 있다(「형사소송법」 제247조).

여기서 「소년법」 제49조 1항과 「형사소송법」 제247조 및 제448조와의 관계가 문제된다. 즉 검사는 「소년법」 소정의 조항에 의해 벌금 이하의 형에 해당하는 소년사건을 반드시 관할 소년부에 송치해야 하는가, 아니면 「형사소송법」 소정의 규정에 의해 약식명령을 청구하거나 불기소처분 또는 기소유예를 할 수 있는가 하는 것이 해석상 논란의 여지가 있는 것이다.

「소년법」은 형사법의 특별법이기 때문에 「형사소송법」에 우선 적용된다고 할 수 있다. 따라서 검사는 벌금 이하의 형에 해당하는 범죄이거나 보호처분에 해당하는 사유가 있다고 판단되는 소년사건은 관할 소년부에 송치하여야 하며, 재량판단에 의한 불기소처분이나 기소유예는 할 수 없다는 해석이 나온다. 그러나 주지하고 있는 바와 같이 실제로는 검사는 소년법에 의한 선의권행사뿐만이 아니라 「형사소송법」상의 기소재량권도 행사하고 있다. 검사의 이와 같은 이중적인 권한행사의 정당성 여부를 검토하기 위해서는 우선 「소년법」 제49조 1항의 성격과 내용을 살펴볼 필요가 있다.

이 조항은 "… 벌금 이하의 형에 해당하는 범죄이거나 보호처분에 해당하는 사유가 있다고 인정한 때에는 사건을 관할 소년부에 송치하여야 한다"고 규정하고 있다. 여기서 이 조문을 강행규정으로 해석하고, 따라서 검사는 벌금 이하의 형에 해당하는 사건은 반드시 소년부에 송치하여야 한다는 입장과 임의적 훈시규정으로 해석하여 검사의 재량판단에 따라 소년부송치를 하지 아니하고, 「형사소송법」상의 기소편의주의에 의한 기소유예처분이나 약식절차에 의한 구약식도 가능하다고 보는 입장으로 나뉘고 있다.

「소년법」 제49조 1항을 강행규정으로 보아 송치강제를 주장하는 입장은, 그 근거로 첫째, 본 요건을 보호처분에 해당할 사유가 있다고 인정하는 때와 구별하여 규정하고 있으므로 이를 강행규정으로 보지 않으면 법이 구태여 '벌금 이하의 형'이라고 구분하여 규정한 의의가 없다는 것, 둘째, 소년은 일반적으로 자력(資力)이 없으므로 재산형의 집행이 사실상 어려운 점 등을 들고 있다. 이에 반해 이를 임의적 훈시규정으로 보는 입장은, 우선 「소년법」 제49조 1항을 강행규정으로 보는 것은 동법 제62조(구「소년법」 제55조)를 둔 것과 배치된다는 것이다. 즉 환형처분을 금지한 동 조항은 소년에 대하여 벌금을 선고할 수 있는 경우를 예정하여 입법된 것인데, 검사가 벌금형에 해당하는 소년사건을 반드시 소년부송치를 해야 한다고 해석하는 것은 모순이라는 것이다. 또한 「소년법」 제49조나 제50조는 소년범의 선도적 측면에서 검사나 법원에게 적절한 처분을 선택할 재량권을 준 것이라고 한다.

생각건대 「소년법」 제49조 1항의 "벌금 이하의 형에 해당하는 범죄이거나 보호처분에 해당하는 사유가 있다고…" 하는 문언은 소년이 저지른 범죄가 "벌금 이하의 형에 처할 정도의 가벼운 범죄이거나 또는 그보다 중한 범죄일지라도 보호처분에 해당하는 사유가 있다고 판단될 때"라고 해석할 수 있을 것이다. 따라서 수사결과 범죄의 내용이 벌금 이하의 형에 해당된다고 할 때는 물론 소년부송치를 해야 할 것이고, 벌금 이상의 형에 해당하는 범죄이지만 보호처분에 해당하는 사유가 있다고 판단되는 경우도 소년부에 송치해야 한다는 것으로 보는 것이 타당할 것이다. 즉 검사는 보호처분에 해당하는 사건인가 아니면 형사처분에 해당하는 사건인가 여부에 관한 선의(先議)를 하여 해당 절차에 회부할 수 있을 뿐이다.

결국 이렇게 보면 소년사건이 벌금형 이하에 해당하는 것이냐 또는 그보다 중한 범죄이지만 보호처분에 해당하는 사유가 있느냐를 먼저 검토하는 것은 검사의 선의권행사이지만, 그런 조건에 해당하면 검사는 사건을 소년부에 반드시 송치해야 한다는 점에서 선의권이 제한되는 것이다. 즉 「소년법」 제49조 1항은 벌금형 이하에 해당하는지 여부에 관한 검사의 재량판단범위와 보호처분 해당 사유에 관한 검사의 재량판단 범위가 다를 수 있다는 것은 별론으로 하고, 두 가지 조건 중 어느 한 가지에 해당하면 반드시 소년부에 송치해야 하는 강행규정이라고 보아야 할 것이다.

그렇다고 하더라도 '벌금 이하에 해당하는 형'과 '보호처분에 해당하는 …'으로 구분하여 규정하고 있기 때문에 강행규정으로 해석해야 한다는 주장은 문제의 본질을 잘못 파악하고 있는 것이다. 더구나 소년에게는 재산형의 집행이 어렵기 때문에 송치강제를 해야 하는 것으로 해석하는 것은 지나친 자의적 해석이라고 아니할 수 없다. 이 주장대로라면 벌금 이하의 형에 해당하기 때문에 반드시 벌금이나 과료 · 몰수 등의 재산형을 부과해야 하는데, 그것을 피하기 위해서 소년부송치를 하도록 한 것이라는 해석이 되기 때문이다.

「소년법」 제49조 1항에서 '벌금 이하의 형에 해당하는 범죄'라고 한 것은 형벌의 종류를 열거한 것이 아니고 범죄의 질(즉 경중)을 말하는 기준인 것이다. 마찬가지로 '보호처분에 해당하는 사유'도 범죄자의 질을 말하는 기준이다. 나아가 그것은 범죄와 범죄자의 질을 고려하여 보호처분절차에 회부할 것인가 아니면 형사처분절차에 회부할 것인가를 결정하는 검사선의권의 한계를 규정하고 있는 것이다. 따라서 이러한 기준에 해당하는 사건은 필수적으로 송치되는 것이라고 해석해야 할 것이다. 그것이 보호처분을 우선으로 하는 「소년법」의 취지와도 부합될 것이다.

이 조항을 임의적 훈시규정이라고 보는 입장은 「소년법」 제62조에 환형처분금지규정을 두고 있는 것이 검사가 그의 재량판단에 의해 소년부송치를 하거나 그 밖의 다른 처분을 할 수 있다는 것을 간접적으로 보여주고 있는 것이라고 하고 있다. 그러나 「소년법」 제62조가 18세 미만의 소년에 대해서는 환형처분을 하지 못한다는 것은 형사재판에서 벌금이나 과료를 부과받은 소년을 대상으로 한 것이다. 다시 말해서 범죄나 범죄자의 질이 보호처분에 상당한 것이 아니기 때문에 일반 형사재판에 회부된 결과 그 형량이 벌금 또는 과료로 정해졌으나, 소년이기 때문에 성인과는 달리 노역장유치라는 환형조치를 금하고 있는 것이다.[29] 즉 「소년법」 제49조 1항은 보호처분에 상당한 범죄는

29) 이 규정을 둔 취지는 취업을 하지 않았거나, 취업을 하였어도 보수가 적은 어린 소년에게 벌금형을 선고하고, 그 벌금을 납부하지 못할 경우에 노역장유치 등의 환형처분을 한다면, 경제능력이 없는 소년들은 대부분이 노역장유치처분을 받을 수밖에 없게 된다. 그렇게 된다면 소년에게 벌금형을 선고한 의미가 없어질 뿐만 아니라, 경제능력이 없는 소년에게 벌금형을 과하는 것은 결과적으로 그들의 부모에게 벌금형을 과하는 것과 동일한 효과가 있음으로 「형법」상의 대원칙인 책임주의에 반하는 결과가 되기 때문에 그것을 막기 위해서라고 한다. 그러나 법원이 소년에게 벌금형을 선고하기 전에 소년의 경제능력 등을 충분히 고려하고 있고 비행소년의 부모도 책임이 전혀 없다고만은 할 수 없으므로 소년에 대한 벌금형의 실효성을 격감시키는 환형유치선고의 금지는 타당하다고 할 수 없다는 주장도 있다. 영국, 싱가포르, 파키스탄처럼 부모나 후견인이 대납하도록 한다든지 태국처럼 보호관찰센터나 훈련센터에 수용하거나, 사회봉사명령 등 보호관찰제도와 유사한 제도로 대치하는 것도 고려해 봄직할 것이다.

반드시 소년법원에 송치해야 하며, 그렇기 때문에 검찰은 기소유예 등의 다른 조치를 취할 수 없다는 것이고,[30] 동법 제62조는 범죄소년에 대한 형벌종류의 제한이라는 형사정책적 고려이기 때문에 기본취지와 의미가 다르다. 그뿐만 아니라 법원이 소년에게 환형처분을 할 수 없기 때문에 검사가 벌금형 이하에 해당하는 소년사건에 대해 재량처분을 할 수 있다는 것으로 이해하는 것 역시 잘못된 해석이다.

한편 이와 같은「소년법」제49조 1항의 송치강제주의가 검사의 기소편의주의를 침해하는 것이 아닌가 하는 문제가 제기될 수 있다. 그러나 검사의 기소편의주의는 일반 형사사건을 전제로 한「형사소송법」상의 원칙이기 때문에「형사소송법」의 특별법인「소년법」에는 기소편의주의가 그대로 적용된다고 할 수 없다. 또한 법률체계상으로도 특별법인「소년법」이 일반법인「형사소송법」보다 효력이 우선하기 때문에 보호처분우선주의에 입각한「소년법」상의 송치강제규정이「형사소송법」상의 기소편의규정보다 우선한다고 보아야 할 것이다.

결론적으로 검사는 소년범죄사건을 수사한 결과 범죄의 혐의가 있다고 판단되는 소년에 대하여는,「형사소송법」의 특별법인「소년법」을 먼저 적용하여 보호처분의 해당 여부를 가린 다음 보호처분에 해당하는 사건이면 반드시 소년부에 송치하여야 하고, 형벌을 과하여야 할 사건은「형사소송법」에 따라 기소하며, 그 밖에 보호처분이나 형사처분이 필요하지 않은 사건은 불기소석방하여야 할 것이다. 즉 소년범죄사건에 대하여는 검사는 선의권에 기초한 소년부송치 또는 불송치 그리고 형사기소를 할 수 있을 뿐이지, 형사기소를 유보한 기소유예는 할 수 없다고 보아야 할 것이다. 이렇게 보면 범죄의 경중에 따라 가장 중한 것은 형사법원에의 기소, 그 다음으로 통상대로는 기소가 타당할 것의 일부와 기소유예처분을 받을 모든 사건 가운데 비교적 중한 것은 소년부송치, 그 밖의 것은 불기소처분해야 한다는 결론이 나온다.

그런데 이와 같은「소년법」제49조 1항의 송치강제조항의 해석과 관련해서 검토되어야 할 문제가 또 하나 있다. 즉 동 조항의 "보호처분에 해당하는 사유가 있다고 인정한 때"라는 구절이 그것이다. 이 조문을 문맥에 따라 해석하자면 "벌금 이하의 형에 해당하는 것은 물론이고, 벌금 이하의 형에 해당하지 아니할지라도 보호처분에 해당하는…"이라고 이해하는 것이 논리적일 것

30) 따라서 이 점에 있어서는 검사의 기소편의주의를 제한하는 의미가 될 것이다.

이다. 이것은 다른 말로 "벌금 이상의 형에 해당하는 범죄라도…"라고 바꾸어 표현할 수 있을 것이다. 따라서 검사가 소년사건을 검토한 결과 벌금 이하의 형에 해당하는 것을 소년부에 송치하여야 함은 물론이고, 벌금 이상의 형에 해당하는 중한 사건도 "보호처분에 해당하는 사유가 있다고 인정한 때에는" 소년부에 송치하여야 한다.

그렇다면 여기서 이 '보호처분에 해당하는 사유'가 어떤 것인지가 문제가 될 것이다. 이에 관해 우리 「소년법」은 제 4 조 1 항에 죄를 범한 소년과 촉법소년 및 우범소년을 보호처분의 대상으로 한다고 규정하고 있을 뿐이다. 그러나 이것은 죄를 범한 소년, 즉 범죄소년도 보호처분심리 대상으로 할 수 있다는 것이지, 범죄소년은 모두 그리고 반드시 보호처분해야 한다는 의미는 아니다. 「소년법」 제 7 조의 송검규정과 제 3 장의 형사사건에 관한 제 규정들은 바로 범죄소년의 형사처분을 전제로 하고 있는 것이다.

그렇다면 검사는 그의 재량판단에 의해 범죄소년을 보호처분절차나 형사절차 중에 택일하여 회부할 수 있다는 것이 되는데, 이것은 송치강제주의를 채택한 동 조항과 모순된다. 「현행법」상 보호처분에 해당하는 사유를 구체적으로 규정하고 있지 않고 있기 때문에 결과적으로 보호처분 해당 사유에 관한 판단이 검사의 재량에 맡겨져 있어 실질적으로 송치강제는 의미가 없어지기 때문이다. 이는 입법의 불비(不備)이다.

(2) 검사의 선의권행사에 대한 통제

검사의 선의권은 「소송법」상의 기소독점주의 및 기소편의주의와 결합하여 실질적으로 소년사법절차에서 막강한 권한행사로 나타나게 된다. 물론 소년사건에 있어서는 검사의 기소편의주의는 제한된다고 하지만, 특히 범죄소년사건에 있어서 검사에게 처분절차에 회부할 선택권을 제한 없이 부여한다는 것은 결과적으로 사법권을 침해하는 것이 될 것이다. 예를 들어 검사의 선의권에 대한 통제가 전혀 없다면 검사에 의해 보호처분이 타당하다고 판단하여 소년부에 송치한 범죄소년에 대해 소년법원은 그대로 보호처분을 할 수밖에 없을 것이고(이 경우에 소년법원이 할 수 있는 일은 보호처분의 종류를 정하는 것이 고작일 것이다), 또한 형사법원에 기소된 소년에 대해서는 형사처분을 할 수밖에 없는 것이다. 따라서 검사의 선의권행사에 대해 법원이 통제할 수 있는 방법이 마련될 필요가 있는바, 「소년법」 제49조 2항의 법원소년부의 검찰청 송치(송검)와 제50조의 법원의 소년부송치에 관한 규정이 그것이다.

1) 법원소년부의 검찰청송치

「소년법」 제49조 2항에 의하면 소년부는 검찰에서 송치된 사건을 조사 또는 심리한 결과 그 동기나 죄질에 비추어 보호처분을 하는 것보다 형사처분을 하는 것이 타당하다고 판단될 때에 다시 검사에게 송치하여 형사처분절차에 회부하도록 하고 있다. 보통 송검(送檢)이라고 부르는 이것은 검사의 판단과 소년부의 판단이 서로 다른 사건에 대해 종국적으로 사법부인 소년부 판사의 결정에 따르도록 함으로써 결과적으로 검사선의권에 대한 사법적 통제를 하고 있는 셈이다. 소년부에서 검찰로 송치한 사건은 검찰이 다시 소년부에 송치할 수 없어(동조 3항) 소년부의 송검조치가 최종적인 결정이 되는 셈이기 때문이다. 또한 검사에게 송치하는 결정에 대해서는 불복신청도 할 수 없다.[31)]

송검의 요건은 그 동기와 죄질이 금고 이상의 형사처분을 할 필요가 있다고 인정하는 사건이다. 여기서의 금고 이상의 형사처분이라 함은 법정형에 해당하는 경우를 말한다. 또한 '형에 해당하는 것'이기 때문에 촉법소년사건과 우범소년사건은 송치할 수 없는 것은 물론이다. 양형사유를 앞에 열거하고 있는 것으로 보아 선고형으로 보아야 한다는 주장도 있으나, 송검결정의 시기는 소년부의 심리개시 전후를 불문하고 할 수 있으며, 송검결정시 법원이 갖는 범죄사실에 대한 심증의 정도는 개연적 심증으로 보아야 한다는 점 등에서 범죄사실의 확정을 전제로 한 선고형설은 타당치 않다.

다음으로 "그 동기와 죄질이 형사처분의 필요가 있다고 인정한 때"라고 함은, 첫째 보호처분의 필요성이 결여되어 형사처분을 함이 타당하다고 생각되는 경우, 즉 소년의 성향으로 보아 범죄적 성향이 강하여 보호처분의 한계를 초월하고, 따라서 범죄적 위험성을 교정 또는 개선할 가능성이 없는 경우, 둘째 보호처분에 의한 교정 또는 교육은 가능하지만 죄질로 보아 형사처분에 의한 책임을 묻는 것이 적당하다고 생각되는 경우, 다시 말하자면 장래 범죄를

31) 참고로 이에 관한 일본 고등법원의 판례를 보면 "… 본건 항고는 原裁判所가 昭和 45. 7. 24. 한 「少年法」 제23조 1항에 의해 두서 보호사건을 동경검찰청 검찰관에게 송치한다는 결정의 취소를 구하는 데 있지만, 위 결정은 항고가 허용된 「소년법」 제32조에 소정한 보호처분의 결정에 해당하지 않을 뿐만 아니라, 소년의 실체적 권리관계에 아직 변동을 가져온 것은 아니므로 이 결정에 대하여 항고는 할 수 없다. 또 위 결정은 「형사소송법」에 의한 결정이 아니므로, 이에 대하여 동법 제419조에 의하여 항고하는 것도 허용되지 않는다"(東京高裁 昭和 45. 8. 4. 決定)고 함으로써 송검결정에 대한 불복신청을 인정하지 않고 있다. 伊藤政吉, "少年保護事件の抗告," 「家裁月報(第10券 3號)」, 20면.

저지를 위험성은 없지만 현재의 범죄사실이 중대하고 동기(動機)가 좋지 않기 때문에 공공복리와 사회안전 그리고 피해감정을 고려해서 형사처분이 타당하다고 생각되는 경우, 셋째 범죄의 성질상 보호처분에 친하지 않아 형사처분을 할 수밖에 없는 것, 즉 행정범·특별법범 등에 관하여 법규의 목적과 단속의 필요성 등을 고려할 때 그 성질상 보호처분에는 적합하지 않고 형사처분의 필요성이 인정되는 경우 등을 말한다. 「소년법」의 이념과 목적을 전제로 하여 당해 범죄의 내용과 소년의 성향, 교정가능성, 사회일반의 법감정, 특히 피해감정 등을 종합적으로 고려하여 신중히 판단하여야 할 것이다.

이 조문을 앞의 1항과 관련해서 서술하면 "검사가 금고 이상의 형에 해당하는 사건이나 보호처분을 하는 것이 타당하다고 판단하여 소년부에 송치한 소년범죄사건 가운데, 그 동기와 죄질로 보아 보호처분이 아닌 형사처분에 상당하다고 소년부판사가 판단한 사건은 다시 당해 검찰청 검사에게 송치하여 형사절차에 회부하도록 할 수 있다"라고 할 수 있다. 여기에 따르면 검사가 이미 벌금형 이하 또는 보호처분이 상당하다고 판단하여 소년부에 송치한 사건을 사법부가 적절하지 않다고 판단하여 다시 환송한 것이다. 따라서 이 경우는 송검요건으로 고려되는 범죄의 동기와 죄질에 대한 판단에 있어서 소년부판사와 검사가 서로 다른 견해를 표명한 셈이다. 검사가 소년부송치를 할 때 고려하는 보호처분 상당사유 역시 벌금형보다 높은 형, 즉 금고 이상의 형 가운데 범죄의 동기와 죄질에 비추어 보호처분에 상당하다는 판단을 했을 것이기 때문이다.

결국 형사처분의 필요성은 소년법원이 구체적 사안에 따라 재량으로 판단하는 것이나, 이 때 법원이 보호처분을 우선으로 하느냐 아니면 형사처분을 우선으로 하느냐에 따라 송검의 기준이 달라질 것이다. 보호처분을 우선으로 하면 범죄소년에 대한 요보호성이 결여된 경우에 한하여 형사처분의 필요성이 인정된다고 하겠으나, 형사처분을 우선하거나 양자를 동일하게 보는 입장에 서면 송검의 범위가 더 넓어질 것이다.

생각건대 검사선의주의를 취하고 있는 우리 소년법제하에서는 보호처분을 우선하는 것이 타당하다고 생각한다. 그 이유는 동조 1항이 '수사한 결과' 보호처분 상당하다고 인정되는 자에 대해 송치강제를 하도록 하고 있는 것을 보더라도 보호처분을 우선으로 하고 있고, 따라서 법원소년부가 송검한다는 것은 검사가 판단한 이 보호처분 상당성에 대한 다른 견해로 사실상 극히 예외

적인 것일 것이기 때문이다.[32)]

한편 일단 송검된 소년사건에 대해서 검사가 다시 소년부에 송치할 수는 없지만 기소 여부까지는 기속하지 않는다고 보기 때문에, 검사가 수사를 진행시킨 후에 범죄의 혐의가 없는 것으로 인정되면 불기소처분을 할 수 있음은 물론 기소편의주의에 의해 기소유예할 수도 있다고 하는 주장이 있다. 그러나 그와 같은 견해는 동법 제49조 2항에 의해 송검된 사건의 본질을 잘못 이해하고 있는 것이다.

검찰에 송검되어 오는 사건은 이미 검찰에서 금고 이상의 형에 해당하는 사건이지만 보호처분이 상당하다고 판단했기 때문에 소년부에 송치한 사건이다. 즉 검사선의 단계에서 이미 금고 이상의 형에 해당한다는 판단은 내려진 셈이다. 따라서 그 사건이 불기소처분 상당의 것이냐 또는 기소유예처분 상당의 것이냐 하는 판단은 더 이상 논의할 여지가 없는 것이다. 그뿐만 아니라 역시 앞에서 설명한 바와 같이 소년사건에 있어서 검사의 기소편의주의는 적용될 수 없다고 보아야 한다.

이 경우 「소년법」에 특별한 규정이 없는 것으로 보고 동법 제48조에 의해 일반형사사건의 예에 해당하는 것으로 해석하여 검사의 기소편의주의가 적용된다는 주장이 있을 수 있다. 그러나 송검사건은 동법 제49조 1항 및 2항의 규정에 의해 기소가 강제되는 것으로 해석하는 것이 옳다. 검사가 이미 그 사건이 금고 이상의 형에 해당한다는 판단을 했으나 형사정책적 견지에서 보호처분을 하는 것이 타당하다고 판단하여 소년부송치를 했지만, 그것이 소년부판사에 의해 부당하다고 하여 다시 송검하는 것은 사안의 성질상 보호처분에 처하는 것이 부당하다는 것이지 사안 자체의 판단, 즉 범죄사실에 대한 판단이 잘못됐다는 것은 아니다. 따라서 소년법원이 송검한 것은 보호처분이 아닌 형사처분을 하기 위해 송검한 것이지 사건을 다시 판단하여 결정해도 좋다는 뜻이 아님은 자명하다. 그럼에도 불구하고 검사가 그의 기소재량에 의해 불기소처분을 하거나 기소유예처분을 한다는 것은 사법권을 침해하는 결과가 되기 때문이다.

---

32) 실무상으로도 소년법원 소년사건을 송검하는 사례는 아주 적다. 참고로 송검된 소년사건을 살펴보면 2001년에 소년법원에 회부된 전체 사건 30,496건 중 97건, 2002년은 26,677건 중 202건, 2003년도 26,484건 중 208건 그리고 2004년은 29,501건 중 62건에 불과하다. 그것도 「소년법」 제 7 조 2항의 형식적 송검(연령초과에 의한)을 제외하면 거의 없다고 해도 과언이 아니다. 자료: 사법연감, 법원행정처, 2004.

다만 이 경우에 입법론상으로는 문제가 있다고 할 것이다. 일단 검사에 의해 송치된 사건을 형사처분을 하기 위해 다시 검찰로 환송하고, 검찰은 단지 그 사건을 형사법원에 기소할 뿐 특별한 다른 역할을 필요로 하지 않는데도 검찰을 거쳐서 기소하게 한 것은 기소독점주의와 불고불리(不告不理)의 원칙에 얽매여 지나치게 절차를 우회시키는 것이라 아니할 수 없다. 따라서 이미 검찰이 사건을 소년부에 송치할 당시 사건에 대한 검토는 이루어진 셈이기 때문에 구태여 다시 사건을 검찰에 역송(逆送)할 것은 아니고, 소년부에서 직접 형사법원으로 관할이송을 하는 방법을 고려해 봄직하다. 그럴 경우 관할 검찰청에는 사건에 관한 기록과 소년법원측의 형사법원 송치의견서를 송부하면 될 것이다.

「소년법」은 소년의 건전한 육성을 위해 형사처분을 함에 있어서도 일반 형사사건과는 달리 '특별한 조치'를 하도록 하고 있다(「소년법」 제 1 조 참조). 여기서의 '특별한 조치'에는 절차적인 것도 물론 포함되는 것이다. 따라서 「소년법」에서의 기소절차도 「형사소송법」상의 기소독점주의의 예외적인 것으로 이해하는 것이 타당할 것이다.

2) 형사법원의 소년부송치

「소년법」 제50조에 의하면 검사가 형사법원에 송치한 소년사건에 대해 법원이 심리한 결과 벌금 이하의 형에 해당하는 범죄이거나 보호처분에 해당하는 사유가 있다고 인정하는 사건은 관할 소년부에 송치하도록 하고 있다. 검사의 선의권행사에 대한 실질적인 통제수단이라고 할 수 있다.

검사가 가지는 수사기관과 공소기관으로서의 성질상 형사처분 소추절차에서 우월적인 지위를 가질 수밖에 없고, 따라서 소년사건처리에 있어서도 보호처분보다 형사처분을 우선으로 하는 경향이 많게 되는 것도 사실이다. 그렇기 때문에 검사선의주의는 곧 형벌우선주의와 연결되는 개념으로 파악되기도 한다.[33] 따라서 이러한 경향은 제도적으로 통제되어야 할 필요가 있다고 할 것이며, 이 규정이 바로 그 조치의 일단인 것이다. 「소년법」 제49조 2항이 검사선의권행사에 의한 보호처분절차회부에 대한 제동(制動)인 데 반해, 이 규정은 형사처분절차회부에 대한 제동이다. 궁극적으로 양 규정은 절차회부에 관한 최종결정권을 법원으로 하여금 갖도록 함으로써 검사의 선의권행사를 통제하고 검사선의주의가 갖는 형사처분우위적 경향을 완화하고자 한 것이다.

33) 阿部純二, 앞의 글(1970), 39면.

여기서 소년사건을 심리하는 법원이란 사실심리를 하는 법원을 말한다. 따라서 1심법원인 지방법원 또는 지원의 단독판사와 합의부는 물론이고, 2심법원인 지방법원 본원합의부와 고등법원 합의부에서 소년부송치의 결정을 할 수 있으나, 법률심인 대법원은 소년부송치를 할 수 없다.

소년부송치요건은 '벌금 이하의 형에 해당하는 범죄인 때'와 '보호처분에 해당할 사유가 있다고 인정한 때'이다. 「소년법」 제49조 2항의 경우에 있어서와 마찬가지로 여기서의 벌금 이하의 형을 법정형으로 보는 입장과 선고형으로 보는 입장이 있다. 이를 법정형으로 해석하게 되면 법원은 사실심리에 들어가기 전에 검사의 공소장에 기재된 죄명과 적용법조로 벌금 이하의 형인지를 알 수 있으므로, 이를 심리한다는 것은 「소년법」 제49조 1항을 임의적 훈시규정으로 보는 경우에만 의미가 있게 된다. 실제로 법정형설을 취하는 입장은 이러한 논리를 유지하고 있다.

그러나 「소년법」 제49조 1항은 강행규정으로 보아야 하고, 이렇게 볼 때 법정형이 벌금 이하의 형에 해당하는 범죄는 검찰단계에서 이미 소년부에 송치되어야 할 것이고, 따라서 법정형이 금고 이상인 범죄만 기소될 수 있기 때문에 제50조의 '벌금 이하의 형에 해당하는 범죄'라는 규정은 무의미한 것이 되고 만다. 그러므로 제50조의 '벌금 이하의 형'은 법정형은 금고 이상에 해당하지만 심리의 결과 양형결정의 조건이 되는 여러 가지 정상을 참작해 볼 때 성인범죄자라 할지라도 벌금 이하의 형을 선고할 것으로 인정되는 경우라고 할 것이므로 선고형으로 해석해야 한다는 주장이 있다.

생각건대 「소년법」 제49조 1항을 강행규정으로 본다고 해도 동법 제50조의 '벌금 이하의 형'을 선고형으로 보아야 할 필요는 없다. 「소년법」 제49조 1항의 규정에 의해 벌금 이하의 형에 해당하는 범죄를 검찰단계에서 소년부송치를 해야 하는 것은 당연하지만, 검사가 금고 이상의 형에 해당한다고 판단하여 법원에 송치한 사건도 사실인정에 있어서 오인이 있거나 법규적용에 잘못이 있을 수 있다. 이런 경우 실제로는 그 사건이 벌금 이하의 형에 해당하는 것이었을 때 소년부송치를 한다는 것이다. 그렇게 해석하는 것이 본조에 규정하고 있는 또 하나의 소년부송치요건, 즉 '보호처분에 해당하는 사유가 있다고 인정한 때'를 둔 취지와도 맞는다. '보호처분에 해당하는 사유가 있다고 인정한 때'가 바로 법정형은 금고 이상에 해당하지만 심리의 결과 양형결정의 조건이 되는 여러 가지 정상을 참작해 볼 때 보호처분을 함이 타당하다고 판단되는 경우라고 해석되기 때문이다.

보호처분에 해당할 사유의 유무에 관해서는 구체적인 판단기준이 정해져 있는 것이 아니기 때문에 실제 적용에 있어서는 문제가 없는 것은 아니다. 일반적으로 그 구체적인 적용 내지 운용기준에 관하여는 당해 법원의 자유재량에 의하여 판단할 것이라고 하지만[34] 입법론으로는 보호처분의 판단기준을 어느 정도 법정화해야 한다는 것은 이미 지적한 바 있다. 소년의 입장에서는 보호처분과 형사처분이 전혀 다른 의미를 갖는 상황에서 검찰, 소년부판사, 형사법원판사 등에게 보호처분 상당성인정에 있어서 절대적인 재량판단권을 부여한다는 것은 절차상의 혼란뿐만 아니라 법적 안정성을 해치는 결과가 될 수 있기 때문이다.

(3) 선의권에 관한 외국의 입법례[35]

미국은 원칙적으로 소년법원이 소년사건에 대한 전면적인 관할권을 가지며, 일반적으로 송치(referral), 접수(intake), 심리(adjudication) 그리고 처분(disposition)의 순서를 거쳐 처리된다. 대부분의 주에서는 경찰·검찰·보호자 등이 비행소년(delinquent juveniles)·요부조소년(要扶助少年, dependent juveniles)·방임소년(放任少年, neglected juveniles) 등을 발견하면 먼저 소년법원에 송치한다. 소년법원은 보호관찰관(probation officer)의 조사결과를 참작하여 심판청구(petition)를 받아들이거나 기각(dismissal) 또는 비공식적 프로그램(informal program)에 회부한다.

연방, 콜롬비아특구 및 48개주에서는 일정한 경우에는 소년법원의 재량으로 접수단계에서 소년사건을 형사법원으로 이송(waiver of jurisdiction)할 수 있도록 하고 있다. 즉 소년법원은 범죄의 경중, 범죄피해의 정도, 소년의 연령이나 전과 등을 고려하여 사회방위에 필요하거나 소년의 개선을 위해서 형사처분이 타당하다고 인정되는 경우에 형사법원으로 이송할 수 있는 것이다. 그러나 플로리다 주처럼 형사법원으로 이송할 수 있는 소년사건의 범주를 제한하거나, 검사가 소년법원에 대하여 형사법원으로 이송할 것을 신청할 수 있도

34) 이에 관해 일본 최고법원은 "「소년법」 제55조를 적용하여 피고인을 보호처분에 부하는 것이 상당한지 여부에 관해서는 사실심인 법원의 재량에 맡기고 있으므로 본건에 있어서 원심이 피고인을 보호처분에 부하는 처치를 취하지 않은 것은 하등 법칙에 반한 것이라고 할 수 없으므로 논지는 채용할 수 없다"(日本 最高裁, 昭和 25. 10. 10. 第3小判決)고 하여 보호처분 상당성 여부 판단이 법원의 재량임을 명백히 하고 있다. 日本 司法研修所, 「再訂少年法概說」, 153면; 磯邊 衛, "少年法제55조の法理と運用," 「家裁月報(第16卷 3號)」, 56면.

35) 선의권에 관한 •국의 사례는 형사정책연구원, 앞의 책, 1995, 85-88면 참조.

록 하거나, 검사의 동의가 있어야 소년법원이 보호사건으로 심판할 수 있도록 하는 입법례도 주에 따라 있다.[36]

한편 조지아 주, 아칸소 주, 네브래스카 주, 와이오밍 주를 비롯한 12개주처럼 검사에게 형사법원의 기소와 소년법원에의 심판청구를 선택할 수 있도록 하거나, 살인 · 강간 등의 중대한 범죄에 한하여 형사법원에 1차적 관할권을 부여하는 방식을 채택하는 주도 있다.[37]

캐나다도 소년법원이 선의권을 행사하는데, 소년사건을 형사법원으로 이송하는 요건은 ① 행위시 14세 이상일 것, ② 기소범죄(indictable offence),[38] ③ 소년이나 검사의 신청이 있을 것, ④ 접수 후 처분 전일 것, ⑤ 이송이유를 제시할 것 등이다(캐나다 「소년법」 제16조, 제17조).

독일의 경우에는 소년법원이 범죄행위를 저지른 소년과 청년에 대한 관할권을 가지고 교육처분(Erziehungsma regel), 훈육처분(Zuchtmittel) 및 소년형(少年刑, Jugendstrafe)의 세 가지 처분을 하는데, 각 처분유형에 따라 절차가 구분되는 것이 아니고 모두 동일한 절차에 따라 처리되기 때문에 절차선택권을 뜻하는 선의권이라는 개념은 없다.

그러나 다음 몇 가지 경우에는 Diversion한다는 차원에서 검사가 기소유예를 할 수 있다. 첫째, 소년의 피의사실이 경죄(輕罪, Vergehen)에 해당하고, 책임이 경미하며, 소추할 공익이 없을 때에는 법관의 동의 없이 기소유예(Absehen von der Verfolgung)할 수 있고(독일 「소년원법」 제45조 1항; 독일 「형사소송법」 제153조 1항), 둘째, 교육적 조치가 이미 집행 또는 개시되어 법관의 관여나 공소제기가 불필요한 때에는 기소유예를 해야 하며(독일 「소년원법」 제45조 2항), 셋째, 소년이 자백하고, 공소제기까지는 불필요하나 훈계(Ermahnung)는 필요하다고 판단될 때는 법관에게 사회봉사, 피해자와의 화해 또는 교통교육수강의 지시나 부담을 명할 것을 청구하여 법관이 이를 받아들이고 소년이 법관의 명령을 이행하면 기소유예를 해야 한다(동조 3항).

또한 법관은 다음과 같은 경우에 절차중지(Einstellung des Verfahrens)를 명할 수 있다. 즉 첫째 피의사실이 경죄이고 책임이 경미하며 소추할 공익이 없다고 판단될 때, 둘째 교육적 조치가 이미 집행 또는 개시되어 판결이 불필요할 때, 셋째 판결이 불필요하고 자백한 소년에게 사회봉사, 피해자와의 화해

---

36) Rubin, "The Emerging Prosecutor Dominance of Juvenile Court Intake," *Crime & Delinquency*, 1980, pp. 299-318.

37) Krisberg, *Juvenile Justice: Improving the Quality of Care*, NCCD, 1992, p. 7.

38) 여기서는 중죄(重罪)라는 의미로 쓰인다.

또는 교통교육수강의 지시나 부담을 명한 때, 넷째 소년이 미성숙하여 책임능력을 인정할 수 없는 때 등이다. 단 둘째와 셋째의 경우는 검사의 동의를 얻어 6월 이하의 기간에 일시적으로 절차중지를 할 수 있고, 소년이 교육적 조치나 지시 또는 부담 등을 이행하면 종국적으로 절차중지를 해야 한다(동법 제47조).

일본의 경우에는 전체적인 기조는 법원선의주의를 채택하고 있다. 소년사건처리 절차를 살펴보면, 경찰이 소년사건을 수사한 결과 금고 이상의 형에 해당하는 범죄혐의가 있으면 검사에게 송치해야 하고(일본 「형사소송법」 제246조), 벌금 이하의 형에 해당하는 범죄혐의가 인정되거나 촉법소년이나 우범소년에 해당하면 소년법원에 직접 송치해야 한다(일본 「소년법」 제42조). 소년법원은 보호절차에 따라 심리불개시(동법 제19조), 불처분(동법 제23조 2항), 보호처분(동법 제24조) 등을 하거나 아동상담소에 송치(동법 제18조 및 제23조 1항)하거나 또는 검사에게 송치하여야 한다(동법 제19조 2항, 제20조, 제23조 1항 및 3항). 단 벌금 이하의 형에 해당하는 범죄이거나 송치시 16세 미만인 경우는 검찰에 송치할 수 없다(동법 제20조).

검사는 소년법원으로부터 송치된 소년사건에 대하여 공소제기에 충분한 범죄혐의가 인정되지 않거나 범죄정상에 영향을 미칠 새로운 사실이 발견되거나 송치 후 정황에 의하여 기소가 상당하지 않을 경우에 예외적으로 불기소할 수 있다(동법 제45조 5항). 형사법원은 소년에 대한 피고사건을 심리한 결과 보호처분의 필요가 있다고 인정되면 소년법원에 이송하여야 한다(동법 제55조).

이상 살펴본 바와 같이 검사선의주의를 채택하느냐 법원선의주의를 채택하느냐 하는 것은 그 나라의 법률문화와 체계에 따라 다르겠으나 어떤 입장을 택하든지 선의권의 한계를 명확히 하고 통제를 철저히 하는 것이 무엇보다도 중요할 것이다.

3. 검찰의 선도조건부기소유예

(1) 「소년법」에 있어서의 검사의 기소재량과 기소유예

현행 「형사소송법」은 공소는 검사가 제기하여 수행한다고 규정하여(동법 제246조) 기소독점주의를 취하는 한편, 검사의 재량으로 공소제기 여부를 결정할 수 있는 기소편의주의를 인정하고 있다(동법 제247조 1항). 따라서 검사는 공소를 제기함에 충분한 혐의가 있고, 모든 소송조건을 완비하고 있는 경우에도 형사정책상의 득실을 고려하여 그 재량에 따라 기소·불기소를 결정할 수 있는 것이다.

국가가 범죄에 대한 형벌권을 실현하는 과정에서 공소권자에게 공소권행사에 관한 재량권을 인정할 것인가에 관한 문제는 궁극적으로 형벌권의 본질에 관한 가치관과 형사절차를 지배하고 있는 이념에 달려 있다.[39] 각국의 형사절차는 그 역사적 배경에 따라 다소간의 차이는 있지만 대부분 재판기관 이외에 별도의 소추기관을 두고 소추기관의 소제기 여부에 따라서 재판을 개시하는 이른바 탄핵적인 소송형식을 기본구조로 하고 있다.[40] 또한 이들 국가는 대부분 국가소추주의와 기소독점주의를 채택하여 국가기관인 검사에게 소추권을 독점시키고 있기 때문에 국가형벌권의 실현과정에서 검사의 소추기능이 차지하는 영향이 클 뿐만 아니라, 그 기능의 적정 여부는 형사사법에 중대한 영향을 미치게 된다.[41]

이와 같은 검사의 기소재량권행사의 중심이 되는 것은 기소유예이다.[42] 검사는 범인의 연령, 성행, 지능과 환경, 피해자에 대한 관계, 범행의 동기·수단과 결과, 범행 후의 정황 등을 종합적으로 고려하여 공소를 제기하지 않는 것이 피고인의 장래나 사회적인 차원에서 유리하다고 판단될 때 기소를 유예하는 것이다.

이러한 기소유예처분의 법적 효과에 대해서는 기소유예 자체가 어디까지나 검찰 내부의 의사결정에 불과하고 대외적으로는 아무런 법적 효과가 있는 것이 아니므로 법원의 확정판결과 같은 확정력은 인정되지 않는다고 한다. 그러므로 검사는 일단 기소유예처분을 한 사건을 다시 기소할 수 있고, 따라서 법원이 이에 대하여 유죄의 선고를 하였다고 하여 잘못이라고 할 수 없다는 것이 우리의 통설과 판례의 입장인 것 같다.[43]

여기에 대해 검사는 행정관청이며, 또 불기소처분은 일종의 행정처분, 특히 상대방에게 이익을 주는 행정처분이라는 점에서 최소한 일반 행정처분에 대하여 기속력이 인정되는 것과의 균형상 검사의 기소유예사건에 대한 수사재개나 공소제기는 일정한 제약을 받아야 하고, 또한 그것은 공소취소에 의한 공소기각의 결정이 확정된 때에는 그 후 다른 중요한 증거가 발견된 경우가 아

39) 青柳文雄, 「註釋 刑事訴訟法(第 2 卷)」, 1976, 341면.

40) 각국의 형사소추제도에 관해서는 韓國刑事政策硏究院, 「檢事의 起訴裁量에 관한 硏究」, 1993, 27-57면 참조.

41) C.P. Babany, F.F. Skillern, "Guidelines for Prosecutorial Discretion," *The American Criminal Law Review*, V. 13, 1976, p. 474.

42) 이재상 교수는 그런 의미에서 기소편의주의는 기소유예를 인정하는 입법주의라고 한다. 李在祥, 「刑事訴訟法」, 博英社, 2002, 328면.

43) 大判 1966. 12. 29, 66도1416(總覽 21, 217); 大判 1983. 12. 27, 83도2686(공보 722-289); 李在祥, 같은 책, 328면.

니면 다시 공소를 제기할 수 없게 한 「형사소송법」 제329조와의 균형상으로도 그러하다고 한다.[44)]

생각건대 검사의 기소편의주의를 규정한 「형사소송법」 제247조 1항은 양형사유와 형사정책상의 고려에 의해 검사의 재량판단으로 기소를 할 수도 있고 하지 않을 수도 있다는 것이지, 일단 불기소처분한 사건을 마음대로 다시 기소할 수 있다는 것을 의미하는 것은 아니다. 검사의 불기소처분에 대해 이의가 있는 이해당사자(고소 또는 고발인)에게 재정신청(「형사소송법」 제260조 1항)이나 항고·재항고(「검찰청법」 제10조 1항 및 2항)를 할 수 있게 하는 것은 검사의 기소재량권남용의 가능성을 방지하고자 하는 취지이다. 마찬가지로 검찰이 스스로 내린 결정에 대해 마음대로 번복할 수 없게 한다는 것도 재량권남용을 방지하는 일책이라고 해야 한다. 검찰이 같은 사건에 대해 마음대로 불기소처분 했다 다시 취소할 수 있다고 한다면 피의자의 법적 안정성은 기대할 수 없게 되는 것이다.

해석상으로도 「형사소송법」 제247조 1항을 기소를 보류한다고 볼 이유가 없다. 즉 동 조항은 기소를 일시적으로 보류하는—따라서 언제고 다시 기소할 수 있는—것이 아니라 여러 가지 사유를 참작하여 기소를 하지 않는 것이다. 따라서 불기소처분의 효과에 있어서는 범죄사실의 부존재, 증거불충분, 소송조건의 결여 등과 같은 사유에 의한 불기소처분(협의의 불기소처분)과 「형법」 제51조 등의 사유에 의한 불기소처분이 다른 것은 아니다. 단지 불기소의 사유와 결정과정만 다를 뿐이다. 즉 전자가 필요적 불기소처분의 성질을 갖는 것이라고 한다면, 후자는 임의적 불기소처분인 것이다. 그러므로 사실인정에 있어서 중대한 착오가 있지 않는 한 일단 불기소처분이 된 사건은 동일한 이유로 다시 공소를 제기할 수 없다고 보아야 할 것이다. 이렇게 보면 엄밀히 말해서 기소유예라는 용어는 조건부 불기소처분을 의미한다고 보는 것이 타당하다고 할 것인바(즉 조건의 불이행을 해제조건으로 하는 불기소처분),[45)] 문제는 이와 같

---

44) 申鉉柱, 「刑事訴訟法」, 博英社, 2002, 108면.

45) 우리 「형사소송법」 어느 조문에도 기소유예라는 용어는 없다. 단지 「검찰사건사무규칙」(법무부령 제230호) 제51조 3항에 피의사실이 인정되나, 「형법」 제51조 각호의 사항을 참작하여 소추를 필요로 하지 않는 경우에 내리는 불기소처분을 기소유예라 한다고 규정하고 있을 뿐이다. 한편 「형사보상법」에 의하면 협의의 불기소처분과 기소유예를 구분하여 취급한다. 즉 전자의 경우에는 피의자로 구금되었던 자에게 형사보상이 인정되지만, 후자인 기소유예의 경우에는 그렇지 않다(「형사보상법」 제26조 1항). 그러나 이 경우는 국가의 부당한 공권력행사에 대한 배상을 하자는 것이기 때문에 불기소처분의 사유에 따라 구분하자는 것이지(따라서 후자의 경우에는 국가의 불법행위가 있었다고 할 수 없다) 협의의 불기소처분과 기소유예 자체의 법률적 효력이 다른 것이기 때문에 차이를 두는 것은 아니다.

은 조건부 불기소처분이 검사의 재량으로 가능한 것인가이다.

조건부 불기소처분은 검사가 범죄의 혐의가 있고 소송조건도 구비되어 있어 기소대상이 되는 자를 재량으로 불기소처분을 함에 있어 피의자에게 특정의 조건을 전제로 하는 것이다. 따라서 그 조건을 이행하지 않을 때는 소송조건의 흠결이 없는 한 불기소처분을 취소하고 유보했던 공소를 제기하게 되는 것이다. 이 때 불기소의 전제조건은 실질적으로 검사가 피의자에게 어떤 것을 하도록 하거나 또는 하지 못하게 하는 것으로서(예를 들면 우범지역 등 일정한 지역을 출입하거나 불량집단과의 접촉을 금하는 것 또는 봉사활동 등의 선행이나 수강명령) 피의자에게는 강제적인 의미를 갖는 것이 될 것이다.

그러나 검사가 이러한 강제적인 의무사항을 부과하는 것은 헌법에 보장된 적법절차의 요청에 반하는 것이다. 검사는 준사법기관에 불과할 뿐 법관은 아니므로 법률에 별도의 규정이 없는 한 의무이행을 조건으로 하는 조건부 불기소처분, 즉 기소유예는 허용되지 않는다고 해야 할 것이다.[46]

현행법상 소년사건에 있어서 검사의 기소재량은 일반형사사건에 비해 현저히 제한되어 있다(앞의 「소년법」상의 검사선의주의에 관한 기술 참고). 따라서 입법론적으로는 이러한 법률의 태도가 옳은 것인가를 검토할 필요가 없는 것은 아니겠으나, 해석상으로는 협의의 불기소처분 외에 다른 처분은 불가능하게 되어 있다고 보아야 할 것이다. 앞에서 살펴본 대로 「소년법」 제49조가 병렬로 규정하고 있는 검찰의 소년부송치요건인 '벌금 이하의 형에 해당하는 범죄'와 '보호처분에 해당하는 사유가 있다고 인정한 때'를 다른 말로 바꾸어 설명하면 "형사처분을 하여야 할 소년사건을 제외한 모든 범죄사건은 소년부송치를 해야 한다"는 것으로 되기 때문이다. 따라서 검찰은 범죄소년을 소년부송치를 하거나 형사소추를 할 수 있을 뿐 형사기소를 전제로 하는 기소유예는 할 수 없게 되어 있다고 보지 않으면 안 된다.

(2) 선도조건부기소유예제도(善導條件附起訴猶豫制度)[47]

1978년 광주지검에서 처음 창안하여 1981년 법무부 훈령 제88호로 제정되었고 그 후 5차례의 개정을 거쳐 1996년 12월의 법무부 훈령 제373호「소

46) 신동운, 「刑事訴訟法」, 法文社, 1997, 174-175면.

47) 선도조건부기소유예에 관한 자세한 것은 김양균, "少年犯罪의 豫防策에 관한 硏究－民間人自發參與方法을 中心으로－," 漢陽大學校 大學院 博士論文, 1983 및 「靑少年犯罪硏究(第1輯)」, 法務部, 1983에 收錄된 郭永哲, "少年犯善導保護制度의 運用現況과 改善方向" 및 같은 책, 김양균, "少年善導保護制度의 背景" 등 참조.

년선도보호지침」(1997년 1월 3부터 시행)에 의거 처음 실시된 이래 전국에 확대실시하고 있는 검사의 조건부 불기소처분, 즉 앞에서 말한 의미의 기소유예이다. 이는 검찰에서 통상 실시하고 있는 불기소처분에 민간선도위원[48]의 선도보호조치에 따른다는 것을 해제조건부로 하여 기소를 유예하는 것으로 그 법적인 성질은 일종의 보호관찰부 기소유예처분이라고 할 수 있다.[49] 또한 이것은 형사처벌위주의 처분에서 다양한 시설 외에의 처분 중심으로 방향을 바꾸는 이른바 검찰단계에서의 Diversion의 일종이라고도 할 수 있다.[50]

이 선도보호제도는 주로 실무자측에 의하여 외국의 입법례나 형사정책 운용상 그 유례를 찾아볼 수 없는 우리나라 특유의 소년범보호책이라고 평가되고 있으며, 특히 그 동안 국가기관에만 의존하던 소년사건의 처리에 민간인이 적극 참여하게 함으로써 재범방지와 사회복귀효과를 높였을 뿐만 아니라, 민과 관의 협동과 화합을 도모했다는 데 큰 의의를 두고 있다. 그러나 이 제도가 그 동안 우리 사회의 소년범죄통제에 기여한 공과를 논하기 전에 그것이 우리 소년법체계 내에서 어떤 지위와 의미를 갖는가를 검토해 볼 필요가 있다.

「소년법」상 검사가 행사할 수 있는 기소편의주의에 의한 재량권은 제한되어 있다. 그럼에도 불구하고 현행 검찰실무는 이 선도조건부기소유예제도를 통해 특정 범죄소년들을 검사 재량으로 처리하고 있다. 따라서 이와 같은 「소년법」상의 해석과 현행 실무 사이에서 생긴 괴리를 어떻게 이해하고 해결하느냐가 우선 검토되어야 할 중요한 문제이다.

지금까지 선도조건부기소유예에 관하여 제기된 주된 비판은 주로 그 법률적 근거에 관한 것이다. 즉 선도유예처분시 유예소년에게 부과되는 거주지이동 신고의무, 선도상의 지시순응의무 등의 준수사항은(「소년선도보호지침」 제10조 2항) 기본권제한이라는 의미를 갖고 있는데, 이와 같은 기본권 제한사항을 '훈령'이라는 규

48) 1996년에 법무부 훈령 제363호 「범죄예방자원봉사기본규정」 제 3 조 1 항의 규정에 의거 선도위원, 갱생보호법상의 갱생보호위원, 보호관찰법상의 보호위원 등 기존의 각종 민간 청소년보호기구를 통합하여 범죄예방자원봉사위원으로 발족했다.

49) 이에 관해 申東雲 교수는 엄밀한 의미에서 볼 때 선도조건부기소유예는 소년범이 선도위원의 선도에 따르지 않고 재범한 경우에 다시 공소를 제기한다는 의미만을 가질 뿐이므로 엄격한 의미에서 조건부 기소유예라고 볼 수 없다고 한다(申東雲, 앞의 책, 174-175면). 그러나 선도조건부기소유예의 취소사유는 반드시 재범에 한하는 것이 아니고 준수사항의 현저한 위반 또는 소재불명 등도 취소의 사유가 될 뿐만 아니라(동 규칙 제28조 1항), 이와 같은 사유로 취소하였을 때는 유예했던 사건을 재기·수사하도록 하고 있기 때문에(동조 4항) 조건부 기소유예라고 함이 옳을 것이다.

50) 신동운, "Diversion運動과 善導條件附起訴猶豫," 「刑事政策(第 2 號)」, 刑事政策硏究會, 1987, 10면.

범형식으로 규율하는 것이 타당하지 않다는 비판이다. 또한 선도보호는 그 성질상 보호관찰에 해당한다 할 수 있고,[51] 보호관찰은 형벌대용수단 또는 그 변형이라고 본다면 선도보호는 법원의 유죄판결도 없이 검찰권에 의하여 유죄를 의제하고 형벌적 수단을 과하는 셈이 된다는 것이다.[52]

이에 대해 선도유예제도의 주창자들은 다음과 같이 주장한다. 즉 "위 의무를 부과하고 있는 이유는 선도유예처분으로 구속 중에 있던 범죄소년이 석방되었을 경우 또는 불구속 소년범과 선도위원과의 접촉을 유지시키기 위하여 부득이한 것으로서, 이동이나 출타 자체를 금지하고 있는 것은 아니고, 다만 그 사실을 알려 달라는 것뿐이므로 그 정도로서 기본권을 침해한 것이라고 볼 수 없을 뿐만 아니라, 그것조차도 자의로 요구하는 것은 아니고 사전에 본인과 보호자의 동의를 받고 하는 것이므로 하등 기본권침해나 제약을 운위할 여지가 없는 것이다. 따라서 법령상의 근거가 필요한 것은 아니며, 설사 법무부 훈령으로 공인되지 않았다고 할지라도 후임 지검장이 선도보호정책을 답습하는 한 그대로 유효하고, 또 적법하게 운용될 수 있는 것이다. 즉 동 훈령은 동 제도를 전국 검찰에 확산 시행하기 위하여 법무부가 공식적으로 그 유효성을 인정한 정도의 의미가 있을 뿐인 것이며 동 훈령에 의하여 비로소 합법화되는 것은 아닌 것이다."[53]

이 주장에 의하면 거주이동이나 장기 출타의 경우에 선도위원에게 신고하도록 되어 있는 것은 단순한 사실통보의 의미만 있을 뿐이지 허가를 얻을 것을 요구하는 것이 아니기 때문에 기본권제한이라고 할 수 없다는 것이다. 그러나 자기의 신상을 책임지고 있는 선도위원에게 항상 거주와 출타에 관해 신고를 해야 한다는 것은 그것에 관해 허가를 얻어야 하는 것만큼 직접적인 것은 아닐지라도 심리적 간접적인 제약을 하는 것은 분명하다. 헌법이 보장하고 있는 거주이전의 자유는 외형적인 자유뿐만이 아니라, 심리적인 자유, 즉 누구의 간섭뿐만이 아니라 눈치를 볼 필요도 없이 자유롭게 거주를 이동하고 출입하

51) 1997년 1월 1일부터 시행된 「보호관찰 등에 관한 법률」(법률 제5178호) 제15조 3호에 보호관찰소의 관장사무의 하나로 "검사가 보호관찰관의 선도를 조건으로 공소제기를 유예하고 위탁한 선도의 실시"를 규정하고 있다. 이로써 선도보호의 성격이 보호관찰임을 명확히 한 셈이고, 검사의 조건부기소유예의 법적인 근거가 확보되었다고 주장하나(형사정책연구원, 「소년사건처리절차의 개선방안에 관한 연구」, 1995, 39면), 보호관찰소의 업무에 검사의 조건부기소유예자에 대한 선도가 포함되었다고 해서 검사의 이러한 재량권의 타당성에 대한 법적인 차원의 문제점이 해결된 것은 아니다.

52) 신동운, 앞의 글, 86면.

53) 김양균, 앞의 논문, 119-120면.

는 것을 말하는 것이다.

더욱이 이 서약은 본인과 보호자의 동의하에서 이루어진 것이기 때문에[54) 기본권제약이나 침해를 운위할 여지가 없다는 주장은 이 서약이 갖는 실질적인 의미를 몰각한 것이라 아니할 수 없다. 구「소년선도보호지침」 제19조(현행규칙 제10조)가 요구하는 서약서는 기소유예를 하는 전제조건이다. 나아가 이 서약서는 거기에 규정된 준수사항을 어길시에는 이 유예가 취소된다는 위협적인 내용도 아울러 포함하고 있는 것이다(규칙 제10조 및 제28조). 따라서 이 서약서의 작성에 있어서 소년 당사자측의 자의적인 선택의 여지가 있다고는 생각되지 않는다. 다시 말하자면 선도유예시 작성하는 서약서는 소년에 대한 신체의 자유를 조건으로 하고 있기 때문에 소년이 승복할 수밖에 없는 강제적인 것이다. 자의적인 선택이라는 것은 선택대상이 동등하거나 비슷한 가치를 보유할 때 가능한 것이지 전혀 상반되는 가치를 가진 대상 가운데 하나를 선택하도록 한다는 것은 실질적으로는 선택이 아닌 강요를 의미하기 때문이다.

또한 훈령은 상급관청이 하급관청의 권한행사를 지휘하기 위하여 발하는 내부적인 명령이기 때문에 일반인에게는 효력이 없는 것이고, 따라서 법무부 훈령형식으로 되어 있는 소년선도보호지침에 의해 선도유예제도가 합법화되는 것은 아니기 때문에 동 지침의 적법성 여부를 논할 이유가 없다는 주장은 일견 일리가 있는 것처럼 보인다. 그러나 상급관청이 하급관청에 대해 권한행사에 관한 지휘를 한다는 것은 기존의 권한을 행사하도록 지휘·감독하는 것을 말하는 것이지 법령의 근거가 없는 권한을 새로 창조해서 행사하도록 할 수 있는 것은 아니다. 그런데도 동 훈령의 내용을 살펴보면 검사로 하여금 법령에 근거가 없는 권한을 행사하도록 하고 있을 뿐만 아니라, 그 실질적인 내용도 민간인인 범죄예방자원봉사위원과 범죄소년에게 직접적으로 적용되는 것이다.

선도보호제도가 법원의 판결도 없이 검찰이 유죄를 의제하고 형벌을 과하는 셈이라는 비판에 대해서도 선도유예의 옹호자들은 다음과 같이 반박하고 있다. 즉 "선도보호는 보호관찰의 성질을 포함하고 있기는 하지만 보호관찰 그 자체는 아니고 오히려 사회복지 내지 구휼(救恤)의 의미가 짙은 제도이므로 그것을 형벌의 대용 또는 변형이라 볼 수는 없고 그러기 때문에 법원의 판단도 필요치 않은 것이다. 이 제도는 불우소년이 우발적으로 범행을 하였을 때 일반 사회인이 물심양면으로 지원하여 사회복귀를 지원해 주는 것을 조건으로

54) 현재는 본인과 보호자가 연명으로 서약서를 제출하도록 하고 있다(동 규칙 제10조 1항).

소추를 유예하거나 조기방면(방문선도의 경우)하는 것이므로 그 자체는 약간의 부수적 조건에도 불구하고 어디까지나 시혜요 은사일 뿐인 것이다."[55] 즉 선도유예는 검찰단계에서 시행되는 Diversion의 일종이기 때문에 시혜(施惠)이고 은사(恩赦)인 것이지 형벌이 아니라는 것이다. 아울러 검사가 유죄를 의제하여[56] 선도유예처분을 한 것은 소년사건에 대해 검사선의주의를 취하고 있는 우리 소년법제하에서는 부득이한 것이라는 것이다.[57]

형사정책적인 차원에서 검찰단계의 Diversion이 필요하느냐에 관한 문제는 별론(別論)으로 하고, 원칙적으로 Diversion은 강제적인 성격을 가져서는 안 될 것이다. 또한 유죄의 심증이 있는 소년을 검찰의 재량으로 Diversion하는 것이 타당한가도 의문이다. 더구나 유죄인정의 개연성이 높기 때문에 검사가 유죄를 의제하고 그것에 의해 특정처분을 할 수 있다는 것은 사법권에 대한 중대한 침해라 아니할 수 없다.

또한 이 주장은 검사선의권에 대해 오해를 하고 있다. 앞에서 논급한 바와 같이 검사선의권은 처분절차선택권이지 처분결정권이 아니다. 따라서 유죄의 혐의가 있는 소년을 검사가 재량으로 처분한다는 것은 검사선의권을 잘못 이해하고 있는 것이다. 「형법」과 「형사소송법」의 특별법인 「소년법」 규정에 의하면 검사는 그에게 송치되거나 그가 수사한 소년을 벌금 이하의 형에 해당하는 범죄를 저지른 소년과 금고 이상의 형에 해당하는 범죄를 저지른 소년은 「소년법」 제49조 1항의 규정에 의해 모두 소년부에 송치하여야 하며(送致強制), 그 밖의 범죄소년과 송검된 소년은 형사재판에 회부하여야 한다. 이렇게 보면 소년사건에서 검사가 행사할 수 있는 재량권은 보호처분 해당성 여부를 판단하여 소년부송치 또는 형사법원에의 기소를 하는 것에 한정되어 있다. 따라서 검사가 일반 형사사건에서처럼 불기소처분을 하거나 조건부 불기소처분을 할 수 없는 것이고, 따라서 결론적으로 현재의 우리 소년법제상으로는 검찰에서 시행하고 있는 선도조건부기소유예제도는 그 근거가 없는 재량권행사인 것이다.

55) 김양균, 같은 논문, 120면.

56) 선도보호의 대상소년은 범죄내용의 경중에 관계 없이 재범가능성이 희박한 18세 미만의 범죄소년이고(구「선도보호규칙」 제13조), 통상의 기소유예처분 대상 이외의 자—즉 선도조건부기소유예제도가 없었더라면 구공판(求公判) 또는 소년부송치되었을 자—를 대상으로 하고 있기 때문에(동조 3항), 범정(犯情)과 죄질(罪質)에 있어서 다소 중할 뿐만 아니라, 그 입증자료도 충분한 것을 전제로 하고 있고, 따라서 비록 유죄판결은 없지만 검사에 의하여 유혐의(有嫌疑)로 인정되고 있는 것을 전제로 하는 것이라고 한다. 김양균, 같은 논문, 120면.

57) 김양균, 같은 논문, 120-121면.

그렇다면 검찰단계에서는 소년에 대한 선도보호제도와 같은 Diversion이 전혀 허용되어서는 안 될 것인가 하는 문제가 제기된다. 아울러 만약에 검찰단계에서도 이와 같은 Diversion이 허용되어야 한다면 그 근거와 한계는 무엇일 것인가도 함께 검토되어야 할 것이다.

오늘날의 「소년법」이 기존의 소년사법제도에 대한 반성과 그 대안으로 보호주의적·복지적 처우를 지향하는 과정에서 그 구체적 실현방안의 하나가 소년에게 형사사법의 부작용을 최소화하는 것이라면 검찰단계에서도 이와 같은 Diversion이 이루어져야 한다는 것은 당연하다. 그러나 그것이 소년사건처리절차 흐름 속에서 어떻게 중복되거나 무리함이 없이 이루어질 수 있을 것인가가 항상 고려되어야 할 것이다.

제 3 절 법원의 소년사건처리절차

1. 소년법원 현황과 소년사건처리

(1) 소년법원의 현황

우리나라에서의 소년심판은 1942년 일본이 당시의 일본 「소년법」을 전반적으로 시행함에 따라 만들어진 「조선소년령」(朝鮮少年令)에 의해 소년심판소를 설치하여 소년사건을 처리하게 한 것이 처음이다.[58] 그러다가 1948년부터 군정법령 제192호 「법원조직법」에 의해 종전의 소년심판소가 폐지되고 일반법원에서 소년사건을 취급하게 된다.

1958년 제정 공포된 우리 「소년법」은 소년의 인권보호를 위해 항고제도(구「소년법」 제39조-제43조)를 신설한 외에는 과거의 「조선소년령」과 크게 다른 점이 없었다. 그 후 1963년 가정법원이 발족되면서 보호관찰제도를 신설하는 등 보호처분을 좀더 다양화하였고, 이어 1977년 소년감별소 신설을 계기로 소년감별소의 감별과 위탁을 소년절차에 도입하게 되었다. 1988년 비행소년에 대한 효율적 교화를 위하여 보호처분을 다양화하고 보호관찰제도를 활성화하며 소년심판절차에 진술거부권의 고지 등 적법절차를 보장하는 것 등을 골자로 하는 전면개정을 거쳐 오늘에 이르고 있다.

58) 이 「조선소년령」(朝鮮少年令)은 해방 후에도 계속 의용(依用)되어 오다가, 1958년에 우리 「소년법」이 제정됨으로써 비로소 폐지된다.

우리 소년심판제도의 성격을 전체적으로 살펴본다면 범죄소년 외에도 촉법·우범소년을 대상으로 하고 있고, 소년법원에 전문기관인 조사관을 두고 있으며, 심리도 국가후견사상을 기초로 하여 비대심적 구조(非對審的 構造)를 갖는 점 등으로 보아 그 골격은 미국형을 근간으로 하고 있다고 할 것이다.[59)]

우리 법제상으로 소년법원은 가정법원 소년부 또는 지방법원 소년부지원을 말한다. 현재 소년법원을 두고 있는 곳은 서울가정법원과 대구지방법원, 부산지방법원 그리고 광주지방법원이고 그 외에는 지방법원 본원 소년부에서 다른 사건과 함께 처리되고 있다. 따라서 소년사건만을 전담하는 판사를 두고 있는 법원은 서울가정법원 소년부와 대구, 부산, 광주지방법원 소년부지원뿐이다. 그러나 서울가정법원 소년부는 전담 소년판사를 두고 있으나 대구, 부산, 광주지방법원 소년부지원의 경우는 그나마 겸직하고 있는 형편이다.

그 밖에도 소년부판사의 명에 의한 조사업무를 수행하는(「소년법」 제11조) 조사관을 가정법원과 지방법원 소년부지원에 배치하고 있다. 그러나 이들 판사와 조사관은 소년경찰이나 검사의 경우와 마찬가지로 순환보직에 의해 업무를 담당하고 있는 현실이므로 전문성에 있어서 문제가 있다고 한다. 그뿐만 아니라 사건을 담당·처리하는 법관과 조사관도 절대수가 부족하여 사건의 형식적인 처리에 급급한 상황이다.

(2) 법원의 소년사건처리절차

현행 우리 「소년법」상의 법원의 비행소년 처리절차를 개관하면 다음과 같다. 즉 소년부판사는 소년사건을 검사 또는 경찰서장으로부터 송치받거나(「소년법」 제 4 조 2항 및 제49조 1항) 보호자 또는 학교와 사회시설의 장으로부터 통고받으면(동법 제 4 조 3항), 소년조사관으로 하여금 사건의 내용과 소년 및 보호자 기타 참고인 등에 관한 조사를 하도록 명하고, 이에 따라 소년조사관이 조사결과를 서면으로 소년부판사에게 보고하면 소년부판사는 이 조사보고서를 토대로 먼저 심리개시 여부를 결정한다. 이 때 '불개시결정'을 하면 사건은 이로써 종결되나 '심리개시결정'을 하게 되면 심리기일을 지정한다.

심리한 결과 어떠한 보호처분도 필요하지 않다고 판단되면 '불처분결정'을 하여 이로써 사건은 종결되나, 보호처분에 상당하다고 인정되는 경우에는 소년법 소정의 절차에 의해 보호처분의 내용을 결정한다. 또한 형사처분에 상당

59) 각국의 소년법제에 관해서는 宮原三男, 「少年法の理論」, 弘文堂, 1968 및 소순무, "각국의 少年法制와 우리 制度의 改善方向," 「家庭法院事件의 諸問題」(裁判資料 제18집), 1983, 710-737면; 강완구, "우리나라 少年審判 制度上의 諸問題," 동 재판자료, 669-672면 참조.

하다고 인정되면 송검하여「소년법」소정의 규정(동법 제48조 내지 제55조)과「형사소송법」의 관련규정에 의해 처리하게 된다(동법 제48조). 또한 이와 같은 보호처분의 결정에 대하여 이의가 있을 때는 소년 본인, 보호자, 보조인 또는 그 법정대리인은 보호처분의 결정이 있는 날로부터 7일 이내에 가정법원 또는 지방법원 본원합의부에 항고할 수 있고(동법 제43조 1항 및 2항), 항고를 기각하는 결정에 대하여 그 결정이 법령에 위반된 경우에 한하여 대법원에 재항고할 수 있다(동법 제47조). 그 외에도 그 타당성 여부에 관한 논란은 있으나 현행 실무상으로는 비행소년에 대한 약식명령과 즉결심판이 행해지고 있다. 결국 이렇게 보면 법원에서의 비행소년처리 방법은 소년법원에서 행하여지는 심리불개시결정, 불처분결정, 보호처분, 송검 등과 형사법원에서 행하여지는 선고유예, 집행유예, 실형 등이다.

이러한 처분과 처분절차에 관한 근거규정은「소년법」을 기본으로 하여「소년심판규칙」,「소년원법」및 동 시행령,「보호관찰 등에 관한 법률」및 동 시행규칙,「형사소송법」,「법원조직법」등이 될 것이다.

2. 소년심판의 대상

(1) 연 령

소년심판의 대상이 되는 소년은 죄를 범한 20세 미만의 소년(범죄소년[犯罪少年]), 형벌법령에 저촉되는 행위를 한 12세 이상 14세 미만의 소년(촉법소년[觸法少年]), 보호자의 정당한 감독에 복종하지 않는 성벽이 있거나 정당한 이유 없이 가정에서 이탈하거나 또는 범죄성이 있는 자나 부도덕한 자와 교재하거나 자기 또는 타인의 덕성을 해롭게 하는 성벽이 있는 자 등으로 그의 성격 또는 환경에 비추어 장래 형벌법령에 저촉되는 행위를 할 우려가 있는 12세 이상 20세 미만의 소년(우범소년[虞犯少年])이다(「소년법」제2조 및 제4조). 여기서의 '소년'(Juvenile)이란 연령에 따른 범죄인유형(犯罪人類型)의 구분이지만 입법상 이것은 형사정책적인 관점에서 분류한 성인과 대비되는 개념으로 이해하여야 할 것이다.

소년의 연령기준시에 관해서는 행위시주의를 채택하는 미국, 영국, 프랑스 등과 수리시주의(受理時主義)를 채택한 오스트리아 그리고 처분시주의(處分時主義)인 일본의 예가 있다. 우리나라는 명문의 규정이 없어 논란이 있으나 학설과 판례는 처분시주의를 지지하고 있다. 즉 판례는 "범행 당시 연령이 만 20세 미만인 미성년자이었다 하더라도 재판시(판결선고 당시)에 성년자가 된 사실이 확정되면 정기형을 선고하여야 한다 할 것인바, 기록에 의하여 보면… 이 사건 제 1 심 판결선고 당시인 1978. 11. 9. 현재는 피고인은 산수상 성년이 되었음을 알 수 있으므로 제 1 심은 피고인에 대하여 정기형을 선고하였어야 옳았다 할 것임에도 미성년자에 대한 부정기형을 선고하였으므로 제 2 심인 항소심으로서는 피고인이 제 1 심 판결선고 당시 미성년자인지의 여부를 가려서 이를 바로 잡아 정기형을 선고하여야 한다 할 뿐더러 …"고 하여(大判 1979. 4. 24, 1979도395) 심리의 결정시, 즉 처분시를 기준으로 함을 보여주고 있다.[60]

이처럼 처분시주의를 취하면 연령에 맞추어 법이 예정한 여러 가지의 보호적 처분을 시행할 수 있다는 장점이 있는 반면에, 심판절차진행과정이라는 불확정한 사정에 의해 처분이 결정되는 단점이 있다.

생각건대 소년의 입장에서 보호처분이 일반형사처분에 비해 훨씬 유리하다고 한다면, 이처럼 처분시주의를 취하는 것은 행위시법률주의를 원칙으로 하는 죄형법정주의에 반하는 결과가 될 것이다. 흔하지 않은 경우이겠지만, 예를 들면 14세에 가까운 촉법소년은 심리 도중에 14세가 되면 형사처분도 할 수 있게 된다는 이야기가 된다. 이 경우 현행법상 범죄소년과 촉법소년은 연령상의 구분 외에 아무런 차이가 없으므로 범죄소년으로 보아도 무방하다는 주장도 있으나[61] 「소년법」 제 7 조의 규정에 의하면 범죄소년을 검찰에 송치하여 형사처분을 받게 할 수도 있으므로 보호처분만 가능한 촉법소년과 같다고 할 수 없다.

(2) 범죄소년

죄를 범한 소년이란 형벌법규를 위반한 20세 미만의 소년을 말한다. 형법범 또는 특별법범 여부를 묻지 않으며, 14세 미만의 형사미성년자는 포함되지 않는다. 결국 14세 이상의 소년으로 형법상의 '구성요건에 해당하는 위법·유책한 행위'를 한 자가 될 것이다. 따라서 정당방위(「형법」 제21조 1항), 긴급피난(「형법」 제22조 1항), 자구행위(「형법」 제23조 1항) 등의 위법성조각사유가 있는 경우에는 우범소년으로 보호처분의 대상이 되는 것은 다른 문제로 하고 여기서의 범죄소년은 될 수 없다.

범죄소년이기 위하여 책임성을 필요로 하는가에 대해서는 적극설과 소극설로 견해가 나뉜다. 보호처분은 비행소년에 대한 책임을 묻는 것이 아니고 비

60) 같은 취지의 판례로 大判 1963. 10. 10, 63도219. 카3948; 일본 최고재 昭和 32. 6. 12. 결정, 最高刑集 11권 6호, 1657면; 일본 최고재 昭和 34. 7. 3. 결정, 最高刑集 13권 7호, 1110면 등이 있다.

61) 오행남, "少年犯에 대한 保護處分의 研究," 「家庭法院事件의 諸問題」(裁判資料 第18輯), 법원행정처, 1983, 798면.

행성을 제거하여 사회에 적응시키는 데에 목적이 있으므로 행위의 비난가능성을 필요로 하지 않는다는 견해도 있으나, 역시 보호처분의 대상이 되는 것과는 다른 문제로 여기서 말하는 범죄소년의 범주에는 들어가지 않는다고 보아야 할 것이다. 따라서 심신장애자 등 책임조각사유에 해당하는 소년도 역시 여기의 '범죄소년'에 포함되지 않는다.

친고죄에 있어서 고소가 없는 경우가 문제된다. 이 경우 고소는 소송조건에 불과하기 때문에 범죄 자체는 성립하나, 다만 소추가 불가능할 뿐이다. 따라서 형사처분은 소송조건의 불비로 불가능하나 보호처분의 대상은 될 수 있다고 보아야 할 것이다. 그렇기 때문에 이 경우에는 「소년법」 제 7 조 1항 및 제49조 2항에 의한 검찰청송지의 대상은 될 수 없다.[62] 우리 소송법이 채택하고 있는 불고불리(不告不理)의 원칙상 당연한 결과라고 하겠다.

공소시효가 완성되거나 사면에 의해 공소권이 소멸된 경우도 보호처분의 대상은 된다는 주장이 있다.[63] 그러나 이들 제도가 만들어진 본래의 취지에 비추어 이미 상당한 기간이 지나 그 행위를 문제삼아야 할 실익이 없기도 할 뿐만 아니라, 국가에 의해 그 행위에 대해 더 이상 문제삼을 필요가 없다는 판단이 내려진 사건을 구태여 심리에 붙이는 것은 타당치 않을 것이다.

항소심은 사후심이므로 원결정시를 기준으로 한다. 따라서 원결정시에는 소년이었는데 항소심에 이르러 성년이 된 때에는 원결정 당시를 기준으로 하여 항고 이유의 타당성에 관해 판단하여야 할 것이다. 판례도 같은 입장을 취하고 있는바, 즉 "원심이 피고인에 대하여 성년이 되기 전인 1970년 3월 6일에 형을 선고하였음이 기록상 명백하므로 상고심에서는 성년이 되었다 하더라도 정기형을 선고할 수 없는 것이다"고 하고 있다(大判 1970. 5. 12, 70도722).[64] 따라서 이

---

62) 이와 관련하여 친고죄의 취지가 피해자의 명예 · 비밀 · 감정 등을 존중하려는 것이기 때문에 피해자가 고소를 포기하였음에도 불구하고 소년사건이라 하여 무조건 심판에 붙이는 것은 신중하게 고려하여야 할 것이라는 주장이 있다. 龜山繼夫, "少年保護事件と親告罪," 「別冊 判例タイムズ(第 6 호), 82면.

63) 團藤重光 外 1人, 「新版 少年法」, 有斐閣, 1956, 48면.

64) 이와 관련하여 일본판례도 "… 원결정 당시 소년이었던 자가 항소심에서 성년에 달한 경우 항소심으로서는 원결정을 유지하고 항소를 기각할 수 있는지 여부에 관해서는 다소 의문이 없지 않다. 이러한 경우는 성년에게 보호처분을 하는 결과가 되기 때문이다. (중략) 항소심은 원결정의 당부에 대한 이른바 비판심(批判審)의 성격을 가지므로, 원결정 당시 본인이 소년인 한 항소심에서 본인이 성년에 달한 경우에도 역시 본인이 소년이었던 당시에 한 보호처분은 유지된다고 할 것이다. 즉 보호처분에 부할 소년인가 아닌가 하는 본인의 연령은 원결정 당시를 표준으로 하여 정하여야 할 것이다"고 하여 원결정시를 기준으로 함을 명시하고 있다. 일본 名古屋高裁 昭和 34. 11. 18. 결정, 高等刑集 12권 9호, 937면(家裁月報 12권 5호, 175면).

때에 항고가 기각되면 별 문제가 없겠으나 항고가 받아들여져서 원결정을 취소하고 1심으로 환송된 경우에, 환송받은 법원은 1심으로서 심리하는 것이므로 그 소년이 성년에 달하였음을 이유로 하여 실체적인 판단 없이 사건을 종결지을 수밖에 없게 된다(본인이 소년이라는 것이 심리조건의 하나이기 때문이다). 이와 같은 현상은 보호처분과 형사처분을 이원화하고 있는 현행 우리 「소년법」의 구조가 갖는 불가피한 현상이다.

(3) 촉법소년(觸法少年)

'형벌법령에 저촉되는 행위를 한 12세 이상 14세 미만의 소년'을 촉법소년이라고 한다(법 제4조 1항 2호). 즉 「형법」상 책임능력(「형법」 제9조)이 없는 14세 미만의 자(형사미성년자) 중에 12세 이상의 자를 범죄소년과 구별하여 특별히 보호대상으로 하는 것이다. 따라서 범죄를 저질렀으나 책임능력이 없어 형벌법규로 처벌할 수 없는 소년이 촉법소년이다. 여기서의 형벌법령도 범죄소년의 경우와 마찬가지로 「형법」 이외의 특별법이 포함됨은 물론이다.

그런데 「형법」 제9조의 적용을 배제하고 있는 특별법범, 즉 「조세범처벌법」 제4조 1항, 「관세법」 제278조 1항, 「담배사업법」 제31조에 위반한 12세 이상 14세 미만의 소년을 동 조항의 규정에 따라 범죄소년으로 취급할 것인가, 촉법소년으로 취급할 것인가에 관하여 논란이 있다. 범죄소년으로 취급하여야 한다는 입장은 특별법이 특히 「형법」상의 책임능력을 배제하여 형사처벌을 할 수 있게 한 입법취지에 비추어 범죄소년으로 취급하여 보호처분대상으로 하는 것이 옳다는 주장이고,[65] 촉법소년으로 취급하여야 한다는 입장은 「소년법」은 일반 형사법의 특별법이므로 소년법에서 규정한 14세라는 기준이 우선 적용되어야 하고, 또한 형법규정을 배제하는 특별법은 징역형 이외의 재산형에만 해당하는 것이므로 범죄소년으로 하기에는 적합하지 않다고 한다.[66]

통설은 후자의 입장이나 보호처분의 대상으로 촉법소년과 범죄소년을 함께 규정하고 있는 우리 「소년법」상으로는 논의의 실익이 없다. 이론상으로는 특별법규들은 형사미성년자도 그 경우에 한해서 재산형으로 처벌한다는 의미 이상의 것은 아니고, 따라서 위 규정 때문에 촉법소년이 범죄소년으로 바뀌게 되는 것은 아니기 때문에 14세 미만인 한 촉법소년으로 봄이 타당할 것이다.[67]

65) 市村光一, 「少年法概説」, かんらん社, 1955, 32면.
66) 團藤重光 外 1人, 앞의 책, 49면.
67) 이와 같이 14세 미만의 행정법규를 위반한 소년을 구태여 처벌하려는 취지는 그 행위에 대해서는 반드시 형벌을 과하여야 할 필요가 있어서라기보다는, 그 행위로 인해 취득한 부당이익을

그러나 이 경우 실무상으로는 「소년법」과 앞에 열거한 특별법의 효력범위에 관한 문제가 발생한다. 예를 들면 앞의 특별법을 위반한 14세 미만의 소년에게 동 특별법의 규정에 의해 재산형을 과하고 다시 「소년법」상의 보호처분을 할 수 있을 것인가, 아니면 그와 같은 특별법규정들은 형사법의 특별법인 「소년법」의 적용으로 배제되는가 하는 문제이다.

소년에게 특별법에 의거하여 재산형을 부과하고 다시 소년심판절차에 의해 보호처분이 과해진다면 이중으로 사법판단을 받는 것이 될 것이고,[68] 특별법규정들이 배제된다면 그 규정들은 불필요한 것이 될 것이다. 특별법규정에 의해 재산형을 받는 것도 하나의 형사처분에 해당하는 것이고, 당해 소년에 대해 보호처분을 하는 것도 또 다른 하나의 사법처우이기 때문이다.

그렇다고 「소년법」을 배제하고 특별법을 적용해야 한다는 것도 소년법의 이념과 취지에 반하는 것이 될 것이다. 역시 보호처분과 형사처분을 별개의 것으로 하는 우리 「소년법」이 갖는 딜레마라고 하겠다. 입법론적으로는 이와 같은 행정법규를 위반한 촉법소년을 보호처분할 수 있는 규정을 「소년법」에 두고, 이들 당해 특별행정법규를 무조건 「형법」 제 9 조의 적용을 배제하여 벌금을 과할 수 있는 것으로 할 것이 아니라, 동 규정을 둔 취지에 따라 그러한 법규위반으로 획득한 과실을 몰수하는 것으로 하는 것이 타당할 것이다.

(4) 우범소년(虞犯少年)

우범소년이란 「소년법」 소정의 객관적인 우범사유가 있고, 그의 성격 또는 환경에 비추어 장래 형벌법령에 저촉되는 행위를 할 우려가 있는 12세 이상 20세 미만의 소년을 말한다(「소년법」 제4조 1항 3호). 즉 우범소년은 아직 형벌법령에 저촉되는 행위를 하지는 않았지만 범죄적 성향이 강하기 때문에 장래에 범죄를 저지를 개연성이 높다고 판단되는 소년이다. 여기서 '장래에 범죄를 저지를 높은 개연성,' 즉 우범성 판단의 요건 내지는 기준이 문제된다.

우리 「소년법」은 동법에 열거한 "보호자의 정당한 감독에 복종하지 않는 성벽," "정당한 이유 없이 가정에 이탈," "범죄성 있는 자 또는 부도덕한 자와 교제하거나 자기 또는 타인의 덕성을 해롭게 하는 성벽" 등과 같은 우범사유

회수하자는 「행정법」상의 합목적성에 있다고 본다. 앞에 열거한 특별법의 해당 규정들이 징역형을 부과하는 경우에는 배제되는 것으로 보아도 그렇게 해석하는 것이 타당할 것이다. 따라서 입법론으로는 동 특별법규들의 형법의 적용제한 규정을 '징역형에 처할 경우'를 '금고 이상의 자유형에 처할 경우'라고 하는 것이 더 정확할 것이다.

68) 현행 「소년법」에는 보호처분에 재산형을 병과할 수 있는 규정이 없다.

외에도 우범성, 즉 소년의 성격과 환경을 우범요건으로 하고 있다. 이것은 일본 「소년법」에서도 마찬가지이다(일본 「소년법」 제3조 1항 3호). 그러나 이와 같은 우범요건들이 우범소년판단에 있어서 동시에 구비되어야 하는가에 대해서는 의견이 나뉜다.

제 1 설은 우범소년판단의 요건으로는 우범사유만으로 족하고 우범성은 필요하지 않다는 견해이다.[69] 이 주장에 의하면 법규의 문맥상으로는 우범성도 필요한 것으로 되어 있지만 우범성은 우범소년에 대하여만 요구되는 것은 아니고 다른 범죄소년에도 요구되는 것이므로 그렇게 해석할 필요가 없다는 것이다.

제 2 설은 우범사유와 우범성은 병렬적으로 우범소년의 요건을 구성하며, 따라서 양자가 모두 보장적 기능을 가진다는 견해이다.[70] 이 주장은 우범사유는 객관적으로 나타난 현재의 반사회성이고, 우범성은 주관적인 것으로 장래 범죄를 저지를 반사회적 성향을 말하는 것이므로 양자는 별개의 것으로 고려되어야 한다는 것이다.

제 3 설은 우범사유는 우범성의 징표 내지 유형이기 때문에 우범사유가 존재하면 우범성은 추정되고 예외적인 경우에만 우범성을 검토하면 된다는 입장이다.[71]

제 4 설은 우범사유와 우범성은 병렬하는 것은 아니고 우범사유는 형식적 요건이고 우범성은 실질적 요건이기 때문에, 개개의 우범사유를 검토함에 있어서 우범성을 고려하여 검토하는 것이라는 주장이다.[72]

제 1 설은 우범성과 요보호성을 같은 것으로 보고 있기 때문에 타당치가 않다. 물론 우범성에서 요보호성이 추정되는 것이겠지만 그렇다고 우범성이 곧 요보호성인 것은 아니다. 다시 말해서 우범성은 요보호성의 필요조건은 되지만 충분조건이 될 수는 없다. 제 2 설은 우범성이라는 개념의 추상성을 해명하지 못하고 있다. '장래에 죄를 범할 우려가 있는 성격 또는 환경'이라는 구체성이 결여된 개념 때문에 오히려 보장적 기능을 해치고 있다고 해야 할 것이다. 제 3 설은 결과적으로 우범사유와 우범요건을 하나로 보고 있는 셈이 된다. 이렇게 보면 우범성을 우범사유를 지지해 주는 보충적인 개념으로 보고 있는

69) 据分一立, "要保護性試論," 「家裁月報(제5권 4호)」, 22면.
70) 宮崎昇, "國家の司法作用として少年審判," 「家裁月報(제5권 4호)」, 45면.
71) 阿部純二, "虞犯少年の法的考察," 「家裁月報(제13권 9호)」, 7면.
72) 平場安治, 「少年法(法律學全集 第44卷)」, 有斐閣, 1987, 68면.

제 4 설이 가장 타당할 것이다. 그것이 현행법의 취지에도 합당하고 인권보장적 견지에서도 적절한 해석이라고 하겠다. 통설의 입장이기도 하다. 우범소년의 요건과 관련된 또 하나의 문제점인 우범사유의 불명확성을 보충한다는 의미에서도 이와 같은 해석이 타당하다고 생각한다.

이렇게 볼 때 우리 「소년법」이 상정하고 있는 우범소년은 동법 제 4 조 1항 3호가 규정하는 각 우범사유가 존재할 뿐만 아니라, 그 우범사유가 그의 성격, 환경에 비추어 볼 때 장래 형벌법령에 저촉되는 행위를 할 우려가 있는 성질(우범성)을 가지는 것이라고 판단되는 소년이라고 할 수 있을 것이다.

3. 요보호성판단(要保護性判斷)

(1) 요보호성의 개념

보호처분은 "보호처분의 필요가 있다"고 인정한 때에 하는 것(「소년법」 제32조)으로 되어 있다. 이 '보호처분의 필요성'을 일본에서는 '요보호성'이라 칭하고 있고 우리도 그대로 받아들여 사용하고 있다. 그러나 보호처분의 필요성, 즉 요보호성은 구체적으로 무엇을 의미하는가에 대해서는 아직 확실한 개념정리가 안된 상태이다.

모든 미성년자는 원칙적으로 보호가 필요한 존재이다. 따라서 민법상의 친권이나 후견에 관한 제 규정(「민법」 제913조, 제945조 등)들은 이러한 넓은 의미의 요보호성에 대응하는 개념이라고 하겠다. 그러나 미성년자의 보호는 친권자나 후견인에 의하여 적절히 이루어지고 있는 한 국가가 관여할 여지가 없다. 반면 이러한 친권자, 후견인 기타 법률상 · 사실상 보호책임이 있는 자의 보호에 결함이 있는 경우에는 국가가 적극적으로 나서서 보호에 관여하여야 할 것이다. 이것은 이른바 국친사상(國親思想)에 근거한 국가의 관여로서 우리 「아동복지법」 제 2 조 2호의 '보호를 필요로 하는'이라는 것이 바로 이에 상응하는 개념이 될 것이다.

「소년법」상의 요보호성은 이보다는 좁은 의미가 될 것이나, 그 구체적인 내용에 대해서는 다음과 같은 몇 가지 견해가 있다.

첫째, 범죄적 위험성 내지는 누비행성(累非行性)이라는 설이다.[73] 복지적인 차원에서 요보호성상태를 파악하기보다는 범죄적 위험성을 중핵으로 하여

73) 早川義朗, "少年審判における非行事實と要保護性の意義について," 「家裁月報(제19권 4호)」, 6면.

요보호성상태의 여부를 살펴야 한다는 견해이다. 요부조소년(要扶助少年)과 방임소년(放任少年)이 아동복지법의 대상이라고 한다면, 「소년법」의 대상은 비행소년이므로 그 보호도 순수한 복지적인 차원에서만이 아닌 형사정책적인 고려도 하여야 할 것이다. 따라서 요보호성이란 표현은 단지 복지적인 의미로서 소년의 요보호상태 일반을 말하는 것이 아니고, 범죄적 위험성을 그 중핵으로 하여 그러한 측면에 보호를 요하는 상태이라야 한다고 하며, 나아가 요보호성은 비행을 재연할 우려가 있어야 한다는 주장이다.[74]

둘째, 누비행성과 교정가능성이라는 설이다.[75] 소년보호사건에 있어서 요보호성은 소년법의 특수한 목적에 의하여 제한된다. 이것은 보호처분을 하기 위한 하나의 조건으로서의 요보호성이다. 소질이 나쁘거나 환경이 불건전하여 비뚤어진 인격구조를 가진 소년이 비행을 저지를 경우 그 행위에 대하여 아무런 대처를 하지 않고 그대로 방치하여 두면 그 소년은 또 다시 비행을 저지를 위험이 있고, 따라서 보호처분은 이러한 위험성이 있는 소년으로서 동시에 교정이 가능한 소년이라야 한다는 것이다. 여기서 말하는 비행의 위험성이란 비행을 저지를 가능성이 객관적 · 주관적인 여러 조건에 의하여 예견되는 상태를 의미하고, 또한 교정교육을 실시하여 그 위험성을 제거할 수 있는 가능성을 말한다고 한다.

셋째, 누비행성교 · 정가능성 및 보호상당성(保護相當性)이라는 설이다.[76] 이에 의하면 요보호성은 비행을 예상하는 개념이고, 누비행성은 요보호성의 제 1 요소라고 한다. 비행은 윤리적 부조인격(不調人格)의 표현이며 비행체험에 의하여 인격은 자기형성을 한다. 요보호성의 제 2 요소는 교정가능성인데, 교정가능성이란 보호처분에 의하여 누비행성을 소멸시키는 가능성이다. 요보호성의 제 3 요소는 보호상당성이고, 보호상당성은 보호처분에 의한 보호가 가장 유효적절한 보호수단이라고 인정되는 것을 말한다고 한다.

넷째, 비행반복의 위험성 및 보호결여성이라는 설이다.[77] 소년법원이 보호의 대상으로 하는 소년의 보호요건으로서는 비행반복의 위험성이 있고, 나아가 교정가능성이나 보호상당성이 있어야 한다는 것이다. 다만 이러한 경우 소년법원의 보호대상으로 보는 입장에서도 형사법적인 위험성 외에도 복지법

74) 入江正信, "少年保護事件における若干の法律問題," 「家裁月報(제 5 권 7 호)」, 12면.
75) 据分一立, 앞의 글, 31면.
76) 平井哲雄, "非行と要保護性," 「家裁月報(제 6 권 2 호)」, 18면.
77) 平場安治, 앞의 책, 37면.

적인 요건을 필요로 한다. 이것은 「아동복지법」상의 보호와도 공통되므로 요는 현재의 보호상태가 소년의 복지상으로도 방임할 수 없는 상태에 있는 것을 말한다. 이것을 소년이 가지고 있는 비행의 위험성과 결부시키면 현재의 상태로서는 소년의 위험성을 제어할 수 없는 형편이라고 할 수 있다. 이러한 것을 소년의 요보호성이라 하고, 그 구체적인 개념내용으로는 비행반복의 인격적·환경적 위험성과 보호결여성(保護缺如性)을 포함한다는 것이다.

다섯째, 국가보호의 필요성이라는 설이다.[78] 이 주장은 요보호성이란 비행이 있는 소년에 대하여 국가의 보호를 요할 것인가 여부를 의미하는 것이라고 한다. 즉 비행사실과 국가보호의 필요성이 요보호성의 요건이라는 것이다. 여기서 비행성이란 개인의 소질과 환경과의 상호작용관계에서 복합적으로 생성된 인격의 반사회적 성향이므로 비행반복의 인격적·환경적 위험성을 말한다.

이상 살펴본 바와 같이 요보호성의 개념에 관해 여러 가지의 설명이 있으나, 모두 표현의 방법에서 나타나는 차이일 뿐 결과적으로는 거의 같은 이야기를 하고 있는 것이다. 즉 첫번째 설의 '누비행성'과 세 번째 설의 '비행반복의 위험성'은 장래에 비행을 저지를 가능성을 의미하는 것이고, 두 번째, 세 번째 설의 '교정가능성'은 비행반복의 위험성이 보호처분으로 인해 제거될 가능성을 의미하며, 세 번째, 네 번째, 다섯 번째 설의 '보호상당성,' '보호결여성'이라는 표현은 요보호성을 달리 표현한 것에 불과하다고 할 것이다. 결과적으로 이들 견해들을 종합하면 요보호성은 장래에 비행을 다시 저지를 위험성이 있을 뿐만 아니라, 그 위험성이 보호처분에 의해 개선될 가능성이 있는 것을 말한다고 하겠다.

그러나 이와 같은 설명은 「소년법」에 규정하고 있는 요보호성의 실질을 설명해 주지는 못하고 있다. 다시 말하면 요보호성이라는 용어를 '비행반복의 위험성,' '교정가능성,' '보호상당성,' '보호결여성' 등의 용어로 대치했을 뿐 구체적으로 그것이 무엇을 의미하는 가를 말해 주지는 않고 있다. 궁극적으로 요보호성의 개념문제는 요보호성판단 기준 내지 근거로 귀착된다고 할 것이다. 다시 말하면 어떤 조건을 가진 소년을 보호처분할 것인가 하는 문제인 것이다.

「소년법」은 우범소년과 촉법소년 그리고 범죄소년을 보호처분의 심리대상으로 하고 있다. 이러한 소년들이 보호처분의 심리대상이 된다는 것과 보호처분의 필요성이 있다고 판단되어 보호처분을 받는다는 것은 별개의 문제이

78) 島山勝美, "試驗觀察の實證的硏究," 「司法硏究報告書(제17집 2호)」, 11면.

다. 일단 보호처분의 심리대상이 된다는 것은 이미 행한 비행 내지 범죄사실에 근거하는 것이고, 한편 보호처분을 하는 것이 타당한지 여부의 판단, 즉 요보호성판단은 소년법이 추구하는 형사정책적 목적을 기초로 하여 그 소년이 처한 개인적·사회적 환경과의 고려하에 이루어질 것이다. 특히 후자는 장래의 가능성, 즉 재범과 개선의 가능성이 기초가 될 것이다.

그러나 다시 비행(再非行)을 저지를 가능성, 그리고 이러한 가능성이 제거될 수 있다는 근거기준을 일률적으로 규정한다는 것은 어려운 일일뿐만 아니라, 어쩌면 불가능한 것일지도 모른다. 그것은 각 소년이 가지는 성향과 환경이 저마다 다르기 때문이다. 그럼에도 불구하고 「소년사법」이 그 처우의 객관적 타당성과 일관성을 유지하기 위해서는 최소한의 요보호성판단기준을 설정하려는 노력은 필요할 것이다.

실제에 있어서 이러한 요보호성판단은 소년이 이미 행한 비행사실의 동기·종류·정황 그리고 행위 후의 태도 등과 그가 처한 개인적·사회적 상황을 종합적으로 판단하여 결정하게 될 것이다.

(2) 심리대상(審理對象)으로서의 요보호성

「소년법」 제 4 조 1항 각호에 규정한 보호사건의 심리대상인 범죄소년·촉법소년·우범소년을 판단할 때 그 실체적 요건으로 요보호성이 요구되는가 하는 것이 문제된다. 즉 심리의 대상인 실체적 요건은 무엇이며, 나아가 그 법률적 효과는 무엇으로 볼 것인가 하는 것이다. 다시 말하자면 요보호성이 심리대상이 되는지 여부에 관한 것이다. 주로 일본의 학자들에 의해 논란이 되고 있는 것이지만 이에 관해서도 의견이 나뉜다.

먼저 비행사실만이 심리의 대상이고 요보호성은 심리의 실체적인 대상에서 제외된다는 주장이 있다. 이 주장에 의하면 소년보호사건절차를 실현시킬 실체법상의 구성요건은 「소년법」 제 4 조 1항(일본 「소년법」 제 3 조 1항)이 있고, 이에 대응하는 법률효과는 동법 제32조(일본 「소년법」 제24조)에 규정하고 있기 때문에 실체적 요건은 비행사실에만 한정하고 요보호성은 처우의 결정에 영향을 준다고 하더라도 실체법상의 구성요건에는 해당하지 않는다고 한다.[79]

다음으로 요보호성만이 심리의 대상이라고 보는 입장이 있다. 즉 심리의 실체적 요건은 요보호성이고 그 법률효과는 보호처분이라고 하는 견해이다. 이 주장에 의하면 소년심판은 비행에 대한 소년의 책임을 추궁하거나 그 경중

79) 据分一立, “少年保護事件手續に關する一考察,” 「家裁月報(제 4 권 10호)」, 88면, 96면.

을 논하는 것이 아니고, 소년의 개성과 환경 전반에 걸쳐 문제성을 찾아 이에 의하여 판정된 요보호성에 따라 보호수단을 강구하는 데 있고, 따라서 심리절차의 대상은 행위(비행)에 있는 것이 아니고 인격(요보호성)에 있다는 것이다. 이런 의미에서 비행은 요보호성의 징표로서 요보호성판단의 한 자료이며 심리에 들어가기 위한 전제조건에 불과하다고 한다. 따라서 소년심판절차에서 비행사실에 대한 조사 판단은 심리절차에 들어가기 전에 행해지는 소송조건에 관한 직권조사—예를 들면 20세 미만인가 또는 관할권이 있는가의 여부—와 같은 성질의 것이라는 것이다.[80)]

마지막으로 비행사실과 요보호성을 심리의 실체적 요건으로 보는 입장이 있다. 즉 심리의 실체적 요건은 비행사실과 요보호성이고 그 법률효과는 보호처분이라는 주장이다. 이 주장에 의하면 행위를 이해하기 위하여서는 행위자의 인격을 살피지 않을 수 없는 것처럼 인격을 파악하기 위해서는 인격의 현실적 징표인 행위를 알지 않으면 안 된다는 것이다. 마찬가지로 소년의 범죄적 위험성을 밝히기 위한 확실한 자료는 현재 소년이 저지른 범죄적 행위이므로 요보호성은 그 비행사실에 의해 추정된다. 따라서 비행사실은 소년의 범죄적 위험성을 현실적으로 징표한다고 할 것이므로 요보호성의 판단을 하는 데 있어 중심이 되는 실체라고 한다.

비행사실을 심리의 대상으로 하여야 한다는 주장의 또 다른 논거는 소년의 인권보장이라는 차원에서 제시된다. 즉 보호처분이라고 하지만 그 실질에 있어서는 소년의 자유와 권리를 제한하는 강제적인 요소가 들어 있기 때문에 비행사실을 근거로 하지 않으면 안 된다고 한다. 따라서 가령 소년에게 요보호성이 강하게 인정되어도 비행사실의 존재가 확인되지 않으면 보호처분은 할 수 없다는 것이다.[81)]

이상의 주장들을 검토하여 보면 첫번째의 비행사실만이 심리의 대상이 된다는 주장은 소년심판절차에서 행위책임의 원칙이라든가 적법절차의 원칙을 고수한다는 점에서는 일면 타당성이 있다고 하겠다. 그러나 보호처분이 주된 목적으로 하는 것은 과거의 행위에 대한 대응이 아니고, 장래의 개선과 교화이기 때문에 심리의 주된 대상은 소년의 미래에 대한 가능성이다. 따라서 현재 소년심판절차에 있는 소년의 요보호성을 파악하지 않고는 적정한 처분을 할

80) 菊池信男, 「少年法」, 家庭裁判所調査官研修所 教材, 21면.
81) 菊池信男, 같은 책, 22면.

수 없게 된다는 점에서 이 주장은 비판을 면치 못할 것이다.

반면에 요보호성만을 심리의 대상으로 보는 견해는 소년심판의 대상을 부당하게 확대하는 결과를 낳을 우려가 있다는 지적을 받을 수 있다. 비행사실에 근거하지 않는 요보호성판단은 경우에 따라서는 아무런 잘못을 저지르지 않은 소년이 단지 그가 처한 환경과 성향 때문에 보호처분을 받게 될 수도 있게 된다. 예를 들면 심리 전의 직권조사에서 파악된 비행사실에 대해 심리과정에서 다툼이 있더라도 요보호성만 인정된다면 보호처분이 가능하다는 이야기가 된다. 이것은 결과적으로 사회복지기관이 관할해야 할 대상까지 소년사법기관에서 관장하는 셈이 될 것이다. 실무상으로도 소년심판기관이 비행사실을 전제하지 않고 요보호성을 판단한다는 것은 무리일 것이다.

이렇게 보면 세 번째 주장, 즉 비행사실과 요보호성 양자가 모두 심리대상이 된다는 견해가 가장 타당하다고 할 것이다. 물론 이 주장은 요보호성은 비행사실과의 관련 속에서 파악된다는 것을 전제로 하고 있다. 따라서 결론적으로 소년이 행한 비행사실과 요보호성이 함께 고려된 소년의 실체가 소년심판절차에서의 심리대상이 된다고 하여야 할 것이다.

4. 소년법원 심리절차

소년보호사건으로 소년법원에 사건이 계속(繫屬)되려면 송치 또는 통고의 절차를 거쳐서 소년법원에 사건이 수리되어야 한다. 즉 특정한 소년에 대하여 일정한 비행사실을 전제로 하여 사건으로서 소년법원에 수리되지 않으면 소년법원의 활동은 개시될 수 없는 것이다.

구체적으로는 경찰서장의 촉법소년 및 우범소년의 송치(「소년법」 제4조 2항), 검사의 범죄소년송치(동법 제49조 1항), 법원의 송치(동법 제50조), 보호자 또는 학교 및 사회복리시설의 장의 통고(동법 제4조 3항)에 의해 사건이 소년법원에 수리됨으로써 소년법원에서의 절차가 진행되는 것이다. 그러나 통고사건은 통고자가 비행소년이 있다는 사실을 법원에 통지하여 그 권한발동을 촉구하는 행위에 불과하므로 통고로 인하여 사건이 즉각 소년법원에 계속되는 것은 아니고, 통고된 소년사건을 법원이 심리할 필요가 있다고 판단한 때에 비로소 그 사건을 조사하게 된다는 점에서 형식적인 수리조건을 구비하고 있는 한 수리하지 않으면 안 되는 송치와 차이가 있다. 그리고 이 통고는 강제되는 것이 아니기 때문에 통고권자가 통고를 하지 않을 수도 있다. 따라서 동조 3항은 법원에 직접 통고하도록 하는 것보다 먼저 수사기관에 통고하여 수사기관으로 하여금 조사한 결과에 따라 소년법원에 송치하게 하는 것이 타당할 것이다.

(1) 사건의 수리

사건의 수리라 함은 앞에서 말한 송치·통고의 경로를 거쳐서 소년법원에 소년보호사건으로 계속(繫屬)되는 것을 말한다. 구체적으로 소년의 송치서 및 통고서를 받은 가정법원 소년과, 지방법원 형사과, 소년부지원 사무과의 접수계가 접수절차를 취하는 것이다. 접수담당자는 기록에 대한 심사권이나 접수를 거부할 권한이 없다. 다만 구두에 의한 통고는 그 통고를 받은 소년부 법원서기관, 법원사무관, 법원주사 또는 법원주사보가 그 사실을 조서에 기재하고 서명·날인한 조서(「소년심판규칙」 제6조 3항)에 의하여 보호대상으로 요건이 존재한다고 인정되는 때에 비로소 사건이 수리된다. 이렇게 수리한 사건을 사무절차에 따라 배당을 하면 구체적으로 판사에게 계속되는 것이다.

일단 사건이 소년법원에 수리되면 공소시효는 정지된다. 현행 「소년법」상으로는 '심리개시의 결정이 있는 때로부터'라고 하였으므로 엄밀히 말하자면 심리개시의 결정시가 공소시효의 정지시라고 해야 한다는 주장이 있을 수 있다. 그러나 송치사건에 있어서 사건의 수리와 심리개시의 결정시기가 다르다면 송치사건의 수리와 심리결정 사이의 기간은 제외되게 되므로 부당한 결과가 된다. 따라서 송치사건은 사건의 수리와 동시에 공소시효가 정지된다고 해야 할 것이다. 입법의 불비라고 생각된다. 이에 대해 일본 「소년법」은 "… 제8조 1항 후단의 경우에 있어서는 송치를 받은 때로부터 보호처분의 결정이 확정될 때까지 공소시효는 그 진행을 정지한다"(일본 「소년법」 제47조 1항)고 하여 공소시효의 정지시기가 관계기관으로부터 송치를 받은 때, 즉 수리시임을 명시하고 있다. 그러나 통고사건은 수리가 곧 심리결정을 의미하므로 수리시라 하여도 상관이 없을 것이다.

(2) 심리의 범위

소년법원에 계속되는 사건의 범위는 송치 또는 통고된 소년과 그 비행사실에 의하여 특정된다. 그런데 일반 형사소송에서는 법원은 공소가 제기되지 않은 사건에 관하여 재판할 수 없게 되어 있고(「형사소송법」 제248조, 제254조, 제298조의1), 따라서 심판의 대상은 공소가 제기된 피고인과 공소사실에 한하여 효력이 미치는 이른바 '불고불리의 원칙'(Nemo judex sine actore)이 적용되고 있는바, 소년보호사건에 있어서도 이러한 원칙이 그대로 적용되는가 하는 문제가 있다. 즉 형사절차에서 엄격히 적용되는 불고불리의 원칙이 보호절차에서는 어느 정도 받아들여질 것인가 하는 문제인 것이다.

현행 「소년법」의 해석상 송치 또는 통고에 의하여 사건으로 수리된 소년에 한하여 심리권의 효력이 미친다는 데는 이견이 없다. 따라서 심리 도중에 공범 등 또 다른 보호대상소년을 인지하게 되었다 하여도 소년법원은 그를 심리대상에 포함할 수 없다. 또한 송치 또는 통고에 의하여 사건으로 수리된 비행사실의 전부에 대하여 불가분적으로 심판권의 효력이 미친다. 그런데 수리된 소년사건의 조사 · 심리과정에서 보호대상의 사건에 해당하는 다른 비행사실이 발견되었을 경우에 또 다른 송치나 통고절차를 거치지 않고 이를 이미 수리된 비행사실과 함께 심리대상에 포함할 수 있을 것인가에 대해서는 소극적인 입장과 적극적인 입장으로 의견이 나뉜다.

소극설은 형사절차에 있어서 '소추가 없으면 심리할 수 없다'는 「형사소송법」상의 원칙과 마찬가지로 소년심판절차에 있어서도 송치 또는 통고가 없으면 심리할 수 없다고 한다. 따라서 그 심리의 범위도 송치 또는 통고에 의한 사건으로 수리되지 않은 비행사실은 심리의 대상으로 할 수 없다는 것이다. 그 이유는 불고불리의 원칙에 근저(根底)하고 있는 사법기관의 수동성 · 중립성 — 특히 이것을 통해 법원의 공정한 판단을 담보한다고 할 것인바 — 을 위하여서는 소년법원에서 발견한 비행사실은 심리하지 않는 것이 옳다고 보기 때문이라는 것이다.[82)]

적극설은 심리의 대상은 송치 또는 통고에 의하여 수리된 비행사실뿐만 아니라 소년의 성행과 환경을 조사 · 심리하여 요보호성과 관련된 일체의 생활력과 비행을 포함한다는 주장이다. 즉 보호사건의 대상은 비행사실에 있는 것은 아니고 비행사실과 요보호성을 함께 포함하는 소년의 '인격'에 있는 것이므로, 예컨대 '갑'의 사실에 의하여 심리에 부쳐진 소년사건을 심리하는 과정에서 '을'의 사실이 발견된 때에는 이 사실을 포함하여 심리할 수 있고, 또한 그것에 의하여 보호처분결정을 하였다고 하여 위법한 것은 아니라는 것이다.[83)]

이 문제는 앞서 살펴본 실체법상 심리의 대상을 이해하는 입장에 따라 달

82) 1965년(昭和 40년) 3월 全國少年係裁判官會議 家庭局 見解,「家裁月報(제17권 12호)」, 33면.

83) 內藤文質, "少年保護事件の槪念について,"「警察學論集(제 6 권 5호)」, 8면; 昭和 27년 9월 全國少年係裁判官會同 家庭局見解,「會同要錄」, 79면; 團藤重光 外 1人, 앞의 책, 305면. 이에 관한 일본 판례로는 札幌高裁 昭和 29. 7. 23. 결정(高等刑裁特報 1권 2호. 71면); 京都家裁 昭和 47. 11. 13. 결정(家裁月報 25권 7호, 95면) 등이 있다.

라진다. 즉 심리의 대상을 비행사실에 국한하여야 한다고 보는 입장은 따라서 수리시 적시되지 않은 사실은 심리의 대상에서 제외하여야 한다는 것이 논리적으로 타당할 것이고, 반면에 심리의 대상을 비행사실뿐만이 아니라 요보호성까지도 포함한다는 입장은 심리과정에서 발견된 새로운 비행사실도 심리대상에 포함하는 것이 옳다고 해야 논리의 귀결상 타당할 것이다.

생각건대 소년법원은 일정한 비행사실을 전제로 송치 또는 통고된 소년에 관해 어떠한 보호처분을 하는 것이 가장 적절한가를 염두에 두고 심판을 하게 된다. 따라서 요보호성은 심리의 대상으로 중요한 의의를 갖게 된다는 것은 이미 앞에서 논급한 바 있다. 그런 의미에서 "소년심판은 범죄보다 범죄자를, 사실보다 사람을 대상으로 한다"고 하는 주장이나 "소년보호사건이란 요보호성 있는 특정의 소년에 대한 사건의 전부인 것이지, 특정의 사건을 말하는 것이 아니다"라고 하는 주장들이 의미를 갖는 것이다. 그러나 이러한 주장들은 소년사건의 특성을 강조하는 것이라고 할 수는 있으나, 문제는 그것을 지나치게 강조하다보면 소년사건에 대한 심판의 범위가 부당하게 확장되거나 불투명하게 될 우려가 있게 된다는 것이다.

요보호성은 비행소년의 인격에 관한 문제이지만 「아동복지법」 등에서 파악되는 순수한 복지적 차원이 아닌 사법적 차원의 고려이다. 따라서 사법목적이라는 차원에서 요보호성판단의 범위는 제한될 수밖에 없다고 생각한다. 그렇기 때문에 소년사법에서의 요보호성은 어디까지나 비행사실을 전제로 하여 파악되는 것이어야 한다. 다시 말하면 비행사실과의 관련 속에서 비행사실을 중심으로 판단하여야 한다는 것이다. 이렇게 보면 요보호성은 심판의 대상과 심판시의 참작사유가 혼합된 개념이라고 할 수 있다.

소년사건에서의 보호처분과 일반 형사사건에서의 양형은 그것이 모두 법원의 최종적인 심판결과라는 점에서 궤를 같이한다. 그러나 형사사건의 양형에 있어서는 범인의 성격, 범행의 동기, 범행 후의 태도 등 제반 사정을 참작하지만, 심판의 대상은 특정한 범죄사실에 한정되고 범죄사실과 양형의 조건은 확실히 구별되는 반면, 소년사건에서는 심판의 대상과 보호처분시의 참작사항을 구분하지 않는 데서 차이가 있다. 그렇기 때문에 형사사건에서는 범죄사실이 증명되면 일단 형벌을 과하도록 하고 있지만, 소년보호사건에서는 범죄사실이 있더라도 요보호성이 없으면 보호처분을 할 수 없고 심리불개시처분을 하거나 형사처분을 위해 검찰로 송치(송검)해야 하는 것이다.

결국 이 문제는 요보호성판단의 범위와 관련된다고 할 것이다. 따라서 사건의 단일성을 해할 만큼 지나치게 요보호성판단의 대상을 확장해서도 안 되고, 또한 본래 사건의 비행사실에 대한 증명이 없는 경우에는 새로운 사실이 발견되었다고 하더라도 조사·심리의 대상으로 하여서는 안 된다고 할 것이다. 본래 사건의 비행사실에 대한 증명이 없는 경우에는 심리불개시 또는 불처분의 결정으로서 사건을 종결시켜야 한다. 심리 도중에 밝혀진 사실에 대해 새로운 송치 또는 통고가 없이 그것만으로 심리가 진행된다는 것은 불고불리의 원칙에 반하는 것이기 때문이다.[84]

(3) 가위탁결정(仮委託決定)과 신병보호

소년법원은 수리한 소년보호사건의 조사·심리에 필요하다고 인정한 때는 해당 소년에 대해서 몇 가지 임시조치를 할 수 있게 하고 있는바, 보호자 및 소년을 보호할 수 있는 적당한 자 또는 시설에 위탁하는 것, 병원 기타 요양소에 위탁하는 것, 소년분류심사원에 위탁하는 것(「소년법」 제18조 1항) 등의 조치가 그것이다.

이와 같은 임시조치들은 사건의 적정한 심리를 하기 위하여 소년의 신병을 확보하고 조사와 분류심사를 행하여 적정한 보호조치를 취하기 위한 잠정적·중간적인 조치이다.[85] 그러나 실제에 있어서는 보호자 또는 보호할 수 있는 적당한 자 및 시설에의 위탁은 신병확보의 실효가 거의 없고, 그런 적당한 시설도 마련되어 있지 않다. 마찬가지로 병원이나 기타 요양소에 위탁하는 것도 예산이 전혀 책정되어 있지 않을 뿐더러 실무상 전혀 활용되지도 않고 있다. 따라서 실제로 행해지고 있는 소년에 대한 임시조치는 모두 소년분류심사원에 위탁하는 것으로 이루어지고 있는 셈이다. 단 소년분류심사원이 설치되어 있지 않는 지역은 소년원에서 분류심사업무를 대행하도록 하고 있다(「소년원법」 제52조).[86]

가위탁조치는 소년을 소년분류심사원에 수용함으로써 신체에 대한 자유를 제한한다. 이처럼 신체의 자유를 제한한다는 점에서 가위탁이 「헌법」 제12조

---

84) 平場安治, 앞의 책, 100면.

85) 澤登俊雄 外, 「展望少年法」, 敬文堂, 1978, 187면.

86) 2004년 현재 우리나라에는 서울, 부산, 대구, 대전, 광주 등 5개 대도시에 소년분류심사원이 설치되어 있고(대전 분류심사원은 의료소년원이라는 명칭을 사용하고 있다), 소년원은 2004년 1월의 「소년원법」 개정에 의해 초·중등 교육과정을 신설하고 소년원을 고봉정보통신중·고등학교(서울), 오륜정보산업학교(부산), 읍내정보통신중·고등학교(대구), 고룡정보산업학교(광주), 원촌정보산업학교(대전), 송천정보통신학교(전주), 미평중·고등학교(청주), 대신체육중·고등학교(대덕), 정심여자정보산업학교(안양), 신촌정보산업학교(춘천), 계명정보통신학교(충주), 한길정보산업학교(제주), 용던관광정보고등학교(창원) 등으로 개칭한 모두 13개소가 있다.

가 규정하는 법률에 의한 구금이 아니냐에 관하여 논란이 되고 있다.

가위탁을 구금이라고 보는 입장은 이를 심리과정상의 신병확보를 위한 조치로서 순수한 사법적인 성격을 갖는 구속처분이라고 이해한다. 그 근거로는 소년심판 자체가 소년보호를 그 목적으로 한다고 할지라도 그 처분의 실제는 순수한 보호처분만이 아닌 형사처분도 할 수 있는 형사정책적인 보호라는 것을 들고 있다.[87] 이에 반하여 가위탁을 구금이 아니라고 보는 입장은, 가위탁은 공공의 복지를 위한 자유의 제한이 아니고 어디까지나 「소년법」이 지향하는 소년의 복지를 위한 조치로서 소년분류심사원 수용 그 자체도 소년보호의 일환이라고 주장한다.[88]

소년법원의 절차는 그 자체가 사법절차로서의 심리과정과 「소년법」의 이념에 터 잡은 보호과정이라는 두 가지 기능을 가지고 있다.[89] 따라서 가위탁의 성질을 파악함에 있어서도 이 두 기능이 고려되어야 할 것이다. 이렇게 보면 가위탁은 구금으로서의 성질과 보호처분의 성질을 함께 지닌다고 할 것인바, 양 측면을 어떻게 조화를 이루도록 할 것인가가 실무상의 과제라고 하겠다. 그렇다고 한다면 결국 가위탁은 구금이라는 차원에서 소년의 인권보장을 위한 장치가 마련되어야 할 것이고, 그것이 소년의 보호적인 기능을 함께 할 수 있도록 제반 시설과 제도가 배려되어야 할 것이다. 우리 「소년법」에서 소년의 신병확보와 관련된 문제로는 다음과 같은 것이 예상될 수 있을 것이다.

첫째로, 구속된 소년이 검사 또는 법원에 의하여 소년부송치를 받은 때 구속영장의 효력과 함께 그 신병문제가 제기될 수 있다.

둘째로, 소년의 신병이 확보안 된 상태에서 사건이 송치된 경우 임시조치 결정 전의 신병확보문제가 있다.

셋째로, 소년부로부터 다른 소년부로 이송되었거나 송검 또는 다른 법원에로 이송되었을 경우의 신병확보문제가 있다.

넷째로, 항고법원이 원심결정의 보호처분결정을 취소하였을 경우의 신병처리문제가 있다.

마지막으로, 이와 같이 결정된 임시조치에 대하여 이의가 있을 경우, 소년

87) 日本最高裁判所事務總局, 「改正少年執務資料集(1)」(家庭裁判資料 第126號), 1978, 443면.

88) 菊田幸一, 「少年法概說」, 有斐閣, 1980, 121면; 須須木圭一, "觀護措置おめぐる諸問題," 「少年法改正」, 宮澤浩一 編, 慶廣通信, 1972, 139면.

89) 우리 「소년법」이 심리에 있어서 온화 · 친절하게 하여야 하며, 비공개(동법 제24조 및 제58조), 보도금지(동법 제68조), 형사처분절차의 특칙(동법 제 1 조 및 제48조 내지 제56조) 등을 두고 있는 것은 바로 이 절차에서의 보호적 기능을 의미하는 것이다.

또는 소년의 보호자 등에게 그 조치의 취소나 변경신청을 할 수 있을 것인가 하는 문제가 있다.

첫번째 문제에 관해서 「소년법」은 신병인도의 책임을 소년부송치결정 당시 소년을 구속하고 있는 시설의 장에게 부과하고, 구속영장의 효력이 상실하는 시기를 소년부 판사의 임시조치결정, 즉 가위탁결정이 있을 때로 하되, 그 임시조치의 결정도 구속영장의 효력기간 내에 이루어질 것을 명시하고 있다(「소년법」 제52조).

두 번째 문제에 관해서도 일단 동행영장을 발부하여 동행한 후 24시간 내에 임시조치를 행할 수 있도록 하여 해결하고 있다(동법 제18조 2항). 구「소년법」이 '사건의 송치와 동시에 동행된 소년'이라고만 하여(구「소년법」 제17조 2항) 불구속으로 검찰과 법원에서 송치된 소년에 대해서는 언급하지 않아 문제가 된 것을 1988년 개정시 관련조문의 표현을 정비하여 해결한 것이다.

그러나 세 번째 문제, 즉 소년부가 사건을 송검하거나(동법 제49조 2항) 형사법원으로 이송하였을 경우—이 경우는 「소년법」 제51조에 의한 이송, 곧 법원에서 소년부로 송치되어 온 소년이 20세 이상으로 판명되어 다시 법원으로 이송한 경우뿐이다—의 신병확보 및 임시조치의 효력에 대하여서는 아무런 규정이 없다. 이 경우 송검 또는 이송에 의하여 이전의 가위탁조치 등은 당연히 효력을 잃는 것으로 보아야 하는데 신병확보에 관한 아무런 규정을 하고 있지 않는 것이다. 따라서 이러한 경우에 소년분류심사원에의 가위탁결정을 자동적으로 구속으로 변경되도록 하거나, 송검 또는 이송되어 신병에 대한 새로운 결정이 행하여질 때까지 임시조치의 효력이 유지되게 하는 등의 조치를 하는 규정이 필요할 것이다.

네 번째 경우인 항고에 의하여 원심법원의 보호처분의 결정이 취소된 때의 신병처리에 관해서는 「소년심판규칙」에 규정되어 있다. 동 규칙에 의하면 항고법원이 원심결정을 취소하는 결정을 한 경우에는 지체없이 이를 소년이 보호처분을 받아 수용되어 있는 시설의 장에게 통지하도록 하고(동규칙 제49조 1항), 이 통지를 받은 시설의 장은 즉시 소년을 환송 또는 이송을 받을 소년부로 송치하면(동조 2항) 당해 소년부가 임시조치를 할 수 있도록 하고 있다(동규칙 제50조). 종전에 아무런 규정이 없어 문제가 되어 오다가 1985년 「소년심판규칙」을 개정하면서 신설한 규정들이다. 타당한 조치라고 생각하나 입법론적으로는 「소년법」에 규정하는 것이 법체계상 옳을 것이다.

마지막으로 이와 같은 규정절차에 의해 임시조치를 당한 소년이나 그의 보호자 등이 이에 관해 이의가 있을 경우에 그 조치의 취소 또는 변경신청을 할 수 있는가 하는 문제에 관해서는 현행 「소년법」상으로는 이에 관해 아무런 규정을 하고 있지 않기 때문에 임시조치의 취소나 변경신청이 불가능하다고 보아야 할 것이다. 국가후견적(國家後見的) 입장을 강조한 종래의 견해에 의하면 이러한 임시조치에 관한 이의신청은 불가능하고, 한다고 하더라도 직권을 촉구하는 의미밖에는 없다고 한다. 그러나 국가후견적 사상 못지 않게 적법절차의 보장을 강조하는 오늘날의 소년사법 추세를 고려할 때 소년의 감호에 관한 현저한 사정변경이 있는 등의 사유가 있다고 할 때는 그 이의신청을 허용하는 것이 타당할 것이다. 입법론적으로 고려해 볼 문제이다. 현재 실무관행으로는 소년 또는 보호자 등으로부터 위탁취소 또는 변경의 신청이 있으면 그 신청이 이유가 있다고 인정될 때는 가위탁을 취소하거나 보호자에게 위탁하는 것을 내용으로 하는 위탁변경을 하여 수용을 해제하고 있다.[90)]

(4) 종국결정(終局決定)

소년보호절차에서 중요한 판단은 결정에 의하여 이루어진다. 결정에는 소년보호절차를 종결시키는 '종국결정'과 사건의 조사 · 심리 도중에 하는 '중간결정' 및 사건이 종결된 후에 하는 '종국 후 결정'이 있다. 중간결정의 예로 사건의 이송결정(「소년법」 제6조), 병합결정(「소년심판규칙」 제25조 2항), 감호에 관한 임시조치(「소년법」 제18조), 심리개시결정(「소년법」 제20조) 등을 들 수 있으며, 종국 후 결정으로는 보호처분의 취소·변경결정(「소년법」 제37조 및 제38조)을 들 수 있다.

종국결정에는 심리불개시결정(「소년법」 제19조 1항), 불처분결정(「소년법」 제29조 1항), 검사에의 송치결정(「소년법」 제7조, 제49조 2항), 법원에의 이송결정(「소년법」 제51조), 보호처분의 결정(「소년법」 제32조)이 있다. 종국결정을 내용상으로 구분하여 보면 사건의 실체(비행사실과 요보호성)에 대한 판단을 기초로 한 실체적 결정(예를 들면 보호처분의 결정)과 심리조건의 부존재 등 형식적 이유에 의한 형식적 결정이 있다(예를 들면 심리조건의 흠결을 이유로 한 심리불개시결정).

1) 심리불개시결정(審理不開始決定)

소년부판사는 송치서와 조사관의 조사보고에 의하여 사건의 심리를 개시할 필요가 없다고 인정한 때에는 심리를 개시하지 아니한다는 결정을 하여야 한다(「소년법」 제19조 1항). 이것을 심리불개시결정이라고 하는데, 후술하는 불처분결정과

90) 법원행정처, 「法院實務提要(少年 · 非訟)」, 2000, 95면.

다른 점은 불개시결정이 심리개시 전의 결정임에 대하여 불처분결정은 심리개시 후의 결정이라는 것이다. 그러나 양자는 보호처분을 함이 없이 사건을 완전히 종결시킨다는 점에서 실질적으로 같은 기능을 가지고 있다.

심리불개시결정은 심리개시의 필요가 없는 경우에 하는 것으로 규정되어 있으나, 정확히 말하면 심리개시를 위한 형식적 요건이 결여되어 심리개시를 할 수 없는 경우와, 심리개시요건은 구비되었으나 내용상 심리개시를 하는 것이 적당치 않는 경우에 심리불개시결정을 한다. 전자를 형식적 심리불개시, 후자를 실질적 심리불개시라고 한다.

가. 형식적 심리불개시 형식적 심리불개시는 심리개시요건이 결여된 때에 하는 것으로서 이러한 경우로는 심리조건의 부존재와 심리진행의 불가능이 있다. 심리조건이 존재하지 않는 경우로는 ① 심판권이 없을 때, 예컨대 비행소년이 치외법권을 갖는 외국인의 가족인 경우(「외교관계에 관한 비엔나협약」 제37조 참조), ② 소년이 실재하지 않은 때, 즉 소년이 실존인물이 아니거나 이미 사망한 경우, ③ 송치·통고가 절차법규에 위반되어 무효인 때, ④ 동일사건에 대하여 이미 보호처분의 결정이 확정되어 일사부재리의 효력이 있을 때, ⑤ 연령이 미달되거나 초과된 때, 즉 12세 미만이거나 20세 이상인 때, ⑥ 소년의 소재불명, 장기간의 질병, 해외거주 등으로 심리진행이 사실상 불가능한 때 또는 소년이 소년심판에 필요한 능력을 가지고 있지 않은 경우, 예컨대 심신상실 등이다.

그러나 ⑤의 경우 중 연령이 초과한 경우는 사건을 검사에게 송치하거나(「소년법」 제 7 조 2항 및 「소년심판규칙」 제 8 조 2항), 법원으로 이송하여야 하므로(「소년법」 제51조 및 「소년심판규칙」 제41조) 이들은 심리불개시결정의 전제로서의 심리조건의 부존재범위에 들어가지는 않는다. 따라서 연령을 이유로 심리불개시결정을 하는 경우에는 소년이 12세 미만인 때이다. 이 경우는 이미 심리가 개시되었더라도 12세 미만임이 판명되면 심리개시결정을 취소하고 심리불개시결정을 하여야 하고, 이미 보호처분을 한 뒤라도 처분 당시 12세 미만이었음이 판명되면 그 보호처분을 취소하고 심리불개시결정을 하여야 한다(「소년법」 제38조 2항 및 「소년심판규칙」 제42조). ③의 경우에 해당하는 것 중 하나로 송치사건의 불특정이 있는데 이 경우는 송치절차의 중대한 방식위반으로 심리불개시사유가 된다. 또한 형의 폐지, 공소시효, 사면 등과 같은 다른 면소사유가 있는 경우에도 심리조건으로 보는 견해가 있으나 소극적으로 해석하는 것이 타당하다.[91] 동일한 사건이 이중으로 계속되는 경우는 이를 금지하는 규

91) 법원행정처, 같은 책, 179면.

정이 없을 뿐만 아니라, 소년보호절차에서는 사건 자체보다 인격·보호의 필요성이 중시되며, 조사과정에서 통상 이중계속이라는 것이 판명되기 때문에 그 때 병합하여 심리하고 단일경정을 함으로써 이중처분이나 모순되는 재판을 행할 위험성을 해소할 수 있다는 등의 이유로 심리조건으로 해석할 필요는 없다고 하는 견해도 있다. 그러나 동일사건이 이중으로 계속되는 경우에 반드시 이중처분이나 모순되는 재판이 이루어질 위험성 없다고는 할 수 없고, 또한 동일사건의 병합심리가 가능한가는 이론적으로 의문이 있으므로 이중계속은 원칙적으로 심리불개시사유라고 보아야 한다. 그러나 실질주의·비요식성이라는 보호사건의 특질에 비추어 당연히 후의 사건을 불개시하여야 할 필요가지는 없고 어느 한면이든 절차가 종결되어 이중계속상태가 해소되면 된다.[92)]

⑥의 경우는 심리의 진행이 사실상 또는 법률상의 이유로 불가능하고, 그 상태가 장기간 지속될 것이 예상되는 경우에, 현행법상으로는 그 절차의 진행을 정지시켜 두는 제도가 없으므로 절차의 정지 없이 사건이 미제상태로 계속 남게 된다. 따라서 이러한 경우에 사건을 종결시키기 위하여 편의상 심리불개시결정을 하는 것이 보통이다. 이 경우의 심리불개시결정은 형식적 심판이므로 그 결정에 일사부재리의 효력이 없고, 따라서 후에 소년의 소재가 밝혀지거나 질병이 치료된다는 등의 심리장애사유가 제거된 경우에는 그 사건을 재론하는 것이 이론상으로는 불가능한 것은 아니나, 「소년법」상으로는 소년부가 이를 취소하고 사건을 재기하는 방법이 없으므로 실무상으로는 일단 심리불개시결정으로 종결된 사건을 재기할 수는 없다. 통상은 상당기간 정기적으로 동행영장을 발부하여 보고 영장이 끝까지 집행되지 않는 경우에 심리불개시결정을 한다고 한다.

나. 실질적 심리불개시 실질적 심리불개시는 형식적 심리개시요건은 충족되어 있으나 비행사실 또는 요보호성에 대한 개연성이 없는 경우를 말한다. 이에 해당하는 예로는 비행사실이라고 지적된 사실 자체가 비행에 해당하지 아니하는 경우, 비행사실은 인정되나 사안이 경미한 경우, 다른 사건에 의한 보호처분 또는 형사처분의 계속으로 충분하다고 인정되는 것 등이 있을 것이다.

심리조건의 존부를 판단하는 시기에 관해서는 사건의 수리시를 기준으로 하여야 한다는 주장과 결정시를 기준으로 하여야 한다는 주장이 있다. 이것은

92) 법원행정처, 같은 책, 179-180면.

수리시에 심리조건이 구비되지 않아도 사후에 추완(追完)을 인정하느냐에 관한 문제로 귀결되는데, 이 문제에 관해서는 형사소송법에서도 다툼이 있다. 결정시를 기준으로 하여야 한다는 주장은 형사소송에 있어서는 추완부인설이 유력하여 수리시를 기준으로 하지만, 보호절차는 소(訴)의 성격과 같지 않으므로 추완도 가능하고, 따라서 심리조건은 결정시에 구비하고 있으면 족하다고 한다.[93] 그러나 전술한 바와 같이 보호처분도 사법적 성격을 부인할 수 없는 것이고, 또한 「소년사법」에서의 절차적 보장을 강조하는 오늘날의 「소년법」 추세에 비추어서도 심리조건은 수리시에 구비하고 있어야 할 것이다.

다. 심리불개시결정의 효력 심리불개시결정을 하면 소년에 대한 사건은 종결된다. 따라서 사건의 계속을 전제로 정지한 공소시효는 다시 진행되고 감호에 관한 임시조치는 취소된 것으로 보게 된다(「소년법」 제19조 3항).

그런데 이 결정으로 종결된 사건에 대해 일사부재리의 효력이 미치는가에 관해서는 논란이 있다. 형식적 심리불개시결정에 대해서는 일사부재리의 효력이 미치지 않는다는 데에 이론이 없으나, 실질적 심리불개시결정에 대하여서는 긍정설과 부정설이 대립하고 있다.

부정설은 소년심판이 대심적 구조(對審的 構造)를 가지고 있지 않아 실체에 관한 확정의 정도가 형사소송만 못할 뿐만 아니라, 심리불개시의 경우에는 보호처분에서와 같이 일사부재리의 효력을 인정하는 명문의 규정이 없고, 「소년법」 제53조의 규정을 보더라도 '보호처분을 받은 소년에 대하여 심리 결정된 사건'에 한하므로 실질적 심리불개시의 결정을 한 사건이라 할지라도 일사부재리의 효력은 미치지 않는다고 한다.[94] 이에 반해 긍정설은 일사부재리의 원칙이 갖는 이중처벌의 위험을 배제하는 효과에 중점을 두어 심리불개시결정도 종국결정이고, 그것이 실체에 관한 조사를 거쳐 이루어진 이상 소년의 법적 안정성을 위해서도 일사부재리의 효력을 인정하여야 한다고 한다.[95]

생각건대 실질적 심리불개시결정은 그 비행사실과 요보호성에 비추어 형사처분은 물론 보호처분도 필요하지 않다는 판단에 의해 내려진 것이다. 따라서 그것은 비록 심리개시의 필요성 여부를 판단한 것이라고 할지라도 실질적 판단을 거친 것이기 때문에 다시 소추를 하여야 할 이유가 없다고 본다. 그뿐

---

93) 平場安治, 앞의 책, 153면.

94) 今中道信, "少年保護事件における不告不理," 「家裁月報(제 4 권 2호)」, 65면.

95) 법원행정처, 앞의 책, 185면; 菊池信男, "少年保護事件にける再審(2)," 「家裁月報(제14권 4호)」, 151면.

만 아니라 일사부재리의 원칙을 인정하지 않는다면 소년법원의 심리불개시결정은 권위를 상실할 것이고 공소권남용과 인권침해의 우려를 배제할 수 없을 것이다. 또한 소년과 보호자의 입장에서도 법적 안정성을 해치는 결과가 될 것이다.

2) 불처분결정(不處分決定)

소년부판사가 소년사건을 심리한 결과 보호처분의 필요가 없다고 판단될 때 처분을 하지 아니한다는 결정을 하여야 하는데(법조 제29 1항), 이것을 '불처분결정'이라고 한다. 이 경우에 보호처분의 불필요성뿐만 아니라 송검과 법원에 이송을 하는 사유가 없어야 함은 물론이다.

법문상으로는 보호처분이 필요 없는 경우에 불처분결정을 하도록 규정하고 있으나, 엄밀히 말하면 불처분결정의 경우에도 보호처분을 할 수 없어서 불처분결정을 하는 경우와 보호처분을 할 수는 있으나 그것이 적당치 않아 불처분을 하는 경우가 있다.

가. 보호처분을 할 수 없는 경우 일단 심리개시의 결정이 내려진 이후에 형식적인 심리요건이 결여되었다는 것이 밝혀진 경우이다. 법률상 또는 사실상 보호처분을 할 수 없는 경우로는 ① 비행 없음, ② 소재불명 등이다. 보호처분을 하기 위한 비행사실에 대한 심증의 정도는 '합리적인 의심의 여지가 없는 정도,' 즉 '확신의 정도'이어야 하고, 이에 미달할 때는 불처분결정을 하여야 할 것이다. 이 점이 '개연적 심증'을 기준으로 하는 실질적 심리불개시결정과 차이가 있다. 또한 '소재불명'은 심리불개시의 경우와 마찬가지로 통상 심리불개시결정을 하여야 하나 심리단계에서 그러한 사유가 발생하거나 판명된 경우에 불처분결정을 한다.

이 경우에 「소년법」 제29조에 의거 불처분결정을 할 것인가 아니면 일단 심리개시결정을 취소하고 심리불개시결정을 할 것인지가 문제된다. 심리불개시결정이나 불처분결정은 그 결과에 있어서 실질적으로 차이가 없으나, 절차상으로는 일단 심리가 개시되었으므로 불처분결정을 하는 것이 타당할 것이다.

그런데 「소년심판규칙」은 심리개시의 취소는 심리개시 전까지 하도록 한다고 하고 있으면서 심리 중에 있는 소년이 12세 미만인 것이 판명된 때에는 먼저 그 심리개시결정을 취소하고 심리불개시결정을 하도록 하고 있다(동규칙 제22조 및 제42조). 따라서 연령 미달의 경우에 한해서는 심리개시결정을 취소한 후 다시 심리불개시결정을 하여야 하고, 그 외의 경우에는 불처분결정을 하여야 한다는 결론이 나온다. 그러나 구태여 연령 미달의 경우만 다르게 취급할 이유가 없다고 할 것이므로 이 경우에도 직접 불처분결정을 하도록 하는 것이 타당할 것이다.

나. 보호처분을 할 필요가 없는 경우 심리의 결과 비행사실은 인정되나 보호처분까지는 할 필요(요보호성)가 없다고 인정되는 경우에 하는 불처분결정이다. 이러한 경우로는 '별건보호'(別件保護)인 때와 '사안이 경미한' 때이다. 사안이 경미한 경우는 심리불개시결정이 되는 경우가 많지만, 소년의 비행사실을 다투는 경우와 같이 심리가 필요한 경우도 예외적으로 있기 때문에 이와 같은 경우에 심리결과 불처분결정을 할 것이다.

요보호성에 대한 심증의 정도도 실질적 심리불개시결정에서와 같은 개연적 심증보다도 높은 심증으로서 긍정적으로 판단할 수 있는 정도로 우월한 심증이 요구되므로, 이와 같은 심증의 정도에 이르지 못하면 실질적 불처분결정을 하여야 할 것이다.

이에 대해 소년법원이 불개시결정을 하지 않고 심리를 진행한 이상 소년법원이 요보호성을 인정한 것이고, 따라서 어떤 종류이든 간에 보호처분을 하지 않으면 안 된다고 하는 주장이 있다. 즉 소년법원이 심리개시결정을 한 것은 이미 심리개시결정 당시에 비행사실과 요보호성이 있다고 판단되기 때문인데, 그럼에도 불구하고 심리를 개시하고도 아무런 처분을 하지 않는다는 것은 자기모순이고, 따라서 심리불개시결정 외에 불처분결정을 별도로 존치시킬 필요가 없다는 것이다.

그러나 이와 같은 주장은 실제재판의 전제조건으로서의 소송조건을 잘못 이해하고 있는 것이다. 심리불개시결정의 요건에 관한 기준과 불처분결정의 요건에 관한 기준이 반드시 같다고 할 수 없기 때문이다.

3) 검사에의 송치(송검)

보호자 등의 통고나 경찰서장 또는 검사에 의해 소년법원에 송치된 소년사건을 소년법원이 조사 또는 심리한 결과 사안이 금고 이상의 형사처분을 할 필요가 있다고 인정한 경우나 대상 소년의 연령이 20세 이상인 경우에는 사건을 검사에게 송치하여 형사절차에 회부한다(「소년법」 제7조). 전자를 '실질적 검사송치,' 후자를 '형식적 검사송치'라고 하고 양자를 흔히 '송검'이라고 부른다.

가. 실질적 검사송치 소년사건이 보호자, 학교장 또는 복지시설의 장의 통고에 의한 보호사건이나 경찰서장 또는 검찰이 소년부에 송치한 소년사건을 소년부판사가 조사·심리한 결과 금고 이상의 형에 해당하는 범죄사실

이 발견되어 그 동기나 죄질이 형사처분을 함이 타당하다고 인정될 때에는 사건을 관할 지방법원에 대응하는 검찰청 검사에게 송치하여야 한다(「소년법」 제 7 조 1항 및 제49조 2항).

여기서 '금고 이상이 형에 해당하는 범죄사실'이란 금고 이상의 형이 정하여져 있는 범죄사실을 말하고, 금고 이상이 형이 법정되어 있으면 벌금 이하의 선택형 · 병과형이 함께 규정되어 있어도 송치를 할 수 있다. 이 경우 형사법원이 벌금 이하의 형을 과할 수 있음은 물론이다.

금고 이상의 형에 해당하는 범죄사실이 있어야 하므로 우범소년이나 촉법소년은 이에 해당하지 않는다. 벌금 이하의 형만 법정되어 있는 사건을 금고 이상의 형이 규정되어 있는 사건과 함께 검사송치할 수 있는가에 관해서 과형상 1죄의 관계에 있는 경우는 적극, 실체적 경합범의 경우에는 소극적으로 각각 해석해야 한다는 견해도 있으나, 형사처분상당성의 판단은 보호의 필요성(요보호성)과 마찬가지로 비행사실 단위만으로 분할할 수 없는 면도 있고, 일괄처리의 필요성이 인정되는 점, 벌금예상 검사송치가 많이 이루어지고 있다는 점 등을 고려하여 실체적 경합의 경우에는 일괄 검사송치를 인정하여야 할 것이다.

한편 검사가 공소를 제기함에 있어서 갖추어야 할 소송조건, 예컨대 친고죄에서 고소, 「관세법」 위반사건에서의 고발 등은 공소가 제기될 때까지 추완되면 족하므로 소년부판사는 이들이 흠결되었더라도 검사송치결정을 함에 지장을 받지 아니한다. 그러나 이들이 추완될 가망이 없다고 인정되는 경우에는 검사송치결정을 하는 것은 적당치 않을 것이다.

금고 이상의 형에 해당하는가 여부에 관해서는 소년부의 비행사실 인정을 전제로 하는데, 그 심증의 정도는 ① 범죄소년에 대한 처우의 한 방법으로 검사송치를 선택하기 때문에 보호처분결정시와 같이 합리적 의심을 초월하는 심증이 있어야 한다는 주장, ② 공소제기와 같은 정도의 심증이 필요하다는 주장, ③ 증거의 우월성이 인정되어야 한다는 주장, ④ 개연적 심증이 있어야 하다는 주장 등이 있으나, 심리개시요건으로 되어 있지 않고, 검사송치 후 형사법원의 증거조사가 예정되어 있으며, 이중심리를 피하여야 하고, 보충수사에 의하여 기소할 수 있는 경우에도 검사송치를 인정하여야 할 것이므로 개연성 심증설이 타당할 것이다.[96)]

한편 '형사처분상당성'은 그 동기와 죄질에 비추어 판단되지만 그 내용에

96) 법원행정처, 같은 책, 189-190면.

관하여는 보호처분우선을 강조하여 보호처분에 의하여 교정·개선의 가능성이 없는 경우로 한정하여야 한다는 입장도 있으나 소년사건에서도 사회방위와 일반예방의 목적을 전혀 무시할 수 없으므로 보호불능은 아니나 사안의 성질, 사회의 법감정, 피해자의 감정 등을 고려할 때 보호처분을 하는 것보다 형사처분을 하는 것이 적당한 경우도 포함된다고 봄이 타당하다.

나. 형식적 검사송치 보호사건은 대상소년이 20세 미만이어야 하므로 소년부는 조사 또는 심리한 결과 본인이 20세 이상임이 판명된 때에는 결정으로 관할 지방법원에 대응하는 검찰청 검사에게 송치하여야 한다. 이 경우 사건접수시에 20세 이상인지 그 후에 20세 이상이 되었는지를 불문한다. 다만 법원으로부터 송치받은 사건의 대상자가 20세 이상인 것이 밝혀지면 송치한 법원에 다시 역송하여야 한다(「소년법」 제51조).

보호처분결정이 있은 후 그 집행이 종료되지 아니한 상황에서 보호처분 당시 본인이 20세 이상이었던 것이 밝혀지면 소년부판사는 결정으로 그 보호처분을 취소하고 경찰서장 또는 검사이 송치에 의한 경우에는 관할 지방법원에 대응하는 검찰청 검사에게 그리고 법원에 의한 송치사건은 당해 법원에 송치하여야 한다(「소년법」 제38조 1항 1호 및 2호).

이 경우 검사송치결정을 함에 있어 비행사실의 존재에 관하여 어느 정도 혐의가 있을 것이 필요한 자에 관해서 범죄사실에 대한 개연성까지는 아니더라도 적어도 검사로 하여금 형사사건으로 조사케 할 수 있을 정도의 혐의, 즉 합리적인 의심을 할 정도는 되어야 한다는 견해도 있으나 연령초과자에 대하여는 비행사실 및 보호의 필요성에 대한 조사·심리에 들어갈 필요가 없기 때문에 범죄혐의가 있음을 필요로 하지 않는다고 보는 것이 타당하다.

다. 검사송치의 효력 적법한 송치가 이루어지는 것은 소년형사사건의 소송조건이므로 벌금 이하의 형만이 법정되어 있는 사건이 검사에게 송치·기소되면 판결에 의한 공소기각사유(「형사소송법」 제327조 2호)가 된다는 주장도 있으나 부정하는 것이 타당하다.

검사는 소년부로부터 송치받은 사건을 다시 소년부로 송치할 수 없다(「소년부」 제49조 3항). 통고 또는 경찰서장의 송치에 의한 사건에 있어서도 이 규정을 유추하여 이미 한 번 소년부의 판단에 의하여 검사에게 송치된 사건은 다시 소년부로 송치하지 못한다고 해석하는 것이 타당하다.

검사는 소년부로부터 송치받은 사건에 관하여는 공소를 제기하여야 하는 것이 원칙이다. 다만 형식적 검사송치의 경우 공소를 제기하기에 충분한 범죄의 혐의가 없다든가, 범죄의 정상 등에 영향을 미칠 수 있는 새로운 사실이 발견되어 소추가 상당하지 않다고 판단될 때에는 기소를 하지 않을 수도 있다고 해야 할 것이다.

검사에의 송치결정에는 불복을 인정하는 명문의 규정이 없고 이 중간결정으로 실질적인 불이익이 생긴다고도 할 수 없기 때문에 검사에의 송치결정에는 불복할 수 없고, 또한 소년보호절차와 형사소송절차는 별개의 것이므로 송치결정을 한 판사가 형사사건의 재판을 담당하는 경우에 제척사유도 해당되지 않는다고 보아야 한다.

4) 법원에의 이송결정

소년부는 법원으로부터 송치받은 사건을 조사·심리한 결과 본인이 20세 이상인 것이 판명되면 결정으로 송치할 법원에 사건을 다시 이송하여야 한다(「소년법」 제51조). 사건 당사자가 20세 이상이라면 소년부가 이에 대해서 심판할 수 없으므로 사건을 다시 형사절차에 의하여 처리하여야 하기 때문이다. 이 경우의 이송은 관할법원간의 이송과 같은 중간결정이 아니고 보호절차를 종결시키는 종국결정이다.

법원에의 이송 후에 진행되는 공판절차는 실질적으로 소년부로 이송되기 전의 공판절차가 계속되는 성격을 갖는다고 보아야 하기 때문에 재판부의 구성에 변동이 있었다면 공판절차를 새로이 갱신할 필요가 있을 것이나 종전의 변호인 선임의 효력은 그대로 유지된다고 봄이 타당할 것이다.

5) 보호처분의 결정

비행소년에 대하여 환경의 조정과 성행의 교정을 위하여 소년부판가가 결정으로 필요한 처분을 하는 것이 보호처분인데 그 종류는 7가지로 한정하고 있다. 소년부판사가 심리한 결과 보호처분의 필요가 있다고 인정한 때에 결정으로 행하는 것이므로 이 처분을 하기 위해서는 반드시 심리를 거쳐야 한다.

가. 보호자 또는 보호자를 대신하여 소년을 보호할 수 있는 자에게 감호를 위탁하는 것(1호처분) 여기서 보호자란 법률상 감호교육의 의무가 있는 자 또는 현재 소년을 감호하는 자, 즉 친권자(「민법」 제913조), 후견인(「민법」 제945조), 아동의 양육책임자(「민법」 제837조 및 제843조), 후견인의 직무를 행하는 보호시설의 장(「보호시설에 있는 미성년자의 후견직무에 관한 법률」 제3조), 동거하는 고용주 등이다.

이 1호처분은 사실상 종래의 환경에 그대로 돌려보내는 것에 불과하여 아무런 효과가 없고 결과적으로 불처분과 다름 없다는 비판이 있으나 법원의 결정에 의해 보호자에게 감호를 위탁하는 것이기 때문에 보호자에게 주의를 환기시킨다는 점, 비록 실효성이 적은 처분이라고 하더라도 법원으로부터 어떤 처분을 받았다는 점에서 아무런 처분을 하지 않는다는 불처분결정보다는 심리적 강제가 더 있다고 할 것이고 그 위탁기간중 처분변경이 가능하다는 점(「소년법」 제37조 1항)에서도 불처분결정과는 다르다. 비행사실은 명백히 인정되나 그 정도가 보호관찰을 요할 정도는 되지 않는다고 인정되는 경우에는 불처분보다는 1호처분을 하는 것이 더 바람직할 것이다. 또한 1호처분은 보호관찰처분(2호처분 및 3호처분)과 병과할 수 있으므로(「소년법」 제32조 2항) 그런 점에서도 의미가 있을 것이다.

그러나 1호처분을 하는 경우에 보호자 등 수탁자로 하여금 소년부판사에게 보고서를 제출하게 할 수 있도록 되어 있으나(「소년법」 제36조 1항) 실무상 거의 행하여지지 않고 있기 때문에 사실상 비행소년을 그대로 귀가시키고 있는 셈이다.

"보호자를 대신하여 소년을 보호할 수 있는 자에게 감호를 위탁하는 것"이란 보호자가 없거나 보호자가 있더라도 그 보호자가 소년을 보호·감호할 능력이 부족한 때에 '보호자를 대신하여 소년을 보호할 수 있는 자'('자원보호자'라고 한다)에게 위탁하는 것을 말한다. 자원보호자는 가정법원장 및 소년부지원 또는 소년부가 설치되어 있는 지방법원장이 정신과 의사, 심리학자, 사회사업가 또는 학식과 덕망이 있는 사람 중에서 위촉한다(「소년심판규칙」 제33조 1항).

1호처분의 기간은 6개월이고 소년부판사가 결정으로 6개월의 범위 안에서 1회에 한하여 이를 연장할 수 있다(「소년법」 제33조 1항). 그러나 보호처분 중에 소년부판사가 결정으로 그 위탁을 종료할 수 있다. 이 규정은 '보호자를 대신하여 소년을 보호할 수 있는 자에게 보호를 위탁하는 경우'에 해당할 것이다.

나. 보호관찰(2호처분 및 3호처분)　　보호관찰은 보호소년을 비수용상태, 즉 자유롭게 사회활동을 하게 하면서 전문가인 보호관찰관의 지도·감독과 보도(輔導)·원호(援護)를 통하여 교정하고자 하는 사회내처우의 일환이다. 보호관찰은 보호관찰대상자의 주거지를 관할하는 보호관찰소 소속 보호관찰관이 담당한다(「보호관찰 등에 관한 법률」 제31조).

보호관찰 대상소년은 보호관찰관의 지도·감독을 받으며 준수사항을 지키고 스스로 건전한 사회인이 되도록 노력하여야 한다(동법 제32조 1항). 보호관찰대상자의 준수사항은 ① 주거지에 상주하고 생업에 종사할 것, ② 범죄로 이어지기 쉬운 나쁜 습관을 버리고 선행을 하며 범죄를 행할 우려가 있는 자들과 교제하거나 어울리지 말 것, ③ 보호관찰관의 지도·감독 및 방문에 순응할 것, ④ 주거를 이전하거나 1개월 이상의 국내외 여행을 할 때에는 미리 보호관찰관에게 신고할 것 등이고(이상 동조 2항), 특별준수사항으로 법원과 보호관찰심사위원회가 판결의 선고 또는 결정의 고지와 함께 고할 수 있는 특별준수사항은 ① 재범의 기회나 충동을 줄 수 있는 장소에 출입하지 아니할 것, ② 사행행위에 빠지지 아니할 것, ③ 주류를 과도하게 마시지 아니할 것, ④ 마약·향정신성의약품·대마 기타 남용되거나 해독작용을 일으킬 우려가 있는 물질을 사용하지 아니할 것, ⑤ 가족의 부양 등 가정생활에 있어서 책임을 이행할 것(이상 동 시행령 제19조) 등이다.

보호관찰관은 보호관찰대상자의 재범을 방지하고 사회복귀를 촉진하기 위하여 보호관찰대상자와 긴밀한 접촉을 하고 그의 행동, 환경 등을 관찰하며, 취업의 알선, 직업훈련기회의 제공 등의 보도(輔導)와 구호 등의 업무를 수행한다(동법 제33조 내지 제35조).[97]

보호관찰은 그 자체가 하나의 독립된 처분이므로 이 처분만을 독자적으로 행할 수도 있으나 이 처분은 대상소년의 수용을 전제로 하지 않기 때문에 그 실효를 거두기 위해서는 소년을 위탁하는 1호처분과 병합하여 행할 수 있도록 하고 있다.

또한 소년부판사는 이 보호관찰처분을 할 때 16세 이상의 소년에게는 사회봉사명령이나 수강명령을 할 수 있다(「소년법」 제32조 3항). 이 경우 소년부판사가 사회봉사시간 또는 수강시간을 정하여야 하는데(「소년심판규칙」 제32조 2항 전단), 단기보호관찰(2호처분)의 경우 50시간을 장기보호관찰(3호처분)의 경우는 200시간을 초과할 수 없다(「소년법」 제33조 4항).[98]

---

97) 그러나 실제로는 보호관찰관이 행하는 보호관찰은 월 1-2회의 면담지도에 그치는 것이 고작이라고 한다. 법원행정처, 앞의 책, 204면.

98) 사회봉사명령과 수강명령대상자의 선정기준은 다음과 같다(사회봉사명령·수강명령 등과 관련한 사무처리지침: 대법원송무예규 제511호).

1. 사회봉사명령에 적합한 소년대상자의 유형
① 부모의 과잉보호로 인하여 자기중심적이고 배타적인 성격을 가진 경우
② 생활궁핍의 경험이 없는 경우
③ 근로정신이 희박하고 무위도식을 하는 경우
④ 퇴폐향락과 과소비에 물든 경우
⑤ 경미한 비행을 반복하여 범함으로써 가정에서 소외된 경우
⑥ 기타 사회봉사명령을 부과하는 것이 적절하다고 판단되는 경우
2. 수강명령에 적합한 대상자의 유형

다. 시설위탁처분(4호처분) 이 처분은 아동복지법상의 아동복지시설 기타 소년을 보호하는 데 필요한 환경과 시설을 구비하고 있는 소년보호시설에 감호를 위탁하는 것이다(「소년법」 제32조 1항 4호). 이 4호처분은 개인이 아닌 시설에 수용하는 처우라는 점에서 1호처분과 다르고, 그 수용시설이 소년원 같은 공적 시설이 아닌 사적 시설인 점에서 소년원 송치처분인 6호처분 및 7호처분과 다르다. 따라서 순수한 사회내처우와 소년원송치 같은 시설내처우의 중간쯤에 위치하는 중간처우라고 하겠다.

4호처분에 따라 소년을 위탁받아 감호하는 '아동복지법상의 아동복지시설 기타 소년보호시설'(통상 '4호처분 수탁기관'이라고 한다)은 법원장이 미리 그 시설의 운영자와 협의하여 수탁기관으로 지정하여야 한다(「소년심판규칙」 제34조 1항 4호).[99]

4호처분 대상소년의 선정기준으로는 ① 비행정도가 낮지만 보호자나 가족이 전혀 없는 무의탁소년(보호자가 있더라도 도움이 되지 못하거나 나쁜 영향을 주는 가정의 소년도 포함)으로서 방치한다면 비행반복의 위험성이 큰 경우, ② 소년이 이미 2호나 3호처분을 받은 전력이 있으면서 재범하였고 개선가능성은 있지만 보호자나 가족의 보호능력이 미약한 경우, ③ 아직 6호나 7호처분(소년원송치처분) 전력(前歷)은 없지만 비행 정도가 높은 소년으로서 국가기관에 의한 엄격한 제도적 선도보다는 다소 온정적인 보호에 의한 선도를 기대할 수 있는 경우 등이 될 것이다.[100]

라. 병원·요양소 등 위탁(5호처분) 5호처분은 소년을 병원이나 요양소에 위탁하는 처분으로서 정신질환이 있거나 약물남용과 같이 의학적인 치

---

① 본드·부탄가스를 흡입하는 등 약물남용범죄를 저지른 경우 또는 마약범죄를 범한 경우
② 알코올중독으로 인한 범죄를 범한 경우
③ 심리·정서상의 특이한 문제와 결합된 범죄(성범죄 등)를 범한 자로서 적절한 프로그램을 통하여 치료를 받을 필요가 있는 경우
④ 기타 수강명령을 부과하는 것이 적절하다고 판단되는 경우
3. 사회봉사명령에 적합하지 아니한 대상자의 유형
① 마약이나 알코올중독으로 범죄를 범한 경우
② 상습적이거나 심한 폭력 또는 성적 도착에 의한 범죄를 범한 경우
③ 정신질환이나 심한 정신장애의 상태에 있는 경우
④ 육체적 장애로 인하여 주어진 작업을 수행할 수 없는 경우
⑤ 보안관찰의 대상이 되는 공안 범죄를 범한 경우

99) 2004년 현재 4호처분 수탁기관으로 지정된 곳은 효광교호직업보도원(대전), 나사로청소년의 집(경기도 양주군), 청소년복지농원 아들의 집(경기도 파주군), 살레시오근로청소년회관(서울 영등포구), 로뎀청소년학교(충북 제천시), 해뜨는 청소년교육센터(경기도 포천군), 심산소녀학교(강원도 원주시), 가톨릭여자기술원(대구 수성구), 소년기술훈련원(경남 김해시), 영산보아원(전남 영암군), 소청원(전북 고창군) 등이다.

100) 법원행정처, 앞의 책, 224-225면.

료와 요양이 필요한 경우에 행하여지는 처분이다. 5호처분의 수탁기관의 지정은 4호처분과 마찬가지로 법원장이 지정한다(「소년심판규칙」 제34조 1항).

그러나 「소년법」을 비롯해 「소년심판규칙」 어느 곳에도 치료위탁의 비용에 관해 아무런 규정이 없다. 따라서 전국적으로 각 지방법원마다 병원이나 요양소를 수탁기관으로 지정하고는 있으나 수탁기관의 재정사정 등 때문에 이용률이 극히 저조하였는데 1996년 대법원송무예규 제465호로 "「소년법」 제32조 1항 5호 보호처분의 결정절차 및 감호에 관한 비용의 국고지급절차에 관한 예규"(송특 96-1)를 제정하여 보호자가 없거나 보호자가 있더라도 비용을 부담할 능력이 없는 자에게는 국가가 이를 부담하도록 하여 비용문제를 해결하였으나 입법론으로는 「소년법」 또는 「소년심판규칙」에 이에 관한 규정을 하는 것이 타당할 것이다.

마. 소년원송치처분(6호처분 및 7호처분) 소년원송치처분은 시설내 처우로서 보호처분 가운데 소년의 자유를 제한하는 가장 강력한 처분이다. 6호 단기 소년원송치는 그 기간이 6개월 이내이나(「소년법」 제33조 5항) 7호처분인 장기 소년원송치에 대해서는 「소년법」에 수용기간을 정하고 있지 않기 때문에 "소년원장은 보호소년이 22세에 달한 때에는 이를 퇴원시켜야 한다"고 한 「소년원법」 제43조의 규정에 비추어 최대 21세까지 수용할 수 있게 되어 있다. 물론 그 도중에 교정성적이 양호하고 재범의 위험이 없다고 인정되거나 교정의 목적을 달성하였다고 인정되는 때에 소년원장이 보호관찰심사위원회의 가퇴원심사를 거쳐 법무부장관의 승인을 얻어 가퇴원 또는 퇴원시킬 수 있으나(「소년원법」 제43조 1항 및 2항), 수용기간의 최장 상한선은 법률로 규정하여야 할 것이다.

5. 보호처분의 효력

보호처분의 결정은 그 결정사실을 고지(告知)하는 것과 동시에 집행을 할 수 있으므로 집행력이 생기고, 또한 보호처분을 받은 소년에 대하여서는 같은 사실을 터잡아 다시 문제를 삼을 수 없다고 하는 일사부재리의 효력이 생긴다. 그뿐만 아니라 보호처분의 결정에 대하여서도 항고할 수 있으므로 항고기간의 만료 또는 항고기각결정의 확정으로 인한 확정력도 생긴다. 그러나 한편 이렇게 확정된 보호처분에 대한 취소 또는 변경을 인정하고 있다.

(1) **집행력**(執行力)

보호처분결정은 그 결정을 고지한 때에 집행력이 생긴다. 즉 결정의 확정을 기다리지 않고 집행이 가능하다는 것이다. 이 점은 법률에 특별한 규정이 없으면 확정한 후에 집행력이 생기는(「형사소송법」 제459조) 형사재판과 크게 차이가 난다. 따라서 항고하더라도 결정의 집행을 정지하는 효력이 없다(「소년법」 제46조).

이 결정은 소년부판사가 집행지휘를 한다. 즉 소년부판사는 보호처분결정을 하였을 때 조사관, 소년부 법원서기관, 법원사무관, 법원주사, 법원주사보, 보호관찰관, 소년원 또는 소년분류심사원 소속직원 기타 위탁 또는 송치받을 기관 소속의 직원으로 하여금 그 결정을 집행하게 한다(「소년법」 제35조). 이 점 역시 검사가 판결을 집행하는(「형사소송법」 제460조 1항) 일반 형사소송구조와 다르나, 이것은 직권주의적 심리구조하에 있는 소년심판의 특성상 당연하다고 할 것이다. 구「소년법」에는 이에 대한 명문의 규정을 하지 않고 해석에 의해 실무관행으로 시행해 오던 것을 소년법을 개정하면서 입법적으로 해결한 것이다.

⑵ 일사부재리(一事不再理) 효력

「소년법」 제32조의 보호처분을 받은 소년에 대하여는 그 심리·결정된 사건은 다시 공소를 제기하거나 소년부에 송치하지 못한다(동법 제53조). 이는 보호처분을 받은 소년에 대하여 일사부재리 또는 이중위험금지의 효력을 인정한 것이다. 이 효력의 본질에 관하여는 다음과 같은 견해가 있다.

그 하나는 일사부재리의 효력은 형사처벌에 대한 것이지만 보호처분도 자유를 제약한다는 점에서는 형사처벌과 다를 바 없고, 따라서 위 규정은 일사부재리의 원칙을 선언한 헌법정신에 근거한다는 것이고,[101] 다른 하나는 보호처분을 받은 소년에게 다시 어떠한 형벌이나 보호처분도 받지 않게 한다는 안도감을 주어 소년을 갱생하기 위한 교육적 관점에서 이 규정을 두었다고 한다.[102]

어쨌든 보호처분을 받은 소년은 그 처분에 의해 일단 요보호성은 제거되었다고 보아야 할 것이므로, 같은 비행사실을 터잡아 다시 보호처분을 받게 한다거나 그 이상의 형사처분을 받게 하는 것은 인권보장적 차원에서 타당하다고 할 수 없기 때문에 「소년법」에서도 이러한 효력을 인정하고 있는 것이라고 할 수 있다.

보호처분을 받은 이상 그가 우범소년인지 촉법소년인지 또는 범죄소년인지에 상관 없이 모두에게 이 규정이 적용되는 것은 당연하다. 그러나 보호처분이 계속(繫屬)되고 있는 도중 본인이 처분 당시 20세 이상이었던 것이 판명된

101) 柏木千秋, 「改正 少年法概說」, 立花書房, 1952, 188면: 團藤重光 外 1人, 앞의 책, 369면.
102) 立江正信, 앞의 글, 16면.

때에는 결정으로서 사건을 관할 지방법원에 대응하는 검찰청 검사에게 송치하여야 하고, 이 때에는 「소년법」 제53조의 적용이 배제된다(동법 제53조 단서). 여기서 '보호처분의 계속 중'이라 함은 보호처분결정에 의해 소년원에 수용되거나 소년보호시설 또는 병원·요양소에 위탁 또는 입원 중일 때이고, 보호관찰에 붙인 때에는 그 기간 중일 것이다. 구「소년법」에서는 1호처분, 즉 보호자 또는 적당한 자의 감호에 위탁한 때에 관해서는 기간을 정하고 있지 않았기 때문에 그 기준에 관해서 의문이 있었다. 개정 「소년법」은 1호처분의 경우 위탁기간을 6개월로 한다고 명시하여(동법 제33조 1항) 입법적으로 해결하였다.

일사부재리의 효력이 미치는 객관적인 범위는 심리를 거쳐 결정된 사건이다. '심리를 거쳐 결정된 사건'이란 심리 및 결정의 대상이 된 비행사실을 말한다. 그리고 일사부재리의 효력이 미치는 사실은 결정에서 인정된 비행사실 자체뿐 아니라 그것과 사건의 동일성, 단일성이 미치는 범위 내의 사실도 모두 포함된다고 보아야 할 것이다.

요보호성을 인정한 자료로서 결정서에 적시된 사실도 일사부재리의 효력이 미치는 범위에 포함되는가에 대하여 소극적인 견해가 있으나[103] 비행사실과 함께 요보호성도 심리대상이므로 적극적으로 해석해야 할 것이다.

(3) 장래에 대한 효력

소년의 보호처분은 그 소년의 장래신상에 어떠한 영향도 미치지 아니한다(「소년법」 제32조 5항). 이것은 소년의 장래에 불이익을 주지 않음으로써 소년의 갱생을 도모하려는 취지이다. 그러나 판례는 보호처분을 받은 사실도 상습성 인정에 있어서는 그 자료가 된다고 보고 있다.[104]

생각건대 상습성 인정은 형법상의 형의 가중사유이다. 따라서 보호처분을 받은 사실이 상습성 인정의 자료가 된다고 하면 결과적으로 보호처분은 특정사안에 있어서는 형의 가중사유가 되는 것이고, 이런 의미에서 보호처분은 장

103) 法院行政處, 앞의 책, 240면; 市村光一, 앞의 책, 161면 등.

104) 판례는 "상습성을 인정함에 있어서는 이를 인정하는 증거자료에 어떠한 제한이 있을 수 없으므로, 재판관의 자유심증에 의하여 절도행위를 반복하여 범행한 습벽이 증거에 의하여 인정되는 이상 상습절도임을 인정할 수 있을 것이므로, 본건에 있어 피고인이 과거 4차에 걸쳐서 절도행위로 인하여 보호처분을 받은 사실에 있어서 원심이 이를 증거로 하여 피고인에 대한 절도의 상습성을 인정한 조치는 정당하고 거기에 아무런 위법사유가 있다 할 수 없다. 보호처분의 목적이 논지와 같다 하여 이를 상습성 인정의 증거자료로 할 수 없다고는 인정할 수 없고, 논지와 같은 견해로 이를 상습성 인정의 증거자료로 할 수 없다고 해석한다면 상습성을 인정하는 증거자료에 제한을 두는 결과가 되어, 절도로 인하여 기소유예처분을 받은 경우 등 다른 경우와 균형을 잃는다고 아니할 수 없고…"라고 하여 보호처분을 상습성 인정의 자료로 하는 것은 「소년법」 제32조 5항의 취지하고는 무관한 것이라고 주장한다. 大判 1973. 7. 24, 73도1255.

래에 영향을 미치는 것임에 틀림이 없다.

흔히 비행소년에 대하여 보호처분이 있었다고 할지라도 형의 선고를 받은 자에게 적용되는 것과 같은 인(人)의 자격에 관한 규정(「형법」 제43조 및 제44조)이나, 누범가중에 관한 규정(「형법」 제35조)은 적용되지 않으며, 집행유예의 요건이나 취소 또는 실효에 관한 규정(「형법」 제62조 내지 제64조)이 적용되지 않을 뿐만 아니라, 기타 형의 선고를 받음으로써 신분상의 제약을 받는 어떠한 법률상의 규정도 적용되지 않는다고 하나 이것들은 형벌에 관한 규정들이기 때문에 형벌이 아닌 보호처분과는 처음부터 아무런 관련이 없는 것들이다. 그렇다고 한다면 「소년법」 제32조 5항이 의미하는 '장래에 대한 영향'이라는 것은 「형의 실효 등에 관한 법률」에 의한 수형인명부 · 수사자료표 · 전과기록 · 범죄경력조회 등에 등재되어 불이익을 당하지 않는다는 것과[105] 상습성 인정 등과 같은 불이익을 당하지 않게 한다는 것이라고 해석하여야 할 것이다.[106]

6. 보호처분의 취소 또는 변경

(1) 취소 · 변경의 의의

일반적으로 재판은 그것이 선고 또는 고지(告知) 등에 의하여 외부적으로 성립된 이후에는 이를 재판부가 임의로 취소 · 변경할 수 없다(旣判力). 마찬가지로 보호처분도 그 결정이 고지되면 즉시 집행력이 생기고, 사건의 확정으로 기판력(旣判力)이 생기므로 확정된 처분은 취소 또는 변경을 인정할 수 없는 것이 원칙일 것이다.

그러나 「소년법」은 특정한 경우에 보호처분의 결정을 취소 또는 변경할 수 있도록 하고 있다. 이것은 심리권의 한계와 관련하여 문제가 되지만 소년심판은 대심적(對審的) 구조가 아닌 소년부판사의 직권에 의하여 결정하는 것이므로, 부적절한 처우를 적절한 처우로 변경하는 것은 오히려 Case work적 기

105) 이것은 보호처분이 형벌이 아니라는 것을 확인하는 의미도 있다.

106) 참고로 상기 판결에 있어서의 소수의견은 "상습범에 있어서 상습성의 인정자료는 그 제한이 없어 재판관이 자유심증에 의하여 인정할 수 있다 함은 위 판시와 같으나…, 「소년법」은 그 제30조 4항(현행법 제32조 5항: 필자 주)에 '소년의 보호처분은 그 소년의 장래에 …'라는 규정을 두고 있는바 소년법제의 목적이 반사회성 있는 소년의 … 법 제 1 조임을 고려할 때 이 규정의 취지는 보호처분을 받은 사실은 그 소년의 장래 신상에 이롭지 못한 일체의 자료로 할 수 없음을 규정한 것이라고 해석함이 타당할 것이며, 또 이 규정은 소년을 보호하고자 하는 특별법인 「소년법」의 규정으로서 일반 형사법이론에 우선하여 적용하여야 할 것이므로, 다른 경우와의 비교균형을 논할 것 없이 본건의 경우 피고인의 보호처분을 받은 사실을 상습성 인정의 자료로 할 수 없다고 해석함이 타당할 것인바 …"라고 하여 보호처분을 상습성 인정의 자료로 삼는 것은 「소년법」 제32조 5항에 위배된다는 견해를 피력하고 있다.

능에 합당하며, 나아가 처분의 실질적인 목적을 달성하는 데도 유리할 것이다. 그러나 너무 넓게 변경을 허용한다면 소년의 지위를 불안정하게 하고 인권을 침해할 우려도 있으므로 「소년법」은 보호처분의 취소 및 변경을 제한적으로 허용하고 있다. 특히 보호처분의 내용을 보다 중한 것으로 변경하는 경우에는 신중을 기해야 할 것이다.

(2) 취소 · 변경의 성질 및 요건

우리 「소년법」상 보호처분의 취소 · 변경은 수탁자 또는 보호처분을 집행하는 자의 신청에 의해 소년부판사가 결정으로 한다. 단 보호자위탁(1호처분), 복지시설위탁(4호처분), 그리고 병원 등의 치료시설위탁(5호처분)은 수탁자의 신청이 없어도 소년부판사가 직권으로 이를 변경할 수 있다(동법 제37조 1항).

「소년법」상 인정되고 있는 보호처분의 취소는 처분결정시 보호처분에 상당하는 연령이 미달 또는 초과되었던 것이 보호처분의 계속 중에 판명되어 원결정을 취소하는 것(「소년법」 제38조 1항 및 2항), 보호처분의 계속 중 다른 사건으로 보호소년에 대하여 유죄판결이 확정된 경우에 그 처분을 존속시킬 필요가 없다고 인정될 때의 보호처분의 취소(동법 제39조), 보호처분의 계속 중 본인에 대하여 새로운 보호처분이 있었을 때 새로운 보호처분을 한 판사가 어느 한 보호처분을 취소하는 것(동법 제40조)들이 있다. 이상의 취소들은 형식적 요건에 의한 취소로서 원시적 취소의 성질을 갖는 것이다.

또한 「소년법」에 직접 규정하고 있지는 않지만 보호처분의 계속 중에 더 이상 원래의 처분을 하는 것이 부적당하다고 판단되는 경우로, 즉 지금까지의 보호처분에 의해 개선 · 교화되어 더 이상의 보호조치가 무의미하다고 판단되어 소년원장이 법무부장관의 허가를 받아 원결정시 정해진 기간 전에 퇴원시키는 것(「소년원법」 제43조), 보호관찰을 조건으로 형의 선고유예 · 집행유예 · 가석방 또는 가퇴원된 자가 보호관찰기간 중 준수사항을 위반하고, 그 사안이 중하여 보호관찰을 계속함이 적합하지 아니하다고 판단되어 유예된 형의 선고나 집행 그리고 가석방 또는 가퇴원을 취소하는 것(「보호관찰 등에 관한 법률」 제50조 및 제51조)들이 있다. 이 경우의 취소들은 실질적 사유에 의한 취소로서 사후적 취소의 성질을 가진다.

한편 보호처분의 변경에 관해서는 「소년법」은 수탁자 또는 보호처분을 집행하는 자의 신청에 의해 소년부판사가 결정으로 보호처분을 변경할 수 있도록 하고 있다. 단 보호자 또는 보호자를 대신하여 소년을 보호할 수 있는 자에 위탁, 아동복지시설 기타 소년보호시설에 위탁, 병원이나 요양원에 위탁하는 경우 등은 소년부판사가 직권으로 변경할 수 있다(동법 제37조 1항). 그러나 동 규정은 그저 '직권으로'라고만 규정하고 있어 그 직권을 행사하는 자가 시설의 장인지 소년부판사인지가 명확하지 않다. 동법의 전후 문맥과 취지로 보아 소년부판사의 직권이라고 해석하는 것이 옳다고 보나 명시하는 것이 좋을 것이다.

또한 여기서 '수탁자'라 함은 보호자 및 보호자를 대신하여 소년을 보호하고 있는 자, 소년원장, 아동복지시설 및 소년보호시설의 장, 병원 또는 요양원 원장을 말하고, 보호처분의 집행자라 함은 「소년법」 제35조의 규정에 의해 조사관, 소년부 법원서기관, 법원사무관, 법원주사, 법원주사보, 보호관찰관, 소년원 또는 소년분류심사원 소속공무원 및 기타 위탁 또는 송치받을 기관소속의 직원 등을 의미한다고 하겠으나, 실제에 있어서는 보호처분을 직접 담당하고 있는 보호관찰관이 여기에서 말하는 보호처분집행자가 될 것이다.

그러나 동 규정은 보호처분변경권자와 신청자에 관하여만 규정하고 있을 뿐 변경의 요건과 내용에 관하여는 언급하지 않고 있다. 따라서 「소년법」 및 보호처분과 관련된 제 법규들의 해석을 통해 파악할 수밖에 없다.

보호처분변경의 구체적인 내용은 보호관찰기간의 연장, 보호자 및 시설위탁기간의 연장, 소년원 수용기간의 연장과 처분종류의 변경이 될 것이다. 처분기간의 단축도 넓은 의미에서는 처분의 변경에 해당한다고 하겠으나, 실제에 있어서 처분기간의 단축은 보호처분의 종료를 의미하고, 따라서 그것은 처분의 취소와 같다.

(3) 보호처분의 취소

보호처분이 행하여지고 있는 소년에 대하여 유죄판결이 확정된 경우 보호처분을 한 소년부판사가 그 처분을 존속시킬 필요가 없다고 인정한 때에는 결정으로 보호처분을 취소할 수 있다(「소년법」 제39조). 유죄판결을 받았지만 형의 집행이 유예되거나 벌금형이 부과되면 이미 시행되고 있던 보호처분을 그대로 유지할 필요가 있는 경우도 있기 때문에 보호처분의 취소를 소년부판사의 임의재량에 맡긴 것이다. 그러나 보호처분보다 형벌의 집행이 우선되기 때문에(동법 제64조) 실제로 취소가 필요한 것은 형의 집행이 유예된(집행유예) 자유형(금고·징역)의 경우일 것이다.

또한 자유형의 집행되면 반드시 보호처분을 취소하여야 하는 것은 아니다. 예를 들면 보호관찰 중에 있는 소년이 「도로교통법」 위반으로 단기 실형을 받으면 이미 받고 있던 보호관찰을 취소시키지 않고 그대로 존속시킬 필요가 있는 경우도 있을 것이다.

판결확정 후 형집행 전에 보호처분이 이루어진 경우나 자유형의 집행유예나 가석방과 함께 보호처분이 행해진 경우는 그 집행유예나 가석방이 취소되면 보호처분도 취소할 수 있는 것은 당연하다.

보호처분이 경합된 경우에는 보호처분의 성질과 기능에 비추어 양자를 모두 집행할 필요가 없을 것이다. 따라서 보호처분 중 본인에 대하여 새로운 보호처분이 있을 때에는 그 처분을 한 소년부판사가 이전의 보호처분을 한 소년부에 조회하여 어느 한 보호처분을 취소하여야 한다(동법 제40조). 보호처분 중에 새로운 비행사실이 발견되어 보호사건으로 소년부에서 그 사건에 대해 검토한 결과 이미 시행되고 있던 보호처분으로 충분하다고 판단되는 경우에는 '별건보호 중'으로서 불개시 또는 불처분을 하게 된다. 그러나 일사부재리효를 미칠 필요가 있을 때나 구 보호처분의 잔여기간이 적을 때는 새로운 보호처분을 할 필요가 있다.

또한 이미 시행되고 있는 보호처분을 간과하고 새로 보호처분을 한 경우에는 법률상으로는 양 처분이 양립할 수 없는 것은 아니나 사실상 한면의 집행이 불가능하거나 가능하더라도 그 의미가 적어지고 집행상 혼란의 위험이 있으므로 어느 한면을 취소해야 할 것이다.

이 경우 일반적으로는 전의 보호처분을 취소하는 것이 적절한 때가 많으나 보호처분의 목적·방법·기간이 다른 경우는 어느 하나를 취소하지 않고 병존시키는 것도 인정된다. 상당하다고 인정되는 경우에는 새로운 처분을 취소하여 경합상태를 해소하는 것도 허용된다. 이 경우는 전의 처분을 한 소년부의 의견을 청취할 필요는 없다.

보호처분이 위법한 것임이 판명된 때에는 이를 취소하는 것이 당연하나 현행법상으로는 연령초과 또는 미달자에 대하여 한 보호처분의 취소만이 규정되어 있다. 즉 본인이 보호처분 당시 20세 이상임이 드러난 경우에는 이를 취소하고 검사 또는 경찰서장의 송치나 보호자나 학교 또는 사회복지시설의 장의 통고사건은 사건을 검사에게 송치하고 「소년법」 제50조의 규정에 의하여 법원으로부터 송치되어 온 사건은 다시 그 송치한 법원으로 이송한다(동법 제38조 1항). 또한 보호처분 당시 12세 미만인 것이 판명되면 역시 보호처분을 취소하여야 한다(동법 제38조 2항 및 「소년심판규칙」 제42조 2항).

(4) 보호처분의 변경

보호자 및 시설위탁기간은 소년부판사에 의한 결정으로 6개월의 범위 내에서 1차에 한하여 연장할 수 있다(「소년법」 제33조 1항). 이와 같은 기간연장은 수탁자 또는 수탁기관의 장의 신청과 소년부판사의 직권에 의하여 이루어지는 것은 「소년법」 제37조의 규정상 당연하다. 그러나 실제로 소년부판사가 위탁된 소년에 대한 위탁기간연장사유를 파악할 수 있는지는 의문이다. 따라서 소년부판사가 직권으로 위탁기간을 연장할 때에는 수탁자 또는 수탁기관의 장과 협의를 거치도록 하는 것이 합리적일 것이다.

보호관찰기간은 2년 이하의 장기보호관찰에 한하여 보호관찰관의 신청에 의해 소년부판사가 결정으로 1년의 범위 안에서 1회에 한하여 연장할 수 있다(「소년법」 제33조 3항). 보호관찰기간이 6개월 이하인 단기보호관찰에 대하여는 기간을 연장할 수 있는 규정이 없는데, 이 경우에도 1회에 한하여 기간을 연장할 수 있도록 하는 것이 타당할 것이다. 이것과는 다른 문제이지만 단기보호관찰의 부과사유와 장기보호관찰의 부과사유를 명시하는 것도 필요하다고 본다.

보호관찰의 연장사유에 관해서는 소년법에 직접 언급하고 있지는 않으나 「보호관찰 등에 관한 법률」 제37조에 규정한 준수사항을 위반한 경우라고 보아야 할 것이다.

소년원수용의 경우에는 기간의 연장이 허용되지 않는다. 따라서 소년부판사는 6개월 이하의 단기수용(「소년법」 제32조 1항 6호)과 6개월 이상부터 최대 22세가 되는 기간까지 수용할 수 있는 장기수용 중 하나를 선택하여 부과할 뿐이다(「소년원법」 제43조 참조). 그러나 실무상으로는 소년원장이 법무부훈령인 「보호소년수용지침」(법무부 훈령 제489호 2003. 9. 1. 개정)에 의거 장기수용처분을 받은 일반과정 대상소년을 6개월 이상 13개월 미만의 일반 A과정, 12개월 이상 16개월 미만의 일반 B과정, 15개월 이상의 19개월 미만의 일반 C과정으로 분류 처우하고,[107] 각자의 교육과정과 개선의지에 따라 그 기간을 탄력적으로 운영하고 있다(동 지침 제26조 1항 및 2항). 또한 소년원장(이하 동 지침 제5조에 따라 '학교장'이라 한다)은 일반과정 대상자 중에서 2회 이상의 징계처분을

107) 일반 A과정에 해당하는 소년은 과실범, 단순절도(절도비행경력 3회 미만인 자), 사기 · 횡령 · 배임 · 장물 · 손괴, 「보호관찰 등에 관한 법률」 위반자, 위조사범, 「도로교통법」 · 「교통사고처리특례법」 위반자, 컴퓨터관련범죄 중 단순경미자이고, 일반 B과정 해당자는 상습절도(절도비행경력 3회 이상인 자), '일반 A과정'과 '일반 C과정'에 속하지 않은 비행, '일반 A과정' 중 실형 · 집행유예 · 보호처분(4호 · 6호 · 7호처분) 경력자(단 일반 A과정 중 「보호관찰 등에 관한 법률」 위반자는 제외), 일반 C과정 해당자는 살인 · 살인미수 · 치사, 강도(특수강도 · 강도상해 · 준강도 · 강도미수 · 강도예비 등), 조직폭력 및 폭력조직 가담자, 강간 · 강간미수 · 강제추행 등 성폭력사범, 특수절도, 야간주거침입절도, 공갈, 협박, 방화, 「특정범죄가중처벌 등에 관한 법률」 위반, 마약제조 · 판매, 인신매매 · 약취유인, 존속폭행 등, 폭발물사범, 독극물사범, 실형 · 집행유예 · 보호관찰처분(4호 · 6호 · 7호처분) 경력 2회 이상 등이다(「보호소년수용지침」 제26조[별표 2]).

받거나 교정성적의 불량, 기타 특히 필요하다고 인정하는 때에는 재처우심사를 거쳐 수용·교육기간을 6월의 범위 내에서 연장할 수 있다(동조 제3항). 그러나 소년원수용은 현실적으로 강제적 자유제한처분임을 부인할 수 없다는 점을 고려할 때 이처럼 행정기관인 소년원에서 재량으로 수용기간을 결정한다는 것은 부당하다. 7호처분 자체를 세분화하여 그 세분화된 처분간에 변경을 허용하는 것이 바람직할 것이다.

보호처분종류의 변경과 관련하여 「소년법」 제32조 1항 각호에 정한 보호처분간의 변경이 허용될 것인지가 문제된다. 예를 들면 단기보호관찰에 처해진 소년을 6호처분, 즉 단기소년원수용처분으로 변경할 수 있느냐 하는 것이다. 「소년법」 제37조의 해석상 가능하다고 하겠으나 실제에 있어서는 의문이 있다. 즉 앞의 예의 경우를 살펴보면 단기보호관찰에 부쳐진 소년에 대하여 처분의 변경을 하려면 「보호관찰 등에 관한 법률」에 규정한 준수사항을 위반하였다고 인정될 때일 것이다. 그러나 「보호관찰 등에 관한 법률」 제37조 소정의 준수사항은 거주지에 상주하고 생업에 종사할 것, 악습을 버리고 선행을 하며 불량한 자들과 사귀지 말 것, 보호관찰관 및 범죄예방자원봉사위원의 지도·방문에 응할 것, 거주를 이동하거나 여행을 할 때에는 보호관찰관에게 사전에 신고할 것 등으로 사실상 생활지도와 담당자에의 순응을 요구하고 있을 뿐이다. 따라서 이와 같은 내용의 준수사항을 위반하였다고 하여 자유제한처분을 한다는 것은 처음에 심리대상이 되었던 비행사실과 요보호성의 범위를 무시하는 결과가 될 것이다. 따라서 보호처분의 변경은 각 처분기간의 연장만이 가능하다고 보아야 할 것이다.

(5) 취소·변경의 시기 및 방법

보호처분의 취소·변경은 그 처분이 계속되는 한 언제든지 가능하지만 이미 그 집행이 종료되었을 때에는 이를 취소·변경할 수 없다고 보아야 한다.

취소·변경의 시기에 관해서는 보호처분이 고지된 때부터라는 주장과[108] 보호처분결정을 집행지휘한 때라는 주장,[109] 그리고 보호처분의 결정이 확정된 때라는 주장이 있으나, 보호처분을 취소·변경할 실익은 보호처분의 확정과 관계 없이 보호처분의 집행중이거나 집행이 예상되는 경우에는 모두 인정된다고 보는 입장에서 보호처분결정의 고지가 있는 때부터 종료 전까지는 언

108) 團藤重光 外 3人, 「少年法」, 有斐閣, 1956, 282면.
109) 平場安治, 앞의 책, 187면.

제든지 가능하다고 보는 것이 타당할 것이다. 즉 보호처분을 취소할 실익은 보호처분의 확정과 관계 없이 보호처분의 집행 중이거나 집행이 예상되는 경우에는 모두 인정된다고 할 것이므로 보호처분결정이 고지된 때부터라고 함이 타당하다. 따라서 보호처분의 취소는 그 처분에 대한 항고 중에도 할 수 있다. 이 경우 만일 그 보호처분이 취소되면 항고심으로서는 항고를 기각하여야 할 것이다.[110)]

보호처분의 경합을 이유로 하나의 보호처분을 취소하는 경우(「소년법」 제40조), 취소되지 않고 남는 나머지 보호처분이 이미 확정되어 있을 것을 필요로 하는가에 대하여도 나머지 보호처분이 확정되지 않더라도 보호처분집행의 경합은 발생하는 것이므로 확정과 관계 없이 다른 보호처분을 취소할 수 있다는 주장과 만일 나머지 보호처분이 항고심에서 취소된다면 결과적으로 아무런 보호처분도 남지 않게 되어 부당하므로 하나의 보호처분이 확정된 후 비로소 나머지 보호처분을 취소할 수 있다는 주장이 있을 수 있다.

실무상으로 이러한 취소의 결정을 할 때에는 양 처분에 대한 여러 가지 측면의 비교를 하여 취소하게 되므로 보호처분을 할 수 없게 된다는 경우는 있기 어려울 것이고, 따라서 보호처분의 확정이 없어도 하나를 취소할 수 있다고 본다. 즉 후에 결정한 보호처분을 존속시키고 먼저 결정한 보호처분을 취소하는 것이 아니고 양자 가운데 적당하다고 하는 처분을 존속시키는 것이므로 처분이 확정되지 않아도 집행을 할 수 있고, 또한 취소 · 변경을 가능하게 한 보호처분의 특색에 따라 그렇게 해석해야 할 것이다.[111)]

보호처분의 변경에 대하여는 그 결정에 영향을 미칠 법령위반이 있거나 중대한 사실오인이 있는 때 또는 그 처분이 현저히 부당한 때에는 7일 이내에 본인 · 보호자 · 보조인 또는 그 법정대리인이 항고할 수 있다(「소년법」 제43조). 구 「소년법」이 항고의 대상을 '보호처분의 결정'에 국한하고(구 「소년법」 제39조 참조) 처분의 변경에 대하여는 규정하고 있지 않아 논란이 되었던 것을 1988년의 개정에서 입법적으로 해결한 것이다. 보호처분취소의 경우에는 당사자에게 불이익의 염려가 없으므로 상관이 없겠지만, 보호처분의 변경은 불리할 경우도 있으므로 이에 대한 이의가 있을 때에는 항고할 수 있도록 하는 것이 타당할 것이다.

110) 法院行政處, 앞의 책, 249면.

111) 이에 대해 새로운 보호처분결정과 종전 보호처분을 취소하는 결정을 동시에 하지 않고 따로 하는 경우에는 새로운 보호처분결정이 항고심에서 취소되는 경우에는 결과적으로 아무런 보호처분도 남지 않게 되어 부당하므로 확정 전의 보호처분과의 경합에 의한 취소는 상당하지 않고, 보호처분이나 형사판결의 확정을 기다려 취소해야 한다는 주장도 있다. 법원행정처, 같은 책, 250면.

제 5 장

소년형사절차

「소년법」은 소년의 형사사건에 대해서도 특별한 절차를 규정하고 있다. 즉 소년의 건전한 육성을 목적으로 하는 소년법의 취지를 형사사건에서도 구현하기 위하여 몇 가지 특칙을 두고 있는 것이다.

우리 「소년법」은 소년사건을 좀더 유연한 보호절차에 회부하여 보호처분을 하는 한편 죄질에 따라서는 형사절차에 회부하여 엄격한 형사소송절차를 통해 형벌을 과하는 이원적(二元的)인 구조를 취하고 있다. 그러나 보호절차에 회부한 사건을 형사처분절차로 이전하거나 반대로 형사처분절차에 회부된 사건을 보호절차로 이전할 수 있게 하고 있다(「소년법」 제49조 2항의 송검 및 제50조 법원의 송치). 따라서 수사과정에 있어서도 보호처분과 형사처분 양자를 염두에 두고 수사가 하는 등 서로 유기적인 관련을 가지고 운용되어야 하는 것이다.

또한 형사절차에서도 소년의 특성을 감안하여 일반 형사범에 비해 과형(科刑)을 완화하고 있고 처우상의 배려가 이루어지는 등 '소년의 건전한 육성'이라는 지도이념은 계속 유지되고 있다.

소년의 형사사건에 관하여 「소년법」에 특별한 규정이 없으면 일반 형사사건의 예에 의한다(「소년법」 제48조). 이는 소년의 형사사건에 관하여는 「소년법」 제 3 장의 규정이 「형법」, 「형사소송법」 및 「행형법」에 우선하여 적용된다는 것을 의미하는 것이기도 하다.

제 1 절 소년의 수사절차

1. 수사의 기본원칙

소년범죄의 수사에는 형사처분에 대한 특별한 심리자료를 제공할 것을 염두에 두어야 하고, 소년의 건전한 육성을 도모하는 것을 기본정신으로 한다

(「사법경찰관리집무규칙」 제41조; 「특별사법경찰관리집무규칙」 제47조; 「범죄수사규칙」 제195조). 또한 소년사건을 담당하는 소년경찰관은 소년의 건전육성의 정신, 소년의 특성 이해. 처우의 개별화, 처우의 과학화, 비밀의 보장, 관계자의 존경과 신뢰의 획득 등을 기본정신으로 한다(「소년경찰직무규칙」 제 7 조).

2. 소년의 소환 및 면접

「소년경찰직무규칙」은 경찰관이 직무상 소년 또는 그 보호자를 소환하는 경우 다음 몇 가지 사항을 유의하도록 하고 있다(동규칙 제 8 조). 즉,

첫째, 부득이한 경우를 제외하고는 소년 또는 그 보호자를 경찰관서에 소환하지 않고 경찰관이 직접, 가정 학교 또는 직장을 방문하여야 한다.

둘째, 학교 또는 직장에서 소년을 공연하게 소환하는 일은 가급적 피하여야 한다.

셋째, 소년 또는 보호자를 소환함에 있어서는 반드시 그 사유를 명시한 서면에 의할 것이며, 특히 소년을 소환할 때에는 보호자의 이해와 협조를 얻어야 하고, 필요한 때에는 보호자의 동행을 의뢰하여야 한다.

넷째, 소환한 담당경찰관이 필요에 따라 현장조사를 할 경우에도 될 수 있는 한 사복을 착용하여 관계자로 하여금 불안을 갖지 않도록 하여야 한다.

이 가운데 첫번째 유의사항은 가급적 소년을 경찰관서에 '소환'하는 것을 피하고 직접 소년이 다니는 학교나 직장에 찾아가 '면담'을 하라는 취지로 보인다. 그러나 경찰관이 직접 학교나 직장에 찾아가 '면담'을 하는 것도 소년의 입장에서는 난처한 경우가 많을 것이므로 가급적 사전에 통보한 후 그 소년의 가정이나 거소를 찾아가 면담하는 것이 좋을 것이다.

또한 세 번째 유의사항인 소환에 있어 '필요한 때에는 보호자의 동행을 의뢰'하는 것도 '필요할 때'만 보호자를 동행하도록 할 것이 아니고 '반드시 보호자가 동행'하도록 하여야 할 것이다.

면접은 그 시간을 최소한도로 짧게 하고, 소년이 수업 중이거나 직장에서 업무에 종사하고 있을 때와 야간은 피하며, 타인의 이목을 피할 수 있고 소년 또는 그 보호자가 긴장하지 않고 면담에 임할 수 있는 장소를 택하고, 부득이한 경우를 제외하고는 소년의 보호자 또는 적당하다고 인정되는 자의 입회하에 실시하여야 한다. 또한 면접과정에서 행해지는 대화는 신문이나 진술조서를 작성하는 경우를 제외하고는 가급적 간단히 요지만 기록할 것이며, 소년이나 그 보호자로 하여금 불안과 공포심을 갖지 않도록 하여야 한다.

면접 중에 소년이나 그 보호자가 허위진술이나 반항을 한다고 하여 흥분하거나 멸시하여서는 안 되며 부드럽고 조용한 분위기를 유지하여 스스로 자제와 반성하도록 하여야 할 것이고, 면접이 끝난 뒤에서 소년이나 그 보호자가 불안하지 않고 경찰의 선도(善導) 및 처우에 신뢰를 갖도록 해야 할 것이다(동규칙 제9조 참조).

3. 소년의 구속

소년에 대한 구속영장은 부득이 한 경우가 아니면 발부하지 못한다(「소년법」 제55조 1항). 소년의 보호와 교육적인 배려라는 관점에서 부득이한 경우로 제한한 것이다. '부득이한 경우'는 구속이 소년에게 미치는 부정적인 영향과 수사를 위한 필요성이라는 두 가지 측면을 고려하여 종합적으로 판단하여야 할 것이다. 형사처분의 가능성이 높은 중대사건이나 사안이 복잡한 사건에 관하여 피의사실의 존부를 명확히 할 필요가 있어 소년의 신병을 확보할 필요가 있을 때가 이러한 경우에 해당할 것이다. 따라서 부득이한 사정이라고 인정되지 않으면 다른 요건이 구비되었더라도 판사는 구속영장을 기각하여야 할 것이다.

「사법경찰관리집무규칙」도 소년에 대해서는 되도록 구속을 피하고 부득이 구속 또는 동행하는 경우에는 그 시기와 방법에 관하여 특히 주의를 하여야 한다고 하고 있고(동규칙 제44조), 「소년경찰직무규칙」도 경찰관은 범죄소년일지라도 부득이한 경우가 아니면 체포·구금 기타 강제조치를 하여서는 안 되고, 부득이 강제조치를 하는 경우에는 소년의 연령, 성격, 비행경력(非行經歷), 범죄의 내용, 구속장소의 상황, 구속기간 기타 강제조치가 당해 소년에게 미치는 정신적인 영향 등을 신중히 고려하도록 하고 있다(동규칙 제35조).

소년을 구속하는 경우에도 특별한 사정이 없으면 다른 피의자나 피고인과 분리하여 수용하여야 한다(「소년법」 제55조). 이는 소년의 보호와 처우의 개별화를 도모하기 위한 것이다. '다른 피의자나 피고인'이란 소년·성년을 망라한 다른 피의자·피고인을 말한다. 행형법도 소년은 성인과 분리하여 수용하도록 하고 있다(동법 제3조 4항).

제 2 절 소년심리절차

1. 조 사

소년의 형사사건에 있어서도 보호사건과 마찬가지로 소년의 성행과 환경 등을 참작하여야 한다. 따라서 법원은 의학 · 심리학 · 교육학 · 사회학 기타 전문적 지식을 활용하여 소년과 보호자 또는 참고인의 성행 · 경력 · 가정상황 기타 환경 등을 구명하도록 조사관에게 위촉할 수 있도록 하고 있다(「소년법」 제56조).

현재는 일반형사법원에는 조사관이 없으므로, 당해 법원과 인접한 소년부 지원이나 가정법원의 조사관에게 조사를 위촉할 수밖에 없다. 그러나 법원 조사관에게 조사를 명하기보다는 통상 보호관찰소에 판결전조사를 명하고 있다.

(1) 판결전조사제도의 의의

판결전조사제도(Presentence Investigation System)란 형사소송절차에서 유죄가 인정된 피고인에 대하여 판결을 선고하기 전에 피고인의 인격과 환경에 관한 상황을 과학적으로 조사하여 그에게 적합한 형벌의 종류와 정도를 결정하기 위한 기초자료로 이용하는 제도,[1] 즉 판사의 양형합리화 방안의 하나로 이용하고 있는 제도다.

판결전조사제도는 수집된 자료를 법관이 피고인에 대한 양형에 참고한다는 의미에서 양형자료조사제도(量刑資料調査制度) 또는 정상조사제도(情狀調査制度)라고도 하며, 법원의 종국처분에 앞서 행하여진다는 점에서 사전조사제도(事前調査制度) 또는 특별사전조사제도(特別事前調査制度)라고도 하고, 법원의 사법결정을 보조한다는 의미에서 사법보조제도(司法補助制度)라고도 한다. 범죄인의 인격에 내포되어 있는 범죄위험성의 태양(態樣)과 정도를 사회조사의 방법으로 예측한 뒤 이를 처우의 결정이나 양형에 반영함으로써 종국적으로 범죄인의 재범방지와 사회복귀를 유도하는 데 이용한다는 의미에서 인격조사(人格調査) 또는 사회조사(社會調査)라고 부르기도 한다.[2]

---

1) 이형재, "판결전조사제도의 유용성에 관한 고찰," 「보호관찰제도의 회고와 전망」, 형사정책연구원, 1999, 367면; 최석윤, "판결전조사제도," 「보호관찰제도의 회고와 전망」, 형사정책연구원, 1999, 381면.

2) 영국은 사회조사(Social Inquiry)라는 용어를 오랫동안 사용하여 오다가 1991년의 형사사법법(The Criminal Justice Act 1991) 개정으로 이제는 판결전조사(Presentence Investigation)라는 용어를 사용하고 있고, 벨기에는 사회조사(enquete social)이라고 부르고 있다. 박상기, 「형의 집행유예에 관한 연구」, 형사정책연구원, 1993, 80면.

이 제도는 법관의 양형편의를 위한 판결 전의 조사를 의미한다는 점에서 기소독점권을 가지는 검사가 기소 또는 불기소처분을 하기 전에 행하는 이른바 '기소전조사'(起訴前調査)와는 다르고, 교정당국이 교정행형의 일환으로 행하는 수형자분류나 가석방 등을 결정할 때 참고할 자료를 수집하기 위해서 하는 판결후조사와도 구별된다.[3)]

요컨대 판결전조사제도는 법관의 양형판단에 제공되는 종국처분전의 사전조사라는 점, 범죄사실에 대한 조사가 아니라 피고인의 인격과 환경에 관한 사회적 조사라는 점, 심리학 · 교육학 · 사회학 · 정신의학 등 전문적인 지식과 경험을 가진 자가 행한다는 점, 조사방법이 과학적이고 조사내용이 소송당사자 일방의 유·불리에 구애받지 않는 객관성을 가진다는 점 등을 그 주된 요소로 하고 있다.[4)]

(2) 판결전조사제도의 연혁

판결전조사제도는 형사소송절차가 유·무죄인부절차와 양형절차로 분리되어 있는 미국에서 보호관찰(Probation)제도와 밀접한 관련을 가지고 발전되어 왔다. 즉 보호관찰관이 피고인에 대한 과학적 조사를 통해 얻어진 정보를 법관에게 제공하고, 법관은 이를 기초로 보호관찰의 적격성과 종류를 판단한 데에서 유래하였으며, 그 후 처우결정 일반을 위한 조사라는 방향으로 기능이 확대되었다고 한다. 따라서 판결전조사제도는 공판절차가 이분화된 미국을 비롯한 영미법계의 국가에서 널리 활용되고 있다. 이에 반해 유·무죄인부절차(有·無罪人不節次)와 양형절차가 분리되어 있지 않은 대륙법계의 국가에서는 구조적으로 도입하기 어렵다고 하나 대륙법계를 대표하는 국가인 독일과 프랑스에서도 미국의 판결전조사제도와 유사한 양형자료조사제도를 시행하고 있다.[5)]

(3) 현행법상의 판결전조사제도

현재 판결전조사제도에 관해 규정하고 있는 법률은 「보호관찰 등에 관한 법률」이다. 즉 법원이 범죄소년에 대해 선고유예나 집행유예를 선고하면서 보호관찰 또는 사회봉사명령 · 수강명령을 하는 경우에 보호관찰소장으로 하여금 범죄소년의 인적 · 환경적 상황 등을 조사하여 보고하도록 할 수 있도록 하고 있다.

3) 이상철, 「판결전조사제도에 관한 연구」, 한국형사정책연구원, 1994, 12면.
4) 최석윤, "판결전조사제도," 「형사정책(제12권 2호)」, 한국형사정책학회, 2000, 60면.
5) 최석윤, 앞의 글, 57-58면.

1) 판결전조사의 대상과 범위

법원은 소년에 대하여 「형법」 제59조의2 및 제62조의2의 규정에 의한 보호관찰·사회봉사 또는 수강을 명하기 위하여 필요하다고 인정하는 때에는 그 법원의 소재지 또는 피고인의 주거지를 관할하는 보호관찰소의 장에게 범행의 동기, 직업, 생활환경, 교우관계, 가족상황, 피해회복 여부 등 피고인에 관하여 필요한 사항의 조사를 요구할 수 있다(「보호관찰 등에 관한 법률」 제19조 1항).

따라서 현행법은 판결전조사의 대상을 소년형사범에 국한하고 있으며, 그 범위도 보호관찰·사회봉사명령 또는 수강명령이라는 사회내처우의 적격성을 심사하려는 용도에 한정하고 있다. 요컨대 판결전조사의 대상과 범위는 보호관찰·사회봉사명령 또는 수강명령을 선고할 소년형사범에 제한되어 있다. 그러나 1997년 1월 1일부터 보호관찰, 사회봉사명령 및 수강명령제도가 성인범에 대해서도 전면적으로 확대실시된 이상 판결전조사제도의 취지를 살리고 사회내처우의 실효성을 거두기 위해서는 성인범도 판결전조사의 대상자에 포함되어야 할 것이다.

2) 판결전조사의 내용과 방법

판결전조사의 내용은 범행의 동기, 직업, 생활환경, 교우관계, 가족상황, 피해회복 여부 등 수사기록과 공판만으로 파악할 수 없거나 파악하기 어려운 피고인의 성격, 소질 및 피고인을 둘러싸고 있는 제반환경이다(「보호관찰 등에 관한 법률」 제19조 1항), 실무에서 이루어지고 있는 판결전조사의 내용을 살펴보면 피고인의 인적사항, 가족사항, 생활환경, 성장과정, 학교관계, 취업관계, 교우관계, 성격특징, 범행동기, 피해회복 여부, 보호자의 관심도 기타 정상자료 등으로 구성되어 있다.[6]

판결전조사는 피고인과의 면접을 통한 사회조사 내지 환경조사, 현지 확인조사, 전문가에 의한 심신감정 등의 방법을 통하여 수행된다. 그러나 실무에서는 조사인력과 시간적 한계로 인하여 상당수의 판결전조사가 주로 피고인과 가족면담에만 의존하고 현지 확인조사나 전문가에 의한 감정이 제대로 이루어지지 않고 있는 현실이라고 한다.[7]

3) 판결전조사의 절차

판결전조사는 소년형사사건을 심리하는 법원이 보호관찰소장에게 조사기한을 정한 조사요구서를 발송함으로써 개시된다. 이 때 일반적인 조사사항 이

6) 서울보호관찰소, 「판결전조사 사례연구집」, 1999, 33면 참조.
7) 서울보호관찰소, 같은 책, 54면 이하.

외에 특별히 조사를 필요로 하는 사항이 있다면 이를 특정하여 조사를 요구할 수 있다.

판결전조사요구는 제 1 심뿐만 아니라 항소심에서도 할 수 있으나 법률심인 상고심에서는 할 수 없다. 판결전조사요구의 시기에 대해서는 법률상 제한이 없으므로 변론종결 후에도 할 수 있겠으나, 당사자에게 판결전조사 내용을 열람하고 검토와 변론의 기회를 부여하기 위해서는 변론종결 전의 공판계속(公判繫屬) 중에 하도록 하는 것이 바람직할 것이다.[8)]

법원으로부터 조사요구를 받은 보호관찰소장은 지체없이 이를 조사하여 서면으로 당해 법원에 통보하여야 하고, 법원은 이 조사보고서가 도착하면 이를 기록에 편철한다. 조사내용은 엄격한 증명을 요하는 범죄사실의 증명과는 달리 증거조사절차를 거칠 필요가 없으나, 자유로운 증명의 대상이 되는 양형자료가 될 수 있으므로 적어도 조사결과가 도착하였음을 고지하여 검사나 피고인 등 당사자로 하여금 열람하여 변론하거나 반대자료를 제출할 기회를 부여하여야 한다.[9)]

조사보고서는 어디까지나 양형에 관한 법원의 판단을 보조하기 위한 참고자료에 불과하기 때문에 구속력은 없다. 따라서 보고서의 결론이 '사회내처우'가 가능하다고 되어 있더라도 보호관찰 등을 조건으로 집행유예 등을 선고하지 않고 실형을 선고하더라도 위법이라고 할 수 없다.

2. 심 리

(1) 심리의 분리

소년에 대한 형사사건의 심리는 다른 피고사건과 관련된 경우에도 심리에 지장이 없으면 그 절차를 분리하여야 한다(「소년법」 제57조). 이것은 공판절차에서도 소년에 대한 '처우의 개별화원칙'을 적용하기 위해서이다.

「형사소송법」상 법원이 재량으로 2인 이상의 피고인에 대한 관련 형사사건을 병합심리할지 여부를 결정하도록 하는 것(「형사소송법」 제300조)에 대한 예외인 것이다. 소년피고사건을 다른 피고사건과 병합심리하면 다른 피고인으로부터 나쁜 영향을 받거나, 피고소년이 위축되어 사안의 진상을 진술하지 못하는 등의 폐해가 있을 수 있기 때문에 다른 피고사건과 관련된 경우에도 절차를 분리하도

---

8) 법원행정처, 「法院實務提要: 少年·非訟」, 2000, 284면.

9) 법원행정처, 같은 책, 285면.

록 한 것이다. 여기서 '다른 피고사건'이라 함은 다른 피고인의 피고사건으로 다른 피고인이 성인이든 소년이든 불문한다.

그러나 심리에 지장이 있다고 판단되는 경우는 병합심리도 허용되는데, 구체적 사건에서 심리에 지장이 있는지 여부의 판단은 법원의 재량에 위임되어 있으므로 「소년법」 제37조는 훈시규정이라고 해석되고, 따라서 소년피고사건을 다른 피고사건과 분리하지 않은 채 심판하였다고 하더라도 그 소송절차의 위반은 판결에 영향을 미치지 않는다고 해야 할 것이다.[10)]

(2) 심리상의 유의점

소년에 대한 형사사건의 심리는 친절하고 온화하게 하여야 하고, 소년의 심신상태, 성행, 경력, 가정상황 기타 환경 등에 대하여 정확한 사실을 규명함에 특별히 유의하여야 한다(「소년법」 제58조). 특히 소년형사사건에 대하여는 빠른 심리를 위하여 공소가 제기되면 통상의 공소제기 순서에 따르지 아니하고 지체없이 다른 사건에 우선하여 제 1 회 공판기일을 지정하도록 하여(「형사소송규칙」 제179조), 가급적 빨리 심리를 종결하여 소년부송치 여부를 결정하도록 하고 있다.

제 3 절 소년의 형사처분

1. 사형 · 무기형의 완화

18세 미만의 소년에 대해서는 사형 또는 무기형으로 처벌할 것인 때에는 15년의 유기징역으로 한다(「소년법」 제59조). 다만 특정강력범죄를 범한 때에는 20년의 유기징역으로 한다(「특정강력범죄의 처벌에 관한 특례법」 제 4 조 1항).

이는 범죄행위시 18세 미만의 소년에 대하여는 사형 및 무기징역으로 처벌하지 못한다는 것을 의미하며(사형폐지 및 무기징역 완화), 그렇게 함으로써 한정책임능력밖에 갖추지 못한 소년에 대하여 인도적 견지에서 중형을 피하고 사회복귀의 기회를 주려는 것이다. 성인에 대한 형벌도 그 목적이 재활과 사회복귀에 있는바(「행형법」 제 1 조 참조), 하물며 가변성이 크고 책임능력이 떨어진 소년에게 중형을 선고하여 사회복귀를 막는다는 것은 타당하지 않을 것이다.[11)] 그러나

10) 법원행정처, 같은 책, 286면.

11) 독일에서는 무기징역(독일은 사형제도가 폐지되었다)을 18세 이상 20세까지의 소년에 대해서는 15년, 14세부터 17세까지의 소년은 10년으로 하고 있고, 프랑스에서는 16세 이상 20세 이하의 소년에 대해서는 형을 감경하도록 하고 있다.

사형과 무기형에 차이를 두지 않고 동일하게 15년의 유기징역으로 한 것은 비판의 여지가 있다.[12)]

연령의 기준시는 행위시(범죄시)이다. 따라서 범죄행위를 한 때 18세 미만이면 처단형이 사형 또는 무기징역인 경우 선고형이 15년의 유기징역이 될 것이다.[13)]

2. 부정기형

소년이 장기 2년 이상의 법정형에 해당하는 죄를 범한 때에는 그 법정형기의 범위 내에서 장기와 단기를 정하여 선고하되, 장기는 10년 단기는 5년을 초과하지 못하고(「소년법」 제60조), 특정 강력범죄인 경우에는 장기 15년 단기 7년을 초과할 수 없도록 하고 있다(「특정강력범죄처벌에 관한 특례법」 제4조 2항).

발달과정에 있기 때문에 변화의 가능성(가변성)이 많은 소년범죄자에 대하여 자유형을 부과할 때에는 원칙적으로 상대적 부정기형을 부과하도록 하여 형기에 탄력성을 줌으로써 소년의 개선과 교화를 도모하자는 취지이다.

여기서 장기 2년 이상의 유기징역이란 법정형을 말하는 것이므로 사형 또는 무기징역을 선고할 것을 「소년법」 제59조의 규정에 의해 15년의 유기징역으로 감경되거나 「특정강력범죄의 처벌에 관한 특례법」 제4조 1항의 규정에 의해 20년의 유기징역으로 감경되는 경우는 부정기형을 선고하지 못한다.[14)]

부정기형은 피고인이 소년인 경우에 선고하는 것이므로 피고인이 범행시 소년이더라도 판결선고시 성년에 달했으면 부정기형을 선고할 수 없고 정기형을 선고하여야 할 것이다.[15)]

3. 가 석 방

징역 또는 금고의 선고를 받은 소년에 대하여 무기형에는 5년, 15년의 유기형에는 3년, 부정기형에는 단기의 3분의 1의 기간을 경과하면 가석방을 할 수 있다(「소년법」 제65조). 소년교도소장은 이 기간이 경과한 소년이 교정성적이 양호하

12) 법원행정처, 앞의 책, 287면.

13) 이 경우 실제 연령은 18세 또는 19세이나 정신적 성숙도에 있어서 18세 미만인 소년에 대해서도 이 규정을 유추적용해야 한다는 주장도 있으나, 「소년법」 제59조가 정신적 성숙도가 아닌 법정 연령을 기준으로 하고 있기 때문에 정신적 성숙도에 따라 과형제한을 인정하는 것은 타당하지 않고, 정신적 미성숙성은 피고인에게 유리한 정상참작하는 데 그쳐야 할 것이다.

14) 대법원 1960. 9. 30. 선고 4293형509 판결; 대법원 1983. 4. 26. 선고 83도210 판결.

15) 이 경우 범행 당시 소년이었던 점은 형의 양정에 있어 참작사유는 될 수 있을 것이다.

고 재범의 위험성이 없다고 인정되는 때에는 소재지를 관할하는 보호관찰심사위원회에 그 소년의 가석방의 심사를 신청할 수 있다(「보호관찰 등에 관한 법률」 제22조 1항). 보호관찰심사위원회는 이 신청에 대해 심사한 결과 가석방이 적합하다고 결정한 경우 법무부장관에게 이의 허가를 신청하여야 하며, 법무부장관은 보호관찰심사위원회의 결정이 정당하다고 인정되는 때에는 이를 허가할 수 있다. 이 때 보호관찰의 필요성 여부도 함께 심사하여야 한다(「보호관찰 등에 관한 법률」 제24조 및 제25조).

소년의 변화가능성과 교육가능성에 착안하여 가석방이 가능한 기간을 성인의 경우에 비해 대폭 단축한 것이다.[16)]

형의 선고를 받을 당시 소년인 것이 요건이므로 수형기간 중에 20세에 달하였다고 하더라도 상관 없다.

소년이 가석방된 후 그 가석방처분이 취소되지 아니하고 가석방 전에 집행받은 기간과 동일한 기간을 경과한 때에는 형의 집행을 종료한 것으로 한다(「소년법」 제66조). 이것 역시 가석방된 후에 집행하고 남은 잔여 형기를 경과하여야 가석방이 종료되는 성인의 그것에 비해 단축한 것이다. 그러나 '가석방 전에 집행을 받은 기간'이란 현실로 집행을 받은 기간을 말하고, 본형에 산입된 미결구금일수는 포함되지 않는다고 해석해야 할 것이다.

4. 기 타

(1) 자격에 관한 특칙

소년으로서 범한 죄에 의하여 유죄판결을 받은 소년이 그 집행을 종료하거나 집행의 면제를 받은 때에는 자격에 관한 법령의 적용에 있어서는 장래에 향하여 형의 선고를 받지 아니한 것으로 본다(「소년법」 제67조). 이는 소년이 판단능력이 미숙한 시절에 저지른 범죄로 인한 전과로 인해 장래에 공무담임권 등의 자격을 잃거나 정지되지 않도록 함으로써 재기의 기회를 주자는 취지이다.

여기서 '소년으로서 범한 죄'란 범죄시 소년임을 의미하기 때문에 형을 선고받을 때 또는 현재 소년임을 요하지 아니한다. 또한 자격에 관한 법령의 적용에 있어서 '자격'이란 공무원이 되는 자격, 공법상의 선거권과 피선거권, 법률로 요건을 정한 공법상의 업무에 관한 자격, 법인의 이사·감사 또는 지배인 기타 법인의 업무에 관한 검사역이나 재산관리인이 되는 자격 등을 말한다

16) 성인의 경우 무기형은 10년, 유기형은 형기의 3분의 1의 기간을 경과하여야 가석방 대상자가 될 수 있다(「형법」 제72조 1항).

(「형법」 제43조 1항).

⑵ 소년사건의 보도금지 조회불응

소년법에 의하여 조사 또는 심리 중인 보호사건이나 형사사건에 대하여는 당해 본인으로 추지할 수 있는 정도의 사실이나 사진을 신문 기타 출판물에 게재하거나 방송할 수 없고, 이를 위반한 신문사의 편집인과 발행인 기타 출판물에 있어서는 저작자와 발행자, 방송에 있어서는 방송편집인과 방송인은 1년 이하의 징역이나 금고 또는 300만원 이하의 벌금에 처한다(「소년법」 제68조 1항 및 2항).

이는 소년과 그 가족의 명예 및 사생활을 보호함과 동시에 그것을 통하여 과오를 저지른 소년의 갱생 · 재활을 통한 재사회화를 도모하기 위함이다. 범죄자를 특정한 보도는 그것에 의하여 형성된 당사자에 대한 사회적 편견이 그의 사회복귀를 저해할 수 있는 것은 성인의 경우도 마찬가지이지만, 특히 가소성과 가변성이 많은 성장기에 있는 소년의 경우에는 치명적인 것이 될 수 있기 때문에 '비공개'를 원칙으로 한 것이다. 또한 소년기에는 모방성이 강하기 때문에 보도를 통해 범죄가 알려진 경우 모방에 의한 범죄의 확산될 우려가 있기 때문에 이를 방지한다는 목적도 있다.

따라서 이 조문의 취지에 비추어 '조사 또는 심리 중에 있는 보호사건 또는 형사사건'에 대한 보도의 금지에는 수사단계에 있는 사건도 해당된다고 보아야 할 것이다. 「소년경찰직무규칙」도 소년문제 또는 소년사건에 관한 사항을 신문 기타 보도기관에 공표할 때에는 당해 소년 또는 보호자에 미치는 영향을 충분히 고려하여야 하며, 특히 주소 · 성명 · 직장 · 학교 기타 특정인으로 추지(推知)될 만한 사항을 공표하여서는 안 된다고 규정하고 있다(동 규칙 제10조).

그뿐만 아니라 소년보호사건과 관계 있는 기관은 그 사건내용에 관하여 재판 · 수사 또는 군사상 필요한 경우 외에는 어떠한 조회에도 응해서는 아니되고, 이를 위반한 때에는 1년 이하의 징역 또는 100만원 이하의 벌금에 처하도록 하고 있다(「소년법」 제70조).

제 6 장

소년법제 개선방안

제 1 절 소년사건처리과정의 문제점과 개선방안

소년사건처리기관 자체가 갖는 전반적인 문제점으로 그 기구의 전문성이 결여되어 있다는 점이다. 특히 소년사건을 담당하는 요원들이 소년비행업무에 관한 전문적인 소양을 가질 수 있는 제도적인 고려가 되어 있지 않을 뿐만 아니라, 인력도 절대수가 부족하여 폭주하는 소년사건을 처리하기에는 역부족인 현실이다.

경찰단계에서 나타나는 문제점으로는 소년사건의 발견업무를 담당하는 경찰의 재량권행사가 대부분 법적인 근거가 없이 이루어지고 있을 뿐 아니라 관련된 제 규정들도 서로 상충되는 점들이 많다는 것이 나타나고 있다. 특히 현행 실무상으로 행하여지고 있는 경찰의 불량소년에 대한 즉심회부, 훈방 등은 그 처분의 필요성과 효과 여부에 관해서는 별개로 하고, 그것이 현행 「소년법」의 규정에 반하는 조치임은 틀림이 없다. 이것은 우리 「소년법」이 취하고 있는 전건송치주의에서 기인하는바, 비행소년을 가장 먼저 그리고 빈번히 접하게 되는 경찰에게 소년사건의 처리에 관한 재량권이 전혀 인정되지 않는다는 것은 잘못이라 하지 않을 수 없다. 그런 차원에서 「소년법」상의 전건송치주의를 선별송치주의(選別送致主義)로 전환할 필요가 있을 것이다.

검찰단계에서 논란이 되는 문제점으로는 선의권문제가 있다. 소년사법절차에서 검사가 절차회부결정권을 갖느냐 소년부판사가 갖느냐 하는 것은 그 나라의 소년사법정책의 주요 관심이 어디에 있는가에 달려 있겠지만, 궁극적으로는 어느 제도가 더 기능적이고 효과적이냐 하는 것으로 귀결될 것이다. 현재 우리 「형사사법」이 취하고 있는 기소편의주의 및 기소독점주의와의 조화를 고려한다는 의미에서 제한된 검사선의주의가 타당하다고 생각한다.

검사선의주의를 취하고 있는 우리의 소년사법구조에 대한 비판은 주로 검찰의 형사소추지향적(刑事訴追指向的) 경향에 대한 불신과 절차의 중복 및 지연에 그 초점이 모아진다. 이와 함께 재량권행사의 범위에 관해서도 의문이 제기된다. 즉 검찰실무상으로 시행되고 있는 기소유예처분, 선도조건부기소유예처분의 대상소년은 소년부 송치대상으로 검찰의 재량처분이 배제된다는 것이다. 특히 검찰단계에서 행하여지고 있는 선도조건부기소유예제도는 그 법적인 근거가 없는 재량처분으로서 존치 여부가 다시 검토되어야 할 것이다.

그러나 다른 한편으로는 오늘날의 「소년사법」의 새로운 형사정책적 대안의 하나라고 하는 Diversion과 관련하여 이와 같이 송치강제주의를 고수하는 것이 과연 타당한가 하는 의문도 제기된다. 오늘날의 「소년사법」에 있어서 사법외처우(Diversion)가 그 정책적 대안으로서 의의를 갖는다고 한다면 이와 같은 준사법기관에서의 재량처분에 대한 제도적 고려가 있어야 할 것이고, 그런 점에서도 송치강제주의에 대한 재검토가 필요하다고 할 것이다.

소년법원의 비행통제절차에서 우선 문제가 되고 있는 것은 심판대상에 관한 것이다. 「소년법」은 12세부터 19세까지의 범죄소년, 촉법소년, 우범소년을 심판대상으로 하고 있는바, 이에 관해서는 소년의 연령의 상한 및 하한의 문제와 더불어 촉법소년, 우범소년의 심판대상포함 여부가 주로 논란이 된다. 촉법소년과 우범소년을 심판대상에 포함시키는 것에 관한 논거는 국친사상(國親思想)과 소년심판의 보호적 기능을 강조하는 데에 있고, 그에 대한 반대 주장의 근거는 「소년사법」이 갖는 현실적 기능, 즉 형사사법적 기능을 지적하며 죄형법정주의의 원칙에서 찾는다.

우리 「소년법」이 국친사상과 교정주의 이념에 기초하여 비행소년에 대한 복지적 · 교육적 처우를 지향한다고 하여도, 그것이 사법적 차원에서 논의 · 평가되는 것이 사실이고, 또한 현실적으로 자유제한 또는 강제력을 수반하지 않을 수 없다는 점에서 촉법소년과 우범소년을 심판의 대상으로 한다는 것에 대해 비판이 제기되는 것이다. 따라서 촉법소년과 우범소년은 소년심판의 대상에서 제외하여 행정적 기능에 맡기는 것이 좋을 것이다.

소년심판에 있어 논란이 되는 또 다른 문제들은 심판과정에서의 적법절차의 보장 그리고 신병확보 소년사건처리기간에 관한 것이다. 기왕에 제기되어 왔던 이러한 문제들은 「소년법」의 개정을 통해 많이 보완이 됐다고 하나 아직도 몇 가지 실무상 제기되는 문제점이 있다. 특히 보호처분을 받은 소년들이 수탁기관(예를 들면 소년원)을 탈주한 경우 이들을 재수용하는 제도적 장치가 없는 것이 문제이다. 현재 수탁기관에서 탈주자가 생기면 동행영장을 발부하고 있지만[1] 그 당시만 무사히 넘기면 아무런 법적인 문제가 되지 않게 되어 있는 것이다. 보호처분이 실효성을 갖기 위해서는 수탁기관에서 탈주한 보호소년에 대한 법규정의 보완을 서둘러야 할 것이다.

또한 소년사건처리기간이 너무 길어 소년의 인권이 침해될 가능성이 있을 뿐만 아니라 오히려 범죄적 수법을 학습할 기회가 되는 경우가 많다는 점이 실무상 나타나는 문제점으로 지적된다. 현재 소년구치소가 따로 없기 때문에 미결구금 소년범들이 미결구금 성인범들과 함께 수용되고 있고, 범죄소년이 경찰·검찰·법원을 거쳐 보호처분을 받기까지는 일반적으로 5개월에서 9개월까지 걸리며, 촉법소년의 경우에도 약 70일이 소요되고 있다고 한다.[2] 또한 분류심사원에 수용되는 경우도 수용기간이 최소 1개월 이상이기 때문에 범죄성향이 비교적 적은 소년들도 이 기간 이른바 '수용문화'를 익혀 범죄문화에 오염될 우려가 있는 것이다. 이에 대법원은 형사소송규칙을 보완하여 1996년 12월부터 소년형사사건에 관해 공소제기가 있는 때에 다른 사건에 우선하여 제1회 공판기일을 지정하도록 하여(동규칙 제179조) 소년범들에 대한 신속한 처리 및 구금일수단축을 도모하고 있으나 보호사건에 관해서는 아무런 언급이 없다.

결국 이러한 문제들을 근본적으로 해결하기 위해서는 소년만을 위한 구치소와 소년사건처리절차에 관여하는 요원들의 전문화 및 증원이 필요할 것이다. 여기서 한걸음 나아가 우리가 생각할 수 있는 제도적인 방안의 하나로 소년법원의 설립이다. 현재 운영되고 있는 소년사건처리구조는 가정법원 소년부 및 지방법원 소년부지원은 보호사건만 처리하고 형사처분을 해야 하는 사건은 일반 형사법원에서 취급하는 이원적 구조를 취하고 있다. 그러나 우리의 사법구조와 소년사법이 갖는 현실적인 문제를 감안할 때 가능한 소년사법 구조는 형사사건과 보호사건의 관할을 소년법원에 두어 절차를 일원화하는 것이 좋을 것으로 생각된다. 즉 소년법원이 소년의 사건, 다시 말하자면 소년형사사건과 소년보호사건에 관한 관할권을 독점적으로 갖고 소년법원 판사가 형사처분 또

---

1) 「소년법」 제13조부터 제16조의 동행영장에 관한 규정은 사건의 조사·심리에 필요하여 소환한 본인 또는 보호자가 정당한 이유 없이 소환에 응하지 않을 때 소년부판사가 발행하는 것이다. 그러나 수용기관탈주소년에 대한 규정은 「소년법」을 비롯하여 「소년원법」, 「보호관찰 등에 관한 법률」, 「형사소송법」 등 어디에도 찾아볼 수 없고, 따라서 현재 소년법원 판사가 실무상 발부하고 있는 보호시설 탈주소년에 대한 동행영장은 법적인 근거가 없는 것이다.

2) 法政新聞, 1996. 11. 4. 참조.

는 보호처분을 하는 것이다. 즉 소년의 형사사건도 보호사건과 같은 조사와 심리절차에 의해 처리하도록 한다는 것이다. 그렇게 함으로써 초기단계부터 일반성인형사범들과 분리하여 절차를 진행할 수 있으며, 절차진행과정에서 소년에 적당한 보호적·교육적 조치를 시행할 수 있을 것이다. 소년형사사건도 보호사건과 마찬가지로 그 처리과정이 보호적·교육적인 것이 되어야 함은 물론이고 그렇기 때문에 형사건만을 따로 일반성인형사범들과 함께 처리한다는 것은 소년보호의 기본이념을 몰각(沒覺)한 것이라 아니할 수 없다.

이와 같이 일원화하는 것이 한편으로는 담당요원의 전문성을 확보하는 길도 될 것이고, 송검, 소년부송치 등과 같은 절차도 필요 없게 되어 절차진행과정에서 불필요한 시간이 소비되는 것도 방지할 수 있을 것이다. 궁극적으로 소년경찰→소년검사→소년법원이라는 일련의 유기적이고 전문화된 절차 속에서 소년사건을 처리함으로써 효율적인 소년보호를 도모하자는 것이다.

이러한 제 문제들의 해결은 관련규범의 보완과 제도의 개선만으로 이루어질 수 있는 것은 아니고 소년사법에 대한 사회 전체의 관심과 담당자의 철학과 사명감에 입각한 적극적이고 긍정적인 태도가 함께 함으로써 가능할 것이다. 흔히 오늘날의 소년사법이 보호적 기능을 우선할 것이냐 아니면 사법적 기능을 우선할 것이냐 하는 기로에 있는 것처럼 논란이 되고 있다. 그러나 소년사법에서 보호적 기능과 사법적 기능은 양립하고 있어서 어느 하나를 선택해야 하는 기능이 아니다. 즉 보호적 기능은 소년사법의 목적을 달성하기 위한 필수적 기능의 하나이지만, 사법적 기능이라는 차원에서 보호적 기능의 한계를 찾아야 하는 것이다. 그런 의미에서 소년사법 절차에서 보호적 기능과 사법적 기능은 상호보완적인 관계에 있다고 할 수 있을 것이다. 소년사법이 보호적 차원에서 진행됨으로써 비행소년의 재사회화는 더욱 쉬워질 것이고 그렇게 됨으로써 궁극적으로 범죄의 예방과 진압을 통한 사회질서의 확보라는 형사정책적 목표도 쉽게 달성할 수 있을 것이다.

제 2 절 소년사법의 새로운 방향

소년에 대한 보호적 처분을 통해 형사정책적 목적을 달성하는 것이 가장 이상적이라고 하겠으나, 그와 같은 이상은 현실에 있어서 거의 달성하기 어렵다는 것을 그 동안의 형사정책적 경험과 오늘날의 범죄적 상황이 말해 주고 있다. 그뿐만 아니라 비행소년에 대한 처분이 지나치게 비형벌적인 보호주의에 치우치게 되는 것은 그들에게 법이나 기타 사회규범을 경시하는 태도를 조장할 우려가 있을 뿐만 아니라 사회정의의 실현이라는 형사사법의 목적에도 배치된다.

그러나 그렇다고 해서 성인형사법원의 형사처벌에 지나치게 의존하는 것도 문제해결을 위한 올바른 태도라고 볼 수 없다. 보호처분이 가지는 보호주의적·복지적 기능은 비단 소년사법에서만 요구되는 것이 아니다. 오늘날의 형사사법이 그 목적을 달성하기 위한 좀더 인도적이고 효율적인 방법으로 행형 전반에 걸쳐 고려되어야 하는 기능이기도 한 것이다.

이와 같은 것들을 전제로 하여 우리가 생각할 수 있는 소년사법 구조는 보호처분과 형사처분으로 되어 있는 현 구조를 형사처분으로 일원화하고, 현재의 보호처분을 선고유예의 조건으로 하는 것이다. 그리고 일반형사법원에서 취급하던 소년에 대한 모든 사건을 소년부에서 관할하도록 한다. 이와 같은 구조하에서 보호처분이 상당하다고 생각되는 소년은 보호처분을 조건으로 하는 선고유예처분을 하고, 형사처분이 상당하다고 생각되는 소년에게는 형사처분을 하는 것이다. 다시 말하면 모든 소년범죄자들에 대한 관할권을 소년법원(또는 법원소년부)이 갖고, 거기서 그 행위의 질과 양 그리고 그 소년의 환경 및 자질에 따라 형벌을 과하되, 지금까지 보호처분에 해당했던 소년은 보호처분을 조건으로 선고유예하는 것이다.

그러자면 현행 「소년법」과 형벌체계에 몇 가지 수정이 이루어져야 한다. 즉,

첫째, 보호처분대상에서 우범소년과 촉법소년을 제외하여야 할 것이다. 소년사법 실무에서도 이 우범소년과 촉법소년이 보호처분을 받는 경우는 거의 없다고 한다. 따라서 이들은 경찰단계에서 Diversion하여 사회교육기관 또는 사회복지기관의 소관으로 하는 것이다.

둘째, 보호처분 중에 소년원송치처분(6호처분 및 7호처분)을 폐지하는 것이다. 현재 시행되고 있는 소년원수용의 실질과 그것에 대한 일반의 인식은 소년교도소의 그것과 다름이 없다. 다만 차이가 있다면 장래에 대한 효력, 즉 전과기록이 되지 않는다는 것뿐이다. 따라서 보호처분이라는 미명하에 실질적으로는 교도소와 같이 운영되고 있는 현행 소년원의 일부는 소년교도소로 변경하여 실질적인 형집행기관으로 하고 나머지는 보호관찰기관이나 특수학교로

운영하는 것이 좋을 것이다.[3] 소년교도소도 소년원과 마찬가지로 소년의 복지와 원호 및 재사회화를 위한 처우가 중심이 되도록 하여야 함을 물론이다. 이렇게 함으로써 현재 문제점으로 지적되고 있는 보호처분과 형벌간의 불균형도 시정할 수 있을 것이다.[4]

셋째, 「소년법」의 대상을 현행 20세 미만에서 18세 미만으로 낮추고,[5] 형사처벌을 받은 소년범에 대해서도 장래에 아무런 영향을 미치지 않도록 한다. 범죄소년 가운데 선고유예를 받은 소년은 2년 이내에 자격정지 이상의 형을 받지 않으면 면소(免訴)가 됨으로 자동적으로 전과자가 되는 것을 면할 수 있으나, 실형을 받은 소년에 대해서도 복지와 원호 그리고 사회복귀를 도모한다는 차원에서 전과자가 되지 않도록 할 필요가 있을 것이다.

넷째, 현행법에서는 선고유예의 경우에 보호관찰만을 과하게 되어 있으나(「보호관찰 등에 관한 법률」 제3조 1항 1호), 소년의 경우에 현행 「소년법」상의 1호처분 내지 5호처분을 과할 수 있도록 하고, 이를 위반했을 경우 유예했던 형을 선고할 수 있도록 한다. 그렇게 함으로써 현재 형식적으로 운영되고 있는 보호처분의 실질을 기할 수 있을 것이다. 이 경우 선고유예기간은 보호처분기간으로 한다. 따라서 선고유예의 유효기간은 6개월에서 3년 사이가 될 것이다.[6]

다섯째, 소년심판절차는 지금처럼 비공개를 원칙으로 한다. 형사사건이라고 해서 소년에 대한 보호를 달리해야 할 이유가 없기 때문이다.

이와 같이 소년사법 구조를 일원화한다면 검사선의권(檢事先議權)에 관한 문제, 송검(送檢)과 형사법원에서의 소년부송치 등과 같은 절차적 문제도 자동

---

3) 2000년부터 전국 14개 소년원을 특수학교로 개편하여 운영하고 있다. 즉 고봉정보통신중·고등학교(서울소년원), 읍내정보통신중·고등학교(대구소년원), 원촌정보산업학교(대전소년원), 미평중·고등학교(청주소년원), 정심여자정보산업학교(안양소년원), 계명정보통·신학교(충주소년원), 오륜정보산업학교(부산소년원), 고룡정보산업학교(광주소년원), 송천정보통신학교(전주소년원), 대산체육중·고등학교(대덕소년원), 신촌정보통신학교(춘천소년원), 한길정보산업학교(제주소년원), 용덕관광정보고등학교(창원소년원), 안산예술종합학교(안산소년원) 등이 그것이다.

4) 보호처분과 형사처분으로 나뉘어 있는 현 소년사법 실무에서는 형사법원으로 송치되어 선고유예나 집행유예처분을 받으면 보호처분을 받아 소년원에 수용된 소년보다 경한 처우를 받은 셈이 된다. 이것은 경한 처분인 보호처분을 받은 소년이 중한 처벌인 형사처분을 받은 소년보다 불리한 처우를 받은 결과가 되고 있었다.

5) 「소년법」의 대상소년의 연령 상한에 관해서는 朴在允, "소년법개정의 기본방향," 「青少年犯罪研究(제5집)」, 1987, 18면: 崔鍾植, "少年法上 保護處分에 관한 研究," 江原大學校大學院博士論文(1996), 111면 참조.

6) 현행법상 보호처분기간은 최단기가 6개월이고 최장기는 2년이나 1차에 한하여 1년간 연기할 수 있기 때문이다. 「소년법」 제33조 참조.

적으로 해결될 것이다. 그러나 유의할 것은 소년사법을 일원화한다고 하여 그것이 형사처분, 즉 형벌적 처분을 강화하는 것으로 되어서는 안 된다는 점이다. 그런 의미에서 소년사법의 일원화는 소년의 형사처분에 있어서 보호적·복지적 성격의 강조와 보호처분에 대한 사법적 성격의 강화라는 차원에서 이해하고 추진되어야 할 것이다.

사항색인

공저자 약력

김 용 우

전남대학교 법과대학, 동 대학원 수료
독일 Bonn 대학 법학부 수학
법학박사
광주 송원대학 교수
전남대학교 · 목포대학교 · 광주대학교 · 한국방송통신대학 강사
청소년보호위원회 정책자문위원
현 국회 사무처 법제실 법제관
　홍익대학교 겸임교수
　한국형사정책학회 · 한국소년법학회 회원

최 재 천

전남대학교 법과대학, 동 대학원 박사과정 수료
연세대학교 법무대학원 수료
법학박사
제29회 사법시험 합격
군법무관
사법시험 · 군법무관시험 출제위원
불교신문 논설위원
현 법무법인 한강 대표변호사
　동국대학교 강사
　광운대학교 겸임교수
　한국의료법학회 · 대한의료법학회 · 대한법정신의학회 · 한국조직은행 이사
　외신기자클럽(FCC) · 한국자산관리공사(KAMCO) · 성동구청 고문변호사
　17대 국회의원

개정판
형 사 정 책

1998年 11月 15日 初版發行
2006年 2月 25日 改訂版印刷
2006年 3月 10日 改訂版發行

共著者 김용우 · 최재천
發行人 安 鍾 萬
發行處 (株) 博 英 社
서울特別市 鍾路區 平洞 13-31番地
電話 (733)6771 FAX (736)4818
登錄 1959. 3. 11. 제300-1959-1호(倫)

www.pakyoungsa.co.kr e-mail: pys@pakyoungsa.co.kr

定 價 33,000원 ISBN 89-7189-625-6